注釈少年法

【第5版】

田宮　裕・廣瀬健二 [編]

有斐閣

は し が き

　少年法は，少年非行をめぐる問題に関する基本法である。しかし，概括的な条文のみで構成されているうえ，刑法や刑事訴訟法に比べても一般的になじみが薄く，そのねらいも少年の保護・教育と同時に犯罪対策という本質的に矛盾しかねない二面性をもち，関係諸機関の権限が交錯していることなどから，理解が容易でないところも少なくない。

　本書は，このような少年法を，正確でわかりやすく逐条的に解説し，実務の有用な手引となることを目指したもので，同様のねらいのもとに先に刊行した『少年法（条文解説)』の実質的な改訂版に当たる。幸いなことに旧著は審判実務担当者・研究者をはじめ，予想以上に多くの方々に利用していただけた。それだけに改訂の必要を一再ならず痛感しながらも，いろいろの事情により今日まで 12 年を経てしまった。その間の少年法制をめぐる情勢は，旧著で懸念した以上に深刻化しているといえよう。最近のものだけを取り上げても，社会を震撼させた神戸の小学生連続殺傷事件の発生，教師や警察官等に対するナイフによる殺傷事件やおやじ狩り「強盗」などの凶悪事犯の多発，覚せい剤等の薬物乱用，陰湿化した「いじめ」をはじめとした学校の荒廃，女子中高生のブルセラ販売や援助交際「売春」などの問題行動の蔓延等々の憂慮すべき事態が後を絶たず，さらには，山形明倫中事件，綾瀬強盗殺人事件，草加強姦殺人事件，調布駅前傷害事件などの例にみられるように，少年審判における非行事実の認定や審判運営の在り方のみならず，少年審判制度そのものの問題点が指摘され，批判される契機ともなった事件が相次いでいる。このため，少年審判手続の改革を求める声も高まり，法改正の審議もすでにはじまっている。制度改革について賛否いずれの立場に立つにせよ，その建設的な議論のためには，制度の正確な理解やその運用状況の実情把握が必要不可欠というべきであろう。

　本書では，このような現今の情勢を踏まえ，少年審判実務に現に携わり，あるいはその経験を持つ裁判官及び弁護士が条文ごとに執筆したうえ，編者において解説相互の調整等を図って，現在の実務の到達点を明らかにし，制度及びその運用の実像を浮き彫りにしようと努めている（このため，執筆分担については，

あえて明記しなかった。従って文責はすべて編者にある）。また，逐条解説の性格から限られたものではあるが，折にふれて外国法制や旧法制にも言及して，それとの対比で現在の法制を位置付け，あわせて今後の展望をも試みた。なお，本文中に図表・統計等を挿入したほか，参考となる資料・参考文献目録などもより充実させて巻頭・末尾に付し，少年法に関する総括的な手引書としても利用していただけるように工夫した。本書はこのように内容・書名を一新して，激動の世に送り出すことになった。

　本書が裁判官・調査官・書記官・弁護士等の審判・調査関係者はもちろん，警察・検察・保護・矯正関係などの実務担当者の手引として大いに活用されるとともに，研究者・教育関係者をはじめ，広く少年問題に関心を持つ方々の理解の一助となり，さらには少年法制の発展に多少なりとも寄与できるものとなってほしいと願っている。

　さいごに，本書の資料の作成・整備等に関しては執筆者の一人である古田浩東京家庭裁判所判事に，文献検索・索引等については上野正雄・鈴木陽一郎・藤井澄子前橋地方・家庭裁判所判事補の労に負うところが大きい。また，資料の入手等に関して最高裁判所事務総局家庭局はじめ関係機関にもご協力いただいたほか，有斐閣書籍編集部の稼勢政夫，竹前洋，山下訓正の各氏には本書の企画段階から出版に至るまで大変お世話になった。あわせて，深く感謝申し上げる次第である。

　　1998 年　盛夏

田　宮　　　裕
廣　瀬　健　二

改訂について

　2000 年 11 月 28 日改正少年法が成立し，関連法規の改正も行われた。2001 年 4 月 1 日施行まで極めて短期日であり，実務運用の蓄積を待つべき部分もあるが，改正法施行直後こそ解説書の必要性は高いと思われるので，改正条項をすべて盛込んで必要な解説を加えるとともに，他の部分についてもその後の判例・学説を織込んで補訂を加えた。

　また，痛恨の極みであるが，本書を企画編集された田宮裕博士が 1999 年 1 月 12 日急逝されたため，今回は執筆者の一部が分担執筆し，廣瀬においてとりまとめさせていただいたことをあわせてお断りしておかなければならない。

　前回同様関係諸機関に御協力いただいたほか，文献検索・索引等について柴田雅司東京家庭裁判所判事補にも御助力いただき，有斐閣書籍編集部の山下訓正，五月女謙一両氏にもお世話になった。あわせてお礼申し上げる次第である。

　2001 年　初春

廣　瀬　健　二

第 3 版について

　本書も初版から 10 年余，改訂版からでも 7 年余を経て，今や刑事法は裁判員裁判，被害者等の手続への参加等，まさに革命期にある。少年法にも激動の波は押し寄せ，平成 19 年改正，平成 20 年改正が相次いで成立し，被害者等の審判傍聴も導入され，判例や実務運用にも重要な変化が生じている。実務注釈書である本書の改訂は，その必要性が高まり，読者のご叱正も多数をいただいていたのに，編者の都合で作業が大幅に遅れてしまったことをお詫びしなければならない。もっとも，それが幸いし，今回の改訂では平成 20 年改正法・改正規則の注釈，最新の通達・裁判例等を収録したうえ，資料を充実させ，本文も相当程度書き改めたにもかかわらず，頁増加は最小限に止めることができた。

　本改訂にあたっても「少年審判実務に携わる裁判官」等が「条文ごとに執筆し，編者において解説相互の調整等を図って，現在の実務の到達点を明らかにし，制度及びその運用の実像を浮き彫りにする」，「外国法制」等「との対比で現在の法制を位置付け」「今後の展望を試み」るという本書の基本を貫くべく努めた。田宮裕博士ご逝去の痛手は埋めるすべもないうえ，2005 年 4 月廣瀬が母校に転じ実務を離れた。しかし，今回も幸いなことに文字通り最高の執筆陣のほか多くの方々の暖かいご協力をいただくことができた。とくに，執筆者である加藤学東京地方裁判所八王子支部判事（執筆当時東京家庭裁判所所属）及び執筆途中から最高裁家庭局第 2 課長となられた浅香竜太判事からは，実務的な観点から有益な御助言をいただいた（勿論，文責はすべて廣瀬にある）。

　また，これまで同様，最高裁家庭局，法務省刑事局・矯正局・保護局等の関係機関に加え，資料作成・文献検索・索引等については，石川貴司・福島一訓・内田暁東京家庭裁判所判事補，神田温子東京地方裁判所判事補にお骨折りいただき，有斐閣書籍編集部の植田朝美氏には大変お世話になった。あわせて，深く感謝申し上げる次第である。

　2009 年　初春

廣　瀬　健　二

第4版について

本書第3版発刊から8年，田宮裕先生との初版企画からは20年余を経た。この間，4回の改正など少年法制には大きな変化が生じている。第3版以降でも，平成26年に，少年法改正，少年院法全面改正等が行われ，最も重大な変革となり得る少年年齢の引下げは改正審議中である。関係諸制度では被害者参加，裁判員裁判の実施，国選弁護の大幅な拡充，総合法律支援（法テラス）の進展，刑事訴訟法の大幅改正等々，革命的な改革が断行されている。このような激動の時にこそ，実務と理論の実情を正確に伝えるべき本書の役割は大きいといえ，改訂が遅れたことを編者としてまずお詫びする。それでも，今回は，立案関係者を含む少年事件に造詣の深い裁判官，弁護士などの協力を得て，改正少年法，新少年院法，少年鑑別所法の概要を含む最新の実情を伝えるべく執筆者の若返りも図るとともに，最近行った少年法制の外国調査の結果も盛り込むなどして，充実した改訂を行うことができた。第4版においても，従前どおり，研究者と実務家等が共同執筆し編者において調整を図り（したがって文責は廣瀬にある），実務の実像を明らかにし少年法制の将来を展望するべく努めた。

今回も，要職にあり多忙を極める中，編者の種々の要望にも快く応えていただいた執筆者各位のご尽力，最高裁家庭局，法務省矯正局，同保護局等の関係機関のご協力に加えて，河畑勇東京家庭裁判所判事ほか東京家裁の方々に実務的な観点から有益なご助言などをいただき，資料・文献・付録の改訂等については，津田雅也静岡大学准教授のご助力を得ることができた。有斐閣書籍編集部の井植孝之氏には，終始，大変お世話になった。ここに記して，厚く御礼申し上げる次第である。

少年法制は，諸外国においても，厳罰主義等の荒波の中で苦闘を続けている。この第4版が少年法制の発展に少しでも寄与することができればと念じつつ，本書を送り出すこととする。

2017年盛夏

廣　瀬　健　二

※本書は，JSPS科研費25285024，同16H03561の助成の成果を含むものである。

第5版について

　本書第4版発刊から7年を経た。その間には，少年年齢引下げに関する令和3年改正，拘禁刑に関する令和4年刑法改正や実務運用上の改革などがあり，実務注釈書である本書の性格に照らし，速やかな改訂が強く望まれていた。それにもかかわらず，刊行が相当遅れてしまったことを，編者として，まずお詫び申し上げなければならない。その一方，時期の遅れから令和3年改正の施行直後の運用状況をも踏まえた解説や最近の比較法制研究の成果も改訂に盛り込むことができた。

　今回の改訂に当たっても，少年審判実務に関わりの深い裁判官，弁護士等の実務家と少年法研究者が分担執筆し，編者において記述全般の調整を図り，理論と実務の到達点を明らかにするという実務注釈書としての基本を追求している（したがって文責は廣瀬にある）。また，少年実務の将来性・継続性も考慮して，今回も執筆陣の若返りを図ったが，執筆者各位は，いずれも要職にあり相当多忙な中で，上記の趣旨に沿った記述に加え，編者の面倒な種々の要求にも快く応じてくださった。更に，最高裁家庭局，法務省矯正局，同保護局等の関係機関の方々のご協力に加えて，東京家裁の方々には実務的に有益な助言等をいただいた。これらのご支援を得て，充実した改訂とすることができた。有斐閣法律編集局学習書編集部の井植孝之氏には，前回同様にお世話になった。ここに記して各位に厚く御礼申し上げる次第である。

　諸外国では，少年法制への厳罰化の流れは変わらないものの，実証的論拠に基づく教育・支援的な動きも見られる。我が国の令和3年改正においても，一部刑罰化の一方，その審議において，少年に対する科学調査，少年審判，保護処分等の制度・運用が，非行少年の再犯防止，社会復帰に有効に機能していることは共通認識とされ，特定少年の特例は中間的な性格とされたことから，今後の実務運用が特に注目されるところである。少し難産ではあったが，この第5版が少年審判実務，少年法制に少しでも資することを念じている。

　2024年　晩夏

廣　瀬　健　二

※本書は，JSPS科研費25285024，同16H0351，同19H01424の助成の成果を含むものである。

編者紹介

田宮　裕（たみや・ひろし）　　　元立教大学名誉教授
廣瀬健二（ひろせ・けんじ）　　　立教大学大学院法務研究科
　　　　　　　　　　　　　　　　特任教授

執筆者紹介（執筆依頼当時。＊以下は，旧版まで）

廣瀬健二（ひろせ・けんじ）　　　立教大学大学院法務研究科
　　　　　　　　　　　　　　　　特任教授

加藤　学（かとう・まなぶ）　　　さいたま家庭裁判所判事
入江　猛（いりえ・たけし）　　　仙台家庭裁判所所長
浅香竜太（あさか・りゅうた）　　東京地方裁判所判事
安永健次（やすなが・けんじ）　　千葉家庭裁判所判事
江見健一（えみ・けんいち）　　　東京高等裁判所判事
柴田雅司（しばた・まさし）　　　秋田地方・家庭裁判所判事
本多智子（ほんだ・ともこ）　　　裁判所職員総合研修所教官
河畑　勇（かわばた・いさむ）　　東京高等裁判所判事
髙橋明宏（たかはし・あきひろ）　東京家庭裁判所判事
廣瀬裕亮（ひろせ・ゆうすけ）　　広島高等裁判所判事
福嶋一訓（ふくしま・かずのり）　広島高等裁判所判事
志田健太郎（しだ・けんたろう）　裁判所職員総合研修所教官
藤永祐介（ふじなが・ゆうすけ）　千葉地方・家庭裁判所判事
岩﨑貴彦（いわさき・たかひこ）　千葉地方・家庭裁判所判事
本多　進（ほんだ・すすむ）　　　東京地方裁判所判事補
髙田浩平（たかた・こうへい）　　金沢地方・家庭裁判所判事補
青山伸吾（あおやま・しんご）　　法務省矯正局付検事
松田和哲（まつだ・かずあき）　　弁護士
津田雅也（つだ・まさや）　　　　静岡大学人文社会学部准教授
成瀬　剛（なるせ・ごう）　　　　東京大学大学院法学政治学研究
　　　　　　　　　　　　　　　　科准教授

＊　　　　＊　　　　＊

古　田　　　浩（ふるた・ひろし）　　　　千葉地方裁判所判事

角　田　正　紀（つのだ・まさのり）　　　東京地方裁判所判事

三　浦　　　透（みうら・とおる）　　　　横浜地方裁判所判事

青　木　　　晋（あおき・すすむ）　　　　家庭裁判所調査官研修所教官

前　田　昌　宏（まえだ・まさひろ）　　　裁判所書記官研修所教官

河　原　俊　也（かわはら・としや）　　　司法研修所教官

溝　國　禎　久（みぞくに・よしひさ）　　神戸地方・家庭裁判所判事

田　口　治　美（たぐち・はるみ）　　　　裁判所職員総合研修所教官

石　垣　智　子（いしがき・ともこ）　　　検事（法務省大臣官房参事官）

佐　藤　英　彦（さとう・ひでひこ）　　　新潟家庭裁判所判事

岡　﨑　忠　之（おかざき・ただゆき）　　広島地方・家庭裁判所判事

内　田　　　曉（うちだ・さとる）　　　　東京高等裁判所判事

熊　代　雅　音（くましろ・まさと）　　　裁判所職員総合研修所教官

川　淵　武　彦（かわぶち・たけひこ）　　法務省刑事局付検事

橋　口　英　明（はしぐち・ひであき）　　法務省矯正局局付検事

佐　藤　博　史（さとう・ひろし）　　　　弁護士

水　上　　　洋（みずかみ・ひろし）　　　弁護士

凡　例

▽法令の基準日

　懲役・禁錮を拘禁刑に統合する刑法改正（令和4年法律67号）を受けて，少年法等の懲役・禁錮の文言も拘禁刑に改められたが，本書刊行時には未施行（令和7年6月1日施行予定）であるので，条文は拘禁刑に改め，解説の関係箇所には，その旨注記した。

▽関係法令名の略記例

　少年法については単に条数のみ，旧少年法については「旧」，少年審判規則については「規（規則）」とした。その他についてはおおむね有斐閣版『六法全書』巻末の法令名略語に基づいた。主なものは以下の通り。

院施規	少年院法施行規則		び運営に関する基準
家事規	家事事件手続規則	少院	少年院法
鑑施規	少年鑑別所法施行規則	少警	少年警察活動規則
旧院	旧少年院法	少補	少年の保護事件に係る補償に関
刑	刑法		する法律
刑事施設	刑事収容施設及び被収	売春	売春防止法
	容者等の処遇に関する	犯罪被害保護	犯罪被害者等の権利利益の保
	法律		護を図るための刑事手続に付随
刑訴	刑事訴訟法		する措置に関する法律
刑訴規	刑事訴訟規則	犯捜規	犯罪捜査規範
憲	憲法	犯予	犯罪者予防更生法
憲改	日本国憲法の改正手続	保護観察	執行猶予者保護観察法
	に関する法律	保護司	保護司法
更生	更生保護法	民	民法
裁	裁判所法	民訴	民事訴訟法
裁判員	裁判員の参加する刑事	薬物一部猶予	薬物使用等の罪を犯した者に
	裁判に関する法律		対する刑の一部の執行猶予に関
児福	児童福祉法		する法律
児福基準	児童福祉施設の設備及		

▽裁判例の略記例

　裁判例の引用については，以下の略記法を用いた。

　最大判昭40・4・28刑集19・3・240

　　＝最高裁判所昭和40年4月28日大法廷判決，最高裁判所刑事判例集19巻3号240頁

　最決昭34・7・3刑集13・7・1110

　　＝最高裁判所昭和34年7月3日決定，最高裁判所刑事判例集13巻7号1110頁

ix

大阪高判昭 29・2・9 高刑集 7・1・64

　＝大阪高等裁判所昭和 29 年 2 月 9 日判決，高等裁判所刑事判例集 7 巻 1 号 64 頁

横浜地判昭 36・3・22 下刑集 3・3＝4・261

　＝横浜地方裁判所昭和 36 年 3 月 22 日判決，下級裁判所刑事裁判例集 3 巻 3＝4 号 261 頁

名古屋家決昭 44・6・20 家月 22・2・92

　＝名古屋家庭裁判所昭和 44 年 6 月 20 日決定，家庭裁判月報 22 巻 2 号 92 頁

ほかに，

① 　支　支部　　命　命令　　民集　最高裁判所民事判例集　　集刑　最高裁判所裁判集
刑事　高刑特　高等裁判所刑事裁判特報　　判特　高等裁判所刑事判決特報　　東高
刑時報　東京高等裁判所判決時報　　裁時　裁判所時報　　刑月　刑事裁判月報　　家
判　家庭の法と裁判　　判時　判例時報　　判タ　判例タイムズ

② 　田宮裕編『少年法判例百選』〈平 10〉はとくに関連が深いので〔百選 1〕のように表
示した（番号は同書の事件番号である）。

▽単行本・雑誌の略記例

警研　警察研究　　刑雑　刑法雑誌　　警論　警察学論集　　現刑　現代刑事法　　司研
所報　司法研修所報　　実務講座　団藤重光編『法律実務講座刑事編』　　ジュリ　ジュ
リスト　　論ジュリ　論究ジュリスト　　捜研　捜査研究　　曹時　法曹時報　　判解刑
昭 59　『最高裁判所判例解説刑事篇昭和 59 年度』　　評釈集　刑事判例研究会編『刑事判
例評釈集』　　ひろば　法律のひろば　　法教　法学教室　　法時　法律時報　　法セ
法学セミナー

▽略語例

家庭局　最高裁判所事務総局家庭局　　昭 60 事件概況　最高裁判所事務総局家庭局「昭
和 60 年度家庭裁判所事件の概況――少年事件」　　書記官　裁判所書記官　　調査官　家
庭裁判所調査官　　不開始　審判不開始（決定）　　不処分　不処分決定

▽参照指示

　他の注釈箇所を参照するよう指示する場合には，⇨で示した。なお，同一条文内のほかの
注釈を参照するよう指示する場合は，条数を略した。

▽最小のスペースに最大の内容を盛るために，注釈の本文では原則として条文の記述を引用
せずにそれを前提に解説を加えているので，各注釈は関連条文と併せて通読していただきた
い。また，記述の重複を極力避けているので，注釈相互の参照指示「⇨」箇所も併せて通読
していただきたい。

▽本文の用字用語例はできるだけ統一を図っているが，法文にある用語はその例によった。

x

目　　次

少　年　法

序　　説　　*3*

第1章　総　　則

第1条（この法律の目的）　*33*

第2条（定義）　*37*

第2章　少年の保護事件

前注　*45*

規則第1条（この規則の解釈と運用，保護事件取扱の態度）　*53*

規則第2条（決定書）　*54*

規則第3条（決定の告知）　*56*

規則第4条（決定と同行状の執行指揮）　*57*

規則第5条（決定の通知）　*58*

規則第6条（書類の作成者，調書への引用）　*59*

規則第6条の2（事件の関係人等に対する通知）　*59*

規則第7条（記録，証拠物の閲覧，謄写）　*60*

第1節　通　　則

第3条（審判に付すべき少年）　*75*

第4条（判事補の職権）　裁第31条の4　*91*

第5条（管轄）　*95*

第5条の2（被害者等による記録の閲覧及び謄写）　規則第7条の2　*99*

第5条の3（閲覧又は謄写の手数料）　*104*

第2節　通告，警察官の調査等

第6条（通告）　規則第8条・第9条　*105*

第6条の2（警察官等の調査）　*109*

第6条の3（調査における付添人）　*114*

第6条の4（呼出し，質問，報告の要求）　*116*

xi

第6条の5（押収，捜索，検証，鑑定嘱託）　規則第9条の2　*118*

第6条の6（警察官の送致等）　*120*

第6条の7（都道府県知事又は児童相談所長の送致）　*124*

第7条（家庭裁判所調査官の報告）　規則第9条の3・第10条　*130*

第3節　調査及び審判

第8条（事件の調査）　規則第8条・第12条・第13条　*133*

第9条（調査の方針）　規則第11条　*144*

第9条の2（被害者等の申出による意見の聴取）　規則第13条の2～第13条の6　*149*

第10条（付添人）　規則第14条・第28条・第29条の2～第29条の5　*152*

第11条（呼出し及び同行）　規則第15条～第17条　*161*

第12条（緊急の場合の同行）　規則第17条　*167*

第13条（同行状の執行）　規則第4条・第18条　*169*

第14条（証人尋問・鑑定・通訳・翻訳）　規則第19条・第19条の2・第29条の3・第29条の4・第30条の6～第30条の8　*172*

第15条（検証，押収，捜索）　規則第19条・第19条の2・第29条の3　*177*

第16条（援助，協力）　規則第19条の2・第29条の5・第30条の5　*180*

第17条（観護の措置）　規則第19条の3～第22条　*185*

第17条の2（異議の申立て）　規則第22条の2・第43条～第45条・第47条　*211*

第17条の3（特別抗告）　規則第22条の3　*216*

第17条の4（少年鑑別所送致の場合の仮収容）　規則第21条の2　*217*

第18条（児童福祉法の措置）　規則第23条　*220*

第19条（審判を開始しない旨の決定）　*227*

第20条（検察官への送致）　規則第24条　*234*

第21条（審判開始の決定）　規則第24条の4・第25条・第26条　*248*

第22条（審判の方式）　規則第25条の2・第27条～第30条・第31条～第34条　*255*

第22条の2（検察官の関与）　規則第30条の2・第30条の4～第30条の10　*284*

第22条の3（国選付添人）　規則第30条の3　*292*

第22条の4（被害者等による少年審判の傍聴）　規則第30条の11・第30条の12

目　　次

　　　　297

第 22 条の 5（弁護士である付添人からの意見の聴取等）　*309*

第 22 条の 6（被害者等に対する説明）　規則第 30 条の 13・第 30 条の 14　*311*

第 23 条（審判開始後保護処分に付しない場合）　*313*

第 24 条（保護処分の決定）　規則第 35 条～第 37 条の 2・第 39 条　*317*

第 24 条の 2（没取）　規則第 37 条の 3　*351*

第 25 条（家庭裁判所調査官の観察）　規則第 40 条　*356*

第 25 条の 2（保護者に対する措置）　*370*

第 26 条（決定の執行）　規則第 4 条・第 41 条・第 42 条　*372*

第 26 条の 2（少年鑑別所収容の一時継続）　*376*

第 26 条の 3（同行状の執行の場合の仮収容）　*378*

第 26 条の 4（保護観察中の者に対する措置）　*379*

第 27 条（競合する処分の調整）　*386*

第 27 条の 2（保護処分の取消し）　*391*

第 28 条（報告と意見の提出）　規則第 38 条　*401*

第 29 条（委託費用の支給）　*404*

第 30 条（証人等の費用）　*405*

第 30 条の 2〔援助指示の費用〕　*407*

第 31 条（費用の徴収）　*408*

第 31 条の 2（被害者等に対する通知）　規則第 42 条の 2　*411*

第 4 節　抗　　告

前注　*415*

第 32 条（抗告）　規則第 43 条～第 46 条の 2　*417*

第 32 条の 2（抗告裁判所の調査の範囲）　*434*

第 32 条の 3（抗告裁判所の事実の取調べ）　*437*

第 32 条の 4（抗告受理の申立て）　規則第 45 条の 2・第 46 条の 3　*439*

第 32 条の 5（抗告審における国選付添人）　規則第 46 条の 4　*446*

第 32 条の 6（準用）　規則第 46 条の 5　*448*

第 33 条（抗告審の裁判）　規則第 48 条～第 52 条　*449*

第 34 条（執行の停止）　規則第 47 条　*455*

第 35 条（再抗告）　規則第 53 条・第 54 条　*456*

第 36 条（その他の事項）　*459*

xiii

第 37 条 削除 *459*

第 38 条 削除 *459*

第 39 条 削除 *459*

第 3 章 少年の刑事事件

前注 *461*

第 1 節 通 則

第 40 条（準拠法例） *464*

第 2 節 手 続

第 41 条（司法警察員の送致） 規則第 8 条 *465*

第 42 条（検察官の送致） 規則第 8 条 *470*

第 43 条（勾留に代る措置） 刑訴規第 278 条の 2・第 278 条の 3・第 281 条 *475*

第 44 条（勾留に代る措置の効力） 刑訴規第 278 条・第 278 条の 2 *484*

第 45 条（検察官へ送致後の取扱い） 規則第 24 条の 2・第 24 条の 3，刑訴規第 279 条・第 280 条 *486*

第 45 条の 2〔年齢超過を理由とする検察官への送致後の取扱〕 規則第 24 条の 2，刑訴規第 280 条 *498*

第 45 条の 3（訴訟費用の負担） 規則第 42 条の 3 *499*

第 46 条（保護処分等の効力） *500*

第 47 条（時効の停止） *508*

第 48 条（勾留） 刑訴規第 282 条 *510*

第 49 条（取扱いの分離） *512*

第 50 条（審理の方針） 刑訴規第 277 条 *514*

第 3 節 処 分

第 51 条（死刑と無期拘禁刑の緩和） *517*

第 52 条（不定期刑） *520*

第 53 条（少年鑑別所収容中の日数） *526*

第 54 条（換刑処分の禁止） *527*

第 55 条（家庭裁判所への移送） *528*

第 56 条（拘禁刑の執行） *535*

第 57 条（刑の執行と保護処分） *537*

第 58 条（仮釈放） *539*

第 59 条（仮釈放期間の終了）　*541*

第 60 条（人の資格に関する法令の適用）　*542*

第 4 章　記事等の掲載の禁止

第 61 条　*545*

第 5 章　特定少年の特例

前注　*549*

第 1 節　保護事件の特例

第 62 条（検察官への送致についての特例）　*550*

第 63 条　*553*

第 64 条（保護処分についての特例）　*554*

第 65 条（この法律の適用関係）　*565*

第 66 条（保護観察中の者に対する収容決定）　*569*

第 2 節　刑事事件の特例

第 67 条　*576*

第 3 節　記事等の掲載の禁止の特例

第 68 条　*578*

附　則（抄）　*581*

附則（平成 12 年改正）（抄）　第 1 条～第 3 条　*581*

附則（平成 19 年改正・法律第 68 号）（抄）　第 1 条～第 3 条　*582*

附則（平成 19 年改正・法律第 73 号）（抄）　第 1 条　*583*

附則（平成 20 年改正）（抄）　第 1 項～第 3 項　*583*

附則（平成 26 年改正）（抄）　第 1 条・第 2 条　*584*

附則（令和 3 年改正）（抄）　第 1 条～第 8 条　*585*

少 年 院 法（抄）

前注　*591*

第 1 条（目的）　*592*

第4条（少年院の種類）　*594*

第15条（処遇の原則）　*598*

第17条（保護者に対する協力の求め等）　*599*

第18条（関係機関等に対する協力の求め等）　*601*

第23条（矯正教育の目的及び体系的実施）・第23条の2（被害者等の心情等の
　考慮）・第24条（生活指導）・第25条（職業指導）・第26条（教科指導）・第
　27条（学校の教育課程に準ずる教育の教科指導）・第28条（体育指導）・第29
　条（特別活動指導）　*602*

第30条（矯正教育課程）・第31条（各少年院における矯正教育課程の指定）・第
　32条（少年院矯正教育課程）・第33条（在院者の矯正教育課程の指定）・第34
　条（個人別矯正教育計画）　*610*

第44条（社会復帰支援）　*621*

第89条（収容のための連戻し）　規則第56条・第57条　*623*

第137条（20歳退院及び収容継続）　*629*

第138条（23歳までの収容継続）・第139条（23歳を超える収容継続）　*631*

少年鑑別所法 (抄)

第1条（目的）　*647*

第16条（鑑別の実施）　*648*

第17条（家庭裁判所等の求めによる鑑別等）　*651*

第18条（少年院の指定等）　*655*

第20条（在所者の観護処遇の原則）　*656*

第78条（収容のための連戻し）　規則第58条　*658*

第131条〔非行及び犯罪の防止に関する援助〕　*660*

更生保護法 (抄)

前注　*665*

第1条（目的）　*665*

第16条（所掌事務）・第41条（仮退院を許す処分）・第46条（少年法第24条第
　1項第3号又は第64条第1項第3号の保護処分の執行のため少年院に収容中

目　　次

の者の退院を許す処分）・第 47 条の 2（収容中の特定保護観察処分少年の退院
を許す処分）　*666*

第 48 条（保護観察の対象者）　*668*

第 49 条（保護観察の実施方法）　*669*

第 50 条（一般遵守事項）　*671*

第 51 条（特別遵守事項）　*673*

第 52 条（特別遵守事項の設定及び変更）・第 53 条（特別遵守事項の取消し）
676

第 56 条（生活行動指針）　*678*

第 59 条（保護者に対する措置）　*679*

第 63 条（出頭の命令及び引致）　*679*

第 67 条（警告及び少年法第 26 条の 4 第 1 項の決定の申請）　*682*

第 68 条（家庭裁判所への通告等）　規則第 5 条・第 8 条　*683*

第 68 条の 2（少年法第 66 条第 1 項の決定の申請）・第 68 条の 3（留置）　*685*

第 69 条（保護観察の解除）・第 70 条（保護観察の一時解除）　*687*

第 71 条（少年院への戻し収容の申請）・第 72 条（少年院への戻し収容の決定）
688

第 73 条の 2（少年法第 64 条第 1 項第 3 号の保護処分に付されている少年院仮退
院者の仮退院の取消し）　*696*

第 74 条（少年院仮退院者の退院を許す処分）　*698*

第 78 条（仮釈放者の不定期刑の終了）　*698*

【付録 1】　戦後の少年法制と少年事件　*701*

【付録 2】　関連法令等　*715*
　　　　　旧少年法（*715*）
　　　　　児童福祉施設の設備及び運営に関する基準（抄）（*720*）
　　　　　犯罪捜査規範（抄）（*727*）
　　　　　少年警察活動規則（抄）（*728*）

判例索引　*739*

事項索引　*763*

文 献 目 録

* 五十音順

【体系書・基本文献】

安部	安部哲夫『新版青少年保護法（補訂版）』〈平 26〉
今出	今出和利『アメリカ少年司法制度の生成と展開』〈令 5〉
今福＝小長井	今福章二＝小長井賀與編『保護観察とは何か』〈平 28〉
植村	植村立郎『骨太少年法講義』〈平 27〉
植村退官	山崎学ほか編『植村立郎判事退官記念論文集（第 1 巻）』〈平 23〉
市村	市村光一『少年法概論』〈昭 29〉
内園ほか	内園盛久＝今井俊介＝西岡清一郎『少年審判手続における非行事実認定に関する実務上の諸問題』（司法研究報告書 37・1）〈昭 62〉
家裁論集	最高裁判所事務総局『家庭裁判所論集』（家庭裁判資料 115）〈昭 54〉
柏木	柏木千秋『新少年法概説（改訂新版）』〈昭 26〉
課題と展望(1)(2)	斉藤豊治＝守屋克彦編著『少年法の課題と展望第 1・2 巻』〈平 17，平 18〉
亀山＝赤木	亀山継夫＝赤木孝志『増補少年法および少年警察』〈昭 59〉
川出	川出敏裕『少年法（第 2 版）』〈令 4〉
川村	川村百合『弁護人・付添人のための少年事件実務の手引き』〈平 23〉
菊田	菊田幸一『少年法概説（改訂版）』〈昭 63〉
菊田概説	菊田幸一『概説少年法』〈平 25〉
菊池	菊池信男『少年法』調査官研修所教材〈昭 43〉
矯正局	法務省矯正局編『新しい少年院法と少年鑑別所法』〈平 26〉
清永	清永賢二編著『少年非行の世界』〈平 11〉
葛野	葛野尋之編『少年司法改革の検証と展望』〈平 18〉
葛野ほか	葛野尋之＝武内謙治＝本庄武『少年法適用年齢引下げ・総批判』〈令 2〉
ケース少年事件	河原俊也編著『ケースから読み解く少年事件──実務の技』〈平 29〉
講義案	裁判所職員総合研修所監修『少年法実務講義案（3 訂版）』〈平 29〉
講座少年保護	平野龍一ほか編『講座少年保護』〈昭 57〜60〉
更生保護	法務総合研究所研修教材『更生保護』〈昭 63〉
50 選	廣瀬健二編著『少年事件重要判決 50 選』〈平 22〉
50 年概観	最高裁判所事務総局家庭局『家庭裁判所 50 年の概観』（家庭裁判資料 174）〈平 12〉
コ少	守屋克彦＝斉藤豊治編著『コンメンタール少年法』〈平 24〉
後藤	後藤弘子編著『犯罪被害者と少年法』〈平 17〉
裁コ	廣瀬健二編著『裁判例コンメンタール少年法』〈平 23〉
酒巻	酒巻匡『刑事訴訟法（第 3 版)』〈令 6〉

文 献 目 録

澤登　　　澤登俊雄『少年法入門（第 6 版）』〈平 27〉

澤登＝高内　澤登俊雄＝高内寿夫編者『少年法の理念』〈平 22〉

30 年概観　最高裁判所事務総局『家庭裁判所 30 年の概観』（家庭裁判資料 117）〈昭 55〉

実例少年法　河原俊也編著『実例 少年法』〈令 5〉

司研概説　司法研修所編『少年法概説（三訂版）』〈昭 44〉

実務要覧上・下　最高裁判所事務総局『少年事件実務要覧㊤㊦』（家庭裁判資料 128，130）
　　　　　〈昭 58，59〉

児童家庭局　厚生省児童家庭局『改訂 児童福祉法 母子及び寡婦福祉法 母子保健法 精神薄
　　　　　弱者福祉法の解説』〈平 3〉

条解〔菊地〕　田宮裕編『少年法（条文解説）』〔菊地和典執筆部分〕〈昭 61〉

少年院法　法務省矯正研修所『研修教材少年院法（全訂版）』〈平 16〉

書協論集　全国裁判所書記官協議会編『書協論集（家事・少年編）』〈昭 54〉

書事研　裁判所職員総合研修所監修『少年事件における書記官事務の研究（改訂）』〈平
　　　　　24〉

諸問題　最高裁判所事務総局『家庭裁判所の諸問題㊦』（家庭裁判資料 88）〈昭 45〉

大コ　中山善房ほか編『大コンメンタール刑事訴訟法（第三版）第 6 巻』〈令 4〉

武内　武内謙治『少年法講義』〈平 27〉

田宮　田宮裕『刑事訴訟法（新版）』〈平 8〉

田宮追悼　『田宮裕博士追悼論集㊤㊦』〈平 13〉

団藤＝森田　団藤重光＝森田宗一『新版少年法（第 2 版）』（ポケット註釈全書）〈昭 59〉

通達集　最高裁判所事務総局家庭局『保護処分関係主要通達集』〈平 8〉

土本　土本武司『少年法』法務総合研究所研修教材〈昭 52〉

津田(雅)　津田雅也『少年刑事事件の基礎理論』〈平 27〉

手引　司法研修所『五訂少年審判運営の手引』〈平 22〉

展開　猪瀬愼一郎＝森田明＝佐伯仁志編著『少年法のあらたな展開』〈平 13〉

展望　新倉修＝横山実編『少年法の展望』（澤登俊雄先生古稀祝賀論文集）〈平 12〉

服部＝佐々木　服部朗＝佐々木光明『ハンドブック少年法』〈平 12〉

浜井ほか　浜井一夫＝廣瀬健二＝波床昌則＝河原俊也『少年事件の処理に関する実務上の諸
　　　　　問題——否認事件を中心として——』（司法研究報告書 48・2）〈平 9〉

判タ家裁実務　『家庭裁判所家事・少年実務の現状と課題』判タ 996〈平 11〉

判タ少年法　『少年法——その実務と裁判例の研究——』別冊判タ 6〈昭 54〉

ビギナーズ ver. 2.1　季刊刑事弁護増刊『少年事件ビギナーズ ver. 2.1』〈令 5〉

百選　田宮裕編『少年法判例百選』〈平 10〉

平野　平野龍一『刑事訴訟法』〈昭 33〉

平場　平場安治『少年法（新版）』（法律学全集 44-II）〈昭 62〉

平場旧版　平場安治『少年法』（法律学全集 44）〈昭 38〉

廣瀬　廣瀬健二『子どもの法律入門（第 3 版）』〈平 29〉

廣瀬・少年法　廣瀬健二『少年法』〈令 3〉

廣瀬・入門　廣瀬健二『少年法入門』〈令3〉

法務研究　安東美和子＝松田美智子＝立谷隆司＝浜井浩一＝横地環＝長島裕＝橋本三保子＝生島浩＝中野陽子＝福田美喜子＝松野孝治＝栗栖素子『諸外国における少年非行の動向と少年法制に関する研究』（法務総合研究所研究部報告5）〈平11〉

前田　前田雅英『少年犯罪』〈平12〉

丸山　丸山雅夫『少年法講義（第4版）』〈令4〉

森田　森田明『未成年者保護法と現代社会』〈平11〉

森田(2)　森田明『少年法の歴史的展開』〈平17〉

40年概観　最高裁判所事務総局『家庭裁判所40年の概観』（家庭裁判資料144）〈平2〉

令状実務II　令状に関する理論と実務II・別冊判例タイムズ35

令状実務詳解　田中康郎監修『令状実務詳解〔補訂版〕』〈令5〉

60年概観　最高裁判所事務総局『家庭裁判所60年の概観』（家庭裁判資料191）〈平22〉

渡邊　渡邊一弘『少年の刑事責任』〈平18〉

【論文等】

〈あ〉

相澤　相澤重明「家庭裁判所調査官と少年保護」ジュリ1087〈平8〉

相澤＝田中　相澤仁＝田中浩之「児童自立支援施設における強制的措置の実情と課題」家月65・5〈平25〉

相澤ほか　相澤重明＝浅野治夫＝蛯子直美＝渡辺昭＝西山智司＝岡本吉生「少年事件における保護的措置について(3)・完」家月44・6〈平4〉

赤池a　赤池一将「フランス・第3章フランス少年司法改革の動向」澤登e

赤池b　赤池一将「フランスの少年司法改革」課題と展望(2)

赤池c　赤池一将「フランスの少年審判の構造と検察官および弁護人の活動」課題と展望(2)

明石　「施設送致申請の円滑な運用に向けて」家判3〈平27〉

秋武＝大串　秋武憲一＝大串真喜子「少年事件の抗告をめぐる諸問題」判タ家裁実務

秋元　秋元卓雄「カナダ・オンタリオ州における少年裁判及び処遇の実情」家月59・4〈平19〉

朝岡　朝岡智幸「家庭裁判所が捜査機関に対し補充捜査を促し又は求めることの可否」家月44・1〈平4〉

浅香ほか　浅香竜太＝川淵健司＝宇田川公輔「『少年審判規則の一部を改正する規則』の解説」家月61・2〈平21〉

朝倉a　朝倉京一「矯正法講話」刑政72・2〈昭36〉

朝倉b　菊田幸一『判例刑事政策演習（少年保護編）』〔朝倉京一執筆部分〕〈昭55〉

浅沼ほか　浅沼雄介＝島本元気＝梶美紗＝田中惇也＝王本優花＝角谷大輔＝城典子「性的な

文 献 目 録

　　　　　姿態を撮影する行為等の処罰及び押収物に記録された性的な姿態の影像に係る電
　　　　　磁的記録の消去等に関する法律について(1)」曹時 76・2〈令 6〉
朝日　　　朝日貴浩「少年の年齢認定について」家月 45・6〈平 5〉
麻生　　　麻生由一「少年院における外国人少年の処遇の実情」家月 55・12〈平 15〉
足立　　　足立拓人「少年法 48 条 1 項の『やむを得ない場合』の意義」別冊判タ 35〈平
　　　　　24〉
穴沢　　　穴沢成己「少年保護制度における家庭裁判所の執行面に対する関与」諸問題
阿部 a　　阿部純二「少年法 3 条 1 項 1 号の犯罪少年及び同項 3 号のぐ犯少年と責任能力と
　　　　　の関係」家月 35・1〈昭 58〉
阿部 b　　阿部純二「少年事件と弁護人」家月 29・8〈昭 52〉
阿部 c　　阿部純二「虞犯少年の法的考察」家月 13・9〈昭 36〉
阿部 d　　阿部純二「虞犯における『罪を犯すおそれ』の意義」判タ少年法
阿部 e　　阿部純二「犯罪と虞犯の関係」判タ少年法
安倍＝山﨑　安倍嘉人＝山﨑恒「少年法適用年齢の引き下げについて考える」家判 16〈平
　　　　　30〉
荒井 a　　荒井史男「少年事件の起訴手続」谷口正孝編『刑事法演習 I』〈昭 49〉
荒井 b　　荒井史男「家庭裁判所の短期処遇の勧告と抗告理由」判タ少年法
新井(忠)　新井忠和「少年事件の処理に関し書記官の果たすべき役割」家月 46・4〈平 6〉
新井(慶)　新井慶有「送致された犯罪事実が証明を欠く場合にこれと同一性を有するぐ犯事
　　　　　実を認定すべき要件」家月 36・10〈昭 59〉
新井ほか　新井喜美子＝藤井一人「少年保護事件の抗告をめぐる 2，3 の問題」書協会報
　　　　　142〈平 10〉
荒木(直)　荒木直彦「ドイツ（ベルリン及びミュンヘン）における少年司法事情」家月
　　　　　46・9〈平 6〉
荒木(伸)a　荒木伸怡「非行事実の認定と少年審判（2・完）」警研 54・6〈昭 58〉
荒木(伸)b　荒木伸怡「要保護性の概念とその機能」警研 59・10〈昭 63〉
荒木(伸)c　荒木伸怡「少年審判における審理手続と事実認定方法」法時 66・8〈平 6〉
荒木(伸)d　荒木伸怡「少年審判における非行事実の認定」犯非 101〈平 6〉
荒木(伸)e　荒木伸怡「不処分決定と一事不再理の効力」立教法学 42〈平 7〉
荒木(伸)f　荒木伸怡編著『非行事実の認定』〈平 9〉
荒木ほか　荒木龍彦＝吉田千枝子＝小池雅義「更生保護法施行 1 年の運用の状況について」
　　　　　家月 61・12〈平 21〉
安藤 a　　安藤正博「保護処分決定と非行事実の特定」判タ少年法
安藤 b　　安藤正博「処分選択の原理」講座少年保護 2
安藤 c　　安藤正博「裁判例からみた少年保護事件の抗告に関する 2，3 の問題について」
　　　　　書記官 94〈昭 53〉
飯島 a　　飯島泰「少年法等の一部を改正する法律の概要等」ジュリ 1195〈平 13〉
飯島 b　　飯島泰「少年事件の処分の在り方の見直し」ひろば 54・4〈平 13〉

xxi

飯島 c	飯島泰 「少年法の一部を改正する法律の概要」 ジュリ 1364 〈平 20〉
飯島ほか	飯島泰＝親家和仁＝岡崎忠之『少年法の一部を改正する法律』の解説」家月 61・2〈平 21〉
飯田（正）	飯田正剛「少年事件と情報公開」法時 70・11〈平 10〉
飯田	飯田喜信「短期処遇勧告と抗告」家月 36・6〈昭 59〉
イェシオネク	ウド・イェシオネク（宮沢浩一訳）「オーストリアにおける少年犯罪と少年刑法」家月 48・12〈平 8〉
五十嵐＝田宮	五十嵐清＝田宮裕『名誉とプライバシー』〈昭 43〉
池田＝中谷	判解刑平 9〔10〕〔池田修＝中谷雄二郎執筆部分〕〈平 12〉
池本	池本壽美子「児童の性的虐待と刑事法」判タ 1081〈平 14〉
生駒ほか	生駒貴弘＝井澤哲「保護観察の現場から見る令和 3 年改正少年法」ひろば 75 巻 3〈令 4〉
石井	石井一正『刑事実務証拠法（第 4 版）』〈平 19〉
石川＝森田	石川稔＝森田明編『児童の権利条約』〈平 7〉
石川＝横山	石川才顕＝横山省治「少年被疑事件につき捜査等に日時を要したため，家庭裁判所の審判を受ける機会が失われた時でも捜査手続は適法といえる等」日本法学 35・4〈昭 45〉
石塚	石塚章夫「身柄拘束中逃走した少年に対する再身柄拘束の方法」家月 42・3〈平 2〉
石塚ほか	石塚長助＝菅原千代松＝渡辺輝雄＝山口省一＝佐竹衛＝結城喜代志＝田中和平＝高橋和男「執行指揮に関する実証的研究」家月 16・5〈昭 39〉
石原	菊田幸一『判例刑事政策演習（少年保護編）』〔石原明執筆部分〕〈昭 55〉
礒辺	礒辺衛「少年法第 55 条の法理と運用」家月 16・3〈昭 39〉
板垣	板垣嗣廣「少年院における教育と指導」ジュリ 1087〈平 8〉
板谷	板谷充「更生保護における犯罪被害者等施策について」家月 60・8〈平 20〉
市川	市川太志「少年審判と付添人」ケース研究 249〈平 8〉
市村 a	市村光一「少年審判における否認事件をめぐって」家月 3・7〈昭 26〉
市村 b	市村光一「少年法をめぐる憲法上の諸問題(1)」家月 4・1〈昭 27〉
市村 c	市村光一「少年法第 42 条の法意について」刑雑 3・4〈昭 28〉
一弁	第一東京弁護士会少年法委員会編『少年事件ハンドブック』〈平 28〉
一弁入門	第一東京弁護士会こども法委員会編『付添人のための少年院入門（第 2 版）』〈平 27〉
出射	出射義夫「家庭裁判所を経由しない余罪の追起訴の効力」刑雑 3・4〈昭 28〉
出田	大塚仁ほか編『大コンメンタール刑法 1』〔出田孝一執筆部分〕〈平 3〉
井戸	井戸謙一「期間を定めないでなされた戻し収容決定と少年院法 11 条 1 項ただし書の適用の有無」家月 36・1〈昭 59〉
伊藤（三）	伊藤三郎『少年保護事件の書記官事務に関する実証的研究』（裁判所書記官実務研究報告書 1・4）〈昭 37〉

文献目録

伊藤(寿)	伊藤寿「少年審判における抗告受理申立事件についての考察」『小林充先生・佐藤文哉先生古稀祝賀刑事裁判論集㊤』〈平18〉
伊藤(政)a	伊藤政吉「準少年保護事件の特質」家月12・8〈昭35〉
伊藤(政)b	伊藤政吉「少年保護事件の抗告」家月10・3〈昭33〉
伊藤(政)c	伊藤政吉「犯罪者予防更生法第43条の申請について」家月2・9〈昭25〉
伊藤(政)d	伊藤政吉「少年鑑別所」ジュリ237〈昭36〉
伊藤(政)e	伊藤政吉「準少年保護事件の本質」ジュリ198〈昭35〉
伊藤(政)f	伊藤政吉「保護者について」家月4・12〈昭27〉
伊東	伊東武是「抗告受理申立制度について」課題と展望(1)
井上(勝)	井上勝正『少年法』〈昭46〉
井上(清)	井上清「勾留に代る観護措置の性質と効力」司研所報30〈昭38〉
井上(哲)	井上哲男「補導委託をめぐる法律上の問題点に関する一考察」家月35・9〈昭58〉
井上(文)	井上文夫「召喚及び勾引」「勾留」実務講座2〈昭28〉
猪瀬a	猪瀬慎一郎「少年審判制度の現状と展望」ジュリ1087〈平8〉
猪瀬b	猪瀬慎一郎「少年審判における『法の適正な手続』」諸問題
猪瀬c	猪瀬慎一郎「日本の少年法」宮澤a
猪瀬d	猪瀬慎一郎「少年事件の捜査手続について」判タ287〈昭48〉
猪瀬e	猪瀬慎一郎「少年審判手続と不利益変更禁止の原則」ジュリ1135〈平10〉
猪瀬=森田	猪瀬慎一郎=森田明「イリノイ州の少年裁判所を訪ねて」家月50・3〈平10〉
井原ほか	井原不二男=坂本義夫=福地俊美=細川俊彦「少年保護事件における抗告について」全国書協会報60〈昭52〉
揖斐	揖斐潔「虞犯と犯罪の吸収関係」家月37・11〈昭60〉
今崎ほか	今崎幸彦=鈴木巧=野村賢=江見健一=岡健太郎=古田孝夫「刑事訴訟規則の一部を改正する規則及び犯罪被害者等の保護を図るための刑事手続に付随する措置に関する規則の解説」曹時52・12〈平12〉
今中	今中道信「少年保護事件における不告不理」家月4・2〈昭27〉
入江	入江正信「少年保護事件における若干の法律問題」家月5・7〈昭28〉
入江(猛)a	入江猛「『少年法等の一部を改正する法律』の趣旨及び概要」現刑24〈平13〉
入江(猛)b	入江猛「少年法改正の経緯と改正の概要」ひろば54・4〈平13〉
入江(猛)c	入江猛「家庭裁判所における改正少年法の運用について」家判36〈令4〉32頁
岩井a	岩井宜子「保護処分と刑事処分の関係について」家月32・12〈昭55〉
岩井b	岩井宜子「少年法27条の2第1項による保護処分取消の時期」警研63・3〈平4〉
岩井c	岩井宜子「観護措置期間の延長」現刑5〈平11〉
岩井(隆)	岩井隆義「処遇選択をめぐる諸問題」判タ家裁実務
岩崎	岩崎隆弥「少年院における収容継続について」刑政74・7〈昭38〉
岩﨑(貴)a	岩﨑貴彦「責任能力の要否」家判46〈令5〉

岩﨑(貴)b　岩﨑貴彦「原則検察官送致対象事件の処理（被害者に関する諸制度を含む）」家判 50〈令 6〉

岩下　岩下肇「少年事件の処理」熊谷弘ほか編『公判法大系 I』〈昭 49〉

岩瀬　岩瀬徹「少年と医療観察法」岩井宜子先生古稀祝賀論文集『刑法・刑事政策と福祉』〈平 23〉

岩野 a　岩野寿雄「観護の措置に関する実務上の問題点」諸問題

岩野 b　岩野寿雄「少年保護手続における決定の執行についての一考察」司研所報 30〈昭 38〉

岩淵　岩淵道夫「少年に対する保護観察」ジュリ 1087〈平 8〉

岩松　岩松茂「少年法規の問題点」刑政 70・1〈昭 34〉

岩村　岩村通世『少年法』（現代法学全集 31）〈昭 3〉

上垣　上垣猛「犯罪者予防更生法第 42 条のぐ犯通告に関する裁判例の総合的分析」家月 40・8〈昭 63〉

上杉　上杉晴一郎「少年事件における裁判の変更」家月 14・9〈昭 37〉

植月　植月良典「勾留の請求があった場合に、裁判官が、勾留の要件は充たしているものの『やむを得ない場合』に当たらないと認めた場合の措置」別冊判タ 35〈平 24〉

植田＝黒田　植田智彦＝黒田香「少年審判の運営の実情」家判 7〈平 28〉

上野　上野正雄「保護処分の正当化根拠」津田重憲先生追悼論文集『刑事法学におけるトポス論の実践』〈平 26〉

植松　植松正『再訂刑法概論 II 各論』〈昭 50〉

植村 a　植村立郎「勾留を必要とする『やむを得ない場合』」判タ少年法

植村 b　植村立郎「『処分の著しい不当』に関する一考察」家月 35・12〈昭 58〉

植村 c　植村立郎「司法改革期における少年法に関する若干の考察」判タ 1197〈平 18〉

植村 d　植村立郎「司法改革期における少年法に関する若干の考察（その 2）」判タ 1217〈平 18〉

植村 e　植村立郎「司法改革期における少年法に関する若干の考察（その 3）」判タ 1260〈平 20〉

植村 f　植村立郎『少年事件の実務と法理』〈平 22〉

植村 g　植村立郎「少年抗告事件における「処分の著しい不当」(2)」曹時 68・12〈平 28〉

牛坂　牛坂潤「少年事件の処理に関して書記官の果たすべき役割」書研所報 46〈平 12〉

宇田川　宇田川公輔「諸外国の少年法制・少年事件処理の状況(4)イギリスの少年司法の動向と少年司法手続の運用状況について」家月 61・10〈平 21〉

瓜生　瓜生武「処罰とゆるしの心理——裁く者と裁かれる者——」家月 30・6〈昭 53〉

榎本　榎本巧「少年事件における裁判費用の負担」家月 37・5〈昭 60〉

榎本(正)　榎本正也「保護観察処遇の現状と展望」家月 52・6〈平 12〉

エリス＝京　トム・エリス＝京明「イギリスの少年司法」龍谷大学矯正・保護総合センター研究年報 8〈令元〉

文献目録

遠藤	遠藤賢治「観護措置，少年院在院中もしくは保護観察，試験観察中の少年に対する逮捕」判タ 296〈昭 48〉
大貝	大貝葵「少年司法手続きにおける検察官の専門性と課題」罪と罰 59 巻 2〈令 4〉
大貝 a	大貝葵「資料 フランス刑事司法法典」金沢法学 63 巻 2〈令 3〉
大熊	大熊直人「14 歳未満の少年に対する少年院における処遇の実情について」家月 64・9〈平 24〉
大石	大石忠生「少年審判における一事不再理」司研所報 30〈昭 38〉
大出	大出良知「少年審判手続における『再審』」法時 67・7〈平 7〉
大島	大島哲雄「ぐ犯と犯罪との関係」家月 35・3〈昭 58〉
大段	大段亨「少年保護事件における裁判官の忌避について」家月 46・11〈平 6〉
大塚(英)	大塚英理子「ドイツ少年行刑における主体性と参加」一橋研究 39・1〈平 26〉
大塚(正)a	大塚正之「教護院送致に関する諸問題」家月 43・3〈平 3〉
大塚(正)b	大塚正之「少年事件における没取に関する一考察」家月 39・9〈昭 62〉
大塚(正)c	大塚正之「ぐ犯保護事件の法律上の諸問題」家庭裁判所調査官実務研究報告書 2〈昭 63〉
大塚(雅)	大塚雅彦「試験観察の運用」平尾靖編『非行——補導と矯正教育』〈昭 49〉
大戸	大戸英樹「みなし勾留の基礎事実」判タ少年法
大野	大野市太郎「法 55 条の移送と事実審裁判所の裁量権」判タ少年法
大野ほか	大野邦清＝菊岡直市＝藤村馨＝脇定義＝木村万一＝土居茂利＝溝淵靖「少年保護事件記録の開示について」書協論集
大橋	大橋正昭「収容期間の定めがある少年院送致決定について」刑政 84・6〈昭 48〉
大原	大原光博「オーストラリアにおける修復的司法(上)(中)(下)」警論 60・3〜5〈平 19〉
大森 a	大森政輔「少年に対する刑罰処遇について」家月 28・4〈昭 51〉
大森 b	大森政輔「少年の権利保障強化のための手続改善について」家月 29・9〈昭 52〉
大森 c	大森政輔「検察官送致決定の実質的要件」判タ少年法
大谷	大谷實『刑事政策講義（第 4 版）』〈平 8〉
岡 a	岡健太郎「フランス共和国における少年事件処理の実情」(上)(下)家月 51・8，9〈平 11〉
岡 b	岡健太郎「事実認定手続の一層の適正化」ひろば 54・4〈平 13〉
岡垣	岡垣勲「観護措置に関する若干の法理論的考察」家月 2・12〈昭 25〉
岡﨑	岡﨑忠之「『少年法等の一部を改正する法律』について」刑事法ジャーナル 9〈平 19〉
岡﨑ほか	岡﨑忠之＝親家和仁＝飯島泰「少年事件における捜査と送致」50 選
岡田(裕)	岡田裕子「少年司法制度とプライヴァシーの権利」立教法学 89・1〈平 26〉
岡田(行)	岡田行雄『少年司法における科学主義』〈平 24〉
岡邊	岡邊健『現代日本の少年非行』〈平 25〉
小鹿野	小鹿野智「イギリスにおける少年司法事情を調査して」家月 50・3〈平 10〉
岡部	岡部信也「少年保護事件に関する補償に関する法律 3 条 2 号をめぐる諸問題」家

月 46・9〈平 6〉

岡部(豪)	岡部豪「少年事件における併合・分離を巡る諸問題」家月 52・8〈平 12〉
岡村	岡村美保子「海外法律事情フランス」ジュリ 1236〈平 14〉
岡本	岡本多市「少年法 24 条 1 項 2 号と強制的措置」家月 35・7〈昭 58〉
小川	小川正持「少年保護事件における職権証拠調べ」家月 37・7〈昭 60〉
小木曾＝只木	小木曾綾＝只木誠「フランス少年法の動向」駒沢大学法学部法学論集 56〈平 9〉
奥平 a	奥平裕美「少年院における矯正教育の課題と展望」犯非 114〈平 9〉
奥平 b	奥平裕美「少年院における教育課程の再編及びその運用について」家月 50・5〈平 10〉
奥平 c	奥平裕美「少年矯正の歩みとこれからの課題」判タ家裁実務
奥村	奥村正雄『イギリス刑事法の動向』〈平 8〉
奥山 a	奥山興悦「同一事件の二重係属と審判条件」判タ少年法
奥山 b	奥山興悦「基準外の簡易送致の取扱い」判タ少年法
奥山＝水上	奥山興悦＝水上敏「主要裁判例の概観」判タ少年法
小澤	小澤真嗣「アメリカ合衆国オレゴン州における少年司法の実際」家月 53・10〈平 13〉
小田	新関雅夫ほか『増補令状基本問題(上)』〔小田健二執筆部分〕〈平 8〉
小田ほか	小田正二＝川淵健司「少年審判規則及び総合法律支援法による国選弁護人契約弁護士に係る費用の額の算定等に関する規則の一部を改正する規則の解説」家月 59・11〈平 19〉
小田中	小田中聡樹「少年法『改正』案の問題点」法セ 533〈平 11〉
落合＝辻	落合義和＝辻裕教「刑事訴訟法等の一部を改正する法律（平成 16 年法律第 62 号）について(3)」曹時 58・7〈平 18〉
尾中ほか	尾中孝子＝佐々木光郎＝白川康夫＝矢代竜雄＝守安匡「少年事件の調査における心理テストの活用について」家月 49・4〈平 9〉
小野(慶)a	小野慶二「少年保護事件における犯罪事実の意義」家月 2・12〈昭 25〉
小野(慶)b	小野慶二「人身売買に関する刑罰法令」家月 3・7〈昭 26〉
小野(慶)c	小野慶二「保護処分をした後に発覚した余罪の審判による保護処分の実質的変更」刑雑 3・4〈昭 28〉
小野(清)	小野清一郎『刑の執行猶予と有罪判決の宣告猶予及び其の他（増補版）』〈昭 45〉
小野＝柳下	小野裕輝＝柳下哲矢「少年調査票の新たな様式について」判研 39〈令 4〉
小畑	小畑哲夫「少年保護行政の歩みとこれからの課題」判タ家裁実務

〈か〉

甲斐	甲斐行夫「少年法の整備に関する諮問第 43 号に係る法制審議会少年法部会における審議経過について」現刑 5〈平 11〉
甲斐ほか	甲斐行夫＝入江猛＝飯島泰＝加藤俊治＝岡健太郎＝岡田伸太＝古田孝夫＝本田能

文 献 目 録

久＝安永健次「少年法等の一部を改正する法律及び少年審判規則等の一部を改正する規則の解説」『法曹会新法解説叢書 17』〈平 14〉

香川	香川達夫「予備罪と中止未遂の関係」評釈集 16〈昭 36〉
柿崎 a	柿崎伸二「少年院運営の現状と課題」犯非 153〈平 19〉
柿崎 b	柿崎伸二「少年矯正における犯罪被害者等施策について」家月 60・8〈平 20〉
柿崎 c	柿崎伸二「少年院法・少年鑑別所法の成立の経緯」ひろば 67・8〈平 26〉
覚正	覚正豊和「刑事処分と保護処分の限界」法と秩序 16・1〈昭 61〉
笠井	笠井勝彦「保護処分の選択決定における非行事実の持つ機能」家月 37・6〈昭 60〉
梶村 a	梶村太市「少年保護事件と不告不理」判タ少年法
梶村 b	梶村太市「非行なしと審判権の欠如」判タ少年法
梶村 c	梶村太市「戻し収容申請事件と一般保護事件の併合の可否」判タ少年法
梶村 d	梶村太市「少年の観護措置の要件（基準）を中心として」家月 32・8〈昭 55〉
柏木 a	柏木千秋「少年に関するいわゆる余罪を起訴するについては家庭裁判所を経由しなければならないか」評釈集 15〈昭 35〉
柏木 b	柏木千秋「少年」日本刑法学会編『刑事法講座 3』〈昭 27〉
梶原	梶原敦「児童自立支援施設における処遇の現状について」家月 59・10〈平 19〉
片岡	片岡博「少年審判運営をめぐる諸問題」判タ家裁実務
勝田	勝田和彦「家庭裁判所調査官から見た少年非行の変化」ケース研究 257〈平 10〉
家庭局 a	家庭局「インテークに関する資料」家月 6・12〈昭 29〉
家庭局 b	家庭局「少年保護事件の記録の開示について」家月 34・5〈昭 57〉
家庭局 c	家庭局「少年法第 31 条による費用徴収について」家月 3・7〈昭 26〉
加藤(暢)	加藤暢夫「少年の処遇と保護観察」法時 77・6〈平 17〉
加藤(紀)	加藤紀夫「少年保護事件における身柄取扱いの内容」全国書協会報 68〈昭 54〉
加藤(久)	加藤久雄「西ドイツにおける青少年犯罪・非行に対する刑事政策的対応」ケース研究 213〈昭 62〉
加藤(学)a	加藤学「ぐ犯をめぐる諸問題」判タ家裁実務
加藤(学)b	加藤学「否認事件の審判」課題と展望(1)
加藤(学)c	加藤学「少年の勾留とやむを得ない理由」別冊判タ 26〈平 22〉
加藤(学)d	加藤学「保護処分相当性と社会記録の取扱い」植村退官
加藤(学)e	加藤学「少年（刑事）事件において家庭裁判所と刑事裁判所の判断を可及的速やかに収斂するために考慮すべき事項」家判 11〈平 29〉
加藤(学)f	加藤学「少年事件と精神保健福祉法、医療観察法」家判 47〈令 5〉
加藤＝須川	加藤学＝須川智裕「特定少年法保護について」家判 40〈令 4〉
加藤＝吉田	加藤孝雄＝吉田英法「少年法と刑事訴訟法との交錯に関する若干の考察(上)」警研 49・1〈昭 53〉
門野	門野博「補充捜査に関する諸問題」家月 42・12〈平 2〉
金谷(暁)	判解刑平 2〔10〕〔金谷暁執筆部分〕〈平 4〉

金谷(利)	新関雅夫ほか『増補令状基本問題(上)』〔金谷利廣執筆部分〕〈平 8〉
カベナー	W. E. カベナー（桑原洋子訳）『イギリス少年裁判所』〈平 5〉
鎌倉	鎌倉正和「施設送致申請事件をめぐる諸問題」家月 63・11〈平 23〉
鎌田	鎌田隆志「更生保護法の解説」家月 59・12〈平 19〉
神垣 a	神垣英郎「抗告審から見た少年事件の処理について」家月 36・9〈昭 59〉
神垣 b	新関雅夫ほか『増補令状基本問題(上)』〔神垣英郎執筆部分〕〈平 8〉
神村	神村三郎「検察官送致の限界に対する一考察」家月 7・5〈昭 30〉
亀山	亀山継夫「少年保護事件と親告罪」判タ少年法
加茂	加茂紀久男「少年審判と不告不理」司研所報 30〈昭 38〉
鴨	鴨良弼「苦悩する制度理念——少年法と証拠法の接点——」研修 386〈昭 55〉
家令	家令和典「少年審判運営における裁判官と調査官，書記官との連携の在り方について」家月 49・4〈平 9〉
川出 a	川出敏裕「ドイツにおける少年法制の動向」ジュリ 1087〈平 8〉
川出 b	川出敏裕「少年保護手続と不利益変更禁止の原則」研修 595〈平 10〉
川出 c	川出敏裕「少年法 16 条に基づく捜査機関への援助協力依頼により得られた証拠の存在を附添人に了知させないことの適否」法教 220〈平 11〉
川出 d	川出敏裕「少年法改正」法教 222〈平 11〉
川出 e	川出敏裕「保護処分終了後の救済手続」ジュリ 1152〈平 11〉
川出 f	川出敏裕「非行事実の認定手続の改善と被害者への配慮の充実」ジュリ 1195〈平 13〉
川出 g	川出敏裕「逆送規定の改正」現刑 24〈平 13〉
川出 h	川出敏裕「14 歳未満の少年の保護処分の見直し等」ジュリ 1286〈平 17〉
川出 i	川出敏裕「少年法改正」法教 324〈平 19〉
川出 j	川出敏裕「少年法の一部改正に至る議論と背景」ひろば 60・10〈平 19〉
川出 k	川出敏裕「少年法の現状と課題」家判 1〈平 27〉
川出 l	川出敏裕「少年法の適用対象年齢の引下げを巡る議論について」東京大学法科大学院ローレビュー 15〈令 3〉
川出 m	川出敏裕「少年法改正の経緯」ひろば 75・3〈令 4〉
川出 n	川出敏裕「特定少年の法的地位」家判 36
川出 o	川出敏裕「改正少年法について」法時 94・2〈令 4〉
川口(茂)a	川口茂雄「科学調査室はいかにあるべきか」諸問題
川口(茂)b	川口茂雄「科学調査室の機構改革とその運営について」家月 35・1〈昭 58〉
川口(宰)a	川口宰護「観護措置をめぐる諸問題」判タ家裁実務
川口(宰)b	川口宰護「少年事件における犯罪被害者への配慮の充実」ひろば 54・4〈平 13〉
川口(宰)c	川口宰護「少年法改正後の刑事裁判の対応」法の支配 131〈平 15〉
川口(代)	川口代志子「刑事処分相当として事件を検察官に送致する場合における具体的送致先」家月 37・2〈昭 60〉

文 献 目 録

川嵜	川嵜義徳「少年法と児童福祉法の交錯」司研所報 30〈昭 38〉
川崎	川崎英明「少年法改正と警察」法時 77・6〈平 17〉
川嶋	川嶋三郎『児童福祉法の解説』〈昭 26〉
河畑 a	河畑勇「家庭裁判所移送（少年法 55 条）の当否が争点となった少年の裁判員裁判の裁判例の分析と考察」家判 29〈令 2〉
河畑 b	河畑勇「ぐ犯保護事件の諸問題（その 1）」家判 36〈令 4〉
河畑 c	河畑勇「処遇選択」ケース少年事件
河原 a	河原俊也「2002 年，2004 年及び 2007 年法改正後のフランス共和国における少年事件処理の実情」家月 60・10〈平 20〉
河原 b	河原俊也「少年の健全な育成」植村退官
川淵 a	川淵健司「少年法改正の意義①」ひろば 60・10〈平 19〉
川淵 b	川淵健司「ドイツ連邦共和国における少年裁判手続の実情」家月 61・9〈平 21〉
川淵 = 岡﨑	川淵武彦 = 岡﨑忠之『『少年法等の一部を改正する法律』の概要」ジュリ 1341〈平 19〉
神作	神作良二「抗告申立書における抗告の趣意の明示」判タ少年法
菊田(1)〜(3)	菊田幸一「少年保護事件に関する裁判例の再検討(1)〜(3)」判時 987，994，997〈昭 56〉
菊地 a	菊地和典「ある少年法理念転換の軌跡」犯罪と非行 88〈平 3〉
菊地 b	菊地和典「法の公正手続導入と『調査』の問題点」諸問題
菊地 c	菊地和典「イギリスにおける最近の少年司法制度改革の視点と論点」ケース研究 257〈平 10〉
菊池 a(1)(2)	菊池信男「少年保護事件における『再審』(1)(2・完)」家月 14・3，4〈昭 37〉
菊池 b	菊池信男「身柄拘束中逃走した少年の処置」司研所報 30〈昭 38〉
菊池 c	菊池信男「家裁を経由しない余罪の起訴の許否」『刑事訴訟法判例百選（第 3 版）』〈昭 51〉
菊池 d	菊池信男「要保護性のないことの明白な場合における非行事実に関する判断の要否」判タ少年法
菊池(則)	菊池則明「特定少年に対する保護処分と責任能力」法学新報 129・6 = 7〈令 4〉
菊山ほか	菊山正史 = 佐々木裕太 = 大澤光彦 = 関口志朗 = 瀧川善和 = 津々楽博之 = 佐野由美子 = 入山真一郎「被害者調査の方法と結果の活用について」家月 53・8〈平 13〉
岸野 = 庄山	岸野康隆 = 庄山浩司「ネット利用型非行の法律的問題点と調査・審判における工夫・留意点」家判 32〈令 3〉
岸本	岸本昌己「検察官送致決定と観護措置（少年法第 17 条第 1 項第 2 号）の関係」司研所報 30〈昭 38〉
木谷 a	判解刑昭 58〔木谷明執筆部分〕〈昭 62〉
木谷 b	新関雅夫ほか『新版令状基本問題[上]』〔木谷明執筆部分〕〈昭 60〉
木谷 c	新関雅夫ほか『増補令状基本問題[上]』〔木谷明執筆部分〕〈平 8〉
北原	北原直樹「『少年法等の一部を改正する法律』の概要」ひろば 75・3〈令 4〉

xxix

北村 a	北村和「検察官送致決定を巡る諸問題」家月 56・7〈平 16〉
北村 b	北村和「抗告，一事不再理効，保護処分の取消し」50 選〈平 22〉
城戸	城戸浩正「少年事件と弁護士の役割」『変革の中の弁護士(上)』〈平 4〉
鬼頭	鬼頭清貴「戻し収容申請事件における期間の定め，処遇勧告及び観護措置について」家月 40・10〈昭 63〉
木村 a	木村裕三「虞判少年と責任要件」名城法学 32・1〈昭 58〉
木村 b	木村裕三『イギリスの少年司法制度』〈平 9〉
木村(敦)	木村敦「少年法改正の意義③」ひろば 60・10〈平 19〉
矯正協会	矯正協会編『少年矯正の近代的展開』〈昭 59〉
矯正研究室	矯正研究室「少年院創設 100 周年特集号」矯正研究 6〈令 5〉
清野	清野惇「検察官送致決定と一部起訴の是非」判タ少年法
清野(武)	清野武「書記官の法的調査の現状と可能性について」書研所報 46
金	金光旭「観護措置期間の延長について」ジュリ 1152〈平 11〉
久木元ほか	久木元伸＝川淵武彦＝岡崎忠之『『少年法等の一部を改正する法律』について」家月 59・11〈平 19〉
草野	草野隆一「少年審判の司法的性格」諸問題 78
櫛淵 a	櫛淵理「少年保護事件における個別主義と刑事訴訟法の準用について」判タ 71〈昭 32〉
櫛淵 b	櫛淵理「少年事件調査審判の反省」家月 11・6〈昭 34〉
葛野 a	葛野尋之「研究者から見た補充捜査」法時 63・12〈平 3〉
葛野 b	葛野尋之「[調布駅南口事件] 少年審判制度への挑戦」法セ 477〈平 6〉
葛野 c	葛野尋之「アメリカ・第 2 章少年司法の歴史と動向」澤登 e
葛野 d	葛野尋之「刑事裁判の公開と少年審判の非公開」展望
葛野 e	葛野尋之 「刑事手続への実効的参加と少年の公開裁判」『光藤影皎先生古稀祝賀論文集(下)』〈平 13〉
葛野 f	葛野尋之「少年司法改革の展望」自由と正義 58・3〈平 19〉
國吉	國吉真弥「少年鑑別所における収容鑑別及び観護処遇の実際」家月 62・10〈平 22〉
熊谷	熊谷弘編著『逮捕・勾留・保釈の実務』〈昭 40〉
熊倉	熊倉平治「少年保護事件における，家庭裁判所での決定執行について，執行指揮印の要否」裁判所書記官研修所『創立 10 周年記念論文集』〈昭 35〉
栗林	栗林勝『準少年保護事件の手続に関する実証的研究』(裁判所書記官実務研究報告書 2・3)〈昭 38〉
栗原	栗原平八郎「少年事件」熊谷弘ほか編『公判法大系 III』〈昭 50〉
来栖	来栖宗孝「2 つの課題」刑政 74・3〈昭 38〉
桑原(正)	桑原正憲「法廷等の秩序維持に関する法律について」曹時 4・8〈昭 27〉
桑原(洋)	桑原洋子「少年法 18 条 2 項の送致決定と抗告の可否」法学論叢 80・5〈昭 42〉
刑事局	法務省刑事局『少年法及び少年院法の制定関係資料集』〈昭 47〉

文　献　目　録

刑政	刑政編集部「実務の栞『少年院における収容継続について』」刑政 72・1〈昭 36〉
芥田ほか	芥田和俊＝松岡れい子＝重黒木佳子＝服部元喜「中小規模庁における学生ボランティアの活用について」調研所報 40〈平 14〉
見目	見目明夫「少年事件への刑訴法の準用」判タ家裁実務
小池	小池洋吉「検察官に送致された複数の事実の一部につき犯罪の嫌疑が認められない場合の残部の事実による起訴と家庭裁判所への移送」家月 36・3〈昭 59〉
小池(信)	小池信太郎「改正少年法と 18 歳・19 歳の少年に対する処分選択」法セミ 806〈令 4〉
鯉沼	鯉沼昌三「少年事件のなやみ」法律のひろば 4・2〈昭 26〉
柑本	柑本美和「少年法と児童福祉法」立教法務研究 9〈平 28〉
香城	香城敏麿「刑事抗告審の構造」司研論集 64〈昭 54〉
小鷲ほか	小鷲秀郎＝永吉朗＝山脇一雄＝三浦一良＝山本忠男＝酒井達郎＝野澤佳生「同行状に関する 2・3 の問題」全国書協会報 63〈昭 53〉
小谷	小谷卓男「少年保護事件の手続（その 2）」ジュリ 329〈昭 40〉
児玉	児玉禎治「少年刑事裁判への被害者関与」判タ 1254〈平 20〉
後藤 a	後藤弘子編著『少年犯罪と少年法』〈平 9〉
後藤 b	後藤弘子「刑事処分の範囲の拡大とその課題」ジュリ 1195〈平 13〉
後藤 c	後藤弘子編『少年非行と子どもたち』〈平 11〉
後藤 d	後藤弘子「少年法の理念と社会感情」展望
後藤 e	後藤弘子「国選付添人制度の拡大と検察官関与」刑ジャ 41〈平 26〉
小西 a	小西暁和「少年法上の「非行」成立要件に関する一考察」『曾根威彦先生＝田口守一先生古稀祝賀論文集(下)』〈平 26〉
小西 b	小西暁和「少年法上の「内省」概念」『野村稔先生古稀祝賀論文集』〈平 27〉
小西 c (1)(2)	小西暁和「少年に対する不定期刑についての刑事政策論的考察(1)(2・完)」早稲田法学 90・3〈平 27〉
小林(一)	小林一好「追送致と再度の観護措置」判タ少年法
小林(崇)a	小林崇「少年法 45 条 5 号ただし書の要件を満たさない再送致の効力とその取扱い」家月 35・6〈昭 58〉
小林(崇)b	小林崇「少年法の解釈運用と今後の課題」ジュリ 852〈昭 61〉
小林(万)	小林万洋「少年鑑別所における最近の施策と取組について」早稲田大学社会安全政策研究所紀要(6)〈平 25〉
小林(充)a	小林充「少年法 37 条をめぐる諸問題」家裁論集
小林(充)b	新関雅夫ほか『増補令状基本問題(上)』〔小林充執筆部分〕〈平 8〉
小林(充)c	小林充「少年に対する不定期刑の言渡基準について」家月 25・12〈昭 48〉
小林(充)d	小林充「少年保護事件の抗告理由と決定への影響」田宮追悼(上)
小林ほか	小林英義＝小木曾宏編著『児童自立支援施設の可能性』〈平 16〉
高麗ほか	髙麗邦彦＝岡﨑忠之＝内田曉『少年審判の傍聴制度の運用に関する研究』（司法研究所報告 64・1）〈平 24〉

xxxi

小峰ほか	小峰隆司＝芦澤俊＝畔上早月＝帯刀晴夫＝野末省吾「保護者に対する措置を意識した保護者調査の在り方について」家月 60・1〈平 20〉
小山	小山馨「少年院において 2 年を超える収容期間を設定された少年の処遇の実情」家月 56・10〈平 16〉
小山＝古橋	小山定明＝古橋徹也「新少年院法・少年鑑別所法における今後の処遇」ひろば 67・8〈平 26〉
近藤 a	近藤和義「少年保護事件における抗告」家月 30・4〈昭 53〉
近藤 b	近藤和義「少年審判運営の原理」家裁論集
近藤 c	近藤和義「抗告審において原決定後の事情を考慮することの可否」判タ少年法
近藤 d	近藤和義「少年に対する勾留と勾留に代わる観護措置との関係」司研所報 28〈昭 37〉

〈さ〉

斉藤 a	斉藤豊治「軽微な交通少年保護事件における誤判と適正手続」甲南法学 29・2〈平元〉〔同『少年法研究 1』〈平 9〉所収〕
斉藤 b	斉藤豊治「非行事実の不存在と保護処分の取消」刑雑 32・2〈平 4〉
斉藤 c	斉藤豊治「『調布駅南口事件』が問いかけるもの」自由と正義 46・1〈平 7〉
斉藤 d	斉藤豊治「少年司法と適正手続」法時 67・7〈平 7〉
斉藤 e	斉藤豊治「アメリカ・第 3 章現状分析」澤登 e
斉藤 f	斉藤豊治「少年審判の非公開と少年事件報道の匿名性」展望
斉藤 g	斉藤豊治「少年法の第 2 次改正」課題と展望(2)
斉藤 h	斉藤豊治「少年事件における非行事実と要保護性」三井誠ほか編『鈴木茂嗣先生古稀祝賀論文集(上)』〈平 19〉
斎藤（義）	斎藤義房「国会審議中の少年法『改正』法案の問題点」自由と正義 58・3〈平 19〉
齋藤（純）	齋藤純子「海外法律事情 ドイツ」ジュリ 1245〈平 15〉
齋藤（実）	齋藤実「少年刑事手続に関する 2014 年少年法改正とフィンランドにおける少年法制の現在」獨協法学 94〈平 26〉
佐伯 a	佐伯仁志「アメリカにおける少年司法制度の動向」ジュリ 1087〈平 8〉
佐伯 b	佐伯仁志「少年保護手続における適正手続保障と弁護人の援助を受ける権利」曹時 48・12〈平 8〉
佐伯 c	佐伯仁志「少年の権利保障と付添人」ジュリ 1152〈平 11〉
佐伯（仁）ほか	佐伯仁志ほか「少年非行　座談会」論ジュリ 8〈平 26〉
坂井	坂井智「少年に対する刑事裁判における若干の問題」中野次雄判事還暦祝賀『刑事裁判の課題』〈昭 47〉
坂井ほか	坂井稔＝芦澤政子＝山下一夫『少年事件の調査方法についての研究(下)』（家庭裁判所調査官実務研究〈指定研究〉報告書 9）〈平 12〉
坂井ほか a	坂井稔＝伊藤光徳＝権田直子＝安原香里＝山本誠己「被害の重大な事件におけ

文 献 目 録

	る面接を中心とした被害者調査」家裁調査官研究紀要 6〈平 19〉
榊原	榊原洋一「発達障害と少年非行」家判 8〈平 29〉
坂口	坂口裕英「少年法 18 条 2 項により強制的措置を指示して事件を児童相談所に送致した家庭裁判所の決定に対して抗告することができるか」判例評論 86〈昭 40〉
坂田 a	坂田仁「スウェーデンの児童福祉委員会」宮澤 a
坂田 b	坂田仁「スウェーデンの社会福祉新立法」家月 33・11〈昭 56〉
坂田 c	坂田仁「少年法基本原理断章」『宮澤浩一先生古稀記念論文集』3〈平 12〉
坂野	坂野剛崇「少年非行をめぐる現状と課題」論ジュリ 8〈平 26〉
酒巻 a	酒巻匡「少年審判手続における検察官の地位」ジュリ 1152〈平 11〉
酒巻 b	酒巻匡「犯罪被害者等による意見の陳述について」曹時 52・11〈平 12〉
酒巻 c	酒巻匡「『捜査』の定義について」研修 674〈平 16〉
酒巻 d	酒巻匡「触法少年及び虞犯少年に係る事件の調査と公的付添人制度の導入」ジュリ 1286〈平 17〉
酒巻 e	酒巻匡「触法少年の事件についての警察の調査権限の整備」刑事法ジャーナル 10〈平 20〉
酒巻 f	酒巻匡「少年法改正の動向と実務への期待」家月 65・8〈平 26〉
坂本	坂本昭三「家庭事件（家事・少年事件）への医務室技官の関与をめぐる諸問題」家月 26・11〈昭 49〉
佐川	佐川英美「子どもたちが『道具』としてインターネットを活用できる力を育むために」家判 32・13〈令 3〉
崎濱	崎濱ルリ子「性非行少年及び有機溶剤（シンナー）吸入少年に対する保健指導の実情と今後の課題について」家月 52・4〈平 12〉
佐久間	佐久間佳枝「年少者の取調べ（司法面接）」『新時代における刑事実務』〈平 29〉
佐々木 a	佐々木一彦「電話連絡による通告の可否と緊急同行状」判タ少年法
佐々木 b	佐々木一彦「観護措置の原理と実際」講座少年保護 2〈昭 57〉
佐々木 c	佐々木一彦「逆送について」講座少年保護 2〈昭 57〉
佐々木ほか	佐々木譲＝森莞治＝大佐古直紀＝永井鉄朗＝宮本陽介＝江頭重宏＝山口賢二＝勝田久実「少年事件における保護的措置について(1)」家月 44・4〈平 4〉
佐々木(光)a	佐々木光明「ドイツ・第 2 章ドイツ少年裁判所法第 1 次改正法について」澤登 e
佐々木(光)b	佐々木光明「少年法制の課題」法時 77・6〈平 17〉
佐々木(光)ほか	佐々木光郎＝穐利透＝中園武彦＝関口志朗＝湯本英一＝菅原満浩＝小野誠＝園田貴子＝甲斐美恵「少年事件における被害者調査の在り方について」家月 57・1〈平 17〉
佐々木光郎	佐々木光郎「『いきなり型』非行等現代非行をめぐる調査実務」判タ家裁実務
〔座談会〕	〔座談会〕「少年法と審判手続」ジュリ 1087〈平 8〉
〔座談会〕a	〔座談会〕「少年法改正の経緯と展望」現刑 24〈平 13〉
〔座談会〕b	岡國太郎ほか〔座談会〕「補導委託の実情と課題」家月 57・8〈平 17〉

〔座談会〕c	酒巻匡ほか〔座談会〕「少年法改正の意義と課題」ジュリ 1341〈平 19〉
〔座談会〕d	松原里美ほか「特定少年の処遇」〔座談会〕家判 38〈令 4〉
〔座談会〕e	加藤学ほか「座談会 少年事件の調査・審判」家判 45〈令 5〉
〔座談会〕f	加藤学ほか「座談会 非行事実に争いがある事件の審理」家判 49〈令 6〉
佐藤(公)	佐藤公美「一時的疾病を有する一般短期処遇相当の少年についてなすべき少年院の種別指定と処遇勧告」家月 37・10〈昭 60〉
佐藤(佐)	佐藤佐治右衛門「少年法に関する諸問題」ジュリ 187〈昭 34〉
佐藤(卓)	佐藤卓生「少年法 14 条 2 項及び 15 条 2 項について」家月 57・6〈平 17〉
佐藤(忠)	佐藤忠雄「少年事件の捜査及び公訴の提起」実務講座 4〈昭 29〉
佐藤(英)	佐藤英彦「少年審判手続における弁護士付添人の役割論再考」家判 3〈平 27〉
佐藤(博)	佐藤博史「わが国の少年審判と裁定合議制の導入」ジュリ 1152〈平 11〉
佐藤(昌)a	佐藤昌彦「アメリカのプロベーション制度」(家庭裁判資料 18)〈昭 26〉
佐藤(昌)b	佐藤昌彦「少年の刑事事件」判タ 167〈昭 39〉
佐藤(道)	佐藤道夫「審判不開始決定と一事不再理」法律のひろば 18・7〈昭 40〉
佐藤＝河野	佐藤傑＝河野郁江「身柄付き補導委託の意義と今後の課題について」家月 65・8〈平 26〉
澤登 a	澤登俊雄「非行事実の認定」判タ 235〈昭 44〉
澤登 b	澤登俊雄「少年保護事件と再審」法セ 347〈昭 58〉
澤登 c	澤登俊雄・比較少年法研究会『少年司法と国際準則』〈平 3〉
澤登 d	澤登俊雄「少年審判における処分決定の基準」福田平＝大塚仁博士古稀祝賀『刑事法学の総合的検討(上)』〈平 5〉
澤登 e	澤登俊雄編著『世界諸国の少年法制』〈平 6〉
澤登 f	澤登俊雄編著『現代社会とパターナリズム』〈平 9〉
澤登 g	澤登俊雄「少年審判をめぐる最近の諸問題」国学院大学紀要 33〈平 7〉
澤登 h	澤登俊雄『犯罪者処遇制度論(上)(下)』〈昭 50〉
澤登 i	澤登俊雄「保護処分と責任の要件」『団藤重光博士古稀祝賀論文集 3』〈昭 59〉
澤登 j	澤登俊雄「虞犯と少年法の基本的性格」『刑事法学の歴史と課題』〈平 6〉
椎橋 a	椎橋隆幸「被害者等の心情その他の意見陳述権」現刑 2・11〈平 12〉
椎橋 b (上)(下)	椎橋隆幸「少年事件における犯罪被害者の権利利益の保障(上)(下)」曹時 62・9,12〈平 22〉
塩見ほか	塩見雅弘＝和田武＝関野博司「大阪家庭裁判所における共同調査実施事例について」家月 34・12〈昭 57〉
重松	重松一義『少年懲戒教育史』〈昭 51〉
宍戸	宍戸基男ほか編著『新版警察官権限法注解(下)』〈昭 51〉
品田	品田信生「被害者と非行少年処遇」ひろば 53・2〈平 12〉
篠	篠清「少年保護事件と上訴の利益」判タ少年法
篠田	篠田省二「勾留要件としての『犯罪の嫌疑』『勾留の必要性』(下)」警論 22・1〈昭 44〉

文 献 目 録

柴田	柴田雅司「ドイツ（ミュンヘン）少年裁判傍聴記」判タ 1102〈平 14〉
柴田 a(上)(下)	柴田雅司「観護措置に関する実務上の諸問題(上)(下)」家月 55・6, 7〈平 15〉
柴田 b	柴田雅司「犯罪少年と責任能力の要否についての一考察」植村退官
柴田 c	柴田雅司「少年実務 ぐ犯保護事件の諸問題（その 2）」家判 36〈令 4〉
島田(源)	島田源正「少年事件の簡易送致について」捜研 18・7〈昭 44〉
島田(仁)a	島田仁郎「少年審判における自白と補強証拠について」諸問題
島田(仁)b	島田仁郎「少年保護事件と証拠法則」判タ少年法
嶋谷	嶋谷宗泰「非行少年の処遇」板倉宏編著『現代刑事法入門』〈平 9〉
下出 a	下出義明「少年法第 17 条第 1 項第 2 号の観護の措置について」家月 2・3〈昭 25〉
下出 b	下出義明「少年法と児童福祉法の関連について」家月 2・9〈昭 25〉
荘＝荒巻	荘雅行＝荒巻由衣「少年矯正の充実強化に向けた法的基盤整備（少年院法／少年鑑別所法／少年院法及び少年鑑別所法の施行に伴う関係法律の整備等に関する法律）」時の法令 1972〈平 27〉
荘子	荘子邦雄「非行少年の処遇」平野竜一編『現代法と刑罰』（岩波講座 現代法 11）〈昭 40〉
東海林	東海林保「少年保護事件における責任能力をめぐる諸問題」家月 48・5〈平 8〉
正田 a	正田満三郎「少年事件に関する家庭裁判所の先議権と保護的措置の効力(1)(2・完)」警研 37・6, 8〈昭 41〉
正田 b	正田満三郎「少年審判における非行事実認定（確定）の法機能的意義」家月 25・10〈昭 48〉
白石	白石研二「観護措置決定手続において少年の供述を聴取した場合及び事実上の検証を実施した場合の調書作成の必要性」家月 38・10〈昭 61〉
白木	白木功「『犯罪被害者等の権利利益の保護を図るための刑事訴訟法等の一部を改正する法律』の概要」ジュリ 1338〈平 19〉
白木 a	河上和雄ほか編『大コンメンタール刑事訴訟法〔第 2 版〕』4 巻〔白木功執筆部分〕〈平 22〉
白取 a	白取祐司「非行事実を認定したうえでの不処分決定に対する抗告の許否」法教 62〈昭 60〉
白取 b	白取祐司「少年審判と一事不再理効」法時 67・7〈平 7〉
白取 c	白取祐司「少年事件の報道と少年法」法時 70・8〈平 10〉
末永	末永清「鑑別業務の現状と展望」家月 51・12〈平 11〉
菅野	菅野孝久「少年法第 17 条第 1 項第 2 号の観護措置決定の要件」司研所報 30〈昭 38〉
杉谷	杉谷義文「試験観察について留意すべき事項」司研所報 30〈昭 38〉
鈴木(昭)	鈴木昭一郎『保護観察の遵守事項に関する研究』（法務研究報告書 60・3）〈昭 47〉
鈴木(輝)	鈴木輝雄「家庭裁判所送致後の事件についての検察官の取調べの可否」判タ少年

XXXV

法

鈴木（秀）　鈴木秀樹「少年鑑別所における外国人少年の観護及び鑑別の実情」家月 55・11 〈平 15〉

裾分　裾分一立「要保護性試論」家月 5・4〈昭 28〉

須藤ほか　須藤明 = 宮崎聡「家庭裁判所における少年調査の現状と課題」犯非 152〈平 19〉

角谷　角谷三千夫「少年に対する勾留の制限」司研所報 28〈昭 37〉

須山　須山幸夫「法 46 条の『審判を経た事件』の意義」判タ少年法

瀬川 a　瀬川晃「少年法の現状と展望」ジュリ 852〈昭 61〉

瀬川 b　瀬川晃『イギリス刑事法の現代的展開』〈平 7〉

瀬川 c　瀬川晃「世界の少年法」法セ増刊『少年非行』〈昭 59〉

瀬川 d　瀬川晃「少年審判と被害者の地位」ジュリ 1152〈平 11〉

瀬川 e　瀬川晃「改正少年法成立の意義」現刑 24〈平 13〉

瀬川 f　瀬川晃「少年犯罪の『第 4 の波』と改正少年法」犯罪と非行 127〈平 13〉

瀬戸　瀬戸毅「少年法等の一部を改正する法律案提出の経緯及び概要」ひろば 58・5 〈平 17〉

園部　園部典生「児童の権利に関する条約の刑事・矯正上の論点」ひろば 47・11〈平 6〉

園部（直）a　園部直子「アメリカ少年司法における近年の制度改革とその問題点」判タ 1173 〈平 17〉

園部（直）b　園部直子「アメリカ合衆国マサチューセッツ州における非行少年に対する社会内処遇」判タ 1195〈平 18〉

〈た〉

田尾 a　田尾勇「保護者の審判呼出について」司研所報 30〈昭 38〉

田尾 b　田尾勇「少年保護事件手続における呼出」家月 17・4〈昭 40〉

田尾 c　田尾勇「保護処分決定後に選任された附添人の抗告権」判タ少年法

田岡　田岡敬造「告訴，告発等にかかる直送事件の送致（付）先」判タ少年法

高井　高井吉夫「附添人制度と適正手続について」判タ 287〈昭 48〉

高内　高内寿夫「フランス・第 2 章現行少年の手続の概容」澤登 e

高木　高木典雄「要保護性認定における適正手続の保障」家裁論集

高木（健）ほか　高木健二 = 佐々木光郎 = 細田隆 = 穐利透 = 秋山謙 = 中園武彦 = 柴本裕子 = 小野垣宏一 = 甲斐美恵「個別的面接過程における保護者に対する措置の工夫や試みについて」家月 55・10〈平 15〉

高杉　高杉昌希「オーストラリアの少年刑事司法」判タ 1197〈平 18〉

高田（昭）a　高田昭正「少年保護事件における裁判官忌避の問題」刑雑 33・2〈平 5〉

高田（昭）b　高田昭正「保護処分決定に対する抗告と抗告審決定の効力」法時 67・7〈平 7〉

高田（卓）　高田卓爾「不利益変更禁止の原則」『総合判例研究叢書 刑事訴訟法』〈昭 40〉

高田（浩）　高田浩平「移送・回付をめぐる諸問題」家判 40〈令 4〉

文 献 目 録

高野(篤)ほか　高野篤雄＝魚住英昭＝和田次男＝貝原弓子「被害者調査実施上の諸問題」家月 54・4〈平 14〉

高野(重)　高野重秋「少年保護事件には，当然刑事訴訟法が準用されるか」刑雑 3・4〈昭 28〉

高野(隆)　高野隆「憲法問題としての非行事実認定手続」犯罪と非行 104〈平 7〉〔『非行事実の認定』〈平 9〉所収〕

高橋 a　高橋貞彦「オーストラリアの少年司法の最近の傾向」関西非行問題研究 15〈平 8〉

高橋 b　高橋貞彦「強制的措置の許可申請（少年法 6 条 3 項）について」近大法学 22・3 = 4〈昭 50〉

高山 a　高山晨「観護の措置」家月 14・11〈昭 37〉

高山 b　高山晨「保護処分決定の審理」司研所報 30〈昭 38〉

田川　田川直之「強制的措置許可決定の効力と再度の申請の可否」家月 38・7〈昭 61〉

滝浦　滝浦将士「少年院における特定少年の処遇（第 1 回）」刑政 133・10〈令 4〉

滝澤　滝澤幹滋「少年法改正の意義②」ひろば 60・10〈平 19〉

田口(1)～(3)　田口敬也「保護処分決定における非行事実の機能(1)～(3 完)」早稲田大学大学院法研論集 66，68，69〈平 5～6〉

田口(守)　田口守一「少年審判への検察官・付添人の関与」現刑 5〈平 11〉

竹内 a　竹内正「虞犯少年制度の反省」研修 231〈昭 42〉

竹内 b　竹内正「不利益変更禁止の原則」日本刑法学会編『刑事訴訟法講座 3』〈昭 39〉

竹内(友)a　竹内友二「オーストリア及びドイツの少年法制の運用について」家月 52・5〈平 12〉

竹内(友)b　竹内友二「外国人少年の非行をめぐる諸問題」判タ家裁実務

竹内(友)ほか a　竹内友二＝清水敏＝平良美帆＝田口和之＝鍵本薫「グループワークを活用した保護者に対する措置について」調研紀要 77〈平 15〉

竹内(友)ほか b　竹内友二＝唐澤仁＝鈴木憲治＝山田英治＝帶刀晴夫「少年事件における保護的措置について――再非行防止の観点から」家月 58・10〈平 18〉

武内 a　武内謙治訳『ドイツ少年刑法改革のための諸提案』〈平 17〉

武内 b　武内謙治「ドイツにおける少年審判の構造と検察官，弁護人の役割」課題と展望(2)

武内 c　武内謙治「少年司法の現在と未来への見取り図」法政研究 73・4〈平 19〉

武内 d　武内謙治編著『少年事件の裁判員裁判』〈平 26〉

武内 e　武内謙治『少年司法における保護の構造』〈平 26〉

武内 f　武内謙治「ドイツ少年司法における青年制度とその運用」『浅田和茂先生古稀祝賀論文集［下巻］』〈平 28〉

武内 g　武内謙治「ドイツ少年司法の展開と課題」山口（直）e

竹下　竹下利之右衛門「第一審判決の不定期刑を第二審判決で定期刑に変更する場合と旧刑訴第 403 条」刑雑 3・1〈昭 27〉

xxxvii

武政ほか	武政司郎＝千葉喬樹＝永野哲夫＝田村美智雄＝和田次男＝宮島将弘「少年事件における保護的措置について(2)」家月 44・5〈平 4〉
多田(周)(上)(中)(下)	多田周弘「少年保護事件におけるデュー・プロセスの実現のための覚書(上)(中)(下)——少年法の実務上の論点」判タ 632, 634, 638〈昭 62〉
多田(周)a	多田周弘「非行と責任能力」判タ家裁実務
多田(元)a	多田元「少年事件の上訴」講座少年保護 2
多田(元)b	多田元「少年保護事件の弁護はどのように行うか」『刑事弁護の技術(下)』〈平 5〉
多田(元)c	多田元「調布駅南口傷害事件の意味するもの」自由と正義 46・1〈平 7〉
多田(元)d	多田元「少年審判と非行事実審理」犯罪と非行 103〈平 7〉
多田(元)e	多田元「少年審判における附添人の役割」加藤幸雄ほか編著『司法福祉の焦点』〈平 6〉
龍岡	龍岡資晃「犯罪被害者等の保護を図るための公判記録の閲覧謄写と民事上の争いについての刑事訴訟手続における和解制度の導入」現刑 19〈平 12〉
龍見	龍見昇「国選弁護等関連業務の現状と課題」ジュリ 1360〈平 20〉
田中(亜)	田中亜紀子『近代日本の未成年者処遇制度』〈平 17〉
田中(敦)	田中敦「要保護性がないことが明らかな場合における非行事実確定の要否」家月 39・6〈昭 62〉
田中(健)	田中健太郎「更生保護法及び更正保護事業法の一部改正について」罪と罰 60・2〈令 5〉
田中(修)	田中修一郎「競合する保護処分の調整をめぐる諸問題」書研所報 31〈昭 61〉
田中(壮)	田中壮太「少年法 6 条 3 項の事件の性質」判タ少年法
田中(輝)	田中輝和「少年保護事件と再審」東北学院大学論集（法律学）48〈平 8〉
田邊ほか	田邊三保子＝宮古守夫＝佐々木光郎＝魚住英昭＝和田次男＝貝原弓子＝阿部潤「座談会・少年事件における被害者調査について」家月 52・12〈平 12〉
谷口(貞)	谷口貞「少年法第 6 条第 3 項による送致事件の処理について」司研所報 30〈昭 38〉
谷口(正)	谷口正孝「未決勾留日数の本刑通算」判タ 194〈昭 41〉
タネンハウス	デビット・S・タネンハウス（石川正興監訳）『創生期のアメリカ少年司法』〈平 27〉
田野尻	田野尻猛「検察庁における被害者支援の現状について」家月 52・11〈平 12〉
玉井	玉井健「教護院送致および検察官送致決定における執行上の問題点について」全国書協会報 61〈昭 53〉
玉本＝北原	玉本将之＝北原直樹「『少年法の一部を改正する法律』について」曹時 74・1〈令 5〉
田宮 a	田宮裕「青少年の処遇(1)」宮沢浩一ほか編『刑事政策講座 3』〈昭 47〉
田宮 b	田宮裕「少年審判とデュー・プロセス」家月 24・12〈昭 47〉
田宮 c	田宮裕「少年審判の不開始決定と一事不再理の効力」同『一事不再理の原則』〈昭 53〉

文 献 目 録

田宮 d	田宮裕「少年保護事件と適正手続」〔百選 2〕〈平 10〉
丹治 = 柳下	丹治純子 = 柳下哲矢「少年審判における家庭裁判所調査官の社会調査の実情について」家判 7〈平 28〉
団藤 a	団藤重光「不定期刑と不利益変更の禁止」刑雑 1・1〈昭 25〉
団藤 b	団藤重光「適正手続の理念について」刑法雑誌 18・3 = 4〈昭 47〉
千葉 a	千葉裕「捜査の遅延のため家庭裁判所を経ることなくなされた公訴提起の効力」判タ少年法
千葉 b	千葉裕「保護事件における非行事実の認定」講座少年保護 2
千村	千村隆「アメリカ合衆国コロラド州におけるプロベーション・オフィサーの実情」家月 49・10〈平 9〉
調研	家庭裁判所調査官研修所監修『重大少年事件の実証的研究』〈平 13〉
長利	長利正己「少年法 20 条による検察官送致の決定をした裁判官と刑事事件における除斥」評釈集 16〈昭 36〉
辻川	辻川靖夫「少年法 2 条 1 項所定の満 20 歳に達するときについて」家判 21〈令元〉
津田 a	津田玄児「少年再審についての一試論」法律実務研究 1〈昭 61〉
津田 b	津田玄児「非行事実の認定と子どもの権利」犯非 107〈平 8〉
津田ほか	津田玄児 = 石川邦子 = 勝木江津子 = 黒岩哲彦「少年保護事件における職権証拠調べ」法律実務研究 2〈昭 62〉
津田 = 古川	津田実 = 古川健次郎『外国軍隊に対する刑事裁判権』〈昭 29〉
土持	土持三郎「少年の収容処遇」石原一彦ほか編『現代刑罰法大系』7 巻〈昭 57〉
土本 a	土本武司「少年事件の二重送致」警論 26・3〈昭 48〉
土本 b	土本武司「少年の保護処分に対する "再審"」法時 55・11〈昭 58〉
土本 c	土本武司「少年法と刑事訴訟法との交錯する問題点〔下〕」警研 46・4〈昭 50〉
角田 a	角田正紀「審判期日（関係人の出席）をめぐる諸問題」判タ家裁実務
角田 b	角田正紀「少年刑事事件を巡る諸問題」家月 58・6〈平 18〉
椿	菊田幸一『判例刑事政策演習（少年保護編）』〔椿幸雄執筆部分〕〈昭 55〉
出口 a	出口治男「検察官送致決定後の余罪を家庭裁判所に送致することの要否」判タ少年法
出口 b	出口治男「非行事実審理の在り方について」犯罪と非行 109〈平 8〉〔『非行事実の認定』〈平 9〉所収〕
出口 c	出口治男「検察官関与論をめぐる新しい動きと問題点」季刊刑事弁護 7〈平 8〉
手﨑	手﨑政人「少年の裁判員裁判について」判タ 1353〈平 23〉
寺嶋ほか	寺嶋洋平 = 渡邊昭 = 渡邊久治 = 組谷潔 = 落合卓 = 太田惠美 = 菊山正史 = 飯國康博 = 榊原広城 = 吉岡正史 = 中谷正昭 = 池沢武光 = 百瀬清美『家庭裁判所調査官による試験観察の運用について』（家庭裁判所調査官実務研究〈指定研究〉報告書 4）〈平 5〉
寺戸	寺戸亮二「少年生活の環境の調整」家月 64・5〈平 24〉

土井	土井政和「イギリスにおける少年司法政策の最近の動向」課題と展望(2)
東京家裁少年部調査官室	東京家庭裁判所少年部調査官室「少年の処遇におけるボランティア活動の活用」ケース研究 253 〈平 9〉
東條	東條宏「仮退院後の保護観察を目的とした収容継続・2 完」法時 46・7〈昭 49〉
東條(伸)	伊藤栄樹ほか『新版注釈刑事訴訟法第 3 巻』〔東條伸一郎執筆部分〕〈平 8〉
藤堂 a	藤堂裕「収容継続申請事件の審判手続に関する若干の問題」司研所報 30〈昭 38〉
藤堂 b	藤堂裕「収容継続申請事件をめぐる諸問題」家月 16・7〈昭 39〉
東弁	東京弁護士会子どもの人権と少年法に関する特別委員会編『少年事件マニュアル〔全訂第 5 版〕』東京弁護士会〈平 31〉
戸苅＝福岡	戸苅左近＝福岡涼「少年審判規則及び刑事訴訟規則の一部を改正する規則の解説（少年審判規則関係）」家判 39〈令 4〉
徳岡 a	徳岡秀雄『少年司法政策の社会学』〈平 5〉
徳岡 b	徳岡秀雄『社会病理を考える』〈平 9〉
所 a	団藤重光編『注釈刑法(3)』〔所一彦執筆部分〕〈昭 40〉
所 b	所一彦「少年法 18 条 2 項により強制措置を指示して事件を児童相談所長に送致した家庭裁判所の決定に対し抗告をすることができるか」警研 37・8〈昭 41〉
所 c	所一彦『刑事政策の基礎理論』〈平 6〉
所 d	所一彦「少年保護再論」展望
戸田(久)	戸田久「環境調整命令をめぐる諸問題」家月 43・10〈平 3〉
戸田(弘)	戸田弘「抗告」実務講座 11〈昭 31〉
栃木	栃木力「虞犯事件と少年法 46 条の類推適用」家月 38・2〈昭 61〉
富田	富田拓「児童自立支援施設」罪と罰 52・3〈平 27〉
冨田 a	冨田一彦「カナダの少年犯罪者法（Young Offenders Act）について」家月 47・10〈平 7〉
冨田 b	冨田一彦「カナダの少年裁判所の実情」海外司法ジャーナル 1〈平 7〉
富塚	富塚圭介「さきに勾留に代る観護措置がとられていた事件について起訴前の勾留延長ができるか」判タ 296〈昭 48〉
豊田(晃)	豊田晃編著『実務少年法』〈昭 28〉
豊田(健)a	豊田健「虞犯をめぐる二，三の問題」家月 29・7〈昭 52〉
豊田(健)b	豊田健「虞犯少年と少年院送致」判タ少年法
豊田(健)c	豊田健「少年法との関係」別冊判タ 7〈昭 55〉
豊田(健)d	豊田健「少年事件における事件単位の原則」家月 33・9〈昭 56〉
豊田(建)	豊田建夫「道路交通事件において罰金を見込んでなされる検察官送致について」家月 38・7〈昭 61〉

〈な〉

内藤 a	内藤文質「少年保護事件の概念」警論 6・5〈昭 28〉
内藤 b	内藤文質「少年に対する刑事手続」実務講座 7〈昭 30〉

文 献 目 録

内藤＝橋口　内藤晋太郎＝橋口英明「少年院法・少年鑑別所法等の概要」ひろば67・8〈平26〉

中井　中井節雄「家庭裁判所における試験観察制度運用の現状について」刑政100・11〈平元〉

永井　永井登志彦『自動車による業務上過失致死傷事件の量刑の研究』（司法研究報告書21・1）〈昭44〉

長岡　長岡龍一「少年法の不定期刑所見」展望

長岡(哲)a　長岡哲次「家庭裁判所における成人刑事事件の実務上の諸問題」家月55・9〈平15〉

長岡(哲)b　長岡哲次「抗告受理申立て制度について」『小林充先生・佐藤文哉先生古稀祝賀刑事裁判論集㊤』〈平18〉

長岡ほか　長岡哲次＝入江猛＝溝國禎久＝大森直子「改正少年法の運用に関する研究」司法研究報告書58・1〈平18〉

中川　中川衛「少年法における年齢の問題」刑雑3・4〈昭28〉

中島(源)　中島源蔵「引致，留置，仮出獄の取消及び戻し収容に関する事務取扱上の諸問題」保護月報37〈昭33〉

中島(聡)　中島聡美「犯罪被害者の心理と司法関係者に求められる対応」家月60・4〈平20〉

中島(卓)　中島卓児『勾留及び保釈に関する諸問題の研究』（司法研究報告書8・9）〈昭32〉

中島ほか　中島常好＝沼尻武＝中田晴明＝入倉俊輔＝小澤光郎＝遠山春芳＝森内幸夫＝浅野一夫＝遠藤修＝小暮久幸＝志賀美佐子＝新郷眞美＝高橋盛＝戸田泰英＝長瀬光信「少年保護事件における移送，回付を巡る諸問題」家月43・7〈平3〉

長島(敦)　長島敦「科刑上の一罪の一部について逆送決定のできない場合の処理」法セ82〈昭38〉

長島(孝)a　長島孝太郎「少年審判における職権証拠調の範囲と程度」家裁論集

長島(孝)b　長島孝太郎「少年審判手続と職権証拠調」判タ少年法

中田　中田昭孝「少年の勾留場所」判タ296〈昭48〉

中村(正)　中村正則「特修短期処遇の実施状況の概観」家月45・6〈平5〉

中村(護)a　中村護「少年審判における行為と人格」家月31・4〈昭54〉

中村(護)b　中村護「少年審判制度の再点検」ケース研究119〈昭45〉

中村(良)a　中村良昭『少年保護事件の審判手続に関する実証的研究』（裁判所書記官実務研究報告書3・1）〈昭39〉

中村(良)b　中村良昭「少年保護事件の抗告と書記官事務」書研所報18〈昭48〉

中村(良)c　中村良昭「少年審判調書の記載について」裁判所書記官研修所『創立10周年記念論文集』〈昭35〉

中村＝櫑　中村功一＝櫑清隆「少年法の一部を改正する法律について」曹時66・8〈平26〉

仲家　仲家暢彦「若年被告人の刑事裁判における量刑手続」中山善房判事退官記念『刑事裁判の理論と実務』〈平10〉

xli

永山	永山忠彦「要保護性の基礎事実の誤認」判タ少年法
名執 a	名執雅子「少年矯正における新たな取組と少年院法の改正等」家月 65・4〈平25〉
名執 b	名執雅子「少年院における処遇と少年の更生」『新時代における刑事実務』〈平29〉
成瀬	成瀬剛「特定少年に対する保護処分」論究ジュリ 37〈令 3〉
二井	二井仁美『留岡幸助と家庭学校』〈平 22〉
新倉	新倉修「少年犯罪」法セ 502〈平 8〉
新倉 a	新倉修「少年事件報道と少年の人権」法時 70・11〈平 10〉
新倉 b	新倉修「少年法と陪審裁判」展望
西岡	西岡潔子「少年院・少年鑑別所の現場からみる令和 3 年改正少年法」ひろば75・3〈令 4〉
西岡(清)a	西岡清一郎「少年保護事件における審判能力」判タ少年法
西岡(清)b	西岡清一郎「少年警察に望むこと」警論 45・2〈平 4〉
西岡(正)	西岡正之『少年の保護観察に関する諸問題』（法務研究 47・4）〈昭 37〉
西岡＝大島	西岡清一郎＝大島眞一＝村瀬均＝三村晶子「刑事訴訟規則及び少年審判規則の一部を改正する規則の解説」曹時 44・2〈平 4〉
西岡＝滝浦	西岡潔子＝滝浦将士「『少年院法』及び『少年院法施行規則』等の改正とその運用について」家判 42〈令 4〉
西嶋	西嶋嘉彦「児童自立支援施設における処遇の実情」家月 55・4〈平 15〉
西田	西田眞基「被害者の意見陳述に関する諸問題」判タ 1153〈平 16〉
西村	西村好順「勾留・保釈に関する準抗告の研究」（法務研究報告書 59・6）〈昭 47〉
日弁	日本弁護士連合会子どもの権利委員会編著『子どもの権利ガイドブック（第 2版）』〈平 29〉
二弁	第二東京弁護士会子どもの権利に関する委員会編『新・少年事件実務ガイド（第 3 版）』〈平 27〉
沼賀＝築地	沼賀摂子＝築地芳美「毒物及び劇物取締法違反の少年に対する家庭裁判所医務室による教育的かかわり」家月 49・6〈平 9〉
沼里	沼里豊滋「少年を成人と誤認したため家庭裁判所を経ることなくなされた公訴提起の効力」判タ少年法
沼邊	沼邊愛一『少年審判手続の諸問題』（司法研究報告書 7・1）〈昭 29〉
根岸	根岸重治「少年事件の捜査段階における勾留と勾留に代る観護措置について」警研 43・1〈昭 38〉
野路	野路正典「少年の保護事件に係る補償に関する法律 2 条をめぐる諸問題」家月47・6〈平 7〉
野曾原＝小熊	野曾原秀尚＝小熊桂「少年法 48 条 1 項の『やむを得ない場合』の意義」判タ 296〈昭 48〉
野田	野田正人「一四歳未満の子どもへの警察による調査をめぐる若干の問題」法時

文献目録

	77・6〈平 17〉
野原	判解刑平 23〔15〕〔野原俊郎執筆部分〕〈平 27〉
野間	野間洋之助「少年保護事件と刑事訴訟法の準用」判タ少年法
法常	法常格「14 歳に達した触法少年の取扱い」家月 36・7〈昭 59〉
ノルドレフ	シャスティン・ノルドレフ（守田智保子訳）「スウェーデンにおける少年法体系」筑波法政 63〈平 27〉

〈は〉

ハウエルほか	ジェームズ・C・ハウエル＝マーク・W・リプシィ＝ジョン・J・ウィルソン（中野目善則訳）『証拠に基づく少年司法制度構築のための手引き』〈平 29〉
萩原 a	萩原昌三郎「少年法第 25 条第 1 項に規定する『保護処分を決定するため』について」諸問題
萩原 b	萩原昌三郎「準抗告の諸問題」熊谷弘ほか編『捜査法大系 II』〈昭 47〉
羽倉	羽倉佐知子「実名報道と子どもの人権」ジュリ 1166〈平 11〉
橋爪	橋爪信「未決勾留日数の算入に関する諸問題」判タ 1133〈平 15〉
長谷川	長谷川壽勝「少年事件担当書記官の役割」判タ家裁実務
秦＝桑原	秦稔幸＝桑原尚佐「少年非行 50 年の変遷と最近の少年非行の特徴」判タ家裁実務
畠山	畠山勝美『試験観察の実証的研究』（司法研究報告書 17・2）〈昭 41〉
波多野	波多野里望『逐条解説児童の権利条約（改訂版）』〈平 17〉
蜂谷	蜂谷尚久「16 歳未満の少年と逮捕」判タ 296〈昭 48〉
八田	八田次郎『非行少年の教育と処遇』〈平 17〉
服部 a	服部朗「軽微な非行の取扱い」法時 63・12〈平 3〉
服部 b	服部朗「少年法 61 条」法教 228〈平 11〉
服部 c	服部朗「少年事件報道と人権」展望
服部 d	服部朗「児童福祉と少年司法との協業と分業」犯非 144〈平 17〉
服部 e	服部朗「少年法第二次改正が問うもの」法時 79・8〈平 19〉
服部 f	服部朗『アメリカ少年法の動態』〈平 26〉
服部 g	服部朗「少年司法の社会的基盤」『曾根威彦先生＝田口守一先生古稀祝賀論文集〔下〕』〈平 26〉
服部（勇）	服部勇「少年法改正の意義⑤」ひろば 60・10〈平 19〉
波床(上)(下)	波床昌則「アメリカ少年法制の歴史と現状(上)(下)」家月 49・10, 12〈平 9〉
葉梨	葉梨康弘『少年非行について考える』〈平 11〉
英	英良行「少年交通事件の現状と課題」判タ家裁実務
花村	花村博文「法制審議会少年法部会と少年受刑者処遇」刑政 124・6〈平 25〉
馬場＝河村	河上和雄ほか編『大コンメンタール刑事訴訟法 4』〔馬場義宣＝河村博文執筆部分〕〈平 8〉
浜井 a	浜井一夫「証拠調べをめぐる諸問題」判タ家裁実務

xliii

浜井 b	浜井一夫「少年審判における事実認定手続の一層の適正化」現刑 24〈平 13〉
浜井（浩）	浜井浩一「少年刑務所における処遇」課題と展望⑴
早川 a	早川義郎「少年の審判（その 1）」判タ 167〈昭 39〉
早川 b	早川義郎「少年保護事件の併合審理について」家月 16・1〈昭 39〉
早川 c	早川義郎「控訴裁判所における少年法第 55 条の移送について」家月 16・3〈昭 39〉
早川 d	早川義郎「戻収容申請事件と通常保護事件の併合審理について」家月 16・5〈昭 39〉
早川 e	早川義郎「少年保護事件の手続（その 1）」ジュリ 324〈昭 40〉
早川 f	早川義郎「少年保護事件の受理要件について」家月 17・8〈昭 40〉
早川 g	早川義郎「保護手続の途中で少年が死亡した場合の取扱いについて」家月 18・4〈昭 41〉
早川 h	早川義郎「少年審判における非行事実と要保護性の意義について」家月 19・4〈昭 42〉
早川 i	早川義郎「保護事件の審判条件について」諸問題
早川 j	早川義郎「少年の刑事被告事件の取扱いについて」家月 25・8〈昭 48〉
早川 k	早川義郎「虞犯事実と犯罪事実の関係について」家月 26・1〈昭 49〉
早川 l	早川義郎「少年事件の起訴強制」谷口正孝『刑事法演習 I』〈昭 49〉
早川（智）	早川智之「警察における被害者連絡制度について」家月 52・11〈平 12〉
林 a	林和治「少年院における新しい短期処遇について」家月 59・6〈平 19〉
林 b	林和治「川越少年刑務所における矯正教育の現状と課題」犯非 155〈平 20〉
林 c	林和治「少年院における新しい短期処遇について」家月 59・6〈平 19〉
林ほか	林五平 = 五十嵐常之 = 菊池明 = 佐々木裕太「東京家庭裁判所における試験観察の新しい試みについて」家月 46・8〈平 6〉
原	原和雄『未決勾留の諸問題』（司法研究 19・11）〈昭 10〉
原口 a	原口幹雄「少年事件調査における適正手続についての研究」調研紀要 27〈昭 50〉
原口 b	原口幹雄「社会調査と資質鑑別」家月 30・8〈昭 53〉
原田退官	『新しい時代の刑事裁判』（原田國男判事退官記念論文集）〈平 22〉
春田	春田正幸「アメリカ合衆国フロリダ州の少年裁判手続について」家月 58・5〈平 18〉
樋口（忠）a	樋口忠吉「少年院法第 11 条について」刑政 62・6〈昭 26〉
樋口（忠）b	樋口忠吉「少年院法第 14 条の改正」刑政 66・9〈昭 30〉
樋口（亮）a	樋口亮介「少年刑の改正」刑ジャ 41〈平 26〉
樋口（亮）b	樋口亮介「改正少年法の運用課題」法時 94・2〈令 4〉
稗田ほか	稗田雅洋 = 河原俊也 = 駒田秀和 = 森健二「国選弁護人制度の整備に伴う刑事訴訟規則等の一部を改正する規則及び総合法律支援法による国選弁護人契約弁護士に係る費用の額の算定等に関する規則並びに家庭裁判所がする訴訟費用負担決定について」家月 58・10〈平 18〉

日野原	日野原昌「少年の同行」判タ 167〈昭 39〉
平井 a	平井哲雄「非行と要保護性」家月 6・2〈昭 29〉
平井 b	平井哲雄「保護処分の効力」家月 6・3〈昭 29〉
平井 c	平井哲雄「収容継続並びに戻収容管見」家月 7・11〈昭 30〉
平出	平出禾「非常上告」実務講座 12〈昭 32〉
平川	平川宗信「少年推知報道と少年の権利」田宮追悼㊤
平野(泰)	平野泰樹「少年と刑罰」展望
平場 a	平場安治「ゴールト判決以後の少年審判問題」家月 41・10〈平元〉
平畑	平畑昇平「『更生保護法』及び『犯罪をした者及び非行のある少年に対する社会内における処遇に関する規則』の改正とその運用について」家判 40 号〈令 4〉
平良木 a	平良木登規男「少年法 32 条の『重大な事実の誤認』の意義」家月 37・4〈昭 60〉
平良木 b	平良木登規男「少年保護事件における裁判官の除斥，忌避及び回避」家月 42・6〈平 2〉
肥留間	肥留間健一「保護処分取消事件をめぐる諸問題」家月 36・8〈昭 59〉
廣瀬 a	廣瀬健二「保護処分相当性と刑事処分相当性」家月 41・9〈平元〉
廣瀬 b㊤㊦	廣瀬健二「少年審判の現状㊤㊦」警論 45・3，4〈平 4〉〔『暴力団等の有害環境から少年を守る警察活動と少年警察』〈平 5〉所収〕
廣瀬 c	廣瀬健二「少年審判における事実の取調べ」『刑事訴訟法判例百選（第 6 版)』〈平 4〉
廣瀬 d	廣瀬健二「児童に淫行をさせる行為」佐藤文哉『刑事裁判実務大系⑶』〈平 6〉
廣瀬 e	廣瀬健二「少年審判における非行事実認定手続」犯罪と非行 108〈平 7〉〔『非行事実の認定』〈平 9〉所収〕
廣瀬 f	廣瀬健二「海外少年司法制度」家月 48・10〈平 8〉
廣瀬 g	廣瀬健二「我が国少年法制の発展と現状」司法研修所論集創立 50 周年特集号 2 巻〈平 9〉
廣瀬 h	廣瀬健二「少年保護手続における一事不再理の効力」立教法学 49〈平 10〉
廣瀬 i	廣瀬健二「保護処分の取消」中山善房判事退官記念『刑事裁判の理論と実務』〈平 10〉
廣瀬 j	廣瀬健二「処遇選択における非行事実の機能・要保護性との関係」〔百選 59〕〈平 10〉
廣瀬 k	廣瀬健二「補充捜査をめぐる諸問題」判タ家裁実務
廣瀬 l	廣瀬健二「少年審判への裁定合議制の導入」現刑 5〈平 11〉
廣瀬 m	廣瀬健二「少年抗告の現状と課題」現刑 52〈平 15〉
廣瀬 n	廣瀬健二「少年法 61 条で禁じられる推知報道の判断基準」法教 277〈平 15〉
廣瀬 o	廣瀬健二「少年責任の研究についての覚書」『小林充先生・佐藤文哉先生古稀祝賀刑事裁判論集㊤』〈平 18〉
廣瀬 p	廣瀬健二「改正少年法成立の意義と課題」刑事法ジャーナル 10〈平 20〉
廣瀬 q	廣瀬健二「付添人の役割と課題」総合法律支援論叢 3〈平 25〉

廣瀬 r	廣瀬健二「少年院法・少年鑑別所法成立の意義」ひろば 67・8〈平 26〉
廣瀬 s	廣瀬健二「海外少年司法制度」刑政 126・1〈平 27〉
廣瀬 t	廣瀬健二「海外少年司法制度(2)」立教法務研究 8〈平 27〉
廣瀬 u	廣瀬健二「少年抗告事件における裁判所の職権行使」原田退官
廣瀬 v	廣瀬健二「我が国少年法制の現状と展望」ケース研究 301〈平 21〉
廣瀬 w	廣瀬健二「少年保護事件抗告審における非行事実の認定に関する事実の取調べ」ジュリ 1313〈平 18〉
廣瀬 x	廣瀬健二「少年法制の課題と展望」『椎橋隆幸先生古稀記念(下)』〈平 28〉
廣瀬 y	廣瀬健二「我が国少年法制における非刑罰的措置について」立教法学 79〈平 22〉
廣瀬 z	廣瀬健二「少年に対する刑事処分」家判 9〈平 29〉
廣瀬(a)	廣瀬健二「少年刑事事件の課題と展望」『町野朔先生古稀記念(下)』〈平 26〉
廣瀬(b)	廣瀬健二「外国少年司法事情 2」家判 7〈平 28〉
廣瀬(c)	廣瀬健二「外国少年司法事情 3」家判 8〈平 29〉
廣瀬(d)	廣瀬健二「外国少年司法事情 4」家判 10〈平 29〉
廣瀬(e)	廣瀬健二「少年法の基礎」研修 826〈平 29〉
廣瀬(f)	廣瀬健二「少年事件と裁判員制度」『裁判所は何を判断するか』〈平 29〉
廣瀬(g)	廣瀬健二「少年法改正について」刑事法ジャーナル 67〈令 3〉
廣瀬(h)	廣瀬健二「少年法改正の概要について」家判 36〈令 4〉
廣瀬(i)	廣瀬健二「特定少年に対する特例の重要論点」ひろば 75・3〈令 4〉
廣瀬(j)	廣瀬健二「少年法の基本理念の変遷などについて」研修 885〈令 4〉
廣瀬(k)	廣瀬健二「外国少年司法事情 26」家判 33〈令 3〉
廣瀬(l)	廣瀬健二「外国少年司法事情 27」家判 34〈令 3〉
廣瀬(m)	廣瀬健二「外国少年司法事情 28」家判 35〈令 3〉
廣瀬(n)	廣瀬健二「外国少年司法事情 29」家判 37〈令 4〉
廣瀬(o)	廣瀬健二「外国少年司法事情 30」家判 39〈令 4〉137 頁
廣瀬(p)	廣瀬健二「外国少年司法事情 31」家判 40〈令 4〉
廣瀬(q)	廣瀬健二「外国少年司法事情 32」家判 41〈令 4〉
廣瀬(r)	廣瀬健二「外国少年司法事情 33」家判 42〈令 5〉
廣瀬(s)	廣瀬健二「少年に対する裁判員裁判の実務運用上の課題」家判 29・8〈令 2〉
廣瀬(t)	廣瀬健二「量刑・処遇選択における「犯情の軽重」の意義・機能について」曹時 73・8〈令 3〉
廣瀬(u)	廣瀬健二「少年法 100 周年に寄せて」家判 46〈令 5〉
廣瀬(v)	廣瀬健二「少年事件における付添人の意義・役割」家判 47〈令 5〉
廣瀬①〜⑥	廣瀬健二「少年法の理論と実務 1〜6」判タ 1195，1198，1200，1207，1243，1254〈平 18，19，20〉
廣瀬(孝)	廣瀬孝「アメリカ合衆国アリゾナ州における少年司法制度の一例」判時 1857〈平 16〉
広田ほか	広田照幸＝古賀正義＝伊藤茂樹編『現代日本の少年院教育』〈平 24〉

文　献　目　録

福井(上)(中)(下)　福井厚「少年審判における非行事実の認定(上)(中)(下)」法時 67・7，10，70・1
〈平 7・9〉

福井 a　福井厚「少年審判における共犯少年の自白」竹澤哲夫先生古稀記念『誤犯の防止
と救済』〈平 10〉

福井 b　福井厚「『知る権利』と少年保護事件記録の公開」井戸田侃先生古稀記念〈平
11〉

福井 c　福井厚「現行少年法と起訴状一本主義」田宮追悼(上)

福岡　福岡涼「改正法施行後の運用状況について」家判 42〈令 5〉

福岡県弁護士会　福岡県弁護士会子どもの権利委員会編『少年事件マニュアル 少年に寄り
添うために』〈令 4〉

福嶋　福嶋一訓「観護措置をめぐる諸問題」家判 41 号〈令 4〉

福田 a　福田雅章「カナダ」澤登 e161

福田 b　福田雅章「少年保護事件における"再審"」『昭和 58 年度重要判例解説』〈昭 59〉

福弁　福岡県弁護士会子どもの権利委員会編『少年事件付添人マニュアル（第 3 版）』
〈平 25〉

藤川ほか　藤川洋子 = 阿曾直樹 = 須藤明 = 猪股正光 = 石川正人 = 熊上崇「広汎性発達障害事
例についての実証的研究」家裁調査官研究紀要 1〈平 16〉

藤田　藤田尚「アメリカ少年司法制度における改革」罪と罰 51・3〈平 26〉

藤本 a　藤本哲也「深刻化する少年事件への警鐘」同『刑事政策 20 講』〈平 5〉

藤本 b　藤本哲也「日本における少年非行の概観」ケース研究 245〈平 7〉

舟本　舟本馨「少年警察の今日的役割と家庭裁判所」判タ家裁実務

船山　船山泰範「犯罪少年と責任要件」判タ少年法

フランス刑研　フランス刑事立法研究会「フランス少年刑事司法法典」(一)～(四)法政研究
86・4〈令 2〉，87・1，87・4〈令 3〉，88・1，88・2〈令 4〉

古川　古川行男「少年法 6 条 3 項（児童福祉法 27 条の 2）の送致事件について」家月
39・10〈昭 62〉

古久保　古久保正人「抗告申立て後に少年が死亡した場合における抗告審の取扱い」家月
40・5〈昭 63〉

古田　古田浩「少年事件における弁護士付添人の役割」『平成 10 年度春季弁護士研修講
座』〈平 10〉

古田 a　古田浩「少年事件における一事不再理」判タ家裁実務

古田 = 安藤　古田孝夫 = 安藤成行「英国における養育命令の制度について」家月 57・1〈平
17〉

古谷　古谷恭一郎「少年保護事件記録の閲覧をめぐる諸問題」判タ家裁実務

平成 12 年改正概況　最高裁判所事務総局家庭局「平成 12 年改正少年法の運用の概況」家月
58・9〈平 18〉

平成 18 年度研究会　司法研修所 = 裁判所職員総合研修所「平成 18 年度家裁実務研究会
（少年コース）・平成 18 年度少年実務研究会「共同研究の討議結果要旨」総研所

xlvii

報 4〈平 19〉

平成 21 年度研究会　裁判所職員総合研修所「平成 21 年度少年実務研究会」総研所報 7〈平 22〉

保護局観　法務省保護局観察課「引致および留置並に戻し収容等の手続に関する諸問題」保護月報 25〈昭 31〉

保護局観 a　法務省保護局観察課「18 歳・19 歳に対する新しい保護観察について」更生保護 73・4〈令 4〉

細川　細川清「勾留の請求があった場合に観護措置が相当と判断した場合の措置」判タ 296〈昭 48〉

細川 a　細川英仁「少年法の一部を改正する法律の概要等について」ケース研究 321〈平 26〉

細川 b　細川英仁「最近の少年審判の実情と今後の課題」家判 3〈平 27〉

本庄 a　本庄武「少年刑事裁判における 55 条移送決定と量刑」葛野

本庄 b　本庄武『少年に対する刑事処分』〈平 26〉

本田 a　本田守弘「外国人少年による犯罪と年齢の認定」研修 519〈平 3〉

本田 b　本田守弘「最近の判例から」ひろば 43・1〈平 2〉

本田（能）　本田能久「国選弁護人制度の整備に伴う刑事訴訟法等の一部を改正する法律について」家月 58・8〈平 18〉

本間 a　本間榮一「少年事件送致の遅滞」別冊判タ 26〈平 22〉

本間 b　本間榮一「保護観察処分少年に対する保護観察及び施設送致申請事件について」植村退官

〈ま〉

前沢　前沢光一郎「少年の保護観察の手続」内藤文質ほか編『児童・青少年法講座 V』〈昭 30〉

前田（巌）　前田巌「家庭裁判所の立場からみる令和 3 年改正少年法」ひろば 75・3〈令 4〉

前田（忠）　前田忠弘「オーストラリアの少年司法」課題と展望(2)

前野 a　前野育三「北欧の少年法(1)スウェーデンの少年法と少年行刑」法と政治 39・3〈昭 63〉

前野 b　前野育三「スウェーデンの司法と福祉〈資料〉」法と政治 41・2=3〈平 2〉

前野 c　前野育三「保護処分における非行事実と処分の重さ」法と政治 43・4〈平 4〉

前野 d　前野育三「司法福祉論と少年法」加藤幸雄ほか編著『司法福祉の焦点』〈平 6〉

前野 e　前野育三「少年司法における事実認定」犯非 106〈平 7〉〔『非行事実の認定』〈平 9〉所収〕

前野 f　前野育三「少年法制の将来」ジュリ 1000〈平 4〉

前野 g　前野育三「少年法『改正』について」現刑 24〈平 13〉

前野 h　前野育三「保護処分における非行事実と処分の重さ」法と政治 43・4〈平 4〉

前野 i　前野育三「被害者参加の少年保護手続と修復的司法」『光藤景皎先生古稀祝賀論

文 献 目 録

文集(下)』〈平13〉

町野	町野朔「保護処分と精神医療」展開

松枝ほか　松枝良和＝鈴木俊也＝勝田和彦『少年事件の調査方法についての研究(上)』（家庭
　　　　　裁判所調査官実務研究〈指定研究〉報告書8）〈平10〉

松尾　　　松尾浩也「少年非行の現状と少年法制の課題」ジュリ960〈平2〉

松尾＝後藤　松尾浩也＝後藤昭「抗告審の構造」松尾浩也編『刑事訴訟法の争点』〈昭54〉

松澤　　　松澤昭二『少年保護事件における各種調書の作成についての実証的研究』（裁判
　　　　　所書記官実務研究報告書4・2）〈昭40〉

松澤(伸)　松澤伸「デンマークにおける少年犯罪への法的対応」立教法務研究9〈平28〉

松田　　　松田昇「少年法第3条第1項第1号の『犯罪少年』及び同条第1項第3号の『ぐ
　　　　　犯少年』と責任能力の関係」警論35・3〈昭57〉

松田(和)　松田和哲「逆送裁判員裁判の裁判例の分析」季刊刑事弁護88

松田(美)　松田美智子「少年院の処遇」犯非142〈平16〉

松原ほか　松原房夫＝植田舜二＝塩見雅弘＝樫内重之＝石山勝己＝和田武＝岡武夫＝関野博
　　　　　司「共同調査の試行結果とその実施上の問題点について」家月34・11〈昭57〉

松村　　　松村利教「少年法と刑事訴訟法との交錯」『司法研修所創立20周年記念論文集
　　　　　3』〈昭42〉

松本a　　松本一郎「補導委託契約試論」『司法研修所創立10周年記念論文集上』〈昭32〉

松本b　　松本一郎『戦後の量刑傾向と行刑の実際』（司法研究報告書14・6）〈昭39〉

松山　　　松山恒昭「身柄付検察官送致決定により観護措置が勾留とみなされる場合の勾留
　　　　　の基礎となる事実およびその場合の勾留場所」判タ296〈昭48〉

真船　　　判解民昭37〔真船孝允執筆部分〕〈昭38〉

円井　　　円井正夫『少年保護事件と少年刑事事件との関係』（司法研究報告書6・7）〈昭
　　　　　29〉

丸山a　　丸山雅夫「ドイツの少年裁判所法について」南山法学16・3＝4〈平5〉

丸山b　　丸山雅夫「カナダにおける少年司法システムの成立」南山法学22・1〈平11〉

丸山c　　丸山雅夫「カナダ少年法制の変遷」刑雑39・1〈平11〉

丸山d　　丸山雅夫「少年法20条における「刑事処分相当性」産大法学34・3〈平12〉

丸山e　　丸山雅夫『カナダの少年司法』〈平18〉

丸山f　　丸山雅夫「少年院送致下限年齢の引下げ」刑事法ジャーナル10〈平20〉

丸山g　　丸山雅夫「カナダ少年法の現状と課題」『前野育三先生古稀祝賀論文集』〈平22〉

丸山h　　丸山雅夫「少年保護事件と非常救済制度」岩井宜子先生古稀祝賀論文集『刑法・
　　　　　刑事政策と福祉』〈平23〉

丸山i　　丸山雅夫「少年刑事事件と裁判員裁判」社会と倫理25〈平23〉

丸山j　　丸山雅夫「カナダの少年司法政策」南山法学36・3＝36・4〈平25〉

丸山k　　丸山雅夫「少年司法における親の役割」南山法学38・1〈平26〉

丸山l　　丸山雅夫「少年法と刑事手続との交錯」南山法学38・2〈平26〉

丸山m　　丸山雅夫「少年法55条による家庭裁判所への移送」南山法学38・3＝4〈平27〉

xlix

丸山 n	丸山雅夫「少年法 20 条による検察官送致」南山法学 39・3 = 39・4〈平 28〉
丸山（直）	丸山直紀「少年警察活動規則の改正等について」警論 61・3〈平 20〉
三浦 a	三浦透「付添人の役割について」家月 59・4〈平 19〉
三浦 b	三浦透「虞犯の機能に関する覚書」植村退官
三浦 c	三浦透「非行事実と要保護性の認定」50 選
水上	水上敏「要件に該当しない再送致の効力」判タ少年法
水谷(1)(2)	水谷正俊「収容継続申請事件の裁判例の研究(1) (2・完)」家月 38・11，12〈昭 61〉
三田	三田豪士「少年事件の捜査」現刑 5〈平 11〉
三谷ほか	三谷彩子 = 仁平総 = 大滝慶作 = 魚住英昭 = 田川二照 = 半澤利一 = 荒関美香 = 古舘恵子 = 木戸浩一 = 福田郁生 = 佐々木敏夫 = 澤里裕美子 = 古舘明己「共同調査の柔軟な活用について」家月 50・8〈平 10〉
三井	三井明「否認事件の審理手続について」諸問題
光岡	光岡浩昌「少年院における『保護者への働き掛け』について」犯非 153〈平 19〉
光岡（弘）	光岡弘志「少年補償事件の実務上の諸問題」家月 56・9〈平 16〉
三淵	三淵嘉子「少年審判における裁判官の役割」判タ少年法
光藤	光藤景皎「非常上告」日本刑法学会編『刑事訴訟法講座 3』〈昭 39〉
宮川	宮川義博「少年刑務所における処遇の実情」家月 57・4〈平 17〉
三宅	三宅孝之「スコットランドにおける犯罪・非行少年の処遇」『宮澤浩一先生古稀記念論文集』3〈平 12〉
三宅・付託	三宅孝之「イギリス青少年司法における付託命令」島大法学 61・3 = 4〈平 30〉
宮下ほか	宮下和夫 = 樹山源次郎 = 千田正廣 = 杉中孝明 = 西村公之 = 小峰隆司 = 池上ひろみ = 川村隆 = 六浦祐樹 = 原田宜子 = 岩永知子 = 佐藤康弘「少年審判傍聴における進行管理及び被害者調査の留意点」総研所報 6〈平 21〉
宮本	宮本浩治「観護措置中，保護観察中，試験観察中若しくは少年院在院中の少年に対する逮捕」別冊判タ 35〈平 24〉
宮崎 a	宮崎昇「国家の司法作用としての少年審判」家月 5・9〈昭 28〉
宮崎 b	宮崎昇「少年法と人権保障機能」家月 8・3〈昭 31〉
宮崎 c	宮崎昇『虞犯少年に関する研究』（司法研究報告書 8・1）〈昭 30〉
宮崎（聡）	宮崎聡「アメリカ合衆国におけるリストラティブ・ジャスティスの実情について」家月 52・3〈平 12〉
宮澤 a	宮澤浩一編著『世界諸邦少年法制の動向』〈昭 43〉
宮澤 b	宮澤浩一「少年法の歩みと今後の展望」罪と罰 33・2〈平 8〉
宮澤 c	宮澤浩一「西ドイツ少年法制の現状と将来」宮澤 a
宮澤 d	宮澤浩一「少年法の理念と現実」現刑 5〈平 11〉
宮澤 = 安部	宮澤浩一 = 安部哲夫「児童福祉法・青少年条例」『判例刑法研究 8』〈昭 56〉
三好	三好幹夫「少年法 16 条に基づく援助協力の依頼により捜査機関から送付を受けた証拠の存在を附添人に了知させなかった措置が違法とはいえないとされた事

例」ジュリ 1139〈平 10〉

村井 a　村井敏邦「少年手続と除斥，忌避」刑雑 32・2〈平 4〉

村井 b　村井敏邦「少年審判と民衆参加」石松竹雄判事退官記念論文集『刑事裁判の復興』〈平 2〉

村井＝葛野　村井敏邦＝葛野尋之「浦安暴走族乱闘（中国残留孤児二世）事件・2」法時 64・7〈平 4〉

村尾　村尾博司「少年院における被害者の視点を取り入れた教育」犯非 153〈平 19〉

村越 a　村越一浩「法制審議会における審議の経緯及び要項骨子の概要」ジュリ 1152〈平 11〉

村越 b　村越一浩「少年事件と被害者」現刑 5〈平 11〉

村中 a　村中貴之「少年の裁判員裁判の実務上の諸問題」家判 29・41

村中 b　村中貴之「少年逆送事件の 55 条移送および量刑ケースセオリーと考慮事項」季刊刑事弁護 88

元木　元木伸「少年保護事件における事実認定手続について」諸問題

森　森健二「アメリカ合衆国における少年事件手続の実情」家月 61・6〈平 21〉

森(純)　森純子「強制的措置をめぐる諸問題」家月 44・10〈平 4〉

森(純)a　森純子「強制的措置許可申請事件をめぐる諸問題」判タ家裁実務

森(武)　森武夫「オーストラリア，ニュージーランドの少年非行問題とその対策」犯罪と非行 102〈平 6〉

森(洋)　森洋三「シンガポールにおける少年司法について」家月 56・11〈平 16〉

森(望)　森望「児童自立支援施設のあり方をめぐって」展開

森(良)　森良吉「矯正実務運用上の諸問題」刑政 75・7〈昭 39〉

森岡　森岡茂「少年の被疑事件についての捜査手続の違法と公訴提起の効力」警研 42・6〈昭 46〉

森下 a　森下忠「不定期刑運用上の諸問題」刑雑 3・4〈昭 28〉

森下 b　森下忠「少年に対する不定期刑の処遇効果」家月 27・8〈昭 50〉

森下 c　森下忠「刑罰と保護処分との関係」小川太郎博士古稀祝賀『刑事政策の現代的課題』〈昭 52〉

森下 d　森下忠「不定期刑の類型と量刑」ひろば 15・7〈昭 37〉

森下 e　森下忠「フランス少年法の諸問題」『刑事政策の新展開』〈昭 43〉

森田(明)a　森田明編著『大正少年法(上)(下)』〈平 5〜6〉

森田(明)b　森田明「大正少年法の施行と『司法保護』の観念」犯罪社会学研究 22〈平 9〉

森田(明)c　森田明「青少年の人権とパターナリズム」ジュリ 884〈昭 62〉

森田(明)d　森田明「少年手続における保護とデュープロセス」小林直樹先生古稀祝賀『憲法学の展望』〈平 3〉

森田(明)e　森田明「少年法の歴史的展開と少年年齢」現刑 24〈平 13〉

森田(宗)a　森田宗一「少年保護事件手続」内藤文質ほか編『児童・青少年法講座 V』〈昭 30〉

森田(宗)b	森田宗一「虞犯少年の問題をめぐって」法時 29・8〈昭 32〉
森田(宗)c	森田宗一「少年審判手続における秘密性」ジュリ 165〈昭 33〉
森久	森久智江「オーストラリア少年司法における Restrorative Justice の現代的意義」山口（直）e
森本	森本史朗「身柄付検察官送致手続について」家月 26・11〈昭 49〉
守屋 a	守屋克彦「抗告とその手続」判タ 167〈昭 39〉
守屋 b	守屋克彦「VII 準抗告・抗告 8, 9」判タ 296〈昭 48〉
守屋 c	守屋克彦『少年の非行と教育』〈昭 52〉
守屋 d	守屋克彦「社会調査と黙秘権，非行事実の認定」判タ少年法
守屋 e	守屋克彦「少年審判の概観」講座少年保護 2
守屋 f(上)(下)	守屋克彦「少年審判における事実認定手続の改正について(上)(下)」判時 1580, 1581〈平 8〉〔守屋 g 所収〕
守屋 g	守屋克彦『現代の非行と少年審判』〈平 10〉
守屋 h	守屋克彦「少年事件の受差戻審における証拠調べ」ジュリ 1376〈平 21〉
森山	森山武市郎『少年法』（新法学全集 20）〈昭 13〉
守山	守山正「イギリス労働党の少年司法政策」『宮澤浩一先生古稀記念論文集 3』〈平 12〉
門馬＝向井	門馬良夫＝向井千杉「少年法 27 条の 2 第 1 項による保護処分の取消しをしない旨の決定に対する抗告の可否等」家月 35・11〈昭 58〉

〈や〉

八木 a	八木正一「戻し収容申請事件の裁判例の研究」家月 40・11〈昭 63〉
八木 b	八木正一「少年法改正への提言」判タ 884〈平 7〉
八木 c	八木正一「少年の刑事処分に関する立法論的覚書」判タ 1191〈平 17〉
矢代	矢代龍雄「オーストラリアにおける少年刑事司法政策」家月 54・3〈平 14〉
安井 a	安井久治「検察官送致決定と除斥原因」判タ少年法
安井 b	安井久治「少年法 23 条 2 項の不処分決定に対する抗告の可否」家月 38・5〈昭 61〉
安田 a	安田実「強制措置を指示する児童相談所送致決定と抗告」ケース研究 93〈昭 41〉
安田 b	安田実「審判不開始，不処分決定における再訴遮断効の理論について」家月 18・10〈昭 41〉
安冨	安冨潔「少年審判手続と憲法上の基本権保障」家月 39・4〈昭 62〉
安永＝福田	安永健次＝福田尚司「少年保護事件に係る調査手続等の整備に関する要綱（骨子）」ジュリ 1286〈平 17〉
安廣	安廣文夫「少年法 23 条 2 項の不処分決定に対する抗告の許否」ジュリ 844〈昭 60〉
柳川	柳川芳久「低年齢少年処遇の実情と課題」犯非 153〈平 19〉
柳＝河原	大塚仁ほか編『大コンメンタール刑法 4』〔柳俊夫＝河原俊也執筆部分〕〈平 11〉

文 献 目 録

柳沢	柳沢恒夫「東京家庭裁判所における保護的措置の新しい試み」犯罪と非行 115〈平 10〉
柳沢 a	柳沢恒夫「家庭裁判所における保護的措置の歩みと新しい試み」判タ家裁実務
柳原	柳原嘉藤「不定期刑運用についての実務上の諸問題」司研所報 21〈昭 33〉
柳本	柳本正春『米・英における少年法制の変遷』〈平 7〉
柳瀬 a	柳瀬隆次『少年保護事件における不開始・不処分決定に関する研究』（司法研究報告書 8・11）〈昭 35〉
柳瀬 b	柳瀬隆次「少年の逮捕」河村澄夫＝吉川実編『刑事実務ノート 3』〈昭 46〉
山口(直)a	山口直也「少年保護事件の"再審"に関する一考察——『草加事件』最高裁決定を契機として——」一橋研究 17・1〈平 4〉
山口(直)b	山口直也「アメリカ少年司法の最近の動向」課題と展望(2)
山口(直)c	山口直也『少年司法と国際人権』〈平 25〉
山口(直)d	山口直也「米国少年司法の新動向」『生田勝義先生古稀祝賀論文集』〈平 26〉
山口(直)e	山口直也編著『新時代の比較少年法』〈平 29〉
山口(直)f	山口直也編著『子どもの法定年齢の比較法的研究』〈平 29〉
山口(透)	山口透「保護観察所における外国人少年の処遇の実情」家月 55・11〈平 15〉
山嵜	山嵜和信「事実認定のための検察官送致」家月 42・10〈平 2〉
山﨑(健)	山﨑健一「付添人から見た少年事件実務の課題」家月 63・3〈平 23〉
山﨑(恒)a	山﨑恒「少年保護事件と余罪の考慮」判タ少年法
山﨑(恒)b	山﨑恒「送致事実と異なる事実の認定」判タ少年法
山崎(俊)a	山崎俊恵「アメリカ少年司法における検察官および弁護人の地位と役割」課題と展望(2)
山崎(俊)b	山崎俊恵「ネバダ州少年司法制度にみるアメリカ少年司法制度の動向」修道法学 36・2〈平 26〉
山崎(俊)c	山崎俊恵「アメリカにおける少年の刑罰：アメリカ合衆国最高裁判所の判例から」修道法学 37・1〈平 26〉
山崎(俊)d	山崎俊恵「アメリカにおける少年法の適用対象年齢の引き上げ」修道法学 39・2〈平 29〉
山崎(学)	山崎学「不定期刑と定期刑の軽重」判タ少年法
山地	山地修「少年保護事件における一事不再理に関する諸問題」家月 54・7〈平 14〉
山下	山下力「現代非行の傾向と補導実務上の問題」警論 20・7〈昭 42〉
山下(一)	山下一夫「国際セミナー『少年司法 100 年の評価と展望』参加報告及びスイス連邦共和国の少年司法制度について」家月 53・3〈平 13〉
山田(勝)	山田勝美「教護院から児童自立支援施設への変革とその課題・展望」犯非 118〈平 10〉
山田(健)	山田健太「『少年の保護』と表現の自由」ジュリ 1136〈平 10〉
山田(健)a	山田健太「少年事件報道と人格権侵害」竹田政男＝堀部政男『新・裁判実務大系 9 名誉・プライバシー保護関係訴訟法』〈平 13〉

山田（俊）	重松一義編著『少年法演習』〔山田俊夫執筆部分〕〈昭 56〉
山田（博）	山田博「少年事件と一事不再理」谷口正孝編『刑事法演習 I』〈昭 49〉
山名	山名学「少年審判と非行事実」調研紀要 52〈昭 62〉
山之内	山之内三紀子「少年事件における付添人の役割」判タ家裁実務
山本	山本矩夫「否認事件の取扱いについて」司研所報 30〈昭 38〉
山本（宏）	山本宏一「少年法等改正を踏まえた少年院の運営」刑政 133・2〈令 4〉
横井 a	横井大三「少年事件の起訴手続」団藤重光編『刑事訴訟法』（新法律学演習講座）〈昭 34〉
横井 b	横井大三「家裁の逆送決定書に記載のない科刑上の一罪の一部についての公訴の可否」同『刑訴裁判例ノート(3)』〈昭 47〉
横井 c	横井大三「犯時少年の事件の捜査の遅延と公訴の効力」研修 259〈昭 45〉
横井 d	横井大三「勾留に関する準抗告の適否をめぐる三つの問題」研修 268〈昭 45〉
横井 e	横井大三「控訴審と少年法 55 条」同『刑訴裁判例ノート(5)』〈昭 47〉
横澤 a	横澤慶太「年齢切迫事件をめぐる諸問題」家判 44〈令 5〉
横澤 b	横澤慶太「児童相談所長からの送致事件に関する諸問題」家判 48〈令 6〉
横田	横田信之「刑事裁判における少年調査記録の取扱いについて」家月 45・11〈平 5〉
横田 = 高橋	横田安弘 = 高橋省吾『刑事抗告審の運用上の諸問題（増補）』（司法研究報告書 36・1）〈平 3〉
横山	横山潔『イギリスの少年刑事司法』〈平 18〉
吉井	吉井富士雄「いわゆる告知調書を中心として」書研所報 21〈昭 46〉
吉岡	吉岡一男『刑事学（新版）』〈平 8〉
吉岡文	吉岡文「アメリカオレゴン州マルトノマ郡の少年事件手続の運用状況について」家判 36〈令 4〉
吉田（秀）	吉田秀司「少年院及び少年刑務所における処遇の現状と課題」ひろば 54・4〈平 13〉
吉田（英）	吉田英法「司法警察職員による少年被疑者の逮捕」警研 49・5〈昭 53〉
吉中 a	吉中信人「フランスの少年保護観察制度(1)(2)(3・完)」一橋研究 19・1, 2, 20・1〈平 6〜7〉
吉中 b	吉中信人「フランスの少年司法制度」広島法学 20・1〈平 8〉
吉中 c	吉中信人「少年保護観察の理論」広島法学 20・3〈平 9〉
吉中 d	吉中信人「改正少年法と被害者の権利拡大」現刑 24〈平 13〉
吉中 e	吉中信人「少年刑法における責任概念」『町野朔先生古稀記念(下)』〈平 26〉
吉中 f	吉中信人「少年刑法の理論」『川端博先生古稀記念論文集（下巻）』〈平 26〉
吉中 g	吉中信人「フランス少年司法における権利保障」酒井安行ほか編『国境を超える市民社会と刑事人権』〈令元〉
吉永 = 鈴木	吉永豊文 = 鈴木一久『矯正保護法』〈昭 61〉
吉野	吉野明「少年の矯正教育」内藤文質ほか編『児童・青少年法講座 V』〈昭 30〉

文 献 目 録

餘多分	餘多分亜紀「ベルリン少年刑事施設訪問記」判タ 1146〈平 16〉
四ッ谷 a	四ッ谷巌『年長少年事件の取扱に関する諸問題』（司法研究報告書 6・1）〈昭 28〉
四ッ谷 b	四ッ谷巌「少年の勾留」熊谷弘ほか編『捜査法大系 II』〈昭 47〉
四ッ谷 c	四ッ谷巌「少年の刑事事件手続」内藤文質ほか編『児童・青少年法講座 V』〈昭 30〉
四ッ谷 d	四ッ谷巌「勾留に代わる観護措置について理由開示の請求ができるか。できるとした場合の勾留理由を開示すべき裁判所」判タ 296〈昭 48〉

〈ら〉

ライアン	キャサリン・ライアン（佐伯仁志＝柑本美和訳）「アメリカ少年司法制度の新たな展開」ジュリ 1195・46〈平 13〉
六車	六車明「教護院から逃走した児童の連戻し」家月 38・6〈昭 61〉

〈わ〉

若穂井	若穂井透『少年法改正の争点』〈平 18〉
若穂井 a	若穂井透「閉ざされた少年再審」法セ 371〈昭 60〉
若穂井 b	若穂井透「少年司法の改革をめざして」季刊刑事弁護 7〈平 8〉
若穂井 c	若穂井透「事実審理をめぐるデュープロセスの軌跡」自由と正義 40・12〈平元〉
若穂井 d	若穂井透「2007 年少年法改正で非行法制はどのように再編されたか」季刊刑事弁護 51〈平 19〉
和田	和田忠義「少年審判の運営について」法時 46・4〈昭 49〉
和田＝延廣	和田真＝延廣丈嗣「少年の裁判員事件における審理等のあり方」判タ 1410〈平 27〉
和田（彰）ほか	和田彰＝鈴木正彦＝笠原正宏＝谷村和人＝村田恵美＝菅原佐企子「中規模支部における保護者会（グループワーク型）の試み」家月 58・11〈平 18〉
渡辺（輝）	渡辺輝雄『少年保護事件の執行に関する実証的研究』（裁判所書記官実務研究報告書 5・3）〈昭 41〉
渡辺（直）	渡辺直「オーストラリア（ニューサウスウェールズ州）における少年司法事情」家月 44・3〈平 4〉
渡辺（則）	渡辺則芳訳『アメリカ少年司法の再生』〈平 8〉
渡辺（尚）	渡辺尚「最近における米国少年法制の動向(上)(下)」ジュリ 760，762〈昭 57〉
渡辺（康）	渡辺康弘「少年非行の今日的意味と少年警察」警論 51・6〈平 10〉
渡邉	渡邉泰洋『イギリス連合王国における少年法制の変遷』〈平 20〉
和波ほか	和波宏典＝岡部弘「少年審判規則の一部を改正する規則の解説」家判 8〈平 29〉

少　年　法

序　説

1　はじめに

　現行少年法は昭和23（1948）年7月15日に公布され翌年1月1日から施行された。その前身で我が国初の少年法（旧少年法）は大正11（1922）年4月17日に公布され翌年1月1日から施行されている。法施行後の社会の変動等が少年事件の数的増減，種類・内容，質的な変化などに反映され，これに対応するため実務運営上の改革が繰返されてきた。また，法改正の提案・議論もなされ，昭和52（1977）年には法制審議会の中間答申も出された。その後の改正作業は進展していなかったが，平成6（1994）年頃から非行事実認定手続を中心とした改正も提言され，後述するように平成12（2000）年の改正，平成19（2007）年，平成20（2008）年，平成26（2014）年の改正が相次いでなされ，選挙年齢の引下げに伴い少年年齢（少年法の適用対象年齢の上限）引下げが検討され，令和3年の改正が行われた。少年の処遇に関しては，少年による凶悪事件の発生に対応して断続的に議論が繰返され，前各記改正の契機ともなった。このような議論の背景には，少年法制が本質的に内包している対立・矛盾しかねない理念・要請などがあるといってよい。

　その一方は少年に対する保護（福祉）・教育（育成）である。次代を担う青少年の育成は近代国家の大きな課題である。犯罪も含めた少年の問題行動への対応に際して，少年は人格が発達途上で可塑性に富み，環境の影響を受けやすく教育可能性も大きいので，基本的には処罰よりも保護・教育的な処遇によって立直らせるべきものと位置付けられる。そのため，刑事手続とは異なる保護・教育的な手続，刑罰とは異なる教育的な処分，特別な対応機関などが要請される。少年法が少年の健全育成の理念を掲げ，少年保護（審判）手続，保護処分を設け家庭裁判所が中心となって少年事件を扱うとされているのはこの観点を重視しているものである。

　他方が犯罪対策であるが，その表れ方は単純ではない。まず，少年の再犯防

序　説

図表 1　少年刑法犯の検挙人員及び人口比の推移（昭和21年〜令和3年）

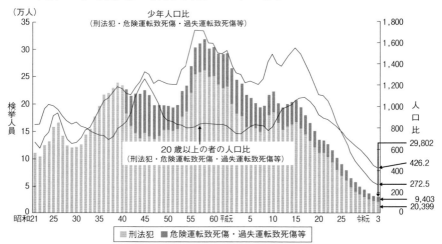

※1　警察庁の統計，警察庁交通局の資料及び総務省統計局の人口資料による。
　2　犯行時の年齢による。ただし，検挙時に20歳以上であった者は，20歳以上の者として計上している。
　3　触法少年の補導人員を含む。
　4　「少年人口比」は，10歳以上の少年10万人当たりの，「20歳以上の者の人口比」は，20歳以上の者10万人当たりの，それぞれの検挙人員である。
　5　昭和40年以前は，道路上の交通事故に係らない業務上（重）過失致死傷はもとより，道路上の交通事故に係る業務上（重）過失致死傷についても，「刑法犯」に含めて計上している。
　6　昭和45年以降は，過失運転致死傷等による触法少年を除く。
（出典）『令和4年版犯罪白書』104頁による。

止対策として刑罰よりも教育的な処遇の方が有効だという刑事政策上の功利主義・予防主義がある。言い換えると，少年の社会復帰・更生の視点であり，被害者も含めた地域社会との接点を広く持った処遇も望まれ，少年が社会に受け入れられることが前提となる。教育的に有効な処遇を目指す点では保護・教育の観点と結果的に一致する部分も多い。次に，犯罪に対する被害・社会感情の問題や社会防衛の要請がある。犯罪，特に重大・凶悪なものは，その被害者，近隣住民や一般社会に不安を抱かせ，被害の回復・再発防止・犯人処罰などが強く求められる。被害者がいない場合でも犯罪者の関係者などには重大な迷惑を被らせ，社会的に様々な悪影響を及ぼす。同時に，その検挙・処罰等の在り方は他の犯罪・犯罪者にも影響を与える。犯罪者が少年の場合でも，このような社会の反応・影響などはほとんど同様に生じる。その対策も少年法制は担わ

序　説

されているが，この側面は治安・犯罪状況，社会の意識などにも左右されるので，被害者への対策（補償・謝罪・支援等），社会の不安解消措置，教育的処遇の有効性の周知活動，犯罪の模倣・伝播の防止対策，より有効な非行予測・教育的処遇方法の開発などによって，犯罪対策を少年法制が担う必要性を低減する方策が図られるべきである。

　現状をみると，我が国では，非行・犯罪の減少傾向の下でも再犯率の上昇など治安悪化の懸念は否定し難く，社会の変化に伴う新たな質・量の犯罪・非行は生じ続けている（**図表**1，付録1・戦後の少年法制と少年事件。守屋 g 3 頁，徳岡 b 104 頁，前田，秦 = 桑原，清永，岡邊参照）。社会一般の人々が重大・凶悪な非行に不安を覚えず，少年犯罪には教育的処遇だけで納得してくれると楽観できる状況とは言い難い。少年法制が少年犯罪対策の主要な制度で被害・処罰感情などに対する十分な代替措置がないというのが残念ながら実状である。また，我が国が範とした欧米諸国においても，少年犯罪に成人と異なる対応が制度的にとられたのはほとんど 20 世紀に入ってからである。その契機には，博愛主義や教育・人道的な配慮のほかに，犯罪・再犯防止に有効な処遇を目指す刑事政策，社会防衛などの諸要素があった。このように，理念・歴史的にみても少年法は犯罪対策法・刑事法的な性格と教育・福祉法的な性格を本質的に複合的に内包しており，その二面的構造・性格が解釈・運用上の様々な問題を生起させることになる。この矛盾を孕む要請をどのような水準で調和させ，解決を図るかが少年法制の本質的な課題といってよい（藤本 a 65 頁，同 b 35 頁，松尾，宮澤 d，後藤 a，廣瀬・少年法 4 頁，廣瀬 25 頁参照。なお，未成年者保護政策に関して，田中（亜）9 頁参照）。

　本書は学説・判例の動きを踏まえながら，少年法（運用上密接に関連する少年院法，少年鑑別所法，更生保護法等の一部にも触れる）の実務的な運用の到達点を逐条的にできるだけ実像に即して概説するものであるが，現在の少年法制の背景をなし，その解釈運用・今後の改革の参考となり得る諸外国及び我が国の少年法制の沿革・動向について，最初に概観しておくことにする。

2　諸外国の少年法制の概況

　少年法制は，少年特有の手続を設けて刑事裁判手続との手続選択を行うものと，刑事裁判手続に特則を設けて保護処分等の選択も可能にするものに大別されるが，それぞれの少年・事件等の範囲が異なるのみならず，刑罰，保護処分，

5

序　説

図表2　アメリカ(1)〔ワシントンDC〕

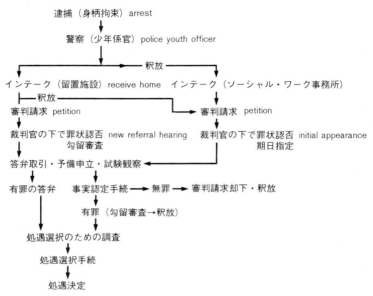

※少年事件＝審判請求時18歳未満・請求時21歳未満で犯行時18歳未満の犯罪。
※管轄除外＝16歳以上での重罪（謀殺，強姦，持凶器強盗等）は刑事手続（陪審公判）。
※刑事手続への移送＝15歳以上の重罪，16歳以上で収容保護歴ある者，18歳以上の者，18歳未満で学校周辺での銃器不法所持。
（出典）家庭裁判月報48巻10号126頁に加筆。

福祉的措置等の位置付けにも各国（州・地区）における差異が相当あるので，各国の実態把握には，その少年手続のほか，刑事裁判手続，福祉・行政手続も含めた総体の比較検討の視点が不可欠である（諸外国の概容について，廣瀬・少年法24頁，英米独仏について，浜井ほか8頁，廣瀬f115頁，同末尾参考文献，法務研究参照）。

(1)　**アメリカ**　　世界の少年保護法制の先駆をなし，ヨーロッパ諸国に影響を及ぼしたのはもちろん，我が国の現行少年法及び旧少年法制定の大きな契機となっている。1899（明治32）年シカゴに少年裁判所が創設されて以来，犯罪少年のほか，親が欠けたり親や保護者による適切な保護・教育が受けられない少年たちを国家が親に代わって保護・教育するという国親思想（パレンス・パトリエ）を基礎理念として非公開・非要式的で職権主義的な少年審判手続が全米

図表3 アメリカ(2)〔ニューヨーク〕

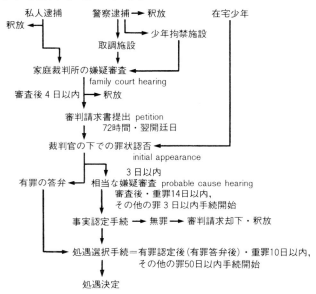

※少年事件＝7〜16歳未満の犯罪。
※刑事裁判所管轄＝重罪(13歳以上の謀殺、14歳以上の非謀殺・誘拐・放火・強姦・強盗等)
　　　　　　　　は刑事裁判所からの移送があった場合に限り少年裁判所が扱う。
(出典) 家庭裁判月報48巻10号127頁に加筆。

に拡大した。しかし、1960年代後半（昭和41年）以降、連邦最高裁は憲法上の適正手続保障の趣旨から非行事実認定に当たり少年の基本権の保障を要求し（ゴールト判決等⇨百選「アメリカの代表的判例」、廣瀬・少年法37頁）、これらが少年法制改革の契機となった。1970年代後半（昭和50年）からは少年の重大犯罪等が社会問題化する状況下で、特に重大犯罪については、処遇の刑罰化・手続の刑事訴訟化の方向性が示されて現在に至っているが、近時、実証主義・教育主義の流れもみられる。特に、脳科学の研究成果（衝動抑制機能の成熟には25歳くらいまでかかること等）は、連邦最高裁においても評価され、ローパー判決（犯行時18歳未満への死刑・違憲）、グラハム判決（16歳に対する殺人以外の罪での仮釈放のない終身刑・違憲）などが下されている（廣瀬・少年法42頁、津田(雅)234頁、本庄b 291頁参照）。連邦制のため州による較差が大きいが、現在多くの州に共通する点を挙げると、18歳未満が少年とされ、虞犯や要保護少年は、少年裁判所で扱わ

序説

図表 4　アメリカ(3)〔イリノイ〕

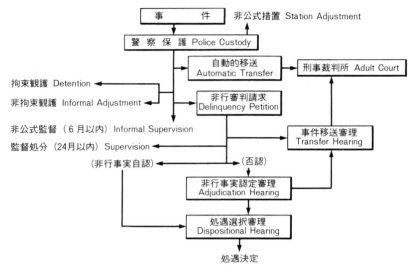

※非公式措置＝警察で行われる保護的措置，法的拘束力なく裁判所の手続に代わる処分。
※自動的移送の対象事件＝15歳以上の第一級殺人・加重強制猥褻・持凶器強盗，学校から300m以内の薬物・武器犯罪，公共住宅から300m以内の薬物犯罪，ギャング関連犯罪，加重車両奪取，加重誘拐，13歳以上の強制猥褻等を伴う第一級殺人。
（出典）田宮裕編『少年法判例百選』248頁による。

れるほか，福祉的な民事・行政手続等による場合もあること，少年犯罪でも殺人・強姦・強盗等一定の重罪は専属管轄，義務的・裁量的移送，検察官先議等により少年裁判所の対象から除外されて刑事裁判手続で扱われること，少年裁判所では非行事実認定手続と処遇選択（決定）手続が二分され非行事実認定後に処遇決定が行われていること，非行事実認定手続は手続の公開と陪審裁判を受ける権利を除いて刑事手続の裁判官のみの審理手続とほぼ同様であること，処遇決定手続は裁判官がソーシャル・ワーカー，プロベーション・オフィサー等の調査報告を前提に弁護人，検察官に意見を述べさせたうえ，協議的な雰囲気の下で決定を下す場合が多いことなどがある（⇨図表 2〜4 参照）。社会防衛に配慮しながら少年の保護・教育と適正手続保障との調和を模索し非行事実の認定は成人並みの手続保障を企図している。一方，近時，実証的な研究結果に基づき（Evidence Based），重大な犯罪以外のものに対しては，修復的司法の手法

8

序　説

も取入れながら，拘禁の抑制，社会内処遇・教育的処遇の充実・拡大を推進する方向に舵を切っている（浜井ほか10頁，佐伯a，廣瀬f91頁，猪瀬a，柳本，波床(上)(下)，渡辺(則)，田宮b，森田(明)c，徳岡a，猪瀬＝森田，千村，タネンハウス，廣瀬・少年法25頁以下，今出参照，近時の改革とその評価について，園部(直)a，山口(直)b，森，藤田，廣瀬・少年法42頁，各州の動向について，園部(直)b，春田，廣瀬(孝)，小澤，服部f，吉岡文，実証的政策につき，ハウエルほか参照）。

　(2)　**イングランド（ウェールズを含む）**　　1908（明治41）年に少年に対する特則ができ，1933（昭和8）年までに少年裁判所制度が確立され，第二次大戦後の植民地喪失等の激動の中で幾多の改正を経て改革が繰返されてきた。現在は10〜17歳の犯罪少年が少年裁判手続の対象とされ，要保護少年は家事裁判所等で別途に扱われている（処遇上は21歳位まで特則がある）。少年に対する審理は非公開で親等の出頭義務があるほかは，刑事手続とほぼ同様に事実認定が行われる。処遇決定は有罪認定後にソーシャル・ワーカー等の調査報告に基づいて行われる。統一的な法典はないが，少年犯罪者も成人同様に扱うという考え方が強いこと，少年の保護・教育と社会・公共の安全保護を軸に大きな変遷を経てきたこと，非行事実認定の側面では訴訟手続の維持・少年の権利尊重を貫いていることが指摘できよう。民間人の治安判事3名による青少年裁判所での審判が原則であるが，年齢・犯罪の軽重に対応して手続・処遇が区分されており，罪が重く，年齢が上がる程，成人類似の手続となる（⇨**図表5**）。例えば，殺人等の重罪は刑事法院（陪審裁判）で年少少年にも成人並みの刑（上限は無期拘禁）が科され，未決勾留も相当長期間行われている。犯罪の軽重と処分・施設収容期間等を対応させるなど，責任追及・社会防衛重視の傾向を強め，保護者への養育命令等の犯罪予防措置も設けられてきたが，近時，実証的な研究結果を踏まえ，反社会的行動に対する本人・保護者への規制強化をし，拘禁と社会内処遇を一体化した拘禁訓練命令の導入により，矯正と保護の連携を強化したほか，各地区に，ソーシャル・ワーカー，保護観察官，警察，教育，医療関係者等により構成される少年犯罪対策チーム（YOT：Youth Offending Team）を設置している。YOTは，全般的な犯罪防止活動を行うとともに，個々の犯罪少年に対応し，処分の意見・処分の執行に被害者も関与させて修復的司法の観点も重視し，少年に対する調査，裁判所への処遇意見の報告，社会内処遇の執行への関与等を通じて，拘禁・施設収容処分の抑制・限定，社会内処遇の強化・充実を

9

序　説

図表5　イギリス(1)〔イングランド及びウェールズ〕

◎手続の流れ　　捜査→訴追→手続の選択→公判〈罪体立証(有罪の答弁では省略)→処遇決定〉

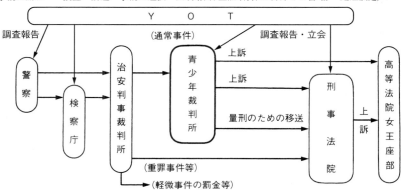

※青少年裁判所＝素人治安判事3名（2名以上で男女両性を含む構成，治安判事付書記官が補佐，有給治安判事は単独）。
　　　　　担当＝重罪以外の一般少年事件。
※刑事法院①職業裁判官（判事）と陪審員12名。
　　　　　担当＝重罪事件，成人共犯事件，量刑移送事件。
　　　　②職業裁判官（判事）と治安判事2〜4名。
　　　　　担当＝青少年裁判所の判決に対する上訴事件。
※治安判事裁判所＝素人治安判事2名以上（有給治安判事は単独）。
　　　　　担当＝手続の選別，罰金以下の科刑。
（出典）家庭裁判月報48巻10号122頁に加筆。

図り，少年の教育・改善の充実にも努め，相当な効果をあげている。立法が社会の必要に敏速に対応して改革が繰返されている反面，犯罪増加・凶悪化への対応策が政争の具とされて一貫性を欠く等の批判もあるが，犯罪被害者・児童保護などでは積極的な施策が推進されている（廣瀬・少年法44頁，浜井ほか30頁，廣瀬ｆ3頁，カベナー，柳本，瀬川ａ，同ｂ，奥村，木村ｂ，小鹿野，守山，近時の動向について，横山，土井，古田＝安藤，渡邉，宇田川，三宅・付託，エリス＝京など）。北アイルランドについて，渡邉，木村ｂ。英連邦諸国においてもイングランドとの制度の共通性がみられるが，カナダは刑罰化を強力に進めた後，ダイバージョンを相当程度取入れ，修復的措置も採用するなどその修正を図っている（丸山ｂ，同ｃ，同ｅ，同ｆ，同ｇ，同ｊ，秋元，福田ａ，冨田ａ，同ｂ，児玉など）。オーストラリア，ニュージーランドにおいては，修復的司法の実践が特徴的である（森久，高杉，前田(忠)，矢代，高橋ａ，渡辺(直)，森(武)など。なお，シンガポールについて，森(洋)

図表6　イギリス(2)〔スコットランド〕

◎手続の流れ　　捜査→送致─┬→調査→（事実認定手続）→少年審判手続
　　　　　　　　　　　　└→起訴→公判（罪体立証（有罪の答弁なら省略）→処遇決定）

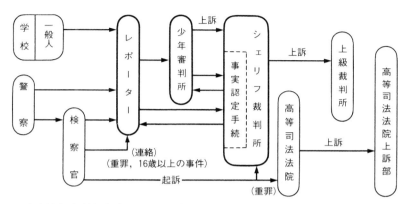

※少年審判所＝参審員3名（レポーターが補佐）。
※シェリフ裁判所　1 事実認定手続＝シェリフ（判事）単独。
　　　　　　　　2 刑事手続＝①シェリフと陪審員15名の構成で16歳以上の少年事件担当。
　　　　　　　　　　　　　　②シェリフ単独の構成で軽罪事件（懲役3月以下）担当。
　　　　　　　　3 少年審判所の決定の上訴審＝シェリフ単独。
※高等司法法院＝判事と陪審員15名で重罪事件を担当。
（出典）司法研究報告書48輯2号111頁に加筆。

など）。

(3) **スコットランド**　　イングランド同様であったが，1968（昭和43）年に少年裁判所を廃止し保護・教育優先の少年審理手続（Children's Hearings）を創設した。少年審理手続では犯罪少年のほか，要保護・要扶助少年も扱われる。法律・教育の専門家であるレポーターが警察等からの送致事件を調査し保護処分の必要な8〜15歳の少年の犯罪・要保護事件を審判に付す（16歳以上の少年の犯罪や重罪事件は原則として刑事手続で扱われるが，検察官・刑事裁判所に少年審理手続への裁量的移送が認められる）。審判は民間人審判官（参審員）3名による少年審判所（Children's Panel）が手続を主宰し，レポーターの調査報告を前提にその助言を得ながら，家庭環境等の調整を中心に少年の教育・更生のため最適な処遇を定めている。非行事実や要保護性の前提事実に争いがあれば，職業裁判官による事実認定手続に付される。この手続では，検察官役のレポーターと弁護人が立

序　説

会い，成人同様の証拠法則の下で審理が行われ，事実認定後，少年審理手続に事件が委託される。イングランド類似の刑事手続に対して，少年審理手続は裁判体の構成・構成員の資格が異なり事実認定手続と処遇決定手続がその担当機関も含めて分離されている。社会防衛の要請や少年の権利保障が別途の手続で確保されているので，少年審理手続は保護・教育の観点で純化され方式にとらわれない柔軟な審判運営が行われている（廣瀬・少年法60頁，浜井ほか51頁，廣瀬 f 29頁，木村 b 227頁，渡邉123頁，⇨**図表6**）。なお，1995年に法改正が行われている（詳細につき，三宅）。

　(4)　**ドイツ**　　1817年の特則に始まり，1953（昭和28）年の法制を基礎に少年犯罪増加，財政悪化，東西独統合等に伴って制度改正が繰返されている。少年手続は，基本的には刑事手続を少年・非行の特性を考慮し修正したものである。14～17歳の犯罪少年が対象とされ，少年刑のほか，懲戒処分，教育処分等が科され，18～20歳の準成人も精神的成熟度等により少年に準じた扱いを受け得るとされているが，実際には約7割の事件が少年に準じて扱われ，しかも，その約7割が懲戒処分（少年拘禁）等に付されている（最近の統計・分析について，廣瀬・家判40（令4）151頁，同41・147頁参照）。要保護・要扶助少年は少年局や後見裁判官が扱う。手続は，公開制限，保護者の出席，専門性ある少年審判補助官の調査・審判関与等の特則以外は刑事手続と同様であり，裁判所は職権調査主義に立ち，真相解明に必要な限り少年の有利・不利を問わず証拠調を尽くす義務があり，検察官・弁護人立会の下で，積極的にその職責を果たしている。身柄事件には弁護人を必要的に付し厳重な審査をする一方，重罪等必要性の高い場合には相当長期間の身柄拘束も認めて，少年の保護と真相解明の要求との調和が図られている。裁判体の構成は，軽い犯罪を扱う職業裁判官の単独制，一般の事件を扱う職業裁判官1名参審員2名の参審制，重罪を扱う職業裁判官3名参審員2名の大合議部に分けられ，犯罪と手続・処遇との比例・権衡の原則が重視されている。未決勾留や弁護人制度なども犯罪・処分の軽重に対応して区分されている。このように重罪ほど権利保護への配慮がなされ，慎重かつ必要な審理が可能とされている。また，比較的軽い犯罪には処分（特に施設収容）を回避し教育を優先する一方，少年拘禁・少年刑（罪責が重大な場合最高10年，準成人の謀殺については最高15年）など責任の自覚・贖罪等の観点が明定され，一般予防・社会防衛への配慮も相応に図られている（廣瀬・少年法68頁，

12

図表7　ドイツ

◎手続の流れ　　起訴前手続→起訴→中間手続（職業裁判官のみで審査）→公判開始→公判手続

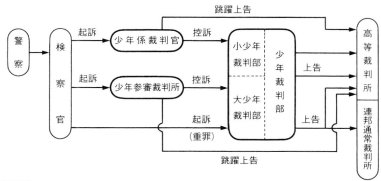

（地方裁判所）
※少年裁判部①大少年裁判部＝職業裁判官3名（重大事件以外は2名）と参審員（男女各1名）で重大事件と少年参審裁判所の上訴事件担当。
　　　　　②小少年裁判部＝職業裁判官1名と参審員（男女各1名）。少年係裁判官の上訴事件担当。
（区裁判所）
※少年参審裁判所＝少年係裁判官と参審員（男女各1名）。軽い事件，重大事件以外を担当。
（区裁判所）
※少年係裁判官＝単独審理で軽い事件（少年刑1年以下）を担当。
（出典）司法研究報告書48輯2号112頁に加筆。

廣瀬(k)(l)(m)(n)(o)(p)(q)，浜井ほか65頁，廣瀬f44頁，川出a，竹内（友）a，柴田a，餘多分，齋藤（純），武内b，川淵b⇨**図表7**。なお，最近の動向及び少年裁判所法等の訳文について，武内a，武内f，武内g参照）。

（5）**フランス**　1810年の特則に始まり，1945（昭和20）年の法制を基礎に社会状況等の変化に対応する改正が繰返されてきたが，2021（令和3）年に少年刑事司法法典に統合されている（大貝a，フランス刑研）。犯行時18歳未満が少年とされ，少年手続は刑事手続の特則とされている。専門の少年係判事が予審・審判・事後の教育処分の変更等，捜査から処分執行まで関与し犯罪少年の大半を扱っていたが，改正により少年係判事の予審の権限は廃止されている（吉中g，大貝）。要保護少年は教育・福祉的な措置等の対象として行政機関が対応し，少年・保護者の同意が得られない場合には専門の少年係検事の請求により少年係判事が施設収容等の処分決定を行っている（その事件数は犯罪少年の数倍。検察官の権限の拡大について，大貝）。また，教育保護技官（我が国の調査官，少年鑑別

序　説

図表8　フランス

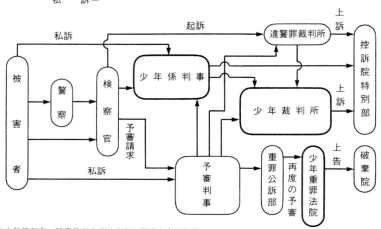

※少年係判事＝職業裁判官単独審理で軽微な事件担当。
※少年裁判所＝少年係判事と参審員2名で16歳以上少年の重罪と他の裁判所で扱わない事件全般担当。
※少年重罪法院＝職業裁判官3名と陪審員9名で16歳以上の重罪事件担当。
※違警罪裁判所＝職業裁判官単独審理で軽微な事件(罰金又は訓戒相当)担当。
（出典）司法研究報告書48輯2号113頁に加筆。

所技官，少年院教官，保護観察官等の役割を担当する専門職）による社会調査が行われ，年少者の未決勾留の制限などが定められている。軽い罪を扱う非定型的で簡易迅速な少年係判事の単独審判，大半の事件を扱う少年係判事1名と教育関係に有能な参審員2名による少年裁判所の審判，重罪には必要的弁護等を保障し必要性に応じて長期勾留も認め，二重の予審を経て予審と公判を分離し厳格な口頭主義をとるなど慎重な審理を行う陪審員6名と職業裁判官3名による少年重罪法院の手続というように，年齢，犯罪・処分・科刑の軽重と裁判体・手続の区分が対応している（⇨図表8）。事実認定手続は裁判体の構成が異なり公開が制限されるほかは成人同様に職権調査構造で，検察官・弁護人立会の下，裁判所には少年に有利不利を問わず真実発見のため職権行使の自由裁量権がある。処遇面では成人と科刑・処分に差を設け情操保護に配慮するなど教育処分優先がうたわれて多様な措置が可能とされ，保護・福祉的な配慮がなされている。他方，少年も重罪ではほとんど成人並みに扱われ，相当重い刑が科され得る

14

（特に 16・17 歳は刑の減軽も排除可能。ただし，無期懲役・禁錮刑は 30 年以下の重懲役等とされる。吉中 g，フランス刑研）制度で，刑罰の選択も多く（2010（平成 22）～2014（平成 26）年は 44～47%），短期自由刑もかなり科されている（浜井ほか 85 頁，廣瀬 f 67 頁，吉中 b，岡 a，小木曽＝只木，赤池 a，同 b，河原 a，赤池 c，岡村，河原，大貝，大貝 a）。なお，少年軽罪裁判所が 2011 年の改正で創設されたが，2016 年の改正により 2017 年に廃止されている（吉中 g）。

　(6)　**スウェーデン等**　　1902（明治 35）年に少年の処遇決定機関として児童福祉委員会制度を採用した（ちなみに，ノルウェー 1896（明治 29）年，デンマーク 1905（明治 38）年，フィンランド 1936（昭和 11）年）。1975（昭和 50）年の改正を経て 1982（昭和 57）年から民間人による社会福祉委員会が，弁護士である書記やソーシャル・ワーカーの協力を得るなどして犯罪少年のほか要保護少年に対応している（施設収容には行政裁判所の承認が必要とされている）。犯罪少年の内，刑事未成年（15 歳未満）は専ら社会福祉委員会（その実働はソーシャル・サービス）で扱われる。1985（昭和 60）年の改正により 12 歳以上は警察の捜査対象とされるが，社会福祉機関の関与が認められ，12 歳未満の捜査は特別な場合に限定される。15～17 歳は，起訴法定主義の例外として検察官が刑事裁判所への起訴か，社会福祉委員会に委ねるかを裁量で決定する（少年犯罪の起訴率 15% 程度）。起訴を受けた裁判所も公訴事実認定後，事件を社会福祉委員会へ移送（委託）できる。18 歳以上は刑事手続で扱われるが，20 歳までは裁判所が裁量で同様に社会福祉委員会へ事件を移送できる。起訴された場合は成人同様な手続で審判されるが，18 歳未満の拘禁刑科刑は特別な理由がある場合に限られ，21 歳未満までは年齢に応じた減軽等があったが，2021 年の改正により，18 歳から 21 歳未満への特則は限定され，下限が 1 年以上の拘禁に当たる重罪の減軽は廃止されている（廣瀬(r) 126 頁）。犯罪も含め少年の社会的問題行動への対応に社会福祉機関が中心的な機能を果たし，警察・学校等と共に活動している（廣瀬・少年法 90頁，前野 a，同 b，坂田 a，同 b，廣瀬(b)，同(c)，同(d)，ノルドレフ）。北欧諸国の特徴は，弱者，問題を抱える者を保護・支援し，地域社会で共生するという考え方で制度全般が構成されており，刑罰も社会復帰・教育支援中心に考えられているので，犯罪少年に対する保護・教育もその一環となり，処分の減軽があるほかは特則が少ないことである。すなわち，犯罪少年も要保護・要扶助少年と同様に支援・保護すべき問題行動の一つと位置付けられていること，刑罰も処遇の一

15

序　説

つに過ぎず，更生・支援に必要性が認められる限り，刑罰執行後の収容処分も認められていること，手続的には，各地区のソーシャル・サービスが中心的な機関となり，少年の出生から 21 歳まで，その育児・虐待等も含めた問題に包括的に対応し，犯罪・非行については，警察・裁判所等と連携し，少年・非行に対する調査を行い，その報告で処分の提言をし，処分の執行にも関与し，社会復帰のための支援等も行っている。デンマークでは警察，ソーシャル・ワーカー，地方自治体等から構成される委員会（SSP）が同様の役割を担っている（デンマークにつき，松澤（伸）参照）。なお，スイスでも警察，ソーシャル・ワーカー，地方自治体等によるチームでの犯罪少年への対応が行われている（廣瀬 s）。

(7)　**小括**　　現行少年法制定後に限っても，母法国アメリカを始め各国では，社会の激変等に対応するため制度改革が繰返され，少年の保護・教育に配慮が払われると同時に，重大な犯罪には社会防衛の観点も考慮され，我が国よりもかなり厳しい処分が選択される場合も少なくない。事実認定の面では少年の身柄確保・罪証隠滅防止を含め慎重な審理を可能とする手続整備がなされており，否認事件では検察官・弁護人の立会い得る手続での証拠調が保障されるなど少年にも成人同様の権利保障がなされている。各国とも治安が悪化する中で，歴史・理念を異にしながら少年の情操保護・改善更生のための保護（福祉）・教育的な処遇の実現と少年犯罪から社会・公共の安全を守るという要請の調和をいかに図るかが少年問題の中心課題とされ，その解決に腐心してきたが，近時，拘禁の抑制・社会内処遇の強化に力点を移しつつある状況といえよう（その他の諸外国について，〔オーストリア〕イェシオネク，竹内（友）a，〔韓国〕法務研究 165 頁，澤登 300 頁，〔スイス〕山下（一），〔台湾〕廣瀬 t，廣瀬・少年法 86 頁，諸外国の特徴について，廣瀬・少年法 96 頁各参照）。

3　我が国における少年法制の沿革

(1)　**旧少年法制定以前の状況**　　旧刑法施行（明治 15（1882）年）以前は少年にも成人同様刑罰が科され，若干の刑の減軽等がなされただけであった。旧刑法下で懲治場制度が設けられ，成人との隔離，特別の教育的処遇などが目指され，起訴猶予や刑の執行猶予も行われ始めたが不十分な実状にあった。明治 17（1884）年ころから欧米の刺激を受けた留岡幸助らの篤志家や宗教団体などの私立感化院による感化教育が始まり，明治 33（1900）年に感化法が成立した（感化法成立の経緯・背景及びその位置付等について，田中（亜），二井）。また，川越幼年監

序　説

等で学校に準じた教科教育，体育，職業教育，社会調査の導入，分類処遇・仮
釈放の活用などの教育的な処遇の試みが，明治 41（1908）年の監獄法制定に伴
う規律強調に至るまで実践された（廣瀬・少年法 102 頁以下参照）。

　(2)　旧少年法制定の経緯及びその概要　　明治 44（1911）年からの刑事訴訟法
改正作業の過程で日露戦争後の犯罪少年増加対策等として少年法が検討され始
めた。その背景には，明治 40（1907）年の刑法制定による刑事未成年者（14 歳
未満）対策，米国始め諸外国の少年法制の紹介，少年犯罪の原因を性格・環境
に求め刑罰より保護処分を良策とする少年裁判所設置運動等と共に，少年犯罪
の増加，感化主義だけでは有効でない累非行少年対策など，言い換えると，人
道・博愛主義のほか，激増する少年犯罪の鎮圧・将来の成人犯罪の発生防止を
目指す刑事政策上の予防主義・合理主義があった。立案当局は責任追及主義と
保護主義を併存させる日本的な少年法制を目指して，米国少年裁判所と共にド
イツ法制も参考とした。その結果，少年を 20 歳未満，特定重罪以外の少年事
件を全て扱う判事兼任の少年審判官の少年裁判所（特命の少年係検事が立会）に刑
罰に代えた保護処分選択権を与える一方，審判官・参与制による簡易・懇切な
審判を旨とする少年審判所を併設して触法・虞犯事件を扱わせ，保護処分の目
的を少年の保護・教養とすることを盛込んだ法案も提出した。しかし，内務省，
感化教育主義者，司法省内部などの激しい批判を受け，大幅な修正を経て旧少
年法は，大正 11（1922）年に成立した。その結果，旧少年法では，18 歳未満を
少年（1 条）とし，内乱罪等を除外し（3・26 条），重罪（短期 3 年以上の懲役・禁
錮）及び 16 歳以上の犯罪少年を少年審判所が扱うには検察官の送致を必要と
する（27 条）検察官の手続選別制（検察官先議）をとった。また，少年審判所は
行政機関とされ，参与制は採用されず，審判官も判事に限られず（17・21 条），
不服申立権は保障されていなかった。その一方，16 歳未満の少年の重罪でな
い事件には保護処分を優先し（27 条），それ以外の事件でも検察官に不起訴事
件の少年審判所送致義務を課し（62 条），虞犯・触法事件も審判対象とし（4 条），
調査官の前身といえる少年保護司の社会調査・医師による心身診察（31・32 条，
刑事手続に準用・64 条），審判の非公開（45 条，刑事手続も含め報道制限違反には 1 年以
下の禁錮も含めた罰則・74 条），審問主義的構造を採用した（33 条以下）。また，要
保護少年への少年審判所の仮の保護処分（37 条，刑事手続に準用・66 条），刑事裁
判所の少年審判所への事件送致権限（71 条），審判不開始の許容（40・41 条），

17

序　説

国選も含めた附添人選任（42条），保護者・附添人・少年保護司の審判出席権・意見陳述権（43・44条，刑事手続に準用・73条），少年の資格制限の緩和（14条），換刑処分の禁止（13条），虞犯少年への保護処分賦課についての保護者の承諾（55条），少年審判所の保護処分取消・変更権（5条），調査・審判・予審・刑事公判・処分の執行にまで関与する保護・教育経験のある少年保護司の審判所への配置（4・6・18・23条）及び審判所の処分執行への関与（57・58条），捜査・公判における少年の勾留制限・独居収容（67条），少年被告人の手続の分離（67・68条），死刑・無期刑の制限（行為時16歳以上）を含む刑の減軽・緩和・不定期刑（7・8条），仮出獄の拡大（10条以下），刑事公判への保護者呼出（73・43条）など注目すべき規定を設けていた（⇨付録2，旧少年法条文，森田，森田(2)，森田(明)a，岩村，森山参照）。本項について，廣瀬・少年法106頁以下参照。

(3)　**旧少年法の運用状況等**　　旧少年法は，検察官先議制を採りつつ実際には保護優先的な運用が目指されていた。法施行当初，少年審判所は，東京・大阪のみであったが，やがて全国に設置され，その取扱事件数も増加し，保護処分を受けた少年数も昭和14（1939）年まで逐年増加した。昭和12（1937）年では，少年事件中刑罰は約6％，起訴猶予・微罪処分約93％（うち保護処分約52％）であり，刑罰が同12年1027，同13年1050，同14年941であるのに対し保護処分は同12年8626，同13年9064，同14年9110と刑罰よりはるかに多い事件が保護処分に付され（全件の約60〜80％），しかもその大半を訓戒等の社会内処遇が占めていた（全国に少年審判所が設置された昭和17年の起訴と少年審判所送致の比率は約1：25と推計されている。森田(明)b 76頁）。少年保護司は少年審判所の構成員で審判の資料を提供する審判前の調査（今日の社会調査・刑事手続では判決前調査ともいえよう），審判・公判立会を行い，民間篤志家である嘱託少年保護司が観察処分（仮の処分，保護処分，執行猶予・仮出獄・仮退院少年の観察）を執行し，少年保護運動の中心的な役割を果たしていた。旧少年法は，基本的に検察官先議制を採り，規定上，少年審判所で扱われる事件が限定されていたが，重罪や否認事件など事実認定や権利保護が問題となる事件は刑事手続で扱うという運用方針（大正12年1月27日司法省刑事局長通牒刑544号参照）からみると権利保護は刑事手続に委ねられていたという見方も可能で（前述のように少年法制の評価は刑事手続の運用も含めた総体の検討が必要である），実際の運用はかなり保護優先的であった。また，触法・虞犯少年にも範囲を広げるなど刑事政策的予防主義と人

18

道・博愛主義思想に基づき，保護と刑罰を相補的なものとした教育と刑罰の複合的構造を持ち，同情仁愛の精神から犯罪少年を罰せずに保護善導するため刑罰に代えて保護処分を課すとされていた。しかし，その保護処分は利益処分と位置付けられ，不服申立権がないなど権利保障に不備な面もあったこと，人的・物的な整備も法の想定したものにはほど遠い実状であったこと，少年は保護・教化の客体とされ，保護・教育内容も皇国史観下の教育体制，戦時体制に組込まれて変容を余儀なくされたことなどの問題があった。しかし，その背景には少年事件の取扱を巡る内務省と司法省との激しい確執，国家全体の戦時体制への移行の影響などの大きな外的阻害要因もあった。旧少年法の制度・運用の優れた側面は更に評価・検討されるべき今後の課題といえよう（浜井ほか114頁，守屋 c，森田，森田(2)，森田(明) a，同 b，矯正協会，重松，刑事局，森山，岩村，廣瀬 g・同論文掲記の文献，廣瀬・少年法109頁以下参照）。

4 現行法の性格及び運用状況

現行少年法は旧少年法改正の形をとったが，少年保護事件のほか，少年の刑事事件，少年の福祉を害する成人の刑事事件（改正前1条）も扱い，「少年の健全な育成」を期すことを明記し（1条），少年年齢を20歳未満に引上げ（2条），処分時16歳未満の少年を刑事処分から除外し（改正前20条但書），死刑・無期刑を行為時18歳以上に限定し（改正前51条），家庭裁判所が全ての少年事件の送致を受け，調査・鑑別などを活用し保護手続と刑事手続の選別を行うこと（41・42条，全件送致・家裁先議主義）として，保護・教育を重視することを明らかにした。他方，保護処分に対する少年の抗告制度を創設し（32条），呼出・同行に令状を要求し（11条等），事実調に刑事訴訟法の規定を準用する（14・15条）など，保護処分の不利益性を承認して少年の権利保護にも旧法より配慮した。他方，捜査手続については勾留を制限した（43条）ほかは特則を置かず，処分時16歳以上の犯罪少年には検察官送致を広く認め（20条），少年の刑事事件では刑事裁判所の家庭裁判所への裁量的な移送は認めるものの（55条），旧法のような刑事手続への調査担当者の関与等は認めず審理の特則も僅かなものとされて手続の二元性が強められた。この結果，家庭裁判所の判断が少年の処遇をほとんど左右することになった（廣瀬・少年法114頁以下参照）。

家庭裁判所における実際の運用状況を最近約60年間の一般保護事件（道路交通法違反を除く）の終局決定からみると，審判不開始が58.4〜33.4%，不処分が

序　説

34〜15.2%，保護処分が合計で 22.8〜8.0%（うち少年院送致は 4.6〜1.3%），検察官送致（刑事処分相当）は 10.1〜0.4% で推移している（⇨**図表 9**）。これは，家庭裁判所が刑事処分は勿論，保護処分も慎重に吟味して限定的に適用し，要保護性の少ない少年は早期に手続から解放するという保護・教育主義を生かした運用を実現しているものと評価できる。このような運用は，少年非行の大半が一過性のもので少年の自然治癒力に期待できる場合が多いこと，少年への教育は第一次的には親・学校などに委ねるべきであること，保護処分も自由の制限，ラベリングなどの不利益性を伴う以上，謙抑的に選択すべきで，特に軽微な非行には比例・権衡の原則からもその賦課は慎重であるべきこと，少年の問題性に即した適切な処遇を時機を失せずに行うという少年保護手続の本質的な要請から，大量の事件を刑事手続以上に迅速かつ的確に処理する必要性が高く，調査官・裁判官などの家庭裁判所の機構を機動的・効率的に最大限有効活用し，それに応じ得る体制整備の視点も重要であることなどに基づくものといえよう（簡易送致事件の運用なども同様の理念で基礎付けられる。廣瀬 g 380 頁，守屋 g 40 頁，廣瀬・少年法 186 頁参照）。勿論，適正な事件選別の基準設定，問題性の萌芽を見逃さない調査官などの専門的な力量の養成，保護的措置（教育的措置）の有効性などがこのような運用の前提となる。その基準の適正な設定・見直し，改善・工夫などが重要であることはいうまでもない（澤登 84 頁）。また，我が国の調査官，少年鑑別所技官の調査・分析力や少年院の処遇などには，世界的にも優れた面があるといってよいが，当初の処遇決定の段階において，非行予測がほとんど的中し，教育的処遇で再非行が容易に防止できる水準に達しているとまでは残念ながらいい難い。この科学調査の限界・処遇の有効性などの観点からも，保護処分の不利益性の承認・謙抑的な選択，科学的な調査の有効な活用などが，心がけられている（守屋 g 26 頁以下参照）。これまで述べた諸事情から，少年法の運用は，保護・教育，人権保障のほか，犯罪対策，社会的影響・反応，調査・処遇の有効性などをも加味した多様な要素の複合的なものとならざるを得ない（守屋 g 20 頁，廣瀬・少年法 4 頁・346 頁以下参照）。

5　現行少年法制の特徴と問題点——少年法改正等

これまでに述べた旧法制の沿革に加えて，現行法はその制定に当たって，国親思想全盛期のアメリカ少年裁判所の影響を強く受け，議論の中心は審判機関（検察官先議廃止，家庭裁判所の創設），少年年齢，保護処分の種類など，教育・保

護の側面を中心に討議・検討され，アメリカ法の国親思想（⇨**2(1)**）に基づく保護優先主義を基本理念とした刑事手続とはかなり異なった少年保護手続が二元的に構成された。このため，少年審判手続は保護主義に基づく処遇決定手続としては優れた側面を有しているが，非行事実認定の手続としては，十分検討されたものとはいえなかった。すなわち，複雑・困難な否認事件など旧法の少年審判所では扱われなかった事件も全件送致されるにも拘らず，その対応策が検討されていないため，非行事実認定のための審理には構造的に問題が生じざるを得ないものとなっていた（廣瀬・少年法 114 頁）。

(1) **少年法改正の提案と中間答申**　　昭和 41（1966）年から，年長少年の凶悪事件の多発などを背景に，刑事手続での処理を原則とする青年層の設置，検察官の手続選別・審判関与・抗告の権限などの法改正が法務省から提案され，激しい議論がなされた。その核心は，少年に対する処遇，比喩的にいえば刑罰か保護か，刑事裁判手続と少年保護手続の選択を家庭裁判所と検察官のどちらが行うか，少年保護手続に検察官の関与を認めるかという少年法の内包している問題点を制度的に顕在化させるものであった。結局，昭和 52（1977）年に，(ア)少年の権利保護及び検察官関与のための改革として①審判手続・権利保護に必要な事項の教示，②国選附添人制度，③附添人の意見陳述・証拠調請求権，④少年の証拠調請求権・証人尋問権，⑤自白・補強法則等の事実認定手続の整備，⑥非行事実不存在決定，⑦補導委託期間制限等の試験観察の規定整備，⑧観護措置の際の非行事実の告知・弁解聴取，⑨再審類似の非常救済手続，⑩観護措置決定・保護処分の期間延長決定等への不服申立権，家庭裁判所の要請又は許可による検察官の審判出席，法令違反・事実誤認に対する検察官の抗告権，(イ)年長少年（18，19 歳）に対する特則として，重罪（死刑・無期・短期 1 年以上の懲役・禁錮）事件に対する検察官の審判出席権及び附添人の必要的選任，検察官の刑事処分を求める抗告権，(ウ)一定限度での捜査機関による不送致，(エ)保護処分の多様化・弾力化などを規定しあるいは進めることとして，法制審議会の中間答申がなされた。しかし，日弁連や研究者などの激しい反対もあってその後の法改正作業は進展しなかった。もっとも，解釈・運用上は中間答申で指摘された問題点を改善する方向で実務上の改革が行われ，既に(ア)①⑤⑦⑧は運用上ほぼ実現されており，(ア)③④⑨，(エ)についても，そのかなりの部分の実現が図られてきていた（平場 a）。本項について，廣瀬・少年法 537 頁以下参照。

図表9　一般保護事件終局処分別歴年比較表

年	総数 人員	総数 比率	検察官送致 刑事処分 人員	刑事処分 比率	年齢超過送致 人員	年齢超過送致 比率	保護処分 総数 人員	保護処分 総数 比率	保護観察 人員	保護観察 比率	児童自立支援施設送致 人員	児童自立支援施設送致 比率	少年院送致 人員	少年院送致 比率	児童相談所長等送致 人員	児童相談所長等送致 比率	不処分 人員	不処分 比率	審判不開始 人員	審判不開始 比率	移送・回付 合計 人員	移送・回付 合計 比率
昭和35年	196,201	100	11,970	6.1	1,340	0.7	30,121	15.4	20,907	10.7	258	0.1	8,956	4.6	716	0.4	41,291 (181)	21.0	73,464 (331)	37.4	37,299	19.0
昭和40年	241,160	100	16,904	7.0	869	0.4	30,304	12.6	22,141	9.2	332	0.1	7,831	3.2	731	0.3	57,163 (194)	23.7	96,187 (385)	39.9	39,002	16.2
昭和45年	233,804	100	23,672	10.1	1,606	0.7	22,100	9.5	17,957	7.7	208	0.1	3,935	1.7	337	0.1	70,962 (493)	30.4	79,243 (636)	33.9	35,884	15.3
昭和50年	196,548	100	8,455	4.3	1,203	0.6	15,635	8.0	12,929	6.6	185	0.1	2,521	1.3	207	0.1	59,165 (263)	30.1	82,423 (417)	41.9	29,460	15.0
昭和55年	265,738	100	6,239	2.3	1,639	0.6	31,546	11.9	26,727	10.1	248	0.1	4,571	1.7	230	0.1	60,925 (258)	22.9	125,107 (255)	47.1	40,052	15.1
昭和60年	291,789	100	6,892	2.4	2,773	1.0	36,416	12.5	30,295	10.4	339	0.1	5,782	2.0	283	0.1	63,784 (289)	21.9	139,640 (226)	47.9	42,001	14.4
平成2年	268,087	100	3,420	1.3	3,207	1.2	34,689	12.9	30,382	11.3	351	0.1	3,956	1.5	264	0.1	62,647 (233)	23.4	130,233 (85)	48.6	33,627	12.5
平成3年	250,239	100	2,613	1.0	3,084	1.2	33,767	13.5	29,425	11.8	332	0.1	4,010	1.6	261	0.1	59,018 (183)	23.6	121,116 (119)	48.4	30,380	12.1
平成4年	236,994	100	2,316	1.0	3,078	1.3	32,468	13.7	28,179	11.9	290	0.1	3,999	1.7	210	0.1	55,664 (154)	23.5	115,320 (80)	48.7	27,938	11.8
平成5年	215,139	100	1,989	0.9	2,844	1.3	30,363	14.1	25,207	11.7	287	0.1	3,869	1.8	176	0.1	49,391 (154)	23.0	107,423 (108)	49.9	23,953	11.1
平成6年	203,217	100	1,520	0.7	2,518	1.2	26,076	12.8	22,140	10.9	254	0.1	3,682	1.8	169	0.1	44,508 (118)	21.9	106,449 (96)	52.4	21,977	10.8
平成7年	188,409	100	1,321	0.7	2,351	1.2	26,004	13.8	22,181	11.8	268	0.1	3,555	1.9	151	0.1	39,895 (106)	21.2	98,696 (62)	52.4	19,991	10.6
平成8年	188,683	100	1,182	0.6	2,138	1.1	26,477	14.0	22,349	11.8	268	0.1	3,860	2.0	155	0.1	37,848 (83)	20.1	101,431 (63)	53.8	19,452	10.3
平成9年	204,824	100	1,055	0.5	2,040	1.0	28,661	14.0	23,763	11.6	288	0.1	4,610	2.3	145	0.1	36,196 (93)	17.7	116,180 (36)	56.7	20,547	10.0
平成10年	214,304	100	1,040	0.5	2,080	1.0	30,221	14.1	24,855	11.6	343	0.2	5,023	2.3	168	0.1	36,883 (94)	17.2	121,881 (34)	56.9	22,031	10.3
平成11年	201,872	100	917	0.5	2,031	1.0	29,825	14.8	24,452	12.1	337	0.2	5,036	2.5	175	0.1	36,464 (73)	18.1	111,082 (25)	55.0	21,378	10.6
平成12年	197,223	100	1,034	0.5	2,206	1.1	32,650	16.6	26,653	13.5	377	0.2	5,620	2.8	191	0.1	36,913 (86)	18.7	100,770 (17)	51.1	23,459	11.9
平成13年	204,367	100	1,265	0.6	2,226	1.1	32,400	15.9	26,509	13.0	370	0.2	5,521	2.7	143	0.1	36,952 (68)	18.1	107,373 (14)	52.5	24,008	11.7
平成14年	210,854	100	1,122	0.5	2,205	1.0	32,065	15.2	26,315	12.5	333	0.2	5,417	2.6	183	0.1	35,731 (87)	16.9	114,757 (16)	54.4	24,791	11.8
平成15年	210,121	100	1,214	0.6	2,125	1.0	30,339	14.4	24,684	11.7	350	0.2	5,305	2.5	176	0.1	33,057 (76)	15.7	118,083 (22)	56.2	25,127	12.0

序　説

平成16年	207,032	100	1,097	0.5	2,087	1.0	28,585	13.8	23,370	11.3	343	0.2	4,872	2.4	241	0.1	31,385 (89)	15.2	119,386 (43)	57.7	24,251	11.7
平成17年	184,370	100	853	0.5	1,873	1.0	26,191	14.2	21,332	11.6	333	0.2	4,526	2.5	248	0.1	28,576 (72)	15.5	104,982 (36)	56.9	21,647	11.7
平成18年	169,179	100	764	0.5	1,717	1.0	24,259	14.3	19,780	11.7	360	0.2	4,119	2.4	295	0.2	26,266 (59)	15.5	96,070 (43)	56.8	19,808	11.7
平成19年	156,860	100	740	0.5	1,447	0.9	22,358	14.3	18,301	11.7	299	0.2	3,758	2.4	228	0.1	24,852 (50)	15.8	89,431 (36)	57.0	17,804	11.4
平成20年	138,915	100	630	0.4	1,297	0.9	20,883	15.0	16,960	12.2	300	0.2	3,623	2.6	214	0.2	22,197 (43)	16.0	77,527 (18)	55.8	16,167	11.6
平成21年	136,594	100	551	0.4	1,316	1	20,209	14.8	16,226	11.9	311	0.2	3,672	2.7	228	0.2	20,930 (59)	15.3	76,751 (25)	56.2	16,609	12.2
平成22年	133,725	100	512	0.4	1,192	0.9	19,564	14.6	15,945	11.9	296	0.2	3,323	2.5	242	0.2	21,051 (47)	15.7	78,134 (18)	58.4	16,353	12.2
平成23年	122,985	100	511	0.4	1,190	1	19,048	17.2	15,504	12.6	278	0.2	3,296	2.6	210	0.2	20,076 (36)	16.3	65,948 (10)	53.6	16,002	13.0
平成24年	110,823	100	479	0.4	1,196	1	18,487	16.7	14,934	13.5	268	0.2	3,285	3.0	180	0.2	19,640 (64)	17.7	56,360 (13)	50.9	14,481	13.0
平成25年	97,736	100	397	0.4	1,191	1	17,166	17.6	13,945	14.3	234	0.2	2,987	3.0	187	0.2	18,319 (44)	18.7	47,043 (23)	48.1	13,433	13.7
平成26年	88,434	100	368	0.4	1,211	1.4	16,056	18.2	13,121	14.8	225	0.2	2,710	3.0	161	0.2	16,723 (50)	18.9	41,327 (16)	46.7	12,598	14.2
平成27年	75,293	100	353	0.5	1,070	1.4	14,570	19.4	11,794	15.7	185	0.3	2,591	3.4	167	0.2	14,758 (38)	19.6	33,486 (16)	44.5	10,889	14.5
平成28年	64,280	100	311	0.5	1,027	1.6	12,775	19.9	10,189	15.9	178	0.3	2,408	3.7	149	0.2	13,459 (37)	20.9	26,978 (18)	42.0	9,581	14.9
平成29年	57,325	100	296	0.5	946	1.7	11,431	19.9	9,223	16.1	166	0.3	2,042	3.6	157	0.3	12,142 (40)	21.2	23,471 (18)	40.9	8,882	15.5
平成30年	50,238	100	283	0.6	923	1.8	10,659	21.2	8,477	16.9	154	0.3	2,028	4.0	139	0.3	10,737 (34)	21.4	19,015 (21)	37.8	8,482	16.9
令和元年	43,474	100	242	0.6	887	2.0	9,658	22.2	7,789	17.9	143	0.3	1,726	4.0	116	0.3	9,162 (20)	21.1	16,268 (14)	37.4	7,141	16.4
令和2年	39,627	100	241	0.6	742	1.9	8,822	22.3	7,082	17.9	87	0.2	1,653	4.2	140	0.4	7,025 (31)	17.7	15,764 (13)	39.8	6,893	17.4
令和3年	34,973	100	231	0.7	674	1.9	7,979	22.8	6,493	18.6	115	0.3	1,371	3.9	119	0.3	6,665 (27)	19.1	13,225 (6)	37.8	6,080	17.4

※　道路交通法違反及び自動車の保管場所の確保等に関する法律違反を除く。
※　不処分及び審判不開始欄の（　）内の数値は、「非行なし」を理由とするものの内数である。
　　ただし、平成11年以降は簡易送致事件及び過失致死傷（重）過失致死傷・業務上・危険運転致死傷・危険運転致死事件を除く。
（出典）同法統計年報による。

序　説

(2)　非行事実認定手続改革の提言　平成 6 (1994) 年頃から再び法改正の提言がなされたが，その中心となる議論は保護か刑罰かという理念論争ではなく，現在の少年法の基本理念・構造を維持したうえで非行事実認定手続の整備を目指すものであった。その主要な論点としては，非行事実認定手続改善のために，合議制，家庭裁判所の要請による検察官の審判出席及びその権限，検察官の抗告，必要的・国選附添人の制度，非行事実審理のための観護措置期間の伸長，不処分の一事不再理効，非常救済的手続に関する規定の創設・整備などが挙げられていた（浜井ほか 301 頁以下，廣瀬 e，猪瀬 a，守屋 f(上)(下)，八木 b，廣瀬・少年法 541 頁のほか，この点に関する論集として，荒木(伸)f 参照）。

(3)　平成 12 年改正　以上のような提言を受けて，平成 10 (1998) 年 7 月①裁定合議制，非行事実認定のための，②検察官の審判手続への関与，③検察官関与事件における国選付添人，④観護措置期間の伸長，⑤検察官の抗告権，⑥保護処分の終了後の取消を盛込んだ諮問が法務大臣から法制審議会になされ，同少年法部会における集中的かつ精力的な審議を経て⑦被害者への審判結果通知制度を盛込んだ案が同年 12 月同部会で採択された。平成 11 (1999) 年 1 月総会の承認を経て法務大臣にその答申（少年審判における事実認定手続の一層の適正化を図るための少年法の整備等に関する要綱骨子）がなされ，これに基づいて立案された少年法等の一部を改正する法律案が同年 3 月閣議決定され，国会に提出された（村越 a，甲斐，川出 d）。しかし，この内閣提出法案については②④等について与党内にも異論があり，十分な審議が行われないまま衆議院解散により平成 12 (2000) 年 6 月廃案となった。その後，続発する少年の凶悪事件等（⇨付録1）による世論の盛上りを受けて，同年 9 月議員提案により新たな改正案が提出され，これが同年 11 月 28 日一部修正のうえ成立した。内閣提出法案に対して，改正法は，同法案の①（裁 31 条の 4），②（22 条の 2），③（22 条の 3），④（17 条，17 条の 2・3），⑥（27 条の 2），⑦（31 条の 2）を採入れたうえ，処分等の在り方の見直しとして，検察官送致可能年齢 16 歳の 14 歳への引下（20 条 1 項。年少者の刑の執行について，56 条 3 項，改正前の少院 16 条・10 条の 2），16 歳以上の重大事件についての原則逆送（20 条 2 項），刑の緩和の限定（51 条 2 項・58 条 2 項），被害者等に対する配慮の規定として，閲覧謄写（5 条の 2・3），意見聴取（9 条の 2），その他，審判の方式（22 条 1 項），保護者に対する措置（25 条の 2）を盛込む一方，前記②の検察官関与事件の限定，④の伸長期間の短縮，⑤を抗告の裁量

24

序　説

的な受理とする（32条の4・5）などの修正を加えたものとなった（入江(猛)a，同b，飯島a，同b，浜井b，岡b，森田(明)e，川出f，同g，川口(宰)b，吉中d，吉田(秀)）。各規定については，いずれも，既に述べたように少年法の本質に関わる改正である（瀬川d，前野g，後藤b，〔座談会〕b）。

(4)　**平成12年改正の運用状況**　5年間の運用状況（家月58・9・99以下参照）をみると，非行事実認定手続改革に関して，前記①裁定合議制172（約34／1年平均，以下同），②検察官の審判手続への関与100（20），③検察官関与事件における国選付添人25（5），④観護措置期間の伸長（特別更新）249（約50），併せて創設された観護措置決定等に対する異議申立570（うち取消41），⑤検察官の抗告受理申立5（1），⑥保護処分終了後の取消2（審判3），処分の在り方の見直しについては，検察官送致可能年齢の引下による検察官送致15歳5人，原則逆送による逆送349人中216人，被害者等の配慮に関する閲覧謄写2836（申出2880），意見聴取791（835），処分結果通知（前記⑦）3153（申出3180）となっている。詳細は，各条項の注釈に譲るが，被害者等への配慮の充実が図られていること，⑥や④の異議申立は権利保護に活用されていること，厳罰化と批判された原則逆送についても検察官送致は約6割で約4割は保護処分が選択されていること，年少者の逆送は実質的には15歳の強盗強姦1件であること（残りは，傷害致死2（共犯・各55条移送により少年院送致），道路交通法違反2（いずれも罰金））などから，罪名，事件の内容等からバランスを図った運用がなされており，②④⑤についても，謙抑的な運用がなされており，その後の運用においても大きな変化はみられていない（廣瀬114頁以下参照）。

(5)　**平成19年改正**　14歳未満の少年による長崎等の重大事件（⇨付録1）などを契機に，平成16（2004）年9月，①警察による触法・虞犯少年の調査権限，重大触法事件の送致手続の整備，②14歳未満の少年の少年院収容，③保護観察の条件違反への対応，④国選付添人の拡充などを盛込んだ諮問が法務大臣から法制審議会になされ，その審議を経て平成17（2005）年2月答申が出され，これを受けて立案された改正法案が同年3月国会に提出されたが（安永＝福田，酒巻d，川出h，若穂井a），同年8月衆議院が解散されたため審議されないまま廃案となった。平成18（2006）年2月再度，同様の法案が提出され，継続審議を経て平成19（2007）年5月一部修正のうえ成立し，同年11月施行された（川淵＝岡崎，川出j）。しかし，この法案にも批判があり（葛野e，斉藤h等），

25

序　説

国会審議の結果，①について，虞犯少年の調査権限規定を削除し，調査における付添人を認め，②について，少年院収容下限は撤廃せず，その引下に止め，④について，国選付添人の選任の範囲を広げたほか，各要件規定を明確化する文言を加えるなどの修正がなされている。

　改正法は，①について，警察に触法少年の強制調査を含む調査権限を認め，その重大事件については，警察から児童相談所への送致及び児童相談所等から家庭裁判所への送致を義務付け（6条の2〜7），②初等・医療少年院の収容年齢を「おおむね12歳」に引下げて触法少年の送致を可能にするとともに「特に必要と認める場合」に限定し（24条1項但書，改正前の少院1条の2・2条），③保護観察の遵守事項違反少年への警告及び収容保護処分（施設送致）の申請権を保護観察所長に認め（26条の4，更生67条），④国選付添人の選任を犯罪・触法少年の重大事件に広げた（22条の3・32条の5）ほか，保護観察所長・少年院長の保護者に対する措置（改正前の少院12条の2，更生59条）などを認めた。各規定については，基本的にはこれまでの実務上の問題点の改善と少年の権利保護を図るものといえる（〔座談会〕d，廣瀬p）。もっとも，年少者の処遇には原則として福祉的な措置が有効であり，児童福祉機関やその措置の更なる充実が図られるべきである（廣瀬・少年法546頁参照）。

　(6)　**平成20年改正**　　平成12年改正には5年後の見直し（同法附則3条）が予定されていたところ，被害者等の権利保護拡充を目指し平成16（2004）年に成立した犯罪被害者等基本法及びこれを受けて翌年閣議決定された犯罪被害者等基本計画（Vの第3の1(9)）で，被害者等の被害に係る刑事に関する手続への参加の機会を拡充するための制度整備（少年審判については，その傍聴の可否を含め，被害者等の意見・要望を踏まえた検討を行い，その結論に従った施策の実施）が求められた。これを受けて，刑事裁判については，平成19（2007）年6月，被害者等の刑事裁判手続への参加を含む刑訴法改正等が成立した。少年審判に関しては，同年11月，法務大臣から法制審議会に少年審判における被害者等の権利利益の一層の保護等を図るために必要な法整備について諮問がなされ，少年法部会の審議等を経て平成20（2008）年2月答申が出され，これを受けて，①一定の重大事件の被害者等の申出による少年審判の傍聴の裁量的許可（22条の4），②被害者等による少年事件記録の閲覧・謄写の対象範囲の拡大（5条の2），③被害者等の申出による意見聴取対象者の拡大（9条の2），④成人の刑事事件の地

方裁判所等への移管（⇨第3章，37~39条削除）などを盛込んだ改正法案が同年3月国会に提出された。日弁連等の反対論もあって，衆議院において①の傍聴について，傍聴の基準の明示，少年等への配慮，弁護士付添人（国選付添人の拡充）からの意見聴取などの付加，触法事件傍聴の限定，⑤被害者等の申出により家庭裁判所による審判期日における審判状況の説明の規定，施行3年後の検討規定を設けるなどの修正が加えられたうえ，同年6月成立し，同年12月から施行された（飯島ほか）。各規定については，少年法の基本原則である手続非公開の例外を定めた点で重大な意義を有する改正である。修正規定や両院の付帯決議が定められるなど，立法段階でもその問題性は意識されており，保護・教育主義の審判手続の根幹にも関わるものとして，改正法の適切な運用が求められていたが，法の趣旨に即した運用が追求されているようである（髙麗ほか）。

　(7)　**平成26年改正**　　平成20年改正の附則（3年後の見直し）を受けて意見交換会が行われ，被害者の審判傍聴の範囲拡大も議論されたが，法制審議会の答申を経て，①家庭裁判所の裁量による国選付添人制度及び検察官関与制度の対象事件の拡大，②少年の刑事事件に関する処分規定の見直しに関する改正が行われた。①については，平成12年改正で⑦検察官関与と④国選付添人の範囲を同一とし，対象事件は重罪（短期2年以上の懲役等）に限定された。しかし，非行事実認定のための必要性は，証拠の複雑な事件では法定刑にかかわらず認められることからその範囲を拡大した。死刑，無期もしくは長期3年を超える懲役・禁錮に当たる事件（刑事事件の被疑者国選弁護人の範囲。刑訴37条の2）とされたのは，少年に被疑者段階で国選弁護人が選任された事件が家庭裁判所に送致された場合に必要性があっても国選付添人を選任できないのは不合理であることが考慮されたものである。また，⑦と④の範囲を同一としたのは，国費で付添人を認める事件で必要性があるのに検察官関与が認められないのでは被害者をはじめとした国民の理解が得られないという考え方による。⑦④いずれにも更なる拡大の必要性を主張する議論があるが，相当程度，必要性に応えた改正ということができよう。

　②については，不定期刑の要件の拡大，その短期・長期及び無期刑を減軽した場合の刑を引上げたものである（51・52条）。いずれにも，厳罰化等の批判があるが，基本的には，生命侵害等の重大凶悪事件について，成人の刑が平成16年に引き上げられ，少年との差が拡大しており，特に少年と成人との共犯

27

序　説

事件の場合などに，少年に対する適正な量刑が困難になっているという指摘に
応えるものといえよう。詳細は⇨関係条項（51・52・58・59条）各注釈参照。

　(8)　**令和3年改正**　　平成19（2007）年に憲法改正手続法で国民投票年齢が
18歳とされ（平成26年同法改正で平成30年以降施行），平成21（2009）年に法制審
議会で民事成年の18歳引下げが答申され（平成30〈2018〉年改正民法成立），平成
27（2015）年に公職選挙法改正で選挙権年齢が18歳に引下げられると共に各附
則で関係法令の成年年齢等の検討が求められ，同年に少年年齢の18歳への引
下げを求める自民党の提言がなされた。これらを受け，法務省は「若年者に対
する刑事法制の在り方に関する勉強会」での検討を経て，平成29（2017）年に
①少年年齢の18歳引下げ，②犯罪者処遇充実のための法整備の在り方（諮問
103号）が法制審に諮問され，少年法・刑事法（少年年齢・犯罪者処遇関係）部会
で審議された。審議では，積極論（引下げ賛成論）が上記選挙権年齢，民事成年
引下げとの統一性・整合性，選挙権及び民事取引等が認められることとの均衡
を図る必要性などを主張し（川出1），消極論（引下げ反対論）が法の目的・趣旨
の個別性，年長少年の未熟性等に変化はないこと，家庭裁判所による調査，審
判，保護処分，教育的措置等は有効で維持すべきであること，刑事手続では起
訴猶予，罰金，刑の執行猶予等が多用され，問題のある年長少年が放任される
ことなどを主張し（安倍＝山﨑64頁等），中間論は，重大事件には，実質的な引
下げに妥当性がある一方，一般的な事件では少年審判・処分等の有効性から実
質的に少年法の適用を維持すべきだという主張がなされた（廣瀬(h)）。審議では，
少年審判手続・その処分・措置等の有効性が共通認識とされ，年齢引下げによ
る弊害改善のため「新たな処分」を設ける案が提示されたが積極・消極論の対
立が続いたため，中間論から，重大事件と一般的な事件を分けて考え，新たな
処分の対象を拡大する旨の提案がなされ，以降それに沿って審議が進められ，
令和2（2020）年にほぼそれに沿う答申がなされ，それが法案とされて令和3
年改正法が成立した（法制審までの経緯，答申，国会審議等について，玉本＝北原2頁
以下，法制審における議論については，法務省ホームページ参照）。

　この改正論議は，平成26年改正までが実務上の問題点の改善を目指したの
と異なり，関係法律との整合性等が問題とされたもので，少年法に対する理
解・立場の差異からの激しい議論があった（特集として，家判36〈令4〉，ひろば
75・3〈令4〉，罪と罰59・2〈令4〉，法時94・2〈令4〉，更生保護令和4・4〈令4〉，刑事ジ

ャ 67〈令 3〉，論ジュリ 37〈令 3〉，判時 2478〈令 3〉，季刊刑事弁護 106〈令 3〉，犯罪と刑罰 32〈令 5〉など，批判として，葛野ほか）。

改正の内容は，賛否両論を取り入れ，18 歳 19 歳を特定少年と呼び，特定少年に対する虞犯の除外（65 条 1 項），原則逆送の拡大（62 条 2 項），保護処分における犯情の軽重の考慮（64 条），刑事事件の特例の一部除外（67 条 1 項），推知報道禁止の一部解除（68 条）などの特例を設ける一方，少年の健全育成目的（1 条），少年年齢（2 条），家庭裁判所における調査・審判の規定は変更せず，全件送致主義（42 条），保護処分の内容も実質的に維持され，実務運用上の大きな変更は目指されていないが，解釈・運用上の問題も生じている（川出 l，同 m，廣瀬(g)(h)(i)(j)，北原）。詳細については，各条項の注釈参照。

6　今後の課題と展望

少年法は少年非行に対する基本法ではあるが，非行を犯して検挙された個々の少年に対応する性格上，その機能の中心は検挙された少年個人の再非行防止である。処遇選択も，大半を占める窃盗，傷害等の一般非行については，その少年の立直りを第一義的に追求し，基本的には一般予防を目指すものではない。従って，少年法の有効性を検証するには，非行全体の増減ではなく，再犯の率・内容の変化の分析が中心となるべきである（非行全体について，前田）。また，少年非行は，社会の変化，特にその歪みやひずみ等の負の側面を敏感に反映しその影響を受ける。現今の社会情勢，とりわけ，モラルの著しい崩壊に象徴される社会全体の道徳観・規範意識の希薄化が成長期にある少年らに甚大な悪影響を及ぼすことは容易に理解されよう（この点は少年審判実務を通じても実感される）。社会全体の問題改善なくして少年非行問題の抜本的な改善はあり得ず，学校教育，児童福祉等を含む国家の基本政策，社会全体の長期的・抜本的な対策，特に，幼児期からの，家庭の躾，公教育の改善充実が最も重要といえよう（検挙された 14 歳以上の者に健全な規範意識や基本的生活習慣・生活態度を再教育するよりも，幼児期から，家庭，学校等でこれらを身に付けさせる方がはるかに容易かつ効果的であろう）。従前から非行要因とされてきた貧困，家庭の機能低下等の解決も勿論必要であるが，我が国の大きな問題は，保護者層の規範意識・道徳観の脆弱化，家庭の保護・教育機能の低下，小学校にまで及ぶ学校の機能低下等の影響によって規範意識の希薄化が社会全体に一般化し，非行予備軍が少数派とはいい切れない様相を呈していることであろう。非行問題は大きく根深い。いかに優れ

序　説

ていても保護処分や刑罰は対処療法にすぎず，非行・犯罪対策としては自ずから限界があることを自覚し，抜本的な対策が進められなければならない。もっとも，重大・凶悪な犯罪の場合に顕在化するように，少年法制は，保護教育のみならず犯罪対策をも担うものであり，既に指摘したとおり，国民・一般社会の信頼に基礎を置くべきものである。少年非行の抑止・減少に少年法制が果たし得る役割は十分追求されるべきである。この観点からは少年に対する刑罰の活用も避けて通れない重要な検討課題となることも自覚すべきである。欧米諸国で既に指摘されているように，過剰な期待や責任転嫁は少年法制を歪め，個々の少年の改善更生にも負の影響をもたらしかねない。我が国ではその轍を踏まないようにしなければなるまい。そこで，処遇に関する少年法制の根幹の問題については，前記のような国家政策全体の中の位置付けを踏まえた慎重な検討が必要であり，少年法制の担うべき役割の見極めと共に，緊急に実施すべき対策，中長期的な対策を区分し，議論を深めていくべきであろう。

7　今後の重要課題について

(1)　**少年事件の刑事公判手続の改革**　　平成 12 年改正による逆送年齢の 14 歳までの引下，原則逆送（20 条 1・2 項）に加え，裁判員裁判が平成 21（2009）年 5 月から実施されている。重大事件で逆送された少年は公開法廷で大人 9 人以上（裁判官 3，裁判員 6，更に補充裁判員）に見下ろされて審理を受ける（裁判員 2 条 1・2 項）。少年が萎縮し十分に真意を述べられないなどの懸念は大きい。同時に保護・教育主義を担保する科学調査の結果である少年調査記録の取扱も職業裁判官により行われてきた公開による弊害防止の配慮（⇨50 条注釈 **2**・規 7 条注釈⑶）は困難となる。いずれも少年法制・保護教育主義の根幹に関わる重大な問題を孕むもので，手続の公開制限，裁判員裁判の除外・限定等の改善方策が早急に必要である（廣瀨 134 頁，八木 c 70 頁，角田 b 33・39 頁）。

(2)　**少年事件における被害者の要請への対応**　　被害者等の権利・利益保護の要請は，その心情としては当然であり，被害に関する正確な情報を得ること，被害者等の理解を得ることは少年の立直りのためにも重要である。しかし，被害者等の少年審判への参加，要保護性に関する調査内容の開示などは，保護教育主義の根幹を揺るがしかねない。保護教育主義の目指すところは，少年の問題点を改善し更生させて再非行を防ぐことである。そのためには，少年の持つ問題点を十分に解明して内省を深めさせ，更生意欲を引出すための科学調査や

序　説

教育的な審判が必要不可欠の前提となる。例えば，秘密保持への懸念から関係者が調査に非協力的となったり，少年が萎縮し真意を語らないなどして，調査・審判が機能不全に陥れば，最適な処分決定はできず，最適な処分によれば防止できたはずの再非行（更なる被害者の発生）を防ぐことができないという虞も生じてくる。科学調査・教育的な審判の実現に，少年事件に携わる者が強い拘りを示すのはこのためである。再非行防止は被害者等にも異論がないところであろう。

　(3)　**児童福祉との連携**　　非行少年に被虐待経験者が多いことは，実務上顕らかである。少年院の収容者の多くに被虐待経験が認められ，また，その虐待をしている保護者，親等にも被虐待経験がみられ，世代間の負の連鎖も指摘されている。非行・再非行防止のためには，児童虐待防止のための児童福祉機関によるより早期の介入・支援が必要・有効であり，そのための児童福祉機関の体制の充実，関係機関との協力・連携の強化などが強く求められると思われる。

　その他の今後の課題について，廣瀬・入門206頁以下。我が国の少年法の百年について，廣瀬(u)参照。

第1条

第1章 総 則

　本章は，法の目的を宣言し，法適用の範囲を画する少年等の意義を明らかにしている。これは，少年の保護事件（第2章）のみならず，少年の刑事事件（第3章）を通じた法全体の通則となっていることに留意すべきである（森田259頁参照）。

> **（この法律の目的）**
> **第1条**　この法律は，少年の健全な育成を期し，非行のある少年に対して性格の矯正及び環境の調整に関する保護処分を行うとともに，少年の刑事事件について特別の措置を講ずることを目的とする。

1　少年法の目的

　本条は，少年法の目的を宣明するものであるが，同時に少年院法，更生保護法，児童福祉法などの関連する法律の解釈・運用の指針をも示すものともいえる。刑事訴訟法の目的（刑訴1条）が「公共の福祉の維持と個人の基本的人権の保障とを全うしつつ，事案の真相を明らかにし，刑罰法令を適正且つ迅速に適用実現する」とされているのと本条を対比すれば明らかなように，事案の真相解明や刑罰適用の実現を挙げずに，少年の可塑性に着目し，その健全な育成の観点から保護処分や特別措置を講じることを掲げており，保護・教育を優先する趣旨を明らかにしているものといってよい（廣瀬・少年法122頁）。この点から，教育基本法1条などとも相関的に理解すべきだともいわれている（条解〔船山〕19頁，守屋c8頁参照）。もっとも，本条が掲げていない人権の保障，事案の真相解明，迅速適正な処分決定などを少年法が目的としていないと考えるべきではない（廣瀬・少年法123頁）。これらの点に関しては，少年法改正論議でも取上げられているが（⇨序説5），昭和58年の流山中央高校放火未遂事件の最高裁決定（昭58・10・26刑集37・8・1260／家月36・1・158〔百選2〕）以降，議論が深

33

められている（同決定にいう合理的裁量の逸脱が1条違反に当たるとする東京高決平29・7・28家判14・80，東京高決令元・10・16判タ1481・86がある）。刑事手続と対比しながら，以下，分説する。

(1) **人権保障**　保護処分の不利益性や適正手続の問題として検討されている。保護処分を利益なものとだけ位置付ければ，人権保障の観点が希薄になる。少年法は，旧法にはなかった少年の抗告権（32条以下）を導入して保護処分の不利益性を承認しているが，調査や保護的措置については，その位置付が必ずしも明確とはいえず問題が残されている。適正手続については，人権保障の理念とされてきたが，団藤博士が前掲最高裁決定補足意見で的確に指摘されたように「少年に対してその人権の保障を考え納得の行くような手続をふんで」非行事実が認定され，それを前提に適切な処遇決定をされることは少年の自立的な更生，健全育成にも必要・有効である。運用上解決の努力が相当図られ，平成12年改正により，権利保護規定が一部整備されているが，なお問題は残されている（⇨序説5，10条・17条の2・22条・22条の3・27条の2各注釈）。

(2) **事案の真相解明**　冤罪で少年を傷つけないためのみならず，少年に対する保護・教育のために非行事実，更には要保護性の主要な前提事実を正しく認定することは，必要不可欠である。保護・教育的な処遇を適切に行うには，少年が何をどのように行い，どこに問題があるのかという行為の背景も含めた事案の正確な解明が前提となるからである。更に，誤った認定・判断は，その少年の人権を侵害することに止まらず，重大・著名事件などでは少年審判制度全体の信頼をも揺るがし保護・教育主義の基礎を掘崩しかねない。この点は，少年の社会復帰の観点，少年法制の犯罪対策としての側面などから不可避の問題というべきである（⇨序説1）。事案の真相解明は，言換えると適正な事実認定の問題であり，制度改革が議論されていたが，重大事件を中心とした平成12年改正，平成19年改正及び平成26年改正により改善が図られてきている（⇨序説5）。

(3) **適正な処分の決定**　家庭裁判所調査官の調査・少年鑑別所の鑑別の導入によって，旧法の少年保護司の調査が一層整備・推進されている。もっとも，調査官には，少年の刑事事件への関与の権限はなく，保護処分の執行段階への家庭裁判所の関与も，旧法よりも大幅に制限されており，この点は少年の状況変化により即応できるように，制度の面でも検討すべき課題といえよう（平成

第1条

12年改正によって刑事処分が14歳まで可能となり，原則逆送制度が導入され，令和3年改正で拡大された（⇨20条・62条注釈）ため，刑事手続への調査官の関与の必要性はより高まっている。平成19年改正によって，保護観察については，虞犯通告（更生68条）のほか，施設送致申請（26条の4，更生67条）により処分執行中の者に対する新たな調査審判が認められたが，これは処分の変更ではなく，重大な遵守事項違反を審判事由とするものと解されている（⇨26条の4注釈））。

(4) **迅速な審判**　　成長発達途上にあり可塑性に富む少年に対する処遇は，時機を得て，非行性・問題点が深まる前にできる限り迅速に行われなければ有効・適切なものとはなし得ないこと，少年法が原則として行為時主義ではなく，処分時主義を採っているため，保護・教育的な処遇決定には20歳（一部の規定は18歳）に達するまでという時期的な限界が生じることから，審判の迅速性は成人の刑事事件以上に要求されている。審理のための身柄拘束期間の側面も持つ観護措置の期間が刑事事件よりも厳格に制限されていること，特に，事件の軽重・難易に拘わらず一律4週間以内とされていたのは，主として処遇選択のための調査・心身鑑別を考え，事実認定のための審理を想定していなかったためであるが，同時に迅速性の要請の表れともいえよう。もっとも，その期間制限については，事実審理の必要からの伸長が平成12年改正により認められたが，なお問題は残されている（⇨序説5，17条注釈8）。

2　「少年の健全な育成」の意義

本法の「少年」は全て男女双方を含む趣旨である。「健全な育成」の概念は自明ではないが，少年をどのような人間に教育するのかを離れては，保護・教育主義も有効に機能し得ない。実務の在り方に即してその概念を整理してみると，「少年の健全な育成」の目指すところは，少年に再非行を防止するために必要な教育を行って少年の社会復帰を果たさせることである（廣瀬・少年法122頁，川出15頁参照）。その方法は少年の人格の円満な発展を通して非行性を解消させて通常の社会生活を送れる健全な社会人として成熟させること（澤登38頁）だと思われる。健全な社会人のモデルは，個人の尊厳，思想・良心の自由を保障（憲13・19条）している我が国では，特定の個人や思想・宗教などに準拠することはできない。健全な社会人として目指すものは，憲法・教育基本法などが掲げている「平和で民主的な国家及び社会の形成者として必要な資質を備えた心身ともに健康な国民」（教基1条）であり，個人の尊厳を認め，勤労と

第1条　　　　　　　　　　　　　　　　　　　　　　　　　　　第1章　総　則

責任を重んじる者（憲13・27条1項）というものになろう（守屋c188頁，平場a31
頁，所c129頁参照）。それは，少年の主体性・自立性の確立を目指すものである
から，単なる教育の客体としてではなく，少年を権利主体としてその自立を援
助するものとなるべきであろう（守屋c5頁以下）。非行を犯した少年に対しても，
教育の理念・方法は学校教育や一般教育と本質的には異ならず，家庭内の教育，
学校教育，一般社会の教育などで賄えるものについては，自立性の涵養の観点
からも，そちらを優先すべきことになろう（守屋c5頁，重松1013頁）。

　もっとも，前記少年の成長発達する権利（児童約6条2項参照）については，
少年の年齢・成熟の程度や抱えている問題状況等に応じ，国の介入の方法・程
度も当然異なることになる（平場a28頁）。また，その裏面ともいえる少年の自
己決定の権利・理念は運用を誤ると未成熟な少年への責任転嫁に繋がりかねな
いことに留意すべきであり十分な配慮がなされるべきである（森田参照）。

3　非行のある少年

　成人の「犯罪」に対応して少年の犯罪を「非行」と呼ぶ場合が一般的である
が，非行は，もともと，少年が法律も含む社会倫理的な規範から逸脱する行為
又は行状を総称している。本条の「非行のある少年」とは犯罪少年，触法少年，
虞犯少年の全体を併せた概念である（⇨3条注釈）。旧法でも同様の少年が対象
とされていたが，少年が18歳未満とされ，事件がかなり限定されていたこと
に留意すべきである。外国の法制では，犯罪少年に限定するものと更に広く要
扶助少年等まで含めるものがある（⇨序説2・3(2)）。

4　保護処分

　保護処分が「少年に対して性格の矯正及び環境の調整に関する」ものと明記
され，教育的な性格のものであることが明示された（この点を指摘する裁判例とし
て，東京高判令元・10・8東高刑時報70・1〜12・79）。保護処分は，旧法では訓戒等
より多様な処分が規定され，不服申立手段はなかったが，現行法では，前述の
ようにその不利益性も承認され，保護観察，児童自立支援施設（旧教護院）・児
童養護施設送致，少年院送致に限定されると共に少年の抗告が認められている
（旧法につき，⇨付録2）。それ以外のものについても調査・審判段階における保護
的措置として行われることが少なくないが，原則として少年・保護者の了解の
下で行われている（保護処分，保護的措置については，⇨19・23・24条各注釈）。なお，
令和3年改正により，特定少年（18歳，19歳）には特例が設けられた（64条）。

36

5 少年の刑事事件

　少年に対する保護・教育的な手続と刑事手続との関係をどう位置付け組合せるかについては，少年法制の根幹に関わる問題であり各国においてかなりの相違が見られる（⇨序説1・2）。現行法は少年保護手続を基本的に優先しているが，家庭裁判所の刑事処分選択を幅広く認め，罪質・情状により検察官送致を義務付けており（20条1項・2項），運用に委ねられている面が大きい。実際の運用は，一般的な犯罪については，かなり徹底した保護優先となっている（⇨序説4）。もっとも，重大・凶悪事件については，死刑・無期刑も含む科刑もなされていたが（廣瀬z），平成12年改正で16歳以上の故意の生命侵害犯，令和3年改正で特定少年の死刑，無期，短期1年以上の懲役・禁錮に当たる罪については，検察官送致が原則化されている。⇨20条・62条各注釈。

　少年の刑事事件については，保護処分を相当とする裁量的な移送が認められている（55条）ほかは，捜査・審理の特則（43・44・48〜50条）や科刑の制限・緩和（51〜54・56〜60条）が規定されているものの大きな修正が加えられているとはいえず，保護手続が刑事手続と大きく異なる二元的な制度となっている点も我が国の特徴である（この点は同時に問題点ともなる。角田b参照。なお，令和3年改正で特定少年の特例（67条）が設けられた）。また，本条の「健全な育成」は少年の刑事手続の基本理念ともされていることに留意すべきである（平場8・421頁，団藤＝森田345頁，森田259頁，川出1頁。⇨第3章前注）。

6 成人の刑事事件

　少年の福祉を害する成人の刑事事件は，家庭裁判所が扱うこととされていたが，廃止の提案を受け，平成20年改正によって削除されて地方裁判所に移管された（飯島ほか14頁）。

　（定義）
　第2条　①　この法律において「少年」とは，20歳に満たない者をいう。
　②　この法律において「保護者」とは，少年に対して法律上監護教育の義務ある者及び少年を現に監護する者をいう。

---

1 少年の意義

20歳に満たない者が少年とされている（本条1項）。諸外国では，少年の上限

（少年年齢）には 16〜21 歳等と幅があるものの近時は 18 歳が多いといわれる。しかし，25 歳位まで処遇等の特則があるので実質的な比較が肝要である（⇨序説 2）。年齢の下限を設ける法制もあるが（アメリカの一部 7 歳，イギリス 10 歳，ドイツ 14 歳等），我が国では定めはない。歴史的には，少年年齢は旧法では 18 歳であり，近時，選挙権年齢及び民法の成年年齢が 18 歳に引下げられたこと等から，少年年齢引下げが審議・検討されたが，令和 3 年改正でも引下げられなかった（⇨序説 5 (8)）。同改正で成人の定義は削除されたが，本書では説明の便宜上，満 20 歳以上を成人と呼ぶ。

2　年齢による少年法適用範囲

上限は満 20 歳直前である。年齢は，年齢計算ニ関スル法律により，出生の日から起算し 20 年後の応当日前日の経過（午後 12 時）で満 20 歳に達する（民 141 条。大阪高判昭 29・2・9 高刑集 7・1・64。辻川，廣瀬・少年法 135 頁）。もっとも，虞犯通告では 20 歳以上も少年と扱われる例外がある（更生 68 条 2 項）。外国人がその本国で成年として取扱われても，20 歳に満たない限り，我が国では少年法が適用される（早川 i 218 頁，団藤＝森田 20 頁，平場 98 頁，丸山 81 頁，廣瀬・少年法 135 頁，東京高判昭 32・6・19 家月 9・6・54）。なお，従前，婚姻による成年擬制者（改正前民 753 条）にも少年法が適用されると解されていたが（本書第 4 版），令和 3 年改正でも少年年齢は引き下げられなかったから 20 歳まで少年法が適用されることに疑問はない。

3　年齢の認定

年齢は現実の出生日から前記 2 の方法で計算する。年齢は，戸籍，住民票，在留カード，パスポート等により認定できる場合が多いが，それらの信用性に疑義があるときは，証拠調をして認定することになる（東京家決平 23・11・30 家判 8・113（外国人で客観的資料が得られず，本人の供述により少年と認定），横浜家決平 28・10・17 家判 16・133（本人の供述，旅券等により，少年として逆送），名古屋家決昭 44・6・20 家月 22・2・92（歯・骨の発育状況等を法医学鑑定し成人と認定），岡山家決昭 62・7・16 家月 39・12・167（歯の状況等の鑑定で未成年と認定））。手を尽くしても年齢を認定できない場合，少年であることの証明が得られないから特別法である少年法は適用できず，一般法である刑訴法に従って処理するほかないとする見解（亀山＝赤木 35 頁，土本 36 頁）もあるが，対象者の利益に従い少年として扱うとする見解（早川 j 3 頁，本田 a 53 頁，朝日 145 頁，丸山 84 頁，廣瀬・少年法 135 頁，宇都

第 2 条

宮家決平 3・8・14 家月 44・1・164〔百選 5〕, 前掲東京家決平 23・11・30, 少年法の趣旨から説明するものとして川出 81 頁）が相当であろう。その結果, 成人として公訴提起されても, 少年である可能性が否定できない場合には, 少年法所定の手続を経ずになされた違反があるとして公訴棄却となり（宇都宮地判平 3・7・11 家月 44・1・162, 同旨・東京地判昭 54・6・11 家月 32・5・106）, 成人を少年手続を経て起訴しても手続が無効となることはないから実務上も弊害は生じない（刑事事件で, 少年・成人不明な場合に少年と扱った事例として, 東京地判平 9・2・25 判時 1614・146）。

4 年齢判断の基準時（少年法適用年齢の基準時）

（1） **原則**　　行為時を基準時とする法制もあるが（⇨序説 2(5)）, 本法では, 決定を含め, 本法適用の各時点において対象者が少年であることが原則, 必要である（団藤 = 森田 21 頁, 平場 168 頁, 廣瀬・少年法 136 頁）。行為時が基準とならないことは, 51 条で「罪を犯すとき」としている規定の仕方との対比や調査・審判の結果本人が 20 歳以上であることが判明したときは, その者を保護処分に付することができず, 事件を検察官に送致しなければならないとされている（19 条 2 項・23 条 3 項。虞犯事件は, 不開始又は不処分となる）ことからも明らかである。その意味で対象者が少年であることは審判条件となるので, 調査官による試験観察（25 条）の場合, その継続中対象者が少年であることが必要である。また, 少年の刑事事件に関する特則の適用に関しても, 原則としてその時に 20 歳又は 18 歳未満の少年であることが必要である（最判昭 24・9・29 刑集 3・10・1620, 最決昭 34・7・3 刑集 13・7・1110）。

なお, 家庭裁判所送致時 20 歳未満の者について一定の場合には審判権を家庭裁判所に留保する制度も提案されたが, 実現していない（川出 79 頁）。

（2） **抗告審（控訴審）と少年法適用の基準時期**　　保護処分の決定後, 抗告中に少年が 20 歳に達した場合に, 抗告審としてどのような判断をすべきかという点は, 抗告審の性格をどのように考えるかによって定まってくる。抗告があっても原裁判は執行でき（34 条本文）, 抗告審では抗告に理由があっても原裁判の取消に止め自判を認めていない（33 条 2 項）ことなどから, 抗告審は事後審と解されている（近藤 c 257 頁, 団藤 = 森田 327 頁, 平場 362 頁）。従って, 保護処分は原決定の時点を基準に少年か否かを判断すれば足り, 抗告審の決定ないしその告知時点において対象者が 20 歳以上であっても, 原決定には影響を及ぼさ

39

第2条   第1章 総 則

ない（最決昭 32・6・12 刑集 11・6・1657〔百選 15〕，名古屋高決昭 34・11・18 家月 12・
5・175〔百選 4〕）。刑事控訴審の構造については議論もあるが，控訴棄却の場合
には第一審判決時を基準として被告人に少年法を適用すべきか否かを判断すべ
きである（前掲最決昭 34・7・3）。しかし，破棄自判する場合には，裁判時を基
準とせざるを得ないので，破棄判決時が基準とされる（最判昭 26・8・17 刑集 5・
9・1799）。

　(3)　**処分時主義の例外**　　原則逆送の 20 条 2 項・62 条 2 項・63 条 2 項は罪
を犯すとき 16 歳あるいは 18 歳以上であることを要件とし，死刑と無期刑の緩
和について規定する 51 条は，罪を犯すとき 18 歳未満であったことを，人の資
格に関する法の適用について定める 60 条も，犯行時に少年であったことを，
それぞれ要件としている。また，少年を勾留する場合には，少年鑑別所に拘禁
することができるが，その拘禁中にその者が 20 歳に達しても，引続き少年鑑
別所に拘禁することができ（48 条 2・3 項），懲役又は禁錮の言渡を受けた少年
に対しては，特に設けた刑事施設又は刑事施設若しくは留置施設内に特に分界
を設けた場所において刑の執行をすることとされているが，その者が 26 歳に
達するまでは，その場所で刑の執行を継続できる（56 条 1・2 項。特定少年を除
く・67 条 4 項）。仮釈放は判決時少年であれば刑の執行中成人となっても少年の
基準による（58 条。特定少年を除く・67 条 5 項）。保護処分の執行についての例外
について，⇨**5**。

　5　成　人
　成人（⇨1）は，原則として少年審判の対象とはならず（3 条），保護処分の執
行も，原則として 20 歳未満の者に対して行われる（少院 137 条 1 項本文，更生 66
条本文）。しかし，保護処分の執行は，その処遇効果を上げるために一定期間の
継続が必要な場合がある。そこで，成人間近の少年については特則が設けられ
ている（64 条 3 項，少院 137 条 1 項但書，64 条 1 項 1 号・2 号，更生 66 条本文括弧書）。
また，一定の要件の下で，24 条の保護観察ないし少年院送致決定に付された
者を 23 歳（特別な場合は 26 歳）を超えない期間，保護観察に付し（更生 68 条 3
項），少年院に収容又は収容継続することができる（26 条の 4 第 2 項，少院 138・
139 条。⇨**図表 10** 参照。詳細は，⇨64 条，少院 138・139 条，更生 67・68 条各注釈）。
　成人は，少年の刑事事件では少年と取扱を分離され（49 条），少年の情操保
護が目指されている（なお，成人の刑事事件（37 条）は平成 20 年改正により地方裁判

40

第 2 条

図表 10　少年の年齢と処遇の原則

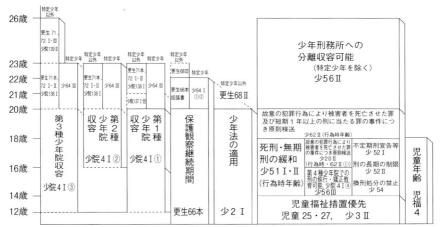

※第 1～3 種少年院収容年齢の下限は「おおむね」とされている。

所に移管された)。

6　保　護　者

(1)　**保護者の意義，権利・義務**　　保護者は「少年に対して法律上監護教育の義務ある者」と「少年を現に監護する者」とされ (本条 2 項)，前者を法律上の保護者，後者を事実上の保護者という (保護者に関し，角田 a 345 頁)。少年法は，保護者に様々な役割を期待している。まず，少年の権利利益の擁護者として，未成熟で判断能力に欠ける少年に代わって行動することが期待される。次に，少年を監護する者であることから，通常，少年の事情を最もよく把握しており，資料提供者としての役割が期待されるとともに，保護的措置の働きかけの対象者ともなる。同時に，裁判所の少年に対する働きかけへの協力者となることも期待される。また，少年に対する処遇が決まった場合に，その処遇の協力者となることも期待される (廣瀬・少年法 164 頁，講義案 47 頁)。そこで，付添人選任権 (10 条 1 項)，自ら付添人となる権利 (同条 2 項)，審判出席権 (規 25 条 2 項。東京高決昭 32・11・24 家月 9・11・119〔百選 17〕)，意見陳述権 (規 30 条) のほか，法定代理人である保護者には抗告・再抗告の権利 (32・35 条) が認められると共に，調査応諾義務 (7・8 条)，出頭義務 (11 条)，試験観察条件応諾義務 (25 条 2 項 2 号)，扶養義務のある保護者には更に費用負担義務 (31 条 1 項) が課されて

おり，平成 12 年改正により，家庭裁判所による訓戒・指導等を受ける義務も明示された（25 条の 2）。また，平成 19 年改正により，保護観察を受けている少年の保護者には保護観察所長の指導，助言等（更生 59 条），少年院在院者の保護者には，少年院長の指導，助言等（少院 17 条 2 項）を，それぞれ受ける義務も明示された。

(2) **法律上の保護者**　少年に対し法律上監護教育の義務のある者としては，親権者（民 818〜820 条），親権代行者（民 833・867 条），監護者（民 766・749・771・788 条），未成年後見人（民 839・841・857 条），児童福祉施設の長（児福 47 条）等がある。これらの立場にあれば，少年を現に手許に置いて監護教育を行っている必要はない。財産管理権を喪失中の父母（民 835 条）であっても法律上監護教育の義務がある者といえる（平場 94 頁，団藤＝森田 25 頁，廣瀬・少年法 165 頁）。特定少年には法律上の保護者は存在しない。

(3) **事実上の保護者**　「少年を現に監護する者」とは，事実上少年を現に保護監督している者のことである。少年と同居していることまでは必要ないが，少年の生活全般にわたって，ある程度全人格的な監督・監護をしている者でなければならない（平場 95 頁，司研概説 21 頁，亀山＝赤木 30 頁，講義案 46 頁，廣瀬・少年法 166 頁）。事実上の保護者に当たるかは，保護者に与えられた役割（⇨(1)）を的確に果たせるか否かという観点から判断される（廣瀬・少年法 166 頁）。例えば，住込み就労中の雇主，寮・寄宿舎の責任者，少年の補導委託先の責任者，親権者の委託その他の事情で親権者に代わって少年を保護監督する親族（例えば，親権者でない実父・実母），里親，継父母等がこれに当たる。他方，通勤先の雇主や学校の教師等は，一般的には事実上の保護者に該当しない（平場 95 頁，団藤＝森田 25 頁）。また，法的・社会的に是認される保護監督の実質を持つ者であることが必要で，暴力団・やくざの親分，違法な営業の雇主，誘拐や暴力行為等犯罪行為の結果少年を支配している者等はいかに少年への影響力が大きくても事実上の保護者には該当しない（平場 95 頁，団藤＝森田 25 頁，廣瀬・少年法 166 頁）。

(4) **特定少年の保護者**　特定少年には法律上の保護者は存在し得ないが，事実上の保護者の有無については，消極・積極の両説があり得る。消極説は，特定少年が民法上監護（民 820 条）に服さない自律的主体となったこととの整合性，成年に対する監護（監督・保護）は，後見に関する民法 857 条・820 条と

858 条の対比から観念し難いこと，令和 3 年改正で同時に改正された少年院法 34 条 5 項・35 条 3・4 項（各括弧書）は，特定少年である第 5 種少年院在院者に保護者が存在しえないことを前提としていると解されることなどが論拠とされ（入江(猛)c 36 頁，前田 36 頁等），積極説は，「現に監護する」という実態がある者は実在し得ること，事実上の保護者は，その役割（⇨(1)）から監督保護しているという事実状態に基づいて認められるものであること，民法の親権は，子の福祉の観点からの権限・義務等を規定したものに過ぎず，民法上の権限・義務ではない少年法の保護者該当性を民法の成年で画する論理必然性はないことなどが論拠とされている（加藤＝須川 65 頁等）。この点に関し，積極説から，消極説によると，特定少年の親に参考人旅費等の支払義務が生じ得ること，保護者に対する措置（25 条の 2）等が行えなくなることへの違和感が指摘されている（加藤＝須川 69 頁）。消極説からは，積極説では，18 歳以上の少年（成人）の親に対して同行状による強制的な同行が可能となること（11 条 2 項），親の審判出席権侵害による抗告まで認めるのか，事案ごとに保護者を認定するということになって実務運用が不安定になり，迅速な処理にも影響し，負担も増えるという懸念や参考人旅費等は特定少年から徴収可能であるから（31 条 1 項），刑事公判の情状証人の旅費等と同様の運用で賄えるなどの指摘もありえよう（両論について，〔座談会〕d 25 頁参照）。

　消極説に立てばもちろん，積極説に立っても，特定少年の親は保護者に当たらないことがあり得るが，そのような場合でも，その親は，資料提供者，保護的措置・処遇への協力者として，調査の対象とし，審判への出席を求めることが相当な場合が多く，そのような運用が妥当と思われる。

　(5)　**法律上の保護者と事実上の保護者との関係**　　法律上の保護者が現に監護を行っている場合には事実上の保護者の観念を入れる必要はないとする見解がある（平場 94 頁）。しかし，保護者の役割（殊に，資料提供者，保護的措置の働掛け対象者）を踏まえ，親権者である父親が再婚し，実父と継母とが共同監護している場合などを考えると，法律上の保護者の監護の有無に拘わらず，事実上の保護者も重複して存在し得るとする見解（団藤＝森田 26 頁，廣瀬・少年法 166 頁）が相当である（このような場合に，保護者として誰を呼出すべきかについて，⇨11 条注釈）。

　(6)　**準少年保護事件における取扱**　　20 歳以上の者に対して，少年法が適用又は準用（26 条の 4・27 条の 2，少院 138・139 条，更生 71 条等）される場合に，事実

上の保護者の存否についても，前記(3)の議論が参考となる（積極説として，伊藤
(政)f71頁，団藤＝森田465頁，審判立会・意見陳述等を認めるものとして，藤堂a212頁，
水谷(2)53頁，平場409頁，廣瀬・少年法445頁）。しかし，「相当と認める者」とい
う概念が認められている（少院34条3項等）ので必要性は乏しい。いずれの立
場でも，実質的に保護者的立場にある者を審判に立会わせ，意見陳述の機会を
与えるのが実務上の取扱であり（団藤＝森田465・486頁，八木a37頁。条解〔菊地〕
335頁参照），望ましい運用というべきである。

前注

第2章　少年の保護事件

（前注）

1　少年保護事件の審判手続（少年保護手続）

　3条1項各号に当たる少年（非行少年）の事件は少年保護事件，その手続は少年保護手続と呼ばれる（廣瀬・少年法198頁）。非行少年は一般人の通告（6条1項），調査官の報告（7条1項）によるものもあるが，そのほとんどは，警察・検察からの送致（41・42条），児童相談所長等の送致・通告（3条2項・6条の7，児福25条但書・27条1項4号）によって家庭裁判所に係属し（廣瀬・少年法151頁），調査（8・9条），審判（21・22条），処遇決定（24条等）が行われる。少年保護手続は「少年の健全な育成を期し」て「保護処分を行う」（1条）ものとされている（令和3年改正でも変更はない）。しかし，実際には保護処分に付されないものが大半を占め，問題の程度に応じて手続の各段階で，少年の自立的な立直りを期して手続から解放されている（⇨序説4・図表9）。即ち，非行が軽微で教育の必要が少ない少年（簡易送致事件等）は，事件受理後の選別で不開始（19条1項）とされる。調査の結果，児童福祉法上の措置が相当な場合は児童相談所長等に送致される（18条1項。なお，児童福祉手続において少年の自由を拘束する必要がある場合にも家庭裁判所は司法機関として関与する。18条2項）。調査及び保護的措置の結果，それ以上の処分が必要なければ不開始とされる。審判においても保護処分に付すまでの必要がなければ不処分（23条2項）とされる（必要性が明確でない場合は試験観察に付す場合もある。25条）。保護・教育的な必要性（要保護性）が認められる少年には最適な保護処分が選択される（24条）。また，14歳以上の少年の犯罪は罪質・情状により検察官送致もなされる（20条1項。平成12年改正により下限（16歳）は削除され，原則逆送制度が設けられ，令和3年改正で特定少年の対象事件が拡大されている。⇨20条・62条各注釈）。更に，検察官送致の結果，少年事件の起訴を受けた刑事裁判所（地方裁判所等）も保護処分相当と認めれば家庭裁判所に移送して少年保護手続に事件を戻すことができる（⇨55条注釈，**図表11**参照）。

45

前注　　　　　　　　　　　　　　　　　　　　　　　第2章　少年の保護事件

　このように，少年保護手続では，福祉的な処分から刑事処分までの幅広い選択肢が用意されており，専門的な調査結果（9条）を参考にして少年の健全な育成のために最も適した処分が選べる弾力的かつ柔軟な手続とされている。また，不処分・不開始などによって少年は手続の各段階において解放される結果，一般保護事件（道路交通法違反を除いた事件）において，保護処分に付される少年は受理された事件の22.8～8.0%，検察官送致も受理事件の10.1～0.4%に過ぎない（⇨序説4・**図表9**）。このような運用は，軽微な初発非行に対しても全て十分に検討し，早期に適切な対応をして非行の芽を摘取るという理想からは問題とされる余地もあろう。しかし，不処分・不開始で終局する場合であっても，種々の保護的措置（教育的措置）が施されているうえ（⇨19条注釈4・23条注釈2⑵），家庭裁判所の調査官・裁判官を始めとした人的・物的な機構に限りがある以上，調査・審判の必要性の高い事件に重点的にそれらを投入してその有効活用を図ることは制度の実効的な運用上不可欠なことである（廣瀬・少年法186頁参照）。実務の運用はそれを可能にするものといえるばかりか，少年を健全な社会人として育成するには，本人の自覚・自発的立直りが最も有効であるから健全育成の趣旨にも沿うものといえる（⇨序説4）。

2　少年保護手続の構造・特徴と刑事手続・福祉手続との関係

　少年の健全な育成，保護・教育のためには，非行事実自体は勿論，非行に至った動機・背景，少年の家庭内の事情，その生育歴，性格的な問題点などを正確に把握することが必要となり，審理の進め方も，少年の心身の状況に最も相応しい対応が可能な手続が望ましい。この要請に応えるため，少年保護手続においては，秘密主義・手続の非公開，個別審理，科学的な調査の活用，保護・教育的配慮などが特徴とされ，審判の方式も要式性や対立構造を排し，検察官を関与させない職権主義的な審問構造が原則とされている（⇨8・9・22条各注釈）。これに対して，刑事手続は，人権の保障，事案の真相解明，適正迅速な処罰の実現等を目指し（刑訴1条），予断排除の原則，当事者主義をとり，厳格な訴訟手続に則って公開・対審で審理が行われる。このように刑事手続と少年保護手続は，その構造・理念を大きく異にしている（⇨序説4，1・22条各注釈）。そこで，少年保護手続には刑事手続に関する規定は原則として準用はされないと解される（⇨40条注釈）。証拠調に関して刑事手続が一部準用されるが，「保護事件の性質に反しない」という限定が付されている（14・15条）。これも，少

46

前注

図表 11 少年事件手続概略図

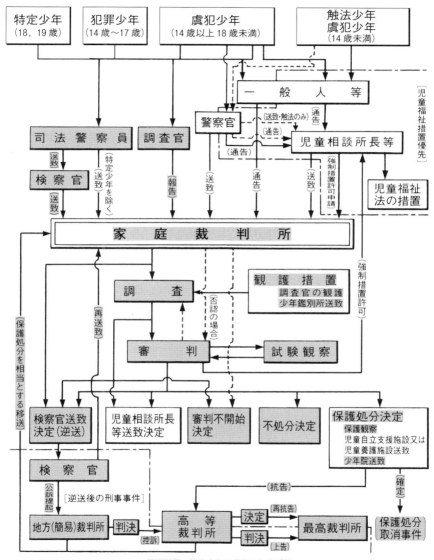

前注　　　　　　　　　　　　　　　　　　　　　第2章　少年の保護事件

図表12　少年審判手続の概要

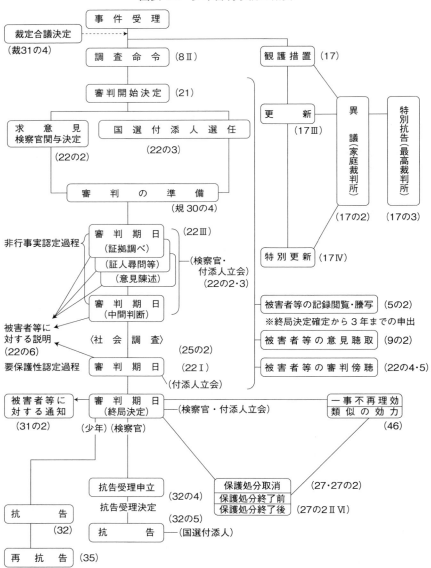

年保護手続の保護・教育の理念を尊重するためである。

しかし，適正手続の保障・正確な事実の認定は，少年保護手続においても，少年の権利保障，保護・教育いずれの観点からも重要なものである（⇨1条注釈）。従って，刑事手続上保障されている重要な権利については，少年保護手続においても，手続の特質に配慮しながらそれを実質的に保障すべきである（最決昭58・10・26刑集37・8・1260／家月36・1・158〔百選2〕，見目321頁）。実務上もそのような運用が目指されている。例えば伝聞法則（刑訴320条以下）は，裁判官が職権的に審判指揮をする少年審判には準用できないが，重要な供述に関しては必要に応じて証人尋問を行い，少年の反対尋問権を実質的に保障すべきである（⇨22条注釈8）。もっとも，このような運営にあたって，当時の非行事実認定手続では限界が指摘され平成12年改正によって，検察官及び付添人の関与する手続が一部の重大事件に導入され，手続規定も整備され，平成26年改正により，対象事件が拡大された（⇨序説5，22条の2注釈）。

また，家庭裁判所は，児童福祉手続で扱われている少年に自由の拘束が必要な場合に，事件の送致を受けてその可否を決定する（6条の7第2項・18条2項）。これは家庭裁判所の人権保障機能・司法機関としての性格を保護・福祉的な手続の中で反映させたものといえる。

3 少年保護事件における審判の対象

(1) **非行事実の審判における位置付**　少年法の刑事・司法的な側面と保護・教育的な側面は審判対象の面でも表れてくる。少年保護手続においては，少年に対して，基本的には，制裁よりも健全な育成（非行からの立直り）を目的とするので（⇨1条注釈1・2），少年が非行に走る問題性を見極め，その改善を目指して処遇決定をすることになる。そこで，少年の保護を要する状態，すなわち要保護性の解明・検討が審判の中心的な課題となる。かつて審判の対象は要保護性のみで非行事実は審判条件にすぎないという考え方（人格重視説）が主張されたのは，少年保護手続の本質を表していたものといってよい。しかし，要保護性は，非行の予測が中心となる展望的な判断で，その正確な判定には困難も伴うこと，保護・教育的な処分も，少年院送致に典型的に表れるように，自由の制限・ラベリングなど不利益性は否定できないことなどが重視されるにつれて，要保護性のみでなく非行事実も審判の対象と考えるべきだとする非行事実をより重視した考え方（非行事実重視説）が主張され，現在では通説となってい

前注   第2章　少年の保護事件

る（議論の経過について，早川h参照）。

　非行事実重視説の論拠としては，少年の人権保障の観点から存否の認定が明確な非行事実も審判対象とすべきであること，非行事実は犯罪的危険性が発現したものであるから犯罪的危険性・要保護性の判断に重要な役割を果たすこと（内園ほか3頁，守屋g46頁）に加えて，非行事実の正確な認定自体が少年にとっても重要な関心事となってきており，非行事実をきちんと認定することは少年の納得に基づく自発的な更生の出発点としても重要であること（前掲最決昭58・10・26団藤補足意見），非行を犯して社会に迷惑をかけたことが少年に対する強制的な介入の重要な根拠となること（いわゆる侵害原理である。平場67頁，澤登f147頁，川出96頁）からも非行事実は重視されるべきであることなどを挙げることができよう。

　(2)　**要保護性の意義**　　犯罪的危険性ないし累非行性（今中69頁，入江12頁，早川h6頁），累非行性及び矯正可能性（裾分31頁），保護相当性と矯正可能性（荒木(伸)b9頁）とする説もあるが，犯罪的危険性（累非行性），矯正可能性，保護相当性で構成されるとする立場が通説とされている（平井a19頁，沼邊86頁，澤登143頁）。しかし，要保護性は処遇上の概念でもあり，福祉法的な領域も含めて多義的に用いられる。そのうえ，保護処分賦課の要件として問題設定をしたために議論に混乱がみられる。保護処分を課す要件として要保護性を位置付けながら，その中に保護相当性を加えるというのではトウトロジーにも思われる。少年手続全体の指導理念である健全育成との関係を考えるには，人格的性状としての非行性（非行反復の傾向）と環境的要因の保護欠如性を要保護性と捉え，処遇決定の概念として別途に保護処分相当性，刑事処分相当性，福祉処分相当性，不処分相当性を考える立場（平場61頁以下）が理論的に正当で有用である（廣瀬・少年法146頁。なお，川出98頁以下も参照）。

　(3)　**保護事件の意義**　　「事件」は刑事手続では被告人（被疑者）と犯罪行為によって特定される。保護事件では，その基本的な目的が，少年の責任を追及し制裁を科すのではなく，最適な処遇を加えて立直らせることであるから（⇨1条注釈），個々の行為だけではなく，非行や問題行動の全体像が把握されることが望ましい。事件を少年（人格）によって特定する立場には核心をつくものがある。しかし，少年保護手続においても，前記のように人権の保障，手続の安定性などの要請があるので，非行事実も審判の対象とされ，手続開始・保

護処分の要件とされている。更に，平成 12 年改正により検察官関与等の範囲
も事件によることとなった（⇨22 条の 2 注釈）。従って，保護事件も非行事実と
少年によって特定されると考えるべきである（平場 108 頁。この点の議論と問題点
について，川出 43 頁以下参照）。もっとも，少年の要保護性を正確に捉えて最適な
処遇選択を実現するため，更に少年の手続的な負担を最小限度にする趣旨から
も，少年保護手続における終局決定は，非行事実や虞犯が複数あれば，個々的
にではなく，それらを併合審判して全体に対して下されるべきである（規 25 条
の 2。但し，非行事実不存在，審判条件欠如の場合にはその事実は審判対象とできないので
例外的に個々的に不開始・不処分とされる）。

4　不告不理の原則

　少年保護手続においては，家庭裁判所が受理していない非行や問題行動など
を調査過程（8・9 条）で見出すことも少なくない。少年に最適な処遇を選択す
るという観点からは，知り得た非行は，受理したものでなくても全て判断資料
とできることが望ましい。しかし，少年に対する告知と聴聞という適正手続の
要請から，少年保護手続においても不告不理の原則は認められるべきである。
調査官に報告の義務が定められている（7 条）のはこの趣旨も含んでいると考
えられる（川出 43 頁以下参照）。また，保護処分の一事不再理の範囲を画する意
味でもこの原則は重要である（但し異論もある。⇨46 条注釈 3）。もっとも，保護
事件の性質上刑事手続よりは緩やかな原則とすべきであろう。少年保護手続に
おいては，非行事実のみならず要保護性が審判対象とされるため，調査・審判
の過程では要保護性の資料が可及的に収集される。そのため虞犯行為や余罪が
認知されることは自然なことであり，その送致・立件を経ることなく，少年の
行状や性格・行動傾向上の問題点把握の資料としてその余罪等を考慮して処遇
決定がなされる場合が多い。この余罪等が処遇決定に重要な影響を及ぼす場合
にはその送致を待つか立件したうえでなければ考慮できないが，そこまで重視
しない場合にはそのまま考慮することも認められると考えるべきであろう（岩
井(隆)364 頁）。厳格に不告不理の原則を適用し，送致・立件されていない虞
犯・余罪等を処遇決定上実質的に考慮することを違法とし，その余罪等が後に
送致された場合，一事不再理効を認め，処遇決定上考慮することを認めない立
場は理論的には明解である。しかし，これは訴因制度で審判対象が明確に画さ
れ，行為責任が中心とされる刑事手続においてこそ妥当する理論というべきで

ある。その余罪等が要保護性の資料として考慮される程度を明らかにすることは要保護性判断の性質に照らし困難であるうえ，これを明確にしておく適切かつ有効な手続も方法も存在しない（この点に関する運用上の提言として，植村 e 47頁以下）。その程度を明らかにできない以上，厳格な立場によれば，認知された余罪等の全ての送致・立件が要求され，その全てについて一事不再理効が認められるということにならざるを得まい。しかし，送致を必ず待つのは身柄事件ではおよそ困難であり，全て立件するというのもおよそ現実的な対応とはいい難い。少年に対する時機を得た最適な処遇決定，手続的負担の軽減等の要請（⇨序説 4）に照らしてもこのような厳格な運用の不合理性は明らかであろう。厳格な立場（東京高決平 11・9・9 家月 52・2・172 等）は，このような手続の性質の相違や現実に生じる不合理性に照らして疑問があるといわざるを得ない。

5 準少年保護事件

保護処分取消事件（27条の2），収容継続申請事件（少院138条），戻し収容申請事件（更生71・72条）は，対象者が成人となっている場合もあり，保護処分の執行段階以降の問題で，本来の少年保護事件ではないが，その審判については，保護事件と共通・類似する面もあるので，準少年保護事件と呼ばれ，性質に反しない限り，保護事件の例によるとされている（27条の2第6項，規55条，更生72条5項）。平成19年改正で創設された施設送致申請事件（26条の4，更生67条）の手続も，その性質に反しない限り，保護事件の手続によるとされており（26条の4第3項），準少年保護事件といえよう。なお，虞犯通告事件（更生68条）の場合は，18歳以上でも18歳未満の少年とみなされて少年審判の規定が適用され（更生68条2項），成人をも対象とし，保護処分の調査・審判をするという点は同様であるので準少年保護事件に含めて考える余地があろう。特定少年に対する収容決定申請事件（66条）も同様である。⇨各条文注釈。

6 少年審判規則

少年法は保護事件の手続について，詳細な規定を置いていないため，必要な事項について，最高裁判所の少年審判規則で定められており（36条，憲77条），平成12年改正等に従って，この規則も大幅な改正が加えられている。この規則にも重要な規定が少なくないので，本書では法の各条との関連箇所で注釈を加えているが，第1章総則（1〜7条）については，直接対応する条文がないので，ここで逐条的に解説しておくこととする。

（規第 1 条）

> **（この規則の解釈と運用，保護事件取扱の態度）**
> **規則第 1 条** ①　この規則は，少年の保護事件を適切に処理するため，少年法
> 　（昭和 23 年法律第 168 号。以下法という。）の目的及び精神に従つて解釈し，
> 　運用しなければならない。
> ②　調査及び審判その他保護事件の取扱に際しては，常に懇切にして誠意ある
> 　態度をもつて少年の情操の保護に心がけ，おのずから少年及び保護者等の信
> 　頼を受けるように努めなければならない。

　本条は，法 1 条と基本的には対応するものであるが，同条が少年の保護事件
のみならず，少年の刑事事件に対しても通則とされているのとは異なり，「少
年の保護事件」の通則と規定されている。

　しかし，「少年の情操の保護に心がけ」ること，「おのずから少年及び保護者
等の信頼を受けるように努め」るべきであることは，未成熟で可塑性に富む少
年の健全育成のためには，必要かつ有効なことであって，少年の刑事事件にお
いても配慮されるべきである（50 条）。この意味においては，本条は実質的に
法 1 条と対応するものと解すべきであろう。

　少年の情操保護，少年及び保護者の信頼獲得については，保護者の権限
（⇨ 2 条注釈 6），審判の非公開・方式（22 条，規 25 条 2 項・29〜31・35 条等）などに
その趣旨の規定がみられるが（平成 19 年改正により，触法事件調査に同趣旨の規定が
設けられた（6 条の 2）。⇨同条注釈），規定をまつまでもなく，調査・審判の過程
において，常に意識され，その配慮が払われるべきであり，実務上もそのような
運用が目指されている（詳細については，⇨ 9・21・22 条各注釈）。少年の健全な育
成は，健全な社会人としての自立を目指すべきものである（⇨ 1 条注釈 2）。その
有効な処遇のためには，社会内処遇はもちろん，施設収容の場合であっても，
本人の自覚や保護者らの理解・協力が重要である。保護処分執行等の過程にお
いても少年・保護者の信頼・納得を得られるように十分配慮すべきである。も
っとも，非行少年の中には，その性格上の問題が根深い場合，保護者も問題点
が把握できない場合など，少年・保護者共に改善すべき問題点に目が向かず，
改善意欲を持てないことも少なくない。このような場合には，その納得が得ら
れなくても強制的な働掛けが必要不可欠なときがあるのは当然である（澤登 f
157 頁参照。なお，平成 12 年改正において，家庭裁判所による保護者への訓戒等の措置の規

53

（規第2条）　　　　　　　　　　　　　　　　　　　　　　　第2章　少年の保護事件

定（25条の2），平成19年改正において，保護観察所長，少年院長にも同様の規定（更生59条，少院17条2項）が設けられた）。また，非行事実認定についても，できる限り少年の納得のいくような手続を踏むことが適切な保護・教育のために必要であることが指摘されている（前掲最決昭58・10・26刑集37・8・1260／家月36・1・158団藤補足意見）。

「その他保護事件の取扱に際して」と規定されているように，少年・保護者に対する前記の配慮は，調査及び審判の手続に限られず，呼出，書類送付，説明等全てに及ぶ。このような配慮が要請されているのは，裁判官，調査官，付添人に限られない。保護事件に関わる書記官，事務官等の裁判所職員は勿論，少年鑑別所，保護観察所等関係機関の職員，警察官等も保護事件に関わる場面においては，同様というべきである（警察官について⇨6条の2注釈。刑事事件に関する点は，⇨第3章前注）。

（決定書）

規則第2条　①　決定をするときは，裁判官が，決定書を作つてこれに署名押印しなければならない。合議体で決定をする場合において，決定書に署名押印できない裁判官があるときは，他の裁判官の1人（当該署名押印できない裁判官が裁判長以外の裁判官である場合は，裁判長）が，その事由を付記して署名押印しなければならない。

②　前項の規定により署名押印すべき場合には，署名押印に代えて記名押印することができる。

③　次の各号に掲げる決定を除く決定の決定書には，第1項の規定による署名押印又は前項の規定による記名押印に代えて押印することができる。

1　事件を終局させる決定

2　法第5条第2項及び第3項，第17条第1項及び第3項ただし書，第17条の2第4項前段（第17条の3第2項において準用する場合を含む。）において準用する法第33条，第17条の4第1項本文，第22条の2第1項（法において準用し，又はその例による場合を含む。次項第5号において同じ。），第24条の2，第25条，第32条の4第3項並びに第34条ただし書（第35条第2項前段において準用する場合を含む。）の決定

3　第46条の3第7項の決定

④　決定書には，次に掲げる事項を記載しなければならない。

1　主文

2　理由

（規第2条）

　　3　少年の氏名及び年齢
　　4　少年の職業，住居及び本籍
　　5　当該審級において法第22条の2第1項の決定をした事件を終局させる決
　　　定の決定書においては，同項の決定をした旨及び当該決定に係る事件を特
　　　定するに足りる事項
　⑤　次の各号に掲げる決定を除く決定の決定書には，前項第2号及び第4号に
　　掲げる事項の記載を省略することができる。
　　1　法第17条第1項第2号及び第3項ただし書の決定
　　2　法第20条第1項，第24条，第24条の2，第62条第1項及び第64条の
　　　決定
　　3　法第27条の2第1項及び第2項本文の決定
　　4　法第33条（第17条の2第4項前段（第17条の3第2項において準用す
　　　る場合を含む。）及び第35条第2項前段において準用する場合を含む。）
　　　の決定
　　5　法第22条の2第1項の決定（以下「検察官関与決定」という。）をした
　　　事件についての保護処分に付さない決定
　⑥　決定書には，記録中の書類の記載を引用することができる。
　⑦　裁判長は，相当と認めるときは，決定を調書に記載させて決定書に代える
　　ことができる。

　本条は，平成12年改正による裁定合議制の導入（裁31条の4）及び異議の申
立て（17条の2），検察官関与（22条の2），抗告受理（32条の4）等の新設された
決定などに対応するために改正され，更に，令和3年改正による刑事処分相当
による検察官送致決定の根拠規定の特定（20条1項）と特定少年の検察官送致
の特例（62条1項）及び特定少年の保護処分の特例（64条）の新設への対応等の
ため改正されたものである（規則3条・5条も同様の改正がなされた）。合議体の署
名押印に関する規定は民訴規157条2項，刑訴規55条後段と同趣旨の規定で
ある。
　本条は，決定書の要件と簡素化について規定している。その趣旨は事件の機
動的・効率的処理を図るものといってよい（⇨序説4）。
　署名は実務上はほとんど例外なく記名に代えられているが，検察官送致決定
（20条），保護処分決定（24条）は原則通り署名すべきであるという指摘もある
（団藤＝森田37頁）。決定書の省略については，記載の必要性を決定の性質に応
じて吟味すべきである。保護処分や検察官送致等重要な決定については，その

（規第3条）　　　　　　　　　　　　　　　　　　　第2章　少年の保護事件

理由の要点を十分記載すべきである（詳細については，⇨20条注釈**6**・24条注釈**9**等）。

　7項の調書決定について，理由の記載が省略できない場合（20・24条等）のほか，理由の記載が相当である場合（18条等）も「相当と認めるとき」に当たらないと解すべきである。異論もあったが，裁判長の記名・押印は不要で調書に認印するだけで足りると解されている（団藤＝森田37頁等参照）。

（決定の告知）

規則第3条　①　次に掲げる決定を告知するには，裁判長が，審判期日において言い渡さなければならない。

　1　法第24条第1項及び第64条第1項の決定

　2　検察官関与決定をした事件についての法第23条の決定

②　次に掲げる決定を告知するには，裁判長が，少年の面前で言い渡さなければならない。

　1　法第17条第1項（次項第1号の場合を除く。），第17条の4第1項本文（次項第2号の場合を除く。），第23条（前項第2号の場合を除く。）及び第25条の決定

　2　法第17条第1項第2号の措置がとられている事件についての法第20条第1項及び第62条第1項の決定

③　次に掲げる決定を告知するには，当該決定をする裁判官が，少年の面前で言い渡さなければならない。

　1　法第17条第10項の規定による同条第1項の決定

　2　法第17条の4第2項の規定による同条第1項本文の決定

④　決定は，前3項の場合を除いては，相当と認める方法によつて告知する。法第23条第2項及び第3項（第1項第2号の場合を除く。）並びに第25条の決定について，第2項第1号の規定によることができないとき又はこれによることが相当でないと認めるときも，同様である。

⑤　法第19条の決定は，前項の規定によることができないときは，告知することを要しない。

⑥　裁判所書記官は，第1項から第4項までの場合には告知の方法，場所及び年月日を，前項の場合には告知しなかつた旨を決定書又は決定を記載した調書に付記して押印しなければならない。

　決定は告知によって外部的に効力を生じる。決定の効力発生は，告知の到達時，告知を要しない場合には，書記官が告知しなかった旨記載（実務上日付を明

（規第4条）

記）した時である（団藤＝森田39頁等）。告知の方法は，少年の納得にも大きく関連するので，決定の重要性・性質に応じてその方法を定めたものである。年齢超過による検察官送致決定（19条2項）は，本条2項には掲げられていないが，観護措置（17条1項2号）中に行う場合には，面前告知が必要と解されている（平場268頁，団藤＝森田39頁）。

「相当と認める方法」としては，決定書謄本（決定通知書）の送達あるいは普通郵便による送付（通常のはがきによる通知は保護事件の密行性から軽微な事件でも避けるべきである），電話又は口頭による通知等がある。簡易送致事件について，送致警察署長に対する処分結果通知書送付の際に警察が適宜決定の趣旨を本人に伝達するように依頼して行う例もある。施設の収容者に対しては施設の長宛にこれを行うことで足りる（民訴102条3項類推適用）。

告知不能な場合とは，所在不明のほか，強度の精神障害，本人の死亡等である。このような場合に審判が開始されて不処分決定が相当な場合，審判開始決定を取消して審判不開始決定をするほか終局させる方法がない。この場合には，取消決定も告知を要しない。

在宅事件の書面審理による検察官送致決定（20条1項・62条1項）など相当な方法での告知を要する場合に，所在不明等で結局告知ができない場合には，決定は外部的には効力を生じていないので，所在不明等による審判不開始決定をすることができるものと解される（検察官送致決定の余白に記載する方式が相当であろう）。

（決定と同行状の執行指揮）

規則第4条 ① 法第17条第1項第2号，第17条の4第1項本文，第24条第1項第2号及び第3号，第26条の2本文，第27条の2第5項本文並びに第64条第1項第3号の決定並びに同行状は，決定をし又は同行状を発した家庭裁判所の裁判官の指揮によつて執行する。

② 前項の指揮は，決定書の原本，決定書若しくは決定を記載した調書の謄本若しくは抄本又は同行状に押印して行うものとする。但し，急速を要するときは，少年の氏名及び年齢，決定の主文，告知の年月日，裁判所並びに裁判官の氏名を記載した書面に押印して行うことができる。

本条1項は，令和3年改正により，26条の執行の対象から18・20・24条1

（規第5条）　　　　　　　　　　　　　　　　　　　　　第2章　少年の保護事件

項1号の決定が除外され，特定少年の保護処分の特例（64条）が新設されたこ
と（⇨26条・64条注釈）に対応し改正された。

　本条の決定の指揮をする裁判官は，決定又は同行状発付をした家庭裁判所の
裁判官に限られ，通常は決定をし又は同行状を発した裁判官自身であるが，そ
の家庭裁判所の裁判官であれば同一の裁判官でなくてもよい。

　2項本文は主として観護措置決定（17条1項2号），但書は主として少年院送
致決定（24条1項3号）の執行の便宜を考慮したものである。本文の書面は，在
院者の入院に関する訓令（平27・5・27矯少訓22）3条の「謄本」，但書の書面は
同条の「その他の入院の根拠となる文書」に該当する。同行状の執行について
は，⇨13条注釈，決定の執行については，⇨26条注釈。

　（決定の通知）
　規則第5条　①　家庭裁判所は，検察官，司法警察員，警察官，都道府県知事
　又は児童相談所長から送致を受けた事件について法第18条，第19条，第
　20条第1項，第23条，第24条第1項，第62条第1項又は第64条第1項
　の決定をしたときは，その旨を送致をした者に通知しなければならない。保
　護観察所長から更生保護法（平成19年法律第88号）第68条第1項の規定
　による通告を受けた事件について法第24条第1項の決定をしたときも，同
　様とする。
　②　法第55条の規定によつて移送を受けた事件については，前項の規定を準
　用する。
　③　家庭裁判所は，法第27条及び第27条の2第1項の規定により保護処分を
　取り消したときは，その旨を保護処分を執行している保護観察所，児童自立
　支援施設，児童養護施設又は少年院の長に通知しなければならない。

　少年保護事件では少年の保護・教育，最適な処遇を目指す（⇨序説，1条注釈）
ので，事件処理の結果や決定した処遇内容を送致した機関に通知し，関係機関
の処遇への関心を高め，今後の事件処理の参考にできるようにすることが有益
である。本条で通知を義務付けているのは，この趣旨によるものである。通知
は通常，処分結果通知書の送付によっている。平成20年改正により保護観察
所長には，保護観察，少年院送致以外の終局処分も通知することとされた。

　2項の場合，少年の刑事事件を審理していた地方裁判所等により保護処分相
当と判断され移送されているから，移送裁判所への処分結果通知を義務付け，

（規第6条・規第6条の2）

家庭裁判所との連携を図ったものである。この場合には移送裁判所のほか検察官，司法警察員等の原送致機関にも通知を要するものと解される。

3項は，保護処分が取消されると執行機関の対応が必要となるので，取消の通知が義務付けられたものである。

本条に規定されていないが，少年の刑事事件の判決をした地方（簡易）裁判所も検察官送致決定をした家庭裁判所に結果通知をすべきである（昭26・10・16刑事局長・家庭局長通達・家月3・10・60）。移送・回付を受けた事件では，受移送・回付裁判所は，移送・回付した裁判所及び送致機関にも終局処分結果を通知すべきである。検察官や児童相談所長から送致された事件についても，送致警察署に通知すべきである。

（書類の作成者，調書への引用）
規則第6条 ① 保護事件に関する書類は，特別の定のある場合を除いては，裁判所書記官が作成する。但し，家庭裁判所調査官の調査その他についての書類は，家庭裁判所調査官が自ら作成することができる。
② 調書には，書面，写真その他適当と認めるものを引用し，記録に添附してその一部とすることができる。

裁判に関する書類は書記官に作成の権利・義務があるのが原則であるが，少年保護事件で重要な役割を果たす調査を担当する調査官にもその作成権限を特則として認めたものである。

（事件の関係人等に対する通知）
規則第6条の2 ① この規則の規定により裁判所又は裁判長が行う通知は，裁判所書記官にさせることができる。
② 裁判所書記官は，裁判所若しくは裁判長又は裁判所書記官が法又はこの規則の規定による通知をしたときは，その旨を記録上明らかにしておかなければならない。
③ 家庭裁判所調査官は，この規則の規定による通知をしたときは，その旨を記録上明らかにしておかなければならない。

本条は，平成12年の法及び規則の改正によって，裁判所が行う通知事務が

59

（規第7条） 第2章 少年の保護事件

多数新設されたことに対応するため設けられたものであり，刑訴規298条2・3項，民訴規4条2・6項等と同趣旨の規定である。3項の通知として，規則13条の3の規定による通知がある。なお，本条は，平成19年改正により規則30条の3第4項（刑訴規29条の3第1項と同趣旨の規定である）・46条の4第4項が新設されたことに対応するために改正された。

（記録，証拠物の閲覧，謄写）

規則第7条 ① 保護事件の記録又は証拠物は，法第5条の2第1項の規定による場合又は当該記録若しくは証拠物を保管する裁判所の許可を受けた場合を除いては，閲覧又は謄写することができない。

② 付添人（法第6条の3の規定により選任された者を除く。以下同じ。）は，前項の規定にかかわらず，審判開始の決定があつた後は，保護事件の記録又は証拠物を閲覧することができる。

③ 裁判所は，次の各号に掲げる場合には，付添人と少年との関係その他の事情を考慮し，付添人が前項の規定により当該記録又は証拠物を閲覧するに当たり，付添人に対し，当該各号に定める事項であつて裁判所が指定するものについて，少年若しくは保護者に知らせてはならない旨の条件を付し，又は少年若しくは保護者に知らせる時期若しくは方法を指定することができる。ただし，付添人による審判の準備その他の審判の準備の上での支障を生ずるおそれがある場合は，この限りでない。

1 法第3条第1項第1号に掲げる少年に係る事件であつて刑事訴訟法（昭和23年法律第131号）第271条の2第1項第1号イ若しくはロに規定する罪のもの又は法第3条第1項第2号に掲げる少年に係る事件であつて刑事訴訟法第271条の2第1項第1号イ若しくはロに規定する罪に係る刑罰法令に触れるものについて，保護事件の記録又は証拠物に，当該事件の被害者の個人特定事項（氏名及び住所その他の個人を特定させることとなる事項をいう。以下同じ。）が記載され又は記録されている部分がある場合において，相当と認めるとき 当該個人特定事項

2 前号に掲げる場合のほか，保護事件の記録又は証拠物に，閲覧させることにより人の身体若しくは財産に害を加え若しくは人を畏怖させ若しくは困惑させる行為又は人の名誉若しくは社会生活の平穏を著しく害する行為がなされるおそれがある事項が記載され又は記録されている部分があると認める場合において，相当と認めるとき 当該事項

④ 裁判所は，前項本文の場合において，同項本文の規定による措置によつては同項第2号に規定する行為を防止できないおそれがあると認めるときは，付添人による審判の準備その他の審判の準備の上での支障を生ずるおそれが

（規第7条）

　　あるときを除き，付添人が第2項の規定により当該記録又は証拠物を閲覧す
　　るについて，これらのうち前項第1号又は第2号に規定する部分であつて裁
　　判所が指定するものの閲覧を禁ずることができる。この場合において，閲覧
　　を禁じた部分にその人の氏名又は住居が記載され又は記録されている場合で
　　あつて，付添人の請求があるときは，付添人に対し，氏名にあつてはこれに
　　代わる呼称を，住居にあつてはこれに代わる連絡先を知らせなければならな
　　い。
　⑤　裁判所は，前2項の規定による措置をとるには，あらかじめ，付添人の意
　　見を聴かなければならない。
　⑥　裁判所は，第3項又は第4項の規定による措置をとるときは，付添人にそ
　　の旨を通知しなければならない。この通知をするには，第3項の規定による
　　措置にあつては裁判所が指定する事項を，第4項の規定による措置にあつて
　　は裁判所が指定する部分を特定してこれをしなければならない。
　⑦　裁判所は，第3項の規定により付した条件に付添人が違反したとき，又は
　　同項の規定による時期若しくは方法の指定に付添人が従わなかつたときは，
　　弁護士である付添人については当該弁護士の所属する弁護士会又は日本弁護
　　士連合会に通知し，適当な処置をとるべきことを請求することができる。
　⑧　前項の規定による請求を受けた者は，そのとつた処置をその請求をした裁
　　判所に通知しなければならない。

1　本条の改正

　本条は，平成12年改正（被害者等による記録の閲覧・謄写。5条の2）に対応して
改正され，検察官の閲覧には規則30条の5が設けられたが，証人等の保護措
置の拡充についての平成28年刑訴法改正（刑訴299条の4~7）を受け，3項以下
が追加された（平成28年12月1日施行）。これまで，付添人による閲覧（2項）は
大半の事件では適切に運用されてきたが，参考人や被害者等（参考人等）が付
添人を通じ少年側に情報が知られる不安等をいだく場合もあるので，2項の趣
旨を前提としつつ，少年保護事件の記録等に記載等されている参考人等に係る
情報を適切に保護するとともに，その保護の実効性を担保し，参考人等が少年
審判手続（送致機関での捜査等を含む）に協力しやすい環境を整え，適正な審判の
実現を期するため，審判開始決定後の付添人の閲覧権についても，必要最小限
の制限をし，この制限の効果を担保する制度が設けられた（詳細は，和波＝岡部
131頁以下参照）。なお，規則7条3・4項に関する秘匿措置等に関する規定が改
正により新設されている（令和6年2月施行）。

61

（規第7条）　　　　　　　　　　　　　　　　　　　第2章　少年の保護事件

2　1項・2項の趣旨と運用状況

　事件の記録の閲覧・謄写は，刑事手続で弁護人の権利として認められている（刑訴40条）ように，少年の権利保護のために必要なものであるが，少年事件に関しては，少年の情操保護・社会復帰，調査の実効性などに基づく非公開の要請（1・22・61条，規1条）があるので，本条はその調整を図り，法36条の委任を受けて，総則的な規定となっている。本条2項で付添人の閲覧権を認めたのは，少年の権利保護のためであり，1項で保護事件の記録の閲覧・謄写が原則禁止され，付添人の謄写権が認められていないのは，非公開の要請によるものである。全体としては，非公開の要請が重視されており，双方の調整は家庭裁判所（抗告審係属中で記録のある場合は抗告裁判所）が許可によって行うことになる（なお，平成28年改正により付添人の閲覧に関する措置が定められた。⇨3）。

　事件の記録には送致機関による事件記録（法律記録）と社会調査によって作成される調査記録（社会記録）があり，社会記録は少年及び関係者のプライバシーにも踏込んだ社会調査の結果であるので本質的に秘密性の要請が強い（社会調査については，⇨9条注釈）。本条の記録には双方含まれる（家庭局b194頁）ので，付添人は社会記録も含めて閲覧できる（平成28年改正につき⇨3）。また，審判係属中の進行記録のほか審判の終わった既済記録も含まれる。なお，保護処分取消事件の記録も同様に扱われる（27条の2第6項）。

　許可については，閲覧・謄写の必要性（少年の権利保護，公益目的，正当な権利行使の必要性，資料の非代替性など）と少年保護事件の秘密性（少年の情操保護，資料提供者の信頼保護など），弊害（秘密保持・調査・審判への悪影響等）を総合考慮して行うことになる。従って閲覧・謄写の申請者，申請の理由・目的，開示する記録の性質などを検討すべきである。特に謄写については，付添人に対してさえ制限できるので，閲覧で足りないかを十分検討すべきである。実務の運用上，重要なものについて以下補足しておく（全般につき，家庭局b，古谷参照。被害者の関係については，⇨5条の2注釈）。

　(1)　**付添人**　少年の権利保護の担い手・審判協力者としての性格（⇨10条注釈）から基本的には積極的に対応すべきであるが，付添人には資格の制限がないので，運用上の配慮も必要である（なお，平成19年改正において，触法少年の事件の調査に関する付添人の規定（6条の3）が新設されたが，規則のほかの「付添人」は，いずれも事件が家庭裁判所に係属した後の付添人の趣旨で調査における付添人を含まないと

（規第 7 条）

解される。そこで，本条 2 項に「法第 6 条の 3 の規定により選任された者を除く。以下同じ。」という文言を加えて，その旨を明らかにした）。閲覧は権利として認められており（大阪高決平元・12・26 家月 42・10・74〔百選 35〕），謄写も法律記録については一般的には許可されてきたが，平成 28 年改正で規制措置が設けられた。⇨3。社会記録の謄写については，書類の内容・秘密性，閲覧では十分でない謄写の必要性の程度，付添人が弁護士か否かなどを考慮して慎重に許否を決するべきである。特に少年調査票・鑑別結果通知書などについてはそのコピーの保存・廃棄の方法なども問題となり，弊害も懸念されるので，原則として許可は不適当であり（家庭局 b），実務上も消極的な運用が多い。謄写を許可する場合，「不用意に秘密の情報を漏らして少年の情操を傷つけないこと」「情報源を漏らすなどして調査における情報提供者と家庭裁判所の信頼関係を損なうようなことはしないこと」等の条件を付す配慮や社会記録中，特に高度の秘密性のある事項（出生，身上，家族関係等）については了解を得て内容を口頭で知らせる等の運用もなされてきたが（古谷 350 頁参照），参考人等保護のための措置が平成 28 年改正で認められている。⇨3。なお，付添人の代理人については全て許可が必要である。

（2）**少年・保護者**　本人に批判的・不利なものも含めて直接資料に接することになるので，少年の情操保護，秘密保持の要請，供述者・資料提供者との将来の関わり方，今後の調査への弊害などをも検討し，調査官の意見も聴いて慎重に対応すべきであり，特に家庭内でも秘密な事項や学校照会回答書なども含まれる社会記録の中には許可できないものが多いであろう（古谷 350 頁参照）。もっとも，保護者については付添人となれば審判開始後は閲覧権があったが，平成 28 年改正で付添人の閲覧にも制限措置が設けられている（⇨3）ので，付添人選任許可の際にこの観点からの検討も必要である（⇨10 条注釈 3）。終局決定書の謄本交付申請について，抗告権行使保障の趣旨から保護処分決定，本人の名誉に関わる非行なし不処分・審判不開始決定は応じてよいが，秘密保持に十分な配慮が必要とされている。

（3）**刑事事件担当裁判所への記録の送付依頼**　法律記録については，刑事事件の捜査・公判の記録と基本的には同様の性質のものであるので，原則として応じてよい。社会記録については，プライバシーに深く関わる社会調査の性質から（⇨9 条注釈），特に秘密性が強く要請され（団藤＝森田 44 頁），問題が多いの

63

（規第7条）　　　　　　　　　　　　　　　　　　　　第2章　少年の保護事件

で以下，分説する（全般的な研究として，横田参照）。

　少年の刑事事件（検察官送致した少年の事件）においては，50条（刑訴規277条）の趣旨に加え，保護処分相当を理由とする家庭裁判所への移送が認められている（55条）ため，少年の知能・性格，親子関係などの心理的な面も含めた環境的要因などの調査，それらに基づく再犯の可能性の検討など，捜査資料からは得られ難い科学的・専門的な調査結果を利用する必要性・有益性が十分認められる。そこで，家庭裁判所としては原則として社会記録全体について応じてよい。もっとも，出身，出生など秘密性の高い事項で量刑に関連が乏しいことが明らかな点についてはそれを除外し抄本としたり，要約書面に代えるなどの配慮も検討されてよい（家庭局 b 201頁）。

　犯行時20歳以上の犯罪による刑事事件については50条の適用はなく少年時とは環境も変化していることなどから，かつて消極的な考え方もみられたが，若年成人（20〜23歳程度）の場合には，社会記録中の資質・環境等に関するものは量刑上有益な資料となる場合が少なくない（全般的な研究として，仲家参照）。判決前調査の制度がない現状では捜査では得られにくい科学的調査の結果を有効活用する趣旨からも弊害が特に考えられなければ（裁判所が送付先であり秘密保持等の適切な運用を一般的には期待できる），積極的な運用が図られてもよいと思われる（横田20頁）。実務上も若年成人については送付嘱託に応じるのが一般である（仲家338頁）。

　送付を受けた刑事裁判所は，少年や家族等の名誉・情操の保護，調査・審判への弊害防止等に十分配慮した取扱をすべきである。そのためには，家庭裁判所と対応する地方裁判所の間で予め十分な協議をしておくべきであり，双方の裁判官の申合せをする例（書協論集351頁）や秘密保持に関する注意書を添えて送付する扱いもある。社会記録の送付を受けた地方裁判所には，記録を貸出さないこと，謄写させないこと，証拠調においても秘密性のある事項を公表しないように書証の朗読をせず必要最小限の要旨の告知にし（平場440頁），尋問事項を絞る等の配慮をすること，社会記録が罪体立証に影響を与えないように配慮することなどが要請され，これらの事項が前述の申合せや注意書にも盛込まれている。刑事公判での取扱と問題点について，角田 b 35頁以下参照。

　なお，この点に関して，刑訴40条は弁護人の記録謄写権を認めているが，社会記録については謄写を認めないのが，前記のように確立された実務の運用

（規第 7 条）

であり，通説である（石井 30 頁等）。その論拠について付言しておくと，少年法は，1 条に明記されているように，少年の健全な育成を期して少年の刑事事件についても特別の措置を講じる特別法であるから（⇨1 条注釈），少年の情操保護（規 1 条 2 項），秘密保持の要請（22 条等）などは，少年の刑事事件においても推及尊重されるべきであること，社会記録は調査官が少年・保護者や関係者との信頼関係の下に，原則として少年保護手続のみに用いる趣旨で特別に収集したという特殊性があること（⇨9 条注釈 2 (2)），本条が少年保護事件の審判協力者と位置付けられる弁護士の付添人（⇨10 条注釈 4）及び検察官（規 30 条の 5，⇨22 条の 2 注釈 4）に対しても謄写権を否定して秘密保持に特別な配慮を払っていること，刑事事件では社会記録は情状に関する証拠であり，55 条移送の重要な資料ではあるが，罪体に関する証拠とは性質を異にし，証拠資料が大量で詳細な比較検討を要するなどの法律記録の場合のような謄写の必要性は低いといえることなどから，刑訴 40 条の弁護人の謄写権は，少年事件における特則となる本条によって制限されるものと解すべきである。また，実際にも謄写の結果，その後の調査・審判に悪影響を及ぼすような事態が生じれば家庭裁判所が社会記録の送付自体に消極的になることに留意すべきである。20 歳以上で犯した刑事事件の場合には，少年法の特則性は同列には論じられないが，若年成人の場合にはかなり共通した側面もあるので，同様の考え方からその趣旨を推及することも可能と思われる。前述のように弁護人としても謄写の利益のみを主張すれば，結局，家庭裁判所の協力が得られなくなることに充分配慮すべきである（仲家 341 頁は，謄写権放棄に理解が得られなければ取調を断念して社会記録を家裁へ返還するほかないとしている）。なお，平成 21 年から裁判員が重大刑事事件の裁判に参加することになり，原則逆送事件のうち相当数が裁判員裁判の対象となった（20 条 2 項・62 条 2 項，裁判員 2 条 1 項 1・2 号）。このため，裁判員に対する関係でも社会記録の取調べ方法，記録の性質・意義，秘密保持への配慮などをいかに実効的に確保するかが難しい課題である（廣瀬(f) 137 頁，八木 c 70 頁，角田 b 39 頁）。

　(4)　**民事事件担当裁判所の送付嘱託**　　公益に基づくので法律記録については秘密性の高い身上関係や前歴等の部分を除いて応じてよい。特に代替性のない，強制捜査の結果，実況見分，目撃者・事件直後の供述調書などは送付すべきである。通常，社会記録については，秘密保持の利益，開示による弊害を上回る

（規第7条）　　　　　　　　　　　　　　　　　　第2章　少年の保護事件

開示の必要性は認め難いであろう。

(5)　**司法警察員，検察官**　　検察官関与決定があった場合の検察官の閲覧については，規則30条の5による（⇨22条の2注釈）。また，家庭裁判所において少年に対して訴訟費用の負担の決定をした場合の検察官の閲覧については，規則42条の3による（⇨45条の3注釈）。非行なしの終局決定書については，真犯人捜査の必要がある場合もあり，捜査方法等の問題点の検討などの必要も認められるので，決定書の閲覧・謄写・写しの交付は差支えない（家庭局b203頁）。法律記録のうち捜査機関作成のものの開示は問題がない。審判調書や職権証拠調の結果については，余罪捜査や共犯事件捜査などの場合には，証拠調が罪体に関するものか本人や家族の身上等に関するものかなど秘密性の程度の強弱，他の方法による証拠入手の可能性の有無・程度，事案の軽重・真相解明の必要性の強弱などを総合的に検討すべきである（同203頁）。従って，重大な事件の罪体に関する証拠調結果などについては応じる相当性が認められよう。また，補充捜査を依頼した場合は勿論，補充捜査の必要が認められ許容される場合にも，その資料として犯罪事実の証明に関する証拠調結果は開示してよい（浜井ほか217頁）。社会記録については，少年・保護者等との信頼関係に基づいて要保護性に関する資料として収集したものである（調査官に対する供述も同様に信頼関係に基づいて黙秘権告知もなく犯罪事実の認定に用いることを予定せずに得られたものである）から，開示することは一般的には相当ではない（検察官関与決定があった場合については，⇨22条の2注釈）。もっとも，送致意見や起訴・不起訴の判断資料ともなるので，非行歴の照会には非行名，処分結果は回答してよい（家庭局b204・208頁）。

(6)　**被害者，その代理人弁護士等**　　原則としては，5条の2による（詳細については，⇨5条の2注釈）。もっとも，審判不開始によって終局した場合や申出が終局決定確定後3年を経過した場合には本条によることになる。その場合，終局決定書については，閲覧・謄写が必要な限度で認められる（家庭局b200頁）。法律記録については，送致書の犯罪の情状意見，処遇意見，記録中の前歴，身上関係等に関する部分等を除いて，閲覧・謄写を認めてよい。必要性・非代替性が高いため実況見分調書，目撃者・本人の供述調書について開示する例が多いが，少年の両親の氏名・住所等必要な事項を口頭で知らせれば足りる場合もある。被害者の権利行使に必要不可欠ではない前歴の照会に応じるのは適当で

66

（規第 7 条）

はない（交通事故歴について，昭 43・12・27 家庭局長回答・家月 21・1・181）。損害保険会社に対しても基本的にはこれと同様に考えてよい（家庭局 b 205 頁）。損害保険料率算出機構についても，少年が起こした交通事故の法律記録中必要な部分に限って許可できるので，保険会社と運用上は同様になる。

（7） **その他**　　税務調査に対しては，法律記録の必要最小限度の閲覧・謄写は認めてよい。公安委員会の調査依頼（犯罪被害給付 13 条）についても被害者の正当な権利と認められる範囲では法律記録の閲覧・謄写を許容できよう。その他の許可事例として，地方更生保護委員会・保護観察所への貸出（仮退院審理のため法律記録，保護観察付執行猶予の保護観察のため社会記録），検察審査会，郵政監察官の法律記録の謄写，地方法務局の帰化事件処理，警察官人権侵犯容疑事件調査のための決定書謄本交付があり，不許可事例として，地方簡易保険局からの保険金支払審議のための法律記録の写し送付依頼，郵便局からの保険金支払審議のための実況見分調書等の写し交付申請，中学校長からの就学義務猶予願のための審判書写し交付申請，自衛隊からの自衛官志願者に対する前歴の照会，米国領事館からの犯罪事実等の照会，公安調査局からの法律記録の送付依頼などがある。

3　平成 28 年改正等

（1）　**改正の趣旨**　　平成 28 年改正においては，加害行為等（人の身体・財産への加害，人を畏怖・困惑させる行為，人の名誉・社会生活の平穏を害する行為）のおそれ防止のため，付添人の閲覧に関する措置として，①条件を付すこと又は時期若しくは方法を指定すること（条件等の指定。3 項），②閲覧を禁ずること（4 項）の 2 段階の措置を定め，①②の措置をとるには事前の付添人の意見聴取を義務付けた（5 項）。①②の措置は決定ではなく規則 2 条・3 条等は適用されないが，措置と同時にその内容の特定・通知が義務付けられた（6 項）。また，①の措置の実効性担保のための処置請求等（7・8 項）も併せて設けられた（なお，令和 5 年法律 28 号「刑事訴訟法等の一部を改正する法律」により刑訴法 271 条の 2 の規定が新設されたことに伴い，令和 5 年最高裁規則 10 号「刑事訴訟規則等の一部を改正する規則」によって，3 項及び 4 項の規定ぶりが改正された）。

（2）　**3 項（条件等の指定）**　　㋐　**判断主体（裁判所）**　　閲覧される記録・証拠物を保管する裁判所（裁判機関）であり，家庭裁判所のほか，高等裁判所（抗告審），最高裁判所（再抗告審）も含む。この点は 4 項の場合も同様である（和波 =

67

（規第7条）   第2章　少年の保護事件

岡部133頁）。

　㈡　**措置の要件**　　①3項の保護客体は「人」であり，被害者，参考人，証人として尋問等を行う予定がある者，捜査機関による捜査や裁判所の調査の過程で氏名等が把握された者が広く含まれ，供述調書以外の捜査報告書（録音・DVD等も含む）等の中に記載・記録（記載等）され，調査官の調査を含め，適正な審判の実現のためにその者の協力を得る必要があり，かつ，加害行為等のおそれがある場合には保護の対象に含まれ得る。また，親族等，その者に対する加害行為等により記録等に現れている者からの協力確保が困難となる関係者も含まれる（和波＝岡部133頁以下）。②「加害行為等のおそれ」は，氏名その他の事項が少年・保護者等（少年側）に知られると少年側からその者に暴行・傷害・脅迫・嫌がらせ等が行われる場合のほか，少年所属の不良集団の構成員等から同様の行為等のおそれがある場合も考えられる（和波＝岡部134頁）。措置は付添人・少年側の審判準備を制限する効果もあるので，「おそれ」は，具体的な情況から一定の加害行為等が行われることが合理的に認められることが必要であり，非行事実，動機，行為態様，被害の有無・内容，非行前後の情況，少年の供述状況，少年側・付添人の行動歴，少年の家族・交友関係，少年と記録等に現れた者（又はその親族）の関係，その者の意向その他の事情を総合的に考慮して判断する。その判断資料は，少年保護事件に関する一件記録であり，供述調書，捜査報告書その他の捜査書類に記載された被害者その他の者の供述内容等のほか，付添人の意見（5項）も含まれる（和波＝岡部134頁）。③「名誉」は，円滑な社会生活・社会活動を行うための前提となるその人に対する積極的評価であり，誹謗中傷等が加害行為となる。「社会生活の平穏」は，人が社会における活動を円滑に行うことができる状態をいい，「著しく害されるおそれがある場合」とは，その者に関する事項（非行関連事項のほか，生活状況等の非行に直接関連のない事項も含まれ得る）が明らかにされると，社会から好奇の目で見られ，日常生活や職場で支障が生じ，転居・転職を余儀なくされるおそれがある場合が考えられる。少年側と関係のある第三者による加害行為も前記②と同様に含まれ得る。名誉等は「著しく」害されるおそれがある場合に限定されているのは，3項の措置が付添人の閲覧権に対する例外措置で付添人の審判準備を制限し得ること，名誉等に対する侵害の態様・程度は多様でその全てを保護対象とする必要性・相当性は認め難いこと等が考慮されたものである（和波＝岡

68

（規第 7 条）

部 134 頁）。④保護対象事項の類型としては，㋐「人」の特定につながる事項（その者・親族等の氏名，住居所，連絡先，勤務先，通学先等のほか，供述内容から供述者の推知・特定をさせるもの），㋑少年側が「人」を特定している場合，直ちに加害行為等のおそれがない場合でも，その供述内容等（少年に不利な供述・非難等）が当たる場合が考えられる（和波＝岡部 135 頁）。⑤考慮事情（付添人と少年側の関係等）について，条件等の指定に当たっては，付添人が当該事項を少年側に伝達する蓋然性を考慮するが，その際付添人と少年との関係（身分関係・雇用関係の有無，両者の関係の親密さの程度，少年からの情報伝達要求の有無，付添人の属性）等が重要である。特に，弁護士であれば付添人制度の趣旨を踏まえ，高度の職業倫理に基づいた活動を一般に期待できるので，それを考慮してもなお少年側に加害行為等のおそれがある事項を伝達する蓋然性が高いといえるかを検討することとなる。「その他の事情」には，付添人の行動歴，付添人と保護者の関係，付添人と不良集団の関係の有無，加害行為等を受けるおそれのある対象者の意向，予想される被害の内容及び程度等が考えられる（和波＝岡部 135 頁）。

（ウ）**措置の内容**　　条件等の指定措置は，個別の閲覧ごとに行い，措置の対象範囲を裁判所が明確かつ具体的に指定する（例：「○○の氏名，住所，携帯電話番号」，「○年○月○日付け実況見分調書の写真第○号」，「○年○月○日付け○○の警察官調書○頁○行目から○行目まで」）。この措置により付添人が当該事項の伝達を制限される対象は少年と保護者である。保護者も含めたのは，私選・国選を問わず，付添人が記録等の閲覧により得た事項は，権利行使に必要かつ相当な範囲で保護者にも伝達されることが制度上予定されているためである。また，「少年若しくは保護者」とされたのは，保護者には多様な者がおり，保護者には加害行為等のおそれが認められない場合，保護者にのみ加害行為等のおそれが認められる場合もあり得るからである。複数の保護者の一部のみを条件等の対象とすることもできるが，「保護者○○」と対象者を明確に特定する必要がある（和波＝岡部 135 頁）。なお，令和 3 年改正による特定少年に保護者が認められるかについては⇨2 条注釈 **6**。

条件等の指定措置はその違反等が処置請求（7・8 項）につながるので，付添人による審判準備保障の観点から対象事項の内容・範囲に疑義が生じないよう指定する必要がある。条件等の指定措置の選択及びその内容を定める場合，加害行為等のおそれの内容・程度のほか，付添人と少年との関係その他の事情を

69

（規第7条）　　　　　　　　　　　　　　　　　　　　第2章　少年の保護事件

考慮して判断される。時期について，例えば，対象者の移動により加害行為等のおそれが低減する場合，その場所への移転終了後とすること（「〇年〇月〇日までは知らせてはならない。」）が考えられる。方法については，例えば，少年側に知らせる場合には口頭で氏名の読み方のみを伝え，氏名が記載された書面の閲覧又は交付を認めないなどが考えられる（和波＝岡部 136 頁）。

　㈓　ただし書——付添人の審判準備等への支障　付添人の閲覧権の重要性に鑑み適正な審判が阻害されないようにするための規定である。「付添人による審判の準備その他の審判の準備の上での支障を生ずるおそれがあるとき」（審判準備等への支障のおそれ）とは，3項の措置がとられれば付添人がその役割を果たすことができず，適正な審判の実現に支障が生ずる場合である。例えば，重要な証人予定者で少年がその供述内容を知らなければ，付添人として少年の言い分を踏まえた尋問を行うことができない場合などが考えられる。審判準備等への支障のおそれがあるのに裁判所が他の事情を理由として3項の措置をとることは許されない（和波＝岡部 136 頁）。「付添人による審判の準備」には，非行事実の認定に関する準備，示談の準備のほか，環境調整その他の要保護性に関する準備等も含まれ得る。裁判所において，非行事実の認定・要保護性の判断根拠として用いる必要がある事項について3項の措置がとられると，審判準備等への支障のおそれが生じることがあり得る。なお，付添人以外の者による審判の準備上での支障を生ずるおそれが認められる場合には，その支障を理由に措置をとることが許されない場合もあり得る。審判準備等への支障のおそれも具体的な情況から合理的に認められることが必要である（和波＝岡部 137 頁）。審判準備等への支障のおそれの要件は，加害行為等のおそれの要件とは独立したもので，加害行為等のおそれとの比較衡量でその該当性を判断するものではなく，加害行為等のおそれが大きい場合でも審判準備等への支障のおそれがある場合には3項の措置をとることはできない。なお，この点は4項の場合も同様である（和波＝岡部 137 頁）。審判準備等への支障のおそれの判断は，少年保護事件の一件記録をもとに行うが，3項の措置が付添人の閲覧権に対する制限であり，審判準備等への支障のおそれについて特に配慮する必要があることから付添人の意見（5項）は最も重要な資料となる（和波＝岡部 137 頁）。

　㈔　その他　①措置の取消し・変更　裁判所は，一旦3項の措置をとった場合でも，事後に加害行為等のおそれが解消されたり，その内容・性質が変わ

70

（規第7条）

った場合には，その措置を取消し・変更もできる。②従前の運用との関係　前記**2**のように各裁判所で付添人への配慮要請その他の運用上の工夫が行われてきたが，今回の改正でその運用が否定されるわけではない。3項の措置の要件を満たさない場合，3項の措置までは必要がないと判断される場合にも，付添人からの了解を得るなどして従来と同様の運用を行うことはできる。ただし，3項の措置は付された条件違反等が処置請求（7・8項）の要件となるので，3項の措置と混同（付添人による審判の準備等を萎縮させること）されないように，3項の措置ではない旨を付添人に明確に伝えるなどの工夫が求められる（和波＝岡部137頁）。

　（3）　**4項（閲覧の禁止）**　㋐　**措置の要件**　4項の措置は，付添人の閲覧自体を禁ずるより例外的な措置であるから3項の措置では加害行為等を防止できないおそれがあることが要件とされる。「防止できないおそれ」は，3項の措置で，加害行為等の内容やそのおそれの程度等が閲覧禁止部分に係る事項を付添人に知らせてよい程度にとどまるか否かという観点から判断される。防止できないおそれがある場合の例として，①少年側が付添人に対象者に関する事項を教えるよう強く求め，それを拒否すると危害を加えられる危険性があるなど，付添人が当該事項を秘匿することが困難な場合，②付添人が暴力団組織等のために証拠内容を漏らすなど当該集団の癒着が疑われる場合，③少年側に対象者に関する一定の事項が伝わったときに深刻な加害行為等（特に，生命侵害のように重大かつ回復見込みが乏しい加害行為等）が強く予想されるため，これを防止するには，例えば，付添人が過失で少年側に知らせてしまう可能性もないようにする必要がある場合などが考えられる（和波＝岡部138頁）。4項の措置は付添人の閲覧権の重大な例外であるから，加害行為等を防止できないおそれの要件は極めて慎重に判断する必要があり，付添人と少年との関係その他の事情を考慮し付添人にも閲覧禁止部分に係る事項を知らせてはならない理由を基礎付ける事情が認められる必要がある。特に付添人が弁護士の場合には，①法律専門家として付添人制度の趣旨を踏まえ高度の職業倫理に基づいた活動が一般に期待できること，②3項の措置に違反等した場合には処置請求（7・8項）が可能となること，を考慮しても加害行為等を防止できないおそれがあると認められる場合である（和波＝岡部138頁）。4項でも審判準備等への支障のおそれがあるときが除かれるのは3項ただし書と同様であるが，付添人にも記録等の閲覧を禁じ

71

（規第7条）　　　　　　　　　　　　　　　　　　第2章　少年の保護事件

るため，3項の措置よりもこの「おそれ」が生ずる場合が増えると考えられる。特に，裁判所で，ある事項を非行事実の認定・要保護性の判断の根拠として用いる必要がある場合には，当該事項に係る部分の閲覧を禁じることが付添人による審判の準備上での支障を生ずるおそれが認められる場合が多いと考えられる（和波＝岡部138頁）。それ自体では人物の特定につながらない供述内容等も，付添人が少年側の言い分を踏まえて審判の準備をしたり，裁判所が事実認定等をするうえで重要な場合があり，その閲覧を禁じると付添人による審判準備上の支障を生ずるおそれが大きい場合があるので慎重な判断が求められる。他方，閲覧禁止の場合，付添人の請求があれば氏名に代わる呼称，住居に代わる連絡先を知らせるので（4項後段），審判準備等への支障のおそれの判断には，氏名・住居についてこの代替措置によって補うことができないかも考慮される（和波＝岡部139頁）。

　　(イ)　**措置の内容等**　　①**4項前段（閲覧の禁止）**　　閲覧を禁じる部分の範囲に疑義が生じないように3項の条件等の指定と同様「○○の氏名，住所，携帯電話番号」といった形で定める。なお，4項の措置について付添人による個別の閲覧ごとに行う必要があることは3項の場合と同様である（和波＝岡部139頁）。

　　②**4項後段（氏名に代わる呼称等）**　　付添人の閲覧を禁じると付添人の審判の準備上支障が生じかねないため，付添人の請求があれば，氏名に代わる呼称，住居に代わる連絡先を知らせなければならない（氏名に代わる呼称の例：「甲」「A」など）。また，一つの証拠中に閲覧を禁じた部分が複数ある場合には，それぞれの部分ごとにいずれの者を指す部分かをそれぞれの氏名に代わる呼称を示すことにより特定する必要がある（例：「○年○月○日付け捜査報告書の○頁○行目のマスキング部分は『甲』，○頁○行目のマスキング部分は『乙』」）。住居に代わる連絡先とは，付添人が対象者に連絡を取る必要がある場合，その窓口となる連絡先を知らせるもので専ら付添人による審判準備のためのものである。そうである以上，対象者に確実に連絡をとることのできる連絡先でなければならない（例：対象者の代理人の連絡先，住所，営業所，電話番号等）。なお，付添人の請求がない場合にも，裁判所の裁量により氏名に代わる呼称等を知らせることはできる（和波＝岡部139頁）。

　　(4)　**5項（付添人からの意見聴取）**　　3項・4項の措置をとるための要件は，主として，加害行為等のおそれがあることと審判準備等への支障のおそれがない

（規第7条）

ことであるが，付添人はこれらの要件の判断の基礎となる資料を有していることから，裁判所が上記各要件を適正・迅速に判断するため，付添人からの事前意見聴取が義務付けられた。

　意見聴取の方法　　意見聴取の際，必要に応じ，付添人が各要件について十分に意見を述べられる程度の事項を開示することが必要となる。例えば，裁判所であらかじめ措置の対象箇所を特定し（例：「一件記録のうち被害者の氏名」，「○年○月○日付け捜査報告書○頁○行目から○行目まで」），その概要（例：「被害者の氏名又は電話番号の記載」，「被害者の被害感情の記載」）を説明したうえで，付添人から意見を聴くことが考えられる。なお，付添人から措置をとる理由の説明を求められた場合，説明の要否・程度は，加害行為等のおそれの内容・程度その他の事情を考慮し個別の事案において判断するほかない。理由の概要を示しても加害行為等に結び付くおそれがなく，かつ，付添人が意見を述べるうえで理由の説明が不可欠であるような事例では理由の概要を示すことが適切な場合もある（和波＝岡部140頁）。

　(5)　**6項（通知）**　　3項又は4項の措置がとられた後も，審判の推移に応じ審判の準備に支障が生じている旨の意見が付添人から適切に述べられ，裁判所が時宜に応じ適正・迅速に措置の要否等を判断することが適正な手続保障の観点から望ましい。この観点から①付添人に措置内容が特定されて通知されていること，②裁判所の構成や付添人が途中で交替し得ることから措置の時期・内容が記録上明確になっていることが不可欠であるため，6項が設けられた（和波＝岡部140頁）。

　通知の主体，内容及び方式等　　3項・4項のいずれの場合も裁判所・書記官が措置と同時に6項の規定に基づいて通知する（6条の2第1項）。「その旨」とは，3項・4項の措置のいずれか，措置に係る事項・部分，措置の内容として3項の場合は，付した条件，時期・方法の指定（その時期・方法の内容），4項の場合には氏名に代わる呼称等も含まれる。通知は，裁判所や付添人を含む関係者間で認識に齟齬が生じない程度に裁判所が指定する事項・部分を特定する必要がある（例：「被害者の氏名，住所」，「○年○月○日付け○○の警察官調書○頁○行目から○行目まで」）。方式は他の通知の場合と同様書面又は口頭その他の適宜の方式による。書記官は，通知後に通知をした旨を記録上明らかにしておかなければならない（6条の2第2項。和波＝岡部140頁）。

73

（規第7条）　　　　　　　　　　　　　　　　　第2章　少年の保護事件

(6)　**7項・8項（処置請求）**　　弁護士付添人について3項の措置の履行を担保するために設けられた制度である。

(ｱ)　**7項**　　請求主体は3項の措置をとった当該少年保護事件を担当する裁判所（裁判機関）であり，その構成員は請求主体とはなり得ない。処置請求をするかは裁判所の裁量による。処置請求の相手方は，所属弁護士を指導監督（弁31条1項・45条2項）・懲戒（弁56条2項・60条1項）する権限を有する弁護士会又は日本弁護士連合会とされている。処置請求を行うか，いずれに処置請求を行うかは，違反等の程度や今後の違反等の個別的・一般的な防止の必要性等を考慮し裁判所が判断する。処置請求を受けた者は「適当な処置」をとって裁判所に通知する義務を負うが（8項参照），どのような措置をとるかは処置請求を受けた者が判断するので法令上の懲戒処分等の懲戒措置が義務付けられるわけではない。なお，弁護士でない付添人については処置請求はできず，その余の制裁措置も定められていない。これは弁護士でない付添人については指導監督・懲戒を行う権限を有する者が想定されないためであるが，裁判所としては，弁護士でない者には処置請求等ができないことも考慮して3項・4項の措置の要否及び内容を判断することとなる（和波＝岡部140頁）。

(ｲ)　**8項**　　7項の請求を受けた者の判断放置を抑止し，できる限り早期の判断を担保するため，処置請求をした裁判所への通知を義務付けている。積極的な措置をとらないこととした場合にもその旨通知しなければならない（和波＝岡部140頁）。

(7)　以上の措置等は，特に身柄事件では，厳格な時間的制約の下で，改正の趣旨に即した運用が求められるので，裁判所内部はもちろん，関係機関とも緊密に連携し周到な準備が求められる（和波＝岡部141頁参照）。

74

第1節　通　則　　　　　　　　　　　　　　　　　　　　　　　　　第3条

第1節　通　則

（審判に付すべき少年）

第3条　①　次に掲げる少年は，これを家庭裁判所の審判に付する。

1　罪を犯した少年

2　14歳に満たないで刑罰法令に触れる行為をした少年

3　次に掲げる事由があつて，その性格又は環境に照して，将来，罪を犯し，又は刑罰法令に触れる行為をする虞のある少年

　イ　保護者の正当な監督に服しない性癖のあること。

　ロ　正当の理由がなく家庭に寄り附かないこと。

　ハ　犯罪性のある人若しくは不道徳な人と交際し，又はいかがわしい場所に出入すること。

　ニ　自己又は他人の徳性を害する行為をする性癖のあること。

②　家庭裁判所は，前項第2号に掲げる少年及び同項第3号に掲げる少年で14歳に満たない者については，都道府県知事又は児童相談所長から送致を受けたときに限り，これを審判に付することができる。

1　審判に付すべき少年の意義及び手続

　家庭裁判所の審判に付される少年として，犯罪少年，触法少年，虞犯少年がある。その全体が1条の「非行のある少年」となる。「審判に付す」とは調査・審判の対象とできるということであり，審判を開くか否か，他の手続に付すかについては調査の結果を踏まえて判断される（19〜21条）。触法少年及び14歳未満の虞犯少年は，児童相談所長等の送致を受けないと家庭裁判所の調査・審判の対象にはできない（本条2項）。年少少年については，より強制的要素が少なく，より福祉的な児童福祉機関の措置に委ね，同機関が適当と認めた場合に限って家庭裁判所で扱うという児童福祉機関先議の原則をとったものである（児福27条1項4号）。但し，平成19年改正により，触法少年の重大な行為（22条の2第1項各号該当）については，原則として家庭裁判所への送致が義務付

75

けられた（詳細は⇨6条の7注釈）。

また，14歳以上18歳未満の虞犯少年は，家庭裁判所と児童相談所（児福4条）双方で競合して扱うことができるので，送致・通告者が家庭裁判所の審判に付すか児童相談所の措置に委ねるかを選択できる（6条2項）。なお，令和3年改正により，特定少年には虞犯の規定（本条1項3号）の適用が除外された（65条1項）。その改正趣旨については⇨65条注釈**2**。

2 犯罪少年

(1) **意義**　犯罪少年とは，法律上の犯罪を犯した少年である。犯罪の種類は限定されず，刑法はもちろん，道路交通法，暴力行為等処罰に関する法律など特別法に触れる場合も全て含まれる。犯罪の成立には，構成要件該当，違法，有責の要件を充たし，刑罰を科すには，更に訴訟条件を具備し，処罰阻却事由不存在も必要である。有責性については(2)で触れるが，刑事未成年（14歳未満・刑41条）は触法少年として別途に定められている。構成要件該当性，違法性充足の必要性については異論がない。少年が構成要件に該当する行為を行っても，正当防衛など違法性阻却事由（刑35～37条等）があれば，犯罪少年には当たらない。しかし，訴訟条件（親告罪における告訴等）が欠けたり（東京家決平12・6・20家月52・12・78），刑の減免事由（刑36条2項・37条1項但書・39条2項・43条但書等）や処罰阻却事由（親族相盗例の近親者・刑244条1項等）があるだけでは，犯罪は成立しているので犯罪少年として審判に付すことができる（東京高決昭29・6・30家月6・10・58〔百選27〕，廣瀬④62頁）。もっとも，訴訟条件，処罰阻却事由とされた趣旨（例えば親告罪の被害者の心情保護等）を考慮して調査・審判・処分決定を行うべきである（廣瀬・少年法140頁。詳細について，内園ほか17頁）。この点の検討として，川出73頁以下参照。

(2) **責任能力の要否**　限定責任能力の場合は審判の対象となり，要保護性の判断（処遇の選択）において実質的に考慮される。責任無能力（刑39条1項）等全く責任がない場合に審判に付せるかについては見解の対立がある（学説・裁判例の総合的分析として，東海林1頁，多田(周)a，廣瀬③，川出82頁以下，廣瀬・少年法137頁以下，岩﨑(貴)a117頁）。責任能力必要説は，①「罪を犯した」との文言は責任を含む犯罪成立要件を要求していると解されること，②保護処分も少年の自由の制限，不名誉性などの不利益性を持つから，その正当化根拠として非難可能性が要求されること，③有責な行為でなければ少年の人格を十分表して

第1節　通　則　　　　　　　　　　　　　　　　　　　　　　　　　　　　第3条

いるとはいえない場合があること，④責任のない者には審判において内省・納
得を得ることも困難であることなどを理由とする（柏木40頁，宮崎a51頁，市村
32頁，司研概説23頁，土本20頁，船山79頁，松田157頁，内園ほか10頁，平場100頁，
東海林12頁等）。

　不要説は，①保護処分は少年の要保護性に基づく保護・教育的な処分であっ
て非行に対する非難，制裁ではないこと，②触法少年，14歳未満の虞犯少年
に保護処分を許容する以上，犯罪少年についてのみ保護処分の不利益性を強調
して責任を要件とするのは一貫性に欠けること，③第3種少年院（改正前の医療
少年院）は「心身に著しい故障のある」者を収容対象として責任能力のない場
合も想定していること（少院4条1項3号）などを挙げている（裾分24頁，入江30
頁，平井a4頁，阿部a168頁，多田(周)㊥15頁，多田(周)a，澤登89頁，町野85頁，廣
瀬③82頁，川出84頁）。触法少年，虞犯少年にも共通するものとして，行為の
是非弁別能力程度の実質的責任能力が必要であるとする説，保護処分適応能力
としての実質的責任が必要であるとする説などの中間的見解（団藤＝森田49頁，
平場100頁等）も有力である（東京家決平27・2・17家判4・128参照）。

　裁判例には必要，不要双方の説示がみられるが，必要説の説示をしているも
のでも有責性（限定責任）を肯定している事例が多く（福岡高決平31・1・24家判
24・100は，責任能力を肯定したが，その要否には触れていない），必要説をとって責任
能力がないとしているものは，既に精神病院に入院中の少年や措置入院が予定
されている少年の場合が大半であり（長崎家決昭63・3・30家月40・9・144等。な
お，最近の必要説をとって不処分とした事例として，金沢家決平12・10・18家月53・3・
100，不開始とした事例として，青森家八戸支決平24・9・27家月65・2・92），病院での
医療が施されておらず，その予定もない少年について不要説をとった事案（医
療少年院送致・東京家決昭60・1・11家月37・6・96，大阪家決平7・2・10家月47・7・
206。不要説をとり不開始（治療継続相当）とした事例として，千葉家決平30・12・27家判
46・113）などもみられるが，実務上は保護処分の必要性を具体的に検討したう
えで判断がなされているものといえよう（裁判例の分析について，廣瀬③82頁。不
要説の原決定を維持した最近の裁判例として，東京高決令2・8・31家判46・104がある）。

　この点について，必要説の論拠のうち①については，触法少年と区別する趣
旨の文言にすぎず，立法の沿革からも責任能力を要する論拠とはならない（川
出83頁，前掲東京家決昭60・1・11），②については，保護処分の不利益性・少年

77

の人権保護の観点は重要であるが，それは少年の行為等の正確な認定と要保護性の正確な判定によって解決されるべき問題であって，犯罪に至らない虞犯少年，刑事責任のない触法少年にも，犯罪少年と同様に保護処分を認めていることから明らかなように，責任能力を要求することには直結しない，③④については，一時的な障害で要保護性がない場合に審判に付す必要がないこと，心身の故障が原因で医療的な措置が有効な場合等には審判が困難な場合が多く，医療措置等を重視・優先する運用に合理性があることは認められる。しかし，責任能力のない少年であっても，犯罪性が強い場合，措置入院の対象とならない場合など医療措置では有効に対応できずに，要保護性が認められ，保護処分が必要とされる場合も十分考えられる（不処分・不開始となった少年は，心神喪失者等医療観察法の対象ともならない（同法2条3項）。川出86頁，加藤(学)f115頁参照）。また，少年の納得の問題も，自分の問題点に目が向かない少年，改善意欲のない少年等の場合にも，納得が得られない処分を行わざるを得ない（⇨規1条注釈）。このように必要説の論拠はいずれも十分とはいえない（近時の問題点について，廣瀬③89頁）。加えて，健全育成，保護・教育の要請（1条）からは，少年の立直りに最適な処遇を目指すので，責任能力のない少年であっても審判の対象として保護処分に付すべき場合が認められる。不要説が妥当というべきであろう（同旨，〔百選6〕，廣瀬③88頁，菊池(則)441頁。この点は，責任能力の有無及び保護的措置・保護処分の要否の判断を検察官に委ねるか，家庭裁判所にその判断権を留保するかという問題にもなる。責任能力必要説に立つと，責任能力なしの判断が嫌疑なし（不送致事由）に直結するため，検察官の責任無能力の判断が最終のものとなり得る（42条）。責任能力不要説によれば，責任無能力と検察官が判断しても事件は送致されるので，家庭裁判所の調査・審判の結果，最適な処分を選択することが保障される。そして，責任能力判断（その前提として鑑定依頼の要否判断）においても，調査官や鑑別技官の関与を認める方がより適切な判断が可能であり妥当な結果が導かれるものと思われる。「犯罪の嫌疑」との関係につき⇨42条注釈）。もっとも，責任能力が不要とされても，構成要件的故意・過失などは必要とされるので，中間的な立場との実質的な差異はそれほど大きくないと思われる。

　なお，令和3年改正による特定少年の特例の必要説・不要説への影響については議論があり得る。虞犯の適用が除外され（65条1項），犯情の軽重の規制が規定され（64条1項），特定少年の刑事処分選択が容易化されたこと（62条）か

第1節　通　則　　　　　　　　　　　　　　　　　　　　　　　　　第3条

ら，特定少年の保護処分は侵害原理のみに基づき刑事責任があることが前提と
されているので必要説に整合するとの考え方（川出84頁注48，成瀬99頁），犯情
の軽重の規制は，責任を超える不利益処分を制限するものであり責任能力は
「犯情」に含まれるので，責任無能力の特定少年への保護処分は課せないと解
すのが自然であるとの見解（座談会ｄ30頁）がある一方，不要説が指摘する保
護処分の必要性，判断権者の問題等は特定少年にも変わりはなく，特定少年の
保護処分も健全育成のために要保護性解消を目指すこと（1条）に変わりはな
いこと，責任無能力者には自律性の規制は前提を欠くこと（座談会ｄ30頁），特
定少年の保護処分も保護原理にもよるものと解されること（廣瀬(i)22頁）など
から不要説も成り立つと指摘されている（岩﨑(貴)a122頁，菊池(則)452頁など参
照。不要説をとった裁判例として，千葉家決令5・9・20家判51・123がある）。

　(3)　**責任能力以外の責任要素**　　そのほかの責任要素の要否は，それぞれの
性質に応じて，保護処分を課すことが妥当かという観点から検討する必要があ
る（川出86頁，廣瀬・少年法140頁参照）。

　(4)　**審判の対象，要保護性の意義，非行事実と要保護性の位置付**　　これらにつ
いては，⇨本章前注。

　3　**触法少年**

　(1)　**意義**　　14歳未満で刑罰法令に触れる行為をした少年は，刑事未成年
で行為が犯罪とならないため犯罪少年と区別されて触法少年とされたものであ
る。年齢は行為時が基準となる（刑41条）。14歳未満であるほかは犯罪少年と
異なるところはない。有責性の要件について犯罪少年と同様の議論があるが
（必要説，柏木41頁，菊池6頁，内園ほか16頁，船山80頁，松田158頁，東海林18頁），
類型的に判断能力が不十分なために刑事未成年とされている少年が対象となる
ので，責任能力必要説は更に不合理であろう。また，反対説もあるが（市村32
頁，平井a4頁，亀山＝赤木154頁），少年の年少さに着目した制度であるから，特
別法で責任年齢が排除されていても，触法少年に当たり本条2項の送致を要す
ると解すべきである（団藤＝森田51頁，司研概説23頁，亀山＝赤木25頁，土本21頁，
条解〔船山〕39頁）。年齢の下限の定めはないが，触法少年にも構成要件的故意・
過失や事理弁識能力は必要であるので，実務上，10歳前後が限界とされてい
る（より低年齢の触法行為を含めた触法少年の実情につき，廣瀬④64頁，廣瀬⑤）。

　(2)　**送致手続**　　触法少年は，前記のように第一次的に児童福祉法の措置

（児福 26・27 条）に委ねられ，審判に付すには児童相談所等の送致が必要である。

司法警察員・検察官が触法少年を家庭裁判所に直接送致した場合，適法な送致手続（3 条 2 項）が欠けることになる。この場合，審判権がない家庭裁判所としては不開始（19 条 1 項）とし，別途，調査官等が児童相談所等に通告する（児福 25 条）という見解がある（市村 33 頁，柳瀬 a 45 頁，法常 137 頁，中川 30 頁）。しかし，保護の迅速を図る趣旨から，18 条の文理「調査の結果」からはやや難があるが，年超検送等にならって（19 条 2 項・27 条の 2 第 3 項），家庭裁判所が児童相談所長等に事件を送致（18 条 1 項）すべきである（廣瀬・少年法 141 頁，平場 280 頁，団藤＝森田 59 頁，条解〔船山〕44 頁，早川 i 226 頁，柏木 99 頁，亀山＝赤木 40 頁，川嵜 41 頁，廣瀬 ④ 65 頁，東京家決昭 44・6・26 家月 22・2・97，大阪家決昭 46・1・20 家月 23・8・100，釧路家帯広支決昭 48・5・21 家月 26・1・92 等）。

触法少年で受理時 14 歳未満の者が 14 歳に達した場合，家庭裁判所は児童相談所長等からの送致なしに審判に付すことができるかが問題になる。消極説（行為時説）は，年齢制限を設けたのは責任能力の限界をも加味したものであるので，触法行為後に 14 歳に達しても 2 項の送致手続が必要であるとする（宮崎 a 48 頁，菊田 108 頁等）。積極説（処理時説）は，2 項は 14 歳未満の特に心身未成熟な者について児童福祉法上の措置を優先して児童福祉機関に先議権を認めたのであるから，14 歳に達すればその配慮は不要となり送致手続なしで審判できるとする（裾分 20 頁，川嵜 37 頁，早川 e 83 頁，法常 142 頁，平場 293 頁，団藤＝森田 58 頁，川出 88 頁等）。少年法が一般的に処理時主義をとっていること（19 条 2 項・20 条・27 条の 2 第 1 項等），消極説によると，同じ 14 歳未満の行為が虞犯少年は 14 歳になれば福祉機関先議が失われるのに，触法少年は 14 歳になってもそれが失われず均衡を失すること，14 歳に達した少年に触法行為と犯罪行為が併存するときに統一的処遇が困難になるなどの不都合が生じ得ることなどから，積極説が妥当であろう（廣瀬・少年法 142 頁）。裁判例も両説あったが最近は積極説が多い（鹿児島家決昭 60・3・18 家月 37・9・143，札幌家室蘭支決昭 58・6・20 家月 35・12・109〔百選 24〕。裁判例の分析につき，廣瀬 ④ 67 頁）。触法少年に対する警察の調査後の措置についても，平成 19 年改正で規定が設けられた。⇨ 6 条の 6 注釈。なお，処理時説では，受理時・処分決定時のいずれによるかが問題となるが，事件受理時の画一的処理の必要から受理に際して処分決定時までに 14 歳に達する見込があるか否かを判断することは妥当ではないから，受理時を基

第1節　通　則　　　　　　　　　　　　　　　　　　　　　　　　　第3条

準にすべきである。しかし，受理後処分前に14歳に達すれば瑕疵は治癒される
ものと解される（早川 i 226頁）。

　児童相談所長等から適法に送致された触法少年について，送致がない別の触
法事実がある場合，消極説もあるが，家庭裁判所はその事実も併せて審判できる
ると解される（団藤＝森田60頁）。この場合には，送致事実だけでその少年につ
き家庭裁判所の審判に付すことが適当との児童福祉機関の判断がなされており，
それに他の触法事実が加わるので，審判の必要性は更に強まるのが通常なので，
再度，その判断を要求する（児福27条1項4号）必要はないといえるからである
（廣瀬④69頁，廣瀬・少年法142頁）。

4　虞犯少年

(1)　**虞犯の取扱**　　犯罪に結び付くような問題行動があって要保護性は高い
が犯罪に至っていない少年（虞犯少年）は，福祉の対象となる要扶助・要保護
少年（犯罪性はないが環境的・性格などから保護・福祉的措置を要する少年）と犯罪少年
との中間的な性格を持つものである。少年裁判手続では犯罪少年だけを扱い，
虞犯少年は要扶助少年と共に福祉・行政的な手続のみで扱う近時のイングラン
ド，ドイツ，フランス等の法制と，要扶助少年，犯罪少年と共に虞犯少年も一
括して同様に扱う北欧，スコットランド等の法制があるが，我が国では，旧法
以来，虞犯少年と触法少年に限って，少年審判では犯罪少年とほぼ同様に扱わ
れている（⇨序説2・3）。この取扱の差異には虞犯の性格，保護・教育の必要性，
少年の人権保障などの位置付の違いがその背景となっていると思われる。

　なお，令和3年改正により，特定少年（18・19歳）には虞犯の適用が除外さ
れた（65条1項）。

(2)　**保護・教育の必要・有効性**　　少年の健全育成（⇨1条注釈）には，要保護
性に見合った教育的な措置を適切・有効に加えることが必要である。そのため
には，できる限り早期の最適な処遇が必要・有効であり，犯罪に至らなくても
問題行動等があって要保護性があれば，それに最も相応しい処遇を加えるべき
ことになる。虞犯制度は，このような保護・教育優先主義の本質的な要請に応
え，犯罪に陥る前に少年を立直らせようとするもので，保護・教育のために必
要・有効なものである。実務的には，後述のように，虞犯事由・虞犯性が厳格
に運用されているため，補導歴や問題行動歴が多く，要保護性の高い少年らが
虞犯少年として扱われており，一部で批判されるような事前予防的な運用がな

81

されているわけではない。ここ 10 年の統計をみても，虞犯少年は，年間 600
～300 人前後（全事件の 0.5% 程度）で推移している（平成 23〜令和 2 年）。しかし，
虞犯事件における女子の比率：27.4%（一般事件全体 13.0%），観護措置（少年鑑別
所送致）の比率：63.4%（一般事件全体 22.2%），保護処分に付される比率：68.3%
（一般事件全体 38.3%），少年院送致の比率：25.0%（一般事件全体 8.0%）はいずれも
格段に高い。児童自立支援施設送致の比率は，保護処分に付された人員の 1.2
% にすぎないが，その非行別では虞犯事件が 8.5% と一番高い（いずれも令和 2
年）。これをみても，虞犯少年の制度が，少年の保護・教育のために相当程度
機能していることが窺える。北欧などで虞犯性のある少年が犯罪少年や要扶助
少年らと共に包括的に扱われ，同様に保護・教育・福祉的な処遇がなされてい
ること（⇨序説 2）も虞犯制度の有効性を裏付けるものといえよう。

(3) **人権保障への配慮**　　虞犯事件は，犯罪に至らない問題行動・行状，性
格などを対象とし将来を予測するので，その成立範囲に問題が生じたり，予測
的・展望的判断の正確性を確保するのが困難な場合もあり得るが，犯罪少年と
同様に収容保護を含む保護処分を課すこともできる。そこで運用を誤れば少年
の人権を不当に侵害する危険性を孕んでいる制度といえる（団藤 b 235 頁，平場 a
1 頁）。また，少年の権利主体性の尊重，適切な保護・教育的な処遇実現のため
にも，正確な前提事実の把握や少年の納得などが必要・有効であり，適正手続
の保障・実践がその前提として重要であること，虞犯は犯罪よりは一般的に侵
害性の程度が低く，公的な保護・介入の根拠として，本人に対する保護の必要
がより前面に出ること等から犯罪少年の場合よりも，少年の人権への配慮が強
く要求されるものといえよう。この点を強調すると，虞犯廃止論（前野 d 37 頁，
澤登 j 541 頁参照）や虞犯少年に対する保護処分の制限論に繋がることになる（国
連児童の権利委員会も，児童の権利条約に関し，児童が「罪を犯すおそれがある」旨の認定
について再検討し「こうした児童の拘禁を終了させること」と言及（同委員会の日本の第 4
回・第 5 回政府報告に関する総括所見パラ 45(e)(i)）している）。

(4) **虞犯の特徴と位置付**　　前記(3)のように，虞犯少年は福祉法の領域で扱
うべきだとする虞犯廃止論もある。確かに権利保護・適正手続の重視は手続の
刑事訴訟化に結び付く傾向があり，国親的な保護・教育主義は，階層化し宗教
や人種・文化等の隔たりの大きい社会では，一部階層の倫理・文化等を他の階
層等に押し付ける手段となる虞もある。欧米における少年事件からの虞犯除外

第1節　通　則　　　　　　　　　　　　　　　　　　　　　　　　　第3条

の流れにはそのような背景も窺える。しかし，我が国では欧米に比せば，階層
化や宗教の規制も弱く国民の均一性も高いので，少年の再非行を防止し健全な
社会人を目指すという本来の健全育成（⇨1条注釈）について共通の基盤がより
整っているといえよう。少年の健全育成を目指す以上，虞犯少年を対象に含め
ることは少年保護手続の本質的要請というべきである（川出89頁参照）。虞犯廃
止論の人権侵害に対する懸念については，犯罪・触法行為の蓋然性が高い少年
に対象を限定し，虞犯事由・虞犯性の認定・判断を慎重かつ厳格に行うことで
十分にその対応が可能と思われる（廣瀬h192頁以下）。少年法の保護・教育主義
及び虞犯制度は堅持すべきものと考えられる（澤登93頁，廣瀬・少年法143頁参
照）。

　なお，虞犯事件に関する最近の実務運用の紹介と具体的な設例の検討として，
河畑b147頁，柴田c100頁がある。

　(5)　**虞犯の要件**　　虞犯少年は，本条1項3号のイ，ロ，ハ，ニの事由（虞
犯事由）のいずれか一つ以上に該当し，かつその性格又は環境に照らして，将
来，犯罪行為又は触法行為をする虞（虞犯性）のある18歳未満のものが当たる
ことになる（65条1項）。虞犯少年にも年齢下限はないが，触法少年同様に，事
実上10歳前後となろう（11歳の虞犯少年を児童自立支援施設送致とした事例（東京家
八王子支決平17・9・9家月58・7・82，東京家八王子支決平17・7・4家月58・7・76））。

　虞犯事由は，人権保障の見地から虞犯性判断に客観性を与えるため現行法で
初めて規定されたもので，虞犯性を類型化し限定するものであるので，制限的
列挙と解すべきである（廣瀬・少年法144頁，川出90頁）。各事由は保護欠如性
（イ，ロ），環境的危険性（ハ），性格的問題性（ニ）などを示すものであるが，
実際には重畳的・複合的に該当する場合がほとんどである。イは，保護者（2
条2項）の法律・社会通念上正当な監督に服しない行動傾向（常習性）があるこ
と（犯罪に当たらない家庭内暴力・施設内暴力なども含まれよう），ロは，少年の性格，
年齢，家庭の状況等を総合して，少年が家庭に戻らないことに正当な理由がな
い場合，ハは，暴力団・暴走族・いわゆるチーマーなど少年の非行を誘発する
ような反社会的組織・集団に加入し，あるいはそれらの集会に参加したり，不
良仲間と付合ったり，不良者のたまり場，不健全な風俗営業や遊興施設，犯罪
者・薬物乱用者などが関係する場所などに出入りすること，ニは，性的悪癖，
人格を損なうような淫らな行為など，社会・倫理的な通念に外れる行為（犯罪

83

第3条　　　　　　　　　　　　　　　　　　　　　　　　　　第2章　少年の保護事件

の予備的なもの，要件の欠けるもの・薬物事犯で鑑定結果欠如等も含む）を自らなし又は
他人にさせるような行動傾向・習癖があること（喫煙，飲酒等は直ちには当たらな
いが他の行状との付加的な要素にはなろう。家庭内暴力も，内容・程度によっては，当たる
場合があろう）をそれぞれ指すものである（最決平20・9・18家月61・2・309は，
イ・ニについて，過度に広範でも不明確でもないとしている）。

　虞犯性は，将来の犯罪・触法行為を行う可能性であるが，犯罪・触法に及ん
でいない少年に犯罪少年と同様の保護処分を認める要件であるから，経験則に
基づく高度な蓋然性が必要と解されている（東京家決平12・10・3家月53・3・106，
松山家西条支決平14・5・14家月54・10・72）。「性格又は環境に照して」と規定さ
れているが，予測の際には，知能・性格等の本人の問題点及び家庭，学校，職
場，不良交友等の非行の促進・抑止に関係する環境的要因等を総合的に検討す
べきである。

　虞犯性で予測される「罪」，「刑罰法令に触れる行為」の意義について，①一
般的な犯罪の蓋然性で足りるとの説（平場104頁，阿部c10頁，同d94頁，大塚
(正)c261頁），②具体的な犯罪（窃盗，恐喝等）を要求する説（名古屋高決昭46・
10・27家月24・6・66〔百選8〕，内園ほか21頁，大島137頁，宮崎c266頁），③財産犯，
風俗犯，薬物事犯などの刑事学的な犯罪類型で足りるとする説（豊田(健)a10頁，
正田b30頁，森田(宗)b15頁，川出91頁）があるが，虞犯性は予測の問題であるの
で，②説は必ずしも現実的とはいえず，具体的な犯罪類型の判断までなされて
いれば人権保障上の弊害も考えられないので③の立場が妥当と思われる（前掲
東京家決平12・10・3は，「窃盗等の罪」，前掲松山家西条支決平14・5・14は「窃盗などの
財産犯」，千葉家決平29・10・10家判19・108は「覚せい剤取締法違反等の罪」としてい
る）。

　虞犯の構成要件について，虞犯事由のみでよいとする説もあるが（裾分22
頁），虞犯事由と虞犯性の双方を要求する立場（団藤＝森田53頁，宮崎a45頁，昭
43・2家庭局見解・家月20・11・129，山地14頁，川出92頁，前掲東京家決平12・10・3，
前掲松山家西条支決平14・5・14等）が妥当である。人権保障の趣旨から，双方が
認められることを要するが，虞犯事由と虞犯性の関係は単に併存するものでは
なく，虞犯事由が虞犯性の徴表ないし類型，虞犯事由が形式，虞犯性が実質で
あると説明されている（平場103頁）ように，実務上は虞犯事由の存在を前提と
したうえ，虞犯性の認定には虞犯事由のほか関連する事実をも総合的に考慮し

84

第1節 通 則 第3条

ているといってよい。

虞犯事由・虞犯性についても責任能力を要求する立場があるが（松田159頁，木村a158頁），犯罪少年の場合（⇨**2**(2)）以上に不要説に合理性があろう（田宮a272頁，早川k10頁，阿部a174頁，澤登i169頁，川出94頁）。もっとも，意思能力程度を要求する立場（内園ほか14頁）との差異は乏しいと思われる。なお，虞犯事由については不要とし，将来予想される行為に有責性を要求する裁判例（神戸家決昭56・10・15家月34・7・101〔百選7〕）があるが，「刑罰法令に触れる行為」をする虞も予定されていることとの整合性からも疑問である（川出94頁参照）。

(6) **虞犯性と要保護性** 虞犯性は要保護性に解消されるとの立場もあるが（裾分22頁），別個のものと解すべきである（平場104頁，入江12頁，宮崎a55頁，平井a6頁，大塚(正)c258頁）。累非行性との関係が問題となり得るが，虞犯性判断の基準時は虞犯事由存在時であり，要保護性のそれは処分決定時であることなどから，通説の立場が妥当であろう（川出93頁。要保護性の意義について，⇨本章前注**3**(2)）。なお，虞犯少年は，問題性の根深い者が少なくないため，その要保護性に応じて，少年院送致（東京高決令5・1・19家判47・81，東京高決平29・12・19家判20・85，東京家決平27・6・26家判5・125，大阪家堺支決平24・6・19家月64・11・71，東京家決平23・7・27家月64・2・112，東京家決平22・11・2家月63・6・123，東京家決平22・10・15家月63・6・118，東京家決平22・7・23家月63・6・112，東京高決平21・4・7家月61・9・184，水戸家下妻支決平13・6・26家月54・1・87等），児童自立支援施設送致の場合には強制的措置の許可がなされる場合もある（浦和家決平13・1・17家月53・6・130。13歳の虞犯少年を児童自立支援施設に送致した事例として，東京家決平28・9・6家判13・92がある）。⇨6条の7注釈・24条注釈**5**(7)(エ)。虞犯通告については⇨更生68条注釈。

(7) **虞犯事実の認定手続・摘示等** 虞犯事由は，犯罪事実における構成要件事実であるから，審判対象に掲げられていない虞犯事由を認定する場合には，少年に虞犯事由として審理する旨を告げてその弁解を聴く手続をとるべきである（廣瀬・少年法277頁。手続の欠如を違法（規29条の2）とした高裁決定として，仙台高秋田支決平16・4・9家月58・5・125）。また，虞犯事実の決定書における認定判示については，前述の人権保障の観点のみならず，虞犯性の根拠，虞犯事実の同一性等の前提として，虞犯事由に当たるべき虞犯行状をその始期，終期を明示してできるだけ具体的に記載すべきである（規36条類推適用）。始期，終期も

85

示さず抽象的な記載しかない原決定は虞犯事由の具体的表示に欠け違法とした高裁決定（福岡高決平12・11・8家月53・4・72）があるが，妥当である。⇨24条注釈9(2)。なお，虞犯事件の送致・通告，虞犯及びこれに関連する犯罪事実の調査・審判における留意点について，山地36頁。

(8) **虞犯事実の同一性**　　虞犯は一定期間継続する虞犯行状を基礎とすることから，どの範囲の行為を1個の虞犯とみるか（虞犯の個数・事実の同一性）が問題となる。これには併存する虞犯事実のどこまでを1個の虞犯事実とすべきか（横断的同一性）と虞犯事実をどの時点で画するか（縦断的同一性）という問題がある。

横断的同一性については，①虞犯事由に当たる具体的事実ごとに特定され，各事由に該当する事実ごとに別個の虞犯が成立するとする説，②虞犯事由と同種の虞犯性によるとする説（内園ほか27頁，豊田(健)a10頁），③虞犯性によって特定する立場，④一定時期には一つの虞犯のみが成立するとして時期による特定を考える立場がある（平場161頁，大島141頁，栃木185頁，揖斐141頁，多田(周)㊥17頁，大塚(正)c265頁）。虞犯が虞犯事由と虞犯性の双方が認められて初めて成立するものと考えるべきである以上，①③のようにその一方のみによって特定する立場は妥当とはいい難い。また，少年の人格に関わり将来の犯罪等への予防的な対応を目指すという虞犯の本質・制度の意義から考えれば，虞犯の併存は理論的に認め難いうえ，併存していた重大な虞犯行状が後に発見されても審判時以降問題がなければ調査・審判の対象とする必要も認められない。④説が妥当である（加藤(学)a332頁，川出207頁，廣瀬・少年法278頁，同旨の裁判例として，千葉家決平29・10・10家判19・108，東京高決平29・12・19家判20・85）。

縦断的同一性については，基準時をア事件送致（受理）時（早川k21頁，静岡家決平7・9・19家月48・1・144〔百選9〕），イ事件終局時（栃木182頁），ウ原則事件終局時としながら試験観察決定などがあったときはその時期とする立場（神戸家決昭48・1・19家月25・10・130等）に分かれる。もっとも，ウ説などは試験観察中の更なる虞犯行状に対して，審判した虞犯事件とは別途に観護措置がとれるかといった実際的な必要に発していると思われる。家庭裁判所は，事件終局前の段階では，少年の問題行動に対して，論理的には，全て対応が可能であるから，継続している虞犯行状を事件送致（受理）時や中間決定時で分断するというのは技巧的に過ぎると思われる。身柄の確保の問題に関しては，手続がよ

86

第1節　通　　則　　　　　　　　　　　　　　　　　　　　　　　　　　第3条

り厳格な刑事訴訟における逮捕・勾留の一回性の原則にも例外が認められない
わけではない（常習一罪などで保釈中に事実の同一性のある再犯がなされた場合。小田
270・200頁以下）。事件係属中の虞犯行状の反復に対する身柄の拘束の問題につ
いては，調査・審判中に新たな問題行動が現に生じているので事前の対応は不
可能であり，新たな保護のためにも身柄の拘束が必要とされるから，刑事訴訟
の考え方を援用し，身柄の拘束については，同一性の問題とは別途に考え，例
外的に再度の観護措置をとれると解釈できよう（裁判例として，高知家決平11・
3・18家月51・8・70）。そうすると，虞犯の個数，一事不再理の範囲の問題とし
ては，基本的には④イの立場が妥当と思われる（栃木182頁，加藤（学）a331頁，川
出210頁。当初係属した虞犯事件とその試験観察中の虞犯行為を報告立件した虞犯事件につ
いて，全体を1個の虞犯事実と認定し，少年院送致した裁判例（浦和家決平12・9・20家月
53・2・166（いずれも観護措置をとっている），東京家決平17・11・17家月59・1・126（試
験観察中のものについても告知・弁解聴取））があるが，妥当である）。

　なお，終局処分までの同一性を考えると，事件受理後終局処分までの間の新
たな虞犯行状・虞犯事由が調査・審判の対象となり得る。通告等で受理された
虞犯事由とは異なる虞犯事由（虞犯性・処遇への影響がある場合）が，調査や通告
等で明らかになった場合には，保護処分に関わるので，調査官の報告（7条）
等により，その事由を少年に対して告知し弁解聴取等の手続をとるべきである
（川出211頁）。この手続を経てから新たな虞犯事由が審判対象に付加されるの
は適正手続の要請によるものであって，虞犯の同一性を越えるからではない
（平場161頁，廣瀬・少年法279頁）。

　(9)　**虞犯事実と犯罪事実との同一性**　　　虞犯の前提となる問題行動の範囲・期
間などには相当幅があるのが一般的であるが，犯罪事件は通常，過去の特定の
日時・場所における1回の行為で構成される。このため虞犯と犯罪は一般的に
は同一性はなく（平場161頁），事件として同一といえるのは，犯罪事実と虞犯
行状認定の重要な要素となった事実が重合い，当該犯罪が当該虞犯の虞犯性の
全てを表している場合に限られると解される（早川k13頁，豊田（健）a12頁，大島
150頁，揖斐143頁等。この点の裁判例の検討として，山地）。従って，虞犯行状と並
行して関連・類似する犯罪事実が認められる場合であっても，日時，場所，行
為態様などまで基本的事実の同一性がある場合（例えば法的評価が異なるため犯罪
として成立しない場合，犯罪の主観的な要素など構成要件要素の一部，証拠の裏付・特定な

87

どが欠ける場合（横浜家決平 14・10・23 家月 55・4・74 等），責任能力が欠ける場合等）以外は別事件となるので，不告不理の原則の趣旨からも，刑事訴訟の訴因変更（刑訴 312 条 1 項）と同様に事件の同一性は認められず，認定替はできない（平場 162 頁）。この同一性を広く認める考え方がみられるが（裾分 25 頁等。山形家決平 10・8・6 家月 51・3・204，広島高決平 11・2・17 家月 51・7・114），原則的には同一性を否定し，限定的に考えるのが現在の多数説である（廣瀬・少年法 280 頁，前掲早川 k・豊田(健)a・大島・栃木・揖斐，中村(護)a 16 頁，山﨑(恒)b 161 頁，新井 137 頁等，旭川家決昭 59・5・7・家月 36・11・156〔百選 10〕。大阪家決平 12・4・28 家月 52・11・70，水戸家決平 18・10・3 家月 59・6・67。加藤(学)a 333 頁参照）。この点に関して，犯罪から虞犯への認定替は限定的に考えながら，虞犯から犯罪への認定替の場合をより緩やかに許容する立場（内園ほか 31 頁など）には疑問がある。また，虞犯制度が犯罪の前段階で少年の非行化を防ぐためのものであることから，犯罪構成要件と虞犯構成要件は，基本規定と補充規定の関係にある（虞犯の補充性，平場 106 頁，内園ほか 34 頁，裾分 25 頁，阿部 c 3 頁，同 e 89 頁，早川 k 2 頁，菊池 9 頁，大島 151 頁，岩下 290 頁，土本 56 頁，亀山＝赤木 28 頁）。従って，送致された犯罪事実を認定できないが，その同一性のある虞犯事実は認められる場合，その虞犯事実を認定することができ，保護処分に付す必要があれば認定すべきであろう（東京家決平 11・12・3 家月 52・6・80。名古屋家決昭 46・9・18 家月 24・6・93・神戸家決昭 58・5・16 家月 35・12・102〔百選 12・13〕，東京家決平 13・5・8 家月 53・11・137，前掲横浜家決平 14・10・23 参照）。他方，送致された虞犯事実について，同一性のある犯罪事実が認められる場合，虞犯の補充性から犯罪事実を認めるべきであり，虞犯は認定すべきではない（内園ほか 43 頁，長崎家決平 2・10・18 家月 43・5・48，京都家決昭 47・11・13 家月 25・7・95〔百選 11〕，大阪家決平 13・10・26 家月 54・7・72，広島家決平 12・4・13 家月 53・1・113，山口家決平 13・1・9 家月 53・6・126）。これらの認定替をする場合には，非行事実の告知と弁解の聴取が必要である（⇨22 条注釈 10。虞犯事実から犯罪事実について，福岡高決平 18・3・22 家月 58・9・64）。虞犯事件と併せて犯罪事実が送致され，その犯罪がその虞犯性の現実化と評価できる場合にも，同様の趣旨から犯罪事実のみを認定するべきであろう（福島家郡山支決平 12・4・27 家月 52・10・106，東京家決平 12・6・20 家月 52・12・78，広島家決平 12・4・13 家月 53・1・113，東京高決平 19・11・12 家月 60・9・131，横浜家決平 21・7・31 家月 62・2・151，東京家決平 22・7・23 家月 63・6・112，東京家決令 4・1・13 家判 41・116。

88

第1節　通　則　　　　　　　　　　　　　　　　　　　　　　　　第3条

裁判例の分析として，川出 212 頁以下参照）。犯罪事実と更生 68 条による虞犯との関
係も同様に解すべきである（熊本家決平 14・10・11 家月 56・9・53，東京家決平 17・
5・19 家月 58・1・117）。虞犯事件と戻し収容申請事件を併合し，虞犯事件で中等
少年院送致とし戻し収容申請を却下した裁判例がある（徳島家決平 14・4・11 家月
55・10・92）。両事件の関係について⇨更生 68 条注釈。

⑽　**審判された事件と後の事件送致との関係**　　①最初の審判の終局決定前に
なされていた犯罪又は虞犯が審判後に送致された場合，②最初の審判の終局決
定後に虞犯又は犯罪がなされた場合のいずれであるかによって，その問題点が
異なる。①の審判終局前の犯罪・虞犯については，前述のように虞犯と犯罪の
同一性が認められる場合には，犯罪事実と虞犯行状認定の重要な前提となる事
実とが重合っているので，それぞれの要保護性の判断・評価に大きな相違はな
く，相互に認定替も可能であるから，どちらかの事実で一度評価・処分されて
いれば，重ねて処分することは相当とはいえない。従って，そのような同一性
のある事件の再度の送致に対しては，不開始として手続を打切るべきで，審判
開始後に，前記の同一性が認められた場合には不処分とすべきだと考えられる
（広島高決平 10・2・17 家月 50・7・128 参照）。②の審判終局後の虞犯・犯罪の場合，
再送致された虞犯又は犯罪については，別途に審判対象として扱うことができ
るものと考えられる。例えば，終局審判後も最初の審判前から継続していた虞
犯行状の一環としての行為が繰返されて虞犯性が認められる場合（在宅保護の場
合等），終局審判した虞犯事件の虞犯性から予測されていた犯罪がその終局審
判後に実際に犯された場合等である。このような場合，実際には，後に送致さ
れた虞犯や犯罪があっても，その少年の要保護性には，それほど大きな変化が
認められず，前の審判の処分で，保護・教育上十分なため，別件保護中として
不開始・不処分とされる場合も多い。しかし，虞犯の処分前の犯罪事実や虞犯
で直接的に予測されている犯罪についても一事不再理効を認める立場（揖斐
147 頁），虞犯が犯罪の予備的な場合や虞犯行状の内容とされた個々の事実と犯
罪事実の同一性がある場合にも常習一罪の場合の刑事訴訟理論と同様に一事不
再理効が認められるとする立場（栃木 190 頁。古田 b 374 頁参照）には，賛成でき
ない。犯罪事件に対する保護処分の終局審判後に虞犯が成立する場合には，新
たな問題行状が現に生じており，それが認定されるのであるから，事件が同一
とは考えられない。更に，最初の虞犯事件で恐喝や窃盗の虞を予測されていた

89

少年が，その虞を現実化させて，強盗致傷・致死を犯すに至ったり，薬物への乱用・依存が問題とされた虞犯で処分を受けた後に，懸念されていた薬物使用が現実に繰返されている事例などを想起すれば，最初の虞犯の審判で審判後の犯罪行為が評価し尽くされているとはいい切れず，虞犯の現実化の場合であっても，終局審判後の犯罪を別途に審判する実際の必要性は否定できない（古田b371頁参照）。この点について，虞犯と犯罪の同一性を広く認める立場は，虞犯事由・虞犯性の前提とされる虞犯行状が関連する犯罪において重ねて評価される点を問題とするようである。しかし，虞犯性が虞犯事由と共に虞犯構成要件とされているのは前述のように恣意的な虞犯認定を防ぎ少年の人権を保障する趣旨による。虞犯は虞犯事由及び虞犯性の総合的な評価で少年の人格の問題性を捉えるのであって，虞犯行状それ自体が審判対象とされているわけではない。虞犯行状の一部が犯罪事実と重なる場合でも，虞犯の一要素として評価されたにすぎない場合と犯罪事実として独立に審判対象とされた場合に，同じ意義・効果を認めるべきだとする理論的な根拠は不十分である。また，一時期には一つの虞犯のみが成立し，終局決定までの虞犯行状全てに一事不再理効が及ぶという趣旨は，その行状を再度，同じ虞犯認定の要素としては使用できないということに止まる。虞犯行状は虞犯性認定の間接事実・要保護性に関する事実として機能するにすぎず，要保護性に関する事実については，余罪であっても，一事不再理効は認められないとされていること（豊田（健）a20頁など），既に審判された犯罪事実の存在が，その後の虞犯性認定の資料として使用可能であるとされていること（東京高決昭44・5・31家月22・3・126）などとの理論的整合性も問題であろう。結局，虞犯の認定資料とされたにすぎない事実を，審判対象とされて処遇決定が直接なされた非行事実と同一には評価すべきではない。この点について，本書と同旨の考え方から，前件（虞犯事件による児童自立支援施設送致決定）において虞犯行状として認定された犯罪（無免許運転，窃盗）について一事不再理効を認めず，その後の初等少年院送致決定の非行事実として具体的に摘示した原決定（東京家決平11・8・12）に違法があるとした高裁決定（東京高決平11・9・9家月52・2・172）がある。しかし，その点の理由は「少年法46条本文の趣旨にかんがみ」とされているのみで十分な根拠を示しているとはいえず賛成し難い（結論同旨・山地34頁）。⇨46条注釈。このように最初の終局審判後の虞犯・犯罪行為については，前の虞犯又は犯罪事件と関連が認められても，

第1節　通　則　　　　　　　　　　　　　　　　　　第4条（裁第31条の4）

再度の審判を遮断することはないと考えられる（古田b375頁参照）。もっとも実際には，前述したように，要保護性には大きな変化がなく，その必要性が乏しいために更には保護処分が加えられない場合も多いと思われる。

　⑾　**更生68条の虞犯**　　対象者の年齢上限が広げられているところが，本条の虞犯と異なるところである（⇨更生68条注釈）。

（判事補の職権）

第4条　第20条第1項の決定以外の裁判は，判事補が1人でこれをすることができる。

（一人制・合議制）

裁判所法第31条の4　①　家庭裁判所は，審判又は裁判を行うときは，次項に規定する場合を除いて，1人の裁判官でその事件を取り扱う。
②　次に掲げる事件は，裁判官の合議体でこれを取り扱う。ただし，審判を終局させる決定並びに法廷ですべき審理及び裁判を除いて，その他の事項につき他の法律に特別の定めがあるときは，その定めに従う。
　1　合議体で審判又は審理及び裁判をする旨の決定を合議体でした事件
　2　他の法律において合議体で審判又は審理及び裁判をすべきものと定められた事件
③　前項の合議体の裁判官の員数は，3人とし，そのうち1人を裁判長とする。

1　沿　革　等

旧少年法21・19条では少年審判官は判事が兼任できたが資格に制限はなく，単独審判とされていた。現行法では家庭裁判所が判事及び判事補により構成され，少年保護事件は家庭裁判所が扱い，一人の裁判官が審判事件を取扱うとされたため（裁31条の2〜4），少年審判の単独制は変わらなかったが主宰者は法曹資格のある裁判官に限定された。立法経過を見ると，少年審判所制度の維持を提案した草案（昭22・1・7）では，少年審判官を判事，検察官，弁護士又は政令で定める者としていたが，少年裁判所構想から少年審判は一人の少年審判官（判事又は判事補）が行うとされ（昭23・1・20），検察官送致，矯正院送致等の決定にも判事補の職権制限が盛込まれたが，国会提出法案では検察官送致決定のみの職権制限とされ，結局，裁判体等が裁判所法に規定され，少年法には本条のみが残された（平成12年改正による合議制については，⇨**3**）。

91

第4条（裁第31条の4）　　　　　　　　　　　　　　　第2章　少年の保護事件

令和3年改正で「第20条の決定」が「第20条第1項の決定」と文言が改められたが，これは検察官送致の根拠規定を明確にする形式的な改正にすぎず（玉本＝北原17頁），従前の解釈運用や判事補の権限に変更をもたらすものではない。

2　判事補の職権

判事補は特別の定がなければ一人では裁判できない（裁27条1項）が，本条がその「特別の定」に当たるので，刑事処分相当を理由とする検察官送致（20条1項・62条1項）決定（逆送決定）以外の裁判は，判事補一人でできる（令和3年改正により「第20条第1項の決定」と文言が改められたことから，20条2項の決定は判事補もできるようになったとの見解（丸山61頁等）もあるが，前述のとおり，20条の解釈に変更はなく（⇨20条注釈5(2)），立法経過に照らしても賛成できない）。判事の資格は判事補等10年の実務経験が必要である（裁42条）が判事補の職権の特例等に関する法律により判事補等5年の実務経験で特例が認められているので，本条の判事補はこの特例に当たらない未特例判事補を指す。本条で判事補の権限を拡大し，逆送決定だけを制限したのは，刑事処分相当性の判断や刑事裁判の見通しの必要性を考慮し，経験豊かな判事に委ねた（澤登188頁，条解〔船山〕48頁）という理由のほか，立法当初，家庭裁判所の判事の充員が困難であったという実際的な考慮にもよるものとして権限拡大には批判もある（団藤＝森田61頁等）。なお，令和3年改正以前は，20条で逆送される事件のほとんどは，年長少年の交通事件等で罰金に処せられることを見込んでなされるものであり，一般事件で20条の検察官送致決定が行われる比率は0.4〜0.5％にすぎず，実数は最近では年間100人前後，そのうち少年刑務所に収容される少年は十数人であった（検察官送致に関しては，⇨20条・62条注釈）。

20条等の検察官送致が見込まれる事件について未特例判事補は逆送決定そのものはできないが，その前提となる調査，審判はでき（平場302頁，団藤＝森田61頁，早川j7頁，柏木65頁），その審判結果に基づいて判事が逆送決定を行うことは差支えない（前掲早川j）。この点に関する裁判例として，殺人保護事件において，未特例判事補であるA裁判官係に配点されたところ，判事であるB裁判官も審判に出席するなどして行われた審判手続が裁判所法31条の4等に違反するとの抗告に対して，A裁判官が終始本件の審理手続を主宰したことが明らかであるから，B判事が本件の審理に実質的に関与したものとはいえ

92

第1節　通　則　　　　　　　　　　　　　　　　　第4条（裁第31条の4）

ないなどとして抗告を棄却した例（高松高決昭50・6・27家月28・1・111）がある。逆送決定の告知は判事補でもできるとする説もあるが（団藤＝森田61頁），必要性も乏しく賛成し難い。なお，平成12年改正による原則逆送（20条2項）の対象事件については，その趣旨に鑑み未特例判事補には担当させないという運用が行われてきたが，令和3年改正で特定少年については，原則逆送の対象事件が拡大されたため（62条2項2号），同様の運用をすべきかについて，各地の実情を踏まえ検討がなされている。

3　裁定合議制

　少年審判は単独制とされ，判事補の権限が広く認められており，大半の事件では適切な審判運営がなされている。しかし，少年審判は少年の保護・教育及び犯罪対策等の複合的な機能を担っている（⇨序説1・4）ので，その担当裁判官には，特に健全なリーガル・マインド，人生の機微に通じた円満な常識，人間関係諸科学の知見に深い関心を持つことが要請される（平場85頁。ドイツの少年係裁判官には少年教育の能力・経験が明文で要求されている。浜井ほか68・80頁）。更に，複雑・困難な否認事件などでは刑事裁判実務の経験も必要・有効であり，判事補では対応が困難な場合もあり得る。裁判官の資格を改めるのも一案ではあるが，人員・予算等からの制約も大きく，その必要性の高い事件に限って複数の裁判官が審判を行う合議制を採用する法改正が提言されていた（議論の詳細について，浜井ほか149・307頁，廣瀬e12頁参照）。このような提言を受けて裁判所法31条の4第2項が平成12年改正で新設された。裁判所法に規定されたため，少年審判手続に限らず，家事審判についても合議体による審判が可能となった。以下同条について解説するが，本書の性質上，少年審判を中心に記述する。

　単独審判の原則は維持されており（裁31条の4第1項），合議制は例外的なものとされている。「審判」とは，家事事件の審判（裁31条の3第1項1号），少年の保護事件の審判（同項3号）等をいい，「裁判」とは執行文付与，請求異議等の訴訟（同条2項）の各第一審の裁判等をいう（『裁判所法逐条解説』（上）262頁）。合議体で審理及び裁判をするには，その旨の決定（裁定合議決定）を行う。特別の基準は存在せず，その合議体の自由な裁量により決定される（同書210頁）が，一般的には事案が複雑で合議による判断が望ましいと考えられる場合などに行われる。合議制の意義としては，単独制よりも手続を慎重にし，異なった知識

93

第4条（裁第31条の4）　　　　　　　　　　　　　　　　　　　　　　　第2章　少年の保護事件

や経験を持った複数の裁判官による多角的な議論がなされることを通じ，知識や経験を相互に補完し，各裁判官の意見の主観性が捨象され，判断が客観性を備えるようになり，その事実認定や下した裁判の説得力を高め，それに対する当事者や社会の納得・信頼を高められることなどが挙げられる（廣瀬・少年法160頁）。

　少年審判において，裁定合議決定をする類型の一つに，検察官関与決定をするなど非行事実に争いのある事件が挙げられる（裁定合議決定をしたもののうち検察官関与決定をしたものとして，東京家決平26・11・25家判3・94，千葉家決平20・9・2家月61・11・99，東京家決平20・1・22家月60・10・102，札幌家決平18・6・16家月58・12・112，奈良家決平16・7・9家月58・3・135，東京家決平13・6・19家月54・2・144などがあり，非行事実に争いのあるものとして，広島家決平23・1・7家月63・9・79，東京家決平22・6・18家月62・11・107，長崎家決平15・3・6家月56・10・72，東京家決平14・1・29家月54・6・121などがある）。平成26年改正により拡大されたとはいえ，なお限定のある検察官関与決定（22条の2）と異なり，裁定合議決定には法定刑などの限定はないので，事実認定が困難であって検察官関与決定を行えない否認事件等に対し，裁定合議制度で対応することも可能であり，有効な活用が図られるべきであろう（年齢の認定が問題となった事例として，東京家決平23・11・30家判8・113）。また，処遇決定の側面においても，少年審判では，処分選択の幅が刑事裁判よりも格段に広いうえ（⇨24条注釈），適切な処遇決定には少年・被害者のみならず保護者等の視点も要求され，刑事事件の量刑以上に判断が困難な場合が少なくない（処遇選択に困難を伴う事件について裁定合議決定をしたものとして，東京家決平22・6・18家月62・11・107，水戸家土浦支決平22・2・17家月62・8・102，那覇家決平21・4・28家月62・6・81，東京家決平21・7・29家月62・4・113，東京家決平17・11・30家月59・3・90，東京家八王子支決平17・6・8家月58・8・94，東京家八王子支決平15・2・12家月55・7・98，東京家決平14・2・18家月54・7・76，京都家決平13・10・31家月54・4・110などがある）。このような判断の困難性に加え，重大・著名な事件等で社会の注目を集め，処分決定の社会的な影響が大きい場合などにも，多角的な視点からの検討による判断の客観性担保のほか，手続の公正さ・信頼性確保に資するという面において合議制の効用が発揮される場合は少なくないと思われる。更にいずれの場面においても，他の裁判官の審判指揮や審判運営等について相互に学び経験を共有して切磋琢磨するという相互教育の機能は人

第1節　通　則　　　　　　　　　　　　　　　　　　　　　　　　　　　第5条

材養成のためにも重要である（以上の詳細について廣瀬・少年法 160 頁）。もっとも合議制には，迅速性・機動性については単独制に劣るという指摘や 3 人の裁判官が少年に威圧感を与える，一対一で行われる審判の教育的機能を損なうという批判（小田中 71 頁等）がある。運用上十分配慮すべき点である（川出 c 26 頁）。なお，刑事訴訟においては受訴裁判所における受命裁判官による証拠調は認められていないが（最決昭 29・9・24 刑集 8・9・1519），少年審判については積極説もある（浜井 b 38 頁）。しかし，根拠規定もなく消極に解すべきであろう（家事 53 条参照）。また，合議体では，親・少年，それぞれの世代に近い裁判官や男女両性の裁判官が構成員として関与することが可能となり，審判運営・事実認定の側面では後見的役割や弾劾的な役割，処遇決定では少年に責任を自覚させる場面，更生の可能性を探る場面など，それぞれ場面・役割に応じて複数の裁判官が役割を分担できるなど単独制では困難な運用も可能となる（詳細については，廣瀬・少年法 160 頁）。なお，裁定合議決定が行われた事件については，通常，事実認定のみならず処遇選択過程も合議体で行うことになろう。

　合議体で事件を取扱う他の類型は改正前にも認められていたもの（裁 31 条の 4 第 2 項 2 号（改正前 1 項但書））であり，家庭裁判所裁判官が勾留等についてした裁判に対する準抗告についての裁判（刑訴 429 条 4 項）等が対象となっている。

　裁定合議制の導入に伴い，少年審判規則において，審判期日の指定，事実の調査，決定の告知，呼出状や同行状の記載要件等について，裁判長及び受命裁判官の権限に関する手当が行われた（規 3 条・15 条・17 条・25 条 1 項・28 条 2 項・29 条・29 条の 2・31 条等）。

> **（管轄）**
> **第5条**　①　保護事件の管轄は，少年の行為地，住所，居所又は現在地による。
> ②　家庭裁判所は，保護の適正を期するため特に必要があると認めるときは，決定をもつて，事件を他の管轄家庭裁判所に移送することができる。
> ③　家庭裁判所は，事件がその管轄に属しないと認めるときは，決定をもつて，これを管轄家庭裁判所に移送しなければならない。

第5条　　　　　　　　　　　　　　　　　　　　　　　　　　　第2章　少年の保護事件

1　少年保護事件の土地管轄

　管轄とは裁判所の事件を取扱う権限（裁判権）の分配のことであるが，少年
保護事件の第一審は家庭裁判所が全て扱う（裁31条の3第1項3号）ので，本条
では家庭裁判所の地域的な権限分配（土地管轄）についてのみ規定している。

　「行為地」とは，犯罪少年については犯罪地，触法少年については刑罰法規
に触れる行為をした土地をいう。結果犯で行為と結果が別の場所の場合は結果
発生地も含まれる。虞犯少年については行為地という観念をそもそも考えるこ
とができないという見解もあるが（団藤＝森田63頁），虞犯事由に当たる行為
（⇨3条注釈4(5)）がなされた土地が行為地となる（柏木51頁，司研概説28頁，講義
案78頁等）。

2　住　所　等

　「住所」「居所」は民法上の概念（民22・23条）に従って，住所は生活の本拠，
居所は継続的に居住するが住所ほど密接でないものをいう。「現在地」は刑訴
法の概念（刑訴2条1項）に従って，少年が任意又は適法な強制によって現在す
る場所（身柄事件では身柄収容場所）をいう（最決昭32・4・30刑集11・4・1502）。在
宅試験観察（補導委託）中の少年の住所地はその継続中はその決定時の住所地
となる（東京高決平16・9・8家月57・4・90）。

　少年は通常，保護者と同居しているので，保護者の住所を少年の住所と認定
してよい場合が多い。しかし，少年が修学・就職等を契機に，その意思に基づ
いて保護者の住所と全く独立した場所に長期間居住している場合には，その地
が少年の生活の本拠となるので，保護者の住所を少年の住所とすることはでき
ない。もっとも，少年が事件を契機に保護者の下に住所を変更する意思を明示
し，保護者もそれを許容し，少年の身の回り品などが保護者の下に届けられる
など，保護者の住所が少年の生活の中心地になることが客観的に予測される場
合には，例外的に保護者の住所を少年の住所と認めることができる。但し，安
易に保護者の住所を少年の住所とみなして移送することのないよう留意すべき
である。特に，身柄事件では少年の防御にも大きく影響するので保護者の下へ
の帰住意思の有無を観護措置手続（17条1項2号）の段階で少年から聴取すべき
である。移送に際しては，被疑者に対する国選弁護制度が少年事件にも適用さ
れ，また，国選付添人制度が少年保護事件に導入されたことも踏まえ，少年の
同一弁護士による法的援助を受ける利益にも配慮すべきであろう（本田(能)59

第1節　通　則　　　　　　　　　　　　　　　　　　　　　　　　　第5条

頁参照)。保護者にも，少年の引取意思の有無等を電話連絡等で早急に聴取する
必要がある。なお，保護者の住所も管轄原因に加えるべきであるという立法論
もある (平場84頁，司研概説28頁)。

3　土地管轄の基準時

　管轄の基準時は原則として家庭裁判所の事件受理時である (前掲東京高決平
16・9・8)。当該管轄区域に少年の行為地，住所，居所又は現在地 (住所，居所及
び現在地を併せて，以下「住所等」という) が事件受理時に存在しなければならない。
事件の受理時に管轄があれば，その後に少年の住所等が変動しても，管轄は失
われない。しかし，事件係属後に少年の住所等が変わった場合には，保護の適
正を期する趣旨から，その地にも新たな土地管轄を生じ，新たな少年の住所等
を管轄する家庭裁判所に事件を移送できる (本条2項)。また，事件受理時に管
轄がない場合でも，本条3項による移送前に，少年の住所等が当該家庭裁判所
の管轄区域内に移ったような場合には，管轄の欠缺が治癒される。このように，
土地管轄の基準時は原則としては事件受理時であるが，処理時をも基準とでき
る (司研概説29頁，講義案79頁，団藤＝森田62頁，平場84頁)。

4　裁量的・必要的移送，回付

　「保護の適正を期するため」に必要なことが要求され，移送すべきであるの
は，現に事件の係属している管轄家庭裁判所で調査・審判するよりも，他の管
轄裁判所で調査・審判する方がより適切な場合である。その判断にあたっては，
少年・保護者の呼出，調査・審判の便宜，家庭環境の調査や審判後の試験観察，
保護観察等の実効性確保などの事情を総合的に検討して，管轄裁判所間で連
絡・調整を十分図ったうえ，個々のケースに応じた具体的合理的判断の下に，
弾力的運用がなされるべきである (中島ほか8頁)。なお，本条2項が「特に必
要がある」と限定的に定めているのは，保護の適正に名を借りて安易な移送が
行われないようにするためである。少年事件の移送・回付に関する実務の紹介
と具体的な設例の検討として，高田(浩)138頁がある。

　事件を受理した裁判所に管轄がない場合には，刑事訴訟では管轄違で手続を
打切るが (刑訴329条)，少年保護事件では，少年保護の必要を形式上の違法に
優先させて，本条3項は管轄裁判所への移送を義務付けている (平場276頁，川
出68頁等)。

　回付は同一管轄家庭裁判所の本庁と支部，支部相互間の事件の移転であり裁

97

第 5 条　　　　　　　　　　　　　　　　　　　　　　　　第 2 章　少年の保護事件

判所内部の事務分配の定による。しかし，実質的には移送と同様な側面もある
ので，少年・保護者の出頭，調査・審判の便宜などを同様に検討し適切な運用
を図るべきである。

5　併合管轄

　規則 25 条の 2 は同一少年に対する複数の事件の併合審判の原則を定めてい
るが，刑訴法 6 条のような併合管轄の定めはない。規則 25 条の 2 の趣旨は，
要保護性を正確に捉えるためには審判時点でその少年の非行の全体を把握して
おくことが必要・有効であること及び審判を重ねることが少年の情操に悪影響
を及ぼすことを回避しようというものである。その趣旨は，同一少年に対する
複数の関連事件が同一の国法上の裁判所に係属している場合だけではなく，複
数の国法上の裁判所に係属している場合にも共通すると考えられる。そこで，
少年保護事件についても，刑訴法 6 条の準用ないし類推適用を認めてよい（前
掲東京高決平 16・9・8，中島ほか 10 頁，早川 i 219 頁，団藤＝森田 64 頁，条解〔船山〕50
頁）。

6　移送決定の効果

　移送決定は，事件の終局決定ではなく，家庭裁判所内部で事件を移す中間決
定にすぎないから，移送裁判所でなされた観護措置決定，審判開始決定，試験
観察決定等は，移送によってはその効力を失わない（平場 277 頁，市村 38 頁，司
研概説 30 頁，講義案 106 頁等）。移送が見込まれる場合には審判開始決定をしない
が，同決定後移送する場合には，受移送裁判所で新たに調査・審判を行うため
に，審判開始決定を取消したうえ，移送するのが一般的取扱である（中島ほか
18 頁，講義案 106 頁。審判開始決定取消しにより選任した国選付添人は選任要件を失うこと
に留意すべきである）。また，試験観察の決定（25 条）を取消さないで移送すると，
担当調査官は他庁の事件の試験観察を行い，その結果・意見を所属以外の裁判
所に報告するという組織上の問題が生じるうえ，実質的にも試験観察は不可能
となる。そこで，移送する場合には，特に継続する合理性がない限り試験観察
決定を取消しておくのが相当である（中島ほか 15 頁，講義案 106 頁）。

　移送決定は，保護の適正を図る趣旨で認められ，民訴 22 条のように受移送
裁判所を拘束しないので，受移送裁判所は，事情の変更等で必要が認められれ
ば，更に他の管轄裁判所への移送，移送裁判所への逆移送も可能である（市村
37 頁，団藤＝森田 65 頁，司研概説 29 頁，中島ほか 11 頁，講義案 107 頁。逆移送消極，柏

第1節　通　則　　　　　　　　　　　　　　　第5条の2（規第7条の2）

木53頁）。しかし，移送を繰返すことは，調査・審判の遅延，少年に対する手
続的負担などを伴うのでその必要性は十分慎重に吟味されるべきである。

7　身柄事件を移送する場合の取扱

　観護措置期間は，原則，最長4週間（17条4・9項）で（⇨17条注釈8），移送が
なされても変わりがない。従って，移送裁判所は，移送相当の事件について，
受移送裁判所における観護措置期間内の調査・審判に支障を来さないように，
できるだけ早期に移送決定するように留意し，決定後は速やかに記録を整理し
て送付すべきである（中島ほか24頁）。2週間の期間満了前に移送決定すること
を疑問とする見解（条解〔船山〕51頁）もあるが，実務上は早期に移送決定が行わ
れている。なお，かつては，速やかに記録送付をしても若干の期間を要するこ
とを理由に，移送裁判所において観護措置更新決定を行う運用が広く行われて
いたが（中島ほか25頁注(2)），現在，そのような運用はあまりみられないよう
である。移送決定は，事件の係属を移転させるにすぎないから，収容中の少年
の身柄を移動させる効力はなく，移動させるには，別に少年鑑別所指定変更決
定（規20条3項）を行い，その執行をする必要がある（司研概説30頁，講義案106頁）。

8　決定の告知

　移送決定については，相当と認められる方法での告知が認められ（規3条4
項前段），在宅事件では，書記官名による決定通知書を作成し，これを少年及び
保護者宛に送付するのが多数庁の取扱である。身柄事件では，少年鑑別所長宛
に決定書謄本を送付すれば足りると解されるが（中島ほか28頁），観護措置審問
において裁判官が少年に移送決定を告知する扱いも多い。

（被害者等による記録の閲覧及び謄写）

第5条の2　①　裁判所は，第3条第1項第1号又は第2号に掲げる少年
　に係る保護事件について，第21条の決定があつた後，最高裁判所規則
　の定めるところにより当該保護事件の被害者等（被害者又はその法定代
　理人若しくは被害者が死亡した場合若しくはその心身に重大な故障があ
　る場合におけるその配偶者，直系の親族若しくは兄弟姉妹をいう。以下
　同じ。）又は被害者等から委託を受けた弁護士から，その保管する当該
　保護事件の記録（家庭裁判所が専ら当該少年の保護の必要性を判断する
　ために収集したもの及び家庭裁判所調査官が家庭裁判所による当該少年

99

第5条の2（規第7条の2）　　　　　　　　　　　　　　　　第2章　少年の保護事件

の保護の必要性の判断に資するよう作成し又は収集したものを除く。）
の閲覧又は謄写の申出があるときは，閲覧又は謄写を求める理由が正当
でないと認める場合及び少年の健全な育成に対する影響，事件の性質，
調査又は審判の状況その他の事情を考慮して閲覧又は謄写をさせること
が相当でないと認める場合を除き，申出をした者にその閲覧又は謄写を
させるものとする。
②　前項の申出は，その申出に係る保護事件を終局させる決定が確定した
後3年を経過したときは，することができない。
③　第1項の規定により記録の閲覧又は謄写をした者は，正当な理由がな
いのに閲覧又は謄写により知り得た少年の氏名その他少年の身上に関す
る事項を漏らしてはならず，かつ，閲覧又は謄写により知り得た事項を
みだりに用いて，少年の健全な育成を妨げ，関係人の名誉若しくは生活
の平穏を害し，又は調査若しくは審判に支障を生じさせる行為をしては
ならない。

（記録の閲覧又は謄写の申出の際に明らかにすべき事項・法第5条の2）
規則第7条の2　法第5条の2第1項の申出は，次に掲げる事項を明らかにし
てしなければならない。
1　申出人の氏名，名称又は商号及び住所
2　閲覧又は謄写を求める記録を特定するに足りる事項
3　申出人が法第5条の2第1項の申出をすることができる者であることの
　基礎となるべき事実
4　閲覧又は謄写を求める理由

1　本条の趣旨

　平成12年改正により，被害者への配慮等の充実の観点から9条の2・31条
の2と共に新設された。少年保護事件においても，被害者等から，損害賠償請
求等の権利行使のために，事件の記録について閲覧・謄写を求められる場合が
あり，実務においては規則7条1項の許可により，そのような希望に応えてき
た。前記改正により被害者等による記録の閲覧及び謄写の手続を明記し，被害
者等が閲覧・謄写を一層希望しやすくすると共に，被害者等に対する配慮の充
実が図られた。更に平成20年改正により，記録の対象範囲が拡充され，閲覧
等の要件が緩和がされた。本条，9条の2及び31条の2は，いずれも被害者
側からの申出を手続上の要件としているが，その立法趣旨を考慮して，裁判所

100

第1節　通　則　　　　　　　　　　　　　　第5条の2（規第7条の2）

は，リーフレット等を準備して制度の存在の周知を図ると共に，重大事件の被害者等に対しては，個別の案内を行っている。なお，事件の記録の閲覧・謄写について36条の委任を受けて規則7条に総則的な規定があるため（⇨規則7条注釈），本条はその特則を法律で定める形となった。基本的には，刑事手続における犯罪被害者保護法3条と同趣旨の規定であり，同条及び関係規則の解釈運用が基本的に参考とされるべきである（同法について，龍岡，今崎ほか。その平成19年改正法について，白木）。しかし，本条については，「少年の健全な育成に対する影響，事件の性質，調査又は審判の状況」が考慮要素に挙げられている（本条1項）ことからも明らかなように少年保護手続の特質（⇨序説・1条注釈・本章前注）にも配慮した運用が心掛けられなければならない（本条も含めた解説として川口（宰）b 28頁。平成20年改正について，飯島ほか15頁以下）。

2　概　　要

（1）**対象事件の種類**　犯罪少年（3条1項1号）及び触法少年（同2号）に係る事件であり，虞犯少年に係る事件は含まれない。

（2）**被害者等**　被害者とは，「犯罪により害を被つた者」（刑訴230条）であり，少年の犯罪又は触法行為により直接の被害を受けた者である。法人も含まれ，代表者が申出をすることになる（規7条の2第1号の「名称」は法人のそれを含むものと解される）。閲覧・謄写を申出ることができるのは，本来被害者又はその法定代理人であろうが，生命・身体犯などの被害ではその申出が不能又は困難になる場合もあるので，被害者が死亡した場合若しくはその心身に重大な故障がある場合には，その配偶者，直系親族若しくは兄弟姉妹にも申出を認めている（本条1項。いずれも，損害賠償請求権等を行使できる地位にあり，犯罪被害保護3条と同様の範囲である）。

（3）**対象となる記録の範囲**　本条の閲覧・謄写は，平成20年改正前は「非行事実に係る部分」に限定されていたが，被害者等から少年の身上，経歴等についても対象とすべきである等の要望もあり，このような心情は犯罪被害者等基本法（以下「基本法」という）の趣旨からも尊重すべきであるので，同改正により，家庭裁判所の保管する保護事件の記録全体が対象とされた。但し，「家庭裁判所が専ら当該少年の保護の必要性判断のため収集したもの及び調査官がその判断に資するよう作成し又は収集したもの」である社会記録（⇨8条注釈6(3)）については，要保護性に関する調査によるもので，少年や保護者等関係者

101

のプライバシーに深く関わる内容を含むため，対象から除外されている。この結果，少年の身上経歴に関する供述調書や審判調書，少年の生活状況に関する保護者等の供述調書等についても，その対象となるなど範囲が拡大された。

(4) **申出の時期**　当該事件について，審判開始決定 (21条) がなされた後，終局決定が確定した後3年が経過するまでの間である (本条2項)。始期を審判開始決定後としたのは，規則7条2項にならったものであり，審判不開始で事件が終了した場合には，本条ではなく，規則7条1項によることになる (川口(宰) b 30頁)。3年を限度としたのは，民事の損害賠償請求権の時効期間などを考慮したものとされている。

(5) **閲覧・謄写の要件の緩和**　平成19年改正前には申出に正当な理由が必要とされており，単に被害者等が事件の内容を知りたいとの理由だけでは認められないこととされていたが，被害者等が事件の内容を知りたいという心情は当然であって，基本法の趣旨からも十分尊重すべきであり，犯罪被害者保護法も同改正で被害者等の閲覧・謄写は原則認められるようにその要件が緩和されている (同法3条)。そこで，被害者等には原則として対象記録の閲覧・謄写を認めるものとしたうえ，例外的に，閲覧又は謄写を求める理由が正当でないと認める場合，少年の健全育成等から閲覧又は謄写させることが相当でないと認める場合に限って閲覧・謄写を認めないこととした。この結果，より緩やかに被害者等の閲覧・謄写が認められることとなった。

(ア) **正当でないと認める場合**　例外とされている「閲覧又は謄写を求める理由が正当でないと認める場合」として，被害者等が，加害者又はその関係者への報復や不当な働掛け (暴走族等の抗争事件などにみられる) に必要な情報を得る目的がある事例が挙げられている。

(イ) **相当性**　例外とされる「少年の健全な育成に対する影響，事件の性質，調査又は審判の状況」等から「閲覧又は謄写させることが相当でないと認める場合」とは，少年の健全な育成を妨げ，関係人の名誉・生活の平穏を害し，あるいは調査・審判に支障を来すなど不当な影響が生じる虞がある場合と解されている。前者の例として，(ア)のような対立抗争を煽る危険性がある場合，特殊な人的関係 (少年への性的虐待，保護者の夫婦関係等) が非行の原因となっており，それが具体的に記載された部分，少年や保護者，親族の前科内容，家庭内の秘密等のプライバシーに深く関わる事項の記載などが挙げられている。後者につ

第1節　通　則　　　　　　　　　　　　　　　　第5条の2（規第7条の2）

いては，後に被害状況等についての証人尋問が予定されている被害者等が事前
に記録内容に触れることによって証言等への悪影響が考えられる場合，その他，
模倣性が高く，未だ広く知られていない犯罪方法が具体的に記載されている場
合（例えば毒劇物の生成・使用方法等）なども，不当な影響が生じる虞がある場合
として挙げられている。終局処分前では調査・審判への支障の虞がある場合は
少なくないと思われるので慎重な判断が要求されよう。

　(6)　**職権判断**　　刑事事件の場合と異なり，裁判所は，本条の申出があった
場合には，少年や付添人，検察官の意見を聴く必要はない（犯罪被害保護3条1
項参照）。少年保護事件は対立当事者構造をとるものではなく，裁判所の後見
的・裁量的な判断に委ねることで適正な判断がなされると期待し得るからであ
る。従って，本条の申出に対して，裁判所が閲覧・謄写を許可しなかった場合
でも，申出をした被害者等は，抗告等の不服申立はできない。もっとも，運用
上，関係者の意見を聴いたうえで判断することは可能であり，裁判所の気付か
ない弊害や支障等が窺われるような場合には，そのような運用が望ましい場合
もあろう。

　3　申出手続

　被害者等は，申出に際して，裁判所が申出の許否を判断できるようにするた
め，①申出人の氏名，名称又は商号（法人・団体等）及び住所，②閲覧又は謄写
を求める記録を特定するに足りる事項，③申出人が申出をすることができる者
であることの基礎となるべき事実，④閲覧又は謄写を求める理由を明らかにし
なければならない（規7条の2）。犯罪被害者保護法3条，同規則2条と同趣旨
の規定であり，①②③については申出人と被害者等との同一性確認，確実な記
録の検索ができればよく，④についても裁判所の許否の判断が行える事項が明
らかになればよいから，詳細な特定や記述等までは不要である。なお，明文は
設けられなかったが，犯罪被害者保護規則5条（速やかな対応）の趣旨は少年事
件の運用にも当然及び，同規則6条の閲覧等に伴う措置等もとることができる
ものと解される。

　4　不当な影響の防止

　記録の閲覧又は謄写をした者は，正当な理由なく閲覧・謄写によって知り得
た少年の氏名その他少年の身上に関する事項を漏らしてはならず，かつ，閲
覧・謄写によって知り得た事項をみだりに用いて，少年の健全な育成を妨げ，

103

関係人の名誉若しくは生活の平穏を害し，又は，調査若しくは審判に支障を生じさせる行為をしてはならない（本条3項）。閲覧・謄写で知り得た情報の用い方によっては，不当な影響を引き起こす場合があるので，その濫用を防止するための条項である。被害者等が本項に違反して，関係人（被害者，目撃者は勿論，証人となった者等も含め少年保護事件に関係があった者全てを含む）に損害を与えた場合は不法行為（民709条）による損害賠償，関係人の名誉を毀損した場合は名誉毀損罪（刑230条）が成立する場合があり，代理人となった弁護士については懲戒事由ともなり得ると考えられる。また，その後の閲覧・謄写，処分結果の通知（31の2）等を制限する理由となろう。犯罪被害者保護法3条3項と同趣旨の規定といえるが，少年に関する情報の不当な開示は，可塑性に富む少年を傷つけその立直りを阻害するのみならず，少年事件においては，公表されないという関係者との信頼関係の下で調査・審判が行われているため，その事件のみならず，その後の他の事件における調査・審判の円滑な遂行にも支障を来しかねないことを銘記すべきである。

> **（閲覧又は謄写の手数料）**
> **第5条の3** 前条第1項の規定による記録の閲覧又は謄写の手数料については，その性質に反しない限り，民事訴訟費用等に関する法律（昭和46年法律第40号）第7条から第10条まで及び別表第2の1の項の規定（同項上欄中「（事件の係属中に当事者等が請求するものを除く。）」とある部分を除く。）を準用する。

　前条の閲覧・謄写の手数料について定めた規定である。民事訴訟費用等に関する法律を準用することとされている。

第2節　通告，警察官の調査等　　　　　　　　　　第6条（規第8条・第9条）

第2節　通告，警察官の調査等

> **（通告）**
> **第6条**　①　家庭裁判所の審判に付すべき少年を発見した者は，これを家庭裁判所に通告しなければならない。
> ②　警察官又は保護者は，第3条第1項第3号に掲げる少年について，直接これを家庭裁判所に送致し，又は通告するよりも，先づ児童福祉法（昭和22年法律第164号）による措置にゆだねるのが適当であると認めるときは，その少年を直接児童相談所に通告することができる。
> **規則第8条**　第8条掲出
> **（通告の方式・法第6条）**
> **規則第9条**　①　家庭裁判所の審判に付すべき少年を発見した者は，家庭裁判所に通告するには，審判に付すべき事由のほか，なるべく，少年及び保護者の氏名，年齢，職業及び住居（保護者が法人である場合においては，その名称又は商号及び主たる事務所又は本店の所在地）並びに少年の本籍を明らかにしなければならない。
> ②　前項の通告は，書面又は口頭ですることができる。口頭の通告があつた場合には，家庭裁判所調査官又は裁判所書記官は，これを調書に記載する。
> ③　第1項の場合には，前条第3項の規定を準用する。

1　本条3項の改正

平成19年改正により，本条3項は，6条の7第2項に移された。⇨6条の7注釈。

2　一般人通告

少年の健全な育成（1条）には，対象となるべき少年を発見し少年保護手続に付すことが必要である。このため捜査機関に対して全件送致が義務付けられているが（⇨42条注釈1），更に本条は，国民一般に家庭裁判所への通告義務を定め，非行少年を広く，できるだけ早く家庭裁判所に係属させることを期すと共に，少年の健全育成に対する社会一般の責任を明記したものである（平場113頁）。

105

第6条（規第8条・第9条）　　　　　　　　　　　　第2章　少年の保護事件

　通告とは職権行為を促す通知行為である。未だ権限ある官庁に係属していないものを権限ある家庭裁判所に通知して職権発動を促す点で，既に権限ある官庁に係属している事件を家庭裁判所の係属に移し，その権限行為に委ねる「送致」とは異なる。従って，通告がなされても直ちに事件が係属するわけではなく，家庭裁判所において，「審判に付すべき少年があると思料するとき」（8条1項）に，裁判官の立件命令により事件が係属することになる（早川f163頁，団藤＝森田84頁，平場151頁）。

　(1)　**通告の主体**　　「審判に付すべき少年を発見した者」である。何らかの関係で少年の保護に関係する者に限らず，広く一般人が通告でき，また通告義務を負う。このため本条1項の通告を「一般人通告」，「一般の通告」という。他の条項で送致・通告権限のある者も一般人の資格で通告をすることができる。

　(2)　**通告の対象**　　「家庭裁判所の審判に付すべき少年」である。

　(ア)　**14歳未満の少年**　　都道府県知事又は児童相談所長からの送致がない限り審判できないから（3条2項），一般人通告の対象から除外され（団藤＝森田68頁），異論もあるが（平場旧版83頁），児童相談所へ通告すべきである（平場117頁）。但し，保護者がないか，保護者に監護させることが不適当な場合に限られる（児福25条）。

　(イ)　**犯罪少年**　　通告の対象となる事件には制限がないので含まれる（団藤＝森田68頁，平場113頁）。しかし，本来，犯罪少年は，捜査機関が十分な捜査を遂げ，犯罪の嫌疑があると判断したうえで，証拠資料と併せて送致するものであり（41・42条，規8条2項），一般人は捜査権能もなく，捜査の端緒の情報以上にその少年が「罪を犯した少年」（3条1項1号）であるとの客観的・合理的な嫌疑を通常はもち得ないので，「家庭裁判所の審判に付すべき」犯罪少年を通告することは困難である。また，不十分な一般人の通告を受けると事件立件の要否判断のため，捜査機関が行うような証拠収集が必要となるが，家庭裁判所にはそのための補助機構がなく困難であるばかりか，司法機関としての性格に馴染まない。本条1項は一般人通告に全く限定を加えていないので，一般人の通告の権能自体は否定し難いが，捜査機関に通報し捜査を遂げたうえで家庭裁判所に送致してもらうのが適当である（澤登73頁）。実務上も，通告の対象となっているのは，14歳以上の虞犯少年が大半であり（実務要覧上144頁），通告された事件が証拠資料不十分，否認事件，事案が重大な場合等で捜査機関に改

106

第2節　通告，警察官の調査等　　　　　　　　　　　　**第6条**（規第8条・第9条）

めて捜査させた方がよい場合には，正式に事件を受理せず警察に連絡して捜査権の発動を促すという取扱が一般的には適当とされている（昭44・3家庭局見解・家月21・11・51。平場113頁は，捜査機関の送致があるまで通告事件の立件を延ばすのが適当とする）。

(3)　**通告の方式**　　通告は，書面又は口頭で行う（規9条2項）。通告するには，審判に付すべき事由のほか，なるべく，少年及び保護者の氏名・年齢・職業・住居，少年の本籍を明らかにしなければならない（同条1項）。処遇に関する意見を付すこともできる（規9条3項・8条3項）。通告を書面で行う場合は，これが家庭裁判所の調査・審判を促す契機となり，作成者の意思を明確にする必要があるので，作成年月日を記載し，通告者の署名押印を要する（刑訴規60・61条類推適用）。口頭による場合は，調査官又は書記官が調書（通告調書）を作成しなければならない（規9条2項）。その場合，通告者に内容を確認させ，署名押印させる（規12条2項類推適用）。

3　虞犯少年を巡る問題

(1)　**児童相談所への通告**　　14歳以上18歳未満の虞犯少年（3条1項3号）は児童福祉法上の通告（児福25条）対象者である場合があり，両者の義務が競合する場合が生じる。本条2項は，このような場合に警察官又は保護者において，家庭裁判所に送致し，又は通告するよりも，児童福祉法による措置に委ねるのが適当と認めるときは，直接児童相談所に通告することができる旨規定し，その調整を図ったものである（団藤＝森田69頁）。児童福祉法による措置に委ねるのが適当か否かの第一次的判断は，通告しようとする者に委ねられる。もっとも，児福25条による通告を受けた児童相談所長が家庭裁判所の審判が適当と認めれば，都道府県知事に報告し，知事又はその委任を受けた児童相談所長から家庭裁判所に送致することができる（児福26条1項1号・27条1項4号・32条1項）。児福25条の通告が相当なのは，対象少年の性格・環境に照らし罪を犯す危険性が低く，少年の行動の自由制限の必要がなく，保護者が少年の措置に協力的であるなど，福祉的な措置を優先すべき場合，あるいは，少年法の措置（17・25・24条等）を必要としない場合と考えられる（団藤＝森田70頁，澤登74頁）。

(2)　**警察官による虞犯送致**　　司法警察員が，少年の被疑事件について捜査を遂げた結果，犯罪の嫌疑が認められない場合でも虞犯を構成する（⇨3条注釈4）と認めたときは，家庭裁判所に虞犯事件として送致できる（41条）。街頭補

107

第6条（規第8条・第9条）　　　　　　　　　　　　　　　　　　　第2章　少年の保護事件

導，少年相談等（少警7・8条）を通じて発見された虞犯少年については，送致できるのは41条適用の場合のみで，最初から虞犯少年とされた者は通告によると解されていた（柏木165頁，平場旧版75頁等）が，行政警察権能が明確化された現在では，送致・通告いずれもなし得るとするのが多数説・実務運用とされている（昭35・12・13家庭局長回答・家月13・1・201，団藤＝森田68頁，亀山＝赤木78頁，平場110頁）。しかし，警察官の街頭補導等の防犯活動は警察の行政権能で，その過程で発見した事件（虞犯）を家庭裁判所の係属に移しその権限に委ねるのは「送致」そのものであり，口頭でもよい簡易な手続の一般人通告（本条1項）によるのは相当ではないこと（条解〔菊地〕56頁），本条2項が送致主体を司法警察員とせず「警察官」としたのも防犯活動の結果を警察官の立場で送致できることを示していることから（平場111頁），送致を原則とすべきである。そこで，行政警察活動で発見した虞犯少年も送致によるべきで，送致手続をとる暇のない緊急やむを得ない例外的場合にのみ通告も否定されないと解すべきである（警察庁防犯課少年係回答要旨・家月13・1・201。原則送致とし，緊急同行状発付を求める際の緊急連絡は通告によるとしている）。この点については，平成19年改正に伴い，規則8条1項の送致主体に警察官が追加され，規則上も明確にされた。また，通告による場合も，虞犯事由等を認定するためには裏付となる資料が必要となるから，参考となる資料を送付する取扱がなされるよう警察との間で運用上の申合せをしておくことが望ましい（昭43・2家庭局見解・家月20・11・132，実務要覧上123頁）。

(3)　**電話等による口頭通告の可否**　　緊急に保護を要する虞犯少年を発見した場合でも，少年保護手続では，緊急同行状（12条）以外，身柄確保の方法がないが（児福33条で一時保護が認められているのと異なる），緊急同行状発付には家庭裁判所への事件係属が必要である（⇨12条注釈2(4)）。そこで，電話による口頭通告で家庭裁判所に事件を係属させ緊急同行状を直ちに発付できるかが問題となる。

積極説は，少年の保護を図るべき極めて高い緊急性が認められる場合でも拱手傍観しなければならないのでは，少年の健全育成（1条）の観点から問題であることから，口頭の通告として許容できるか否かの問題と，それを肯定したうえで「審判に付すべき少年がある」（8条1項前段）と認めて立件できるか，緊急同行状発付の要件を認められるかという司法的判断とを区別する必要があ

108

第2節　通告，警察官の調査等　　　　　　　　　　　　　　　　　　　　第6条の2

るとし，電話の場合，担当者が直接面前で通告を受理しないことによる手続上
の不確実性の問題はあるが，通報者・通報内容（虞犯事由・虞犯性）が明確に特
定されていること（特定性・明確性），緊急に身柄を確保しなければ，保護の機
会を失し，少年が再非行に陥る危険性が顕著であること（緊急性），家庭裁判所
から遠隔地・深夜・交通不便等で，他の方法によることが期待できないこと
（必要性・相当性）の各要件が全て満たされる場合に限って口頭の通告として許
容できるとする（豊田(健)a 30頁，平場178頁，亀山＝赤木79・162頁，司研概説32頁，
条解〔菊地〕57頁，実務要覧上123頁，昭44・3家庭局見解・家月21・11・82）。消極説は，
通告者・通告内容を面前で確認（規9条2項）できないから手続の確実性を害し，
少年に対する人権保障を害する虞があるとする（松澤175頁，団藤＝森田115頁，
佐々木a 101頁，山本128頁，多田(周)㊥21頁）。積極説が妥当であるが，できるだ
け速やかに証拠書類など資料を追完させ，緊急同行状発付の要件充足を再確認
するなどの慎重な運用が望ましい（早川i 223頁）。積極説に立つと電話による通
告も，通告調書を作成すべきことになる（規9条2項後段）。電話聴取書自体を
通告調書に代える場合でも通告調書に相当するものとして所定の方式を履践し
たものが必要であるが，通常の口頭通告の場合に求められる通告者の署名押印
は不要である（実務要覧上123頁）（裁判例として，高松家決昭46・8・25家月24・4・
246〔百選25〕）。

　この問題に関連してファクシミリによる通告の可否も問題となり得る。ファ
クシミリは電話回線を経由する書面の写によるので，対面性が欠ける点は共通
するが，通告者，通告内容，証拠書類等の確認も容易であり，原本の追完が遅
滞なくなされれば弊害も少ない。しかし，反面，電話と異なり問答の中で口頭
で補足することができないこと，誤送付などの問題点もあり，実務上もファク
シミリ利用文書から通告書等の重要な文書は除かれているので，当面は，電話
通告の際の補助的な手段と考えるべきであろう。今後は，緊急の事態等必要が
ある場合にはファクシミリ（更に，電子メール等）の有効な活用も検討課題とい
えよう。

（警察官等の調査）
第6条の2　①　警察官は，客観的な事情から合理的に判断して，第3条
　　第1項第2号に掲げる少年であると疑うに足りる相当の理由のある者を

109

発見した場合において，必要があるときは，事件について調査をすることができる。

② 前項の調査は，少年の情操の保護に配慮しつつ，事案の真相を明らかにし，もつて少年の健全な育成のための措置に資することを目的として行うものとする。

③ 警察官は，国家公安委員会規則の定めるところにより，少年の心理その他の特性に関する専門的知識を有する警察職員（警察官を除く。）に調査（第6条の5第1項の処分を除く。）をさせることができる。

1 本条の趣旨

本条は，平成19年改正により設けられた触法少年の事件に対する警察官等による調査手続についての規定である。

触法少年（3条1項2号）は，刑事未成年（刑41条）で有責性が欠けるため，従前，「犯罪」捜査（刑訴189条2項・191条参照）はできないと解されてきた（酒巻c3頁参照）。このため，警察においては警察法2条を根拠として任意調査のみを行ってきた（酒巻d28頁）。しかし，殺人等の極めて重大な事件でも14歳未満の者による場合には，その逮捕・勾留等はできず，証拠物等の捜索・押収による収集，被害者の死因解明のための司法解剖等もできなかった。また，その調査権限の具体的な根拠が少年法上明らかでなかったため，関係者の協力を得られないなど，事実解明に困難を伴う場合があった（滝澤33頁）。その結果，触法事実の有無に関する証拠が十分に収集できない事例や家庭裁判所に送致された場合でも触法事実の証拠資料が十分ではない場合もみられ，実務上問題となっていた。本条は，このような問題点を改善し，事案の真相解明を図るための警察の調査権限を明確にしたものである（事案の真相解明の意義について⇨1条注釈1(2)）。この点について，児童相談所や家庭裁判所の調査によるべきだとする異論もみられたが，児童相談所による調査は，児童や保護者等の状況等を知り，それによって児童や保護者等にどのような処遇が必要かを判断するため，主に児童福祉司や児童心理司が中心となって，児童の状況・家庭環境・生活歴や生育歴，過去の相談歴，地域の養育環境等の事項を調査するもので，非行事実の有無や内容を解明することを直接目指したものではない。また，家庭裁判所は，事件受理しなければ調査はできないので事件認知直後から能動的な証拠収集を

第2節　通告，警察官の調査等　　　　　　　　　　　　　　　　　第6条の2

行うことは困難であり，事件受理後の調査官による調査も犯罪捜査における証拠収集とは基本的に異なる（⇨8条注釈6）。他方，触法少年の非行事実の認定も有責性が欠ける点以外は，犯罪少年の場合と異ならないので，適正な事実認定のためには，裏付証拠等も含め犯罪捜査の場合と同様の証拠収集が求められる。このような証拠収集のためには，犯罪捜査に関して十分な専門的知識と経験を有している警察の活動が必要・有効である（なお，当初の法案では虞犯少年についての調査権限の明示も含まれていたが，衆議院の審議で調査権限の及ぶ範囲が不明確で過度に拡大する虞があるなどとの懸念が示されたこと，虞犯少年の調査は任意調査に限られ，従前の在り方を変更する趣旨ではなかったことから，修正により削除された。このため，虞犯少年の任意調査は従前通り警察法2条に基づいて行われている。久木元ほか12頁）。

　なお，本条以下の触法事件の調査に関する規定（6条の2〜6）の新設と共に，少年警察活動規則も改正され，詳細な規定（少警15〜26条）が設けられている。

2　1項関係

（1）**調査の主体**　調査の主体は警察官である。触法少年の事件の調査は，刑罰法令に触れる行為を対象とするため犯罪捜査と同じ側面があり，また，犯罪の予防という警察の責務（警2条）と密接に関連するため，これまでも警察が触法少年の事件について調査を行ってきた蓄積により，専門的知識と経験を有していることに着目したものである。

（2）**調査の対象**　基本的には，非行事実の存否及び内容（原因及び動機を含む）が中心になるが，要保護性に関する事項も含まれる。児童相談所への送致・通告を行うか否かなど警察がとるべき措置の選択，処遇意見の決定（実務上，児童相談所への通告にも処遇意見を付している。家庭裁判所への送致につき規8条3項参照）などのため，非行事実以外の事情（少年の性格，行状，経歴，教育程度，環境，家庭の状況，交友関係等）も，従来から調査の対象とされていること（犯捜規205条等），これらの事情は児童福祉機関や家庭裁判所の調査や処遇選択等にも必要かつ有益な資料となるが，暴力団や暴走族との関わりの有無・状況，補導歴・内容等，警察の調査によらなければ明らかにすることが困難なものもあること，犯罪捜査において情状に関する資料の収集が行われていることとの均衡などから触法事件の調査の対象は非行事実に限定されないと解されるからである。

（3）**調査の要件**　「客観的な事情から合理的に判断して」触法少年である

111

と「疑うに足りる相当の理由のある者を発見した場合」とは，単に警察官が主観的に嫌疑を抱く程度では足りず，客観的な事情から合理的に判断して，14歳未満の少年と刑罰法令に触れる行為との結付き等が存在すると思料されることが必要という意味である。「必要があるとき」とは，当該少年につき，少年法や児童福祉法上の措置の要否を明らかにするために必要があるときをいう。調査の必要性の判断は，調査権限を有する警察官が行う。調査の要件については，当初の法案で単に触法少年である「疑いのある者」とされていたのを衆議院の審議によって追加された。いずれの要件も，触法少年に限らず，個人に対する捜査・調査等の警察権限行使にあたって性質上当然に要求され，運用上も励行されていると思われるが，慎重な運用の確認的規定と解される（酒巻 e 11頁，廣瀬 p 4 頁）。

3　2 項 関 係

(1)　**調査の目的**　　犯罪捜査は，刑訴法に基づいて事案の真相を明らかにし，刑罰法令の適正かつ迅速な適用実現を目指す（刑訴 1 条）。触法少年は，刑事責任がないため犯罪捜査とは異なり，調査は，専ら児童福祉法，少年法等に基づく少年の健全な育成のための措置に資することを目的として行われる。しかし，少年法においても事案の真相解明は当然要請されている（⇨1 条注釈 1 (2)）。そこで本項が，調査の法律上の位置付けを明らかにするための目的規定として置かれた。「少年の健全な育成のための措置」とは，家庭裁判所の少年法に基づく保護処分等の措置（24・18 条のほか，保護的（教育的）措置（⇨19 条注釈 4）を含む）のほか児童相談所長等による児童福祉法上の措置及び家庭裁判所送致の措置（児福 27 条 1 項 4 号）等も含むものと解されるが，触法少年には刑事責任がないので検察官送致決定（20 条）は含まれない。なお，本条の調査目的の「少年の健全な育成」は，1 条の基本理念を確認した点では当然の文言であるが（犯捜規 203 条参照），「事案の真相を明らかに」することが「少年の健全な育成」に資することを文理上確認した点で意義があるといえよう（少警 15 条 1 項参照。⇨1条注釈 1 (2)，規 1 条注釈）。

(2)　**調査の際の配慮事項**　　「少年の情操の保護に配慮しつつ」調査を行うとは，少年の年齢・成長の程度，少年の理解力・表現能力などに配慮し，少年の情操保護と事案の真相解明の要請の双方を考慮した調査がなされるべきことを示している（久木元ほか 16 頁）。少年の情操保護は少年事件全般に要請されるも

第2節　通告，警察官の調査等　　　　　　　　　　　　　　　　　　　　　　　　第6条の2

のであるが（規1条2項，犯捜規204条），触法少年は14歳未満という年少さから類型的に傷つきやすくその必要性が高いため十分な配慮を求めた注意的な規定といえよう（少警15条2項参照。廣瀬p4頁。⇨規1条注釈）。

4　3項関係

(1)　**本項の趣旨**　　従前から，警察が行っている調査においては，警察官だけでなく，「少年補導職員」と呼ばれる警察官以外の警察職員が，少年の心理その他の特性に関する専門的知識やカウンセリングに関する技能等を生かして少年の事情聴取を行うなどの調査に従事しており，重要な役割を果たしている（久木元ほか16頁）。このような警察職員の専門的知識・技能の活用は，少年の特性に一層配慮した調査を期待することができ，事案の真相解明，少年の情操保護上も有効と考えられる。このような従来の調査の実情を踏まえると共に，少年の特性に一層配慮した調査を行うため，警察官以外の専門性のある警察職員も調査に従事できることとしたものである。

(2)　**「少年の心理その他の特性に関する専門的知識を有する警察職員」**　　基本的には，少年警察活動規則の「少年補導職員」を念頭に置いたものである。「少年補導職員」とは，「少年相談，継続補導，被害少年に対する継続的な支援その他の特に専門的な知識及び技能を必要とする少年警察活動を行わせるため，当該活動に必要な知識及び技能を有する都道府県警察の職員（警察官を除く。）のうちから警察本部長（警視総監及び道府県警察本部長をいう。）が命じた者」である（少警2条11号）。大半の都道府県警察において，その採用資格を設定しており，臨床心理士，教員免許，児童福祉司の任用資格等を有する者，教育，心理学，福祉等を専門として大学を卒業している者等も相当数在職している。また，これらの職員は，警察大学校等において特別の教育訓練を受けており，問題を抱える少年に対して指導・助言を行う専門家グループの中でも重要な地位を占めている（久木元ほか17頁）。

なお，本項の委任により，「少年法第六条の二第三項の規定に基づく警察職員の職務等に関する規則」（平成19年国家公安委員会規則第23号）が制定されており，同規則1条では，少年補導職員のうちから，低年齢少年（14歳に満たない者をいう）に対する質問その他の職務に必要な事項に関する教育訓練を受け，専門的知識を有する者として警察本部長が本条3項に規定する警察職員に指定した者は，上司である警察官の命を受け，触法少年事件の原因，動機，当該少年

113

第6条の3   第2章　少年の保護事件

の性格，行状，経歴，教育程度，環境，家庭の状況，交友関係等を明らかにするために必要な調査を行うことができる旨規定されている。もっとも，「事件の事実」を明らかにするための調査は，犯罪構成要件等の専門的知識・経験を有する警察官のみが当たるべきであるから，同条の規定上除かれている。

(3)　**専門警察職員に対する警察官の指示命令**　「調査をさせることができる」とは，調査権限の主体である警察官の指示命令により調査を行わせることができるとの意味である。調査は本来警察官の権限であり，一定の警察職員が調査対象となる少年を発見した場合には個別に警察官の判断を仰ぐべきものであるから，警察官が事前に警察職員に対して調査を命じておくことは許されず，事件ごとに命を受ける必要があると解される（久木元ほか18頁）。

(4)　**専門警察職員による調査の対象**　本項により，警察職員にさせることができる調査は，任意調査のみである。強制調査（6条の5第1項）は，適正手続がより強く要請され，刑訴法の規定が準用されるため（同2項），その主体については，刑訴法等の手続について十分な知識と経験を有する警察官に限定されている（同1項）。

（調査における付添人）
　第6条の3　少年及び保護者は，前条第1項の調査に関し，いつでも，弁
　　護士である付添人を選任することができる。

1　本条の趣旨

本条は，触法少年の事件の調査に関し，少年及び保護者が，弁護士である付添人（弁護士付添人）を選任できることを定めるものであり，平成19年改正（衆議院の修正で追加）により設けられた（久木元ほか23頁）。

改正前においても，触法少年の事件に関し，警察の調査の段階では，少年及び保護者が民事上の代理人として弁護士を依頼して法的なアドバイスを求めることは可能であった（久木元ほか22頁）。しかし，従前，警察の調査段階での付添人選任の規定は存在せず，依頼された弁護士には少年法上の付添人（10条）の地位は認められず，少年が弁護士を依頼するには保護者等の同意が必要であった（民5条1項）。

平成19年改正では，触法少年の事件に警察の強制調査（6条の5）権限を認

114

第2節　通告，警察官の調査等　　　　　　　　　　　　　　　　　　　　第6条の3

めていることなどから，少年の利益のより一層の擁護を図るため，少年及び保
護者が弁護士付添人を選任できることとしたものである。本条により，選任さ
れた弁護士に少年法上の付添人としての地位（⇨10条注釈）を与えると共に，
少年が単独でも付添人を選任できることとなり，少年の利益擁護及び少年の健
全な育成に資することとなるものと考えられる。

2　要　　件

「前条第1項の調査」すなわち，触法少年の事件の調査に関してのみ，弁護
士付添人を選任できる。本条にいう「付添人」は，警察官の行う調査に関し，
少年に法的アドバイスを行うと共に，少年の健全育成に協力する役割を担って
おり，審判段階での付添人（10条）と基本的な役割は異ならないが（⇨10条注
釈），少年及び保護者が警察の調査段階において選任することができるのは，
弁護士付添人に限られることから，10条と異なり許可に関する規定は設けら
れていない。

また，本条では「少年及び保護者」が選任権者とされており，民法（5条）
の例外として保護者の同意がなくても少年は付添人を選任でき，保護者がこれ
を取消すことはできないと解される（久木元ほか24頁）。少年及び保護者は，事
件が家庭裁判所に係属する前「いつでも」弁護士付添人を選任できる（令和3
年改正により，付添人の選任権者が拡大されたが（10条1項），本条の付添人選任権者（少
年及び保護者）には変更がない）。

本条の付添人の選任については，付添人選任権者又は付添人から両者が連署
した付添人選任届を警察に差し出させるものとされている（少警19条。提出先は
警察署長宛が多いようである）。なお，資力がない少年には日弁連法律援助事業
（子どもの法律援助）による弁護士付添人の選任も可能である。

3　本条の付添人の権限

本条で選任される付添人の権限は，審判段階の付添人と同様であり（⇨10条
注釈），少年の利益を擁護すると共に，少年の健全な育成に協力する役割を担
っているので，少年に対して，法的な説明・助言等をするほか，調査の段階で
警察官が行った少年に対する押収等の処分（6条の5第1項）に関し準抗告（刑訴
430条以下）をすることもできる（久木元ほか24頁）。本条の付添人は，警察官の
「調査に関し」選任されるので，その調査に関して活動することができ，その
範囲内において権限を有する。事件が児童相談所へ通告・送致された後も，警

115

第6条の4   第2章　少年の保護事件

察官の調査が現に継続し，又は以後も調査が行われる可能性がある限りは，付
添人の活動は可能であり，その選任の効力は失われないと解される（久木元ほ
か25頁）。もっとも，本条の付添人は「調査に関し」選任されるものであるの
で審判段階の付添人（10条）として活動するためには，改めて付添人選任届
（規14条2項）の提出を要する（小田ほか137頁）。また，児童福祉法上の措置等
に対する活動には代理人としての委任が別途必要と思われる。

> **（呼出し，質問，報告の要求）**
> **第6条の4**　①　警察官は，調査をするについて必要があるときは，少年，
> 　保護者又は参考人を呼び出し，質問することができる。
> ②　前項の質問に当たつては，強制にわたることがあつてはならない。
> ③　警察官は，調査について，公務所又は公私の団体に照会して必要な事
> 　項の報告を求めることができる。

1　本条の趣旨

　本条は，触法少年の事件に関し，警察官による呼出し，質問，公務所等への
照会という，任意の調査権限について規定するもので，平成19年改正により
設けられた。

　触法少年の事件について，事案の真相を解明するためには，少年及び保護者
は勿論，被害者や目撃者など非行事実等について事情を知っている関係者から
事情を聴取することが不可欠である。このような事情聴取は，前記改正以前も
警察の調査の中心部分を占めており（久木元ほか27頁），その結果得られた申述
内容は，家庭裁判所の審判や児童相談所の措置の決定等にあたって有効に活用
されていた。また，少年の身上関係，非行事実を裏付ける事実関係等について，
公務所又は公私の団体に対し報告を求める必要がある場合がある。しかし，改
正以前は，いずれも少年法上の根拠規定がなかったため，呼出しや事情聴取，
報告等への相手方の協力を得られず事案の解明に困難を来す場合もあった（久
木元ほか27頁）。そこで，円滑かつ効果的な調査ができるようにするため，警察
官の呼出し，質問及び公務所等に対する照会の権限を明確化する本条が設けら
れた。

116

第2節　通告，警察官の調査等　　　　　　　　　　　　　　　　第6条の4

2　対象事件

　対象事件は，触法少年の事件に限られるが，虞犯少年についても同様の任意の調査は従前通り可能である（久木元ほか28頁。⇨6条の2注釈1）。

3　2項関係

　本項は，衆議院の審議により追加されたもので，1項の警察官による質問にあたって強制にわたることがあってはならない旨を規定した（久木元ほか28頁）。この質問は，任意のもので応じる義務を負わせるものではない。任意処分の場合に強制が禁止されるのは，刑訴法，少年法を通じて当然の事柄であるが（規1条2項，刑訴319条1項・325条参照），本条の調査対象者が特に低年齢で表現能力などが不十分で暗示や誘導にかかりやすいことなどに一層の配慮をし，その特性に相応しい対応をすることを確認するために配慮規定が注意・確認的に置かれたものである（廣瀬p4頁，久木元ほか28頁）。具体的には，事情聴取の時期・時間帯・場所，聴取に要する時間，聴取時の接し方等について少年の心身の状況から過重な負担とならないよう配慮し，やむを得ない場合を除き，保護者，児童福祉司等の立会なども考慮すべきである（滝澤33頁，服部(勇)51頁。なお，少警20条3・4項参照）。

4　3項関係

(1)　対象となる事件等　　触法少年の事件に限られるが，虞犯少年についても従前通り公務所等に対する照会を行うことができる（⇨6条の2注釈1）。本条による警察官の照会は，照会を受けた相手方に報告を法的に義務付ける（刑訴197条2項の照会と同様の性質である。久木元ほか29頁）。このため，回答者はその照会に対する報告による守秘義務違反，民事・刑事上の責任追及を免れることができると解される（東條(伸)84頁。学説について，馬場＝河村163頁参照）。

(2)　照会の対象　　警察の調査の対象は，基本的には，非行事実の存否及び内容（原因及び動機を含む）が中心になるが，少年の生活状況や学習態度等の要保護性に関する事項についても，警察がとるべき措置や処遇意見を決定するうえで必要な範囲で調査の対象になるので，それらの事項も照会の対象となる（⇨6条の2注釈2）。

第6条の5（規第9条の2）　　　　　　　　　　　　　　第2章　少年の保護事件

> **（押収，捜索，検証，鑑定嘱託）**
> **第6条の5**　①　警察官は，第3条第1項第2号に掲げる少年に係る事件の調査をするについて必要があるときは，押収，捜索，検証又は鑑定の嘱託をすることができる。
> ②　刑事訴訟法（昭和23年法律第131号）中，司法警察職員の行う押収，捜索，検証及び鑑定の嘱託に関する規定（同法第224条を除く。）は，前項の場合に，これを準用する。この場合において，これらの規定中「司法警察員」とあるのは「司法警察員たる警察官」と，「司法巡査」とあるのは「司法巡査たる警察官」と読み替えるほか，同法第499条第1項中「検察官」とあるのは「警視総監若しくは道府県警察本部長又は警察署長」と，「政令」とあるのは「国家公安委員会規則」と，同条第3項中「国庫」とあるのは「当該都道府県警察又は警察署の属する都道府県」と読み替えるものとする。
>
> **（押収，捜索，検証，鑑定嘱託・法第6条の5）**
> **規則第9条の2**　刑事訴訟規則（昭和23年最高裁判所規則第32号）中，司法警察職員の行う押収，捜索，検証及び鑑定の嘱託に関する規定（同規則第158条の2から第158条の8までを除く。）は，法第6条の5第1項の規定による押収，捜索，検証及び鑑定の嘱託について準用する。

1　本条の趣旨

　本条は，触法少年の事件の調査において，警察官が，必要な場合に，押収，捜索，検証及び鑑定嘱託を行うことができることを定めるもので，平成19年改正により設けられ，関係する規則9条の2も併せて新設された。

　触法少年の事件についても，非行事実の存否等の解明については，犯罪少年の場合と異ならず，必要かつ十分な証拠を収集し，その吟味・検討による適正な事実認定が求められる（⇨6条の2注釈1）。そのためには，例えば，犯行態様・故意等を明らかにするため凶器等の証拠物の捜索・押収，これらの物件や現場等の検証，死因究明のための死体解剖などの処分を行う必要がある場合があるが，従前，このような強制力を伴う処分をすることができず，事案の真相解明が十分にできない事例があった（滝澤33頁）。この問題点を改善するため本条が設けられたが，認められたのは，物に対する強制処分のみである。少年の逮捕・勾留等，調査のための身柄拘束は認められておらず，既存の一時保護

118

第2節　通告，警察官の調査等　　　　　　　　　　　第6条の5（規第9条の2）

（児福33条）の運用改善（改正法の参議院附帯決議6項で一時保護所の設備の改善・充実を図ることが掲げられている），具体的には，児童相談所において，少年の逃亡や罪証隠滅を防止するための態勢を整えると共に，児童相談所の調査に警察の調査結果を役立てるという観点から，警察による調査の進捗状況をも考慮して一時保護の期間を定めるなどの運用により対処することが想定されていた。しかし，このような運用改善で問題解決できるかには疑問も呈されており，この点は課題として残されたままである（川出35頁，廣瀬p4頁，川出i8頁，酒巻e12頁）。また，逮捕に伴う捜索・差押え・検証のほか，通信傍受も認められていない。

2　1項関係

（1）**対象となる事件**　本条では，触法少年の事件のみが対象とされており，虞犯少年の事件については，このような強制処分の必要性が少ないことから除外されている。触法少年の事件に限定はない。これは，傷害や窃盗など，必ずしも重大事件ではなくても，多くの事件で，盗品や凶器等の物的証拠や没取すべき物を押収する必要性があることによるものである（久木元ほか33頁）。

（2）**処分の主体**　呼出し，質問，公務所等に対する照会については，警察官の指示命令により，一定の警察職員も行うことができるが（6条の4），本条の押収，捜索，検証及び鑑定嘱託については，人権の制約に直接関わるため，刑訴法の準用により実施すること（本条2項）などから，その処分の主体が警察官に限定されている（6条の2第3項）。

3　2項関係

本項は，触法少年の事件について，警察官が押収，捜索，検証又は鑑定嘱託を行う際に，刑訴法中の司法警察職員が行う押収等に関する規定を準用することを定めている。また，刑訴法の準用に伴って関係する刑訴規則も準用されるので規則9条の2が新設された（準用される条文については，小田ほか140頁参照）。

（1）**本項で準用される刑訴法の規定**　警察官の行う押収，捜索，検証については，218（3項は除く）・219・221条・222条1・3～7項までが準用されるほか，222条1項により，押収，捜索については99条1項以下の規定が，検証については128条以下の規定がそれぞれ準用される。触法少年については身柄拘束されることはないので，身体の拘束を受けている被疑者の指紋採取等に関する218条3項や，逮捕に伴う押収，捜索，検証について定める220条・222条2項の規定等は準用されない。警察官の行う鑑定の嘱託については，223条1

119

第6条の6　　　　　　　　　　　　　　　　　　　第2章　少年の保護事件

項・225 条・同条により準用される 168 条（公判廷における鑑定人の処分に関する 5
項は除く）のほか，同条 6 項により準用される 131・137・138 条及び 140 条の
規定が準用される。調査のための少年の身柄拘束を認めないことから，鑑定留
置に関する 224 条も準用しないことを明示している。

　いずれも強制処分として行う場合は裁判官の発する令状が必要となる（刑訴
218 条 1 項準用）。

　その他，刑訴法総則の規定中押収等に関する規定（刑訴 53 条の 2 等），準抗告
（刑訴 430 条）や特別抗告（刑訴 433 条）に関する規定等も準用される（久木元ほか
34 頁）。もっとも，本条の処分を行政調査と解すれば準抗告等の準用はないこ
とになろう（酒巻 e 12 頁）。

　(2)　**押収物の還付**　　警察官が押収した押収物の還付については，本項によ
り，刑訴法の関係規定が準用され，警察官は，押収物で留置の必要のないもの
は，事件の終結を待たないでこれを還付しなければならず（刑訴 222 条 1 項・123
条 1 項），また，所有者，所持者又は差出人の請求により，仮に還付することが
できる（刑訴 123 条 2 項）。また，押収された贓物（盗品その他財産に対する罪に当た
る行為によって領得された物）で留置の必要がないものは，被害者に還付すべき理
由が明らかなときに限り，事件の終結を待たないで，これを被害者に還付しな
ければならない（刑訴 124 条 1 項）。

　警察官のした押収物の還付に関する処分に対しては，準抗告ができる（刑訴
430 条以下。久木元ほか 35 頁）。

（警察官の送致等）
第6条の6　①　警察官は，調査の結果，次の各号のいずれかに該当する
　ときは，当該調査に係る書類とともに事件を児童相談所長に送致しなけ
　ればならない。
1　第 3 条第 1 項第 2 号に掲げる少年に係る事件について，その少年の
　　行為が次に掲げる罪に係る刑罰法令に触れるものであると思料すると
　　き。
　　イ　故意の犯罪行為により被害者を死亡させた罪
　　ロ　イに掲げるもののほか，死刑又は無期若しくは短期 2 年以上の拘
　　　禁刑に当たる罪

第2節　通告，警察官の調査等　　　　　　　　　　　　　　　　　　　　　　第6条の6

>　　2　前号に掲げるもののほか，第3条第1項第2号に掲げる少年に係る
>　　　事件について，家庭裁判所の審判に付することが適当であると思料す
>　　　るとき。
>　②　警察官は，前項の規定により児童相談所長に送致した事件について，
>　　児童福祉法第27条第1項第4号の措置がとられた場合において，証拠
>　　物があるときは，これを家庭裁判所に送付しなければならない。
>　③　警察官は，第1項の規定により事件を送致した場合を除き，児童福祉
>　　法第25条第1項の規定により調査に係る少年を児童相談所に通告する
>　　ときは，国家公安委員会規則の定めるところにより，児童相談所に対し，
>　　同法による措置をとるについて参考となる当該調査の概要及び結果を通
>　　知するものとする。

1　本条の趣旨

　本条は，警察官が触法少年の事件について調査を行った結果，一定の重大な
触法事実が認められるか，又は，触法事件として家庭裁判所の審判に付するこ
とが適当と思料するときには，その事件を児童相談所長に送致しなければなら
ない旨等を定めるものであり，平成19年改正により設けられた。なお，当初
の法案では虞犯事件の調査権の規定と共に本条にも虞犯事件は児童相談所（14
歳未満）又は家庭裁判所（14歳以上）に送致する規定を設けていたが，調査権限
の修正削除に伴い送致規定も削除された（久木元ほか37頁）。

　なお，本条1項1号の対象は平成26年改正前の22条の2第1項各号の触法
事件とされていたが，平成26年改正により同条項の対象が拡大されたものの，
本条の対象まで拡大するものではないことから，同改正前と同様の内容が定め
られたものである。

　14歳未満の少年については，児童福祉機関が第一次的な措置の権限を有し，
児童福祉機関が家庭裁判所の審判に付すことが適当と認めて送致した場合（児
福27条1項4号）に限ってその事件を調査・審判することができる児童福祉機
関先議の原則がとられている（3条2項）。このため，警察が触法少年を発見し
たときは，家庭裁判所に直接送致等をすることはできないばかりか，その少年
が要保護児童と認められれば，平成19年改正前は，警察も一般人と同様の立
場で児童相談所等に通告することとされていた（児福25条）。このため，触法

121

少年は，重大事件でも児童福祉機関からの送致がなされないため，家庭裁判所では扱われず児童福祉機関限りで終局してしまう事例（廣瀬⑥22頁）や犯罪少年（14歳以上）と触法少年（14歳未満）との共犯（あるいは触法少年同士の共犯）事件で，触法少年のうち児童相談所からの送致がなされない者がおり共犯少年間の処遇の不均衡が問題となる事例も生じていた（廣瀬122頁，川出262頁）。このような場合，それらの触法事件の十分な真相解明が困難になるうえ，家庭裁判所で審判されない事件については，平成12年改正によって設けられた被害者への配慮規定（5条の2・9条の2・31条の2）の適用もなく，犯罪被害者の要請にも応えられないという問題も生じることになる。そこで，警察の調査権限に関する規定の整備（⇨6条の2注釈）と共に，それらによって行われた調査結果を活かし，関係機関において事案の真相解明を踏まえた適正な措置がとられるようにするため，本条及び次条に送致に関する規定を設けた。まず本条では，調査した警察において，単に児童福祉機関の職権発動を促す通知行為で事件係属には児童福祉機関の立件が必要となる「通告」に止まらず，当然に当該事件を児童相談所に係属させる「送致」を義務付け，次条ではその送致を受けた児童福祉機関に家庭裁判所への送致を義務付けることによって，警察官による調査の制度の実効化を図るものである。もっとも，児童福祉機関送致には例外が認められている（6条の7第1項但書）。

2　1項関係

(1)　**送致対象事件**　　本項では，触法少年の事件のうち，警察が，①行為が(i)故意の犯罪行為により被害者を死亡させた罪，(ii)その他の死刑又は無期若しくは短期2年以上の拘禁刑（令和7年6月1日までは懲役又は禁錮）に当たる罪に係る刑罰法令に触れるもの（1号），②家庭裁判所の審判に付すことが適当なもの（2号）と認めた事件が対象とされている。①は殺人，強盗，放火等の重大事件，②は，それ以外の事件であるが保護処分の必要があるなど家庭裁判所の審判が必要と認められるものである。いずれも，家庭裁判所における審判を通じた適正な事実認定・処遇選択の必要性が高い事件といってよい（久木元ほか38頁）。

(2)　**調査関係書類の送致**　　調査により作成された書類については，警察官から児童相談所長への送致の際に併せて送付される。この書類として，調査結果に関する書類，関係者の申述内容を記載した書類，押収・捜索・差押え等に

第2節　通告，警察官の調査等　　　　　　　　　　　　　　　　第6条の6

関する書類等が考えられる（久木元ほか43頁）。その後，都道府県知事又は児童相談所長が家庭裁判所送致の措置をとったときは，児童相談所等の作成書類と共に，警察の作成書類も家庭裁判所に送付される（規8条2項）。

　(3)　**児福25条通告との関係**　　児童相談所長への送致と児福25条の通告は，法的性質や要件の異なる別個の手続で両立し得るので，触法少年が要保護児童（児福6条の3）に当たるとして児童相談所等に通告（児福25条1項）された後，その協力を得ながら，その少年の事件について調査を遂げたうえで事件を児童相談所長に送致することも可能である。例えば，緊急に保護を要する少年については，まず児福25条の通告をし，少年に一時保護の措置をとる（児福33条）と共に，これと並行して必要な調査を行い，調査を遂げたうえで改めて送致を行うこととなる。また，本条の送致が児福25条の通告義務を否定・免除するものではないが，警察官から本条による事件の送致があったときは，その送致された少年は，当然に児童相談所に事件が係属するので，その児童について，児福25条の要件が認められても重ねて通告（職権発動を促す通知行為）をする必要はない。

　(4)　**児童相談所長への送致後の補充調査の可否**　　本項の送致は，調査を遂げたうえで行われるものであるから，送致後は基本的に調査の必要はない。しかし，送致によって警察の調査権限が消滅するわけではないので，送致後に新たな事情が判明するなどして更に調査の必要が生じたような場合には，必要な範囲で補充調査をすることができる。但し，送致後は児童相談所が事件の処理権限を有することから，児童相談所の調査等に支障を及ぼすことがないように留意する必要がある。

3　2項関係

　本項は，本条の事件送致の場合の証拠物の取扱について定める。警察官が押収した証拠物については，司法手続又はこれに準じた手続において押収・保管されるという証拠物の性質，還付に関する手続を円滑に行う必要性等から，事件が家庭裁判所に送致されるまでは警察官が保管し，事件が児童相談所長等から家庭裁判所に送致されたときは，警察官から直接，家庭裁判所に送付しなければならない。従前必ずしも明確でなかった点を明らかにしたものであり，司法機関である家庭裁判所の方が証拠品の取扱に慣れていることによる（滝澤35頁）。なお，警察官が児童相談所長に事件を送致したが，家庭裁判所送致措置

123

第6条の7　　　　　　　　　　　　　　　　　　　第2章　少年の保護事件

がとられなかったときは，家庭裁判所の審判のため押収物を留置する必要がないと考えられるので，警察官において，押収物の還付手続をとることとなる（久木元ほか40頁）。

4　3項関係

本項は，本条1項による事件送致以外の場合で，警察官が調査に係る少年を児童相談所に通告する場合，児童相談所に対し，児童福祉法による措置をとるについて参考となる当該調査の概要及び結果を通知する旨規定している。

調査の結果，触法事件が前記重大事件には当たらず，少年審判の必要も認められない場合でも，児福25条1項に定める要件が認められるときは児童相談所に通告される。この場合にも警察の調査内容・結果は，児童相談所が児童福祉法上の措置をとるうえでも有益なものとなり得るのでその活用を図る趣旨である。

本項の「国家公安委員会規則」としては，「少年法第六条の二第三項の規定に基づく警察職員の職務等に関する規則」（平成19年国家公安委員会規則第23号）が制定されており，本項に規定する通知は，調査の概要（書類の作成状況，強制処分の実施状況，証拠物の有無及び数量並びにそれに対する措置），調査の結果（非行事実の概要，要保護性に係る事実の概要）等を記載した調査概要結果通知書をもって行うこととされている。

（都道府県知事又は児童相談所長の送致）

第6条の7　①　都道府県知事又は児童相談所長は，前条第1項（第1号に係る部分に限る。）の規定により送致を受けた事件については，児童福祉法第27条第1項第4号の措置をとらなければならない。ただし，調査の結果，その必要がないと認められるときは，この限りでない。

②　都道府県知事又は児童相談所長は，児童福祉法の適用がある少年について，たまたま，その行動の自由を制限し，又はその自由を奪うような強制的措置を必要とするときは，同法第33条，第33条の2及び第47条の規定により認められる場合を除き，これを家庭裁判所に送致しなければならない。

第2節　通告，警察官の調査等　　　　　　　　　　　　　　　　第6条の7

1　本条の趣旨

前条1項1号の触法少年の重大事件が同項により警察官から児童相談所長へ送致された場合には，児童相談所長等にその事件を原則として家庭裁判所へ送致することを義務付けるもので，平成19年改正により設けられた。本条も前条と共に警察の調査権限と相俟って，触法少年の重大事件についての事案の真相解明，その健全な育成を家庭裁判所の少年審判を通じて実現しようとするものである。平成19年改正前は，触法少年の場合，児童相談所長等が個々の事例に応じて家庭裁判所の審判に付すことが適当と認める児童だけを家庭裁判所に送致しており，重大な非行事例でも児童相談所長等が家庭裁判所に送致せず，少年審判を通じた事案の真相解明がなされない事例もみられた（廣瀬[6]22頁参照）。しかし，重大な触法行為をした疑のある少年については，非行の重大性から家庭裁判所の審判を通じて非行事実を認定したうえで適切な処遇を決定する必要が高いと考えられること，被害者保護の観点からも少年審判に付す必要が高いこと（5条の2・9条の2・31条の2などは全て家庭裁判所への係属が前提）から，原則家庭裁判所送致の制度を新設した。本条によっても，触法少年が，まず児童相談所等に送致され，児童福祉機関が第一次的に判断することに変更はなく，児童福祉機関先議の原則（3条2項）自体を否定するものではないが，この改正の趣旨どおりに運用されれば，重大な触法事件はほとんど家庭裁判所に送致されることになるので，児童福祉機関優先には実質的な例外が設けられたという評価もある（川出36頁）。この改正の背景には，重大な触法事件に対する真相解明の要求の高まりと共に，児童相談所が激増する児童虐待事件に忙殺され，非行少年への対応にまで手が回らないという現実もある。触法少年であっても重大事件については，犯罪対策の必要性が顕在化することは不可避であって，この点にも応える改正と評価すべきものであろう（廣瀬・少年法189頁）。なお，家庭裁判所の審判に付すことが子どもの最善の利益に資する例について，児童相談所運営指針（児童家庭局長通知・最終改正令5・3・29）4章9節1(3)参照。

2　1項関係

(1)　**対象事件**　　触法少年に係る事件のうち，一定の重大事件（6条の6第1項1号に掲げる罪に係る事件）に限られる。

(2)　**但書**　　本項但書では，都道府県知事又は児童相談所長が送致を受けた事件を調査した結果，家庭裁判所送致の措置をとる必要がないと認める場合を

本項本文の例外として規定した。但書に当たる場合としては，触法少年の行為が6条の6第1項1号に掲げる罪名に当たるものの，少年の年齢や心身発達の程度，事案の内容及びその解明の程度等に照らし，家庭裁判所の審判を経るまでもなく，児童福祉法上の措置をとるべきことが明らかな場合である。例えば，建造物等放火罪（刑108・109条）に当たるものの，10歳未満程度の幼年者の火遊びで小火に止まり，事実関係も明らかである場合が挙げられよう（久木元ほか46頁）。このような場合には，少年に対し早期に適切な保護を施す趣旨から，家庭裁判所に送致することなく，児童福祉法上の措置をとることを認めても，重大事犯の事案の真相解明や被害者への配慮という今回の改正の趣旨から許容できるからである。言い換えると，罪名のうえでは重大であっても実際の事件の内容としてはそれほどではなく，事実認定にも問題がなく，処分も児童福祉法上の措置が望ましいものに限られると解される（川出i9頁）。

(3) 「調査の結果」　　本項但書の「調査の結果」とは，警察ではなく，児童福祉法に基づき児童相談所等が行う調査の結果を指し，実際には児童福祉司等によるものである。

3　強制的措置を求める手続——2項

本条2項は，平成19年改正前の6条3項と同文である。同改正によって，本条1項が創設されたことに伴い，児童福祉機関からの送致に関する規定としてまとめられ，条文の位置が移された。

(1)　**本条2項の意義**　　児童福祉施設は，本来自由な環境の中で温かい愛情と専門的な技術をもって，児童が伸び伸びと成長できるよう保護育成すべき場であるから，一時保護中の児童相談所長（児福33条・33条の2），児童福祉施設に入所中の児童に対するその施設の長（児福47条）の各親権代行行使として認められる場合を除き，児童に対し強制力は行使できない（一時保護については，一時保護ガイドライン（平30・7・6子発0706第4号子ども家庭局長通知）参照）。しかし，児童の性格・行状からみて，適正な保護を行うためには，これらを超える児童の行動の自由を制限・剝奪するような強制的措置（閉鎖施設への入所等）を必要とする場合もあり得る（⇨18条注釈3）。このような措置は，児童の人権に関わるので，都道府県知事は司法機関である家庭裁判所の判断（許可）を求めなければならないとされている（児福27条の3）。本条2項はこれに対応した規定である。実務上，本項に基づく事件を強制的措置許可申請事件と呼んでいる（本

第2節　通告，警察官の調査等　　　　　　　　　　　　　　　　第6条の7

項に関する裁判例の分析として，古川，森(純)b。触法少年に関しては，廣瀬⑤・⑥，強制的措置の意義について，廣瀬⑥25頁参照)。なお，児童相談所長による強制的措置許可申請の運用について，児童相談所運営指針4章9節2参照。

(2)　**送致の主体**　　本項は「都道府県知事又は児童相談所長」と規定されているが，対応する児福27条の3は「都道府県知事」とだけ規定し「児童相談所長」が除かれている。これは，昭和26年の同法改正で児童相談所長が削除されたためであり，その経緯から児童相談所長の送致権限について，消極説もあるが(川嶋239頁)，本項が改正されていない以上，家庭裁判所は児童相談所長からの強制的措置許可申請事件の送致を受理できると解されている(昭37・11家庭局見解・会同要録60頁。なお，児福32条等による委任を根拠とする見解(谷口(貞)44頁等)もあり，団藤＝森田71頁，平場141頁は，委任関係の事情，送致の状況について，事前ないしは受理の際確認しておくことが望ましいとしている)。

(3)　**対象少年及び管轄**　　対象は原則として18歳未満の少年(児童)である(児福4条)。児童自立支援施設等に入所中の少年(児童)については，20歳未満の者も対象となり得る(児福31条2項)。本項は単に「家庭裁判所」とし，収容継続(少院138・139条)や戻し収容(更生71条)の場合のように「送致した裁判所」と規定されていないから，対象者が保護処分決定(24条1項2号)により児童自立支援施設に入所中でも，本項の申請先は，保護処分決定をした裁判所ではなく5条1項により管轄のある家庭裁判所となる(昭27・2・6家庭局長回答・裁判例要旨集「少年法」49頁，団藤＝森田75頁。管轄について，⇨5条注釈)。

(4)　**本項の送致の性格**　　本項及び児福27条の3はいずれも「送致」と規定している。しかし，強制的措置は児童福祉機関が行うが，親権代行により許容される以上の自由制限を児童に加えるので人権保障上，強制的措置には司法機関(家庭裁判所)の判断が必要とされたこと，通常送致であれば不可欠と考えられる3条1項各号に該当する事由が本項の申請には要求されてはいないこと，本項の送致が，通常送致とみられるのであれば児福27条1項4号のほかに27条の3の規定を設ける必要がないこと，などから許可申請と解されている(許可申請説，最決昭40・6・21刑集19・4・448／家月17・7・139〔百選94〕，平場142頁，団藤＝森田73頁，昭39・3家庭局見解・家月16・11・40)。

　　許可申請説に立つと，強制的措置許可申請に対し保護処分はできないこととなる(平場142頁，柏木108頁，渡辺(輝)124頁，岩野a191頁。高橋b140頁は折衷説を

127

第6条の7   第2章　少年の保護事件

とる）。しかし，本項の申請を許可するよりも，新たな保護処分に付す方が相当とみられる事例もある。このような場合に，新たに別事件の送致を受けたり（児福 27 条 1 項 4 号等，平場 144 頁），調査官の報告（7 条 1 項）により事件を立件することも可能である（神戸家決昭 53・1・20 家月 30・10・93。平場 144 頁はこの運用を疑問とする）。児童福祉機関が強制的措置許可を申請する場合は，同措置が必要な問題行動等を認めたからであり，強制的措置以外の保護処分が相当と認められ，かつ，可能であれば，保護処分に付すことを求める意向も併せ持っている場合も少なくない（東京家決平 15・5・6 家月 57・2・170 参照）。そこで，手続の重複や遅延等を避けるため，本項による申請には通常送致の趣旨が予備的に含まれていると解し（下出 b 171 頁，谷口(貞)51 頁，司研概説 32 頁，福岡家久留米支決昭 47・5・31 家月 24・12・92，那覇家決平元・5・19 家月 41・9・126），あるいは，その趣旨が予備的又は択一的に含まれているかを確認して，それを明らかにしたうえ（団藤＝森田 74 頁，田中(壮)107 頁，大阪家決昭 54・9・6 家月 32・4・115，高知家決昭 59・7・6 家月 37・2・177），保護処分に付すことができると解されている。もっとも，この点について，本項の申請は，事件の全部送致ではなく部分送致とみられるものであり，児童福祉機関先議の場合（14 歳未満）は勿論，児童福祉法との競合的な適用の場合（14 歳以上 18 歳未満の虞犯）にも，本項の申請は児童福祉機関で扱っている少年が対象となるので，同機関との十分な連携が要請されるものであるのに，通常送致の趣旨が含まれていると一方的に解して保護処分に付し，児童福祉機関の当該児童に対する権限行使の機会を奪うことは相当とはいえないとの批判がある（平場 144 頁）。正当な指摘であり，手続的にも送致機関の意思を確認したうえ，予備的又は択一的に通常送致の趣旨を含むものであることを明らかにしておくことが望ましい。具体的には，①送致書に予備的に通常送致する旨の追加記載を求め，②上申書等の書面の提出を求め，あるいは，③電話聴取書等を残しておく，などの慎重な運用がなされるべきであり，その場合には，併せて，虞犯などの審判に付すべき事由も明示しておくべきである。なお，強制的措置許可申請事件は通常送致事件と併合して審判することができる（古川 13 頁注(8)。併合審判の事例として，大阪家堺支決平 24・6・19 家月 64・11・71，さいたま家熊谷支決平 22・9・10 家月 63・3・132，横浜家決平 27・12・16 家判 7・68）。

(5)　観護措置及び試験観察等の可否　　通常送致説では一般保護事件でとり得

128

第2節　通告，警察官の調査等　　　　　　　　　　　　　　　　　　　　第6条の7

る手続は，その性質に反しない限り，基本的に可能になるので双方認められる（谷口（貞）46頁等）。許可申請説に立っても，手続的には事件の送致がなされ，少年保護事件に準じて取扱われるものであること，観護措置は「審判を行うため必要があるとき」にとることができる（17条1項）から，審判を行う蓋然性があれば，可能と解される（平場143頁，古川27頁，団藤＝森田74頁，下出a50頁，同b173頁，岩野a191頁，高山a95頁，柴田a(上)15頁，大阪家決昭52・5・26家月29・11・133，新潟家決昭57・3・16家月34・8・103）。実務上も，事件送致に際し，少年が同行され，観護措置がとられる事例が少なくない。試験観察については「保護処分を決定するため必要があると認めるとき」（25条）という文理等から消極説（平場143頁，条解〔菊地〕59頁）もあるが，強制的措置許可は少年の保護のため強制力を用い得る点で保護処分と共通の性質を持つこと，強制的措置の要否判断のために審判を続行し，一定期間，調査官に継続的に経過を観察させることが必要な場合もあること，許可申請に関する調査の際にも，保護的措置（教育的措置）の一環として少年等に対しある程度能動的な働掛けが許されていることとの対比から，25条を類推する積極説（団藤＝森田75頁，古川28頁）もあり，実務上も試験観察に付した事例がみられる（高知家決昭55・4・10家月33・4・108，秋田家決昭58・4・26家月35・9・136，高松家丸亀支決平元・8・21家月42・1・126等）。積極説が妥当であろう。

(6)　**通常送致事件に対する強制的措置許可の可否**　　児童相談所長から児福27条1項4号により送致された触法又は虞犯保護事件について，送致機関側が児童自立支援施設送致の場合には強制的措置が必要と考えていることを具体的に確認したうえで，少年を強制的措置をとり得る児童自立支援施設に送致し，併せて一定の限度で強制的措置をとることを認めた事例がある（富山家決昭57・2・9家月34・7・104，新潟家高田支決平元・10・23家月42・2・200〔百選93〕）。この点について，児童福祉機関が事件を通常送致する場合，もはや児童福祉法上の措置では賄えないと判断しているのが通常であり，仮に裁判所が少年院送致としないで児童自立支援施設送致とする場合には強制的措置も必要と児童福祉機関側も考えていることが多いと思われる（条解〔廣瀬〕163頁）。そこで，児童相談所と連絡調整を行い，強制的措置許可申請事件の送致書や上申書等を追送させるなど，手続上その趣旨が明確になる方策を講じておくべきである（40年概観258頁，平場144頁）。他方，捜査機関からの送致など強制的措置許可申請の趣旨が

129

第7条（規第9条の3・第10条）   第2章　少年の保護事件

含まれていると解する余地がない場合，児童相談所長からの送致でもその趣旨が含まれていない場合には，法律上の根拠なく少年の権利を制限すべきでないから，強制的措置許可はできないと解すべきである（団藤＝森田236頁，谷口（貞）52頁，岡本19頁，条解〔廣瀬〕162頁，森（純）a22頁，古川11頁，東京高決昭61・1・17家月38・6・63。反対，市村102頁，千葉家決昭56・10・2家月34・3・80。なお，大塚（正）a57頁参照）。

(7)　**再度の強制的措置許可申請**　　強制的措置の必要性と程度の予測は不確定な要素が多く，困難な判断であり，少年（児童）の処遇の過程で，再度の強制的措置をとって更に福祉的措置を継続することが少年の福祉に合致する場合も生じ得る。そこで，再度の強制的措置許可申請も必要が認められれば許容することができる（田川109頁，古川32頁，浦和家決昭59・10・15家月37・5・119，仙台家決昭60・12・16家月38・7・97，千葉家決昭61・5・9家月39・1・176等。必要性を認めず却下した事例として，東京家決平30・2・2家判17・142）。

(8)　**決定の方式・手続等**　　特に定められていないが，少年の行動の自由を拘束する権能を児童福祉機関に付与する重大な決定であり，少年の納得を得ることも肝要であるから，慎重な審理が要請される（⇨規1条注釈）。そこで通常は，審判を開いたうえ，求められている強制的措置の内容，それを必要とする事由を告知し，これに対する少年の弁解を聴取し，児童福祉司の意見を聴取する等の慎重な手続を経たうえで，少年の面前で決定を告知する取扱がなされている（団藤＝森田168頁，古川29頁）。決定手続の詳細，決定の主文，申請が認められない場合の対応，その他については，⇨18条注釈3。

なお，本条の強制的措置許可決定に対しては特別抗告（刑訴433条）の申立てをすることはできない（最決平16・11・11家月58・2・182）。

（家庭裁判所調査官の報告）
第7条　①　家庭裁判所調査官は，家庭裁判所の審判に付すべき少年を発見したときは，これを裁判官に報告しなければならない。
②　家庭裁判所調査官は，前項の報告に先だち，少年及び保護者について，事情を調査することができる。
（報告の方式・法第7条）
規則第9条の3　家庭裁判所調査官が法第7条第1項の規定により報告するに

第 2 節　通告，警察官の調査等　　　　　　　　　　第 7 条（規第 9 条の 3・第 10 条）

は，次に掲げる事項を記載した報告書によらなければならない。
1　少年及び保護者の氏名，年齢，職業及び住居（保護者が法人である場合
　においては，その名称又は商号及び主たる事務所又は本店の所在地）
2　審判に付すべき事由の要旨
3　その他参考となる事項
（家庭裁判所調査官の報告前の調査・法第 7 条）
規則第 10 条　家庭裁判所調査官は，法第 7 条第 2 項の調査をするについては，
報告をするに必要な限度に止め，深入りしないように注意しなければならな
い。

1　本条の趣旨

本条 1 項が定める調査官の報告は，通告・送致（6・41・42 条）と共に，家庭
裁判所が事件を受理し，調査・審判する経路の一つである。調査官は，調査を
行う過程で，審判に付すべき少年を発見する機会が多い（調査の詳細⇨9 条注釈）。
発見した要保護性のある少年にはできるだけ早期に適切な対応をすることが，
健全育成の趣旨から要請される（⇨1 条注釈）。そこで，本条は，調査官がその
職務遂行に関連して審判に付すべき少年を発見したときに，裁判官への報告を
義務付け，不告不理の原則（⇨8 条注釈 2）の例外を認めたものである（団藤＝森
田 78 頁，平場 148 頁）。

2　調査官の報告の性質

本条の報告は，家庭裁判所の職員である調査官（⇨8 条注釈 6）が，その資格
において行う点で，送致・通告（6・41・42 条）と異なる特色がある。その性質
は，家庭裁判所の職権発動を促す通知行為と解されるが，本条の報告は義務付
けられている（通告の性質等⇨6 条注釈 2）。調査過程を離れて調査官が個人として
対象少年を発見した場合は，本条ではなく 6 条の一般人通告を行うべきである
（平場 120 頁，条解〔菊地〕61 頁，司研概説 36 頁，団藤＝森田 78 頁）。本条の報告により
直ちに事件係属の効果が生じるわけではなく，その報告を受けた裁判官が，審
判に付すべき少年に該当するかどうかを判断し，その立件命令により初めて事
件係属の効果が生じることとなる（猪瀬 c 267 頁。本条の立件手続（報告立件）が必
要とされた事例として，福岡高決平 18・3・22 家月 58・9・64）。

3　報告の対象及び方式

報告の対象である「審判に付すべき少年」とは，犯罪少年，触法少年及び虞

131

第7条（規第9条の3・第10条）　　　　　　　　　　　　第2章　少年の保護事件

犯少年の全てを含む（3条1項。なお，特定少年の虞犯は審判の対象外とされたため（65条1項），本条の報告の対象から除かれる）。しかし，犯罪事実を認定するためには，捜査活動により証拠資料を収集することが必要となる場合が多く，捜査の専門家ではない調査官がこれを行うことは，原則として適当とはいえない。そこで，犯罪少年については，捜査機関に通報してその職権発動を促し，捜査機関からの事件送致手続を待って正式に受理する取扱が運用上一般的であり，妥当である（通告の場合の対応⇒6条注釈2(2)）。また，14歳未満の少年については，児童福祉機関先議の原則により（3条2項），まず児童相談所に通告しなければならないとされており（児福25条），本条の対象から除かれる（団藤＝森田78頁）。もっとも，平成19年改正により，一定の重大な触法事件等は，警察官から児童相談所長への送致，児童相談所から原則として家庭裁判所への送致がそれぞれ義務付けられた（6条の6・6条の7）。従って，本条の報告は，実務上，既に家庭裁判所に事件が係属している少年の虞犯（特定少年を除く）を対象とする場合がほとんどとなる。本条の報告は一定事項を記載した報告書による（規9条の3）。資料の添付までは要求されていないが（規8条2項参照），口頭による報告は認められていない（団藤＝森田81頁）。

4　報告前の調査

調査官は，本条の報告を行うかどうかを判断するため，報告の前に，必要に応じて，少年及び保護者を調査することができる（本条2項）。しかし，少年・保護者の人権保障の観点から，その調査は，報告に必要な最小限度に止めなければならず（規10条），調査の対象者も，少年及び保護者に限られ，参考人に対する事情聴取，呼出状，同行状の発付等（11条）は許されず，任意の方法に限定されている（平場121頁，団藤＝森田81頁）。なお，特定少年には保護者が存在しないと解すると（積極・消極の議論については⇒2条注釈6），特定少年の親を報告前の調査の対象とすることはできない。

5　再　　起

少年の所在不明等を理由として審判不開始決定（19条1項）により終局した事件について，その後，少年の所在が判明するなどして，審判に付すのが相当となった場合，本条の報告による立件手続を経て，再び事件として係属させる場合がある。このような手続を，実務上「再起」と呼び，当該事件を「再起事件」と呼んでいる（講義案102頁。理論的問題点につき，上杉7頁）。

第3節　調査及び審判　　　　　　　　　　　　　第8条（規第8条・第12条・第13条）

第3節　調査及び審判

（事件の調査）

第8条　①　家庭裁判所は，第6条第1項の通告又は前条第1項の報告により，審判に付すべき少年があると思料するときは，事件について調査しなければならない。検察官，司法警察員，警察官，都道府県知事又は児童相談所長から家庭裁判所の審判に付すべき少年事件の送致を受けたときも，同様とする。

②　家庭裁判所は，家庭裁判所調査官に命じて，少年，保護者又は参考人の取調その他の必要な調査を行わせることができる。

（家庭裁判所への送致の方式）

規則第8条　①　検察官，司法警察員，警察官，都道府県知事又は児童相談所長が事件を家庭裁判所に送致するには，次に掲げる事項を記載した送致書によらなければならない。

1　少年及び保護者の氏名，年齢，職業及び住居（保護者が法人である場合においては，その名称又は商号及び主たる事務所又は本店の所在地）並びに少年の本籍

2　審判に付すべき事由

3　その他参考となる事項

②　前項の場合において書類，証拠物その他参考となる資料があるときは，あわせて送付しなければならない。

③　送致書には，少年の処遇に関して，意見をつけることができる。

④　検察官は，家庭裁判所から送致を受けた事件を更に家庭裁判所に送致する場合には，送致書にその理由を記載しなければならない。

⑤　保護観察所長が更生保護法第68条第1項の規定による通告をする場合には，前4項の規定を準用する。

（陳述録取調書の作成）

規則第12条　①　少年，保護者又は参考人の陳述が事件の審判上必要であると認めるときは，これを調書に記載させ，又は記載しなければならない。

②　前項の調書には，陳述者をして署名押印させなければならない。

③　家庭裁判所調査官は，第1項の場合において相当と認めるときは，少年，保護者又は参考人の陳述の要旨を記載した書面を作成し，これを同項の調書

133

第8条（規第8条・第12条・第13条）　　　　　　　　　　第2章　少年の保護事件

に代えることができる。
（家庭裁判所調査官の調査報告・法第8条）
規則第13条　①　家庭裁判所調査官は，調査の結果を書面で家庭裁判所に報
告するものとする。
②　前項の書面には，意見をつけなければならない。
③　家庭裁判所調査官は，第1項の規定による報告の前後を問わず，少年の処
遇に関し，家庭裁判所に対して意見を述べなければならない。

1　本条の趣旨

本条は，不告不理の原則及び審判前調査の制度を採用することを明らかにし
（本条1項），更に，その調査を主として調査官に担当させることとしたもので
ある（本条2項）。調査の詳細については，⇨9条注釈。なお，調査に関する規
定は，令和3年改正での変更はなく，特定少年の調査についても基本的な変化
はないと考えるべきである（但し，虞犯は対象外とされた。65条1項）。

2　不告不理の原則

旧少年法は，行政機関としての少年審判所（旧17条）が，審判に付すべき少
年の存在を認知したときは職権で調査を行うべきものとしていた（旧31条，自
庁認知の制度）。これに対して本条は，通告，報告又は送致を受けて調査するこ
とを定めて，自庁認知の制度をとらず，不告不理の原則に従うことを明らかに
した。

不告不理の原則とは，外部から持ち込まれ，解決を求められた事案について
のみ裁判所は審判を行うという一般原則をいう。この原則は適正手続の要請に
基づくもので，元来，対立抗争原理に基づく訴訟手続の原則であるので，職権
主義的審問構造の下に保護・教育のため少年に最善の処遇を目指す少年保護手
続ではその性質上，緩やかな原則となる（平場148頁，⇨本章前注4）。

この原則の少年保護事件における適用範囲について，「少年」に適用される
ことは異論がない。即ち，A少年の事件を調査・審判する過程において，B少
年の非行事実を発見した場合，家庭裁判所は，B少年について，通告，報告又
は送致という受理手続を経ない限り，調査，審判の対象とすることはできない。
「非行事実」についてこの原則が適用されるか，即ち，保護事件が既に係属中
の少年の調査・審判の過程で新たな非行事実（余罪としての犯罪・触法事実又は虞

134

第3節　調査及び審判　　　　　　　　　　　　　　第8条（規第8条・第12条・第13条）

犯事実）を発見した場合，家庭裁判所は，7条の報告等の受理手続を経ないで，この非行事実を審判の対象とすることができるかが問題となる。少年審判の対象について，人格重視説の立場によれば，不告不理の原則は「少年」についてのみ適用され，当該少年について家庭裁判所に事件が係属している以上，新たに発見した非行事実についても，受理手続を経ることなく当然に審判の対象とすることができると解することになろう（今中73頁，団藤＝森田317頁）。かつてはこの立場の裁判例もみられた（札幌高決昭29・7・23家月6・8・79〔百選21〕）。しかし，非行事実重視説の立場を基調とし，不告不理の原則を司法機関の受動性・中立性に基づき，裁判所の公正な判断を客観的に担保するための原理と位置付け，適正手続の保障の観点を重視すれば，不告不理の原則は「少年」及び「非行事実」の双方に適用があると考えられる（福岡高決平18・3・22家月58・9・64）。実務上，これが通説といえよう（廣瀬・少年法199頁，梶村a108頁，昭40・3家庭局意見・家月17・12・33，澤登109頁，川出46頁等）。従って，受理手続を経ないで新たな非行事実を審判の対象とすることはできないことになる（猪瀬c267頁。前掲福岡高決平18・3・22は，送付資料から認定できるが送致されていない窃盗事実を7条による立件手続を経ずに認定した原決定を不告不理の原則に違背するとしている）。もっとも，その適用は，緩やかなもので足り，刑事訴訟におけるそれとは異なる面が少なくないことに留意すべきである（⇨本章前注4。この点の表れともいえる，未送致余罪又は未立件虞犯を要保護性の資料として考慮できるかについて，⇨22条注釈9(3)）。

3　審判前調査

審判前調査の制度は，十分に調査された結果に基づいて審判を行えるので，適正な審判を行うために効率的かつケースワーク的に有効であること，社会調査はなるべく早期に実施した方が効果的であること，非行事実認定の審判終了後に調査を開始することによる手続の遅延を避けることができることなどの長所を有する。反面，非行事実を確認する前に少年のプライバシーに立入る社会調査を行うことは人権侵害の虞があること，結果的に非行事実が認定できない場合には，その社会調査は無駄になることなどの短所も指摘されている（平場212頁等）。従って，その運用においては，社会調査における適正手続保障の観点からの配慮が必要となる（⇨7）。

135

第8条（規第8条・第12条・第13条）　　　　　　　　第2章　少年の保護事件

4　事件の受理

　本条1項は，6条の通告，7条の報告については「審判に付すべき少年があると思料するとき」，送致については「送致を受けたとき」と事件の受理態様によって，家庭裁判所の対応を区別している。このため，家庭裁判所は，通告・報告を受けた場合には，当然に事件を受理するのではなく，その少年が「審判に付すべき少年」に該当するかどうか，その内容を後述のように調査（審査・判断）したうえで，事件を正式に受理して立件するのに対して，検察官，司法警察員，都道府県知事又は児童相談所長から送致を受けた場合には，規則8条所定の方式が具備されている以上，その内容を審査することなく，当然に受理して立件することになる（平場151頁）。なお，このような事件の受理態様によって，公訴時効の停止の始期が区別されている（47条1項）。

5　法的調査と社会調査

　審判の準備手続としての調査は，その主体や対象等により，法的調査と社会調査とに分けられている。

　(1)　**法的調査**　　家庭裁判所が事件を受理したときは，調査官に社会調査を命じるに先立って，主に事件記録（法律記録）に基づいて，審判条件及び非行事実の存否について，法律的な側面から調査（審査・検討）を行う。これを法的調査という。これは裁判官が自ら行うべきものであるが，実務上，担当書記官が，この法的調査を補佐し，管轄，少年の年齢等の審判条件や少年が非行事実を認めているか否かといった非行事実認定上の問題点の有無等について，事前に事件記録を点検して，その結果を裁判官に報告する運用が行われている（裁60条3項，講義案150頁，清野(武)，牛坂，長谷川）。少年が否認していれば非行事実認定手続が終わるまで調査命令を留保することもあるが，裁判官が，更に事件記録を精査し，審判条件及び非行事実の存在を認めることができれば（蓋然的心証で足りる。⇨7(1)），調査官に社会調査のため調査命令を発することもできる。法的調査の結果，明らかに審判条件を欠き，あるいは非行事実が存在する蓋然的心証すら得られない場合には，審判不開始決定（19条1項）を行う。法的調査は事件記録の精査だけで済む場合が大半であり，一般には任意調査の方法で行われるが，必要があれば，刑訴法の規定に従い，証人尋問や鑑定，検証など強制力を伴う調査を行うこともできる（14・15条，規19条）。しかし，このような方法による非行事実の存否についての調査は，審判前に行うのではなく，

136

第3節　調査及び審判　　　　　　　　　　　　　第8条（規第8条・第12条・第13条）

審判を開始したうえで，審判期日を開いて行うのが一般的運用であり，少年に対する権利保障の観点からもこのような対応が望ましいといえよう。

(2)　**社会調査**　　社会調査は，裁判官の調査命令によって，調査官が少年の要保護性に関して行う調査である。本条2項は，調査官の調査が例外的取扱であるかのような表現となっているが，このような規定の体裁に拘わらず，調査官制度を設けた趣旨や少年保護事件の調査は科学的，専門的な知識を活用して行うことが要求されていることに鑑み（9条），全ての少年保護事件について，社会調査を調査官に担当させることを原則とする趣旨（全件調査主義）と解されている（早川e84頁，司研概説37頁，条解〔菊地〕69頁）。実務上も，そのように運用されている。

6　調査官の調査

(1)　**家庭裁判所調査官制度**　　先進諸国の少年法制では，教育・心理・社会学等の少年問題に関する専門家を調査・審判等の手続に関与させて，少年の保護・教育のため最適な処遇を行うため活用しているのが共通した趨勢である（欧米にはドイツの少年審判補助官，フランスの教育保護技官，英米のプロベーション・オフィサー，ソーシャル・ワーカー，レポーター，北欧のソーシャル・サービス等の制度がある。⇨序説2)。このような職員は審判機関に所属する場合と別組織に所属する場合とに大別されるが，我が国では，旧法以来審判機関の所属である。旧少年法においても，少年審判官を補佐して審判の資料を提供し，観察事務等を行うものとして少年の保護・教育経験のある者などが当てられた少年保護司の制度が設けられていた（旧18・23条等）。調査にあたる職員については，現行少年法発足当初，少年保護司の名称が引継がれていたが，昭和25年5月少年調査官（補）と改称され，更に同26年4月に置かれた家事調査官（補）と同29年6月統合されて一本化し，現在の家庭裁判所調査官制度となったものである（裁61条の2。なお，平成15年の裁判所法改正により，高等裁判所にも調査官が置かれるようになった（裁61条の2第1項）が，これは，人事訴訟法の制定に伴う人事訴訟事件の控訴審及び家事審判事件の抗告審における調査のためのものである）。

家庭裁判所調査官は，家庭裁判所におけるケースワーク的機能・福祉的機能の重要な担い手として，家庭裁判所の人的構成の最も顕著な特色となっている。今日，その専門的実務能力は，裁判所内外において高い評価を受けているばかりか，諸外国の制度と対比しても，その実務的な能力・資格・養成制度等も含

137

第 8 条（規第 8 条・第 12 条・第 13 条）　　　　　　　　第 2 章　少年の保護事件

めて，最も優れた水準にあるものといっても過言ではない。もっとも，制度的にみると，少年に対する捜査段階・刑事公判段階・処遇段階への関与や処遇・執行関係機関との連携等の面は，フランス，ドイツ，北欧等や旧法時代の我が国と比べて不十分であり（規 38 条，平成 26 年改正前少院 11 条，更生 68 条・71 条，26 条の 4，更生 67 条 2 項等），平成 22 年 12 月 7 日「少年矯正を考える有識者会議提言」（家月 63・3・157）においても，個別の処遇計画の策定等に当たっての情報交換やケースカンファレンスの積極的実施，在院者のケース検討会等を通じての家庭裁判所と執行関係機関との連携強化が指摘された。これを受けて，平成 26 年改正の少年院法において裁判官等の少年院等の巡視・参観（少院 12 条・13 条，少鑑 11 条・12 条），関係機関との連携（少院 18 条，少鑑 14 条）等の規定が設けられ，近時，少年院における処遇ケース検討会での矯正関係者等との意見交換等を通じた連携強化の取組も行われるなど，処遇段階については前進がみられる。今後も，更なる連携の充実強化が望まれると共に，捜査段階・刑事公判段階への関与も将来の検討課題である。

　現在，調査官は，裁判所職員総合職試験（家庭裁判所調査官補）に合格した者の中から，家庭裁判所調査官補（裁 61 条の 3）として採用された後，最高裁判所に置かれた裁判所職員総合研修所（平成 16 年 4 月裁判所書記官研修所及び家庭裁判所調査官研修所を統合して創設された。同 14 条の 2）において，約 2 年間の専門的な養成研修（法律学，人間関係諸科学，調査理論及び技法等）を受け，正式に家庭裁判所調査官としての資格が与えられる。調査官任官後も，同研修所等において，その実務経験等に応じた専門的かつ実務的な研修・研究が実施されている。調査官の職務の専門性に即した組織の確立，有効な運営のため，調査官の中から，首席・次席・総括主任・主任調査官が任命され，調査官の一般執務及び調査事務についての指導監督が行われている（裁 61 条の 2 第 3 項，「首席家庭裁判所調査官等に関する規則」昭 57・6・14 最高裁規則 4 号・最終改正平 16・3・31 同規則 4 号，「首席家庭裁判所調査官等に関する規則の運用について」平 7・7・14 家三・237 事務総長依命通達・改正平 16・3・31）。このうち進行中の事件についての調査事務の指導監督は，裁判官の指揮監督権（裁 61 条の 2 第 4 項）を補佐するものであり（平場 86 頁），共同調査（⇨9）と相俟って，調査の内容の充実・適正化に資すると共に，調査官の実務的な能力の育成・向上のために重要な役割を果たすものであり，そのような運用が心掛けられるべきである。

138

第3節　調査及び審判　　　　　　　　　　　　第8条（規第8条・第12条・第13条）

(2)　**調査の対象**　　本条2項は，「少年，保護者又は参考人の取調その他の必要な調査」と規定するだけであるが，調査官が行う社会調査の対象は，非行の人格的・環境的要因を包含する少年の要保護性である。少年保護事件における処遇は，非行事実と要保護性に応じて選択決定されるが，保護事件としての性質上，要保護性の有無・程度の認定・判断が重要な意味を持ち，調査官の調査結果は，その要保護性判断の最も重要な資料となる（要保護性の意義，少年保護手続における審判対象等について，⇨本章前注3）。

非行事実が調査官の調査対象となるかについては議論がある。調査官の要保護性調査の過程において，非行事実を社会的・心理的観点から見直して少年の非行メカニズムを理解し，少年にとっての非行の意味を解明するという目的では，非行事実が調査官の調査対象となるのは当然であり，十分な調査が行われるべきである（平場227頁，山本122頁，菊池51頁，大森a12頁，多田(周)㊥24頁）。問題となるのは，調査官に非行事実の存否に関して調査（証拠資料の収集）を命じることができるかである（調査官の調査結果を非行事実の存否認定資料とできるかという問題（⇨22条注釈8(8)）と表裏の関係となる）。

多数説（従来の実務の大勢）は，この目的の調査は本来裁判官の行うべき法的調査に属するものであること，調査官は，捜査官とは職務の性質を異にし，非行事実認定資料収集の訓練を受けていないこと，調査官の調査は，関係者との信頼関係を確立し受容的な雰囲気の下で少年に対し黙秘権の告知もなされずに行われるものであることなどを主な理由として，一般に消極に解している（内園ほか89頁，菊地b168頁）。もっとも，例外的に，黙秘権を告知したうえで，少年の非行事実に対する供述を録取し，陳述録取調書を作成する権限を調査官に留保する必要を指摘する見解もある（守屋d156頁）。また，虞犯事件について，特に虞犯性を基礎付ける資料については，これを積極に解する見解もある（内園ほか87頁）。更に，調査官の調査の範囲を限定する規定がないこと，少年の自白の信用性に関する事項や虞犯事件，触法事件などでは事実調査も有効であることなどから非行事実存否に関する調査も許容されるが，調査官への信頼を損ない調査への支障を生じるなどの弊害を考慮し，調査の必要性，代替手段の有無，調査事項，調査方法等について慎重な検討・配慮をすべきであるとの見解も示されている（浜井ほか225頁。もっとも，平成19年改正で触法少年の事件に対する強制調査を含む警察の調査権限が認められたので，触法事件については調査官の事実調査

139

第8条（規第8条・第12条・第13条）　　　　　　　　　　第2章　少年の保護事件

の必要性は軽減されている）。

(3)　**調査結果の報告**　　調査官は，調査の結果を書面で裁判官に報告しなければならず（規13条1項），その際，処遇上の意見を付すこと（同条2項），書面報告の前後を問わず，調査・審判のあらゆる段階において，裁判官と綿密な連絡をとり，少年の処遇に関して意見を述べること（同条3項）が義務付けられている。これらの規定は法律専門家（裁判官）と家庭問題に関する専門家（調査官）の協調・協同作業によって少年に対する最適な処遇を追求する少年審判の理念の端的な表れであり，重要な規定である。調査官において本条の趣旨に沿うように，報告を積極的に行うように心掛けると共に，裁判官においても，必要に応じて調査官に随時，口頭の報告を求め，協議・打合せの機会を設けるなどの配慮が肝要といえよう。

この調査報告書には，実務上，定型の様式が使用されている（「少年調査票」）。また，少年事件送致書及びその添付書類等で編成される少年保護事件記録（法律記録）と分離して，別個に，少年の処遇に関する意見書及び少年調査票その他少年の処遇上参考となる書類を編綴して，少年調査記録（社会記録）が作成されている（少年調査記録規程（昭29・6・1最高裁規程5（最終改正令5・11・22）），「少年調査記録規程の運用について」平4・8・21家二・249家庭局長・総務局長通達・家月44・11・175・最終改正令元・5・13，「少年調査記録の様式について」平12・6・30家二・281家庭局長通達（最終改正令2・3・23）。その解説として，小野＝柳下）。この社会記録は，審判の基礎資料となるだけでなく，保護処分の執行機関に送付され（規37条の2），処遇上の参考資料としても重要な役割を期待されている。

なお，調査の過程における少年，保護者又は関係人の陳述が，事件の審判上必要な場合には，調査官がその陳述録取調書を作成することができる（規6条1項但書・12条1項）。その場合には，調書に陳述者の署名押印を必要とする（規12条2項）。このような署名押印を求めることが，陳述者との信頼関係を損なうなど適当でない場合には，調査官は，その陳述の要旨を記載した書面（調査報告書）を作成して，これを調書に代えることができるが（規12条3項），実務上，陳述録取調書が作成されることは稀である（平場232頁）。

(4)　**調査の方法等**　　⇨9条注釈。

(5)　**被害者調査**

本条に基づく社会調査の一つとして，被害者等に対する調査（被害者調査）が

140

第3節　調査及び審判　　　　　　　　　　　　第8条（規第8条・第12条・第13条）

行われている。被害者調査の主な目的は，①少年側の一方的な情報だけでなく，被害者側からの情報を得て非行の背景や被害の実態を正確に把握し，的確な非行理解を行うこと，②これに加えて，被害者等に対し，少年の謝罪や被害弁償の有無等を確認して正確に把握することにより，的確な要保護性の判断を行うこと，③被害者調査の過程で把握した被害の実態や被害者の生の声を少年に伝えて，少年に非行の結果やその責任を自覚させるなど，少年に対する保護的措置に役立てること，副次的効果として，被害者の不安の軽減や被害感情の緩和に繋がることなどが指摘されている（佐々木(光)ほか200頁以下。面接による被害者調査の意義・有用性・実施上の課題について，平成21年度研究会118頁以下）。

　被害者調査の方法には，面接調査と書面照会があり，事案の内容や被害者調査の目的を考慮し，その方法を選択することになる。実施にあたっては，調査の過程で，被害者等に不必要な負担を与え，二次的被害を及ぼすことのないよう，被害者等の心情に十分に配慮する必要がある。

　従前，被害者調査については，調査官が少年と被害者等との対立関係に巻込まれて中立性を失い，少年の客観的な調査に支障が生じる虞があるなどの理由から，あまり積極的に行われていなかった時期もあったが，近年，被害者調査の重要性についての理解が深まり，各家庭裁判所で積極的な取組が見られるようになってきている（佐々木(光)ほか，坂井ほかb，高野(篤)ほか，菊山ほか。審判傍聴対象事件における被害者調査の取組について，宮下ほか41頁）。最近では，多くの家庭裁判所において，一定の事件について，被害者等に対し，被害者配慮制度の案内書面と共に，被害者調査の書面照会を送付して回答への協力を依頼するという取組が行われている。被害者調査は，被害者の視点を取入れた少年審判の実現という点でも有意義であるから，今後とも目的を踏まえて適切に実施していくことが期待される。なお，本条に基づく被害者調査は，被害者等の申出による意見聴取（9条の2）とは性格が異なることに留意する必要がある（高野(篤)ほか153頁）。

7　社会調査と適正手続

(1)　**社会調査の要件**　　社会調査は，少年の要保護性を調査するものであるが，少年の性格・環境上の問題点を明らかにし，非行メカニズムを解明するためには，少年や保護者の私生活の領域に深く入込むことが不可避である。任意調査の方法によるとはいえ，関係者のプライバシーを侵害する危険性も高い。

141

第8条（規第8条・第12条・第13条）　　　　　　　　　第2章　少年の保護事件

そこで，社会調査を開始するためには，審判条件を具備していること及び非行事実の存在について蓋然的心証が必要と解されている（柳瀬a66頁，猪瀬c272頁，菊池53頁，田宮a279頁，原口a6頁，平場213頁等。反対，柏木62頁）。実務上も，社会調査に先行して法的調査が行われ，法的調査によって審判条件や非行事実の存在について蓋然的心証が得られたうえで，裁判官の調査命令を受けて社会調査が開始されている。この要件は社会調査継続の要件ともなる。

捜査段階では自白していた少年が，家庭裁判所へ事件送致された後，調査官の社会調査の面接で，初めて非行事実を否認した場合，調査官が社会調査を続行すべきかどうかが問題となる。一般に法律知識に乏しい少年は，非行事実の成否に関して，どのような事実が法律上重要なのか分からないことが多いので，少年の弁解内容をよく確認すると，非行事実そのものを否認する趣旨ではなく，事実の法的評価（例えば，未必の殺意や共謀共同正犯の成立要件としての共謀の事実の有無等）についての認識を誤っている場合も多い。このような場合には，非行事実の存在についての蓋然的心証に影響がなければ社会調査を続行することに障害はない。しかし，少年の否認の趣旨や態様によっては，当初，裁判官が法的調査の段階で，事件記録から得た非行事実の存在についての蓋然的心証が揺らぐ場合もあり得る。そうすると要件を欠くことになるので，社会調査を中断せざるを得ない。このような場合には，裁判官が審判を開始して，少年の弁解を聴き，必要な証拠調を行うなど非行事実の認定に関する手続を先行させ，その結果，非行事実の存在について合理的な疑をいれない程度の心証が得られた場合に，社会調査を再開すべきであり，そのような運用が実務上一般的である。

(2)　**社会調査における黙秘権告知**　　　調査官が，社会調査の段階で少年に黙秘権を告知する必要があるかについては議論がある（少年保護事件における黙秘権の保障及び審判段階における黙秘権の告知について，⇨22条注釈6）。消極説は，社会調査にあたり黙秘権を告知（教示）することは，少年との心的交流を重視する面接の雰囲気を損なうので，社会調査を円滑に行い，所期の目的を達するうえでも告知を義務付けないのが相当とする（大森b12頁，中村(護)a9頁）。一方，積極説は，社会調査の段階であっても非行事実の調査がなされること，その調査内容によっては，少年は将来刑事被告人とされる虞もあること，自己に不利益な供述を強制することができないことは調査段階でも当然であり（規29条の2参照），黙秘権の告知が直ちに調査官と少年との間の良好な面接・信頼関係を阻

第3節　調査及び審判　　　　　　　　　　第8条（規第8条・第12条・第13条）

害することにはならないことなどを指摘している（平場219頁，菊地179頁）。実務的には，黙秘権という言葉は使わないまでも，供述を強要するものではないことを告げたうえ調査の目的を十分に説明して，処遇を決めるためには進んで述べることを歓迎する姿勢を示すことが肝要であるとされており（瓜生177頁，原口a9頁），最近では，黙秘権を実質的に告知する扱いも少なくないようである。

　(3)　**その他**　　社会調査の結果を非行事実認定の資料として用いることの可否については，⇨22条注釈8(8)。社会記録の開示については，秘密性の要請が強いので特別な配慮が必要である。その詳細については，⇨規則7条注釈。

8　インテイク

　インテイク（intake）とは，元来，取入口という意味であるが，ソーシャル・ケースワークの分野で発展した選別（振分け）及び付託の過程を指す。アメリカの一部では少年裁判所で事件を正式に受理する前にプロベーション局職員（老練なプロベーション・オフィサー等）が予備的な審査を行い，少年裁判所の正式な手続を必要とする事件を選別受理し，そのほかの事件は，他の社会機関に付託したり，プロベーション・オフィサーの非公式の監督下に置くなどの選別が行われている（平場164頁，柳瀬a90頁，早川e84頁，家庭局a37頁）。我が国では，このような事件受理前の選別制度ではなく，事件受理後の早い段階で，調査官が，本条の調査を開始するのに先立って，事件の処理や調査の方針を立てる目的で行う予備的調査及び選別手続を，実務上，インテイクと称している。交通事件や軽微な事件については，実務上，各家庭裁判所が定めたインテイク基準に基づき，調査命令に関して裁判官を補佐する主任調査官等により，事件の調査方針等についての選別が一般に行われている。このインテイクは，この種の大量事件の適正・迅速処理に有効であるばかりか，緊急の保護，綿密な調査等を要する要保護性の高い事件に対応できる調査・審判態勢の確立に資する機能をも果たしている（⇨序説4，本章前注1）。

9　共同調査

　共同調査は，一つの事件について複数の調査官が共同で調査事務を処理するものである。これは，主として，複数の調査官が担当することで，より多角的な視点でケースを検討し，理解や分析の精度を高めたり，仕事の効率化を図るために用いられる。共同調査は，例えば，社会の関心を集めた重大事件，共犯

143

第9条（規第11条）　　　　　　　　　　　　　　　　　　　　第2章　少年の保護事件

者等の関係者が多数の事件，少年の性格や環境に複雑な問題が窺われる事件などにおいて，調査事務の遂行又は処遇選択に困難が予想される場合に，事件を適正に処理するうえで，極めて有効な方法である。調査事務の具体的な分担方法や共同者の構成には種々の態様が工夫されている。また，副次的にではあるが，共同調査は，調査手法，経験等の伝達・共通理解，相互啓発等による専門的な能力・技量の向上にも有効なものとなろう。今後とも，共同調査の更なる活用が図られるべきである（松原ほか，塩見ほか，三谷ほか等参照）。

（調査の方針）
第9条　前条の調査は，なるべく，少年，保護者又は関係人の行状，経歴，素質，環境等について，医学，心理学，教育学，社会学その他の専門的智識特に少年鑑別所の鑑別の結果を活用して，これを行うように努めなければならない。
　（調査の方針・法第9条）
規則第11条　①　審判に付すべき少年については，家庭及び保護者の関係，境遇，経歴，教育の程度及び状況，不良化の経過，性行，事件の関係，心身の状況等審判及び処遇上必要な事項の調査を行うものとする。
②　家族及び関係人の経歴，教育の程度，性行及び遺伝関係等についても，できる限り，調査を行うものとする。
③　少年を少年鑑別所に送致するときは，少年鑑別所に対し，なるべく，鑑別上及び観護処遇上の注意その他参考となる事項を示さなければならない。

1　科学主義

少年の健全育成を目指す（1条）保護・教育的な少年保護手続においては少年を立直らせるために最適な処遇が追求される。少年に最適な処遇を選択するにはその要保護性（非行性と保護欠如性⇨本章前注3(2)）が解明されなければならない。要保護性を明らかにするには，少年の行った犯罪・触法行為，問題行動（虞犯行状）などをその動機・背景なども含めて正確に把握・理解するに止まらず，行為者としての少年の人格（知能・性格・行動傾向等），環境（家庭・学校・交友関係・職場等）の問題点を的確に把握して，その累非行性（再犯の可能性）を予測すると共に教育的可塑性・改善更生への可能性などを検討することが必要である。そして，その要保護性を前提として，処遇の有効性（保護処分相当性等）

144

第3節　調査及び審判　　　　　　　　　　　　　　　　　　　　　　第9条（規第11条）

が検討され最適な処遇が選択されることになる。このような判断において，最も重要な役割を果たすのが調査官の調査結果である。欧米諸国においても，科学的な調査制度が採用されており，我が国の旧少年法でも少年保護司による調査制度があった（⇨序説2・3，8条注釈6）。本条及び規則11条は，この調査における科学主義の要請とその指針を規定したものである。

　従って，本条で列挙されている「医学，心理学，教育学，社会学」は，人間関係諸科学の代表的な領域の例示にすぎず，これらに限定する趣旨ではない。今後の科学の発展に伴い調査のため有効となる隣接関係諸科学や学際的領域をも広く包含する趣旨である。また，「前条の調査」と規定されているが，本条の調査は，法的調査は含まず社会調査（⇨8条注釈5(2)）を指す。規定の体裁からも明らかなように，本条は訓示規定であるが，本条の科学主義の趣旨は少年の刑事手続にも推及されている（⇨50条注釈）。なお，令和3年改正においても，健全育成目的（1条）や調査に関する規定は維持されているので，特定少年に対する調査も本条の趣旨を活かす運用に努めるべきである。

2　調査官の調査方法等

　本条が要請する科学的・総合的調査の主たる担い手は，専門職としての調査官である。調査官の意義については，⇨8条注釈6(1)。

　(1)　**調査の対象**　　調査官が行う社会調査の対象は，少年の要保護性全般であり，少年について，その家庭及び保護者の関係，境遇，経歴，教育の程度及び状況，不良化の経過，性行，事件の関係（動機・経緯・役割・非行時の行動・事後の対応等），心身の状況等審判及び処遇上必要な事項が調査の対象となり（規11条1項），家族及び関係人の経歴，教育の程度，性行及び遺伝関係等についても，可能な限り調査対象に含めることとされている（同条2項）。これらも例示的な規定であり，要保護性・処遇選択の資料となり得るものは全て含まれる。

　(2)　**調査の方式・方法**　　社会調査は，全て任意で行われる。裁判官が行う法的調査（⇨8条注釈5(1)）とは異なり，強制力を伴う調査（14・15条，規19条）を行うことはできない。社会調査の主な方法としては，面接調査（少年・保護者，事件関係者等），照会調査（戸籍照会，学校照会，職業照会等），環境調査（家庭，学校等への訪問，地域環境調査等），各種検査（心理テスト，医学的検査等），記録調査（事件記録調査，調査記録調査，日記，手記などによる調査），その他少年の行動観察等を挙げることができる（尾中ほか）。これらの調査方法は，具体的な状況に応じて

145

第9条（規第11条）　　　　　　　　　　　　　　　第2章　少年の保護事件

相互に併用され，複合的に活用されて，調査は深められ進展していく。大半の
事件では，面接調査がその中心となる。面接調査は，調査官が直接面接して事
情等を聴取する調査方法で調査官の専門的な分析・評価の根拠となる事実を収
集する最も重要な方法である。面接調査は，その時点で収集された事実に依拠
して形成した事例の見立てを検証し，修正する過程でもある。更に，調査官は，
調査面接において，専門的な技法を活用して，被面接者との信頼関係を作上げ
ながら，その気持や感情を共感的に理解することが重要であり，そのような面
接を通じて必要十分な事実を収集している。それは同時に，被面接者である少
年・保護者等に非行への認識や自己理解を深めさせると共に，その問題解決能
力を高めさせて自立を援助することにも繋がる。しかし，あくまで社会調査及
び保護的措置（教育的措置）として行われるものであるので，その面接関係や面
接構造は，精神科医や心理療法家等が行う面接とは異なる種々の特徴がある。
そこで，裁判所職員総合研修所においては，これらの関係諸科学の専門的知見
を応用しながらも，模擬事例の記録等に基づく事例指導やロールプレイの方法
等を活用して，調査官としての面接技法に関する知識及び技能の習得，能力向
上のための研修・研究を行っている（最近の調査の実情について，丹治＝柳下，須藤
ほか（調査の現状と課題），調研（重大少年事件），藤川ほか（広汎性発達障害），佐々木
（光）ほか・坂井ほかb（被害者））。なお，特定少年の親について，保護者に当たら
ないと解するとしても（存否の議論につき⇨2条注釈6），実質的に保護者的立場に
あり，要保護性に関する情報の提供者，立ち直りのための社会資源という観点
から，基本的に調査の対象とすべきである（参考人として調査への協力を求める扱
いとなろう）。

3　少年鑑別所の鑑別（審判鑑別）と社会調査の関係

　少年鑑別所については，少年院法の数箇条で規定されていたが，平成26年
に新設された少年鑑別所法に基づく施設となった。主として観護措置（17条1
項2号）により送致された少年を収容すると共に，家庭裁判所の行う少年に対
する調査・審判に資するための鑑別・観護処遇を行う法務大臣管理の施設であ
るが，新法で非行及び犯罪の防止に関する援助も目的として明記された（少鑑
1・3条）。鑑別の対象となる少年に対しては，医学，心理学，教育学，社会学
その他の専門的知識及び技術に基づく鑑別が行われる（少鑑16条。詳細は⇨少年
鑑別所法16条注釈）。そこで，本条及び規則11条3項は，少年の心身の状況に

146

第3節　調査及び審判　　　　　　　　　　　　　　　　　　　　第9条（規第11条）

ついて，少年鑑別所の科学的鑑別の方法により検査させ，その結果を活用するよう規定している。実務上，観護措置がとられた事件（身柄事件）について，少年鑑別所の鑑別（収容審判鑑別）が行われるのが大半であるが，在宅事件について，少年を少年鑑別所に通わせるなどの方法により行われる簡易な鑑別（在宅審判鑑別）も行われている。鑑別をさせるためには鑑別請求が必要とされているが，予め家庭裁判所と少年鑑別所との間で，観護措置決定があれば当然に鑑別を求める趣旨である旨申合せ，特に鑑別請求手続をとらない運用をしている例が多い（実務要覧上250頁）。この場合でも情報提供が必要であるから（規11条3項），非行内容等を明らかにするため，非行事実の要旨を送付するほか，健康上留意すべき点等を電話等で少年鑑別所に連絡することが必要である（手引67頁）。

　少年鑑別所では，鑑別技官による知能検査，性格検査等各種の心理テスト，面接等の結果，身柄事件の場合は観護担当の法務教官による少年の行動観察結果などを総合的に検討・分析して少年の鑑別を遂げ，少年の問題点，有効な処遇の方法，予後の見通しなどの分析及び処遇意見（判定）を付して家庭裁判所に書面で通知する（鑑別結果通知書）。鑑別の詳細については訓令で定められており，知能・性格等の資質面の調査に加えて環境等の調査も要求されているので（平27・5・27矯少訓9⇨詳細は少年鑑別所法16条注釈），調査官の社会調査結果の活用等が義務付けられている。このように鑑別では知能・性格等の資質面の調査に加えて社会調査も要求されているが，前述のように調査官の社会調査でも心理テスト等も含め資質的な問題も検討されるので，調査官の調査と少年鑑別所の調査との重複・競合，調査官の社会調査の結果と少年鑑別所の鑑別判定との位置付が問題となり得る。

　少年鑑別所の鑑別は，専ら少年の性格の矯正に照準を当て，主として心身の状況と行動観察を中核とする資質面の調査に重点が置かれているのに対し，調査官の社会調査は，少年の性格の矯正のみならず，環境の調整にも照準を当てた幅広い調査である（平場235頁）。そこで，実務的には，このような両者の特色を生かした両機関の機能の分化（社会調査は主に調査官，資質面の調査は少年鑑別所）を前提として，その両機関の間で，相互の情報交換を密に行い，鑑別技官，観護担当教官等の鑑別所職員と調査官，医務室技官等の家裁職員とがケース・カンファレンス（協議）を繰返すなどして協働態勢を確保していくことが，極

147

第9条（規第11条）   第2章　少年の保護事件

めて重要である。現在の実務運用においては，少年鑑別所は，必要な限度で調
査官の社会調査の結果やその他の資料を利用し，少年の心身の状況について鑑
別を遂げ，その結果を鑑別結果通知書により家庭裁判所に報告し，調査官は，
自らの社会調査の結果と少年鑑別所の鑑別の結果とを総合して，処遇意見を付
して裁判官に報告し，裁判官は，調査官の調査報告書と少年鑑別所の鑑別結果
通知書の双方を総合的に検討したうえ，審判を行い，具体的な処遇方法を決定
している（沿革的な問題も含めて，原口b参照）。

　調査官と鑑別技官との人事的な交流，調査・鑑別の協働作業の制度化などに
ついても，将来的には検討すべき課題と考えられる（⇨8条注釈6(1)）。

4　医師又は看護師である裁判所技官

　少年の心身の状況については，医学的な診断が必要・有効な場合も少なくな
く，諸外国においても活用されており，旧法にも規定されていたが（旧31条2
項），本条に示されている科学主義の趣旨を受けて（家事事件については家事60条），
医学的側面からの科学的診断機能を充実させる目的で，アメリカの一部のファ
ミリー・コートのコート・クリニックにならい，昭和26年度にまず全国11の
家庭裁判所に医務室が設置された。その後順次拡大されて，現在，全国の家庭
裁判所本庁と比較的規模の大きな支部に，裁判所技官（裁61条）である医師
（全国的にみるとその過半数は精神科医）及び看護師が置かれている（家事60条参照）。
この裁判所技官の少年保護事件に関する活用方針としては，①少年鑑別所の鑑
別結果と調査官の社会調査の総合的判断について裁判官を補佐すること，②少
年鑑別所の鑑別が不要又は不能な事件について科学的診断又は技術的措置を行
うこと，③少年鑑別所の鑑別に付すために予診を行うこと，④少年保護事件の
調査技術について科学的研究を行うこと，⑤調査官に対し調査について科学技
術的協力を行うことなどが考慮されている（「高等裁判所及び家庭裁判所の医師及び
看護師の職務等について」平9・3・28人事局長・家庭局長通達・家月49・8・257最終改正
令元・11・29，「家庭裁判所の医師及び看護師の職務について」平9・4・30家庭局長通知・
家月49・8・263）。医師又は看護師である裁判所技官の活用状況は，各裁判所に
よって差異があるが，家庭裁判所が行う保護的措置である薬物関係事件の少年
に対する薬物講習や性的逸脱等の問題を抱えた少年に対する思春期教室の講師
としてこれらの技官が活用される例もみられる（沼賀＝築地，崎濱参照）。調査官
に求めることのできない専門的医学知識・技術の活用が今後一層期待されよう

148

第3節　調査及び審判　　　　　　　　　　　　　　　　　　**第9条の2**（規第13条の2～6）

（坂本参照）。

（被害者等の申出による意見の聴取）

第9条の2　家庭裁判所は，最高裁判所規則の定めるところにより第3条第1項第1号又は第2号に掲げる少年に係る事件の被害者等から，被害に関する心情その他の事件に関する意見の陳述の申出があるときは，自らこれを聴取し，又は家庭裁判所調査官に命じてこれを聴取させるものとする。ただし，事件の性質，調査又は審判の状況その他の事情を考慮して，相当でないと認めるときは，この限りでない。

（意見陳述の申出の際に明らかにすべき事項等・法第9条の2）

規則第13条の2　①　法第9条の2本文の申出は，次に掲げる事項を明らかにしてしなければならない。

1　申出人の氏名，名称又は商号及び住所

2　当該申出に係る事件を特定するに足りる事項

3　申出人が法第9条の2本文の申出をすることができる者であることの基礎となるべき事実

②　法第9条の2本文の申出については，弁護士でなければ代理人となることができない。

（意見聴取の日時等の通知・法第9条の2）

規則第13条の3　家庭裁判所又は家庭裁判所調査官は，法第9条の2本文の規定により意見を聴取するときは，申出人に対し，その旨並びに意見を聴取する日時及び場所を通知しなければならない。

（意見聴取に当たつての配慮・法第9条の2）

規則第13条の4　法第9条の2本文の規定により意見を聴取するときは，申出人の心身の状態に配慮するものとする。

（意見を聴取した旨の通知・法第9条の2）

規則第13条の5　家庭裁判所は，付添人がある場合において，法第9条の2本文の規定による意見の聴取がされたときは，速やかにその旨を当該付添人に通知しなければならない。

（意見の要旨を記載した書面の作成・法第9条の2）

規則第13条の6　①　家庭裁判所は，審判期日外において，法第9条の2本文の規定により自ら意見を聴取したときは，裁判所書記官に命じて，当該意見の要旨を記載した書面を作成させなければならない。

②　家庭裁判所調査官は，法第9条の2本文の規定により意見を聴取したときは，当該意見の要旨を記載した書面を作成しなければならない。

③　法第9条の2本文の規定による意見の陳述については，第12条の規定は，

149

第9条の2（規第13条の2〜6）　　　　　　　　　　第2章　少年の保護事件

適用しない。

1　本条の趣旨

　本条は，平成12年改正により，被害者への配慮の充実等の観点から5条の2・31条の2と共に新設され，平成20年改正で拡充されている（飯島ほか22頁）。被害者等から，被害に関する心情その他の事件に関する意見の陳述の申出があった場合に，これを裁判所が聴取することにより，審判が被害者等の心情や意見をも踏まえてなされていることを明確にして，少年審判に対する被害者等を始めとする国民の信頼を確保すると共に，少年に被害者等の心情や意見を認識させ，少年の反省を深めてその更生に資することを意図した規定である。基本的には，刑事手続における意見陳述に関する規定（刑訴292条の2）と同様の趣旨によるものであるから，その運用も参考にされるべきである。もっとも，少年保護手続の特質から異なる点，少年手続特有の問題点にも留意すべきである（刑事手続に関して，西田，酒巻b，椎橋a，本条も含めた解説として，甲斐ほか，川口（宰）b28頁参照）。

2　要　　件

　(1)　**対象**　　申出の対象となる事件は，犯罪少年又は触法少年に係る事件（3条1項1・2号）であり，虞犯少年に係る事件は含まれない。

　(2)　**被害者等**　　申出をなし得る者は，被害者等である（被害者「等」とした趣旨について，⇨5条の2注釈2(2)。平成19年の改正で刑訴292条の2の申出人の範囲が広げられたのを受けて本条もこれにならい，5条の2（記録の閲覧・謄写），31条の2（審判結果通知）の場合と同じく，申出人が「被害者の心身に重大な故障がある場合における配偶者，直系の親族又は兄弟姉妹」にまで拡大された）。家庭裁判所が申出人と被害者等との同一性を確認し，事件の特定をするため，申出は，申出人の氏名等の事項を明らかにしてなす必要がある（規13条の2．2項（平成20年改正）について，浅香ほか89頁参照）。

　本条の申出があった場合は，裁判所は，原則として意見を聴取することになるが，事件の性質，調査又は審判の状況その他の事情を考慮して，相当でないと認めるときは，意見を聴取しないことができる（本条但書）。暴走族同士の抗争事件など，被害者本人の意見陳述を認めることにより，新たな抗争を生む危

第3節　調査及び審判　　　　　　　　　　　　　第9条の2（規第13条の2~6）

険がある場合や，被害者が多数に上り，その全員の意見を聴取することは手続
的な負担が大きくなる場合（甲斐ほか66頁）などに，聴取は相当でないといえ
るであろう。もっとも，後述のとおり書面提出も含め適宜の聴取方法が選択で
きるので，不相当とされる場合は少ないと思われる。

3　聴取の時期，方法等

　意見聴取の時期については，特に定めはなく，裁判所が事案の性質，事件の
進行状況，被害者等の事情を考慮し，適宜の時期に聴取することになる（聴取
する日時場所の通知について，規13条の3）。否認事件においては，非行事実（罪体）
の審理が終了した後とすることが望ましい（刑事訴訟の場合について，西田56頁参
照）。

　意見聴取の方法には，①裁判所が審判期日において聴取，②裁判所が審判期
日外で聴取，③調査官に命じて聴取という方法がある（運用状況について，平成
12年改正概況112頁，60年概観198頁）。いずれの方法によるかは，本条の趣旨に
鑑み，できる限り被害者等の意向を尊重すべきである。但し，審判期日の調整
がつかない場合，被害者等の被害感情が強く，審判運営上，不測の事態が生じ
得る場合には例外的に被害者等の意向と異なる意見聴取の方法も考えられる
（平成18年度研究会92頁）。

　調査官に聴取させる場合には，社会調査の命令（8条2項）とは別個の意見聴
取命令を発することになろう。被害者等から意見を聴取するときは，その心身
の状態に配慮しなければならない（規13条の4）。また，この制度は少年の処分
を決める審判のための手続であるから，終局決定後に意見聴取することは予定
されていないと解される（甲斐ほか61頁）。

　審判期日において裁判所が自ら意見聴取をする場合には，被害者等の陳述の
趣旨を明確にするため，裁判所が被害者等に質問することができ，少年，付添
人らに対しても被害者等に明確化のための質問を許すことができるが，反対尋
問的な質問は許されないと解される（甲斐ほか64頁。この点は，調査官による必要
な事項の質問が許される被害者調査（⇨8条注釈6(5)）とは異なる）。また，裁判所は，
被害者等の意見陳述が重複・無関係，その他相当でないときは，審判指揮権に
基づき，その陳述を制限できる（関係者の質問についても同様。規31条1項参照）。

　意見聴取の方法として，本条には刑訴292条の2第7項のような規定はなく，
あくまでも口頭による意見陳述が原則であるが，例外的な措置として，被害者

151

第10条（規第14条・第28条・第29条の2〜5）　　　　　第2章　少年の保護事件

等に意見を記載した書面を提出させることもできると解される（甲斐ほか64頁）。裁判所が審判期日に意見聴取を行う場合，証人尋問手続ではないが，刑事手続で認められた被害者等への付添（刑訴157条の4）及び遮へい措置（同157条の5第1項）に準じた運用も考えられよう。

　被害者等の意見陳述の結果は，後述のように要保護性の資料となるのみならず非行事実解明の端緒ともなり得るので，審判期日外で意見の聴取が行われた際には，当該意見の要旨を記載した書面の作成を義務付け（規13条の6第1・2項），付添人等の閲覧等を可能としている。審判期日において意見を聴取したときは，意見の要旨を調書に記載する（規33条2項4号の2）。被害者等の証人尋問の申出の端緒を与えるため，意見聴取した旨を付添人に通知する（規13条の5）。検察官関与決定をした事件では検察官にも通知する（規30条の9第2項）。少年が在席しない場で意見聴取が行われた場合は，聴取した意見の要旨を調査・審判の状況，少年の情操や感情等に配慮しながら，裁判官又は調査官から適宜の方法で少年に告げるべきである。

4　聴取した意見の効果

　聴取した被害者等の意見陳述は，要保護性認定の資料とすることができる。被害者等の意見陳述が必要な範囲で非行事実の概要に及んだ場合でも，少年及び検察官いずれの反対尋問も保障されていないことから，その結果を非行事実の認定に使用することは許されないと解され（刑訴292条の2第9項参照），非行事実の認定に不可欠な場合には証人尋問等を検討することとなる。また，意見聴取の要旨を記載した陳述録取調書又は意見聴取書の写については，社会記録（少年調査記録）に編綴して処遇機関に引継ぐといった家庭裁判所と処遇機関との連携上の工夫がみられる（平成18年度研究会96頁）。

（付添人）
第10条　①　少年並びにその保護者，法定代理人，保佐人，配偶者，直系の親族及び兄弟姉妹は，家庭裁判所の許可を受けて，付添人を選任することができる。ただし，弁護士を付添人に選任するには，家庭裁判所の許可を要しない。
②　保護者は，家庭裁判所の許可を受けて，付添人となることができる。

第3節　調査及び審判　　　　　　　　**第10条**（規第14条・第28条・第29条の2~5）

> **（付添人・法第10条）**
> **規則第14条**　①　弁護士である付添人の数は，3人を超えることができない。
> ②　付添人を選任するには，付添人と連署した書面を差し出すものとする。この書面には，少年と付添人との関係を記載しなければならない。
> ③　前項の規定により付添人が署名押印すべき場合には，署名押印に代えて記名押印することができる。
> ④　付添人の選任は，審級ごとにしなければならない。
> ⑤　保護者が付添人となるには，書面でその旨を家庭裁判所に届け出るものとする。この場合には，第2項後段及び前項の規定を準用する。
> ⑥　付添人の選任の許可及び付添人となることの許可は，いつでも，取り消すことができる。
> **規則第28条**　第22条掲出
> **規則第29条の2**　第22条掲出
> **規則第29条の3**　第22条掲出
> **規則第29条の4**　第22条掲出
> **規則第29条の5**　第22条掲出

1　付添人制度

　少年保護手続においては，少年の健全な育成を目的とし（1条），家庭裁判所が少年の後見的な役割も果たすとはいえ，少年院送致（24条1項3号・64条1項3号）などにみられるように，少年の人権に制約を加えるものもあり，適正な処遇決定には困難も伴うので，少年の権利や利益を損う危険性がないとはいえず，非行事実が争われる場合，保護環境の調整を必要とする場合など，少年の正当な利益を擁護する必要性の高い事件も存在する。そこで，少年の正当な利益を擁護し，適正な審判・処遇決定のために活動する者として，付添人の制度が定められている。諸外国においても，手続に応じて性格は異なるが（裁判手続では刑事弁護人的，処遇決定手続では審判の協力者的等），同様の役割の者が認められている（浜井ほか14・37・54・71・94頁，廣瀬f14・30・56・84・100・109頁，澤登e）。旧法でも「附添人」が認められていたが（旧42条），保護事件の範囲自体が限定されていたことなどから，弁護士が附添人として活躍することは乏しかったようである（浜井ほか120頁以下）。付添人の性格については，少年審判への関与を検察官には認めず（但し，平成12年改正で一部認められ，その後の改正で拡充されている。⇨22条の2注釈），付添人だけに認めたこと，刑事手続に対して，少

第 10 条（規第 14 条・第 28 条・第 29 条の 2〜5）　　　　第 2 章　少年の保護事件

年保護手続が少年に最適な処遇を目指す手続として，その保護・教育的な側面が強調されていたことなどから，審判協力者としての面を前提とした立論が支配的であったが，近時では，少年の権利の擁護者としての役割・性格を強調する議論もある。その権限規定の整備・国選付添人制度の創設などを求める立法的改革の意見があったが，平成 12 年改正で，検察官関与決定をした事件等について国選付添人の制度が設けられ（22 条の 3 第 1 項・32 条の 5 第 1 項），付添人の権限についても，規則上整備が図られた（規 28 条 4・5 項・29 条の 2〜4）。更に，平成 19 年改正で，一定の重大事件で観護措置がとられた場合の国選付添人（22 条の 3 第 2 項・32 条の 5 第 2 項），触法少年の調査段階の付添人（6 条の 3），平成 20 年改正では，被害者等による審判傍聴を許す場合の国選付添人（22 条の 5 第 2 項）がそれぞれ認められ，平成 26 年改正で，検察官関与決定をした事件等についての国選付添人及び一定の重大事件で観護措置がとられた場合の国選付添人の範囲が拡大されている（⇨各条注釈）。

2　付添人の資格

付添人の資格に制限はない。保護者と付添人とはその権限に差異があるため，保護者も許可を受ければ付添人になることができる。しかし，後述する付添人の重要かつ困難な職責を十分果たすためには，少年法制に関する知識だけでなく，少年の保護・教育に関する専門的知識をも有する者が望ましいことはいうまでもない（付添人に関し，角田 a 347 頁）。

3　付添人の選任

本条の付添人の選任権者は少年と保護者とされていたが，令和 3 年改正により，法律上の保護者がなくなり特定少年の付添人選任権者の範囲が狭くなることなどから，18 歳未満の少年も含めて権利保障上の問題が生じることがないように，弁護人（私選）の選任権者（刑訴 30 条）と同じ範囲（法定代理人，保佐人，配偶者，直系の親族及び兄弟姉妹）までに広げられた（対応する少院 85 条 3 項・93 条 1 項も改正された）。家庭裁判所が職権で選任する付添人については 22 条の 3・22 条の 5・32 条の 5 に規定されている。少年の未成熟性を根拠に，保護者は少年の意思に反しても付添人を選任でき，少年は保護者が選任した付添人を解任できないと解されている（条解〔廣瀬〕78 頁，講義案 48 頁，裁コ〔三浦〕107 頁）。なお，特定少年に保護者が認められると解しても（⇨2 条注釈 **6**），特定少年の場合，その選任・解任意思は保護者より優先すると思われる。

154

第3節　調査及び審判　　　　　　　**第10条**（規第14条・第28条・第29条の2〜5）

選任の時期は，裁判所による事件の受理後であれば何時でもよい（なお，触法少年の調査段階の付添人につき⇨6条の3注釈）。保護処分の言渡後でもその確定前であればよく，抗告等の手続で実益がある（大阪高決昭54・10・3家月32・8・112参照）。準少年保護事件に付添人が関与できるかについては，議論があるが，非行事実の認定や保護処分決定の実質を備えている場合にはその選任・関与が認められるべきである（平成12年改正により，27条の2第6項が，平成19年改正により，26条の4第3項，更生68条2項・72条5項などが新設され，また，平成26年の少年院法全面改正により，同法138条5項が，令和3年改正により，66条，更生68条の2が，設けられるなど規定が整備されている。関与の程度については，⇨27条の2注釈5，26条の4注釈，66条注釈，少院138条注釈，更生67・68・71・72条各注釈）。

選任の方法は，事件が係属している家庭裁判所（場合により，高等裁判所または最高裁判所）に対し，少年と付添人との関係（例えば，実父，実兄，雇主，担任教師など）を記載し，選任者と付添人が連署（自筆で自己の氏名を併記）した書面（付添人選任届）を提出して行う（規14条2項）。少年と付添人との関係の記載は，裁判所が選任許可の資料とするためであるから，弁護士の場合は必要ない。

付添人の選任には，家庭裁判所の許可が必要とされる（本条1項）。法文上は明らかではないが，事件が高等裁判所又は最高裁判所に係属している場合は，それぞれの裁判所が許可すべきである。付添人には，後記の通り種々の権限が認められているので，裁判所がその適格性を審査する必要があるからである。許可にあたっては，付添人の人物，少年との関係，事件の内容等から慎重な考慮が必要とされるが，特に不適当でなければ，原則として許可するのが妥当である（団藤＝森田105頁，条解〔廣瀬〕79頁）。なお，少年の伯父及び教師がした再抗告申立につき，いずれも付添人と称していながら選任許可を得ていないことを理由に不適法とした例がある（最決昭37・6・7家月14・12・157）。弁護士の場合は，その適格性に問題がないとされているので許可を要しない（本条1項但書）。

付添人の数については，少年保護事件が検察官に送致されると弁護士である付添人は当然に弁護人とみなされるので（45条6号），刑訴規27条との調整を図るために，弁護士である付添人は3人までとされている（規14条1項）。少年保護事件の性質上，少年の情操保護の観点からも多数の付添人の選任には弊害も懸念される。弁護士以外の付添人の数には制限がなく，弁護士である場合と

第10条（規第14条・第28条・第29条の2〜5）　　　　　第2章　少年の保護事件

の権衡を厳格に考える必要はない。反面，適格性を欠くことが判明すれば，家庭裁判所はいつでも許可を取消すことができる（規14条6項）。3名を超える弁護士を弁護士以外の付添人として許可し，数名の弁護士が選任されている事例もみられるが，文理上疑問があるうえ，少年の情操保護や審判運営上の支障も考えられるので，許可にあたっては，支障がないか慎重に検討すべきであり，弊害が窺えれば，許可を取消すべきであろう。

　選任の効力は，事件単位で考えるべきであるが，併合された事件についてはその全部に選任の効力が及ぶと解される（刑訴規18条の2参照）。もっとも明確性を担保するために併合された事件について改めて選任届を出させることが望ましい。また，付添人の選任は，審級ごとに行うものとされている（規14条4項）。抗告審において付添人選任届が提出されていなかった弁護士には，再抗告申立権はない（最決平24・5・1家月65・4・56）。

　なお，弁護人が選任されている刑事事件が，家庭裁判所に送致（41・42条）又は移送（55条）された場合，弁護人は当然には付添人とならず，改めて選任手続を要する（最決昭32・6・12刑集11・6・1657〔百選15〕参照）。従って，弁護人は，事件が家庭裁判所に送致される場合に備えて付添人選任届を予め作成し，速やかに提出するよう心掛ける必要があるが，弁護人が失念している場合には，裁判所も，付添人になることが推認できるので，付添人選任届の提出を促すべきである（国選付添対象事件では，被疑者国選弁護人であった弁護士に，仮に国選付添人を選任する場合の受任意思を確認する運用も行われている）。なお，検察庁に提出された付添人選任届が事件記録と共に家庭裁判所に送付されたときは，有効な選任届として取扱うとした判例がある（高松高決昭34・7・2家月11・8・139）。

　触法事件の調査手続における付添人については⇨6条の3注釈。

4　付添人の権限

　付添人には，①記録及び証拠物の閲覧権（規7条2〜8項），②身柄拘束中の少年との立会人なしの面会権（少鑑81条），③証拠調手続（証人尋問，検証等）における立会・尋問・証拠調の申出等の権限（14・15条，規19条・29条の3），④審判に出席し意見を述べる権利（規28条の4・5項・29条の2・30条），⑤審判で少年に発問する権利（規29条の4），⑥保護処分決定に対する抗告権・再抗告権（32条・35条1項），⑦観護措置決定・同更新決定に対する異議申立権・特別抗告権（17条の2・17条の3）などの権限があるほか，審判書謄本請求権も認められてい

156

第3節　調査及び審判　　　　　　第10条（規第14条・第28条・第29条の2〜5）

る（昭29・1・28家庭局長回答・家月6・1・147）。このうち，④は保護者と共通し，法定代理人である保護者には⑥⑦の抗告権等があるが，それ以外は付添人にだけ認められている。①の閲覧できる記録には事件記録（法律記録）だけでなく少年調査記録（社会記録）も含まれる（東京高決昭58・7・11家月36・3・177，大阪高決平元・12・26家月42・10・74）。しかし，社会調査の結果である社会記録の秘密保持には十分な配慮が必要であるうえ，記録等に記載されている参考人等に係る情報を適切に保護することも必要であり，閲覧に関する平成28年及び令和5年の各改正もなされていることに十分留意すべきである（詳細は，⇨規則7条注釈，社会調査の性質等については，⇨8・9条各注釈）。

付添人の重要な権限の侵害は，決定に影響を及ぼす法令の違背として抗告理由（32条）に該当する場合が多い（審判への出席権の侵害につき，高松高決昭34・7・2家月11・8・145，福岡高決昭53・4・17家月30・11・97，札幌高決昭53・12・15家月31・9・59〔百選16〕。詳細は，⇨32条注釈3(1)）。平成12年改正に伴い，その権限行使を可能ならしめるため，各種の通知が義務付けられた（規13条の5・22条・28条5項・29条の5）。

5　付添人の役割

付添人の役割として，少年保護事件の司法的機能と福祉的機能に対応して，①適正手続の履践を監視・要求する弁護人的役割と②少年の健全育成を目的とする家庭裁判所の協力者的役割の二面があると従来説かれてきた（団藤＝森田103頁，司研概説42頁，平場95頁，条解〔廣瀬〕77頁，柏木66頁，裁コ〔三浦〕105頁等）。これに対し，二面性論では二つの立場に矛盾が生じ，一貫した指針を明確にできないとして，少年の協力者・パートナーであるという考え方が近年説かれている（多田（元）b 428頁等）。二面性論が説かれた背景には，保護手続の教育・福祉的性格に加えて，少年保護事件の特質を弁えずに弁護人的にのみ振舞う弁護士付添人に対する批判もあったが，そのような活動の不適切さについては認識が深められてきている。この点について，付添人は家庭裁判所の協力者として，少年の意思に反して施設収容を求める意見を述べることも許されると説かれる（阿部b 20頁，西岡（清）b 35頁）。他方，付添人がケースワーク的役割を果たすためにも，少年との信頼関係が不可欠であって，少年の意思に反する活動は，付添人の任務（誠実義務）に反するという考え方もできよう。付添人は，調査官や裁判官などとは異なり，あくまでも少年の側に立ちながら，少年保護事件の

157

第10条（規第14条・第28条・第29条の2〜5）　　　　　第2章　少年の保護事件

目的達成のために尽力するものであり，付添人は少年審判が適正に運営される限りでは調査・審判の協力者であるが，裁判所の不適正な活動に対しては少年の正当な利益のためにこれを監視し是正を求める役割を有しているといえよう（平場95頁，浜井ほか165頁，古田a9頁）。このような趣旨から付添人の役割は少年の協力者であると一元的に捉える後者の見解の実践的妥当性も主張されている（高井，佐伯b）。その立場においても，現在の少年審判が検察官の関与を基本的に予定していないために（平成12年改正により検察官関与が認められ，平成26年改正によりその範囲が拡大されたが，なお限定的である。⇨22条の2注釈），付添人の活発な活動は，構造的に裁判所との対立的関係を醸成しがちであること，そして，それは少年自身にとっても好ましいものではないことを率直に認識する必要がある。付添人の地位・役割の理論的分析として，川出120頁以下，廣瀬・少年法172頁以下。

　具体的には，次のような付添人の活動が期待される（付添人の役割についての裁判官による総合的な研究として，三浦a）。まず，非行事実及び要保護性を基礎付ける事実の有無・内容に関して，積極的に自ら事実を調査し，誤った資料を正し，隠れた資料を提出して，裁判所の誤りを防ぐように努めなければならない（少年保護事件では，職権的に，必ずしも厳格でない方式で，かつ，短期間のうちに事実が認定される場合が多いために，裁判所の判断が誤る危険性もある）。そのため，少年や保護者と面会を重ねるなどして事実関係を掌握し（少年や保護者が必要なことを述べていない場合も稀ではない），調査官と面接して建設的な意見を交わし，必要に応じて意見書を提出するなどの地道な努力が必要とされる。知識の乏しい少年や保護者に手続の流れを説明し，適切に対応できるよう助言することも付添人の重要な役割である。但し，少年の情操保護（規1条2項）や親子関係の悪化防止などの観点から，記録の閲覧などによって知った事実を少年や保護者に伝達することを避けたり，伝え方に配慮を要する場合が少なくない（なお，参考人等の保護の措置が平成28年及び令和5年の各改正で設けられている趣旨にも留意すべきである。⇨規則7条注釈）。また，審判において，少年のために有利な事実の主張・立証を行う場合にも，少年の健全な育成の趣旨に反しないような配慮が望まれる。要するに，適正手続を実現する付添人の弁護人的役割にも，刑事弁護人とは自ずから異なったものが求められる（浜井ほか164頁以下，三浦a43頁以下，裁コ〔三浦〕110頁以下，川出121頁。手続の各段階における付添人の役割の具体的な検討について三

158

第3節　調査及び審判　　　　　　　第10条（規第14条・第28条・第29条の2～5）

浦a65頁以下。弁護士による付添人活動全般について山﨑（健）)。

　更に，付添人には，少年や保護者，友人，教師あるいは雇主などと接触し，時には積極的に働掛けて，少年が立直るための社会資源を開拓するというケースワーク的役割も期待されている。その場合，調査官との連携が不可欠である。付添人が裁判所の協力者であると説かれた本来の趣旨も付添人のこのような役割に着目したものと思われるが，かつては，事件記録を検討しただけで，あるいは，示談をとっただけで，少年との面会はもとより裁判官や調査官との面接も行わないで審判に臨み，ただ軽い処分を求める「弁論」を行って付添人の職責を全うしたと考える弁護士も稀ではなかった。しかし，今日では，その誤りは広く認識されており（城戸324頁），真の意味での「少年の協力者」たりうる専門家としての付添人が求められている。弁護士会でも各種マニュアルの発行（一弁，一弁入門，日弁，二弁，福岡県弁護士会，東弁等），事例研究等の研修，受任者リストの整備等を通じ少年保護事件の特質を理解した弁護士の養成に努めている（付添人制度運用の概況につき，三浦a3頁)。なお，弁護士による文献として，川村，ビギナーズver.2.1などがある。

6　国選付添人制度

　付添人選任率は年々上昇している。一般保護事件総数に占める付添人の割合は，平成16年は5.7％であったが，令和3年には25.9％になっており，なお4分の3近くの事件において付添人が付されていないとはいえるものの，上昇傾向は顕著である。弁護士会の努力もあって，付添人のほとんどは弁護士付添人であり，令和3年には98.9％になっている。付添人選任率が最も高い非行は殺人（令和3年95.8％）であり，強盗（同86.2％）覚醒剤取締法違反（同83.0％)，がこれに続いている。

　身柄事件では観護措置期間が限られ（17条3・4・9項)，期日変更も困難であるから，観護措置決定からできるだけ速やかに国選付添人の選任は行うべきであり，それが励行されている。付添人を選任する必要性が高い事件としては，非行事実が争われるなど少年の権利保護・適正な処分実現のために弁護士である付添人を選任する必要性が高いと考えられる事件がある一方，要保護性の問題が中心となるために，少年問題に理解のある弁護士のほか，少年の保護・教育に経験があり少年法制に関する法律的知識を有する者（例えば，教育関係者や元調査官など）などが付添人として適切な役割を果たし得ると考えられる事件も

159

第10条（規第14条・第28条・第29条の2〜5）　　　　　　第2章　少年の保護事件

図表13　一般保護事件付添人選任暦年比較

年次	総数	総数に占める「付添人あり」の比率（%）	付添人あり									
			総数		弁護士（私選）		弁護士（国選）		保護者		その他	
			人員	比率（%）	人員	比率（%）	人員	比率（%）	人員	比率（%）	人員	比率（%）
平成18年	63,630	7.1	4,489	100.0	4,230	94.2	3	0.1	60	1.3	196	4.4
20年	54,054	9.3	5,004	100.0	4,314	86.2	451	9.0	52	1.0	187	3.7
25年	40,987	20.7	8,477	100.0	8,046	94.9	320	3.8	31	0.4	80	0.9
26年	37,712	21.0	7,916	100.0	6,100	77.1	1,725	21.8	26	0.3	65	0.8
27年	32,740	22.7	7,437	100.0	4,011	53.9	3,339	44.9	29	0.4	58	0.8
28年	27,763	23.6	6,541	100.0	3,206	49.0	3,258	49.8	17	0.3	60	0.9
29年	24,603	24.2	5,944	100.0	2,747	46.2	3,124	52.6	11	0.2	62	1.0
30年	21,625	26.6	5,753	100.0	2,304	40.0	3,390	58.9	9	0.2	50	0.9
令和元年	19,588	26.0	5,098	100.0	1,973	38.7	3,071	60.2	9	0.2	45	0.9
2年	18,871	25.4	4,797	100.0	1,778	37.1	2,964	61.8	7	0.1	48	1.0
3年	16,240	25.9	4,212	100.0	1,601	38.0	2,567	60.9	11	0.3	33	0.8

（出典）　法曹時報68巻1号137頁，同75巻1号87頁

ある。従前から，各地の裁判所で，法律扶助協会や弁護士会の協力の下に，法律扶助協会が国選弁護に準じた費用を負担して付添人を確保する運用がなされ（付添人扶助制度），また，要保護性の問題が中心となる事件のうち，保護者がいない場合，疾病・貧困・遠隔地居住等，保護能力が著しく欠ける場合などについては，少年友の会との申合せによりその会員から親代わりの付添人を選任する運用も一部の裁判所で行われてきた（三浦a12頁）。しかし，財源的な限界もあるので，裁判所が必要に応じて職権で付添人を選任する制度が望まれるとの意見がかねてから強かったところ（浜井ほか333頁以下，八木b37頁，廣瀬e20頁，守屋f(下)20頁等参照），平成12年改正では，検察官関与決定した事件（22条の2・22条の3第1項）及び検察官の抗告受理申立が認められた場合（32条の5）について，国選付添人を付す制度が設けられた。また，平成19年改正では，一定の重大事件について，観護措置がとられた場合（22条の3第2項，32条の5第2項），平成20年改正では，被害者等による審判傍聴を許す場合（22条の5第2項）に，それぞれ国選付添人制度が認められ，更に，平成26年改正で，検察官関与決定をした事件等についての国選付添人及び一定の重大事件で観護措置がとられた場合の国選付添人の範囲が拡大された。なお，法律扶助協会の業務のうち，付添人扶助制度については，日弁連の少年保護事件付添援助として日本司法支援センター（法テラス）に委託されて引継がれている（法律支援30条2

160

第3節　調査及び審判　　　　　　　　　　　　　　　**第 11 条**（規第 15 条〜第 17 条）

項）。

　前記のとおり，なお 4 分の 3 近くの事件において付添人が付されていないもの，付添人選任率は年々上昇し，国選付添人の範囲も累次にわたって拡充されている。国選付添人については，国費を投入するに足るだけの必要性と有効性があることの評価・検証が続けられることになるが，これに耐え得る法律専門家としての弁護士付添人の活動が求められるといえよう（廣瀬 q）。付添人が実務においてますます大きな役割を果たすことが期待され，活動の質がより問われることになろう。

　（呼出し及び同行）
　第 11 条　①　家庭裁判所は，事件の調査又は審判について必要があると認めるときは，少年又は保護者に対して，呼出状を発して，その呼出しをすることができる。
　②　家庭裁判所は，少年又は保護者が，正当な理由がなく，前項の規定による呼出しに応じないとき，又は応じないおそれがあるときは，その少年又は保護者に対して，同行状を発して，その同行をすることができる。
　（呼出状の記載要件・法第 11 条）
　規則第 15 条　調査又は審判のための呼出状には，本人の氏名，年齢及び住居，保護事件について呼び出す旨，出頭すべき年月日時及び場所並びに正当な理由がなく出頭しないときは同行状を発することがある旨を記載し，裁判長が，記名押印しなければならない。
　（呼出状の送達・法第 11 条）
　規則第 16 条　①　前条の呼出状は，送達する。
　②　送達については，民事訴訟の送達に関する規定並びに刑事訴訟法第 65 条第 2 項及び第 3 項の規定を準用する。ただし，就業場所における送達，送達場所等の届出及び公示送達に関する規定は，この限りでない。
　（簡易の呼出）
　規則第 16 条の 2　調査又は審判のための呼出は，呼出状の送達以外の相当と認める方法によつてすることができる。
　（同行状の記載要件等・法第 11 条等）
　規則第 17 条　①　調査又は審判のための同行状には，本人の氏名，年齢及び住居，審判に付すべき事由，同行すべき場所，有効期間及びその期間経過後は執行に着手することができず令状はこれを返還しなければならない旨並びに発付の年月日を記載し，裁判長又は同行状を発する裁判官が，記名押印し

第11条（規第15条〜第17条）　　　　　　　　　　　　　　第2章　少年の保護事件

なければならない。

② 緊急の場合に発する同行状には，前項の記載事項のほか，特に発付を必要とする理由を具体的に記載しなければならない。

③ 裁判長は，法第12条第2項の規定により前項の同行状を発する場合には，その旨を同行状に記載しなければならない。

④ 同行状の有効期間は，発付の日から7日とする。ただし，相当と認めるときは，7日を超える期間を定めることができる。

⑤ 家庭裁判所は，同行状を発する場合において，同行状に記載する個人特定事項が次に掲げる者のものに該当すると認める場合であつて，相当と認めるときは，同行状を発すると同時に，本人に示すものとして，当該個人特定事項を明らかにしない方法により審判に付すべき事由を記載した同行状の抄本その他の同行状に代わるものを交付することができる。

1　次に掲げる事件の被害者

イ　法第3条第1項第1号に掲げる少年に係る事件であつて刑事訴訟法第271条の2第1項第1号イ若しくはロに規定する罪のもの又は法第3条第1項第2号に掲げる少年に係る事件であつて刑事訴訟法第271条の2第1項第1号イ若しくはロに規定する罪に係る刑罰法令に触れるもの

ロ　イに掲げる事件のほか，法第3条第1項第1号又は第2号に掲げる少年に係る事件であつて，刑罰法令に触れる行為の態様，被害の状況その他の事情により，被害者の個人特定事項が少年又は保護者に知られることにより刑事訴訟法第271条の2第1項第1号ハ(1)又は(2)に掲げるおそれがあると認められる事件

2　前号に掲げる者のほか，個人特定事項が少年又は保護者に知られることにより刑事訴訟法第271条の2第1項第2号イ又はロに掲げるおそれがあると認められる者

⑥ 前項の同行状に代わるものには，本人の氏名，年齢及び住居，同項の規定により当該個人特定事項を明らかにしない方法により記載した審判に付すべき事由，当該同行状に代わるものが同項の規定によるものである旨，同行すべき場所，同行状の有効期間及びその期間経過後は執行に着手することができず同行状に代わるものはこれを返還しなければならない旨，同行状発付の年月日並びに同行状に記名押印した裁判長又は裁判官の氏名を記載し，裁判長又は同行状を発する裁判官が，記名押印しなければならない。

⑦ 第2項の同行状と同時に交付する同行状に代わるものには，前項の記載事項のほか，特に当該同行状の発付を必要とする理由を記載しなければならない。

⑧ 裁判長は，法第12条第2項の規定により第2項の同行状を発すると同時に同行状に代わるものを交付する場合には，法第12条第2項の規定により

第3節　調査及び審判　　　　　　　　　　　　　　第11条（規第15条～第17条）

> 第2項の同行状を発する旨を同行状に代わるものに記載しなければならない。

1　本条の趣旨

少年の権利保障，適正な調査・審判のためには，少年，保護者を始め関係者の出頭が確保されなければならない（8条2項参照）。この趣旨から，審判期日には，少年，保護者を呼出す必要があり（規25条2項），審判期日には少年の出頭が不可欠とされている（規28条3項）。本条は，これを担保するために，少年及び保護者への呼出状，同行状について規定したものである。令和3年改正により，少年又は保護者が呼出しに応じない場合に加え，そのおそれがある場合にも同行状の発付が可能とされたほか，形式的修正が行われた（改正理由につき⇨4⑴）。また，令和5年改正により規則17条が改められ，少年本人に示すものとして，被害者等の個人特定事項を秘匿した審判に付すべき事由を記載した同行状に代わるものを交付することが可能となった（⇨4⑵）。他方，参考人の呼出方式は規定がないので相当な方法によればよく，実務上，「参考人呼出状」を送付する扱いが一般的である。また，付添人については，平成12年改正により審判出席権が規定され（規28条4項），同行状の発付が予定されていないため，審判期日を通知することとされた（規28条5項）。なお，規則15・17条については，平成12年改正による裁定合議制導入（⇨4条注釈3）に対応する改正がなされている。

2　呼出しの方式

⑴　正式の呼出しと簡易の呼出し　　家庭裁判所が，呼出状を送達することによって行うのが「正式の呼出し」である（規15・16条）。少年や保護者が呼出しに応じないことを理由に強制力を用いて出頭させるための同行状を発するには，その前提として，出頭を義務付ける本条の呼出状を発しておく必要がある。そのような必要が見込まれない場合には，「相当と認める方法」（規16条の2）による「簡易の呼出し」で足り，実務上これが多く用いられている。

⑵　呼出状　　事件が係属している家庭裁判所の裁判官（合議体の場合は裁判長）が本条の呼出状を発することができる（調査官や書記官が発することはできない）。規則15条に規定されている事項を記載した呼出状に，裁判官（合議体の場合は裁判長）が記名押印し作成する。刑事手続の召喚状（刑訴57条）に相当する

163

第11条（規第15条〜第17条）　　　　　　　　　　　　　第2章　少年の保護事件

もので，明文の規定（刑訴57・275条，刑訴規67・179条2項）はないが，呼出状に記載される出頭すべき日時と呼出状の送達との間には，準備と出頭に必要な相当の猶予期間を置く必要がある（団藤＝森田110・196頁，条解〔菊地〕82頁，平場249頁）。

「送達」は訴訟書類の内容を知らせる裁判所の行為で，重要な書類について関係者の権利保障のため一定の方式が要求されるものである。呼出状は少年，保護者の調査・審判への出頭に関わり，同行の前提となるので，送達によるとされている（規16条1項）。この送達には民訴98条以下，刑訴65条2・3項が準用されるが，秘密保持，少年の情操・権利保護などから，就業場所における送達，送達場所等の届出及び公示送達の規定は除かれている（規16条2項）。そこで，調査のために出頭した少年・保護者から審判期日に出頭する旨を記載した書面（期日請書）を差出させたり（刑訴65条2項），少年が収容されている少年鑑別所に審判期日通知書を送付し又は収容者呼出簿による通知をすること（刑訴65条3項）も有効な送達となる。もっとも，少年鑑別所又は少年院に収容中の少年は，国の強制力により収容されている点で刑事施設に収容されている者（民訴102条3項）に類似し，施設の長宛で一層確実に行われると考えられるので，施設の長宛に送達を行うのが相当とされている（昭56・7・15総務局長通知・家月33・10・149）。

(3)　**簡易の呼出し**　　送達以外の相当と認める方法によるもので（規16条の2），実務上多く用いられている。「相当と認める方法」としては，郵便，電報，電話，伝言等が考えられる。実務上は，審判期日の呼出しには書記官名による「審判期日通知書」を，調査のための呼出しには調査官名による「呼出状」を，それぞれ封書で送付することにより行っている。これらの書面を送付するに際しては，少年保護事件における秘密保持に配慮し，裁判所名の代わりに私書箱又は裁判所の所在地と担当者の氏名を記載した封筒を利用するなど，事件の係属を第三者に推知されないような工夫がなされている。簡易の呼出しと認められた裁判例として，調査面接に訪れた監護者である母親に対し，親権者である父親への通知を依頼し，これに従ってなされた伝言（東京高決平8・11・22家月49・4・70），付添人に対する電話連絡（大阪高決昭39・9・18家月17・5・90），警察に電話で保護者等への通知を依頼し，これに従ってなされた伝言（東京高決昭30・9・3家月8・7・74），がある。

164

第3節　調査及び審判　　　　　　　　　　　　　　　第11条（規第15条～第17条）

3　保護者の呼出し

保護者（その意義は，⇨2条注釈6）が存在し，その所在が判明しているのに，その保護者に対する適法な呼出しを欠いてなされた審判手続は原則として違法であり，「決定に影響を及ぼす法令の違反」（32条）に当たる（団藤＝森田109頁，平場248頁，菊池92・97頁，田尾a79頁）が，適法な呼出しを受けた保護者が，正当な理由もないのに欠席したまま開かれた審判手続に，法令違反はない（東京高決平20・6・26家月61・3・75）。ところで，法律上の保護者と事実上の保護者とが併存するなど，1人の少年に対して複数の保護者が存在する場合には，家庭裁判所において真に保護者として相応しいと認定した者を呼出せば足り，必ずしも全員を呼出す必要はない（団藤＝森田110頁，前掲東京高決平8・11・22，同昭41・8・15家月19・5・119，札幌高決昭33・6・17家月10・7・70）。少年の権利を保護し，非行の実態と原因とを的確に把握して，適正な処遇を行うために誰を保護者として呼出すのが相当かという観点から判断すべきである。実務上は，父母双方が保護者である場合には，別居その他の事情のない限り，原則として，その双方を呼出し，法律上監護教育の義務のある者と現に監護する者とがある場合には，保護処分に対する抗告権が保護者一般に対してではなく，法定代理人に限られていること（32条）などを考慮し，原則として，法律上監護教育の義務のある者を呼出し，特別の事情があるときに限って，法律上監護教育の義務のある者と共に，あるいはその者に代え，現に監護する者を呼出すという運用もなされている。しかし，少年を保護処分に付するときは，特に法定代理人である保護者はなるべく審判期日に呼出し出席させる取扱が望ましいから，このような場合には呼出しは双方に行うのを原則とすべきであろう（平場249頁，菊池91頁，条解〔菊地〕83頁，田尾a75頁）。その場合，離婚した父母等が同席を嫌うような場合には，別途に事情を聴くなど在席の時期等に配慮すべきである。呼出しを欠いた場合の効果については，⇨21条注釈4(3)。

4　同　行　状

(1)　**同行状の発付**　　呼出しに応じない場合又は応じないおそれがある場合に，少年，保護者を一定の場所に出頭させる手段として規定されたのが同行状であり，刑事手続における勾引状（刑訴58・64条）に相当する令状である。令和3年改正前の同行状発付要件は，少年又は保護者（少年等）が，正式の呼出しに応じず，応じないことに正当な理由がないこととされ，呼出しに応じない

第11条（規第15条～第17条）　　　　　　　　　　　　　第2章　少年の保護事件

ことが事前に判明している場合でも，呼出状を発して不出頭を経なければ同行状を発付できず，少年等の出頭確保が必ずしも十分ではなかったところ，平成28年刑訴法改正により証人の勾引要件が緩和されたこと（刑訴152条）から，これに倣い，令和3年改正により，本条の同行状の要件を刑訴法58条2号と同様に緩和したものである（玉本＝北原19頁）。また，同改正前は，同行状発付前に調査・審判の期日を定めるのが通例であったが，少年らの所在不明等による呼出不能・同行状執行時期不明な場合も想定されることから，上記の同行状発付要件の緩和により，勾引状（刑訴58条2号）及び心神喪失者等医療観察法の同行状（同法26条3項）と同様に，特定期日への呼出しを前提としない同行状発付も許容され得ると思われるが，呼出しに応じないおそれを安易に認定すべきではないから，このような発付は，従前，緊急同行状発付が認められていたような事例に限られると思われる。なお，同行状については，規則57条4項（連戻状），刑訴規73条（勾引状）のように，数通発付することができる旨の規定は存在しないが，少年の保護の適正を期するため迅速な執行を行うのに必要な場合も考えられることなどから，数通発付できると解されている（条解〔廣瀬〕84頁，平場180頁，団藤＝森田116頁，市村56頁）。

　(2)　**同行状に代わるものの交付**　　令和5年改正により規則17条が改められ，家庭裁判所が，所定の要件を満たす場合には，同行状の発付と同時に，少年本人に示すものとして，被害者等の個人特定事項を秘匿した審判に付すべき事由を記載した同行状の抄本等の同行状に代わるものを交付することが可能となった。同日（令和6年2月15日）に施行された改正刑訴法271条の2による被告人に対する起訴状抄本等の送達による個人特定事項の秘匿措置と同趣旨の規定である。

　(3)　**同行状の効力**　　同行とは，対象者を指定された場所に強制力を用いて連行することである。指定の場所に同行した後，出頭を必要とした事由が消滅するまで拘束を続けることができるとする見解もあるが（平場旧版105頁。刑訴75条参照），指定の場所に同行された以上，それ以上の拘束はできず，調査・審判への出席等は同行された者の意思に委ねられるとするのが多数説である（昭37・11家庭局見解・会同要録69，条解〔廣瀬〕84頁，平場181頁）。なお，同行された少年については，身柄が到着してから24時間以内に観護措置をとればよいが（17条2項），この24時間の拘束は17条2項により認められた特別の効力と

166

第3節　調査及び審判　　　　　　　　　　　　　　　　　　　第12条（規第17条）

解される（⇨17条注釈5）。もっとも，同行された少年については観護措置をとることを予定しない場合でも，24時間の範囲内で同行を必要とした事由が消滅するまで拘束できるとする説もある（平場181頁）。

(4)　**同行状の執行**　　　⇨13条注釈。

（緊急の場合の同行）
第12条　①　家庭裁判所は，少年が保護のため緊急を要する状態にあつて，その福祉上必要であると認めるときは，前条第2項の規定にかかわらず，その少年に対して，同行状を発して，その同行をすることができる。
②　裁判長は，急速を要する場合には，前項の処分をし，又は合議体の構成員にこれをさせることができる。
規則第17条　前条掲出

1　本条の趣旨

少年保護手続は少年の保護・教育を目指すものであり，それは処分の決定だけではなく手続の過程においても常に配慮されなければならない（⇨1条注釈）。少年に対しては調査・審判のための出頭確保のみではなく，その保護・福祉上緊急性があるときにも，その身柄を保護する必要がある。しかし，そのような拘束は人権侵害の危険もあるので，令状（緊急同行状）によることとしたのである。平成12年改正により，裁定合議制が導入されたため（⇨4条注釈3），令状は，合議体の場合には裁判長が発付することとなった（規17条1項）。しかし，緊急同行状の性質から，合議体の構成員による発付も認める本条2項が新設された。なお，令和3年改正により，特定少年には本条の適用が除外された（65条2項）ほか，形式的修正が行われた（改正理由につき⇨2(2)）。

2　緊急同行状

(1)　**緊急性と必要性**　　　「保護のため」の意義については，異論もあったが（柏木70頁），「福祉上必要である」ことも要求されていること，通常の同行状（11条）は保護者も対象とするのに緊急同行状は専ら少年のみに発することができること，家庭裁判所は少年の健全育成を目指す手続の主宰者として，係属中の少年に対しては最低限度の保護環境を確保する義務を負うことなどから，

167

第 12 条（規第 17 条）　　　　　　　　　　　　　　第 2 章　少年の保護事件

調査・審判の必要のみならず，事実上の保護の必要も含まれる（条解〔廣瀬〕85 頁，平場 179 頁，団藤 = 森田 115 頁）。従って，少年が家出，逃走等で所在不明となり，あるいはその虞がある場合（非行自体軽微で所在不明等が格別少年に危険とは感じられない場合は除かれよう），家族その他から虐待を受け，又は著しい悪影響を受ける虞がある場合，不良集団の悪影響等で非行に陥り，あるいは急速に非行性が進む虞がある場合，自殺・自傷の虞がある場合，精神障害があり保護を要する場合，保護観察・仮退院中に非行を犯す危険が切迫している場合，試験観察中に逃走したなど通常の同行状では賄えない保護の必要があり，身柄確保の緊急性が認められる場合がこれに当たる。

　(2)　**特定少年に対する適用除外**　　緊急同行状発付には，上記のように福祉上の必要性が要求されるが，特定少年は，民法上の成年として，監護権の対象から外れ，自律的な法的主体とされたため，福祉上の必要性から強制力を用いて同行することは適当ではないとの考えから，令和 3 年改正で緊急同行状の対象から除外された（玉本 = 北原 46 頁）。

　(3)　**発付の方式**　　緊急同行状には，通常の同行状の記載要件のほか，特に発付を必要とする理由（保護の緊急性と必要性の根拠となる具体的事情）を具体的に記載しなければならない（規 17 条 2 項。なお，平成 12 年改正との関係で，同条 3 項が新設され，裁判長が本条 2 項の緊急処分権限により発付する場合はその旨記載することとされた）。また，必要があれば同時に数通発付できるが（⇨11 条注釈 **4**(1)），その一部で執行したときは，他の同行状は直ちに発付した家庭裁判所に返還しなければならない（規 18 条 4 項）。職権で発付するものであるから，警察から発付の要請があっても職権発動を促すものにすぎない。発付しない場合も却下決定等は不要である。

　(4)　**電話通報等による発付**　　事件受理前でも，警察の捜査・補導の過程などで緊急の保護を要する少年が突然発見される場合なども実務上少なくない。しかし，逮捕状のような明文（刑訴 199 条等）がなく，家庭裁判所の受動的性格，令状主義（憲 33 条）の要請からみると，緊急同行状も事件が家庭裁判所に係属していることが発付の前提となる（条解〔廣瀬〕85 頁，平場 178 頁，渡辺(輝)53 頁，高松家決昭 46・8・25 家月 24・4・246〔百選 25〕）。そこで，異論もあるが，実務上，電話で虞犯の口頭通告を受けて事件を係属させて（6 条 1 項），緊急同行状を発付し，その緊急執行（規 18 条 2 項，⇨13 条注釈 **3**(2)）によって，少年の身柄を確

168

第3節　調査及び審判　　　　　　　　　　　　　　**第13条**（規第4条・第18条）

保する運用が，必要性・相当性の認められる例外的な場合に行われている（ファクシミリによる通告も含めて，議論の詳細は，⇨6条注釈3(3)）。

(5)　**同行状の執行**　　　⇨13条注釈。

なお，決定執行のための同行状については，⇨26条注釈。

（同行状の執行）

第13条　①　同行状は，家庭裁判所調査官がこれを執行する。

②　家庭裁判所は，警察官，保護観察官又は裁判所書記官をして，同行状を執行させることができる。

③　裁判長は，急速を要する場合には，前項の処分をし，又は合議体の構成員にこれをさせることができる。

規則第4条　　　本章前注掲出

（同行状の執行と執行後の処置・法第13条）

規則第18条　①　同行状を執行するには，本人に示して，できる限り速やかに指定された場所に同行しなければならない。

②　同行状を所持しない場合においても，急速を要するときは，前項の規定にかかわらず，少年に対し，審判に付すべき事由及び同行状が発せられている旨を告げて，その執行をすることができる。ただし，同行状は，できる限り速やかに示さなければならない。

③　前条第5項の規定による同行状に代わるものの交付があつた場合における前2項の規定の適用については，第1項中「本人に示して」とあるのは「第17条第5項の同行状に代わるものを本人に示して」と，前項中「同行状を」とあるのは「第17条第5項の同行状に代わるものを」と，「審判に付すべき事由及び」とあるのは「同行状に記載された個人特定事項のうち第17条第5項の同行状に代わるものに記載がないものを明らかにしない方法により審判に付すべき事由を告げるとともに，」と，同項ただし書中「同行状」とあるのは「第17条第5項の同行状に代わるもの」とする。

④　同行状を執行したときは，これに執行の場所及び年月日時を記載し，執行することができなかつたときは，その事由を記載して記名押印しなければならない。

⑤　同行状は，執行したとき，又は執行することができなかつたときは，執行を指揮した裁判官に差し出さなければならない。

⑥　裁判官は，同行状を受け取つたときは，執行することができなかつた場合を除いて，裁判所書記官をして同行された年月日時を同行状に記載させなければならない。

169

第 13 条（規第 4 条・第 18 条）　　　　　　　　　　　　　　**第 2 章　少年の保護事件**

1　本条の趣旨

前 2 条によって発付された同行状の執行担当者についての規定であるが，執行担当者に対し，執行を命じることができることを当然の前提としており，執行指揮，執行後の処置等が規則 4 条・18 条に規定されている（規則 4 条については，⇨同条注釈）。平成 12 年改正において裁定合議制が導入されたため（⇨4 条注釈 3），本条 3 項が新設された。なお，規則 18 条については，令和 5 年改正により，少年本人に示すものとして，被害者等の個人特定事項を秘匿した審判に付すべき事由を記載した同行状に代わるものを交付することが可能となったこと（⇨11 条注釈 4(2)）に対応する改正がなされている。

2　執行担当者

本条の文面は，同行状の第一次的な執行担当者は調査官で，警察官，保護観察官，書記官は第二次的な執行担当者と規定されている。これは，調査官が少年保護手続の運営・円滑な進行に関して裁判官を補佐する重要な職責を有し，少年の観護・安全保護等にも十分な素養を持つことに着目し，強制力を行使する同行状の執行にも，福祉的な機能を発揮させて執行にあたらせることを重視した結果と思われる（条解〔菊地〕87 頁）。しかし，同行状の執行は，強制力を伴うことが多いので，調査官の職務の性質に適さない面があるうえ，その後に行われる調査・審判に関与することが予想される調査官よりも，通常事件の送致に関与し，令状の執行にも手慣れた警察官がその執行にあたる方が，手続全体の円滑な遂行といった点で望ましい場合が多いと考えられる。実務的にも，警察官に同行状を執行させる取扱がほとんどである（司研概説 46 頁，平場 180 頁）。

警察官，保護観察官に執行を命じる場合には，それらの者が所属する官署の長に，執行指揮印のある同行状を添えた「執行依頼書」を送付し，具体的執行者の選定は当該官署の長の責任において行われている（平場 181 頁）。

執行指揮の対象となる警察官は，当該家庭裁判所の管轄区域にある警察署の警察官に限られないが，事前にその警察官所属官署に連絡をとるなどして円滑な運用を図るべきである（団藤＝森田 118 頁，昭 27・4・2 家庭局長回答・家月 4・4・84，警職 8 条，警 64・61 参照）。警察官と規定され，司法警察員とされていないので警察官以外の特別司法警察職員（麻薬取締官など，刑訴 190 条）には執行を命じることができない。文理上限定がないが，実務上，地方裁判所の書記官，他の土地を管轄する調査官には執行を命じることはできず，同行状を発付した家

第3節　調査及び審判　　　　　　　　　　　　　　　　第13条（規第4条・第18条）

庭裁判所の調査官又は書記官に限ると解されている（規19条の2の反対解釈。団藤＝森田118頁，条解〔菊地〕87頁，前掲家庭局長回答，講義案168頁）。書記官が執行を担当する場合，事務官に執行の補助をさせることができる（団藤＝森田119頁，平場180頁）。

3　執行方法

(1)　執行途中の宿泊　　執行は，同行状（規則17条5項により同行状に代わるものが交付されている場合には，当該同行状に代わるもの）を本人に示し，できる限り速やかに指定場所に同行する（規18条1項）。しかし，執行途中で夜間にわたるなど，即時押送ができない場合には，少年を，最寄りの警察署の保護室（少年房）に留置くことができる（昭24・1・20事務総長通達・家月1・73）が，少年鑑別所に仮収容を求めることは，法的根拠を欠きできない（渡辺（輝）58頁，条解〔菊地〕88頁）。刑事施設や代用刑事施設たる留置施設には留置できない（団藤＝森田119頁，条解〔菊地〕88頁）。保護者を警察署に留置くことは認められず，旅館等の宿泊施設に任意に宿泊させるほかない（昭25・10家庭局見解・会同要録112）。

(2)　緊急執行　　少年に対しては，緊急の保護を要する場合や逃走の虞がある場合も考えられるので，同行状を所持しない場合でも，急速を要するときは，具体的な非行事実を内容とする審判に付すべき事由及び同行状が発せられている旨を告げて，その執行ができる。この場合，執行後できるだけ速やかに同行状を示さなければならない（規18条2項）。この手続を緊急執行という（刑訴73条3項参照）。なお，保護者に対しては緊急執行は認められないと解されている（講義案168頁）。

(3)　執行のため必要な処分　　同行状の執行のため人の邸宅等に立入れるかについて，住居の不可侵を保障した憲35条との関係で，勾引状の執行の場合（刑訴126条）のように，明文の規定がないとして，消極説が多い（団藤＝森田111頁，条解〔菊地〕87頁，平場181頁，澤登121頁，講義案168頁，コ少〔正木〕186頁，昭36・11家庭局見解・会同要録113）。しかし，少年保護の目的・理念に照らし積極に解すべきであろう（日野原121頁，渡辺（輝）61頁。結論同旨・佐藤（卓）116頁）。明文がないとする点は15条2項によって刑訴126条が準用されると解すれば足りよう（条解〔廣瀬〕93頁，廣瀬・少年法226頁⇨15条注釈3(3)）。刑訴111条も同様に準用されるので，捜索以外の同行状執行に必要な処分（開扉，解錠等）も同様に可能となる。消極説ではこの処分も明文がなく不可能になろうが，それでは，

171

第14条（規第19条・第19条の2・第29条の3・4・第30条の6〜8）　　第2章　少年の保護事件

例えば，施錠された暴力団事務所内の少年を保護することすら困難となり，不合理であることは明らかであろう。

（証人尋問・鑑定・通訳・翻訳）
第14条　①　家庭裁判所は，証人を尋問し，又は鑑定，通訳若しくは翻訳を命ずることができる。
②　刑事訴訟法中，裁判所の行う証人尋問，鑑定，通訳及び翻訳に関する規定は，保護事件の性質に反しない限り，前項の場合に，これを準用する。
（証人尋問等・法第14条等）
規則第19条　刑事訴訟規則中，裁判所の行う証人尋問，鑑定，通訳，翻訳，検証，押収及び捜索に関する規定は，保護事件の性質に反しない限り，法第14条第1項の規定による証人尋問，鑑定，通訳及び翻訳並びに法第15条第1項の規定による検証，押収及び捜索について準用する。
（調査の嘱託）
規則第19条の2　家庭裁判所は，他の家庭裁判所又は簡易裁判所に事実の調査を嘱託することができる。
規則第29条の3　第22条掲出
規則第29条の4　第22条掲出
規則第30条の6　第22条の2掲出
規則第30条の7　第22条の2掲出
規則第30条の8　第22条の2掲出

1　沿革及び本条の趣旨等

　少年に対して適正な処分を定め，終局決定（19・23・24条等）を行うには，正確な事実認定が大前提となる。保護事件では非行事実に劣らず，要保護性を基礎付ける事実が重要であるが，その証拠資料の収集においても，少年の情操保護等の健全育成のための配慮が要求され，任意的な証拠収集が原則とされる（⇨8条注釈5(1)）。他方，刑訴法には強制処分が定められ，権利保障の手続規定も整備されているが，少年法とは基本理念・性格を異にし，別途の法体系とされているので（⇨1条注釈），少年事件に一般的には刑訴法の準用はないと解されている（団藤＝森田30頁，野間75頁，司研概説48頁，高野(重)148頁，大阪高決昭25・1・31家月2・6・215〔百選3〕，見目321頁。反対，西岡＝大島19頁，櫛淵a10頁）。

172

第3節　調査及び審判　　　**第14条**（規第19条・第19条の2・第29条の3・4・第30条の6〜8）

しかし，少年保護事件でも強制的な証拠の収集が必要となる場合があるので，本条及び次条は特に刑訴法の準用によって家庭裁判所に強制処分の権限を認めている。この権限は，家庭裁判所の裁判官が原則としてその担当事件について行使する。対象となるのは，非行事実のみならず要保護性に関する事実も含まれる。

旧少年法では，少年審判制度は少年の利益を図るものと位置付けられ，少年の権利に配慮した手続規定に欠ける面もあったので，少年の権利保護にも配慮して，本条及び次条が設けられた。しかし，立法当時は，現在ほど非行事実認定の重要性に関する意識が高くなかったため，刑訴法のどの規定がどの程度準用されるかなどについて，十分な検討は加えられなかった（浜井ほか145頁・147頁注(4)，⇨序説3(2)(3)・5）。このため，本条による刑訴法準用の範囲・程度に関しては解釈上議論が分かれ問題が残されている。なお，事案が複雑で証拠調を必要とするような事件では，検察官関与（22条の2）及び裁定合議制（4条）の活用を図るべきである（詳細は⇨22条の2・4条各注釈）。

2　刑訴法の準用

準用される刑訴法，刑訴規則の条文中，「被告人」は「少年」に，「弁護人」は「付添人」と読替える。検察官，合議体に関する部分は，検察官関与決定（22条の2），裁定合議決定（裁31条の4，⇨4条注釈3）がなされた場合に準用される。検察官が関与しない原則的形態の場合，刑訴158条2・3項，159条等当事者対立を前提とする規定の準用否定説もあるが（平場221頁），現在の実務では少年側の反対尋問権を実質的に保障する運用がなされており，その趣旨での準用が認められるべきである（条解〔廣瀬〕90頁）。以下，特に重要なものについて検討する（以下，検察官が関与しない場合を中心として論じる（検察官関与事件の在り方については，⇨22条の2注釈）。本条による刑訴法，刑訴規則の準用についての総合的な研究として佐藤(卓)がある）。

(1)　証拠調の方式　　少年の健全育成を目標として運営される少年審判及び保護処分も，少年の身体の拘束や自由の制約を伴い，人権の制約にわたるものであるから，憲31条の適正手続保障の趣旨は，少年審判にも推及されるべきものである。従って，非行事実認定に関する証拠調の範囲，限度，方法は家庭裁判所の合理的な覊束裁量によらなければならない（最決昭58・10・26刑集37・8・1260／家月36・1・158〔百選46〕）。少年保護手続の職権主義的審問構造等から，

第14条（規第19条・第19条の2・第29条の3・4・第30条の6〜8）　　**第2章　少年の保護事件**

刑訴法の規定（刑訴297条以下）がそのまま準用されることはないが，適正手続保障の見地から，特に，少年が非行事実を争い，あるいは他の証拠との関係で非行事実の存否に疑が生じるような場合などには，裁判所は少年に不利な証拠（書証・証拠物）を少年側に示し，少年が不利な証拠を争う機会を与えるべきである。平成12年改正に至るまでにもそのような運用が準則化されて励行されていたが，同改正に伴い，少年側の証拠調の申出等として規則に定められた（規28条・29条の2〜5。⇨22条注釈）。また，検察官関与が可能な事件（22条の2）については，少年の言い分や証拠の状況を検討し，必要に応じて検察官及び付添人を関与させ，証拠調を尽くすべきである（⇨22条の2注釈）。証拠調の順序も，少年の主張する争点，証拠の重要性，少年の身柄拘束の有無等に即して具体的に判断すべきである。証拠調の方式について，内園ほか115頁以下，浜井ほか168頁以下参照。検察官関与の場合について，⇨22条の2注釈。証拠法則等については，⇨22条注釈8・9。

(2)　**証人尋問**　　「証人尋問」とは，証人として取調べることを決定した者を一定の場所に出頭させ，宣誓のうえ供述を求める手続である（刑訴143〜164条）。出頭・宣誓・証言義務を負わせる点で強制処分の側面を持つ。「証人」とは，裁判所又は裁判官に対し，自己の経験した事実及びこれから推測した事実を証人尋問手続で供述する者をいう。

(ア)　**参考人の取調との関係**　　証人尋問では，不出頭に対し制裁・科刑，勾引による出頭確保，宣誓・偽証告知による虚偽供述抑止が期待でき，少年・付添人の立会権・尋問権が認められる（本条2項による刑訴150〜157条，刑訴規120条準用。22条の2の決定をした場合（規30条の6・30条の8）には検察官にも立会・尋問権が認められる）。これに対して，参考人の取調は調査官も可能で（8条2項），本来的には要保護性に関する事実の取調方法であり，刑訴法の準用がなく，裁判所が裁量により，少年・付添人を立会わせ反対尋問させることができる（22条の2の決定をした場合は検察官も可能であろう）に止まる。そこで，供述者の出頭，供述の確保，虚偽供述の抑止のため必要があるときは証人尋問の方法によるべきであるが，参考人として取調べる場合も，証人尋問と同様に実質的な反対尋問の機会を与えるべきである。実務上も，非行事実の存否を左右するような重要な関係者（例えば，被害者，犯行の目撃者等）については，証人尋問をし，少年側にも尋問の機会を与える運用が大勢を占めているといえよう（浜井ほか203

第3節　調査及び審判　　　**第14条**（規第19条・第19条の2・第29条の3・4・第30条の6~8）

頁）。もっとも，証拠関係や被害者の情操保護等からの合理的な例外は認められる。近時の裁判例として，否認事件での証人尋問不実施を本条・1条違反とするもの（東京高決平27・7・8家判6・106，東京高決平29・7・28家判14・80，東京高決令元・10・16判タ1481・86），証人尋問不実施も合理的裁量の範囲内としたもの（東京高決平17・8・10家月58・11・89，東京高決平27・10・26家判7・56，東京高決平28・5・27家判12・107）がある。

　㈦　**少年不出頭の場合**　　刑事事件では公判廷で被告人出頭のうえなされるのが原則であるが（刑訴286条），被告人不出頭の場合，検察官及び弁護人の同意を得て公判準備で施行することができる（同158条）。少年審判は，少年不出頭では行えないので（規28条3項），基本的には，証人尋問実施は相当ではない。しかし，少年の非行事実を争う趣旨・内容及び少年が尋問を求める事項等が十分家庭裁判所に了知されている場合など，少年の証人尋問権が実質的に確保され，適正手続の観点から問題のないときは，審判経済や，証人に無用な負担をかけない趣旨から証人尋問を行うことができる。尋問に立会わなかった少年には証人の供述内容を知る機会を与える運用が相当である（内園ほか119頁）。

　㈨　**証人の保護等**　　重要な供述証拠に関する証人尋問には少年及び付添人を立会わせ，反対尋問の機会を与えるべきである。この機会を与えないと，通常，合理的な裁量の逸脱となろう（22条の2の決定をした場合検察官にも立会権がある。規30条の6）。証人が少年の面前では圧迫を受け十分な供述をできない場合には，少年を一時退席させたうえ，付添人立会の下で証人尋問を実施することができる（刑訴304条の2準用）。付添人がいない場合，異議がない場合には，例外を認める余地もあろうが（内園ほか118頁），付添人の立会も認めない尋問は許されない場合がほとんどであろう。少年を再度入席させた際，退席中の証言要旨を少年に告知し証人等を尋問する機会を与える措置が必要であろう。また，審判廷に多数人がいること自体が証人への圧迫となることもあるので，入室許可の人数への配慮も重要である（この面でも，3人以上の付添人を認めることには疑問がある。⇨10条注釈3）。性犯罪被害者，年少者等証人の情操保護が必要な場合，少年の退席を要する場合等には付添人と十分打合せて協力を得るよう努力すべきである（浜井ほか207頁）。なお，刑訴法改正で導入された証人への付添，遮へい，ビデオリンク等の証人保護の措置（刑訴157条の4~6等）も準用され，現に必要に応じて活用されている。

175

第 14 条（規第 19 条・第 19 条の 2・第 29 条の 3・4・第 30 条の 6~8）　　第 2 章　少年の保護事件

　(エ)　**尋問の順序**　　審判は対審構造ではないので交互尋問に関する規定（刑訴 304 条，刑訴規 199 条の 2 以下）は準用されない。付添人がある場合には，事前にその意見を聴くべきであるが，検察官が関与しない場合には，まず裁判官が主要な点について尋問を行い，その後，付添人に尋問させるのが相当であろう。もっとも供述資料のないアリバイ証人等に，裁判官が主要な尋問を行うのは困難である（このような事件では検察官関与が可能であれば（22 条の 2），検察官を関与させるべきであろう。それ以外の事件でも裁定合議の活用を図るべきである。⇨4 条注釈 3）。事案に応じて，付添人の尋問を先行させたり，付添人に尋問事項書を提出させたうえで裁判官が概括的な尋問を行うことが相当な場合もあろう。なお，少年や保護者による直接の尋問は審理の混乱を招きかねないので，家庭裁判所の後見的機能として，本人の意向を汲んで少年等の希望事項を尋問するなどの配慮も必要である（浜井ほか 205 頁）。検察官及び付添人が関与する場合については，⇨22 条の 2 注釈。

　(3)　**鑑定等**　　刑訴 165~174 条，刑訴規 128~135 条が準用される。証人尋問に関する規定が準用される部分は上記の理が妥当する（検察官関与決定（22 条の 2）がされた場合には検察官に立会権がある。規 30 条の 6）。鑑定留置（刑訴 167 条）を行う場合，勾留に関する規定も原則準用される（団藤 = 森田 126 頁）。なお，家庭裁判所がした鑑定留置の裁判に対する不服申立は，準抗告ではなく抗告によるべきである（東京高決平 16・8・16 家月 58・1・114，東京家決平 16・8・17 家月 58・1・116 参照）。少年鑑別所入所中の少年に鑑定留置状を執行する場合は少年鑑別所の法務教官にも執行を命じることができる（26 条の類推適用。平場 222 頁）。また観護措置中の少年に対して鑑定留置状が執行された場合，観護措置を取消さない限り期間は進行するとする説（平場 222 頁，内園ほか 69 頁，昭 25・10・家庭局見解・会同要録 38，佐藤（卓）86 頁）もあるが，刑訴 167 条の 2 の準用で観護措置期間の進行が停止すると解すべきであろう（条解〔廣瀬〕92 頁，市村 60 頁，司研概説 49 頁，松澤 70 頁）。

　通訳，翻訳については，刑訴 175~178 条，刑訴規 136 条が準用される（その余の関係条項の準用の可否についての議論の詳細については佐藤（卓））。

第 3 節　調査及び審判　　　　　　　第 15 条（規第 19 条・第 19 条の 2・第 29 条の 3）

> **（検証，押収，捜索）**
> **第 15 条**　①　家庭裁判所は，検証，押収又は捜索をすることができる。
> ②　刑事訴訟法中，裁判所の行う検証，押収及び捜索に関する規定は，保
> 護事件の性質に反しない限り，前項の場合に，これを準用する。
> **規則第 19 条**　前条掲出
> **規則第 19 条の 2**　前条掲出
> **規則第 29 条の 3**　第 22 条掲出

1　本条の趣旨

　本条も前条同様の趣旨で強制的な証拠の収集を認める規定である。準用され
る刑訴法の条文中，「被告人」は「少年」に，「弁護人」は「付添人」と読替え
る。検察官に関する部分（刑訴 113 条等）は，検察官関与決定（22 条の 2）がなさ
れた場合に準用されるが，立会権は規則 30 条の 6 により認められる。合議体
構成員に関する部分は裁定合議決定（裁 31 条の 4，⇨4 条注釈 3）がなされた場合
に限って準用される。実際には，押収以外は，それほど活用されていない。捜
査機関が，捜査を遂げたうえで家庭裁判所に送致することになっている（41・
42 条）うえ，捜索などは家庭裁判所が実施することは実際上困難だからである
（条解〔廣瀬〕92 頁）。もっとも，検証については実況見分調書の作成を補充捜査と
して依頼してもよいが（16 条），捜査機関に検証の補助者として協力を依頼す
る方法も考えられよう（浜井ほか 214 頁）。この点，可能な事件では検察官の関
与を認め（22 条の 2），補充立証を促すべきであろう（本条による刑訴法，刑訴規則
の準用についての詳細な研究として佐藤（卓））。

2　押　　収

(1)　押収の意義　　物件の占有を取得し又はこれを継続する強制処分（裁判及
び執行）である。証拠物の提出を命じる提出命令，強制的に占有を取得する差
押え，遺留物・任意提出物の占有を継続する領置とがあったが（刑訴 99・101
条），平成 23 年刑訴法改正で記録命令付差押え（刑訴 99 条の 2）が設けられた。

(2)　証拠物の取扱　　少年保護事件においては，事件送致の際に記録と共に
証拠物も送付されてくる（規 8 条 2 項）。家庭裁判所が必要性を認め領置決定を
行って押収物となる。事件の配てんを受けた裁判官は，事件担当書記官から提
出される事前点検票を踏まえ，法律記録の検討と併せて，送付された証拠物を

177

第 15 条（規第 19 条・第 19 条の 2・第 29 条の 3）　　　　　第 2 章　少年の保護事件

領置するか否かを速やかに判断する。領置の対象となるのは，没取（24 条の 2）の対象物及び証拠物で代替性のない物である。送致事実と関係の薄い物や証拠価値の乏しい物などが送付されてくれば，領置せず，検察官等事件の送致者に返還すべきである。押収目録交付，押収物の保管・還付・仮還付等の規定が準用される（刑訴 120〜124・346・347・499 条・499 条の 2，刑訴規 96・98 条）。刑訴 123・124 条の関係では少年だけでなく保護者の意見も聴くべきであろう。終局処分の際，贓物還付が必要となる場合もあり（刑訴 347 条），被還付人不明であれば裁判所が還付公告を行う（刑訴 499 条 1 項の「検察官」を「家庭裁判所」と読替える）。押収物が明らかに無価値であれば廃棄できる（刑訴 499 条 4 項）。押収物及び送付を受けた証拠物の取扱は，問題が多いが，「押収物等取扱規程」（昭 35・5・31 最高裁規程 2 号）等によって受入・保管・処分等が行われている。還付等の際に，対象物によっては，覚醒剤取締法，麻薬特例法，火薬類取締法，銃砲刀剣類所持等取締法等の適用があること，また被害者等の権利主張の余地はないかにも留意すべきである。

3　捜　　索

(1)　**捜索の意義等**　　捜索とは，一定の場所について物又は人を発見する措置をとる強制処分（裁判及び執行）である。捜索は，少年の身体，物又は住居，その他の場所について行うことができる（刑訴 102 条）。身体の捜索については，着衣のまま外部から行うものに限られ，それ以上の場合は，身体検査（刑訴 131・168・172 条）として行うことができる。捜索・押収に関しては，刑訴 99〜127 条，刑訴規 93〜100 条が準用される。審判廷外の差押え・記録命令付差押え・捜索には，差押状・記録命令付差押状・捜索状を発付しなければならない（刑訴 106 条）。これは令状主義の要請に基づくので，審判廷内で行うものには令状は不要である。事件・場所・機会が同一であれば 1 通の令状でよく，捜索に引続いて差押える場合は 1 通の捜索差押許可状でよい（最大判昭 27・3・19 刑集 6・3・502）。差押状・記録命令付差押状・捜索状の執行は，書記官，司法警察職員が行う（刑訴 108・109 条。もっとも 13・16 条，規 4 条の準用説もある）。

(2)　**立会権**　　執行の際の少年及び付添人の立会権を否定する見解もあるが（平場 223 頁等），適正手続，少年の納得の面を考慮して，身柄拘束中を除いて（刑訴 113 条 1 項但書・142 条），原則として認めるべきである（条解〔廣瀬〕93 頁）。準用否定説では真相解明のため少年を立会わせる必要がある場合にも不都合が

178

第3節　調査及び審判　　　　　　　　第15条（規第19条・第19条の2・第29条の3）

あろう（刑訴113条3項）。保護者の立会も特別弊害がなければ認めてよいであろう。もっとも，身柄拘束中の少年を立会わせて指示説明させるようなことは，少年の名誉・情操保護の観点から相当でない場合も考えられ（61条参照），身体の拘束を受けている被告人に捜索・検証への立会権がないことからも，慎重に配慮すべきである（浜井ほか215頁）。検察官関与決定（22条の2）があった場合には，検察官にも立会が認められ，通知も必要となる（規30条の6，刑訴113条2項）。

（3）　**執行に関する規定の準用**　　刑訴126・127・111条が，本条2項により準用される（「勾引状」を「同行状」に読替える）ので，同行状（11条），緊急同行状（12条）の執行の際には，少年の捜索と捜索・同行のための必要な処分が可能となる。この点は異論も多いが（佐藤（卓）116頁参照），同行状は，勾引状と同様の性質を持つこと，少年の保護のために家庭裁判所が発し，本来は調査官が執行すべきものであって，その執行のために必要な処分を認める規定の準用は「保護事件の性質に」適うものと解される（⇨13条注釈3(3)）。実際にも，警察官に執行を行わせる場合（13条2項）には有効と思われる。

4　検　　証

検証とは，場所，物，人の身体の存在・形状・性質・作用を五感の作用によって認識する強制処分である。検証関係で準用されるのは，刑訴128〜142条，刑訴規101〜105条である。住居等の夜間の立入や身体検査は，人権侵害の虞が強いので特則がある（刑訴130・131条）。検証実施のため必要があれば，司法警察員に補助させることができる（16条説もあるが（柏木77頁），刑訴141条が準用される）。円滑な検証を行うには十分な準備と事前の関係者への連絡等が必要である。審判廷での検証結果は審判調書に記載すればよいが，審判期日以外での検証は検証調書を作成する（刑訴規41条1・2項・105条。要式は刑事事件の調書と同様である）。

少年及び付添人の立会権は，捜索の場合同様，原則として認められる（刑訴142・113条）。検察官関与決定があれば検察官にも立会権が認められる（規30条の6）。身柄拘束中の少年が除かれること，少年の名誉保護等に対する配慮が必要なことも同様である（その余の関係条項準用の議論については，佐藤（卓）参照）。

179

第 16 条（規第 19 条の 2・第 29 条の 5・第 30 条の 5）　　　　第 2 章　少年の保護事件

（援助，協力）
第 16 条　①　家庭裁判所は，調査及び観察のため，警察官，保護観察官，保護司，児童福祉司（児童福祉法第 12 条の 3 第 2 項第 6 号に規定する児童福祉司をいう。第 26 条第 1 項において同じ。）又は児童委員に対して，必要な援助をさせることができる。
②　家庭裁判所は，その職務を行うについて，公務所，公私の団体，学校，病院その他に対して，必要な協力を求めることができる。
規則第 19 条の 2　第 14 条掲出
規則第 29 条の 5　第 22 条掲出
規則第 30 条の 5　第 22 条の 2 掲出

1　本条の趣旨

少年の健全育成（1条）のために，家庭裁判所は司法機関であると同時に福祉機関的性格も有している。また，保護・教育的な処遇・適正な審判を行うには，科学調査（9条）によるほか，関係機関の協力が必要・有効である。本条は，その機能を十分に果たさせるために，関係機関等への援助，協力，調査及び観察のための「援助依頼」「援助指示」（本条1項），職務を行うための「協力依頼」（本条2項）について定めたものである。本条各項は，援助・協力を求める主体が家庭裁判所であることを明らかにしている。法律に基づく権限であるから，相手方はこれに応じる法的義務を負う（条解〔菊地〕96頁，平場224頁）。本条は，調査官が，調査官名で公的機関等に対し援助・協力を求めることを禁じるものではない。ただ，この場合には，調査官の任意調査なので相手方は法的義務を負わない点が異なる（平場224頁）。義務付けの意義について，⇨3。

補充捜査については，家庭裁判所の中立性，少年の権利保護の役割などを理由とする異論があった（葛野a39頁，津田ほか139頁等）が，判例は，捜査機関に事件送致後の補充捜査権限を認め，家庭裁判所の依頼の根拠規定に本条を挙げたので，関連する問題点について本条でまとめて解説することにする。⇨4。

2　援 助 依 頼

「調査」とは家庭裁判所が少年保護事件について行う法的調査，社会調査（調査官観護（17条1項1号）も含む）である（団藤＝森田133頁，平場224頁）。「観察」とは調査官の行う試験観察（25条）のことである。試験観察は調査活動の

180

第3節　調査及び審判　　　**第16条**（規第19条の2・第29条の5・第30条の5）

一環として行われるが，少年の動向・行状等について観察の援助を求める必要性が大きいことから規定されたものであろう。保護処分である保護観察は含まれない。「必要な援助」とは個々の事件の調査・観察を適切に進めるために必要な行為全てに及ぶ。例えば，呼出に応じない少年の住所地を管轄する警察署長への少年の所在調査，保護観察中の少年に関する担当保護観察官への少年の成績・現状，家庭・生活環境，交友関係等について情報の提供，児童相談所等への児童福祉法による措置中の経過報告，少年の住所地を担当する保護司や児童委員への現況・問題点等の報告，警察官への補充捜査（⇨4）等の要求・依頼が含まれる。

保護司又は児童委員に調査又は観察の援助をさせた場合には，その費用の一部又は全部を支払うことができる（⇨30条の2注釈）。

3　協　力　依　頼

「職務を行うについて」求められるもので，調査・観察の場合に限られず，家庭裁判所の職務全般に及ぶ。求める相手方にも制限はなく「公務所，公私の団体，学校，病院」は例示である（団藤＝森田134頁，平場224頁）。「必要な協力」とは，家庭裁判所の職務を行うのに必要な協力行為全般をいう。実務上，学校照会（少年の在籍中又は在籍した学校長に対する成績や性行に関する照会），本籍照会等に利用されている。照会・報告の依頼の場合，相手方には回答義務が生じる。不応答に対する制裁はないが，回答は法的義務の履行となるので，関係機関等は法律・契約上の守秘義務違反，刑事・民事上の責任追及は免れることになる（東條(伸)84頁。学説について，馬場＝河村163頁参照）。

4　補充捜査の依頼

（1）　**依頼の可否**　　送致すべき資料の追送を求めることは規則8条2項で可能である（平場225頁，浜井ほか221頁注(89)）。家庭裁判所が捜査機関に係属中の事件の補充捜査を依頼することについて，最高裁判所は，「家庭裁判所は，事実調査のため，捜査機関に対し，右捜査権限の発動を促し，又は少年法16条の規定に基づいて補充捜査を求めることができる」と判示し（最決平2・10・24刑集44・7・639／家月43・1・146〔百選48〕），捜査機関の補充捜査権限を前提としたうえ，依頼を可能としたので実務上は解決をみている（家裁の中立性等証拠調の原則論につき，⇨22条注釈4・8，補充捜査に関して，廣瀬k359頁，浜井ほか209頁以下，朝岡204頁，門野1頁，金谷(暁)187頁，小川24頁，〔百選48〕参照）。なお，検察官関与

181

第 16 条（規第 19 条の 2・第 29 条の 5・第 30 条の 5）　　　　第 2 章　少年の保護事件

決定がなされた事件では，関与する検察官による補充捜査・立証が期待できるので，むしろ，これに委ねるのを原則とすべきである。しかし，関与可能な事件には，なお限定があるうえ（22 条の 2），非行事実の存否自体は争われていないなど，検察官関与の必要性が認められない事件であっても，補充捜査依頼の必要がある場合も少なくない。以下，検察官の関与しない場合を中心に論じる。

(2)　**依頼の必要性・補充性**　　事件送致により，事件は家庭裁判所の保護手続過程に置かれるので，調査・審判の円滑な運営を阻害するような補充捜査は許されない（朝岡 230 頁）。家庭裁判所はできる限り自らの職権行使で事実調査を行うべきであり，それだけでは事実調査が困難で非行事実確定の必要性が高い場合に，補充捜査の依頼は限定すべきである。しかし，家庭裁判所には証拠収集のための補助機構もなく（調査官の事実調査の限界につき，⇨8 条注釈 **6**(2)），身柄事件では観護措置期間の制約もある（17 条 4・9 項）。証拠の存否が不明確な場合や証拠が広範にわたる場合などには，独力の事実調査は困難である。真実発見の重要性（⇨1 条注釈 **1**(2)）から公正な判断機関の立場を踏み出さない範囲で補充捜査を求める必要性が認められる場合は少なくない（浜井ほか 211 頁）。補充捜査依頼も証拠調（又はその準備行為）であるから合理的裁量の範囲内で行うべきであり（最決昭 58・10・26 刑集 37・8・1260），依頼の必要性・内容・重要性，非行事実の争いの有無・程度，依頼方法，依頼が必要となった経緯などに照らして調査・審判の公正，家庭裁判所の職責上問題がないかを総合的に判断すべきである（浜井ほか 211 頁）。前述のように検察官関与が可能な事件（22 条の 2）において，非行事実の認定に争いがあり，裁判所において補充の証拠調が必要と判断した場合には，検察官関与決定をして，検察官に補充捜査やその他積極的な立証活動をさせるのが相当であろう。平成 26 年改正で検察官関与の対象事件が大幅に拡大されたことから，従前裁判所の補充捜査依頼で対応されていた場合の多くが，検察官関与による対応に取って代わられることが，改正の趣旨に沿うものといえよう。

(3)　**依頼事項**　　重要なものについてのみ触れておく。

(ア)　**少年本人の取調**　　送致された事件については家庭裁判所の調査・審判によるべきで許されない。但し，余罪や送致後行われた事件は別事件の捜査であり，また，少年の共犯事件は本人の事件ではないから，これらの事件捜査のための取調は許容できるが，少年の調査・審判に影響するので事前に家庭裁判

第3節　調査及び審判　　　　　　**第16条**（規第19条の2・第29条の5・第30条の5）

所の了解を得させるべきである（浜井ほか213頁，全般につき，⇨17条注釈12⑵）。

　　㋑　**少年以外の者の取調**　　反対尋問権保障の趣旨から重要な供述は家庭裁判所が直接取調べるべきであり，捜査機関には，少年の弁解を伝え，その真偽確認の手掛り（証拠の存否，証人の所在問合せ等）を求める程度にするのが原則とされている（内園ほか96頁等）。しかし，審判への緊急な出頭不能の虞，身柄事件で関係人多数の取調の必要，遠隔地の関係人の出頭拒否等の事情がある場合には，家庭裁判所の直接取調は困難で，供述調書作成の必要性が高いのでその依頼も許されると考えられる（平場226頁，門野10頁）。一般的には，供述の重要性，家庭裁判所の尋問の難易，証拠保全の必要性・緊急性，証人となるべき者への影響の有無・程度，家庭裁判所が的確な尋問準備を行う必要性等が総合的に検討されるべきである（詳細は，浜井ほか213頁）。なお，検察官関与が可能な事件においてこのような問題がある場合には，検察官に関与させて対応させるべきであろう。

　　㋒　**その他**　　実況見分調書，指紋・筆跡等の鑑定等の依頼は，原則として許されよう。

　⑷　**依頼の時期・方法等**　　刑事訴訟と異なり予断排除の原則がないので事件受理後，時期について制限はない。依頼方法として，本条による①証拠を特定して行う具体的依頼，②立証事項程度の特定による一般的依頼，③本条によらず少年の主張・弁解等を伝えて事実上補充捜査を促すものがあるが，争いのある事件ではいずれも依頼の事実・内容を明確にするため，書面によるのが相当である（浜井ほか216頁，朝岡214頁）。家庭裁判所として行って欲しくない捜査は，補充捜査の依頼にあたって明示しておくことが望ましい。依頼先は事件送致機関（直送事件以外は検察官）が一般的であるが，直接警察に依頼することも可能であり適切な場合も少なくない（浜井ほか217頁）。検察官関与決定がなされれば，補充捜査の依頼の時期・方法等に関する問題の多くは解消されることになる。

　⑸　**捜査機関への記録の開示**　　補充捜査のため捜査機関から記録の閲覧謄写を求められることがある。捜査機関から送付された資料は閲覧・謄写を認めてよいが，社会記録は閲覧も認めるべきではない。審判調書等職権証拠調の結果については，事案の重大性，家庭裁判所における審理の困難性，少年の防御の観点等を検討すべきであるが，補充捜査を依頼した場合には捜査機関に争点

第 16 条（規第 19 条の 2・第 29 条の 5・第 30 条の 5）　　　第 2 章　少年の保護事件

や証拠関係に即した的確な対応を求める趣旨からも，審判の具体的な進行状況等を開示すべきであろう（浜井ほか 218 頁）。なお，検察官を関与させる場合には，検察官に記録の閲覧・謄写が認められる（規 30 条の 5。⇨22 条の 2 注釈）。

(6)　**付添人との対応**　　　家庭裁判所の公正さの担保・円滑な審判運営のために，特に非行事実が争われ，争点に関わるような補充捜査はその依頼を事前に付添人に通知しその了解を得るのが望ましい。しかし，依頼の内容，審判状況等から事前告知では審判に支障が生じる虞があったり，捜査目的が達せられないような例外的な場合には適当な時期に可能な範囲の告知でよい。また，争いのない事項など防御上問題がない場合は，捜査結果を知らせれば足りよう。公正な審判，適正な事実認定の観点から，補充捜査結果については付添人に閲覧・謄写の機会を与えるべきである（最決平 10・4・21 刑集 52・3・209／家月 50・9・151 は，援助協力依頼により捜査機関から送付を受けた証拠の有無を付添人に了知させなかった手続について妥当性を欠く旨判示している。この判例につき，廣瀬 k 362 頁，浜井 a 358 頁，川出 c 130 頁，三好 188 頁参照）。反証等の申請があれば明らかに必要がない場合を除いて採用すべきである。この点について，追送書類等に関する付添人への速やかな通知が義務付けられているのは（規 29 条の 5），このような付添人の活動の機会を保障する趣旨である。

(7)　**補充捜査をめぐる問題**　　　補充捜査依頼の限界については，非行事実が争われている事件では，その依頼が家庭裁判所が捜査機関寄りのような印象を与えかねない面があることや捜査機関の職責上，家庭裁判所が自ら行うよりも少年に不利な証拠収集に偏るおそれがあるなどの指摘（川出 169 頁）にも留意すべきである。補充捜査が適正な審判運営を著しく阻害し，真実発見を困難にした場合には補充捜査結果を証拠排除できる場合もあり得よう（門野 22 頁，朝岡 237 頁）。しかし，これは違法収集証拠の排除（最判昭 53・9・7 刑集 32・6・1672 参照）と同様に政策的な排除であるから，重大な問題・実害が生じた場合（家裁の明示の制限に意図的に反したとき等）に限定され，通常は証拠の証明力の問題として検討すれば足りよう。補充捜査を巡る問題は，もともと検察官が審判に関与せず，否認事件では少年側と家庭裁判所の片面的な対審化が生じるといった現行法の限界を運用で解決しようとしたために生じたものである。それだけに根深く解決困難な問題があり，検察官の審判出席を求める改正の一つの論拠とされ（浜井ほか 313 頁，廣瀬 e 13 頁），平成 12 年改正で検察官関与が認められる契

第3節　調査及び審判　　　　　　　　　　　　　　第17条（規第19条の3〜第22条）

機ともなった。同改正による検察官関与の範囲は限定されていたが，平成26年改正でその範囲が大幅に拡大されたことにより，問題の相当部分について立法的解決が図られたといえるから，必要に応じた活用を心がけるべきである（廣瀬・少年法262頁）。もっとも，検察官関与の対象事件以外の事件や，検察官関与の必要性までは認められない事件で，補充捜査が必要な事件はなおあり得るから，問題が完全に解消されるわけではない（⇨22条の2注釈）。

5　調査の嘱託（規19条の2）

裁判所相互間の共助（裁79条）の一つである。本条により，他管内居住の保護者，参考人等の事情聴取等を嘱託できる。「事実の調査」という文言から，同行（13条）の嘱託，試験観察（25条）の嘱託は認められない（実務要覧上397頁，団藤＝森田134頁。同行の嘱託につき，平場180頁，昭27・4・2家庭局長回答・家月4・4・84）。証拠調の嘱託は，14条2項・15条2項により刑訴125・142・163・171・178条等が準用されるので，これによって実施すべきである。

（観護の措置）

第17条　①　家庭裁判所は，審判を行うため必要があるときは，決定をもつて，次に掲げる観護の措置をとることができる。

1　家庭裁判所調査官の観護に付すること。

2　少年鑑別所に送致すること。

②　同行された少年については，観護の措置は，遅くとも，到着のときから24時間以内に，これを行わなければならない。検察官又は司法警察員から勾留又は逮捕された少年の送致を受けたときも，同様である。

③　第1項第2号の措置においては，少年鑑別所に収容する期間は，2週間を超えることができない。ただし，特に継続の必要があるときは，決定をもつて，これを更新することができる。

④　前項ただし書の規定による更新は，1回を超えて行うことができない。ただし，第3条第1項第1号に掲げる少年に係る拘禁刑以上の刑に当たる罪の事件でその非行事実（犯行の動機，態様及び結果その他の当該犯罪に密接に関連する重要な事実を含む。以下同じ。）の認定に関し証人尋問，鑑定若しくは検証を行うことを決定したもの又はこれを行つたものについて，少年を収容しなければ審判に著しい支障が生じるおそれがあると認めるに足りる相当の理由がある場合には，その更新は，更に2

第 17 条（規第 19 条の 3〜第 22 条）　　　　　　　　　　第 2 章　少年の保護事件

回を限度として，行うことができる。

⑤　第 3 項ただし書の規定にかかわらず，検察官から再び送致を受けた事件が先に第 1 項第 2 号の措置がとられ，又は勾留状が発せられた事件であるときは，収容の期間は，これを更新することができない。

⑥　裁判官が第 43 条第 1 項の請求により，第 1 項第 1 号の措置をとつた場合において，事件が家庭裁判所に送致されたときは，その措置は，これを第 1 項第 1 号の措置とみなす。

⑦　裁判官が第 43 条第 1 項の請求により第 1 項第 2 号の措置をとつた場合において，事件が家庭裁判所に送致されたときは，その措置は，これを第 1 項第 2 号の措置とみなす。この場合には，第 3 項の期間は，家庭裁判所が事件の送致を受けた日から，これを起算する。

⑧　観護の措置は，決定をもつて，これを取り消し，又は変更することができる。

⑨　第 1 項第 2 号の措置については，収容の期間は，通じて 8 週間を超えることができない。ただし，その収容の期間が通じて 4 週間を超えることとなる決定を行うときは，第 4 項ただし書に規定する事由がなければならない。

⑩　裁判長は，急速を要する場合には，第 1 項及び第 8 項の処分をし，又は合議体の構成員にこれをさせることができる。

（少年鑑別所送致決定手続において少年に告知すべき事項等）

規則第 19 条の 3　①　法第 17 条第 1 項第 2 号の措置をとるに際しては，裁判長（同条第 10 項の規定による場合は，当該措置をとる裁判官）は，少年に対し，あらかじめ，供述を強いられることはないこと及び付添人を選任することができることを分かりやすく説明した上，審判に付すべき事由の要旨を告げ，これについて陳述する機会を与えなければならない。

②　前項の規定により審判に付すべき事由の要旨を告げる場合において，当該審判に付すべき事由に含まれる個人特定事項が次に掲げる者のものに該当すると認める場合であつて，相当と認めるときは，当該個人特定事項を明らかにしない方法により審判に付すべき事由の要旨を告げることができる。

1　次に掲げる事件の被害者

イ　法第 3 条第 1 項第 1 号に掲げる少年に係る事件であつて刑事訴訟法第 271 条の 2 第 1 項第 1 号イ若しくはロに規定する罪のもの又は法第 3 条第 1 項第 2 号に掲げる少年に係る事件であつて刑事訴訟法第 271 条の 2 第 1 項第 1 号イ若しくはロに規定する罪に係る刑罰法令に触れるもの

ロ　イに掲げる事件のほか，法第 3 条第 1 項第 1 号又は第 2 号に掲げる少

第3節　調査及び審判　　　　　　　　　　　　　　　**第17条**（規第19条の3〜第22条）

年に係る事件であつて，刑罰法令に触れる行為の態様，被害の状況その
他の事情により，被害者の個人特定事項が少年又は保護者に知られるこ
とにより刑事訴訟法第271条の2第1項第1号ハ(1)又は(2)に掲げるおそ
れがあると認められる事件
2　前号に掲げる者のほか，個人特定事項が少年又は保護者に知られること
により刑事訴訟法第271条の2第1項第2号イ又はロに掲げるおそれがあ
ると認められる者

（観護の措置等の方式・法第17条等）

規則第20条　①　法第17条第1項第1号又は第2号の決定をするには，家庭
裁判所調査官又は少年鑑別所を指定するものとする。
②　法第17条の4第1項本文の決定をするには，少年院又は刑事施設を指定
するものとする。
③　前2項の規定による指定は，いつでも，変更することができる。

（観護の措置の取消・法第17条）

規則第21条　観護の措置は，その必要がなくなつたときは，速やかに取り消
さなければならない。

（少年鑑別所等への通知）

規則第21条の2　家庭裁判所は，法第17条第1項第2号の措置がとられてい
る事件の送致を受けたときは，その旨を少年を収容している少年鑑別所，少
年院又は刑事施設に通知しなければならない。法第17条第1項第2号の措
置がとられている事件について，法第19条第2項（第23条第3項において
準用する場合を含む。），第20条第1項又は第62条第1項の決定をしたとき
も，同様である。

（観護の措置に関する通知・法第17条等）

規則第22条　①　観護の措置をとり又はこれを取り消し若しくは変更したと
きはその旨を，法第17条第1項第2号の措置がとられている事件について
法第19条第2項（第23条第3項において準用する場合を含む。以下この条
において同じ。），第20条第1項又は第62条第1項の決定をしたときは法第
45条第4号の規定により法第17条第1項第2号の措置が勾留とみなされる
旨を速やかに保護者及び付添人のうちそれぞれ適当と認める者に通知しなけ
ればならない。
②　前項の通知は，観護の措置をとり若しくはこれを変更した場合又は法第
17条第1項第2号の措置がとられている事件について法第19条第2項，第
20条第1項若しくは第62条第1項の決定をした場合において，少年に保護
者及び付添人がないときは少年の法定代理人，保佐人，配偶者，直系の親族
及び兄弟姉妹のうち少年の指定する者1人に，少年にこれらの者がないとき
は少年の申出によりその指定する者1人に，これをしなければならない。

187

第17条（規第19条の3〜第22条）　　　　　　　　　　　第2章　少年の保護事件

③　第1項の通知は，観護の措置を取り消した場合において，少年に保護者及び付添人がないときは，少年の法定代理人，保佐人，配偶者，直系の親族及び兄弟姉妹のうち適当と認める者に，これをしなければならない。

1　本条の意義

　少年事件の調査・審判にあたって，その手続進行上の必要のため，少年の身柄を保全し心身の鑑別をする必要や緊急に保護を要する状態にある少年を終局決定による保護までの間，暫定的に保護する必要等が生じる。このため本条は，少年の心情の安定・情操の保護（規1条）を図りながらその身柄を確保し，鑑別を行うため，調査官の観護（本条1項1号。「調査官観護」「在宅観護」「1号観護」等という）と少年鑑別所送致（同2号。実務上，通常「観護措置」とは本号を指す。ここでも以下これを観護措置という。「収容観護」「2号観護」ともいう）の手続を定めた（本条1項）。観護措置は少年の身柄を拘束するので，人権保障の観点から，手続（本条2・8項），期間等（本条3〜5・9項）について制限を設け，勾留に代わる措置（43条）との関係の手続的調整を図ると共に（本条6・7項），合議事件についての手当をした（本条10項）ものである。観護措置期間の延長及び裁定合議制の導入（裁31条の4。⇨4条注釈3）に関する平成12年改正により，本条に3〜5・9・10項が新設され，大幅に改められた。また，平成20年改正により，5条の2の「非行事実」の定義規定が削除されるのに伴い，同文言が初出となる本条4項にこれが挿入された（飯島ほか24頁）。更に，平成26年の少年鑑別所法成立に対応し，用例等も改められた（⇨少年鑑別所法注釈）。なお，令和3年改正による62条等の改正に対応して規21条の2・22条が改正された。

2　調査官観護

　調査官観護は，基本的には，少年を施設等に収容せず，少年に対し種々の条件を付すなどしながら，心理的な強制を加え，調査官の人格的な力によって観護の目的を達しようとするものである。本条1項1号の決定は，少年に調査官の観護を受けることを義務付け，調査官には観護の権限と義務を生じさせるものである（平場193頁）。決定は，少年の面前で告知することを要し（規3条2・3項），調査官を指定して行う（規20条1項）が，担当調査官の変更はいつでも可能である（同条3項）。調査官観護に，期間の定めはないが，必要がなくなったときは速やかに取り消さなければならない（規21条）。調査官観護においては，

188

第3節　調査及び審判　　　　　　　　　　　　第17条（規第19条の3〜第22条）

図表14　少年鑑別所における収容鑑別の流れ

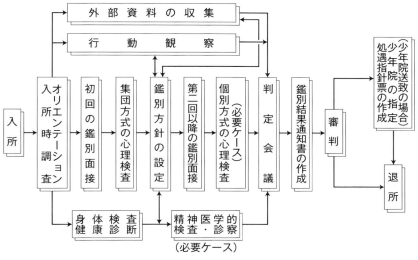

(出典)『令和5年版　犯罪白書』140頁による。

非行を前提とした改善・立直りに向けた積極的な補導調整はできない（柏木84頁，菊池76頁，平場192頁。反対，佐々木b128頁）が，観護の目的に沿った保護，即ち，緊急に保護を要する状態を除去するための働掛け等を行い，少年保護手続の内容を説明し，少年が審判を受けるべき状況にあることを教示し，併せて，その手続進行に協力するよう各種の働掛けを行うこと等は許される（平場192頁）。少年及び保護者の同意があれば，適当な施設，団体等に少年を委託することもできるが，警察の保護室を利用することは妥当ではない（団藤＝森田144頁，平場192頁等。なお，この場合の委託に29条の適用はないから，費用の支給はできない）。

　調査官観護は，身柄の保全の実効性に乏しいことなどから，ほとんど活用されてこなかった。しかし，少年鑑別所収容までの必要はないが観護を要する少年は実務上少なくない。欧米では重罪を除いて，条件を付して釈放する扱いが行われてきたが，近年更に活用されている（英，独の保釈，仏の司法統制処分等。廣瀬f16・55・78頁）。今後より積極的な活用が目指されるべきである。調査官観護を活用すべき場合として，①収容観護の必要はあるがその弊害が懸念され

189

第 17 条（規第 19 条の 3〜第 22 条）　　　　　　　　　第 2 章　少年の保護事件

る場合，②少年や保護者の情緒が不安定で第三者の精神的援助が必要な場合，
③保護者が監護意欲を失い収容観護を望んでいるが収容観護が相当ではない場
合，④少年の住居が遠方で当面の宿泊先がない等観護を必要とする場合などが
考えられよう（梶村 d 31 頁）。実例としては，観護措置の必要はあるが，出産予
定が迫った女子少年，中学校卒業直後で身寄りも就職先もなかった少年等があ
る。

3　観護措置の意義・性質

　観護措置は，少年を少年鑑別所に送致する決定及びその執行である。本人あ
るいは環境に問題の多い少年の身柄を少年鑑別所に収容して調査・審判の円滑
な遂行を確保し，その間の非行性の深化等を防止すると共に，社会調査（9 条），
行動観察・鑑別を行って，適正な審判の実施を図るものである（少年鑑別所，鑑
別等については，⇨ 9 条注釈 3，少年鑑別所法 16 条注釈。収容鑑別の実情等については，改
正前の論文であるが，國吉 1 頁が参考になる。少年鑑別所法成立後の処遇について，小山 ＝
古橋 25 頁，ケース少年事件〔等々力〕278 頁以下参照）。実務上，観護措置のとられた
事件を「身柄事件」と呼ぶ。観護措置は，少年の身柄の保全という勾留に類似
した側面のみならず，少年の保護という側面を併せ持っていることに着目し，
平成 12 年改正前は，最長 28 日間の身柄拘束であったが，勾留と異なり（刑訴
429 条 1 項 2 号・87 条等参照），不服申立・取消請求権は認められていなかった
（大阪高決昭 44・10・30 家月 22・10・114〔百選 32〕，福岡家決昭 45・8・31 家月 23・5・
120。条解〔廣瀬〕98 頁，大森 b 33 頁）。しかし，平成 12 年改正により観護措置及び
その更新決定（本条 1 項 2 号・3 項但書）に対し異議の申立てができるよう改めら
れた（17 条の 2）。

　観護措置が憲法 34 条の「拘禁」に当たるか否かについては議論がある（積
極説・高山 a 67 頁，猪瀬 b 103 頁，団藤 ＝ 森田 138 頁，平場 185 頁，澤登 101 頁。消極説・
市村 b 74 頁，大森 b 33 頁，多田(周)㊥ 22 頁，柴田 a ㊤ 8 頁，昭 44・3 家庭局見解・家月
21・11・46）が，拘禁に当たるとする見解も，公開の法廷で拘禁の理由を示す
ことなど刑訴法の勾留関係の規定の準用までを主張するものではなく，少年保
護手続の特性に見合った適正手続（憲 31 条）が要請されると指摘するものであ
り，少年保護の側面を重視して，拘禁に当たらないとする見解も，運用上同様
の配慮を要求するものであって，実質的な相違はそれ程生じない。

　執行停止（刑訴 95 条）の準用については，否定説が有力であるものの（岩野 a

190

第 3 節　調査及び審判　　　　　　　　　　　　　第 17 条（規第 19 条の 3〜第 22 条）

207 頁，昭 36・11 家庭局見解・会同要録 80），観護令状（43 条 1 項）の場合には停止を認めた例がある（静岡家決昭 35・5・6 家月 13・4・145）。もっとも，観護措置自体の取消や調査官観護への変更（用務終了後，観護措置のとり直しや変更を要する）も可能なので準用を認める必要性が高いとはいえない。

　観護措置中の少年に対する逃走に関する罪（刑 97〜100 条）の成否に関しても，観護措置の保護と身柄保全の複合的な性格を反映して説が分かれ，刑 97・98 条と刑 99・100 条の文言の差異から逃走罪の成立を否定し，奪取罪，逃走援助罪の成立だけを認めるのが多数説（平場 197 頁，団藤 = 森田 146 頁，所 a 101・108 頁）であった（本書第 4 版 184 頁）。しかし，令和 5 年刑法改正（令 5 法 28）により，刑 97・98 条の主体も刑 99・100 条の客体と同じ「法令により拘禁された者」に拡張された。このため，観護措置で在所中の少年も逃走罪の主体となると解されるが，この改正は逃走防止の実効化を図るものであるから，収容の性質には影響を及ぼさない。

4　観護措置の要件

　「審判を行うため必要があるとき」（本条 1 項）と規定されているだけであるが，前述の観護措置の目的に照らし，適正に運用されねばならない。実務上，次のような要件が必要と解されている。

（1）　事件係属

観護措置は，審判を行うために家庭裁判所が行う決定であるので事件の係属が前提となる。司法警察員又は検察官から逮捕・勾留され身柄付で送致（41・42 条）された少年や虞犯送致（6 条 2 項・41・42 条）に際し任意同行された少年に対して事件受理と同時に観護措置がとられる事例が多いが，在宅事件について，調査の結果を踏まえ観護措置がとられる場合（実務上「身柄引上」「引上」という）もある（条解〔廣瀬〕100 頁，佐々木 b119 頁，令状実務 Ⅱ〔福嶋一訓〕200 頁，ケース少年事件〔藤根桃世〕40 頁，実例少年法〔平野望〕130 頁）。前に観護措置をとられていた事件が再度係属するに至った場合のうち，①検察官からの再送致事件（45 条 5 号但書・42 条）については，本条 5 項の規定通り観護措置をとることができるが，期間の更新はできない。②抗告審・再抗告審からの差戻・移送事件（33 条 2 項），③刑事裁判所からの移送事件（55 条），④調査官報告による再起事件（⇨7 条注釈 5）については，観護措置をとることができ，その期間は先にとられた観護措置の残りの収容期間に限られないと解されている（岩野 a193 頁，②について，最決平 5・11・24 刑集 47・9・217〔百選 33〕。本条 3 項但書・5 項と

191

第 17 条（規第 19 条の 3〜第 22 条）　　　　　　　　第 2 章　少年の保護事件

の関連につき，⇨8⑵）。

　強制的措置許可申請事件（6 条の 7 第 2 項），戻し収容申請事件（更生 71 条）においても，観護措置をとることができる（⇨6 条の 7 注釈 3⑸，岩野 a 191 頁，伊藤（政）a 32 頁，平場 186 頁，柴田 a(上) 15 頁）。虞犯通告事件（更生 68 条），施設送致申請事件（26 条の 4，更生 67 条 2 項），令和 3 年改正で新設された収容決定申請事件（66 条，更生 68 条の 2）も同様と解される。収容継続申請事件（少院 138・139 条）でも観護措置をとることはできるが，少年院に収容されたまま申請される場合がほとんどで，その場合には，矯正教育を中断してまで観護措置をとる実益はない（団藤 = 森田 465 頁，平場 186 頁，柴田(上) 16 頁）。

　電話による虞犯通告も要件を備えれば，緊急同行状を発付して観護措置をとることができる（柴田 a(上) 14 頁。⇨6 条注釈 3⑶・12 条注釈 2⑷）。

　⑵　**審判条件（管轄権を除く）**　　審判条件は，調査・審判を適法に遂行するための要件であるから，欠ければ観護措置をとることはできない（審判条件の種類・意義につき，⇨19 条注釈 2⑴）。但し，土地管轄は，移送（5 条 3 項）により受移送裁判所において適法に調査・審判を行えるので観護措置をとる妨げとならない（柏木 96 頁，菅野 61 頁，菊池 67 頁，梶村 d 21 頁，平場 187 頁，条解〔廣瀬〕100 頁，廣瀬・少年法 204 頁，ケース少年事件〔藤根〕36 頁，実例少年法〔平野〕123 頁）。

　⑶　**審判に付すべき事由存在の蓋然性**　　少年の身柄を拘束する措置であるから，審判に付すべき事由（非行事実，虞犯事由等，⇨3 条注釈 2・3・4⑸）が認められることが必要である（令和 3 年改正により特定少年の審判事由は犯罪事実だけとなった。65 条 1 項）。その心証の程度について，検察官・司法警察員から送致された事件については，検察官が公訴維持するに足りる程度の心証を要するとする説（佐々木 b 123 頁）もあるが，勾留（刑訴 60 条）の場合と同程度の心証で足りる（岸本 167 頁，条解〔廣瀬〕100 頁，菅野 66 頁，団藤 = 森田 139 頁，平場 213 頁，猪瀬 b 102 頁，梶村 d 22 頁，川口(宰)a 336 頁，柴田 a(上) 20 頁，廣瀬・少年法 204 頁，川出 51 頁，令状実務 II〔福嶋〕200 頁，ケース少年事件〔藤根〕36 頁，実例少年法〔平野〕124 頁等）。

　⑷　**審判開始決定を行う蓋然性**　　観護措置は「審判を行うため」のものであるから，審判開始が見込まれない事件（審判不開始相当事案）では観護措置をとることはできない。もっとも，軽微事案でも環境不良等，他の諸事情から審判開始相当であればよく，観護措置決定当時に審判開始の蓋然性があれば，調査の結果，審判不開始決定で終了することになっても，手続は違法とならない

第3節　調査及び審判　　　　　　　　　　第17条（規第19条の3〜第22条）

（団藤＝森田139頁，条解〔廣瀬〕100頁，梶村 d 23頁，柴田 a（上）21頁，令状実務Ⅱ〔福嶋〕
200頁，ケース少年事件〔藤根〕36頁，実例少年法〔平野〕124頁）。

(5)　**観護措置の必要性（(ｱ)〜(ｳ)）が認められること**　　　(ｱ)　**調査・審判及び保護処分の執行を円滑に遂行するための身柄確保の必要性**　　①住居不定又は逃亡の虞があるなど，少年の出頭を確保する必要があるとき（刑訴60条1項1・3号参照），②証拠隠滅の虞があり，証拠を保全する必要があるとき（刑訴60条1項2号参照）には，適正な調査・審判の遂行確保（司法機能）のための身柄拘束の必要性があり，基本的には勾留理由と同様の判断となる。ただし，住居不定でも信頼のおける身柄引受人が存在したり，調査官観護を行うことにより出頭が確保され得ると認められるときは除かれる。反面，調査・審判等に出頭せず，同行状（11条2項）では賄えないと認められる場合には，住居が存在し，逃亡の虞がない場合でも観護措置をとることができる（梶村 d 25頁，川口（宰）a 336頁，柴田 a（上）22頁等）。隠滅の対象となる証拠は，非行事実に関するもののほか，要保護性を基礎付ける重要な事実に関するものも含まれる（梶村 d 25頁，団藤＝森田140・141頁，条解〔廣瀬〕101頁，柴田 a（上）24頁，廣瀬・少年法205頁，ケース少年事件〔藤根〕39頁，実例少年法〔平野〕125頁）。実務上，共犯者との通謀，被害者・目撃者等への働掛け，身代わり犯人を仕立てるなどの事例は少なくない。証拠物の捏造等，隠滅方法は問わない。しかし，逃亡や罪証隠滅の虞は抽象的なものでは足りず，その現実的な可能性が高いことを示す具体的な事情が認められるべきであろう（最決平26・11・17集刑315・183／判タ1409・123参照）。ところで，家庭裁判所は，決定の執行手続にも関与し，責任を負う（26条，規4条）。少年に対する保護・教育のためには保護処分決定後速やかに執行することが必要・有効であり，保護処分決定の告知・執行のための出頭確保も「審判を行うため」といえる。従って，このための身柄確保の必要性があり，同行状では賄えない場合には観護措置をとることができる（団藤＝森田143頁，梶村 d 26頁，川出52頁，ケース少年事件〔藤根〕37頁，実例少年法〔平野〕125頁等）。この点に関し，在宅少年を少年院に送致する際に，少年院の指定，少年院への身柄同行等の目的のみで観護措置をとることに疑問を示す見解がある（団藤＝森田143頁）。しかし，少年院送致（24条1項3号，64条1項3号）が見込まれるような重大な問題性を孕んだ少年については，綿密な行動観察等を前提とした鑑別が必要で，在宅鑑別では十分でないから，同行状で賄うことができる場合は，極めて近接した時期に

第17条（規第19条の3～第22条） 第2章　少年の保護事件

収容鑑別が行われ，その時から当該事件までに事情の変更が認められないような稀な場合に限定されよう（条解〔廣瀬〕101頁，柴田a〔上〕25頁）。

　㈶　**少年の緊急保護のための暫定的身柄確保の必要性**　　自殺・自傷の虞があるとき，薬物乱用による中毒症状を呈しているが医療措置の対象とまではいえないとき，家族から虐待され，あるいは悪影響を受ける虞があるとき，暴力団・暴走族・過激派・カルト教団等反社会的活動を行う集団の悪環境から保護する必要があるとき等，少年を緊急に保護すべき状況にある場合には，少年の健全育成を期するため，終局決定前であっても保護的措置をとる必要があり，暫定的に身柄を確保するため，観護措置をとることができる（梶村d26頁，平場188頁，団藤＝森田142頁，条解〔廣瀬〕101頁，柴田a〔上〕26頁，廣瀬・少年法205頁，川出52頁，ケース少年事件〔藤根〕40頁，令状実務詳解〔肥田〕1244頁，実例少年法〔平野〕125頁）。再非行の防止は，少年審判の重要な目的であり（⇨1条注釈2），安全・円滑な調査・審判を進めるうえでも必要不可欠であるから，審判期日までの間に再非行に陥る蓋然性がある場合には，観護措置をとることができる（菅野63頁，梶村d27頁，佐々木b124頁，団藤＝森田142頁，条解〔廣瀬〕101頁，平場188頁）。少年の非行から社会を防衛するという観点のみから観護措置をとることについては批判があるが（市村68頁，団藤＝森田142頁），非行性の深化を防ぎ，悪環境から少年を引離すという福祉の観点から観護措置をとるのであれば，緊急的暫定的保護の範疇に含まれよう。このような観点から，再非行の虞を具体的に捉える判断基準として，①同種非行により過去に保護処分，試験観察，保護的措置を受けていること，②近接した日時に同種非行が反復継続されていること，③性格の偏りが非行となって現れているとみられること（条解〔廣瀬〕101頁，佐々木b124頁）が参考となろう。薬物乱用事犯，放火，性非行，粗暴犯等に再非行が多く見られる。虞犯では反復が通常予想されているのでその内容・程度が検討されるべきである。積極的な逃亡意思まではないが，放浪癖，家出等で所在不明となる虞がある場合は，㈠にも当たるが，年少者・虞犯少女等では緊急保護の必要性も認められる場合が多い。令和3年改正でも本条は改正されていないことから，特定少年に対しても，緊急保護の必要性だけで観護措置をとれるという解釈もあり得るが，特定少年は，民法上成年で監護権に服さない自律的な主体であることから虞犯（3条1項3号），緊急同行状（12条等）に関する規定の適用が除外（65条1・2項）された趣旨（⇨65条注釈）に照らすと消極に解すべきであ

194

第3節　調査及び審判　　　　　　　　　　　　　　　第17条（規第19条の3〜第22条）

る。もっとも，緊急保護を要する特定少年には㋐又は㋒の事由が認められる場合が多いので実務上大きな支障は生じないと思われる。

　㋒　**収容して鑑別を行う必要性**　　調査は少年鑑別所の鑑別結果を活用して行うべきものであり（9条，規11条3項），少年鑑別所設置の趣旨（少鑑3・16・20条）からも，少年の心身の状況，性格傾向等からみて，継続的な行動観察や外界と遮断しての鑑別等の必要性があるなど，在宅鑑別では鑑別の目的を十分達し得ないと認められる場合には，観護措置をとることができる（早川e86頁，梶村d27頁，団藤＝森田142頁，条解〔廣瀬〕102頁，川口(宰)a337頁，川出52頁，柴田a(上)27頁以下，廣瀬・少年法205頁，ケース少年事件〔藤根〕40頁，令状実務Ⅱ〔福嶋〕200頁以下。柴田a(上)33頁以下では，異議決定例等をも踏まえて，またケース少年事件〔藤根〕43頁以下及び実例少年法〔平野〕126頁以下では近時の状況を踏まえて，その判断要素を分析考察している。反対，高山a83頁，菅野64頁）。短期の教育ないし治療の場としてのみ利用する目的で観護措置をとることは許されない（岩野a190頁，山田(俊)133頁，団藤＝森田143頁，条解〔廣瀬〕102頁，平場188頁，柴田a(上)37頁，廣瀬・少年法205頁，ケース少年事件〔藤根〕42頁，令状実務Ⅱ〔福嶋〕200頁，令状実務詳解〔肥田〕1245頁，実例少年法〔平野〕126頁，昭44・3家庭局見解・家月21・11・104。反対，菅野66頁，穴沢295頁）。もっとも，結果として少年鑑別所の処遇が教育・治療的な機能を果たすことは望ましいことであり，一定期間社会から隔離することにより，少年に対し，自己を見つめ直す機会と場を与えて，少年の変化・その兆しの有無を観察し，適正な処遇選択の資料を得ることは，上記(イ)(ウ)の範疇に含まれると思われる。

5　観護措置をとる時期

(1)　**2項の趣旨**　　観護措置は事件係属中であればいつでもとることができるが，同行状（11条2項・12条）により同行された少年（任意同行された少年は含まない），逮捕・勾留中の少年の送致を受けた場合には，到着の時から24時間以内に観護措置をとるか否か判断しなければならない（本条2項）。この時間内に観護措置がとられない限り釈放しなければならないが，その後必要が生じた場合に観護措置がとれなくなるものではない。なお，この時間内に観護措置決定がなされれば，執行はその後でもよい（団藤＝森田148頁，条解〔廣瀬〕102頁）。

(2)　**24時間の身柄拘束の効力の根拠**　　同行の場合，少年が「同行すべき場所」（規17条1項）に到着した時に執行は終了するから，それ以後は，本条2項の効力により拘束が継続される（団藤＝森田149頁，柴田a(上)51頁）。逮捕・勾留

195

第17条（規第19条の3〜第22条）　　　　　　　　　　　　　　第2章　少年の保護事件

中に送致された少年は，①同行状の場合と同様の特別効力説（佐々木b119頁，市村69頁，団藤＝森田149頁，澤登104頁），②観護者，観護場所に関する規定がないのは観護措置以前に少年の身柄受領を予定しないためとして，被疑者の勾留請求（刑訴207条5項）及び逮捕中起訴（刑訴280条2項）の勾留判断までの身柄拘束と同様，逮捕・勾留の効力延長とする説（昭37・11家庭局見解・会同要録75，佐藤(忠)803頁，高山a86頁，菊池b200頁，平場189頁）がある。両説で事件受理後の少年の身柄管理の主体と責任，ひいては勤務時間外に送致された少年の身柄拘束の場所に差異が生じるといわれるが，論理必然とまでは認め難い。観護措置の性質からは同行と統一的な①説が妥当であろう。家庭裁判所と送致機関との間で身柄を伴う事件の送致時間等について協議を行い，運用上の支障が生じないよう配慮すべきである。

(3)　**24時間の始期及び終期**　　同行状執行の場合は既に事件が家庭裁判所に係属しているので，身柄の到着時（同行された年月日時。規18条5項）が始期となる。逮捕・勾留中の少年の送致を受けた場合，①身柄到着時（柏木90頁，佐藤(忠)803頁，団藤＝森田148頁，岩野a197頁），②記録受理時（市村69頁，高山a85頁），③記録及び身柄の到着時（平場189頁，中村(良)a57頁，渡辺(輝)73頁，川口(宰)a338頁，柴田a(上)49頁）と説が分かれる。観護措置をとるか否かの判断が実際上可能となるのは，記録の受理だけではなく，非行事実等についての告知・聴聞が必要であり（規19条の3），そのためには身柄到着が必要であるから③説に理があるが，到着の遅れで制限時間が延びるのでは人権保障上問題であるから②説を基本とすべきだともいえよう（身柄・記録の早い方基準という考え方もあり得る）。しかし，この問題は始期よりも終期が重要であり，同行・送致により事情が異なるので，始期は③説により，終期の限界について場合を分けて実質的に検討すべきであり，③説の始期から24時間以内であっても，終期は次のように画すべきであろう。同行状執行の場合は身柄到着時から最長24時間（任意同行の場合は拘束の根拠はないので不当に事実上拘束することのないようにすべきは勿論である），逮捕中に送致される場合には，逮捕の時間内に記録及び身柄が送致されるべきであるから（刑訴204・205条参照），逮捕の制限時間から24時間，勾留中に送致される場合は，送致，再送致（⇨42条注釈）いずれの場合もその勾留の存続期間内に身柄，記録の双方が送致されるべきであるから，勾留期間満了（45条4号，刑訴208条）から24時間とそれぞれ解すべきであろう。

196

第3節　調査及び審判　　　　　　　　　　　　第17条（規第19条の3〜第22条）

同行・送致を受けた家庭裁判所は，可能な限り迅速に観護措置決定をするか，少年を釈放すべきであり，そのために身柄・記録の送致を督促すべきである。実務上，記録と身柄がそれほどずれて到着することは考えにくいが，制限時間を手持時間にするような運用は不当であり，違法の問題も生じかねない。受理後の手続は実務上迅速に行われている（⇨6）。

(4)　**同行・送致の適法性**　　本条項は適法に身柄を拘束されている者が送致されたことを前提としている。時間制限（刑訴203〜205条）超過の送致の場合には24時間拘束することはできず，直ちに観護措置の要否を判断しなければならない（市村70頁，条解〔廣瀬〕103頁，団藤＝森田150頁，平場187頁）。遅延にやむを得ない事情があれば例外とできよう（刑訴206条準用，条解〔廣瀬〕103頁）。違法な同行・逮捕・勾留が伴う場合にも24時間の拘束は認められない（川口(宰)a338頁）。

このような手続の違法がある場合の観護措置の可否については説が分かれる。逮捕前置（刑訴207条1項）のように当然に前提とされる手続ではないので，瑕疵は引継がれないとする積極説・裁判例（平場187頁，菅野69頁，川口(宰)a338頁，柴田a(上)18頁。緊急同行状の違法につき，高松家決昭46・8・25家月24・4・246），重大な違法がある場合には，刑事手続以上に少年保護手続では廉潔性が要求されるとする消極説（高山a86頁），観護令状の場合には違法が引継がれるとする説（岩野a203頁）等がある。この点については，刑事手続における将来の違法抑止の観点（最判昭53・9・7刑集32・6・1672参照）に加えて，少年の情操保護・教育の観点からは司法の廉潔性が強く要求される一方，先行手続ではあるものの，前置されているわけではないうえ，緊急の保護を要する少年もいる。このような保護と教育等の観点を総合して検討すべきであり，純粋な消極説はとり得ないというべきであろう。

逮捕・勾留（勾留に代わる観護措置も含む）された少年に犯罪の嫌疑がない場合に虞犯（3条1項3号）として送致するとき（41・42条1項各後段）にも，身柄を拘束したまま送致できるとする見解がある（昭32・6・10矯正甲498矯正局長通牒）。しかし，犯罪の嫌疑がなくなった段階で身柄拘束の根拠は失われるから，その時点で身柄を釈放し，必要がある場合には，少年を任意同行すべきである。この場合も24時間の拘束はできず直ちに観護措置の採否を決めなければならない（団藤＝森田362・369頁，条解〔廣瀬〕104頁）。

197

第17条（規第19条の3〜第22条）　　　　　　　　第2章　少年の保護事件

6　観護措置決定手続

(1)　**告知と聴聞の機会の付与**　　適正手続保障の観点から少年に告知・聴聞
の機会を与えるため，観護措置決定手続においては，①人定質問，②黙秘権・
付添人選任権の告知，③非行事実の告知，④少年の弁解の聴取等を経て，⑤決
定の告知を行うという運用が定着していたところ，平成12年改正に伴って，
②③④にほぼ相当する事項が規則19条の3に規定され，さらに，③の事項に
ついて，起訴状等の被害者等特定事項秘匿制度に関する刑事訴訟法改正に伴う
令和5年改正により，規則19条の3に第2項が新設された。その際，必要に
応じて少年保護手続，観護措置の趣旨などを説明すべきである（説明文を交付す
る運用もある）。手続の適正さを明確にし，新たな弁解等を記録に留める趣旨で
立会った書記官は，原則として，勾留質問調書に準じた少年の陳述録取調書
（規12条1項）を作成すべきである（調書作成の必要性について，白石70頁。調書の様
式につき平18・9・14家庭局長・総務局長送付・家月58・12・185）。この手続は，審判
（22条）ではないから，保護者・付添人に出席権はない（市川46頁，古田a15頁）。
しかし，観護措置の要件は要保護性に関するものが多いので（⇨4），程度の差
異はあるが，決定に先立ち調査官が短時間，少年や在庁する保護者等に面接し，
観護措置の要否等について調査官の立場から意見具申する運用も行われており，
短時間で可能な保護者・身柄引受人等に対する調査を行うことも望ましい。こ
のように調査官が少年や在庁する保護者等への面接等に基づき観護措置の要否
について意見を述べる場合，従前は口頭報告，簡略な方式での報告がなされて
いたようであるが，異議審の判断にも用いることができる報告書の作成等が必
要かつ有用である。また，身柄引上の際には，要保護性に関する事情の変化等
が明らかとなるよう調査官の報告書等として残しておくべきであろう（実務上
有用な運用例として，柴田a(上)52頁）。

　外国人少年に対し観護措置をとるときは，その者の属する国の領事機関に対
し通報を要することがある。逮捕・勾留中に通報がなされていれば不要である
（詳細は「領事関係に関するウィーン条約の運用について」昭61・10・22事務総長通達・家
月38・12・168及び「領事関係に関するウィーン条約関係通達等」家月40・1・233参照）。

(2)　**決定**　　観護措置決定は，面前告知を要する（規3条2・3項）。決定の方
式は，規則2条によるが，観護措置決定は事件単位でとられるから，効力の及
ぶ範囲を明確にするため，決定書には事件番号・事件名を記載し，非行事実に

198

第3節　調査及び審判　　　　　　　　　　　　　　　**第17条**（規第19条の3～第22条）

ついても記載・引用することを要する。更に，異議審との関係で，「審判を行うため必要がある」（本条1項の決定），「特に継続の必要がある」（本条3項但書の決定），「少年を収容しなければ審判に著しい支障が生じるおそれがあると認めるに足りる相当の理由がある」（本条4項但書の決定）という理由のほか，観護措置の必要性（⇨4(5)）を基礎付ける「住居不定」「罪証隠滅の虞がある」「逃亡の虞がある」「緊急の保護を要する状態にある」「収容鑑別の必要がある」という事由についても明記する必要がある（書式については，勾留関係の決定が参考となろう）。また，少年鑑別所（具体的施設名）を指定して行う（規20条1項）。指定の変更も可能である（規20条3項。なお，本条8項の「変更」は本条1項1号と2号の切替を指す（⇨10））。少年鑑別所収容中の少年の事件移送は，移送決定と同時に指定の変更を行う（この場合，更新決定を同時に行う場合もある）。観護措置決定の執行は，決定をした家庭裁判所の裁判官の指揮により行う（規4条）。なお，観護措置更新決定，少年鑑別所変更決定にも，執行指揮が必要と解されている。決定執行上の問題点について，⇨26条注釈。

（3）**合議体の場合の決定**　　裁定合議決定（裁31条の4第2項）がなされた事件について，裁判長は，急速を要するときは，自ら本条1項及び8項の処分をし，又は合議体の構成員にこれをさせることができる（本条10項）。刑訴69条と同様，合議体の代表者としての権限ではなく裁判長独自の権限として行うことができる旨を定めたものである。

7　逮捕・勾留中に送致された少年について観護措置をとらない場合の手続

逮捕・勾留中に送致された少年を観護措置を採らずに釈放する場合に，職権勾留を求められた場合の釈放（刑訴280条2項）に準じて釈放指揮を行う例がある。しかし，同条と異なり，本条2項には釈放命令の文言はなく，釈放するという裁判所の判断は職権発動しないというものに過ぎず，裁判書の作成や釈放指揮は不要と解され（柴田a(上)60頁），そのような取扱が少なくない。ただし，手続の明確化のために少年を釈放したことは記録上明らかにしておくべきである。この場合，法令上の必要はないが，少年に調査・審判への出頭等を約束してもらうために観護措置質問を行う例も少なくない。なお，少年（特に年少年）を釈放する場合には，迎えに来られる保護者等への連絡を励行すべきである。

199

第 17 条（規第 19 条の 3～第 22 条）　　　　　　　　第 2 章　少年の保護事件

8　観護措置の期間

(1)　**期間**　　(ア)　**一般の事件**　　原則として 2 週間で，特に継続の必要がある場合には，原則として 1 回に限り更新できるので 4 週間が限度となる（本条 3 項・4 項本文）。実務上，行動観察や鑑別を経て鑑別結果通知書を作成するまでに 3 週間近く要すること，調査官の社会調査にも日時を要することなどから，更新する取扱が多く，審判期日も観護措置決定から 3 週間程度を目処に指定される例も多い。

(イ)　**特別更新**　　犯罪少年（3 条 1 項 1 号）の死刑，拘禁刑（令和 7 年 6 月 1 日までは懲役又は禁錮）に当たる罪の事件でその非行事実の認定に関し証人尋問，鑑定若しくは検証を行うことを決定したもの又はこれを行ったものについて，少年を収容しなければ審判に著しい支障が生じる虞があると認めるに足りる相当の理由がある場合には，更に 2 回の更新（これを「特別更新」という）ができる（本条 4 項但書）。非行事実の認定に関し上記の証拠調を「行ったもの」も含めたのは，非行事実の認定に関し証拠調等は終了したものの，なお身柄の収容を継続して鑑別や社会調査を行わなければ適正な審判を行うことができない場合に備えたものである（柴田 a (上) 70 頁。平成 20 年改正により定義規定が挿入されたが（4 項。⇨1），内容に変化はなく，「非行事実」には，少年の犯した犯罪事実（非行事実）のほか，犯行の動機，態様及び結果その他その犯罪に密接に関連する重要事実を含む。この非行事実の意義は，検察官関与（22 条の 2），抗告受理申立て（32 条の 4）等でも同様である）。

特別更新の要件の存否は事件単位で判断されるところ，複数の事件が家庭裁判所に送致され，その一部の事件についてのみ本条 4 項但書の証拠調の必要があるとして証拠決定されたが，証拠決定された事件の非行事実が認定できず，その余の事実を中心とした要保護性判断のための鑑別や社会調査を行う必要性が生じることがある。このような場合に備えて，証拠調と並行して鑑別や社会調査を十分に行える見込がある場合は別として，そうでない場合には，特別更新の要件を満たさない事件については観護措置を早期に取消しておき，特別更新した事件に関する事実認定が終了した後に，取消した観護措置の残日数について改めて観護措置をとるといった運用が必要となることに留意する必要がある。

(ウ)　**法改正の経緯，特別更新の運用状況と問題点**　　平成 12 年改正により，1 回に限られていた更新が一定の事件については合計 3 回までできることとされ

200

第3節　調査及び審判　　　　　　　　　　　　第17条（規第19条の3〜第22条）

た（本条4項但書）。これは，少年が非行事実を否認している身柄事件について証人尋問等の証拠調の必要がある場合，いかに効率的な審理計画を立て審判運営上の工夫を凝らしても限界があり一律最長4週間の観護措置期間では審理を遂げられない場合があるとして立法的手当が求められていた（浜井ほか343頁，廣瀬e227頁，猪瀬a45頁，守屋(下)，八木b）ことに対応したものである。もっとも，廃案となった内閣提出法案では，法制審議会における観護措置がとられた証拠調実施事件の平均審理期間や具体的事例等に基づく検討を経て合計5回の更新（最長12週間）が可能とされていた（金80頁，岩井c59頁，川口(宰)a339頁参照）。これが合計3回の更新（最長8週間）に短縮されたが，国会審議の過程をみても上限を引下げた合理的な説明は見出せない。家庭裁判所としては，付添人，検察官等の審判関与者に強く働掛け，その格段の協力も得て，8週間以内に審理を遂げ，終局決定をするように審判運営上の工夫，努力を尽くすべきである（その具体的な方策について，長岡ほか195頁。平成12年改正前の検討であるが，浜井ほか192頁以下も参照）。しかし，両院の法務委員会において観護措置期間の上限の在り方について，実務の運用をみながら引続き検討を行う旨の附帯決議がされていること，実際の特別更新事例の実情及びその検討結果（柴田a(上)76頁，長岡ほか153頁以下）からも窺えるように家庭裁判所や関係者の運用上の努力には限界があり，観護措置期間（8週間）内に終局決定に至ることが困難な事例が生じることは避けられないこと（実例からの審理期間長期化の要因分析について，長岡ほか163頁以下），観護措置期間内に終局決定に至ったとしても，実際上の支障や不都合が生じ得ること（長岡ほか192頁に具体例が列挙されている）などから，更なる観護措置期間延長の手当も検討すべきである（廣瀬・少年法208頁，川出55頁参照）。現状のままでは，観護措置期間内で可能な証拠調のみで終局決定を行う事例，重大事件（特に20条2項・62条2項）等における，次善の策として，検察官送致決定の弾力的な活用をせざるを得ない事例も生じ得ると思われる（長岡ほか200頁参照）。

　（エ）**期間の計算**　　期間の起算日については，決定日説（刑23条1項・24条準用。柏木91頁）もあるが，観護措置期間とみなされる仮収容の期間の起算点が「少年院又は刑事施設に収容した日」と規定されている（17条の4第3項）ことや在宅被告人を勾留した場合の勾留期間（刑訴60条）が刑事施設に引致された日から計算されていることとの対比から，現実に少年鑑別所に入所した日と解

201

第17条（規第19条の3〜第22条）　　　　　　　　　　　第2章　少年の保護事件

するのが通説・実務運用である（下出a51頁，渡辺(輝)70頁，団藤＝森田150頁，平場195頁，柴田a(上)64頁，廣瀬・少年法206頁，令状実務Ⅱ〔吉野内謙志〕206頁，令状実務詳解〔後藤有己〕1248頁，昭24・8・5保丙659矯正保護局長通牒）。実務上，決定後直ちに執行に着手し即日少年鑑別所へ収容するのが通常であり，やむを得ず収容が翌日以降になる場合には，即日仮収容（17条の4）の手続がとられるべきであるから，両説に実質的な相違が生じることはほとんどない（深夜同行されたり，交通途絶で執行に日時を要する場合等もできる限り最寄の施設に収容・仮収容すべきである）。期間の計算は，勾留期間（刑訴60条）等と同様初日も時間を論じないで1日として算入し，末日が日曜日や一般の休日に当たる場合も期間に算入される（刑訴55条1項但書・3項但書，条解〔廣瀬〕106頁）。

　勾留に代わる観護措置は少年が家庭裁判所に送致されると，観護措置として扱われる（本条6項の「みなす」とは法律上の効果を同様に扱う意である。観護令状（43条1項）は捜査のためで手続も異なるが保護事件として受理された以上同じ効果を認めてよいからである）。この場合の起算点は，既に少年鑑別所にある身柄を拘束する根拠の変更の問題にすぎないから，事件の送致を受けた日（送致書に受理印を押した日）である（本条7項。団藤＝森田154頁，平場195頁，条解〔廣瀬〕110頁，廣瀬・少年法206頁，令状実務Ⅱ〔吉野内〕206頁，令状実務詳解〔後藤〕1248頁）。少年鑑別所に送致書受理の通知が必要である（規21条の2）。

　現実に少年が収容されていない日数は，この期間に算入されない。少年鑑別所収容中の少年が逃走した場合には，勾留中の被告人の逃走・再収容に準じて扱われ，逃走の翌日から再度の収容の前日までを算入しない（団藤＝森田146頁，平場195頁，昭24・1・21矯正甲94矯正総務局長通牒）。逃走少年の身柄確保は同行状（12・13条）によるが，観護措置決定後，少年鑑別所収容前の逃走の場合は執行のための同行状（26条4項）により家庭裁判所へ同行したうえ観護措置決定の執行として少年鑑別所側に引渡す（ただし，特定少年の場合には，緊急同行状（12条）も執行のための同行状（26条4項）も発付できない。65条2項）。逃走後48時間以内は観護措置決定の執行力で執行指揮を受けた者は少年の身柄を拘束できよう（少鑑78条1項，実務要覧上309頁，条解〔廣瀬〕106頁，石塚7頁。収容後については，⇨少鑑78条注釈）。

　少年が病気のため，家庭裁判所の許可により少年鑑別所外の病院に入院した場合，在所者としての地位は継続するので，観護措置を取消さない限り，期間

202

第3節　調査及び審判　　　　　　　　　　　　　第17条（規第19条の3〜第22条）

は進行する（昭28・2・10家庭局長電信回答・家月5・2・133）。鑑定留置状執行の場合の観護措置の取消（執行停止）については説が分かれる（⇨14条注釈**2**(3)）。

(2)　**更新の制限**　　検察官送致（20条1項・62条1項）した事件について，検察官が再送致（45条5号但書・42条・67条7項）してきた場合（1回目の送致は司法警察員でもよい。団藤＝森田153頁，条解〔廣瀬〕106頁，平場196頁。反対，柏木91頁）で，1回目の送致の際に，観護措置（本条1項2号），勾留に代わる観護措置（43条・44条2項）がとられたか，勾留状が発せられた場合（刑訴207条）には，更新することはできない（本条5項）。観護措置を除外する説もあるが（下出a51頁，柏木91頁），前回の措置により調査・鑑別がなされて観護措置の必要性は類型的に減少しているといえるから，これを含めて考えるべきである（条解〔廣瀬〕106頁，団藤＝森田153頁，市村71頁）。

　前に観護措置のとられていた事件が，抗告審・再抗告審から差戻・移送された場合（33条2項），刑事裁判所から移送された場合（55条）に，本条5項の準用を肯定する見解（下出a52頁，岩野a193頁，司研概説61頁）と否定する見解（高山a92頁，市村172頁）とがある。この点について，家庭裁判所としては改めて審理を行うわけであり，前回の観護措置から相当期間経過している場合もあり得るから，一律に更新を制限するのは相当でない。運用上，本条5項の趣旨に即してやむを得ない場合に限って更新すべきである（団藤＝森田154頁，条解〔廣瀬〕107頁，平場196頁，柴田a〔上〕78頁，廣瀬・少年法210頁，川出58頁，令状実務Ⅱ〔吉野内〕207頁，令状実務詳解〔新宅孝昭〕1253頁以下，昭39・3家庭局見解・家月16・11・65。反対・武内229頁，百選〔船山〕69頁）。再起事件（⇨7条注釈**5**）についても同様の配慮がなされるべきである（条解〔廣瀬〕107頁）。

　更新以前に観護措置を取消し再び同一事件について観護措置をとった場合の更新時期は新たな観護措置決定後2週間と解される（平場197頁等，昭30・5・25家庭局長回答・家月7・5・144）。期間は前後を通じて最長，特別更新できる場合8週間，それ以外の場合は4週間である（本条9・4項）。

　1回目の更新をした後に観護措置を取消し再び同一事件について2週間の観護措置をとる場合には，通算して4週間を超えることとなるので，特別更新の要件が必要である。但し，特別更新の要件がない場合でも，取消した観護措置の残余期間に限って再び観護措置をとることはできると解される。この場合，決定書には観護措置期間の終期も記載するのが相当であろう（柴田a〔上〕80頁）。

第 17 条（規第 19 条の 3～第 22 条）　　　　　　　　　　　　　第 2 章　少年の保護事件

9　観護措置の単位

　少年保護事件における審判の対象に関する議論（⇨第 2 章前注 3）を反映して，要保護性（人格）重視の立場から，観護措置は少年の鑑別及び環境調査のためのものであるから少年（人）を単位とすべきであるとする立場（菊田 125 頁，土本 69 頁，内藤 a 10 頁）と，非行事実をより重視し，審判の対象は非行事実と要保護性であり，事件は少年と共に非行事実で特定されるとして事件単位の運用を認める立場とがある。当初の観護措置決定後に係属した事件（追送事件）に関する関係では，後者（事件単位説）が多数説である（平場 196 頁，条解〔廣瀬〕107 頁，団藤＝森田 156 頁，豊田（健）a 23 頁，同 d 19 頁，小林（一）122 頁，川口（宰）a 339 頁，柴田 a〔下〕26 頁，廣瀬・少年法 210 頁，ケース少年事件〔藤根〕64 頁，令状実務詳解〔新宅〕1251 頁以下，名古屋高決昭 32・1・22 家月 8・12・95〔百選 30〕）。これに対し，観護措置をとる段階において受理されている事件が複数あっても観護措置は 1 回しかとれないと解する見解もある（豊田（健）a 23 頁）。しかし，観護措置には調査・審判への出頭確保や罪証隠滅を防ぐための身柄保全という側面があり（⇨4 (5)（ア）），非行事実の審理のための期間でもある。また，非行事実自体から少年の性格上の問題点等が明らかになる場合が珍しくないように要保護性の調査も非行事実と密接な関連を持つ場合が少なくない。少年審判においては，要保護性が重視されるため，併合審判の要請が刑事裁判より強く，同時係属していた事件の関係で人単位的な運用がとられていた根拠もそこにあるが，重要な事件が観護措置期間満了直前に追送致された場合等には，人単位説では適切に対応できない。必要性があれば追送事件について新たに観護措置をとることができると解すべきである（条解〔廣瀬〕107 頁，川口（宰）a 339 頁，廣瀬・少年法 210 頁，川出 60 頁。非行事実重視説については，⇨本章前注 3）。また，同時送致された事件の中に特別更新の要件を備えた事件とそうでない事件がある場合の前述のような運用（⇨8 (1)（イ））が是認されるべき点からみても，平成 12 年改正により事件単位性が強められており，事件単位説の正当性がより明確になったというべきである（柴田 a〔下〕23 頁）。

　実務上も観護措置がとられた事件で在宅試験観察（25 条）中，少年が再非行を犯した場合，再非行事件について新たに観護措置をとる例は少なくない。この新たな観護措置も更新でき最長 4 週間と解すべきである（条解〔廣瀬〕107 頁，川出 61 頁）。この点について，追送事件受理の日から新たな観護措置の期間を

204

第3節　調査及び審判　　　　　　　　　　　　　　　　　第17条（規第19条の3〜第22条）

起算する説（高山a90頁），前の観護措置が実質的に追送事件の調査・審判に利用できた場合はその期間を新たな観護措置期間から控除すべきだとする説（岩野a198頁）もあるが，これらの趣旨は運用上考慮されるべき事情といえよう。少年保護事件の事件単位はこのように緩やかな原則であり，虞犯事件では事実の同一性自体が問題となる。試験観察中の再度の虞犯（行為・行状）などは同時処理が不可能であるので別事件と同様に扱い再度の観護措置を認めることもできよう（東京家決平10・6・3家月50・11・98，川口(宰)a339頁，河畑b153頁以下。⇨3条注釈4(8)）。

　もっとも，非行事実に争いのない事案においては，規則25条の2の趣旨に則り，鑑別，社会調査は係属中の全事件を前提に行われること，観護措置が心身発達途上にある少年を対象とすることを考慮し一律に最長4週間と定められていることを考え併せると，家庭裁判所に同時に係属している別の非行事実に基づいて改めて観護措置をとることはできないと解すべきである（川口(宰)a341頁，柴田a〔下〕27頁，ケース少年事件〔藤根〕64頁以下，福嶋139頁）。このように，かつての人格重視説に基づく人単位説の不当性は明らかであるが，事件単位説を貫くのも難しいとして，新たな人単位説も提唱されている（コ少〔加藤〕219頁参照）。

10　観護措置の終了

　①取消決定，②期間満了，③終局決定によって失効する。①観護措置は，決定で，いつでも取消，変更ができ（本条8項），また，必要がなくなれば速やかな取消が義務付けられている（規21条）。「変更」とは，観護措置を調査官観護に又はその逆に切替えることをいう。家庭裁判所としては，常に観護措置の必要性に関心を払い適正な運用を心掛けなければならない。実務上は，中間決定である試験観察決定をしたことにより，観護措置の必要性がなくなった場合（下出a53頁，岩野a206頁，団藤＝森田155頁，平場241頁，廣瀬・少年法213頁，ケース少年事件〔藤根〕69頁，実例少年法〔平野〕132頁，昭25・10家庭局見解・会同要録51）や，観護措置の必要性はなお存するものの，余罪による逮捕を認めた場合，病気のため入院する場合，近親者の葬儀に参列する場合，重態の近親者を訪ねる場合，重要な学校行事（入学試験，入学式等）がある場合などに取り消されている（なお，法改正により，少年の入院・通院のため一時的に少年鑑別所を離れることは少年鑑別所長の権限で可能となった（少鑑36条2項））。この場合，家庭裁判所は，取消を把握でき

第17条（規第19条の3〜第22条）　　　　　　　　　第2章　少年の保護事件

ない少年鑑別所に「観護措置取消決定謄本」を送付し，少年鑑別所はこれに基づいて少年を退所させる（少鑑124条3号）。②観護措置は，期間満了により当然失効する。この場合，満了日を把握している少年鑑別所に対する通知は不要であり，少年鑑別所は直ちに少年を退所させる（少鑑124条1号）。しかし，少年を満了日の24時に退所させるのは少年保護の観点から適切ではないから，取消決定により退所させるよう配慮すべきである（柴田a(下)19頁，実例少年法〔平野〕132頁）。③終局決定がなされると審判が終了し審判のための観護措置も目的の到達によりその効力は消滅する。少年保護事件の終局決定には，審判不開始決定（19条1項），不処分決定（23条2項），保護処分決定（24条・64条），検察官送致決定（20条1項・19条2項・62条1項），児童相談所長等送致決定（18条）があり，いずれの場合も少年保護手続は終局する。このうち，審判不開始決定，不処分決定，保護観察決定（24条1項1号・64条1項1号・2号）の場合は，観護措置の効力消滅に従って少年を釈放すればよい。家庭裁判所は，その決定が少年鑑別所職員も同席する審判期日で告知された場合は少年鑑別所に通知する必要がなく，その後少年が身柄を拘束されることはない（少鑑124条2号参照）。しかし，その決定が審判期日外でされた場合（審判不開始決定等）には事件の終局を把握できない少年鑑別所に「審判結果通知書」等を送付し，少年鑑別所はこれに基づいて少年を退所させる（少鑑124条3号）。他方，身柄拘束継続の必要がある少年院送致決定（24条1項3号・64条1項3号）では，決定告知後直ちにその決定の執行が必要となる（なお，児童自立支援施設等送致（24条1項2号）の場合は，更に都道府県の入所措置（児福27条の2）が必要となる）。保護処分決定は，必ず審判期日で告知されるから（規3条1項1号），家庭裁判所は少年鑑別所に通知する必要はないが（少鑑124条2号参照），「執行指揮書」を交付することになる（なお，執行指揮書のない保護観察や児童自立支援施設等送致の場合にも，保護観察所や収容施設と少年鑑別所との連携のため，審判結果通知書等を交付する実務運用が望ましい）。検察官送致決定は事件を刑事手続に移すものである点では中間的な決定といえるが，終局決定であるので，明文（45条4号・45条の2）で，検察官送致をしたときは，その観護措置を勾留とみなすこととして解決が図られている。このため，家庭裁判所が検察官送致決定の際，少年の身柄を釈放するには，決定告知前に観護措置を取消し，審判に同席している少年鑑別所職員に「審判結果通知書」を交付するか，少年鑑別所に「観護措置取消決定謄本」を送付する必要が

206

第3節　調査及び審判　　　　　　　　　　　　　　第17条（規第19条の3〜第22条）

ある。なお，児童相談所長等送致決定も児童福祉手続に事件を移すものであるが，通常，身柄拘束は問題とされない。

少年が20歳に達し，又は20歳以上と判明した場合は，当然失効するという説もあるが，年齢の認定は家庭裁判所が行うべきであること，19条2項・45条の2の規定に照らすと，家庭裁判所の観護措置取消決定又は検察官送致決定（19条2項・23条3項）によって観護措置は終了すると解すべきである。少年鑑別所長は，独自の判断で身柄を釈放することはできず，家庭裁判所に年齢超過であることを通報すべきである（高山a80頁，菊池80頁，岩野a206頁，平場190頁，条解〔廣瀬〕110頁，柴田a〔下〕16頁，廣瀬・少年法213頁，昭40・6・25矯正局回答・矯正法規集少年・婦人編395）。

11　通知義務

観護措置は身柄を拘束する人権に関わるものであり，手続の明確性を要するので，通知義務が定められている。勾留に代わる観護措置がとられている事件が送致された場合，事件受理時が仮収容期間の起算点になり（17条の4第4項），観護令状が観護措置に切替わるので（本条7項），少年鑑別所等への通知が義務付けられている（規21条の2）。少年鑑別所等は，この通知で身柄収容の継続根拠を知るので，勾留に代わる観護措置の効力期間内に到着するように通知しなければならない（講義案138頁）。また，19条2項・20条1項の決定がなされると，観護措置が勾留に切替わる（45条4号）ので，新たな収容の根拠が生じた時点を明確にするため，少年鑑別所等へ上記各決定の通知を義務付けた（規21条の2）。更に，規則22条は，少年の権利保護のため，観護措置，その取消・変更の各決定をした場合，観護措置が勾留とみなされる場合に，保護者等への通知を義務付けているが，民法上成年とされた特定少年には法律上の保護者がなくなること（保護者の意義について，⇨2条注釈6），18歳未満の少年の権利保護上も通知制度は重要であることから，令和3年改正により2・3項が追加され通知対象者が拡張された（戸苅＝福岡111頁）。①少年に保護者及び付添人があるときは，いずれか適当な1人への通知が義務付けられるが（規22条1項），実務上は双方に通知しており，少年に通知先を尋ねる必要はない。少年が通知を拒否してもその未熟性から通知すべきである（条解〔廣瀬〕110頁，廣瀬・少年法213頁）。しかし，特定少年の場合にはその意に反する通知はすべきではない。②保護者及び付添人がいない少年について，観護措置・その変更決定をした場合

207

第17条（規第19条の3～第22条） 　　　　　　　　第2章　少年の保護事件

及び観護措置が勾留とみなされる場合には，その直系親族等のうち少年の指定
する者1人，直系親族等がいない場合には，少年の指定する者1人にその旨通
知する（同条2項。刑訴79条，刑訴規79条参照）。通知先不明等で通知不能な場合
は記録上その旨明らかにしておけば足りる。③保護者及び付添人がいない少年
について，観護措置取消決定をした場合は，裁判所が，少年の直系親族等のう
ち，適当と認める者にその旨通知しなければならない（規22条3項）。④勾留に
代わる観護措置がとられている少年事件が家庭裁判所に送致された場合は規
22条1項に当たらず通知は義務付けられないが，裁判所が適当と認める者に
通知することはできる。いずれの場合も，通知にあたっては少年保護手続の秘
密性に十分留意すべきである（相手の確認，宛名書の方法，封書の活用等）。

12　観護措置の効力

　観護措置は，家庭裁判所が審判を行うために必要があるとしてとる措置であ
り，家庭裁判所が必要がなくなったと判断すれば取消すべきものであるから，
家庭裁判所は観護措置中の少年に対する監督権を有していると解される。また，
少年鑑別所については，その適正な管理運営を図ると共に，適切な鑑別及び観
護処遇を行うことなどを目的として，平成26年6月，少年鑑別所法が制定さ
れ，在所者の権利義務関係，少年鑑別所職員の権限等が明確化されたが（詳細
は⇨少年鑑別所法注釈），少年鑑別所は，家庭裁判所の監督権を超えない範囲で，
各種権限を行使し，少年に対する措置を行うことができると解される（柴田a
(下)6頁参照）。

　以下，家庭裁判所の監督権との関係で実務上問題となり得る点について，補
足する。

(1)　接見禁止　　家庭裁判所の少年に対する監督権から，調査・審判のため
必要があるときには，付添人を除いて接見や物の授受を制限することができる
と解されている（司研概説57頁，猪瀬b104頁，早川e86頁，柴田a(下)7頁，昭44・3
家庭局見解・家月21・11・46。平場197頁は付添人たる弁護士を除外し，団藤＝森田145頁，
櫛淵a10頁は禁止の根拠を刑訴81条準用とする。他方，少年鑑別所が独自にとり得る措置
としては，少鑑26条3・4項・47条2項・56条2項・66条2項・80～84条等参照）。もっ
とも，付添人と少年とは会えば会う程相互理解と信頼関係が深まるとして，勾
留期間と合わせて20回の面接を重ねた例が紹介されている（多田(元)e99頁）
ことに影響されてか，頻回面接を実践する付添人が現れ，鑑別業務に支障を来

208

第3節　調査及び審判　　　　　　　　　　　　　　**第17条**（規第19条の3〜第22条）

した事例も報告されている。極く稀な不当事例と思われるが，接見等の権利も
その濫用は許されないこと（刑訴規1条2項参照），その権利行使も観護措置の目
的（鑑別）を阻害しないという内在的制約があるといえることから，極端な場
合には，付添人に対する関係でも，接見指定権に類した監督権を行使する余地
もあり得よう。但し，禁止の運用にあたっては少年の情操保護等に十分留意す
べきである（規1条）。

　(2)　**余罪等の取調の可否**　　㋐　**余罪取調**　　少年の要保護性を正確に把握す
るには，少年の犯した非行の全体像を知ることが望ましく，法律上余罪の取調
を禁じる規定もなく，手続経済の見地からも望ましいから，調査・鑑別に支障
を生じさせない限り是認して差支えない。捜査機関は，裁判所の許可を得たう
え，少年鑑別所の了解の下で取調べることができると解すべきである。実務上
も，調査・鑑別に支障がなければ許可されている（渡辺(輝)85頁，平場198頁，団
藤＝森田147頁，内園ほか102頁，条解〔廣瀬〕108頁，柴田a(下)9頁，廣瀬・少年法214頁，
ケース少年事件〔藤根〕68頁，令状実務Ⅱ〔光岡弘志〕208頁以下）。

　　なお，送致事実と同一事件でも科刑上一罪の別の犯罪の場合等については，
同様に扱うことができよう。犯行現場の引当，実況見分等のための少年の連出
についても同様である（昭28・2・28家庭局長回答・家月5・3・159）。しかしこの場
合には，所外でも身柄保全は少年鑑別所の責任となるので，少年鑑別所におけ
る観護職員の人員配置等によっては，その了解を得られない場合も少なくない。

　　㋑　**送致事件に関する取調**　　送致事件の補充捜査の場合と，共犯者や関連
被疑者等に対する捜査の裏付等として少年の供述を得る必要がある場合が考え
られる。前者の場合は，捜査機関は補充捜査の権限はあるものの（⇒16条注釈4
(1)），送致により事件は家庭裁判所の主宰する保護手続過程に置かれるので，
その調査・審判等の円滑な運営を阻害するものは許されない。審判を受ける立
場の少年の捜査機関による取調は原則として相当でない（浜井ほか212頁，小川
24頁，朝岡234頁，金谷(暁)193頁，廣瀬・少年法214頁，ケース少年事件〔藤根〕68頁，令
状実務Ⅱ〔光岡〕209頁）。これに対し，後者の場合，共犯者等の事件についての証
拠を得ることを主たる目的として行う場合には，基本的には別事件の捜査であ
るから，調査・鑑別に支障を生じさせない限り，少年の取調を是認できる。送
致後に新たな証拠が発見され，少年の供述の確認が捜査上必要な場合などは，
その内容・程度に応じて検討すべきであろう。いずれの場合も，事実上調査・

209

第 17 条（規第 19 条の 3〜第 22 条）　　　　　　　　　　　　第 2 章　少年の保護事件

審判への影響が考えられるので捜査機関は，裁判所の許可を得たうえ，少年鑑別所の了解の下で取調ができると解すべきである（浜井ほか 213 頁，大阪高判昭 42・9・28 家月 20・6・97〔百選 31〕，鈴木(輝)126 頁，内園ほか 101 頁，朝岡 233 頁，金谷(暁)193 頁，柴田 a〔下〕11 頁，廣瀬・少年法 214 頁，ケース少年事件〔藤根〕68 頁，令状実務 II〔光岡〕209 頁）。

(3)　**余罪による逮捕・勾留の可否**　　かつては否定説もあったが（平場旧版 114 頁），余罪の種類・内容が少年の要保護性を把握するため重要で，その捜査上，少年の身柄を比較的長時間必要として収容中の余罪取調では賄えない場合は，逮捕状の発付は可能と解されている（下出 a 52 頁，土本 70 頁，遠藤 310 頁，団藤＝森田 147 頁，条解〔廣瀬〕109 頁，平場 198 頁，廣瀬・少年法 214 頁，ケース少年事件〔藤根〕69 頁，令状実務 II〔宮本浩治〕191 頁）。この場合，観護措置と逮捕状との執行の競合による不都合を生じないよう逮捕状を執行する捜査機関は，家庭裁判所に観護措置取消を求め，家庭裁判所は，観護措置の必要性（併合審判の要否，鑑別への影響，処遇決定の見込等）と逮捕の必要性（逮捕事実の内容，事件の件数，捜査上の身柄の必要性の程度等）とを比較考量して，逮捕の必要性が大きいと判断する場合に観護措置を取消す（後の執行のために期間を残す必要もある）。取消された観護措置は逮捕・勾留等が終了しても復活しないので，捜査機関は，捜査終了後，事件を身柄付で送致しない場合には，家庭裁判所と連絡をとって再度観護措置の執行ができるよう連絡調整を円滑に行う必要がある（団藤＝森田 147 頁，平場 198 頁，条解〔廣瀬〕109 頁，柴田 a〔下〕12 頁，廣瀬・少年法 214 頁，ケース少年事件〔藤根〕69 頁，令状実務 II〔宮本〕191 頁以下）。

13　観護措置等の問題点

調査官観護については，前述のように，収容観護と在宅の中間的な措置として必要性は少なくないので，活用を図れるように，将来的には専門の担当機関設置等も含めた制度整備を検討する余地もあろう（猪瀬 a 45 頁参照）。

観護措置の期間については，非行事実の正確な認定の重要性から（⇨1 条注釈1(2)），事実審理のための観護措置期間の特別な更新・延長を認める法改正がなされたが，延長期間の上限については，なお問題が残されている（⇨8(1)(ウ)）。なお，やや古いが，外国人少年の観護及び鑑別の実情について，鈴木(秀)。

第3節　調査及び審判　　**第 17 条の 2**（規第 22 条の 2・第 43 条〜第 45 条・第 47 条）

　　（異議の申立て）
第 17 条の 2　①　少年，その法定代理人又は付添人は，前条第 1 項第 2
　号又は第 3 項ただし書の決定に対して，保護事件の係属する家庭裁判所
　に異議の申立てをすることができる。ただし，付添人は，選任者である
　保護者の明示した意思に反して，異議の申立てをすることができない。
②　前項の異議の申立ては，審判に付すべき事由がないことを理由として
　することはできない。
③　第 1 項の異議の申立てについては，家庭裁判所は，合議体で決定をし
　なければならない。この場合において，その決定には，原決定に関与し
　た裁判官は，関与することができない。
④　第 32 条の 3，第 33 条及び第 34 条の規定は，第 1 項の異議の申立て
　があつた場合について準用する。この場合において，第 33 条第 2 項中
　「取り消して，事件を原裁判所に差し戻し，又は他の家庭裁判所に移送
　しなければならない」とあるのは，「取り消し，必要があるときは，更
　に裁判をしなければならない」と読み替えるものとする。
　　（異議の申立て・法第 17 条の 2）
規則第 22 条の 2　①　法第 17 条の 2 第 1 項本文の規定による異議の申立てが
　あつた場合において，必要があると認めるときは，保護事件の係属する裁判
　所は，保護事件の記録及び証拠物を同条第 3 項前段の決定をすべき裁判所
　（以下「異議裁判所」という。）に送付しなければならない。
②　異議裁判所は，保護事件の記録及び証拠物の送付を求めることができる。
③　異議裁判所は，法第 17 条の 2 第 3 項前段の決定をしたときは，その旨を
　保護事件の係属する裁判所に通知しなければならない。
④　第 43 条，第 44 条（同条第 1 項後段の規定及び同条第 2 項の規定中年月日
　の通知に係る部分を除く。），第 45 条第 2 項及び第 47 条の規定は，法第 17
　条の 2 第 1 項本文の異議の申立てについて準用する。
規則第 43 条　第 32 条掲出
規則第 44 条　第 32 条掲出
規則第 45 条　第 32 条掲出
規則第 47 条　第 34 条掲出

1　本条の趣旨

　本条は，前条 1 項 2 号の観護措置決定及び同条 3 項但書の観護措置更新決定
に対する不服申立について定めたもので，平成 12 年改正により新設されたも

第17条の2（規第22条の2・第43条〜第45条・第47条）　第2章　少年の保護事件

のである。観護措置に対する不服申立は認められていなかった（大阪高決昭44・10・30家月22・10・114〔百選32〕，条解〔廣瀬〕98頁，大森 b 33頁）が，少年鑑別所に少年の身柄を相当期間拘束するものであることから，人権侵害とならないよう観護措置の取消（規21条）に関しては裁判所において適切な裁量を行使する必要があると指摘されていた（本書初版121頁，川口（宰）a 344頁）。また，不服申立権がないことが児童の権利条約37条 d に反するものではないと解されていたが（園部29頁），立法論としては，観護措置期間の延長を図ると共に不服申立制度を整備するのが相当とされていた（浜井ほか353頁，本書初版134頁）。このような提案を受け，観護措置期間の延長を認める前条の改正（⇨17条注釈8）と共に本条が設けられたものである（甲斐ほか84頁以下）。

2　不服申立の方式

家庭裁判所への「異議の申立て」とされている。高等裁判所に対する「抗告」とされなかったのは，観護措置の要否の判断は，法律的な観点のみならず，少年の保護を図る後見的・福祉的な観点から行う必要があることから，そのような機能を担う専門機関である家庭裁判所が行うのが相当であること，少年事件においては早期処理・早期保護の要請が強く簡易迅速な不服申立制度とする要請が強いことによる（村越 a 41頁，甲斐17頁等）。従って，異議申立事件を審理する家庭裁判所（異議裁判所・異議審）としては，教育的・福祉的機能を十分活用すると共に早期の処理を図る必要がある。付添人等において異議申立ての要否を判断する際にも，少年に対する最適な処遇を早期に実現するという少年保護手続の特質（⇨序説・1条注釈・本章前注）を理解し，司法的側面に偏らず，教育的・福祉的側面を十分考慮すべきである。

3　異議の申立て

対象とされるのは，前条1項2号の観護措置決定及び前条3項但書の観護措置更新決定（以下「観護措置決定等」という）である（本条1項本文）。勾留に代わる観護措置（43条）は，捜査段階のものであり，家庭裁判所受理前で「保護事件」も存在しないので対象に含まれない（柴田 a（上）84頁）が，その事件が送致されたみなし観護措置（17条7項）が対象となるかは，本条の文言から必ずしも明らかではない。しかし，少年の身柄収容の判断を一層適正ならしめるという趣旨から積極に解すべきであろう（本書改訂版160頁，柴田 a（下）41頁。それを前提とした裁判例として，札幌家決平15・8・28家月56・1・143，那覇家決平16・7・14家月

212

第3節　調査及び審判　　**第17条の2**（規第22条の2・第43条～第45条・第47条）

57・6・204。もっとも，その対象の捉え方については考え方が分かれ得る。詳細は，柴田a（下）41頁以下参照。なお，少年鑑別所における観護処遇に対する不服申立制度として，少年鑑別所法では救済，苦情の申出が認められた（少鑑109条以下））。

　申立権者は，少年，その法定代理人又は付添人である（本条1項本文）。保護者（2条2項。保護者の意義につき，⇨2条注釈6）でも法定代理権のない者は異議申立てができない（⇨32条注釈4）。

　異議申立てにつき判断をする裁判所は，保護事件の係属する家庭裁判所（保護事件担当裁判所が所属する国法上の裁判所）である。これは，観護措置がとられた後に事件が移送された場合に備えて，現に保護事件が係属している家庭裁判所において異議の裁判を行うこととしたものである（柴田a（上）83頁）。従って，異議申立書には，争点を早期に明らかにし異議審の迅速な処理を可能にするため，異議の趣意を簡潔に明示し，保護事件の係属する家庭裁判所に差出さなければならない（規22条の2第4項による規43条準用）。異議申立書が差出されたときは，速やかに事件を異議裁判所に配点しなければならないが，保護事件の記録及び証拠物については，保護事件担当裁判所が必要と認めるときに異議裁判所に送付すれば足りる（規22条の2第1項）とする一方，異議裁判所はこれらの送付を求めることができるとした（同条2項）。保護事件の迅速処理の要請から保護事件担当裁判所が少年に対する適切な対応ができるようにすると共に，異議裁判所の審査の必要性に応えるため必要に応じた記録送付としたものである。また，保護事件担当裁判所は異議審の審理の参考に資するため，意見書を付すことができる（規22条の2第4項による規45条2項準用）。少年鑑別所にいる少年は少年鑑別所長（代理者）に異議申立書を差出せばよい（規22条の2第4項による規44条準用。申立期間の制限がないので同条1項後段，2項中年月日の通知に係る部分は除かれている。なお，最決平26・11・28刑集68・9・1069参照）。

　審判に付すべき事由がないことは異議申立ての理由にはできない（本条2項）。審判に付すべき事由の有無は本案の判断事項そのものであり（刑訴420条3項と同趣旨の制限），異議審においては，観護措置及び観護措置更新の理由と必要性の有無が審査されるからである。ただし，異議審が審判に付すべき事由の有無を審査し，その存在の蓋然性が認められない場合は，観護措置を職権で取消すことができると解すべきである（この点についても刑訴420条3項における議論が参考となろう）。異議申立てには，期間や回数の制限はなく，異議申立ての利益が

213

第 17 条の 2（規第 22 条の 2・第 43 条〜第 45 条・第 47 条）　第 2 章　少年の保護事件

ある限り申立てができる（柴田 a（上）87 頁。申立ての利益について，横田＝高橋 73 頁参照）。ただし，「少年を収容しなければ審判に著しい支障が生じるおそれがあると認めるに足りる相当の理由」（17 条 4 項但書）が問題となる際には，「住居不定」「罪証隠滅の虞」「逃亡の虞」といった司法的機能に基づく理由と必要性の審査が前面に出てくる場面もあり得ようが，要保護性の有無・程度の把握が中心的な問題となる一般的な事件においては，鑑別の必要や要保護状態にあること（⇨17 条注釈 4）を理由として観護措置がとられている場合がほとんどである。従って，家庭裁判所への異議申立てとされている趣旨（⇨2）を踏まえ，記録の閲覧（規 7 条。観護措置がとられた事件は比較的早い時点で審判開始決定がなされるから付添人は記録を閲覧でき，同決定前は許可を得て閲覧することができる）や保護事件担当裁判所との連絡調整を十分行い，少年保護手続の教育的・福祉的機能の観点を十分考慮したうえ，異議申立ての要否を検討すべきである。付添人等申立てる側も，このような観点を欠いた異議申立てがなされれば，少年の内省のきっかけを奪い，審判の遅延を招き適機の処遇決定を逸するなど，かえって少年の健全育成・情操保護に悖る結果ともなりかねないことに留意すべきである。

4　異議申立ての審理

(1)　**異議審を構成する裁判所**　合議体で決定をしなければならない。原決定に関与した裁判官は関与することができない（本条 3 項）。本案の保護事件について裁定合議決定（裁 31 条の 4）がなされ，観護措置決定あるいは更新決定が合議体でなされているときは，その構成員以外の 3 人の裁判官が異議裁判所を構成することになる。刑事訴訟と異なり，予断排除の問題がないので，観護措置決定等に関与していなければ，保護事件担当裁判官も異議裁判所の構成員となることができると解される。

(2)　**異議審の審理**　刑事事件の準抗告審と同様，緩やかな事後審であると共に事実審であるため，異議申立事件の記録のみならず保護事件の記録も検討する必要がある場合がある。このため規則 22 条の 2 第 1・2 項により必要な記録の送付・取寄が可能とされている（⇨3。柴田 a（上）90 頁）。

観護措置は，刑事手続における勾留とは異なり，調査・審判を行うため，少年の心情の安定を図りながら身柄を保全する措置であるから，司法的機能のみならず教育的・福祉的機能の観点からの判断をも要するものであり，異議事由の判断にあたっても，原決定のこのような特質を十分踏まえ基本的には，事後

第3節　調査及び審判　　**第 17 条の 2**（規第 22 条の 2・第 43 条〜第 45 条・第 47 条）

審として，原判断の裁量逸脱の有無を審査すべきである。緩やかな事後審として，判断資料としては，保護事件に関する法律記録に限らず，その時点までに作成されている資料全てを含み得るから，観護措置決定手続前に調査官による事前面接を行う運用とされている場合には，その際に作成された報告書面等を，身柄引上のような場合には，少年調査記録中の調査報告（⇨8 条注釈 6 (3)）や「経過一覧」に記載された調査・審判経過等をも考慮すべきことになる（柴田 a（上）91 頁）。観護措置期間の限定・保護事件の迅速処理の要請から，保護事件の調査・審理の計画をも踏まえ，刑事事件の勾留に関する裁判以上に迅速に決定することが求められているといえよう。

　異議審においては，必要があるときは，自ら事実の取調をすることができるほか，合議体の構成員を受命裁判官として，又は家庭裁判所の裁判官を受託裁判官として，取調をさせることができる（32 条の 3 の準用（本条 4 項）。⇨32 条の 3 注釈）。

　(3)　**異議審の裁判**　　異議の手続が規定に違反し，又は異議が理由のないときは，決定で異議を棄却する（本条 4 項による 33 条 1 項の準用。柴田 a（上）93 頁。異議を棄却した裁判例として，東京家決平 24・2・23 家月 64・7・111 がある）。異議が理由のあるときは，原決定を取消し，必要があるときは更に裁判をする（同条 2 項の準用と本条 4 項による読替。柴田 a（上）94 頁）。原裁判と理由が異なるが観護措置の必要がある場合には申立てには理由がないことになる（理由差替。非行事実を争っている事例で証拠調が進み非行事実が認められ，罪証隠滅の虞は減少したが，鑑別の必要が生じる場合等，柴田 a（上）93 頁）。原裁判の手続上の瑕疵で取消す必要があるが，観護措置の必要がある場合には，理由差替では対応できないが，保護処分に対する抗告（33 条）と異なり，異議審が自判して観護措置決定をすることができる（柴田 a（上）94 頁）。異議審の決定は，保護事件の審判の進行に重大な影響を及ぼすので本案の保護事件担当裁判所に通知される（規 22 条の 2 第 3 項）。

　異議申立てには観護措置決定等の執行停止の効力は存在しない（本条 4 項による 34 条本文の準用）が，異議裁判所，保護事件担当裁判所のうち記録のある裁判所は，観護措置決定等の執行を停止する決定ができる（本条 4 項による 34 条但書及び規 22 条の 2 第 4 項による規 47 条準用）。

第17条の3（規第22条の3）　　　　　　　　　　　　　第2章　少年の保護事件

（特別抗告）
第17条の3　①　第35条第1項の規定は，前条第3項の決定について準
　用する。この場合において，第35条第1項中「2週間」とあるのは，
　「5日」と読み替えるものとする。
②　前条第4項及び第32条の2の規定は，前項の規定による抗告があつ
　た場合について準用する。
　　（特別抗告・法第17条の3）
　規則第22条の3　前条及び第45条第1項の規定は，法第17条の3第1項前
　　段において準用する法第35条第1項本文の抗告について準用する。この場
　　合において，前条第4項中「第44条（同条第1項後段の規定及び同条第2
　　項の規定中年月日の通知に係る部分を除く。）」とあるのは「第44条」と，
　　第45条第1項中「速やかに記録とともに」とあるのは「速やかに」と読み
　　替えるものとする。

　平成12年改正により前条（異議の申立て）と共に新設された特別抗告に関す
る規定である。異議申立てについてなされた異議審（家庭裁判所）の決定に，憲
法違反等35条1項所定の理由があると考えられる場合には，最高裁判所へ特
別抗告することができるものとされた。抗告の申立期間を5日間としたのは，
刑訴433条にならったものであり，少年審判における早期処理・早期保護の要
請を考慮してのことである（金83頁）。なお，特別抗告にも申立ての利益が必
要である（最決平24・10・17集刑308・259は，観護措置更新決定についての異議申立て
棄却決定に対する特別抗告事件に関し，更新された観護措置が期間満了により失効した以上，
特別抗告の申立ては利益を失ったものとして不適法とした。なお，異議申立て棄却決定は，
観護措置期間内になされている）。

　前条4項のほか，32条の2（抗告裁判所の調査の範囲）が準用されるので，特別
抗告審では，抗告申立書に包含された事項については原決定の当否を義務的に
審査しなければならないことになり，申立書に包含されない事項についても職
権で審査できる。

　特別抗告審の決定は，文理上は必ずしも明らかではないが，審判への影響と
いう通知の趣旨（⇨17条の2注釈4(3)）に照らし，異議裁判所ではなく保護事件
担当裁判所に通知しなければならない（規22条の3による規22条の2第3項準用）。

216

第3節　調査及び審判　　　　　　　　　　　　　　第17条の4（規第21条の2）

> **（少年鑑別所送致の場合の仮収容）**
> **第17条の4**　①　家庭裁判所は，第17条第1項第2号の措置をとつた場合において，直ちに少年鑑別所に収容することが著しく困難であると認める事情があるときは，決定をもつて，少年を仮に最寄りの少年院又は刑事施設の特に区別した場所に収容することができる。ただし，その期間は，収容した時から72時間を超えることができない。
> ②　裁判長は，急速を要する場合には，前項の処分をし，又は合議体の構成員にこれをさせることができる。
> ③　第1項の規定による収容の期間は，これを第17条第1項第2号の措置により少年鑑別所に収容した期間とみなし，同条第3項の期間は，少年院又は刑事施設に収容した日から，これを起算する。
> ④　裁判官が第43条第1項の請求のあつた事件につき，第1項の収容をした場合において，事件が家庭裁判所に送致されたときは，その収容は，これを第1項の規定による収容とみなす。
> **規則第21条の2**　　第17条掲出

1　仮収容の意義

　少年鑑別所は，各家庭裁判所本庁所在地に一施設が原則である（少年院及び少年鑑別所組織規則12条・別表第3）。そこで，少年鑑別所の所在地から離れた家庭裁判所支部の場合，観護措置決定（17条1項2号・43条1・2項）がなされた即日の少年鑑別所への収容は困難な場合がある。本条は，そのような場合に場所と時間を限定して一時的な収容を認めたものである。少年の情操保護（規1条），不良感染防止の趣旨から，収容場所から留置施設は除かれており（刑事収容15条1項3号），最寄の少年院又は刑事施設の成人との接触を避けられる「特に区別した場所」（区画・部屋）とされている。警察の保護室も原則除外されるが，少年院，刑事施設共に近くにないようなやむを得ない場合には仮収容場所とできると解される（条解〔廣瀬〕111頁，実務要覧上266頁）。

　収容期間は，少年が現実に収容された時から起算して（昭28・7・25家庭局長通達・家月5・6・132），72時間に限られる。仮収容を伴った観護措置を取消した後，同一事件について新たな観護措置をとるときは，別個の観護措置であるから改めて72時間仮収容できる（平場200頁，条解〔廣瀬〕111頁，団藤＝森田161頁，昭28・9家庭局見解・会同要録31）。仮収容は観護措置ではないが，少年の利益の

217

第 17 条の 4（規第 21 条の 2）　　　　　　　　　　　　　　第 2 章　少年の保護事件

ため，現実に収容場所に収容された日が観護措置期間の起算日とされ（本条 3 項），その期間を観護措置と同様に扱う。

2　仮収容の要件

本収容が「著しく困難」な事情として，①支部事件で少年鑑別所が遠隔地にあり交通事情から直ちに押送ができない場合，②支部事件で事件受理時刻が遅く，即日の少年鑑別所への押送が不可能又は著しく困難な場合，③押送に当たる人員・予算不足で直ちに押送不能な場合，④少年が凶暴性を発揮したり，情緒的混乱のため，直ちに押送・収容を行うことが危険・困難な場合，⑤公安事件，暴力団関係事件等，事案の性質上，少年鑑別所収容が直ちには著しく困難な場合，⑥少年鑑別所の一時的な著しい収容過剰状態，⑦検察官送致見込の事件等で鑑別の必要が乏しく，他方身柄の押送による種々の弊害や処遇上の困難が明らかな場合などが挙げられている（団藤＝森田 159 頁，条解〔廣瀬〕112 頁，前掲家庭局長通達 131 頁）。

犯罪少年のほか，触法少年，虞犯少年も仮収容できるが，情操保護のため特に慎重な配慮が必要である（平場 200 頁，団藤＝森田 159 頁，昭和 28 年に廃止された代用少年鑑別所収容も犯罪少年で逃走の虞のある者に限定されていた。少院旧 21 条。前掲家庭局長通達 131 頁）。

3　仮収容の決定

この決定は，観護措置決定の付随決定であるから，観護措置決定の主文と共に，通常同時に行われ，仮収容をすべき少年院又は刑事施設を指定し（規 20 条 2 項），仮収容決定の主文を併記する。この決定は少年の面前告知を要し（規 3 条 2・3 項），決定をした裁判官の執行指揮も必要である（規 4 条）。

なお，平成 12 年改正により，合議体による審判が可能になった（⇨4 条注釈 3）のに伴い，本条においても急速を要する場合には裁判長又は合議体の構成員により決定及び執行することを可能とする手当がなされた（本条 2 項）。

仮収容決定がなされた場合，少年鑑別所に収容するための本収容指揮も必要であり，本収容指揮は裁判官の記名押印のある「本収容指揮書」を発して行う。一般には仮収容決定の執行指揮と同時に行われている。仮収容決定の効力は，72 時間又は本収容指揮の執行に着手するまでである。本収容の執行は，原則として現に少年を収容中の少年院又は刑事施設の職員が当たるので，当該少年院又は刑事施設と十分打合せ，72 時間以内に執行に着手されない事態が生じ

218

第3節　調査及び審判　　　　　　　　　　　　　　　**第 17 条の 4**（規第 21 条の 2）

ないように配慮することが必要である（講義案 136 頁以下，昭 28・12・14 家庭局長回答・家月 5・12・163）。

　仮収容中の少年を本収容指揮をせずに終局決定することも可能である。しかし，少年院送致等の重要な処遇決定は，少年鑑別所に収容し正規の鑑別を経た後に行うのが，妥当な運用である（9 条，規 11 条。抗告申立書を差出す施設に仮収容先の刑事施設がない（規 44 条）のは，保護処分決定は仮収容中になされるべきでないと考えられたためとされている。前掲家庭局長通達 133 頁）。終局決定があると仮収容も失効する。少年院送致の場合，その決定の執行として身柄拘束は可能であり，仮収容場所に必要最小限収容を継続できるが，刑事施設に留置くような運用は妥当ではない。もっとも，検察官送致（20 条 1 項・19 条 2 項・23 条 3 項・62 条 1 項）の場合には，仮収容中に決定すれば，観護措置及び仮収容が勾留とみなされるので（45 条 4 号），本収容で少年鑑別所に収容したうえ刑事施設に移す手続（移送。刑訴規 80 条）を省略できることになる。仮収容の決定をしたことは収容先に通知が義務付けられている（規 21 条の 2）。

4　観護令状に伴う仮収容の切替

　勾留に代わる観護措置（43 条）に伴い仮収容した場合，事件が家庭裁判所に送致されると，勾留に代わる措置が観護措置（みなし観護措置）に切替わるのに伴って，仮収容も観護措置の仮収容とみなされる（本条 3 項）。この場合，家庭裁判所受理後の仮収容の期間は，観護令状による仮収容期間と通算されるとする説もあるが（昭 28・8・4 矯正局長通牒・実務六法矯正編 2・1481），時間切れ直前の送致の場合は不合理であり，家庭裁判所が事件を受理した時（送致書に受理印を押した時）から起算されると解すべきである（司研概説 69 頁，団藤＝森田 162 頁，条解〔廣瀬〕113 頁，平場 200 頁，前掲家庭局長通達 133 頁）。そこで，家庭裁判所は受理印によりその時刻を明確にしたうえ，収容先の少年院又は刑事施設に事件を受理した旨を通知する（規 21 条の 2）際に，その受理時刻も通知する運用がなされている。

5　仮収容の終了

　仮収容は，前記期間満了，本収容執行着手，終局決定のほか，観護措置の付随措置であるので観護措置取消決定によっても失効する。

219

第18条（規第23条）　　　　　　　　　　　　　　　　第2章　少年の保護事件

（児童福祉法の措置）
第18条　①　家庭裁判所は，調査の結果，児童福祉法の規定による措置
　を相当と認めるときは，決定をもつて，事件を権限を有する都道府県知
　事又は児童相談所長に送致しなければならない。
②　第6条の7第2項の規定により，都道府県知事又は児童相談所長から
　送致を受けた少年については，決定をもつて，期限を付して，これに対
　してとるべき保護の方法その他の措置を指示して，事件を権限を有する
　都道府県知事又は児童相談所長に送致することができる。
（都道府県知事等への送致の方式・法第18条）
規則第23条　事件を都道府県知事又は児童相談所長に送致する決定をするに
　は，送致すべき都道府県知事又は児童相談所長を指定するものとする。

1　本条の趣旨

　非行のある少年（3条）の非行性・要保護性の程度は様々である。その少年
に最適な処遇を探求する過程で少年を扱うべき手続・程度を選別することも家
庭裁判所の重要な役割である（⇨序説4，本章前注1，19・20条各注釈）。要保護少
年を非行少年と一括して扱う法制もみられるが（⇨序説2），現行法では非行少
年を扱う少年保護手続と要保護児童を扱う児童福祉手続が併存する二元的な構
造とされ，14歳未満の少年に対しては児童福祉機関先議の原則がとられてい
る（⇨3条注釈3）。そこで，家庭裁判所は少年を扱う手続について，刑事手続と
の選択（20条），手続からの解放（19条）のほかに，児童福祉手続との選択が必
要となる。実際にも，年少少年・非行性の進んでいない少年には少年保護手
続・保護処分よりも児童福祉手続・児童福祉機関の措置の方が有効である場合
も少なくない。

　このため，本条1項は児童福祉機関への事件送致を定め，家庭裁判所が児童
福祉機関の措置を社会資源として利用することを認めた。送致にあたっては，
他の機関の措置を利用するのでその性質・限界の理解，組織・運用面も含めた
正確な実情把握が不可欠であり，機関相互の密接な連携が重要となる。しかし，
決定の他機関への拘束性，執行面への家庭裁判所の関与，担当機関の役割分
担・相互の連携等に関しては，本条も含め規定上の不備・解決すべき問題も少
なくない。これらの点は，将来的には立法も含めた重要な検討課題といえよう
（触法少年の重大事件については平成19年改正で送致手続等が改められた。⇨6条の7注釈。

220

第3節　調査及び審判　　　　　　　　　　　　　　　　**第18条**（規第23条）

なお，本条は18歳未満の少年を対象とするので（⇨**2**(2)）特定少年に関する令和3年改正は基本的に影響しない）。

　また，児童福祉機関の扱う少年でも強制的な措置を必要とする場合があり得るので，本条2項では，その判断に家庭裁判所を司法機関として関与させ人権保障を徹底しようとしたものである。

2　本条1項の事件送致決定

(1)　**児童福祉法の規定による措置**　　本来は保護者のない児童，保護者に監護させるのが不適当な児童（要保護児童。児福25条）が対象とされるもので，①訓戒・誓約書提出（児福27条1項1号），②児童福祉司等の指導（同2号），③里親等委託（同3号），④児童福祉施設入所（同号）がある。①及び②は児童又はその保護者に対する措置である。④には，児童養護施設及び児童自立支援施設（養護施設及び教護院を平成9年法改正により各改称）への入所も含まれるが，保護処分の場合（24条1項2号）と異なり，親権者・後見人の意思に反しては行えない（児福27条4項）。但し，親権者・後見人に監護させることが著しく少年（児童）の福祉を害する場合，都道府県知事又は児童相談所長は，家庭裁判所の承認を得て入所措置をとることができる（児福28条1項1号・27条1項3号・32条1項）。

(2)　**福祉措置相当性**　　「児童福祉法の規定による措置を相当と認めるとき」とは，保護的措置（不開始，不処分），保護処分，検察官送致よりも児童福祉機関による措置が適切と認められる場合である（団藤＝森田165頁，澤登183頁）。一般的には，少年自身の非行性（犯罪傾向）は強くないが，家庭環境などの環境面における保護欠如性が強く，継続的な指導を必要とする場合が考えられる（菊池118頁，60年概観238頁，裁コ〔金子〕164頁。裁判例として，横浜家決平9・5・6家月49・12・123，水戸家土浦支決平11・4・28家月51・9・83，新潟家高田支決平13・3・21家月53・7・142，福岡家決平23・2・10家月63・7・128）。この観点からは，児福法の措置のうち，訓戒・誓約書提出は，家庭裁判所の保護的措置としてなし得るので（⇨19条注釈4），そのための児童相談所長送致は相当でない（条解〔菊地〕114頁，澤登184頁，コ少〔服部〕233頁。反対，平場292頁，団藤＝森田166頁）。通常は，少年・保護者に対する児童福祉司等の指導などを通じた児童福祉機関による福祉的な支援を見込んで決定される。また，平成20年児福法改正により，児童自立生活援助事業の利用が加えられたため（児福26条1項），自立援助ホームの利用も可能である（コ少〔服部〕233頁）。対象者が同時に要保護児童（児福25条）で

221

第 18 条（規第 23 条）　　　　　　　　　　　　　第 2 章　少年の保護事件

あることを要するという説もあるが（柏木 98 頁），児福 26 条 1 項が「25 条の規定による通告を受けた児童」と並べて本条 1 項「による送致を受けた児童」を記載していることからも，不要と解すべきである（菊池 121 頁，澤登 183 頁，条解〔菊地〕114 頁）。しかし，児童は 18 歳未満（児福 4 条）で，各種施設もそれを前提に運営されているので，本条の対象者は 18 歳未満に限られる（澤登 183 頁，条解〔菊地〕114 頁）。

(3)　**本条 1 項の決定手続**　　本条 1 項は「調査の結果」と規定し，審判を経ることを要求していないが，より慎重な手続である審判に基づいて決定でき，実務上は，審判を開く方が一般である（23 条 1 項。平場 292 頁，澤登 183 頁，川出 225 頁）。審判を経て面前で言渡す場合（規 3 条 2 項 1 号），主文を含め決定原本その他の書面によることは要しない（⇨24 条注釈 8(1)）。本条 1 項の決定も実体的裁判であるから，審判条件及び非行事実に合理的疑いを超える心証を要求する説（澤登 183 頁）がある一方，要保護児童には本来非行性は不要で，非行事実が認められなくても要保護児童であれば通告の必要があること（児福 25 条），本条 1 項の送致は児童福祉機関に強制的な権限を付与するものではないこと，審判開始が義務付けられず調査段階での送致も認められていることから，厳格な要件は不要と考える余地もある（柏木 100 頁は審判権のない場合の送致を認めている）。しかし，家庭裁判所は，その司法的機能を考えると，要保護児童としてではなく，非行少年として送致等を受けた以上，審判条件及び非行事実の存否を判断したうえで処遇決定することが原則として要請されるものというべきである。特に本条 1 項の決定は，検察官送致決定と異なり，後の手続における証明が予定されていないことからすると，家庭裁判所の非行事実に関する認定・判断を示す必要が強いといえよう（特に非行事実を争う場合など）。その意味で保護処分決定の場合と同様に審判条件，非行事実の認定を経たうえで（⇨24 条注釈 1(2)），福祉措置相当性が認められる場合に本条 1 項の決定を行うべきである。そこで，非行事実が認められないが，要保護児童に当たる場合には，不開始・不処分としたうえで別途に児童相談所等に通告すべきである（裁コ〔金子〕165 頁）。

(4)　**決定の送致先**　　本条 1 項は，都道府県知事も挙げており知事も送致先とする説もあるが（柏木 102 頁），児福法は，児童相談所長のみが本条 1 項の送致を受けることを前提に規定されている（児福 26 条 1 項・27 条 1 項）。これは，家庭裁判所から送致されるほとんどの事件が専門的診断を要するので都道府県

222

第3節　調査及び審判　　　　　　　　　　　　　　　　　　　　第18条（規第23条）

知事が受理しても結局児童相談所へ送致せざるを得ない実情に着目し，児童相談所長に限定する改正を児福法のみに行ったため起きた齟齬である。少年法も同様に改正すべきであったので同改正により送致先は児童相談所長のみに限定されたものと解すべきである（平場292頁，条解〔菊地〕117頁，団藤＝森田166頁）。「事件の権限を有する」必要があるので，その児童の住所・居所又は現在地を管轄する児童相談所長（中央児童相談所は各都道府県全域）に送致する（児福規4・2条）。

　(5)　**社会記録の送付**　　本条1項の決定は事件送致であるから，決定後速やかに児童相談所長に法律記録（事件記録）を送付すべきである（講義案218頁）。社会記録（調査記録）の送付について，貴重な参考資料であり調査の無用な重複を避けるためにも規則37条の2を準用する積極説もあるが（市村82頁，渡辺（輝）126頁等），明文がなく，措置終了後の記録返還の保障もないことから（規37条の2第4項参照），送付せずに貸与に留める実務の取扱が妥当である（団藤＝森田167頁，菊池122頁，講義案218頁，書事研191頁，昭30・11・4家庭局長回答・家月7・11・195）。なお，本条1項の決定の際に処遇勧告をした例がある（松山家決昭51・3・30家月28・11・161）。

　(6)　**本条1項の送致に基づく児童自立支援施設入所少年の連戻**　　少年が児童自立支援施設から無断外出して帰らない場合でも，入所措置は開放的処遇を前提としてとられ，親権を越える強制力の行使は予定されておらず（児福27条4項），本条1項の決定もそのことを前提としてなされるのであるから，強制的な連戻はできないと解される。都道府県知事が措置に先立ち家庭裁判所の承認を得ていた場合（児福28条）でも，その承認は，親権者の同意に代わるもので，少年に対して親権を越える強制力行使を認めるものではないので同様である。

　(7)　**本条1項により送致された少年の再送致**　　本条1項により送致された少年を同一事件について家庭裁判所で審判すべきものとして，児童相談所長が都道府県知事に報告し（児福26条1項1号），都道府県知事が家庭裁判所に再送致することは（児福27条1項4号），原則として許されないと解される（柏木100頁，条解〔菊地〕118頁，澤登184頁）。家庭裁判所の児童相談所長送致決定には，福祉措置相当との実質的判断が含まれているのであり，行政機関はこの判断に拘束されると解すべきだからである。そのように解さないと，少年が延々と家庭裁判所と児童相談所・都道府県との間をたらい回しにされる可能性がある。従っ

223

第18条（規第23条）　　　　　　　　　　　　　　　第2章　少年の保護事件

て，家庭裁判所の実質的判断と抵触しない場合，即ち，児童相談所長等の実質
的措置がとられる前に少年が18歳となった場合，本条1項の送致が3条2項
の送致欠如を理由としていたときは，例外的に，再送致が認められると解され
る（柏木100頁）。家庭裁判所の決定以降の事情による場合にも，55条のような
規定がないこと，新たな事情が再非行（虞犯）に当たれば，それを理由に別途
に送致，通告もできることから，否定的に解すべきであろう。

3　強制的措置許可申請に対する対応

　児童福祉機関においては，児童に任意・開放的な処遇を行うのが原則である
が，育成のため必要な場合には家庭裁判所の許可を得て強制的措置をとること
ができる（6条の7第2項，児福27条の3。⇒6条の7注釈3）。本条2項はその申請
に対する家庭裁判所の対応を規定している（裁判例の分析として，古川，森（純）a，
同b，横澤b117）。

　(1)　**強制的措置の内容**　　強制的措置としては，少年を自由に外出できない
特定の場所（閉鎖施設・区画・部屋）に収容して行動の自由を制限することが通
常行われる。それ以外にも親権の範囲を超え，児童の意思に反して，その身体
の自由を拘束する場合が含まれる（児童家庭局192頁，団藤＝森田170頁，廣瀬⑥25
頁）。実際に強制的措置が実施されているのは，男子は国立武蔵野学院（さいた
ま市），女子は国立きぬ川学院（栃木県さくら市）の2か所だけである（前者の実情
につき，相澤＝田中，後者の実情につき，梶原）。

　本条2項による送致の場合，都道府県知事は親権を行う者又は後見人の意思
に反しても児童自立支援施設への入所措置をとることができる（児福27条4項。
条解〔菊地〕119頁，六車10頁，森（純）a20頁等。但し，高橋b148頁は主文明記を要求す
る）。

　(2)　**本条2項の決定手続**　　特に定められていないが，少年に対して保護処
分としての児童自立支援施設送致（24条1項2号）よりも強制力を伴う措置の可
否を判断するものであること，少年・保護者の納得を得る趣旨などから，審判
を開いて，少年の弁解を聴取したうえで決定すべきである（下出b172頁，岡本
25頁，古川29頁，平場293頁，澤登185頁，団藤＝森田168頁等。谷口（貞）49頁は審判を
開くのが望ましいとし，富山家決昭53・9・29家月31・7・138は密接した時期に開かれた
保護事件の審判で実質審理されていることを理由に審判開始せずに決定している）。従って，
無断外出した少年の所在確認・出頭確保ができなければ審判を開くことができ

第3節　調査及び審判　　　　　　　　　　　　　　　　　　　　　　　第18条（規第23条）

ないので許可申請を認めることはできない。少年の所在が判明した時点で必要があれば，一時保護（児福33条）のうえ，申請してもらうことになろう（虞犯通告を受けて緊急同行状で対応することも可能であろう。⇨12条注釈2）。

　6条の7第2項の送致の性質論等から，審判に際して観護措置，試験観察，保護処分選択の可否，6条の7第2項の送致がない場合の本条2項の決定の可否については議論がある。詳細については，⇨6条の7注釈3(4)(5)(6)。

　児童自立支援施設入所措置中の少年に対する強制的措置許可申請事件について，在宅試験観察中に児童自立支援施設入所措置が解除されても，申請の効力は当然には失われないとした決定例もあるが（高松家丸亀支決平元・8・21家月42・1・126），入所等の措置が申請の前提となるべきであるので，疑問である。

(3)　**再度の強制的措置許可申請**　　　強制的措置をとり得る日数を使い切った場合に，再度の強制的措置許可申請を認めると，本条2項が期間制限を付けた意味を没却する虞がある。しかし，再申請を認めても，その必要性を家庭裁判所が判断できること，これを否定すると，無断外出防止のためには少年院送致しかなくなり，かえって少年に対する最適な処遇の選択・執行が困難になりかねないことなどから，慎重に必要性を考慮したうえ再申請を認めるのが相当であろう（田川109頁，古川33頁，昭60事件概況・家月39・2・106，浦和家決昭59・10・15家月37・5・119。再申請に関する裁判例として，前に許可された残日数も考慮して日数を定め，通じてその許可日数の限度とした仙台家決昭60・12・16家月38・7・97，具体的な処遇状況や今後の処遇の見通しも考慮して，これ以上の日数にわたる強制的措置の必要性はないとして，不許可とした東京家決平30・2・2家判17・142がある）。

(4)　**本条2項の決定に基づく児童自立支援施設入所少年の連戻**　　　児童相談所長等は2項の決定により少年を拘束する権限を与えられているので，少年が勝手にその拘束下から脱した場合にはこれを施設に復帰させ再び拘束できるという考え方（六車10頁），連戻自体は親の監護権行使と同様に可能とする解釈もある（児童家庭局192頁）。しかし，そう解すると，時間・手続的制約なく連戻が認められ，より拘束度の高い少年院送致（48時間以降は連戻状が必要）や自由刑（48時間に限定）等との均衡を失することと（少院89条，少鑑78条，刑事収容81条参照），明文の定めがないことから，強制的な連戻を否定し，児童相談所長からの虞犯通告を受けて緊急同行状発付（12条）によって対応すべきだとする考え方がある（書記官専門研修協議結果・書研所報29・290〈昭54〉）。確かに，強制的

225

第18条（規第23条）　　　　　　　　　　　　　　　第2章　少年の保護事件

措置は児童福祉施設では例外的なものであり強制的措置が行われる場合も限られているので，施設への連戻と施設内の強制的措置は性質が異なるといえ，強制的な連戻は親の監護権の範囲とも認め難い。本条2項の決定の効力を根拠として連戻を認めるべきであろう（少年院等との差異は基本的には開放施設への連戻という性格の違いで説明することができよう）。

　また，児童自立支援施設に措置・送致（24条1項2号）され入所中の少年が無断外出して帰らない場合にも，その連戻のために6条の7第2項の送致を受けて本条2項の決定ができる。6条の7第2項の典型的に予定する事態ではないが，保護のため施設に連戻す必要があり，文理上も「行動の自由」の制限に当たると解することができるからである（金沢家決昭43・2・15家月20・9・135〔百選95〕，保護処分の場合につき，団藤＝森田168頁，昭27・2・6家庭局長回答・裁判例要旨集「少年法」55頁）。もっとも，それまでの事情により，単に連戻すだけでは不十分な場合には，通常の強制的措置を許可する場合と同じ主文とすべきであろう。また，長期間経過後に連戻すことは，その間に一応の平穏な生活関係を形成しているかもしれない少年の心情を害する可能性があるので，連戻時期を制限することが適切な場合が多いといえよう（ほぼ同旨，前掲金沢家決昭43・2・15）。

　本条2項による送致の場合は，都道府県知事は，親権を行う者及び後見人の意思に反しても入所措置をとることができるから，親権者が連戻に反対している場合でも連戻ができる（長崎家決昭57・11・12家月35・4・131参照）。

　(5)　**本条2項の主文**　　児童相談所長等への送致を相当と認めるときは，期限を付し，とるべき保護の方法その他の措置を指示する。期限の付し方は，自由の制限そのものに関わるので，不当に長期のもの，包括・一般的なものは許されない。少年の地位を必要以上に不安定にしないよう強制的措置をとり得る期間及び日数の両方を示すのが相当である。通常の閉鎖施設に収容する場合であれば，「この事件を○○児童相談所長に送致する。少年に対し，○年○月○日から○年の間に通算○日を限度として，その自由を制限する強制的措置をとることができる。」とする例が多く，この取扱が妥当であろう（さいたま家熊谷支決平22・9・10家月63・3・132，東京家決平27・7・1家判6・118，東京家決平29・4・25家判13・87，東京家決平30・4・24家判18・137，千葉家決令4・3・29家判41・112，岡本21頁，古川16頁）。強制的措置を許可しない場合の規定がなく，許可申請説（通説。⇨6条の7注釈3(4)）では，強制的措置を許可しない旨のみを主文で示せ

226

第3節　調査及び審判　　　　　　　　　　　　　　　　　　　　　　　　　　　　　第19条

ば足りるとも解されるが，許可の場合との対比から，児童相談所長等に事件を
送致する旨の主文を付する例が多い（福島家郡山支決昭63・2・9家月40・8・102,
東京家決平14・3・5家月54・9・144, 東京家決平30・2・2家判17・142等）。虞犯事件
の送致が予備的になされている場合には，不許可の主文と虞犯事件の決定をす
ればよい（40年概観259頁，東京家決平20・5・27家月60・11・99, 大阪家堺支決平
24・6・19家月64・11・71, 横浜家決平27・12・16家判7・68, 札幌家決令3・7・28判時
2583・88参照）。

　3(4)の連戻を認める場合は，「この事件を○○児童相談所長に送致する。少
年を××××（施設名）に連戻すことができる。」「ただし，○年○月○日以降
は，連戻に着手することはできない。」といったものとなろう。

　(6)　**抗告の可否**　　本条2項の決定は，児童相談所長等の強制的措置許可申
請に対する許可の性質を持った決定で抗告を認める保護処分の決定（32条）に
当たらないので抗告は認められず（最決昭40・6・21刑集19・4・448, 札幌高決令
3・11・11判時2583・84），特別抗告も認められない（最決平16・11・11家月58・2・
182）ということで実務上解決されている（消極説として，平場348頁，団藤＝森田
170頁，森（純）a 30頁，古川30頁，岡本38頁，市村130頁，谷口（貞）53頁，安田a 14頁,
近藤a 5頁）。しかし，抗告については，積極説も根強いうえ（所b 136頁，坂口71
頁，伊藤（政）b 36頁，高山b 94頁，桑原（洋）105頁），立法論としては抗告を認める見
解も多いことに留意すべきである（平場348頁，廣瀬・少年法346頁，内園ほか154
頁，条解〔菊地〕120頁，多田（元）a 336頁等。なお，児童自立支援施設入所の前提となる家裁
の承認審判にも即時抗告が認められている。児福28条，家事238条）。

（審判を開始しない旨の決定）
第19条　①　家庭裁判所は，調査の結果，審判に付することができず，
　　又は審判に付するのが相当でないと認めるときは，審判を開始しない旨
　　の決定をしなければならない。
　②　家庭裁判所は，調査の結果，本人が20歳以上であることが判明した
　　ときは，前項の規定にかかわらず，決定をもつて，事件を管轄地方裁判
　　所に対応する検察庁の検察官に送致しなければならない。

227

第19条　　　　　　　　　　　　　　　　　　　　　　第2章　少年の保護事件

1　本条の趣旨

　本条は，いわゆる「審判不開始」（「不開始」ともいう）と「年超検送」の規定
である。審判に付すことができない（形式的不開始，年超検送），あるいは相当で
ない場合（実体的不開始）に，調査の段階での終局を認めたものである。

　実際には，実体的審判不開始が大半を占め，調査段階の保護的措置（教育的
措置）と組合わせられて，非行を行っていても保護の必要性の少ない少年を早
期に手続から解放するという重要な役割を果たしている。同時に，それは大量
の少年事件を扱う家庭裁判所において，調査官・裁判官等の人員・予算等に限
りのある機関を緊急な保護や綿密な調査・審判等を必要とする少年に対して重
点的かつ効率的に投入することを確保するという重要な機能を果たしている。
また，実務上，不開始で終局する事件の比率は高く，その適正な運用の確保は
少年事件処理全体においても重要な課題というべきである（⇨序説4，本章前注1。
守屋g39頁以下）。

2　審判に付することができない場合——形式(手続)的審判不開始

　「審判に付することができ」ないときには，審判条件の不存在，非行事実の
不存在，審判の事実上の不能が挙げられている。この場合を形式的審判不開始
と呼ぶのが通例であるが（澤登180頁，菊田179頁等），実体的判断である非行事
実不存在が含まれるので相当ではなく，手続的審判不開始と呼ぶべきであろう。

　(1)　審判条件の不存在　　**(ア)　審判条件の意義・種類**　　家庭裁判所が，少年
保護事件について，非行及び要保護性を調査・審判し，実体的終局決定を行う
ために必要とされる条件を審判条件という。審判条件として，①少年の生存，
②我が国の裁判権が及ぶこと，③管轄権があること，④送致・通告等の手続に
重大な違法がないこと，⑤当該事件について既判力又は一事不再理効が及んで
いないこと，⑥対象少年が20歳未満であること（更生68条1項の通告による場合
は，保護処分執行中に通告がなされたこと）が挙げられている。もっとも，③の管轄
権欠如は移送決定（5条3項）で解決でき，⑥の年齢超過も犯罪事件は検察官に
送致される（本条2項）ので，審判不開始決定の前提としての審判条件の不存
在の範疇には入らないことになる。①の少年死亡については様々な問題がある
が，詳細は早川g参照。②に関して，保護者に裁判権が及ぶことは審判条件
とはならない（早川i217頁，平場166頁）。④に関して，送致事実の不特定を送
致手続の重大な方式違反として不開始とした仙台家決昭60・9・20家月38・

228

第3節　調査及び審判　　　　　　　　　　　　　　　　　　　　　　第19条

4・133，道交法の反則金不納付事件について，適法な通告を経ていないとして不開始とした鹿児島家決昭46・10・26家月24・5・111がある。また，同事件で，指示に応じ反則金が納付された場合には，審判条件の未納付が後発的に欠け不開始となる（道交130条の2第3項・128条2項，書事研343頁）。⑤に関して，他の免訴事由（刑の廃止，公訴時効，大赦）についても，審判条件とする説もあるが（福岡家決昭61・5・15家月38・12・111〈公訴時効〉〔百選28〕，亀山85頁），消極説が多数である（早川i224頁，平場171頁，柏木41頁，伊藤(政)b11頁，和歌山家決平元・4・19家月41・8・198〈大赦〉〔百選29〕）。

　(イ)　**同一事件の二重係属**　　禁止規定がないこと，少年保護手続では事件より人格・要保護性が重視されること，調査過程で通常二重係属は判明するから併合して審判し単一の決定をすることで，二重処分や矛盾する裁判を行う危険性は解消できることなどから，審判条件と解する必要はないという説もある（土本a46頁，奥山a193頁，平場169頁，団藤＝森田174頁，川出72頁）。しかし，人格重視説は妥当でないこと（⇨本章前注3(1)），実務上，二重送致される例は散見され，二重処分や矛盾した裁判がなされる危険性は否定できないこと，同一事件の併合審判が可能かは理論的に疑問があることなどから，審判条件と解するのが理論的には正当であり（早川i220頁），二重係属は原則として不開始事由となろう（岡山家決昭48・4・24家月25・12・119〔百選26〕，廣瀬・少年法230頁）。しかし，保護手続の特質（実質主義・非要式性）から当然に後件を不開始とする必要まではなく，いずれかの手続が打切られ二重係属状態が解消されれば足りよう（早川i220頁。なお，科刑上一罪の場合は更に問題が生じる。平元事件概況・家月43・2・95参照）。

　(ウ)　**審判条件の調査**　　事件受理後最初に行われるべきであり，審判条件が欠如していれば不開始決定により手続を打切るべきである（⇨8条注釈5(1)）。もっとも，少年の保護・教育を目的とする審判手続においては，審判条件の追完を認める余地がある（早川i225頁）。

　(2)　**非行事実の不存在**　　非行事実の存在について蓋然性が認められない場合である。蓋然性とは，反証により覆る可能性を留保しながら現在の資料だけを基礎にすれば証明があるという程度の心証である（平場281頁）。送致等された事実は認められるが3条1項に該当しない場合も非行事実の不存在に含まれる（平場280頁，大津家決平22・3・23家月62・7・105）。なお，令和3年改正により，

虞犯の規定は特定少年には不適用とされたため（65条1項），虞犯少年が18歳以上と判明した場合も非行事実の不存在となる。また，少年の責任能力の要否については⇨3条注釈2(2)。

(3) **調査・審判が事実上不能である場合**　①少年が審判能力を欠く場合，②所在不明等がある。①の審判能力とは，自己に対してなされる手続の意味を了解し得る状態にあることである。少年法も，少年が付添人の選任，抗告の申立など一定の行為を行うことを想定しているので，その前提としての審判能力を予定していると解される（菊池125頁，西岡(清)a 127頁，内園ほか12頁，大阪家決昭47・1・31家月24・8・105〔百選38〕。結果同旨，平場281頁，澤登180頁）。②所在不明等には，長期にわたる所在不明，長期の海外居住，長期疾病等（精神病等で調査・審判が理解できないときは①の問題となる）がある。死亡と異なり，この場合，論理的には審判可能であるが，長期間にわたって事件を係属させたまま放置することは妥当ではないので，審判に付することができないときに含まれると解釈されている（平場281頁，澤登180頁）。所在不明等の期間は，実務上3か月ないし6か月程度が目安とされている（講義案214頁）。のちに少年が発見された場合は，再起する（⇨7条注釈5）ことになる。

3　審判に付すのが相当でない場合——実体的審判不開始

「審判に付するのが相当でない」とは，非行事実，審判能力，審判条件も存在し，審判を行う障碍はないが，保護処分（24条1項・64条1項），児福法上の措置（18条1項），刑事処分（20条1項・62条1項）のいずれも相当でなく，かつ，裁判官による直接審理（審判）を必要としない場合であり，次のようなものがある。

(1) **保護的措置で十分な場合**　調査段階における調査官の各種の保護的措置により，少年の要保護性が解消した場合である（裁判例として仙台家決昭60・10・22家月38・9・117〔百選50〕。保護的措置につき，⇨4）。

(2) **別件による保護処分等で十分な場合**　別件による，保護処分や児福法上の措置が継続されているなど，それ以上の措置を加える必要性がないか，加えることが相当でない場合である。実務上「別件保護中」とされるもので，少年院収容中，保護観察中などがこれに当たる場合が多い。

(3) **事案が極めて軽微な場合——簡易送致事件等**　非行の背後には様々な問題があり，軽微な非行でも重大な非行性の兆候の場合もある。そのような問題

第3節　調査及び審判　　　　　　　　　　　　　　　　　　　　　　　第19条

点をできるだけ早期に発見し適切な処遇を加えることが少年の保護教育のために必要・有効である。そこで専門的判断機関である家庭裁判所に事件を集中させ（6・41・42条），科学的調査（9条）を経て事件の選別を行うことを可能にするため，全件送致主義（家裁先議主義）がとられている（起訴猶予処分・微罪処分（刑訴248・246条但書）が認められていないのもこのためである。全件送致主義について，⇨42条注釈1）。しかし，非行事実が極めて軽微である場合には，少年が自力あるいは，家庭・学校・警察等の適切な措置等で立直る場合がほとんどであること，少年への過剰な手続的負担はかえってその更生意欲を阻害しかねないこと，あまりに軽微な事件まで厳格な方式に従う通常の送致を求めると警察官の捜査意欲を低下させる懸念もあること，更には，有限な家庭裁判所の機構・資源を要保護性の高い少年を中心に必要性に応じて重点的・効率的に投入する必要性があることなども，同時に考慮されるべきである（守屋g41頁）。このような観点から，運用上の特例として，軽微な事件の簡易送致が認められている（詳細については，⇨41条注釈8(1)）。この簡易送致事件のように事案軽微で明らかに要保護性がない場合には，記録調査だけで不開始とされる場合がある。勿論，全件送致主義の趣旨を没却しないように，形式的な基準適用に流れずに，非行事実の表面に現れない非行性を検討・抽出する運用が心掛けられるべきである（平場155頁。問題点の指摘として，服部a参照）。

4　保護的措置（教育的措置）

　保護的措置は，家庭裁判所の調査・審判手続そのものが保護過程と位置付けられるので，広義では，観護措置や試験観察なども含め，審判過程でとられる全ての保護的な措置（働き掛け）を総称するが，狭義では不処分・不開始に伴う事実上の教育的・福祉的措置を意味する。ここでは狭義のものを中心に説明する。

　保護的措置は調査・審判過程で行われる少年の再非行防止を図る非定型的な援助活動と位置付けられる（佐々木ほか156頁）。旧法では審判前にも，条件付保護者引渡などの保護的措置が規定され（旧37条），保護処分にも現在の保護的措置の内容となるものが含まれていた（前記引渡のほか訓戒，学校長訓戒，書面誓約等。旧4条）。現行法では保護処分は収容保護のほかは保護観察に限られ（24・64条），保護的措置は規定上姿を消した。しかし，少年の保護・教育のために柔軟に対応できる保護的措置が有効である場合は多く，処分歴とならない

231

のでラベリング回避の意義も大きいため，以下のように活用されている。

保護的措置は，少年・保護者の同意に基づく非強制的で，短期間の非継続的なものであるが（長期に及ぶ場合は試験観察とすべきである），少年に社会規範を体験させ，問題の現実的認識を持たせ，家族・学校・職場等の関係調整，資源開発などを目指して，少年や保護者の内面にも踏込んで教育的働き掛けを行うものでもある。対象となる少年には問題点を自覚するだけで立直れる者から，家庭や学校等で問題を抱えている者，生活全般の改善を必要とする者など様々である（保護者にも同様な幅がある）。そのため，対応する方法も，少年との面接（支持・援助，教示，助言，警告，叱責，訓戒），保護者との面接（監護方針等の助言），親子合同面接，反省文提出，誓約書徴取，作文指導，心理テストの活用（性格面の助言等），就労・就学・進路指導，学習指導，社会奉仕指導，生活リズム・態度の点検・改善指導，謝罪・弁償指導，社会福祉機関・治療機関に関する情報提供，交通事件や薬物事犯などの視聴覚教材（講習）による集団的な指導，個人講習などと多岐にわたっている（保護的措置全般について，佐々木ほか143頁，不開始事件について，武政ほか95頁，保護的措置の多様化について，相澤ほか95頁，最近の動向について，柳沢b，丹治＝柳下，インターネットに関連した非行に対する教育的措置について，佐川13頁，岸野＝庄山19頁各参照）。このような活動は調査官のケースワーク的な機能の発揮として積極評価でき，今後は，これを体系化しつつ，更なる充実・発展が期待される（保護的措置の体系化について，竹内(友)ほかb参照）。他方，審判を経ない調査段階の活動で，調査の副次的な機能として自ずから限界があることも十分自戒されなければならない。必要に応じた積極的な活動が可能となるように，保護処分の多様化，試験観察の手続整備等と共にその手続の整備も将来的な検討課題というべきである。

5　不開始の決定書

決定書には，少年の人定事項のほか，主文と理由を記載して，裁判官が署名（記名）押印する（規2条4・1項）。理由の記載は，省略できることになっているが（同条5項），実務上は，法律記録の表紙裏面等に「保護的措置」（⇨3(1)），「別件保護中」（⇨3(2)），「事案軽微」（⇨3(3)），「非行なし」（⇨2(2)），「所在不明等」（⇨2(3)），「その他」（以上のいずれにも該当しない場合で，審判条件欠如のうち，移送・年超検送に当たらない場合。なお，道交法の反則金不納付事件については「指示による反則金納付」（⇨2(1)(ア)④）がある）との理由が記載された定型の決定書が用意され

第3節　調査及び審判　　　　　　　　　　　　　　　　　　　　第19条

ており，その理由欄にチェックをする形で理由が示されている。また，非行事実不存在（非行なし）とする場合には，定型の決定書によらず，理由の要点を記載した決定書が作成されるべきであり，実務上もそのようになされている場合が多い。

6　実体的審判不開始決定の一事不再理の効力

非行なしを理由とする審判不開始決定（⇨2⑵）及び実体的審判不開始決定（⇨3⑴～⑶）に，同一事件の再度の審判及び刑事訴追を遮断する効力を主張する学説も多いが，最高裁は，いずれの効力も明確に否定しており（最大判昭40・4・28刑集19・3・240〔百選68〕。不処分につき最決平3・3・29刑集45・3・158〔百選69〕），実務上は消極説がとられている（議論の詳細については，浜井ほか270頁以下，廣瀬 h，⇨46条注釈）。

7　年齢超過による検察官送致決定（年超検送）

調査の結果，本人が20歳以上であることが判明した場合は，検察官送致決定（年超検送）をしなければならない（本条2項）。20歳となる直前の送致のため，調査中に20歳となった場合も，やや文理からは離れるが，実務上本条2項を適用している。送致後20歳となるまで数日しか残されていない場合，20歳となる前に本条2項の決定をした例もあるが（長崎家決昭33・12・8家月10・12・107，静岡家決昭41・9・6家月19・7・127，浦和家決昭44・9・18家月22・3・144），明文に反するうえ，そのような扱いが認められる限界が曖昧であるから，許されないと解すべきである（菊池137頁，菊田199頁，条解〔菊地〕125頁，北村 a 65頁，横澤 a 100頁）。

本人が20歳以上である場合，審判条件が欠けるから，家庭裁判所は犯罪事実の存否を認定せずに，年超検送すべきである（沼邊216頁，柳瀬 a 42頁，岸本174頁。但し，平場305頁は相当な嫌疑を要求している）。もっとも，検察官送致決定をすると，観護措置が勾留とみなされるから（45条の2・45条4号），身柄事件の場合には「罪を犯したことを疑うに足りる相当な理由」（刑訴60条1項）の有無は判断すべきであり，これが認められないときは，観護措置を取消したうえで，検察官送致決定をすべきである（条解〔菊地〕125頁，講義案229頁）。

少年を20歳以上と誤認してなされた年超検送は違法であり，それに基づく公訴提起も違法になり，刑事裁判所は，公訴棄却すべきである（内藤 b 1720頁，司研概説75頁，平場306頁，団藤＝森田179頁，福岡高判昭27・6・17高刑集5・6・965。

233

第20条（規第24条） 第2章　少年の保護事件

なお，公訴棄却後に家裁送致された例として，横浜家決平28・10・17家判16・133参照）。
20歳以上かどうかが不明な場合の処理について，⇨2条注釈**2・3**。

送致先の検察官の意義については，⇨20条注釈**5(3)**。

（検察官への送致）
第20条　① 　家庭裁判所は，拘禁刑以上の刑に当たる罪の事件について，調査の結果，その罪質及び情状に照らして刑事処分を相当と認めるときは，決定をもつて，これを管轄地方裁判所に対応する検察庁の検察官に送致しなければならない。
② 　前項の規定にかかわらず，家庭裁判所は，故意の犯罪行為により被害者を死亡させた罪の事件であつて，その罪を犯すとき16歳以上の少年に係るものについては，同項の決定をしなければならない。ただし，調査の結果，犯行の動機及び態様，犯行後の情況，少年の性格，年齢，行状及び環境その他の事情を考慮し，刑事処分以外の措置を相当と認めるときは，この限りでない。
（検察官への送致の方式・法第20条）
規則第24条　事件を検察官に送致する決定をするには，罪となるべき事実及びその事実に適用すべき罰条を示さなければならない。

1　検察官送致の位置付

旧法では，重罪（死刑，無期，短期3年以上の懲役・禁錮に当たる事件）を犯した少年及び16歳以上の犯罪少年については，起訴する（刑事手続に付す）か，少年審判所の手続によるかを，原則として検察官が決定しており（検察官先議），これらの事件では不起訴とされたものだけを少年審判所は扱うことができた（旧26・27・2条。もっとも，実際の運用はかなり保護優先的であったことに留意すべきである。森田(明)b76頁，廣瀬g371頁，森田235頁以下）。

現行法において少年事件は，家庭裁判所に全件送致（41・42条）され，犯罪少年も事件を限定（特定少年を除く）したうえ，家庭裁判所が保護処分等より刑事処分を相当と認めて検察官送致したときに限って刑事手続に付されることにされており，保護優先の趣旨が明らかにされている。家庭裁判所としては，検察官送致後の最終結果をも予測して，広義の処遇選択の一つとして本条の権限を行使すべきである（⇨24条注釈**5(1)**）。本条の検察官送致は，実務上，「検送」

234

第3節　調査及び審判　　　　　　　　　　　　　　　　　　　　　　　第20条（規第24条）

「逆送」と略称されている。

　平成12年改正により，送致時16歳未満の少年を検送の対象から除外していた但書が削除され，犯罪少年（3条1項1号）の全て（罰金以下の刑を除く）について検送が可能となった（詳細について，川出230頁）。また，犯罪行為時16歳以上で「故意の犯罪行為により被害者を死亡させた罪」を犯した少年には，原則として検送を義務付ける本条2項が新設された（なお，特定少年に対する原則逆送（62条2項）については⇨62条注釈）。この改正は，いわゆる「重罰化」の一環として捉えられ厳しく批判されていたが，検送について家庭裁判所に第一次判断権があるという枠組には変更は加えられておらず（本条2項但書），検送後の保護相当を理由とする刑事事件担当裁判所による移送の制度（55条）も維持されている。

　まず，改正前の本条但書の削除については，犯行時14歳以上の少年は刑法では刑事責任能力がある（刑41条）のに少年法により刑罰が科されないことは法体系における整合性を欠く旨の批判があったうえ，16歳に満たない少年による重大凶悪事件が相次ぎ（神戸の小学生連続殺傷事件等⇨付録1），厳しい世論の動向を受けた議員提出法案に検送の下限となる但書の削除が盛込まれて改正に至った。しかし，従前からも，真に重大な事件では相当な比率で検送が行われていた（殺人でも3割程度と批判されているが，その「殺人」には殺人未遂や殺意に疑問のあるもの，心身に異常のあるものなども含まれていることを考慮すべきである。廣瀬z参照）のであるから，この改正は，家庭裁判所としては，刑罰と保護処分との選択の幅が広げられたものと理解することができる（北村a69頁。もっとも，いかに凶悪・重大な事件でも犯人が14・15歳の場合，刑罰相当な事例は存在し得ないと考えるのであれば別論であろう）。15・16歳の少年による共犯事件の場合，共通の選択肢で処遇選択を検討できる意義も認められる。また，送致当時14・15歳の少年にも懲役・禁錮刑が科され得ることになったため，義務教育や情操保護の必要性に鑑み，16歳までは少年院で刑を執行できるよう併せて改正された（56条3項。川出232頁参照）。

　次に，原則逆送（本条2項）については，被害感情や社会の正義感情などへの配慮を通じた犯罪対策と少年の保護教育との調和を図るという少年法の複合的な性格が重大凶悪な事件の続発を通じて顕在化した改正である（⇨序説1・5）。被害者も含めた一般社会の信頼・理解は少年法制の存立基盤であり，少年の社

第20条（規第24条）　　　　　　　　　　　　　　　　　　第2章　少年の保護事件

会復帰のためにも重要な要素である（⇨序説1）。保護処分の選択に十分合理的な理由があることを一般社会に理解してもらうことは，重大な事件においては，このような観点から特に重要である。被害感情や社会感情を完全に満足させることは不可能であろうが，十分な調査・検討の結果，保護処分相当と判断されたことが的確に説明されることは意義のあることといえ，家庭裁判所の調査及びそれに基づく判断はそれに耐え得るものでなければならない。言い換えると，重大事件について保護処分を選択する場合，家庭裁判所に十分な調査・検討の義務を課すことによって処遇選択の更なる適正化を図るものと捉えることもできる（改正前も「罪質及び情状に照して刑事処分を相当と認め」られれば検送は義務付けられていたのであるから（丸山 d 329 頁参照），本項の意義は刑事処分相当性の判断を除外した点にあるといえるが，調査の結果による例外を認めているのでやはり刑事処分相当性の判断はなされなければならないことになる（保護処分相当性と刑事処分相当性の関係について，廣瀬 a 参照）。この点からも前記のような理解が可能と思われる）。また，少年の立直りのためにも，被害の状況や自己の行為の影響についての自覚・贖罪意識も含めた内省の深まりなどはその出発点となるべきものである。真に重大・凶悪な犯罪に対してそれと釣合いのとれた厳しい対応は被害感情や社会感情の満足のみならず，このような少年の意識覚醒にも有効である。また，原則逆送の対象は16歳以上の少年による故意の生命侵害犯に限定されている。生命侵害犯に対する厳しい責任追及は被害者の生命尊重と表裏の側面を持つ。欧米諸国において生命侵害事犯の取扱が他の犯罪とは格段の差異が設けられ，年齢に応じて手続・処分に段階を設けている（廣瀬 f）のも単なる厳罰主義と理解すべきものではない。我が国においても，現今の非行の情勢をみると保護処分では到底賄いきれない（保護処分許容性を欠く）極めて重大凶悪な少年犯罪が起きないとはいえず，そのような事例に対する対応策として一定の事件の刑事処分を原則化するという合理性も否定しきれない。以上のように，重大事件の検送の運用には，健全な良識に基づく適正な判断がとりわけ求められている。同時に，これまで検送が少なく，少年刑務所に収容される人員が極めて少数であったため，受け皿となるべき少年刑務所の矯正処遇についても，少年院の処遇に比して，開拓・解決すべき課題が多いと思われる（少年刑務所の処遇につき，宮川）。少年院の特別長期の処遇（⇨24条注釈4）と共に，今後の更なる充実が強く望まれる。更に，刑罰も保護処分も基本的には対処療法であり，非行・犯罪対策として限

236

第3節　調査及び審判　　　　　　　　　　　　　　　　第20条（規第24条）

界があることを自覚し，抜本的な対策が進められなければならないことが銘記
されるべきであろう（⇨序説6）。

なお，令和3年改正により，特定少年に対する検察官送致には特例が設けら
れた（62条・63条）。⇨62条・63条各注釈。

2　検察官送致の要件

原則として，次の(1)～(3)があることが必要である。検送の手続については
⇨5。

刑事責任を問うので，触法少年（3条1項2号，刑41条）及び虞犯少年（3条1
項3号）は対象外である。「送致のとき16歳以上の少年であること」も要件と
されていたが，平成12年改正により削除された（この点について，⇨1・3(2)）。
また，令和3年改正により，特定少年には(1)の要件は除外された（62条1項）。

(1)　**拘禁刑以上の刑が定められている犯罪事件であること**　　拘禁刑（令和7年
6月1日までは禁錮。以下同）以上の刑が定められていれば罰金以下の選択刑・併
科刑があってもよく，その罪の起訴を受けた刑事裁判所は罰金以下の刑を科し
てもよい（平場296頁，柏木111頁）。実務上は，交通関係事件等について，罰金
刑を相当と判断して行われる検送（罰金見込検送）を活用する運用が定着してお
り（豊田(建)），実数では検送の大部分をこれが占めている（⇨図表15・16）。罰
金以下の刑のみの事件を拘禁刑以上の刑の事件と併せて検送できるかについて，
科刑上一罪の関係にある場合は積極，併合罪の場合は消極にそれぞれ解されて
いる（荒井a412頁，司研概説79頁）。また，刑事処分相当性の判断は要保護性と
同様，非行事実単位のみでは割切れない面もあり，一括処理の必要性・合理性
が認められること，罰金見込検送が多数行われている実情をも考慮して，併合
罪の場合にも一括検送を認める考え方もある（内藤b1722頁，条解〔廣瀬〕127頁）。
しかし，最判平26・1・20刑集68・1・79は，①無免許運転と②故意の通行禁
止違反で検送され，①無免許運転と③過失の通行禁止違反で起訴され罰金とさ
れた事案について，③は禁錮以上の刑に当たる罪②と公訴事実の同一性はある
が，罰金以下の刑に当たる罪であるので起訴は許されず公訴棄却すべきとして
いる。なお，罰金刑のみが定められている罪の起訴を公訴棄却した事例として，
大津簡判令2・5・27 LEX/DB〔25565700〕がある。

(2)　**非行事実の蓋然的心証**　　拘禁刑以上の刑に当たるかどうかは，家庭裁
判所の非行事実の認定を前提とする。その心証の程度についての見解は，①犯

237

第20条（規第24条）　　　　　　　　　　　　　　第2章　少年の保護事件

図表15　刑事処分相当を理由とする検察官送致事件数の推移

年　　次	総　　数	一般事件	車両運転による業務上過失致死傷を除く一般事件（内数）	道路交通法違反事　　件
昭和50	47,379	8,455	856	38,924
60	63,614	6,892	854	56,722
平成2	27,051	3,420	490	23,631
7	12,648	1,321	328	11,327
12	9,665	1,034	323	8,631
17	6,899	853	371	6,046
22	3,893	512	213	3,381
23	3,473	511	196	2,962
24	3,418	479	200	2,939
25	3,071	397	187	2,674
26	2,757	368	137	2,389
27	2,848	353	145	2,495
28	2,810	311	121	2,499
29	2,527	296	114	2,231
30	2,193	283	119	1,910
令和元	1,985	242	109	1,743
2	1,844	241	114	1,603
3	1,771	231	108	1,540

（出典）　司法統計年報の第3表による。

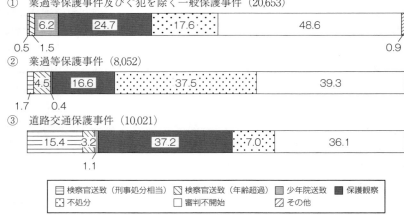

図表16　少年保護事件終局処分別構成比（令和3年）

（出典）『令和4年版　犯罪白書』122頁による。

238

第3節　調査及び審判　　　　　　　　　　　　　　　　　　　　第 20 条 (規第 24 条)

罪少年に対する広義の処遇の一つとして検送を選択するから，保護処分決定の
際と同様に合理的疑いを超える心証（沼邊 215 頁，柳瀬 a 43 頁，山本 125 頁，佐々木
c 95 頁。千葉 b 35 頁，条解〔廣瀬〕129 頁は検送後の補充捜査でそれに達する場合も含める），
②公訴提起と同程度の心証（土本 a 41 頁，今中 67 頁），③証拠の優越（中村(護)
a 12 頁），④蓋然的心証（平場 297 頁，団藤＝森田 187 頁，多田(周)(下) 45 頁，荒木(伸)
a 26 頁）などに分かれている。起訴強制となるので③証拠の優越では不十分で
あるが，審判開始が要件とされていないこと，検送後，刑事裁判所の証拠調が
予定されており，二重審理を避けるべきであること，補充捜査で起訴できる場
合にも認めるべきであることなどから④蓋然的心証説が妥当である（浜井ほか
182 頁，東京高判昭 61・5・30 家月 43・10・62〔百選 64〕）。

(3)　**刑事処分相当性**　　「罪質及び情状に照らして」とされているが，その内
容については，保護優先主義との関係をどう考えるかという本質的な問題から
見解が分かれる（学説の検討として，津田(雅)136 頁以下，50 選〔加藤〕194 頁以下，川出
226 頁以下。平成 12 年改正前について，丸山 d)。①保護処分優先を強調して保護処
分によっては矯正改善の見込がない場合（保護不能）に限定する立場（澤登 h
106・172 頁，菊田 182 頁，覚正 19 頁）。②保護不能ではないが，事案の性質，社会
感情，被害感情等から保護処分で対処するのが不相当な場合（保護不適）も含
める立場（東京家決昭 36・3・22 家月 13・5・183〔百選 60〕，大森 c 188 頁，森下 c 182 頁，
安藤 b 252 頁，猪瀬 c 286 頁，四ッ谷 a 89 頁，菊池 132 頁，司研概説 77 頁，団藤＝森田 182
頁，条解〔廣瀬〕127 頁，浜井ほか 234 頁，北村 a 50 頁，丸山 d 329 頁，50 選〔加藤〕199 頁，
川出 228 頁，津田(雅)139 頁。平場 298 頁も同旨と思われる），③起訴相当の判断は検
察官の方が優れており，家庭裁判所の判断は要保護性の観点から保護のために
有効な場合（処遇の有効性）に限定すべきだとしながら，重大な事案等では少年
の社会復帰の観点から例外を認める立場（澤登 189 頁）がある。この点について
は，刑事手続よりも少年保護手続の方が不開始から少年院送致まで処遇選択の
幅が広く，試験観察，補導委託等中間的な措置も可能で機動性があるため，改
善更生の実効性がある場合が多いこと，重大事犯で長期の実刑になる場合を除
けば，刑事手続では行為責任から罰金や自由刑でも執行猶予になる程度の事案
でも，保護手続では本人・環境の問題点などに着目して収容保護を選択するな
ど要保護性により即した手厚い処遇が可能であり，保護処分優先を強調する立
場もこれらの点では理由があると思われる。

239

第 20 条（規第 24 条）　　　　　　　　　　　　　　　　　　第 2 章　少年の保護事件

　しかし，「罪質及び情状に照らして」と規定されているので，事案の重大・悪質性が判断の重要な要素となることは否定できないこと，重大事件等の場合，社会感情などを無視することは少年の社会復帰を困難にする虞もあること，一定以上の重罪を刑事手続で扱うのは諸外国に共通してみられるところであり（⇨序説 2），少年事件においても社会防衛や一般予防の見地を無視できないこと（社会復帰の観点だけでは，死刑，無期刑が相当な場合（51 条）等を説明できまい。⇨序説 1，廣瀬 g 394 頁）などから保護不適の場合も含まれるものと考えるべきである（廣瀬・少年法 324 頁）。この立場を前提とすれば，本条 2 項の場合，罪質の重さ等から保護不適が推定されているため（川出 235 頁），その推定を破る理由の説明が義務付けられると解することもできよう（川口（宰）c 36 頁参照）。

　保護不能・保護不適は保護処分が不適切あるいは許容されない（保護処分許容性の不存在）ため消極的に検察官送致が相当とされる場合である。しかし，実務上はこれらの場合に止まらず，罰金見込検送のように処遇手段としての有効性の観点で行われる場合もあり，保護の可能性，刑事処分の有効性などを調査結果等も踏まえて相関的・総合的に判断して，保護処分よりも刑事処分の方が相当であるものを検送しているといってよい（廣瀬 a 5 頁）。その際の具体的な考慮要素は，少年の年齢・性格・成熟度，非行歴，環境等，事案の軽重・態様，更には検送後の終局裁判における量刑の見通（罰金，自由刑の執行猶予，実刑の期間等），対応する処遇との有効性の比較（例えば，少年院と少年刑務所とどちらがより処遇効果が期待できるか），共犯者（20 歳以上・特定少年・18 歳未満の少年）の処分との権衡など多岐に亘る（廣瀬 a 5 頁以下）。実務上は，極く少数の重大事件を別にすれば，罰金が保護観察等と，自由刑の執行猶予などが少年院等の収容保護と比較検討される場合があるように，最も重い例外的な場合に検送されているとはいえない。また，この判断について，調査資料を持たず要保護性判断が十分ではない検察官，司法警察員の事件送致の際の処遇意見がそれほど重視されないのは当然といえよう（裁判所がこの送致意見に追従することが多いとの指摘（菊田 45 頁）もあるが，実務の実感とはほど遠い。同旨・丸山 d 330 頁）。

　罰金見込検送について，少年にも交通反則通告制度が適用された結果，反則金事件との均衡を考慮せざるを得なくなったこと，金銭的負担を科すことで責任を自覚させ，反省させるという教育的効果が期待できることなどから，罰金見込検送は別途の類型として刑事処分相当性を認める立場がある（平場 336 頁）。

240

第3節　調査及び審判　　　　　　　　　　　　　　　　　　第20条（規第24条）

しかし，罰金見込検送は検送のほとんどを占めており（⇨**図表15**），これを別の類型と考えること自体，体系論として疑問であること，自由刑の場合でも保護処分と比較検討し，処遇の有効性から刑事処分を選択する場合も考えられること（廣瀬a57頁）から，処遇の有効性の観点からの検察官送致と統一的に理解できる（澤登190頁参照）。

　従って，実務上，刑事処分相当とされているものには，保護不能・不適の場合と総合的な処遇の有効性から刑事処分が相当と判断できる場合があり，このような複合的運用は少年法の複合的性格の表れというべきである（廣瀬g394頁，⇨序説1）。

3　本条2項の意義──重大事件における原則逆送

　（1）　**本項の趣旨**　　本条2項は，殺人等の重大事件について逆送を原則的に義務付けている（原則逆送。なお，令和3年改正による特定少年の特例については⇨62条注釈）。これは，「故意の行為によって人を死亡させるという重大な罪を犯した場合には，たとえ少年であっても刑事処分の対象となるというこの原則をきちっと示すことによって，何物にもかえがたい生命を尊重するという基本的な考え方を明確にする……そして少年に対して自覚と自制を求める必要がある」（平成12年10月10日衆議院法務委員会における提案者答弁）として設けられたものである。この規定は，少年による凶悪な殺人，傷害致死事件，とりわけ動機が不分明な殺傷事件や暴走族による集団殺傷事件等が続発していたこと（⇨付録1）などから醸成された厳しい世論を受けたものであり，研究者などから種々批判されている。しかし，その意義については，積極的な側面も見出せるので（⇨1），国民の期待に応え，少年の健全育成と社会防衛・犯罪対策との調和のとれた適切な運用が目指されなければならない（原則逆送に関する改正法の運用状況についての実証的な研究として，長岡ほか4頁以下，北村a74頁以下参照。家裁における本項の判断の実際について，北村a70頁以下参照）。本項掲記の事件では，その罪質及び情状の類型的な重さから保護不適が推定され，逆送が原則として義務付けられているものと解すべきである（全般的な検討として，川出233頁以下，50選〔加藤〕201頁以下，廣瀬・少年法327頁参照）。

　（2）　**要件**　　①「故意の犯罪行為により被害者を死亡させた罪の事件」であること。殺人，強盗殺人のほか，傷害致死，強盗致死，強制性交致死等の人を死に至らしめる犯罪（結果的加重犯）も含まれる一方，過失犯は勿論，殺人未遂

241

第20条（規第24条）　　　　　　　　　　　　　　第2章　少年の保護事件

等，被害者を死亡させなかった場合は除かれる（危険運転致死（自動車運転致死傷2条）は含まれるが（金沢家決平14・5・20家月54・10・77等），過失運転致死（同5条）は過失犯であるから含まれない。また，本項に当たる罪の共犯（教唆・幇助）も対象となる）。②罪を犯すとき16歳以上の少年であること。平成12年改正により16歳未満の少年についても検送することが可能になったが，その一方で本項の原則逆送の対象からは外すことにより，年少少年の可塑性や情操保護に配慮した保護優先的な家庭裁判所の裁量を維持したものである。実際の運用状況をみても15歳の検送が数件がみられるが，ほぼ適切に運用されているものといえよう（改正法施行後3年間の16歳未満の重大事件について，長岡ほか100頁以下，5年間の概況について，平成12年改正概況100頁，廣瀬114頁参照）。

(3)　**調査の必要性及び但書の適用**　　本項但書は，調査の結果，刑事処分以外の措置を相当と認めるときは，家庭裁判所は検察官送致決定をせずに保護処分等を選択することができると定めている。「調査の結果」とされているので，本項但書に当たるか（保護処分が相当かそれとも原則通り検送するのが相当か）については，調査官による調査を経なければならない。少年に対する最適な処遇を選択するには十分な調査が必要であるうえ，重大凶悪な事件であれば，少年自身，心身に根深い問題を抱えている場合も珍しくない。まさに科学調査の有効性・調査官の専門性が発揮されるべき場面である。また，調査結果は，刑事事件担当裁判所による量刑判断においても重要な資料となる（⇨50条注釈）のみならず，55条による移送の可能性も留保されている（特に年中少年の場合には検討の余地が大きい）。従って，本項に当たる事件であるからといって調査もせずに直ちに検送をするような扱いは法の趣旨に反する（実務上も，他の事件と同様に精度の高い調査が行われている。北村a72頁以下，川出242頁）。もっとも，年齢切迫事件については例外的な運用の余地もあろう。刑事処分以外の措置の相当性について考慮すべき要素としては，「犯行の動機及び態様，犯行後の情況，少年の性格，年齢，行状及び環境その他の事情」と明記されているが，事案の軽重を除けば，基本的に前述した「刑事処分相当性」の判断のために考慮すべき要素（⇨2(3)）と同様と考えられる（学説（犯情説と総合考慮説）の検討について，50選〔加藤〕203頁以下，川出238頁以下，廣瀬・少年法329頁以下，この点に関する実務の紹介として，犯情説に基づく運用が多いとする和波＝岡部49頁と，犯情を重視しながらも総合考慮して判断しているのが大勢であるとする岩﨑（貴）b107頁がある）。この点について，本項但書

242

第3節　調査及び審判　　　　　　　　　　　　　　　　　　第20条（規第24条）

に当たらないとする裁判例として，危険運転致死（前掲金沢家決平14・5・20），殺人（大阪家決平15・6・6家月55・12・88，東京家八王子支決平17・6・8家月58・8・94），傷害致死（千葉家決平15・6・27家月56・8・71）など，但書を適用したものとして，傷害致死（秋田家決平13・8・29家月54・3・96，さいたま家決平13・9・5家月54・2・152），殺人（京都家決平13・10・31家月54・4・110），自殺幇助（千葉家決令3・12・10判時2534・122）などがある（裁判例の分析について長岡ほか4頁以下，北村a74頁以下，岩﨑（貴）b107頁）。

（4）　**効果**　　但書に当たる例外を除いては，家庭裁判所は検察官送致の決定が義務付けられる。但し，本項に当たる事件について家庭裁判所が検察官送致の決定をせずに保護処分を選択した場合にも，検察官には処遇決定に対する不服申立は認められていないので，検察官が審判に関与した事件であっても，抗告受理の申立てはできない（⇨32条の4注釈）。本項但書の適用の可否は，起訴された地方・簡易裁判所による家庭裁判所への移送（55条）の可否の判断に表れるに止まることとなろう。しかし，不服申立を認めていないということは，家庭裁判所の裁量行使の適正を法が信頼しているということを意味するのであるから，不服申立が認められている場合以上に適切な運用を期さなければならない。その行使に問題があると評価されれば，更なる改正も考えられることを銘記すべきである。これまでのところ，大半の事件では，改正の趣旨に概ね即した運用がなされている（長岡ほか94頁，北村a74頁以下，平成12年改正概況100頁，川出229頁，廣瀬114頁）。

4　刑事処分相当性を巡る問題

（1）　**相当性が問題となる事件**　　①否認事件，②行政犯・過失犯・確信犯，③本人が希望する場合，④外国人の場合，⑤自由刑の執行猶予中や服役前科がある場合などが挙げられている。いずれの場合もそれだけで直ちに刑事処分相当性が認められるわけではなく，事案の軽重，年齢等との相応性を踏まえて，保護処分と刑事手続のいずれがより適切な処遇かを具体的に判断するほかはない。それぞれについてみると，①の場合，保護不適の要素とはなり得るが（東京地判昭50・11・19家月28・8・129〔百選61〕），蓋然的心証さえ得られないときに検送するのは妥当でない（⇨2(2)。否認全般に消極的な立場，四ッ谷a102頁，神村131頁，山本125頁，三井135頁，菊田(3)13頁，佐々木c95頁，荒木(伸)a27頁，平場301頁等。積極説，鯉沼15頁，市村a59頁等。内園ほか139頁は，付随的に犯罪事実の存否確定

243

第 20 条（規第 24 条）　　　　　　　　　　　　　　　　　　第 2 章　少年の保護事件

を目的とすることは差支えないとしている）。関連して，刑事訴訟手続による審理過程を少年保護のため利用することが相当である場合も刑事処分相当性に含まれると解釈し，否認事件等事実認定の困難な事件について，検送して刑事裁判手続によって事実認定をしたうえ，移送（55条）を受けて保護手続で処遇決定するべきだとする説がある（廣瀬 a 68 頁，山嵜 98 頁等。参考となる裁判例として，静岡家沼津支決平元・5・23 家月 42・1・124〔百選 63〕）。非行事実認定手続の問題点に着目したものであり，立法的な解決の必要性を示すものといえよう（浜井ほか 235 頁，猪瀬 a 43 頁，廣瀬 e 10 頁，丸山 d 332 頁）。平成 12 年改正により事実認定手続の改善が図られたが，十分とはいえない場合があるため，社会的影響の大きい重大事件については，なおこの解釈・運用を認める立場もある（北村 a 62 頁）。②については，保護に親しまないとする見解もあるが（柏木 111 頁，佐藤（忠）804 頁，鯉沼 15 頁等），交通事件等に見られるように，一見要保護性と無縁なようでも，少年の性格的な問題点などがその非行に色濃く反映されている場合が少なくなく，教育可能性の認められる者も多い。それぞれの問題点の解消に資するような教育的処遇を考慮・選択すべきである（四ッ谷 a 99 頁，神村 132 頁，司研概説 77 頁，円井 294 頁，平場 300 頁等）。もっとも，年長の少年（就労し生活面で問題のない社会人，大学生）等の軽過失の交通事故等は刑事処分優先にも合理性がある（交通事件につき，豊田（建）4 頁，平場 335 頁）。③については，本人の希望を尊重した裁判例もあるが（東京家決昭 36・7・17 家月 13・9・130〔百選 62〕），本人が納得していればより処遇効果が上がるという面からの一資料となるにすぎない（条解〔廣瀬〕128 頁）。少年の中には，収容保護よりも，自由刑の執行猶予を軽く考えたり，保釈されること，罰金となることなどを期待している者もおり，その中には要保護性の高い者もいることにも注意すべきである（前橋家決昭 35・10・3 家月 12・12・118 参照）。④について保護優先的な立場もあるが（平場 300 頁，団藤 = 森田 187 頁），事案，少年の国語力，保護観察（日本に生活の本拠があるか）等に応じて保護の実効性を十分検討すべきである。通訳が必要な場合には，人間関係の形成自体に困難を来すことも珍しくない（保護処分に馴染まないとする説，津田 = 古川 12 頁，大森 a 61 頁，土本 44 頁）。もっとも，執行機関の受入態勢の整備（処遇の実情について，鈴木（秀），山口（透），麻生参照）に伴い保護処分選択も徐々に増えている（少年院送致したものとして，広島家決平 16・3・30 家月 56・10・85，東京家決平 17・11・17 家月 59・1・126 等）。⑤については，検送すれば執行猶予取消，累

第3節　調査及び審判　　　　　　　　　　　　　　　　　　　第20条（規第24条）

犯で実刑になるなど刑事処分では処遇決定に弾力性を欠くことから，軽微事案
などでは保護処分の方が妥当な場合も少なくない。

　(2)　**再度の検察官送致**　　検察官から再送致された事件（45条5号但書），刑事
裁判所から移送された事件（55条）について，再度検送できるかについては議
論が分かれているが，身柄拘束の長期化等少年の受ける不利益を考えると，特
別の事情がない限り，再検送は避けるべきであろう（⇨45条注釈**5**・55条注釈**9**
(2)）。

　(3)　**差戻後の検察官送致**　　保護処分決定が抗告審で取消されて事件が家庭
裁判所に差戻された場合，受差戻審において検送することができるかについて，
最高裁は，検送の不利益性も理由として挙げて，許されないことを明らかにし
た（調布事件・最判平9・9・18刑集51・8・571〔百選84〕）。もっとも，詳細な反対意
見が付されており，その論拠，適用範囲については議論の余地もあろう（浜井
ほか262頁，秋武＝大串。⇨33条注釈**4**(3)）。

　(4)　**訴訟条件を欠く事件**　　訴訟条件を欠く事件（親告罪で告訴がない場合等）の
検送はできないとする説もあるが（佐藤(忠)800頁），肯定すべきである（柏木41
頁）。訴訟条件は起訴ないし実体裁判の要件であり，検送後に補充が可能だか
らである。補充されなければ結局再送致（45条5号但書）されることになるから，
補充される見込は必要であろう（市村89頁，司研概説79頁，亀山84頁，多田(周)(下)
45頁，条解〔廣瀬〕129頁）。

　(5)　**一部の事件の検察官送致**　　係属中の数個の事件のうち一部だけが刑事
処分相当と認められる場合，その事件だけを検送することも可能である（団
藤＝森田183頁。市村89頁は人格主義から望ましくないとする）。例えば窃盗と道路交
通法違反があるとき，窃盗を不処分，道路交通法違反を検送とすることもでき
る。この場合，主文に併記するか，理由中に明らかにしておくべきである（司
研概説78頁）。また，一部を保護処分に付す場合は（上記の例で窃盗を保護観察に付
す），事件記録を分離し各別の決定書を作成すべきであろう（条解〔廣瀬〕129頁）。

　5　検察官送致の手続

　(1)　**検送の時期・決定告知**　　本条の決定は，調査・審判の各段階で行うこ
とができる（本条・23条1項）。審判を経ずに行われるものを実務上，書面検送
という（重大でない交通事件など要保護性に問題がない事例が大半である）。観護措置の
とられている事件を検送する場合には，本条の決定及び観護措置が勾留とみな

245

第 20 条（規第 24 条）　　　　　　　　　　　　　　第 2 章　少年の保護事件

される場合の告知・教示を少年の面前でしなければならない（規 3 条 2 項・24 条の 2，通知につき規 21 条の 2・22 条）。これらの告知等は審判期日に行うこともできる。合議体の場合には裁判長が行う（規 24 条の 2 第 1 項）。

(2)　**決定の権限**　　本条の決定は，少年保護手続から刑事手続への移送の効果を持つため，判事補（未特例）は行うことができないが（但し年超検送（19 条 2 項）はできる），その前提となる調査，審判は判事補もできる（⇨4 条注釈 2）。なお，平成 12 年改正による原則逆送（本条 2 項）の対象事件については，その趣旨に鑑み未特例判事補には担当させないという運用が行われている（なお，令和 3 年改正により，4 条の「20 条の決定」が「20 条第 1 項の決定」と修正されたことから，20 条 2 項の決定は判事補でもできるようになったとする見解（丸山 61 頁等）もあるが，本条 2 項には「同項の決定」をしなければならないと規定されているので本条の決定は 1 項のもののみで，20 条 2 項の決定自体ないこと，この改正は決定の根拠条項を明確にしただけで従前の解釈運用の変更を目指すものではないこと（玉本＝北原 17 頁）から採用できない）。

(3)　**決定の送致先**　　「管轄地方裁判所に対応する検察庁の検察官」であり，地方検察庁（支部を含む）の検察官となる。簡易裁判所の事物管轄に属する事件（例えば，窃盗）の送致を受けた地方検察庁の検察官は，これを区検察庁の検察官に移送し，簡易裁判所に起訴することができる（柏木 110 頁，内藤 b 1722 頁。東京高判昭 29・9・4 家月 7・4・42 参照）。身柄事件の場合は，その家庭裁判所に対応する地方裁判所に現在地の管轄があり，遠隔地（例えば少年の住居地管轄）の検察官に送致すると身柄拘束が長引くなどの問題があるので，原則として，送致家庭裁判所の対応検察庁検察官に送致すべきである（40 年概観 269 頁，昭 58 事件概況・家月 37・2・117，川口（代）192 頁）。

6　本条の決定書

主文及び理由を記載し，理由中に犯罪事実及び罰条を示さねばならない（規 2・24 条）。判例には記載漏れや不明確な記載等を救済しているものがあるが（東京高判昭 26・12・25 家月 4・1・84，名古屋高判昭 29・3・30 家月 6・8・90〔百選 104〕等），記載による明示は送致事件の範囲を明らかにするためであるから，安易に送致書（誤記等も少なくない）の引用等を行わず，明確に犯罪事実を記載すべきである（条解〔廣瀬〕130 頁，団藤＝森田 190 頁）。刑事処分相当性に関する判断は，類型的に明白な場合以外は判断の前提とした要素も含めて具体的に記載すべきである（東京家決昭 36・3・22 家月 13・5・183〔百選 60〕，同 37・2・12 家月 14・4・255，

246

第3節　調査及び審判　　　　　　　　　　　　　　　　　　　第20条（規第24条）

静岡家沼津支決平元・5・23家月42・1・124〔百選63〕等参照）。平成12年改正の趣旨
（⇨1）に照らし，特に，原則逆送事件については，その説明責任を果たせるだ
けの具体的な理由を記載すべきである（令和3年改正による特定少年の原則逆送事件
（62条2項）にも同様の要請がある）。それ以外の事件でも，判断の要点はきちんと
記載しておくことが要請されている（北村a78頁参照）。

7　除斥事由等との関係

本条の決定をしたことは，前審関与としてその事件の刑事裁判の除斥，忌避
（刑訴20条7号・21条）の原因となるとする立場（内藤b1707頁，名古屋高判昭27・
3・19家月4・12・38）もあったが，最高裁は，検送した裁判官がその刑事事件の
公判審理を担当し証人尋問をした場合の公判調書の採用に関して，前審関与
（刑訴20条7号）に当たらないとした（最決昭29・2・26刑集8・2・198〔百選106〕）。
審判を開かずに検送した場合でも，事件記録を精査し，少なくとも有罪に近い
心証を抱き，刑事裁判の結果も相当程度予測したうえで刑事処分相当と判断し
ているわけであるから，前審関与に当たるとする説や運用上関与を避けるべき
だとする説（団藤＝森田188頁，栗原193頁，平場440頁）にも理由がある。しかし，
事実関係に争いがない事件など予断排除等が格別問題とならない場合も少なく
ないと思われるうえ，少人数の支部などでは，関与を避けることが実際問題と
して容易でない場合も少なくない。従って，除斥事由に当たり一律に審理に関
与できないと解するのは妥当とはいえず，最高裁決定は支持できよう（安井a
141頁，長利47頁参照）。否認事件など予断排除等が問題となる場合には回避（刑
訴規13条）するという運用が妥当であろう（条解〔廣瀬〕130頁。廣瀬・少年法332頁
参照）。

8　検察官送致の効果等

適法な検察官送致がなされていることは，少年刑事事件の訴訟条件であるか
ら，検送を経ない場合，18歳未満の少年（62条1項参照）が罰金以下の刑だけ
の罪の事件で検送された場合に，起訴されれば公訴棄却（刑訴338条4号）され
（前掲大津簡判令2・5・27。団藤＝森田183頁，条解〔廣瀬〕131頁），看過して判決すれ
ば破棄される（刑訴378条2号。仙台高判昭24・11・25判特8・93）。検送された事件
と事実の同一性がある限度では事実を変えて起訴することができる。起訴後の
訴因変更（刑訴312条）も可能であるが（札幌高判昭28・3・3家月7・11・111参照），
特定少年を除き（62条1項），罰金以下だけの罪として起訴することはできない

247

第21条（規第24条の4・第25条・第26条）　　　　　　　　第2章　少年の保護事件

（最判平26・1・20刑集68・1・79）。また，審理の結果罰金以下の刑だけの罪に当たると判断された場合は，検送時18歳未満の少年（本条1項・62条1項）については，本来検送すべきでない事件を検送したことになる（例えば，放火（刑108条）で検送して失火（刑116条）と認定された場合）。

　送致を受けた検察官は原則として起訴を義務付けられる（起訴強制。45条5号本文）。この起訴強制の効力が少年が成人となった後も存続するかについて，起訴強制の例外として成年に達することが規定されていないこと，家裁先議の趣旨徹底（消極説では検察官の処理遅延でも家裁の選択権が無視され得る）の観点から積極説があるが（条解〔廣瀬〕131頁，昭43・2家庭局見解・家月20・11・152），成人後の効力存続の規定がないこと，起訴猶予が通常の成人同様に行われる限り不当とはいえないこと（家裁の判断には反するが，それは刑事手続から解放する方向のみである），積極説では20歳以上の者が起訴猶予処分を受けられないという不利益な拘束が生じ20歳に達した後に少年時の事件が発覚した場合との均衡も失することなどから消極説も有力である（豊田(健)c80頁，亀山＝赤木85頁，土本50頁。議論の詳細について，浜井ほか240頁参照）。

9　不服申立

　これを認める明文がないこと，中間決定で実体的な不利益が生じていないことから認められないとするのが通説であり（伊藤(政)b20頁，安田a16頁，大森b39頁，近藤a6頁，内園ほか155頁，司研概説79頁，平場348頁，団藤＝森田313頁，条解〔廣瀬〕131頁，菊田185頁，50選〔加藤〕206頁），判例は，抗告（東京高決昭45・8・4家月23・5・108〔百選77〕）も特別抗告（最決平17・8・23刑集59・6・720／家月58・2・184）も認められないとしている。検送され起訴された事件の刑事判決に対して，無罪や軽い処分を求めて控訴し，あるいは55条の移送の職権発動を求めることはできる（名古屋高判平30・3・23判時2402・115参照。検察官の抗告受理申立ての可否については⇨32条の4注釈5）。

　（審判開始の決定）
　第21条　家庭裁判所は，調査の結果，審判を開始するのが相当であると認めるときは，その旨の決定をしなければならない。
　　（審判開始決定の取消し）
　規則第24条の4　法第21条の決定は，いつでも，取り消すことができる。

第3節　調査及び審判　　　　　　　　　　　第21条（規第24条の4・第25条・第26条）

　　（審判期日の指定と呼出）
　規則第25条　①　審判をするには，裁判長が，審判期日を定める。
　②　審判期日には，少年及び保護者を呼び出さなければならない。
　　（保護観察所等への通知）
　規則第26条　少年の処遇に関し，保護観察官若しくは保護司又は少年鑑別所
　　に勤務する法務技官若しくは法務教官の意見を聴くことを相当と認めるとき
　　は，保護観察所又は少年鑑別所にその旨及び意見を聴くべき日時等を通知し
　　なければならない。

1　審判開始決定

　本条の「審判」とは，裁判所が審判期日に少年，保護者等に直接面接して行
う審理及び裁判のための手続をいう（狭義の審判）。審判開始決定とは，これを
開始する裁判所の意思表示である。

2　審判開始の要件

　(1)　調査の結果によること　　全ての調査が終了する必要はないが，審判開
始が相当と判断できるだけの調査は必要である。

　(2)　審判能力，審判条件，非行事実（虞犯事由）存在の蓋然的心証があること
非行事実存在の蓋然的心証を要するというのが通説である（柳瀬 a 56 頁，小野
（慶）a 135 頁，内園ほか 109 頁，平場 281 頁，条解〔廣瀬〕132 頁）。非行事実の意義につ
いては，⇨3 条注釈 **2**～**4**，審判能力，審判条件の意義については，⇨19 条注
釈 **2**(1)(ｱ)・(3)，蓋然的心証の意義については，⇨20 条注釈 **2**(2)。なお，令和 3
年改正により，特定少年には虞犯の適用が除外された（65 条 1 項）。

　(3)　裁判所による直接審理の必要性　　審判の結果によって，保護処分（24 条
1 項・64 条 1 項），不処分（23 条 2 項）のほか児童相談所長等送致（18 条 1 項），検
察官送致（20 条 1 項・62 条 1 項・63 条）の決定がなされ得る（23 条 1 項・65 条 4 項）
のであるから，少年に対する処遇決定のために裁判所の直接審理が必要な場合
に審判開始が相当とされる（条解〔廣瀬〕132 頁）。不処分を予想し，審判自体を教
育の場として利用するためにのみ審判を開始することには異論もある（司研概
説 86 頁，柳瀬 a 67 頁）。しかし，これを認めるのが通説である（市村 97 頁，小谷
104 頁，正田 a 31 頁，和田 123 頁，守屋 e 203 頁，安藤 a 274 頁，澤登 160 頁，平場 247 頁，
菊田 151 頁，条解〔廣瀬〕132 頁，団藤＝森田 193 頁）。この点について，明文上認めら
れていること（23 条 2 項），旧法で保護処分とされていた訓戒等（旧 4 条）は，

249

第21条（規第24条の4・第25条・第26条）　　　　　　　**第2章　少年の保護事件**

保護処分から外されたので，不開始・不処分の過程の保護的措置として行う必要があること（⇨19条注釈4），決定機関で法律専門家である裁判所が少年，保護者の言い分を直接聴き審理をしたうえで決定を告知するという審判の教育的効果は，調査官の活動では代替しきれない面があること，審判を開いた決定の方が被害者や国民の納得も得られやすいこと，消極説では審判開始後の保護処分に付す程の要保護性が解消された場合に開始決定を取消す必要が生じ，終局審判もできなくなりかねないことなどから，積極説が妥当であり，実務上も不処分のための審判は保護処分以上に多く行われている（⇨**図表9**）。勿論，訓戒等の効果を過大視して権威主義的な運用に陥ることや調査官の活動を軽視することは避けるべきであるが，実務の運用の合理性も正当に評価されるべきであろう。なお，平成12年改正により，審判において，少年に内省を促すこと（22条1項）及び保護者に対する訓戒等（25条の2）が新設された。いずれもこれまでの実務運用を明文化したものであり，これらの措置のために審判を開くことを予定した規定と解される。

　また，要保護性の観点から不処分以外の処遇が考えられない場合でも，非行事実の存否を確定するために審判を開始すべき場合がある。それは，非行事実存在の蓋然性は認められるが，少年の弁解を直接聴き，証拠調をすることによって，非行事実の存在に合理的な疑いを生じる可能性がある場合である。このような場合は，少年に対する教育的配慮，適正手続の要請から，審判を開始すべきであろう（平場245頁）。

3　決定の方式

　審判開始決定は，少年保護手続内部での中間決定にすぎないため，実務上，独立の決定書を作成することは稀であり，記録表紙等に印刷されている決定欄を利用するのが通常である。審判開始決定は，相当と認める方法により少年に告知しなければならない（規3条4項）。

　審判開始決定のあったA事件にB事件を併合する場合には，B事件について審判開始決定をなす必要はない（岡部(豪)6頁。東京高決昭45・6・1家月23・4・93）。A事件について審判を開始する以上，B事件についても審判廷で少年の弁解を聴くのが相当であり，少年にとっても，特段の不利益はないからである。この点，先の審判開始決定の効力が併合された事件にも及ぶという説もあるが（実務要覧上429頁），併合決定時に黙示の開始決定があったと解されよう。もっ

250

第3節　調査及び審判　　　　　　　　　　**第 21 条**（規第 24 条の 4・第 25 条・第 26 条）

とも，事案によっては，後記の時効停止等の時期の明確化の趣旨で事件ごとに審判開始決定をする必要がある場合も考えられる（条解〔廣瀬〕136 頁）。

4　審判開始決定の効果

　審判開始決定により，通告及び報告に係る事件（6・7 条）については，公訴時効の進行が停止し（47 条 1 項），付添人は，裁判所の許可を得ないで，保護事件の記録及び証拠物を閲覧することができるようになる（規 7 条 2 項。ただし，同条 3 項以下参照）。被害者等は，保護事件の記録閲覧・謄写の申出ができるようになる（5 条の 2。範囲につき⇨同条注釈）。また，審判開始決定がなされた場合には，審判期日を指定し（規 25 条 1 項），少年，保護者を審判期日に呼出す必要がある（同条 2 項）。付添人に対しては平成 12 年改正に伴い，呼出の対象から外され，その出席権を確保するため審判期日の通知が義務付けられた（規 28 条 4・5 項）。

　(1)　**審判期日の指定**　　少年側の準備を考慮して，呼出状の到達と審判期日との間に相当な猶予期間（刑訴 275 条，刑訴規 179 条参照）を置くべきだと解されている（田尾 b 11 頁，早川 a 123 頁，平場 249 頁，澤登 161 頁，条解〔廣瀬〕134 頁。団藤＝森田 196 頁は呼出状の発信との間に求める）。身柄事件では原則最長 28 日の期間制限があるので（⇨17 条注釈 8。同条 4 項の要件に当たる場合は最長 56 日），特に迅速な指定が必要である。身柄事件で試験観察が考えられる場合には，終局決定のための残存期間を数日残して期日を指定する例が多い。保護処分が予想される場合には，決定後の事務処理，執行の都合を考慮に入れる必要があるためである。期日指定にあたっては，これらの事情を検討し，付添人その他関係者と打合せ，その協力を得て適正な期日指定を行うべきである。特に身柄事件の期間制限などは十分理解してもらう必要がある（規 30 条の 4 参照。同条は，検察官関与事件について定めたものであるが，それは，検察官関与事件においては打合せの必要が多いことから特に明記したもので，同条の趣旨は，それ以外の事件においても推及できる）。なお，裁判所外で審判を行う場合（規 27 条）には，審判を行う場所も期日と共に指定しなければならない（条解〔廣瀬〕134 頁）。期日指定されている事件に他事件を併合する場合には重ねて期日指定する必要はない（なお，東京高決昭 60・11・29 家月 38・10・46 は，一つの事件のみで指定された審判期日の冒頭で併合決定がなされ，全ての事件について審理がなされた事案について，残りの事件について期日指定がなされていないことは手続の瑕疵としながら，付添人が異議を述べずに審理に応じ，処遇意見まで述べたこと

第 21 条（規第 24 条の 4・第 25 条・第 26 条）　　　　　　第 2 章　少年の保護事件

でその瑕疵は治癒されたとしている）。

(2)　**関係者の呼出・通知**　　実務上，審判期日の呼出に際し，少年保護手続について簡明に説明した「少年と保護者の皆さんへ」という書面を交付して，無用な不安の解消を図っている例もある（呼出の方式・手続，同行については，⇨11条注釈2〜4）。

(ア)　**少年**　　少年保護手続の直接審理の原則，教育主義の要請から必ず出頭させなければならず，欠席のまま審判・決定することはできない（規25条2項・28条3項）。保護・教育的観点から刑事手続以上に出頭確保の必要があり，欠席のままの手続は認められていないが，裁判所外の審判（出張審判）も可能なので（規27条），実際には，刑事手続よりは弾力的に対応できる。

(イ)　**保護者**　　保護者への呼出は，必要的である（規25条2項）。これは，保護者の地位・性格（⇨2条注釈6）を反映して，少年の権利保護のほか，審判において要保護性に関する情報・資料の提供，国家的保護への協力意思の確認，保護的措置の働掛け等（25条の2）のために出頭が必要だからである。

なお，令和3年改正による特定少年には保護者は存在しないという消極説に立つと，特定少年の保護事件では，審判期日では呼出が必要なのは特定少年のみとなる。しかし，特定少年の親等の要保護性に関する情報提供者・社会資源等の役割の重要性に変化はないから，基本的に調査の対象とし，審判期日を伝え，在席を許可して（規29条），審判に立会わせる（着席位置も特定少年の隣）など，18歳未満の少年の保護者と同様の扱いをすべきである（入江(猛)c 36頁，前田(厳)36頁等。積極・消極両説の詳細については，⇨2条注釈6）。

(ウ)　**付添人**　　付添人に対する通知は，少年の権利保護の観点から定められたものである（規28条5項）。

(3)　**呼出等欠如の効果**　　原則として違法となるが，少年・保護者に対する呼出，付添人への通知を欠いたことが抗告理由となるかどうかは，「決定に影響を及ぼす法令の違反」（32条）の解釈と関連して，裁判例は次のように分かれている。違法として原決定を取消したものとして，①名古屋高決昭25・3・24家月2・6・236（呼出した期日を無断変更し前日に審判），②大阪高決昭29・1・19家月6・7・98（年齢切迫のため調査段階の保護者意見のみで呼出さずに審判），③広島高岡山支決昭29・10・19家月6・11・41（兄が出席したが父母への呼出を欠いた場合），④名古屋高決昭30・1・13家月7・3・25（少年の虚偽の供述により孤児と誤

252

第3節　調査及び審判　　　　　　　第21条（規第24条の4・第25条・第26条）

信して実父への呼出を欠いた場合），⑤札幌高決昭33・9・24家月10・10・77（試験観察後の終局審判期日の呼出を欠いた場合），⑥高松高決昭34・7・2家月11・8・145（保護者に審判期日翌日に呼出状送達），⑦高松高決昭35・4・4家月12・6・180（審判期日2日前に所在の判明した母への呼出を欠いた場合），⑧札幌高決昭53・12・15家月31・9・59〔百選16〕（付添人の呼出を欠いた場合）などがある。取消さなかったものとして，⑨名古屋高決昭31・4・30家月8・6・63（少年の虚偽供述のため保護者不明の場合），⑩東京高決昭31・7・24家月8・8・40（呼出状が返送され不送達となったが，供述調書中で保護者が施設収容を希望していた場合），⑪広島高岡山支決昭32・1・22家月9・1・40（午前10時の呼出状が当日午後3時50分に送達された場合），⑫高松高決昭32・5・14家月9・5・87（姉を呼出したが，手違いで審判に出席させなかった場合。事実上の保護者の上申書が提出され，両名の調査官への陳述記録があった事例），⑬名古屋高決昭24・10・20家月2・6・229（保護者の住所氏名不明の場合），⑭東京高決昭34・1・28家月11・2・92（実父への呼出状が宛先住所に尋ね当たらないとして返送された場合），⑮東京高決昭38・11・6家月16・2・112（保護者が所在不明の場合）。⑨～⑫は手続違反としながら抗告を棄却し，⑬～⑮は違法とはいえないとしたものである。

　保護者の呼出，付添人への通知は，強行規定であり，これを欠いたままなされた審判手続は違法とされる（平場248頁，澤登162頁，団藤＝森田194頁。付添人への通知欠如については，⇒32条注釈3(1)）。少年の権利保護強化の趣旨からの保護者の重要性を考えれば，呼出が不要となるのは，所在不明，通信手段の途絶などの事情により呼出が不能の場合に限るべきであり，保護者が審判に協力することを拒否している場合でも呼出自体は容易なので例外とはできないとする立場にも理由がある（呼出に応じない場合，必要があれば同行も可能である。⇒11条注釈4）。

　しかし，実際には，保護者の問題性が非行の原因である例も多く，調査・審判に非協力的な場合，裁判例にもみられるような，所在の確認・送達が困難な場合など，特に身柄事件では期間制限（17条3・4・9項）もあるため，呼出に困難を覚える場合が稀とはいえず，呼出不能の認定自体も必ずしも容易ではない（その認定を緩やかに行うのではかえって権利保護に悖ることになろう）。そこで，呼出が所在不明等で不能な場合（⑨⑬），保護者が積極的に審判への関与・協力を拒否する態度を明示している場合（⑤（一般論として例示），釧路家帯広支決昭59・6・8家月37・1・160，平場248頁，条解〔廣瀬〕135頁），適式な呼出をしたのに不在で受

253

第21条（規第24条の4・第25条・第26条）　　　　　　　　第2章　少年の保護事件

取らず，保管期間経過で郵便局から返送された場合などでは，呼出に期間を要するうえ，その受領意思の有無の認定も必ずしも容易ではないので例外としてよい場合も考えられよう（条解〔廣瀬〕135頁。団藤＝森田194頁，旧43条3項参照）。なお，特定少年の保護者を認める立場（⇨2条注釈6）に立つと，その呼出欠如も規25条2項違反となり決定への影響が問題となる。

　(4)　**保護者が複数いる場合の対応**　　全員の呼出が要求されるわけではなく，家庭裁判所が適当と認める者を呼出せば足りる（⑤，東京高決昭32・11・24家月9・11・119〔百選17〕，札幌高決昭33・6・17家月10・7・70，東京高決平8・11・22家月49・4・70，田尾a75頁，平場249頁，澤登161頁，団藤＝森田195頁，廣瀬・少年法235頁）。但し，現に監護する者と法定代理人である保護者がいる場合には，抗告権を保障する観点から，法定代理人である保護者への呼出をすべきとされるが（平場251頁注(8)），原則として双方を呼出すべきである（⇨11条注釈）。

　(5)　**抗告との関係**　　審判への保護者，付添人の関与により主文が変わる余地は想定できるから，適正手続の保障の見地からも，原則として抗告理由（決定に影響を及ぼす法令の違反）となる（⑦，田尾a79頁，平場248頁，団藤＝森田109・195頁。反対，⑭。なお，小林(充)d554頁は，決定の有効性に関わる違法としている）。特に付添人への審判期日通知欠如はその権利保護の役割の重要性から，それ自体を抗告理由とすべきである（⑥⑧，平場248頁，条解〔廣瀬〕136頁，札幌高決昭53・12・15家月31・9・59〔百選16〕参照）。国選付添人（22条の3等）については，少年の権利保護の必要性がより高いことによるから，期日通知欠如の違法性はより高度のものとなろう。但し，呼出が不能，不要な場合は例外となり，保護者については，保護者の問題点も検討し，実質的な総合判断によるべきである（⇨(3)⑭などは議論の余地もあろう。特定少年の保護者の呼出欠如は，積極説に立っても抗告理由に当たらない場合が多いと思われる）。抗告理由について，⇨32条注釈3(1)。なお，審判開始決定に対する抗告は認められない（名古屋高決昭46・10・27家月24・6・66〔百選75〕）。

　5　保護観察所等への通知

　少年の処遇に関して保護観察官，法務技官等の意見を聴く必要がある場合に，保護観察所，少年鑑別所にその旨通知する（規26条）。意見は，審判期日に出席させて聴くこともでき，保護処分決定後の執行段階への事件引継の面でも保護観察官等の審判立会には意義があるが（規29・30条。但し，少年等に審判結果を

254

第3節　調査及び審判　　　**第22条**（規第25条の2・第27条〜第30条・第31条〜第34条）

予測させない配慮が必要である），少年の面前での聴取が不適当な場合に備えて，規則26条は，期日外での聴取を想定したものである（平場249頁，条解〔廣瀬〕136頁）。

6　審判開始決定の取消

審判開始決定は，いつでも取消できる（規24条の4）。その判断は裁判所の裁量に委ねられている。実務上，少年の所在不明により不開始とする場合，移送（5条2・3項）の際に移送先の裁判所に審判開始の可否の判断を委ねる方がよい場合，審判手続を打切り調査段階に戻した方がよい場合，交通反則事件につき審判開始決定後に納付指示に基づき反則金が納付された場合（廣瀬・少年法296頁）などに行われている。所在不明では少年に対する決定の告知ができないため不処分とできないので（規3条2・3・4項），相当の方法による告知が不能な場合には告知を要しない不開始決定を行う（同5項）。もっとも，審判開始決定の取消決定自体，告知が必要なことから（同4項），このような取扱は許されないという説もあるが，いつまでも事件係属を残しておくことは不合理であり，審判開始決定が取消された事件の大多数が不開始で終結し，終局決定（不開始決定）の告知が不要であるから，中間決定である審判開始取消決定の告知も規則3条5項の類推適用により不要としてよいと解すべきである（市村96頁，早川g208頁，平場250頁，条解〔廣瀬〕133頁，団藤＝森田174頁）。

取消の効果は将来に向かって生じる。時効停止効が認められる場合（47条），取消の時まで時効が停止し，その時から時効が進行する（条解〔廣瀬〕133頁，団藤＝森田395頁）。取消の請求権は認められない（前掲名古屋高決昭46・10・27）。

（審判の方式）

第22条　①　審判は，懇切を旨として，和やかに行うとともに，非行のある少年に対し自己の非行について内省を促すものとしなければならない。

②　審判は，これを公開しない。

③　審判の指揮は，裁判長が行う。

（事件の併合審判）

規則第25条の2　同一の少年に対する2以上の事件は，なるべく併合して審判しなければならない。

第22条（規第25条の2・第27条〜第30条・第31条〜第34条）　　　**第2章　少年の保護事件**

　（審判の場所）
規則第27条　審判は，裁判所外においても行うことができる。
　（審判期日の列席者等）
規則第28条　①　審判の席には，裁判官及び裁判所書記官が，列席する。
②　家庭裁判所調査官は，裁判長の許可を得た場合を除き，審判の席に出席しなければならない。
③　少年が審判期日に出頭しないときは，審判を行うことができない。
④　付添人は，審判の席に出席することができる。
⑤　家庭裁判所は，審判期日を付添人に通知しなければならない。
　（在席の許可）
規則第29条　裁判長は，審判の席に，少年の親族，教員その他相当と認める者の在席を許すことができる。
　（審判期日における告知等）
規則第29条の2　①　裁判長は，第1回の審判期日の冒頭において，少年に対し，供述を強いられることはないことを分かりやすく説明した上，審判に付すべき事由の要旨を告げ，これについて陳述する機会を与えなければならない。この場合において，少年に付添人があるときは，当該付添人に対し，審判に付すべき事由について陳述する機会を与えなければならない。
②　第19条の3第2項の規定は，前項の規定による審判に付すべき事由の要旨の告知について準用する。
　（証拠調べの申出）
規則第29条の3　少年，保護者及び付添人は，家庭裁判所に対し，証人尋問，鑑定，検証その他の証拠調べの申出をすることができる。
　（少年本人質問）
規則第29条の4　付添人は，審判の席において，裁判長に告げて，少年に発問することができる。
　（追送書類等に関する通知）
規則第29条の5　家庭裁判所は，法第21条の決定をした後，当該決定をした事件について，検察官，保護観察所長，司法警察員，警察官，都道府県知事又は児童相談所長から書類，証拠物その他参考となる資料の送付を受けたときは，速やかにその旨を付添人に通知しなければならない。
　（意見の陳述）
規則第30条　少年，保護者，付添人，家庭裁判所調査官，保護観察官，保護司，法務技官及び法務教官は，審判の席において，裁判長の許可を得て，意見を述べることができる。
　（適正な審判のため等の措置）
規則第31条　①　裁判長は，適正な審判をするため必要があると認めるとき

第3節　調査及び審判　　　**第22条**（規第25条の2・第27条〜第30条・第31条〜第34条）

は，発言を制止し，又は少年以外の者を退席させる等相当の措置をとること
ができる。

② 裁判長は，少年の情操を害するものと認める状況が生じたときは，その状
況の継続中，少年を退席させることができる。

（裁判官の回避）

規則第32条　裁判官は，審判の公平について疑を生ずべき事由があると思料
するときは，職務の執行を避けなければならない。

（審判調書）

規則第33条　①　審判期日における手続については，審判調書を作成する。

② 審判調書には，次に掲げる事項その他審判に関する重要な事項を記載する。

　1　審判をした裁判所，年月日及び場所

　2　裁判官及び裁判所書記官並びに出席した家庭裁判所調査官，検察官，保
　　護観察官，保護司，法務技官及び法務教官の氏名

　3　少年並びに出席した保護者及び付添人の氏名（保護者が法人である場合
　　においては，出席した代表者の氏名）

　4　家庭裁判所調査官，検察官，保護観察官，保護司，法務技官，法務教官，
　　保護者及び付添人の陳述の要旨

　4の2　法第9条の2本文の規定により聴取した意見の要旨

　5　少年の陳述の要旨

　6　証人，鑑定人，通訳人及び翻訳人並びに参考人の供述の要旨

　7　決定その他の処分をしたこと

　8　裁判長が記載を命じた事項

③ 裁判所書記官は，裁判長の許可があるときは，審判調書の作成又は前項第
1号から第7号までに掲げる記載事項の一部を省略することができる。ただ
し，抗告又は法第32条の4第1項の規定による申立て（以下「抗告受理の
申立て」という。）があつた場合は，この限りでない。

（審判調書の署名押印及び認印）

規則第34条　①　審判調書には，裁判所書記官が署名押印し，裁判長が認印
しなければならない。

② 裁判長に差し支えがあるときは，他の裁判官の1人がその事由を付記して
認印しなければならない。ただし，いずれの裁判官にも差し支えがあるとき
は，裁判所書記官がその事由を付記して署名押印すれば足りる。

③ 第1項及び前項ただし書の規定により裁判所書記官が署名押印すべき場合
には，署名押印に代えて記名押印することができる。

④ 裁判所書記官に差し支えがあるときは，裁判長がその事由を付記して認印
すれば足りる。

257

第22条（規第25条の2・第27条〜第30条・第31条〜第34条）　　第2章　少年の保護事件

少年審判（模擬）　1　裁判官　　2　裁判所書記官　　3　家庭裁判所調査官　　4　裁判所事務官
　　5　少年　　6　保護者　　7　付添人
（出典）最高裁判所事務総局家庭局刊行『家庭裁判所のあらまし』（パンフレット）による。

1　総　説

　本条における「審判」は，狭義の審判を指す（⇨21条注釈1）。審判の方式に関する規定は，本条及び検察官関与に関する22条の2・3のほか，規則27条ないし32条があるだけである。これは，少年保護手続が少年の健全育成を目的とし（1条），手続過程自体も福祉・教育的な性格を持つことから，少年の個別的な性格・問題状況等に即して柔軟に対応できるように，訴訟手続のような要式性・厳格性を排し，裁判官の裁量に委ねることが相当とされたためである。しかし，その裁量は，自由裁量ではなく，少年の健全育成を真に達成するために，適正手続に則った合理的裁量でなければならない（最決昭58・10・26刑集37・8・1260／家月36・1・158〔百選2〕，田宮d，廣瀬c）。このような観点から，解釈・運用上，守るべき基本原則が認められている。これらの基本原則は，令和3年改正による特定少年の保護事件（62条以下）についても基本的に妥当する。ここでは，それらの基本原則を含めて，審判手続の諸問題を解説する（なお，審判実施に必要な審判開始決定，審判期日の指定，関係者の呼出等につき，⇨21条注釈3・4，検察官が関与する審判手続特有の問題につき⇨22条の2注釈，密接に関連する処遇の選

258

第 3 節　調査及び審判　　　　**第 22 条**（規第 25 条の 2・第 27 条〜第 30 条・第 31 条〜第 34 条）

択につき，⇨24 条注釈 **5**）。

2　審判の場所

審判は，家庭裁判所（本庁・支部）で行うのが原則であるが（裁 69 条 1 項），裁判所外においても行うことができる（規 27 条）。

審判廷は，その広さ，採光，色彩，備品，机，椅子の配置などについても教育的配慮のほか，逃走等事故防止の側面からも適切な配慮が払われ，教育・真実発見の場として相応しい雰囲気を確保し得る施設でなければならない。実際の審判廷にもそのような基準が設けられ，欧米諸国と比較しても優れた設備が確保されているといってよい（廣瀬 f）。

裁判所外において開廷する要件は規定されていないが，審判廷外で行うことも含めて，合理的理由が必要とされ，少年保護のため必要があり，審判に適切な場所でなければならない（条解〔廣瀬〕138 頁，廣瀬・少年法 244 頁）。実務上は，補導委託先（委託中の少年に対する中間・終局審判），少年院（収容少年の余罪審判，収容継続申請事件），少年鑑別所（身柄事件で押送が困難な場合）などで行われている。場所の選定にあたっては，審判運営の必要・適切さのほか，保護者，付添人等関係者の出頭の便利さ，身柄事件では逃走事故防止の問題等も考慮すべきである。審判の公正さ担保の趣旨からも拘束の場所と審判の場所が独立していることは重要であるから，押送の都合等から少年鑑別所での審判が多用されるような事態はできる限り避けるべきである。なお，裁判官（合議体の場合は裁判長）は，審判廷の秩序維持のために，裁判所法，法廷等の秩序維持に関する法律による権限の行使もできる（福岡家決平 14・10・8 家月 55・3・103）。

3　審判廷の構成

(1)　裁判所側の出席者　　裁判官及び裁判所書記官が列席する（規 28 条 1 項）。調査官も，裁判長の許可を得た場合を除き，出席しなければならない（同条 2 項）。調査官が在廷し，事件の調査過程で形成された信頼関係に基づき適切な発言をすることや，発言に至らないまでも在廷することによる安心感が，少年，保護者等に真意を語らせ，円滑な審判運営に寄与し，審判の教育的効果を増すこと，審判廷における少年・保護者等の発言・態度等も検討したうえで処遇意見を述べられること，特に試験観察にする事件ではその導入過程としても有効であることなど，適切かつ効果的な処遇選択にも繋がるので，規定通り出席することが望ましい。しかし，実務上は，その事務負担量等から，在宅事件では，

第 22 条（規第 25 条の 2・第 27 条〜第 30 条・第 31 条〜第 34 条）　　第 2 章　少年の保護事件

特に必要のある事件についてのみ出席する例が多い（名古屋高金沢支決昭 42・12・28 家月 20・8・112 は規 28 条 2 項は訓示規定とする）。事案に応じて出席の必要性を十分検討して適切な運用を図るべきである。

(2)　**少年の出席・直接審理の原則**　　少年が不出頭では審判を行えない（規 28 条 3 項）。その健全育成・権利保護の見地から，直接弁解を聴くためである。従って，情操保護のため一時退席させたり（規 31 条 2 項），不出頭の場合，出頭した保護者に少年不出頭の事情を聴き，次回の審判期日を指定することなどはできる。証人が出頭していても，少年が不出頭の場合は，審判を行うことはできず，証人尋問期日に切替えることも原則として許されないが，弁護士である付添人が出席している場合など，少年の防御権が実質的に保障され，適正手続の保障について十分な配慮がなされている場合には，審判経済，証人に過重な負担をかけない趣旨などから証人尋問期日に切替えて，少年にはその証言内容を知る機会を与える運用が可能であろう（内園ほか 119 頁，加藤（学）b 120 頁）。

(3)　**保護者・付添人の出席**　　保護者に対する呼出，付添人に対する期日通知がなされていれば，いずれも不出頭でも審判を開けるが（平場 251 頁，田尾 a 76 頁），保護者は，少年の権利保護・納得のほかに，要保護性に関する資料の重要な提供者，裁判所の教育的働掛けの対象者で，処分後の少年の教育に重要な役割を果たすことも期待されるから（⇨2 条注釈 6(1)・25 条の 2 注釈），できる限り出席を確保して審判を行うべきである。特定少年の親等が保護者に当たらないとしても（保護者の存否につき⇨2 条注釈 6(4)），同様の役割から在席許可（規 29 条。⇨(5)）により，保護者と同様の扱い・運用が相当である（前田（巌）36 頁）。付添人も少年の権利保護の観点から，出席確保の必要は高い（⇨21 条注釈 4(2)(3)）。

(4)　**検察官の出席**　　⇨22 条の 2 注釈。

(5)　**関係者の審判出席**　　裁判長は，少年の親族，教員その他相当と認める者に在席を許すことができる（規 29 条）。「相当と認める者」とは，少年の権利保護・審判の教育的機能，処遇の実効化に資する者と解すべきである（条解〔廣瀬〕140 頁，廣瀬・少年法 245 頁）。実務上，親族のほかには，担任教諭，校長，雇主，保護司，保護観察官，児童福祉司，補導委託先責任者等を出席させている例がみられる（保護者に当たらない特定少年の親等を審判に立ち会わせる場合も規 29 条によることになる）。保護観察官については，従前の保護観察の経過，新たな保

第3節　調査及び審判　　　**第22条**（規第25条の2・第27条～第30条・第31条～第34条）

護観察の見通しなどについて意見等を求めるほか，処分の執行を円滑にする意義がある。「相当と認める者」に検察官等の捜査機関も含める説もある（猪瀬c 275頁，元木119頁，田宮a 281頁，亀山＝赤木74頁。処遇意見に限り積極，平場255頁）。しかし，規定に例示されているのが少年の親族・教員であること（規29条），審判出席は意見陳述の前提となるが，意見陳述できるのは保護者・付添人以外は少年の処遇に関わる者のみであること（規30条），検察官のような重要な機関の出席を認めるには明文で定めるのが通常であること，旧法とほぼ同様の規定であり（旧45条但書），制定経過でも捜査機関の審判出席は想定されていなかったことから無理がある（浜井ほか160頁，内園ほか144頁，澤登163頁，条解〔廣瀬〕140頁）。同様の理由で，この規定により被害者等の審判出席を認めることも消極に解されている。そこで，事実認定のための検察官の審判出席（浜井ほか313頁，廣瀬e 13頁，八木b 35頁，猪瀬a 42頁，守屋g 322頁等），被害者等の審判傍聴を求める改正意見があり，前者については平成12年改正，後者については平成20年改正でそれぞれ一部認められている（⇨22条の2・22条の4注釈）。

　(6)　**関係者の意見陳述・退席等**　　少年のほか，保護者，付添人，調査官，保護観察官，保護司，法務技官及び法務教官は，裁判長の許可を得て，意見を述べることができる（規30条）。これは，少年の健全育成のために，裁判所に十分な資料を与えるためであるが，保護者及び付添人の意見陳述権には，少年の権利保護の趣旨もあるので，裁判所としては，十分意見を述べさせるようにすべきである（保護者に当たらない特定少年の親等にも，審判指揮により，適宜，発言を許すべきである）。他方，適正な審判をするために必要があるときには，裁判長は，少年，保護者，付添人，その他の者の発言を制止し，少年以外の者を退席させる等必要な措置をとることができる（規31条1項）。少年の情操を害する状況が生じたときは，少年をその間退席させることができる（同2項）。実務では，少年に秘密にすべき病気・出生の秘密等に触れる場合，保護者に対してその問題点等を厳しく指摘する場合などに情操保護の必要から少年を退席させている。

　証人が，少年の面前では圧迫を受け，十分な供述をすることができない場合にも，少年を退席させることができる（刑訴304条の2準用。内園ほか118頁，平場253頁，浜井ほか207頁。もっとも，ビデオリンク等による証人保護の特則（刑訴157条の4～6）も準用されるので，その活用を検討すべきである）。付添人が選任されておらず，又は出頭していない場合にも，家庭裁判所の後見的機能，手続の職権主義的性

第 22 条（規第 25 条の 2・第 27 条〜第 30 条・第 31 条〜第 34 条）　　**第 2 章　少年の保護事件**

格等を理由に少年を退席させることができると解する説もあるが（内園ほか 118
頁，平場 253 頁），証人尋問は，少年が非行事実を否認し，少年と裁判所との間
に緊張関係が生じている場合に行われることも多いので，家庭裁判所の後見的
機能を強調することは相当ではなく，付添人の立会すら認めない扱いには疑問
があろう（浜井ほか 207 頁，加藤（学）b 119 頁）。少年を退席させた場合には，退席
中の審理の内容は，情操を害するなどの差支えがない範囲で少年に告げるべき
である（団藤＝森田 214 頁，条解〔廣瀬〕143 頁，平場 253 頁，内園ほか 118 頁，浜井ほか
207 頁）。

　更に，審判廷における裁判所の職務の執行を妨げたり，不当な行状をする場
合には，少年を退席させることもできる（裁 71 条 2 項。法廷秩序法も審判廷に適用
がある。桑原（正）86 頁，団藤＝森田 214 頁）。この規定によって少年が退席させられ
た場合にも，退席中の審理の内容を少年に告げるべきだとする立場があり（平
場 253 頁），それが望ましいが，少年を再入廷させると再び退廷理由となる行動
に及ぶことが強く予想される場合等には，少年がいわば権利放棄をした場合と
解して，退席中の審理の内容を告げずに決定に至ることもできるという考え方
もあり得よう（刑訴 341 条類推適用）。しかし，刑訴 341 条のような例外規定がな
いので，この少年退席の場合は審判の続行が不可能となるという有力説もあり
（内園ほか 119 頁），退席後の審判を例外的に認めるとしても，未成熟な少年につ
いて権利放棄をしたものと扱うことには慎重であるべきであり，極限的な場合
に限定すべきである。

4　審判運営の原則

　直接審理の原則（⇨3(2)）のほか次のものがある。

(1)　非公開の原則　　少年審判は，発達途上にある少年の立直りを目指して
行われるので（1 条），少年を曝し者にせず，その情操を保護し（規 1 条），社会
復帰を妨げないために，少年が非行を犯したこと自体が秘密とされなければな
らない。また，少年の抱えている問題点（要保護性）を明らかにし，その改善
方法を明らかにするためには少年の性格，全生活史のみならず，その家族のプ
ライバシーに関わる事項も詳細に明らかにする必要がある。そのような事項を
調査・審判において少年や保護者等に率直に述べてもらうため，また関係者の
協力を得るためにも，手続の秘密性が必要不可欠となる（家庭の福祉・プライバ
シー保護の面では家事手続の非公開（家事 33 条，人訴 22 条 1 項）とも共通する）。このよ

第3節　調査及び審判　　　**第22条**（規第25条の2・第27条～第30条・第31条～第34条）

うな要請を満たすため，審判の非公開が定められる（本条2項）と共に，少年を特定する事項の公表禁止（61条），記録の閲覧制限（規7条）が定められている。少年保護のため，少年手続が非公開（制限公開）とされるのは，旧法も含め（旧45条本文），諸外国にもほぼ共通した原則であり（廣瀬 f），裁判の公開原則（憲82条）には抵触しないものと解される（廣瀬・少年法246頁，平場77頁，澤登139頁，団藤＝森田212頁，講義案171頁，市村94頁，柏木119頁，高松高決昭29・8・5家月6・8・84〔百選37〕。なお，少年保護事件は訴訟事件に属さず，審判は裁判の対審ではないことが理由とされているが，英，独，仏などで刑事裁判の対審手続も公開が制限されているように（廣瀬 f），少年保護手続の本質的な要請として認められる合理的例外というべきであろう。廣瀬(f)129頁，廣瀬(s)339頁）。少年事件の公開制限についての詳細な研究として，岡田(裕)参照。

（2）**併合審判の原則**　　同一の少年に対する2以上の事件は，なるべく併合して審判しなければならない（規25条の2）。少年審判においては，非行事実と共に要保護性が審理の対象となる（⇨本章前注3）。要保護性は，少年の性格，保護環境といった個別事件を超えた少年に関する事項に左右される部分がほとんどであるので，非行事実ごとに審判すると別事件でも重複した審理とならざるを得ない部分が多いこと，重複した手続は，少年に無用な負担をかけ，その情操保護（規1条）にも，審判経済にも反すること，非行性（再犯可能性）等を正確に捉え，適切な処分決定をするには，全ての非行事実を把握する必要があることから，刑事訴訟以上に併合審判が要請され，この原則が定められている。

　この趣旨から，同一少年の複数の事件が同一家庭裁判所に係属している場合は勿論，本庁と支部にある事件は回付，他庁にある事件は移送（5条2項）により併合して一つの手続で審判すべきである（廣瀬・少年法248頁，市村93頁，団藤＝森田197頁。仮に，前件係属後に少年の住所が変動し，後件自体では管轄が認められなくても，併合管轄が認められるから前件が係属する家庭裁判所への移送は可能である。東京高決平16・9・8家月57・4・90）。もっとも，事件の性質・内容，非行時期等から別個に処理した方がよい場合には併合すべきではない。自庁講習，交通（短期）保護観察等の特殊な処理が行われている交通関係事件については，一般事件と併合すると，その事案の性質に応じた処遇ができなくなるため，併合しない取扱が多い。また，一部の事件だけ不開始（19条1項），検察官送致（20条・62条）等が相当な場合，身柄事件で移送を待つ時間的余裕がなく，移送事件によって

第 22 条（規第 25 条の 2・第 27 条〜第 30 条・第 31 条〜第 34 条）　　第 2 章　少年の保護事件

処分変更の見通がない場合などには併合しない取扱も相当であろう。

少年保護事件と施設送致申請（26 条の 4），戻し収容申請（更生 71 条）等の準少年保護事件との併合も許される（⇨各条注釈）。

併合決定が事件ごとに必要か否かは取扱が分かれているが，訴訟法上の裁判所が事件単位に行う決定であり，国法上別の裁判所（例えば東京家裁と横浜家裁）に係属する事件の併合が認められる以上，事件ごとに行うのが理論的に正しいというべきである。もっとも，実務上は，1 個の決定で足りるとする見解も有力でそのような取扱も少なくない。

併合決定で審判手続は併合されるが，終局決定は，少年に最適な選択を目指すので必ずしも一つでなくてもよく，検察官送致と保護処分というように分離して各別に行うこともできる（⇨20 条注釈 4(5)）。

複数の少年の併合審判は，次項の個別審理の原則の例外の問題となる。

(3)　**個別審理の原則**　　少年審判においては，原則として異なる少年の事件の併合は許されないと解されている。明文の定はないが，少年及び関係者の秘密保持の要請から認められるもので，少年の刑事事件について取扱の分離を定めた 49 条にはこの原理が反映していると解される。事実の合一的確定の必要性，審判経済，迅速処理の要請などから併合する必要性・合理性があり，秘密に対する侵害がないか小さい場合には，併合審理が許される（廣瀬・少年法 249頁，浜井ほか 230 頁，内園ほか 145 頁，平場 252 頁，団藤＝森田 209 頁，早川 b 264 頁，近藤 b 308 頁，守屋 e 209 頁，多田(周)(下)41 頁）。非行事実認定に関して，共犯少年に共通な証人の尋問は，反対尋問・少年の弁解聴取を効率的かつ適切に行い得るなどの利点があるので，併合可能である（福岡家久留米支決平 6・3・23 家月 47・1・150，大阪家決昭 54・3・30 家月 31・12・108）。但し，共犯者・付添人の数等によっては，全体の人数が多くなって証人が萎縮する虞，期日指定・審判指揮の困難などの弊害もあり得るので，付添人の了解を得て，出席者の限定，少年の一時退席（⇨3(6)）なども検討すべきである（浜井ほか 231 頁）。要保護性に関しては，実例は多くないが，同一家庭の少年らに対する審判の場合が考えられる（兄弟でも反目している場合，親の対応に問題がある場合などには，相当ではない）。実務上，交通関係事件では，集団審判も行われている。交通関係事件は，一般的に事件自体の秘密性が高くないといえること，要保護性の審理も共通した定型的な事項で足り，関係者のプライバシーに立入る必要が少ない事件を選別できる

264

第3節　調査及び審判　　　**第22条**（規第25条の2・第27条〜第30条・第31条〜第34条）

こと，テストや講習を集団で行うことにより，動画・教材等を用いて，遵法精神の重要性，交通事故の危険性・重大性，人命尊重等の共通する課題・問題点を指摘し，類型的な処遇決定を行うなど，より教育的な審判が行えること，事件数が膨大で大量処理の必要性も高いことなどの併合審判の必要性・合理性があり，弊害も少ないので，このような実務の取扱は是認できる（近藤 b 308 頁，守屋 e 209 頁，条解〔廣瀬〕141 頁，多田（周）㊦41 頁，平場 333 頁）。併合するには問題のある少年はインテイク・面接・講習の各段階で選別し，あるいは問題性が発見された時点で分離して，個別調査・審判を行うべきであり，実務上もそのように励行されている。なお，決定書も少年ごとに個別に作成すべきであるが（反対，櫛淵 a 11 頁），全員非行なしなど秘密性に問題ない場合は例外が認められる（内園ほか 145 頁，近藤 b 308 頁。非行なし不処分，前掲大阪家決昭 54・3・30，検察官送致，前橋家決昭 35・8・16 家月 12・10・187，抗告棄却，東京高決昭 49・10・24 家月 27・5・165 等）。

(4)　**保護・教育的配慮**　　審判は懇切を旨として和やかに行われる（本条1項）。これは，少年手続の保護・教育的本質を明らかにしたものであり，少年の年齢・性格等に即し，用語・語調等に配慮し，分かりやすく手続を進め，少年，保護者，関係人の納得や信頼を得られるような雰囲気と人間関係の下に審判を行うという趣旨である（廣瀬・少年法 249 頁）。処遇を決定する教育の場であるから，徒に甘い雰囲気や平穏な納得ずくのものだけではなく，必要があるときには，毅然たる態度で臨むことも要請される。即ち，審判に臨む態度・心構えの悪い者を注意して改めさせ，厳粛な雰囲気の下で真摯に審判に臨ませること，少年の非行・生活態度などについて，その受けるべき非難の大きさ，反社会性・反道徳性などを指摘して，自覚・反省を促し，問題点を認識・洞察させ，社会的責任の自覚を促し，更生の意欲を喚起し，自立更生の心構えを高めさせること，保護者や関係者の問題点を指摘して自覚させ，適正な監護意欲を喚起するなど，少年の健全育成を目指す誠意と愛情に裏打ちされた厳しさは，保護的な配慮と矛盾しないばかりか，少年審判を適正に行うには不可欠である。平成 12 年改正により，本条 1 項に「非行のある少年に対し自己の非行について内省を促すものとしなければならない。」との文言が付加されたが，これは，保護・教育的配慮に基づく審判の実務運用を明文で確認したものであり，従前の運用の変更を求めるものではないと解される。しかし，少年審判手続の運営

265

第 22 条（規第 25 条の 2・第 27 条〜第 30 条・第 31 条〜第 34 条）　　第 2 章　少年の保護事件

が非行少年に甘いものとなっているという誤った認識が存することにも留意し，改正文言に沿う審判運営の励行にも心掛けるべきであろう。そこで，審判を主宰する裁判官にはこのような教育・福祉的配慮・情熱と人間関係諸科学の成果を正当に評価できる見識が要求され，審判運営の困難な事件については，裁定合議の活用も検討されるべきである（⇨4 条注釈 3）。

　(5)　**審判の公正さの確保**　　**⑺　裁判官の回避等**　　少年審判において裁判官は受動的な第三者ではなく，保護・教育的な手続の主宰者として，広範な裁量が認められると共に積極的な役割が期待されている。それだけにその公正・公平さの確保が重要であり，常に判断者として冷静な目を失わないように努め，不当な不信を抱かれないようにすることが肝要であるが，疑問を抱かれるような場合には回避が認められている（規 32 条）。回避は書面，口頭等適宜な方式でよいと解されている。規定はないが，書記官，調査官も回避の趣旨に準じ適宜交代すべきである。

　⑷　忌避申立の可否　　刑事手続と異なり（刑訴 20〜26 条参照），少年法には除斥・忌避に関する規定はなく，少年保護事件は刑事事件ではないから被告人の公平な裁判を受ける権利は保障されず，保護への悪影響を避ける趣旨で回避義務が定められたにすぎないと解されていた（平場 85 頁等）。ところが，非行事実を争う事件に関して忌避申立が行われ，その申立権を認める裁判例（東京家八王子支決平 5・10・8 家月 45・12・116。なお，場合により救済を認める可能性を示唆するものとして，福岡家決平元・11・20 家月 42・3・116，東京高決平元・7・18 家月 41・10・166〔百選 39〕。もっとも，東京高決平 17・11・2 東高刑時報 56・85 は申立権を否定した。評釈として，平良木 b 75 頁，本田 b 74 頁，大段 75 頁）及び積極的な学説（村井 a 80 頁，高田（昭）a 325 頁等）もみられるようになってきた。

　この点については，裁判官の除斥・忌避の制度を定めた刑訴法と同時期に立法された少年法が忌避の制度を置いていないのは，これを認めない趣旨と解されること，忌避申立権を認めることは保護教育主義の観点から職権主義的手続構造をとる少年保護手続には相応しくないことなどから，忌避申立権自体は消極に解すべきである（浜井ほか 153 頁以下）。しかし，保護処分は教育目的ではあるが不利益性も否定できないこと，除斥・忌避原因のある裁判官が下した処分では教育効果にも疑問が残ること，非行事実が争われる事件では公平な裁判所（憲 37 条）の保障も刑事事件同様に重要であること等の事情を考慮すると，少

第3節　調査及び審判　　　**第22条**（規第25条の2・第27条～第30条・第31条～第34条）

年に公平な裁判を受ける権利を全く保障しないことには疑問が残る。そこで，規則32条の「審判の公平について疑を生ずべき事由」には除斥事由・忌避事由に当たる事由が含まれ，それらの事由がある場合には裁判官は回避すべき義務があり，同条違反の裁判がなされた場合には，終局決定に対して法令違反を理由として抗告を申立てることができると解すべきである（浜井ほか155頁，平良木b。前掲東京高決平元・7・18も，不服申立方法は原則として終局決定に対する抗告としている。更に，忌避に関する刑訴法準用を認める見解として，川出105頁，慎重な評価として，廣瀬・少年法242頁がある）。

5　審判の進行

(1)　**通常の順序**　　　審判の対象については議論があったが，現在では，非行事実と要保護性が審判対象とされ，非行事実の存在が要保護性の判断の前提となるべきであるという考え方が，実務上確立されている（⇨本章前注3。令和3年改正による特定少年の事件も虞犯が対象外となる以外，変更はない）。これを前提に審判の手続は一般的には，①少年・保護者等の人定質問，②黙秘権の告知，③非行事実の告知と少年の弁解聴取，④非行事実の審理，⑤要保護性に関する事実の審理，⑥調査官・付添人の処遇意見聴取，⑦終局決定告知という順で進行する。もっとも，実際の事件のほとんどを占める，少年が非行事実を認め，非行事実認定の証拠が十分整っている事件では，④⑤は明確には区別されず，③の後，法律記録と社会記録（⇨8条注釈6(3)）に基づいて，少年，保護者，関係者らに事情を聴き，意見を述べさせ，裁判官から適宜，それぞれの問題点を指摘して，⑥以降の手続に至る場合が多い。また，調査官・付添人の処遇意見については，事前に打合わせたうえ，少年の情操保護・効果的な処遇への配慮等から，調査票・意見書記載の通りなどとして，審判廷では具体的には聴取しない場合も少なくない。

(2)　**軽微事案の例外**　　　前記の原則に対して，軽微な事案で要保護性がないことが確実に見込まれるときに，非行事実の認定を留保したまま要保護性につき審理し，終局決定をすることができるか議論がある。非行事実の人権保障機能（⇨本章前注3(1)）のほか，非行事実の存否を曖昧にして終局することは適正手続・教育的配慮から望ましくないこと，非行事実の存否は，少年・保護者にとって重大な利害関係があること，非行事実の態様は要保護性判断においても重要な判断資料となること，家庭裁判所の司法的機能の重要性等に照らし，非

267

第 22 条（規第 25 条の 2・第 27 条～第 30 条・第 31 条～第 34 条）　　第 2 章　少年の保護事件

行事実の存否の認定を必ず行うべきでこれを回避することはできないという説がある（菊池 d 167 頁, 長島(孝)a 374 頁, 平場 245 頁。浜井ほか 183 頁参照）。しかし, 非行事実の認定を留保して終局決定をした裁判例（仙台家決昭 60・10・22 家月 38・9・117〔百選 50〕, 大阪家決昭 47・3・31 家月 24・10・138 等）があり, 少年側が非行事実の解明に固執しない場合に, 非行事実の存否確定の利益を上回る他の利益（早期に少年の心情を安定させる必要等）がある場合には, 例外的に非行事実の存否を確定しないまま終局決定をすることができると解する説も有力である（田中(敦)125 頁, 三浦 c 50 選 117 頁, 川出 197 頁）。軽微な事案などでは少年に必要以上の手続的負担をかけず, 早期に手続から解放すること自体が少年の健全育成の趣旨に適う場合があるのであって（⇨序説 4。浜井ほか 184 頁参照）, このような例外を認めることも非行事実認定の重要性, 家庭裁判所の司法機能尊重と矛盾するものではない。勿論, この説に立つ場合でも, 例外は限定的に解すべきであろう。また, 少年が身柄を拘束された事件では, 補償との関連で, 非行事実の存否の確定が要請されることに注意しなければならない（少補 2 条 1 項参照）。この点で, 非行なしで終局すべきだとする説（前野 c 240 頁）には賛成できない。

6　黙秘権の告知

裁判長は, 第 1 回審判期日の冒頭, 少年に供述を強いられないことを分かりやすく説明しなければならない（規 29 条の 2）。平成 12 年改正前には, 黙秘権に関する規定（刑訴 311 条参照）が全くなかったため, 少年保護手続に黙秘権の保障が及ぶか議論があった。従前から, 犯罪少年については, 検察官送致決定（19 条 2 項・20 条・23 条 3 項）を介して刑事責任を問われる可能性があるため, 黙秘権は保障されると解されているが（浜井ほか 170 頁, 平場 218 頁, 条解〔廣瀬〕145 頁）, 触法・虞犯少年については議論が分かれている。憲法 38 条 1 項は, 刑事責任を問われる手続か, 実質上刑事責任追及のための資料の取得収集に直接結付く作用を一般的に有する手続にのみ及ぶとすれば（最判昭 59・3・27 刑集 38・5・2037 参照）, 刑事責任を問い得ない触法・虞犯の事実については, 黙秘権の保障は及ばないことになる（平場 218 頁, 大森 b10 頁, 菊池 100 頁）。しかし, 保護処分も強制処分で刑事処分類似の不利益性があること, 触法・虞犯事件の審判において刑事責任を問われる事項が審理の対象となる可能性が十分にあること等の事情を考慮し, 憲法 38 条 1 項の趣旨は, 憲法 31 条を介して, 触法・虞

第3節　調査及び審判　　　**第22条**（規第25条の2・第27条〜第30条・第31条〜第34条）

犯少年にも推及されるべきであると解する説が有力であった（猪瀬 b 95 頁，元木 122 頁，正田 b 48 頁，高木 321 頁，鴨 11 頁，小林(崇)b 181 頁，内園ほか 110 頁，菊田 156 頁，澤登 155 頁，市村 b 75 頁，高山 b 102 頁。なお澤登 166 頁も参照）。

　黙秘権の告知までは，憲法 38 条 1 項の保障ではなく（最判昭 25・11・21 刑集 4・11・2359），保護手続の教育的側面から一律に告知することは相当ではない場合もあり，刑訴 291 条 5 項の準用も認められないので，法律上の要請ではなく，告知の有無・時期・方法等は裁判官の裁量に委ねられていた（野間 76 頁，条解〔廣瀬〕145 頁，団藤 = 森田 205 頁，名古屋高決昭 32・3・6 家月 9・3・56〔百選 40〕）。しかし，告知に積極的な見解も有力であり（沼邊 273 頁，正田 b 48 頁，和田 120 頁，大森 b 11 頁，高木 324 頁，多田(元)a 334 頁，平場 219 頁，内園ほか 111 頁），警察・検察段階では犯罪少年には黙秘権告知がなされていること，少年は判断力が未熟で不任意の自白を引出す可能性もあること等を考慮すれば，犯罪少年（特に否認事件）には，黙秘権告知を励行する運用が相当であり（浜井ほか 171 頁），実務上，黙秘権の告知は励行されていた。平成 12 年改正に伴い設けられた規則 29 条の 2 は，このような学説・実務の状況を踏まえて，審判を開始した全ての事件について実質的に黙秘権を保障し，そのための説明を義務付けたものと理解することもできよう（福岡高決平 17・3・10 家月 57・9・62 は，供述を強いられることがない旨の説明をしていないことを法令違反の一つの要素と判断している）。

7　非行事実の告知と聴聞

　審判期日において，裁判官が，少年に非行事実（特定少年以外は，虞犯・触法を含む）を告知し，少年に確認したうえ，その陳述を聴取している。明文上，要求されてはいなかったが，告知と聴聞は，適正手続の基本的要請であり（浜井ほか 172 頁，内園ほか 62・107 頁，平場 257 頁，条解〔廣瀬〕146 頁，小林(崇)b 181 頁），実質的にも，保護処分等の可能性を認めて審判を開始した以上（⇨21 条注釈 **2**），少年に弁解・防御の機会を与えることが相当として実務上励行されていたものであり，改正規則に盛込まれ義務付けられた（規 29 条の 2）。告知にあたっては，少年の年齢・性格等に応じて少年が真意で認否しやすいようにすべきで，送致事実等を理解しやすい表現に変え，言葉を補うなどの配慮が必要である。過度に緊張している少年には告知の前に家族関係等答えやすい質問をして気持を解きほぐすことも必要である（条解〔廣瀬〕146 頁，団藤 = 森田 205 頁）。虞犯事件では虞犯の基礎となる具体的な問題行動の概要を日時・場所・態様等を示して告知

第22条（規第25条の2・第27条〜第30条・第31条〜第34条）　　第2章　少年の保護事件

すべきである。

実際には，審判前に，身柄付で送致された事件では観護措置段階で裁判官が（規19条の3），そうでない事件（在宅事件）では調査段階で調査官が，それぞれ告知している。審判開始決定と同時に，非行事実の内容を送達（送致書等の謄本送付）すべきだとの立場（斉藤a93頁，中村（護）b7頁，多田（周）⊤36頁。立法提案として，猪瀬b95頁）もあるが，審判開始決定に先立つ調査段階で調査官が告知するのが通例であり，そのような送達・送付の意義に疑問があるうえ，在宅事件は膨大な件数で事実に争いのない比較的軽微な事件が大半であること，調査と審判には通常，防御に支障がない程度の間隔があること，審判開始事件の全てに呼出状が送付・送達されるわけではないこと，一律な送付には弊害も考えられること（多田（元）d17頁）などを考え併せると，実務の取扱は妥当である（浜井ほか173頁，平場257頁，菊田155頁。正田b46頁は立法論としては書面の交付を求めている）。もっとも，否認事件や身柄引上（⇨17条注釈4(1)）を予定する事件などではより早期の非行事実告知がなされることが望ましい（浜井ほか173頁）。

8　非行事実の審理

(1)　総説　　少年審判も裁判であり，事実の認定は証拠に基づかなければならない（刑訴317条参照）。この事実認定手続については，14〜16条，規則12条・19条・19条の2・29条の3〜5の規定があるだけで，それ以外の点は，裁判所の裁量に委ねられている。この裁量は，少年の権利保護及び健全育成を図る観点からも，自由裁量ではなく，適正手続に則った合理的なものである必要がある（最決昭58・10・26刑集37・8・1260〔百選46・2〕。廣瀬c，浜井a。東京高決昭40・4・17家月17・12・134〔百選41〕も参照。なお，検察官関与事件の審理については，⇨22条の2注釈）。

できるだけ早期に，非行のない少年は手続から解放し，非行のある少年にはその要保護性に即応した適切な保護・教育的な処遇がなされなければならない。この意味では，刑事裁判以上に適正迅速な審理が要請されており（⇨1条注釈1(4)），これに応えるべく，少年審判手続は職権主義的審問構造がとられている。このため，裁判所の裁量権は広範であり，その職責は極めて重要である。特に，審判手続には，原告官（検察官）が存在せず，少年側も，弁護士の国選付添人は一部の事件についてしか認められておらず，その権利主張が十分なされない可能性がある。そこで裁判所は，受動的な判断者の地位に留まることなく，刑

第3節　調査及び審判　　　**第22条**（規第25条の2・第27条〜第30条・第31条〜第34条）

事裁判における検察官，弁護人の役割をも果たすことが要求されている。即ち，裁判官は，事件の送致と共に送付された事件（法律）記録（規8条2項）を熟読し，非行事実を認定する証拠を十分検討し，必要があれば警察等に補充捜査を含めて援助・協力を求め（⇨16条注釈），調査官の調査報告を受けると共に，必要な調査を指示し，その結果，審判を開始せずに終結させる事件は各決定（不開始，児童相談所長等送致，検察官送致・18〜20条）を行い，審判を開始した事件では，審判廷で少年・保護者の言い分をよく確かめ，送付された証拠で非行事実・要保護性に関する事実が認定できるか，その点を補う最適な証拠は何か，それを取調べるのが妥当か，少年の言い分を裏付け，確認する証拠があるかなどを検討し，必要に応じて証人等に適切な尋問等を行い，心証を形成したうえで，終局決定をする必要がある（心証の程度については，⇨20条注釈2(2)・24条注釈1(2)）。その過程では，裁判所が能動的に振舞う必要性が高い（争いのない事件の審理等につき，〔座談会〕e，否認事件の審理等につき，ケース少年事件〔奥田哲也〕119頁，実例少年法87頁以下，〔座談会〕f）。まず十分な事前準備が肝要である。特に予断排除及び伝聞法則の規制のある刑事手続（刑訴256条・320条1項参照）と異なり，少年審判では審判期日前に送付を受けた記録の全面的な検討が可能であるから，否認事件など多数の証拠調が必要となる場合には，審理計画の策定，証拠調期日の確保，証人等の出頭確保，付添人との期日調整，裁判所内部の事件処理態勢の調整，少年の身柄の取扱などに十分な配慮を払うべきである（これらの方策の詳細については，浜井ほか192頁以下参照）。なお，事前打合せを規定した規則30条の4は，検察官関与事件についての規定であるが，その趣旨は，それ以外の証拠調等を要する事件にも推及されるものと解される（⇨22条の2注釈3(3)）。従って，検察官が関与しない事件においても，裁判所は付添人と上記の点について打合せを行うことができる。また，裁判所書記官は審判の進行に関して必要な事項について付添人に問合せをすることもできると解される。

　しかし，少年審判手続が基本的に処遇決定のために構成され，非行事実の認定手続としては十分に検討されずに立法されたものであるため，複雑困難な否認事件などでは，実務運用上の努力・工夫にも限界があることは否定できない（浜井ほか168・301頁以下，廣瀬e8頁）。この点を改善するため，平成12年改正により，裁定合議制，家庭裁判所の決定による検察官の審判出席，検察官関与事件における国選付添人，観護措置期間の伸長，検察官の抗告受理申立てなどを

271

第22条（規第25条の2・第27条〜第30条・第31条〜第34条）　　第2章　少年の保護事件

導入する法改正がなされ，規則で審判関与者の権限が明確化され，平成26年改正により，検察官関与及び国選付添人選任の対象事件の範囲が拡大された。しかし，観護措置期間の伸長（17条）は限定され，検察官の抗告権も裁量的な受理申立てに限縮され，不処分決定に対する抗告権は認められないなど，従前からの提案内容が十分実現しているとはいい難い。これらの点は，今後の検討課題である（従前からの改正提案については，浜井ほか301頁以下，廣瀬 e，守屋 f（上）（下），猪瀬 a，八木 b 等）。

(2)　**証拠調請求権**　　実務上，少年側から証拠の取調を求められることがあり，証拠調請求権を認める説もあるが（安冨19頁，沼邊227頁，高山 b 103頁，和田122頁，鴨11頁），請求権を明示，あるいは，それを前提とした規定もないこと（刑訴298条1項参照），職権主義的審問構造をとっていることから，請求権は認められない（廣瀬・少年法254頁，野間77頁，内園ほか113頁，佐藤（卓）17頁）。しかし，少年の健全育成の観点からは，少年が納得する形での審判運営が望ましいことも考慮すべきであること，裁判所の職権証拠調義務（⇨(4)）によって重要な証拠を取調べないと，法令違反となる場合が多いことに留意すべきである。平成12年改正に伴う規則改正により，証拠調の申出が規定されたが（規29条の3），これも従前の実務運用を前提としたもので，請求権までを認めるものではなく，職権発動を促す申出に止まる。明文化されたことによって申出に応答する義務があると解する説があるが（甲斐ほか379頁），請求権のない申出に応答義務を認めるのは疑問であろう。

(3)　**証人尋問権**　　証人喚問権については請求権までは認められないが（⇨(2)），裁判所が職権で採用した証人に対する少年側の尋問権について，自己に不利益な証拠を争う権利を与えることは，適正手続の基本的要請であり，14条2項による刑訴法157条3項の準用によって認めることができる（平場264頁，条解〔廣瀬〕149頁，安冨19頁，菊池101頁，沼邊229頁，和田122頁。伝聞証拠を争う限度で積極，内園ほか76頁，猪瀬 b 98頁，中村（護）b 10頁，正田 b 50頁，大森 b 25頁，田宮 a 282頁等，反対・佐藤（卓）43頁）。改正規則に少年側の証人尋問権等の規定が設けられなかったのも，この解釈によるものである。

(4)　**職権証拠調義務**　　少年審判手続では職権主義的審問構造がとられ，原告官たる検察官は存在せず，少年側の権利保護者としての付添人も制度上不可欠とされておらず，真実を解明する職責はあげて裁判所に委ねられている。そ

272

第3節　調査及び審判　　　**第22条**（規第25条の2・第27条〜第30条・第31条〜第34条）

こで，裁判所は，司法機関としての公正さを害さない範囲では，少年に有利・不利を問わず必要な証拠を調べるべきである（記録上存在が窺えない少年に不利な証拠を一般的に探索するようなことは，家庭裁判所の公正さを疑わせ，その処遇効果を著しく減殺するので相当ではない）。その範囲では，家庭裁判所は真実発見に努めるべき職責があり，職権証拠調義務があると解すべきである（廣瀬・少年法256頁，浜井ほか186頁，内園ほか132頁，小川9頁，平場217頁，浜井a356頁，加藤（学）b110頁。なお，最決昭58・10・26刑集37・8・1260による証拠調べに関する家庭裁判所の措置の規制の射程は，少年に有利な方向に限定されているとの見解（裁コ〔加藤〕213頁以下）もある）。

　この点，司法機関の中立性，国選付添人制度の不存在，41・42条の文言等を理由に，少年に不利な証拠についての職権証拠調義務を否定する見解もみられるが（三井134頁，長島（孝）b163頁等。大阪家決昭46・4・22家月24・1・102〔百選47〕参照），司法機関の中立性とは，当事者の一方に偏らないということであり，これを家庭裁判所に引直せば，少年に有利にも不利にも偏ることなく，非行事実の存在・不存在いずれの方向に対しても，事実をありのままに明らかにするということになろう。なお，弁護士付添人については，援助付添人制度の充実に加えて，平成26年改正により国選付添人選任の対象事件も大幅に拡大されている。41・42条の文言も，送致後に少年が新たな弁解をした場合を考えれば，その弁解に対する反対証拠の取調を否定する根拠にならないのは当然である（もっとも，司法機関の中立性には十分配慮すべきであるから，証拠調の際に家庭裁判所が少年との対峙状況を避ける必要がある場合には，平成26年改正により対象事件の範囲が拡大された検察官関与も活用すべきである）。また，少年に不利な方向の証拠調義務に違反しても抗告があり得ないことを理由に，その義務を否定する見解もある（福井(上)14頁）。しかし，不服申立が認められず裁量に委ねられているということは，その適正かつ妥当な職権行使を法が強く期待し，前提としているものというべきである（浜井ほか189頁。なお，この点については，平成12年改正により，検察官関与事件においては，抗告受理申立てが認められた）。更に，少年の健全育成を目指す少年審判手続（1条）においては，非行を犯していない少年を手続から速やかに解放する職責と共に，非行を犯している少年には，正確に非行事実を認定し，要保護性に即応した保護を時機を失せずに加える職責が裁判所にはあるのであって，その行うべき証拠調を怠り，事実の認定を誤れば，冤罪による人権侵害を招くのみならず，少年の健全育成の趣旨にも悖り，社会の少年審判制

第 22 条（規第 25 条の 2・第 27 条〜第 30 条・第 31 条〜第 34 条）　　第 2 章　少年の保護事件

度に対する信頼を損なうことにも繋がりかねないことを銘記すべきである（⇨1 条注釈 1 (2)，浜井ほか 186・189 頁，川出 163 頁以下）。このように考えれば，送付された記録のみでは非行事実が認定できない場合であっても，ほかに非行事実を裏付け得る証拠の存在が窺われる場合には，その証拠を取調べるべきである。例えば少年の認識によって犯罪の成否，罪名が左右されるのに記録上それが明確でない場合には，審判を開始して直接少年に確かめるべきである。なお，記録上存在が窺われる重要証拠が送付されていないなど送付漏れの場合，規則 8 条 2 項の履行を求めることも当然可能である（浜井ほか 221 頁注参照）。

　少年が，非行事実を争い，重要な供述証拠の信用性を争っている場合には，他の証拠だけで十分に非行事実を認定できる場合でない限り，原供述者を証人尋問すべきである（浜井ほか 188 頁，内園ほか 72・114 頁，東京高決平 29・7・28 家判 14・80，東京高決平 27・7・8 家判 6・106，年少の性犯罪被害者の心情・発達等に配慮しても証人尋問を試みるべき場合があることを指摘し違法とした東京高決令元・10・16 判タ 1481・86。原供述者を証人尋問しなかったことが違法ではないとした裁判例として東京高決平 28・5・27 家判 12・107，同平 27・10・26 家判 7・56，同平 17・8・10 家月 58・11・89 等）。不利益処分を根拠付ける証拠を弾劾できるようにすることは適正手続の保障の中核であり，保護処分も自由の拘束等を伴うからである。従って，この場合，少年に立会権・尋問権が保障されない参考人尋問の手段を用いることは妥当ではない（⇨14 条注釈 2 (2)）。

　少年側が，新たな証拠調を申出た場合（規 29 条の 3）には，その証拠の取調により非行事実の存在について合理的な疑いが生じる可能性があれば，その証拠調が必要となる（浜井ほか 189 頁，内園ほか 114 頁）。アリバイに関する証人・書証，非行事実の犯行方法では結果が発生しない旨の鑑定書等のほか，動機に関連する証人も必要な場合があり得よう（職権証拠調義務の有無について判断した事例として，東京高決平 9・9・2 家月 50・2・198）。

　他方，家庭裁判所の心証が揺らぎ合理的な疑いが生じる状態になった場合でも，少年側の弁解の確認・裏付が必要な場合，相反し得る重要な証拠等の存在が窺われる場合などには，家庭裁判所は証拠調をすべきである。このような場合直ちに非行なし不処分にすべきであるという異論もあるが（津田ほか 201 頁，出口 b 266 頁），例えば，記録に表れておらず，主張自体は不自然とはいえないアリバイを少年が供述すると心証が揺らぐ場合も多いが，その供述の真偽・裏

274

第3節　調査及び審判　　　**第22条**（規第25条の2・第27条〜第30条・第31条〜第34条）

付を確認するための証拠調を行うことは許されるのみならず，行うべき場合が多いと思われる。これを行わなければ，そのようなアリバイ供述のみで，多くの事例で非行なし不処分となり得るが，それでは少年審判の事実認定機能が著しく損なわれるといわざるを得ない。また，目撃者を証人尋問した結果，被害者の供述の信用性に疑いが生じたが，他にも目撃者があるとき，その証人尋問を行うような場合も同様に考えられる。

　(5)　**伝聞法則**　　少年審判にも適用を認める立場もあったが（市村b77頁，高山b102頁，元木127頁，沼邊224頁，草野77頁），少年法には刑訴320条のような伝聞証拠排斥の規定はなく，憲37条の証人審問権・喚問権は，基本的には当事者主義・対審手続の下で認められるものであり，職権主義・非対審構造を前提とする少年審判手続には直接の適用はないと解すべきであること（安富19頁），実際的にも少年審判手続においては，刑事訴訟における原告官（検察官）が存在しないので（検察官関与事件においても，検察官は原告官としてではなく，あくまでも審判の協力者として関与する。⇨22条の2注釈2(1)），審判の開始・不開始を決定するためにも，審判開始後に適切な審判運営を行うためにも，裁判官は記録を熟読することが要求されるので伝聞法則を適用する余地はないと解される（廣瀬・少年法265頁，浜井ほか176頁，内園ほか71頁，平場261頁，団藤＝森田208頁，千葉b231頁，長島(孝)a358頁，島田(仁)b149頁，野間76頁，大森b25頁，猪瀬b98頁，中村(護)b10頁，山本124頁，神垣a55頁，正田b50頁，柏木73頁，澤登169頁，菊田161頁，前掲東京高決平29・7・28，仙台高決昭63・12・5家月41・6・69〔百選44〕，大阪高決昭40・9・30家月18・7・85，福岡高決昭39・2・7家月16・7・87，大阪高決昭28・1・16家月5・4・117。伝聞法則不適用の法理的検討について，川出176頁以下参照）。事件送致の際に一件記録が送付されることになっている（規8条2項）ことも，このことを前提としている（検察官関与決定（22条の2）についても，送付された一件記録を家庭裁判所が検討したうえで決定されるものであり，検察官が原告官であるという前提に立っているわけではない）。このように伝聞証拠は許容されるが，適正手続保障等の観点から重要な供述証拠については実質的に反対尋問を保障すべきである（⇨(4)）。また，伝聞証拠の証明力の検討は慎重に行うべきであり，特に，少年の未熟さなどからその供述の信用性は慎重に吟味すべきである（供述の問題点，証明力の検討方法・留意事項の詳細については，浜井ほか176頁以下参照）。

　(6)　**自白の証拠能力・補強証拠**　　規定はなく（刑訴319条1・2項参照），異論

275

第22条（規第25条の2・第27条〜第30条・第31条〜第34条）　　第2章　少年の保護事件

もあったが（柏木73頁），少年審判手続でも任意性に疑いのある自白の証拠能力を否定し，補強証拠を要求するのが通説・実務の取扱である（廣瀬・少年法264頁，浜井ほか174・176頁，内園ほか78・81頁，平場259・260頁，団藤＝森田208頁，千葉b230・231頁，島田(仁)b150頁，同a152・154頁，野間76・77頁，大森b26頁，和田122頁，正田b51頁，田宮a282頁，猪瀬b97・98頁，高山b102・103頁，元木124頁，中村(護)b10頁，草野78頁，講義案190頁，菊池108頁，沼邊208・221頁，山本121頁，菊田160・161頁，澤登168頁，川出181頁以下，仙台家決昭41・2・8家月18・11・97〔百選42〕，甲府家決昭45・12・19家月23・9・133〈任意性〉，福島家決昭47・1・11家月24・8・94，大阪家決昭46・4・22家月24・1・102〔百選47〕，前掲甲府家決昭45・12・19，福岡家決昭44・4・5家月21・11・193，旭川家決昭41・8・12家月19・6・123，東京高決昭40・1・27家月17・8・96，福島家決昭39・7・13家月17・1・170〔百選43〕，高松高決昭35・10・20家月12・12・106〈補強証拠〉）。非行事実の存否に関する捜査過程は犯罪捜査とほぼ同様の手続であること，非行事実の認定が保護処分等の前提となることを考えれば，刑事訴訟において任意性のない自白を排除し，補強証拠を必要とする根拠とされる虚偽自白の排除，自白の強要の防止，更に違法な取調による自白採取防止，自白偏重を防止しそれ以外の証拠を収集させる必要等の観点（田宮354頁）は少年審判においても妥当するからである。虞犯・触法少年については，犯罪を前提としないため，刑事訴訟でいう「自白」には当たらないが，非行事実の一部又は全部を認める供述（これを少年法上の自白と呼ぶことができよう）について，消極説もあるが（平場旧版140頁），憲法31条の趣旨は推及されるべきであって，同様に適正手続の見地から，任意性のない自白は証拠とすることができず，補強証拠も必要と解すべきであろう（但し，虞犯の性質・構造から（⇨3条注釈4），虞犯性についての補強証拠は要求されないと考えられる。平場259頁，内園ほか79・82頁）。

(7)　**違法収集証拠の証拠能力**　　明文の規定はないが，刑事訴訟では証拠の収集手続に令状主義を没却するような重大な違法があり，これを証拠として許容することが，将来における違法捜査抑制の見地からして相当でないときは証拠能力がないとされている（最判昭53・9・7刑集32・6・1672）。違法収集証拠に基づく処分では少年に対する教育的効果にも疑問があることなどから，刑事手続で根拠とされる司法の廉潔性等は，少年審判手続にはより強く要請されるといえる。この観点からは少年審判においても，刑事訴訟同様に，違法収集証拠

276

第 3 節　調査及び審判　　　　**第 22 条**（規第 25 条の 2・第 27 条～第 30 条・第 31 条～第 34 条）

の証拠能力を否定すべきである（廣瀬・少年法 265 頁，内園ほか 84 頁，平場 263 頁，澤登 169 頁，川出 183 頁，名古屋家決昭 49・3・20 家月 26・12・99〔百選 45〕，名古屋家決昭 49・3・7 判時 749・117）。もっとも，刑事手続と異なり，要保護性のある少年を保護するという要請との総合的検討も必要となることに留意すべきである（⇨17 条注釈 **5**(4)，川出 183 頁）。

(8)　**調査報告書の事実認定への利用**　　調査官の調査結果をまとめた調査報告書（規 13 条 1 項）記載の事実を，要保護性の認定に使えることは当然であるが，非行事実認定の資料とすることについては議論がある。旧法では調査官に相当する少年保護司の調査は「事件ノ関係」に及ぶことに制約はなく（旧 31 条 1 項・32 条，森山 54 頁），現行法でも積極的な立場もある（名古屋高決昭 50・3・27 家月 27・10・91）。しかし，現在は，多数説・実務の大勢は消極である（廣瀬・少年法 267 頁，中村（護）a 11 頁，長島（孝）a 362 頁，千葉 b 234 頁，村井＝葛野 67 頁，平場 227 頁，内園ほか 86 頁，講義案 191 頁，高松高決昭 50・8・8 家月 28・4・143，なお，東京高判昭 47・11・21 家月 25・5・89〔百選 34〕）。その理由としては，調査官は心理学・教育学等の専門性を活かして少年の要保護性を明らかにすることを目的として社会調査を行うものであり，実務上も，調査官はその旨を説明して信頼関係を確立して調査するのが通常であって，調査対象者は，非行事実認定に使われないことを前提に供述・資料提供等している場合がほとんどであり，社会調査の結果を非行事実認定のために使用するのは，この信頼関係を傷つけ適切な調査を阻害する虞があること，非行事実認定に利用するためには，調査対象者にその旨を告げ，少年本人であれば黙秘権を告げたうえで調査すべきであるが，それでは有効な調査が困難となること，調査過程で表れた事項を必要に応じて証拠調することも可能であること，等が挙げられており，消極説が妥当と思われる。この点について，非行事実を否定する方向に利用する場合は，調査対象者の信頼を裏切ったとまではいえないなどとして許容する立場もある（澤登 a 57 頁，菊田(3) 12 頁，静岡家沼津支決平 3・10・29 家月 44・3・103，東京家決昭 54・10・8 家月 32・10・111〔百選 49〕，東京高決昭 53・8・3 家月 31・5・125，大阪高決昭 52・2・24 家月 29・10・173，名古屋高金沢支決昭 50・6・17 家月 28・11・113）。実際にも，少年が調査過程で調査官との信頼関係の下で述べたことが非行事実認定上の問題点を明らかにする契機となることは少なくなく，その限度では利用されている（相澤 70 頁）。しかし，社会調査の過程における非行事実調査の本質は，非行メカニズ

277

第22条（規第25条の2・第27条〜第30条・第31条〜第34条）　　**第2章　少年の保護事件**

ムを解明し非行克服の方法を少年・保護者と共に探っていくためのものであって，非行事実存否の法律的判断のためではなく（相澤71頁），捜査や証拠調の過程とは本質を異にする。社会調査結果を非行事実の存否認定に利用できないのは本質的な制約というべきである。これに対して，事実調査の結果については，黙秘権告知等の適正手続の要請が充たされていれば，利用することは可能であり（守屋d153頁），調査官の事実調査も法的には可能と解されるが（浜井ほか225頁），問題点も多く限定的に利用すべきである（⇨8条注釈**6**(2)）。

　例外として，虞犯事由・虞犯性については，要保護性と密接に関連しており，要保護性に準じるものとして，調査結果を使用することができると解されている（大森b13頁，内園ほか86頁，平場231頁，浜井ほか226頁）。

　自白の任意性の判断は非行事実の認定そのものではなく，虞犯性の判断と同じ総合的，評価的なものであり，任意性判断には，自白時の心身の状況等が参考とされるが，心身の状況等は調査官が一般的に調査する事項であり，その結果を任意性判断の一資料として利用したとしても，少年側との信頼関係を破壊するに至る弊害は少なく，調査官の専門性も活かせるので，調査結果の利用を認める立場も有力である（浜井ほか226頁，内園ほか90頁，平場229頁注(2)，東京高決昭50・1・29家月27・8・93）。もっともこの点については，任意性判断は非行事実の認定過程にほかならず，調査結果をその判断資料に用いることは，まさに，調査対象者との信頼関係を破壊するという批判もあり得よう（川出187頁参照）。

　(9)　**特定少年の事件への調査結果の利用**　　非行事実認定に関しては勿論，「犯情の軽重」（64条）に関する事情の認定のために用いるのも基本的に消極であるが，少年の資質等が犯行の動機・態様等と密接に関連する事情として考慮されるような場合には，前記社会調査の本質，調査対象者との信頼関係等に支障のない範囲で限定的な利用は許容され得ると思われる。

　(10)　**証拠の取調方法**　　少年，保護者，付添人が非行事実を認め，事実認定上問題がない場合には，非行事実を裏付ける証拠を逐一示す必要はない。終局決定の決定書に，証拠の標目の記載が要求されていないのは（規2条4項参照），このような事態を想定したものとも解される。

　しかし，非行事実に争いがあるときは，少年側の納得を得，適正手続を保障するために，非行事実を裏付ける証拠を審判において刑事訴訟手続に準じて取

278

第3節　調査及び審判　　　**第 22 条**（規第 25 条の 2・第 27 条〜第 30 条・第 31 条〜第 34 条）

調べるべきである（浜井ほか 202 頁，菊池 102 頁，高山 b 102 頁，野間 77 頁，千葉 b 233 頁，長島(孝)a 357 頁，内園ほか 117 頁，平場 258 頁）。証拠の取調方法としては，必要に応じ，書証については朗読・要旨の告知（刑訴 305 条，刑訴規 203 条の 2），証拠物については展示（刑訴 306 条）をするのが，相当である（前掲浜井ほか・内園ほか・長島(孝)a・千葉 b・野間・菊池）。証人尋問は，職権主義的審問構造においては裁判所が尋問を進めるのが原則であるが，少年側の申出た証人（特に供述が記録に表れていない場合）は，少年に弁護士の付添人がいる場合などは，事案をよく理解している付添人から尋問させること，尋問事項書を提出させたうえ，裁判官が概括的な尋問を行うことが相当な場合もあろう。また，少年側がその供述内容を争っている伝聞証拠の供述者を証人尋問する場合には，事前に少年側の主張をよく聴き，記録を精読し，ポイントを絞り込んだうえ，少年に有利・不利いずれの方向にも十分に尋問をすべきである（浜井ほか 203 頁以下参照）。

　なお，審判開始決定後に追送付された資料がある場合は，付添人にその旨を通知しなければならない（規 29 条の 5）。付添人が選任されていない場合には，証拠の重要性に応じて，その内容の要点を少年に告げるなど少年に防御の機会を与えるよう配慮した運用が望ましい（最決平 10・4・21 刑集 52・3・209／家月 50・9・151）。

9　要保護性に関する事実の審理

(1)　審理手続　　非行事実の存在について心証が得られたときには，引続き要保護性の審理に入る（要保護性の意義について，⇨本章前注 3 (2)）。非行事実の認定に問題がない事件では非行事実の告知，弁解聴取の後，要保護性の審理をも併せて行うことになる（例えば，非行の動機・経緯，被害者に対する気持や対応などは双方の側面を持ち，事後の謝罪や弁償などを尋ねる順序が前後してもよい。なお，平成 12 年改正では動機等も含めて「非行事実」が定義されているが，その意義について，⇨17 条注釈 8 (1)(イ)）。否認事件では，非行事実の認定が先行されるべきであり，事実認定に問題が生じた場合には，調査を中断して非行事実の認定を先行させ，非行事実を確定したうえで調査・要保護性の検討をすべきである。しかし，身柄事件では厳格な期間制限があり（17 条 3・4・9 項），調査は蓋然的心証で可能であるので（⇨8 条注釈 7 (1)），非行事実認定の審判と並行して調査を行う（並行調査・審判）こともやむを得ない場合がある（平成 12 年改正で観護措置期間が 8 週間まで伸長されたが十分とはいえないので（⇨17 条注釈 8 (1)(ウ)），なお，並行調査・審判の必要性は考

第22条（規第25条の2・第27条〜第30条・第31条〜第34条）　　第2章　少年の保護事件

えられる）。要保護性に関しては，調査官の報告書と少年鑑別所の鑑別の結果が重要な資料となる（⇨9条注釈3）。要保護性の有無・程度により，少年に対して不処分から少年院送致・検察官送致等までの処遇が決定されるので，少年・保護者の最大の関心も通常この点に集まる。そこで適正手続保障の趣旨から，要保護性判断の基礎となる重要な事実については，原則，審判廷で，少年・保護者にその内容を告知し確認するのが相当である（廣瀬・少年法270頁，沼邊232頁，草野77頁，原口a22頁。大阪高決平6・3・18家月46・5・81〔百選55〕）。また，要保護性審理の過程は，同時に保護・教育的な手続過程であり，裁判官も含めた保護的措置（教育的措置）が行われる場面でもある。そこで裁判所としては，適宜発問し，あるいは自由に語らせ，助言や指導，時には適切な訓戒・説諭などを交えながら，少年・保護者等の関係者に非行の原因や少年自身の問題，保護環境（養育態度，学校・職場等）の問題点を洞察させ，更生・改善の意欲を喚起させるように努めるべきである（この点に関して，少年の内省を深める働掛け（本条1項）及び保護者に対する措置（25条の2）が平成12年改正により明文化された）。少年の親族，教員，保護司等を在席させ，要保護性に関する事情を聴くこともできるので（規29・30条），必要に応じて出席確保のための連絡などの配慮も不可欠である。しかし，要保護性を基礎付ける事実の中には，少年の出生の秘密，両親の不和の原因となっている微妙な事実等も含まれており，少年の面前でその事実に触れると情操を害する場合は，その状況の継続中，少年を退席させることができる（規31条2項⇨3(6)）。

(2)　**証拠法則・心証の程度**　　要保護性を基礎付ける事実については，証拠法則の厳格な制限には服さない（全般につき，菊池104頁，中村（護）a22頁，伝聞法則につき，草野77頁，東京高決平12・5・26家月53・5・196，東京高決平4・8・17家月45・1・146，広島高決昭59・12・27家月37・8・102〔百選54〕は，自白のみの認定を認める）。しかし，その認定には，刑事事件における狭義の情状と同様に証拠の優越で足りるとの見解もあり得るものの，少年審判における要保護性の重要性に鑑みれば，合理的な疑いを超える証明が必要と解される（廣瀬・少年法273頁）。要保護性の評価については，要保護性が少年自身の性格・非行歴・更生の意欲等のほか保護環境，生活環境，社会資源の有無等に基づく総合的かつ展望的判断・行動予測である以上，合理的な疑いを超える心証を要求する立場（高山b108頁，正田b20頁，多田（周）(下)42頁）は相当ではなく，証拠の優越程度で足り

280

第3節　調査及び審判　　　**第22条**（規第25条の2・第27条〜第30条・第31条〜第34条）

ると解されている（廣瀬・少年法273頁，澤登170頁，団藤＝森田224頁，沼邊213頁，柳瀬a41頁，柏木75頁）。しかし，要保護性の判断により少年の自由を拘束する処分も決定されるのであるから，その程度は単純な優越よりも高度なものを要求する立場にも合理性があるといえよう（平場264頁，草野78頁。少年院送致につき同旨，高木346頁。なお，要保護性の判断の基礎となる事実に関しては「明白で説得力のある証明」（clear and convincing proof）が必要であり，予測に関しては蓋然的心証で足りると解する立場（コ少〔斉藤〕300頁）もある。要保護性に関する事実の審理・認定について，川出194頁以下）。

　(3)　**余罪の取扱**　　要保護性の判断は少年の全人格的な判断であるから，その行状全体を把握する必要があり，送致（通告・報告）されていない余罪（虞犯・触法事実を含む）は問題とされる行状の主要なものとして要保護性判断の重要な資料となり得る。しかし，少年保護手続においても，不告不理の原則は適用されるので（⇨8条注釈2），少年側の防御権等を考慮しなければならない。この点，不告不理を厳格に貫いて余罪も全て立件を要するという立場（高山b109頁，加茂26頁），当然考慮できるとする説（平場旧版100頁）もあるが，一応積極説に立ち限定を付すのが通説・実務といえよう（廣瀬・少年法275頁，三浦c181頁以下。余罪考慮を認めた裁判例として，東京高決平29・12・19家判21・118，東京高決平18・9・25家月59・5・102，東京高決平12・5・26家月53・5・196，新潟家佐渡支決平11・7・28家月52・1・120，長野家松本支決平11・4・23家月51・10・165，高知家決平10・2・10家月50・9・226，水戸家決平9・5・14家月49・10・128，前橋家桐生支決平8・12・11家月49・7・119，山形家米沢支決平4・12・17家月45・5・108，東京高決平4・8・17家月45・1・146〔百選51〕等。認めなかった裁判例として，大阪高決令元・9・12家判28・140等）。別途の立件を要するかについては，余罪の内容，その処遇決定への影響の程度，少年・保護者の納得，一事不再理効付与の必要性の程度等を総合考慮すべきである（菊池46頁）。一般的には，審判対象の非行事実よりも余罪が重大な場合（例えば，審判対象が窃盗で余罪が強盗）には余罪を考慮することは許されず，別途に送致・報告等により受理・立件手続を要するであろう（菊池46頁，山﨑(恒)a175頁）。手続的には，審判廷でその余罪事実を少年に告知して弁解を聴取すること（前掲大阪高決平6・3・18〔百選55〕），余罪の存在について合理的疑いを超える心証で認定されることが前提とされるべきであり，決定書に余罪を考慮したことも記載すべきである（廣瀬・少年法276頁。山﨑(恒)a175頁

第22条（規第25条の2・第27条〜第30条・第31条〜第34条）　　第2章　少年の保護事件

は，それに近い心証とする。島田(仁)a154頁は，自白に補強証拠を要求する）。もっとも，少年保護手続の性質から刑事訴訟とは異なる考慮も必要とされよう。余罪考慮の限界及びその問題点について，⇨本章前注4，川出198頁以下参照。非行なしとされた事実が考慮できないのは，当然であろう（東京高決昭52・2・4家月29・9・127〔百選52〕，その分析として，川出202頁）。

　なお，送致されていない虞犯については制約なく考慮できるとする立場（笠井116頁，昭58事件概況・家月37・2・123）もあるが，審判対象の非行事実は軽微であるが，未送致の虞犯の要保護性が高いために収容保護とされる場合を想起すれば明らかなように，非行事実の人権保障機能・虞犯要件の明確化の要請等の観点から重要な虞犯行状は別途に立件すべきである（廣瀬g387頁）。この点，特定少年に対しては，虞犯の適用が除外されたので（65条1項），虞犯は余罪と同様には扱えず，直接的には考慮できない。

10　非行事実の認定替（拘束力）

　少年保護手続は，職権主義的審問構造であり，刑事訴訟における訴因のような制度はないので（刑訴256・312条参照），認定替は送致事実と同一性のある限度で可能である（廣瀬・少年法268頁，山﨑(恒)b158頁，千葉b227頁，新井(慶)132頁，平場160頁，内園ほか55頁）。同一性がない事実については，不告不理の原則から認定できないので別途の送致・立件手続が必要となる（山﨑(恒)b158頁・内園ほか）。同一性の判断基準は，犯罪・触法事実については公訴事実の同一性（刑訴312条）と同様のものにより判断すべきである（田宮201頁以下，酒巻322頁以下参照）。虞犯については，同一時期には一つの虞犯しか成立しないとの立場（⇨3条注釈4(8)）からは，同一時期の虞犯には常に同一性が認められる。虞犯事由の基礎となる重要な事実と犯罪事実との間に公訴事実の同一性と同様の関係が認められる限り，虞犯を犯罪に，犯罪を虞犯に認定替することもできる（千葉b227頁）。もっとも，虞犯の性質上，犯罪と同一性の認められる場合は相当限定されることに注意すべきである（⇨3条注釈4(9)）。また，認定替が可能な場合にも，少年側の防御権を保障するため，縮小認定（例えば強盗を窃盗）以外の場合には，予め少年にその認定替する事実を告知して弁解を聴き，必要に応じて反論・反証の機会を与える必要がある（廣瀬・少年法269頁，内園ほか57頁，山﨑(恒)b158頁，東京高決平29・12・19家判20・85，東京高決平25・1・25家月65・6・121（その分析として，川出203頁以下），名古屋家決昭49・12・11家月27・8・104〔百選14〕，

282

第3節　調査及び審判　　　**第22条**（規第25条の2・第27条〜第30条・第31条〜第34条）

認定替の例として，東京家決平13・3・13家月53・10・126，東京家決平12・6・20家月52・12・78，大阪家決平12・5・30家月52・12・82，札幌家決平11・11・1家月52・5・148，長野家決平6・5・20家月47・11・105，神戸家決昭61・7・25家月39・6・100，浦和家決昭56・9・2家月34・3・63）。不意打的に不利益な事実に認定替することは適正手続の要請に反し許されない（千葉b227頁，内園ほか57頁，福岡高決平18・3・22家月58・9・64，仙台高秋田支決平16・4・9家月58・5・125。もっとも福岡高決の判断には異論もあり得よう）。

　家庭裁判所は，少年の健全育成を目的として，適正な事実認定を行う職責を負っているので，認定替によって認定できる事実（認定替事実）と要保護性から少年を保護処分に付すべきときは，認定替が義務付けられる（内園ほか56頁）。認定替事実と要保護性から不処分相当なときには，司法機関の受動的性格等から認定替について異論もあり得ようが，認定すべき事実が相当重大なときには，家庭裁判所の前記事実認定の職責から認定替が義務的となると解すべきである（内園ほか56頁。非行事実認定の意義については，⇨1条注釈1(2)，浜井ほか3頁以下）。

11　審判手続の更新等

　実質的な審理に入った後に裁判官が交代した場合には，規定はないが（刑訴315条，刑訴規213条の2参照），少年には改めて弁解の機会を与えるべきである（厳格な方式は要求されない）。審理が終わると終局決定をするが，保護処分決定の告知については，特則がある（⇨24条注釈8）。

12　審判調書

　審判期日における手続・内容を公証するために，書記官によって作成される（規6・33・34条）。公判調書（刑訴48条，刑訴規44条）と共通するが，少年保護手続の教育・福祉的な側面に配慮して作成されるべきである。作成の方式について刑訴規58・59条等に準じ，その証明力についても刑訴52条が準用される（平場254頁，条解〔廣瀬〕152頁，団藤＝森田216頁，松澤122頁，大阪高決昭54・1・11家月31・10・115）。記載事項（規33条2項）の「その他審判に関する重要な事項」には，少年の出頭の有無，非行事実・黙秘権の告知，刑訴335条2項の主張，証拠調に関する意見，規則33条2項6号以外の証拠調に関する事項，在席許可された者（規29条）の氏名・少年との関係，その意見の要旨等，規則33条2項7号の決定の例として在席許可・取消，付添人選任許可・取消，事件の併合・分離，陳述の制限，関係人の入退廷，審判手続の更新，証拠物の押収・還

第22条の2（規第30条の2・第30条の4〜10）　　　　　　第2章　少年の保護事件

付等，証拠決定，試験観察決定，終局決定宣告，規則24条の2の告知，次回期日の指定等がある。

　調書の記載は抗告審の審査に資するものであるので，抗告又は抗告受理申立て（32条の4）がなければ，裁判長の許可により全部又は一部を省略できる（規33条3項）。しかし，調書作成には手続の公正さの担保（更には，書記官の指導・育成）の趣旨もあり，決定が確定しても，実質的な再審もあり得ること（⇨27条の2注釈）にも留意し安易な運用に流れるべきではない。

（検察官の関与）
第22条の2　①　家庭裁判所は，第3条第1項第1号に掲げる少年に係る事件であつて，死刑又は無期若しくは長期3年を超える拘禁刑に当たる罪のものにおいて，その非行事実を認定するための審判の手続に検察官が関与する必要があると認めるときは，決定をもつて，審判に検察官を出席させることができる。
②　家庭裁判所は，前項の決定をするには，検察官の申出がある場合を除き，あらかじめ，検察官の意見を聴かなければならない。
③　検察官は，第1項の決定があつた事件において，その非行事実の認定に資するため必要な限度で，最高裁判所規則の定めるところにより，事件の記録及び証拠物を閲覧し及び謄写し，審判の手続（事件を終局させる決定の告知を含む。）に立ち会い，少年及び証人その他の関係人に発問し，並びに意見を述べることができる。
　（検察官関与決定の方式・法第22条の2）
規則第30条の2　検察官関与決定の主文においては，審判に検察官を出席させる事件を明らかにしなければならない。
　（審判の準備）
規則第30条の4　①　家庭裁判所は，検察官関与決定をした場合において，適当と認めるときは，検察官及び弁護士である付添人を出頭させた上，当該決定をした事件の非行事実（法第17条第4項ただし書に規定する非行事実をいう。以下同じ。）を認定するための審判の進行に関し必要な事項について打合せを行うことができる。
②　前項の打合せは，合議体の構成員に行わせることができる。
③　家庭裁判所は，裁判所書記官に命じて，審判の進行に関し必要な事項について検察官又は弁護士である付添人に問合せをさせることができる。

284

第3節　調査及び審判　　　　　　　第22条の2（規第30条の2・第30条の4〜10）

（検察官による記録又は証拠物の閲覧）

規則第30条の5　検察官は，検察官関与決定があつた事件において，第7条第1項の規定にかかわらず，その非行事実の認定に資するため必要な限度で，保護事件の記録又は証拠物を閲覧することができる。

（検察官の審判への出席等）

規則第30条の6　①　検察官は，検察官関与決定があつた事件において，その非行事実の認定に資するため必要な限度で，審判（事件を終局させる決定の告知を行う審判を含む。）の席に出席し，並びに審判期日外における証人尋問，鑑定，通訳，翻訳，検証，押収及び捜索の手続に立ち会うことができる。

②　家庭裁判所は，検察官関与決定をしたときは，当該決定をした事件の非行事実を認定するための手続を行う審判期日及び当該事件を終局させる決定の告知を行う審判期日を検察官に通知しなければならない。

（検察官による証拠調べの申出）

規則第30条の7　検察官は，検察官関与決定があつた事件において，その非行事実の認定に資するため必要な限度で，家庭裁判所に対し，証人尋問，鑑定，検証その他の証拠調べの申出をすることができる。

（検察官の尋問権等）

規則第30条の8　①　検察官は，検察官関与決定があつた事件において，その非行事実の認定に資するため必要な限度で，裁判長に告げて，証人，鑑定人，通訳人及び翻訳人を尋問することができる。

②　検察官は，検察官関与決定があつた事件において，その非行事実の認定に資するため必要な限度で，審判の席において，裁判長に告げて，少年に発問することができる。

（検察官に対する提出書類等に関する通知等）

規則第30条の9　①　家庭裁判所は，検察官関与決定をした後，当該決定をした事件について，少年，保護者又は付添人から書類，証拠物その他参考となる資料の提出を受けたときは，速やかにその旨を検察官に通知しなければならない。

②　家庭裁判所は，検察官関与決定をした場合において，当該決定をした事件について，法第9条の2本文の規定による意見の聴取がされたときは，速やかにその旨を検察官に通知しなければならない。

（検察官による意見の陳述）

規則第30条の10　検察官は，検察官関与決定があつた事件において，その非行事実の認定に資するため必要な限度で，審判の席において，裁判長の許可を得て，意見を述べることができる。

285

第 22 条の 2（規第 30 条の 2・第 30 条の 4〜10）　　　　　　第 2 章　少年の保護事件

1　本条制定の経緯

　少年審判において，事案の真相を解明し非行事実を的確に認定することは，非行のない少年を誤って処分するという誤判・冤罪防止の観点のみならず，非行のある少年に対して適切な保護を行いその健全な育成を図るという少年法の目的を達するうえからも，最も基本的かつ重要な事柄である（⇨序説・1 条注釈）。そして大半の事件においては，職権主義的審問構造の下，裁判官の適切な職権行使によって，少年の利益を擁護する後見的な活動と共に適正な事実認定が実現されてきた（⇨22 条注釈）。しかし，非行事実の存否が激しく争われ，その認定のため証拠調を尽くす必要がある事件も少なからず生起している。このような事件では，裁判官は，前記の後見的な役割と同時に少年の主張の当否を吟味し，場合によっては弾劾的な活動をも行ったうえ適正な判断を下すという相矛盾しかねない困難な役割を果たさなければならない。付添人がいる場合でも，裁判官は判断者としての役割のほかに刑事訴訟における検察官的な役割も果たさざるを得ず，証拠調の段階で少年・付添人と対峙するような状態を生じることが避け難くなってきた。このように，少年審判を主宰する裁判官は，一人三役ないし二役が要求されるうえ，そのような対峙状態等の結果，少年に無用な不信感を抱かれ，保護処分等に対する信頼も得られにくくなるなどの弊害が生じかねない。また，少年の言い分，主張とは異なった観点からの証拠関係の吟味，あるいは新たな証拠の収集も必要となり得るが，裁判官自らがこれを行うのでは，証拠評価に偏りが生じかねないところ，家庭裁判所には調査官以外に補助機関もない。このような問題点を解消するために，検察官を少年審判に関与させるべきだという提案が少年事件担当裁判官等からなされていた（浜井ほか 313 頁，廣瀬 e，守屋 f(上)(下)，猪瀬 a，八木 b 等）。本条は，このような要請に応えるために平成 12 年改正により設けられ，さらに平成 26 年改正により，対象事件の範囲が拡大された（⇨序説 5）。

2　検察官の関与

(1)　検察官関与の趣旨　　証拠の収集，吟味における多角的視点の確保という観点や裁判官と少年側との対峙状況の回避という観点から，非行事実の認定の手続に限って，法律家として犯罪行為を適正に処理すべき職責を担い，しかも公益の代表者としての地位を与えられている検察官を少年審判における非行事実の認定手続に関与させることによって，事実認定手続の一層の適正化を図

286

第3節　調査及び審判　　　　　　　**第22条の2**（規第30条の2・第30条の4〜10）

るという趣旨によるものである。従って，検察官は，家庭裁判所の主宰する職権主義的審問構造の中で，協力者として審判手続に関与するものであって，当事者主義の刑事訴訟において被告人の処罰を求める訴追官・原告官としての検察官とは役割・性格が異なることに十分留意すべきである。

(2)　**関与決定の要件**　(ア)　**対象事件**　　3条1項1号に掲げる少年（犯罪少年）に係る事件で，死刑又は無期若しくは長期3年を超える拘禁刑（令和7年6月1日までは懲役又は禁錮）に当たる罪のものである（これらの罪に該当するか否かは，検察官からの送致事実を基準とする。また，刑は送致事実（罪名）の法定刑を基準とし，共犯（教唆犯，幇助犯），未遂も対象となると解される）。平成26年改正前の対象事件は，①故意の犯罪行為により被害者を死亡させた罪のほか，②死刑又は無期若しくは短期2年以上の懲役若しくは禁錮に当たる罪であったが，平成26年改正により，上記に拡大された。その理由として，①改正前の検察官関与制度の対象となっていない事件の中にも，例えば，多数の者が関与し，関係者の供述が相互に異なっている傷害，詐欺，恐喝等の事案や，結果が重大で過失の認定が難しい交通事故（過失運転致死傷）の事案のように，検察官を審判に関与させて事実認定手続のより一層の適正化を図ることが必要と認められる事件が存在したこと，②平成26年改正により，家庭裁判所の裁量による国選付添人制度の対象事件の範囲が拡大されたところ（⇨22条の3注釈3(2)(ア)），仮に検察官関与制度の対象事件以外に国費による弁護士付添人の選任を認めることとすると，当該事件につき非行事実の存在が争われて国費による付添人が選任された場合においても，検察官が事実認定手続に関与することができないこととなるが，このような結論は，事実認定手続の一層の適正化を図ろうとする検察官関与制度の趣旨に沿わないうえ，被害者をはじめとした国民の理解や納得を得られるかには重大な疑問があり，検察官関与が可能な事件の範囲と国選付添人を付することができる事件の範囲は，両者につき審判手続への関与が可能な枠として，一致させることが必要であることが指摘された。なお，平成12年改正時の政府案では，被害者の死亡の結果を含むもので検察官の申出があるときは，明らかにその必要がないと認める場合を除き，検察官の審判出席を認めるという公益的な観点にも配慮した規定も盛込まれていたが，本条においては，採用されなかった。その理由として少年審判は職権主義的審問構造であるので，家庭裁判所の判断によることが適当であること，重大事件でも事実認定が困難であると

287

第 22 条の 2（規第 30 条の 2・第 30 条の 4〜10）　　　　　第 2 章　少年の保護事件

は限らないこと，検察官において関与が必要と考えるときは家庭裁判所にその
旨申出ができ，その場合には家庭裁判所も申出を十分に勘案して決定すると考
えられることが挙げられている。

　(イ)　**非行事実認定のため**　　非行事実（その意義について，⇨17 条注釈 8）を認定
するための審判手続に検察官を関与させる必要が認められることが要件とされ
ている。否認事件等が要件とされなかったのは，当事者の主張・請求を前提と
する「争い」という文言は職権主義的審問構造の下では馴染み難いと考えられ
たためである。検察官関与対象事件について，検察官から検察官関与の申出が
ある場合で非行なしとなる可能性があるものや送致事実の認定が困難と思われ
る事案については，被害者を含む国民の納得，抗告受理申立制度（32 条の 4）
等との関係からも，検察官を関与させるのが相当であろう。検察官関与対象事
件において非行事実の認定に問題がある場合には，検察官関与決定を必ず検討
すべきであろう。

　3　検察官関与決定

　検察官関与は，家庭裁判所が必要があると認めて決定した場合になされる
（本条 1 項）。この決定がなされた場合，少年に弁護士である付添人がいないと
きは，職権でこれを付すこととなる（22 条の 3）のでその必要性も併せて考慮
すべきである（検察官関与決定をした事例として，東京家決平 26・11・25 家判 3・94，広
島家決平 26・9・11 家判 2・100，福島家郡山支決平 26・8・27 家判 2・110，東京家決平
23・1・12 家月 63・9・99，千葉家決平 20・9・2 家月 61・11・99，東京家決平 20・1・22 家
月 60・10・102，札幌家決平 18・6・16 家月 58・12・112，福島家いわき支決平 17・1・20
家月 57・6・198，大阪高決平 17・1・12 家月 58・3・110，東京高決平 16・12・20 家月 57・
11・96，奈良家決平 16・7・9 家月 58・3・135，千葉家決平 15・6・27 家月 56・8・71，東
京家決平 14・9・25 家月 55・9・92，東京家決平 13・6・19 家月 54・2・144 等がある。なお，
令和 2 年の一般保護事件の終局総人員 18,871 人のうち，検察官関与決定があったものは，35
人であり，殺人 9，強制性交等 7，傷害 4，窃盗 4，恐喝 4 の決定が行われている）。

　(1)　**決定の手続等**　　決定をするには，検察官の申出がある場合を除き，予
め，検察官の意見を聴かなければならない（本条 2 項）。更に，検察官関与対象
事件について，捜査段階では，少年は非行事実を認めていたが家庭裁判所送致
後に否認に転じた場合において，非行なし等となる見込みがある場合には，検
察官に対し関与が相当か否か求意見を行い，検察官関与の検討の機会を与える

第3節　調査及び審判　　　　　　　　**第 22 条の 2**（規第 30 条の 2・第 30 条の 4〜10）

ことも考慮すべきであろう。その求意見の際，迅速かつ適切な回答を得るため，必要に応じて，少年の弁解の要旨や少年側から提出された証拠の内容等を開示し，記録の閲覧・謄写を規則 7 条 1 項により許可すべき場合も考えられる。関与決定は事件単位に行われるので，事件の特定が要求される（規 30 条の 2。特定は事件番号，事件名及び犯罪事実による）。関与検察官は，少年の情操保護等の要請から原則 1 名とすべきであるが，複数の出席を相当とする場合にはその旨申出て家庭裁判所の了解を得る必要がある（付添人の人数に関し，⇨10 条注釈 3）。「審判の手続」への関与であるから，審判開始決定（21 条）が先行するか，少なくとも同時になされなければならない。検察官関与決定より先に審判開始決定がなされていれば検察官に改めて同決定を通知する必要はない。双方の決定を同時に行った場合は適宜の方法で通知すれば足りる。

　(2)　**検察官の申出等**　　申出は，捜査段階から少年が否認している場合などになされるであろうが，決定は家庭裁判所の裁量判断であり，申出を認めない場合，検察官は不服申立はできない。申出を認めて検察官関与決定をした場合，少年側は独立した不服申立はできないが，決定が裁量権を逸脱し終局決定に影響を及ぼす場合には抗告の理由となる（⇨32 条注釈）。可否いずれの場合も判断結果は相当な方法で告知する（規 3 条 4 項）が，関与決定は検察官の活動範囲を画するので，検察官及び付添人には決定書謄本を送付すべきであろう。少年及び保護者にも通知すべきである。検察官関与決定がなされても，検察官に出席義務までは生じないが，検察官が応じないことは想定されていない。万一，検察官が出席しなかった場合も検察官の出席は開廷要件ではないので手続の障害とはならない。

　(3)　**事前打合せ**　　平成 12 年改正に伴って規則 30 条の 4 が設けられた（平成 20 年改正について飯島ほか 25 頁，浅香ほか 94 頁参照）。刑訴規 178 条の 10 と同様の趣旨であるが，少年審判では観護措置期間が厳しく限定され（17 条 4・9 項），迅速かつ集中的な審理が刑事事件以上に強く要請されており（⇨22 条注釈 8），刑事訴訟よりも検察官，付添人の協力の必要性が格段に高いうえ，予断排除の規制がないので，必要に応じ裁判官が中心となって強力に働掛けを行うべきである（本条の趣旨は，一般の事件にも推及されるべきである（⇨22 条注釈 8 (1)））。打合せにおいては，争点を整理し認識を共通化するほか，検察官又は付添人申出の証人の採否，尋問に要する時間の見込，審判期日の内定等具体的な審理計画につ

289

第22条の2（規第30条の2・第30条の4〜10）　　　　　　　第2章　少年の保護事件

いて協議する必要がある。なお，打合せへの少年，保護者の出頭は予定されていない。検察官関与事件においても補充捜査依頼（⇨16条注釈）は可能であるが，検察官への釈明・勧告等で足りる場合がほとんどとなろう。補充捜査を依頼する場合には，事前打合せで依頼内容を双方に明確にすべき場合が多く，また，証人尋問等の証拠調予定との調整も必要となろう。事前打合せでは，審判期日の調整も行い，指定した期日は検察官及び付添人に通知する（規30条の6第2項・28条5項）。

(4)　**決定の取消の可否**　　自由な取消を認めると検察官が既に関与した手続の効力や選任された国選付添人への影響など手続を著しく不安定にするので，取消は原則として認められないものと解すべきであろう。検察官関与決定後，重要な証拠が送付されるなどして必要性がなくなれば，要保護性の審理に移行すれば足りるので，敢えて取消を認める必要性も乏しいといえよう（もっとも，送致事実から対象となる犯罪ではないなど明白に要件を欠いた決定は，無効又は取消できると解される。取消に関しては，浜井b40頁）。

4　検察官の権限

検察官関与決定がなされた事件についての検察官の権限は，①事件の記録及び証拠物の閲覧（規30条の5）・謄写（規7条），②審判手続への出席及び証拠調手続への立会（規30条の6），③少年及び証人その他の関係人への尋問等（規30条の8），④証拠調の申出（規30条の7），⑤意見陳述（規30条の10）であり，付添人の権限と基本的に同様なもの（⇨10条注釈4）とされており，いずれも，非行事実の認定に資するために必要な限度で認められている。

①の閲覧対象は一般的には法律記録となるが，非行事実認定に無関係な部分は対象から除かれる（その判断は裁判官が行う）。しかし，補充的な捜査・立証の端緒となるなど，非行事実認定に影響を及ぼす部分は含まれるので，身上・経歴等も当然に除外されるとはいえない。併合されている事件で関与決定がない事件の部分は対象とはならないが，関与事件の非行事実認定に関連する部分は含まれる。社会記録も，立証等の端緒となり得る場合，抗告受理申立て（32条の4第1項）の検討にあたって法令違反や事実誤認が決定に影響を及ぼすか否かの判断のためなどに必要な場合も考えられるので，閲覧の対象に含まれるものと解される。謄写については付添人と同様に許可を要する（規7条1項）。法律記録の扱いは基本的に刑事事件の事件記録と同様の扱い（検察官が公益の代表

290

第3節　調査及び審判　　　　　　　　**第22条の2**（規第30条の2・第30条の4〜10）

者であること，法律記録の大半は，検察官から送致されたものであることなどから，謄写の
ほか貸出も認められよう）でよいと思われるが，社会記録については秘密性が特
に高いので，謄写は勿論，貸出も認めるべきではない。

　②③について，刑訴157条2項等，刑訴法・規則の規定も準用されるが，規
則で明定されたため刑訴157条1項の準用はなく，当事者主義の制度といえる
起訴状朗読，検察官の冒頭陳述，異議の申立に関する規定など（刑訴296・309
条等）も性質上準用されないと解される。尋問の対象は限定列挙と解すべきで
ある。尋問順序も当然に交互尋問とすべきではなく，尋問事項や証人の性質，
供述者の調書取調の有無等に応じて定めるべきであり，事前打合せ（規30条の
4）で詰めておくべき事項である（その際，裁判所が争点を把握し，尋問事項を要点に
絞込むことが肝要である）。

　④証拠の申出は原則書面によるべきで，事前打合せまでに行うのが望ましい
であろうが，審判の展開に即応するものであるので時期の制限はない。家庭裁
判所は証拠申出の採否について応答をすべきであるが，決定でなく適宜の方法
で判断を示せば足りる。この判断に不服申立はできないが，その裁量逸脱が終
局決定に影響を及ぼす限度で抗告・抗告受理申立ての理由となる（⇨32条・32
条の4各注釈）。

　⑤意見陳述は，証拠調終了後，非行事実の認定及び法律の適用に限られ，処
遇に関するものは認められない。意見陳述は，迅速審理の要請や少年の情操保
護への配慮から原則として書面によるべきであろう。意見の要旨は審判調書に
記載される（規33条2項4号）。もっとも，検察官は，送致書に処遇に関する意
見を付することができる（規8条3項）ので，送致事実の一部が認められない等
認定が変更されることが判明した場合には，それに即応した処遇意見の変更は
可能であろう。

5　関与手続の終了

　検察官が関与する手続の終期を明確にし，要保護性審理の前提として認定さ
れた事実を明らかにするため，その判断を行う期日を開くべきであろう。この
期日の通知も必要的である（規30条の6第2項）。非行事実の一部について非行
なしの判断に至った場合には，併合審判の原則（規25条の2）の趣旨及び検察
官による抗告受理申立て（法32条の4）との関係を考えると，この時点で分離
して非行なし不処分決定を行うのは相当でなく，一部につき非行事実が認めら

291

第22条の3（規第30条の3）　　　　　　　　　　　　　　　第2章　少年の保護事件

れない旨を告げたうえで，要保護性の審理に入り，非行事実が認められる併合
事件と併せて終局決定を行うべきであろう（非行なしの部分については，不処分で
ある旨を主文で明らかにすることが望ましい）。但し，非行なしとされた事実につい
て検察官関与決定がされていなかった場合には，当該事実のみを分離して不処
分決定を行うことも考えられる。同一期日に要保護性の審理を実施する場合に
は，非行事実認定過程が終了したところで，前記の非行事実に関する認定判断
を示し，検察官は退席する（退席しなければその旨命じることになる。規31条）。も
っとも，検察官は，終局決定の告知が行われる期日には出席できるので，その
期日の通知が義務付けられている（規30条の6第2項。この点について瑕疵があった
場合に刑訴362条を類推適用して上訴権（抗告受理の申立て）回復請求が許容されるとした
事例として，仙台高決平16・9・9家月57・6・169がある）。試験観察（25条）等の予
定でも終局決定をする可能性があれば期日通知をすべきである。要保護性審理
と同一期日の場合には告知時刻の通知を行うべきである。通知を受けながら検
察官が終局決定告知期日に欠席した場合でも抗告受理申立ての期間に変化はな
く，少年に告知された翌日から起算される（⇨32条の4注釈）。

6　検察官に対するその他の通知等

検察官の前記権限行使に資するため，前記審判期日の通知のほか，付添人等
から提出された書類等に関する通知，被害者等に対する意見聴取の通知が義務
付けられている（規30条の9）。観護措置決定，同取消決定，同変更決定（規22
条），異議の申立て及び特別抗告，その結果，規則7条6項の通知（和波＝岡部
140頁）については明文はないが，付添人に通知するので検察官にも同様に通
知すべきである。付添人と同様（⇨10条注釈4），関与した検察官の決定書謄本
交付申請にも応じてよいと解される（規7条1項）。

7　検察官関与の範囲

検察官関与決定は，前記の要件があれば，抗告審，再抗告審，受差戻審いず
れにおいても可能である（32条の6・35条2項前段・22条の2）。いずれの場合も，
その審級ごとに検察官関与決定が必要である。

（国選付添人）
第22条の3　①　家庭裁判所は，前条第1項の決定をした場合において，

292

第3節　調査及び審判　　　　　　　　　　　　　　　　　　　　**第22条の3**（規第30条の3）

少年に弁護士である付添人がないときは，弁護士である付添人を付さなければならない。

② 　家庭裁判所は，第3条第1項第1号に掲げる少年に係る事件であつて前条第1項に規定する罪のもの又は第3条第1項第2号に掲げる少年に係る事件であつて前条第1項に規定する罪に係る刑罰法令に触れるものについて，第17条第1項第2号の措置がとられており，かつ，少年に弁護士である付添人がない場合において，事案の内容，保護者の有無その他の事情を考慮し，審判の手続に弁護士である付添人が関与する必要があると認めるときは，弁護士である付添人を付することができる。

③ 　前2項の規定により家庭裁判所が付すべき付添人は，最高裁判所規則の定めるところにより，選任するものとする。

④ 　前項（第22条の5第4項において準用する場合を含む。）の規定により選任された付添人は，旅費，日当，宿泊料及び報酬を請求することができる。

（国選付添人の選任等・法第22条の3等）

規則第30条の3 ① 　家庭裁判所は，検察官関与決定をした場合において，少年に弁護士である付添人がないときは，遅滞なく，当該少年に対し，一定の期間を定めて，弁護士である付添人を選任するかどうかについて回答を求めなければならない。

② 　前項の期間内に回答がなく又は弁護士である付添人の選任がないときは，裁判長は，直ちに付添人を選任しなければならない。

③ 　法第22条の3第1項若しくは第2項又は第22条の5第2項の規定により家庭裁判所が付すべき付添人は，当該家庭裁判所の管轄区域内に在る弁護士会に所属する弁護士の中から裁判長がこれを選任しなければならない。ただし，その管轄区域内に選任すべき事件について付添人としての活動をすることのできる弁護士がないときその他やむを得ない事情があるときは，これに隣接する他の家庭裁判所の管轄区域内に在る弁護士会に所属する弁護士その他適当な弁護士の中からこれを選任することができる。

④ 　裁判長は，前項の規定により付添人を選任したときは，直ちにその旨を少年及び保護者並びに検察官（検察官関与決定があつた事件に限る。）に通知しなければならない。この場合には，日本司法支援センターにも直ちにその旨を通知しなければならない。

⑤ 　法第22条の5第3項に規定する意思の明示は，書面を家庭裁判所に差し出してしなければならない。

第22条の3（規第30条の3）　　　　　　　　　　　第2章　少年の保護事件

1　本条の制定の経緯等

国選付添人については，平成12年改正により新設され（本条1・3・4項），平成19年改正により範囲が拡大され（本条2項），平成20年改正でも追加され（22条の5第2項），更に，平成26年改正により範囲が拡大された（国選付添人制度について，⇨10条注釈6）。また，規則30条の3については，平成19年改正により，裁判所が少年法の規定により国選付添人を付すべきときは，日本司法支援センター（法テラス）に対し，国選付添人の候補を指名して通知するよう求めることとされたことなどを受け，刑訴規29条1項・29条の3第1項と同様の規定ぶりに改められた（小田ほか145頁以下。刑訴規29条1項・29条の3第1項の改正について，稗田ほか15・25頁以下参照）。平成20年改正について，飯島ほか26・63頁，浅香ほか91頁参照，⇨22条の5注釈。

2　検察官関与決定に伴う必要的国選付添人——本条1項

(1)　**選任手続**　　家庭裁判所は，検察官関与決定をした場合に少年に弁護士である付添人がいない場合，遅滞なく，少年に対し，一定の期間（運用上3日程度）を定めて，弁護士である私選付添人を選任するか国選付添人を希望するかの確認を行い（原則として書面による），期間内に回答がなく，又は私選付添人の選任がないときは，直ちに弁護士である付添人を選任しなければならない（規30条の3）。もっとも，刑事事件の必要的弁護（刑訴289条）と異なり付添人の出席が開廷要件となるわけではない。裁定合議制が導入されたため（⇨4条注釈3）選任権者は裁判長とされている。選任は，その家庭裁判所の管轄区域（その全管轄区域）内に在る弁護士会に所属する弁護士の中から行うが，やむを得ない事情があるときは，家庭裁判所の管轄区域に隣接する他の家庭裁判所の管轄区域内に在る弁護士会に所属する弁護士その他適当な弁護士の中から選任することができる（規30条の3）。管轄区域は下級裁判所の設立及び管轄区域に関する法律第5表による。選任された付添人については，少年，保護者，検察官，日本司法支援センター（法テラス）に通知するがこの通知は適宜の方法でよい。

検察官関与決定がなされる事件は，重大事犯の否認事件で観護措置のとられた身柄事件が多いと思われる。そこで，最長8週間という限られた期間内において実質的な付添人活動が行えるようにするため，円滑かつ迅速に選任できるよう家庭裁判所と弁護士会との緊密な連携が特に望まれる（手引68頁以下参照）。

(2)　**国選付添人の権限等**　　検察官が非行事実の認定に資するため必要な限

294

第3節　調査及び審判　　　　　　　　　　　　　　　　　**第22条の3**（規第30条の3）

度で関与するのと異なり，国選付添人の権限は一般の付添人（⇨10条注釈4）と同様であり限定はない。検察官関与事件の要保護性の審理は勿論，検察官関与決定がない併合事件についても権限が及ぶ。従って，選任にあたっては，少年審判の付添人の経験があり少年事件の特質等を十分理解した弁護士を選任することが望ましい。平成19年改正に伴い，日本司法支援センター（法テラス）の行う業務に，国選付添人の選任に関する業務が含まれたため（法律支援30条1項3号），国選付添人の選任についても家庭裁判所は法テラスに対し，その候補を指名して通知するよう求め（同38条1項），法テラスは，国選弁護人等契約弁護士の中から，国選付添人の候補を指名し，家庭裁判所に通知しなければならない（同2項）こととされた（龍見。国選弁護人に関するものであるが，法テラスの通知と裁判所等の選任との関係について，稗田ほか18頁参照）。そこで，国選弁護人等契約弁護士には，付添人の経験があり，少年事件の特質等を理解した弁護士を確保することが求められている。

(3)　**費用**　　　国選付添人は，旅費，日当，宿泊料及び報酬を請求することができる（本条4項）。もっとも，国選弁護人等契約弁護士が付添人に選任されたときは，本条4項は適用されず，報酬等は法テラスが約款に基づき算定支給する（法律支援39条の2）。この費用については，費用徴収（31条）の対象となる。

(4)　**適用範囲**　　　検察官関与決定に対応するので，抗告審，再抗告審，受差戻審においても，検察官関与決定がなされれば，それぞれ国選付添人も付されることになる（32条の6・35条2項・22条の3。抗告受理の場合について，⇨32条の5注釈）。

3　家庭裁判所の裁量による国選付添人──本条2項

(1)　**改正趣旨**　　　平成19年改正により，検察官関与決定がない場合でも重大な犯罪事件及びその罪名の触法事件については，家庭裁判所が，その裁量により，職権で弁護士付添人を付することができることとされた。観護措置がとられ少年の身柄が拘束された重大事件については，犯罪少年であれば検察官送致，触法少年でも長期の少年院送致等，その権利侵害性が強い重大な処分がなされる可能性が高いうえ，処分結果による社会的影響も大きいこと，身柄拘束をされた少年は，家族等の直接の援助を受けることも困難であるから，法律専門家である弁護士付添人が少年の行状や環境等に関する資料収集，環境調整のための積極的な活動等，援助を行う必要性が高いこと，弁護士付添人が付され

295

第22条の3（規第30条の3）　　　　　　　　　　　　　　　　第2章　少年の保護事件

たうえで審判が行われることにより，審判結果について，少年の納得がより得
られやすくなり，更生意欲も高めることができるなど，少年の再非行防止にも
資することなどが挙げられている（久木元ほか50頁参照）。なお，政府案では，
本条5項として，少年が釈放された後は国選付添人選任の効力が失われるとい
う規定が設けられていたが，試験観察（25条）などで釈放される場合，その後
も調査・審判が行われるので引続き家庭等の環境の調整について付添人の役割
が期待されることなどを踏まえて，衆議院における修正でこの規定は削除され
た（久木元ほか56頁）。

　(2)　**要件**　　(ア)　**対象事件**　　検察官関与対象事件（犯罪少年の22条の2第1項
に規定する罪のもの）又は同罪名の触法少年の事件である。検察官関与制度の対
象事件の範囲と同じく平成26年改正により上記に拡大され，国選付添の対象
事件は被疑者国選弁護のそれと同じとされたが，後者は，平成28年刑訴法改
正により被疑者に勾留状が発せられている全事件（刑訴37条の2）に拡大された。
また，両者が同一範囲の事件で被疑者国選弁護人が選任されている場合でも，
その事件における国選付添人の選任は家庭裁判所による裁量判断となる。

　(イ)　**観護措置がとられていること**

　(ウ)　**少年に弁護士付添人がないこと**

　(エ)　**事案の内容，保護者の有無その他の事情を考慮し，審判の手続に弁護士付添
人が関与する必要があると認められること**　　「弁護士である付添人が関与する
必要があると認める」との要件は，少年審判では職権主義的審問構造がとられ
ていることや，観護措置がとられている事案であっても，少年院送致等の処分
が見込まれない場合や保護者による十分な援助を受けることができる場合もあ
り，このような場合にあえて公費で弁護士付添人を選任する必要性は認められ
ないことなどから，家庭裁判所が，事案の内容や保護者の有無などの事情を考
慮して，弁護士付添人の必要性を認めた場合に，職権で付添人を付すことを示
すものである（久木元ほか70頁）。

　「事案の内容，保護者の有無その他の事情」とは，家庭裁判所の職権判断に
おける判断要素を例示したものである。具体的には，行為の動機・態様，行為
後の情況等の事案の内容，保護者の有無のほか，保護者の監督能力・意欲，監
護の状況（例えば保護者による放置・虐待等十分な援助を受けられない場合には，弁護士
付添人を付す必要性を認める事情となろう），少年の性格，年齢，能力，環境等が考

296

第3節　調査及び審判　　　　　　　　　　　　　**第22条の4**（規第30条の11・12）

慮される。実務の運用としては，事案の内容として，少年院送致等の重大な処分が見込まれるかどうか，非行事実に争いがあるかやその内容などを，保護者の有無その他の事情として，保護者がおらずほかに援助をしてくれる者がいないか，保護者がいたとしても虐待等で保護者による十分な援助を受けることができないかどうか，あるいは暴力団との関係断絶など保護者には困難な援助が必要かどうかといった点を検討し，これらを総合的に考慮して審判の手続に法律専門家である弁護士付添人が関与する必要があるかどうかが判断されているのが現状であると言われている（手引67頁）。なお，必要性が認められれば，国選付添人の複数選任も可能であるが，実例は少ない。付添人は「審判の手続」への関与の必要で認められるのであるから，審判開始決定（21条）が先行するか，少なくとも同時になされなければならない。また，本条は，国選弁護人とは異なり，いわゆる無資力は要件としていない（刑訴36条・36条の2・36条の3・37条の2・37条の3参照）。

(3)　**その他**　　選任手続，国選付添人の権限，費用については，1項の国選付添人と同様である（手引68頁以下。抗告審，再抗告審の国選付添人について，⇨32条の5・35条各注釈）。

4　運　　用

令和2年の一般保護事件の終局総人員18,871人のうち，弁護士付添人が選任されたものは4,742人であり，そのうち国選付添人が付されたものは2,964人である。この人員には，本条1項及び2項の国選付添人のほか，22条の5第2項の国選付添人が含まれている。

国選付添人制度の課題について，廣瀬(v)9頁参照。

（被害者等による少年審判の傍聴）

第22条の4　①　家庭裁判所は，最高裁判所規則の定めるところにより第3条第1項第1号に掲げる少年に係る事件であつて次に掲げる罪のもの又は同項第2号に掲げる少年（12歳に満たないで刑罰法令に触れる行為をした少年を除く。次項において同じ。）に係る事件であつて次に掲げる罪に係る刑罰法令に触れるもの（いずれも被害者を傷害した場合にあつては，これにより生命に重大な危険を生じさせたときに限る。）の被害者等から，審判期日における審判の傍聴の申出がある場合におい

第22条の4（規第30条の11・12）　　　　　　　　　　　　第2章　少年の保護事件

て，少年の年齢及び心身の状態，事件の性質，審判の状況その他の事情を考慮して，少年の健全な育成を妨げるおそれがなく相当と認めるときは，その申出をした者に対し，これを傍聴することを許すことができる。

1　故意の犯罪行為により被害者を死傷させた罪

2　刑法（明治40年法律第45号）第211条（業務上過失致死傷等）の罪

3　自動車の運転により人を死傷させる行為等の処罰に関する法律（平成25年法律第86号）第4条，第5条又は第6条第3項若しくは第4項の罪

② 家庭裁判所は，前項の規定により第3条第1項第2号に掲げる少年に係る事件の被害者等に審判の傍聴を許すか否かを判断するに当たつては，同号に掲げる少年が，一般に，精神的に特に未成熟であることを十分考慮しなければならない。

③ 家庭裁判所は，第1項の規定により審判の傍聴を許す場合において，傍聴する者の年齢，心身の状態その他の事情を考慮し，その者が著しく不安又は緊張を覚えるおそれがあると認めるときは，その不安又は緊張を緩和するのに適当であり，かつ，審判を妨げ，又はこれに不当な影響を与えるおそれがないと認める者を，傍聴する者に付き添わせることができる。

④ 裁判長は，第1項の規定により審判を傍聴する者及び前項の規定によりこの者に付き添う者の座席の位置，審判を行う場所における裁判所職員の配置等を定めるに当たつては，少年の心身に及ぼす影響に配慮しなければならない。

⑤ 第5条の2第3項の規定は，第1項の規定により審判を傍聴した者又は第3項の規定によりこの者に付き添つた者について，準用する。

（傍聴の申出の際に明らかにすべき事項等・法第22条の4）

規則第30条の11　① 法第22条の4第1項の申出は，次に掲げる事項を明らかにしてしなければならない。

1　申出人の氏名，名称又は商号及び住所

2　当該申出に係る事件を特定するに足りる事項

3　申出人が法第22条の4第1項の申出をすることができる者であることの基礎となるべき事実

② 法第22条の4第1項の申出については，弁護士でなければ代理人となることができない。

298

第3節　調査及び審判　　　　　　　　　　　　　　第22条の4（規第30条の11・12）

> **（傍聴の許否等の通知・法第22条の4）**
> **規則第30条の12**　家庭裁判所は，法第22条の4第1項の規定により審判の傍聴を許したときはその旨及びその審判期日を，審判の傍聴を許さないこととしたときはその旨を，速やかに，申出人並びに検察官関与決定をした場合における検察官及び少年に弁護士である付添人がある場合における当該付添人に通知しなければならない。

1　被害者等の傍聴制度の導入の経緯・趣旨等

　本条は，一定の重大事件の被害者等に少年審判の傍聴を認める制度についての規定である。手続の非公開は，少年審判の基本原則であるが，その例外を認めるもので，保護教育主義の観点からの異論・懸念等が指摘される中で，被害者等の要望に基づき平成20年改正で創設されたものであり，後述する少年や被害者等に対する配慮規定が修正で追加され，衆参両院各法務委員会の附帯決議もなされた（飯島ほか2頁以下）。なお，「自動車の運転により人を死傷させる行為等の処罰に関する法律」（平成25年法律第86号）の制定に伴う平成25年改正で，3号が新設され，その罪も対象とされている。

　少年審判は，発達途上にある少年の立直りを目指して行われるため（1条），少年を曝し者にせず，その情操を保護し（規1条），社会復帰を妨げないため，非行を犯したことも秘密とされる。また，少年を立直らせるために，その問題点（要保護性）を十分に明らかにし，最適な処分を行うことが必要であり，その前提として，少年の能力・病気等も含めた心身の状況，全生活史，家族・親子等のプライバシー等に深く関わる事項が詳細に解明される必要がある。そのため，調査・審判においては，このような事項を少年，保護者，関係者に率直に述べてもらうほか，関係者の協力を得たり，少年の問題点を率直に指摘する等して少年の内省を深める働掛けを積極的に行う必要がある。これらを実効的に行うために審判は非公開とされ（⇨22条注釈4(1)），被害者等にも審判の傍聴は認められていなかった。

　他方，少年の犯罪・触法行為についても，犯罪被害者等にとっては，被害に変わりはなく，特に，殺人等のように，それが重大であれば，その犯人がどのような手続・過程を経てどのような処分・判断を受けるのかについて重大な関心を持ち，その審判の過程を直接見届けたいと思うのは当然であり，犯罪被害

299

第22条の4（規第30条の11・12）　　　　　　　　　　　　第2章　少年の保護事件

者等基本法の趣旨からも，このような心情は十分に尊重されるべきである。また，被害者等の傍聴を認めることは，被害者等の立直りにも資するものと考えられること，少年審判に対する国民の信頼の一層の確保にも繋がること，少年にとっても，被害者等が傍聴している場でその立場・心情も考えながら審判を受けることは，自らの非行の重大性を認識し反省を深める契機となる場合もあることなどが傍聴導入の論拠として挙げられた（飯島ほか29頁以下）。

　これに対し，被害者等の傍聴による懸念として，被害者等が在席することで，①少年が萎縮し，弁解が十分にできなくなる虞があること，②少年・保護者等のプライバシーに関わる事項が取上げ難くなること，③審判のケースワーク的機能減退の懸念，④審判廷が狭いことから保安上の問題も生じる虞があることなどが指摘され，これらの影響により，審判において，これまでよりも少年の問題点等が十分に解明されず，最適な処遇選択ができないなどの悪影響が生じる虞があること，⑤少年審判は事件発生後刑事公判よりも早期に行われるため，被害者等の心情も安定せず，少年の内省もより不十分な場合があるため，傍聴により被害者等がさらに傷つく虞があることなどが指摘されていた（飯島ほか30頁）。

　この①～③に対しては，家庭裁判所は，傍聴許否の判断にあたって，事件記録の検討，被害者等からの聴取を含む調査官の調査結果，弁護士付添人の意見等に基づいて少年の年齢・心身の状態・被害者等との関係等を十分に把握・検討し，きめ細かくその相当性を判断することができること，傍聴を認めた場合にも弊害が考えられる場合には被害者等の退室等の措置をとることができること，④については，審判廷の設備の改善，関係者の配置の工夫等により回避できること，⑤については，傍聴の要求が満たされること自体が被害者等の立直りに資する面もあり，付添い等の配慮によりその防止も図れ，二次被害を受忍するとの被害者等の選択も尊重すべきであること等が挙げられた。結局，種々の配慮規定を設け（本条2項以下・22条の5），対象を一定の重大事件等に限定し，家庭裁判所の裁量により，被害者等の審判傍聴を認めることとしたものである（飯島ほか29頁以下）。

　この改正は，非公開原則が担保してきた適正な調査・審判，最適な処遇選択の実現と被害者等の心情・要望の尊重という矛盾しかねない要請の調整を家庭裁判所の適切な裁量判断に委ねるものであり，少年保護手続の主宰者である家

第3節　調査及び審判　　　　　　　　　　　　　　　　第22条の4（規第30条の11・12）

庭裁判所としては，的確な決断・対応を迫られ，困難な課題を担うこととなるが，同時にその真価を発揮する好機ともいうことができよう。裁判官のみならず，調査官，書記官等との協働の下で，制度趣旨に適う運用が強く期待されているというべきである（改正前の論考であるが，川出 h，前野 i 参照。このほか，傍聴制度の意義について論じた論考として，川出 134 頁以下，椎橋 b（上）（下），廣瀬 v 25 頁参照）。なお，運用にあたっては，衆参両院各法務委員会の附帯決議（飯島ほか 12 頁）にも留意すべきであろう。実務の運用状況を見ても，平成 20 年改正施行後の審判運営においては，裁判官，調査官，書記官等の連携にとどまらず，付添人や関係機関等とも連携を図り，審判手続の全過程を通じて，少年側，被害者側の双方に意を用いた種々の取組みが進められている。その結果，被害者等の傍聴が実施された審判においても大きな混乱が生じることなく，少年が十分に供述をすることができ，その内省を促す働掛けも行われており，おおむね法の趣旨に従った適正な運用がなされている（髙麗ほか参照）。

2　1　項

(1)　**犯罪少年及び触法少年に係る事件**　　傍聴の対象となる事件は，犯罪少年及び 12 歳以上の触法少年に係る事件とされた。政府提出案では，12 歳未満の触法事件も傍聴対象に含め，家庭裁判所の適切な裁量判断に委ねる規定であったが，衆議院で，特に低年齢の少年には被害者等の傍聴の影響が大きく下限を設ける必要がある旨の指摘を受け，中学校入学年齢を目安に修正された。なお，虞犯少年に係る事件は被害者を観念できないことから対象とならない。

(2)　**対象となる罪等**　　(ア)　**対象事件**　　①犯罪被害者等基本法が基本理念として定める「個人の尊厳」（同法 3 条 1 項）の根幹をなす生命侵害やこれに準ずる場合に傍聴を認めることが，その趣旨に合致するものと考えられること，②少年審判非公開の原則は，保護教育主義の根幹をなすものであること（⇨22 条注釈4(1)）からすると，対象事件は，殺人事件等，何ものにも代え難い家族の生命を奪われた場合のように，被害者側の事実を知りたいという審判傍聴の利益が特に大きい場合に限るのが適当であると考えられることから，下記(イ)(ウ)の事件（1 号）の限定がなされた（飯島 c 78 頁）。また，被害者等にとっての結果の重大性においては，過失事件であっても異なるものではないことから，業務上過失致死傷等の事件（2 号）も対象に含めることとされた（対象犯罪の詳細につき，飯島ほか 38 頁）。なお，2 号のうち，自動車運転による死傷は特別法で規制され，

301

第22条の4（規第30条の11・12）　　　　　　　　第2章　少年の保護事件

悪質かつ危険な行為に対する罰則が強化されたのに伴い，平成25年改正で3号が設けられた。

㈦　**「故意の犯罪行為により被害者を死傷させた罪」**　　故意による犯罪行為及びそれによる死傷の結果が構成要件となっている罪，具体的には，殺人罪や傷害罪のように死傷の結果について故意のある罪のほか，傷害致死罪，強盗致死傷罪，危険運転致死傷罪のように，死傷の結果自体についての故意がないものや，殺人未遂罪で傷害の結果が生じた場合のように構成要件上傷害の結果が評価されているものも含まれるが，過失致死傷罪のように，構成要件に故意の要素を含まないものは含まれない。これらの罪については，正犯だけでなく，教唆犯や幇助犯も対象となると解される（飯島ほか37頁）。なお，前記改正により，自動車運転上の過失致死傷は3号の対象とされている。

㈨　**「生命に重大な危険を生じさせたとき」**　　被害者を傷害した場合，生命への重大な危険が，その傷害により生じている必要がある。例えば，病院への搬送中の交通事故等，傷害とは別の要因により生命に重大な危険が生じたような場合は対象とはならない（飯島ほか40頁）。「生命に重大な危険」とは，医療措置を施しても被害者が死に至るような，被害者が死亡に至る蓋然性が極めて高い状態を意味する（飯島c78頁）。危篤状態に陥った場合はもとより，例えば，自発呼吸が停止するなどして人工呼吸器等を欠かせない状態となり，医療措置をやめれば直ちに死亡すると考えられる場合は，死亡に至る蓋然性が極めて高かったといえ，「生命に重大な危険」に該当する。「生じさせたとき」は，事件後傷害により生命に重大な危険が生じた場合であればこれに該当する。その後，そのような危険がなくなった場合も要件充足には影響しない（飯島ほか40頁）。被害者の傷害の程度については，非行事実及び要保護性に関する重要な事情であるから，これまでも医師の診断書や供述調書，写真撮影報告書等の証拠により認定され，捜査段階でその収集に努められてきたところ，平成20年改正により生命重大危険の要件が設けられたことも踏まえ，その傷害の程度の把握により一層留意した証拠収集が行われている。実務の運用状況を見ても，捜査の結果作成された一件記録に基づき，被害者が傷害を負った場合につき傍聴対象事件を生命重大危険が生じたときに限定した趣旨，要件に照らして妥当な判断がなされている（髙麗ほか62頁）。

㈩　**該当性の判断**　　本項各号の該当性については，検察官からの送致事実

302

第3節　調査及び審判　　　　　　　　　　　　　　第22条の4（規第30条の11・12）

に基づき判断すべきものであるから，家庭裁判所が，送致事実が対象犯罪に該当しないとの心証を抱いただけでは対象事件の該当性は失われない。しかし，傷害の程度が「生命に重大な危険を生じさせたとき」に該当するかは送致事実で決められるものではなく，家庭裁判所が証拠に基づいて判断するので，調査・審判の結果「生命に重大な危険を生じさせたとき」に当たらないとの心証を抱いた場合には被害者等による傍聴の対象とはならないことになる（飯島ほか41頁）。

（3）　**申出をすることができる者**　　傍聴の申出ができる者は，対象事件の被害者等，即ち「被害者又はその法定代理人若しくは被害者が死亡した場合若しくはその心身に重大な故障がある場合におけるその配偶者，直系の親族若しくは兄弟姉妹」である（5条の2第1項）。被害者自身は，傍聴可能な状態まで回復した場合となる。「被害者」とは，「犯罪により害を被つた者」（刑訴230条）であり，少年の犯罪又は触法行為により直接の被害を受けた者である。しかし，強盗致死傷罪や建造物等損壊致死傷罪等で財産被害のみを受けた者は，前述の被害者傍聴の趣旨から，本項の「被害者」には含まれないと解される（飯島ほか42頁）。被害者の「法定代理人」は，民法により法定代理権を有する者（不同意性交等致傷の被害少女の親など（民818・839条以下））で，本人の意思を代弁すると共にその権利利益を保護する立場にあり，被害者同様に審判の過程・結果に深い関心を持つのが通常であることから，挙げられた。「その心身に重大な故障がある場合」とは，被害者が傍聴をすることが困難な程度の重大な精神的故障又は身体的故障がある場合をいう。被害者が死亡し，又は心身に重大な故障がある場合における「その配偶者，直系の親族若しくは兄弟姉妹」は，被害者等の近親者であって，被害者が死亡等した場合には，被害者に代わるべき者として傍聴の必要性が認められるうえ，特にその原因となった事件により被害者が死亡等した場合には，被害者に匹敵する精神的苦痛を被り，その原因となった事件に係る審判の過程及び結果に深い関心を持つのが通常と考えられることから，含められた。なお，「被害者等から委託を受けた弁護士」（5条の2第1項前段）については，被害者等による直接傍聴の趣旨にそぐわないことなどから，傍聴の申出ができる者に含めなかったとされている（飯島ほか43頁。申出の代理については，⇨(5)(イ)）。

（4）　**傍聴の対象**　　(ア)　**審判期日における審判**　　少年審判においては期日外

第22条の4（規第30条の11・12）　　　　　　　　　　第2章　少年の保護事件

の手続として，証人尋問，鑑定，検証，捜索，押収等が行われる場合もある。しかし，刑事手続でも，期日外の証人尋問や検証は傍聴が認められないうえ，捜索や押収等はそもそも被害者等の傍聴に馴染まないものであることから，「審判期日における審判」の傍聴とされた。

　㈣　**併合審判の場合**　　同一の被害者の本条の対象事件（例えば殺人未遂）とこれに該当しない事件（例えば窃盗）が併合審判される場合，審判は双方の事件を併せて審理されるが，本条の傍聴には「審判」という以上の限定はないので，被害者等は，対象事件以外の事件についての審理も傍聴できると解される。もっとも，対象事件以外の審理が区分できる場合（証人尋問等）には，傍聴を認める必要性が乏しい部分については「その他の事情」として考慮されて，傍聴の相当性が認められないこともあろう。複数の被害者に対する非行事実が併合審理されている場合，申出をした被害者等以外の被害者に係る非行事実の審理の傍聴についても同様に解される（飯島ほか44頁）。

　㈥　**要保護性に関する審理**　　被害者等は，非行事実に係る部分だけではなく，要保護性に関する審理を含む全体の手続について傍聴を要望するのが通常であること，少年審判においては，事実認定のための手続と要保護性認定のための手続が，明確に区分されておらず，非行事実に争いのない事案では両者が渾然一体となって審理されていることが多いことからも，要保護性に関する審理についても傍聴を認めることとされた（飯島ほか44頁）。

　㈦　**抗告審，再抗告審**　　少年事件における抗告審は，事後審であり，一件記録の検討を中心として原裁判の当否を判断する手続である。補完的に事実の取調べが行われることもあるが，審判期日で行われるものではないことから，被害者等による「審判期日における審判の傍聴」を可能とする本項は，抗告審には準用されないと解される（飯島ほか45頁）。なお，抗告審において，審理の結果，原裁判所の決定を取消す場合も自判は認められず，事件は原裁判所に差戻されるか，他の家庭裁判所に移送される（33条2項）ことから，いずれにしても再度家庭裁判所での審判が行われることとなり，被害者等は，差戻等を受けた家庭裁判所の審判を傍聴できることとなる。再抗告審は法律審であり，抗告審と同様に本条の傍聴は認められない。

　㈧　**準少年保護事件等**　　準少年保護事件としては，①保護処分取消事件（27条の2），②収容継続申請事件（少院138・139条），③戻し収容申請事件（更生71・

第3節　調査及び審判　　　　　　　　　　　　　　**第22条の4**（規第30条の11・12）

72条），④施設送致申請事件（26条の4），⑤収容決定申請事件（66条），⑥虞犯通告事件（更生68条）があり（⑥については，異論（講義案101頁）がある），その手続について，その性質に反しない限り，保護事件の例によるとされていることから（27条の2第6項，少院138条5項，139条3項，更生72条5項，26条の4第3項・66条2項），この準用規定により被害者等による傍聴が認められると解する考え方もあり得る（①〜③について積極・飯島ほか45頁，髙麗ほか39頁）。確かに，①が非行事実不存在による取消の場合には，この準用により被害者の傍聴を認めることが性質上相当といえよう。しかし，④⑤については，遵守事項違反という新たな事由に基づき，審判を行うものであるから，当初の保護処分決定に係る事件の被害者等は，審判の傍聴が認められる被害者等に該当しないと解される（飯島ほか46頁）し，⑥も新たな虞犯事由を審判の対象とするものである。また，①には，非行事実不存在以外の事由による取消の審判があること，②は少年院の当初の収容期間終了時の本人の要保護性が審判対象となること，③は遵守事項違反による仮退院の取消と収容期間の延長がその審判対象となることから，いずれも当初の被害事実の審判ではないということもできるので（⇨27条の2，少院138・139条，更生72条各注釈），準用規定だけでは論拠として不十分であり（なお，32条の6も「その性質に反しない限り」の準用であるが，前記のとおり，傍聴の準用は否定され（⇨(4)(エ)），被害者等に関する5条の2・9条の2の準用も否定されている。⇨32条の6注釈），それぞれの性質に照らし，本条の傍聴の対象とはならないと解する余地もあり得よう。

　(5)　**申出の手続**　　(ア)　**傍聴の申出**　　事件が家庭裁判所に送致された以降に可能となる。傍聴許可の手続として，事前に弁護士付添人の意見聴取，国選付添人選任が定められているので（22条の5），このような手続を経るため時間的余裕をもって申出をすることが望まれる。

　(イ)　**申出の方式**　　最高裁判所規則として規則30条の11が設けられ，傍聴の申出には，裁判所に対し，①申出人の氏名等及び住所，②当該申出に係る事件を特定するに足りる事項，③申出人が本項の申出をすることができる者であることの基礎となるべき事実を明らかにすること（1項），その申出の代理人は弁護士に限られることとされた（2項）。詳細について，浅香ほか95頁参照。

　(6)　**相当性判断の考慮事情**　　被害者等による傍聴の許否の判断は，家庭裁判所による適正な処遇選択の確保等前記1掲記の各観点から行うべきである。

305

第22条の4（規第30条の11・12）　　　　　　　　　　　　　　　第2章　少年の保護事件

考慮すべき事項として「少年の年齢及び心身の状態，事件の性質，審判の状況その他の事情」が掲げられた。5条の2・9条の2の相当性判断と共通するが（⇨5条の2注釈2(5)(イ)，9条の2注釈2(2)），被害者等の傍聴により少年や審判にどのような影響を与えるかを考えるうえで重要な要素となることから「少年の年齢及び心身の状態」が明示されている。「事件の性質」として，いじめを受けていた少年がいじめの加害者である少年を傷つけた場合，暴走族や不良集団の抗争事件の場合のように，少年と被害者等の間に特別の関係があって傍聴を認めることが相当でない場合など，「審判の状況」として，後に被害者が証人として出廷することが予定されているなど傍聴を認めることが適当ではない場合，要保護性の審理段階で少年及び関係者からプライバシーに深く関わる事情を聴取する予定で傍聴を認めることが適当ではない場合など，「その他の事情」として，具体的には，関連事件の調査及び審判等の状況や傍聴を求める者の数等がそれぞれ挙げられている（飯島ほか47頁以下）。

(7)　**傍聴の許可**　　政府提出案の「相当と認めるとき」が，衆議院において，適正な処遇選択や少年の内省の深化を妨げる虞，即ち健全育成阻害の虞の趣旨を明確化するとの観点から「少年の健全な育成を妨げるおそれがなく相当と認めるとき」と修正された（飯島c78頁）。それ以外の，関連事件の調査・審判への支障や関係者のプライバシー侵害の生じる虞がないことも，相当性を肯定するために必要とされると解される。相当性判断の考慮事情は，個別の事案により異なるので，各事案に応じ様々な事情を考慮して相当と認めるときに傍聴を許すことができると解される（飯島ほか49頁）。実務の運用状況を見ても，法律記録のほか，調査官による少年や被害者等に対する調査の結果，少年の付添人からの情報や意見，少年鑑別所等の関係機関からの情報など多角的な資料に基づき(6)の事情を考慮して，傍聴により少年の健全な育成を妨げるおそれがないか，少年や審判に与える影響を慎重に検討したうえでおおむね適切に判断がなされている（高麗ほか参照）。

(8)　**許可の手続等**　　(ア)　**審判期日ごとの許可**　　少年審判の審理内容が審判期日ごとに異なり，被害者等による傍聴が少年に及ぼす影響の有無・程度も期日ごとに異なり得ることから，本項による傍聴の許可は，基本的には審判期日ごとに相当性判断を行い，きめ細かく許否の判断を行うべきである（飯島ほか49頁）。

306

第3節　調査及び審判　　　　　　　　　　**第22条の4**（規第30条の11・12）

（イ）　**許可の方式**　　法文上規定がないうえ，被害者等に不服申立を認めていないこと，傍聴の許否は，前記のとおり，少年の心身の状態や審判の状況等に応じ，審判期日ごとにきめ細かく判断すべき性質のものであり，その判断のたびに決定の方式を必要とするのでは円滑な審判運営を阻害することになりかねないことなどから，決定による必要はないと解される（飯島ほか49頁）。

（ウ）　**一部許可の可否**　　個々の審判期日について裁量により審判全部の傍聴の許可ができる以上，審判の一部の傍聴を許可することも可能と解される（飯島ほか50頁）。

（エ）　**被害者等の退室**　　本項により傍聴を認めた場合でも，審判傍聴の許可は家庭裁判所の裁量によるからその許可の取消・変更は可能である。許可を取消さない場合でも，裁判長は，少年のプライバシーに深く関わる事項に立入って質問する必要がある場合など，適正な処遇選択や少年の内省の深化を図るといった観点から審判運営上必要が認められれば，審判指揮権（規31条1項）に基づき，被害者等を一時退室させることができると解される（飯島ほか50頁）。

（オ）　**多数被害者等からの申出**　　許容できる数以上の被害者等が傍聴の申出をしてきた場合，審判の進行状況に応じ，被害者等に交替で入室し傍聴してもらうこと，可能であれば被害者等の間で調整してもらい，その代表者に傍聴を認めることなど，事案に応じた対応を行うことが可能である。

(9)　**不服申立**　　少年審判の傍聴の許否については，少年・被害者側いずれも，規定もなく不服申立はできない。この点については，家庭裁判所の適切な裁量判断が期待されているというべきである。

(10)　**遮へい措置**　　傍聴する被害者等と少年との間に遮へい措置（刑訴157条の5参照）をすることも家庭裁判所の運用として可能と解されるが，遮へい措置により少年の姿を見ることができなくなるのは，被害者等の要望に沿わない場合が多いと考えられることから，その意向等も考慮し，慎重な対応が求められる。なお，本条では，被害者等が別室でモニターによって審判の状況を視聴する傍聴方法については認められていないが，衆参両院各法務委員会の附帯決議において，いずれも検討事項とされている（詳細について，飯島ほか52頁以下参照）。

3　2　項

本項は，衆議院において，低年齢の少年についてはより一層の配慮が必要と

第 22 条の 4（規第 30 条の 11・12）　　　　　　　　　第 2 章　少年の保護事件

の趣旨を一層明確にするため修正規定として挿入されたものである。触法少年
事件の審判傍聴の許否判断においては当然の考慮事項であるが，前記 1 の懸念
に対応する配慮規定の一つである。

4　3　項

(1)　**本項の趣旨**　　傍聴を希望する被害者等の中には，傍聴をすることによ
り強い不安感や緊張感を覚える者も考えられる。特に，少年審判は，刑事公判
に比べて事件発生から間がない時期に行われることが多いことなどから，その
ような不安感や緊張感を緩和するために傍聴者への付添いを認める必要がある。
これを，非公開の少年審判において可能にするため，本項が設けられた。前記
1 ⑤の被害者等の二次被害の懸念に対応するための規定である。実務の運用状
況を見ても，多数の事件で傍聴付添いの申出がなされ，その大半の事案で少な
くとも 1 人は傍聴付添いが許可されている。傍聴付添人の存在は，傍聴する被
害者等の心身の支えとなっており，傍聴付添いの制度は，制度導入の趣旨のと
おり被害者等の傍聴による不安感や緊張感を緩和するのに効果を発揮している
ことが窺える（髙麗ほか 51 頁）。

(2)　**付添ができる者**　　不安・緊張の緩和に適当なだけでなく，審判妨害・
不当な影響を与える虞がない者であることが必要とされる。例として，傍聴す
る者の兄弟姉妹の配偶者等，事件直後から相談に乗って信頼を得ている被害者
支援団体の担当者などが挙げられている。適当と認められれば，弁護士もこれ
に当たると解される（飯島ほか 53 頁）。なお，付添の可否の判断も傍聴の許否の
判断同様，決定の方式を要しないものと解される（飯島ほか 54 頁）。

(3)　**付添いの要件**　　傍聴者の年齢，心身の状態その他の事情を考慮し，
「その者が著しく不安又は緊張を覚えるおそれがあると認めるとき」に，付添
いを許すことができる。「その他の事情」としては，例えば，審判廷の広さ，
在席する少年側関係者数などが挙げられている（飯島ほか 54 頁）。

5　4　項

少年審判廷は，一般に，刑事事件の法廷よりも相当に狭いので，被害者等に
よる傍聴を許す場合に，その座席位置を定めるにあたり，裁判長は，審判指揮
として，傍聴が少年の心身に与える影響に配慮するべきであるが，この点を明
確にする趣旨で，衆議院における修正で本項が挿入された。「職員の配置等」
の「等」とは，少年の座席位置，被害者等と少年の間における机等の配置など

308

第3節　調査及び審判　　　　　　　　　　　　　　　　　　　　第22条の5

を指すものと解される（飯島ほか54頁）。前記1④の懸念に対応する配慮規定である。

6　5　項

少年審判においては，前記1のとおり，少年や保護者等のプライバシーにわたる事項が取上げられる場合が多く，このような事項が他に伝えられる場合には少年の健全な育成を妨げたり，審判に支障を生じさせるなど弊害が大きいので，5条の2第3項を準用し，1項の規定により審判を傍聴した者又は3項の規定によりこの者に付き添った者について，特に少年の身上に関する事項について守秘義務を課すと共に，知り得た事項を濫用しないよう注意義務を課したものである（守秘義務等について⇨5条の2注釈4）。

傍聴の許否等の通知（規30条の12）について，浅香ほか99頁参照。

（弁護士である付添人からの意見の聴取等）

第22条の5　①　家庭裁判所は，前条第1項の規定により審判の傍聴を許すには，あらかじめ，弁護士である付添人の意見を聴かなければならない。

②　家庭裁判所は，前項の場合において，少年に弁護士である付添人がないときは，弁護士である付添人を付さなければならない。

③　少年に弁護士である付添人がない場合であつて，最高裁判所規則の定めるところにより少年及び保護者がこれを必要としない旨の意思を明示したときは，前2項の規定は適用しない。

④　第22条の3第3項の規定は，第2項の規定により家庭裁判所が付すべき付添人について，準用する。

1　本条の趣旨

本条は，平成20年改正において衆議院による修正で設けられた。被害者等の傍聴の許可は，家庭裁判所が様々な事情を考慮し，きめ細かくその相当性を判断するものである（⇨22条の4注釈）。その際，少年の権利保護を担う弁護士付添人から意見聴取したうえで判断することが望ましいとの考えによるものである。弁護士付添人の意見に拘束力はなく，反対意見が出されても，家庭裁判所に従う義務はないが，その意見により新たな事情が明らかにされ，その結果，

309

傍聴を許すことが相当でないと認められる場合も考えられる。

　なお，「審判の傍聴を許すには」と規定されているので（1項），傍聴を許さない場合には弁護士付添人の意見を聴く必要はない（飯島ほか61頁）。

2　2　項

(1)　**趣旨**　1項で傍聴許可の手続として弁護士付添人からの意見聴取を要件としたのでこれに対応する必要があること，傍聴が行われる場合に少年の権利保護に資するため弁護士付添人がいることが望ましいことから，傍聴を許す場合に，少年に弁護士付添人がいないときは，国選でこれを付さなければならないこととされた。

(2)　**要件**　本項に規定する国選付添人は，傍聴を許す場合において，意見を聴くべき弁護士付添人がないときに付される。少年やその保護者の資力に関する要件は設けられていないので，傍聴を許す場合で弁護士付添人がないときは，少年・保護者の資力を問わず，原則として国選付添人を付すこととなる。

3　3　項

(1)　**趣旨**　1・2項の趣旨に照らすと，少年・保護者が，このような付添人を必要としない旨の意思を明示した場合にまで国選付添人を付してその意見を聴取する必要はないので，そのような場合には，前記国選付添人選任・意見聴取の規定は適用しないとしたものである。

(2)　**付添人を不要とする意思を明示する手続**　少年・保護者の弁護士付添人を不要とする意思を明示する手続に関する事項については，規則30条の3に5項が追加され，弁護士付添人を不要とする少年・保護者の意思の明示は，書面を家庭裁判所に差し出してしなければならないこととされた（浅香ほか91頁）。

4　4　項

　本項は，2項の規定により付すべき国選付添人については，22条の3第3項の規定を準用することを規定し，その選任手続を最高裁判所規則に委ねた。

　なお，2項の規定により付すべき国選付添人は，総合法律支援法上の国選付添人に当たることから（同5条），2項の規定による国選付添人の選任に関する業務は日本司法支援センター（法テラス）の国選弁護人等の選任に関する業務に含まれることとなり（同30条1項6号），関連する規定の適用を受けることとなる（同34・36～39条の2等。飯島ほか64頁）。規則30条の3につき，浅香ほか91頁以下参照。

第3節　調査及び審判　　　　　　　　　　　　第22条の6（規第30条の13・14）

> **（被害者等に対する説明）**
> **第22条の6**　①　家庭裁判所は，最高裁判所規則の定めるところにより第3条第1項第1号又は第2号に掲げる少年に係る事件の被害者等から申出がある場合において，少年の健全な育成を妨げるおそれがなく相当と認めるときは，最高裁判所規則の定めるところにより，その申出をした者に対し，審判期日における審判の状況を説明するものとする。
> ②　前項の申出は，その申出に係る事件を終局させる決定が確定した後3年を経過したときは，することができない。
> ③　第5条の2第3項の規定は，第1項の規定により説明を受けた者について，準用する。
>
> 　**（説明の申出の際に明らかにすべき事項等・法第22条の6）**
> 　**規則第30条の13**　①　法第22条の6第1項の申出は，次に掲げる事項を明らかにしてしなければならない。
> 　　1　申出人の氏名，名称又は商号及び住所
> 　　2　当該申出に係る事件を特定するに足りる事項
> 　　3　申出人が法第22条の6第1項の申出をすることができる者であることの基礎となるべき事実
> 　②　法第22条の6第1項の申出及び同項の規定による説明を受けることについては，弁護士でなければ代理人となることができない。
>
> 　**（説明をさせることができる者・法第22条の6）**
> 　**規則第30条の14**　法第22条の6第1項の規定による説明は，裁判所書記官又は家庭裁判所調査官にさせることができる。

1　本条の趣旨

　被害者等への配慮の充実は少年審判手続においても重要であり，被害者等への審判の状況についての情報提供の要望は，犯罪被害者等基本法の趣旨等からも十分尊重すべきものである。そこで，その要望により一層こたえるため，平成20年改正の衆議院における修正により，家庭裁判所が，被害者等からの申出がある場合に，適宜の時期にその審判の状況についての説明を行うことが規定された。但し，少年法の基本理念である少年の健全育成を妨げる虞がある場合は除外されている。

　(1)　**対象事件**　　犯罪少年及び触法少年に係る事件であり，虞犯少年に係る事件は被害者を観念できないことから対象にされていない。

　(2)　**申出資格**　　申出ができる「被害者等」の意義等については，基本的に

第 22 条の 6（規第 30 条の 13・14）　　　　　　　　　第 2 章　少年の保護事件

は少年審判の傍聴の場合（⇨22 条の 4 注釈 2(3)）と同様であるが，本条では対象事件に限定はない。また，法人が少年の事件により被害を受けた場合には，自然人と同様にその審判の状況について説明を望むことが想定できること，法人が説明を受けることも観念し得ることから，本項の「被害者」には法人も含まれ，法人の代表者に審判の状況を説明することになると解される（飯島ほか 68頁）。

申出の方式は規則 30 条の 13 に規定され（浅香ほか 101 頁参照），説明の申出は，裁判所に対し，①申出人の氏名等及び住所，②当該申出に係る事件を特定するに足りる事項，③申出人が本項の申出をすることができる者であることの基礎となるべき事実を明らかにしてしなければならない（同 1 項）。また，説明の申出及び説明を受けることの代理人は弁護士に限定された（同 2 項）。

(3)　**説明者，説明の方法及び説明事項等**　　家庭裁判所は，裁判所書記官又は家庭裁判所調査官に説明をさせることができるとされている（規 30 条の 14。浅香ほか 102 頁参照）。「審判期日における審判の状況」には，審判期日で行われた審判の手続的な事項のほか，少年の供述状況（自白・否認）等，審判の内容に関わる事項も含まれると解される。抗告審及び再抗告審は，審判期日に行われるものではないから，その状況は，本項による説明の対象とはならないと解される（飯島ほか 70 頁）。

準少年保護事件については，審判傍聴の場合と同様に施設送致申請事件（26条の 4）以外は説明対象となるとの解釈もあり得るが（飯島ほか 70 頁。令和 3 年改正による収容決定申請事件（66 条）も同様と解される），非行事実不存在による保護処分取消審判（27 条の 2）以外は対象とならないと解する余地もある（⇨22 条の 4注釈 2(4)(オ)）。

(4)　**相当性**　　相当と認められない場合の例として，被害者等が説明内容をみだりに公表する危険性が高いと認められる場合，審判において，少年が性的な虐待を受けていた事実などプライバシーに深く関わる内容が取上げられた場合の供述等の内容，終局決定前の非行事実について裁判所が有する心証を説明することなどが挙げられている（飯島ほか 70 頁。⇨5 条の 2 注釈 2(5)(イ)・9 条の 2 注釈 2(2)も参照）。

(5)　**不服申立**　　家庭裁判所が相当と認められないとして説明しない場合でも被害者等の不服申立は，規定もなく認められない。この点については家庭裁

312

第3節　調査及び審判　　　　　　　　　　　　　　　　　　　　　　第23条

判所の適切な判断が期待されているというべきである。

2　2　項

　被害者等が説明の申出をできる期間については，被害者等の要望，説明の必要性，少年の生活の平穏や関係人の名誉・プライバシー保護の要請等を考慮して定めるべきであるが，事件終結後の期間経過により，少年の生活の平穏や関係人の名誉・プライバシーを保護する要請が高くなる一方，被害者等に対する説明を行う必要性は低くなる場合が一般と考えられ，少年審判における被害者等による記録の閲覧・謄写，審判結果通知の制度の申出期間が3年とされていること（5条の2第2項・31条の2第2項）から，本項においても，説明の申出ができる期間は，終局決定後3年とされたものである（飯島ほか71頁。3年の趣旨について，⇨5条の2注釈2(4)）。

3　3　項

　家庭裁判所の説明する「審判の状況」は，審判の手続的な経過及び少年の供述状況等の審判内容に関わる事項であり（⇨1(3)），少年や保護者等のプライバシーにわたる事項が取上げられる場合が多いので，審判傍聴の場合と同様に5条の2第3項を準用し，説明を受けた者に対して，特に少年の身上に関する事項について守秘義務を課すと共に，知り得た事項を濫用しないよう注意義務を課したものである（飯島ほか72頁。守秘義務等について⇨5条の2注釈4）。

（審判開始後保護処分に付しない場合）

第23条　①　家庭裁判所は，審判の結果，第18条又は第20条にあたる場合であると認めるときは，それぞれ，所定の決定をしなければならない。

②　家庭裁判所は，審判の結果，保護処分に付することができず，又は保護処分に付する必要がないと認めるときは，その旨の決定をしなければならない。

③　第19条第2項の規定は，家庭裁判所の審判の結果，本人が20歳以上であることが判明した場合に準用する。

1　本条の趣旨

本条は，審判開始後，狭義の保護処分によらずに事件を終局する場合を規定

する。そのような場合としては，不処分（本条2項・65条4項）のほか，児童相談所長等送致（18条），刑事処分相当とする検送（20条，特定少年については62条1項・63条2項），年超検送（本条3項）がある。保護処分以外の処分を見込んで審判を開くこともできるので（⇨21条注釈2(3)），調査段階でも可能な本条1項の各決定の場合（⇨18条注釈2(3)・20条注釈2）にも，要保護性確認等のため，審判を行う例が多い。

2　不処分決定

「その旨の決定」と規定されており（本条2項），後述する2種類いずれも「この事件については，少年を保護処分に付さない。」という主文で実務上処理されている。しかし，実務上，非行なし，審判条件欠如はごく僅かであり（⇨図表9参照），ほとんどの場合は，次に述べる保護的措置（教育的措置）を理由とするものである。そしてこれが，審判の教育的側面において重要な役割を果たしており，その中には旧法や諸外国では保護処分とされているものも含まれるので（旧4条，廣瀬f62・88頁），呼称が実態を反映しない面がある。また，非行なしの場合も不処分というのは本来相応しくない。このように不処分という呼び方には適切ではない面がある。

(1)　**保護処分に付すことができないとき**　　法律上又は事実上，保護処分に付すことができない場合である。実務上，不開始同様に①非行なし，②所在不明等，③その他，に分けられている。①について，保護処分には合理的な疑いを超える心証が必要とされるので（⇨24条注釈1(2)），非行事実の存在についてそれに至らない場合である。②③については，⇨19条注釈2(1)(3)・5（通常，不開始とされるが，審判段階でその事由が発生・判明した場合である）。

(2)　**保護処分に付す必要がないとき**　　審判の結果，保護処分に付すまでの要保護性が認められない場合であるが，児福法上の措置，刑事処分の方が保護処分よりも適切な場合はその旨の決定をするので除かれる（⇨18・20・62・63条各注釈。本条1項）。実務上，不開始同様，①保護的措置，②別件保護中，③事案軽微に分けられている。①は，調査・審判の過程で，調査官，裁判官により少年，保護者等に対して教育的な働掛け，環境調整等がなされたことにより，保護処分に付すまでの要保護性がなくなった場合である。不開始（19条）の場合と異なり，調査官の働掛け（⇨19条注釈4）のほか，裁判官の働掛け（指示，説論，訓戒，誓約書徴取等），審判手続を経ること，観護措置による少年鑑別所の処遇

第3節　調査及び審判　　　　　　　　　　　　　　　　　　　　　　　　第23条

（⇨9条注釈3・17条注釈3），試験観察中の調査官による働掛けや補導委託先の指導（⇨25条注釈）などにより要保護性が解消した場合もこれに含まれ，実質的にはかなり強力な保護が加えられた結果の場合もあることに留意すべきである。②③の意義は，⇨19条注釈3(2)(3)。事案軽微は不開始とされる場合が多いが，少年が非行事実を争うなど審判が必要とされた例外的な場合に行われる。

　保護的措置を経る不開始と不処分の選択について補足しておく。事案軽微にみえる非行にも，少年の自発的な立直りが見込めるものから，重大な非行性に発展する契機になる場合まであるので，初発非行の段階で事案に即して少年・保護環境の問題点を的確に把握し，裁判官と調査官の連携，学校等関係機関との連絡等を密にしたうえ，少年・保護者等関係者に適切な助言・指導等を行うことが少年の再非行防止のため極めて重要である。このような措置が果たす保護・教育的機能はその限界を弁えたうえで十分活用すべきである（家庭裁判所に少年，保護者への働掛けをする権限を認めた明文として，22条1項・25条の2）。そこで，裁判官の直接の指示・訓戒，審判手続，試験観察等が少年の保護・教育上，必要・有効であるかという観点から，不開始と不処分の選択は行われるべきである（⇨21条注釈2(3)）。

　(3)　**交通反則金不納付事件**　　反則金を期限までに納付しなかった少年に対し審判を開始した場合，家庭裁判所が相当と認める期限を定めて納付を指示する（納付金額も法定の範囲内で裁量的に変更できる。道交130条の2・130条）。反則金が納付されれば，後発的審判条件欠如として不処分（審判を開始しない場合，開始決定を取消した場合は不開始）で終局する（道交130条の2第3項・128条2項）。納付指示は，非行事実を前提に非行性除去のため，反則金を納付させることが適当であるという裁判所の公権的判断を示すものである。納付指示から納付までの過程も保護的措置の一つであり，他の処分（必要であれば保護処分）も選択できるが，直ちに保護処分に付すことには反対説も有力であり，運用上特別な事情がなければ，まず納付指示をすべきである。納付指示は決定書を作成して行う（規2条）。審判を開始するので（道交130条の2第1項），審判期日の指定，関係者呼出（規25条），少年の出頭（規28条3項），不処分決定の告知（規3条2・3項）が要求される（但し，例外的な取扱を認める立場も有力である）。出頭確保のためには同行状発付も可能であるが（11条2項），基本的に軽微な事案であるから慎重に運用すべきである。もっとも，不納付事件でも不出頭・不納付を繰返す事案

315

第23条   第2章　少年の保護事件

では少年・保護環境等に相当問題がある事例もみられる。事案に応じて調査を
命じ適切に対処すべきである。他の処分としては検察官送致（いわゆる罰金見込
検送），保護観察（交通短期）等がある。

(4)　**非行事実を争う場合**　　保護処分に付す必要はないが，少年が非行事実
を争う場合にも裁判官による審理の必要があるので，審判を開始すべきである
（⇨21条注釈2(3)）。この場合，非行事実が認められなければ非行なし不処分，認
められれば保護的措置等の不処分とされる。

(5)　**決定の方式等**　　不開始と同じく記録表紙等に印刷された決定欄を利用
するのが通常である。決定書の理由の記載を原則として省略することができる
が（規2条5項），実務上，不開始の場合と同様に類型化された理由を付す取扱
となっている（⇨19条注釈5）。例外として，非行なしを理由とする場合には被
害者を始めとする国民の信頼確保の観点から独立した決定書を作成し，事実認
定の理由も明記すべきである（菊池127頁，中村（護）a18頁，条解〔廣瀬〕157頁，多田
（周）(下)44頁）。実務上もそのような取扱が行われている。なお，検察官関与決
定（22条の2）をした事件については，不処分決定に対しても，抗告受理申立
て（32条の4）が可能であることに対応して，理由の記載が義務付けられてい
る（規2条5項5号）。この点について，数個の事実のうち一部についてのみ非
行が認められない場合については，非行なしとの判断を理由中で示すことで足
りるとの見解もあったが，検察官関与決定をした事件については，その一部に
ついて主文で不処分と示すべきである（植村d24頁）。身柄を拘束した事件では
補償の関係で，少なくとも理由中に非行なしを示す必要がある（補償は，少年の
保護事件に係る補償に関する法律（最決平3・3・29刑集45・3・158〔百選69・96，特に
96〕を契機に平成4年制定・施行）2条1項により，審判事由について身柄拘束（観護措置，
逮捕，勾留等）を受けた少年が，その審判事由の全部又は一部につき不開始・不処分の決定
が確定した場合に手続が開始される（詳細につき，光岡，野路，岡部参照。裁判例として，
東京家決平7・2・17家月47・9・94，広島家福山支決平6・4・11家月46・7・113，那覇家
決平7・6・15家月47・9・111，千葉家松戸支決平8・9・2家月49・8・114〔百選97〜100〕
がある））。

　不処分決定は，検察官関与決定（22条の2）をした事件では，審判期日にお
ける言渡が必要であり（規3条1項2号），それ以外の事件でも面前告知が原則
であるが（同2項1号），面前告知ができないか相当でない場合には，相当と認

第3節　調査及び審判　　　　　　　　**第24条**（規第35条〜第37条の2・第39条）

める方法で告知すれば足りる（同4項後段）。

　保護的措置を経た不処分の場合，前記のような不処分決定の趣旨を誤解を招かないように少年・保護者に十分説明するべきである（説明文書を交付する取扱もある）。

　(6)　**決定の効果**　　不処分決定により事件は終局する。観護措置や試験観察決定等の中間決定は，不処分決定によりその効力が消滅するので，改めて取消決定を行う必要はない（少鑑124条2号。⇨注釈17条**10**）。不処分決定に抗告はできない（最決平2・10・30家月43・4・80，最決昭60・5・14刑集39・4・205／家月37・6・67〔百選76〕，内園ほか154頁，平場347頁，安井b123頁，条解〔廣瀬〕157頁，安廣71頁，団藤＝森田314頁，近藤a5頁。但し，抗告受理申立てができる場合がある。⇨32条の4注釈）。不処分決定の一事不再理効については，積極説も有力であるが，判例は明確に否定しており（前掲最決平3・3・29〔百選69・96，特に69〕），立法的解決が望まれていたが（廣瀬h，浜井ほか355頁以下），平成12年改正により，検察官関与決定（22条の2）のあった事件についてなされた不処分決定に一事不再理効が認められ（46条2項），一部立法的解決が図られた。⇨46条注釈。

　（保護処分の決定）
第24条　①　家庭裁判所は，前条の場合を除いて，審判を開始した事件につき，決定をもつて，次に掲げる保護処分をしなければならない。ただし，決定の時に14歳に満たない少年に係る事件については，特に必要と認める場合に限り，第3号の保護処分をすることができる。
　1　保護観察所の保護観察に付すること。
　2　児童自立支援施設又は児童養護施設に送致すること。
　3　少年院に送致すること。
②　前項第1号及び第3号の保護処分においては，保護観察所の長をして，家庭その他の環境調整に関する措置を行わせることができる。
　（保護処分の決定の言渡・法第24条等）
規則第35条　①　保護処分の決定を言い渡す場合には，少年及び保護者に対し，保護処分の趣旨を懇切に説明し，これを充分に理解させるようにしなければならない。
②　前項の場合には，2週間以内に抗告の申立書を裁判所に差し出して抗告をすることができる旨を告げなければならない。

317

第24条（規第35条〜第37条の2・第39条）　　　　　　第2章　少年の保護事件

（保護処分の決定の方式・法第24条等）

規則第36条　罪を犯した少年の事件について保護処分の決定をするには，罪となるべき事実及びその事実に適用すべき法令を示さなければならない。

（各種の保護処分の形式と通知等・法第24条等）

規則第37条　①　法第24条第1項第1号又は第64条第1項第1号若しくは第2号の決定をするには，保護観察をすべき保護観察所を，法第24条第1項第3号又は第64条第1項第3号の決定をするには，送致すべき少年院の種類（少年院法（平成26年法律第58号）第4条第1項第1号から第3号までに掲げるものに限る。）を指定するものとする。

②　法第24条第1項第1号又は第64条第1項第1号若しくは第2号の決定をしたときは保護観察所長に，法第24条第1項第2号の決定をしたときは児童相談所長に，同項第3号又は第64条第1項第3号の決定をしたときは少年鑑別所長に，速やかにその旨を通知しなければならない。

③　保護観察所長に前項の通知をするときは，保護観察を受けるべき者が保護観察の期間中遵守すべき特別の事項に関する意見も通知しなければならない。

（参考書類の送付等）

規則第37条の2　①　前条第2項の通知をするときは，少年の処遇に関する意見書及び少年調査票その他少年の処遇上参考となる書類（以下参考書類という。）を送付することができる。

②　参考書類の取扱については，家庭裁判所の指示するところに従わなければならない。

③　家庭裁判所は，執務上必要があると認めるときは，いつでも，参考書類の返還を求めることができる。

④　保護処分が終了し又は取り消されたときは，速やかに参考書類を家庭裁判所に返還しなければならない。

（環境調整の措置・法第24条等）

規則第39条　保護観察所長をして家庭その他の環境調整に関する措置を行わせる場合には，環境についての調査の結果を通知し，且つ必要な事項を指示しなければならない。

1　保　護　処　分

(1)　**総説**　　保護処分は，非行を犯した少年に対し，その性格矯正，環境調整のため行われる少年法上の主要な処遇形式であり，保護観察，児童自立支援施設・児童養護施設（教護院・養護施設を平成10年改称）送致，少年院送致の3種類がある。旧法では，訓戒，学校長訓戒，誓約書徴取，条件付保護者引渡，保護団体等への委託なども保護処分とされていた（旧4条）。これらの措置は，現

318

第3節　調査及び審判　　　　　　　第24条（規第35条～第37条の2・第39条）

在は，試験観察・補導委託（25条），不開始・不処分（19条1項・23条2項）の際
の保護的措置（教育的措置）として実施され本条の処分に劣らない重要な機能を
果たしている（⇨19条注釈4・23条注釈2(2)・25条注釈。附則63条3・4項）。

　平成19年改正により，後述(4)や保護観察の条件違反による警告・施設送致
（26条の4，更生67条）のほか，保護観察に関する規定が整備され，保護観察中
の特別遵守事項の設定・変更についても意見を述べるなど家庭裁判所の関与が
拡大された（鎌田）。

　令和3年改正により，18・19歳は「特定少年」とされて特例（第5章）が設
けられ，保護処分にも特例が設けられ，保護観察及び少年院送致は修正され，
児童自立支援施設等送致は除外されたが（64～66条），保護処分の目的（1条）
に変更はなく，処遇内容も基本的には維持されている。詳細については⇨64～
66条注釈。

　(2)　**保護処分に付すための要件**　　①審判条件具備（⇨19条注釈2(1)(ア)），②非
行事実の存在，③要保護性が認められること，④審判を経ることである。②の
認定には，合理的疑いを超える心証（確信の心証）が必要と解されている（柏木
74頁，沼邊213頁，柳瀬a40頁，高山b103頁，山本124頁，澤登194頁，菊池139頁，中
村(護)a12頁，千葉b234頁，荒木(伸)a26頁，団藤＝森田225頁，条解〔廣瀬〕151頁，平
場264頁，内園ほか108頁，浜井ほか181頁）。但し，虞犯については，虞犯行状の
認定には同様に確信が必要であるが，虞犯性は虞犯事由の存在により一応推定
され（千葉b234頁），その判断は要保護性の認定と基本的に共通するので，証
拠の優越で足りる（柳瀬a40頁。高度な優越を要する。⇨22条注釈9(2)。多田(周)〔下〕42
頁は，確信を要求する）。③の要保護性の意義については，議論があるが，人格的
性状としての非行性と環境的要因の保護欠如性がこれに当たり，処遇決定概念
としての保護処分相当性が必要とされると解すべきである（⇨本章前注3(2)）。

　(3)　**事後的な変更**　　保護処分は原則として取消・変更が認められていない
（⇨27条注釈1）。しかし，最適な保護・教育という観点からは，少年の状況変化
に応じて事後的な取消・変更を認める方が望ましい（旧法では幅広く認められ（旧
5・38条），英，独，仏，韓国などでも部分的に認められている。廣瀬f21・41・62・88頁）。
手続的な保障を十分図ることを前提として，問題点の変化に応じ弾力的な対応
が可能となるような制度とすることも将来的な検討課題といえよう（廣瀬e28
頁，同i75頁，澤登206頁）。なお，平成19年改正で保護観察の条件違反による

319

第 24 条（規第 35 条～第 37 条の 2・第 39 条）　　　　　　　第 2 章　少年の保護事件

少年院送致等（施設送致）が認められたが（26 条の 4），これは事後的な変更ではなく，新たな審判事由に基づく処分と解されている（⇨同条注釈）。令和 3 年改正による収容決定（66 条）については⇨66 条注釈。

(4)　1 項但書――改正の経緯等　　保護処分には本条 1 項 1～3 号があるが，平成 19 年改正前は，少年院収容の下限が 14 歳とされていたため（改正前少院 2 条 2・5 項），処分時 14 歳未満の少年の少年院送致は事実上制限され，閉鎖的な収容保護が必要な 14 歳未満の者に対しては，児童自立支援施設送致（本条 1 項 2 号）と強制的措置の許可（6 条の 7 第 2 項）を併用する扱いが行われてきた。その結果，殺人等の重大な触法行為では，強制的措置が相当長期間にわたって許可されるというような異常な事例もみられた。また，中学生（13・14 歳）の重大な共犯事件では同学年でも生年月日で少年院送致の可否が分かれてしまうなどの問題も生じていた（廣瀬 p 5 頁）。平成 19 年改正により，初等少年院と医療少年院の収容下限が概ね 12 歳に引下げられる（少院 2 条 2・5 項。平成 26 年少年院法改正により同 4 条 1 項 1・3 号）と共に，本条 1 項但書において，14 歳未満の少年の特性を考慮してその少年院送致は「特に必要と認める場合」に限定された。これにより，重大な触法行為等に対する処遇選択の幅が広げられ，14 歳未満も含めて少年院での処遇が相応しい者に対しては，少年院送致が可能となり，問題点の改善が図られた（詳細は⇨少院 4 条注釈）。処遇の実情について，大熊参照。

2　保 護 観 察

少年を施設に収容せず，家庭や職場等に置いたまま，指導監督・補導援護を加えてその改善更生を図る社会内処遇の主要なものであり，諸外国においても広く活用されている（保護観察の制度全般について，今福＝小長井参照）。もっとも，各国ごとに担当機関・処遇内容等は相当に異なっていることに留意すべきである（廣瀬 f 24・62・89 頁，フランスにつき，吉中 a，ドイツとの比較につき吉中 c）。後述するように我が国でも最近その処遇内容の多様化が運用面で図られてきているが，更なる多様化と共に，施設内処遇との連携，中間施設の活用等，その内容の充実強化が検討課題となっている。平成 19 年改正により，保護観察の条件違反に対する措置が整備・強化された（詳細は⇨26 条の 4 注釈，更生 67 条注釈）。本条 1 号の保護処分（1 号観察）のほかに，少年院仮退院者（2 号観察），仮釈放者（3 号観察），保護観察付執行猶予者（4 号観察）に対するものがあるが（婦人補

320

第3節　調査及び審判　　　　　　　**第24条**（規第35条～第37条の2・第39条）

導院仮退院者に対する5号観察もあったが，廃止された⇨更生48条注釈1），以下，1号観察についてのみ触れる（全般について，⇨更生48条注釈。少年保護観察の歴史と課題について，小畑）。1号観察に付されている者を「保護観察処分少年」と呼ぶ（更生48条1号）。なお，令和3年改正による特定少年の特例については⇨64～66条各注釈。

(1)　**担当機関**　　少年の住居地（住居がないとき等は，現在地，明らかな最後の住居地又は所在地）を管轄する保護観察所が司る（更生60条）。保護観察所は法務大臣の管理に属し，地方更生保護委員会から事務上の監督を受ける国家機関で家庭裁判所の本庁所在地に原則として1か所あり，保護観察等を実施する（更生16条8号・29条）。保護観察の実行機関は保護観察官又は保護司とされている（更生61条）が，通常は保護観察官が主任官，保護司が担当保護司となって少年の指導監督・補導援護に当たる。処遇が困難と予想される事例では保護観察官が直接担当することもある（直担事件）。主任官・担当保護司の指名は保護観察所長が行う。

　保護観察官は，保護観察所等の職員で医学，心理学，教育学，社会学その他の更生保護に関する専門的知識を有する者とされている（更生31条2項）。保護司は，非常勤・無給の国家公務員で（政治的行為の制限がないので公選による公職も兼務できる。昭25・7・28中央更生保委事務局長通知），篤志家である有識者であり，保護司選考会の意見聴取，保護観察所長の推薦を経て，法務大臣により委嘱される（保護司3条）。事件数に対して保護観察官の数が少ないため，少年との接触は保護司にほとんど委ねられていることが多く，保護司に人を得ることが重要である（改善の努力はされているが，その老齢化が特に少年事件では問題である）。

(2)　**保護観察の方法**　　保護観察は，保護観察官・保護司（以下「保護観察官等」という）の指導監督，補導援護により実施し，保護観察処分少年に対しては，保護処分の趣旨を踏まえ，その者の健全な育成を期して実施される（更生49条）。具体的には，遵守事項を定め，これを守るように指導監督する（更生49条以下）。法定の一般遵守事項としては，①再犯・再非行防止の健全な生活態度保持，②保護観察官等の呼出・訪問・面接に応じ，指導監督のため求められた労働・通学状況，収入・支出状況，家庭環境，交友関係等についての申告，資料提出などに応じ，保護観察官等による指導監督を誠実に受けること，③住居を定め，届出，その住居に居住すること，④転居・長期旅行には，予め許可を

321

第 24 条（規第 35 条〜第 37 条の 2・第 39 条）　　　　　　　　第 2 章　少年の保護事件

受けること（更生 50 条）がある。保護観察処分少年には，更に保護観察所長が
家庭裁判所の意見を聴いて特別遵守事項の設定・変更を行う（更生 52 条 1 項）。
このため，保護観察所における特別遵守事項設定のための少年との面接の前に
家庭裁判所の通知が必要となるため，規則 37 条 2 項が「速やかに」通知しな
ければならないと改正され，同条 3 項が新設され，保護観察決定の通知の際，
特別遵守事項に関する家庭裁判所の意見の通知も義務付けられた。指導監督は，
保護観察官等が少年と接触を保ってその行状を見守り，指示を与え，必要な措
置をとるなどして行う（更生 57 条）。補導援護としては，適切な住居・宿所の
取得，そこへの帰住の援助，医療・療養の援助，職業補導，就労援助，教養訓
練の援助，生活環境改善・調整，社会生活適応のための生活指導，助言などが
ある（更生 58 条）。通常の事件では少年が保護司を月 2 回程度訪問して近況を
報告し，保護司から指導・助言を受ける形が多いが，保護司が少年のところに
赴く往訪指導も行われている。詳細について⇨更生 49〜53 条・56 条各注釈。
なお，平成 19 年改正で保護観察所長に，保護観察処分少年の遵守事項違反に
対する警告及び施設送致申請（更生 67 条），その保護者に対する指導・助言等
（更生 59 条）が認められ，指導監督の実効化が図られている。⇨更生 59・67 条
各注釈。

(3)　**保護観察の期間**　　本条 1 項 1 号の保護観察の期間は，少年が 20 歳に達
するまでが原則であるが，決定から 2 年に満たないときは 2 年間となる（更生
66 条）。期間中でも健全な生活態度が保持され保護観察の必要がないと認めら
れれば，一時解除・解除ができる（更生 69・70 条。⇨更生 69・70 条注釈）。解除基
準は処遇内容に即して通達で定められている（⇨(5)）。特定少年の保護観察期間
については⇨64 条注釈 **4・5**。

(4)　**虞犯通告**　　保護観察処分少年について新たに虞犯事由（3 条 1 項 3 号）
が認められるときは，23 歳未満の者は 18 歳以上でも 18 歳に満たない少年と
みなされ，少年審判を受けさせ，保護処分に付すことが可能となる（⇨更生 68
条注釈）。実質的には処分変更を例外的に認めたものである。

(5)　**保護観察の運用**　　保護観察の具体的な実施要領・手続等については更
生保護法のほか，通達等（「犯罪をした者及び非行のある少年に対する社会内における
処遇に関する規則」平 20・4・23 法務省令 28・家月 60・8・106，「犯罪をした者及び非行の
ある少年に対する社会内における処遇に関する事務規程」平 20・4・23 法務省保観訓 261・

322

第3節　調査及び審判　　　　　　　　　**第24条**（規第35条〜第37条の2・第39条）

家月同131,「犯罪をした者及び非行のある少年に対する社会内における処遇に関する事務の運用について」平20・5・9保観325矯正局長・保護局長通達・家月同180,「犯罪をした者及び非行のある少年に対する社会内における処遇に関する事務のうち保護観察に係る事務の運用における留意事項について」平20・5・9保観329保護局観察課長通知・家月同244など）に定められている。処遇の多様化が運用上図られており，(ア)一般保護観察，(イ)一般短期保護観察，(ウ)交通保護観察，(エ)交通短期保護観察に分類されている（但し，(イ)は通達上は「短期保護観察」）。なお，特定少年に対する保護観察については⇨64・66条注釈。

　(ア)　**一般保護観察**　　(イ)(ウ)(エ)の対象者以外に対して行われるが，アセスメントに基づく保護観察の実施が推進され（「アセスメントに基づく保護観察等の実施について」令2・9・9保観93保護局長通達），再非行のリスクの程度に応じた保護観察官の積極的関与や領域ごとの類型（例えば，不良集団領域の暴力団等類型，社会適応領域の就学（中学生）類型，嗜癖領域の薬物類型など）を設定しての類型別処遇も行われている（「保護観察における類型別処遇の実施について」令2・9・9保観94保護局長通達）。処遇内容は指導監督・補導援護である。その解除は，前記通達（保観325）の基準により，概ね1年（特別の事情があれば6か月）経過したときに検討される。

　(イ)　**一般短期保護観察**　　処遇の多様化を図るため，平成6年9月から正式に実施されている。社会適応を促進するための指導を中心とした短期間の保護観察である（「短期保護観察の実施について」平20・5・9保観327保護局長通達（家月60・8・216），「短期保護観察に関する留意事項について」平20・5・9保観331保護局観察課長通知（家月同260））。対象は，家庭裁判所が保護観察に付し，一般短期保護観察処遇相当の処遇勧告（規38条2項）をした者である（通達で，非行性の進度がそれほど深くないこと，資質に著しい偏りがないこと，反社会的集団に加入していないこと，保護環境が著しく不良でないこと，短期間の指導監督・補導援護で更生を期待できること，その改善更生のために特に必要と認められる事項がなく特別遵守事項を定めない少年（一般遵守事項及び生活行動指針のみで処遇を賄うことができる者）であることが基準とされている）。実施期間は概ね6か月以上7か月以内で，概ね6か月経過後解除を検討し，実施期間内の解除により保護観察を終了する。基準に達せず解除できなかった者も保護観察開始後10か月以内には解除する。10か月を超えて継続する場合には，その決定をした家庭裁判所の意見を聴いて，一般保護観察として継

323

第 24 条（規第 35 条〜第 37 条の 2・第 39 条）　　　　　第 2 章　少年の保護事件

続する。処遇内容は，生活習慣，学校生活，就労関係，家族関係，友人関係，その他の 6 領域から，更生に特に重要なもの一つを選び，その領域に関する具体的な課題を設定してその履行を求め，履行状況を毎月報告させ，その報告に基づいて，保護観察官による直接指導，領域・課題の付加・変更も含め，必要な指導・助言等を行う。

　㈢　**交通保護観察**　　対象は，交通事件により保護観察に付された者（㈣の対象者を除く）である。一般保護観察の運用のほか，できるだけ交通事件を専門に担当する保護観察官・交通法規に通じた保護司を指名するように考慮すること，必要に応じて交通法規・運転技術・車両の構造等に関する指導をすること，特別遵守事項に保護観察所の長の定める交通に関する学習をすること等を定めること，保護観察官の直接担当や集団処遇（講習）の併用も考慮すべきこととされ，6 か月経過すれば（特別事情があれば，それ以前でも可），解除も検討される（「交通事件対象者に対する保護観察の効率的運用について」平 20・5・29 保観 223 保護局長通達）。

　㈣　**交通短期保護観察**　　昭和 60 年 5 月から正式に実施されている（「交通短期保護観察の実施について」平 20・5・9 保観 328 保護局長通達・家月 60・8・229，「交通短期保護観察に関する留意事項について」平 20・5・9 保観 332 保護局観察課長通知・家月同 263）。対象は，家庭裁判所が保護観察に付し，交通短期保護観察処遇相当の処遇勧告（規 38 条 2 項）をした者であり，一般非行性がないか，あっても非行進度が深くないこと，交通関係の非行性が固定化していないこと，資質に著しい偏りがないこと，対人関係に特に問題がないこと，集団処遇への参加が期待できること，保護環境が特に不良でないこと，その改善更生のために特に必要と認められる事項がなく特別遵守事項を定めない少年（一般遵守事項及び生活行動指針のみで処遇を賄うことができる者）であることが通達上基準とされている。家庭裁判所はこの基準に拘束はされないが，処遇の適正・効率化のため十分参考とし尊重すべきである。処遇内容は，原則として保護観察官が直接集団処遇を行い，少年に生活状況を報告させる。保護司の指名，個別処遇は原則として行わない。実施期間は 3 か月以上 4 か月以内とされ，車両の運転による再犯がなく，集団処遇を受け，生活状況報告を行っており，かつ更生上特段の支障がなければ上記期間内に解除する（ほとんどの事例が該当している）。解除できない場合は更に適切な処遇を加え 6 か月までに原則として解除する。6 か月を超えて保護

第3節　調査及び審判　　　　　　　　第24条（規第35条〜第37条の2・第39条）

観察を継続する必要があるときは決定をした家庭裁判所の意見を聴いて(ウ)に切替えられる。制度導入当時の交通事件の激増に伴い処遇の適正化・迅速な処理を目指すものとして，必要性は高く，積極的な評価がなされてきた。他方，家庭裁判所の交通講習との関係や一般保護観察との差異が大きいことから果たして保護処分である保護観察として扱ってよいか等の問題点も指摘されている。

(6)　**保護観察所との連携**　　保護観察を有効に活用するため，家庭裁判所は，保護観察所における処遇の態勢・内容について理解を深めると共に（短期保護観察等の処遇勧告等に関しては，「短期保護観察に関する保護観察所との連携について」平6・7・29家庭局長通達（改正平20・5・9・家月60・8・85），「交通短期保護観察に関する保護観察所との連携について」平20・5・9家庭局長通達（家月同89）により行われている），審判に保護観察官，保護司を立会わせ，処遇意見を述べさせること（規26・30条），保護観察所の保護観察成績報告（28条）を活用すること，決定後保護観察の趣旨を十分説明すること（規35条1項），保護観察所長への通知を行い（規37条2項），特別遵守事項に関する意見（更生52条1項）を伝え，社会記録の早期送付に努めることなどが肝要である（前記決定通知の方法及び社会記録の送付，特別遵守事項に関する意見については，「少年審判規則第37条第2項及び第3項の規定による保護観察所長に対する通知等の事務処理について」平19・10・17家庭局長通達（改正平20・5・9・家月60・8・82）によって定められている）。審判当日駐在保護司等に待機してもらい，決定後すぐ面接等を可能にする取扱も有効である。また虞犯通告（⇨(4)）の運用を柔軟・円滑にし，その制度を審判や保護観察実施中周知させておくことは保護観察を安易に考える少年・保護者らに対して心理強制を加え，更生の意欲を喚起する意味でも有効と指摘されていたが，平成19年改正で，保護観察所長は，保護観察処分少年の遵守事項違反に対し，警告のほか，少年院送致等の申請をすることが認められ，保護観察の実効性が担保されるようになった（26条の4，更生67条）。この制度を少年・保護者に周知すると共に，相互の連携を十分図ることが重要である（⇨26条の4注釈，更生67条注釈）。特定少年については，更生68条の6が新設され，少院34・35条が改正され連携が強化されている（⇨66条注釈）。

3　児童自立支援施設（旧教護院）・児童養護施設（旧養護施設）送致

(1)　**児童自立支援施設**　　不良行為をなし，又はなす虞のある児童等を入所させ，又は保護者の下から通所させて，必要な指導を行い，その自立を支援す

第24条（規第35条～第37条の2・第39条） 第2章 少年の保護事件

ることを目的とする施設である（児福44条）。ほとんどが都道府県の施設であり，関西地区では，12名程度の年代の異なる児童と父母役の職員（児童自立支援専門員，児童生活支援員）が起居を共にする小舎制が原則とされ，関東地区では集団寮を交代制の職員が担当する大舎制が主にとられるなど，県による差異があるが，入所児童について，訓育，生活・学科・職業指導等を開放的な雰囲気の中で行っている（富田105頁，小林ほか，西嶋，梶原）。

(2) **児童養護施設** 保護者のない児童，虐待されている児童，その他環境上養護を要する児童を入所させて，これを養護し，併せてその自立を支援することを目的とする施設である（児福41条）。保護環境に恵まれない児童が入所者の中心となる。児童指導員，保育士等が児童と起居を共にし，生活指導をするほか，職業指導員による職業指導等が行われる（⇨付録2，児福基準7章）。

(3) **処分の性質** これらの福祉的な施設における処遇を保護処分として利用するものであるので限界もある。決定を執行して入所させるのは知事（その委任を受けた児童相談所長）であり，具体的な施設を定めて措置をとることによって入所となる（児童家庭局167頁，平場376頁，団藤＝森田233頁）。本条の送致決定を受けた少年については入所措置が義務付けられ（児福27条の2），異論（磯谷ほか323頁）はあるものの，施設まで強制的に連行することはできず，入所後の処遇も他の児童と同様であり，入所措置の解除・変更も知事等の独自の判断でできる（児福27条5・6項，条解〔廣瀬〕162頁，菊池b201頁，平場377頁）。

(4) **保護処分として入所させる意義** 児童自立支援施設か児童養護施設かを家庭裁判所が決定できること（⇨18条注釈），親権者，後見人の意に反しても入所させられること（児福27条4項・27条の2第2項。森（望）408頁。なお，森（純）a21頁，大塚（正）a46頁，児童家庭局161頁，平場377頁，六車7頁，条解〔廣瀬〕162頁，団藤＝森田234頁，渡辺（輝）159頁参照），社会記録（写の場合が多い）が送付されること（規37条の2）などである。

(5) **強制的措置との関係** 本条1項2号により児童自立支援施設送致をする場合，6条の7第2項の送致がないと強制的措置の指示（18条2項）はできない（東京高決昭61・1・17家月38・6・63，岡本1頁。積極説，市村102頁，千葉家決昭56・10・2家月34・3・80）。しかし，児童相談所等から送致された事件では，6条の7第2項の送致も併存していると解せる場合も多く，そのように解し得る場合には強制的措置の指示も可能と考えられる（⇨6条の7注釈3(6)，谷口（貞）52頁，

第3節　調査及び審判　　　　　　　　　第24条（規第35条～第37条の2・第39条）

団藤＝森田236頁，条解〔廣瀬〕162頁，古川11頁，森（純）a22頁。児童相談所長送致事件に
つき積極に解した裁判例として，新潟家高田支決平元・10・23家月42・2・200〔百選93〕，
長崎家決昭57・10・28家月35・3・126，仙台家決昭57・10・8家月35・3・124，富山家決
昭57・2・9家月34・7・104）。この指示をする場合は，決定主文で期限等を明示
すべきである（⇨18条注釈3(5)）。

（6）　**保護処分としての活用**　　本条1項2号により児童自立支援施設等へ送
致される少年は極めて少ない（⇨**図表9**。最近の事例として，東京家決平29・4・25家
判13・87（併せて強制的措置許可），東京家決平28・9・6家判13・92，東京家決平27・7・
1家判6・118。児童養護施設に送致した事例として，水戸家土浦支決平13・8・1家月54・
3・94）。その理由の一つに，本号の対象者は18歳未満とされながら（児福4条），
中学生を中心とする義務教育中の者が大半を占めている実状がある。保護処分
が選択される少年は，14歳以上が原則となるので（3条2項），審判の際には義
務教育期間を過ぎた者や残期間が少ない場合など，本号を活用できる事例は，
時期的にかなり限定される（平場377頁）。次に福祉的措置としての限界がある。
1・3号と異なり，送致後，家庭裁判所は全く関与できない。施設に入所させ
ても保護者の引取要求を拒絶できるかという議論さえあった（拒絶できるとする
運用方針が示されている。「児童養護施設等における児童福祉法等の一部を改正する法律の
施行に係る留意点について」平10・2・24厚生省児童家庭局長通知・家月50・7・143。柏木
124頁，大塚（正）a47頁，森（純）a25頁は積極説を唱えていたが，かつての児童相談所の実
務運用では消極説がとられていた）。また，少年が無断外出して帰宅し保護者が連
戻に同意しない場合，連戻せない事態も起こり得る。強制的連戻を認める説も
あるが（六車7頁），開放処遇及び同意に基づく福祉措置を基本とする処遇を利
用する処分の本質的な限界であって，強制は困難であろう（大塚（正）a51頁）。
しかし，年少少年や福祉的な対応が必要な少年には，本号が保護処分の選択肢
とされている意義は，十分認められる。また，年長児童への対応，高校通学な
どの試みも行われており（「教護院入所児童の高等学校進学の取扱いについて」平元・
4・10児童家庭局長通知，「教護院における指導の充実等について」平6・3・30同通知・通
達集209・218頁），処遇内容の動向を十分把握する必要がある（処遇の実情につい
て，富田105頁，小林ほか，西嶋，梶原）。家庭裁判所は，児童相談所等との連携を
密にして各施設の処遇の実情・受入態勢等を十分把握して，開放的・福祉的な
措置に適した，例えば，本人よりも保護環境に問題のある少年等を適切に送致

327

第24条（規第35条〜第37条の2・第39条）　　　　　　第2章　少年の保護事件

するなど，もっと本号の活用が図られてよいと思われる。また，そのための少年法と児福法の規定との調整，機関相互の連携の充実強化が将来的な検討課題である（廣瀬100頁以下，澤登199頁）。

4　少年院送致

保護処分のうちで最も強力な処遇である（少年院処遇の歴史・運用の変遷等について，土持，矯正協会）。少年院の種類，収容期間，処遇内容等については，少年院法，少年院法施行規則等で定められている（⇨少年院法注釈）。運用上処遇内容が多様化されているのでその実情を十分把握して対応すべきである（改正前の論考であるが，奥平a，同b，同c，板垣，林a参照）。なお，平成19年改正で，少年院の処遇方針の明示，収容年齢の下限引下げ等（少院4・15・24条以下）が行われ，これを受けて14歳未満の少年院送致決定に「特に必要と認める場合」の限定が付された（1項但書。⇨**5(7)(ケ)**）。更に，平成26年少年院法改正，令和3年改正に伴う法令・運用の改革も行われている。

(1)　**少年院**　　法務大臣の管理に係る国立の少年に対する矯正教育施設である（少院1・3条）。5種類に分けられ（初等，中等，特別，医療の種別が平成26年改正で第1種（初等・中等に相当），第2種（特別に相当），第3種（医療に相当），第4種（少年院受刑者収容）に改編され，更に，令和3年改正で第5種（66条1項により収容決定を受けた者を収容）が新設された），対象少年の年齢と特性に対応して，少年に自分の問題点を見つめさせ自己改善意欲を喚起すると共に，健全な生活習慣の育成，食生活の健全化，生活リズムの回復，学習・勤労習慣の育成，教科教育の補習，職業教育・資格取得など社会復帰に役立つ教育が院外への委嘱等も含めて行われている（⇨少院4・15・23〜34・44条各注釈）。家庭裁判所が送致決定で第1〜3種の種別を指定する（規37条1項）。その収容期間は本人が20歳に達するまでが原則であるが，送致決定時19歳を超えている場合は送致時から1年間となる。また保護処分による少年院在院者については23歳あるいは26歳まで一定の事由があれば収容できる。上記法定期間満了による退院，地方更生保護委員会の決定による退院・仮退院によって収容は解かれる。収容継続等の詳細については，⇨少院137〜139条各注釈。特定少年の特例については⇨64〜66条注釈。

(2)　**処遇の運用**　　改正前の少年院法は，平成19年改正による1条の2で「個々の在院者の年齢及び心身の発達程度を考慮し，その特性に応じて」行う

第3節　調査及び審判　　　　　　　第24条（規第35条～第37条の2・第39条）

図表17　少年院処遇の流れ

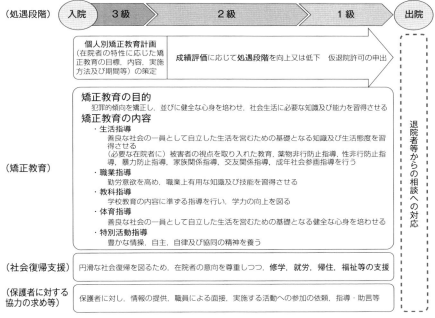

（出典）法務省矯正局

原則が明示され，また，14歳未満の少年も収容対象とされたが，処遇の詳細については明文がなく，訓令・通達等に基づいて長期処遇，短期処遇などが行われてきた（処遇の実践例・実情について八田）。平成26年少年院法改正（旧法の廃止と新法の制定）においては，この原則などを確認したうえ，処遇の詳細が明定された。同改正前は，少年院送致に関する家庭裁判所の「一般短期処遇」「特修短期処遇」の処遇勧告についてはこれに従い，その他の処遇に関する意見はその趣旨を尊重するものとされていた（尊重される処遇勧告の例として，比較的短期（松山家西条支決平14・6・18家月54・11・87，広島家決平16・3・30家月56・10・85，広島家決平17・12・27家月58・5・143，山口家決平19・1・10家月60・2・157，東京家決平28・4・26家判11・120），相当長期（浦和家決平12・6・28家月53・1・106，秋田家決平13・8・29家月54・3・96，さいたま家決平13・9・5家月54・2・152，京都家決平13・10・31家月54・4・110，大阪家決平15・5・9家月56・12・138，大阪家決平20・3・26家

第24条（規第35条～第37条の2・第39条）　　　　　　　　　第2章　少年の保護事件

月61・5・103，東京家決平23・1・12家月63・9・99，東京高決平27・12・11家判8・104，東京高決平28・10・17家判11・106），比較的長期（東京家決平13・4・18家月53・10・132，新潟家長岡支決平15・6・17家月56・11・87，新潟家高田支決平16・2・26家月56・7・171，東京家決平16・9・30家月57・3・128，東京家決平20・1・22家月60・10・102，那覇家決平21・4・28家月62・6・81。2年を超える処遇の実情について，小山参照。処遇勧告について⇨28条注釈4。旧院法時の短期処遇の実情と集約化について，林a参照））。この短期処遇については，「短期間」「特別短期間」の処遇に改編されたが，そのほかの処遇の運用の基本は維持されている。処遇の詳細については，⇨少院15・23～34・44条各注釈。

(3)　収容継続・戻し収容　　処遇上，収容期間が法定期間で足りない場合に，少年院長は収容継続申請を家庭裁判所に行い，その決定を得て収容期間を継続する。収容継続申請事件（準少年保護事件）として審理される（⇨少院138・139条注釈）。

少年院を仮退院し保護観察中の者がその遵守事項を遵守しない場合等には，地方更生保護委員会が，少年院送致決定をした家庭裁判所に一定期間少年院へ戻して収容する決定を申請できる。戻し収容申請事件（準少年保護事件）として審理される（⇨更生71条注釈）。いずれも社会内処遇と収容保護との連携を図るものであり，また，家庭裁判所が決定後執行に関与できる制度の一つである。なお，特定少年の少年院送致では収容継続・戻し収容は認められない（⇨64条注釈）。

(4)　収容の性質　　少年院は教育機関であると共に，病気の治療，不良文化との隔絶，薬物嗜癖の禁絶など本人自身のため有益な収容目的を実現するものであるが，同時に，特別の場合以外は外出を許さず（少院45条），基本的には非開放的な施設で生活をさせ，規律ある生活に親しませて生活訓練を行い，規律に違反した者には懲戒が行われる（少院83条以下）など，犯罪少年等を強制的に収容し，一般社会と隔離して改善を図ることにより社会防衛的な機能を営んでいることも否定し得ないが（収容少年は逃走罪（刑97条）の主体（「裁判の執行により拘禁された既決又は未決の者」）には当たらず「法令により拘禁された者」（刑99～101・195条2項）に当たると解されていたが（福岡高宮崎支判昭30・6・24家月7・7・64。団藤＝森田238頁，条解〔廣瀬〕167頁等。反対，植松40頁），令和5年刑法改正で「法令により拘禁された者」と改められたので，逃走罪の主体に当たることとなったと解される。し

330

第3節　調査及び審判　　　　　　　　　　第24条（規第35条〜第37条の2・第39条）

かし，この改正は逃走防止の実効化を図るものであるから少年院収容の性質に影響は及ぼさないと思われる），教育的な観点からは，拘禁的な要素は必要最小限度にされるべきであり，処遇の多様化の結果，開放的処遇がかなり取入れられていること（⇨(2)）に注目すべきである。また累進処遇制が採用されているのも少年の自発性，自覚による改善を目指すものといえる（少院16条）。収容期間は不定期であるが，可塑性に富む少年の健全育成を図るため，処遇の個別化・多様化のため合理性があり，憲法には違反しない（大阪高決昭35・1・30家月12・4・109）。なお，特定少年の少年院送致では期間が定められるが，収容可能な上限であり実質的差異は大きくない（⇨64・66条注釈）。

　少年院在院者に対する逮捕状の執行も可能と解されているが，執行により身柄が捜査機関に引渡されても保護処分は失効せず，捜査機関が釈放する際には，少年院に連戻されなければならない。少年院送致決定の効力として少年院側は再収容できるが，捜査機関との調整については問題がある（昭25・9・22矯保甲1458矯正保護局長通牒，昭35・6・9少年院長合同矯正局長回答，昭32・11家庭局見解・会同要録）。施設長の事実上の承諾が必要であり，慎重に対応すべきである（佐藤（忠）788頁，遠藤310頁，条解〔廣瀬〕167頁）。

　(5)　**少年院送致決定後の手続**　　決定告知後は原則として直ちに執行段階に入るので（⇨34条注釈），通常直ちに執行指揮をし（規4条），少年鑑別所長に通知する（規37条2項）。少年鑑別所長は家庭裁判所から少年院送致の保護処分決定の執行を受けた者について，鑑別を行い，その者が履修すべき矯正教育課程その他の事情を考慮し，その者を収容すべき少年院を指定し，その旨を，保護処分決定を受けた者に告知し，指定する少年院の長に鑑別結果を付して通知する（少鑑18条）。詳細について⇨少院4条注釈3。送致決定により観護措置（17条1項2号）は効力を失うが，少年院送致決定自体が身柄拘束の効力を持つので，決定後直ちに執行指揮をすれば，執行段階として，必要最小限，少年鑑別所に収容を継続できる（多数説。在宅少年を直接少年院送致する場合の観護措置の問題につき，⇨17条注釈4(5)(ア)）。執行受命者（26条1項）は，執行指揮書，指定書等と共に少年の身柄を指定された少年院長又はその代理者に引渡して執行が完了する（昭25・6・30家庭局長通達・家月2・5・155）。現実に少年院側が少年の身柄を受取った時が入院の時点と解されている。決定後入院前に20歳に達しても少年院はその者を収容すべきであり（昭46・11・12矯正局長通達・家月24・2・207），

第24条（規第35条〜第37条の2・第39条）　　　　　　　第2章　少年の保護事件

収容継続で対応すべきである（少院137条1項但書）。

5　処遇選択

（1）**総説**　　調査・審判の結果，非行事実が認められた場合，家庭裁判所は，要保護性の有無・程度により，不開始（19条），不処分（23条），検送（20条），保護観察，少年院送致等の終局処分を決定しなければならない。これを処遇選択と呼ぶが，調査段階の保護的措置（教育的措置）（⇨19条注釈4），審判段階の試験観察・補導委託（25条），その他の保護的措置（⇨23条注釈2(2)）を実施するか否かの選択も実質的には共通し，処遇選択と密接に関連して同様の判断を要する。その選択についての統一的な基準は規定されていない（9条，規11条がその前提・手掛りとはなろう）。これは，少年保護手続が個々の少年の資質・環境・非行内容等を総合判断し，最適な処遇を個別的に追求し，その健全育成を図ることを目的としていることの表れである（⇨1条注釈）。処遇選択は要保護性の程度に即応することが基本となるが，非行事実の軽重，社会防衛的配慮など複合的な要素を加味した総合的な判断となる（⇨序説1・4）。

適正な処遇選択をするには，まず，動機・経緯等も含めた非行事実の内容及び少年の性格・行状，保護環境等の要保護性に関する事実の正確な把握が前提とされなければならない。そのためには，事件記録の検討は勿論，調査結果（8条，規13条。書面による報告・口頭報告のほか，裁判官と調査官の打合せを励行して共通の理解・把握に努めるべきである），少年鑑別所の鑑別結果（⇨9条注釈3），審判での審理結果を十分に検討すべきである（司法警察員・検察官の処遇意見も参考とされるが，調査・鑑別を経ていないこともあって，要保護性の把握が不十分で保護処分等の実状と合わないものも多く，重視できない場合が少なくない）。保護者のほか，法務技官，法務教官，補導受託者，雇主，学校関係者，児童福祉司，保護司等の関係者から直接あるいは調査官を通じて意見を聴く（規26・30条）ことも重要である。他庁での処遇選択の実状等にも関心を払うべきであり，保護処分・保護的措置の運用の実状・成果を執行段階についても正確に把握しておくことも不可欠である（この観点から28条，規38条も十分な活用が図られるべきであろう。⇨28条注釈）。

保護処分には，少年に対する保護・福祉的な側面と犯罪から社会を守るための刑事政策的な観点が併存しており，どちらを重視するか議論が分かれている（⇨序説1）。結果として少年の再非行防止ができれば，双方の要請は満たされるわけであるが，非行予測は未だ正確とはいえない段階にある。ことに可塑性

332

第3節　調査及び審判　　　　　　　　　第24条（規第35条～第37条の2・第39条）

に富み，発達途上で個人差の大きい少年の場合，成人の再犯予防・更生予測以上に困難である。現在は処分の事後的な変更・取消も原則として認められていない（⇨1⑶）。保護処分には社会の偏見によるラベリング等，負の側面もある。このような観点からは，実務上みられる収容保護への謙抑的な傾向や段階処遇（不開始，不処分，保護観察と事件係属ごとに重い処分をしていく方式）などにも一面の合理性がある。しかし，その結果，保護処分が時機を失して非行性が深化してしまう場合も少なくない。確かに，非行少年は，一見，加害者のようでも，保護者や社会・学校等から疎外された被害者，弱者としての側面を持つことも多く，可塑性に富む者が多いことからも教育・保護・福祉的な観点からの対処が重要かつ有効であることは明らかである。同時に，保護・福祉的な措置に限界があることも否定できない。少年非行が総犯罪件数の中で相当数を占め，凶悪事犯も一定数ある実状からすれば（⇨**図表1・9**），その犯罪的危険性に着目した社会防衛的な側面を不当に軽視することは許されまい。更に逸脱行動に対してはそれに相応する社会的な反動・制裁があることを学ばせることも少年にとっては重要であるが（平場68頁），非行内容と著しく均衡を失した寛大な処遇では健全な規範意識の育成上逆効果の虞もある。保護環境に恵まれず，その改善の見通が乏しい場合には，一旦不良な環境から切離して環境調整を行うと共に，強力に少年自身に働掛けて劣悪な環境にも打勝てる力強さを修得させる以外になく，少年に対する安易な同情だけでは全く問題解決にはならない。結局，負の要素も十分に検討したうえで，事案の内容と要保護性の程度に即して健全な判断を個別的に下していくほかない。初回係属でも少年院送致を選択することも必要な場合がある。在宅保護の可能性を十分検討すべきではあるが，収容保護の必要性が明らかであるのに漫然と在宅保護を繰返すような運用は，処遇の時機を失し最適な保護・教育，健全育成の趣旨にも反するものとなる。また，収容保護の種別指定や短期・長期の選択等も，段階的になされるべきではなく，最も処遇効果のあがる選択をなすべきである（廣瀬g386頁。初犯の少年に対し，中等少年院送致決定をしたものとして東京高決平19・8・24家月60・1・133，福岡高決平27・7・3判14・86，初等少年院送致決定をしたものとして広島家決平11・11・10家月52・5・153，第1種少年院送致決定をしたものとして，東京高決平29・12・21家判17・120，東京家決令3・2・9家判34・128がある）。

　保護観察・少年院の処遇内容の多様化については批判もあるが，これらによ

333

第24条（規第35条〜第37条の2・第39条）　　　　　　　　第2章　少年の保護事件

り処遇選択の幅が実質的に広がり，実質的な処分変更に裁判所が関与する場合が増加したという側面があり，可塑性に富み，個別処遇が要請される少年保護事件においては一応前進と評価すべきである。肝心なのは，執行機関による処遇内容の更なる検討・改善と家庭裁判所がそれら処遇の実状を踏まえて適正な判断を下し，選択肢を有効かつ適切に活用することである。

(2)　**非行事実の処遇決定における機能**　　処遇決定において非行事実を重視することには批判もある（澤登42頁，同d727頁，斉藤g，前野h等）。しかし，欧米の少年法制や我が国の少年法制の沿革など（⇨序説2・3）に照らしても明らかなように，重大な非行や軽微な非行の取扱方，社会・公共の安全保護と少年の保護・教育との調和は，少年法制の永遠の課題である。処遇選択において非行事実の軽重との関係で悩まされるのは少年法制に不可避の問題であり，本来の在り方といえよう（廣瀬・少年法349頁以下，廣瀬f114頁，同g386頁，早川h17頁，中村(護)a26頁，平場70頁，岩井a8頁，田口(1)，川出273頁以下）。

(ア)　**非行事実と要保護性の相関性**　　大半の事件では非行事実の軽重と要保護性は対応・相関する。軽微な非行には一過性のものが多く，特別な保護の手当を要しない少年が多いが，重大な非行を犯す少年は要保護性の程度も高く手厚い保護を加える必要が高い場合が大半である。犯罪への誘因があっても規範意識が内面化され状況の判断力と感情・行動の統制力が備わっていれば，犯罪に走ることは通常思い止まれる。他の少年が思い止まれる犯罪（特に重大な犯罪）に走るのは性格・環境的に根深い問題がある場合が少なくない。もっとも，この非行事実と要保護性の相関の意義は刑事手続の犯罪事実と情状の関係と同じではない。刑事手続の量刑では，議論はあるが，犯罪の実行行為と結果（行為責任）が重視される。犯行の動機・目的が考慮される割合は行為・結果に比して通常格段に低い。これに対して，非行事実は要保護性（非行性）の顕在化と捉えられるので，その動機・目的が本人の性格的な問題点を解明する観点から重視され，犯行後の対応なども環境的な問題点としても考慮される。例えば，学校の理科室からの薬品盗の動機（好奇心，教師・学校への反発，性犯罪等の準備行為），下着窃盗の動機（性的な攻撃性の有無等），凶器携帯の目的（興味・趣味，暴力犯罪や性犯罪の予備）などの違いから要保護性に大きな違いが生じ得る。非行の常習性の有無なども同様に影響する。このような背景事実から，犯罪の結果は大きくなくても軽微な非行とみるべきではない場合がある（新潟家佐渡支決平

334

第3節　調査及び審判　　　　　　　　　第24条（規第35条～第37条の2・第39条）

11・7・28家月52・1・120，新潟家決平17・6・30家月57・11・140参照）。逆に，犯罪の結果は重大であるが，期待可能性が乏しい場合，違法性の程度が低い等，本人の非行性との相関性は乏しく重大な非行として扱うべきでない場合も考えられよう。例えば，重大な事故でも過失が小さい場合，過剰防衛的な傷害致死，従犯で関与の程度の低いものなどが考えられる。このような背景事実なども含めた意味において非行事実の軽重を実務上は考えていると思われる。

　(イ)　**非行事実と要保護性が不均衡な場合**　　まず，送致事実と不釣合に要保護性が大きいとされるものには余罪や虞犯を実質的に伴っている場合が少なくない。このような場合にはその余罪や虞犯事実を立件し，それらをも総合的に検討して要保護性を正確に判定すべきである（浦和家決平9・3・13家月49・12・120参照）。立件は調査官報告（7条）で足りる場合も考えられる。この扱いで非行事実と要保護性の不均衡という問題事例の大半は解決されよう（軽微な非行事実の少年院送致を認める山形家決昭58・11・2家月36・5・131，東京高決昭58・12・5家月36・7・103〔百選59〕，高松高決昭58・12・16家月36・5・119，大阪高決昭58・12・21家月36・5・124，横浜家決昭60・8・23家月38・2・168はいずれも虞犯等を実質的に伴っている事例である。なお，大阪高決昭61・8・21家月39・3・66，同昭59・4・25家月36・10・113，福岡高決平18・3・22家月58・9・64は余罪・虞犯立件の必要性を指摘している。裁判例の分析については，廣瀬j参照）。虞犯規定は健全育成のために必要・合理的であるが，虞犯事由及び虞犯性の認定・判断は厳格になされるべきであり（⇨3条注釈4），軽微な非行を伴うことで虞犯事由や虞犯性の認定判断を緩めるべきではない。虞犯要件は備わらないが性格・環境に問題の多い少年が軽微な非行を犯した場合には非行事実が保護処分の限界を画すると考えるほかない（早川h16頁，笠井115頁，山名50頁，前野c239頁参照）。このような場合に非行事実（虞犯事由・虞犯性）を離れた処遇が行われるのでは，審判対象に関する非行事実重視説が批判する人権侵害の虞が現実化しかねないであろう。

　次に，非行事実が重大であるが再非行の虞が乏しいなど，要保護性の程度が低い場合には，実務的にも最も悩み深い選択を迫られる。要保護性のみを重視すれば不処分か刑事処分かの選択になろう。刑罰が教育的処遇上有効な場合にのみ検察官送致を認める立場では全て不処分とされよう（澤登191頁，もっとも，社会復帰の観点からの例外を認める）。とはいえ，現実問題として重大な事件を不処分にするのは困難であるから，刑事処分選択が多くなる可能性があり，要保護

335

第24条（規第35条～第37条の2・第39条） 第2章 少年の保護事件

性を重視する立場では，かえって刑事処分選択の幅を広げることにも繋がりかねない。特に重大な非行を保護不能と考える立場ではそのような結果を招くであろう。しかし，行為が重大で少年の性格上の問題点が大きい場合こそ，最も要保護性が大きいはずであり，少年に適した専門的かつ強力な教育的処遇が行われるというのが少年保護本来の在り方であろう。保護処分が許容される限り，刑罰よりは教育的な処遇として保護処分を位置付け活用すべきである（廣瀬g 388頁，同a57頁）。重大な非行でも収容保護などの保護処分が社会的に許容される場合（保護処分許容性がある場合）には，非行事実との均衡をも考慮して保護処分を選択すべきであろう（岩井a29頁は重大な非行に対する長期間の収容保護の実施・活用をつとに提言していたが，通達によって重大な非行に対する特別な長期処遇も可能となっている。⇨4(2)）。なお，特定少年には，犯情の軽重の規制が定められ（64条1項），虞犯の適用は除外され（65条1項）ている。⇨64・65条各注釈。

(3) **被害者に対する配慮**　少年保護手続では少年の教育を目指してその性格・保護環境等の調査分析が重視され，被害者への非行の影響・少年側の謝罪・賠償などは保護者の監護能力，保護環境の問題として検討されるのが主であった。しかし，少年は他人の尊厳をも尊重し，その権利と両立する仕方で行動できる社会人として立直りが図られなければならない（⇨1条注釈2）。そのためには非行の結果，被害者に及ぼした損害・痛み・迷惑などを実感・認識し，行為の社会的な影響・評価を十分理解して内省を深め，他人の気持に共感し，その不快・嫌悪感，悲しみ，苦しみ，迷惑などを理解・共感し，どうすればそれを避けることができたか，償うにはどうしたらよいかなどを学ぶことが必要・不可欠である。それには少年自身に被害者に対する謝罪・賠償などを直接行わせることも有効・必要である（被害者にそれに対する応否の選択を保障することが不可欠の前提となる。拒絶された場合には謝罪・賠償すら許されないという意味を少年に十分自覚させることが有効である）。このように被害者の問題は少年の教育・健全育成の観点からも調査・審判において積極的に取上げ，処遇選択においても反映させるべき課題である（保護的措置，試験観察，保護観察等で活用することになろう。ドイツの被害者への和解努力・直接の謝罪，フランスの被害者への賠償措置，イングランド・ウェールズのYOTの対応なども参考とされるべきであろう。加藤(久)2頁，荒木(直) 167頁参照。修復的司法も参考となり得るが，有効に活用されているのは，賠償・損害回復が可能な軽い非行が中心で，しかも，被害者・少年双方への十分な準備・調整が前提とされ

336

第3節　調査及び審判　　　　　　　　　第24条（規第35条〜第37条の2・第39条）

ていること（ライアン，高杉，宮崎(聡)，前田(忠)，矢代，高橋a，大原等）に留意すべきである。重大な非行の場合には特に慎重な対応が必要となろう。中島(聡)参照）。この点に関して，平成12・20年改正により，被害者等に対する配慮の充実（5条の2・9条の2・22条の4・22条の6・31条の2）が図られている。このうち被害者等に対する意見聴取については，処遇選択に直接関わるものであり（⇨9条の2注釈），この観点からも適切な運用が求められる。また，被害者に対する調査についても，処遇選択の観点からも更なる充実が求められているといえよう（被害者調査の紹介として，田邊ほか）。

(4)　**基本的社会規範の習得**　　少年が社会人として立直るためには社会常識や基本的な規範を身に付けることが必要である。他人の権利を侵害せず，他人に迷惑をかけずに生活していくことなどは社会の最も基本的なルールであり，これを破れば反省・謝罪や賠償が要求されるだけでなく，その程度によっては謝罪等では許されず，地域社会から排除され，法的制裁を科されるなど，反社会的な行為にはそれに相応する社会的な反動があることなどを自覚して自分の行動を統制していけるようになることが少年の立直りには不可欠である。少年が被害者や地域社会の人々の反応などから自ら学んでこのような規範を身に付けていくことが成長発達のために望ましく，前項の謝罪・弁償を行わせることも有益である。しかし，非行の内容・程度によっては自分に目が向かない少年などに非行に即応した処分が必要・有効となる（所c134頁，田口(3)172頁）。

(5)　**少年・保護者の納得**　　非行を犯して社会に害（迷惑）を与えるという侵害原理が国家による少年に対する強制・自由制限の論拠の一つとされており，少年・保護者の納得にも役立つ（平場67頁）。この少年や保護者の納得（22条1項，規1条2項・35条1項等はその表れといえよう）という契機は，処遇選択においても実務上重視されている。少年の主体性を認め，その自立を援助する教育的処遇を行うには少年の自発性・改善意欲，保護者の協力が重要である。少年に自分の問題に目を向けさせ，自発的に問題点を改善し更生しようとする意欲を喚起させることが教育の第一歩である。少年の納得を得ることは，この自発性や自己改善意欲の出発点となる。実務上も，少年・保護者の処分への納得を得ることは重要とされ（少院34条3・6項参照），行為と処分の相応の釣合は検討されている（田口(3)172頁）。非行事実が同程度の共犯少年などに処遇の均衡を図ることは，実務上相応に考慮されており，公刊された裁判例などにも散見され

第24条（規第35条～第37条の2・第39条）　　　　　　　　第2章　少年の保護事件

るが（東京高決昭61・3・24家月39・1・162〔百選53〕，同平2・3・27家月42・8・86，広島高岡山支決平7・11・14家月48・7・78），このような運用はこの視点からも基礎付けられよう（平場a39頁）。もっとも，性格上の問題が根深い少年，不良な文化・環境の影響を強く受けている少年，問題点を把握できない保護者，少年の利益よりも世間体や自己保身等の考慮から責任転嫁することに終始している保護者など，少年・保護者共に改善すべき問題点に目が向かず，改善意欲を持てない者も少なくない。このような場合には，少年が自分の問題点を自覚し，改善する意欲を喚起するために，その納得が得られなくても強制的な働掛けが必要となろう（パターナリズムの理論においても，再非行の防止，平均的なレベルまでの引上に必要な限度では強制を認めることになろう。澤登f157頁）。

(6)　**社会防衛的な配慮**　　検察官送致の場合には刑罰を科すので一般予防も考慮されるが，保護処分については処遇選択の要素として社会防衛も考慮し得るとする立場からおよそ考慮すべきでないとする立場（斉藤g，前野h等）までがみられる。もっとも，保護処分の結果，その少年が立直って再犯が防止されることはいずれの立場も目指しており，その意味では特別予防として社会防衛に資する。また，手続が非公開で少年本人や保護者などから伝わる程度であるので副次的な効果であるが，ある少年を保護処分に付すことが，共犯少年やその処分を知った少年たちが自覚を深めて立直りの契機となる場合が見られ，とりわけ不良集団による非行などでは大きな機能を果たしている。勿論，その少年の教育と無関係に見せしめ的に保護処分を科すことは許されないが（所c135頁），集団的な非行などでは関係する少年相互にそのような考慮をも加味して処遇決定することは許される。また，その少年たちが関わっていた不良集団が解体され，環境的な問題点が改善されるという側面から少年の健全育成を図るものと位置付けることができる場合も考えられる。更に，非行の犯罪現象としての側面が解消されない以上，ある程度以上重大な非行の場合には社会防衛的配慮が直接・間接になされざるを得ない（⇨序説1・4，廣瀬g381頁）。保護処分選択において社会防衛的な配慮は一切許さないという立場は明解であり一見保護優先となるようであるが，これを貫徹すればその配慮は刑事処分選択でしか実現できず（前野d38頁），かえって刑事処分を増やすという選択をも招きかねない（刑事処分の改善による対応の提言として，川出278頁）。むしろ，刑罰よりは保護・教育的な処遇として社会防衛的な配慮をも加味して保護処分の選択を認め

338

第3節　調査及び審判　　　　　　　　　　第24条（規第35条～第37条の2・第39条）

る方が実際的であり，保護主義にも資するというべきであろう（所 c 128 頁，岩井 a 29 頁，廣瀬・少年法 356 頁）。

(7)　**処遇選択上の個別的な問題点**　　(ア)　**精神病等の少年**　　原則として，医療措置（精神 23～26 条等参照）が優先されるべきである（団藤＝森田 244 頁，条解〔廣瀬〕171 頁）が，その病状・障害の程度，非行性の程度，医療措置の実効性・対応可能性等を個々の事例に即して検討する必要がある。この点について，平成 17 年 7 月から重大な加害行為（放火，強姦，殺人，強盗等）を行い不起訴処分，判決で心神喪失・心神耗弱（刑 39 条）が認められた者は，検察官の申立により精神障害改善等のため入院等の決定が可能となった（心神喪失処遇）。しかし，検察官送致（20 条）されることが前提となるので，精神病の少年についてはほとんどその対象とならないため，依然として少年法の保護処分か医療措置の選択が必要である。医療措置相当として不開始・不処分とした例（千葉家松戸支決昭 36・3・29 家月 13・7・147 〈精神分裂病〉，津家決昭 38・5・31 家月 15・11・159 〈同〉，神戸家決昭 56・10・15 家月 34・7・101 〔百選 7〕〈同〉，静岡家決平 7・12・15 家月 48・6・75 〔百選 6〕〈同〉，静岡家決昭 38・12・9 判タ 157・191 〈性的倒錯症〉，横浜家決昭 47・10・9 家月 25・5・100 〈幼児脳障害等〉，横浜家決平 30・2・23 家判 17・138 〈統合失調症〉）のほか，保護観察（横浜家決昭 38・2・1 家月 15・10・162 〈精神薄弱〉，岐阜家決昭 36・12・19 家月 14・4・246 〈精神病質〉，東京家決昭 41・6・7 家月 19・4・155 〈同〉，秋田家決昭 38・3・20 家月 15・9・254 〈強迫神経症〉，大阪高決昭 51・5・7 家月 29・2・137 〈精神分裂病〉，水戸家決平 13・4・16 家月 53・9・61 〈精神分裂病，解離性障害の疑い〉），児童相談所長送致（松山家決昭 51・3・30 家月 28・11・161 〈精神薄弱〉），教護院送致（金沢家決昭 32・12・9 家月 10・1・64 〈精神薄弱〉），初等少年院送致（千葉家決昭 48・7・31 家月 26・2・137 〈精神薄弱〉，新潟家佐渡支決平 11・7・28 家月 52・1・120 〈注意欠陥多動障害の疑い〉），中等少年院送致（福岡家小倉支決昭 54・7・17 家月 32・5・91 〈精神薄弱及び分裂病質〉）の例などがあり，医療少年院送致の例は多い（大阪高決昭 47・12・21 家月 25・10・124 〈精神分裂病〉，金沢家決昭 48・4・14 家月 25・12・107 〈ハンチントン舞踏病〉，名古屋家決昭 48・5・10 家月 26・1・83 〈難聴〉，盛岡家決昭 50・12・26 家月 28・9・105 〈同〉，大阪高決昭 35・6・30 家月 12・10・162 〈精神薄弱及び精神病質〉，東京家決昭 38・3・13 家月 15・7・150 〈てんかん及び先天性梅毒〉，大阪高決昭 37・9・25 家月 15・2・167 〈脳器質障害〉，東京家決平 11・9・17 家月 52・3・72 〈外傷性ストレス障害〉，東京高決平 11・8・30 家月 52・3・64 〈覚せい剤乱用〉，新潟家決平 12・3・9 家月

第24条（規第35条〜第37条の2・第39条）　　　　　第2章　少年の保護事件

52・9・110〈喘息，ストレス障害〉，東京家八王子支決平15・2・12家月55・7・98〈人格障害・精神障害の疑い〉，大阪家決平15・11・4家月56・7・164〈解離性障害〉，東京家決平16・9・30家月57・3・128〈妄想性障害の疑い〉，京都家決平16・6・3家月57・3・116〈境界性人格障害の疑い〉，水戸家土浦支決平22・2・17家月62・8・102〈境界性人格障害〉，東京家決平22・10・15家月63・6・118〈吸入剤乱用後遺症〉，東京家決平22・11・2家月63・6・123〈覚せい剤乱用後遺症〉，東京家決平26・4・8家判3・108〈肝移植後のケアー〉，東京高決平27・1・30家判4・120〈交通事故後遺症〉等があり，第3種少年院送致の例として，東京高決平27・11・5判タ1424・177〈うつ病の疑い〉，同令2・4・2家判30・121〈統合失調症の疑い，軽度知的障害〉等がある）。責任能力の問題については，⇨3条注釈**2**(2)，〔百選6〕。

　(イ)　**一時的な疾患治療のための医療少年院（平成26年改正により第3種少年院）送致**　　本来，肉体的精神的疾患が少年の生活態度や非行性と結びついて要保護性の内容をなしている場合が医療少年院送致相当と考えられているので原則として妥当でない。しかし，疾患の程度・処遇の見通によってはやむを得ない場合も考えられる（団藤＝森田244頁，条解〔廣瀬〕171頁，佐藤(公)140頁）。送致の実例としては，骨折等（東京家決昭53・3・29家月30・12・126，大阪家決昭54・7・4家月32・8・115—治療後移送の処遇勧告付加，長崎家決平2・9・6家月43・6・48—同勧告付加，長野家松本支決平11・4・23家月51・10・165—同勧告付加），椎間板ヘルニア（東京家決平10・3・13家月50・8・90），肝機能障害（浦和家熊谷支決昭61・2・28家月39・1・164—同勧告付加），シンナー乱用（東京家八王子支決平7・9・27家月48・2・164，横浜家決平2・3・14家月42・9・62—同勧告付加，千葉家決平9・8・26家月50・2・212—同勧告付加），B型肝炎（横浜家決平4・9・18家月45・2・182—同勧告付加），閃輝暗点（東京家決平7・9・20家月48・6・70），ネフローゼ症候群（東京家決平8・9・26家月49・1・152，千葉家松戸支決平9・1・22家月49・11・171），心的外傷後の反応及び双極Ⅱ型障害の疑い（那覇家決平26・11・12家判3・100）などがある（前掲東京高決平27・1・30は感情統制が可能となった後移送の処遇勧告付加）。覚せい剤乱用少年も幻覚等の程度によっては医療少年院送致が検討されるべきである（東京家決平5・5・26家月46・10・88—同勧告付加，同平7・2・22家月47・10・103）。医療措置終了後は処遇に適した他の少年院に移送される（⇨4(2)）。中等少年院送致としたものとして性病罹患の疑い（宇都宮家決昭48・8・1家月26・4・110），肺結核（名古屋家決昭41・9・14家月19・8・119—医療少年院移送相当と説示）の事例がある。

340

第3節　調査及び審判　　　　　　　　　第24条（規第35条〜第37条の2・第39条）

（ウ）**妊娠中の少年**　　基本的に集団処遇に適しないので収容保護自体の必要性が慎重に検討されるべきであり，また堕胎を強要するような扱いにならないよう配慮すべきであるが（団藤＝森田244頁），保護環境が劣悪で本人の問題性も大きいなど収容保護の必要性が高い場合は医療少年院送致も相当といえよう（条解〔廣瀬〕171頁）。妊娠中の少年の医療少年院送致例として前橋家決昭35・9・5家月12・12・116，東京家決昭53・10・2家月31・7・143（治療終了後の移送勧告付加），函館家決昭61・12・24家月39・9・66（同），大阪家決平13・10・26家月54・7・72（同），大阪家堺支決平21・4・7家月61・10・83（同），東京家決平24・2・17家月64・7・107（同）。中等少年院送致例として高松高決昭34・11・16家月11・12・153がある。妊娠中の女子少年は処遇上，身体疾患者（⇨図表23）に準じた処遇対象者とされる（⇨4）。

（エ）**虞犯少年の少年院送致**　　虞犯少年は非行の危険性のみで保護処分に付されるので，少年院送致は許されないとする立場（竹内a8頁，森下c179頁），虞犯性の著しい場合に限られるとする立場（大阪高決昭47・5・23家月25・1・105〔百選58〕）もあるが，文理上そのような制約はなく（3・24条），実務上積極説がとられており（豊田（健）b183頁，条解〔廣瀬〕171頁，川出280頁，河畑b179頁），虞犯のみで少年院送致する実例は少なくない（平成28年〜令和2年においても，虞犯事件の少年院送致の比率（27.8〜22.9％）は，一般保護事件全体（9.1〜8.0％）の約3倍となっている（家判14・150，同20・134，同27・174，同32・158，同38・148参照）。名古屋家決昭63・8・12家月41・1・178，青森家決昭63・6・17家月41・3・190，福岡家久留米支決平元・12・26家月42・4・75，京都家決平4・2・13家月44・9・96，新潟家決平5・6・30家月45・11・111，浦和家決平12・9・20家月53・2・166，静岡家決平17・2・3家月58・7・69，広島家決平18・2・13家月58・10・98，大阪家決平20・6・11家月60・12・88，大阪家決平21・10・19家月62・3・87，東京家決平22・10・15家月63・6・118，水戸家下妻支決平23・9・29家月64・5・113，大阪家堺支決平24・6・19家月64・11・71，那覇家沖縄支決平24・11・30家月65・5・109，東京家決平27・6・26家判5・125，横浜家決平27・12・16家判7・68。原決定維持・東京高決昭51・12・1家月29・10・167，東京高決平19・11・9家月60・4・99，福岡高決平20・2・8家月60・8・66，東京高決平20・8・6家月61・2・263，東京高決平21・4・7家月61・9・184，東京高決平27・1・13家判4・124）。実務上虞犯のみで少年院送致が検討される事例の中には，非行事実が一応認められるが，日時・場所等の特定が必ずしも十分でない場合，虞犯性が顕著であ

341

第24条（規第35条〜第37条の2・第39条）　　　　　　　　　第2章　少年の保護事件

るためあえて余罪までは立件されていない場合も少なくないが，このような運用の妥当性については検討の余地があろう（廣瀬 g 387 頁。山口家決平 13・1・9 家月 53・6・126，東京家決平 19・7・18 家月 60・1・139 参照）。名実共に虞犯のみで少年院送致を検討されるのは，不良集団や不良な成人等からの悪影響が強く離脱・隔絶・保護の必要が高いのにその意思が乏しいか自力による離脱等が困難な場合，虞犯事件による試験観察中に再度問題行動を起こす等，その虞犯性が明らかである場合が多いと思われる。このような場合には慎重な検討のうえ，収容保護を不可欠とする要保護性が認められれば，虞犯事件のみでも少年院送致は許容されるものと考えられる（条解〔廣瀬〕171 頁，廣瀬 h 192 頁以下，丸山 295 頁）。

　(オ)　**政治犯・確信犯**　　　保護処分に付すことはできないとする立場もあるが，心身の状況，動機等を十分検討すべきである。可塑性に富み，動機も単純な例が少なくない。刑罰よりは保護処分を優先すべき場合が多いであろう（⇨20 条注釈 4 (1)）。保護観察に付した例は少なくない（「公安事件により保護観察に付された者に対する保護観察について」昭 44・6・13 保観甲 285 保護局長通達・家月 21・7・164）。

　(カ)　**外国人**　　　特に日本語を話せない者の処遇は極めて困難である。保護観察に付して成功した例もないわけではないが，関係機関の受入態勢，今後の在留期間の見通，保護環境等を十分検討して対処すべきである（東京家決平 2・12・25 家月 43・7・131，静岡家浜松支決平 5・10・13 家月 45・12・124，千葉家決平 6・10・21 家月 47・6・82，東京家決平 7・10・17 家月 48・3・78，前橋家桐生支決平 8・12・11 家月 49・7・119，東京家決平 12・5・25 家月 52・11・74，静岡家浜松支決平 13・3・21 家月 53・7・144，東京家決平 14・11・11 家月 55・4・80，広島家決平 16・3・30 家月 56・10・85—中等少年院送致，水戸家土浦支決平 13・8・1 家月 54・3・94—児童養護施設送致，東京家決平 4・7・2 家月 44・11・100—初等少年院送致，横浜家決平 4・9・18 家月 45・2・182—医療少年院送致）。また，少年院送致の場合には，その者の属する国の領事機関に対し通報等を要することがある（逮捕，勾留，観護措置に引続く場合は，このいずれかの段階で通報されていれば不要である。詳細は「領事関係に関するウィーン条約の運用について」昭 58・10・31 事務総長通達・家月 36・3・223）。今後，更なる処遇体制の充実・整備が望まれるところであり，家庭裁判所も処遇体制の実情を把握して処遇選択を検討すべきである（外国人少年の非行に関し，竹内(友) b 参照）。

　(キ)　**交通非行**　　　交通非行を特殊視し保護処分に馴染まないとする見解や，

342

第3節　調査及び審判　　　　　　　　　　第24条（規第35条〜第37条の2・第39条）

これを軽視する風潮もなおみられるが，一過性の軽過失の事例は別として，車の運転にのめり込んで非行を繰返す少年はその性格・行状等において一般非行と同等あるいはそれ以上の問題性を有している場合，性格的な問題点が交通非行という形で顕在化された事例も多い。刑事処分を選択しても低額の罰金となり，しかも保護者等が代納してしまう事例も少なくない。更に今日これほど他者のみならず，少年本人についても生命・身体に対する法益侵害の危険性が高い非行はほかにないといえよう。保護処分による適切な対応が検討されるべきである。不処分・不開始の際の交通講習（⇨19条注釈4），試験観察・委託講習（⇨25条注釈6(3)），交通保護観察，交通短期保護観察（⇨2(5)(ウ)(エ)）等，処遇運用上の工夫は相当になされ，相応の成果をあげている（もっとも，根本的には，保護処分よりも運転免許制度，学校教育（交通ルール・人命尊重・交通安全知識等に関する幼児期からの徹底教育等），交通政策等の改善がより有効・不可欠であろう）。要保護性が高く，人身加害の可能性が高ければ，道路交通法違反段階でも観護措置（17条1項2号）により鑑別を経たうえ，少年院への収容保護をも検討すべき場合が少なくない（少年交通事件の現状について，英参照）。

　(ク)　**交通反則金不納付事件**　　保護処分も選択可能であるが，事件の性質に即して対応すべきである（⇨23条注釈2(3)）。

　(ケ)　**年少者の少年院送致──平成19年改正（本条1項但書）**　　年少少年（14・15歳），とりわけ14歳未満の触法・虞犯少年については，少年の中でも被影響性が強く，非行の原因としても環境的要因が大きく，その情操保護の必要性も格段に高い。従って，基本的には児童福祉的な対応が望ましく，14歳未満の少年については，児童福祉機関先議の原則（3条2項）が定められており（⇨3条注釈），その結果，大半の事件は児童福祉手続において対応されている（触法事件の補導人員は平成28年〜令和2年では8,587人〜5,086人である（警察白書の統計資料による）が，児童相談所長等からの家裁送致は300人程度である。令2事件概況・家判38・142）。家庭裁判所における処遇選択においても，児童相談所長等送致（18条1項），保護処分としても児童養護施設・児童自立支援施設送致（本条1項2号）等が検討される場合が多い。しかし，年少者でも幼少時期から非行を繰返し非行性が根強い者，性格等に根深い問題があり攻撃性が強い者，大人への不信感が強く指導に従わない者，放浪癖のある者，殺人等の極めて重大な加害行為を行った者など，福祉的・開放的な処遇では対応が困難で強制的な収容保護の必要が認め

343

第 24 条（規第 35 条〜第 37 条の 2・第 39 条）　　　　　　第 2 章　少年の保護事件

られる者もみられる（廣瀬⑤⑥）。ところが，平成 19 年改正以前は，少年院の収容年齢が 14 歳以上とされていたため，少年院送致相当の者も児童自立支援施設に送致すると共に強制的措置の許可をするという運用で対応せざるを得ず，問題が生じていた（詳細は，廣瀬⑥，廣瀬 p 5 頁，丸山 f 16 頁，久木元ほか 58 頁）。平成 19 年改正により，初等・医療少年院の下限が「おおむね 12 歳」とされた（旧院 2 条 2・5 項）ことから，11 歳位までの少年院送致が可能となった（平成 26 年少年院法改正により，第 1 種・第 3 種少年院の下限となっている。少院 4 条 1 項 1・3 号）。これによって，中学同級生（13・14 歳）の共犯事件の処遇の不均衡の問題や児童自立支援施設では対応困難で強制的な収容保護が必要な少年に対する対応の改善が図れるようになった（処遇内容について，木村（敦）38 頁。また，処遇の実情について大熊参照）。本条 1 項但書は，14 歳未満の少年院送致について「特に必要と認める場合に限」ると規定している。少年院送致自体，謙抑的に選択されているが（⇨序説 4・図表 9），14 歳未満の者に対しては，児童福祉的な措置が原則であり，他の年齢層の少年以上に収容による弊害も大きいので，より慎重に必要性が検討され，少年院送致が必要とされる十分な根拠が示されるべきである。この限定は，実務運用を確認する注意的なものと解される（丸山 f 18 頁，川出 h 37 頁参照）。非行時 12 歳 9 月〜13 歳 1 月・決定時 13 歳 9 月の少年を初等少年院に送致した決定を推持した事例として，東京高決平 27・7・3 家判 8・106，決定時 13 歳の少年を第 1 種少年院送致とした東京家決令元・9・12 家判 28・146 がある。

(8)　**余罪等の処理**　　保護処分継続中に発見された余罪（前の処分以前に犯されたもの），又は新たな非行（新件）について処分をすべき場合，これを加えて要保護性を検討しても従前の処分と変わらなければ従前の処分を継続し，余罪等を不開始・不処分（別件保護中⇨19 条注釈 3 ⑵）とすべきであろう（市村 121 頁，司研概説 110 頁）。しかし，余罪等の内容によっては，要保護性の評価が異なってくるので，余罪等で同一の処分に付し前の処分を取消す場合（27 条 2 項。処遇期間，担当者の交代等で意味を持ち得る）のほか，双方の処分を併存させる場合，別個の処分に付す場合もあり得る（平場 308 頁，条解〔廣瀬〕173 頁，団藤＝森田 224・285 頁。なお，余罪でなくても複数の非行に別個の処遇決定が必要な場合（一般非行と交通非行など）にも類似の考慮をすべきである。⇨20 条注釈 4 ⑸・22 条注釈 4 ⑵）。双方の非行を総合的に検討して非行の重大性や本人の問題性を考慮するほか，余罪・新

第3節　調査及び審判　　　　　　　　　第24条（規第35条〜第37条の2・第39条）

件発見の経緯，既に執行中の保護処分による効果等も慎重に考慮すべきである（東京高決昭58・4・5家月35・10・117参照）。既に執行済の前件より前の非行を後に審判する場合にも同様の考慮がなされるべきであろう。先例としては，①保護観察中の者に再度の保護観察（新潟家決昭54・4・23家月32・1・187），②交通保護観察中の者に重ねて一般保護観察（大阪家決昭46・4・23家月24・8・82），③特別少年院在院中の者を重ねて特別少年院送致（大阪家決昭46・11・16家月24・9・182），④中等少年院在院中の者を特別少年院送致（青森家決昭51・3・1家月28・10・109），⑤中等少年院在院中の者を検察官送致（津家決昭49・3・8家月26・12・94），⑥中等少年院仮退院後発覚した余罪により特別少年院送致（津家四日市支決昭53・8・30家月31・4・127），⑦保護観察中の者を余罪及び新件により中等少年院送致（新潟家長岡支決昭53・7・12家月31・3・139），⑧短期処遇勧告を付して中等少年院送致した者を処遇勧告なしの中等少年院送致（東京家決昭59・9・5家月37・7・94）などがある。

（9）　その他　　親告罪の告訴が欠けても保護処分に付することはできる（⇨3条注釈2(1)，東京高決昭29・6・30家月6・10・58〔百選27〕）。

6　環境調整命令（本条2項，規39条）

家庭裁判所が，保護観察・少年院送致の際，保護観察所長に行わせる環境調整に関する措置を指示する決定のことである。反対説もあるが（柏木126頁，市村108頁），付随的な措置であること，決定と執行の機関が分離されていることから，各処分と共に行わなければならない。各決定と同時に決定することまでは要求されないが，執行に現実に入った後に発することは相当でなく，同時もしくは直後になされるべきで，保護処分執行中は処遇勧告（規38条2項）によるべきである（戸田(久)12頁，平場311頁，条解〔廣瀬〕173頁，団藤＝森田246頁，菊池150頁。独立の決定書は決定から概ね1週間以内に作成されている）。これを保護処分決定書の主文に記載しても違法ではなく，実例もあるが（昭29・9・7保護840保護局長通知・保護月報19・119），保護処分決定は少年に対するものであり，環境調整命令は保護観察所長に対するものであることなどから，別個の書面で決定すべきだとする立場もある（団藤＝森田247頁，条解〔廣瀬〕174頁，平場311頁，戸田(久)15頁等）。後者を本則とすべきであろうが，いずれの場合もその理由を明示すると共に，環境についての問題点の指摘・指示を含めて，保護観察所長と十分連絡を取り，円滑な実施を図るべきである（規39条）。

345

第24条（規第35条〜第37条の2・第39条）　　　　　　　　第2章　少年の保護事件

　保護観察所長は命じられた措置を実施する義務を負うので，環境調整の内容は，少年の保護のため必要なもので，保護観察所の実施可能なものでなければならない（団藤＝森田246頁）。環境調整の措置について，かつては家族に対しては承諾が要件とされていたため（犯予36条2項），議論があったが（本書改訂版266頁），平成19年改正によって，この要件は保護観察付執行猶予者に限定され（更生83条・58条5号），少年院収容者の社会復帰を円滑にするため必要があると認めるときは，その者の家族，その他の関係人を訪問して協力を求めることその他の方法により，釈放後の住居，就業先その他の生活環境の調整を行う（更生82条）という保護観察所長の義務・権限が明記された（鎌田54頁）。また，環境調整においても，保護観察所長の保護者への指導・助言等の権限（更生59条）も活用できると思われる。最近の事例として，帰住先・就労先・就学先の確保・整備，少年と父母等との関係調整，保護者らの被害者遺族への対応調整，外国人の母との連絡調整（東京家八王子支決平11・6・29家月51・12・46，浦和家川越支決平11・10・18家月52・4・52，大阪家決平12・4・28家月52・11・70，浦和家決平12・6・28家月53・1・106，浦和家決平12・9・20家月53・2・166，東京家決平13・5・21家月53・11・126，水戸家下妻支決平13・6・26家月54・1・87，秋田家決平13・8・29家月54・3・96，長崎家決平14・1・16家月54・6・112，長崎家決平14・5・24家月55・1・118，さいたま家決平14・12・4家月55・7・90，釧路家北見支決平15・7・14家月55・12・94，新潟家長岡支決平15・6・17家月56・11・87，東京家決平15・9・26家月56・4・158，大阪家決平15・11・4家月56・7・164，横浜家川崎支決平16・12・7家月57・7・55，新潟家決平17・6・30家月57・11・140，静岡家決平17・2・3家月58・7・69，広島家決平18・2・13家月58・10・98，長崎家決平19・9・27家月60・3・51，大阪家決平20・6・11家月60・12・88，大阪家堺支決平21・4・7家月61・10・83，大阪家決平22・1・20家月62・8・97，東京家決平22・6・10家月63・1・149，大阪家決平22・7・23家月63・1・154，名古屋家決平22・7・15家月63・3・140，福岡家決平22・3・12家月63・3・148，東京家決平22・7・23家月63・6・112，水戸家下妻支決平23・9・29家月64・5・113，那覇家沖縄支決平24・11・30家月65・5・109，那覇家決平26・11・12家判3・100）などがある。その他にも公的扶助や職場の斡旋，学校・交友関係の調整，住居の調整などが命令の例として挙げられている（平場311頁）。なお，環境調整の詳細について，寺戸参照。

　保護処分決定に対する抗告の効力が環境調整命令に及ぶかについて消極説も

第3節　調査及び審判　　　　　　　　**第24条**（規第35条～第37条の2・第39条）

あるが（伊藤（政）b25頁），別個の決定であるものの独立の不服申立は認められていない点などから，積極説（近藤a7頁，条解〔廣瀬〕174頁，平場348頁）が妥当であろう（⇨32条注釈**2**）。

7　処遇勧告

保護処分の付随的措置としてほかに処遇勧告（規38条2項）があり，少年院の短期間・特別短期間，一般短期・交通短期保護観察の処遇勧告については，定型書式で行えば勧告どおり実施されるので，決定的な意義を持っている（⇨**2**(5)(イ)(エ)，**4**(2)。処遇勧告について，⇨28条注釈**4**。少年院の矯正教育課程等と処遇勧告の関係について⇨少院34条注釈**6**）。

8　保護処分決定の告知

(1)　**告知の趣旨等**　　保護処分は教育・保護的性格を持ち，その執行の成果をあげるためには，少年及び関係者の理解・協力が重要である。そのため，審判期日において言渡さなければならず（規3条1項），その際，少年・保護者に保護処分の趣旨を懇切に説明してその内容を理解させるようにしなければならない（規35条1項）。少年の権利保護と共に情操保護，少年・保護者の納得による保護・教育効果を目指すものである（規1条2項）。規則35条1項は訓示規定であるが（東京高決昭38・9・5家月16・4・181），その趣旨に則って事案に応じ適切な告知を行うべきである。決定の趣旨や処遇の概要を少年・保護者のほか教師，雇主等列席している関係者にも分かりやすく伝え，円滑に執行に移れるような配慮をすべきである（少年院送致決定の場合，その種別のほか，長期・短期間・特別短期間等の処遇勧告の有無も告知する方が望ましい）。その際，言葉数ではなく，家庭裁判所が少年のために熱意と自信を持って判断したという態度を示すことが少年らの納得のために有効な場合も多い。少年院送致決定言渡後，少年が興奮・激昂して暴れたり，逃走を図るような事例もないわけではない。言渡後に備えることも必要であり，少年鑑別所内の少年の様子等も正確に把握しておくべきであるが，審判の過程で十分にその言い分を聴いたうえ，指摘すべき点は指摘し，言渡の際に，少年に安易な期待や不信を抱かせない配慮が肝要である。

言渡は決定原本によることは要しない（大阪高決昭48・7・4家月26・3・77，東京高決昭40・9・30家月18・7・78。条解〔廣瀬〕175頁，平場268頁）。通常1回の審判で即決されること，相当詳細な決定書を作成すべき場合があること，審判の結果を十分反映させる必要があることなどから，事前に決定書を完成することは

347

第24条（規第35条～第37条の2・第39条）　　　　　　　第2章　少年の保護事件

困難であるが，あらかじめ素案を作成するなどして，できるだけ速やかに作成し調査記録送付に支障を来さないようにすべきである。例えば，少年院送致決定については，決定後1週間以内に少年院に到達するよう早期送付が励行されている（⇨10）。

(2)　**抗告権の告知**　　保護処分も自由の拘束・制限を伴う処分であるから，抗告が認められている（32条）。抗告権の告知（規35条2項）はその権利行使を実効的に保障しようとするものである。刑訴規220条と同趣旨であるが，保護処分の教育的効果や少年の年齢・成熟度・心理状態等に配慮して，その具体的な告知方法は個々に工夫すべきである。

9　保護処分の決定書

方式は必ずしも定まっていないが，少年の氏名，年齢，職業，住居，本籍，主文，理由（犯罪少年については，罪となるべき事実（非行事実）及びその事実に適用すべき法令）は最低限度記載しなければならない（規2条4項・36条）。

(1)　**主文**　　保護観察決定は保護観察所を，少年院送致決定は少年院の種類をそれぞれ指定する（規37条1項）。短期処遇（少年院については，短期間・特別短期間）の処遇勧告をする場合，それを主文に表示すべきかは議論がある。主文に明記している例もあるが，決定書は少年を名宛人とすること，各短期処遇課程は運用上のものにすぎず正式な種別ではないことなどから否定的に解する立場が多い。少年等にとっては短期処遇か否かは重大な関心事であり，種別以上に大きな意味を持つ場合もあるから，主文に明記するという運用にも合理性がないとはいえないであろう。少なくとも理由中で短期処遇の選択に関する理由の要点は記載すべきである。交通短期保護観察では主文に明記している例も多い。なお，特定少年の保護処分の特例については⇨64条注釈。

(2)　**罪となるべき事実**　　「非行事実」と表記する例が多くその方が妥当であろう。裁判所の認定した個々の非行事実を一罪ごとに特定できるように日時，場所，方法等を具体的に摘示すべきである（菊池117頁，近藤a57頁，安藤a180頁，中村(護)a15頁，千葉b235頁，条解〔廣瀬〕176頁，多田(周)(下)44頁）。その方式は刑事判決書に準じるべきである（刑訴335条1項・256条3項）。一事不再理効の範囲を明確にし（46条），また要保護性の基礎となる非行事実の範囲を明らかにすると共に，非行事実認定の適正さを担保する意味からも認定した非行事実は具体的に摘示すべきである。概括的な記載や事件送致書の不十分な記載をそ

348

第3節　調査及び審判　　　　　　　第24条（規第35条〜第37条の2・第39条）

のまま引用すべきではない（大阪高決昭36・9・25家月13・11・121，同昭37・10・29家月15・3・165）。この趣旨は触法少年，虞犯少年にも推及されるべきである（司研概説88頁，安藤a180頁，条解〔廣瀬〕176頁，平場308頁，団藤＝森田251頁）。虞犯少年については虞犯性の基礎となる事実（虞犯行為の時期，期間，場所，態様，回数等）の概要をできるだけ具体的に記載すべきである（大阪高決昭50・10・7家月28・6・133〔百選56〕，福岡高決平12・11・8家月53・4・72）。実務上も励行されているといえよう。送致等のない非行事実で調査・審判中に判明したものは不告不理の原則から捜査機関の追送致，あるいは報告立件（⇨7条注釈）を経なければ審判できず非行事実として摘示できない（⇨22条注釈9(3)・8条注釈2，前掲福岡高決平12・11・8）。非行事実の不特定，一部脱落，超過等は，それが重大であれば「決定に影響を及ぼす法令の違反」（32条）として抗告理由となり得る（前掲各高裁決定のほか東京高決昭43・11・28家月21・7・120，同昭46・5・10家月24・6・63参照）。

(3)　**法令の適用**　　法文上犯罪少年だけ挙げられているが（規36条），触法・虞犯少年の場合も摘示すべきである（規2条の要請ともいえよう。特に虞犯の場合には，虞犯事由特定のためにも適条が必要である）。「その事実に適用すべき法令」とあるので，非行事実に該当する構成要件規定（未遂・予備等も含む。虞犯の場合は3条1項3号の各記号が当たる）と共犯に関する規定だけが通常掲げられる。

(4)　**処遇選択の理由**　　要保護性判断の前提となる重要な事実と問題点を摘示し，その評価の概要や処遇の方向付けとなる点などを摘示すべきである（団藤＝森田251頁，中村(護)a29頁，条解〔廣瀬〕176頁，平場309頁，多田(周)(下)44頁）。少年側の納得，抗告審の審査の便宜，執行機関の処遇指針決定のためにも，処遇選択の理由が，非行事実に争いのない大半の事件では，「理由」の中で最も重要といえよう。また，処遇選択理由を示すことが裁判所の判断の適正さを担保する機能を持つことも軽視すべきではない。特に少年院送致決定においては，処遇選択の説示に手間を惜しむべきではない。但し，決定書は少年・保護者等が閲読する可能性もあるので，要保護性に関する事項の摘示にあたっては，審判・言渡の際同様，その情操保護に対する配慮・工夫が必要である（⇨8(1)，22条注釈4(1)，規31条2項）。このような配慮から直接摘示すべきでない事項のうち，重要な点は執行機関に対し処遇勧告（規38条）等適宜の形で伝達することが望ましい。少年院の短期間，特別短期間の処遇を相当とする理由もその実質

349

第24条（規第35条〜第37条の2・第39条）　　　　　　　第2章　少年の保護事件

的な重要さから記載すべきである（但し，処遇勧告書の形式によらない場合，執行機関は，短期処遇の勧告に従う義務を負わないことに注意すべきである）。保護処分選択の理由の摘示は法の要求ではないとする判例があるが，そういい切れるかは疑問である（東京高決昭41・2・3家月19・3・98〔百選57〕。もっとも，当該原決定は簡略ながら要保護性判断を示しているとされている）。

(5)　**事実認定の補足説明**　　　原則的には要求されていないと解されているが，少年側で重要な事実を争っている場合には，その事実認定の理由の要旨を示すべきであろう。また，送致事実が同一性のある範囲で変更して認定される場合でも，重要な事実が変わるときには，やはりその理由を示すべきであろう（縮小認定の場合，検察官関与決定（22条の2）をした事件では，抗告受理申立て（32条の4）の可能性があり，それ以外の事件でも，判断の適正さを担保する意味で重要といえよう）。

(6)　**一部の非行なし等**　　　数個の非行事実のうち一部の事実が認定できないか，審判条件を欠く場合，次のような取扱方があり得る。その一部について，①分離して別個に不開始・不処分とする。②不処分として，主文において保護処分と併記し，理由中でも判断を示す。③理由中でのみ触れる。④主文，理由共に触れない。しかし，④は判断遺脱となりかねず，妥当ではない。主文に掲げることまでは要求されないが，理由中で明記すべきとするのが多数説である（市村99頁，中村〔護〕a35頁，条解〔廣瀬〕177頁。平場308頁は不処分を主文に掲げることを要求する）。実務上は②（横浜家決平4・9・18家月45・1・166，鳥取家米子支決平4・10・5家月45・5・114，宇都宮家決平5・4・27家月45・8・181），③（前橋家決平2・9・5家月43・12・97，長崎家決平2・10・18家月43・5・48）の扱いが多いようである。検察官関与決定（22条の2）をした事件では，抗告受理申立て（32条の4）の関係からも，②の扱いを原則とすべきであろう。

(7)　**決定書の更正**　　　規定はないが明白な誤りは決定後，更正決定ができると解されている（上杉14頁，菊池118頁，団藤＝森田251頁，条解〔廣瀬〕176頁。民訴257条1項参照）。もっとも，処遇勧告（規38条2項）によるべきだとする立場もある（37回南関東地方少年係裁判官協議会協議結果・家月11・6・204）。生年月日の更正をした先例がある（名古屋家決昭37・6・15判時306・40）。保護処分の決定主文を更正することは許されない（「中等少年院」を「初等少年院」に更正したのを違法とした東京高決平13・8・17家月54・1・86）。

350

第3節　調査及び審判　　　　　　　　　　　　　**第24条の2**（規第37条の3）

10　保護処分決定の通知

　保護処分が有効に機能するには，執行機関に家庭裁判所の決定の趣旨や非行事実，要保護性に関する問題点を的確に把握してもらうことが，可塑性に富む少年を対象とし，決定後の変更を原則として認めない現行制度の下では，特に肝要である。そのために両者間の連携を図るべく決定の通知（規37条2項）と参考書類の送付（規37条の2）が規定されている。最も重要なのは少年調査記録（社会記録）の送付である。「送付することができる。」とされているが特段支障がない限りできるだけ早く送付し，その執行に有効利用できるようにすべきである。特に少年院送致（短期間，特別短期間の矯正教育課程）ではその必要性が高い。決定は確定を待たずに執行されるので決定と同時引渡が理想であるが，遅くとも事件終局後1週間以内に到達するよう要請されている（昭27・3・24家庭甲68家庭局長，訟廷課長通達）。

　少年調査記録の取扱は重要であるのでその方針等が定められている（「少年調査記録規程」昭29最高裁規程5,「少年調査記録の取扱いについて」平13・1・25家庭局長通知，平20・5・28矯正局長・保護局長通達,「少年調査記録取扱い要領の制定について」昭55・6・23家庭局長通知，昭57・4・12保護局総務課長・観察課長通知・家月34・7・155等参照。なお，交通短期保護観察決定に伴う参考資料等送付については,「交通短期保護観察に関する保護観察所との連携について」平20・5・9家庭局長通達がある）。

　（没取）
第24条の2　①　家庭裁判所は，第3条第1項第1号及び第2号に掲げる少年について，第18条，第19条，第23条第2項又は前条第1項の決定をする場合には，決定をもつて，次に掲げる物を没取することができる。
　1　刑罰法令に触れる行為を組成した物
　2　刑罰法令に触れる行為に供し，又は供しようとした物
　3　刑罰法令に触れる行為から生じ，若しくはこれによつて得た物又は刑罰法令に触れる行為の報酬として得た物
　4　前号に記載した物の対価として得た物
　②　家庭裁判所は，前項に規定する少年について，第18条，第19条，第23条第2項又は前条第1項の決定をする場合には，決定をもつて，次

に掲げる物を没取することができる。

1　私事性的画像記録の提供等による被害の防止に関する法律（平成26年法律第126号）第3条第1項から第3項までの規定に触れる行為を組成し，若しくは当該行為の用に供した私事性的画像記録（同法第2条第1項に規定する私事性的画像記録をいう。）が記録されている物若しくはこれを複写した物又は当該行為を組成し，若しくは当該行為の用に供した私事性的画像記録物（同法第2条第2項に規定する私事性的画像記録物をいう。）を複写した物

2　性的な姿態を撮影する行為等の処罰及び押収物に記録された性的な姿態の影像に係る電磁的記録の消去等に関する法律（令和5年法律第67号）第2条第1項又は第6条第1項の規定に触れる行為により生じた物を複写した物

③　没取は，その物が本人以外の者に属しないときに限る。ただし，刑罰法令に触れる行為の後，本人以外の者が情を知つて第1項の物を取得し，又は前項の物を保有するに至つたときは，本人以外の者に属する場合であつても，これを没取することができる。

（没取の決定の執行等・法第24条の2）

規則第37条の3　没取の決定の執行及び没取物の処分は，家庭裁判所が刑事訴訟法中没収の裁判の執行及び没収物の処分に関する規定に準じて行う。

1　没取の意義及び法的性質

没取は，終局決定の付随処分の一つで，犯罪事実（触法事実）と一定の関係にある物の所有権を家庭裁判所が剥奪して国庫に帰属させる処分である（大塚（正）b2頁）。刑法の没収と同様社会的に危険な物及び非行による不当な利益の保有を禁ずるための保安処分的性質を有するものであるが，没収とは異なり付加刑（刑罰）ではないという法的性質の差異から，追徴，法定刑による制限，時効（刑19条の2・20条・32条6号）の適用がない。また，少年に対する教育的意義にも配慮すべきである（団藤＝森田255頁）。もっとも，没取は少年に財産的損失を与えるので，非行事実と処分との均衡も無視できない考慮要素となる。例えば，共同危険行為（道交68条・117条の3）に使用された改造バイク等の没取があまり行われていないのは，このような観点から理解することができよう（刑事事件について，無免許運転に使用された自動車の没収を量刑不当として破棄した事例

第3節　調査及び審判　　　　　　　　　　　　　　　　　第24条の2（規第37条の3）

（福岡高判昭50・10・2刑月7・9＝10・847）参照。ただし，無免許運転を反復累行した少年の再犯危険性を除去するため少年が所有，保管する自動二輪車を没取した事例もある。釧路家決昭44・6・5家月22・2・90）。

　前記の没収との法的性質の差異から，覚醒剤取締法，麻薬特例法等の必要的没収等の没収の特例の適用もない。実務上，覚醒剤等の薬物が証拠物として送付されずに，没取をしない例も多い。麻薬特例法等の没収保全がされていても，同法等の適用がないため，犯罪収益等への対処が十分にできないという課題がある。

　本条は，特定少年に対する保護処分決定（64条1項）をする場合にも適用される（65条4項）。

2　没取の要件

　(1)　**主体**　　犯罪少年，触法少年（3条1項1・2号）に限られ，虞犯少年（3条1項3号）は，本条各号の「刑罰法令に触れる行為」が存しないから含まれない。「犯罪行為」と規定しなかったのは触法少年を含めるためである。

　(2)　**終局決定の種類**　　没取が行われる終局決定は，次のものである。

　(ア)　**児童相談所長等送致決定（18条1項）**　　但し，強制的措置許可決定（18条2項）は，児童福祉機関に対し，強制的措置をとる必要性を認定するだけで，「刑罰法令に触れる行為」の認定は行われないから，1号ないし4号の要件がないので，没取はできないと解される。

　(イ)　**不開始決定（19条1項）**　　但し，所在不明を理由に不開始とするときは，既に本人に対し告知，弁解，防御の機会を与えている場合以外は没取できない（条解〔廣瀬〕179頁，菊池156頁）。また，非行事実が認定できない場合，審判条件欠如の場合も「刑罰法令に触れる行為」は認定されないので没取はできない（平場323頁注(1)，条解〔廣瀬〕179頁）。

　なお，年超検送（19条2項）の場合には物証として捜査・公判の証拠となり得るから，検察庁に送付すべきであって没取できない（団藤＝森田259頁）。この点は20条決定が本条から除外されていることからも明らかである。

　(ウ)　**不処分決定（23条2項）**　　但し，非行事実が認定できない場合，審判条件欠如の場合は不開始決定同様に没取できない。

　(エ)　**保護処分決定（24条1項・64条1項）**

　(3)　**対象物**　　「物」とは，特定の有体物であり，動産だけでなく不動産も

353

第 24 条の 2（規第 37 条の 3）　　　　　　　　　　　　　　第 2 章　少年の保護事件

含む。債権その他無形の財産権及び利益は没取の対象にならない。家庭裁判所が押収していない物についても，その所在が明らかで特定ができれば没取できる。この場合，検察庁の自庁保管に係る物については，検察官から送付を受けたうえ，受入手続等を行う（実務要覧下 661 頁）。本条 1 項各号の要件は，刑 19 条 1 項各号と同一であり，刑 19 条の判例・学説が参考になる。「物」が犯罪事実（触法事実）と次のいずれかの関係にあることを要する。①認定した非行事実にとって不可欠の構成要素となる物（所持罪の所持物件，賭博の賭けた物品，行使罪の行使物件等）（1 号）。②認定した非行事実の実行に用いた物あるいは用いようと準備した物（傷害の凶器，薬物使用罪の注射器等）（2 号）。③認定した非行事実により初めて生じた物（偽造による偽造文書など），以前から存在していた物で非行事実の結果取得した物（恐喝行為によって得た証書など），非行事実の報酬物（犯罪の報酬等）（3 号）。④ 3 号に当たる物品を売却又は交換して得た物品（窃取した金銭で購入した物など）（4 号）。

　また，本条 2 項は，性的な姿態を撮影する行為により生じた物を複写した物等を没取の対象としている。性的な姿態を撮影する行為により生じた物を複写した物等には，原本と同じ影像が記録されていることから，その悪用等の危険性を除去し，利得を保持させないため，性的な姿態を撮影する行為等の処罰及び押収物に記録された性的な姿態の影像に係る電磁的記録の消去等に関する法律 8 条により，その没収が可能とされた。少年審判においても，同様の趣旨で没取の対象とする必要があることから，同法の施行に伴う改正により追加されたものである（詳細については，浅沼ほか 111 頁）。

(4)　本人以外の者に属しないとき（本条 3 項）　　刑 19 条が「犯人」としたところを「本人」と限定しているので共犯者の所有・共有に係る物は刑法と異なり没取できない（団藤＝森田 258 頁，平場 322 頁）。本条 3 項但書は，刑法の没収と同様に知情のある第三者所有物は没取できると規定している。しかし，第三者の権利剥奪には適正手続の保障（憲 31 条）のため，第三者に告知，弁解，防御の機会を与えねばならないが（最大判昭 37・11・28 刑集 16・11・1593），「刑事事件における第三者所有物の没収手続に関する応急措置法」の類推適用により，手続に第三者を参加させることは，少年審判の非公開性から相当でなく，第三者への手続的保障のない現状では第三者からの没取はできないと解される（平場 321 頁，条解〔廣瀬〕180 頁，大阪高決平 8・12・2 家月 49・5・98〔百選 70〕）。もっとも，

354

第 3 節　調査及び審判　　　　　　　　　　　　第 24 条の 2（規第 37 条の 3）

何人の所有も許さない法禁物については，共犯者や第三者からの没取も可能とする立場が多数（平場 321 頁，団藤 = 森田 258 頁，菊池 155 頁，司研概説 97 頁）であるが，そもそも第三者を手続に参加させるのは法禁物に当たるか否かの点も含めて第三者に防御の機会を与えるためと解すべきであるから，法禁物についても没取はできないと解される（条解〔廣瀬〕180 頁。刑法の議論について，出田 342 頁参照）。

3　決定の方式

没取は終局決定に付随する決定であるので，終局決定と同時に行う。決定書の方式については，同一の決定書で主文に保護処分等の終局決定と併記する扱いと別個の決定書による扱いがあり，双方可能とされている（菊池 156 頁，条解〔廣瀬〕181 頁，平場 322 頁，団藤 = 森田 256 頁）。実務上，不処分・不開始決定の場合，記録表紙の決定欄を利用することも多く，このような場合，没取は別個の決定書を作成すべき場合もあろう。決定書には，主文及び理由のほか，少年の氏名，年齢，職業，住居及び本籍を記載し（規 2 条 4 項），裁判官が署名（記名）押印する（規 2 条 3 項）。没取の主文は，例えば「少年を第 1 種少年院に送致する。押収してあるナイフ 1 丁（平成 20 年押第 123 号符号 1）を没取する。」（終局決定と併記する場合）というようになる。

4　告　　知

終局決定と共に言渡す扱いが多いが，保護処分決定ではないので相当と認める方法によることもできる（規 3 条 4 項）。告知ができなければ没取の効力は生じないので，前記の所在不明不開始で例外的に没取できる場合も，結局，告知ができなければ押収が解かれることになる（15 条 2 項，刑訴 346 条）と解されている（書研所報 22 号 224 頁）。

5　効　　果

(1)　**効力発生時期**　　没取の効力が生じると国はその物の所有権を原始取得する。効力発生が決定の確定時か執行時かは，没収と同様に問題となる。判例は，株券が押収されている場合について，検察官の命令による執行を待たず，没収の判決の確定と同時に没収の効力を生じるとしている（最判昭 37・4・20 民集 16・4・860）。この判例については，確定時説によったとの理解もあろうが，没収物が押収されて国の機関の手中にある場合には，更にその執行の必要はなく，没収の判決の確定と同時に執行の効力が生じ，国庫帰属の効力が生じたと

355

第25条（規第40条）　　　　　　　　　　　　　　　　第2章　少年の保護事件

も解されるので，この結論は執行時説によっても理解でき，刑32条，刑訴491・492条などの規定は，執行時説の方が無理なく説明できる（真船308頁）。

(2)　**執行及び処分事務**　　家庭裁判所が押収している物は没取決定確定で執行の効力が生じるので，直ちに没取物の処分を行う。規則37条の3の「執行」は，家庭裁判所が押収していないものについてのものである。没取決定の執行，没取物の処分は，刑訴法の規定に準じて家庭裁判所が行う。実務上「押収物等取扱規程」（昭35最高裁規程2），「押収物等取扱規程の運用について」（平7・4・28総3・24事務総長依命通達）等により行われている。

6　不服申立等

付随的な決定であるから独立して抗告はできない（⇨32条注釈2）。保護処分決定になされた抗告の効力が没取決定に及ぶかは，消極説も少なくないが（伊藤(政)b25頁，菊池156頁等），適正手続の要請（憲31条）から積極に解する考え方も有力である（内園ほか155頁，平場322頁，条解〔廣瀬〕181頁，団藤＝森田257頁，近藤a7頁）。もっとも，消極説でも基本となる保護処分決定が取消されれば，付随的な没取決定も効力を失うものと解される。従って，没取物の処分は保護処分確定まで留保すべきである。また，27条の2で保護処分決定が取消されたときは没取決定も効力を失うと解されている（菊池a(2)161頁，団藤＝森田257頁，条解〔廣瀬〕181頁，平場322頁）。

（家庭裁判所調査官の観察）

第25条　①　家庭裁判所は，第24条第1項の保護処分を決定するため必要があると認めるときは，決定をもつて，相当の期間，家庭裁判所調査官の観察に付することができる。

②　家庭裁判所は，前項の観察とあわせて，次に掲げる措置をとることができる。

1　遵守事項を定めてその履行を命ずること。

2　条件を附けて保護者に引き渡すこと。

3　適当な施設，団体又は個人に補導を委託すること。

（家庭裁判所調査官の観察に付する決定の方式等・法第25条）

規則第40条　①　家庭裁判所調査官の観察に付する決定をするには，家庭裁判所調査官を指定するものとする。この場合には，観察の期間を定めることができる。

第3節　調査及び審判　　　　　　　　　　　　　　　　　　　　　　　　　　第25条（規第40条）

> ② 遵守事項を定めてその履行を命ずる場合には，その事項を具体的且つ明瞭に指示し，少年をして自発的にこれを遵守しようとする心構を持たせるように努めなければならない。
> ③ 条件をつけて保護者に引き渡す場合には，保護者に対し，少年の保護監督について必要な条件を具体的に指示しなければならない。
> ④ 適当な施設，団体又は個人に補導を委託する場合には，委託を受ける者に対し，少年の補導上参考となる事項を指示しなければならない。
> ⑤ 家庭裁判所調査官の観察については，第13条の規定を準用する。
> ⑥ 家庭裁判所調査官の観察に付する決定は，いつでも，取り消し又は変更することができる。

1　試験観察の趣旨

本条に基づく調査官の観察を試験観察と呼ぶ。少年に対する終局処分を一定期間留保して，少年の行動等を観察するために行われる中間処分である。旧法にはなかったが（但し，旧37条1項4号参照），類似の制度は諸外国においても広く設けられている（条解〔菊地〕182頁，フランスにつき，吉中 a 73頁，廣瀬 f 82頁）。試験観察の制度を設けた理由として，①現行少年法は，保護処分の決定機関（家裁）と執行機関（行政）とを分離すると共に保護処分の種類を限定し，保護処分決定後は，原則としてその取消・変更を認めないので（⇨24条注釈1(3)），決定機関としては，保護処分の選択決定についてより一層適切かつ慎重な判断が求められること，②少年の処遇決定は，将来の非行防止と少年の健全育成を目指すものであるから，これを適切に行うためには，少年の要保護性に関する資料を十分に収集し，更に，一定期間少年の行動等を観察することによって，少年の予後に相当の見通をつける必要があることが挙げられている（団藤＝森田261頁）。

2　試験観察の機能

試験観察には，調査の機能と，プロベーション（probation）としての教育的処遇の機能の二つの機能があるとされている（団藤＝森田261頁，廣瀬・少年法285頁）。

(1)　**調査の機能**　　調査官の調査という側面からみると，試験観察は，それまでの調査を更に補強・修正し，要保護性についての専門的判断を一層的確にするためのものである。この観点からは，試験観察中の調査官の活動は全て調

第25条（規第40条）　　　　　　　　　　　　　第2章　少年の保護事件

査の延長ということになる。しかも，それは少年を静的に観察するのではなく，少年を特定の場所ないし条件の下に置き，教育的な働掛けを行いつつ観察するという能動的なものである（比喩的に「試薬を与えて反応を見る」と言われる）。

　(2)　**教育的処遇の機能**　　プロベーションは，元来，宗教上の用語で，神の試練あるいは教会員となる試験を意味したようである。今日，プロベーションとは，犯罪者を矯正施設に収容することを猶予し，社会内において指導監督・補導援護を加え，定められた条件の違反があれば矯正施設に収容するという心理強制によって改善・社会復帰を図る制度を指す。沿革的には19世紀中葉以降，欧米諸国において発展してきた制度とされている（廣瀬・少年法14頁以下，大谷294頁，吉岡286頁，佐藤（昌）a6頁，条解〔菊地〕182頁）。そして，試験観察も，上記(1)の調査機能に加えて，終局決定を留保することによって，一面では少年に対し心理強制を加えつつ指導援護を行うことが期待されるものであるから，実質的には，プロベーションの機能を果たし，教育的処遇としての機能を有するとみることもできる（畠山74頁，猪瀬c272頁，市村111頁）。もっとも，裁判所が積極的な補導を行うことは，司法が固有の行政権の枠に入込むもので三権分立の建前から疑問であるとする指摘もある（荘子271頁）。実際にも，現行少年法の制定当初は少年院の受入れ態勢が整わなかったなどの事情から，少年院送致相当と考えられる少年であっても身柄付補導委託とする運用がなされ，補導自体が目的化していたという実情も指摘されるところである（佐藤＝河野）。しかし，裁判所に委ねられた機能は，必ずしも純然たる司法作用に限られるものではなく，人権保障の確保という司法権の本来の役割を果たすために，純然たる司法作用以外の機能を営むことも当然予定されているといえる。そして，試験観察が，あくまでも，司法機関である裁判所が適正な保護処分を見極めるための中間処分であると位置付けられる以上，その目的に必要な限度で行われる補導は，当然，裁判所として行い得るものとみるべきであり，その意味において，積極的に補導を行うことも三権分立に反するものではないといえるであろう（佐藤＝河野23頁）。

　(3)　**中間処分としての限界**　　調査官は，試験観察において，少年に対する生活指導のほか，家庭や学校・職場の環境調整など，積極的な補導，援助を行うこともできるが（萩原a249頁，穴沢294頁，菊田145頁），上記(2)で述べたとおり，試験観察はあくまで終局決定のための中間処分で暫定的な措置であるから，

358

第3節　調査及び審判　　　　　　　　　　　　　　　　　　　　第25条（規第40条）

教育的働掛けの方法・程度・観察期間には自ずから限界がある（柏木128頁）。保護処分の見通が明らかとなった場合には速やかに試験観察を終了し保護処分に委ねるべきである（団藤＝森田266頁，平場238頁，条解〔菊地〕185頁，司研概説99頁，大森b31頁，早川e87頁）。

(4)　**保護観察との関係**　　諸外国においては，保護観察の方がプロベーション機能を果たす制度とされている（⇨24条注釈2）。しかし，現行法の保護処分としての保護観察（24条1項1号・64条1項1・2号）は，終局処分とされ，試験的・中間的処分ではない点で，プロベーションとしては不完全である（もっとも，平成19年改正，令和3年改正により問題点の改善が図られている。⇨24条注釈1(3)・2，更生67条注釈，64条・66条注釈）。また，保護観察は，保護観察官が担当するが保護司を介して間接的に行われる場合が多く，その居住地域と密着した処遇が行われること，観察期間は原則として20歳まで（特定少年は，2年（64条1項2号）又は6月（同1号））で長期間が原則であること（⇨24条注釈2(3)・64条注釈），これに対し試験観察は，処遇決定の前提として調査官が直接担当するため少年への影響力が大きく，その期間は中間処分としての性質上一定の限界があると解され，運用上概ね3か月から4か月を目途とされていることなどの違いがある。

　このように，試験観察と保護観察とはその性質・内容・担当者・期間などに違いがあるので，両者が互いに補充し合い協力と調整によって少年の更生保護に効果をあげることが期待される。そこで，保護観察中の少年の再非行についても試験観察に付すことができる（中井26頁，団藤＝森田265頁，平場241頁，条解〔菊地〕195頁，大塚(雅)83頁，菊池110頁，司研概説103頁，畠山121頁，杉谷143頁，西岡(正)41頁。反対，菊田149頁。ただし，保護観察中の収容決定申請（66条，更生68条の2）の審判においては，保護観察に復帰させるための一時的な収容の要否審査であるため，試験観察による時間をかけた働き掛け，社会内処遇の検討にはなじまないと思われる）。試験観察と保護観察が競合する場合，実務的には，少年及び保護者に両機能の意味を十分理解させ，保護観察所と事前に打合せを行い，また，担当の保護観察官や保護司に審判出席を求めるなどして，観察方法や情報交換などの連携を密にするなど，両者の特色を生かす運用が肝要である（団藤＝森田265頁，平場241頁，廣瀬・少年法286頁）。

(5)　**試験観察の方法**　　試験観察は，個別的事案に応じて弾力的に運用され

第 25 条（規第 40 条）　　　　　　　　　　　　　　第 2 章　少年の保護事件

図表 18　少年保護事件の試験観察の種類別人員
（昭和 40・50・60・平成 7・17〜30・令和元〜2 年）

| | 一　　般　　事　　件 | | | | | | 過失運転
致死傷等事件 | | 道路交通
保護事件 | |
| | ①　総　　数 | | ②法 25 条
2 項 3 号
補導のみ
（在宅） | | ③法 25 条
2 項 3 号
身柄付き | | ④　総　　数 | | ⑤　総　　数 | |
	人員	比率 （％）	人員	比率 （％）	人員	比率 （％）	人員	比率 （％）	人員	比率 （％）
昭和 40 年	8,906	4.7	—	—	—	—	3,759	9.6	30,683	3.7
50 年	4,563	3.1	—	—	—	—	17,232	34.1	60,457	25.1
60 年	3,905	2.6	—	—	—	—	13,419	24.2	35,133	8.9
平成 7 年	2,281	2.9	—	—	—	—	8,358	19.0	5,812	5.4
17 年	2,131	3.0	116	5.4	241	11.3	3,211	8.6	1,262	2.5
18 年	1,940	3.1	91	4.7	187	9.6	2,730	7.9	981	2.2
19 年	1,851	3.1	103	5.6	171	9.2	2,611	8.1	978	2.4
20 年	1,633	3.0	109	6.7	151	9.2	2,419	8.6	740	2.2
21 年	1,582	2.9	123	7.8	163	10.3	2,226	8.3	645	1.9
22 年	1,546	2.9	122	7.9	152	9.8	1,913	7.6	554	1.8
23 年	1,550	3.2	88	5.7	127	8.2	1,771	7.3	423	1.5
24 年	1,465	3.1	101	6.9	119	8.1	1,324	5.8	350	1.4
25 年	1,353	3.3	113	8.4	117	8.6	1,202	5.4	199	0.8
26 年	1,225	3.3	100	8.2	141	11.5	655	3.2	106	0.5
27 年	1,079	3.3	120	11.1	113	10.5	128	0.7	111	0.5
28 年	1,058	3.8	109	10.3	107	10.1	27	0.2	122	0.6
29 年	1,196	4.9	187	15.6	206	17.2	24	0.2	115	0.7
30 年	1,161	5.4	183	15.8	225	19.4	16	0.1	93	0.6
令和元年	1,042	5.3	113	10.8	204	19.6	16	0.1	82	0.6
2 年	859	4.6	60	7.0	122	14.2	9	0.1	45	0.3

（出典）　①，④及び⑤は，最高裁判所事務総局家庭局「家庭裁判所事件の概況―少年事件―」の「少年保護
　　　　事件試験観察暦年比較」（家月 39・2・47，60・2・45，65・2・32，曹時 74・1・172），②及び③は
　　　　司法統計年報による。本図表で使用されている用語の意義等については，曹時 74・1・134 以下を参照。

　　①の比率は終局総人員に対する割合である。
　　②及び③の各比率は，①の人員に対する割合である。
　　④は，平成 10 年までは車両運転による業務上（重）過失致死傷のみの終局実人員のうち試験観察に付さ
　　れた人員で，比率（試験観察率）は終局実人員に対する割合，平成 11 年以降は全ての態様を含み，その年
　　に試験観察に付された人員で，比率（試験観察率）は新受人員に対する割合である。
　　⑤の比率は，新受人員に対する割合である。

360

第3節　調査及び審判　　　　　　　　　　　　　　　　　　第25条（規第40条）

ているが，通常，次のような方法が行われている（運用の詳細につき，寺嶋ほか参
照）。①少年や保護者を定期的に出頭させて継続的に面接を行うほか，通信や
家庭訪問などによって，担当調査官が直接的に観察を行う方法（その際，日記指
導，作文指導，心理テストなどを行う場合がある）。②職場の雇主，学校教師，少年
友の会（家事調停委員等によって組織されているボランティア団体），学生ボランティ
ア，BBS会員などの協力，援助を求めて行う方法（芥田ほか）。③グループワー
クによる方法（交通関係事件や薬物乱用事件等において，グループカウンセリングや集団
討議，課題研究等を用いて，集団講習の形式により，効果的な観察指導を行う。その実施に
は，個別処遇や秘密保持の観点からの慎重な配慮が必要である）。試験観察の新たな試
みについて，⇨8。

3　試験観察の要件

本条1項は，「保護処分を決定するため必要があると認めるとき」と規定す
るだけであるが，その制度の趣旨・機能を考慮すると，試験観察の一般的要件
として，次の四つが必要と考えられる（講義案197頁，廣瀬・少年法283頁）。

(1)　**保護処分に付す蓋然性があること**　　試験観察は，調査の一環であると共
に，それ自体が実質的には教育的処遇としての機能を持つものであるから
（⇨2），保護処分に付す蓋然性，即ち，①非行事実及び②要保護性が必要であ
り（保護処分の要件については，⇨24条注釈1(2)），③審判を経る必要がある。①非
行事実の存在について，蓋然的心証で足りるとする説等もあるが（早川e87頁，
条解〔菊地〕186頁，菊田144頁），保護処分の場合と同様に合理的疑いを超える心
証が必要と解される（浜井ほか182頁，平場236頁，畠山52頁，澤登131頁，高山b
100頁，沼邊219頁）。試験観察は，中間処分とはいえ，実質的には教育的処遇と
して心理強制の効果に加え，自由の拘束を伴う場合もあるからである。②要保
護性について，保護処分に付す蓋然性が認められれば足り，異論もあるが（萩
原a250頁は保護観察に付す蓋然性を要求する），保護処分の種類が未定である場合に
限らず，保護処分の必要性の有無が未定である場合をも含むと解すべきである
（団藤＝森田262頁，畠山53頁，柏木79頁，前掲・澤登・平場・沼邊・早川e）。実務上
も，試験観察の結果，要保護性が低減して保護処分に付す必要がなくなり，不
処分で終局する例は少なくない。③審判に基づかないで試験観察に付すことを
禁じる規定はなく，例外を認める立場もあるが（柏木80頁，市村113頁，条解〔菊
地〕187頁，菊田145頁，早川e87頁，澤登131頁），本条が審判開始決定（21条）の

361

第25条（規第40条）   第2章　少年の保護事件

後に規定されていること，少年の人権保障の観点から，審判期日に非行事実を
告げて反論の機会を与えるべきであるから，審判の結果に基づいて試験観察の
必要性を判断したうえで行うことを要すると解すべきである（平場237頁，団
藤＝森田264頁）。

(2)　**直ちに保護処分に付すことが困難な事情があること**　　保護処分の要否の
判断，具体的な保護処分の決定を直ちにすることが難しい場合である。例えば，
少年院か保護観察かについて，少年の更生意欲・更生可能性を時間をかけて見
極める必要がある場合，保護環境の改善状況等を一定期間確認する必要がある
場合である（廣瀬・少年法284頁）。

(3)　**調査官の観察活動の結果により適切な終局決定ができる見込があること**
それまでの社会調査，資質調査等の結果だけでは，少年の性格や環境に関する
資料の収集が十分ではないため，直ちに処遇選択はできないが，更に相当期間，
社会調査を継続し行動観察を続けることなどによって，保護処分の必要性の有
無，その種類を見極められる場合，観察期間中に調査官が少年や保護者に対し
ケースワーク的技法を用いた働掛けを行ったり，学校，職場，地域社会におけ
る社会資源を活用し環境調整の措置を加えることによって，少年の更生が容易
になり処遇選択が異なる見込がある場合などである。

(4)　**相当期間内に観察目的を達成する見込があること**　　試験観察が中間処分
であることからくる制約である。相当期間内に観察の目的を達成する見込がな
ければ，直ちに保護観察等の保護処分に付し，その執行に委ねるべきである。

4　試験観察の期間

本条1項は「相当の期間」と定めるだけなので必要・相当と考えられる限り，
その長短を問わないことになる（団藤＝森田264頁）。しかし，試験観察は終局
処分決定のための中間処分で暫定的な措置であること，少年の自由に大きな制
約を事実上加える面があること（特に身柄付補導委託，⇨7），少年院の短期間の矯
正教育期間が6か月以内，特別短期間が4か月以内とされていることなどを考
慮すると，一般的には概ね約3か月から4か月を目途とすべきであるが，試験
観察の目的達成にはより長期間が必要な場合もあり，実際にも4か月より長い
試験観察が行われることも少なくない（廣瀬・少年法284頁）。調査官から裁判官
に必要性を報告し指示を受けることなどに留意したうえ，事例に即応した運用
をすべきである。

第3節　調査及び審判　　　　　　　　　　　　　　　　第25条（規第40条）

　試験観察の期間は，試験観察決定の際にこれを定めることもできるが（規40条1項後段），実務上，期間を定めないで行われるのが一般である。試験観察決定はいつでも取消・変更できるので（規40条6項），定めた期間を延長することも可能である。

5　調査官の指定

　試験観察決定をするには，担当の調査官を指定する（規40条1項）。一般には，当該事件の調査（8条2項）を命じられた者が指定されるが，他の調査官を指定することも可能である（団藤＝森田271頁）。身柄付補導委託の場合（⇨7）も同様である。指定を受けた調査官は，観察結果を書面で家庭裁判所に報告しなければならない（規40条5項・13条）。

6　試験観察の付随措置

　家庭裁判所は，試験観察と併せて次の三つの付随措置を選択・重畳的にとることができる（本条2項）。また，必要に応じて追加・変更することができる。

　(1)　**遵守事項の履行（本条2項1号）**　　遵守事項を定めてその履行を命ずる場合には，その事項を具体的かつ明瞭に指示し，少年が自発的に遵守しようとする心構を持たせるように努めなければならない（規40条2項）。遵守事項の具体的内容については，保護観察における一般遵守事項（住居，職業，交友等の規制等，更生50条。⇨24条注釈2(2)）が参考となるが，少年がその内容を十分に理解し，自己の行状を改めていけるように形式的・抽象的な内容を避け，例えば「学校にまじめに登校すること」，「家出をしないこと」など，少年の性格や環境に即応した現実的かつ実行可能な内容を定める必要がある（団藤＝森田267頁）。

　遵守事項に違反した場合の効果については規定がなく，運用に委ねられている。実務上は，違反の事実を試験観察の全経過の中で評価することになるが，違反の程度・内容，必要に応じて，試験観察決定の取消・変更等の措置（終局処分の決定）がとられる。なお，実務上，この家庭裁判所が定める遵守事項ではなく，試験観察担当の調査官が，観察の補助的手段として少年及び保護者との間で，個別具体的な約束事項を定める運用も多く行われている（寺嶋ほか101頁）。

　(2)　**条件付保護者引渡（本条2項2号）**　　条件を付けて保護者に引渡す措置は，旧法の保護処分と同様の規定である（旧4条1項4号）。この場合には，保護者に少年の保護監督について必要な条件を具体的に指示しなければならない（規

363

第25条（規第40条）　　　　　　　　　　　　　　　　　　第2章　少年の保護事件

40条3項）。保護者に向けた条件である点に特色があるが，その内容は，保護者又は家庭に関するものに限らず，例えば「少年の日常生活を書面で報告すること」，「少年の入退学，就職，転退職の際は調査官の許可を求めること」など，少年本人に関するものも含まれる。条件に違反した場合の効果についての規定はなく，試験観察の全経過の中で評価されることとなる。

（3）**補導委託（本条2項3号）**　　適当な施設，団体又は個人に補導を委託する措置は，一般に補導委託と呼ばれる。旧法では仮の処分及び保護処分として同様の規定があった（旧37条1項2号・4条1項5号）。補導委託には，少年の身柄を住居から移し，委託先に宿泊・居住させて行う場合と，このような身柄の移動を伴わず在宅のまま補導のみを委託する場合の2種類がある。前者を身柄付補導委託，後者を在宅補導委託と呼ぶ。一般事件については，従来，身柄付補導委託が中心であり，通常，補導委託はこれを指していたが，最近では，在宅補導委託（通所型。但し宿泊型も行われている）として，社会福祉施設等での短期間のボランティア活動を取入れるなどの新しい試みが工夫されている（⇨8）。また，交通関係事件では，非行性が交通関係に限られている少年を選別して，問題点の共通する多数の少年に対してグループワーク的技法を用い，実技指導を行うことなどを目的に，交通教育に関して専門的知識のある受託者への短期間の委託による講習（自動車学校・教習所への委託講習等）が運用上工夫されている。身柄付補導委託について，⇨7。

7　補導委託

（1）**制度の趣旨**　　補導委託は，民間の篤志家に少年の補導を委託し，民間の社会資源の長所を生かした家庭的な処遇を行いながら，少年の行動等を観察しようとするものである。旧法では寺院・教会・保護団体等への委託が仮の処分のみならず保護処分として行われていた（旧4条1項5号・37条1項2号）。制度発足当初は，戦後の荒廃した社会情勢の下で，少年院施設の老朽化や過剰収容，在宅処遇としての保護観察制度の整備の遅れ等が原因となり，事実上，少年院収容の代替措置として利用された面も指摘されているが，試験観察の重要な方法として，少年の保護育成のために多大な機能を果たしてきた。その後，少年院の運営改善や保護観察制度の充実等，執行機関の態勢が充実したこと及び委託先の減少などから，身柄付補導委託に付される少年の数には増減がみられる（⇨**図表18**）。しかし，現在においても，少年に対する適切な処遇選択の

364

第3節　調査及び審判　　　　　　　　　　　　　　　　　　　第25条（規第40条）

ために重要な機能を営んでいることには変わりはなく（30年概観353頁，50年概観168頁，60年概観338頁，佐藤＝河野15頁），むしろ，理解困難な非行の増加，家庭や地域社会の崩壊・保護力の低下というような状況からその必要性は高まっているともいえよう。

　(2)　**法的性質**　　⑺　**受託者・第三者への補償・賠償**　　前提となる家庭裁判所と委託先と少年の法的関係について，①補導委託は，家庭裁判所の手続に組入れられた特別の公法関係であり，補導委託決定は，少年に対する裁判であると共に委託先に対して少年を補導する義務を負わせるものとする説（裁判行為説，団藤＝森田268頁，平場241頁等），②家庭裁判所と委託先との間には補導委託決定とは別個の法律関係（家庭裁判所と委託者との間で少年補導事務の委託に関する準委任契約，民656条）があるとする説（松本a292頁），③行政庁としての家庭裁判所と委託先との間で公法上の契約が締結されるとする説などがある。このうち②の準委任契約説によれば，委託先は，少年から受けた損害について，民650条3項に基づき国に損害賠償請求ができるが，その他の説ではこのような場合の補償については何らかの立法措置が必要となる（畠山114頁，条解〔菊地〕192頁）。また，受託者は民間の篤志家で矯正の専門家ではなく，少年に物理的強制力を行使する権限もなく，無報酬で家庭裁判所の活動に協力する者である。このような受託者の地位を考慮すると，委託中の少年が第三者に損害を負わせた場合には，委託先の監督義務を限定すること（井上〔哲〕27頁は，少年の再非行防止義務ではなく，生活の乱れが生じないように指導すること及び更に非行を重ねないように家庭裁判所・警察等に連絡し関係機関の適切な措置を促すことに限定する），国家賠償による救済が許容できるように考慮すること（委託先に不適切な少年を委託した点を家庭裁判所の違法行為と捉える）などの必要がある。しかし，家庭裁判所と委託先との間で，私法上・公法上の契約締結の認定・擬制には無理があり（大塚〔雅〕82頁），裁判行為説が妥当とされているので（前掲団藤＝森田・平場，井上〔哲〕30頁，昭31・11家庭局見解・会同要録46頁），このような国家賠償・補償の可否・難易という目的的考慮を解釈で実現することは困難と思われる。更に補導委託を有効に機能させるため，受託者が安んじて委託に応じられるよう国家賠償・補償による救済を拡大するような立法措置を講ずることが検討されるべきである。

　⑷　**少年の労働者としての地位**　　少年が委託先施設外の一般民間作業場において就労する場合（外勤）は，労基9条の要件を満たす限り労働者に当たると

365

第 25 条（規第 40 条）　　　　　　　　　　　　　　　第 2 章　少年の保護事件

解すべきであるが，委託先の施設内で作業に就く場合（内勤）で当該作業が専ら生活指導・職業補導の一環として行われている場合には，一般に労基法の適用はない（昭 40・5・20 労働省労働基準局長回答）と解されている（団藤＝森田 270 頁，井上(哲)17 頁）。

(3)　**補導委託の運用**　　補導委託を行う場合には，受託者に少年の補導上参考となる事項を指示しなければならない（規 40 条 4 項）。その他の対象少年・委託先の選定，補導の方法，委託期間など補導委託の具体的運用については規定がなく，家庭裁判所の裁量に委ねられている。そのため，具体的事案に応じて弾力的な運用が可能である反面，裁判所ごとに著しい運用の格差が生じるなどしたので，補導委託制度の適正かつ効果的な運営を図る目的で，通達が出され（「補導委託の運営について」平 9・3・31 家二・99 家庭局長通達・家月 49・8・205（最終改正平 19・3・1）），補導委託の運営に関する基本的指針として，補導委託運営要領が定められ，各家庭裁判所は，①補導委託先の適格性の基準の設定，②補導委託先の登録，③補導委託先に対する一般的指導，④補導委託先における事故等に対する措置，⑤共同利用庁間の連絡調整の各事項に関して処理態勢の整備を図ることとされている（家月 38・12・128，40 年概観 215 頁，団藤＝森田 270 頁）。

(4)　**対象少年の選定**　　補導委託は試験観察の必要（⇨3）に加え，家庭環境に問題があり帰宅させることが相当でない場合，共犯者・不良仲間との交友関係を隔絶するため住居地から引離す必要がある場合等，調査官による在宅試験観察だけでは十分に対応できない少年が対象者として考慮されることになる。

　　対象少年の選定は，具体的事件の内容や補導委託先の状況等によるところが大きく，一般的な基準を立てることは困難であるが，補導受託者の人格等の影響による補導が可能であり，委託先における共同生活に適し，他の委託少年らに悪影響を及ぼす虞がないこと，逃走や委託先に損害を与えるなどの事故を起こす虞が少ない少年であることを要する（手引 180 頁，寺嶋ほか 304 頁）。

(5)　**補導委託先の選定**　　「適当な施設，団体又は個人」とする以上の制限はない（本条 2 項 3 号）。施設，団体は，家庭裁判所が適当と考える限り，公私を問わず，更生保護施設，社会福祉施設，その他社会事業施設を広く含むものと解される。実務上も，家族ぐるみで 1 人の少年を預かる個人的なものから，多数の少年を預かるある程度大きな施設までがある。補導委託先の選定にあたっては，その社会資源が，家庭裁判所が少年の補導を委託するのに適したもので

366

第3節　調査及び審判　　　　　　　　　　　　　　　第 **25 条**（規第 40 条）

あるかどうか（適格性）を判断すると共に，当該少年の資質等に照らして相応しい委託先であるかどうか（適合性）を判断することが必要となる。専ら治療目的で病院に補導委託することは妥当ではない（団藤＝森田 303 頁。委託例として，岐阜家決昭 36・12・19 家月 14・4・246）。委託先の適格性については，補導委託運営要領（⇨(3)）に基づいて，各家庭裁判所により，予め補導委託先としての審査，登録がなされ（団藤＝森田 267 頁），登録されたものを中心に委託が行われている。

　(6)　**補導委託の期間**　　この点についても規定はなく，実務上も予め期間は定めないで，委託中の少年の経過を観察しながら，具体的事案に応じて，適当な時期に委託を終了して終局処分を決定する運用が行われている。しかしながら，試験観察の期間と同様に，補導委託の暫定性，少年に対する事実上の自由の制約，少年院の短期間の矯正教育課程の期間などを考慮すると，一般には，約 3～4 か月を一応の目処とするのが相当と解されている（手引 185 頁）。なお，令和元年度の補導委託期間の 8 割弱は 2～6 か月であるが（廣瀬・少年法 292 頁），近年，少年の課題に応じて短期間（数日から数週間）の身柄付補導委託や在宅補導委託も活用されている。

　(7)　**補導委託先への同行**　　明文の規定がなく，物理的強制力を加えることは試験観察制度の趣旨に反することから，少年を補導委託先へ同行する場合にも強制力は行使できない（団藤＝森田 269 頁，平場 240 頁，条解〔菊地〕193 頁，渡辺（輝）169 頁）。実務上，補導受託者が審判期日に出席した場合にはその者が少年を連帰り，出席しなかった場合には担当の調査官が任意に委託先まで同行するのが一般である。後者の場合の旅費等の費用は決定の執行に準じる（団藤＝森田 269 頁）。

　(8)　**補導委託費用の支給**　　⇨29 条注釈。

　(9)　**今後の課題**　　社会情勢の変化を受け，非行少年の質は複雑・多様化し，要保護性の把握も困難なものが生じると共に，多様な処遇が要請されている。保護処分の多様化・事後的な変更等も更に図られるべきであるが，自ずから限界がある（⇨24 条注釈 1～4）。少年の問題に即して，最適な処遇選択を早期に弾力的に行い，少年の要保護性を的確に見極めるために，補導委託を積極的かつ効果的に活用する重要性は高まっている。補導委託制度の今後の課題としては，次のような点が挙げられている（30 年概観 353 頁，40 年概観 231 頁，〔座談会〕c）。

367

第25条（規第40条）　　　　　　　　　　　　　　　　第2章　少年の保護事件

㋐　補導委託先の開発・開拓　　補導委託を効果的に活用するためには，多様な対象少年に適した委託先を予め確保しておく必要がある。民間の篤志家の献身的な奉仕活動に依存しなければならないため，困難は伴うが，委託先の積極的な開発・開拓が望まれる。また，受託者が非行少年の質的変化・人権保障の必要性等に十分対応できるように，また世代交代による経験不足を補えるように，その育成・指導にも力を入れる必要がある。

㋑　補導委託先との連絡・指導態勢の充実強化　　各家庭裁判所の補導委託先について，現に少年を委託しているときはもちろん，委託していないときでも，連絡態勢を整備して，意思疎通を図ると共に委託先の実状を常に十分把握し，必要な助言・指導を行っていくことが少年の人権保障及び適切な委託・処遇決定のために重要である。身柄付補導委託の委託先で発生した集団暴行による少年の受傷事故について，国及び受託者に対して提起された損害賠償請求事件について，受託者に少年らの指導監督上の過失を認定したうえで，受託者の補導行為は国家賠償法1条1項の「公権力の行使」に該当し，これに関する限り，受託者は同項の「公務員」に当たるとして，国に対する請求の一部を認容した事例（浦和地判平8・2・21家月48・5・96〔百選36〕）がある。委託先の実状把握・適切な少年の選別の必要性を示す事例というべきであるが，他方，受託者の過失認定を積極的にすることは受託者の地位（⇨(2)㋐）に照らして疑問もあり，そのような問題を起こす少年を委託した家庭裁判所の過失を検討する余地もあろう。更に，受託者が安んじて活動できるような国家補償制度の整備などを図ることも検討すべきである（⇨(2)㋐）。

㋒　共同利用庁間の連絡調整　　一つの補導委託先を複数の家庭裁判所で共同利用する場合には，委託少年の質や委託期間の違いにより，補導の効果に悪影響を及ぼす虞があるので，委託先との連絡調整に加えて，共同利用庁間で，このような点を調整し，情報交換を密に行うことが必要である。指定を受けた調査官は，単に委託先から報告を受けるだけでなく，進んで委託先を訪問し，その補導の状況を観察し，適切な助言・指導を与えるなど直接的に観察活動を行うべきである。

8　試験観察の新たな試み

諸外国においては社会内処遇の拡大・多様化が推進されている（廣瀬f21・62・86頁）。我が国でも処遇の困難な少年事件が増加傾向にある中で運用上処

第3節　調査及び審判　　　　　　　　　　　　　　　　　　　第 25 条（規第 40 条）

遇の多様化が図られ，平成 19 年改正もなされているが（⇨序説 1，24 条注釈 2〜
4），なお限界がある。そこで，試験観察の教育的処遇の側面から，いくつかの
家庭裁判所では，試験観察・補導委託の運用上の工夫として，社会奉仕活動や
短期合宿活動という新たな試みが行われている。社会奉仕活動は，試験観察中
の少年の中から，相応しい対象者を選択して，奉仕先の施設や少年友の会等に
補導委託し，同会会員等の援助の下で，特別養護老人ホームや障害者施設等に
短期間，宿泊又は通所させて，介護の補助等の活動を行わせるものである。短
期合宿活動は，試験観察中の少年の中から，非行傾向がそれほど進んでいない
者を対象として，相応しい施設等に補導委託し，少年友の会の会員，ボランテ
ィア学生らの援助・指導の下に，民間の宿泊施設等において 1 泊 2 日程度の短
期間合宿して，自然観察学習，創作活動，グループワーク等のプログラムに従
って，集団生活を行わせ，そこから得た体験を処遇に反映させようとするもの
である。これらの新しい試みは，少年の自己イメージの回復や人間としての思
いやりの習得などに効果を挙げている（林ほか 1 頁，相澤ほか 116 頁，相澤 74 頁，
寺嶋ほか 394 頁，柳沢 a，東京家裁少年部調査官室，50 年概観 169 頁，芥田ほか）。

9　試験観察決定の手続

(1)　**決定の時期**　　試験観察は，家庭裁判所が中間決定として行うものであ
り，決定の時期を制限する趣旨の明文の規定はないが，審判開始が要件となり
（⇨3(1)），それ以前の調査段階においては試験観察決定はできない。特に必要
がある場合に例外を認める説もあるが（菊田 145 頁，澤登 131 頁等），実務上，例
外として特に必要がある場合は想定し難い（緊急性がある場合は，むしろ，調査官
観護（⇨17 条注釈 2）を検討すべきであろう）。

(2)　**決定の告知**　　試験観察決定の告知は，原則として，少年の面前で言渡
さなければならないが（規 3 条 2 項 1 号），相当と認める方法によって告知する
こともできる（同条 4 項後段。なお，少年の弁解を踏まえた非行事実の認定及び試験観察
に付す理由を詳細に説示した独立の決定書が作成された事例として，水戸家決平 8・6・26
家月 49・1・146 がある）。

(3)　**決定の取消・変更**　　試験観察決定は，いつでも取消ができ，調査官の
交替，付随措置の追加・取消などの変更もできる（規 40 条 6 項）。なお，試験観
察は中間処分であるから，その性質上，終局決定によって終了する。

(4)　**抗告の可否等**　　試験観察決定は保護処分ではなく中間決定であるから，

369

抗告の対象とはならず（近藤 a 6 頁，団藤 = 森田 313 頁，内園ほか 155 頁），一事不再理の効力（46条）も認められない（最判昭 27・7・22 集刑 66・345，団藤 = 森田 390 頁）。

10 試験観察の適用範囲

議論があるが，強制的措置許可申請事件，戻し収容申請事件，施設送致申請事件においても試験観察は可能であるが（⇨6 条の 7・26 条の 4，更生 71 条各注釈），収容継続申請事件についてはできないと解すべきである（⇨少院 138・139 条注釈）。

11 令和 3 年改正の影響

特定少年についても試験観察の重要性に変わりはなく，適正な処遇決定を行うために見極めが必要な場合には，試験観察の実施を検討する必要がある。ただし，特定少年には虞犯の適用が排除されたため（65 条 1 項），試験観察中の問題行状を虞犯立件し観護措置をとって審判するという運用は，特定少年にはできなくなった。このため特定少年に対し試験観察を行う場合には，試験観察の継続が困難となった場合に審判を行うため必要な観護措置の残日数を確保すること，その収容日数のみで対応できる見通しも含めた慎重な検討が必要となる。また，収容決定申請（66 条 1 項）では，前記 **2**(4)のとおり，試験観察は困難と思われる。

（保護者に対する措置）
第 25 条の 2 家庭裁判所は，必要があると認めるときは，保護者に対し，少年の監護に関する責任を自覚させ，その非行を防止するため，調査又は審判において，自ら訓戒，指導その他の適当な措置をとり，又は家庭裁判所調査官に命じてこれらの措置をとらせることができる。

---

1 本条の趣旨

平成 12 年改正において，少年事件における処分等の在り方の見直しの観点から新設された規定である。

少年が非行や問題行動に陥る原因や背景には，少年本人のものの考え方，能力，交友関係等だけではなく，少年の保護環境，とりわけ保護者の監護の在り方・養育態度，夫婦・親子関係等の家庭環境が非常に重要な要素となる。そこ

第3節　調査及び審判　　　　　　　　　　　　　　　　　　　　　　　第25条の2

で，非行や問題行動を起こす少年の保護者に対して養育態度や親子関係の問題点を指摘し，必要な助言を与えるなどの措置が，少年事件の調査・審判の実務において，従前から行われてきた。しかし，保護者に対する働掛けについての規定は，試験観察の際の引渡（25条2項2号），条件指示（規40条3項）だけであった。本条は，この実務運用を明文化し，裁判所の権限を法文上で明らかにしたものである。なお，平成19年改正により，少年院長，保護観察所長についても保護者に対する措置が法定された（⇨少院17条・更生59条各注釈）。

2　概　　要

措置の対象となるのは，保護者，即ち，少年を法律上又は事実上監護している者であり（2条2項），親権者である父母は当然これに当たるが，それに限られない。なお，特定少年に保護者はないと解すると（保護者の意義，存否の議論について⇨2条注釈6），その親は本条の対象外となるが，本条は前記1のとおり実務運用の明文化であること，調査・審判では保護者以外の者にも自戒等を求める働き掛けも行われていることから，特定少年の親等への働き掛けを控える必要はないと思われる。「必要があると認めるとき」とは，保護者に対する措置が少年の再非行（虞犯）防止に必要である場合のみならず，有効である場合を含むと解される。通常は，調査面接で調査官が行うか，審判廷で裁判官が直接行うことになろうが，それに限られず，「調査又は審判」の過程において適切と思われる時期に行うことができる。裁判官が直接行うか，調査官に命じて行わせるかは家庭裁判所が判断する。「その他の適当な措置」とは，少年の再非行等の防止に有効であり，かつ社会的に妥当な措置である。保護者に対する措置には，裁判官が審判において訓戒・指導する方法のほか，調査官が行うものとして，次のような方法がある（実情について，竹内(友)ほかa，高木(健)ほか，和田(彰)ほか，小峰ほか参照）。①個別面接型（調査官が調査や試験観察における面接を通じ助言，指導，訓戒等を行うもの），②講習型（少年・保護者の共同参加で行う，交通関係事件における交通講習，薬物乱用事件における薬物講習，被害者の視点を取り入れた「被害を考える教室」等），③グループワーク型（保護者同士で悩みを率直に語い合い，意見交換等を行う「保護者の会」等），④合宿型（親子合宿），⑤社会奉仕活動型（少年・保護者の共同参加で行う，老人ホームや障害者施設等での介護の補助，公園や路上等の清掃活動など）。本条を根拠規定として，非協力的な保護者に対してもより積極的・説得的な働掛けを行うことが期待される。もっとも，本条による措置は，強制力

第26条（規第4条・第41条・第42条）　　　　　　　　第2章　少年の保護事件

を伴わないものであり，その違反に対し，法的制裁を加えることはできない。なお，少年に対する保護的措置について，⇨19条注釈4。

（決定の執行）

第26条　①　家庭裁判所は，第17条第1項第2号，第17条の4第1項並びに第24条第1項第2号及び第3号の決定をしたときは，家庭裁判所調査官，裁判所書記官，法務事務官，法務教官，警察官，保護観察官又は児童福祉司をして，その決定を執行させることができる。

②　家庭裁判所は，第17条第1項第2号，第17条の4第1項並びに第24条第1項第2号及び第3号の決定を執行するため必要があるときは，少年に対して，呼出状を発して，その呼出しをすることができる。

③　家庭裁判所は，少年が，正当な理由がなく，前項の規定による呼出しに応じないとき，又は応じないおそれがあるときは，その少年に対して，同行状を発して，その同行をすることができる。

④　家庭裁判所は，少年が保護のため緊急を要する状態にあつて，その福祉上必要であると認めるときは，前項の規定にかかわらず，その少年に対して，同行状を発して，その同行をすることができる。

⑤　第13条の規定は，前2項の同行状に，これを準用する。

⑥　裁判長は，急速を要する場合には，第1項及び第4項の処分をし，又は合議体の構成員にこれをさせることができる。

　規則第4条　　本章前注掲出

　（執行のための呼出状の記載要件・法第26条）

　規則第41条　決定の執行をするための呼出状には，本人の氏名，年齢及び住居，執行すべき決定の種類，出頭すべき年月日時及び場所並びに正当な理由がなく出頭しないときは同行状を発することがある旨を記載し，裁判長が，記名押印しなければならない。

　（執行のための同行状の記載要件と執行・法第26条）

　規則第42条　①　決定の執行をするための同行状には，本人の氏名，年齢及び住居，執行すべき決定の種類，同行すべき場所並びに発付の年月日を記載し，裁判長又は同行状を発する裁判官が，記名押印しなければならない。

②　裁判長は，法第26条第6項の規定により同条第4項の同行状を発する場合には，その旨を同行状に記載しなければならない。

③　第1項の同行状の執行については，第18条第1項，第2項及び第4項から第6項までの規定を準用する。

372

第3節　調査及び審判　　　　　　　　　　第**26**条（規第4条・第41条・第42条）

1　本条の趣旨

保護処分や観護措置等の決定の実現（教育・処遇）は，少年院等の執行機関で「処分の執行」等として行われる（これも含めて広義の決定の執行という）。本条は，裁判所が行った決定を執行機関において実現する処遇段階に移るまでの身柄の処理に関わる「決定の執行」（狭義の決定の執行）に関する規定である（条解〔菊地〕196頁，司研概説104頁，市村116頁，菊池b190頁，平場269頁，石塚ほか41頁，渡辺（輝）4頁，加藤（紀）49頁）。少年保護事件には，刑事事件と異なり手続全般を通じては検察官の関与がないため，決定をした家庭裁判所の裁判官が執行担当者を指定し，執行指揮を行う（本条1項，規4条1項。刑訴472条参照）。また，決定執行のため必要がある場合の少年の呼出・同行についても本条は規定している（本条2～5項）。平成12年改正において，裁定合議制が導入された（⇨4条注釈3）ため，急速を要する場合の裁判長等の権限が規定された（本条6項，規42条1・2項）。また，令和3年改正において，執行を要する決定が整理され（⇨2），同行状の発付要件が緩和された（⇨4）。

2　執行の要否

本条1項所定の決定について，少年鑑別所送致決定（17条1項2号），その送致に伴う仮収容決定（17条の4第1項），児童自立支援施設又は児童養護施設送致決定（24条1項2号），少年院送致決定（同3号。本条は，特定少年に対する少年院送致決定（64条1項3号）にも適用される（65条4項））の各場合には，決定の執行として収容場所までの身柄の移動を伴うのでその執行を要する（熊倉323頁，岩野b184頁，渡辺（輝）160頁，玉井86頁。24条1項2号につき反対，菊池b201頁，加藤（紀）47頁。なお，書事研213頁も参照）。令和3年改正前の本条1・2項は，①児童相談所長等送致決定（18条），②検察官送致決定（20条），③保護観察決定（24条1項1号）も執行すべき決定としていた。しかし，①②は事件を送致する決定で告知により直ちに効力が生じること，③は決定の告知で保護観察が開始され，身柄の引渡しもないので，いずれも決定の執行の観念を入れる余地はなく（平場270頁等），実務上もその執行指揮は行われていない（講義案268頁等）。そこで，令和3年改正により，これらは執行の対象から除外された（玉本＝北原21頁）。

本条所定の決定のほか，観護措置更新決定（17条3項。石塚ほか42頁，熊倉326頁，岩野b186頁，渡辺（輝）112頁，書事研99頁），1号観護から2号観護への変更決定（17条8項。熊倉326頁，渡辺（輝）118頁），少年鑑別所指定変更決定（規20条3項。

373

第 26 条（規第 4 条・第 41 条・第 42 条）　　　　　　　第 2 章　少年の保護事件

菊池 b 201 頁，熊倉 326 頁，団藤＝森田 156 頁），身柄の移動を伴う収容継続決定（少院 137〜139 条。渡辺（輝）184 頁，書事研 355 頁。反対，栗林 165 頁），戻し収容決定（更生 71・72 条。森田（宗）a 181 頁，栗林 166 頁，渡辺（輝）182 頁，書事研 352 頁。反対，伊藤（政）c 163 頁），保護処分取消の際の少年院収容継続決定（27 条の 2 第 5 項。渡辺（輝）186 頁）についても，本条及び規則 4 条に基づく執行指揮が必要と解されている（平場 270 頁，熊倉 325 頁）。観護措置取消決定については身柄の拘束を解くので不要とされている（平場 270 頁，渡辺（輝）117 頁，石塚ほか 61 頁，書事研 104 頁。反対，岩野 b 186 頁，熊倉 326 頁）。

3　執行の実際

(1)　**執行担当者**　　裁判官が執行指揮（規 4 条）を行うにあたり，本条 1 項に規定された者のうち，誰を執行担当者とするかは，決定の種類・性質，対象少年の年齢・性別・性格・態度等の諸事情を考慮し，少年の情操保護を図りつつ，逃走等の事故の発生を防止し，的確に決定内容が実現されるのに最も適当な者を選定すべきである（平場 270 頁，団藤＝森田 276 頁，条解〔菊地〕197 頁）。執行担当者は，本条掲記以外の補助者を用いることもできる（例えば裁判所事務官。平場 270 頁，団藤＝森田 276 頁，日野原 121 頁）。児童自立支援施設又は児童養護施設送致決定の場合は出廷中の児童福祉司に，少年院送致決定の場合は法務教官・法務事務官に対し執行指揮を行うのが通例である。観護措置決定（少年鑑別所送致）については各地の実情に応じ裁判所内部の申合せや裁判所と警察との申合せなどにより担当者を定めている。また，審判に児童福祉司が出席していない場合，在宅事件について少年院送致決定等がなされた場合などについては，児童相談所・少年鑑別所までの執行は調査官又は書記官に命じ，そこから児童自立支援施設等までを児童福祉司に，少年院までを法務教官等に命じるという「リレー式執行」といわれる方式も行われている（岩野 a 205 頁，書事研 214 頁参照）。

(2)　**裁判所職員以外の者による執行**　　その官庁の長を名宛人として命じ，その長に具体的な執行担当者の選定をさせるべきである（平場 271 頁，団藤＝森田 276 頁，伊藤（三）79 頁，渡辺（輝）20 頁）。その場合の執行費用はその官庁の負担と解されている（平場 271 頁）。

(3)　**執行指揮**　　決定書の原本又は決定書若しくは決定を記載した調書の謄抄本に裁判官が押印して行うが，急速を要する場合は少年の氏名・年齢，決定

374

第3節　調査及び審判　　　　　　　　　　第**26条**（規第4条・第41条・第42条）

主文，告知年月日，裁判所・裁判官名を記載した書面に押印して行われる（規4条2項）。執行担当者を明示すべきか議論があったが（伊藤(三)79頁，小鷲ほか72頁，中村(良)a 129頁，日野原121頁，石塚ほか52頁，渡辺(輝)34頁等），その決定書等の交付により特定されている。

(4)　**手錠の使用等**　　決定の執行に際しても，少年の情操保護に心掛けなければならないが（規1条2項），身柄拘束を伴う決定執行の性質上，逃走等の事故防止のためやむを得ないときは，手錠等の使用も許されると解されている（渡辺(輝)43頁，少年院法117頁，講義案137頁，少院87条1項。手錠の使用も含めて裁判所職員による執行の取扱要領を定めている庁もある）。執行途中宿泊を要する場合，最寄の警察署保護室に少年の身柄を一時預けることもできる（渡辺(輝)46頁）。

4　決定の執行のための呼出・同行

決定言渡後，一旦帰宅させた場合，決定執行終了前に少年が逃走した場合，決定を執行するために必要がある場合には，呼出状，同行状を発することができる（本条2・3項。令和3年改正により，少年が呼出しに応じないおそれがあるときにも，同行状発付が11条と同様に可能とされた⇨11条注釈）。また，少年につき保護のための緊急性と必要性がある場合には，呼出しを前提としない緊急同行状も発付できる。決定後執行の必要があるときに限定されるほかは，調査・審判の場合と同様である（本条4項。⇨12条注釈）。特定少年には，施設送致申請（26条の4）の場合を除き，緊急同行状を発することはできない（65条2項）。本条の緊急同行状を発する場合として，呼出しをする時間的余裕のない場合，呼出しをすると逃走のおそれがある場合などが考えられるが（条解〔菊地〕198頁），そのような場合や逃走した場合には，呼出しに応じないおそれがあるとして，本条3項の同行状も発することができると解される。

呼出状の出頭すべき場所・同行状の同行すべき場所として，かつては直接送致先の施設を指定できるとされていたが（市村115頁，豊田(晃)297頁），本条の同行状は，家庭裁判所が決定執行の準備・前提として身柄を確保するためのものであり，決定による執行自体を達成するためのものではないこと，家庭裁判所の面前に少年を同行し人違いでないことを確認したうえで決定の執行に移るべきであること，具体的な収容施設は少年鑑別所・児童相談所経由で決定されることなどから，家庭裁判所を出頭・同行すべき場所とすべきであり，実務上もそのように行われている（平場320頁，団藤＝森田278頁，条解〔菊地〕198頁，司研

375

概説 92 頁，菊池 b193 頁，渡辺(輝)153 頁，小鷺ほか 77 頁，加藤(紀)49 頁，書事研 222 頁)。

少年院送致決定の執行に着手した後に少年が逃走した場合，決定の執行終了前であれば，執行指揮に責任を負う家庭裁判所が本条の同行状を発することができる(菊池 b190 頁，渡辺(輝)176 頁，昭 30・11 家庭局見解・会同要録 106 頁。団藤＝森田 475 頁は，少年鑑別所職員が押送している場合連戻状によるとする)。また，少年院送致決定の執行指揮がなされた後，少年鑑別所入所後少年が逃走した場合，連戻手続(⇨少院 89 条注釈)によることもできる(昭 31・8・7 家庭局長回答・家月 8・8・153，昭 31・10・6 矯正甲 1064 矯正局長通牒・実務六法矯正編 1615 頁。反対，菊池 b194 頁)。本条の執行は保護処分執行施設収容までの段階であるから(⇨1)，保護処分執行中，少年院を逃走した者に対しては本条の同行状を発することはできず，連戻状によるほかない(司研概説 104 頁，市村 116 頁，菊池 b191 頁，渡辺(輝)180 頁，条解〔菊地〕199 頁)。

> **(少年鑑別所収容の一時継続)**
> **第 26 条の 2**　家庭裁判所は，第 17 条第 1 項第 2 号の措置がとられている事件について，第 18 条，第 19 条，第 20 条第 1 項，第 23 条第 2 項又は第 24 条第 1 項の決定をする場合において，必要と認めるときは，決定をもつて，少年を引き続き相当期間少年鑑別所に収容することができる。ただし，その期間は，7 日を超えることはできない。

1　本条の意義

観護措置(17 条 1 項 2 号)は調査，審判のために少年の身柄を保全するものであるから，終局決定の告知により当然失効する。しかし，場合によってはなお少年鑑別所に引続き収容しておく必要があることがあり得る。本条はそのような場合に対処するための規定である(条解〔廣瀬〕200 頁)。令和 3 年改正により，検察官送致決定の根拠規定が 20 条 1 項と特定され，また，本条は，特定少年には，施設送致申請事件を除き，不適用とされた(65 条 2 項)。

2　収容の継続が認められる場合

①不開始・不処分(19 条 1 項・23 条 2 項)，保護観察決定(24 条 1 項 1 号)を行う際，保護者，雇主等適当な者(不法在留者＝入国管理局，少年院逃走者＝少年院職員など)に少年を引渡す必要がありその出頭等に時間を要する場合，②児童相

第3節　調査及び審判　　　　　　　　　　　　　　　　　　　　　　　第26条の2

談所長等送致決定（18条1項），児童自立支援施設等送致決定（24条1項2号）を行う際，受入準備や押送の準備に時間を要する場合，③検察官送致決定（20条1項）を行う際，勾留するまでの必要はないが身柄を引受人に引渡す必要がありその出頭に時間を要する場合，④少年院送致の執行準備が必要な場合などが挙げられている（条解〔廣瀬〕200頁，平場319頁，伊藤（政）d50頁，渡辺（輝）163頁等）。このうち③については，みなし勾留の規定（45条4号・45条の2）があるため，勾留の要件を備えている場合には観護措置決定を取消さずに検察官送致決定をし，勾留の要件は欠けるが少年鑑別所収容の一時継続が必要な場合には，観護措置決定を取消したうえで検察官送致決定と本条の決定を行うべきである（平場319頁，団藤＝森田281頁，市村155頁，伊藤（政）d51頁）。また，④については，直ちに執行指揮をすれば必要やむを得ない限度で少年を少年鑑別所に収容しておくことができる（条解〔廣瀬〕200頁，司研概説106頁，伊藤（政）d51頁，渡辺（輝）148頁）。少年院送致決定後，本条により一時収容中の少年が病気になりその収容期間中に送致決定の執行が不能となった場合，少年鑑別所長の裁量で引続き少年鑑別所に収容し，やむを得ない場合は病院に入院させることもできると解されているが（団藤＝森田281頁，渡辺（輝）158頁），その身柄拘束の根拠は少年院送致決定の効力と解すべきである（条解〔廣瀬〕201頁）。刑事施設に仮収容（17条の4）された者に終局決定がなされた場合に本条の類推適用を認める説もあるが，観護措置決定の執行はなされておらず，刑事施設への収容を継続するのは妥当でないから否定すべきである（団藤＝森田162頁，昭44・3家庭局見解・家月21・11・58，条解〔廣瀬〕201頁）。本条は終局決定後の例外的な身柄拘束であるから謙抑的な運用が求められる。実務上も，②の児童自立支援施設の受入準備の必要性から本条の決定がされることがあるが，それ以外の本条の決定はまれである。

3　特定少年の保護事件の適用除外

令和3年改正により，特定少年は，民法上の成年として監護権の対象外の自律的な法的主体とされたので，調査・審判終了後まで意思に反して身柄拘束を続けるのは適当ではないとの考えから，本条は，18歳未満時に保護観察とされた施設送致申請事件を除き，特定少年の保護事件には適用されないものとされた（玉本＝北原46頁）。⇨65条注釈。

4　継続収容の期間

7日以内で家庭裁判所が決定で定める（期間の計算は，観護措置と同様と解される

377

（刑訴 55 条 1 項但書・3 項但書⇨17 条注釈 8 ⑴ ⒧)）。決定で定められた収容期間満了前に，保護者が引取に到着したり，押送準備が整うなど身柄釈放の必要が生じた場合には，家庭裁判所の執行指揮により退所させるという説もあるが（伊藤（政）d 51 頁），規則 21 条を類推適用して，速やかに収容の一時継続の決定を取消すべきである（平場 319 頁）。取消決定をしたときは少年鑑別所長にその決定通知書を交付して出所させることになる。もっとも，収容保護決定の押送に移るときは執行指揮（規 4 条）で足りよう（条解〔廣瀬〕201 頁，渡辺（輝）166 頁）。

5 決定の方式

終局決定の告知により観護措置決定が失効するので，本条の決定も，終局決定の告知と同時に告知すべきである（平場 319 頁，条解〔廣瀬〕201 頁，団藤＝森田 281 頁，柏木 97 頁，渡辺（輝）163 頁等）。間があくと，その間の身柄拘束の根拠が欠如することになるからである。告知は，少年の面前で行う必要があり（規 3 条 2 項），決定書を作成して執行指揮を行う（規 2・4 条）。

（同行状の執行の場合の仮収容）

第 26 条の 3　第 24 条第 1 項第 3 号の決定を受けた少年に対して第 26 条第 3 項又は第 4 項の同行状を執行する場合において，必要があるときは，その少年を仮に最寄の少年鑑別所に収容することができる。

---

1 本条の趣旨

本条は，身柄不拘束の少年に対する少年院送致決定の執行のため同行状を執行する際，一時収容の必要が生じた場合に対処する規定である。本条は 26 条の同行状によって少年院まで押送することを考慮したものと思われるが，現在では同行状によって直接少年院に少年を同行することはできないと解されている（⇨26 条注釈 4）。そこで同行状で家庭裁判所まで同行し（本条の仮収容はその間に限られる。平場 320 頁），その後は少年院送致決定の執行指揮により送致決定の効力で執行することになる（条解〔廣瀬〕201 頁）。但し，少年院へ同行する場合にも，必要があるときは，本条を類推適用して，少年鑑別所に仮に収容することができると解される（柏木 83 頁，岩野 b 185 頁，中村（良）a 182 頁，渡辺（輝）157 頁，条解〔廣瀬〕201 頁，平場 320 頁）。もっとも，最寄に少年鑑別所も存在しない場合は，緊急同行状（26 条 4 項）を発したうえで，最寄の警察署の保護室（少年房）も利

第3節　調査及び審判　　　　　　　　　　　　　　　　　　　　　第26条の4

用できる（昭29・2・25家庭局長回答・家月6・2・115）。

2　適用される場合

本条の必要性が認められるのは，交通途絶や事故・災害等により同行状・少年院送致決定執行中宿泊を要するような例外的な場合である。適当な少年鑑別所がない場合には，最寄の警察署の保護室に宿泊させることもできると解されている（前掲家庭局長回答）。収容期間は定められていないが，必要最小限度にすべきで1泊程度が適当である（司研概説107頁，中村（良）a181頁，渡辺（輝）157頁，団藤＝森田283頁，条解〔廣瀬〕202頁）。なお，観護措置がとられている少年を少年院に押送する場合には，少鑑123条によることができる。

（保護観察中の者に対する措置）

第26条の4　①　更生保護法（平成19年法律第88号）第67条第2項の申請があつた場合において，家庭裁判所は，審判の結果，第24条第1項第1号の保護処分を受けた者がその遵守すべき事項を遵守せず，同法第67条第1項の警告を受けたにもかかわらず，なお遵守すべき事項を遵守しなかつたと認められる事由があり，その程度が重く，かつ，その保護処分によつては本人の改善及び更生を図ることができないと認めるときは，決定をもつて，第24条第1項第2号又は第3号の保護処分をしなければならない。

②　家庭裁判所は，前項の規定により20歳以上の者に対して第24条第1項第3号の保護処分をするときは，その決定と同時に，本人が23歳を超えない期間内において，少年院に収容する期間を定めなければならない。

③　前項に定めるもののほか，第1項の規定による保護処分に係る事件の手続は，その性質に反しない限り，第24条第1項の規定による保護処分に係る事件の手続の例による。

1　本条の趣旨等

本条は，24条1項1号の保護処分の保護観察に付された保護観察処分少年（更生48条1号）に対する指導を一層効果的にするための措置を定めたものであり，平成19年改正により新設された。保護観察は，遵守事項を遵守するように指導監督することを主たる内容とし（更生49条等），この指導監督は，保護観

察に付されている者と適当に接触を保ち，常にその行状を見守り，遵守事項を遵守させるため，必要かつ適切と認められる指示を与えることにより行うものとされている（更生57条参照）。しかし，実際には，保護観察官等による再三の指示に反して遵守事項の不遵守を繰返す者や保護観察官等が接触することすらできない者など，保護観察が実質的に機能し得なくなっている事例が少なくなかった。しかも，従前，このような場合，呼出・引致・留置等はできたが（犯予41・45条等），それ以上の措置はできなかった。また，遵守事項違反が虞犯事由に当たり虞犯性も認められる事例については，既存の虞犯通告制度（更生68条）により対処できる場合もあるが，虞犯事由は遵守事項違反の全てを含み得るものではない。また，虞犯事由の認定には具体的な事実の把握が必要であるため，保護観察官等による十分な接触ができない少年などの場合，虞犯通告制度によっては対応しきれない。このように，これまでは，遵守事項違反への有効な対処措置は十分とはいえなかった。そこで，指導監督に努めたのに遵守事項を遵守しない場合，この遵守事項不遵守という保護観察中の新たな事由の発生を捉えて，新たな施設送致等の保護処分ができるようにしたものである（施設送致申請制度）。これにより，遵守事項の重要性が制度上も明確になり，保護観察処分少年に対し，保護観察・遵守事項の意味を自覚させて，その遵守意欲を喚起し，保護観察処分少年の改善更生をより実効的に図ることを目指すものである。このような制度の趣旨を踏まえると，保護観察所としては，保護観察の経過に応じて，警告や施設送致申請といった不良措置を時機を逸することなく行うことが重要である。これまでのところ，施設送致申請の実例は多いとはいえない状況であるが，家庭裁判所と保護観察所の連携を深め，より効率的な運用を目指すことが求められる（なお，制度施行後の裁判例の分析をすると共に，施設送致申請事件における保護観察所との連携の在り方について詳細な検討を行ったものとして，鎌倉，施設送致申請の運用状況を紹介したものとして，荒木ほか，明石各参照）。

　令和3年改正により，特定少年にも保護観察が設けられたため，18歳未満の少年に対する保護観察（24条1項1号）又は特定少年に対する保護観察（64条1項1・2号）に付されている者が「保護観察処分少年」とされた（更生48条1号）。特定少年に対する6月の保護観察（64条1項1号）には少年院収容措置はないが，2年の保護観察（同項2号）には遵守事項違反の場合に本条とは異なる少年院への収容決定申請制度（⇨66条注釈）が設けられ，施設送致申請は，18

第3節　調査及び審判　　　　　　　　　　　　　　　　　　　　第26条の4

歳未満の少年に対する保護観察に付された者だけが対象とされることとなった（更生66・67条2項）。

(1) **施設送致申請制度の意義**　　本制度について，同一の審判事由についての二重処分に当たり，少年の地位の安定性からみて問題があるとの批判がなされた。しかし，本制度は，後述するように，重大な遵守事項違反という保護観察中の新たな事由の発生を捉えて，新たな保護処分決定をするものであり，保護観察決定の対象となった事由と同一の事由について，重ねて処分するものではない。また，本制度に基づき新たな保護処分をするためには，手続的要件として，保護観察所長が警告の手続を経たうえで申請し，これを受けた家庭裁判所による調査・審判を経る必要があり，実体的要件として，遵守事項の違反があり，その程度が重く，当該保護観察の継続によっては本人の改善更生を図ることができないと認められる必要がある。このように，本制度は，保護処分の審判と同様の慎重な手続を経たうえ，真に必要な場合に，保護観察処分少年を少年院等への送致に付す余地を認めることとしたものである。少年としては保護観察決定時にその可能性を十分予測できるから，少年の地位の安定性・権利保護等の観点からも問題はない。なお，収容決定申請との差異については⇨66条注釈。

(2) **法的性格**　　本制度は，①立件方法が保護観察所長の申請に限られること，②決定される処分が少年院・児童自立支援施設等への送致（24条1項2・3号）に限られること，③少年院送致決定等をしない場合は棄却決定をする点などが，通常の少年保護事件（3条）による保護処分決定の審判（22・24条等）と異なる。また，本制度は，既になされた保護処分の取消，実質的な継続・変更の要否を審理するのではなく，保護観察処分の決定後，少年が遵守事項を守らなかったという新たな事情を捉えて，新たな審判・決定をするという点で，保護処分取消事件（27条の2），収容継続申請事件（少院138・139条），戻し収容申請事件（更生71条）とは違いがあるものの，保護事件と同様の手続によること，対象者が20歳以上の者も含むことにおいて共通している。従って，施設送致申請事件も準少年保護事件の一つとして位置付けられている。

2　1項関係

(1) **要件**　　手続は更生保護法67条による（⇨更生67条注釈）。「家庭裁判所」は国法上の家庭裁判所をいう（保護処分をした家庭裁判所に限られない）。管轄は5

381

第26条の4 　　　　　　　　　　　　　　　　　　　　　第2章　少年の保護事件

条1項による（本条3項準用）。「審判の結果」とは，遵守事項違反が新たな審判事由であり，保護観察決定の対象となった事由と同一の事由について，重ねて保護処分決定をするものではないことを明らかにする趣旨であり，保護観察決定の基礎となった非行事実は，本条の手続の審判に付すべき事由としては扱われない。要件とされるのは以下の①〜③である。①遵守事項不遵守（24条1項1号の保護観察に付された少年が，警告の趣旨に反して同種の遵守事項違反を繰返したこと）。本制度における審判に付すべき事由を明らかにしたものであり，保護観察所長の警告（更生67条1項）を受けた後，1回以上同種の遵守事項違反があれば足りる。②遵守事項違反の「程度が重」いこと。保護観察によって本人の改善更生を図ることができないことを示す徴表と認められる場合をいい，違反のあった遵守事項の内容ごとに，少年の遵守事項違反の態様や，指導監督の内容及びこれへの対応状況等が総合的に判断される。③施設送致処分の必要性。保護観察によっては本人の改善及び更生を図ることができないこと，即ち，少年の要保護性が，そのまま保護観察を継続することによっては，解消することができない状況にあり施設送致が必要であることをいう。遵守事項違反があっても，その後，本人が反省し，保護者が対応するなどして，家庭裁判所の決定段階では，当初の保護観察の継続により本人の改善更生が図れるのであれば，あえて少年院等に送致する必要はないため，要件①②とは別に，家庭裁判所における審判時の要件として③が規定されたものである（久木元ほか70頁）。

以上の要件を満たし申請を認める場合の主文は，24条1項2・3号と同様に「少年を児童自立支援施設に送致する。」「少年を第1種少年院に送致する。」などとなる（講義案344頁）。上記処分時，少年が18歳以上となっていても処分は上記2・3号に限られ，64条の保護処分は課せない。

(2)　**申請の棄却**　㋐　**要件不充足**　　上記要件を満たすと認められないときは，家庭裁判所は申請を棄却する。主文は，「本件申請を棄却する。」となる（講義案344頁）。この場合，当初の保護観察がそのまま継続される。なお，申請棄却決定は保護処分決定ではないから一事不再理類似の効力（46条）は生じないので，再度の申請を行うことも可能である（この点も戻し収容申請事件（更生71条）などと同様である）。もっとも，保護観察所長としては，先に棄却決定がなされたことを尊重し，再度申請をするか否かを検討すべきである（久木元ほか71頁）。

第3節　調査及び審判　　　　　　　　　　　　　　　　　　　　第26条の4

(イ)　**保護処分終了**　　審判中にその期間が満了し保護観察が終了した場合は，本条1項は保護観察の効力が継続していることが要件となっているから棄却されることになる（久木元ほか71頁）。

(3)　**観護措置，試験観察の可否**　　本制度は，保護観察中の重大な遵守事項違反について，調査・審判を行って施設内処遇の必要性を認定し，新たな保護処分を行うという性格を持ち，そのため，重大な遵守事項違反の有無及び要保護性の程度（⇨(1)①〜③）の判断を要すること，本条3項により17条1項・25条等が準用されることなどから，その調査・審判を行うため必要があれば，観護措置も，試験観察も可能である（各要件は，⇨17・25条各注釈）。試験観察実施後に申請の判断をした裁判例として，新潟家決平23・3・24家月63・10・75（施設送致申請につき棄却，少年保護事件につき保護観察），大阪家堺支決平30・5・10家判19・101（施設送致申請につき第1種少年院送致，少年保護事件につき不処分）がある。

(4)　**少年保護事件との併合**　　少年保護事件と併合に関連する問題があるが，いずれも，戻し収容申請事件と少年保護事件の併合に関する問題と同様に考えることができる（鎌倉26頁）。まず，併合の可否については，審理の重複とそれに伴う少年の負担の増加，裁判の矛盾を避けるなどの意義があることから積極に解されており，裁判例も積極のものが多い（鎌倉26頁）。この場合，主文をどうするかについては，施設送致申請事件では，決定される処分が少年院送致等に限定され，そうでなければ棄却決定をしなければならないとされており，少年保護事件と処分を一体化させて一つの主文とすることは困難と解されるため，いずれの裁判例も別個の主文を掲げている（鎌倉26頁）。少年保護事件と施設送致申請事件のいずれを優先させて判断すべきかについては，いずれかが論理必然に優先するというものではなく，具体的事案に応じて合目的的に決すべきものと解される（鎌倉27頁）。施設送致申請事件と少年保護事件を併合審理し，前者につき少年院送致，後者につき不処分（別件保護中）とした裁判例として，金沢家決平22・3・17家月62・10・106，仙台家決平24・10・18家月65・6・126，大阪家堺支決平30・5・10家判19・101，静岡家決令4・9・22家判45・70，前者を棄却し，後者を保護観察とした裁判例として，新潟家決平23・3・24家月63・10・75がある。

(5)　**施設送致処分の効果**　　(ア)　**保護観察の取消**　　本条1項で少年院送致決

383

定等を行っても，それまで行われていた保護観察は当然には失効しないので競合するが，競合処分取消手続（27条2項）により事後的に保護観察決定を取消すことが予定されている（久木元ほか72頁）。

(イ)　**抗告の可否**　　本条1項による少年院送致決定又は児童自立支援施設等送致決定は，「保護処分の決定」として少年側から抗告が可能である（32条）。

(6)　**被害者等への配慮措置の適用**　　本制度では，当初の保護観察決定の基礎となった非行事実は審判の対象とはならないから，被害者等の閲覧・謄写（5条の2），意見陳述（9条の2），審判結果通知（31条の2）はいずれも適用がない（久木元ほか72頁）。

(7)　**検察官関与の可否**　　22条の2第1項の犯罪少年の保護観察に対する本条の手続でも，その非行事実自体の認定はなされないから，検察官関与決定（22条の2）はできず，この手続に検察官が関与することはない。当初の保護観察決定の際，非行事実に関する審理に検察官が関与していた場合でも，検察官関与決定は事件単位でなされるから，本条の手続に検察官が関与することにはならない。

(8)　**国選付添人の選任の可否**　　国選付添人選任の要件は，一定の重大犯罪・触法事件（22条の3）に限定されているうえ，その効力は，当初の事件について各審級が終了するまでの間認められるものであるから，保護観察となった事件の手続に国選付添人が関与していても，本条の手続への関与は認められない（久木元ほか73頁）。

(9)　**補償の有無**　　本制度に関しては，少年の身柄が拘束された後，遵守事項違反の存在が認められなかった場合であっても，少補法による補償の対象とはされていない。

3　2項関係

20歳以上の者も保護観察の継続的対象となり得る（更生66条但書）ところ，本項は，家庭裁判所がこの者につき少年院送致決定をした場合，少年院法のみでは収容継続できる期間が定まらないため，虞犯通告の場合（更生68条3項）と同様に，上記決定と同時に，本人が23歳を超えない期間内において，少年院に収容する期間を定めるとしたものである（主文は，「本人を第1種少年院に送致する。本人を第1種少年院に収容する期間を○年○月○日までとする。」とし，収容期間の終期を明確に定めるべきである（講義案344頁）。東京高決平28・11・7判12・102の原

第3節　調査及び審判　　　　　　　　　　　　　　　　　　　　第 26 条の 4

審，金沢家決令 5・3・9 家判 47・85 参照)。

4　3 項関係

本条による手続では，保護観察処分ができないなど，24 条 1 項の保護処分の審判手続と全く同様ではないものの，審判事由を認定し要保護性を判断して保護処分に付す手続として共通するため，通常の少年審判手続の例による旨定めたものである。

具体的には，判事補の職権 (4 条)，管轄 (5 条)，調査 (8・9 条)，付添人の選任 (10 条)，呼出・同行 (11〜13 条)，証人尋問等 (14・15 条)，援助・協力 (16条)，観護措置等 (17 条 (1〜3 項，4 項本文，8〜10 項)，17 条の 2・3・4 (1〜3 項))，審判 (21・22 条)，環境調整命令 (24 条 2 項)，試験観察 (25 条)，保護者に対する措置 (25 条の 2)，決定の執行 (26 条〜26 条の 3)，報告と意見の提出 (28 条) 等が準用される (久木元ほか 75 頁)。

本条は，24 条 1 項 1 号の保護観察に付された少年が対象であるから，その処分が継続している限り，18 歳以上の者も対象となる。施設送致申請は，虞犯通告 (更生 68 条) と同様に保護観察の実効性確保のためのもので実質的な保護処分の事後的な変更の側面があるから，18 歳以上の者に対しても 18 歳未満の少年に対する手続 (緊急同行状 (12・26 条 4 項)，少年鑑別所収容の一時継続 (26 条の2) 等) も適用される (65 条 2 項括弧書)。

本条の申請に関する裁判例として，千葉家木更津支決平 21・1・5 家月 61・7・85 (中等少年院送致)，広島高決平 21・3・19 家月 61・7・81 (中等少年院送致〈一般短期〉・維持)，名古屋家決平 21・10・22 家月 62・3・91 (中等少年院送致)，金沢家決平 22・3・17 家月 62・10・106 (中等少年院送致〈一般短期〉)，水戸家決平 22・9・14 家月 63・10・67 (中等少年院送致)，新潟家決平 23・3・24 家月63・10・75 (棄却)，名古屋家決平 24・3・7 家月 64・8・98 (医療少年院送致)，仙台家決平 24・10・18 家月 65・6・126 (中等少年院送致)，広島家決平 26・9・9 家判 1・135 (中等少年院送致)，東京家決平 27・9・1 家判 7・72 (第 1 種少年院送致〈短期間〉)，東京高決平 28・11・7 家判 12・102 (20 歳以上の者に第 1 種少年院送致・維持)，大阪家堺支決平 30・5・10 家判 19・101 (第 1 種少年院送致)，名古屋家決令 3・12・15 家判 42・85 (第 1 種少年院送致)，静岡家決令 4・9・22 家判45・70 (第 3 種少年院送致)，金沢家決令 5・3・9 家判 47・85 (20 歳以上の者に第 1種少年院送致) がある。

385

第 27 条　　　　　　　　　　　　　　　　　　　　　　　第 2 章　少年の保護事件

　（競合する処分の調整）
　第 27 条　①　保護処分の継続中，本人に対して有罪判決が確定したとき
　は，保護処分をした家庭裁判所は，相当と認めるときは，決定をもつて，
　その保護処分を取り消すことができる。
　②　保護処分の継続中，本人に対して新たな保護処分がなされたときは，
　新たな保護処分をした家庭裁判所は，前の保護処分をした家庭裁判所の
　意見を聞いて，決定をもつて，いずれかの保護処分を取消すことができ
　る。

1　保護処分取消の趣旨

（1）　**総説**　　家庭裁判所の決定による保護処分は確定後，任意に変更される
べきではないのが司法の要請である。他方，少年保護手続は，可塑性に富む少
年の状況に即した最適な処遇を加えてその健全育成を目標とする合目的的なも
のであるから（⇨本章前注 1），教育・保護的な観点からは保護処分が少年によ
り適切なものとなるように適宜その取消・変更が認められる方が望ましく，現
に旧法では取消・変更が認められていた（旧 5 条）。しかし，広く変更を認める
と少年の地位を不安定にし人権侵害の虞も生じる。現行法ではこの点を重視し
て決定機関と執行機関を分離し，保護処分の取消・変更を大幅に制限し，本条
と次条（違法な保護処分の取消）のみを規定した（ほかに変更に関連する収容継続（少
院 137～139 条），虞犯通告・戻し収容（更生 68・71 条）がある。⇨各条注釈）。とはいえ，
健全育成のために時機を得た最適な教育的・弾力的処遇が重要であることに異
論はなく，処分の執行にも決定機関がより広く関わり事後的な変更をより広く
認める法制が少なくない（英，独，仏について，廣瀬 f 23・41・66・88 頁）。将来的
には，執行機関との連携を強化する趣旨でも手続的な保障を十分図ることを前
提として少年の変化に即応した処分の変更が可能となる制度が検討されるべき
である（平成 19 年改正により新設された 26 条の 4 は，新たな保護処分を課すものである
が，執行機関（保護観察所長）の申請により，保護処分後の事情の変化（遵守事項違反）に
対応するものである点で，実質的にはこの趣旨に沿うものということができよう。⇨同条注
釈）。令和 3 年改正において，本条は改正されておらず，特例とされた特定少
年に対する保護処分（64 条）についても，処分の競合は生じ得るから，本条の
対象となると解される。

386

第3節　調査及び審判　　　　　　　　　　　　　　　　　　　　　　　　第27条

(2)　**競合処分の取消**　　処分が競合すると処分の執行上も少年の教育的な面からも望ましくない場合が生じ得る。同一の裁判所が統一的に扱う限りは現に執行中の保護処分も考慮して処遇決定を行うのが通常であり（⇨24条注釈5(8)），問題が生じる場合は少ないが，その場合でも前の処分を取消すことを前提に後の処分をすることがある（施設送致処分（26条の4）は競合取消を前提としている。⇨26条の4注釈2(5)(ア)）。また，保護処分中の少年に有罪判決や他の家庭裁判所の保護処分決定がなされる場合もあり，競合する保護処分の調整が必要となる。そこで，本条はその調整のために保護処分の取消を認めたものである。

　本条の取消は処分の競合により保護処分の執行が不可能・困難になったとき，執行の実益がなくなったとき，執行による弊害が生じた場合などに行われる。

(3)　**取消の効果**　　本条の取消は保護処分の相当性の変化に基づく撤回の性質を持つため，保護処分を取消した場合にも27条の2の取消とは異なり，一事不再理の効力は失われず，その事件についての刑事訴追，再度の審判はできない（条解〔廣瀬〕202頁，団藤＝森田288頁，司研概説108頁，市村119頁。⇨46条注釈6）。

(4)　**職権による取消**　　本条の取消は家庭裁判所が職権で行う。有罪判決をした刑事裁判所からの検察官送致決定をした家庭裁判所に対する裁判結果の通知（「少年の刑事事件の裁判結果通知等について」平12・7・14最高裁家二362家庭局長・刑事局長通達），保護処分の執行機関からの事件競合通知（「犯罪をした者及び非行のある少年に対する社会内における処遇に関する事務規程」昭26・11・9矯正保護局長通牒）などはその職権発動を促すものである。

(5)　**取消の対象**　　保護処分決定は告知によって効力を生じ，抗告がなされても原則として執行停止の効力はないので（34条），告知と共に本条1・2項にいう継続中の要件を文理上は充たす。未確定の保護処分が競合する場合にも本条の取消を認める説があり（近藤a10頁，田中(修)754頁），新たな保護処分決定に保護処分取消の主文を併記する裁判例もあるが（横浜家決昭53・8・16家月31・4・118等），新たな保護処分決定が抗告審で取消された場合にも従前の保護処分が取消されるという問題が残るので，確定前の保護処分との競合による取消は相当でなく，保護処分（刑事判決）の確定をまって取消すべきである（平場390頁，条解〔廣瀬〕203頁，市村122頁，団藤＝森田287頁，中村(良)a250頁，司研概説110頁，菊池168頁）。この点について保護処分取消決定を新たな保護処分の付随

387

第27条　　　　　　　　　　　　　　　　　　　第2章　少年の保護事件

処分と解し，基本となる処分決定が確定するまで取消決定も確定せず，基本決
定が取消された場合，取消決定も共に効力を失うと解して解決を図る立場もあ
る（田中(修)754頁，近藤a10頁。東京高決昭53・9・19家月31・4・117参照）。しかし，
理論的に疑問である（平場391頁注(9)）。少なくとも実務上，保護処分取消の通
知（規5条3項）は新たな保護処分確定後に行うべきである（条解〔廣瀬〕203頁）。
　18条2項の決定は保護処分ではないので本条2項の取消はできない。少年
院仮退院中の保護観察を取消す場合の取消対象はその保護観察ではなく基本と
なる少年院送致決定である（条解〔廣瀬〕204頁，平場390頁，菊池169頁，中村(良)
a250頁）。その仮退院が収容継続（少院138・139条）又は戻し収容（更生71条）を
経ている場合，戻し収容が実質的に仮退院の取消にすぎない場合には少年院送
致決定が，収容継続・戻し収容により収容期間が実質的に延長されている場合
は戻し収容・収容継続決定が取消の対象となろう（条解〔廣瀬〕205頁，平場390頁）。
　取消は保護処分の執行終了までに限られる。保護観察は期間満了又は解除
（更生66・69・70条），児童自立支援施設・児童養護施設送致は期間満了又は措
置解除（児福31・27条），少年院送致は期間満了又は退院（少院136・137条，更生
74条，仮退院中は対象となる）までである（⇨24条注釈4(1)）。本条の取消には遡及
効はなく執行終了後の取消はあり得ない（条解〔廣瀬〕203頁）。

2　刑罰と競合する保護処分の取消

　保護処分と刑罰が競合する場合でも，刑の執行が猶予されている場合，罰金
刑の場合など，保護処分取消の必要がない場合もある。そこで保護処分の継続
中，本人に対して有罪判決が確定したときは保護処分をした家庭裁判所の裁量
による保護処分取消が認められている（本条1項）。有罪の種類は問わないが，
刑の執行が優先されるから（57条），実際上取消が必要なのは，死刑及び執行
猶予の付されない自由刑の言渡（拘禁刑〔令和7年6月1日までは懲役又は禁錮〕，拘
留）が確定した場合であろう。しかし，刑執行中も保護処分が失効するわけで
はないから刑執行終了（仮釈放・58条）後，法定期間内（64条2項・3項，少院4・
137条）には保護処分の執行が問題となり得る。少年院への収容などは適当で
ない場合も多いと思われる。保護処分としての保護観察（24条1項1号・64条1
項1号・2号）と刑の仮釈放による保護観察（更生48条3号），執行猶予に伴う保
護観察（刑25条の2。一部執行猶予中の者につき，刑27条の3，薬物一部猶予4条）の
競合も問題となり得る。もっとも，保護処分の方は解除・一時解除ができるこ

388

第3節　調査及び審判　　　　　　　　　　　　　　　　　　　　　　　　　**第 27 条**

と（更生 69・70 条），遵守事項違反があった場合，仮釈放（刑 29 条 1 項 4 号，更生 75 条），執行猶予（刑 26 条の 2 第 2 号・27 条の 5 第 2 号，薬物一部猶予 5 条 2 項，更生 79 条，刑訴 349 条 2 項）それぞれの取消の可能性があり，保護観察の期間もそれぞれに異なることに注意すべきである。例えば，17 歳の少年が保護観察中に道路交通法違反の罪により短期の実刑を受けたような場合には，保護観察は 20 歳まで継続可能であるから（更生 66 条。⇨24 条注釈 2 ⑶），保護観察を取消さずに存続させる必要性がある場合も考えられる。このように自由刑の実刑と競合する場合にも必ず取消さなければならないものではない（条解〔廣瀬〕204 頁，平場 387 頁）。家庭裁判所は，保護処分執行の実益・弊害などを考慮し，その調整を図ることになる（条解〔廣瀬〕204 頁）。そのため一定の場合に保護観察所長，刑務所長は通報が義務付けられ（「犯罪をした者及び非行のある少年に対する社会内における処遇に関する事務規程」昭 26・11・9 矯正保護局長通牒），刑事裁判所にも裁判結果通知が義務付けられている（前掲平 12・7・14 家庭局長・刑事局長通達）。

　また，両立しない刑罰と保護処分の調整を目的とする本条は，判決確定後刑執行前に保護処分がなされた場合，自由刑の執行猶予・仮釈放中に保護処分がなされその継続中にその猶予等が取消された場合にも類推適用でき，保護処分を取消すことができる（平場 387 頁，柏木 136 頁，団藤＝森田 285 頁，司研概説 108 頁）。

3　競合する保護処分の取消

　先に保護処分がなされ，新たに非行が発見されて保護事件として家庭裁判所に係属しても，当面は先の保護処分の執行に委ね，再び保護処分に付するまでの必要はないと認められる場合には，別件保護中として不開始，不処分とされる（⇨19 条注釈 3 ⑵・23 条注釈 2 ⑵・24 条注釈 5 ⑻）。しかし，一事不再理効（46 条）を及ぼす必要があるとき，旧保護処分の残期間が少ないとき，新たな処分によりけじめをつけ，執行担当者の交替や少年の規範意識の覚醒を促すべきときなどには，新たな保護処分を必要とする場合もある（条解〔廣瀬〕205 頁）。また，継続中の保護処分を看過して保護処分に付すような場合にも保護処分の競合が生じる。保護処分の競合は，法律上両立し得ないものではないが，多くの場合その一方が事実上執行不能となり，執行は可能でもその意味が乏しくなり，執行を混乱させる危険性すらある。そこで本条 2 項はいずれかの保護処分の裁量的な取消を認めた（平場 389 頁）。

　保護処分競合の場合，一般的には，前の保護処分を取消すのが適当な場合が

多い（施設送致申請（26 条の 4）による処分競合は，前の保護観察の取消が前提とされているので少年院送致等の取消はできない。⇨同条注釈 2 (5)(ア)）。しかし，保護処分の目的・方法・期間が異なる場合には取消さずに併存させることも認められる。交通短期保護観察と一般保護観察（⇨24 条注釈 2 (5)），少年院仮退院中の保護観察と保護処分としての保護観察（前者は戻し収容（更生 71 条）の可能性があり期間も異なる）の例が挙げられている（平場 389 頁，条解〔廣瀬〕204 頁）。もっとも，前者については一般保護観察に交通関係の処遇を盛込む趣旨の処遇勧告（規 38 条 2 項）で賄える場合もあろう（条解〔廣瀬〕204 頁）。

4　取消をする裁判所

本条の取消は新たな保護処分をした裁判所が行う。三つ以上競合した場合，最新の処分決定裁判所が取消すべきであろう（二つ以上の保護処分取消もあり得る。団藤＝森田 287 頁，条解〔廣瀬〕205 頁）。取消に先だって意見を聴く「前の保護処分をした家庭裁判所」とは，国法上の裁判所ではなく，手続法上の家庭裁判所（具体的な審判機関）をいう（司研概説 110 頁，中村(良)a 249 頁，菊池 169 頁，田中(修) 752 頁，条解〔廣瀬〕205 頁。反対，平場 391 頁注(5)，団藤＝森田 286 頁）。記録・資料等の存在，担当裁判官在任の可能性が高い所に扱わせ，少年に対する措置の一貫性を図るためである。同一裁判所が双方の処分を行った場合には意見聴取は不要と解されている。しかし，具体的な裁判官個人ではなく，当該事件の配点された部又は係裁判官と解すべきである。従って，配置転換，転勤等で交代すれば後任の担当者が当たる一方，同一庁でも部，係が異なれば意見聴取することになる。例えば A 係の甲裁判官が保護処分をした後 A 係を引継いだ乙裁判官が新たな保護処分を行い前の保護処分を取消す場合には同一の手続上の裁判所がいずれの処分も行ったことになる（条解〔廣瀬〕205 頁）。

5　新処分の取消

新たな保護処分を取消して競合状態を解消することも，相当であれば許される（平場 390 頁，団藤＝森田 287 頁，条解〔廣瀬〕205 頁，柏木 137 頁，司研概説 109 頁，市村 120 頁，菊池 169 頁，中村(良)a 249 頁）。この場合，前の処分をした裁判所の意見聴取は不要と解されている（平場 390 頁，柏木 137 頁，司研概説 109 頁，市村 120 頁，中村(良)a 249 頁，菊池 169 頁）。なお，制度趣旨から新処分の取消が制限される場合もある（施設送致申請（26 条の 4）による処分競合⇨同条注釈 2 (5)(ア)）。

第3節　調査及び審判　　　　　　　　　　　　　　　　　　　　　　　　　　第27条の2

（保護処分の取消し）

第27条の2　①　保護処分の継続中，本人に対し審判権がなかつたこと，又は14歳に満たない少年について，都道府県知事若しくは児童相談所長から送致の手続がなかつたにもかかわらず，保護処分をしたことを認め得る明らかな資料を新たに発見したときは，保護処分をした家庭裁判所は，決定をもつて，その保護処分を取り消さなければならない。

②　保護処分が終了した後においても，審判に付すべき事由の存在が認められないにもかかわらず保護処分をしたことを認め得る明らかな資料を新たに発見したときは，前項と同様とする。ただし，本人が死亡した場合は，この限りでない。

③　保護観察所，児童自立支援施設，児童養護施設又は少年院の長は，保護処分の継続中の者について，第1項の事由があることを疑うに足りる資料を発見したときは，保護処分をした家庭裁判所に，その旨の通知をしなければならない。

④　第18条第1項及び第19条第2項の規定は，家庭裁判所が，第1項の規定により，保護処分を取り消した場合に準用する。

⑤　家庭裁判所は，第1項の規定により，少年院に収容中の者の保護処分を取り消した場合において，必要があると認めるときは，決定をもつて，その者を引き続き少年院に収容することができる。但し，その期間は，3日を超えることはできない。

⑥　前3項に定めるもののほか，第1項及び第2項の規定による第24条第1項の保護処分の取消しの事件の手続は，その性質に反しない限り，同項の保護処分に係る事件の手続の例による。

1　本条の趣旨及び改正の経緯

　本条は，前条（競合処分調整のための取消）と共に保護処分の事後的な取消を認めるが，違法な保護処分の取消規定であり，「本人に対し審判権がなかったこと」の意義を当初の立法趣旨（年齢詐称による成人に対する保護処分取消。最近の外国人の事例として，津家決平16・10・18家月57・5・63）よりも広く解し，抗告（32条）と共に誤った保護処分に対する救済及び処分是正の手段を認めたものとして，保護処分決定確定後もなし得る再審（刑訴435条以下）的な機能をも営むものとされている（最決昭58・9・5刑集37・7・901／家月35・11・113（柏少女殺し事件）〔百

391

選90〕，最決昭59・9・18刑集38・9・2805／家月36・9・99，最決平3・5・8家月43・9・68（草加事件）〔百選92〕，廣瀬 i，浜井ほか284頁，内園ほか150頁，肥留間，北村 b 243頁，川出301頁）。同時に，保護処分執行終了後においても保護処分の取消が認められるかという点については，前掲最決昭59・9・18は，保護処分の取消は，保護処分が現に継続中である場合に限り許されるとし，前掲最決平3・5・8は，保護処分の取消は，保護処分が現に継続中である場合に限り許され，少年の名誉回復を目的とするものではない旨の原審の判断を是認する旨判示して，解釈運用上の限界としていた。しかし，学説上は，積極説も根強く主張され（菊池 a(2)147頁，斉藤 b 120頁，山口（直）a 115頁，大出37頁，田中（輝）75頁，若穂井 a 24頁，津田 a 106頁等），消極説からも立法的な解決が望まれていた（浜井ほか284・359頁，廣瀬 i 398・412頁，猪瀬 a 41頁等参照）。2項は，このような要請に応えて，平成12年改正により，追加されたもので，保護処分終了後の取消について規定したものである。なお，令和3年改正による特定少年に対する保護処分についても，本条の取消の対象となる（65条4項）。

2　1項の取消の要件

(1)　「保護処分の継続中」であること　　前掲各最高裁決定により，取消は，①保護処分確定後（但し非行事実不存在以外の場合（審判条件欠如等）に関しては直接は判示されていない），②保護処分執行（仮退院等を含む）終了前に限られると解されている。①について，確定前の取消を認める説もあるが（菊池 a(2)142頁，団藤＝森田290頁，栗林122頁等），本条による取消は確定した保護処分の執行力を排除する性質のものであるから（肥留間67頁），抗告による救済が可能な場合はそれによるべきである（平場393頁，浜井ほか296頁。確定前の取消を一部認める立場として，伊藤（政）a 51頁）。②については，平成12年改正により，後記(2)(3)の取消事由のうち審判に付すべき事由（非行（虞犯・触法を含む）事実）が認められない場合には本条2項が設けられたので，それ以外の取消事由の要件となる。

(2)　「審判権がなかったこと」　　(ｱ)　非行事実不存在の場合　　審判権の意義・範囲については議論があったが，非行事実不存在の場合を含むことについては，前掲最高裁決定（昭58・9・5）以降，保護処分の不利益性の面に着目し，非行事実の誤認による保護処分からの救済の必要性から積極に解されている（内園ほか150頁，浜井ほか284頁，肥留間14頁，平場394頁，条解〔廣瀬〕206頁等。身代わりの事実を理由に保護処分を取消したものとして，那覇家決平19・12・21家月60・6・71，

第3節　調査及び審判　　　　　　　　　　　　　　　　　第27条の2

千葉家決平26・6・30家判2・115)。この審判権とは家庭裁判所が審判の対象とし得る事件であることと解される（平場395頁，菊池a(1)14頁）。審判権がなかった場合としては，非行事実不存在のほか，20歳以上の者（19条），刑罰・保護処分の一事不再理効が及んでいたこと（46条）などが挙げられ，不告不理の違反，管轄権の欠如，二重受理など手続上の問題は保護処分取消の理由とならないと解される（平場395頁）。要保護性の誤認については当不当の問題で誤認が違法とはいえないから，審判権は否定されず取消の理由とならない（平場395頁，内園ほか181頁，澤登b61頁，栗林77頁。判例も同旨と解される（門馬＝向井149頁）。反対，菊池a(1)17頁，正田a29頁，福田b194頁）。

　(イ)　一部の非行事実誤認の場合　　非行事実の一部誤認・不存在の場合についても，誤った保護処分からの救済としての制度という趣旨を推及すれば，その誤認が重大で保護処分決定の結論に明らかに影響を及ぼすべき場合には，救済が認められるべきである。誤認されたその非行事実がなければ，その保護処分には付されなかった場合，その事実が欠ける（認定が変わる）ため，その保護処分を維持できない場合には取消を認めるべきである（条解〔廣瀬〕208頁，平場400頁，内園ほか193頁，梶村b197頁，菊池a(1)20頁，北村b245頁，川出329頁，東京高決平2・11・20高刑集43・3・191〔百選91〕，一部の非行事実の誤認を認めながら，残余の事実で保護処分を維持するのが相当とした事例（東京家八王子支決平10・7・6家月50・12・58）。反対，伊藤（政)a49頁。詳細については，浜井ほか291頁，廣瀬i405頁参照）。但し，誤認が重大でも，より不利益な処分を課すために取消すことは，不利益処分からの救済という本条の趣旨及び憲法39条の趣旨から許容されない（46条3項但書はその限度で限定解釈すべきであろう。条解〔廣瀬〕208頁）。

　　一個の非行事実の一部に誤認があるものの，同一性のある範囲内で別の事実を認定でき，構成要件的評価に影響を及ぼさなければ，「審判権がなかったこと」に当たらず，取消事由とはならない（裁コ〔野原〕340頁。本条2項も同様に考えられる（⇨3)）。また，非行事実について縮小認定される場合については，取消を否定する見解もある一方，要保護性評価に大きく影響する場合には，取消の余地があるとする見解もある（裁コ〔野原〕340頁。事実誤認の程度が僅少で結論に影響を及ぼさないとして取消請求を棄却した事例として，千葉家松戸支決昭35・11・7家月13・1・195，大阪家決昭39・2・14家月16・7・92等）。

　(3)　3条2項の送致の欠如　　「14歳」未満の判断は処分時を基準とする（⇨3

条注釈3(1))。保護処分取消時にも14歳未満であることを要する（平場395頁）。3条2項の送致を受けて少年院送致決定をした後に，少年が14歳未満であることが判明した場合にも本条は類推適用されると解されていたが（団藤＝森田295頁，条解〔廣瀬〕208頁），この点については，平成19年改正により，14歳未満の少年院送致が例外的に認められたので（⇨24条注釈5(7)(ケ)），その限度で本条の類推は制限されると思われる。

(4)　**取消の事由**　(ア)　**明らかな資料**　　保護処分決定の認定を覆すに足りる程度の証明力があるものであることを要する（平場396頁）。非行事実不存在の場合は刑事再審に準じて，認定に合理的疑いを抱かせるもので足りる（その証拠が保護処分の審判中に提出されていたとして，取消が求められている保護処分においてなされた事実認定に到達したか否かという観点から他の証拠との総合評価により判断すべきである。廣瀬i401頁，浜井ほか290頁。最決昭50・5・20刑集29・5・177参照）。

(イ)　**新たに発見したとき**　　保護処分決定をした裁判所がその決定時知り得なかった資料を，その後認知した場合と解されている（もっとも，身代り犯人である少年の場合をどうするかは議論の余地もあり得よう）。なお，刑罰法令の解釈の誤りの結果，非行事実が認定された保護処分は，刑事訴訟であれば非常上告で救済され得る場合であるので新規性がなくても取消すことができると解される（肥留間28頁，浜井ほか290頁，廣瀬i402頁）。

(ウ)　**取消の基準時**　　事実誤認を理由とする非行事実不存在による取消の場合は，保護処分決定時とするのでは抗告と変わりがなく十分ではないので取消時の証拠関係を前提とすべきであり，法解釈の変更・誤りによって非行事実不存在となる場合は保護処分決定時が基準時となる（廣瀬i407頁）。年齢超過などは保護処分決定時を基準とすべきであろう（昭26・5・1家庭局長回答・家月3・5・222は取消時を基準とするが疑問である）。3条2項の送致欠如に関しては，⇨(3)。

3　保護処分執行終了後の取消（2項）

平成12年改正により新設されたもので，非行事実不存在の場合について保護処分執行終了後，本人が生存している限り取消を認めたものである。少年を保護処分の執行から解放するという従来の考え方に，誤った保護処分を取消すことによって，少年の情操を保護し，その健全な育成を図る点をも目的に加える趣旨のものとされている（川出e87頁）。少年の名誉の回復を目的として掲げなかったのは，保護処分の取消は，少年法上の制度であり，その救済利益もそ

第3節　調査及び審判　　　　　　　　　　　　　　　　　　　　　　第27条の2

の枠内で考えるべきだとの考えに基づくものである（川出 e 88 頁）。本人が死亡した場合には，本項による取消を行うことはできない。救済の利益を前記のように捉え，少年の名誉の回復を目的としていないことの現れである（川出 327頁）。この規定は，平成 12 年改正法施行後に終了する保護処分について適用することとされた（平成 12 年附則 2 条 4 項。改正法施行前の保護処分終了を理由に申立を棄却した事例として，和歌山家決平 15・12・2 家月 56・6・164，保護処分終了後（保護観察解除）の取消事例として，津家決平 15・12・12 家月 56・6・165 がある）。

　本条 2 項の「審判に付すべき事由」には，保護処分決定で認定された非行事実と事実の同一性があり，構成要件的評価が変わらない事実をも含むものと解される。最決平 23・12・19 刑集 65・9・1661 はその旨判示したうえ，保護処分決定で認定された日には非行事実の存在が認められないが，これと異なる日に同一内容の非行事実が認められ，両事実が両立しない関係にあって事実の同一性が認められる場合には，審判に付すべき事由は存在したといえ，本項により保護処分を取消さなければならないときにはあたらないとしている（判評 659・44〔廣瀬〕，判解刑平 23・415〔野原〕，川出 329 頁以下等。保護処分決定で認定された非行事実と同一性がある非行事実は認定できるものの，構成要件的評価が変わる場合に，保護処分を取り消さなければならないかは，更に検討するべき課題であろう）。

4　取消の対象

　不処分・不開始決定が取消対象となるかについて，これらを取消した先例（新潟家決昭 57・3・31 家月 34・8・132 等）や積極的な立場（白取 a 98 頁，菊池 a(2) 147 頁，正田 a 30 頁，栗林 73 頁）もあるが，①「保護処分を取り消」すという文言に反すること，②不処分等には一事不再理効がないので取消す実益がないこと（⇨46 条注釈 2(1)），③本条が少年の名誉回復を目的としたものではないこと（前掲最決平 3・5・8），④事実誤認を理由とする抗告も不処分に対しては認められないこと（最決昭 60・5・14 刑集 39・4・205，最決平 2・10・30 家月 43・4・80）から，消極に解すべきである（浜井ほか 295 頁，廣瀬 i 399 頁，内園ほか 174 頁，平場 392 頁，菊池 a(2) 151 頁，川出 334 頁。平成 12 年改正により，②については，検察官関与事件（22 条の 2）に一事不再理効が認められたが，対象事件が限定されていること，④について，検察官の抗告受理申立て（32 条の 4）が認められたが，少年側の抗告は認められていないこと，③の趣旨は死亡後の取消が認められないことで示されていることなどに照らすと，なお，消極説を維持すべきであろう）。

395

5 取消決定の手続

(1) **申立権等**　　非行事実不存在を理由とする場合は，前掲最高裁決定（昭58・9・5）で，申立権も認められたと解されている（浜井ほか286頁，内園ほか187頁，平場397頁，条解〔廣瀬〕209頁，肥留間44頁，裁コ〔野原〕342頁。反対，土本b72頁）。申立権者は，少年等（成人も含むので「少年等」という）及びその法定代理人である。原事件の付添人には固有の申立権はないが，少年及び法定代理人の任意代理人として申立できる（浜井ほか286頁）。本条2項の取消は，少年が成人となっても保護処分の継続中は申立できるが，保護者の関与は少年である場合に限られる（浜井ほか287頁。なお，特定少年には保護者が存在しないという解釈（議論について⇨2条注釈6）に立てば，保護者としての関与が認められるのは，18歳未満の少年の場合ということになる）。しかし，少年時の保護者等を実質的に保護者的立場にある者として，審判立会・意見陳述の機会を与えるのが妥当と思われる。実質審理が認められる限度で，付添人選任権が認められるので（6項による10条の準用），新たに選任された付添人の申立権も認められる（浜井ほか287頁，廣瀬ⅰ401頁）。申立権者による申立があれば直ちに事件係属が生じるので直ちに事件簿に登載すべきである（内園ほか191頁）。

　少年側の申立が年齢超過等，非行事実不存在以外の理由によるときは，職権発動を促すものに止まり（平場398頁，条解〔廣瀬〕209頁，団藤＝森田296頁），裁判所が職権で内容を検討したうえ立件して調査を開始することになる。

　保護処分の執行に関連して本条の取消事由が発見され易いこと，取消は執行機関に重大な関係があることなどから，本条3項の通知義務が規定されている。この通知も裁判所の職権発動を促すものであり，立件したうえ処理される（平場398頁，条解〔廣瀬〕209頁，団藤＝森田296頁）。家庭裁判所が取消事由を発見した場合も，書記官又は調査官にその旨記載した報告書を作成させ，これに基づいて立件する扱いが多いようである。

(2) **決定の手続等**　　(ア) **審判の方式**　　申立又は職権で本条の取消を審理する場合には，家庭裁判所は，その性質に反しない限り，18歳未満の少年に対する24条1項の保護処分に係る事件及び特定少年に対する64条1項の保護処分に係る事件，それぞれの手続の例によって審理するので（本条6項・65条4項），準少年保護事件と呼ばれている（準少年保護事件について⇨廣瀬・少年法428頁以下）。「性質に反しない限り」の準用である。保護処分をした家庭裁判所の専

第3節　調査及び審判　　　　　　　　　　　　　　　　　　　　　　第27条の2

属管轄である（浜井ほか287頁，肥留間44頁，廣瀬i402頁）。申立を受けた家庭裁判所には保護処分の執行停止の権限はないと解されている（肥留間51頁，浜井ほか287頁，廣瀬i402頁）。

　非行事実不存在を理由とする場合には，保護処分の基礎となった非行事実の存否が審査の対象となる（浜井ほか287頁，廣瀬i402頁）。本人が少年で一部の非行事実が問題な場合には，保護処分に付す可能性もあるので通常の少年審判における非行事実認定手続の審判運営の方策が妥当するが，同時に確定裁判の効力を否定すべきかを審査するので刑事再審の審理方法も参考とされるべきである（廣瀬i402頁）。審判を開くか否かは事案，申立の理由，証拠関係による。非行事実不存在を理由とする場合には審判を開くべきであるという考え方もあるが（肥留間60頁），審判を開始すると少年を呼び出さねばならないので（⇨22条注釈3(2)），申立が認められない場合には収容保護処分の執行等への悪影響も懸念される。まず申立に相当な理由があるか否かを事件記録の調査，関係人の意見聴取等によって検討し，審判の必要性が明らかになれば，証拠調の範囲等を明確にしたうえで審判を開始すべきである。審判開始後，通常の審判同様，期日指定，関係者呼出，本人の出頭確保などが必要となる（⇨21条注釈4）。また，裁定合議制（⇨4条注釈3），検察官関与に関する規定（22条の2・22条の3）等も準用される。

　(イ)　**調査・証拠調の範囲・程度**　　非行事実不存在を理由とする場合には，原決定の事件記録は原則として資料となり，申立内容，提出された新規の書証等と併せて検討すべきである。次に申立人，少年等関係者に事情を聴くことになろう。審判を開始せず申立を棄却する場合は申立人の意見を聴くべきである（刑訴規286条参照）。原事件の証拠，新規の証拠を順次取調べ，総合的に判断することになろう。新規証拠は非行事実の存否判断に必要な限度で取調べる（非行事実を争う事件の審判運営と同様な配慮が必要である。⇨22条注釈8）。重要な証人の尋問は実施すべき場合が多いが，既に尋問されている場合は再尋問の必要性が認められるべきである。申立人から提出された新規の証拠に対して，捜査機関側の証拠・意見書等の提出，補充捜査の依頼なども必要な限度では行うことができよう（証拠調の程度等の詳細について，浜井ほか287頁以下，廣瀬i402頁）。事実の同一性のある範囲内で保護処分決定と異なる非行事実を認定する場合には，審判期日で申立人にその事実の要旨を告げて陳述の機会を与えるなど，十分に

397

防御の機会を与えるべきである（前掲最決平23・12・19）。

要保護性の調査は原則として妥当でないが，一部の事実に関する取消の場合は残る事件の関係で調査官に調査を命じるべき場合も考えられる（浜井ほか290頁）。観護措置も原則として認められない（肥留間56頁，浜井ほか294頁）。

本条の取消事件の審理では，証拠の採否，心証形成・判断は通常の否認事件の審判よりも困難な場合も考えられる。補充捜査や意見聴取などのほか，平成12年改正により認められた裁定合議制，検察官及び国選付添人の審判出席等の必要性も高い場合が考えられるので，その活用を検討すべきである（浜井ほか360頁，廣瀬i404・414頁参照。なお，前掲最決平23・12・19の原々審は裁定合議決定をしている。前掲評釈参照）。

(3) **取消決定**　その事由があれば義務的である。前条と異なり，前提要件の欠けた保護処分の場合だからである。主文は，「保護処分（事件を特定する。）を取り消す」，「申立てを棄却する」（「保護処分を取り消さない」・不取消決定）旨記載する（浜井ほか292頁，裁コ〔野原〕344頁）。

取消決定と共に不処分決定等をする裁判例もあったが（熊本家決昭33・11・27家月12・10・201等），前掲最高裁決定（昭58・9・5）では，本条1項は「将来に向って保護処分から解放する」手続を規定したものと判示されたため，保護処分の今後の執行のみを取消すべきで，不処分決定等をするのは妥当ではないとする立場が有力である（木谷a234頁，内園ほか195頁，菊池a(2)158頁，北村b246頁，百選〔91〕等）。しかしながら，本条2項が，非行事実の不存在を理由として保護処分終了後の取消を認めたことから，この場合の取消の対象は，「保護処分の執行」ではなく「保護処分決定」と解すべきことになり，取消決定の遡及効をも肯定すべきことになる（川出332頁）。従って，上記最決の文言をさほど重視した解釈をする必要性はない。また，一部の非行事実不存在による取消の場合には残りの事件を別途の手続で終局決定しなければならないとすると，裁判所間の判断の齟齬，少年の手続上の負担，手続経済等の問題が生じ得るので，同一手続で終局決定をする必要性が認められる（別の保護処分決定ができれば，46条3項本文で一事不再理効が否定される点も新たな決定の効力で解決できる）。刑事再審的な側面からも同一手続内における解決の方が妥当である。また，後述のように本条4項は本条の取消により原事件が復活することを前提に規定されており，年齢超過等非行事実不存在以外の「審判権欠如」の場合はこの規定によっ

第3節　調査及び審判　　　　　　　　　　　　　　　　　　　　　第27条の2

て取消と同時に終局決定がなされる。非行事実不存在による取消の場合にも本
条1項のほか本条4項の趣旨からも取消と同時に終局決定できると解すべきで
ある（詳細は，浜井ほか292頁・299頁注，廣瀬i406頁）。取消決定と共に不処分決
定をした最近の事例として，千葉家決平26・6・30家判2・115がある。

　決定の告知は，審判を開いた場合は原則として面前告知すべきである。申立
を棄却するときは抗告権の告知も行うべきであるが，取消決定は相当と認める
方法による告知でよい（6項・24条1項，規3条1項・35条2項・3条4項準用）。

　14歳未満の者についての3条2項の送致欠如による取消の場合は，通告を
せず（児福25条参照），本条4項により児童相談所長等送致決定をする（18条1
項）。また保護処分決定時20歳以上であったことを理由とする場合は本来成人
事件であるから，年齢超過による検察官送致をしなければならない（本条4
項・19条2項）。いずれも本条の取消決定と同時に行う。

　(4)　**取消決定の効力**　　本条の取消がなされても，平成12年改正前は，46
条但書（平成12年改正により46条3項本文）により取消された事件での刑事訴追
や再度の審判は遮断されないことになり，不処分決定を同時にする立場でも不
処分には一事不再理効がなかった。年齢超過等の場合にはそれほど問題はない
が，非行事実不存在による取消ではこの点は深刻な問題となっていた。平成
12年改正により，取消決定のうち，本条1項の取消で検察官関与決定（22条の
2）をした事件に対するもの及び本条2項のものについては，一事不再理効が
認められ（46条3項但書），解決が図られた（その趣旨については，川出333頁）。し
かし，検察官関与は対象事件が限定されているので（⇨22条の2注釈），本条1
項の取消決定の効力については，なお問題が残されている。

　保護処分決定時少年で本条の取消決定時成人に達しているときには，本条の
取消決定のみを行い，19条2項の検察官送致をすべきではないとする説（菊池
a(2)156頁，司研概説112頁，市村123頁），その検察官送致にも相当な嫌疑を要求
する説（平場305頁）などもあるが，一部の非行事実不存在の場合，残る事件の
年超検送の制限には問題が残る。また，取消時少年であった者が成人となった
場合についても権利保障の必要がある。この点については，本条が本来予定し
ていなかった取消を解釈で認める以上，その取消が必然的にもたらす結果につ
いても解釈による解決が認められるべきだといえよう。年齢詐称の場合とは異
なり，非行事実不存在による取消の場合には，一部執行された保護処分の不利

399

益を少年に帰すのは相当ではないから，46条3項本文の適用を排除し同条1項によって刑事訴追・再度の審判が遮断されると解する立場もあり得よう（廣瀬i 406頁，浜井ほか293頁）。しかし，そう考えても，非行なし不処分に原則として一事不再理効がないこととの不均衡などの難点があり，一部の非行事実の誤認による取消で残る事件の年超検送の問題は解決されない。また，一部の事件による取消や認定替によって残る事件があり保護処分相当な場合には前述のように取消と同時に保護処分決定することで解決が図れるが，不処分相当事件の問題は解決されない場合が残る。前述のように一部は解決が図られたものの，なお，立法的な解決が必要な問題点といえよう（廣瀬i 407頁参照）。

取消したときは，事後の手続が必要であるので，保護処分の執行機関の長に対する通知義務がある（規5条3項）。

取消決定後，少年院収容者について検察官に身柄を引継ぐため，あるいは保護者等の関係人に身柄を引渡す準備のため必要があれば，一時（3日以内）その施設に収容の継続ができる（本条5項，少院133条3項）。26条の2と同趣旨の規定と解される（団藤＝森田297頁，平場402頁注(42)）。

(5) **取消事由がない場合の対応**　申立権が認められる場合は申立棄却の決定をすべきである（申立が不適法であれば却下決定となる。棄却した例として，和歌山家決平15・12・2家月56・6・164）。職権発動を促すに止まる場合には応答する義務はないが，少年等，保護者等の事実上の申立の場合には，保護処分の取消をしない旨の決定をし，その判断を示すのが妥当な場合が多い（菊池a(2) 163頁，条解〔廣瀬〕211頁。栗林155頁は理由と共に通知すべきとする）。

(6) **不服申立**　非行事実不存在を理由とする保護処分取消の申立に対して取消をしない決定に対しては，32条の準用により抗告が認められる（前掲最決昭58・9・5〔百選78〕，木谷a 235頁）。抗告の手続，抗告申立権者等については，保護処分に対する場合と同様に考えられ，少年等，法定代理人，付添人が申立可能である（⇨32条注釈4）。また，検察官関与決定をした事件（22条の2）では，取消決定又は不取消決定に対し検察官は抗告受理の申立て（32条の4）が認められる（本条6項による準用）。申立権のある申立に対しては応答すべきであるから，相当期間経過して決定がなされなければ，黙示の不取消決定があったとして抗告が認められる余地がある（内園ほか188頁，土本b 74頁，肥留間76頁）。なお，最高裁による職権の取消も認められる（平場403頁，内園ほか203頁，浜井は

第3節　調査及び審判　　　　　　　　　　　　　　　　　　　第28条（規第38条）

か294頁）。

> **（報告と意見の提出）**
> **第28条**　家庭裁判所は，第24条又は第25条の決定をした場合において，
> 施設，団体，個人，保護観察所，児童福祉施設又は少年院に対して，少
> 年に関する報告又は意見の提出を求めることができる。
> **（保護処分の決定後の処置）**
> **規則第38条**　①　保護処分の決定をした家庭裁判所は，当該少年の動向に関
> 心を持ち，随時，その成績を視察し，又は家庭裁判所調査官をして視察させ
> るように努めなければならない。
> ②　保護処分の決定をした家庭裁判所は，必要があると認めるときは，少年の
> 処遇に関し，保護観察所，児童自立支援施設，児童養護施設又は少年院に勧
> 告をすることができる。

1　本条の趣旨

　少年は可塑性に富み，矯正教育等の効果も少年ごとに異なり得るから，家庭
裁判所は，調査・審判段階に止まらず，処遇段階の少年の動向に関心を持ち，
決定した保護処分が所期の目的の通り適正に執行されているかに十分配意すべ
きである。また，保護処分の実際の運用状況を正確に把握することは，適切な
処遇選択のためにも必要・不可欠である（⇨24条注釈5(1)）。旧法の少年審判所
は，執行にも広く関与し，保護処分の取消・変更も行うことができた（旧5条，
⇨序説3）。これに対して現行法は，決定と執行とを分離し，家庭裁判所は，執
行には直接関わらないことになった。しかし，適正な処遇を実現するためには
関係機関からの執行状況についての正確な情報が不可欠である。また，試験観
察の場合には終局処分決定のため，保護観察所，児童福祉施設，少年院等，関
係機関の報告・意見も有用である。補導委託に付された少年については，その
委託先から，補導の状況，少年の成績等についての報告・意見を聴くことが補
導委託の適正な運用に資すると共に，終局決定が適切に行われるために必要不
可欠である。このような要請に資するため，執行機関に対する動向視察（規38
条1項），処遇勧告（同2項）と共に，本条は家庭裁判所に保護処分，試験観察
（補導委託）に付した少年に関する報告・意見を関係機関に対して求める権限を
認めたものである。

401

第 28 条 （規第 38 条）　　　　　　　　　　　　　　　　　第 2 章　少年の保護事件

2　報告・意見の提出

　報告・意見の提出を求める方法は限定されていない。少年の処遇全般に関わる事項から，特定事項に限定して求めることもできる。本条に基づく要求には応答することが義務付けられるが（条解〔菊地〕212頁），違反に対する制裁はない。保護観察処分少年（24条1項1号・64条1項1号・2号，更生48条1号・1号観察対象者）については，終結事由の生じた翌月に「保護観察終結通知書（甲）」（一覧表形式）により一括して保護観察終結時の報告（終結の日と終結事由のみ）が行われるが，交通短期保護観察対象者についてはこの報告は省略されている。また，少年院仮退院者（更生48条2号・2号観察対象者）については，終結事由の生じたとき速やかに「保護観察終結通知書（乙）」（単票形式）による保護観察終結時の報告が行われ，一定の場合には，具体的な保護観察の経過が記載される。更に，両者共通に，保護観察終結後であっても，新たに少年保護事件が係属したときなどには，本条に基づく請求を行うことにより，「保護観察状況等報告書（甲）」による報告が行われる。このように，保護観察所からの処遇内容の報告は，原則として，家庭裁判所が本条に基づく請求をした場合に限られる（「犯罪をした者及び非行のある少年に対する社会内における処遇に関する事務規程」平20・4・23保観訓261・家月60・8・131，「犯罪をした者及び非行のある少年に対する社会内における処遇に関する事務の運用について」平20・5・9保観325矯正局長・保護局長通達・家月同180）。また少年院は，一定の場合に，成績経過記録表や個人別矯正教育計画表を家庭裁判所に送付して通知することとされている（「保護処分在院者の個人別矯正教育計画の策定等について」平27・5・14矯少93矯正局長通達，「在院者の成績の評価について」平27・5・14矯少94矯正局長通達）。更に補導委託に関しては各家庭裁判所が定型の書式を定め，受託者から月1回補導成績報告書の提出を求めることが定着しており，少年の動向把握に役立っている。これらの報告が円滑になされているため，実務上，本条によって報告を求める必要は必ずしも多くないが，執行機関との連携・処遇の実情把握の趣旨からも，より積極的な活用が図られるべきであろう。

3　動 向 視 察

　動向視察とは，保護処分決定をした家庭裁判所が，その少年の動向に関心を持ち，随時，その成績を視察し，調査官に視察させるように努めることである（規38条1項）。家庭裁判所は，少年院からの通知（⇨2）を受けるのみでなく，

402

第3節　調査及び審判　　　　　　　　　　　　　　　　　　　　第28条（規第38条）

この視察を積極的に行うほか，余罪事件や収容継続申請事件の調査・審判等の機会にも同様の視察に努めるべきである（団藤＝森田300頁）。

4　処遇勧告

処遇勧告は保護処分決定をした家庭裁判所が，必要に応じて少年の処遇に関し，保護観察所，児童自立支援施設，児童養護施設又は少年院に行うものである（規38条2項）。この勧告は，執行機関の報告や動向視察の結果に基づき随時行うことができるが，保護処分決定と共に行う場合には，決定書の主文に表示するのは相当ではなく，独立の処遇勧告書によるのが相当である（最高裁家庭局見解・家月29・2・60。勧告例として，新潟家長岡支決平15・6・17家月56・11・87）。実効性のある勧告を行うためにも，家庭裁判所は，執行機関の実状を十分に把握し連携を密にしておく必要がある。また，保護処分の運用は通達により多様化が図られ，通達上，その対象者の選定・分類，矯正教育課程の決定に，定型の書式による処遇勧告が拘束力を持ち，一定の勧告内容の尊重が規定されるなど，処遇勧告には重要な機能がある（⇨24条注釈2(5)・4(2)）。

保護処分決定と共にする処遇勧告には，次のようなものがある。

(1)　**保護観察決定**　　一般事件について一般短期保護観察の処遇勧告，交通関係事件について交通短期保護観察の処遇勧告は，そのままそれぞれの保護観察の対象者となるものとされている（「短期保護観察の実施について」平20・5・9保観327保護局長通達・家月60・8・216，「交通短期保護観察の実施について」同日保観328保護局長通達・家月同229）。

(2)　**少年院送致決定**　　適式の勧告書による短期間又は特別短期間の処遇勧告は，執行機関においてその勧告はこれによるものとされている。また，①第3種少年院に送致する少年につき，医療措置終了後の移送先少年院の種別の処遇勧告，②長期処遇を実施する少年院に送致する少年の収容期間につき，比較的短期間（11か月〜12か月より短期間，東京家決平28・4・26家判11・120），比較的長期間（2年以内であるがおおむね1年を超えるもの，那覇家決平21・4・28家月62・6・81。18月の期間を基準として，矯正教育の期間を定めた個人別矯正教育計画を策定するものとされている（「少年院法等の一部を改正する法律の施行に伴う関係通達の整備について」令4・3・29矯少41矯正局長通達））又は相当長期間（2年を超えるもの，東京家決平23・1・12家月63・9・99）とする処遇勧告，③少年院における処遇につき，特別の希望意見が記載された処遇勧告書が送付された場合は，執行機関においてそ

403

第 29 条　　　　　　　　　　　　　　　　　　　第 2 章　少年の保護事件

の勧告の趣旨を「十分尊重する」ものとされている（「矯正教育課程に関する訓令」平 27・5・14 矯少訓 2 号，「矯正教育課程に関する訓令の運用について」平 27・5・14 矯少 92 矯正局長通達，「保護処分在院者の個人別矯正教育計画の策定等について」平 27・5・14 矯少 93 矯正局長通達）。様式や効果を正確に把握したうえで必要な場合には適機に適切な勧告を行うように努めるべきであろう。

> **（委託費用の支給）**
> **第 29 条**　家庭裁判所は，第 25 条第 2 項第 3 号の措置として，適当な施設，団体又は個人に補導を委託したときは，その者に対して，これによつて生じた費用の全部又は一部を支給することができる。

1　本条の趣旨

家庭裁判所が，補導委託（25 条 2 項 3 号）を決定した場合，その受託者は，種々の費用の支出を余儀なくされるので，その出費について補償する趣旨である。実費の補償であり報酬や謝礼は含まれない。補導委託には身柄付補導委託と在宅補導委託（宿泊を伴わないもの）がある（詳細については，⇨25 条注釈 6 (3)・7）。

2　委託による費用の範囲等

(1)　**身柄付補導委託の費用**　「費用の全部又は一部」の支給というだけであるから具体的に支給できる内容，額については裁判所の裁量による。実務においては，補導委託費を事務費と事業費とに区別し，合計額を支給するとされている。事務費とは，施設等を運営するために必要な人件費，その他事務の執行に伴う旅費，通信運搬費，備品消耗品費等の諸経費をいい，事業費とは，事務費以外の経費であって，少年に直接必要な諸経費（飲食物費，被服寝具費，日用品費，光熱水道費，炊具食器費，保健衛生費，厚生修養費等）をいう。医療費のうち，通常の衛生費とみられる薬代などは事業費に含まれるが，入院手術等の特別の費用を要した場合は別途支給が認められる（団藤 = 森田 303 頁，菊池 112 頁）。補導委託費は，原則として 1 か月ごとにとりまとめて各施設，団体，個人より委託費の請求がなされ，家庭裁判所がこれを審査したうえで支給される。なお，少年が委託先に与えた損害の補償は含まれず，立法的解決が必要と指摘されている（平場 240 頁。⇨25 条注釈 7 (2)(ｱ)・(9)(ｲ)）。

(2)　**在宅補導委託の費用**　在宅補導委託の場合には，事業費は不要であり，

404

第3節　調査及び審判　　　　　　　　　　　　　　　　　　　　　　第30条

事務費のみが支給される。具体的には，交通講習を目的とした場合及び社会奉
仕活動を目的とした場合のほか，平成18年からは職業補導を目的とした在宅
補導委託についても事務費の支給が可能とされた。なお，保護司又は児童委員
については，観察の援助費として30条の2による費用支給の方法がある。

> （証人等の費用）
> **第30条**　①　証人，鑑定人，翻訳人及び通訳人に支給する旅費，日当，
> 宿泊料その他の費用の額については，刑事訴訟費用に関する法令の規定
> を準用する。
> ②　参考人は，旅費，日当，宿泊料を請求することができる。
> ③　参考人に支給する費用は，これを証人に支給する費用とみなして，第
> 1項の規定を適用する。
> ④　第22条の3第4項の規定により付添人に支給すべき旅費，日当，宿
> 泊料及び報酬の額については，刑事訴訟法第38条第2項の規定により
> 弁護人に支給すべき旅費，日当，宿泊料及び報酬の例による。

1　証人・鑑定人・翻訳人及び通訳人の費用請求権

　家庭裁判所は証人を尋問し，鑑定，翻訳，通訳を命ずることができ，その際，
裁判所が行う証人尋問，鑑定，通訳及び翻訳に関する刑訴法の規定は保護事件
の性質に反しない限り準用される（14条）。証人は旅費，日当及び宿泊料（刑訴
164条）を，鑑定人は旅費，日当，宿泊料（刑訴171・164条）及び鑑定料等（刑訴
173条）を，通訳人及び翻訳人は旅費，日当，宿泊料（刑訴178・171・164条）及
び通訳料等（刑訴178・173条）をそれぞれ請求することができる。少年鑑別所
以外の病院等に鑑別を依頼した場合，鑑定の手続をとらなければ規定がないの
で費用支給はできない。通訳人選任決定があれば調査官の調査時の通訳料も支
給できる。

　具体的な支給等は，「刑事訴訟費用等に関する法律」及び「刑事の手続にお
ける証人等に対する給付に関する規則」（昭46最高裁規8）による。

2　参考人の請求権

　参考人（8条2項・30条2・3項，規12条・33条2項6号）とは，家庭裁判所又は
調査官の求めに応じて任意に出頭させて供述を求める少年及び保護者以外の関

第30条　　　　　　　　　　　　　　　　　　　　　第2章　少年の保護事件

係人である。少年審判手続においては，事件の関係者を証人として尋問し又は
参考人として取調べることができる。調査官の調査では強制的な権限がないの
で関係人の供述を聴取するのは全て参考人の取調方法による（8条2項）。とこ
ろで，証人尋問の方式でも参考人取調の方式でも，関係人には出頭，供述等の
ため日時を費やさせ，費用も負担させることになる点では同じである。証人に
ついては，刑訴法の規定の準用により，旅費，日当及び宿泊料の請求権が認め
られているので，参考人についても同様に扱うのが妥当である。そこで，本条
2項は，参考人の旅費等の請求権を証人と同様に認めたものである。

3　国選付添人の請求権

22条の3第4項の規定する「前項（第22条の5第4項において準用する場
合を含む。）により選任された付添人」とは，検察官関与決定があった事件に
おける国選付添人（22条の3第1項），観護措置がとられている事件における国
選付添人（同条第2項），これらの準用による抗告審等における国選付添人（32
条の5・6，35条）及び被害者等による少年審判の傍聴を許す場合における国選
付添人（22条の5第2項）を指し，国選付添人の旅費，日当，宿泊料及び報酬の
請求権については，刑事訴訟における国選弁護人の例によることになる（本条
4項）。すなわち，刑事訴訟費用等に関する法律により，旅費，日当及び宿泊料
は証人等の例により（刑訴費8条1項），報酬は裁判所の裁量による（同2項）こ
とになっていたが，現状ではほとんど法テラスの契約弁護士が国選付添人に選
任されており，その場合には本条4項によらず法テラスの報酬等の算定・支給
によっている（⇨22条の3注釈2(3)）。

4　請求の期限

旅費等の請求は原則として終局決定があるまでにしなければならない（刑訴
費10条本文）。そこで，実務上は出頭又は取調の当日速やかに請求の手続をと
らせ，支給を行う運用が確立している。なお，署名押印をする場合，外国人は
署名のみで足りる（外国人ノ署名捺印及無資力証明ニ関スル法律1条1項）。なお，国
選付添人等，法テラスが報酬等を支給する場合（⇨3）には，請求期限等も法テ
ラスとの契約約款による。

5　保護者への支給等

保護者（2条）は出頭義務があり（11条），31条の費用徴収の性質に関しても，
保護者が本来支払うべきものを国庫が立替えていると解するなら，そのような

406

第3節　調査及び審判　　　　　　　　　　　　　　　　　　　　　　　第30条の2

旅費等を保護者に支給することは理論的に困難である。もっとも，保護者を証人として尋問し旅費等を支給することもできないわけではない。事実上の保護者は本条の「参考人」に含める余地もあると思われる（条解〔廣瀬〕215頁，昭34・11家庭局見解・会同要録107頁）。

　特定少年の親は保護者に当たらないと解すると（その議論について⇨2条注釈6(4)），その審判期日への出頭には本条の「参考人」として旅費等の支給が可能と解される。審判期日に保護司に出頭を求めて意見聴取する場合（規26条）は，参考人とすることができる。意見陳述（9条の2）のため出頭した被害者等には支給することができないと解される。

> 〔援助指示の費用〕
> **第30条の2**　家庭裁判所は，第16条第1項の規定により保護司又は児童委員をして，調査及び観察の援助をさせた場合には，最高裁判所の定めるところにより，その費用の一部又は全部を支払うことができる。

1　本条の趣旨

　保護司又は児童委員が16条1項の援助依頼を受けて，家庭裁判所に対して，調査及び試験観察を援助した場合の費用の支給を規定したものである。援助依頼を受ける者には，ほかに警察官，保護観察官，児童福祉司が定められているが，本条は保護司又は児童委員に限定している。これは，警察官等は，給与の支給を受け，それぞれの職務として行うのに対し，保護司又は児童委員は，給与の支給がないからと解される（保護司11条1項）。

2　費用支給の具体的基準

　「少年法による調査及び観察のための援助費用に関する規則」（昭25・12・28最高裁規36号，最終改正・平18同規5号）により，旅費は，国家公務員等の旅費に関する法律に定める職務の級2級から5級までの間において，各保護司及び児童委員につき，別に最高裁判所が定める職務の級にある者に支給する額に相当する額（「少年法による調査及び観察のための援助費用に関する規則の規定による職務の級について」昭61・2・27家二・36事務総長通達（改正平18・3・23により5級とされている）），その他の費用は，実費額以内において当該事件を取扱う家庭裁判所が相当と認める額を支払うとされている（「少年法による調査及び観察のための援助費用

407

に関する規則の運用について」平7・3・24経主31経理局長・家庭局長依命通達（最終改正平13・7・17）により，当分の間，通信費に限定されている）。なお，25条2項3号の補導委託のうち，委託費用支給対象とならない在宅補導委託の場合であっても，委託された者が保護司又は児童委員である限り，本条によって費用支給が可能となる。

（費用の徴収）

第31条　①　家庭裁判所は，少年又はこれを扶養する義務のある者から証人，鑑定人，通訳人，翻訳人，参考人，第22条の3第3項（第22条の5第4項において準用する場合を含む。）の規定により選任された付添人及び補導を委託された者に支給した旅費，日当，宿泊料その他の費用並びに少年鑑別所及び少年院において生じた費用の全部又は一部を徴収することができる。

②　前項の費用の徴収については，非訟事件手続法（平成23年法律第51号）第121条第1項，第2項及び第4項並びに刑事訴訟法第508条第1項本文及び第2項並びに第514条の規定を準用する。この場合において，非訟事件手続法第121条第1項中「検察官」とあるのは，「家庭裁判所」と読み替えるものとする。

1　費用徴収の法的性質

本条は，旧法61条を引継いだ規定であり，刑事訴訟の費用に関する刑訴181条以下，児童自立支援施設の処遇費用に関する児福56条などに相当するものである（本条に関する総合的研究として，家庭局c，榎本参照）。本条2項については，令和5年刑訴法，非訟事件手続法改正に伴い関係条項の文言を追加するなどの改正が行われた。なお，「第22条の3第3項の規定により選任された付添人」の意義について，⇨30条注釈3。費用徴収の性質については見解が分かれている。①立替金の徴収との見解（市村128頁，豊田(晃)356頁，大阪家決昭46・10・23家月24・7・96〔百選71〕），②少年又は扶養義務者への懲戒的性格を持つ行政処分との見解（懲戒説），③主として立替金の徴収としての性質を持つが懲戒的な性質もあるとの見解（団藤＝森田307頁，家庭局c63頁）がある（榎本7頁）。立替金徴収説では，証人，鑑定人，参考人等に支給した費用については説明が

第3節　調査及び審判　　　　　　　　　　　　　　　　　　　　　　　　　第31条

困難である。懲戒説は，費用の徴収が行政処分であるとすれば，不服申立の方法が存しないこと，扶養義務不履行の事実の証明が要求されることが問題点となる（家庭局 c，平場 323 頁）。折衷説も，立替金徴収説で説明できない費用について，懲戒的な行政処分と説明するなら懲戒説と同様の批判が妥当すると指摘されている（榎本 8 頁）。本条の費用は立替金には当たらず，支出に誘因を与えた者への懲戒，国家財政上の損失補償請求を求める行政処分とする立場（榎本 8 頁）もあるが，国家が扶養義務者に代わって非行少年の健全育成を図るので，それに要した費用を少年又はその扶養義務者に負担させるという国親的な考え方が根底にあるものと理解すべきであろう（平場 323 頁，家庭局 c）。

　法的性質をどのように解するとしても，具体的事案への本条の適用にあたっては，扶養義務者の資力，扶養義務不履行の程度，少年に自己の行為の自覚・反省を，扶養義務者に監督態度への反省を促すという教育的効果，少年や扶養義務者に過大な負担をかけることにより保護環境の悪化等を招来し再非行を促す危険なども考慮すべきである（徴収の運用状況・基準について，榎本 19 頁）。

　実務上費用徴収はほとんど行われていないが，扶養義務者である保護者（特に資力が十分な者）に対しては教育的な効果がある場合も考えられ，活用の余地もあると思われる（平場 324 頁，団藤＝森田 309 頁，榎本 29 頁。実例として，榎本 4 頁，前掲大阪家決昭 46・10・23）。平成 20 年改正について，飯島ほか 73 頁参照。

2　徴収の要件

　法文上規定されていないが，費用の出捐に誘因を与えたことが前提とされるべきであり，誘因について①非行を犯したこと，②監護義務の懈怠，③審判過程における有責な行為が挙げられている（榎本 11 頁）。①について，保護処分決定をした場合に限られないが，「非行なし」を理由とする不開始・不処分，年齢超過による検察官送致（19 条 2 項・23 条 3 項）の場合は徴収できない（平場 324 頁，近藤 a 8 頁）。②について，「扶養する義務のある者」の意義は民法によるが，親権者，配偶者，一定の親族等である（民 820・752・877 条以下）。扶養義務者のある程度具体的な監護義務の懈怠と少年の非行に因果関係があることを要する（榎本 12 頁）。③について，有責な不出頭，身代り（虚偽自白）などが挙げられている（榎本 12 頁）。

　費用の範囲について，「その他の費用」とは，鑑定料，通訳料，補導委託費等である。国選付添人に対する報酬については，明文は設けられなかったが，

第31条　　　　　　　　　　　　　　　　　　　　　　第2章　少年の保護事件

本条が刑訴181条以下に相当する規定であること，刑事訴訟における訴訟費用
には国選弁護人に対する報酬も含まれていることを考え併せれば，これを徴収
の対象から除外すべき特段の理由はなく，「その他の費用」に含まれると解す
べきである。30条の2により調査及び観察の援助をさせた保護司又は児童委
員等に支給した費用は文理上含まれないので徴収できない（団藤＝森田309頁，
榎本18頁。豊田(晃)355頁は観察援助費は徴収できるが調査援助費は徴収できないとする）。
「少年鑑別所及び少年院において生じた費用」とは，鑑別料，食料費，被服費，
医療費，教育費，娯楽費等であり，施設の維持費，職員の給与等の事務費は含
まれない（平場324頁，団藤＝森田309頁，榎本14頁等）。

3　決定の手続

費用の徴収は決定によるべきである。終局決定と同時に行うべきという立場
もあるが，同時かそれ以降に行うべきである（平場324頁，団藤＝森田310頁，豊
田(晃)356頁）。但し，証人等の費用等のように終局決定前に額が確定している
ものについては，終局決定と同時に行うのが妥当であろう。終局決定と同時に
費用の徴収を命ずる場合は，終局決定の主文に「本件につき証人○○に支給し
た旅費及び日当合計金△△円は，これを少年から徴収する。」などと併記する。
他方，例えば，少年院で生じた費用のように終局決定時には，費用額が具体的
に確定できないときは，「本件につき，少年院において生じた費用を少年の扶
養義務者××より徴収する。」というように抽象的なものとし，後日，別個に
費用額の確定決定を行えばよい。少年と扶養義務者の双方に一部，あるいは連
帯して負担させることもできると解されている（団藤＝森田308頁）。資力や教
育効果に応じて定めるべきである。決定は相当な方法で告知する（規3条4項）。

4　徴収手続

過料の裁判の執行と概ね同様の手続による（本条2項，非訟121条1・2・4項，
刑訴法508条1項本文・2項・514条）。非訟事件手続法121条1項の「検察官」を
「家庭裁判所」に読替え，家庭裁判所が納付命令を発して執行する（平場325頁，
団藤＝森田310頁，条解〔菊地〕218頁）。具体的な手続については，「法廷等の秩序
維持に関する法律等に基づく過料の徴収について」（平29・6・26民三・324事務
総長通達）の例によるとされている（昭47・8・12家庭局長通知・家月25・3・165）。

5　不服申立

没取決定と同様，保護処分決定に対する抗告の効力が費用徴収決定にも及ぶ

410

第3節　調査及び審判　　　　　　　　　　　　　　第31条の2（規第42条の2）

が（平場324頁），費用徴収決定のみに対する不服申立は認められない（⇨24条の2注釈6）。

（被害者等に対する通知）

第31条の2　①　家庭裁判所は，第3条第1項第1号又は第2号に掲げる少年に係る事件を終局させる決定をした場合において，最高裁判所規則の定めるところにより当該事件の被害者等から申出があるときは，その申出をした者に対し，次に掲げる事項を通知するものとする。ただし，その通知をすることが少年の健全な育成を妨げるおそれがあり相当でないと認められるものについては，この限りでない。

1　少年及びその法定代理人の氏名及び住居（法定代理人が法人である場合においては，その名称又は商号及び主たる事務所又は本店の所在地）

2　決定の年月日，主文及び理由の要旨

②　前項の申出は，同項に規定する決定が確定した後3年を経過したときは，することができない。

③　第5条の2第3項の規定は，第1項の規定により通知を受けた者について，準用する。

（通知の申出の際に明らかにすべき事項等・法第31条の2）

規則第42条の2　①　法第31条の2第1項本文の申出は，次に掲げる事項を明らかにしてしなければならない。

1　申出人の氏名，名称又は商号及び住所

2　当該申出に係る事件を特定するに足りる事項

3　申出人が法第31条の2第1項本文の申出をすることができる者であることの基礎となるべき事実

②　法第31条の2第1項本文の申出及び同項本文の通知の受領については，弁護士でなければ代理人となることができない。

1　本条の趣旨

平成12年改正において，被害者等への配慮の充実の観点から新設された規定である。少年保護事件の審判手続が非公開とされていることから（22条2項・61条等），少年の非行による被害者等は，少年の処分等について十分な情報を得ることができないことが問題として指摘されていた。検察庁においては，

第31条の2（規第42条の2）　　　　　　　　　　　　　　　　　　　第2章　少年の保護事件

平成11年4月から，被害者等への通知の一環として，少年事件については，被害者その他の事件関係者に対して，事件の処理結果として家庭裁判所に送致したことなどを通知する運用がなされている（田野尻。警察の対応について，早川（智））。また，平成19年12月から保護観察所，少年院等においても加害者の処遇状況についての被害者等への通知を含む施策が実施されている（詳細については，板谷，柿崎b）。本条は，少年の健全育成という法の目的を踏まえつつ，事件の内容や少年の処分結果を知りたいという被害者等の正当な要求に応えるため，家庭裁判所の審判の結果の要旨を通知するものである（本条の通知も含めた解説として，川口（宰）b 32頁）。

2　概　　要

(1)　**対象となる事件**　　犯罪少年及び触法少年に係る事件であり，虞犯事件は含まれない。特定少年の保護事件も犯罪少年に係る事件として対象となる。

(2)　**申　　出**　　通知の申出ができるのは，被害者等である。範囲は5条の2と同様である（その意義について，⇨5条の2注釈2(2)）。

被害者等は，通知を希望するときは，①申出人の氏名又は名称（法人・団体等）及び住所，②申出に係る事件を特定するに足りる事項，③申出人が申出をすることができる者であることの基礎となるべき事実を明らかにして申出る必要がある（規42条の2）。①②③については，5条の2の申出と同様に，実質的に特定ができれば足りるので，少年の氏名，罪名が分からない場合でも実質的に特定されれば足りる。本条の通知は，被害者等の心情を考慮してなされるものであるから，その通知を受ける利益は，本来被害者等の一身専属的なものであること，また不要な紛争を予防する見地からも，本条の通知の申出や通知の受領について代理は認められない。但し，弁護士については，職務上守秘義務を負っていることから（弁護23条），代理人となることが認められている（規42条の2第2項）。これにより，弁護士が被害者等の民事上の代理人となっている場合の便宜も図られよう。

申出の時期は，終局決定の確定後3年以内である。5条の2と同様であり，民事の損害賠償の時効期間も参考とされている。申出の始期については定がないが，事件送致を受けた時と解すべきである。終局決定前の申出であっても，通知がなされるのは法文上終局決定後に限られるので，特段の問題は生じないし，通知がなされない限り，被害者等には終局決定がいつあるか分からないの

412

第3節　調査及び審判　　　　　　　　　　　　第31条の2（規第42条の2）

であるから，終局決定前の申出を認めるべきであるが，事件の家庭裁判所への
送致の時期は検察庁の事件処理通知によって知り得るうえ，受理前は申出の適
否を判断できないからである。

　(3)　**通知**　　裁判所は，原則として，申出があれば，事件についての終局決
定後，申出人に対して，①少年及びその法定代理人の氏名及び住居，②決定の
年月日，主文及び理由の要旨を通知する。「理由の要旨」には，家庭裁判所が
認定した非行（触法）事実及び処遇選択の理由（⇨24条注釈5・9(4)）の要旨が含
まれる。非行事実が争われた場合には，非行事実認定の理由の要旨も併せて通
知すべきであろう。被害者の異なる複数の非行事実が認定された場合，基本的
には申出た被害者に関する非行事実の要旨を通知すべきであるが，主文（処遇
選択）に影響する限度で他の認定事実の罪名や概要等も通知すべきであろう。
非行なし不処分の場合，殺人を過失致死とするような縮小認定の場合などは，
送致事実が認定できなかった理由の要旨も通知すべきである。本条は審判に関
する規定ではないことから，抗告審への準用はない（32条の6）と解されるが，
被害者等への配慮の充実という立法趣旨に照らし，申出があれば，抗告裁判所
は決定の主文・理由の要旨等を被害者等に通知する運用をすべきであろう。検
察官の抗告受理申立てに基づいて抗告審で決定がなされた場合，抗告申立が容
れられて差戻された場合は勿論，棄却された場合でも，自判を認めないという
少年事件の抗告審の特徴（⇨32条注釈）から，理由中で事実誤認等について重
要な判断を示す場合も少なくなく，また，最終的に家庭裁判所から通知される
としても，抗告審の判断の理由（抗告棄却の場合は勿論，差戻の場合でも家庭裁判所
の判断に拘束力を持つ（裁4条）ので重要である）の通知を早急に行うことが本条の
趣旨に沿うものと思われるからである。

　裁判所は，通知をすることにより少年の健全育成が妨げられる虞があって相
当でないと認められるものについては，通知しないことができる。不相当とさ
れる例としては，被害者等が少年に報復する虞がある場合，被害者等が通知内
容をみだりに公表する虞がある場合などであるが，少年の家庭環境や保護者の
関係などプライバシー等の観点から通知事項を限定すべき場合も考えられる
（⇨5条の2注釈）。但し，この場合も，被害者等の通知を受ける利益と少年の健
全育成の利益を比較衡量すべきであるから，前記①の事項についての通知全て
が不相当とされることは極めて稀であろう。また，決定理由の要旨の要約の仕

413

第31条の2（規第42条の2）　　　　　　　　　　　　　　第2章　少年の保護事件

方により対応できる場合がほとんどであろう。

3　不当な影響の防止

5条の2と同様に被害者等に守秘義務を課し，濫用防止が規定されている。本項に違反した場合，被害者等に対する損害賠償請求，代理人の弁護士への懲戒等が考えられる（⇨5条の2注釈4）ほか，閲覧・謄写等が許可されない事由ともなろう。

第4節　抗　　告

（前注）

1　不服申立制度

　裁判に対する不服申立をどの程度認めるかは，法制度の性格・歴史等に左右される面が強い。少年法制については，更に手続の性格・刑事訴訟手続との関係などによっても規制され，各国においてかなり異なった制度とされている（廣瀬ｆ17・38・61・85頁，浜井ほか19・39・58・75・95頁，波床㊦32頁，廣瀬・少年法377頁）。

　旧法の保護処分等は少年の保護・教育のため少年に利益な処分としてなされるものと位置付けられ，少年審判所の決定に対する不服申立は保障されていなかった（守屋ａ132頁，廣瀬ｇ373頁，川出299頁，廣瀬・少年法377頁）。現行法では，少年の権利保護の観点から抗告制度が採用された（浜井ほか144頁，柏木11頁，廣瀬・少年法377頁）。もっとも，旧法の少年審判所で扱われる事件は検察官先議や管轄除外によって限定されており，権利保護に問題のある事件は刑事手続で扱われる余地も大きかったこと（廣瀬ｇ377頁注㉗，森田（明）ｂ73頁），現行法の抗告は保護処分に限定されており，旧法で保護処分とされていたものの多くが非公式な保護的措置として引継がれ（⇨19条注釈**4**・25条注釈），これらは抗告の対象とはされていないこと，原則として，少年側の抗告のみが認められている点においても刑事訴訟手続とかなり異なった上訴制度とされていることに留意すべきである（廣瀬・少年法377頁）。

　少年保護手続の保護・教育過程としての性格を重視すると不服申立の位置付には議論があり得る（現にドイツの教育処分・懲戒処分の範囲・処分相互の選択については裁判官の裁量事項として上訴できず，早期処遇の観点から判決に対する上訴も成人よりも制限されている。廣瀬ｆ61頁）。しかし，保護処分が少年の自由を制限する不利益性を持ち，非行予測にも限界があることから（廣瀬ｇ382頁），権利保護の必要性・適正手続の要請から不服申立が保障されるべきであること（伊藤（政）ｂ4頁），少年・保護者の納得は教育的処遇のためにも重要な要素であること（廣瀬

前注　　　　　　　　　　　　　　　　　　　　第2章　少年の保護事件

g 390 頁）などから，抗告制度を必要かつ有効なものとして位置付けることがで
きよう（平場 344 頁，団藤＝森田 311 頁，植村 d 13 頁，廣瀬・少年法 377 頁参照）。もっ
とも，基本的に，少年側のみの片面的な不服申立であること，自判制度がない
こと，執行停止も裁量的であることなど，刑事事件の上訴とは異なった特有の
制度であるだけに理論的に未解明な問題点も少なくない（⇨33 条注釈 1 (2)）。少
年抗告の現状について，植村 e，廣瀬 m。

　少年の権利保護の観点から，保護処分以外の重要な決定に対する不服申立制
度や再審制度の整備も提言されている（団藤＝森田 312 頁）。上訴制度は事実審
理の在り方を規制し，その裁判制度の信頼性を高めるという機能も有しており，
非行事実の審理，事実認定の適正さを担保するという観点からの上訴制度の検
討も重要である。このような観点から，非行事実認定手続の整備の一環として
非行事実認定の審査強化のため，非行事実存否の認定に対する抗告（非行あり
不処分に対し少年側，非行なし不処分に対し検察官）の導入が提言されていた（浜井ほ
か 325・340 頁，廣瀬 e 21 頁，守屋 f (下) 20 頁，猪瀬 a 44 頁，八木 b 38 頁）。平成 12 年改
正により，検察官関与決定（22 条の 2）がなされた事件について，検察官に重
大な事実誤認と決定に影響を及ぼす法令違反を理由とする抗告受理申立て（32
条の 4）が認められたが，検察官関与の対象事件が限定されているうえ，受理
は高等裁判所の裁量によるものであること，非行あり不処分に対する少年側の
抗告権，自判制度については認められていないことなどから，今後も抗告制度
の改革は検討課題である（廣瀬・少年法 378 頁以下，川出 303 頁。抗告受理に伴う移審
の範囲等についても問題点が指摘されているが（自判制度等の改革提案も含め，⇨植村 d），
審判対象における非行事実の位置付とも深く関わり，刑事控訴審等とは異なる側面のある困
難な問題と思われる）。

2　再審制度

　少年事件の再審については，成人の刑事手続との関連で，規定がないものか
ら成人同様に認める法制まである（浜井ほか 20・40・75・96 頁，廣瀬 f 末尾文献）。
我が国では，旧法以来，再審を認める規定はない（もっとも，旧法については，事
実認定の問題に関しては刑事手続で解決するという運用もみられたようである。森田 (明) b
73 頁）。もっとも，平成 12 年改正前も誤った保護処分の取消に関する 27 条の
2 の規定を事実誤認の場合にも拡張解釈して救済する運用が図られてきたが，
解釈・運用による解決には限界があり，立法的解決が提言されていたところ，

416

第4節　抗　告　　　　　　　　　　　　　　　　第32条（規第43条～第46条の2）

同改正により，保護処分執行終了後のものについても取消が認められた（⇨27
条の2注釈1）。

（抗告）
第32条　保護処分の決定に対しては，決定に影響を及ぼす法令の違反，
　重大な事実の誤認又は処分の著しい不当を理由とするときに限り，少年，
　その法定代理人又は付添人から，2週間以内に，抗告をすることができ
　る。ただし，付添人は，選任者である保護者の明示した意思に反して，
　抗告をすることができない。

　（抗告申立の方式・法第32条）
規則第43条　①　抗告をするには，申立書を原裁判所に差し出すものとする。
②　前項の申立書には，抗告の趣意を簡潔に明示しなければならない。

　（収容中の少年の抗告申立て等・法第32条）
規則第44条　①　少年鑑別所，児童自立支援施設，児童養護施設又は少年院
　にいる少年が抗告をするには，施設の長又はその代理者を経由して申立書を
　差し出すことができる。この場合において，抗告の提起期間内に申立書を施
　設の長又はその代理者に差し出したときは，抗告の提起期間内に抗告をした
　ものとみなす。
②　前項の場合には，施設の長又はその代理者は，原裁判所に申立書を送付し，
　且つこれを受け取つた年月日を通知しなければならない。
③　原裁判所は，第1項前段の少年の保護事件についてした保護処分の決定に
　対する抗告申立書を受け取つたときは，同項前段の場合を除き，速やかにそ
　の旨を当該少年のいる施設の長又はその代理者に通知しなければならない。

　（抗告申立書の送付）
規則第45条　①　原裁判所は，抗告申立書を受け取つたときは，速やかに記
　録とともに抗告裁判所に送付しなければならない。
②　前項の場合には，原裁判所は，抗告申立書に意見書をつけることができる。

　（証拠物の送付）
規則第45条の2　①　原裁判所は，必要があると認めるときは，証拠物を抗
　告裁判所に送付しなければならない。
②　抗告裁判所は，証拠物の送付を求めることができる。

　（抗告の通知）
規則第46条　児童自立支援施設，児童養護施設又は少年院に送致する決定に
　対して抗告がなされたときは，原裁判所は，遅滞なく少年のいるこれらの施
　設を抗告裁判所に通知しなければならない。

第32条（規第43条〜第46条の2）　　　　　　　　　　　　　　　第2章　少年の保護事件

> **（検察官に対する抗告の通知）**
> **規則第46条の2**　原裁判所は，検察官関与決定をした事件についてした保護
> 処分の決定に対する抗告申立書を受け取つたときは，検察官に対し，抗告が
> あつた旨及び抗告の趣意を通知しなければならない。

1　本条の趣旨

　本条は，保護処分決定に対する不服申立である「抗告」に関する総則的規定
である。抗告の対象となる決定の内容と抗告の理由，抗告申立権者，抗告期間
を定めると共に，抗告申立権者のうち，付添人は，18歳未満の少年の場合は
選任者である保護者の明示した意思に反し抗告権を行使できないこと（反面，
少年の選任した付添人及び法定代理人は，その意思に反しても抗告できる），特定少年の
場合はその明示した意思に反して抗告権を行使できないこと（65条4項）を定
めている。

2　抗告の対象

　保護処分である①保護観察（東京高決平26・9・2家判3・90），②児童自立支援
施設又は児童養護施設送致（東京高決平14・4・3家月54・8・54），③少年院送致
の各決定（24条1項各号・64条1項各号）が当たる。また，戻し収容決定（更生72
条），収容継続決定（少院138・139条）は，新たな保護処分決定の実質を持つこ
と，収容継続申請事件は少院138条5項・139条3項により18歳に満たない
少年の保護事件の例によるとされていることから抗告の対象となる（平場411
頁，団藤＝森田468頁，伊藤（政）a84頁，近藤a4頁，廣瀬・少年法379頁，川出300頁。
福岡高宮崎支決昭40・5・20家月18・1・126，大阪高決昭48・11・16家月26・10・97，広
島高決昭38・10・16家月16・2・102〔百選86〕等）。戻し収容決定については，平成
19年改正で更生72条5項が新設され抗告の対象となることが明らかにされた
（⇨同条注釈）。更に，27条の2第1・2項の保護処分取消申立に対する不取消決
定は，本条の準用（65条4項による読替えを含む）により抗告できる（⇨27条の2
注釈5(6)。抗告棄却事例として，東京高決平30・9・20判例22・143）。施設送致申請
（26条の4），収容決定申請（66条1項）を認める決定も抗告の対象となる（前者に
つき26条の4第3項，久木元ほか72頁，広島高決平21・3・19家月61・7・81。後者につ
き，66条2項）。

　これに対し，不開始（19条1項），不処分（23条2項）の各決定は，それが非

418

第4節　抗　告　　　　　　　　　　　　　　　　　第 32 条（規第 43 条〜第 46 条の 2）

行事実を認定したものであっても抗告の対象とならない（不処分につき，最決昭
60・5・14 刑集 39・4・205〔百選 76〕，最決平 2・10・30 家月 43・4・80，最決平 14・7・19
（原審・東京高決平 14・4・26）家月 54・12・77））。児童相談所長等送致（18 条 1 項），
検察官送致（20 条 1 項・62 条 1 項）の各決定に対しても，事件を他の機関に送致
するのみで少年に実体的な権利関係の変動を生じさせない中間的な決定である
から，抗告はできない（平場 348 頁，近藤 a 5 頁。検察官送致決定につき，最決平 17・
8・23 刑集 59・6・720／家月 58・2・184，判解刑平 17・317〔山口〕，東京高決昭 45・8・4
家月 23・5・108〔百選 77〕）。同様に，調査官観護の決定（17 条 1 項 1 号），審判開
始決定（21 条，名古屋高決昭 46・10・27 家月 24・6・66〔百選 75〕），試験観察決定
（25 条）等に対しても抗告はできない。観護措置決定（17 条 1 項 2 号）について
は，抗告を認める改正提案もあったが，平成 12 年改正により，事件の係属す
る家庭裁判所に対する異議の申立てが認められた（17 条の 2）。また，強制的措
置許可申請に対する決定（6 条の 7 第 2 項）は，「許可」の性質を有するもので保
護処分ではないから抗告できない（最決平 16・11・11 集刑 286・569／家月 58・2・
182）。⇨18 条注釈 3(6)。なお，被害者還付（15 条 2 項，刑訴 347 条 1 項），環境調
整命令（24 条 2 項），没取（24 条の 2），費用徴収（31 条）等の終局決定に付随す
る決定には，独立して抗告はできないが（環境調整命令について，植村 e 46 頁），
保護処分決定に対する抗告の効力が付随決定にも及ぶと解されている（近藤 a 7
頁，平場 348 頁，内園ほか 155 頁，廣瀬・少年法 381 頁）。

3　抗告の理由

決定に影響を及ぼす法令の違反，重大な事実の誤認，処分の著しい不当が抗
告理由とされている。それぞれ「決定に影響を及ぼす」「重大な」「著しい」と
いう限定が付されている。この点については，少年の健全育成を目指す少年審
判の福祉的・教育的機能を実現するには合目的性が要求され，手続の厳格性を
形式的に要求することは少年保護の目的にそぐわないこと，保護処分と非行性
（要保護性）とは対応関係があるが非行事実とは直接の対応関係まではないこと
（⇨24 条注釈 5(2)），非行性の認定には調査官による調査等専門的知識を活用すべ
きであること（8・9 条）などから，抗告審（調査官等の補助機構を持たない高等裁判
所）の自判が認められない（33 条 2 項）ことに表れているように，専門機関とし
ての家庭裁判所の判断を可能な限り尊重しようとするものと解されている（近
藤 a 26 頁，平場 354 頁，平良木 a 91 頁，小林(充)d 546 頁，廣瀬・少年法 381 頁）。更に，

419

第32条（規第43条～第46条の2）　　　　　　　　　　　　　第2章　少年の保護事件

可塑性に富む少年に対して加えられた保護処分の安定性，少年の心情や地位の
できるだけ早期の安定を図る趣旨があるものと考えられる（浜井ほか245頁）。
抗告理由の解釈にあたってこれらの点を十分念頭に置くべきである（廣瀬 n 54
頁以下参照）。

　(1)　**決定に影響を及ぼす法令の違反**　　「法令の違反」には，審判・決定手続
の法令違反，適用法令（規36条参照）の誤りを含む。前者は，刑訴379条の訴
訟手続の違法に対応するもので，少年審判手続（審判開始決定後保護処分までの手
続）の違反（保護処分の決定書を作成しない違法も含まれる。福岡高決平6・11・14家月
47・4・80）が当たり，後者は，認定事実に対する実体法適用の誤りで刑訴380
条にほぼ対応する（小林(充) d 548頁，廣瀬・少年法381頁，川出303頁）。「決定に影
響を及ぼす」とは，その法令違反がなかったならば原決定は異なった主文になっ
ていたであろうという関係が成立すること，即ち，法令違反と原決定の主文
との間に具体的な因果関係が認められることが必要であり，理由に影響するだ
けでは当たらない（近藤 a 23頁，平場355頁，廣瀬 m 56頁，伊藤(寿)664頁，長岡(哲)
a 674頁，廣瀬・少年法381頁，川出303頁。反対，柏木147頁，神作200頁）。主文に影
響を及ぼす場合に限らないとする裁判例（東京高決昭46・7・6家月24・2・156，仙
台高決昭50・7・7家月28・4・134）もあるが，刑事訴訟と異なり（刑訴426条2項），
自判が認められないため（33条2項），主文に影響を及ぼさない法令違反まで抗
告理由とすると，その場合にも原決定を取消したうえ事件を差戻又は移送しな
ければならず，その結果，再度同じ保護処分に付されることにならざるを得な
い。これでは，少年にとって手続遅延，矯正教育の中断及び処遇の長期化とい
う不利益を招く。特に，少年院に収容されている場合には一旦その教育を中断
して釈放し，再度収容されることになるなど，少年の情操や更生意欲，処遇の
教育的効果に及ぼす弊害は重大である。適正手続保障の趣旨からみても，法令
違反が重大で結論を維持できない（主文に影響する）程度の重大な違法でない限
り，理由中で法令違反がある旨の判断を示しておくことで十分であろう（廣
瀬・少年法382頁。判断遺脱があった場合でも，審判の対象となっていた以上，46条にいう
「審判を経た事件」とみることができる。近藤 a 44頁）。実務上も，主文に影響する場
合に限定することを前提とした運用が図られている（例えば，大阪高決昭50・
10・7家月28・6・133，同平3・4・10家月43・9・94，福岡高決平12・11・8家月53・4・
72，東京高決平14・4・3家月54・8・54，大阪高決平16・4・20家月57・1・167）。更に，

420

第4節　抗　告　　　　　　　　　　　　　**第 32 条**（規第 43 条〜第 46 条の 2）

主文の意義は主文中の保護処分と解すべきである（小林(充)d 552 頁）。特定少年
の保護処分では，少年院の収容期間（64 条 2・3 項），算入される未決勾留日数
（同条 4 項）が含まれる（⇨64 条注釈）。なお，戻し収容申請事件において，20 歳
に満たない収容期間を定めたかのような主文につき重大な違法があるとして原
決定を取消した福岡高決令元・9・13 家判 29・137 がある。主文に表示されて
いるが保護処分の当否に関わらない没取の誤り等は，決定に影響を及ぼさない
ものと解すべきである（大阪高決平 8・12・2 家月 49・5・98，廣瀬・少年法 382 頁）。
訴訟費用の負担に関するものとして，東京高決平 21・11・30 家月 62・5・90
参照。

　また，法令違反と主文との因果関係は，原則として個々の事案ごとに具体的
に決すべきである（近藤 a 30 頁，30 年概観 476 頁。刑事訴訟については，最大判昭 30・
6・22 刑集 9・8・1189）。しかし，少年・付添人の立会権の侵害，職権証拠調義務
の重大な違背など，適正手続の趣旨に対する重大な違法があった場合には，少
年・保護者の納得（⇨24 条注釈 5 (5)）も得られ難く，保護処分の安定性に勝る是
正の必要性があるので，抽象的類型的な因果関係で足りると解されている（浜
井ほか 250 頁注(15)，守屋 a 132 頁，伊藤(政)b 12 頁，内園ほか 137 頁，廣瀬・少年法 383 頁。
付添人の呼出欠如については，平場 356 頁，団藤＝森田 105 頁，条解〔廣瀬〕136 頁，近藤
a 38 頁，札幌高決昭 53・12・15 家月 31・9・59〔百選 16〕等。保護者の呼出欠如について
は議論が分かれているが，特定少年に保護者は存在しないとの消極説に立てば特定少年では
問題とはならない（各議論につき⇨2 条注釈 6 (4)））。

　この点について，「決定に影響を及ぼす」とは決定の内容のみではなく，決
定の有効性への影響を考慮すべきであり，適正手続に違反するような重大な違
法がある場合には，決定に無効（上訴審の取消を要する場合を含む）を来すので，
決定の有効性に影響を及ぼす違法と考えるべきであるという立場（小林(充)d
549 頁）が示されている（決定の内容に違法はないが，その告知手続に重大な違法があっ
た場合などが例として挙げられている）。この観点から，問題となる事例について補
足しておく。①一部の事実に対する判断遺脱について，影響を及ぼすとしてい
る例も多い（大阪高決昭 42・8・4 家月 20・4・63，東京高決昭 43・8・3 家月 21・3・92，
同昭 46・7・6 家月 24・2・156，仙台高決昭 50・7・7 家月 28・4・134 等）。しかし，そ
の理由とされている一事不再理効が遺脱事実に及ばないとする点は最判昭
43・4・26 刑集 22・4・342 の趣旨に照らすと再審判・訴追は許されないと解

421

第 32 条（規第 43 条〜第 46 条の 2）　　　　　　　　　　　　　第 2 章　少年の保護事件

することができるので，判断遺脱が主文の内容に変化をもたらさなければ違法
は決定に影響を及ぼさないと解すべきである（小林(充)d 557 頁，廣瀬・少年法 383
頁）。もっとも遺脱が重要な事実であったり，全事実中かなりの部分を占めて
いる場合などには決定の無効を来す場合があろう。②一部の事実を重複認定し
た場合について，全事実中かなりの部分を占めている場合には決定の有効性に
影響を及ぼす余地があるが，それ以外は主文への実質的な影響を問題とすれば
足りよう（東京高決昭 46・5・10 家月 24・6・63 は 20 件中 14 件の重複認定を処分不当と
しているが決定の無効をもたらす場合と解する余地があろう。小林(充)d 558 頁，廣瀬・少
年法 383 頁）。③非行事実の摘示が不特定な場合について，全体が不特定な場合，
あるいは，重要な事実，大部分の事実が不特定な場合には決定の有効性に影響
を及ぼすと考えられ，そうでない場合には主文への影響を検討すべきであろう
（小林(充)d 559 頁，廣瀬・少年法 383 頁。全事実不特定について取消したものとして，大阪
高決昭 36・9・25 家月 13・11・121，同昭 37・10・29 家月 15・3・165，同昭 43・5・14 家
月 20・11・196。一部不特定について棄却したものとして，東京高決昭 43・11・28 家月
21・7・120，大阪高決昭 50・10・7 家月 28・6・133）。④審判後決定書を作成しなか
った場合には決定内容を証明できないので決定の有効性に影響を及ぼすと解さ
れる（福岡高決平 6・11・14 家月 47・4・80）。⑤その他，決定の有効性に影響した
と解される事例として，⑦非行なし不処分とした多数の事実を資料として要保
護性認定（東京高決昭 52・2・4 家月 29・9・127），④立件・送致のない余罪数十件
を資料として要保護性認定（大阪高決昭 61・8・21 家月 39・3・66），⑦立件してい
ない非行事実の認定（福岡高決平 18・3・22 家月 58・9・64），⑤反論・反証の機会
を与える措置を講じないで，送致事実中に記載のない事実を非行事実として認
定（東京高決平 25・1・25 家月 65・6・121），⑦送致事実に掲げられていない虞犯事
由の認定（仙台高秋田支決平 16・4・9 家月 58・5・125），⑦審判手続全体の適正手続
違反（福岡高決平 17・3・10 家月 57・9・62），⑦許されない主文の更正（中等少年院
送致を初等少年院送致・東京高決平 13・8・17 家月 54・1・86），⑦証人尋問不実施（東
京高決平 27・7・8 家判 6・106，同平 29・7・28 家判 14・80，同令元・10・16 判タ 1481・
86）などがある。主文への影響がないと解される事例として，⑦付添人の社会
記録閲覧拒否（大阪高決平元・12・26 家月 42・10・74），④数個の非行事実の一部
の補強証拠欠如（東京高決昭 40・1・27 家月 17・8・96），⑦一部の事実の審判条件
欠如（東京高決昭 40・3・29 家月 17・11・138），⑤一部の非行事実の審判条件の誤

第4節　抗　告　　　　　　　　　　　　　　　第32条（規第43条〜第46条の2）

り（東京高決平11・9・9家月52・2・172，同平14・4・3家月54・8・54），(オ)一部の非行事実の記載不特定（福岡高決平12・11・8家月53・4・72），(カ)一部の非行事実に関する理由不備・齟齬（大阪高決平16・4・20家月57・1・167），(キ)犯罪事実の要保護性として考慮すれば足りる事実を独立の虞犯事実として認定（東京高決平19・11・12家月60・9・131），(ク)立件されていない大麻使用をあたかも非行事実であるかのように扱ったもの（大阪高決令元・9・12家判28・140）がある。⑥実体法の適用違反について，事実に含まれない罰条の摘示（大阪高決昭36・8・9家月13・11・114），共犯規定の遺脱（大阪高決昭40・1・18家月17・8・94），異なる罰条の誤摘示（東京高決昭43・3・15家月20・9・128），包括一罪を二罪と認定（東京高決昭52・9・19家月30・8・79）がある。検察官関与決定については，関与の必要性等の要件を満たさない違法がある場合も，検察官は公益の代表者の立場から審判協力者として審判手続に関与するに過ぎず，早期処理，早期保護の観点からも，直ちに決定に影響を及ぼす法令違反となるものではないと解される（裁コ〔入江〕236頁）。なお，違法はないとしたものとして，東京高決平27・10・26家判7・56（証人尋問の一部不実施），同平28・5・27家判12・107（証人尋問の不実施），同平28・6・22家判10・106（条例の適用に関するもの），同平28・10・17家判11・106（手続的遅延を否定）がある。

　(2)　**重大な事実の誤認**　　「事実の誤認」とは，取調べられた証拠（原審のほか抗告審のものも含む）により認定されるべき事実と原決定において現に認定された事実が食違うことである（小林(充)d562頁，廣瀬・少年法385頁）。なお，認定事実としての記載に誤りがあっても，決定全体の趣旨から明白な誤記と解することができる場合は誤認に当たらない。「重大な」事実の誤認とは，法令違反の場合と同様，主文に影響を及ぼす場合と解されている（近藤a64頁，永山204頁，神作200頁，守屋a132頁，伊藤(政)b13頁，内園ほか157頁，平場358頁，浜井ほか247頁，廣瀬m56頁，伊藤(寿)664頁，長岡(哲)a674頁，伊東135頁，廣瀬・少年法385頁，川出305頁。反対，柏木147頁。この点の研究として，平良木a）。実務上も，事実の誤認が認められても，それが複数の非行事実の一部であるような場合には，その余の非行事実のみで従前の保護処分を維持できるか否かにより「重大な事実の誤認」に該当するか否かを判断している。重大な事実誤認による原審取消事例・東京高決昭60・5・8家月37・11・117，福岡高決昭61・8・20家月39・4・86，東京高決平25・8・21東高刑時報64・1〜12・175，抗告棄却事

第 32 条（規第 43 条〜第 46 条の 2）   第 2 章　少年の保護事件

例・前掲大阪高決昭 40・1・18，東京高決昭 52・5・4 家月 29・12・93，大阪
高決昭 59・12・19 家月 37・5・105，福岡高那覇支決昭 60・1・30 家月 37・
8・106，大阪高決平 11・1・13 家月 51・6・76，同平 12・11・11 家月 53・4・
77，前掲東京高決平 19・11・12，同平 26・9・2 家判 3・90。なお，非行の日
時，覚せい剤所持量の誤認につき，同昭 59・1・19 家月 36・10・110。事実の
誤認がなかった場合には，不処分が相当な場合，保護処分の種類の変更（少年
院送致：それ以外の処分，児童自立支援施設：保護観察等）や少年院の種類変更（第 2
種：第 1 種等）が相当な場合などが主文に影響を及ぼす場合に当たるが，少年
院・保護観察の短期・長期処遇の変更はこの場合に当たらないと解される（浜
井ほか 247 頁。処分の不当についても同様の問題が生じる。詳細は，⇨(3)）。

　この点について，文理上，法令違反が「決定に影響を及ぼす」とされている
のに対し，「重大な」事実の誤認と書き分けられていること，重大な事実誤認
でも主文に影響を及ぼさない限り抗告審における是正を認めないのでは，少年
審判における非行事実の意義，家庭裁判所の事実認定機能（司法機能）を軽視
することになりかねないこと，少年の納得・処遇効果等の観点からも重大な事
実誤認は是正する意義があることなどから，重大な事実の誤認は保護処分の安
定性に優越する是正の利益がある場合も考えられることから，法令違反と異な
り，事実誤認の場合には主文への影響のみならず，理由中の構成要件的評価へ
の影響（重大な場合に限る）も含むとする立場がある（小林(充)d 563 頁，植村 f 293
頁）。実務上も端的に事実誤認を理由に原決定を取消しているものも少なくな
い（東京高決昭 35・1・26 家月 12・5・182 ＝窃盗，恐喝未遂，強姦，虞犯のうち強姦が強
姦未遂の誤認，同昭 46・12・6 家月 24・7・85 ＝恐喝，窃盗，強盗等 10 件のうち強盗が非行
なし，同昭 59・12・26 家月 37・5・112 ＝業務上過失致死，無免許運転のうち業務上過失致
死が非行なし，同昭 59・3・15 家月 36・8・138 ＝酒酔い運転，毒物及び劇物取締法違反のう
ち酒酔い運転が酒気帯び運転。なお，同平元・9・18 家月 41・11・110 は殺人，同未遂，窃
盗，銃刀法違反の非行事実のうち殺人，同未遂の正当防衛を過剰防衛と誤認した場合につい
て主文に影響するとしている）。もっとも，この立場に立っても，重大な事実誤認
はほとんど主文に影響すること，少年抗告審においては自判が認められていな
いので，差戻して再審判し同一の処分を課す不利益と抗告を棄却しその理由中
においてその誤認の部分及び判断理由を明確に判示して事実上誤りを正すこと
（少年の納得等はこれで満たされる場合が多いであろう）で足りないかについても十分

第4節　抗　告　　　　　　　　　　　　　　　　　　**第32条**（規第43条〜第46条の2）

検討されるであろうから，是正の利益が上回る場合は相当限定されると思われる（廣瀬・少年法386頁。平成12年改正で抗告受理申立て制度（32条の4）が設けられ，非行事実がより重視されていることから主文への影響に関わりなく重大な事実誤認を判断すべきであるとの指摘があるが（植村d26頁以下），自判制度のない現状では原決定取消による少年の不利益等（廣瀬m55頁）の問題は残っているといわざるを得ない）。

　要保護性を基礎付ける事実の誤認について，非行事実と共に要保護性が審判の対象とされ要保護性の存否・程度が適正な処分の決定にとって重要であることを根拠として事実誤認に当たるとする見解（近藤a62頁，伊藤（政）b14頁，守屋a132頁，神作200頁）もあるが，要保護性の基礎事実それ自体は審判の対象ではないこと，「要保護性を基礎付ける事実」には様々な態様のものが含まれており，送致機関から送付された資料（規8条2項）や審判廷で直接取調べた証拠のみならず，調査官が調査過程で収集した資料や少年鑑別所における鑑別の過程で把握した事実等をその認定に用いることができ（8条2項・9条），その認定について必ずしも証拠法則の適用もないこと（⇨22条注釈9(2)），その誤認の存在から直ちに主文への影響を判断できるという関係にはなく，要保護性の判断を通じこれと対応関係にある処分に著しい不当を来すか否かを判断することになること，「重大な事実の誤認」と共に「処分の著しい不当」も抗告理由とされていること，などを考え併せると，「要保護性を基礎付ける事実」は「事実」には当たらず，処分の相当性を判断する際にその判断に必要な限度で判断すれば足りると解すべきである（永山204頁，平場358頁，団藤＝森田317頁，豊田（晃）340頁，廣瀬・少年法387頁，川出305頁，東京高決昭57・5・18家月34・10・105〔百選80〕，大阪高決53・1・31家月30・11・88，同平6・3・18家月46・5・81〔百選55〕，小林（充）d561頁）。

　（3）　**処分の著しい不当**　　㋐　**意義**　　非行事実と要保護性が認められた場合に，少年の要保護性の程度に応じ，合理的な裁量の範囲内で保護処分が選択・決定される（⇨24条注釈5）。「処分の著しい不当」とは，その裁量の範囲を著しく逸脱したことをいう（廣瀬m56頁，廣瀬・少年法387頁，川出306頁）。このように限定が加えられているのは，保護・教育的な最適の処分選択には裁量的な判断が不可避であり，家庭裁判所の専門的判断が十分尊重されるべきであるからである（廣瀬・少年法387頁，川出306頁）。この点を基礎付ける事情として，人間科学・行動科学の発達によっても人間の行動には未解明の部分が多く，非

425

第32条（規第43条～第46条の2）　　　　　　　　　　第2章　少年の保護事件

行予測の精度には限界があり，更にその判断の前提となる資料の収集にも限界があること，保護・教育的な処分の評価・選択には裁判官の個性が反映される程度が刑事裁判の量刑の場合以上に大きいこと，保護処分の範囲が限定されているうえ，各保護処分は処遇内容・自由拘束の程度等が異なり処分としての連続性を十分持っていないこと（⇨24条注釈5）から境界的な事例が生じることなどが，指摘されている（植村b5頁）。処分不当の発生原因には，①要保護性の認定の誤りに起因する場合，②認定された要保護性の程度に比べ不相当な保護処分を決定する選択判断の過程の誤りの場合とがある（条解〔船山〕226頁，廣瀬・少年法388頁，川出306頁）。①には，前述の「要保護性を基礎付ける事実」の誤認の問題が含まれる。また，②の態様には，㋐保護処分の必要がないのに保護処分に付した場合，㋑保護処分の種類（24条1項各号・64条1項各号）の選択を誤った場合，㋒少年院送致決定について少年院の種類（規37条1項，少院4条）の選択を誤った場合とがある（近藤a68頁，平場359頁，廣瀬・少年法388頁，川出306頁。㋒について，団藤＝森田318頁，条解〔船山〕226頁，近藤a69頁，神作200頁，大阪高決昭52・6・9家月29・12・98〔百選81〕，福岡高決平29・3・30判タ1441・89）。なお，特定少年に関しては㋓を参照。処分の著しい不当に関する裁判例の総合的な分析として⇨植村b，同e（この分析では，処分不当を認める裁判例が㋐他の処分が積極的に認められる他処分相当型と㋑審理不尽型に分類されており，有用な分析と思われるが，㋑の審理不尽は，少年抗告審の特徴に基づく家庭裁判所の専門性尊重，職権行使の謙抑性などを前提にし，通常の用例と異なることに留意すべきである（植村e50頁））。原審の処分決定に不十分な点がみられても，差戻されて審理した結果，結局，同一処分に至る場合には，少年の手続負担・情操保護等に看過し難い問題が生じることは，(1)で指摘したのと同様である。この点についても，抗告審の謙抑的な職権行使が肝要であり，実際の運用もそのようになされているといえよう（植村e51頁）。最近の裁判例として，福岡高決平24・6・25家月64・12・39，東京高決平25・1・23家月65・5・121，同平26・1・20家判1・129，同平26・10・22家判3・87，同平27・1・30家判4・120，同平27・7・3家判8・106，同平27・11・5判タ1423・230，同平28・11・7家判12・102（施設送致申請の事案），同令2・4・3家判30・106などがある。なお，裁判例には社会内処遇の可否がきちんと検討されているか否かの視点から判断しているものが多いが，試験観察の不実施等が問題となる場合には，調査官の態勢等から実施の実効性

426

第4節　抗　告　　　　　　　　　　　　　　　　　第32条（規第43条〜第46条の2）

等も問題となることに留意すべきである（廣瀬m56頁。この点に関する裁判例として，大阪高決平27・10・8家判7・64がある）。

　(イ)　**短期処遇勧告を巡る問題**　　以下は，平成26年少年院法改正以前の議論であるが，同改正及び令和3年改正後の第1種少年院送致決定についての「短期間」・「特別短期間」の処遇勧告に関しても推及できるものと思われる。

　初等少年院・中等少年院の一般短期処遇・特修短期処遇の処遇勧告（⇨24条注釈4⑵）がなされなかったことを「処分の著しい不当」に当たるとして抗告できるかについて，これらの短期処遇は，少年院の種類（平成26年少年院法改正前の少院2条，令和3年改正前の少院4条，同改正後の少院4条）とは異なり，運用上の処遇課程にすぎないこと，通達上処遇勧告に「従う」とされているが，分類権限はあくまで執行機関にあることなどを理由に，短期処遇勧告がなされなかったこと自体は「処分の著しい不当」には当たらないと解されている（近藤a69頁，荒井b266頁，神作200頁，奥山＝水上69頁，廣瀬・少年法389頁，川出306頁）。短期処遇勧告を少年院の種類指定に準じて扱うとする立場もあるが（飯田11頁，多田(元)a342頁，条解〔船山〕228頁），抗告審には調査官等専門的スタッフがなく自判をすることが認められていないので消極説が妥当である。もっとも，実務上，短期処遇勧告がなされなかったことのみを抗告理由とする事例は少なく，また，そのように読める場合でも通常は少年院に送致されたこと自体についても不服を申立てているものと解し，適法な抗告として取扱う例が多い（40年概観283頁，50年概観235頁。短期処遇勧告をしなかった点を処分の不当と主張するならば適法な抗告理由に当たらない旨判示したうえ，原決定の処分に著しい不当はないとして抗告を棄却した事例として，東京高決平6・8・10家月46・12・79）。なお，処遇勧告を主文において行ったことの不備を指摘する事例として，東京高決平21・3・2家月61・8・132がある。

　そこで，抗告審において短期処遇相当という判断に達した場合には抗告を棄却し，併せて理由中で短期処遇相当又は短期間の収容で足りる旨を表明することになる（その例として，前掲東京高決昭57・5・18，札幌高決昭61・9・4家月38・12・100，同昭62・4・24家月39・10・113，福岡高決昭62・2・25家月39・10・106，大阪高決平3・5・31家月43・11・82〔百選82〕，同平3・8・7家月44・1・134，東京高決平10・1・16家月50・7・108，同平10・11・13家月51・5・72（医療措置終了後中等少年院移送相当との勧告を付して医療少年院に送致された事例），大阪高決平11・9・17家月52・2・179，

427

第 32 条（規第 43 条〜第 46 条の 2）　　　　　　　　　　　　　　　第 2 章　少年の保護事件

広島高決平 12・9・1 家月 53・2・160，東京高決平 14・4・5 家月 56・9・48，大阪高決平 18・10・21 家月 59・10・61，東京高決平 27・1・13 家判 4・124，同令 2・7・16 家判 32・86）。この場合，少年院にその旨の「処遇勧告書」を送付した事例（前掲札幌高決昭 61・9・4，同昭 62・4・24）もみられるが，処遇勧告は家庭裁判所の権限とされており（規 38 条 2 項），自判ができない高裁としては「通知書」を送付する取扱（前掲大阪高決平 3・5・31，同平 3・8・7，同広島高決平 12・9・1，同東京高決平 14・4・5，同平 21・8・14 家月 62・1・119）が相当であろう（なお，前掲同平 10・1・16 の事例では，原裁判所において「処遇勧告」している。家月 50・7・127）。

　(ウ)　**保護処分の軽重**　　保護処分相互間に軽重（有利不利）の関係が認められるかについて，少年審判制度の目的は，少年の要保護性に応じた教育的措置・処分を合目的的に選択することであり，保護処分相互には有利不利といった関係はなく，原決定の処分が著しく不当であると主張するのであれば，少年の身体の自由をより強く制限する保護処分を求めて抗告することも適法とする見解（柏木 148 頁，近藤 a 71 頁，平場 361 頁，篠 207 頁，廣瀬・少年法 390 頁，川出 308 頁）と，抗告制度は人権保障の立場から設けられたもので，その観点から有利不利を判断することができ，重い処分（在宅保護処分に対し収容保護処分）を求めて抗告することは許されないとする見解（伊藤（政）b 27 頁，神作 200 頁，司研概説 121 頁，東京高決平 28・1・27 家判 9・122）とがある（なお，法定代理人が収容保護を求めて抗告した事案につき実質的な判断を示した裁判例として，大阪高決昭 51・5・7 家月 29・2・137，前掲東京高決平 28・1・27 が，少年が児童自立支援施設送致決定に対し少年院送致を求めた事案につき，判断を示したものとして，広島高決平 15・7・8 家月 56・8・65 がある。保護処分相互間に有利不利の関係が認められるとするものとして，東京高判平 8・7・5 家月 48・9・86。最判平 9・9・18 刑集 51・8・571／家月 50・1・166〔百選 84〕も参照）。もっとも，特定少年に関しては，その処分の選択は「犯情の軽重を考慮して相当な限度を超えない範囲内において」と規定されたことから（64 条 1 項本文），特定少年の保護処分相互間には軽重の関係があることが前提とされ，重い処分を求める抗告は許されないという見解が有力となると思われる。

　(エ)　**特定少年を巡る問題**　　①特定少年の保護処分は犯情の軽重を考慮して相当な範囲内において決定すべきであるので（64 条 1 項），この限度を超える処分がされた場合（例えば，20 歳以上の者であれば少額の罰金にしかならない事案での少年院送致），②特定少年の少年院の収容期間（64 条 3 項）について，あるべき上

428

第4節　抗　告　　　　　　　　　　　　　　　　第32条（規第43条〜第46条の2）

限を大きく上回るような期間を定めた場合，③保護観察における遵守事項の不
遵守の場合の少年院収容可能期間（64条2項）について，あるべき上限を大き
く上回るような収容可能期間を定めた場合，④未決勾留日数の算入（64条4項）
が著しく少ない場合などは，処分の不当として問題になり得ると思われる（詳
細は⇨64条注釈）。

　(4)　**抗告の利益**　　抗告は少年の権利保護のために認められたものであるか
ら，その趣旨に反する抗告が認められないのは当然である（前掲東京高決平28・
1・27）。この観点から，保護処分に対して刑事処分を求める抗告の可否に関し
て抗告の利益を理由に否定的に解する立場が多数である（伊藤（政）b14頁，近藤
a70頁，神作200頁，平場361頁，団藤＝森田320頁，川出b21頁，広島高決昭55・10・
20家月33・6・60〔百選79〕）。しかし，それらの抗告を認める立場もあり（篠208
頁），実務上このような抗告も適法としているものが大半であって，抗告の利
益なしとする決定においても保護処分の当不当の実質的な審査はなされている
といってよい（不適法としながら実質判断したもの，東京高決昭45・4・8家月22・
11＝12・101，大阪高決昭45・11・5家月23・6・88，広島高決昭53・1・9家月30・10・72。
実体判断したもの，東京高決昭41・9・20家月19・7・117，同平17・2・14家月57・10・
104，同平29・7・13家判16・129（検察官送致決定の一般的・類型的不利益性を指摘）等）。
18歳未満の少年に関しては，最適な処遇を加えて健全な育成を目指す少年保
護手続においては，保護処分の軽重についても議論が分かれるように，利益・
不利益という判断自体一義的ではなく（⇨(3)(ウ)），抗告申立では，最適な処遇決
定からみて著しい不当があるか否かの審査が求められていれば十分であること，
抗告の対象が保護処分のみに限定されているので厳格な前提要件の必要は乏し
いこと（篠206頁），保護・教育的処遇の前提となる少年・保護者の納得という
観点（⇨24条注釈5(5)）からも，実質的な審査の機会を与える必要性が高いこと
から，抗告の利益を独立して問題とする必要はないとも考えられよう（篠207
頁，廣瀬・少年法391頁。なお，抗告の利益を必要と考えても，処遇の有効性から検察官送
致を選択する余地を認めれば（⇨20条注釈2(3)），その限度では抗告の利益を肯定し得るで
あろう）。

4　抗告権者

　明文上は，少年，法定代理人，付添人だけであるが，少年には，保護処分決
定の言渡を受けた後，20歳となった抗告期間中の者，収容継続決定等抗告の

第 32 条（規第 43 条〜第 46 条の 2）　　　　　　　　第 2 章　少年の保護事件

対象となる決定（⇨26 条の 4・27 条の 2・66 条・少院 138・139 条・更生 68・71 条各注
釈）の言渡を受けた本人（令和 3 年改正前の決定書の表記では「本人」とする例と「少
年（現在では成人）」とする例があった）も含まれる（平場 345 頁，廣瀬・少年法 392 頁）。
平成 12 年改正により，検察官の関与が認められたが（22 条の 2），検察官には
本条による抗告は認められず，検察官関与決定のあった事件において非行事実
認定に関する決定に影響を及ぼす法令違反又は重大な事実誤認を理由とすると
きに限り抗告受理申立て（32 条の 4）ができるようになった（⇨同条注釈）。

　18 歳未満の少年に関し，法定代理人の抗告権の性質は，少年保護事件の対
象者，保護処分決定の名宛人共に少年であり，法定代理人は思慮の未熟な少年
を補佐する立場から少年の抗告権を代理行使するものとみられるから，独立代
理権であるとする考え方（近藤 a 11 頁，多田（元）a 338 頁，安藤 c 46 頁，平場 345 頁）
があるが，未熟な少年に対する後見の必要性や保護処分による法定代理人の監
護権の制約という側面に着目すれば固有権という考え方（中村（良）b 113 頁，廣
瀬・少年法 392 頁，東京高決昭 43・3・21 家月 21・2・195〔百選 73〕）にも理由があろ
う。法定代理人であるかどうかは関係法律により定まる（親権者，未成年後見人，
親権代行者（民 820・857・833・867 条），児童福祉施設の長（児福 47 条））。少年が成人
に達した場合，その父母は親権を失うため抗告権はない（広島高決昭 38・10・16
家月 16・2・102）。平成 30 年民法改正で成年が 18 歳となり（民 4 条），婚姻年齢
は 18 歳で統一された（民 731 条）ため，特定少年の父母は親権を失って抗告権
も失い，婚姻による成年擬制（改正前民 753 条）も削除された（なお，改正民法施
行（令 4・4・1）前に婚姻し成年とみなされた 18 歳未満の者は親権に服さず，親権者であっ
た者は抗告権を失う。大阪高決昭 52・3・31 家月 29・11・114〔百選 72〕）。保護者（2 条 2
項）でも法定代理人でない者は抗告権を有しないので，実父母でも離婚して親
権者でない場合には抗告権がない（広島高決昭 41・1・6 家月 18・10・95）。17 歳の
ブラジル国籍の少年の母の権限は，法の適用に関する通則法 32 条により本国
法によることとなるが，同法では母は，法定代理権を有さず，抗告権がない
（東京高決平 22・2・12 家月 62・7・99）。共同親権者の場合（民 818 条 3 項），規定は
ないが（刑訴 27 条 2 項参照），抗告権は親権の内容そのものではないこと，少年
の保護や手続の迅速性・確実性の観点から，親権者は各自抗告できる（伊藤
（政）b 17 頁，近藤 a 14 頁，団藤＝森田 322 頁，条解〔船山〕229 頁，安藤 c 48 頁，中村（良）
b 111 頁）。裁判例の中にはこれを否定したものもある（仙台高決昭 43・10・31 家月

430

第4節　抗　告　　　　　　　　　　　　　　　**第32条**（規第43条～第46条の2）

21・5・90，大阪高決昭54・10・3家月32・8・112）が，多くの裁判例は親権者の一方によりなされた抗告を認め，実体的な判断を行っている（東京高決昭53・9・16家月31・6・75，高松高決昭53・10・9家月31・7・117等）。18歳未満の少年に関し，法定代理人及び付添人は少年の意思に反しても抗告ができる（付添人は本条但書の反対解釈。団藤＝森田323頁）。未熟な少年の権利保護のための特則といえよう。特定少年に関しては，付添人はその明示した意思に反して抗告できない（65条4項・32条但書）。

　なお，原決定後に選任された付添人は，本条の抗告権者たる付添人には当たらず，選任者に抗告権がある場合にはその選任者の任意代理人として抗告できる（近藤a14頁，廣瀬・少年法393頁，前掲大阪高決昭54・10・3）。更に，付添人としての抗告を認める立場（伊藤（政）b18頁，安藤c49頁，平場347頁）や少年の任意代理人としての抗告を認める立場もあったが（田尾c120頁，中村（良）b113頁），刑事被告人の上訴申立を代理行使できる旨の判例（最大決昭63・2・17刑集42・2・299／家月40・3・99）の趣旨を少年事件にも及ぼせば，保護処分決定後に抗告権のない者（例えば，特定少年の父母（10条1項）など）によって選任された付添人も少年の抗告申立を代理行使できる（前掲大阪高決昭52・3・31）ことになろう（40年概観276頁，平場347頁，廣瀬・少年法393頁）。なお，原審付添人でなく付添人選任届も提出していない弁護士のした抗告申立は，抗告期間経過後に同選任届が追加提出されても不適法である（最決平24・5・1集刑308・1／家月65・4・56）。

5　抗告の期間・手続

（1）**抗告期間**　　抗告対象となる決定の告知のあった日の翌日から起算して2週間以内である。期間の末日が一般の休日に当たる場合は，これを期間に算入しない（刑訴55条参照）。法定代理人の抗告権は独立代理権と解され，独自の抗告期間は存在しない（近藤a17頁，平場346頁，団藤＝森田323頁，廣瀬・少年法394頁）。法定代理人に対し審判期日の呼出がなく，保護者の出席も全くないまま保護処分決定が言渡され，裁判結果の通知も受けなかったような場合には，上訴権の回復（刑訴362条等の準用）により解決を図ることになろう（近藤a17頁，多田（元）a338頁，廣瀬・少年法394頁。中村（良）b108頁は決定書謄本送達の翌日から抗告期間を起算する）。同条の準用も理論的に認められる（東京家八王子支決平9・7・23家月50・1・179，仙台高決平16・9・9家月57・6・169〔原審福島家いわき支決平16・9・1家月57・6・170（抗告受理申立て）〕。50年概観228頁）。

第32条（規第43条〜第46条の2）　　　　　　　　第2章　少年の保護事件

(2)　**抗告手続**　　抗告は，原裁判所（決定をした家庭裁判所）に申立書を差出して行う（規43条1項）。少年院等に収容中の少年が抗告をするには施設の長又はその代理者を経由して申立書を差出すことができ，抗告の提起期間内に申立書が施設の長等に差出されたときは抗告の提起期間内に抗告したものとみなされる（規44条1項。収容されている施設の職員に交付すればよいと解される。最決平26・11・28刑集68・9・1069参照）。施設の長等は申立書を家庭裁判所に送付するが，抗告提起期間内に申立てられたかどうか明らかにするため，受取った年月日を通知しなければならない（同2項）。この通知は，申立書の余白にその旨を記載し，受領者の所属官職を表示して署名押印する取扱が一般的である。施設の長等を経由しないで直接申立がなされた場合には，そのことを施設の長等において知る必要があるから，速やかにその旨を通知しなければならない（同3項）。抗告裁判所に申立書が直接差出された場合，それが原裁判所に回送され抗告期間内に到達した場合には，適法な抗告申立があったことになる（近藤a19頁，廣瀬・少年法394頁）。

　　抗告申立書には抗告の趣意を簡潔に明示しなければならない（規43条2項）。抗告審は抗告の趣意に含まれている事項に限り調査するから（32条の2第1項），原決定のどの点がどのような理由で誤りであるかを具体的に記載することが必要である（近藤a20頁，神作198頁，伊藤（政）b19頁，平場352頁，廣瀬・少年法395頁）。申立書に抗告の趣意を明示しなくても抗告期間内に抗告趣意を記載した書面が提出されれば追完され得るが（近藤a20頁，神作199頁），期間経過後の提出ではその違法は救済されない（最決昭49・6・14家月27・2・113〔百選74〕，大阪高決平3・8・30家月44・2・152）。なお，追完の遅延がやむを得ない事情に基づくものと認められるときは，刑訴規238条に準じ，期間内のものとして審理できるとする立場もある（札幌高決平9・1・24家月49・7・101）。

　　原裁判所は，申立書と共に整理した記録を速やかに抗告裁判所に送付する（規45条1項）。証拠物が規定されていないのは不備で刑事控訴審と同様に（刑訴規235条）送付すべきであるとの見解もあるが（近藤a79頁），証拠物は送付の準備等に時間を要する物や抗告趣意と無関係な物，必要性の乏しい物もあるので（平場364頁），抗告事件の迅速処理の要請から，原審で必要があると思われる物だけを送付し，抗告審が必要と認めた物の送付を求めれば足りる（規45条の2。浜井ほか257頁注）。抗告が明らかに不適法と認められる場合であっても原

432

第4節　抗　告　　　　　　　　　　　　　　　**第32条**（規第43条〜第46条の2）

審限りで棄却はできない（伊藤(政)b20頁，井原ほか78頁，植村d35頁）から，この場合にも記録を送付すべきである。原裁判所が意見書を付けるか否かは任意であるが（規45条2項），審理の経過，出張審判の相当性，共犯少年の処遇の均衡に配慮した点等，抗告審の審査に有用な事項は簡潔に記載して，意見書を付すことが望ましい（意見書の活用について，植村e40頁）。意見書は必ずしも記録送付と同時でなくてもよいとされているが，一般的には記録に編綴して同時に送付する取扱である。規則46条に定める通知は，記録送付書に施設名を記載して行うのが一般的である。検察官関与決定（22条の2第1項）をした事件では，検察官への通知が義務付けられている（規46条の2）。

6　再度の考案の可否

　刑事事件の抗告については，原裁判所が抗告を理由があると認めるときは，決定を更正することができる（刑訴423条2項前段）。これを再度の考案という。しかし，少年保護事件の抗告についてはこのような明文がなく，本案の裁判であるので，再度の考案は認められないと解される（ケース少年事件〔加藤〕261頁。家事事件についてであるが，消極の判例がある（東京高決平元・12・22家月42・5・82）。もっとも，裁判所の構成に違法のあった抗告棄却決定に対する特別抗告に対して，当該抗告審自身がその抗告棄却決定を取消して同内容の抗告棄却決定をした例があるが（札幌高決平19・3・6高検速報平19・3），これは明白かつ重大な違法事例の例外というべきであろう。植村d35頁，最決平18・4・24刑集60・4・409参照）。

7　抗告の取下

　抗告の取下については少年法上規定がない。かつては，保護処分は告知と同時に執行の段階に移行するので早期に確定させる必要性が乏しいなどとしてこれを消極に解する見解があった（伊藤(政)b21頁，櫛淵a10頁）。しかし，抗告は抗告申立権者の意思に係るものであり，抗告審の審理を進めなくてよいという制度的な利点もあるから，これを認めるべきである（東京高決昭43・3・21家月21・2・195〔百選73〕）。18歳未満の少年は，付添人のした抗告を取下げることはできない（ケース少年事件〔加藤〕263頁）。特定少年は，付添人のした抗告を取り下げることができる（65条4項参照）。但し，手続を明確にし，抗告権者に慎重に判断させるため，抗告の取下は書面による場合のみ有効とすべきである（近藤a73頁，平場352頁。なお，刑訴規224条・227〜229条，前掲最決平26・11・28参照）。抗告審に記録を送付する前に取下書が提出され，取下書の記載から抗告取下の

433

第 32 条の 2　　　　　　　　　　　　　　　　　　　　　　　　　第 2 章　少年の保護事件

意思が明確に認められる場合には，取下の適否は抗告審において判断されることを論拠とする異論もあるが，抗告審に記録を送付する必要はないであろう。

（抗告裁判所の調査の範囲）
第 32 条の 2　①　抗告裁判所は，抗告の趣意に含まれている事項に限り，調査をするものとする。
②　抗告裁判所は，抗告の趣意に含まれていない事項であつても，抗告の理由となる事由に関しては，職権で調査をすることができる。

1　本条の趣旨

抗告審の審理手続については，法に規定がない部分が多く，主として規則で定められていたが，平成 12 年改正で検察官の抗告受理申立て制度を導入する等の改正が行われたのに伴い，抗告審に関する手続規定を整備するため，従前規則で定められていた事項を法で規定することとし，本条及び次条が新設された。これに伴って，規則の関連条文は削除された。

2　調査の範囲

本条は，内容的には改正前の規則 48 条と同一であり，それを法律レベルに引上げたものである。

(1)　抗告審における判断の基準時・判断資料　　(ア)　抗告審の構造との関係

従来，抗告審の構造が事後審であるか否かということから演繹的にこのような問題に結論を出そうと試みられてきた。しかし，抗告審の構造が事後審であると解しつつ，①原審で取調べた資料のみを判断の基礎として原審の判断過程の誤りの有無を審査する立場（団藤＝森田 327・320 頁），②原裁判時に客観的に存在していた資料であれば原審で取調べられていなくても判断対象とすることができるとする立場（伊藤(政)b 5・23 頁），③原裁判後の事情をも考慮して原裁判を維持できるかどうかを判断する立場（近藤 a 76 頁）が考えられるといわれる（平場 362 頁）ように，事後審という概念のみから結論を導くことは難しく，具体的問題についての合理的解釈こそが探求されるべきであるという立場が有力である（松尾＝後藤 275 頁）。そのような観点から，可塑性に富む少年の要保護性は変化しやすく抗告審の裁判時における要保護性に応じた判断を求めることが保護処分の本質に合致すること，法文上資料に制約がないことなどを根拠

434

第 4 節　抗　告　　　　　　　　　　　　　　　　　　　　　　　　　　　　第 32 条の 2

として，原則的に，抗告審の判断時点を基準時とすべきであるといわれている（平場 363 頁，香城 53 頁，古久保 193 頁，60 年概観 269 頁，植村 f 93 頁，ケース少年事件〔加藤〕265 頁）。実務の運用も同様である（大阪高決昭 54・8・1 家月 32・7・69〔百選 83〕，名古屋高金沢支決平元・4・25 家月 41・8・194，東京高決平 4・6・2 家月 44・12・120，広島高岡山支決平 13・6・4 家月 53・12・97，東京高決平 20・9・26 家月 60・12・81，同平 27・11・5 判タ 1423・230，広島高決令元・8・28 家判 29・140，大阪高決令 2・9・2 家判 31・110 等）。この立場からは，原審決定の前後を問わず，処分に影響を及ぼすような事情，非行事実の認定の当否に関する証拠資料について，事実の取調べ（32 条の 3）を行うこともできる（近藤 a 75 頁，同 c 258 頁，香城 57 頁，浜井ほか 252 頁，条解〔船山〕231 頁，最決平 17・3・30 刑集 59・2・79／家月 57・11・87 参照。反対，団藤＝森田 327 頁）。この点について，本条以下の規定の形式も事後審の構造に符合するものであること，抗告審決定時を基準とすることは，可塑性に富む少年の要保護性には変化が考えられるからこそ，適宜の時期になされた家庭裁判所の保護処分の安定性をできるだけ尊重しようとしていることに相反すること，要保護性の変化を考えれば抗告審決定時を基準とする合理性も疑わしいこと，抗告事件のほとんどは事実調も行わずに棄却されており，事後審として運用されていることから，抗告審は事後審として理解し，そこから解釈を導くべきであるとの有力な指摘がある（小林（充）d 567 頁，裁コ〔溝國〕394 頁）。もっとも，この立場でも刑事控訴審以上に手続面で許される裁量性は大きいとして，事後審査の際にも，原決定後生じた重要な事情についても，裁判の基礎とすることを許容するので，実際の相違はさほど大きくないと思われる。この点については，処分不当（要保護性の変動）に関するものと非行事実の認定に関するものとを分けて考えるべきである。前者については，家庭裁判所の専門性を尊重するという観点からも，有力説指摘の通り，原決定後生じた重要な事情がある場合を除き，事後審的な運用が相当である。また，後者，非行事実の認定についても，少年審判は，職権主義的審問構造ではあるものの，刑事控訴審における第 1 審の事実認定に対する審査と同様に基本的には事後審的な運用が相当である（廣瀬 m，w 215 頁）。そして，少年審判においても，審判が開かれるときは，原審（家庭裁判所）において直接主義，直接審理の要請の下，証人尋問が行われる場合には，その際の証言態度等も踏まえて，供述の信用性判断が行われ，それらを総合して事実認定が行われることからすると，抗告審における重大な事実誤

認の審査も，原決定が行った証拠の信用性評価や証拠の総合評価が論理則，経験則等に照らして不合理といえるかという観点から行うべきものであると解される（実例少年法〔江見〕222頁参照。また，刑事裁判の控訴審における事実誤認の審査の在り方について，最判平24・2・13刑集66・4・482参照）。そうすると，基本的には事後審的な運用が相当であるものの，抗告審において，原決定の事実認定が論理則，経験則等に照らして不合理であることを具体的に指摘できるような場合には，事実認定適正化の要請の観点から，補充捜査依頼等も含め，積極的な職権行使が要請されることになろう。要するに，要保護性については，家庭裁判所の専門性を尊重し，原決定後生じた重要な事情がある場合を除き，事後審的な運用が相当である。他方，非行事実の認定については，事後審的運用が原則ではあるが，論理則，経験則等に照らした不合理性の審査は積極的に実施すべきだということになる。なお，令和3年改正による特定少年の収容（可能）期間の上限（64条2・3項）については，いわゆる行為責任に基づく上限設定となるため，家庭裁判所の専門性尊重の要請は後退するものと思われる（⇨32条注釈3(3)）。

　また，抗告審は抗告期間内であっても抗告について裁判することができるとされている（最決平9・10・6家月50・3・62。裁コ〔溝國〕409頁参照）。しかし，抗告期間中は，抗告趣意の追加が可能であり，特に抗告申立権者が複数いる場合，別の抗告権者が別の趣意を主張する場合も考えられる（抗告審が期間内に判断した結果，最初の趣意にしか応えていないことになれば，理論的には判断遺脱の問題さえ生じ得る）。従って，運用上，抗告審としては抗告期間の経過を待って判断すべきであり（ケース少年事件〔加藤〕259頁参照），原審においても抗告期間内になされた追加的な趣意等については，早急に抗告審に連絡のうえ追送付すべきである。

　(イ)　**少年死亡の取扱**　事件が抗告審に係属中に少年が死亡した場合の取扱について，①抗告棄却説（伊藤（政）b23頁），②原決定取消・差戻説（早川g209頁，平場172頁注(2)，古久保196頁，名古屋高決昭36・3・11家月13・6・184，同昭60・8・16家月38・7・90），③抗告終了宣言説（札幌高決昭61・9・18家月39・4・96）がある。判断基準時を抗告審の判断時点と解し，少年の生存が審判（抗告）条件であると解する以上（平場168頁，早川g206・210頁，古久保196頁），抗告棄却説は採用できない。抗告理由を媒介とせず，少年の死亡自体を抗告終了原因と解し，自判ができない不都合を回避しようと試みた抗告終了宣言説は説得的ではあるが，

第4節　抗　告　　　　　　　　　　　　　　　　　　　　　　　　第32条の3

明文の規定がないことから，実務上は，原決定取消・差戻説に従う例が多い。

　(ウ)　**少年の基準時**　　保護処分を受けた者が少年であるか否かは，抗告審の判断時点ではなく保護処分決定時が基準となる（伊藤（政）b 22・29頁，近藤 a 80頁，北村 b 236頁，名古屋高決昭34・11・18高刑集12・9・937，最決昭32・6・12刑集11・6・1657／家月9・9・38）。保護優先の立場から，家庭裁判所は決定当時20歳以上である場合以外は保護処分決定が可能だからである（23条3項・19条2項・24条1項）。

　なお，62条1項・64条との関係では，特定少年か否かの基準時も問題となり得るが，同様に処分決定時とすべきである。

　(2)　**抗告審における審査**　　原則として抗告趣意に基づき（本条1項），場合により職権で（本条2項），抗告に理由（⇨32条注釈3）があるか否かを審査する。原決定の瑕疵の存否を審判の対象とし，自判が認められないことから事後審と解されている（古久保192頁，浜井ほか252頁，内園ほか162頁，平場362頁，団藤＝森田327頁，小林（充）d 547頁。伊藤（政）b 5頁は続審的機能も有するとする。なお，香城49頁参照）。

　抗告趣意に含まれる抗告理由の審査（規43条，本条1項）は義務的なものであるが（浜井ほか252頁），抗告審は職権により，抗告趣意に含まれない事項についても抗告理由に関する調査ができる（本条2項）。事実の取調べについては，⇨32条の3注釈。

　　（抗告裁判所の事実の取調べ）
　第32条の3　①　抗告裁判所は，決定をするについて必要があるときは，
　　事実の取調べをすることができる。
　②　前項の取調べは，合議体の構成員にさせ，又は家庭裁判所の裁判官に
　　嘱託することができる。

1　本条の趣旨

　本条も前条と同様に，平成12年改正を契機に，抗告審の審理手続の基本は法律をもって定めるという考えに基づき，抗告裁判所の事実の取調べに関して，改正前の規則49条の内容を法律に規定したものである。

437

第32条の3　　　　　　　　　　　　　　　　　　　　第2章　少年の保護事件

2　抗告審の審理手続

　少年審判における抗告審は，一件記録の検討を中心として原裁判の当否を判断する事後審であるので，基本的には原審から送付される記録によって調査をすることになるが，抗告審が補完的に証拠資料を収集することも認められている（本条1項，浜井ほか252頁，伊藤（政）b5，近藤a76頁，平場364頁，団藤＝森田328頁，内園ほか163頁，小林（充）d567頁）。事実の取調べは合議体の構成員，家庭裁判所の裁判官にさせることもできる（本条2項）。

3　非行事実に関する証拠調の方法

　(1)　**家庭裁判所の審理に関する規定の準用**　　家庭裁判所の少年保護手続の非行事実審理に準じるべきであるが，その範囲・限度・方法は少年保護事件の抗告審としての性質を踏まえ，合理的裁量により行われるべきものと解される（最決平17・3・30刑集59・2・79／家月57・11・87，判解刑平17・77〔藤井〕。なお，最決平20・7・11刑集62・7・1927，判解刑平20・550〔家令〕，北村b238頁，川出310頁以下も参照）。平成12年改正によって，家庭裁判所の審理に関する規定が準用され（32条の6），検察官関与（22条の2），国選付添人（22条の3）に関する規定も準用されるので，証人尋問等を行う場合には活用すべきである（⇨22条の2注釈）。しかし，平成26年改正により対象事件が拡がったものの，検察官関与決定できる事件は限定されているので（22条の2），それ以外の事件については，従前と同様の配慮が必要である。即ち，少年が非行事実を争っている場合に記録調査の結果，事実の取調べの必要がある場合には，付添人の選任についても後見的配慮をすべきである（国選付添人の選任対象事件の範囲も，平成19年・26年改正（32条の5第2項・22条の3第2項）で一部拡げられている）。重要な供述を求める場合は付添人（必要に応じて少年も）に立会う機会を与えたうえ，証人尋問すべきである。新たな重要な供述が少年に不利な内容の場合，原則として少年側に実質的な反対尋問の機会を与え，少年自身に反論・反証の機会を与えるべきである（以上の詳細について，浜井ほか254頁参照）。

　(2)　**補充捜査の依頼等**　　抗告審も検察官関与事件（22条の2）以外は，少年側だけが関与し得る構造であるので，原審が適切な補充捜査依頼（⇨16条注釈4）を怠っている場合，抗告審で新たな事実主張がなされた場合等には，真実発見の要請から補充捜査の必要性が認められ，許容されるべきである（裁コ〔溝國〕397頁。なお，再抗告審の事例ではあるが，最決昭62・3・24集刑245・1211も参照）。

第4節　抗　告　　　　　　　　　　　　第32条の4（規第45条の2・第46条の3）

依頼については，事実の取調べが困難である場合や有効に行えない場合に具体的かつ限定的に行うべきであろう。依頼は原審に事件送致した検察官，司法警察員に直接行うこともできる。補充捜査の結果については，少年側に開示し，少年に不利なものには反論・反証の機会を与えるべきである。また，検察官に証拠説明書や非行事実認定に関する意見書を提出させることもできる（詳細につき，⇨16条注釈4⑶〜⑹。浜井ほか256頁参照）。

　（3）　**併合審理**　　共犯事件で複数の少年からの抗告があり，非行事実の認定に関して，共通の証人尋問や共犯相互の供述を求める場合などには併合審理も可能と思われる（浜井ほか256頁。刑事準抗告審に関して積極，横田＝高橋179頁）。

（抗告受理の申立て）

第32条の4　①　検察官は，第22条の2第1項の決定がされた場合においては，保護処分に付さない決定又は保護処分の決定に対し，同項の決定があつた事件の非行事実の認定に関し，決定に影響を及ぼす法令の違反又は重大な事実の誤認があることを理由とするときに限り，高等裁判所に対し，2週間以内に，抗告審として事件を受理すべきことを申し立てることができる。

②　前項の規定による申立て（以下「抗告受理の申立て」という。）は，申立書を原裁判所に差し出してしなければならない。この場合において，原裁判所は，速やかにこれを高等裁判所に送付しなければならない。

③　高等裁判所は，抗告受理の申立てがされた場合において，抗告審として事件を受理するのを相当と認めるときは，これを受理することができる。この場合においては，その旨の決定をしなければならない。

④　高等裁判所は，前項の決定をする場合において，抗告受理の申立ての理由中に重要でないと認めるものがあるときは，これを排除することができる。

⑤　第3項の決定は，高等裁判所が原裁判所から第2項の申立書の送付を受けた日から2週間以内にしなければならない。

⑥　第3項の決定があつた場合には，抗告があつたものとみなす。この場合において，第32条の2の規定の適用については，抗告受理の申立ての理由中第4項の規定により排除されたもの以外のものを抗告の趣意とみなす。

第 32 条の 4（規第 45 条の 2・第 46 条の 3）　　　　　第 2 章　少年の保護事件

> **規則第 45 条の 2　第 32 条掲出**
> **（抗告受理の申立て・法第 32 条の 4）**
> **規則第 46 条の 3**　① 法第 32 条の 4 第 2 項前段の申立書には，抗告受理の申立ての理由を具体的に記載しなければならない。
> ② 原裁判所は，速やかに前項の申立書とともに記録を高等裁判所に送付しなければならない。
> ③ 原裁判所は，第 1 項の申立書を受け取つたときは，少年及び保護者に対し，抗告受理の申立てがあつた旨及び抗告受理の申立ての理由を通知しなければならない。
> ④ 高等裁判所は，法第 32 条の 4 第 3 項の決定（以下「抗告受理決定」という。）をするときは，当該決定において，抗告受理の申立ての理由中同条第 4 項の規定により排除するものを明らかにしなければならない。
> ⑤ 抗告受理決定があつたときは，抗告裁判所は，少年及び保護者に対し，その決定の内容を通知しなければならない。
> ⑥ 第 44 条第 1 項前段の少年の保護事件についてされた決定に対する抗告受理の申立てに対し抗告受理決定があつたときは，抗告裁判所は，速やかにその旨を当該少年のいる施設の長又はその代理者に通知しなければならない。
> ⑦ 高等裁判所は，抗告受理の申立てがあつた場合において，抗告審として事件を受理しないときは，法第 32 条の 4 第 5 項の期間内にその旨の決定をしなければならない。
> ⑧ 高等裁判所は，前項の決定をしたときは，少年及び保護者に対し，その旨を通知しなければならない。
> ⑨ 第 45 条第 2 項，第 45 条の 2 及び第 46 条の規定は，抗告受理の申立てがあつた場合について準用する。この場合において，第 46 条中「抗告が」とあるのは，「抗告受理の申立てが」と読み替えるものとする。

1　本条の趣旨

従前，抗告権は保護処分決定に対する少年側からのもののみが認められ，それ以外の場合（少年に不利益な方向）には，家庭裁判所の少年審判の結果に対する上級審による見直しの機会はなかった。このような上訴制度では，家庭裁判所の事実誤認等が十分に是正されない虞があり，事実認定手続適正化の一環として，上訴審の審査が重要であること，被害者等を始めとする国民の理解を得ることが困難な事例も生じ，社会一般の少年審判制度に対する信頼を動揺させることにもなりかねないことから，検察官に抗告権を付与する改正提案がなされていた（浜井ほか 325 頁，八木 b 38 頁，猪瀬 a 44 頁，廣瀬 e 226 頁）。これを受けて，

440

第4節　抗　告　　　　　　　　　　　第**32条の4**（規第45条の2・第46条の3）

法制審議会の審議を経た改正法案では検察官の抗告権が盛込まれていたが，異論も少なくなかったことなどから，平成12年改正では，検察官を一定の範囲で少年審判に関与させることとしたものの（22条の2），検察官の抗告権までは認めず，裁量的な受理申立ての制度を創設した。このような経過からみて，この制度は，誤った事実認定や法令違反の是正手段・再審査が必要だという被害者等・一般社会の正義感情への配慮，少年に対する最適な処遇を選択し保護教育の要請に応えるためには非行事実の誤認等を正す必要があること（⇨1条注釈），上級審の審査の可能性が担保されることにより少年審判における事実認定手続の適正化を図ること（⇨本節前注）に対応するものとして重要な意義を有するものである。検察官の申立て，高等裁判所の受理，いずれについても適正な運用が強く期待されている（廣瀬u646頁参照）。

2　受理の要件

抗告の申立てと異なり，抗告受理の申立てでは，その可否は「抗告審として事件を受理するのを相当と認める」という高等裁判所の裁量判断に委ねられ，しかも，不受理決定及び受理後の抗告棄却の決定に対しては再抗告の余地はない。その運用が重要とされる所以である。受理の判断は，実務運用の集積に委ねられるところであるが，基本的にはこの制度が事実認定の適正化，少年審判に対する国民の信頼確保の観点から導入されたこと，検察官に抗告権を認めず，抗告受理申立て制度に止めた趣旨等を踏まえて判断されるべきであり，少年の情操保護等のため無用の手続的負担や心情・地位の不安定を招かないように心掛け，早期の処理を図る一方，その最終的な結論の当否のみならず，重要な問題点・争点については，上訴審においても適正な審査がなされ，判断がきちんと示されているという被害者等及び国民の信頼を確保することの意義にも十分配慮すべきである（60年概観270頁，課題と展望(1)128頁）。従って，早期に適正な結論を導くことは勿論，重要な問題点については，手続に対する信頼・理解も得られるような運用が心掛けられなければならない（一部の非行事実に関して重大な事実誤認があるものの認定できる非行事実のみで主文が変わらないとして抗告を棄却すべき可能性がある場合においても，不受理決定において判断を示すことは期間の制約等から困難であるので（⇨**6**(1)），主文に影響しないことが明白でない限り，抗告受理をしたうえ抗告棄却決定の理由中でその事実誤認等を正す判断を示しておくべきであろう（強姦保護事件につき不処分（非行事実なし），その他の事実につき初等少年院送致とした原決定には事実実誤

441

第32条の4（規第45条の2・第46条の3）　　　　　　　　**第2章　少年の保護事件**

認があるが，本件強姦の事実が認められるとしても初等少年院送致が相当であるから，原決定を取消す必要性はないとして抗告棄却決定をしたものとして，大阪高決平16・12・8家月57・8・104））。

3　申　立　て

検察官が抗告受理の申立てをするには，対象となる決定の告知があった日の翌日から起算して2週間以内に，原裁判所に申立書を差し出してしなければならない（本条1項）。申立期間を徒過した申立書であっても原裁判所には棄却する権限がないので，受付けて高裁に送付する（刑訴375条の準用はないが，帰責事由のない期間徒過には上訴権回復（刑訴362条以下）の準用が認められる（福島家いわき支決平16・9・1家月57・6・170））。この申立書には，抗告受理申立ての理由を具体的に記載する必要がある（規46条の3第1項）。記載が不十分であれば補正を促すべきである。原裁判所は，速やかに申立書を一件記録と共に高等裁判所に送付しなければならない（本条2項，規46条の3第2項）。理由の補充書が追加提出された場合には受理審査に間に合うように早急に追送付すべきである。本条の抗告受理は上告受理（民訴318条1項），事件受理（刑訴406条，刑訴規257条）と異なり，法律問題のみならず，重大な事実誤認をも含むので，記録の検討が必要となるためである。証拠物については，抗告の場合と同様，必要と思われる物だけ送付し，その余は高裁の求めに応じて送付すればよい（規46条の3第9項・45条の2）。しかし，受理の審査は2週間以内に行う必要があるので追送付は特に迅速に行うべきである。原裁判所は，抗告申立の場合と同様に意見を付すことができる（規46条の3第9項・45条2項）が，再度の考案の規定（刑訴423条2項前段）は準用されないものと解される（⇨32条注釈6）。抗告受理申立てがあった場合，その理由と共に少年及び保護者に対し通知が義務付けられている（規46条の3第3項）。少年側に反論等防御の機会を早急に与えるため特に設けられた規定である。収容施設等への通知も抗告の場合と同様になされる（規46条の3第9項・46条）。

4　申立ての対象

申立ての対象は，検察官関与決定（22条の2）がなされた事件に対する不処分決定（23条2項）又は保護処分決定（24条1項・64条1項）である。原審が非行なしとして不処分決定がなされた場合のほか，例えば，殺人の送致事実を誤って過失致死と認定し保護観察処分がなされた事例（その誤認がなければ，少年院

442

第4節　抗　告　　　　　　　　　第32条の4（規第45条の2・第46条の3）

送致あるいは検察官送致となった蓋然性が高い）もあり得るので，事実認定手続に対する国民の信頼確保と少年に対する最適な処遇選択，双方の観点から「保護処分」も申立ての対象とされたものと解される。保護処分のうち，保護観察，児童自立支援施設又は児童養護施設送致の各決定が，これに当たることは問題がない。少年院送致決定についても，事実誤認がなければ，少年院の種類が異なる場合や短期間又は特別短期間の処遇勧告が付されない場合，事実誤認の結果，20条2項但書に当たると誤認した場合などが考えられるので，対象に含まれると解される（20条2項但書の解釈自体の違法を理由とするものは，後述のように認められない（⇨**5**））。

5　申立ての理由

　検察官関与決定があった事件の非行事実の認定に関し，「決定に影響を及ぼす法令の違反又は重大な事実の誤認があること」とされている。事実認定手続の適正化の観点から導入された経緯から，少年側では認められる処分不当は除外されている。従って，要保護性に関する審理の方式等，非行事実の認定と関係のない法令違反，保護者の監護能力の有無など，要保護性にのみ関わる事実の誤認は，抗告受理申立ての理由から除外されることになる。もっとも，非行事実には犯行の態様，結果のみならず，動機や，当該犯罪に密接に関連する重要な事実も含まれる（17条4項）ことに留意すべきである。なお，20条2項本文・但書のいずれに当たるかの解釈（あてはめ）の誤りを主張する受理申立ては，その実質が処遇に対する不服申立そのものとなるので認められないものと解される（浜井b42頁，伊東135頁）。

　ところで，32条の4第1項には，抗告受理申立ての対象及び理由について検察官関与の「決定がされた場合においては」との限定が付されているところ，22条の2第1項によれば，検察官関与決定は事件単位でなされるものとされている。しかし，併合審理（規25条の2）の原則から，検察官関与事件とその他の事件が併合審理されている場合，検察官関与事件とその他の事件で，非行事実の存否に関する判断が分かれた場合における抗告受理申立ての可否については，困難な問題が生じると思われる。そこで，原審で検察官関与決定のあった事件をA事件，その他の事件をB事件として検討を加えておく（この点に関し，浜井b43頁，60年概観271頁参照）。

　(1)　**A事件・非行なし，B事件・保護処分決定**　　この場合，実務では，A事

第32条の4（規第45条の2・第46条の3）　　　　　　　　　第2章　少年の保護事件

件についての不処分決定を主文に併記するか，非行なしの判断を理由中に記載するか，いずれかの取扱が行われている（⇨24条注釈**9**(6)）。そして，A事件につき，仮に非行事実が認められれば，当然B事件と併せて処分が決定されるものと考えられること，抗告審において申立ての理由が結論に影響するか否かを判断するためには，B事件も検討しなければならないこと等を考え併せると，受理申立ての理由自体は，A事件に関する事由しか主張できないが，申立受理の効果は決定全体に及び，A・B両事件に移審の効果が生じると解される（仙台高決平16・10・29家月57・6・174，大阪高決平16・12・8家月57・8・104）。

(2)　**A事件・非行なし，B事件・検送決定**　　この場合，実務では，決定書の主文にB事件についての検送決定とA事件についての不処分決定を併記する扱いがほとんどであると思われる。そして，検送決定は，罪となるべき事実を特定したうえで事件を検察官に送致するもので，当該事件を保護手続から刑事手続に移行させるもので，不服申立も許されていないから（⇨20条注釈**8・9**），B事件はA事件と当然に分離されて検察官に送致されることになる。従って，申立ての対象は，A事件についてなされた不処分決定のみということになろう。

(3)　**A事件・非行なし，B事件・非行ありとし併せて不処分決定**　　この場合には，決定書の主文に不処分決定が表示され，理由中で，A事件について非行事実なしの判断が，B事件について非行事実を認定したうえで，要保護性なしの判断が，それぞれ示されることになる。A事件について，仮に非行事実が認められれば，当然B事件と併せて処分が決定されると考えられること，抗告審において申立ての理由が結論に影響するか否かを判断するためには，B事件も併せて検討しなければならないこと等を考えると，受理申立ての理由は，A事件に関する事由しか主張できないものの，申立受理の効果は不処分決定全体に及び，A・B両事件に移審の効果が生じることになると考えるべきであろう。

なお，移審を事件単位に限定する立場（植村d18頁，裁コ〔溝國〕402頁）があるが，A・B両事件の非行事実が認められると適切な処分が変動する場合（例えば，保護処分が検察官送致に，保護観察が少年院送致に）などには対応できない点などに問題がある。

444

第4節　抗　告　　　　　　　　　　第32条の4（規第45条の2・第46条の3）

6　高等裁判所の手続

(1)　**不受理決定**　　高等裁判所は，原裁判所から抗告受理申立書の送付を受けた日から2週間以内に，抗告審として事件を受理するか否かを決定する。受理しない場合には，その旨の決定（不受理決定）をしなければならない（規46条の3第7項）。不受理決定には，受理しない理由を示す必要はないと解されるが，重要な争点については判断を示すことも可能であり，望ましいといえよう。しかし，2週間以内という厳格な期間制限があるので，詳細な判断は困難な場合が多いと思われ，重要な争点について判断を示すべき場合には，受理決定をしたうえ，抗告棄却決定の理由中でその判断を示すことが妥当であろう（廣瀬m59頁。不受理決定の理由中の説明によるべきとする立場（伊東133頁等）もあるが，審査の事実上の困難性（長岡(哲)b691頁参照）に加え，少年に不利益な認定替えに関する判断を申立ての受理審査で行うことの問題性も否定し難い）。

(2)　**抗告受理決定**　　高等裁判所は，抗告受理の申立てがされた場合に，抗告審として事件を受理するのを相当と認めるときは抗告受理決定をすることができる（抗告受理した重要な事例として，最決平17・3・30刑集59・2・79の抗告審決定，最決平20・7・11刑集62・7・1927の第2次抗告審決定がある）。この場合，申立ての理由中，要件に当たらないものは勿論，重要でないと認めるものは排除することができる（本条4項，規46条の3第4項）。

　抗告受理決定があると，抗告があったものとみなされ（本条6項），事件は通常の抗告事件として取扱われることになる。少年側の抗告もされている場合には双方からの抗告となるが，抗告事件としては1個であり，併合決定を要せず，一括処理される。また，少年に弁護士である付添人がいない場合は，国選付添人の選任が必要となる（32条の5，規46条の4）。抗告受理決定の告知は相当な方法で足りる（規3条4項）が，期間内に検察官に到達する必要があることに留意すべきである（本条5項はその趣旨である）。受理された場合，抗告受理の申立ての理由（排除されたものを除く）が抗告の趣意（32条の2）とみなされる。少年及び保護者に対する抗告受理決定の内容の通知及び少年のいる少年院等の施設長等への通知がそれぞれ義務付けられている（規46条の3第5・6項）。保護観察中の少年の場合には，保護観察所長にも通知すべきであろう。

445

第32条の5（規第46条の4）　　　　　　　　　　　　第2章　少年の保護事件

（抗告審における国選付添人）

第32条の5　①　前条第3項の決定があつた場合において，少年に弁護士である付添人がないときは，抗告裁判所は，弁護士である付添人を付さなければならない。

②　抗告裁判所は，第22条の3第2項に規定する事件（家庭裁判所において第17条第1項第2号の措置がとられたものに限る。）について，少年に弁護士である付添人がなく，かつ，事案の内容，保護者の有無その他の事情を考慮し，抗告審の審理に弁護士である付添人が関与する必要があると認めるときは，弁護士である付添人を付することができる。

（抗告審における国選付添人の選任等・法第32条の5等）

規則第46条の4　①　第30条の3第1項及び第2項の規定は，抗告裁判所が弁護士である付添人を付すべき場合（法第32条の5第2項の場合を除く。）について準用する。

②　法第32条の5の規定又は法第32条の6において準用する法第22条の3第1項の規定により抗告裁判所が付すべき付添人は，当該抗告裁判所の所在地を管轄する家庭裁判所の管轄区域内に在る弁護士会に所属する弁護士の中から裁判長がこれを選任しなければならない。ただし，その管轄区域内に選任すべき事件について付添人としての活動をすることのできる弁護士がないときその他やむを得ない事情があるときは，これに隣接する他の家庭裁判所の管轄区域内に在る弁護士会に所属する弁護士その他適当な弁護士の中からこれを選任することができる。

③　裁判長は，前項の規定にかかわらず，抗告審の審理のため特に必要があると認めるときは，原裁判所が付した付添人であつた弁護士を付添人に選任することができる。

④　第30条の3第4項の規定は，前2項の規定により裁判長が付添人を選任した場合について準用する。

1　本条の趣旨

少年の権利保護のために，付添人は重要な役割を果たす。とりわけ検察官が少年審判手続に関与する場合には，それとの権衡上，少年の利益を守るために，法律専門家である弁護士の付添人を付すことが要求される。そこで，平成12年改正により22条の3第1項が設けられ，家庭裁判所の審判手続に検察官が関与する場合に，少年に弁護士付添人がないときは，家庭裁判所が職権でこれを付する国選付添人制度が導入された（⇨22条の3注釈・10条注釈**6**）。検察官の

第4節　抗　告　　　　　　　　　　　　　　　　　　　　第32条の5（規第46条の4）

抗告受理申立てに基づき抗告受理決定がなされたときにも，権利保護の必要性が高いので，少年に弁護士付添人がないときは，抗告裁判所において，これを付することとされ，検察官の関与がなくても国選付添人が付されることになった。更に平成19年改正により本条2項が追加され，少年の抗告事件のうち，一定の重大事件で観護措置がとられた場合（その意義につき⇨22条の3注釈3）には，抗告裁判所の裁量により国選付添人を付すことが認められた。そして，平成26年改正により国選付添人を付すことができる事件の範囲が拡大され，これにより，新たに傷害，窃盗，恐喝，過失運転致死傷などの事件の抗告審についても，国選で弁護士付添人を付すことができるようになった（改正の趣旨等につき⇨22条の3注釈）。

2　選任手続等

高等裁判所は，抗告受理決定をした場合に，少年に弁護士である付添人がないときは，遅滞なく少年に対し，一定の期間を定めて弁護士である付添人を選任するかどうかについて回答を求めなければならない（規46条の4第1項・30条の3第1項）。この期間内に回答がなく，又は弁護士である付添人の選任がないときは，裁判長は，直ちに弁護士である付添人を選任しなければならない（規46条の4第1項・30条の3第2項）。本条2項の付添人は裁量で付されるので，22条の3第2項の場合と同様に照会手続は義務付けられていない（小田ほか155頁）。これらの付添人は，原則として，抗告裁判所の所在地を管轄する家庭裁判所の管轄区内の弁護士の中から選任し，やむを得ない事情があれば，その隣接家庭裁判所の管轄区域内の弁護士その他適当な弁護士の中から選任する（規46条の4第2項）。以上，基本的には家庭裁判所における選任と同様であるが（⇨22条の3注釈），抗告審の審理のため特に必要があると認めるときには，原裁判所が付した付添人であった弁護士を再度選任することも認められた（規46条の4第3項）。少年保護事件における少年と付添人の信頼関係確立の重要性に配慮し，少年抗告審において特別な例外を認めたものである（裁コ〔溝國〕406頁。刑事事件においても，原審の国選弁護人を控訴審で選任することは原則として認められていない。刑訴規29条3項）。

第 32 条の 6（規第 46 条の 5）　　　　　　　　　　　　　　　第 2 章　少年の保護事件

（準用）
第 32 条の 6　第 32 条の 2，第 32 条の 3 及び前条に定めるもののほか，抗
　告審の審理については，その性質に反しない限り，家庭裁判所の審判に
　関する規定を準用する。
（準用規定）
規則第 46 条の 5　前条に定めるもののほか，抗告審の審理については，その
　性質に反しない限り，家庭裁判所の審判に関する規定を準用する。

　本条は，抗告審の審理について，抗告審の事後審としての性質に反しない限
り，家庭裁判所の審判に関する規定が準用されることを定めている。準用され
る主要な規定は，付添人の選任に関する規定（10 条），呼出・同行に関する規
定（11〜13 条），証人尋問等に関する規定（14・15 条），援助協力に関する規定
（16 条），証人等の費用及びその徴収に関する規定（30・31 条）等のほか，平成
12 年改正により新設され，平成 26 年改正で対象事件が拡大された検察官関与
に関する規定（22 条の 2），国選付添人に関する規定（22 条の 3）である。そのた
め，22 条の 2・同条の 3 の準用により，抗告審において事実の取調べを行う場
合にも，検察官及び弁護士である付添人を関与させた審理が可能である。検察
官関与の申出，求意見，関与決定，検察官の権限等も基本的には家庭裁判所に
おけるそれと同様のものとなり，検察官による記録等の閲覧・謄写，証拠調の
申出，証人尋問・少年への質問への立会・尋問等も行うことができる（⇨22 条
の 2 注釈）。もっとも，抗告受理申立ての規定（32 条の 4）は準用から除外されて
いるので，抗告審に関与した検察官であっても抗告審の決定に対する不服申立
の余地はない。
　なお，審判に関する規定とされているが，被害者等への配慮の充実として新
設された被害者等の記録の閲覧・謄写（5 条の 2）は，抗告審に直接適用される。
他方，被害者等の審判傍聴（22 条の 4）の規定，被害者等に対する説明（22 条の
6）は抗告審には準用されないと解される（⇨22 条の 4 注釈，22 条の 6 注釈）。また，
被害者等の意見聴取（9 条の 2），被害者等への審判結果の通知（31 条の 2）につ
いては準用までは認められないものの，裁量的に行うことは可能であり（川口
（宰）b 32 頁），その立法趣旨を考えると（⇨各条注釈）弊害がない限り，積極的な
運用が望ましいと思われる。もっとも，被害者等の意見陳述（9 条の 2）につい

448

第4節　抗　告　　　　　　　　　　　　　　　　　第 33 条（規第 48 条〜第 52 条）

ては，事後審的な運用（⇨32条の2注釈）との関係上，新たな事実の取調べを行った場合以外は認めないという判断もあり得よう（白木 a 148 頁参照）。審判結果通知については，いずれの場合も合理性があろう（⇨31 条の 2 注釈）。

　規則についても，同様に，家庭裁判所の審判に関する規定の準用が認められている（規 46 条の 5）。

> **（抗告審の裁判）**
> **第 33 条**　①　抗告の手続がその規定に違反したとき，又は抗告が理由のないときは，決定をもつて，抗告を棄却しなければならない。
> ②　抗告が理由のあるときは，決定をもつて，原決定を取り消して，事件を原裁判所に差し戻し，又は他の家庭裁判所に移送しなければならない。
> **（検察官に対する決定の通知）**
> **規則第 48 条**　抗告裁判所は，法第 22 条の 2 第 1 項（第 32 条の 6 において準用する場合を含む。）の決定があつた事件について法第 33 条の決定をしたときは，その旨を検察官に通知しなければならない。
> **規則第 49 条及び第 50 条**　削除
> **（決定の効力等）**
> **規則第 51 条**　①　抗告裁判所は，原決定を取り消す決定が確定した場合において，少年が児童自立支援施設，児童養護施設又は少年院にいるときは，直ちにこれらの施設の長に対し，事件の差戻し又は移送を受けた家庭裁判所にその少年を送致すべきことを命じなければならない。
> ②　前項の場合には，施設の長は，直ちに所属の職員をして事件の差戻し又は移送を受けた家庭裁判所に少年を送致させなければならない。
> **（差戻し又は移送後の審判）**
> **規則第 52 条**　①　抗告裁判所から差戻し又は移送を受けた事件については，更に審判をしなければならない。
> ②　前項の場合には，原決定に関与した裁判官は，審判に関与することができない。

1　抗告審の裁判

　本条は，抗告審である高等裁判所（裁 16 条 2 号）の抗告に対する裁判について規定したものである。

　(1)　**裁判の種類**　抗告が規定に違反し不適法な場合，又は抗告理由の認められない場合には，抗告を棄却し（本条 1 項），抗告が理由のある場合には，原

第33条（規第48条〜第52条）　　　　　　　　　　　　　第2章　少年の保護事件

決定を取消し，事件をその保護処分をした家庭裁判所に差戻し，又は他の家庭裁判所に移送する（本条2項）。いずれも決定をもって行う。原裁判所に管轄権がない場合だけでなく，少年の保護の適正を期すため，他の管轄家庭裁判所に移送することもできる（伊藤(政)b 25頁，近藤a 80頁，平場365頁，仙台高決昭46・12・8家月24・11・86，名古屋高決平2・11・26家月43・5・44）。

　(2)　**自判制度**　　審査の結果，抗告審が直ちに他の保護処分決定，不処分決定をする自判は認められていない。非行事実が認められない場合にも，保護・教育の観点から虞犯として扱う必要性を家庭裁判所に判断させる実益は考えられる（41条・42条1項各後段参照。⇨3条注釈4。ただし，特定少年には妥当しない（65条1項））。もっとも，立法論としては，事実認定が争われ，人違いなどで非行事実が認められないため保護処分が取消される場合などには，速やかに少年を手続から解放するためにも自判制度を認める必要性・合理性がある（平場365頁，葛野b 7頁。自判の必要性・合理性について，廣瀬・少年法406頁，植村d 33頁以下，守屋h 226頁，川出314頁，ケース少年事件〔加藤〕266頁等）。

2　少年抗告審の運用上の留意点

　自判制度が存在しない点が，少年保護事件の抗告審と刑事事件の控訴審との大きな違いの一つであり，運用にあたって十分留意されるべき点である。立法論はあるものの，現在の制度に即した解釈・運用として，次の2点が重要と思われる。一つは，原決定取消の謙抑的な運用である。これは家庭裁判所の裁量権の尊重及び主文に影響しない決定内容の瑕疵による取消が限定されることから導かれる（⇨32条注釈3）。もう一つは抗告棄却決定の理由中の判断の重要性である。前者の運用によって保護処分の安定性や少年の情操保護という保護・教育主義の要請には応えられることになるが，少年審判のもう一つの要請である犯罪対策（被害感情，正義感情の満足），司法機能（少年の権利保護，適正な事実認定・法令の適用）という側面に対応するには，家庭裁判所の事実認定上の過誤や手続上の問題点については，これを指摘し事実上是正することが必要かつ有効である。この観点から，選択された保護処分が妥当であるため抗告を棄却する場合であっても，抗告審の審査過程で発見された問題点については，軽微なものを除いて，抗告棄却決定の理由中でそれを指摘し，抗告審としての判断を示しておくべきである。例えば，家庭裁判所の措置や事実認定に問題がある場合，正しい審判運営の在り方や論理則，経験則等の観点から適正な事実認定がその

第4節　抗　告　　　　　　　　　　　　　　　　第33条（規第48条〜第52条）

理由と共に示されることは，少年，被害者双方にとって，その納得に資するものであり，ひいては，少年審判制度に対する信頼確保，少年の更生意欲の喚起等にも繋がるものといえよう。

3　原決定取消に伴う措置

保護処分は決定と同時に執行力を生じ（刑罰は確定を待って執行力が生じる。刑訴471条），抗告にも執行停止の効力はないため（⇨34条注釈），収容を伴う保護処分執行中の少年に対する原決定を取消した場合，その少年の身柄についての配慮が必要となる。規則51条はその場合の規定である。抗告裁判所は，原決定を取消した場合（検察官の抗告受理申立て（32条の4）により取消された場合には少年側が再抗告を申立てることができるので，平成12年改正に伴い取消決定が確定した場合と文言が改められた）に少年が少年院等の施設にいるときは，直ちにこれらの施設の長に対し事件の差戻又は移送を受けた家庭裁判所に少年を送致するように命じ（規51条1項。東京高決平20・8・20家月61・3・80，札幌高決平10・11・4家月51・7・100，東京高決平11・1・21家月51・6・86など。裁コ〔溝國〕410頁），その施設の長は直ちに所属の職員にその家庭裁判所へ少年を送致させなければならない（同条2項）。少年の身柄送致を受けた家庭裁判所は改めて観護措置をとることができ，その期間は，先に執られた観護措置の残りの期間に限られない（最決平5・11・24刑集47・9・217／家月46・2・180〔百選33〕。⇨17条注釈4(1)）。

4　差戻・移送を受けた家庭裁判所の権限

事件の差戻又は移送を受けた家庭裁判所（受差戻審）は，その事件について，更に審判しなければならないが（規52条1項），原決定をした裁判官は，この審判に関与できない（同条2項。なお，平成12年改正により，裁定合議制が導入（⇨4条注釈3）されたのに伴い文言が改められた）。刑事訴訟の前審関与（刑訴20条7号）と同趣旨である。抗告受理申立て制度の新設に伴い，受差戻審として非行事実の存否に関し拘束力の及ぶ範囲を確認したうえ，独自の証拠評価・適正な事実認定を行う必要性も指摘されている（植村d17頁）。このほか次のような権限の制約・限界が問題とされている。

(1)　**取消決定の拘束力**　　受差戻審は抗告裁判所の示した判断に拘束される（裁4条）。これは上訴制度の本質的な要請といえるが，少年保護手続においては，少年に対する保護・教育，情操保護（1条，規1条）の観点から，少年の地位を早期に安定させる必要があり，抗告審の判断尊重の要請はこの観点からも

451

第 33 条（規第 48 条〜第 52 条）　　　　　　　　　　　第 2 章　少年の保護事件

認められる。特に少年の不服申立が容れられて取消決定がなされた場合，それが更に変更されることによる少年の心情・更生意欲等への悪影響は重大である。要保護性については家庭裁判所の判断の専門性が尊重される合理性があり（⇨32 条注釈 3），受差戻審において新たな証拠調をした結果，抗告審と異なる心証を形成することまで禁じるものではないこと（浜井ほか 260 頁，荒木（伸）c 67 頁）から，受差戻審での審判の結果，抗告審と異なる要保護性判断や事実認定に到達する可能性もあり得る。しかし，非行事実の認定に関しては，家庭裁判所の判断の専門性は重視できず，抗告審の判断は刑事訴訟同様に尊重されるべきであるから，受差戻審における証拠調は必要性を慎重に吟味し最小限度にすべきである（浜井ほか 260 頁，ケース少年事件〔加藤〕267 頁）。抗告審決定を踏まえた受差戻審の証拠採否の在り方に関し，最決平 20・7・11 刑集 62・7・1927 参照（同事案では，第 1 次抗告審決定は受差戻審に更なる証拠調べを求めたものではなく，新たな証拠を取調べることによって，第 1 次抗告審決定の結論が覆る蓋然性があったとも認められないことに加え，本件の審理経過や早期，迅速な処理が要請される少年保護事件の特質をも考慮すると，受差戻審が新たな証拠を取調べなかった措置は合理的な裁量の範囲内とした。判解刑平 20・550〔家令〕，北村 b 239 頁，廣瀬 u 629 頁，守屋 h 226 頁など参照）。他方，受差戻審は，新たな証拠調を行わない以上，抗告審決定が示した原決定に対する消極的否定的判断に拘束される（前掲最決平 20・7・11，最判昭 43・10・25 刑集 22・11・961。他方，積極的肯定的判断には拘束力は生じない（60 年概観 273 頁）。ただし，取消理由の当然の前提となった抗告理由については，拘束力を生じる場合もあり得る（最決令 5・10・11 刑集 77・7・39 参照））。要保護性についても，少年の情操保護などの観点からできるだけ抗告審の判断を尊重する運用が心掛けられるべきであろう（浜井ほか 266 頁。抗告審の判断を尊重した事例として，前橋家決平 9・2・26 家月 49・9・135，那覇家決平 11・3・19 家月 51・8・75 参照。なお，原決定後の要保護性の変化をも考慮した事例として，東京家決平 11・7・5 家月 52・8・65，同平 13・11・29 家月 54・4・106（東京高決平 13・8・15 の受差戻審），水戸家下妻支決平 15・3・24 家月 55・9・88（東京高決平 15・3・11 の受差戻審）参照）。この点を考慮し，支部事件を本庁に差戻す事例がある（仙台高秋田支決平 16・4・9 家月 58・5・125 等）。差戻先について，植村 d 35 頁，同 e 54 頁，同 f 162 頁・306 頁。

　(2)　**不利益変更の可否**　　刑事訴訟において被告人側のみの上訴の場合には原裁判より不利益な刑は科されない（刑訴 402 条）。少年法には，この趣旨の規

第4節　抗　告　　　　　　　　　　　　　　第33条（規第48条～第52条）

定はないので，同様の原則を認めるべきかについて議論がある。

　⑦　**積極説**　　①抗告申立権者が少年側に限定され，抗告制度が少年に対する不利益処分を利益に変更するためのものと解されること，②抗告権の行使を萎縮させないための不利益変更禁止原則は，明文がなくても抗告権保障に当然伴うものであり，未熟な少年についてはよりこれを認める必要性は高いこと，③抗告審の審査対象が少年側主張の抗告理由に限定されていることから，これを逸脱する少年に不利益な判断はできないと解されることなどを根拠に，刑訴402条の準用ないしは少年審判制度に内在するものとしてこれを認める立場である（伊藤（政）b 27頁，高田（昭）b 34頁，多田（元）c 98頁，斉藤 c 104頁，浜井ほか 263頁。東京地八王子支判平 7・6・20家月 47・12・64（最判平 9・9・18家月 50・1・166〔百選84〕の原々審）及び東京高判平 8・7・5家月 48・9・86（同最判の原審）も，主として②の理由から少年審判手続にもこの原則は認められるとしている。裁コ〔溝國〕412頁も参照）。もっとも，抗告審が自判できないので，原決定の保護処分と受差戻（移送）審の決定との間で不利益か否かが問題とされ，不利益性の判断を個別的・実質的に行うか（前掲東京高判平 8・7・5），類型的・法律的に行うか（前掲東京地八王子支判平 7・6・20）については説が分かれている。更に，抗告権行使の萎縮・躊躇の防止を論拠とする以上，不利益か否かの判断は刑事訴訟と同様に処分相互の具体的，実質的な不利益性を比較検討すべきではないか（浜井ほか 265頁），検察官送致決定は，事件を家庭裁判所から検察官に送致するという手続上の中間的処分で実体的処遇についての判断が行われたものではないので不利益判断の対象とならないか（前掲東京高判平 8・7・5，浜井ほか 265頁），不利益判断の比較の対象に含めるか（前掲東京地八王子支判平 7・6・20等），この原則の適用範囲を保護処分相互間に限るべきではないか（浜井ほか 269頁注(47)）など，解決すべき問題点がなお残されている（平成12年改正により，検察官の抗告受理申立てが認められたので①の論拠は弱められたともいえよう。なお，刑事事件では重い刑への変更が禁止されるが，事実認定の不利益変更は可能であること（田宮 469頁）に留意すべきである）。

　⑦　**消極説**　　①上訴をどのように認めるかは立法政策の問題で不利益変更禁止を認めることが当然とはいえず，特に国側の抗告を認めない現行制度では職権是正を認める制度の方が合理的であること（ドイツの教育処分・懲戒処分の範囲・処分相互の選択については裁量判断として上訴は認められず，英・米では不利益変更禁止が認められない場合がある），②最適な処遇を選択する保護教育の観点からは抗

453

第 33 条（規第 48 条～第 52 条）　　　　　　　　　　　第 2 章　少年の保護事件

告審の裁量権を広く認める方が望ましいこと，③少年法には処遇の軽重を定める規定もなく，処遇決定相互の不利益性の判断自体類型的にも自明ではないこと，④少年法にはその旨の禁止規定がないうえ，要保護性が重視され，最新の処分時の要保護性を基礎に処分を決定すべきであり，過去の一回的事実を審理対象とする刑事裁判とは異なること，⑤抗告審は事後審であるが原決定後の要保護性変化を考慮できること，⑥抗告後少年が成人に達した場合に原決定が取消されると年齢超過による検察官送致とされ，実質的に不利益な変更となる場合があるが，これを回避するための規定がないことなどが根拠とされているが，この説も，抗告審の自判が認められていない点をどう説明すべきかなどの問題点がある（詳細について，浜井ほか 264 頁以下参照。前掲最判平 9・9・18 は，この原則の適用の有無には直接触れていないが，井嶋裁判官は，①②④⑤などと実質的に同旨の反対意見を述べている。この最高裁判例の解説として，池田＝中谷。川出 318 頁，川出ｂ 16 頁は④の観点から保護処分相互間では消極説を支持している）。

　(3)　**検察官送致の制限**　　前掲最高裁判決（平 9・9・18）は，不利益変更禁止の原則の適否を判断せずに，保護処分優先主義，刑事処分の一般的・類型的不利益性，少年側にのみ抗告が認められたのは少年の権利保護のためであることなどを挙げ，保護処分決定に対する少年側からの抗告に基づきその決定が取消された場合には受差戻審が 20 条による検察官送致決定をすることは許されないと解した（解説として，池田＝中谷，〔百選 84〕，猪瀬ｅ，裁コ〔溝國〕414 頁）。結論的に正当と思われるが，一般的不利益性の議論（その意義について，池田＝中谷 152 頁）は，刑事処分の位置付（⇨20 条注釈 2(3)，廣瀬ｇ 394 頁），抗告の利益に関して論じた少年保護手続の特質・実質主義の観点からの批判もあり得よう（⇨32 条注釈 3(4)）。また，少年側のみに抗告権を保障したからといって抗告審の職権による不利益変更とは矛盾しないといえよう（川出ｂ 21 頁）。前述した少年の地位の早期安定・情操保護等の要請から，一旦保護処分を選択した以上，刑事裁判所に判断を委ねることによる手続の遅延が必至な検察官送致は制限されると考えることもできよう（浜井ほか 266 頁参照。川出ｂ 20 頁は，少年の手続的な負担をも考慮した一般的不利益性から検察官送致は許されないとしている）。もっとも，平成 12 年改正により，裁量的なものではあるが，検察官の抗告受理申立てが認められた（32 条の 4）。この結果，少年側に不利な抗告が全く認められていないという点については，その限度で修正されたものといえ，検察官の申立てが受理され

454

第4節　抗　告　　　　　　　　　　　　　　　　　　　第34条（規第47条）

て抗告審で原決定が取消され，受差戻審において非行事実の認定が改められた
場合に行われる検察官送致は制限されないものと解すべきである（前掲最高裁判
決は，少年側の抗告による差戻の場合についての判示であり，検察官の抗告受理申立てに基
づく抗告について触れたものではなく，検察官の抗告を認める改正に消極的なものでもない。
池田＝中谷153頁参照）。

> **（執行の停止）**
> **第34条**　抗告は，執行を停止する効力を有しない。但し，原裁判所又は
> 　抗告裁判所は，決定をもつて，執行を停止することができる。
> **（執行停止の決定をする裁判所・法第34条）**
> 　**規則第47条**　抗告中の事件について原決定の執行を停止する決定は，記録が
> 　　抗告裁判所に到達する前は，原裁判所が，到達した後は，抗告裁判所がする
> 　　ものとする。

1　保護処分決定と執行力

　保護処分決定は決定の告知（言渡，規3条1項1号）と同時に執行力を生じる。
裁判の確定を待って執行力が生じる刑罰（刑訴471条）と異なるのは，保護処分
が少年の保護を目的とした教育的処分であることから，その専門的機関である
家庭裁判所がその必要を認めて保護処分に付した以上，空白を生じさせず直ち
に執行に着手することが好ましいと考えられたことによる（団藤＝森田329頁，
平場313頁等。独・仏でも不服申立の執行停止効の制限，仮執行・一部の刑の執行などが認
められている。廣瀬f61・85頁）。このため抗告には執行停止の効力は認められな
い（本条本文）。

2　執行の停止

　執行停止の必要がある場合には，原裁判所又は抗告裁判所が決定で行う（本
条但書。原裁判所が執行停止したものとして，静岡家沼津支決昭32・6・21家月9・10・56，
抗告裁判所が執行停止したものとして，東京高決昭34・9・29家月12・1・113，大阪高決昭
37・12・21家月15・5・122，広島高決昭40・5・10家月18・1・109，広島高岡山支決昭
42・3・29家月20・9・123など。裁コ〔溝國〕418頁参照）。担当裁判所は記録到達の前
後により定まる（規47条）。当事者に執行停止の申立権はなく申立ては裁判所
の職権発動を促すに止まる（団藤＝森田330頁）。非行事実の認定を争って抗告

455

第35条（規第53条・第54条）　　　　　　　　　　　　　　　第2章　少年の保護事件

された場合，原則として執行停止すべきとの説もあるが（荒木（伸）d 38頁），この立場では事実誤認を理由とする抗告の場合，裁判の確定まで適時・適切な処遇が行えないことにもなりかねない。保護処分決定には，確信の心証を要する以上（⇨24条注釈1(2)），抗告審において，原審の判断に重大な事実誤認の疑いが残るとの心証を抱いた時点で執行停止を行うという運用が相当であり，実務の一般的傾向でもある（浜井ほか257頁）。なお，抗告受理申立て（32条の4）の場合の執行停止について，植村d 22頁。

執行停止決定は相当と認める方法によって少年に告知し（規3条4項），執行機関の長に通知する。少年が施設に収容されている場合には裁判所からの通知に基づいて釈放されるので，その施設のほか，保護者，付添人等にもその旨連絡し，身柄の引渡が円滑に行われるよう配慮することが望ましい（団藤＝森田330頁）。

（再抗告）

第35条　①　抗告裁判所のした第33条の決定に対しては，憲法に違反し，若しくは憲法の解釈に誤りがあること，又は最高裁判所若しくは控訴裁判所である高等裁判所の判例と相反する判断をしたことを理由とする場合に限り，少年，その法定代理人又は付添人から，最高裁判所に対し，2週間以内に，特に抗告をすることができる。ただし，付添人は，選任者である保護者の明示した意思に反して，抗告をすることができない。

②　第32条の2，第32条の3，第32条の5第2項及び第32条の6から前条までの規定は，前項の場合に，これを準用する。この場合において，第33条第2項中「取り消して，事件を原裁判所に差し戻し，又は他の家庭裁判所に移送しなければならない」とあるのは，「取り消さなければならない。この場合には，家庭裁判所の決定を取り消して，事件を家庭裁判所に差し戻し，又は他の家庭裁判所に移送することができる」と読み替えるものとする。

規則第53条　削除

（準用規定）

規則第54条　法第35条第1項本文の抗告については，第43条から第46条の2まで，第46条の4から第48条まで，第51条及び第52条の規定を準用する。この場合において，第46条の2中「検察官関与決定をした事件についてした保護処分の決定」とあるのは「法第22条の2第1項（第32条の6に

第4節　抗　告　　　　　　　　　　　　　第35条（規第53条・第54条）

> おいて準用する場合を含む。）の決定があつた事件についてした法第33条の決定」と，第48条中「第32条の6」とあるのは「第32条の6（第35条第2項前段において準用する場合を含む。）」と，「第33条」とあるのは「第35条第2項前段において準用する第33条」と読み替えるものとする。

1　本条の趣旨

　本条は，抗告審の決定（33条）に対する不服申立である「再抗告」に関して定める。従前再抗告は抗告棄却決定にのみ認められていたが，平成12年改正により，検察官による抗告受理申立てが設けられたことにより（32条の4），その申立てを認める決定（原裁判取消）に対する再抗告も認められた。再抗告の理由・申立権者・申立期間を定めると共に，抗告同様，付添人は，選任者である保護者の明示した意思に反し申立権を行使できないことを定めている。また，抗告審に関する規定を準用している。

2　再抗告の理由

　再抗告の理由は，①憲法違反，②憲法解釈の誤り，③最高裁判所若しくは控訴裁判所である高等裁判所の判例と相反する判断をした場合に限られる。「憲法解釈の誤り」とは，原決定が，抗告趣意に対する判断又は職権による判断に際し，憲法上の判断を示した場合に，それが誤りであることをいい，「憲法違反」とは，それ以外の違憲，即ち，原決定及び原審の審理手続の違憲をいう（近藤a85頁）。最高裁判所に，法令審査権（憲81条）を行使させ，判例統一の機能を果たさせるために，再抗告の制度が認められている。判例違反が，控訴裁判所である高等裁判所の判例に限定され，抗告裁判所の判例統一機能がない点は，立法の不備と指摘されている（平場366頁，近藤a85頁）。

　再抗告の理由が認められない場合でも32条所定の事由があってこれを取消さなければ著しく正義に反すると認められるときは，職権により原決定を取消すことができる（近藤a86頁，平場367頁，澤登209頁，裁コ〔溝國〕421頁，最決昭58・9・5刑集37・7・901／家月35・11・113，最決昭62・3・24集刑245・1211，最決平20・7・11刑集62・7・1927。反対，土本b75頁）。

3　申立権者・申立期間

　抗告の場合と同様であり，少年，その法定代理人，付添人が，対象となる決定の告知のあった日の翌日から2週間以内に，再抗告できる。付添人選任届が

第35条（規第53条・第54条）　　　　　　　　　　　第2章　少年の保護事件

提出されていなかった弁護士が再抗告を申立てた場合，申立期間経過後に付添人選任届を提出して追完することはできない（最決平24・5・1家月65・4・56）。保護者でも，法定代理人でない祖父は再抗告権を有しない（最決昭40・7・3家月18・1・108。⇨32条注釈4）。なお，平成12年改正により，検察官に抗告受理の申立て（32条の4）が認められたが，再抗告に関する申立は認められていない（⇨4）。

4　抗告に関する規定の準用

　抗告審の調査の範囲（32条の2），抗告審の事実の取調べ（32条の3），抗告審における一定の重大事件についての国選付添人（32条の5第2項），抗告審の裁判（33条），執行停止（34条）及び家庭裁判所の審判（32条の6）に関する規定が準用されている（本条2項）。また，規則の関係規定（規43・44・45条・45条の2・46条・46条の2・46条の4・46条の5・47・48・51・52条）も準用され，必要な読替がなされている（規54条）。この準用により，最高裁判所が調査できる事由は再抗告の理由となる事由（憲法違反及び判例違反）であるが（32条の2第1項の準用），32条所定の事由が職権判断の対象となる（32条の2第2項の準用）。また，検察官及び国選付添人を関与させることも可能となった（32条の6の準用による22条の2・3の準用）。平成19年改正により国選付添人の裁量的選任も認められた（32条の5第2項の準用）。なお，これらの検察官及び国選付添人が関与できる事件の範囲は，平成26年改正によって拡大されている。もっとも，抗告受理の申立て（32条の4）は準用されていないので，検察官は，抗告審の決定に対しては不服申立はできない。

5　再抗告審の裁判

　最高裁判所は，再抗告の手続が，法又は規則に違反したとき，若しくはその理由がないときは，再抗告を棄却しなければならない（本条2項による33条1項の準用）。再抗告の理由があるとき，又は職権調査により原決定の取消事由が判明したときは，原決定を取消さなければならない。この場合には，保護処分決定を取消して，事件を家庭裁判所に差戻し，又は移送することができる（本条2項による33条2項の準用）。

第4節　抗　告　　　　　　　　　　　　　　第36条・第37条〜第39条

（その他の事項）
第36条　この法律で定めるものの外，保護事件に関して必要な事項は，最高裁判所がこれを定める。

　最高裁判所には，規則制定権が認められているが（憲77条1項），少年保護手続は，純粋な「訴訟に関する手続」ではないところから，本条は，その権限を注意的に規定すると共に，手続に限定されない保護事件に関する法律事項についても特に規則に委任したものと解される（団藤＝森田333頁）。本条に基づいて制定された規則として少年審判規則（昭23・12・21最高裁規33号）がある。
　本条は，「第2章第4節抗告」の最後に位置しているが，規則において定められるのは，抗告に関する事項に限定されず，「保護事件に関して必要な事項」全般に及ぶ（団藤＝森田333頁，条解〔船山〕235頁）。なお，平成12年改正以降の各改正に関しても，それぞれ本条に基づいて，規則の新設，改正が行われている。

第37条　削除（少年法の一部を改正する法律（平成20年法律第71号）による）
第38条　削除（少年法の一部を改正する法律（平成20年法律第71号）による）
第39条　削除（裁判所法等の一部を改正する法律（昭和26年法律第59号）による）

　非行の背後には成人の無理解，不当な取扱が多く，そのような成人の行為が犯罪となる場合の刑事事件は，少年事件を専門に扱う家庭裁判所が取扱うのが適当であること，このような事件は，少年事件の捜査・調査等の過程で発見されることが多く，証拠関係も共通する場合が多いことなどから，少年の福祉を害する成人の刑事事件は，旧第3章・37・38条によって家庭裁判所の管轄とされていた（平場453頁）。しかし，実務上種々の問題点が指摘され立法的解決が求められていた（池本80頁，長岡(哲)a，植村c，廣瀬d等）。これらの提言を受けて，平成20年改正により，これらの事件は，地方・簡易裁判所へ移管され，その結果，家庭裁判所に公訴が提起される刑事事件がなくなることとなった。具体的には，第3章の章名及び37条・38条の規定が削除され，これに伴い，

459

第 37 条～第 39 条　　　　　　　　　　　　　　　　　　第 2 章　少年の保護事件

第 4 章が第 3 章に，第 5 章が第 4 章にそれぞれ改められ，裁判所法，刑訴法の
関係規定の改正が行われた（詳細については，飯島ほか 74 頁以下参照）。

前注

第3章　少年の刑事事件

（前注）

　本章は「少年の刑事事件について特別の措置を講ずる」趣旨で設けられたもので，健全育成の目的（1条）を刑事事件についても図ろうとするものである。

　犯罪少年に対しては，刑事手続を教育的観点から修正した一元的な少年手続をとる法制も少なくない（澤登e，廣瀬f，浜井ほか10頁以下，廣瀬・少年法44頁以下。⇨序説2）。我が国では保護事件が少年法の保護・教育的で柔軟な少年保護手続で扱われ，保護的措置・保護処分に付されるのに対して，刑事事件は基本的には厳格な刑事訴訟手続により刑罰が科されるというように，かなり徹底した二元的な制度がとられている（⇨序説4・5）。

　しかし，犯罪少年についても，全件送致・家裁先議主義（41・42条）がとられて，捜査は保護処分・刑事処分双方を目指すものとされていること，少年保護手続においても刑事処分を選択できること（20条1項），検察官は事件を再送致する場合もあり得ること（45条5号但書），起訴後の公判審理にも教育的な配慮がなされ（49・50条），少年保護手続への事件移送も認められていること（55条），科刑が緩和され，処遇上の配慮がなされていること（51〜54・56〜60条）など健全な育成の指導理念は刑事事件にも及ぼされている（⇨1条注釈5・規1条注釈，団藤＝森田345頁，平場422頁）。なお，平成12年改正により検察官送致の下限年齢の撤廃（20条但書の削除），無期刑緩和の制限（58・51条），平成26年改正により死刑と無期刑の緩和刑の上限の引上（51条2項），不定期刑の引上（52条）などが行われ，令和3年改正により特定少年の特例が設けられたが，基本構造は維持されている。

　このような制度のため，少年事件の過程は，①家庭裁判所の受理前の捜査段階（41〜44・48・49条），②家庭裁判所受理後処遇決定までの段階（第2章・少年保護手続），③検察官送致（20条）された後の段階における捜査から公訴の提起まで，④公訴提起後の公判審理，科刑とその執行（45〜60条）等とされ，①③

461

④が「少年の刑事事件」, ②が「少年の保護事件」とされている。①は形式的には刑事事件であるが実質的には原則として保護事件, ②は形式・実質共に保護事件, ③④は形式的に刑事事件であり実質的にもほとんど刑事事件の性格を持つ (柏木31頁, 平場421頁) というように入組んだ複雑な過程となっている。

　しかし, 健全育成を目指す目的規定 (1条) の下に統合されている以上, 少年刑事事件と保護事件の手続は統一的・有機的に関連して理解され, 運用されるべきものである (条解〔五十嵐〕243頁, 団藤＝森田343頁, 平場421頁)。この点は, 立案過程で刑事手続の特別法との二本立の案も検討されながら, 一本化されて現行法が成立した経過 (浜井ほか133頁) にも示されている。なお, 令和3年の特定少年に関する改正においても目的規定が維持されていることに留意すべきである。

　現状では, 少年の刑事事件については, 特則は設けられているものの, 担当機関・手続共に成人の場合と同じであり, 健全育成の理念 (1条) や保護教育主義の観点からは十分とはいい難い。従前, 検察官送致が少なく, そのほとんどが罰金で処理されていたことなどから (⇨20条注釈), 問題が顕在化してこなかったが, 平成12年改正で原則逆送事件 (20条2項) が設けられ, 少年の刑事事件に対する社会の注目度が格段に高まったこと, 刑事手続における犯罪被害者の手続参加 (刑訴316条の33以下) が平成20 (2008) 年12月, 裁判員裁判が平成21 (2009) 年5月から実施されたこととも相俟って, 少年に対する保護教育主義, とりわけ科学調査主義との調和が重要な課題となっている。少年に対する裁判員裁判の除外や手続公開の制限などの立法措置が早急に検討されるべきである (廣瀬134頁)。少年の刑事裁判の審理方式と社会記録の取扱についての検討として, 川出352頁以下, 廣瀬(f)137頁以下参照。また, 少年・若年成人の刑事事件に対する家庭裁判所の管轄権や保護処分・刑事処分の選択的適用などについても検討課題とすべきであろう (廣瀬x349頁, 廣瀬・少年法562頁以下, 廣瀬・入門207頁以下参照)。

　なお, 旧法では, 検察官が起訴猶予とした事件だけが保護事件として少年審判所で扱われたので, 刑事事件は刑事処分, 保護事件は保護処分を目指す手続として位置付けられていたといえるが (条解〔五十嵐〕243頁, 平場421頁, 団藤＝森田344頁), 運用上はかなり保護優先的であり, 相互に有機的な運用もなされていたことにも留意すべきである (廣瀬g370頁以下, 森田(明)b76頁, 廣瀬・少年法

前注

112 頁，旧 47・62・71 条）。

第1節　通　　則

> **（準拠法例）**
> **第40条**　少年の刑事事件については，この法律で定めるものの外，一般
> の例による。

本条は，少年の刑事事件（⇨本章前注）については，本章の規定が刑訴法，刑
法，刑事施設法等の刑事事件に関する一般の法令に対する特別法であることを
示している（条解〔五十嵐〕245頁，団藤＝森田346頁）。少年保護事件には少年法が
基本規定となり，明文の例外によって刑訴法等が適用・準用されるのと対照的
であり，少年の刑事事件は，原則的には刑訴法，刑法等の一般刑事法の適用を
受けることになる。しかし，少年の健全な育成を期すという指導理念に服する
ことに留意すべきである（⇨1条注釈5・本章前注）。従って，少年事件の捜査に
ついても，この指導理念（1条，規1条）が刑事訴訟の目的（刑訴1条）と共に活
かされるべきである（司研概説133頁，市村141頁，佐藤(忠)786頁，団藤＝森田349
頁，亀山＝赤木54頁）。この趣旨から犯罪捜査規範には少年事件捜査の基本原則
等が規定され，少年警察活動規則等が定められている（⇨付録2）。この観点か
ら，検察官送致が予定されない罰金以下の刑に当たる罪の事件の強制捜査はで
きる限り避けるべきである（平場122頁，佐藤(忠)786・788頁，豊田(健)c76頁，柳
瀬b13頁，蜂谷307頁，亀山＝赤木55頁，吉田(英)44頁）。この点について，⇨41条
注釈9。なお，令和3年改正により，特定少年の検察官送致は罪の限定が外さ
れたので（62条1項），上記の制約は妥当しないこととなった。

「この法律で定めるもの」は本章の規定が対応するが，少年審判規則（8条・
24条の2），刑訴規則（277～282条）にも関係条文があることに留意すべきである。

なお，少年法（52条1・2項）と刑法（68条2号・12条1項・13条1項等）の優先
関係が問題となった事例があるが，少年法の規定が優先すると解されている
（大阪高判平17・9・7家月58・3・149）。

第2節　手　続　　　　　　　　　　　　　　　　　　　　　第41条（規第8条）

第2節　手　　続

（司法警察員の送致）
第41条　司法警察員は，少年の被疑事件について捜査を遂げた結果，罰
金以下の刑にあたる犯罪の嫌疑があるものと思料するときは，これを家
庭裁判所に送致しなければならない。犯罪の嫌疑がない場合でも，家庭
裁判所の審判に付すべき事由があると思料するときは，同様である。
規則第8条　第8条掲出

1　本条の趣旨

司法警察員は，犯罪の捜査を遂げたときは，原則として事件を検察官に送致
しなければならない（刑訴246条本文）が，罰金以下の刑に当たる事件について
は少年が刑事処分に付される余地はないため（20条1項），検察官の手を経る必
要がないので，本条は直接家庭裁判所に送致する特則を定めた。この特則によ
り，少年の罰金以下の刑に当たる犯罪は，検察官請求による被疑者勾留（刑訴
204～207・60条）を認める余地はない。しかし，司法警察員の誤送致，検察官の
誤請求，裁判所の誤勾留の例も絶無ではないので注意を要する。検察官も原則
として家庭裁判所への送致が義務付けられているので（42条），本条及び次条
が相俟って全件送致主義を定めている（⇨42条注釈1）。

もっとも，令和3年改正により，特定少年の被疑事件については，罰金以下
の刑に当たる罪の事件も特定少年の検察官送致の対象とされ（62条1項），本条
の適用は除外された（67条1項）ので，上記の例外となる。

2　「罰金以下の刑にあたる犯罪」の意義

法定刑が罰金・拘留・科料で選択刑として拘禁刑（令和7年6月1日までは禁
錮）以上の刑が含まれていない事件をいう（平場132頁）。このような事件が，
禁錮以上の刑に当たる罪と併合罪・科刑上一罪の関係にあるときは，一般原則
（刑訴246条本文）に従い，全部の事件を併せて検察官に送致すべきである（平場
132頁，団藤＝森田349頁，亀山＝赤木66頁，裁コ〔園原〕429頁，コ少507頁，犯捜規210

465

第41条（規第8条）　　　　　　　　　　　　　　　　　　第3章　少年の刑事事件

条2項）。なお，罰金以下の刑に当たる罪を犯した少年が死亡した場合には，一般原則に戻り検察官に事件を送致すべきである。

3　告訴事件等の送致

警察実務は告訴・告発・自首のあった本条所定の事件も家庭裁判所に送致すべきだとしている（加藤＝吉田42頁）。しかし，本条は刑訴246条の特別規定にすぎず，告訴事件等に関しては，その一般規定である刑訴242・245条が優先的に適用されるべきであること，本条は刑事処分の可能性がないことから検察官の関与を省略したので，その関与が相当な場合に許さない趣旨までは含まないこと，告訴・告発事件は告訴人らの立場の考慮，自首事件は刑の減免の検討などから検察官に送致する必要がある（平場133頁，団藤＝森田349頁，中村（良）a 12頁，菊池35頁，井上（勝）139頁，亀山＝赤木67頁，田岡222頁，豊田（健）c 77頁，裁コ〔園原〕429頁，高松家丸亀支決昭46・12・21家月24・8・90。なお，土本c 40頁は書類等の送付（検察官）と事件送致（家庭裁判所）を分けて行うとし，これに対する反論としてコ少〔葛野〕508頁参照）。これに違反して司法警察員が直接家庭裁判所に送致したときは，家庭裁判所で不開始とすべき（行われた保護処分決定は無効とならない）とする説もあるが（亀山＝赤木67頁），その送致手続の瑕疵は手続を無効とするものではなく，家庭裁判所は事件の実体を審理できる（土本29頁，田岡222頁，豊田（健）c 77頁，前掲高松家丸亀支決昭46・12・21，昭46・10・29家庭局長回答・家月24・2・211）。

4　微罪処分の可否

刑事事件では微罪処分が認められている（刑訴246条但書，犯捜規198条）。しかし，18歳未満の少年の事件では，全ての事件を家庭裁判所に集中させて，保護・教育の見地からの専門的な判断を受けさせることが有効であることから，全件送致主義・家裁中心主義がとられ，刑訴246条但書のような例外を認めていない（⇨42条注釈1）。従って，軽微な事件でも，捜査機関限りで事件を終結させてしまうことは許されず（積極説，山下84頁），必ず家庭裁判所に送致しなければならない（土本30頁，柳瀬a 160頁，田宮a 276頁，亀山＝赤木65頁，奥山b 131頁，中村（良）a 12頁，岩下287頁，裁コ〔園原〕429頁）。もっとも，簡易送致が認められている（⇨8(1)）。なお，令和3年改正により，特定少年は本条の適用除外とされたが，特定少年の事件については，刑の軽重にかかわらず検察官に送致又は送付しなければならないこととされた（犯捜規210条1項但書）。

第2節　手　続　　　　　　　　　　　　　　　　　　　　　　第41条（規第8条）

5　検察官の一般的指示の可否

本条は，事件送致に検察官を関与させない特例を定めているが，必要性がある場合にまで検察官の関与を拒む趣旨とは解されず，例えば20歳以上の者との共犯事件や他の共犯少年が拘禁刑（令和7年6月1日までは禁錮）以上の刑に当たる余罪を有している場合などにつき，取調を含む捜査上の必要がある事例があり，このようなときに検察官が一般的指示権によって検察官への送致を指示することは許されるとする説もある（土本c42頁，柏木164頁）。しかし，一般的指示権は検察官の公訴官としての地位に基づくものであるから，公訴提起を前提としないこの種の事件については，上記のような指示はできないと解される（平場134頁，団藤＝森田352頁，裁コ〔園原〕429頁，コ少〔葛野〕509頁）。

6　拘禁刑以上の刑に当たる犯罪の家庭裁判所への直接送致の効力

司法警察員は，拘禁刑（令和7年6月1日までは禁錮）以上の刑に当たる罪に係る18歳未満の少年の事件は検察官に送致すべきで，直接家庭裁判所に送致することは本条及び刑訴246条に違反するが，その違反送致の効力に関しては見解が分かれている。検察官を関与させようとの立法趣旨を尊重すれば，違法である以上，送致を受けた家庭裁判所は，不開始決定をしたうえ，司法警察員から検察官を経由して家庭裁判所に送致させるべきだとの見解（亀山＝赤木68頁，佐藤(忠)799頁），送致としては無効だが通告として扱い得るとの見解もあるが，検察官送致される事件が実際には少ないこと（⇨図表15・16，図表9），検察官送致後の捜査による補充も可能であること，少年事件の早期送致・早期処理の要請などから，送致は違法であるが，無効ではなく，審判条件を欠く場合には当たらないと解するのが多数説である（東京家決昭55・7・7家月33・1・114，菊池a(1)18頁，早川i222頁，同f169頁，土本47頁，正田b39頁，裁コ〔園原〕430頁）。

7　本条後段の意義

司法警察員による捜査の結果，犯罪の嫌疑がない場合，20歳以上の者であれば検察官に送られ不起訴処分（「嫌疑なし」「嫌疑不十分」）となるが（事件事務規程72条1項），18歳未満の少年の場合には，なお虞犯少年として審判の対象となり得る（3条1項3号。令和3年改正により，特定少年には虞犯の適用は除外された。65条1項）。そこで，虞犯少年となる事由（⇨3条注釈4(5)）があることが判明した場合には家庭裁判所に送致しなければならない。もっとも，14歳以上18歳未満の虞犯少年については，司法警察員の判断により，家庭裁判所に送致又は

第 41 条（規第 8 条） 第 3 章　少年の刑事事件

通告しないで，直接児童相談所に通告することができる（6 条 2 項，なお，犯捜規
215 条 2 号参照）。犯罪の嫌疑がなく，家庭裁判所の審判に付すべき事由もない
と思料する場合については，送致せずに司法警察員限りで処置できるとの説
（加藤＝吉田 47 頁）もあるが，犯罪の捜査をした以上，一般原則に戻り，刑訴
246 条本文に基づき検察官に事件を送致すべきである（平場 131 頁，団藤＝森田
353 頁，菊池 35 頁，岩下 288 頁，亀山＝赤木 66 頁，裁コ〔園原〕430 頁）。

8　送致の方式

　送致の一般的方式は規則 8 条に定められているが，特に軽微な事件について
は簡易送致の特例が認められている。

　(1)　**簡易送致**　　少年の要保護性が乏しい事件については，少年自身の自覚，
家庭・学校等の保護に期待できるものも多く，要保護性の少ない少年は早期に
手続的負担から解放すべきであること，極めて軽微な事件についてまで厳格な
方式に従った送致手続を要求することは司法警察員の事件送致意欲を低下させ
る虞があること，家庭裁判所における重点的な事件処理の必要性などから運用
上の特例を認めたものである（⇨19 条注釈 3 (3)）。最高裁家庭局，最高検察庁，
国家地方警察本部（警察庁の前身）の協議を経て昭和 25 年から実施され（昭和 44
年に改正），各庁の通達に依拠して運用がなされてきたが，平成 17 年に関係機
関の間で基準の見直しが行われ，同年 9 月 1 日以降新たな基準による運用が行
われている（「簡易送致事件の処理について」平 17・7・13 最家二 730 家庭局長通達・家
月 57・10・155）。その概要は，事案が軽微で刑事処分・保護処分の必要がない
ことが明らかな事件について，警察が少年・関係人に訓戒・注意等を加えたう
え，被疑少年ごとに，非行事実及び発覚の端緒，犯罪の動機，事後の情状等を
記載した少年事件簡易送致書等を作成し，これに身上調査表その他の関係書類
を添付して，検察官，家庭裁判所に毎月一括して送致し（犯捜規 214 条），家庭
裁判所は書面審査で特に問題が認められなければ不開始で終局させるというも
のである（詳細について，川出 23 頁以下参照）。一括送致も有効なものであり，必
要と認められる場合には，警察に書類・証拠物の追送を求めて，一般送致事件
同様の調査・審判を行う余地を残しているから全件送致主義自体は維持されて
いる（平場 154 頁，条解〔菊地〕123 頁）。

　(2)　**簡易送致の性格等**　　簡易送致には微罪処分と共通する面もあるが，微
罪処分は検察官への事後報告だけで事件送致しないのに対して，簡易送致は全

468

第2節　手　続　　　　　　　　　　　　　　　　　　　　　第41条（規第8条）

件家庭裁判所に送致される。また微罪処分では被害者や社会に対する関係で犯行の軽微性が重視されるのに対して，簡易送致は，少年の要保護性に問題がない場合に許容されるべきものである。従って，簡易送致事件では非行の態様に劣らず非行の動機・経緯，少年の性格などが重要であることに運用上留意すべきである（島田(源)34頁）。簡易送致の運用には批判や懸念が投掛けられており（平場156頁，団藤＝森田354頁，服部等），形式的な基準の適用に流れず，全件送致主義の趣旨を没却しないよう非行事実の表面に現れない非行性を検討する運用が心掛けられるべきである（廣瀬・少年法186頁，廣瀬ｙ36頁以下，川出25頁参照）。

　この送致基準に該当しない事件が簡易送致された場合，送致自体は無効ではないので，家庭裁判所は証拠資料等の追送を求めるべきである（亀山＝赤木70頁，奥山ｂ132頁，裁コ〔園原〕431頁。この点につき，司法警察員は通常の形式による再送致を検討されたいとの判断を示した大阪家決昭45・11・16判時621・113がある）。

9　少年の被疑事件の捜査

「少年の被疑事件」とは被疑者が少年である刑事事件をいい，送致時の年齢によって区別される。犯罪時に少年でも送致時点で20歳に達していれば，一般原則に従い検察官に事件を送致しなければならない（刑訴246条本文）。

　少年事件の捜査には，犯罪事実の解明だけでなく，少年の健全育成・保護教育の趣旨を念頭に置き，家庭裁判所における調査・審判・終局処分に必要な資料を収集・提供するという面も重要である（⇨本章前注）。この観点から，犯罪の原因・動機，少年の性格，行状，経歴，教育程度，環境，家庭の状況，交友関係等をも調査しなければならない（犯捜規203・205条）。これらの資料は調査官の社会調査の手掛かり・前提としても必要・有用であることに留意すべきである（廣瀬ｂ〔下〕134頁）。また，捜査にあたっては人格が発達途上である少年の情操保護に十分配慮し，可塑性・被暗示性などに即応した適切な対応が必要とされる（少年の供述の問題点について，浜井ほか177頁）。このような趣旨から犯罪捜査規範に指針が盛込まれ，少年警察活動規則等が定められているが（⇨付録2。触法少年調査については明文が置かれた（6条の2第2項）），運用上の問題が指摘されている（団藤＝森田349頁等）。上記指針等の励行と共に前提となる少年事件担当者の専門化・人的物的な充実が更に強く望まれるところである（廣瀬・少年法154頁以下・192頁以下）。

469

第42条（規第8条）　　　　　　　　　　　　　　　　　第3章　少年の刑事事件

　情操保護の一環として，少年の逮捕はなるべく避けるべきであり（犯捜規208条。観護措置中，保護観察中，試験観察中，少年院在院中の少年に対する逮捕について検討したものとして，宮本191頁），特に保護事件として終結する可能性が高い年少少年の事件や罰金以下の刑に当たる事件には，慎重な運用が要求されている（⇨6条の2・40条各注釈。勾留については，⇨43条注釈1・6）。もっとも，このような少年の逮捕等，強制捜査が原則として許されない（柳瀬b13頁等）とまでいうのは相当ではない。少年事件における事案の真相解明は，保護手続における適切な保護・教育的な処遇決定，少年審判制度の信頼確保等のためにも要請されるのであって（⇨1条注釈1(2)），強制処分も刑事手続のためのみに行われるものとはいい切れないからである（平成19年改正で触法少年に対する強制処分も含む調査権（6条の2以下）が認められたのも同趣旨と解される⇨6条の2注釈3）。

（検察官の送致）

第42条　①　検察官は，少年の被疑事件について捜査を遂げた結果，犯罪の嫌疑があるものと思料するときは，第45条第5号本文に規定する場合を除いて，これを家庭裁判所に送致しなければならない。犯罪の嫌疑がない場合でも，家庭裁判所の審判に付すべき事由があると思料するときは，同様である。

②　前項の場合においては，刑事訴訟法の規定に基づく裁判官による被疑者についての弁護人の選任は，その効力を失う。

規則第8条　第8条掲出

1　全件送致主義

　旧法では，保護手続から除外される事件があったうえ（旧3・26・28条），重罪や16歳以上の犯罪少年の事件は検察官が起訴猶予にした少年で保護を要すると認められた者だけが少年審判所に送致され（旧27条・28条2項・62条），それを対象に保護処分が行われ，刑事処分か保護処分かの選択を検察官に委ねていた（検察官先議。もっとも運用はかなり保護優先的であったようである。廣瀬g371頁，森田(明)b76頁）。現行法は，少年に対する処遇決定・手続の選択を家庭裁判所が行うために，家庭裁判所への全ての事件の送致を捜査機関に義務付ける全件送致主義（家裁中心主義・家裁先議主義）を採用した。これは，検察官の起訴猶予

470

第2節　手　続　　　　　　　　　　　　　　　　　　　第42条（規第8条）

も刑事政策的観点から刑罰の弊害を避けるため行われるものであるが，少年に
ついては，その判断を専門的な調査機構を持ち少年事件を専門的に扱う家庭裁
判所が行う方がより妥当であると考えられたためである（平場136頁，団藤＝森
田359頁等）。全件送致主義はこの家庭裁判所の選別（家裁先議。これが科学調査主
義，保護教育主義の基礎となる）を手続的に確保・担保するものであり，前条及び
本条は，この重要な原則を定めたものである。

　本条は，前条のような事件の限定がないので，司法警察員から送致を受けた
拘禁刑（令和7年6月1日までは禁錮）以上の刑に当たる罪の事件，検察官が独自
捜査をした事件（直告事件・認知事件）もその対象となり，また20条1項・62
条1項により家庭裁判所から逆送されたが45条5号但書によって起訴しない
事件も本条により家庭裁判所に（再）送致しなければならない（規8条4項）。
親告罪の告訴欠如・取消の場合も，告訴は訴訟条件にすぎないので，犯罪の嫌
疑があれば本条により送致すべきである（東京高決昭29・6・30家月6・10・58〔百
選27〕）。検察官は司法警察員から送致を受けた事件も捜査上不十分な点がない
かを検討し，証拠を整えて事件を家庭裁判所に送致すべきである（捜査上の配慮
については，⇨41条注釈9）。検察官は，犯罪の嫌疑があるときは，45条5号本文
に従って起訴する場合以外は，全ての事件の家庭裁判所への送致が義務付けら
れ，起訴猶予処分で事件を終結させることはできない（起訴便宜主義（刑訴248
条）の重大な例外である。嫌疑の程度については，公訴提起の場合（刑訴256条）より低い
もので足りる。大阪地判平6・9・30判時1526・112〔百選22〕）。

　犯罪の嫌疑がない場合でも虞犯に当たるとき（⇨41条注釈7）は，特定少年を
除き，送致が義務付けられる（犯罪の嫌疑がなくなれば，身柄の拘束はできないので任
意同行するか（団藤＝森田362頁。⇨17条注釈5(4)），必要があれば緊急同行状（⇨12条注
釈）の発付を求める必要がある）。虞犯にも当たらないときは，刑事訴訟の一般原
則に従い，検察官が不起訴処分（嫌疑なし・嫌疑不十分）をして事件を終結させ
る。このような要件の消極的判断を検察官に委ねても家庭裁判所の審判権の侵
害とはいえないからである（平場136頁）。もっとも，犯罪少年に有責性が必要
との立場に立つと，検察官の責任無能力の判断だけで保護の必要のある少年が
送致されないことになり，全件送致主義の趣旨からも妥当ではない結果を招く
ことになりかねないことに留意すべきである（詳細は⇨3条注釈2(2)）。

471

第42条（規第8条）　　　　　　　　　　　　　　　　第3章　少年の刑事事件

2　本条違反の起訴の効力と身柄の措置

(1)　**起訴の効力**　　少年に対する公訴提起には，その事件が本条により家庭裁判所に送致され，更に20条1項・62条1項により家庭裁判所から検察官送致（逆送）されることが必要である（45条5号本文。特定少年につき67条7項）。これらの手続を経ずに起訴された場合は，手続違背として公訴棄却の判決（刑訴338条4号）がなされる（平場137頁注(34)，団藤＝森田359頁，早川j5頁，栗原190頁，豊田(健)c81頁，司研概説142頁，内藤b1720頁，岩下292頁，沼里226頁，裁コ〔園原〕432頁等，東京高判昭36・1・17下刑集3・1＝2・1〔百選103〕等）。手続をとれなかった理由・原因が被疑少年が生年月日を偽ったため捜査官が誤認した場合のように被告人側の帰責事由による場合でも同様である（団藤＝森田360頁，佐藤(忠)782頁，栗原195頁，前掲早川j・豊田(健)c・岩下・沼里，東京高判昭26・7・20高刑集4・9・1098等）。また被告人の生年月日が不明で（外国人事件等で時折みられる），20歳未満の可能性を否定できない場合も，被告人に有利に少年法所定の手続規定が適用されるべきであるから，やはり同様である（⇨2条注釈**2・3**。年齢不詳の場合について，東京家決平23・11・30家判8・113参照）。起訴後に少年が20歳に達したとしてもその瑕疵は治癒されないので結論は同様である（前掲東京高判昭36・1・17，団藤＝森田360頁，前掲早川j・岩下・司研概説・内藤b・沼里。反対，豊田(健)c81頁）。これと類似の問題として，家庭裁判所が少年を20歳以上の者と誤認して19条2項により事件を検察官に送致し，検察官がこれを起訴した場合には，形式的には家庭裁判所を経由しているものの，実質的には家庭裁判所において少年事件としての処遇・手続選択を経ていないのであるから，同様に判決で公訴棄却すべきである（福岡高判昭27・6・17高刑集5・6・965，前掲団藤＝森田・早川j・岩下・栗原・内藤b・沼里）。

(2)　**公訴棄却の場合の身柄の措置**　　勾留中の被告人が少年であることが判明した場合，20条1項・62条1項所定の手続を経ていないことが勾留の効力に影響を及ぼすことはない（東京地決昭58・11・30刑月15・11＝12・1236）。勾留状は，公訴棄却判決（刑訴338条4号）の言渡で直ちに失効することはないが（刑訴345条），その各判決が確定すれば失効する（刑訴規280条参照。早川j22頁，栗原196頁，裁コ〔園原〕433頁。反対，団藤＝森田360頁）。その判決確定前に検察官が事件を家庭裁判所に送致できれば，勾留状の効力により身柄を家庭裁判所まで連行できるが，公訴棄却判決確定前は刑事裁判所に事件が係属中で家庭裁判所に送致

472

第2節　手　続　　　　　　　　　　　　　　　　　　　　第42条（規第8条）

することはできない（栗原196頁。前掲早川 j は二重係属を許容する）。公訴棄却判決
が確定するまで漫然と身柄を拘束し続けることは適当でないので，当事者にお
いてなるべく早期に上訴権を放棄して判決を確定させたうえ，改めて検察官が
逮捕状をとって逮捕するか，在宅事件として家庭裁判所に送致すると共に，緊
急同行状の発付を受けて（⇨12条注釈。令和3年改正により，特定少年には緊急同行状
は発付できなくなった（65条2項））。少年を家庭裁判所に同行する方法などを考慮
することになろう（栗原196頁，条解〔五十嵐〕253頁，裁コ〔園原〕433頁）。

3　余罪等の取扱

　20条1項・62条1項により逆送された少年に余罪が発見された場合，検察
官は，その余罪が逆送決定のあった事件と併合罪の関係にある場合は本条の送
致が必要と解される（最判昭28・3・26刑集7・3・641／家月5・4・122〔百選23〕。賛
成，平場136頁，団藤＝森田361頁，豊田(健)c 80頁，早川 j 6頁，市村 c 167頁，柏木 a 82
頁，四ッ谷 c 346頁，森田(宗)a 162頁，横井 a 183頁，菊池 c 87頁，荒井 a 410頁，岩下
295頁，土本49頁，出口 a 228頁，内藤 b 1720頁，裁コ〔園原〕434頁。反対，佐藤(忠)814
頁，出射111頁，柏木182頁）。もっとも，余罪が逆送決定のあった事件と科刑上
一罪の場合には，改めて家庭裁判所経由を要求する立場（横浜地判昭36・3・22
下刑集3・3＝4・261）もあるが，不要と解すべきである（東京地判昭42・7・25家月
20・7・113，横井 b 44頁，長島(敦)67頁，荒井 a 412頁，早川 j 9頁，栗原190頁，出口
a 229頁，前掲豊田(健)c・岩下）。刑事訴訟と異なり（刑訴312条），訴因制度がない
ので事実の単一・同一の範囲では同一性が認められるからである（平場430頁）。
従って，常習一罪，包括一罪についても同様に解される。

　検察官送致の決定書に検察官が当初送致した事実の一部が記載されていない
場合，家庭裁判所は検察官から送致を受けた事実全体を審査しているので特に
一部の事実を除外する趣旨が認められない限り，全部の事実が検察官に逆送さ
れたものと解すべきで記載漏れの事実の公訴提起も有効とする立場（名古屋高
判昭29・3・30家月6・8・90〔百選104〕，岩下294頁）がある。しかし，前掲最判昭
28・3・26は，具体的な事件の特定性を重視しており，家庭裁判所は，事実認
定に関する証拠関係や事件の性質等から一部の事実は検察官に逆送し，残りの
事実について保護処分，不処分等にすることも可能であるから（⇨20条注釈4
(5)・24条注釈5(8)），検察官送致決定書の記載を離れて逆送の有無を判断するこ
とには疑問があり，実際問題としても，決定書に記載が漏れている事実につき，

473

第42条（規第8条）　　　　　　　　　　　　　　第3章　少年の刑事事件

それが検察官への逆送から除外する趣旨かどうかを判断することは困難であろう（条解〔五十嵐〕254頁，内藤b1719頁，裁コ〔園原〕435頁）。

4　捜査の遅延

少年の被疑事件について，捜査が遅延したため少年が20歳に達し，本条及び20条1項・62条1項の手続をとることなく公訴が提起されても，捜査官において，家庭裁判所の審判の機会を失わせる意図をもってことさら捜査を遅らせ，あるいは，特段の事情もなくいたずらに事件の処理を放置し，そのため手続を設けた制度の趣旨が失われる程度に著しく捜査の遅延をみる等，極めて重大な職務違反が認められる場合を除いて，検察官の公訴提起が無効となるわけではない（最判昭44・12・5家月22・1・135〔百選20〕，最判昭45・5・29家月22・9・186，最決平25・6・18刑集67・5・653，団藤＝森田356頁，栗原196頁，早川j6頁，横井c46頁，千葉a217頁，森岡116頁，本間454頁。石川＝横山125頁は公訴棄却すべきとする）。

5　本条違反の確定判決

少年を20歳以上と誤認して家庭裁判所を経由せずに起訴された事件について有罪判決が確定した場合でも再審理由には当たらない（最決昭43・7・4刑集22・7・581／家月21・1・145）。非常上告についても，基本的には消極に解すべきであるが（最大判昭27・4・23刑集6・4・685，平野346頁，早川j38頁，裁コ〔園原〕436頁等），被告人が当初から正しい生年月日を述べており，被告人を特定するために裁判書に記載された生年月日自体から少年であることが分かる場合には，たとえ理由中に当時被告人が少年であったことが判示されていなくとも，単なる前提事実の誤りとはいえないとして，非常上告が認められている（最判昭42・6・20刑集21・6・741／家月19・7・133，早川j39頁。前者についても非常上告を認める見解も有力である。市村149頁，平出2813頁，光藤187頁）。

6　送致の手続

(1)　**証拠物等の送付**　　検察官は書類，証拠物その他参考となる資料を事件送致と共に送付すべきである（規8条2項。証拠物の取扱について，⇨15条注釈2(2)）。

(2)　**処遇意見**　　送致書に記載する少年の処遇に関する意見（規8条3項）は，実務上，刑事処分相当，少年院送致相当，児童自立支援施設・児童養護施設送致相当，保護観察相当（特定少年については，6月の保護観察相当・2年の保護観察相当），審判不開始・不処分相当，しかるべく，などの表現で行われている。こ

第2節　手　続　　　　　　　　　**第43条**（刑訴規第278条の2・3・第281条）

のうち少年院送致相当の意見については，施設の種別，処遇課程の種別の区別
をして，処遇の多様化に対応した意見を付すようにすべきである（「警察の少年
事件送致（付）における処遇意見の記載について」家庭局長通知（昭52・8・11家三268家
月29・11・156）参照。各処分の意義については，⇨24条注釈**2〜4**）とされていたが，
平成26年改正により，少年院送致相当意見については，少年院の種類（第1
種・第2種・第3種）について記載することとされている（「少年院法及び少年鑑別
所法の施行に伴う警察の対応について」警察庁生活安全局長通達（平27・5・27警察庁丙少
24）参照）。保護観察相当の意見については，処遇課程の種別（交通・交通短期・
一般・一般短期）区別の記載が求められていたが，令和3年改正により，特定少
年についての2年の保護観察（交通・交通短期・一般・一般短期）と6月の保護観
察の区分の記載も求められている（事件事務規程の一部を改正する訓令（令4法務省
刑総訓2））。処遇意見は，社会調査・鑑別を経ていない段階で付される場合が
多いため，少年の性格・環境上の問題点等を十分反映できない点は手続の構造
上やむを得ないが（家庭裁判所の処遇決定と捜査機関の処遇意見が異なる一つの要因と
思われる），事案や処遇の実情を正確に把握したうえで送致段階における意見を
付すことが有用である（廣瀬b〔下〕139頁）。

(3)　**新件通告の方式**　　規則8条5項に定めがある（詳細は，⇨更生68条注釈）。

7　被疑者国選制度との関係

本条2項は，被疑者国選制度の創設（平成16年改正刑訴法）に伴い新設された。
同改正法では国選弁護人の選任は被疑者が釈放されたとき終了するとされたが
（刑訴38条の2本文），少年事件の家庭裁判所への送致（42条）では，被疑者は釈
放されないので（17条1・2項），その国選弁護人選任は本来失効しないことに
なる。しかし，私選弁護人の場合，少年事件が保護手続に移行しても当然には
付添人とはならず，別に選任行為が必要であること（最決昭32・6・12刑集11・
6・1657〔百選15〕）に加え，刑事手続と保護手続の構造の差異，弁護人と付添人
の役割の差異などから，検察官の事件送致（本条1項）により，国選弁護人の
選任（刑訴37条の2）は効力を失い，付添人に移行しないことを明らかにした。

　（勾留に代る措置）
第43条　①　検察官は，少年の被疑事件においては，裁判官に対して，

第43条（刑訴規第278条の2・3・第281条）　　　　　　　　第3章　少年の刑事事件

勾留の請求に代え，第17条第1項の措置を請求することができる。但し，第17条第1項第1号の措置は，家庭裁判所の裁判官に対して，これを請求しなければならない。

②　前項の請求を受けた裁判官は，第17条第1項の措置に関して，家庭裁判所と同一の権限を有する。

③　検察官は，少年の被疑事件においては，やむを得ない場合でなければ，裁判官に対して，勾留を請求することはできない。

　　（少年鑑別所への送致令状に代わるものの交付請求等）

刑訴規第278条の2　①　検察官は，法第201条の2第1項第1号又は第2号に掲げる者の個人特定事項について，必要と認めるときは，勾留の請求に代わる少年法第17条第1項の措置の請求（以下「勾留に代わる措置の請求」という。）と同時に，裁判官に対し，勾留に代わる措置の請求をされた少年に被疑事件を告げるに当たつては当該個人特定事項を明らかにしない方法によること及び少年に示すものとして当該個人特定事項の記載がない前条第1項の令状の抄本その他の当該令状に代わるものを交付することを請求することができる。

②　裁判官は，前項の規定による請求を受けたときは，勾留に代わる措置の請求をされた少年に被疑事件を告げるに当たつては，当該請求に係る個人特定事項を明らかにしない方法によるとともに，少年法第44条第2項の規定により令状を発するときは，これと同時に，少年に示すものとして，当該個人特定事項を明らかにしない方法により被疑事実の要旨を記載した当該令状の抄本その他の当該令状に代わるものを交付するものとする。ただし，当該請求に係る者が法第201条の2第1項第1号又は第2号に掲げる者に該当しないことが明らかなときは，この限りでない。

刑訴規第278条の3　①　裁判官は，前条第2項の規定による措置をとつた場合において，次の各号のいずれかに該当すると認めるときは，少年又は弁護人の請求により，当該措置に係る個人特定事項の全部又は一部を少年に通知する旨の裁判をしなければならない。

1　イ又はロに掲げる個人特定事項の区分に応じ，当該イ又はロに定める場合であるとき。

　　イ　被害者の個人特定事項　当該措置に係る事件に係る罪が法第201条の2第1項第1号イ及びロに規定するものに該当せず，かつ，当該措置に係る事件が同号ハに掲げるものに該当しないとき。

　　ロ　被害者以外の者の個人特定事項　当該措置に係る者が法第201条の2第1項第2号に掲げる者に該当しないとき。

2　当該措置により少年の防御に実質的な不利益を生ずるおそれがあるとき。

第2節　手　続　　　　　　　　　　　　**第43条**（刑訴規第278条の2・3・第281条）

② 　裁判官は，前項の請求について裁判をするときは，検察官の意見を聴かなければならない。

③ 　裁判官は，第1項の裁判（前条第2項の規定による措置に係る個人特定事項の一部を少年に通知する旨のものに限る。）をしたときは，速やかに，検察官に対し，少年に示すものとして，当該個人特定事項（当該裁判により通知することとされたものを除く。）を明らかにしない方法により被疑事実の要旨を記載した第278条第1項の令状の抄本その他の当該令状に代わるものを交付するものとする。

④ 　第1項の裁判の執行は，法第207条の3第5項の規定並びに法及びこの規則中勾留状の執行に関する規定に準じてこれをしなければならない。

（勾留に代わる措置の請求・少年法第43条）

刑訴規第281条　少年事件において，検察官が裁判官に対し勾留に代わる措置の請求をする場合には，第147条から第150条の8までの規定を準用する。

1　本条の趣旨

少年は発達途上で心身共に未熟であるため情操が害される危険に配慮して身柄の拘束はできるだけ避け，拘束する場合にも処遇上配慮することが，その保護・福祉的観点から要請される（⇨本章前注）。勾留の制限等は少年法制の全般的な傾向ということができ（廣瀬f53・76頁），旧法にもその旨規定されていた（旧67条）。本条はこのような趣旨から少年に対する勾留の要件を加重し，勾留に代わる身柄保全の特則を定めた。即ち，少年事件にも，原則的には刑訴法が適用される（40条）ので，検察官は勾留の理由・必要性があれば（刑訴60条・204条以下），少年についても勾留請求ができるが，勾留を「やむを得ない場合」に制限する（本条3項・48条1項）と共に，身柄保全の必要性がある場合に勾留に代えて少年の身柄の取扱に関して専門性のある少年鑑別所等を利用する観護措置（17条1項）を認めたものである。この場合の17条1項2号の措置のみを「勾留に代わる観護措置」，その請求を「観護令状請求」というのが通例である。

なお，令和3年改正により，特定少年の被疑事件の逆送決定（20条1項・62条1項）があった場合には本条3項の適用が除外された（67条1項）。これは，特定少年が責任ある主体とされたことから，年齢だけで一律に，勾留による罪証隠滅・逃亡の防止よりも情操保護等を優先し勾留の要件を加重することは適当でないと考えられたためである（玉本＝北原53頁）。

477

第 43 条（刑訴規第 278 条の 2・3・第 281 条）　　　　　第 3 章　少年の刑事事件

2　本条の適用範囲

勾留に代わる観護措置は家庭裁判所送致前の捜査段階に限られる。本条の文理上は検察官送致（20 条 1 項・62 条 1 項）後の捜査段階を除外していないが，検察官送致後は刑事事件として発展することが予定されており性格が異なるうえ，44 条 1 項・45 条 4 号前段の趣旨に照らして含まれない（条解〔五十嵐〕255 頁，団藤 = 森田 364 頁，角谷 178 頁，内藤 b 1711 頁，岸本 171 頁，細川 314 頁，中田 319 頁，神垣 b 287 頁。反対，コ少〔葛野〕523 頁）。

3　請求手続

本条による請求には，刑訴規則中の勾留請求書の記載要件，資料の提供，勾留状の記載要件，書類の送付の各規定のほか，令和 5 年刑訴法改正により新設された勾留手続における犯罪被害者等の個人特定事項の秘匿措置に関する各規定が準用される（刑訴規 147〜150 条の 8・281 条）。

検察官は，刑訴規 147 条所定の要件を記載した「観護措置請求書」を作成して請求をする。その相手方は請求する検察官の所属検察庁を管轄する地方裁判所，簡易裁判所又は家庭裁判所の裁判官であり，やむを得ない事情があるときは最寄の下級裁判所（高等裁判所を含む）の裁判官に対しても請求できる（刑訴規 299 条）。なお，調査官観護（17 条 1 項 1 号）の請求先は家庭裁判所の裁判官に限られるが，この措置は少年の身柄確保としての実効性が乏しいことから，実務上はほとんど使われることがない。しかし，身柄保全の必要はあるが情操保護の必要が高い場合，年少少年で強制捜査の必要がある場合など，勾留・観護令状より更に情操保護に配慮した身柄保全措置が望ましい場合も考えられる。より実効性のある中間的・半開放的な措置も検討課題といえよう（猪瀬 a 45 頁。英国の保釈，フランスの司法統制処分等も参考となろう。廣瀬 f 16・78 頁，吉中 b 72 頁）。

観護令状請求を受けた裁判官は，家庭裁判所と同一の権限を行使できるので（本条 2 項），観護措置（17 条 1 項 2 号）をとる場合は仮収容（17 条の 4）もできる（実務上，検察官が仮収容の必要を認めると，観護措置請求書に収容先の少年院・刑事施設名と仮収容を必要とする理由を記載し仮収容をも併せて請求している）。観護措置の手続は，本来のそれと同様である（⇨17 条注釈 **4〜6**）。

本条の請求は，「勾留の請求に代え」てなされるから，「やむを得ない場合」以外の勾留の手続的要件（逮捕前置，時間制限の遵守等。刑訴 204〜207 条）及び勾留の理由・必要性（刑訴 60 条）も要求される（少年の勾留についての考慮事由について，

478

第 2 節　手　続　　　　　　　　　　　**第 43 条**（刑訴規第 278 条の 2・3・第 281 条）

令状実務詳解〔海瀬〕1220 頁以下参照）。令和 5 年刑訴法改正より犯罪被害者等の情
報保護制度が新設され，検察官は，本条による勾留に代わる観護措置を請求す
る場合，これと同時に，少年に被疑事件を告げるに当たり，性犯罪等の被害者
等の個人特定事項（氏名及び住所その他の個人を特定させることとなる事項）を明らか
にしない方法によること及び少年に示すものとして当該個人特定事項の記載の
ない観護令状の抄本その他の観護令状に代わるものの交付を請求できることが
定められた（刑訴規 278 条の 2 第 1 項）。この請求があった場合，請求を受けた裁
判官は，刑訴法 201 条の 2 第 1 項各号所定の性犯罪等の被害者等に該当しない
ことが明らかなときを除き，個人特定事項を明らかにしない方法によって被疑
事件を告知し，これと同時に観護令状の抄本その他の観護令状に代わるものを
交付しなければならない（同条 2 項）。勾留に代わる観護措置請求を却下すると
きや刑訴法 201 条の 2 第 1 項各号所定の性犯罪等の被害者等に該当しないこと
が明らかなときは検察官の観護令状に代わるものの交付請求を却下するが，観
護令状に代わるものを交付する必要性があるかどうかの審査までは要しない。
また，観護令状に代わるものの交付等の措置がとられた場合，刑訴法 201 条の
2 第 1 項所定の要件を満たさないか，少年の防御に実質的な不利益が生ずるお
それがあるときには，少年又は弁護人の請求により，裁判官は，個人特定事項
の全部又は一部を少年に通知する旨の裁判をしなければならない（刑訴規 278 条
の 3）。少年や弁護人から観護令状謄本の交付請求があった場合，少年に対して
は，観護令状に代わるものの謄本を交付し（刑訴規 281 条・150 条の 4），弁護人に
対しては，個人特定事項を少年に知らせてはならない旨の条件を付したうえで
観護令状の謄本を交付するか，観護令状に代わるものの謄本を交付する（刑訴
規 281 条・150 条の 5 及び 6）。このうち，弁護人に対して観護令状に代わるものの
謄本を交付した場合には，少年又は弁護人は，弁護人に対して上記条件を付し
て観護令状謄本を交付する旨の裁判を請求することができる（刑訴規 281 条・
150 条の 7）。条件を付して観護令状謄本を交付した場合で弁護士である弁護人
が条件違反をしたときには，裁判官は，所属弁護士会又は日本弁護士連合会に
通知して適当な処置をとるよう請求することができる（刑訴規 281 条・150 条の 8）。
観護令状に代わるものの交付等請求の裁判や通知請求の裁判については勾留に
関する規定の準用により準抗告を申し立てることができると解されるが（刑訴
429 条 1 項 2 号），観護令状に代わるものの交付等の措置をとった裁判に対して

479

第43条（刑訴規第278条の2・3・第281条）　　　　　　　　第3章　少年の刑事事件

は，刑訴法201条の2第1項各号所定の性犯罪等の被害者等に該当しないこと
を理由とする準抗告の申立てはできない（刑訴429条3項）。

4　勾留請求と勾留に代わる観護措置の関係

　勾留請求と共に勾留に代わる観護措置を予備的に請求することについて，手
続の明確性の要請を重視する立場からの消極説があるが（木谷b284頁，中田317
頁），勾留と勾留に代わる観護措置は「やむを得ない場合」の要否を除けば要
件は全く同一であるから，この程度の条件付訴訟行為を認めても手続の安定
性・明確性を害することはないこと，より厳格な要式性を持つ訴因にも予備的
な記載が許されること（刑訴256条5項）などから，予備的請求は許されると解
され（木谷c287頁，平場125頁，条解〔五十嵐〕256頁，近藤d170頁，熊谷175頁，亀
山＝赤木61頁，根岸58頁，西村221頁），実務においても相当程度活用されている。
ただ，勾留又は観護措置のいずれでもよいとする択一的請求は，「やむを得な
い場合」に限って勾留の請求を認める本条3項に反し許されないと解される
（木谷c290頁，平場129頁注⒃，細川315頁，条解〔五十嵐〕256頁）。

　検察官の勾留請求に対して，裁判官が勾留の要件は満たしているものの「や
むを得ない場合」に当たらない，即ち勾留に代わる観護措置の要件は満たして
いると認めるとき，①勾留請求を却下すれば足りるとする説（木谷b283頁，中
田317頁，井上（文）220頁，中島（卓）171頁，市村163頁），②勾留請求は却下するが，
勾留に代わる観護措置の予備的請求の追加を認める説（平場124頁，細川314頁，
近藤d169頁，植村a233頁，豊田（健）c76頁，四ッ谷b372頁，裁コ〔園原〕439頁，植月
196頁），③直ちに観護令状を発付できるとする説（猪瀬d19頁，亀山＝赤木61頁，
条解〔五十嵐〕257頁），④勾留請求は却下するが，検察官は更に同一事件について
勾留に代わる観護措置の請求ができるという説（団藤＝森田398頁，角谷183頁）
等に分かれている。①説は理論的には明快であるが，この見解によれば，勾留
の理由・必要性（身柄拘束の理由と必要性）が認められるにもかかわらず，「やむ
を得ない場合」の要件について検察官と裁判官の判断の齟齬から少年の身柄を
釈放せざるを得ないことになり，特に重大な事案の場合には具体的妥当性を著
しく欠くことになる。③説は勾留請求は当然に観護措置請求を含むと解してい
るが，検察官が「勾留の請求に代え」て観護措置請求できるとする本条1項の
文理に反するきらいがあること，勾留とそれに代わる観護措置は後述するよう
に期間延長の可否，収容場所，接見禁止・執行停止の可否，処遇内容等の諸点

第2節　手　続　　　　　　　　　**第43条**（刑訴規第278条の2・3・第281条）

で異なるから，検察官の勾留請求の中に常に観護措置請求の意思が含まれるとするのは擬制に過ぎるとの批判を免れない。②説については，手続の明確性からの批判もあるが，実務における妥当な運用を追求する観点から主張されたものであり，本条1項の文理に反することもなく，予備的な観護措置請求の追加を認めることは少年の勾留を慎重に行わせ，少年の情操保護等を図る障害にはならず，その目的を実現するうえで有益な面があると思われる。実務上も②説に立った運用が比較的有力であると思われ，事案によっては裁判官から検察官に予備的請求追加の意思確認やこれを促すなどの運用もある。もっとも，②説に立っても，この予備的追加は刑訴法上の制限時間（刑訴204・205条）内に限られると解されているので（前掲平場・細川・植村a・豊田（健）c等），検察官が早めに勾留請求をしていても裁判所の手続に時間がかかり制限時間を超えた場合には機能し得ない点に留意すべきである（勾留請求に対し観護令状相当な場合の対応等について，令状実務詳解〔松原〕1232頁以下参照）。

5　勾留に関する規定の準用

勾留に代わる観護措置は，勾留そのものではないが，捜査目的のための身体拘束という基本的な点では勾留と共通の性格を有する。従って，憲法33・34条を受けた刑訴法の勾留に関する規定は，勾留に代わる観護措置の本質に反しない限り，できるだけ準用・類推適用されるべきである。被疑事件の告知と弁解の聴取（刑訴61条，刑訴規39・42・69条），勾留の通知，勾留の取消（刑訴79・87条），被疑者の国選弁護（刑訴37条の2）に関する各規定の本措置への準用には異論がないが，その他の規定については説が分かれている。不服申立に関する各規定（刑訴429条等）も原則的には本措置に準用されるが（条解〔五十嵐〕258頁，四ッ谷b373頁，平場125頁，守屋b447頁），事件が家庭裁判所に送致された後は，本措置は保護事件の観護措置とみなされ（17条7項），審判を行うための調査・鑑別を目的とする身柄保全へと性格が切替り，勾留に代わる観護措置は終了したものとみるべきであるから，準抗告は対象を欠き申立の利益を失い（平場130頁注⒅，広島家決昭44・11・20家月22・4・110。守屋b449頁は，審判開始までは積極），観護措置に対する異議の申立て（17条の2）によることになる。一方，勾留理由開示（刑訴83条，刑訴規82〜85条の2）は，異論も多いが（司研概説147頁，市村153頁，根岸64頁，井上（清）238頁，四ッ谷b371頁，同d271頁，団藤＝森田367頁，亀山＝赤木58頁，土本35頁，条解〔五十嵐〕258頁，コ少〔葛野〕527頁等），開示が公開の

481

第43条（刑訴規第278条の2・3・第281条）　　　　第3章　少年の刑事事件

法廷で行われるので保護事件の本質に反すること，憲法34条の直接の要請によるものではないことなどから準用されず（平場126頁，柏木35頁），勾留の執行停止（刑訴95条，平場126頁，四ッ谷b371頁。積極説，条解〔五十嵐〕258頁，団藤＝森田367頁，篠田154頁，前掲井上(清)・土本，静岡家決昭35・5・6家月13・4・145），勾留の延長（刑訴208条。⇨44条注釈2），接見交通権の制限（刑訴81条，平場126頁，条解〔五十嵐〕258頁，角谷182頁，井上(清)241頁，根岸63頁，前掲四ッ谷b・篠田・土本等。反対，団藤＝森田368頁。岡崎ほか36頁は，実務的には接見交通の制限は避けるべきであるとする）に関する規定も準用されないと解すべきである。

　捜査官が少年鑑別所に出向き余罪等の取調を行うことはできるが，少年の身柄を借出して取調べることは，少年鑑別所における処遇との関係で問題があり，運用上慎重な配慮を要する。その連行許可申請は被疑事件の捜査手続であるので検察官宛になすべきものとされているが（昭30・1・31家庭局長回答・家月7・1・271），運用上，家庭裁判所の裁判官にすべきだとの見解もある（井上(清)242頁）。

　なお，措置の延長や接見交通の制限等を必要とするような場合には「やむを得ない場合」に当たり勾留請求すべきであろう（神垣b286頁，条解〔五十嵐〕258頁）。

　勾留に代わる観護措置の請求を受けた裁判官は，「速やかに」令状を発付する。送致前の段階における勾留に代わる措置であるので観護措置の規定（17条2項後段。24時間以内の時間制限）ではなく，勾留の規定（刑訴207条5項）の準用によるべきであろう（条解〔五十嵐〕258頁）。

6　少年の勾留要件（「やむを得ない場合」の意義）

　検察官は「やむを得ない場合」でなければ，少年の勾留を請求することはできず（本条3項），裁判官も勾留状を発することはできない（48条1項）。「やむを得ない場合」の意義は，勾留が少年の心身に及ぼす悪影響と捜査の必要性とを総合考慮して事案に即して決するほかないが，以下の基準があげられている（加藤(学)c308頁，足立194頁，令状実務詳解〔小坂〕1215頁，同〔内田〕1227頁，ケース少年事件〔藤根〕53頁参照）。

(1)　施設上の理由　　少年鑑別所は原則として家庭裁判所の本庁所在地にしか設置されておらず収容定員も限られているので，収容能力に余力がない場合，少年鑑別所が遠隔地にある場合などがこれに当たる。後者については異論もあ

482

第2節　手　続　　　　　　　　**第43条**（刑訴規第278条の2・3・第281条）

るが（角谷178頁，熊谷172頁，野曾原＝小熊312頁，亀山＝赤木152頁），(4)の捜査遂行上の理由と密接に関連し，取調のための往復に長時間を要する場合，被害者・目撃者その他の関係者に少年の面通をさせる必要があるが，それらの者に遠隔地の少年鑑別所への同行を求めることが困難な場合などは，捜査遂行上の理由と総合して肯定することができよう（根岸67頁，条解〔五十嵐〕259頁，佐藤（昌）b 134頁，西村213頁，井上（勝）156頁，四ッ谷b 367頁，神垣b 285頁，裁コ〔園原〕441頁，令状実務詳解〔小坂〕1218頁，同〔内田〕1228頁，ケース少年事件〔藤根〕53頁）。

　(2)　**少年の資質等**　　少年の年齢，非行歴，性行等からみて，少年を20歳以上の者と同様に扱っても少年の情操を害する虞が少ない場合，少年を少年鑑別所に収容することにより，収容されている他の少年に悪影響を及ぼす虞がある場合が挙げられている（神垣b 284頁，令状実務詳解〔小坂〕1218頁）。年長少年で非行歴が多い場合などが考えられよう。

　(3)　**被疑事件の性格**　　刑事処分の可能性の高い重大事件や事案の複雑な事件については，家庭裁判所送致前にできる限り捜査を尽くし，被疑事実の存否を明確にしておくことが必要であり，「やむを得ない場合」に当たることが少なくない（篠田157頁，前掲角谷・西村・井上（勝）・野曾原＝小熊。神垣b 285頁は(4)の判断の一要素として考慮されるとする。刑事処分相当というだけでは必ずしも「やむを得ない場合」に当たらないことの指摘として，加藤（学）c 308頁，裁コ〔園原〕442頁）。

　(4)　**捜査遂行上の理由**　　勾留に代わる観護措置の期間（10日間，44条3項）では捜査終了見込がないとき，被疑少年につき接見交通権を制限する必要があるとき，証拠物が多数あり少年鑑別所への持込が著しく困難なとき，被害者・目撃者その他の関係者との「面通」，犯行現場等での検証・実況見分の立会，「引当」捜査を必要とするとき，余罪の捜査未了でこの捜査を終えないと当該被疑事実について適切な処分を決定し難いとき，などを挙げることができる（佐藤（忠）790頁，土本33頁，前掲条解〔五十嵐〕・角谷・根岸・佐藤（昌）b・神垣b・篠田・西村・井上（勝）・四ッ谷b・亀山＝赤木，裁コ〔園原〕441頁，令状実務詳解〔内田〕1229頁，ケース少年事件〔藤根〕53頁）。

　(1)～(4)の事由は相互に関連するので総合考慮して「やむを得ない場合」を判断すべき場合もある（植村a 233頁，野曾原＝小熊313頁。横浜地決昭36・7・12家月15・3・186〔百選18〕，令状実務詳解〔内田〕1230頁，ケース少年事件〔藤根〕53頁）。

　なお，勾留に代わる観護措置をとった後に「やむを得ない場合」に当たる事

483

第44条（刑訴規第278条・第278条の2）　　　　　　　　第3章　少年の刑事事件

情が生じた場合，勾留への切替を認める立場（井上(清)241頁，富塚325頁）もあるが，明文の根拠のない切替は認められないと解される（植村a233頁，平場124頁，令状実務詳解〔内田〕1230頁）。

（勾留に代る措置の効力）

第44条　①　裁判官が前条第1項の請求に基いて第17条第1項第1号の措置をとつた場合において，検察官は，捜査を遂げた結果，事件を家庭裁判所に送致しないときは，直ちに，裁判官に対して，その措置の取消を請求しなければならない。

②　裁判官が前条第1項の請求に基いて第17条第1項第2号の措置をとるときは，令状を発してこれをしなければならない。

③　前項の措置の効力は，その請求をした日から10日とする。

（少年鑑別所への送致令状の記載要件・少年法第44条）

刑訴規第278条　①　少年法第44条第2項の規定により発する令状には，少年の氏名，年齢及び住居，罪名，被疑事実の要旨，法第60条第1項各号に定める事由，収容すべき少年鑑別所，有効期間及びその期間経過後は執行に着手することができず令状はこれを返還しなければならない旨並びに請求及び発付の年月日を記載し，裁判官が，これに記名押印しなければならない。

②　前項の令状の執行は，法及びこの規則中勾留状の執行に関する規定に準じてこれをしなければならない。

刑訴規第278条の2　前条掲出

1　調査官観護の効力

勾留に代わる調査官観護がとられた事件が家庭裁判所に送致されたときは，送致された保護事件について調査官観護がとられたものとみなされる（17条6項）。調査官観護は期限が法定されていないので家庭裁判所に送致されない場合には取消が必要になる。「事件を家庭裁判所に送致しないとき」とは，犯罪の嫌疑がなく審判に付すべき事由もないため検察官がそのまま事件終結する場合をいう（それ以外の場合は，必ず事件が家庭裁判所に送致されるので（42条）対応できる）。

2　観護令状

勾留に代わる観護措置は，捜査段階の身柄拘束の性格を持つので憲法33条の趣旨に従い，令状を発付することが必要である。この観護令状の記載要件は

484

第2節　手　続　　　　　　　　　　　　　　**第44条**（刑訴規第278条・第278条の2）

刑訴規278条1項に定められている。また，令和5年刑訴法改正に係る犯罪被害者等の情報保護制度の新設により，勾留に代わる観護措置の請求を受けた裁判官は，検察官の請求により，少年に示すものとして，刑訴法201条の2第1項各号所定の性犯罪等の被害者等については個人特定事項（氏名及び住所その他の個人を特定させることとなる事項）の記載のない観護令状の抄本その他の観護令状に代わるものの交付をすることが定められた（刑訴規278条の2）。観護令状は勾留状に準じ（刑訴規278条2項，刑訴70条），検察官の指揮によって司法警察職員，検察事務官，刑事施設職員が執行するが，急速を要する場合には，裁判官等が執行指揮できる（刑訴70条1項）。本措置に伴う仮収容決定の指揮も検察官が行う（昭28・7・25家庭局長通達・家月5・6・127）。この措置の性格・問題点等について，⇨43条注釈**4・5**。

　勾留に代わる観護措置の期間は10日で，その起算日は起訴前勾留（刑訴208条1項）と同様に請求日とされている（本条3項）。この期間は明文の定がないので（刑訴208条2項参照）延長できない（平場126頁，団藤＝森田373頁）。その期間内に事件が家庭裁判所に送致されたときは，その保護事件について観護措置がとられたものとみなされる（みなし観護措置。不服申立は異議申立て（17条の2）による。札幌家決平15・8・28家月56・1・143，那覇家決平16・7・14家月57・6・204）が，この場合17条3項の期間は家庭裁判所が事件の送致を受けた日から起算する（17条7項）。観護措置期間中に検察官送致されると，その観護措置は勾留とみなされることになる（45条4号）。

3　検察官による釈放の可否

　検察官が捜査の結果，犯罪の嫌疑がなく，審判に付すべき事由もないとして事件を終結させる場合には，10日の期間の経過と共にこの措置は当然に効力を失うが，10日の期間内に，犯罪の嫌疑がなく，審判に付すべき事由もないことが判明し，あるいは身柄拘束の必要が消滅した場合には，漫然と10日の経過を待つことは相当でない。この場合，調査官観護（本条1項）に準じて裁判官にその取消を請求できる。更に，検察官が自己の権限で釈放できるかについては異論もあるが（柏木176頁，市村153頁），調査官観護は観護の主体が調査官であるので取消を裁判官の権限としているが，勾留に代わる観護措置は専ら捜査のために勾留に代わるものとして認められるので，起訴前の勾留と同様に解する積極説が有力であり（平場127頁，豊田(健)c76頁，四ッ谷b372頁，亀山＝赤

485

第45条（規第24条の2・3，刑訴規第279条・第280条）　　第3章　少年の刑事事件

木57頁，佐藤〔忠〕792頁，裁コ〔園原〕443頁），実務の運用もこれによっている。

4　20歳以上の者である場合の取扱

　事件送致前に被疑者が20歳以上の者であることが判明し，あるいは20歳に達した場合，調査官観護については，本条1項の場合と同様に取消を請求すべきであるという説（条解〔五十嵐〕261頁）もあるが，45条1号を準用して10日以内に公訴が提起されない場合は効力を失うと解すべきであろう（平場128頁）。それ以前にも裁判官の職権による取消は可能である（43条2項・17条8項）。

　勾留に代わる観護措置については，①勾留に代わる観護措置による身柄の拘束をその期間中は継続でき，その間に勾留状が発せられれば勾留に移行するとする見解（平場127頁，井上〔清〕243頁，亀山＝赤木58頁），②48条3項・45条3・4号に準じて勾留に代わる観護措置が20歳以上の者と判明した時点で当然に勾留に切替わるとする見解（柏木177頁，団藤＝森田374頁，コ少〔葛野〕531頁），③一旦被疑者の身柄を釈放し捜査あるいは公判遂行のために身柄拘束の必要が存するときは，改めて令状を求めるべきだとする見解（佐藤〔忠〕792頁，根岸61頁）などがあるが，勾留に代わる観護措置は通常の観護措置よりも勾留への切替は認めやすいこと，本条1項はそれ以上の拘束を継続し得ない場合を想定した規定であるから刑事手続に移行する場合に準用する必要はないこと，手続を取直すよりも本人の利益にもなること，法律関係をいたずらに複雑にしないこと等を考慮すると，①の見解が妥当である。

（検察官へ送致後の取扱い）

第45条　家庭裁判所が，第20条第1項の規定によつて事件を検察官に送致したときは，次の例による。

1　第17条第1項第1号の措置は，その少年の事件が再び家庭裁判所に送致された場合を除いて，検察官が事件の送致を受けた日から10日以内に公訴が提起されないときは，その効力を失う。公訴が提起されたときは，裁判所は，検察官の請求により，又は職権をもつて，いつでも，これを取り消すことができる。

2　前号の措置の継続中，勾留状が発せられたときは，その措置は，これによつて，その効力を失う。

3　第1号の措置は，その少年が満20歳に達した後も，引き続きその効

第2節　手　続　　　　　**第45条**（規第24条の2・3，刑訴規第279条・第280条）

力を有する。

4　第17条第1項第2号の措置は，これを裁判官のした勾留とみなし，その期間は，検察官が事件の送致を受けた日から，これを起算する。この場合において，その事件が先に勾留状の発せられた事件であるときは，この期間は，これを延長することができない。

5　検察官は，家庭裁判所から送致を受けた事件について，公訴を提起するに足りる犯罪の嫌疑があると思料するときは，公訴を提起しなければならない。ただし，送致を受けた事件の一部について公訴を提起するに足りる犯罪の嫌疑がないか，又は犯罪の情状等に影響を及ぼすべき新たな事情を発見したため，訴追を相当でないと思料するときは，この限りでない。送致後の情況により訴追を相当でないと思料するときも，同様である。

6　第10条第1項の規定により選任された弁護士である付添人は，これを弁護人とみなす。

7　第4号の規定により第17条第1項第2号の措置が裁判官のした勾留とみなされた場合には，勾留状が発せられているものとみなして，刑事訴訟法中，裁判官による被疑者についての弁護人の選任に関する規定を適用する。

（観護の措置が勾留とみなされる場合の告知等・法第45条第4号等）

規則第24条の2　①　法第17条第1項第2号の措置がとられている事件について，法第19条第2項（第23条第3項において準用する場合を含む。），第20条第1項又は第62条第1項の決定をするときは，裁判長が，あらかじめ，本人に対し，罪となるべき事実並びに刑事訴訟法第60条第1項各号の事由がある旨及び弁護人を選任することができる旨を告げなければならない。ただし，法第20条第1項又は第62条第1項の決定をする場合において，法第10条第1項の規定により選任された弁護士である付添人があるときは，弁護人を選任することができる旨は告げることを要しない。

②　前項本文の規定により罪となるべき事実を告げる場合において，当該罪となるべき事実に含まれる個人特定事項が次に掲げる者のものに該当すると認める場合であつて，相当と認めるときは，当該個人特定事項を明らかにしない方法により罪となるべき事実を告げることができる。

1　次に掲げる事件の被害者

イ　刑事訴訟法第201条の2第1項第1号イ又はロに掲げる事件

ロ　イに掲げる事件のほか，犯行の態様，被害の状況その他の事情により，被害者の個人特定事項が本人又は保護者に知られることにより刑事訴訟

第 45 条（規第 24 条の 2・3，刑訴規第 279 条・第 280 条）　　第 3 章　少年の刑事事件

> 法第 201 条の 2 第 1 項第 1 号ハ(1)又は(2)に掲げるおそれがあると認められ
> る事件
> 2　前号に掲げる者のほか，個人特定事項が本人又は保護者に知られること
> により刑事訴訟法第 201 条の 2 第 1 項第 2 号イ又はロに掲げるおそれがあ
> ると認められる者
> ③　第 1 項本文の規定により弁護人を選任することができる旨を告げるに当た
> つては，本人は弁護士，弁護士法人（弁護士・外国法事務弁護士共同法人を
> 含む。）又は弁護士会を指定して弁護人の選任を申し出ることができる旨及
> びその申出先を教示しなければならない。
> ④　第 1 項の裁判長は，本人に弁護人を選任することができる旨を告げる際に，
> 本人に対し，貧困その他の事由により自ら弁護人を選任することができない
> ときは弁護人の選任を請求することができる旨を告げなければならない。こ
> の場合においては，刑事訴訟法第 207 条第 4 項の規定を準用する。
> ⑤　前 4 項の規定により告知及び教示をする場合には，裁判所書記官が立ち会
> い，調書を作成する。
> **（観護の措置が勾留とみなされる場合の勾留場所・法第 45 条第 4 号等）**
> **規則第 24 条の 3**　①　検察官は，あらかじめ，裁判長に対し，法第 17 条第 1
> 項第 2 号の措置により少年鑑別所に収容されている者について法第 19 条第
> 2 項（第 23 条第 3 項において準用する場合を含む。），第 20 条第 1 項又は第
> 62 条第 1 項の決定をするときは本人を他の少年鑑別所若しくは刑事施設に
> 収容すること又は刑事収容施設及び被収容者等の処遇に関する法律（平成
> 17 年法律第 50 号）第 15 条第 1 項の規定により留置施設に留置することに
> 同意するよう請求することができる。
> ②　検察官は，前項の同意があつた場合には，その同意に係る少年鑑別所若し
> くは刑事施設又は留置施設に本人を収容し，又は留置する。
> ③　検察官は，第 1 項の請求をしない場合又は同項の同意がない場合には，本
> 人が法第 17 条第 1 項第 2 号の措置により収容されていた少年鑑別所に本人
> を収容する。
> **（国選弁護人・法第 37 条等）**
> **刑訴規第 279 条**　少年の被告人に弁護人がないときは，裁判所は，なるべく，
> 職権で弁護人を附さなければならない。
> **（家庭裁判所調査官の観護に付する決定の効力・少年法第 45 条）**
> **刑訴規第 280 条**　少年法第 17 条第 1 項第 1 号の措置は，事件を終局させる裁
> 判の確定によりその効力を失う。

1　本条の趣旨

本条は，少年事件が家庭裁判所から検察官に逆送され（20 条 1 項・62 条 1 項），

第2節 手 続 **第45条**（規第24条の2・3，刑訴規第279条・第280条）

保護手続から刑事手続に移行することに伴う経過措置を定めたものである。な
お，令和3年改正により，特定少年については67条7項で本条の「第20条第
1項」が「第62条第1項」に読替えられるほか，本条6号，規則24条の2・
24条の3の関係文言等が改正された。

2 調査官観護（本条1～3号）

　事件が本条5号但書によって家庭裁判所に送致された場合を除き，検察官が
事件の送致を受けた日から10日以内に公訴を提起しないと失効する。この期
間内に公訴が提起されれば引続き有効で，20歳になってもその効力は持続し，
終局裁判の確定により効力を失う（刑訴規280条）。裁判所はいつでも取消すこ
とができ，また，その事件で勾留状が発せられたときはその効力は失われる
（本条2号）。もっとも，調査官観護はほとんど利用されていない（⇨43条注釈3）。

3 観護措置（本条4号）──みなし勾留

　(1) **手続等**　　観護措置は事件が逆送されると裁判官のした勾留とみなされ
る（本条4号。「みなし勾留」と呼ばれる）。平成12年改正により裁定合議制が導入
され（⇨4条注釈3），観護措置が合議体でなされる場合が生じたが，みなし勾留
は，裁判官のした勾留（刑訴207条以下）として扱われる。そこで，20条1項・
62条1項の決定をする場合には勾留の理由・必要性（刑訴60条）を判断し，そ
の要件がないと認められるときは，観護措置を取消しておく必要がある。また，
20条1項・62条1項の決定をするときは，予め本人に対し犯罪事実（性犯罪等
の被害者等の個人特定事項を明らかにしない方法により告げることができる。規24条の2
第2項），刑訴60条1項各号の事由がある旨及び弁護人選任権を告げ（その際，
弁護士・弁護士法人（弁護士・外国法事務弁護士共同法人を含む）・弁護士会を指定した選
任申出ができることなどを教示する。規24条の2第3項），告知調書を作成する。弁護
士である付添人があるときは，その付添人が検察官送致と同時に弁護人となる
（本条6号）から，選任権の告知は不要である（規24条の2）。この付添人には国
選付添人（22条の3）は含まれない。この手続の際の犯罪事実に対する弁解聴
取の規定はなく要件とはされていないが（東京家決昭46・7・20家月23・11＝12・
178，中村（良）c372頁），必要とする説もあり（吉井185頁，伊藤（三）49頁，松澤160
頁），運用上は，黙秘権告知と共に，弁解聴取と録取を励行すべきである（裁コ
〔北村〕447頁）。

　(2) **勾留理由開示**　　観護措置が勾留とみなされるので勾留理由開示請求が

489

第45条（規第24条の2・3，刑訴規第279条・第280条）　　第3章　少年の刑事事件

可能となり（観護措置につき，⇨17条注釈**3**以下），起訴前は家庭裁判所の裁判官（平場424頁，団藤＝森田379頁，司研概説150頁，岸本173頁，市村156頁。地裁とする説，井上(文)243頁，中島(卓)293頁），起訴後は公訴の提起を受けた裁判所の裁判官が開示を行う（前掲平場・司研概説等）。

(3)　**準抗告**　　みなし勾留に対する準抗告（刑訴429条）は少年が刑事手続の20歳以上の被疑者よりも不利益に扱われる合理性はないことなどから積極に解されている（金谷(利)369頁，平場424頁，豊田(健)c80頁，団藤＝森田379頁，守屋b452頁，萩原b322頁，横田＝高橋24・204頁，吉井187頁，東京家決昭46・7・2家月23・11＝12・171，東京地決昭57・7・30家月35・9・128，東京家決昭57・8・5家月35・9・125〔百選102〕，同平25・1・8家月65・6・131，同平30・8・7家判20・89。反対，横井d50頁）。合議体による観護措置に基づくものも裁判所の勾留（刑訴60条）ではなく裁判官の勾留となるので，不服申立は全て準抗告となる。この場合の準抗告裁判所は家庭裁判所となる（金谷(利)370頁，横田＝高橋104頁，前掲守屋b・平場等）。不服申立の対象については，①観護措置を取消さなかった不作為（守屋b452頁），②勾留の要件が存在するという潜在的判断，③その潜在的判断を前提としてなされたみなし勾留そのものという考え方があり得るが，①は，みなし勾留の前提手続を問題にすること，③は法律効果を対象とすることになりいずれも妥当とは言い難く，②説が妥当である（金谷(利)370頁，平場425頁，豊田(健)c80頁，廣瀬・少年法462頁）。

　検察官送致に際し観護措置を取消した決定に対する検察官の不服申立について，勾留に引続き観護措置がとられていた場合には勾留請求が潜在的に継続しており勾留請求却下と同視できるとする積極説もあるが（萩原b322頁），観護措置及びその取消はいずれも家庭裁判所の職権によるもので請求によるものでないこと，少年法では抗告の対象を保護処分のみに限定していることなどから消極説（金谷(利)371頁，平場425頁，守屋b453頁，豊田(健)c80頁，廣瀬・少年法463頁）が相当であろう。

(4)　**みなし勾留の基礎となる事実**　　この点に関して，①当初観護措置をとった際の事実ではなく逆送決定において認められた事実（人単位説，松村687頁，岩野a200頁），②当初観護措置をとった際の事実（事件単位説，伊達(三)41頁，吉井183頁，松山320頁，大戸235頁），③当初観護措置をとった際の事件と追送等によって併合された事件（余罪）が同時に逆送された場合であって余罪についても

490

第 2 節　手　続　　　　　　**第 45 条**（規第 24 条の 2・3, 刑訴規第 279 条・第 280 条）

勾留の要件が具備している場合に限り, 全部の事実とする説（折衷説, 岸本 169
頁, 小林(充)b 452 頁, 平場 426 頁, 早川 j 15 頁, 豊田(健)c 80 頁, 同 d 21 頁, 亀山＝赤木
85 頁, 団藤＝森田 379 頁, 松澤 158 頁, 森本 120 頁, 土本 77 頁, 廣瀬・少年法 463 頁）に
分かれている。例えば, Ａ事実につき観護措置がとられている少年にＢ事実
の追送致があり, 家庭裁判所がＡ・Ｂ両事実を同時に検察官に逆送した場合,
みなし勾留の基礎となる事実は, ①説ではＡ・Ｂ両事実, ②説ではＡ事実の
み, ③説ではほとんどの場合にＡ・Ｂ両事実になる。これに対して, Ｂ事実の
みが逆送された場合には, ①説ではＢ事実による勾留を認めるが, ②③説で
はＢ事実を基礎として勾留を認めることができないので, 身柄確保の必要が
あるときは, 改めてＢ事実による逮捕をしたうえで勾留請求を考えることに
なる。観護措置が勾留とみなされているので勾留の場合と同様に基本的には事
件単位に考えるべきであるが, 勾留の場合にもＡ罪で逮捕された場合にＡ罪
と併せてＢ罪で勾留することは認められており, 規則 24 条の 2 の手続がＢ罪
にも行われるので（告知する「罪となるべき事実」は検察官送致決定書の「犯罪事実」
を意味する）, 勾留とみなすことに差支えはなく, Ｂ罪の逮捕・勾留を繰返さな
くてすむことから折衷説が妥当である（前掲豊田(健)c・平場・小林(充)b・廣瀬・少
年法）。実務もこの立場で運用されていると思われる（福岡高那覇支判昭 49・2・4
家月 26・12・90〔百選 101〕）。

　以上の運用によると, 本条 5 号本文によって公訴提起された際, 差出される
勾留状に代わる観護措置決定書（刑訴規 167 条 1 項）だけでは, みなし勾留の基
礎事実は明確にならないので, 検察官は観護措置決定書と併せて検察官送致決
定書の謄本及び告知調書を添付すべきである（松澤 163 頁, 早川 j 16 頁, 森本 121
頁, 豊田(健)c 80 頁, 岸本 173 頁, 大戸 237 頁, 土本 78 頁, 裁コ〔北村〕449 頁, 講義案 228
頁, 廣瀬・少年法 463 頁。反対, 佐藤(忠)818 頁）。

　(5)　**みなし勾留の始期等**　　観護措置が勾留とみなされる時点は少年に 20 条
1 項・62 条 1 項の決定を告知した時である（身柄事件の検察官送致決定は面前告知
が義務付けられている。規 3 条 2 項 2 号）。しかし, その勾留期間の始期は検察官が
事件送致を受けた日（現実に検察庁に事件記録が送付され受付印が押された日）から起
算される（廣瀬・少年法 464 頁, 平場 427 頁, 団藤＝森田 380 頁, 岡垣 206 頁, 佐藤(忠)
807 頁, 司研概説 149 頁等, 東京高判昭 25・3・4 高刑集 3・1・76）。

　(6)　**みなし勾留の勾留場所**　　この点に関する規定がなかったため, 事件事

491

第 45 条（規第 24 条の 2・3，刑訴規第 279 条・第 280 条）　　第 3 章　少年の刑事事件

務規程（昭 62・12・25 法務大臣訓令）47 条に基づいて検察官が裁判官の同意（刑訴規 80 条）を得ずに収容等指揮書により少年を刑事施設又は警察の留置施設に収容していた。しかし，勾留場所は勾留状の記載要件で人権保障上重要な要素であり，少年の情操保護上も少年鑑別所の方が刑事施設よりも優れているので，少年鑑別所がそのまま勾留場所になり，刑事施設等に移す場合には裁判官の同意を得る必要があるとする移監説が有力に主張され（本書改訂版 387 頁参照），立法的解決の必要性も指摘されていた（平場 426 頁）。これに対し，このような実務の扱いによると，みなし勾留となった少年の勾留場所は裁判官の関与なしに検察官の判断のみで新たに決定されることになり，通常の勾留の場合に比して明らかに均衡を欠くものであり，刑訴法等関連規定の解釈としての合理性・相当性につき疑念を抱かざるを得ないので，早急に改善が図られるべきであるとの最高裁による指摘がなされた（最決平 13・12・10 家月 55・2・178）。これを受けて，平成 14 年に規則 24 条の 3 が新設された。同条によると，みなし勾留の勾留場所について裁判官の同意が得られない場合あるいは請求がない場合は少年鑑別所に収容されるとして（同 3 項），少年鑑別所への収容の原則性が明らかにされた。もっとも，検察官送致が予想される場合，「あらかじめ」裁判官（合議体の場合は裁判長）に対する同意の請求ができ（同 1 項），裁判官の同意があった場合はその同意された刑事施設に収容する（同 2 項）とされたので，検察官送致決定と同時期に同意した場合には，従前と同様にその同意された刑事施設に収容されることになる。

　移送に同意する裁判官は，刑事手続として家裁・地裁のいずれでもよいとする立場（松山 323 頁，中田 319 頁），地方裁判所の裁判官とする立場（岸本 172 頁）もあるが，移送の同意は勾留の付随処分であるから，みなし勾留の判断をした家裁の裁判官が担当すると解すべきであろう（小林（充）b 334 頁，森本 133 頁，廣瀬・少年法 465 頁，家裁の裁判官による同意に対する準抗告でその同意を取消した事例として東京家八王子支決平 18・3・9 家月 58・6・84，同意を相当とした事例として，東京家決平 24・6・7 家月 64・11・77）。

(7)　延長の制限──先に勾留状の発せられた事件　　起訴前の勾留と異なり（刑訴 208 条・208 条の 2），みなし勾留には制限があり（本条 4 号），家庭裁判所に事件が送致される以前に勾留状が発せられている事件の勾留延長は許されない。

　観護令状（⇨44 条注釈 2）が発せられた場合，観護令状は勾留状には含まれず

492

第2節　手　続　　　　**第45条**（規第24条の2・3，刑訴規第279条・第280条）

延長できるとする立場（柏木180頁，市村155頁，松澤149頁，井上(勝)185頁，土本79頁，廣瀬・少年法465頁），観護令状は勾留状に代わる捜査のためのものであるから同様に考えるとする立場（平場427頁，団藤＝森田381頁，篠田154頁，佐藤(忠)807頁）がある。

　家庭裁判所送致前の勾留は延長が認められており，検察官への逆送決定後にも期間延長を認めると，身柄の拘束期間は最大合計40日間になり，一般の刑事事件に比して不当に長くなるため，これを制限したのが本条4号と考えられる。勾留に代わる観護措置の期間は10日間で延長はできないので（44条3項），延長を認めても勾留の場合と同期間に止まること，勾留に代わる観護措置は身体拘束という点は共通するものの，その本質は勾留とは異なること，観護令状と勾留状を同視することは文理上も無理があることなどから観護令状は含まれないと解すべきである。勿論，観護令状が発せられた事件の場合にも，できる限り勾留期間の長期化を避ける実務の運用が望ましいことはいうまでもない。

4　公訴提起の特則

　(1)　**起訴強制**　　刑事訴訟では検察官に広範な訴追裁量を認める起訴便宜主義がとられている（刑訴248条）。本条5号本文はこの例外として検察官に起訴の義務を課した。これは，起訴・不起訴の決定についても，検察官の刑事政策的な判断よりも専門的・科学的な調査を経る家庭裁判所の裁判官の判断に委ねる方が少年の健全育成の実現に資すると考えられたものである（⇨42条注釈1）。

　(2)　**起訴強制の範囲**　　公訴提起を義務付けられるのは検察官送致決定書に記載された事件であるが，訴因の拘束はないので，その犯罪事実と事実の同一性があればよく，罰条にも拘束されない（刑訴256・312条。札幌高判昭28・3・3家月7・11・111，名古屋高判昭29・3・30家月6・8・90〔百選104〕，廣瀬・少年法466頁，平場430頁，土本81頁，佐藤(忠)812頁，早川1427頁，岩下294頁，栗原190頁，亀山＝赤木87頁，柏木182頁等。その他の裁判例につき，裁コ〔北村〕452頁）。捜査の結果，事実の同一性がないことが判明したときは，検察官は改めて事件を家庭裁判所に送致しなければならない（司研概説152頁，内藤b1719頁，市村157頁，廣瀬・少年法466頁）。検察官送致を受けた事件と事実の同一性があるとしても，特定少年を除き，当該事件を罰金以下の罪に当たる事件として公訴を提起することは許されない（廣瀬・少年法466頁，荒井a411頁，最判平26・1・20刑集68・1・79，奈良簡判昭38・11・11家月16・6・207）。

第45条（規第24条の2・3，刑訴規第279条・第280条）　　第3章　少年の刑事事件

家庭裁判所からの送致は訴訟条件であるから逆送を経ない事件（送致事実と同一性のない事件）の起訴は判決により公訴棄却される（訴追の問題点について，⇨42条注釈2）。

(3) **逆送事件の一部不起訴の可否**　　逆送された事件全部に犯罪の嫌疑が認められる場合，検察官が一部の事件を不起訴にすることを認める立場がある。起訴しなくても少年の処遇に全く影響がないと思われる軽微な事件を不起訴としても，家庭裁判所の先議権侵害や少年が刑事処分も保護処分も受けないことを防止する法の趣旨に反するとまではいえないこと，訴訟経済の要請からむしろ好ましい場合もあることなどを理由としている（柏木181頁，佐藤(忠)812頁，岩下296頁）。しかし，起訴強制の例外は本条5号但書の場合に限定されることのほかに，実質的理由として，①少年の処遇についての家庭裁判所の先議権を侵すことになりかねないこと，②検察官送致の場合の家庭裁判所の判断は，少年の行為（犯罪事実）に重点が置かれていること，③検察官送致は刑罰による道義的責任の追及ばかりでなく，刑罰による矯正・教育という観点も併せ考慮されているので，犯罪事実の全部につきその責任の所在を明確にすることは少年の教化改善に必要なことであり，手続経済上の理由で，一部のみを起訴しほかを不問に付することは刑事手続における教育的効果を無視するものであること，④本条5号・42条の趣旨は，少年の犯罪について起訴もされず，保護事件としての終局処分も受けないような事態を防止することにあり，一部起訴の余地を認めることはこれに反することなどから，嫌疑のある事件の検察官の一部不起訴は認められないと解すべきである（土本87頁，清野241頁，豊田(健)c80頁，裁コ〔北村〕455頁，丸山322頁，廣瀬・少年法466頁）。もっとも，残りの一部起訴が無効となるわけではない（東京高判昭60・12・9家月38・10・53〔百選105〕，同昭29・9・4家月7・4・42。後者は，一部起訴を有効としながら，「その不起訴の措置につき国法上非難さるべきものはある」としている）。

なお，逆送事件に余罪を付加して公訴提起できるかにつき，⇨42条注釈3。

(4) **起訴強制の例外（本条5号但書）**　　①送致を受けた事件の一部について公訴を提起するに足りる犯罪の嫌疑が認められないとき，②犯罪の情状等に影響を及ぼすべき新たな事情を発見したため訴追を相当でないと思料するとき，③送致後の情況により訴追を相当でないと思料するとき，が定められている。

①は，逆送された複数の事件のうち一部について犯罪の嫌疑が認められない

第2節　手　続　　　**第45条**（規第24条の2・3，刑訴規第279条・第280条）

場合には，残余の事件に犯罪の嫌疑が認められても起訴は強制されないことを明らかにしたものである。この場合，犯罪の嫌疑がある残余の事件だけを再送致しないで起訴することができるかが問題となる。積極説もあるが（条解〔五十嵐〕268頁，佐藤（忠）810頁，岩下297頁，清野239頁，柏木183頁，土本86頁，井上（勝）194頁），家庭裁判所の逆送決定は，犯罪の嫌疑がないと判明した事件も含めた総合判断であるから，これを許すと刑事処分相当か否かの判断を検察官にさせることになり，家庭裁判所の先議権を侵すことになりかねないので，原則として消極に解すべきである（平場433頁，団藤＝森田384頁，早川1430頁，正田b7頁，小林（崇）a147頁，水上244頁，丸山323頁，枚方簡決昭57・5・7家月35・3・132，神戸家決昭46・2・12家月23・10・100）。しかし，犯罪の嫌疑のある事件だけで十分処罰価値があり，嫌疑のない事件が軽微なため，その存否が逆送決定に何ら影響を及ぼさないと認められる場合には，再送致せずに起訴を認めても家庭裁判所の先議権を侵すとまではいえないこと，このような場合にまで再送致を要求すると，無用の手続を重ね，特に身柄事件では拘束期間の長期化等の弊害も大きいこと，同一事実が縮小認定される場合（強盗→窃盗など），公判段階で一部の事実が認められない場合には再送致が義務付けられていないことなど家裁先議にも合理的例外の余地があることなどから，家庭裁判所が罪質・情状に照らして残りの事実だけでも刑事処分相当性を認めていることが明らかである場合には，検察官の判断で起訴する例外を認める余地があろう（廣瀬・少年法467頁，平場433頁。なお，小池216頁は，事件単位に扱って嫌疑のない事件と同一性のない残りの事件は起訴強制が及ぶとする）。前掲・最判平26・1・20（⇨4(2)）の処理は少なくとも徹底した消極説に基づくものではないと解される。なお，検察官が残りの事件だけで処罰価値があると判断して起訴した場合，受訴裁判所が審理の結果，保護処分相当と判断したときは，決定で事件を家庭裁判所に移送できる（55条）。しかし，検察官が，逆送事実のうち重い罪の起訴だけで刑政の目的は達せられるなどとの判断で軽い罪を本条5号但書で再送致することは，例外事由に当たらず違法である（千葉家決平17・4・28家月57・12・94）。

②の「犯罪の情状等」とは，犯罪の動機・原因・態様等のほか，構成要件・罪名に影響を及ぼす事情（例えば，窃盗を遺失物横領，強盗致傷を恐喝と傷害と認定すべき事情）や違法性阻却事由に当たる事情（正当防衛や過剰防衛を認定すべき事情）を新たに発見した場合を含む（廣瀬・少年法468頁，平場434頁，団藤＝森田384頁，

495

第45条 （規第24条の2・3，刑訴規第279条・第280条）　　　第3章　少年の刑事事件

柏木184頁，土本87頁，正田b9頁，早川1429頁。小池216頁は構成要件に関わる事情は①に当たるとする）。「新たな事情」には，検察官送致決定前に存在していた事情で発見が上記決定後のものも含まれる（土本87頁，廣瀬・少年法468頁，昭44・3・7家庭局長回答・家月21・3・113）。

③の「送致後の情況」には，被害弁償，示談の成立，被害者の宥恕，法令の改正，恩赦，世論の緩和，少年・保護者の反省，保護態勢の充実，などが挙げられている（柏木184頁，佐藤（忠）811頁，団藤＝森田384頁，井上（勝）195頁，平場434頁，廣瀬・少年法468頁。岩下299頁，水上245頁，土本88頁は，②と異なり逆送決定後の事情に限定する）。なお，親告罪の告訴が逆送後に取消されたときは，そもそも訴追が許されないから，これに準じて取扱うことになる。

以上の例外の場合には，検察官独自の判断で公訴を提起しないが，犯罪の嫌疑がある以上家庭裁判所に再送致しなければならず，不起訴処分で終結させることはできない。訴訟条件が欠ける場合も同様である（廣瀬・少年法468頁，平場432頁，井上（勝）195頁，大阪家決昭44・7・31家月22・4・98。反対，団藤＝森田383頁）。訴訟条件は，検察官送致と保護処分の一事不再理効（46条）のほかは，一般の刑事事件と同様である。

なお，犯罪の嫌疑がなく，かつ，家庭裁判所の審判に付すべき事由もない場合は，検察官限りで終局処分がなされる（⇨42条注釈1）。

(5)　**起訴強制の効力の時的限界**　　逆送決定後，公訴提起前に少年が20歳に達した場合，起訴強制の効果が存続するかについては議論があるが，消極説が有力である（⇨20条注釈8）。

5　再送致に関する問題

検察官の再送致の判断には拘束力はない。再送致が起訴強制の例外に当たらない場合，起訴強制に反する点からこれを無効とする考え方もあり得るが（水戸家下妻支決昭39・1・23家月16・6・198等），不開始・不処分で終局するのでは，少年に対する適切な処遇を失わせる点で問題がある。このような再送致も原則として有効で実体審判が可能であるが（大阪家決昭36・1・7家月13・3・190，長崎家佐世保支決昭43・6・4家月20・12・113，高松家決昭46・11・17家月24・7・103），新たな事件として送致された場合には二重に処分する虞が生じるので無効と解すべきである（廣瀬・少年法469頁，平場435頁，早川1432頁，豊田（健）c75頁，水上245頁，裁コ〔北村〕458頁，東京家八王子支決昭46・3・1家月23・11＝12・144）。再送致事

496

第2節　手　続　　　　　　**第45条**（規第24条の2・3，刑訴規第279条・第280条）

件を審判した結果，やはり刑事処分が相当と判断した場合は再度の検察官送致も可能と解すべきである（平場434頁，豊田（健）c 75頁，静岡家決昭39・2・8家月16・7・89，大阪家決昭40・4・23家月17・12・138，東京高判昭61・5・30家月43・10・62〔百選64〕，千葉家決平17・4・28家月57・12・94）。しかし，検察官との判断の違いで手続の遅延・負担（特に身柄事件では拘束期間の長期化）を少年に負わせることはその情操保護・健全育成の観点からも好ましくないこと，裁判所が一旦逆送した事件が検察官から再送致されたのであるから，公訴の遂行・維持の責任を負っている検察官の判断を尊重すべきであること，などを考慮すると，運用上，一般には再逆送は妥当でなく保護手続の中で事件を終了させるべきである（廣瀬・少年法469頁，平場434頁，条解〔五十嵐〕269頁，豊田（健）c 75頁，団藤＝森田385頁，司研概説152頁，亀山＝赤木86頁，京都家決昭56・10・21家月34・3・90〔百選65〕，前掲大阪家決昭36・1・7，同長崎家佐世保支決昭43・6・4，同高松家決昭46・11・17，青森家八戸支決昭49・11・20家月27・7・97。もっとも，早川 i 224頁，広島家決昭47・3・14家月24・10・134，前掲千葉家決平17・4・28は従前の判断通り検察官送致すべきであるとする）。

6　弁護人（本条6号）

少年保護事件の手続における弁護士である付添人（10条1項但書，規14条1項）は，その事件が逆送決定によって刑事手続に移行すると，弁護人選任手続なしで当該事件の弁護人とみなされる。この付添人は，10条1項の選任権者の選任したものに限られ，国選付添人（22条の3）は含まれない。

7　被疑者の国選弁護人選任に関する規定の適用

被疑者の国選弁護人はその権利保護の重要性から「勾留状が発せられている」ことが要件とされている（刑訴37条の2）。しかし，少年の逆送の場合，観護措置は勾留とみなされるが（本条4号），勾留状は発せられないため，この要件に当たらず国選弁護人選任ができない。そこで，本条7号を設け，みなし勾留の場合，勾留状が発せられているものとみなし，被疑者の国選弁護に関する規定（刑訴37条の2～5・38条・38条の2～4）を適用できるようにした。なお，資力のある少年被疑者が私選弁護人選任申出をすべき弁護士会は，勾留された場合に国選弁護人が付されることと対応させ，その勾留に関する裁判を扱う裁判官を基準とし，その所属裁判所の管轄地方裁判所の管轄区域内の弁護士会とされている（刑訴37条の3第2項）。みなし勾留の場合には勾留状発付がないので

497

第 45 条の 2（規第 24 条の 2，刑訴規第 280 条）　　　　　**第 3 章　少年の刑事事件**

逆送決定（19 条 2 項・20 条 1 項・23 条 3 項・62 条 1 項）を行った家庭裁判所所在地を管轄する地方裁判所の管轄区域内の弁護士会，更に身柄が移送（刑訴規 80 条）された場合には移送先所在地の管轄地方裁判所の管轄区域内の弁護士会がそれぞれその申出先になると解されている（落合＝辻 103 頁）。

〔年齢超過を理由とする検察官への送致後の取扱〕
第 45 条の 2　前条第 1 号から第 4 号まで及び第 7 号の規定は，家庭裁判所が，第 19 条第 2 項又は第 23 条第 3 項の規定により，事件を検察官に送致した場合に準用する。
　規則第 24 条の 2　前条掲出
　刑訴規第 280 条　前条掲出

1　本条の趣旨

　本条は，19 条 2 項・23 条 3 項に基づく年齢超過による検察官送致（年超検送）の際の身柄引継を円滑にするための規定である。従って，前条 1〜4 号及び 7 号について述べたところが原則的には本条にも当てはまる（⇨45 条注釈）。しかし，前条 5 号は 20 条 1 項・62 条 1 項に対応した起訴強制であり，6 号は少年の利益を考慮したものであるので準用されていない。家庭裁判所への再送致（⇨45 条注釈5）は，家庭裁判所のした本人が 20 歳以上の者であるとの認定を覆して少年と認めるべき新たな証拠が発見されたときに限られる。前条 4 号の準用により観護措置（17 条 1 項 2 号）が勾留とみなされる場合は実務上多くみられる。本条の場合にも，検察官送致決定をなすにあたり，予め本人に罪となるべき事実（性犯罪等の被害者等の個人特定事項を明らかにしない方法により告げることができる。規 24 条の 2 第 2 項），刑訴 60 条 1 項各号の事由がある旨並びに弁護人選任権があること及びその選任申出は，弁護士・弁護士法人（弁護士・外国法事務弁護士共同法人を含む）・弁護士会を指定してすることができること等を告げなければならない（規 24 条の 2）。

2　勾留場所

　法律上は 48 条 3 項により少年鑑別所でもよいことになるが，20 歳に達した者を少年鑑別所に勾留しておくことは，少年鑑別所の性格，観護中の他の少年に対する影響のいずれの面からも好ましくないので刑事施設又は警察署の留置

498

第2節　手　続　　　　　　　　　　　　　　　　　　第45条の3（規第42条の3）

施設を勾留場所にするのが適切である（身柄を移す方法も含めて，⇨45条注釈3⑹）。

> **（訴訟費用の負担）**
> **第45条の3**　①　家庭裁判所が，先に裁判官により被疑者のため弁護人
> 　が付された事件について第23条第2項又は第24条第1項の決定をする
> 　ときは，刑事訴訟法中，訴訟費用の負担に関する規定を準用する。この
> 　場合において，同法第181条第1項及び第2項中「刑の言渡」とあるの
> 　は，「保護処分の決定」と読み替えるものとする。
> ②　検察官は，家庭裁判所が少年に訴訟費用の負担を命ずる裁判をした事
> 　件について，その裁判を執行するため必要な限度で，最高裁判所規則の
> 　定めるところにより，事件の記録及び証拠物を閲覧し，及び謄写するこ
> 　とができる。
> 　　　**（検察官による記録又は証拠物の閲覧・法第45条の3）**
> 　**規則第42条の3**　検察官は，家庭裁判所が少年に訴訟費用の負担を命ずる決
> 　　定をした事件については，第7条第1項の規定にかかわらず，その決定を執
> 　　行するため必要な限度で，保護事件の記録又は証拠物を閲覧することができ
> 　　る。

　平成16年改正刑訴法により被疑者（少年も含む）に対する国選弁護制度が創
設された（刑訴37条の2等）。その国選弁護費用も訴訟費用に含まれるので（刑
訴費2条3号），その費用負担に関する規定が設けられた（刑訴181条4項等・落
合＝辻77頁以下）。その国選弁護人が付された少年被疑事件が検察官から家庭裁
判所に送致された場合（42条1項）も文理上は，刑訴181条4項の「公訴が提
起されなかつた場合」に含まれ得る。保護処分決定（24条1項。令和3年改正に
よる特定少年の保護処分は64条1項（67条7項による読替え）），不処分決定（23条2
項）がなされる場合には，家庭裁判所が非行事実の存否を認定したうえで審判
することから，本条1項では，各決定を行う際，家庭裁判所がこの訴訟費用負
担の裁判をすることとされた。本条1項による準用規定は，刑訴181条1項
（保護処分決定をする場合）・2項（不処分決定をする場合）・185条であり，刑訴181
条1・2項の「刑の言渡」は，「保護処分の決定」と読替えられる（落合＝辻106
頁）。本条1項によれば，検察官が事件を家庭裁判所に送致した場合には，家
庭裁判所が当該事件について不処分決定又は保護処分決定をするときは，訴訟

499

第46条　　　　　　　　　　　　　　　　　　　　　　　　第3章　少年の刑事事件

費用の負担を命ずるかどうかを決定することになるところ，少年に訴訟費用を
負担させない場合にも，その旨を審判書の理由中で明らかにするのが相当と解
される（東京高決平21・11・30家月62・5・90）。なお，検察官が犯罪の嫌疑なしと
して家庭裁判所への事件送致をしなかった場合の訴訟費用については刑訴181
条4項・187条の2による（落合＝辻84頁）。

　本条の訴訟費用は刑事手続に関するものであるから，少年被疑者の場合も，
20歳以上の者と同様，検察官が訴訟費用の負担を命ずる裁判の執行を行うが
（40条による刑訴472条・490条1項の準用），その執行のために，検察官が少年の勤
務先，連絡先，家族等の代納者の有無，資産，立寄先等の情報を把握するため
に事件の記録及び証拠物を精査する必要がある（落合＝辻105頁）。そこで，家
庭裁判所が少年に訴訟費用の負担を命ずる裁判をした事件では，その裁判執行
に必要な限度で検察官が事件記録及び証拠物の閲覧及び謄写ができることとさ
れ，規則42条の3が設けられた。その執行は裁判確定後になる（40条による刑
訴471条の準用）から，その閲覧及び謄写の時期も裁判確定後となる。本条2項
の「事件の記録及び証拠物」については5条の2第1項と異なり社会記録の除
外が明示されていないが，訴訟費用の裁判執行には社会記録の閲覧等は必要な
いから，本条2項の「必要な限度」での閲覧等に当たらず，社会記録の閲覧等
は認められない（落合＝辻107頁）。

（保護処分等の効力）

第46条　①　罪を犯した少年に対して第24条第1項の保護処分がなされ
　たときは，審判を経た事件について，刑事訴追をし，又は家庭裁判所の
　審判に付することができない。

②　第22条の2第1項の決定がされた場合において，同項の決定があつ
　た事件につき，審判に付すべき事由の存在が認められないこと又は保護
　処分に付する必要がないことを理由とした保護処分に付さない旨の決定
　が確定したときは，その事件についても，前項と同様とする。

③　第1項の規定は，第27条の2第1項の規定による保護処分の取消し
　の決定が確定した事件については，適用しない。ただし，当該事件につ
　き同条第6項の規定によりその例によることとされる第22条の2第1
　項の決定がされた場合であつて，その取消しの理由が審判に付すべき事

第2節　手　続　　　　　　　　　　　　　　　　　　　　　　　　　第46条

由の存在が認められないことであるときは，この限りでない。

1　本条の趣旨

本条は，①犯罪少年に対する保護処分（1項。特定少年に対する保護処分を含む。64条1項・67条7項），②検察官関与決定がされた事件における不処分決定（2項）及び③非行事実不存在を理由とする保護処分取消決定（3項但書）に刑事訴追や再度の少年審判に付すことを遮断する効力があることを規定したものである。

　この①の効力の根拠・性格については，対象少年に安心感を与えて更生を期するという教育的見地や法的安定性に基づくものと解する独自効説（今中63頁，入江16頁等），既判力や二重の危険を理由とする一事不再理効説（平場313頁，団藤＝森田390頁，柏木188頁，市村160頁，円井277頁，司研概説154頁，正田b51頁，山田(博)446頁，田宮c289頁，小野(慶)c152頁，大石153頁，須山247頁，豊田(健)a18頁，廣瀬・少年法368頁等），双方の要請によるとする立場（平井b8頁，柳瀬a187頁）などがある。しかし，教育的観点や法的安定性は，終局決定全てに共通するものであって，犯罪少年の保護処分に限定する必要はないし（平場314頁），特定少年に妥当するかについては疑問もあり得るから，犯罪少年に対する保護処分と刑事処分の同質性・類似性から特別に設けられた規定とする（団藤＝森田392頁，平場314頁）のが妥当であろう（学説の分析について，山田(博)442頁，山地）。なお，②不処分決定，③保護処分取消決定については，後述のように，平成12年改正による検察官関与等の手続整備により，無罪判決の一事不再理効類似の効力を認めたものと解される。この点については，少年保護手続が中間的な性格を持つ複合的なものであることから（⇨序説1・4），手続・処分の性質に応じた終局決定の効力が認められるべきであり，上記保護処分と差異が生じることはやむを得ないといえよう（⇨2(1)(イ)）。

2　適用範囲

(1)　**実体的な判断をした不処分決定等への準用の可否**　　対象者の所在不明，長期の疾病・海外渡航による出頭不能等，審判手続を進めるうえの障害事由があること，法律上審判条件の不備を理由とする不開始・不処分決定（⇨19条・23条各注釈）には本条の準用は認められず，欠けていた条件が整えば，再度事

501

第46条   第3章　少年の刑事事件

件を審判することができる（⇨7条注釈5，19条注釈2(3)。平場284頁，東京高決昭
46・6・29家月24・2・143）。問題となるのは，実体的な判断をしたものである。

　㋐　**判例の立場**　　最高裁（最大判昭40・4・28刑集19・3・240／家月17・4・82
〔百選68〕）は，非行なし（法令違憲）を理由に不開始（非行なし不開始）とされた
事案で，非行なし不開始の事実上・法律上の判断は，少年審判の目的達成のた
めにされ，刑事裁判とは目的が異なること，対審公開で当事者が攻撃防御を尽
くし厳格な証拠調を経て刑罰権の存否確定のためされる刑事訴訟の事実認定・
法律判断とは手続を異にするから無罪判決とは同視できず既判力は生じないこ
と，「無罪とされた行為」（憲39条前段）とは刑事訴訟の確定裁判で無罪の判断
を受けた行為を指すこと，本条は保護処分が刑罰類似の性質を持つことや対象
となった犯罪事実が特定されていること等を考慮した特別の規定で保護処分に
限って適用されるとして，不開始決定の一事不再理効を否定したが，有力な反
対意見が付されていた。その要旨は，①不開始決定も少年事件の終局処分の一
つで刑事訴追を受けさせないという公権的な裁判であるから，その趣旨を没却
するような他の国家機関の行為は公的法律生活の安定という観点から許されず
本条が準用されるべきである，②不開始とされた少年は一度刑事上の裁判を受
ける危険にさらされたので，その事件による刑事訴追は憲法39条の二重の危
険の禁止ないしはその精神から許容されない，③不開始に当たっては，通例，
教育的保護的措置を伴うから事後の刑事訴追には疑念がある，④一事不再理効
は裁判の法的安定性の要請を基礎とするから事件の実体を審理し確定的な判断
を示す裁判に法律上当然に生じ，不開始決定にも認められるべきである，⑤少
年審判も犯罪現象に対する国家対策の一つで司法機関が証拠に基づいて事実・
法律判断をする点は刑事裁判と異ならず，本条は長期の執行を要し更なる処分
等の必要が生じ得る保護処分について注意的に規定したもので，触法・虞犯少
年の保護処分にも本条が類推適用されるのは，この趣旨の現れである，⑥少年
法は保護優先主義・家庭裁判所先議主義をとり，保護処分か刑事処分かの判断
を少年非行に関して専門性のある家庭裁判所の判断に委ねることを妥当とし，
家庭裁判所の判断を検察官の判断に優先させ，家庭裁判所からの逆送があった
場合に初めて検察官が起訴できるとしているので，逆送がない限り起訴できな
いはずであるのに，成人（20歳）に達した途端家庭裁判所の判断を無視して起
訴できるというのでは不条理である，⑦家庭裁判所が専門的知識・経験に基づ

502

第2節　手　続　　　　　　　　　　　　　　　　　　　　　　　　　第46条

いて事件の実体について調査・判断した場合，その判断の有権性を尊重し，その最終性を認め，少年を不安定な立場に置かないことが少年の教育・改善更生を図る趣旨に沿う，⑧行政処分でも相手方に権利を付与するものは事後的に自由な取消・変更は許されず，このような法的安定性，保護の理想は不開始のような場合にこそ十分実現されるべきで，明文の根拠は必ずしも必要とされない，などである。これらの反対意見や事案の特殊性などから，積極説も有力であった（議論の理論構成と問題点について，田宮 c 283 頁以下参照）。しかし，その後，最高裁（最決平 3・3・29 刑集 45・3・158／家月 43・8・78〔百選 69〕）は，非行なしを理由として不処分決定がされた少年の刑事補償及び費用補償の請求棄却決定に対する特別抗告事件で，非行なし不処分決定はこれを経た事件について刑事訴追をし又は家庭裁判所の審判に付することを妨げる効力を有しない旨を明確に判示した。これにより，実務上は不処分・不開始の一事不再理効は認められないこととなった（浜井ほか 274 頁，廣瀬 h 180 頁）。

　(ｲ)　**学説の検討**　　その後も積極説が根強く主張されているが，解釈論としては賛成できない（最近の議論の詳細・文献については，浜井ほか 280 頁，廣瀬・少年法 370 頁参照）。その実質的な論拠と比較法制的な点などについてのみ補足的に触れておく（その他の点については，廣瀬 h 180 頁，浜井ほか 274 頁参照）。

　(a)　**家庭裁判所の専門的判断の優先性・終局性の限界**　　家庭裁判所の専門的判断の優先性・終局性が妥当する場面には，家庭裁判所が少年を扱うのは 20 歳までに限定されている点から時期的な限界がある（田宮 c 288 頁，廣瀬 h 181 頁）。また，非行事実が認定できない場合には専門的判断の前提を欠くので（刑事処分相当事案（20 条 1 項・62 条 1 項）でも，非行事実が認められなければ非行なし不処分となる），非行なし不処分等には，家庭裁判所の保護教育的観点からの刑事訴追不相当という判断は含まれず，専ら家庭裁判所の司法的な機能・少年審判の事実認定手続としての実質が問題となる。

　(b)　**手続の実質**　　少年保護手続は最高裁が指摘した対審・公開，当事者主義がとられていない審問手続であることのほか，検察官関与決定がされた事件以外の事件では検察官上訴がなく，不処分等には少年側の抗告も事後の取消も認められないこと，裁判官の資格も逆送決定（20 条 1 項・62 条 1 項）以外は判事に限られないこと（⇨4 条注釈）など刑事訴訟手続と大きな差異があること，不処分・不開始の決定書には理由の記載が要求されないので（規 2 条 5・4 項），審

503

判対象とされた犯罪事実の範囲・特定や実体的判断の有無を確認できる制度的な保障がないなど，刑事訴訟手続の終局裁判と同様な効力を付与するのに相当な手続・実質が備わっているとはいい難い（山田(博)455頁，豊田(健)a 18頁）。なお，平成12年改正との関係については⇨(2)。

(c) **立法経過**　本条の制定過程では，不処分に一事不再理効を与える趣旨の規定が置かれた後，それが保護処分に限定されて本条となるなど，政策的判断で一事不再理効が保護処分に限定され，不開始は検討対象とされなかったこと等，不処分等の一事不再理効には消極的な立場がとられていた（浜井ほか143頁）。

(d) **二重の危険の法理**　最近のアメリカでは少年事件でも事実認定に関しては，陪審が用いられず，公開が制限される点以外は成人と同様の対審手続とされる場合が多く，重罪等はほとんど刑事訴訟手続で扱われる（浜井ほか10頁以下，廣瀬f 91頁以下）のに対して，我が国の少年保護手続は刑事訴訟手続とは大きく異なること，アメリカで二重の危険に触れ禁止される刑事事件の検察官控訴も例外なく認められ，少年保護手続からの検察官送致も制度上は幅広く認められるなど，我が国の二重の危険に対する理解や審判・上訴制度・その運用状況はアメリカ法制とは大きく異なっているので，アメリカ法の法理の援用は十分には説得力を持ち難い。

(e) **比較法制的検討**　少年裁判手続に刑事訴訟手続の性格が保持されている一元的な制度では，少年に対する終局決定の一事不再理効の問題も基本的には刑事訴訟におけるそれと同様に考えれば足りようが，我が国を含め，少年の手続が刑事裁判とは異なる二元的な少年法制では，一事不再理効が認められる事件の範囲や処分は政策的な考慮によることとなる（⇨序説2。廣瀬g 370頁，廣瀬h 185頁，廣瀬・少年法24頁・372頁）。

現行の少年保護手続は法曹資格のある裁判官が裁判所で刑訴法を準用（14・15条）しながら証拠調ができるなど，少年審判所が行政機関で審判官も判事に限られなかった旧法（旧17・21条）よりも司法的性格が強化されているが，刑事訴訟手続とは大きな違いがあり（⇨(b)），全件送致主義（⇨42条注釈1）により対象事件が全く限定されず，重罪や否認事件などを特別に扱う手続もないことなど，処遇選択を重視した中間的な制度であって，不処分等も含めた少年保護手続の全ての終局決定に一事不再理効を認める前提は備わっていないというべ

第2節　手続　　　　　　　　　　　　　　　　　　　　　　　　　　第46条

きである（廣瀬 h 186頁）。なお，平成12年改正との関係については⇨(2)。

(f)　**運用・立法論**　　もっとも，不処分等とされた事件について，事情の変更もないのに，重ねて調査・審判に付されたり，刑事訴追されることは，法的安定性や少年の情操保護などの観点から望ましくない場合が多いことは明らかであり，前掲最高裁判決（昭40・4・28）が付言するように，検察官は同一事実の訴追について家庭裁判所の要保護性存否の判断を十分考慮し適切妥当な裁量をすべきである。実体的な判断を経て不処分等とされた同一事件が再送致された場合は，原則として，実体審判に入らず不開始で手続を打切るのが妥当である（山地10頁以下参照）。このような問題を解決するため，検察官の審判出席の可能性及び抗告権を認めるなど事実認定手続の整備をしたうえで，実体的判断をした不処分決定に一事不再理効を認める改正も提言されていた（浜井ほか355頁，廣瀬 h 200頁参照）。

(2)　**2項の趣旨**　　このような改正提言を受けて平成12年改正により，一定の事件に非行事実認定手続への検察官関与及び検察官の抗告受理の申立てが認められる（22条の2・32条の4）と共に，検察官関与決定がされた事件において実体判断を経た不処分決定については，本項により，一事不再理効を認めることとされた。検察官関与決定がされた事件においては，国選付添人も認められたため，その非行事実認定手続には，検察官及び弁護士である付添人が関与し，裁量的なものではあるが非行事実認定に関して抗告審の審査も認められた。これらの改正によって，家庭裁判所の非行事実認定手続に一事不再理効を付与するための前提が整えられたからである。本項の適用される不処分決定には，非行なし不処分決定のほか，非行事実を認定したうえでの不処分決定（保護的措置，別件保護中等）も含まれる。しかし，検察官関与決定がされた事件以外の事件については実体的な判断をした非行なし不処分決定についても一事不再理効は認められておらず，問題はなお残されている。

(3)　**触法・虞犯事件への準用**　　本条1項には，犯罪少年（3条1項1号）だけが規定されているが，触法少年，虞犯少年（3条1項2・3号）の事件で保護処分とされた場合にも本条は類推適用される（仙台家決昭59・7・11家月37・4・68〔百選67〕，広島高決平10・2・17家月50・7・128，東京高決平11・9・9家月52・2・172，平場315頁，団藤＝森田392頁，早川 i 220頁，豊田(健)a 19頁，大石156頁，入江16頁，亀山＝赤木39頁，土本45頁，安藤 a 180頁，安田 b 29頁，山地13頁，廣瀬・少年法368頁

505

等。反対，宮崎 b 19 頁，正田 b 52 頁，佐藤(道) 31 頁)。しかし，児福法上の措置がされたことは，審判，保護処分の障害とはならない（東京高決平 14・4・3 家月 54・8・54）。

3　審判を経た事件——一事不再理の範囲

　本条 1 項にいう「審判を経た事件」とは，保護処分の対象となった決定書記載の犯罪事実（規 36 条）を指す（最決昭 36・9・20 家月 14・1・125〔百選 66〕，団藤 = 森田 393 頁，早川 j 24 頁，栗原 197 頁，市村 161 頁等）。単なる行状の一部として決定書に記載された余罪，前件審判において既に要保護性の資料として評価されていた余罪はいずれも「審判を経た事件」には含まれない（広島高決昭 39・10・15 家月 17・5・97，名古屋高決昭 50・3・27 家月 27・10・91，豊田(健) a 20 頁。反対，早川 k 22 頁）。この点について，⇨第 2 章前注 4，余罪の取扱の在り方について，植村 e 47 頁以下。

　もっとも，決定書記載の犯罪事実と同一性がある事件も「審判を経た事件」に含まれる（平場 316 頁，大石 155 頁，平井 b 10 頁，亀山 = 赤木 39 頁，土本 44 頁，須山 247 頁，高知家決昭 59・7・4 家月 37・3・101〈包括一罪・観念的競合〉，前掲仙台家決昭 59・7・11，前掲東京高決平 11・9・9（もっともその同一性判断には疑問がある。⇨第 2 章前注 4〈虞犯〉。反対，正田 b 52 頁））。本条 2 項の場合には検察官関与決定がされた事件と事実の同一性のある事件（科刑上一罪等も含む）にも及ぶ。

　事件の同一性は，犯罪事件相互間においては，刑事訴訟と同様に基本的な事実の重なり合い（基本的事実の同一性，田宮 204 頁以下）を基準とすれば足りる。虞犯事件については，議論が錯綜しているが，犯罪事件と虞犯事件との同一性は基本的に否定すべきであり，同一性が認められるのは犯罪事実と虞犯行状認定の重要な要素となった事実が重なり合い，犯罪がその虞犯の虞犯性の全てを表している場合に限られ，虞犯事件相互間の同一性については，一定時期には一つの虞犯のみが成立するとして時期による特定を考え，その基準時を事件終局時とする立場が妥当である（⇨3 条注釈 4(7)〜(9)，廣瀬 h 191 頁以下。反対，山地 24 頁以下）。虞犯事件で保護処分決定がされたときは，①その決定前に行われていた同一性のある犯罪又は虞犯事由を理由とする虞犯が審判後に送致されてきた場合には，遮断効が認められ，②その決定後に行われた犯罪又は虞犯が送致されてきた場合には事実の同一性は認められず，新たな問題行状が認められるのであるから，再度の審判等は遮断されないと考えられる（浜井ほか 277 頁，廣瀬

第2節　手続　　　　　　　　　　　　　　　　　　　　　　第46条

h 196 頁，廣瀬・少年法 375 頁。反対，揖斐 147 頁，栃木 190 頁以下，山地 33 頁，大阪家決平 18・3・6 家月 58・10・103）。もっとも，この場合，実務上は，要保護性にそれほど大きな変化が認められなければ，後に送致されてきた犯罪又は虞犯については，別件保護中として不開始，不処分とすべき場合が多いであろう（⇨19 条注釈 3(2)）。

4　刑事処分の効力

先に刑事処分の行われた事件が再送致された場合については規定がないが，本条の趣旨に照らし，再度の審判は遮断されると解されている（山田(博)459 頁，早川 i 220 頁，円井 277 頁，柳瀬 a 46 頁，伊藤(政) b 12 頁，亀山 = 赤木 39 頁，土本 44 頁等）。これに対し，捜査機関において刑事事件として立件されたというだけでは，再度の審判は遮断されない（東京高決平 7・7・25 家月 48・9・68 参照）。

5　本条違反の起訴・再送致に対する措置

既に審判を経て保護処分がされた事件につき公訴が提起された場合，刑訴法 337 条 1 号の類推適用により免訴の判決をすべきであり（札幌高判昭 37・8・21 家月 15・7・133，平場 316 頁，団藤 = 森田 394 頁，平野 150 頁，山田(博)457 頁，司研概説 155 頁，柏木 187 頁，廣瀬・少年法 375 頁等。公訴棄却説，前掲最大判昭 40・4・28 の奥野裁判官の補足意見等），再度の送致があった場合は審判条件が欠けるものとして不開始・不処分とすべきである（福岡家決昭 45・4・3 家月 22・10・120，大阪家決昭 46・2・15 家月 23・10・109，団藤 = 森田 394 頁，平場 317 頁，柏木 187 頁，菊池 154 頁，土本 53 頁，廣瀬・少年法 375 頁等）。

6　3 項の趣旨

本項本文は，27 条の 2 により保護処分が取り消された場合に，一事不再理効を認めない旨規定したものであり，成人が年齢を詐称して保護処分を受けた場合など形式的な審判条件欠如による取消を本来想定したものである。ところが，その後の解釈運用上，非行事実不存在の場合にも取消が認められるようになった（最決昭 58・9・5 家月 35・11・113〔百選 90〕⇨27 条の 2 注釈）。そのような場合，少年は一部とはいえ保護処分を受けていること，少年に年齢詐称等の非がないのに，同一事実について保護処分と刑事処分を二重に受けさせるのは問題があることからすれば，本条 3 項本文の適用を排除し，刑事訴追，再度の審判を遮断する効果を認める見解が示されていた（木谷 a 234 頁）。しかし，同説は本項本文の明文に反するうえ，非行なし不処分決定に原則として一事不再理効

507

が認められないこととの権衡も問題であり，立法的な解決が必要と指摘されていた（廣瀬 i 407 頁，浜井ほか 293・359 頁）。これを受けて，本項但書は，27 条の 2 の取消事件に検察官関与決定がされた場合（同条 6 項による 22 条の 2 の準用），その審判に基づく非行事実不存在を理由とする保護処分取消決定については，例外的に一事不再理効を認めることにしたものであり，その趣旨は本条 2 項と同様である（⇨2(2)）。平成 26 年改正により，検察官関与対象事件が拡大されており（⇨22 条の 2 注釈 2），その適切な運用が期待されている。

なお，保護処分執行終了後の取消決定（27 条の 2 第 2 項）があったときについては本項但書に規定されておらず，例外なく本条 1 項が適用される。保護処分の執行が完了していることが考慮されたためである（川出 e 91 頁）。

また，27 条の処分競合による保護処分取消決定も本項但書に規定されていないから，本条 1 項が適用される。これは，同決定が保護処分の執行が不可能・困難になったとき，執行の実益がなくなったとき，執行による弊害が生じた場合などにされ，保護処分の妥当性の判断による撤回の性質を持つことによる（団藤＝森田 394 頁等。⇨27 条注釈 1(3)）。

（時効の停止）
第 47 条　①　第 8 条第 1 項前段の場合においては第 21 条の決定があつてから，第 8 条第 1 項後段の場合においては送致を受けてから，保護処分の決定が確定するまで，公訴の時効は，その進行を停止する。
②　前項の規定は，第 21 条の決定又は送致の後，本人が満 20 歳に達した事件についても，これを適用する。

1　本条の趣旨

公訴時効は公訴提起によってその進行を停止する（刑訴 254 条 1 項）。しかし，犯罪少年を起訴するには，家庭裁判所への送致（41・42 条），家庭裁判所による検察官送致（20・62 条）を経ることが必要であるので（45 条 5 号），事件が家庭裁判所に係属している間は公訴時効の進行を停止する必要がある。本条はこの点に関する手当をしたものである。

2　公訴時効停止の始期

公訴時効停止の始期は，少年事件が一般の通告（6 条 1 項）又は調査官の報告

第2節　手　続　　　　　　　　　　　　　　　　　　　　　第47条

(7条1項) により家庭裁判所に係属した場合には，審判開始決定 (21条) があった時であり，検察官 (42条)，司法警察員 (41条。特定少年を除く・67条1項)，都道府県知事又は児童相談所長 (3条2項，児福27条1項4号・32条1項等) からの送致により事件が係属した場合には，その事件送致を受けた時である。通告・報告の場合は公的機関の事件送致と異なり直ちには事件の係属を生じないので (⇨6条注釈2・7条注釈2) 審判開始を始期としたものである。審判開始決定が取り消された場合は取消決定の時から公訴時効の残期間が進行すると解される (団藤＝森田395頁，裁コ〔津田〕472頁，コ少〔葛野〕549頁)。

　55条の移送決定により刑事裁判所から家庭裁判所に移送があった場合にも，送致に準じて本条の適用を認めてよいと解される (団藤＝森田396頁，条解〔五十嵐〕274頁，柏木191頁，コ少〔葛野〕549頁)。

3　公訴時効停止の終期

　公訴時効停止の終期は，「保護処分の決定」が確定するまでとされているが，保護処分決定確定の場合は当該事件につき公訴提起の余地はなく (46条1項)，公訴時効停止を論じる意味はない。そこで，「保護処分の決定が確定するまで」とは事件が家庭裁判所に係属中であることを意味し，移送決定 (5条2・3項) を除く全ての終局決定確定までをいうと解すべきである (団藤＝森田396頁，条解〔五十嵐〕274頁，市村162頁，井上(勝)193頁，司研概説156頁，コ少〔葛野〕549頁)。少年事件において公訴時効の停止が意味を持つのは，主に検察官送致がされたときであるから，この場合を除外したとは考えられず，また，家庭裁判所への事件係属中は公訴時効の進行を停止するとした趣旨からすると，家庭裁判所への係属から事件を離脱させるほかの決定 (検察官送致・20条，不開始・19条，不処分・23条2項，都道府県知事等への送致・18条) があった場合にも同様に扱うべきであるからである。

4　保護処分が取り消された場合

　一旦確定した保護処分が27条の2により取り消された場合には，保護処分の確定がなかったことになるが，公訴時効の進行が停止していたものとみなして，その取消決定の時から再び時効の残期間が進行を始めるものと解すべきである (団藤＝森田396頁)。27条の2は，年齢詐称事案を本来の刑事手続に戻すことを考えて立法されたものであり，この本来の適用分野に関する限り以上のように解すべきは当然であるが，解釈上認められた非行事実が認められない場

第48条（刑訴規第282条）　　　　　　　　　　　　　　第3章　少年の刑事事件

合の取消（⇨27条の2注釈）では，実際上時効の残期間の進行を考える余地は乏しい（一部非行なしの場合に限られよう）。

5　共犯と公訴時効

共犯者と公訴時効停止の関係について，刑訴法254条2項を公訴提起に伴う効力についての規定と解して，その準用を否定する説もあるが，送致等による事件の家庭裁判所への係属という事実に公訴提起と同様の公訴時効停止の効力を与えた本条の趣旨からすると，同条の準用を認め，共犯者の取扱にも同じ効力を認めてよいと解される（柏木190頁，条解〔五十嵐〕274頁）。

6　本条2項の意義

「本人が満20歳に達した事件」には，本人が審判開始決定又は事件送致があってから後に満20歳に達した事件のほか，本人が満20歳であることが判明した事件も，これに含まれると解されている（団藤＝森田396頁，条解〔五十嵐〕275頁，柏木190頁，井上（勝）193頁）。これらの場合，事件は検察官送致され（19条2項・23条3項），刑事事件となるが，送致決定があるまで事件は家庭裁判所に係属していたので，その間公訴時効の進行は停止することとしたのである。

（勾留）
第48条　①　勾留状は，やむを得ない場合でなければ，少年に対して，これを発することはできない。
②　少年を勾留する場合には，少年鑑別所にこれを拘禁することができる。
③　本人が満20歳に達した後でも，引き続き前項の規定によることができる。
（準用規定）
刑訴規第282条　被告人又は被疑者が少年鑑別所に収容又は拘禁されている場合には，この規則中刑事施設に関する規定を準用する。

1　本条の趣旨

本条は，少年への保護・教育的配慮，情操保護の観点から，少年の勾留をやむを得ない場合に限定し，勾留する場合でもその場所に配慮し，成人用の拘禁施設（刑事施設，留置施設）ではなく，少年の身柄の取扱に精通している少年鑑別所に拘禁する特例を認めたもので43条と同趣旨の規定である（⇨43条注釈1）。

第2節　手　続　　　　　　　　　　　　　　　　　第48条（刑訴規第282条）

もっとも，43条は専ら「少年の被疑事件」に関する規定であるのに対し，本条は少年の被告事件にも適用がある。

2　やむを得ない場合

「やむを得ない場合」の意義については，⇨43条注釈6。被告事件では捜査の必要性の観点に代わって公判廷への出頭の確保・罪証隠滅工作の防止等が重要なものとなり，刑事訴訟の観点が重視される。このような観点から，少年の勾留場所について公訴提起後は刑事施設を原則とし，少年鑑別所を例外とする運用には十分合理性があるとして，少年（16歳・犯行時15歳）の殺人，激発物破裂事件につき，裁判官が少年鑑別所から刑事施設への移送に同意したことに対する準抗告を棄却した事例（東京地決平17・9・13家月58・6・75）がある。なお，起訴後でも保護・教育・情操保護への配慮は要請されており（⇨本章前注），少年には20歳以上の者よりも，保釈，勾留の執行停止，勾留取消等（刑訴87・89・90・95条）の積極的活用が図られるべきである（神垣b282頁以下参照）。

本条1項は，逆送決定（20条1項・62条1項）のあった特定少年の被疑者及び特定少年の被告人には適用されない（67条2項。⇨67条注釈）。

3　勾 留 場 所

刑事手続における勾留場所は刑事施設又は留置施設（代用刑事施設）とされ（刑事施設3条3号・15条1項本文），その選択は勾留裁判官の合理的な裁量によることになる（金谷(利)324頁）。少年については少年鑑別所も勾留場所とすることができる（本条2項）。少年の勾留場所の選定についても，裁判官の合理的裁量によることになるが，根本的には少年の人権への配慮と捜査の必要性との総合考慮によって決定すべきである（福岡地決平2・2・16家月42・5・122〔百選19〕等）。一般的な基準としては，16歳未満の少年（少年院における受刑が特例として認められていること（56条3項）も，参考とすべきであろう。⇨同条注釈），前歴のない少年，精神的発達の遅れが目立つ少年など，被影響性の強い少年については，少年鑑別所に勾留する方が適当である（中田318頁，熊谷88頁，平場124頁）と考えられている。もっとも，少年の勾留を認める「やむを得ない場合」のうち，少年鑑別所が定員を超過し収容能力に余力がないなど施設上の理由が存するとき（⇨43条注釈6(1)）は，勾留場所は刑事施設等にならざるを得ない（熊谷173頁）。また，捜査の必要・支障のうち，勾留延長ができない点以外は少年鑑別所に収容することによる問題と共通するから（⇨43条注釈6），勾留場所の選択に際し

511

ても同様に考慮すべきである（西村222頁）。

　少年を少年鑑別所に勾留した場合には，20歳に達した後も引続き少年鑑別所に収容しておくことができる（本条3項）。当該少年の情操保護に配慮した規定である。この場合は，勾留場所に少年鑑別所を利用しているだけであるので，拘禁の内部関係は勾留と同様であり刑訴法・刑訴規則の刑事施設に関する規定が準用される（刑訴規282条，平場125頁）。20歳に達した者を少年鑑別所に留置しておくことによる他の少年への影響等も考えるべきであり，20歳に達した場合，少年鑑別所から刑事施設等への移送（刑訴80・302条，刑訴207条1項）も検討すべきであろう（条解〔五十嵐〕276頁は移送を原則とする）。

（取扱いの分離）
第49条　①　少年の被疑者又は被告人は，他の被疑者又は被告人と分離して，なるべく，その接触を避けなければならない。
②　少年に対する被告事件は，他の被告事件と関連する場合にも，審理に妨げない限り，その手続を分離しなければならない。
③　刑事施設，留置施設及び海上保安留置施設においては，少年（刑事収容施設及び被収容者等の処遇に関する法律（平成17年法律第50号）第2条第4号の受刑者（同条第7号の未決拘禁者としての地位を有するものを除く。）を除く。）を20歳以上の者と分離して収容しなければならない。

1　本条の趣旨

　少年が発達途上で可塑性に富み他からの悪い影響・感化を受けやすい傾向にあるため，その情操保護等の趣旨から（規1条2項），刑事事件の処理に当たって少年と他の被疑者・被告人との分離，取扱の分離を定めたもので，保護・教育的な配慮の表れといえるものである（⇨本章前注）。年少者に対する個別的取扱及び公開の制限は，少年法制の大勢といってよく（⇨序説2），旧法にも同様に定められていた（旧68・69条）。

　もっとも，特定少年が逆送され（20条1項・62条1項），刑事責任を追及される立場となったときは，年齢のみを理由として一律に分離取扱いをするのは，情操保護を過度に優先し，責任ある主体としての立場に照らして相当でないと

第2節　手　続　　　　　　　　　　　　　　　　　　　　第49条

考えられることから，本条は適用されない（67条2・3項。玉本＝北原54頁）。こ
れらは人単位ではなく事件単位で適用される。

2　取扱分離の原則

　本条1項は，刑事事件の全過程，すなわち捜査の初期から裁判の終結に至る
までの全ての手続段階において，少年の被疑者・被告人を他の被疑者・被告人
と分離してその接触を避け，個別的に取扱わなければならないこと（取扱分離
の原則）を定める。もっとも，本項は，逆送された特定少年の事件の被疑者，
特定少年である被告人には適用されない（67条2項）。取扱分離が要請されるの
は，「他の被疑者又は被告人」との間であるが，被疑者相互，被告人相互，被
疑者と被告人との間，少年相互，少年と20歳以上の者との間においても要請
される。しかし，物的・人的諸条件，事件の性格等から取扱の分離が困難な場
合もあり得ることから，「なるべく」とされている（旧法68・69条につき，最判昭
24・5・21刑集3・6・858は訓示規定と解している。廣瀬・少年法471頁）。なお，共犯
少年の保護事件の審判併合に関する問題については，⇨22条注釈4(3)，廣
瀬・少年法471頁。

3　個別審判の原則

　本条2項は，本条1項の原則を公判手続について確認したものであり，複数
の被告人に対する関連刑事事件の併合・分離の判断を裁判所の裁量に委ねる刑
訴313条1項の例外を定めたものである。少年の被告事件を他の被告事件と併
合審理すると，少年が他の被告人から悪影響を受けたり，萎縮して事案の真相
を述べられない等の弊害が生じ得るため（最判昭24・8・18刑集3・9・1489〔百選
107〕），少年の被告事件は他の被告事件と関連する場合にも（刑訴9条），審理上
の支障がない限り手続を分離しなければならない。「他の被告事件」とは，別
の被告人の被告事件をいい，「他の被告人」には20歳以上の者・少年の双方を
含む（平場442頁，条解〔五十嵐〕277頁，団藤＝森田401頁，四ッ谷c344頁，内藤b1711
頁，早川j17頁，栗原190頁，廣瀬・少年法472頁）。本項は，特定少年の被告事件に
は適用されない（67条3項）。もっとも，実務上，警察から検察庁に送致される
段階で少年事件と20歳以上の者の事件は別個の記録とされ，公訴提起も別個
にされるのが通常であるから，手続の分離を要することは少ない。審理上の支
障がある場合には，併合審理が許され，その判断は裁判所の裁量に委ねられる
が，必要最小限にすべきである。本条2項も訓示規定と解され（前掲最判昭24・

513

第50条（刑訴規第277条） 第3章　少年の刑事事件

8・18），本条2項に違反して，他の被告事件を併合し，あるいは他の被告事件と分離しないまま審判したとしても，その訴訟手続の違背は判決に影響を及ぼさないとされている（仙台高秋田支判昭25・3・29判特8・74，東京高判昭27・12・1高刑集5・12・2262）。

4　20歳以上の者との分離収容

本条3項は，身柄の拘束が少年に与える影響の大きさから取扱分離を刑事施設等における収容について徹底させたものである。本条1・2項と異なり，例外を認めないものとして規定されている。最小限度，房を別にし，少年房を設けることが必要であるが，代用刑事施設においても最近は設備が整えられてきている。なお，少年被告人との分離は本条1項に従い「なるべく」接触を避ければよいと解されている（団藤＝森田401頁，廣瀬・少年法473頁）。本項は，逆送された特定少年の被疑者・被告人には適用されない（67条2項。⇨67条注釈）。また，18歳未満の少年を特定少年と分離して収容しなければならないこととはされていない。

（審理の方針）

第50条　少年に対する刑事事件の審理は，第9条の趣旨に従つて，これを行わなければならない。

（審理の方針）

刑訴規第277条　少年事件の審理については，懇切を旨とし，且つ事案の真相を明らかにするため，家庭裁判所の取り調べた証拠は，つとめてこれを取り調べるようにしなければならない。

1　本条の趣旨

本条は，少年の刑事事件の審理でも，科学主義，即ち少年・保護者等の性格・環境等を心理学，教育学等の専門的知識や少年鑑別所の鑑別結果等を活用して解明する方法（⇨9条注釈）を尊重すべきことを定めており，少年（特定少年を含む）の刑事事件にも健全育成・保護教育の趣旨（1条）が指導理念とされていることを示すものといってよい（⇨本章前注）。本条はその性質上訓示規定と解されているが（最判昭24・8・18刑集3・9・1489〔百選107〕），科学主義は少年法制の基本原則の一つであり，少年の資質・環境等の問題点の正確な解明・把握

514

第2節　手　続　　　　　　　　　　　　　　　　　　　第50条（刑訴規第277条）

に資するものであって，適切な保護・教育的な処遇の前提として科学調査の結果は重要な資料となる場合が多い。諸外国でも，刑罰が選択され得る場合においても少年に関わる手続では専門家の調査報告が活用される場合が多く（澤登e，廣瀬f18・51・74頁），旧法においても，刑事手続に調査が取り入れられていた（旧64・31条）。しかし，少年の刑事公判について成人と異なる取扱を具体的に定めた規定はなく，調査官の公判出席・公判段階における関与，公開の制限（特に年少・中間少年について），少年被告人に対する遮蔽措置・匿名取扱，少年に対する裁判員裁判事件における審理方法等，多くの問題が提起されており，早急に対応すべき立法課題といえよう（廣瀬・少年法473頁以下，川出352頁，〔座談会〕b，角田b24頁以下，廣瀬x339頁）。

2　家庭裁判所の記録の取寄

少年の刑事事件において，刑事裁判所としては，本条の趣旨を生かし，少年・保護者・関係人の行状，経歴，素質，環境等を正確に把握して量刑に的確に反映させる必要があり，刑罰よりも保護処分の方が相当と認めれば家庭裁判所に移送する必要がある（55条）。そのため，刑事裁判所において鑑定（いわゆる情状鑑定）を実施することも可能ではあるが，家庭裁判所における科学調査の結果がまとめられた社会記録を取り寄せて判断資料とすることが最も有効である（大野ほか350頁，早川j18頁）。

他方，社会記録には少年や保護者等の個人的情報で公開に馴染まないものも多く，非公開・秘密保持の要請が強いため，公開の法廷で行われる取調の方式や閲覧・謄写（刑訴40条）に配慮・工夫することが重要である（⇨規7条注釈。仲家）。社会記録の取調に当たって，朗読（刑訴305条）に代えて要旨の告知（刑訴規203条の2）により，少年や保護者等の名誉・情操保護に配慮・工夫するなどされている。また，近時，法廷で心証を得ることがより意識されて朗読による取調が増加し，とりわけ，裁判員裁判では書証の取調はほとんど朗読によっていることから，社会記録の記載内容・取調の方式の問題が顕在化している。もっとも，社会記録利用の目的は，科学調査の結果を量刑判断や保護処分相当性の判断資料として活用することにあり，犯罪事実の認定資料として用いることではない（平場78頁。これには非行事実の認定に社会記録を活用する場合と同様の問題がある。⇨22条注釈8(8)）から，最良証拠による端的な立証の要請を満たしつつ，秘密保持の要請も満たす方法として，取り寄せた社会記録のうち調査官作

515

第50条 (刑訴規第277条)   第3章　少年の刑事事件

成の少年調査票の意見欄の部分など，取り調べる範囲をその目的に必要な部分に限定し，その部分に限って朗読するという実務上の工夫も行われている（廣瀬・少年法474頁）。しかし，適切な範囲の限定が困難な事例や調査内容が争点となり公開の法廷で争われる事態も想定でき，少年や保護者等の名誉保護，以降の社会調査への支障等の問題も考えられる（廣瀬・少年法475頁，廣瀬o134頁以下）。また，少年調査票を作成した調査官の証人尋問も考えられるが，その必要性・有効性に疑問があるうえ，調査官には守秘義務があることから相当でないと思われる（廣瀬o137頁以下）。

3　対象となる事件

「少年に対する」事件と規定されているが，少年が起訴後20歳になったり，25歳程度までの若年被告人の刑事事件においても，判決前調査がない現状では，社会記録活用の必要性・有効性が認められ，その活用は本条の趣旨にも沿うというべきである（⇨規7条注釈。この研究として，仲家参照）。

516

第3節　処　分　　　　　　　　　　　　　　　　　　　　第51条

第3節　処　　分

（死刑と無期拘禁刑の緩和）
第51条　① 　罪を犯すとき18歳に満たない者に対しては，死刑をもつて
処断すべきときは，無期拘禁刑を科する。
② 　罪を犯すとき18歳に満たない者に対しては，無期拘禁刑をもつて処
断すべきときであつても，有期拘禁刑を科することができる。この場合
において，その刑は，10年以上20年以下において言い渡す。

1　本条の趣旨

　成人に対する刑罰においても，現在では教育・社会復帰が目指されている
（刑事施設30条）。可塑性に富み，教育可能性のより高い少年に対しては，より
教育的な処遇が必要・有効であること，人格の未熟さから責任も成人よりも低
いと考えられること（平場444頁注(1)），年少者に対する社会の寛容が期待でき
ること，その情操保護の必要性も高いことなどの観点から，少年に対する刑の
緩和は少年法制に共通する傾向である（廣瀬o参照）。しかし，年齢や内容には
差異も大きく，成人年齢18歳の法制では16歳未満の緩和とする例もあり，無
期刑については，ドイツでは準成人（18～20歳）は10年以上15年，少年（14～
17歳）は10年（準成人も少年刑の上限は10年であるが，2012年の改正により謀殺で責任
重大な事案は最長15年とされた），フランスでは20年以下（16歳以上は減軽排除も可
能）とされている（廣瀬f19・64・87頁）。旧法では少年の上限が18歳とされ（旧
1条），16歳未満の死刑・無期刑は10年以上15年以下とされていたが，罪の
除外もあった（旧7条）。

　現行法では少年が20歳未満とされた（2条）のに伴い18歳未満が減軽され，
犯罪時17歳の者まで死刑を廃止した点に重要な意味を持つ（平場444頁注(1)は責
任軽減の考慮も加味されているとする）。もっとも，上限を2歳引上げた関係で，凶
悪事犯も予想されるため無期刑が認められた（団藤＝森田407頁）。また，死刑

517

については国際準則との関係で更なる制限論も主張されている（澤登 235 頁）。なお，死刑については，児童の権利に関する条約 37 条(a)により犯罪時 18 歳未満の少年に対する科刑は禁止されており，本条 1 項はこれに沿うものである。

本条 2 項は，①平成 12 年改正と②平成 26 年改正を経ている。すなわち，①平成 12 年改正は，少年に対する処分等の在り方の見直しの一環として，同改正前は無期刑で処断すべきときは必ず刑を緩和し 10 年以上 15 年以下の有期刑を宣告しなければならなかったものを，無期刑を科すか有期刑を科すかを裁判所が選択できるものとした（甲斐ほか 219 頁。裁判例として，神戸地姫路支判平 14・9・18 判タ 1124・296〈改正前・犯罪時 16 歳・懲役 12 年〉，東京高判平 15・5・22 判時 1861・143〈犯罪時 17 歳・無期懲役〉）。

②平成 26 年改正では，少年の刑事裁判における科刑の適正化を図る趣旨で，不定期刑（52 条 1 項）の長期の上限が 15 年に引上げられたことに伴い，本条 2 項も無期刑の緩和として言渡すことのできる有期刑についての上限を引上げ，「10 年以上 20 年以下」の範囲内で定期刑を科すものと改正された（中村＝檞 59 頁）。なお，平成 26 年改正前において，無期刑の緩和刑として懲役 11 年・12 年など 15 年未満の刑とした先例があることから（前掲神戸地姫路支判平 14・9・18〈懲役 12 年〉，東京高判平 21・3・2 高検速報平 21・94〈懲役 11 年を維持〉），平成 26 年改正後においても無期刑の緩和刑として懲役 15 年未満の刑が適切と考えられる事案には同様の量刑を可能とするため下限の引上げは行われなかった（中村＝檞 60 頁）。

令和 4 年刑法改正（令 4 法 67）により，懲役と禁錮が拘禁刑に統合されたため，本条の文言も改められた（令和 7 年 6 月 1 日施行）。

2 緩和の要件

本条適用年齢の基準は犯罪時である。犯罪時 18 歳未満であれば，裁判時の年齢は問題とならない。また，処断刑が基準とされる（平場 443 頁，団藤＝森田 407 頁，栗原 199 頁，柏木 192 頁，早川 j 25 頁，甲斐ほか 219 頁等）。処断刑とは，法定刑に，科刑上一罪の処理，刑種の選択，再犯の加重，法律上の加重・減軽，併合罪の処理，酌量減軽（刑 45〜59・66〜72 条等）の操作を経て得られた刑である。宣告刑は，その処断刑の範囲内で決定される。例えば，強盗致死罪（刑 240 条後段）の法定刑は，死刑又は無期拘禁刑（令和 7 年 6 月 1 日までは無期懲役）であり，死刑を選択すれば減軽がない限り処断刑は死刑になるが，犯罪時 18 歳未満の場合は，本条 1 項の適用により無期刑が宣告刑となる。

第3節　処　分　　　　　　　　　　　　　　　　　　　　　　　　　第51条

　無期拘禁刑（令和7年6月1日までは無期懲役又は無期禁錮）が処断刑となる場合，裁判所は，犯罪時18歳未満の者には，情状により，そのまま無期刑を宣告することもできるし，本条2項を適用して有期刑を選択することもできる。本条2項の10年以上20年以下の拘禁刑（令和7年6月1日までは懲役又は禁錮刑）はその範囲内において定められる定期刑である（平成26年改正前のものではあるが，最判昭25・11・9刑集4・11・2227〔百選110〕，平場443頁，団藤＝森田407頁，栗原199頁，早川j25頁，甲斐ほか220頁等。東京高判平3・7・12高刑集44・2・123〔百選108〕参照）。本条2項の減軽は18歳未満であることに着目した特殊な制度であり，刑法の法律上の減軽，酌量減軽を行った場合でも行うことができるので，死刑については法律上の減軽又は酌量減軽によって無期刑とされた場合，本条2項で有期刑（10年以上20年以下の範囲内の刑）を選択することができることになる（甲斐ほか220頁，中村＝欄59頁）。

　刑種の選択において無期刑を選択し，酌量減軽を行わずに本条2項による減軽のみを行う場合の処断刑は，10年以上20年以下の定期刑となるのに対し，無期刑に対して酌量減軽のみを施した場合には，刑法71・68条，少年法52条1・2項により，短期10年以下，長期15年以下の不定期刑となる（甲斐ほか221頁。平成26年改正前の裁判例として，横浜地判平16・1・22判タ1187・346〈犯罪時17歳の少年A懲役11年，同B懲役5年以上10年以下〉）。

　仮釈放についても緩和がある（58条1項）。なお，本条の解釈適用を誤り，例えば，「懲役12年以上15年以下に処す」というような不定期刑が確定したときは，非常上告で法令違反の部分は破棄される（最判昭26・12・21刑集5・13・2607，最判昭48・12・24刑集27・11・1469）。

　なお，令和3年改正以降も犯行時18歳以上の少年を，死刑・無期刑に処すべき場合には変更はないが，有期刑に処すべき場合には，特定少年の特例で不定期刑や仮釈放の緩和は排除される（67条4・5項。⇨同条注釈）。

3　年長少年（特定少年）に関する問題

　本条の死刑の緩和の趣旨を年長少年（18・19歳。令和3年改正後は特定少年）に対しても及ぼすべきかについて「少年に対して死刑を科さない少年法の精神は，年長少年に対して死刑を科すべきか否かの判断に際しても生かされなければならない」として，劣悪な生育環境に育った犯行当時19歳の少年に対し「精神的な成熟度においては実質的に18歳未満の少年と同視し得る状況にあったと

第52条　　　　　　　　　　　　　　　　　　　　　　　　　第3章　少年の刑事事件

さえ認められる」として，死刑の原判決を破棄し，無期懲役を言渡した裁判例
（東京高判昭56・8・21判時1019・20）があったが，上告審では，被告人の精神的
成熟度が18歳未満の少年と同視し得ることが証拠上明らかでない限り，本条
の精神を及ぼす必要性がないとして破棄差戻されている（最判昭58・7・8刑集
37・6・609）。立法政策としては議論があり得るが，ドイツのように精神的成熟
度を要件（廣瀬f47頁，浜井ほか67頁）とせずに，年齢で一律に区切る規定であ
るから，解釈上，成熟度による科刑制限を設定することは困難であり，精神的
未熟性が被告人に有利な情状の要素として斟酌されるに止まると解すべきであ
る（その後，最高裁は，犯罪時18歳の少年が主婦を強姦目的で殺害したうえ姦淫し，さら
にその場で生後11か月の長女も殺害するなどした光市母子殺害事件について，平成12年改
正前の51条は，「犯行時18歳未満の少年の行為については死刑を科さないものとしており，
その趣旨に徴すれば，被告人が犯行時18歳になって間もない少年であったことは，死刑を
選択するかどうかの判断に当たって相応の考慮を払うべき事情ではあるが，死刑を回避すべ
き決定的な事情であるとまではいえず，本件犯行の罪質，動機，態様，結果の重大性及び遺
族の被害感情等と対比・総合して判断する上で考慮すべき一事情にとどまるというべきであ
る」などと判示して，第一審の無期懲役刑を維持した控訴審判決を破棄差戻し（最判平18・
6・20集刑289・383判時1941・38），差戻控訴審で死刑判決が下され（広島高判平20・4・
22判時2167・122），最高裁でこれが維持され確定した（最判平24・2・20集刑307・155）。
このほか，犯行時18歳7か月の少年が同棲相手の姉ら2名を殺害し1名に重傷を負わせる
などし死刑判決が確定した石巻殺傷事件（最判平28・6・16集刑320・99）がある。死刑の
適用に関する裁判例として，名古屋高判平8・12・16判時1595・38〔百選109〕，甲府地判
令6・1・18判例集未登載）。なお，死刑・無期刑を含む少年に対する刑事裁判例
の総合的研究として，廣瀬z64頁以下参照。

（不定期刑）
第52条　①　少年に対して有期拘禁刑をもつて処断すべきときは，処断
　すべき刑の範囲内において，長期を定めるとともに，長期の2分の1
　（長期が10年を下回るときは，長期から5年を減じた期間。次項におい
　て同じ。）を下回らない範囲内において短期を定めて，これを言い渡す。
　この場合において，長期は15年，短期は10年を超えることはできない。
　②　前項の短期については，同項の規定にかかわらず，少年の改善更生の

520

第3節　処　分　　　　　　　　　　　　　　　　　　　　　　　第52条

> 可能性その他の事情を考慮し特に必要があるときは，処断すべき刑の短期の2分の1を下回らず，かつ，長期の2分の1を下回らない範囲内において，これを定めることができる。この場合においては，刑法第14条第2項の規定を準用する。
> ③　刑の執行猶予の言渡しをする場合には，前2項の規定は，これを適用しない。

1　本条の趣旨

　成人には定期刑のみが科され，改善更生の意欲を呼起こす方策として仮釈放の制度（刑28条以下）があるが，少年は人格が発達途上で可塑性に富み教育による改善更生がより多く期待される。そこで，教育的な配慮から，行刑の場面でも，仮釈放を成人に比べて緩和する（58条）と共に，本条では，少年に対する自由刑（実刑）は原則不定期刑として刑期に幅を認め，処遇に弾力性を持たせることにした。また，刑の短期・長期に上限を定めた少年に対する特則規定でもあり，いずれも旧法8条を引継いだものである。有期自由刑の減軽について，ドイツの少年刑は6か月以上5年以下（18〜20歳は上限10年）を原則として10年以上の刑は最高10年とされ（準成人の謀殺罪の特則について⇨51条注釈1），フランスでは上限が2分の1（16歳以上は減軽の排除もできる）とされ，英国では仮釈放が弾力的に行われている（廣瀬f19・64・87頁，浜井ほか67・76・103頁）。これらとの対比のほか，不定期刑の必要性への疑問や我が国の有期刑の上限が平成16年改正刑法により引上げられていること（15年→20年，加重限度20年→30年。刑12〜14条）との均衡が検討課題として指摘されていた（八木c64頁以下，角田b1頁以下。その批判として，本庄158頁）ことなどを踏まえ，平成26年改正により大きな見直しが行われた。すなわち，不定期刑の長期及び短期の上限がそれぞれ10年と5年とされていたが，無期刑と5年以上10年以下の不定期刑という有期刑の上限との間には大きな乖離，科刑上の断絶があるなどとの指摘を踏まえ，より適切な科刑を可能とすることを目的として，不定期刑の長期及び短期をそれぞれ5年引上げて，長期の上限を15年，短期の上限を10年とした（中村＝欅62頁以下）。また，少年に対する不定期刑は「長期3年以上の」有期の懲役又は禁錮をもって処断すべきときに科すことができたが，教育的配慮から導入された不定期刑の趣旨に照らすとこのような限定は相当ではないとして，

第52条   第3章　少年の刑事事件

「長期3年以上の」という限定は削除された。この改正により，少年に対して
有期拘禁刑（令和7年6月1日までは懲役又は禁錮）の実刑を言渡すときは，無期
の緩和刑（51条2項）を除き，全て不定期刑とされることとなった（中村＝櫻62
頁）。ただし，令和3年改正により，不定期刑は特定少年には不適用とされた
（67条4項。⇨同条注釈）。なお，不定期刑の長期・短期の定め方，短期の特則に
ついても後述のように改正されている。なお，令和4年刑法改正（⇨51条注釈
1）により懲役又は禁錮の文言が拘禁刑に改められた。

2　不 定 期 刑

　宣告される不定期刑は，長期の上限が15年であり，短期の上限が10年であ
るので（本条1項），最も重い不定期刑は10年以上15年以下の拘禁刑（令和7年
6月1日までは懲役）となる（平成26年改正前のものではあるが，科刑の例として，東京
高判平3・7・12高刑集44・2・123〔百選108〕，名古屋地岡崎支判平12・5・15判タ1092・
300，横浜地判平16・1・22判タ1187・346〈犯罪時17歳・懲役5年以上10年以下〉，大阪
高判平17・9・7家月58・3・149〈犯罪時18歳・同〉）。同改正後も含む裁判例の研究
として，廣瀬z64頁以下参照。長期と短期の幅について特段の制限は設けら
れていなかったが，長期も短期も刑罰であり，余りに幅が広くなると裁判所が
被告人の受ける不利益の程度を画する機能を十分発揮できなくなること，行為
責任の観点から，短期が長期に比し余りに短期間なものは相当とはいえないこ
とから，平成26年改正で短期は，「長期の2分の1（長期が10年を下回ると
きは，長期から5年を減じた期間……）を下回らない範囲内」と限定された
（本条1項）。例えば，傷害致死（加減事由がなければ処断刑3年以上の有期拘禁刑（令
和7年6月1日までは懲役））の事案で長期を12年とする場合，短期は長期の2分
の1を下回らない6年以上10年以下の範囲内で定め，長期を9年とする場合
の短期は，長期から5年を減じた4年以上9年未満の範囲内で定めて言渡すこ
ととなる（中村＝櫻66頁）。

　不定期刑の終了を判断する機関は地方更生保護委員会である（更生16条5号）。
地方更生保護委員会は，刑事施設又は少年院の長から，刑の短期を経過した少
年について申請があった場合に，終了を相当と認めるときは，終了決定をして
刑事施設又は少年院の長に書面で通知する（更生43条・44条1・2項）。そして，
この通知が刑事施設又は少年院に到達した日に刑期は終了したものとみなされ
る（更生44条3項）。

522

第3節　処　分　　　　　　　　　　　　　　　　　　　　　　　　　　第52条

3　適用年齢の標準

本条の適用には判決の言渡時にも少年であることが必要であったが（平場 444頁，団藤＝森田 409頁，栗原 200頁，早川 j26頁，森下 b 2頁等），前記のように，特定少年には本条が適用されなくなったので，言渡時 18歳未満の少年であることが必要である。従って，犯行当時 18歳未満の少年でも，言渡時，18歳に達していれば本条の適用を受けず，定期刑が言渡される（犯行時 18歳未満であったことは，刑の量定にあたって斟酌され得る）。なお，第一審判決時 18歳未満であった者が控訴審判決時に 18歳に達しているときは，控訴棄却と破棄自判とで本条の適用に関して差異が生じる。控訴審は原審に現れた証拠だけで原審の認定の当否を審査し原則として新証拠の提出を許さない事後審であるから，控訴の理由がないとして控訴を棄却する場合は，第一審判決当時の被告人の年齢を標準とすべきであるが（最決昭 34・7・3 刑集 13・7・1110／家月 11・9・124，最決昭 29・6・30 家月 6・7・89〔百選 111〕），破棄自判の場合は，自判時を基準とすべきであるから（最判昭 26・8・17 刑集 5・9・1799），自判時に 18歳に達しているときは，不定期刑は科せないからである。

4　不定期刑言渡の基準

不定期刑は教育的要素が強いとはいえ，その本質は刑罰である。平成 26年改正前には不定期刑の本質及び量刑基準について，①短期説，②長期説，③全体基準説，④中間位説という議論があった（詳細については，本書第 4 版 499頁以下）。

この点については，各説相応に理由があり，どの見解が支配的とも言い難い状況にあり，裁判員裁判の実施に当たってこの基準確立の必要も指摘され（八木 c 67頁），立法的解決が望まれていたところ，平成 26年改正で以下のように整理された。不定期刑の本質が刑罰であり，刑罰が行為責任（応報）の範囲内で一般予防目的及び特別予防（教育）目的を達成しようとするものであるとの考え方を前提に，不定期刑の長期も行為責任の上限は超えられないので長期は行為責任の観点を重視し上限を画するものであること，可塑性に富む少年には教育による改善更生が期待できることが不定期刑を設ける趣旨であるから，短期は特別予防を重視して定めるべきものとされた（中村＝欄 64頁）。この点は，本条 1 項が不定期刑の長期・短期ともに「処断すべき刑の範囲内において」定めるとして，長期・短期いずれも刑で処断刑の枠内で定める原則を示しながら，

523

第52条   第3章　少年の刑事事件

本条2項が短期については「少年の改善更生の可能性その他の事情を考慮し特に必要があるとき」は処断刑の下限を下回ることを許容しているという規定ぶりに示されているといえよう。

5　不定期刑の短期についての特則

本条2項は，不定期刑の短期を処断刑の下限より下げる場合「処断すべき刑の2分の1」を限度とした。本条2項は少年法が定めた特別の減軽事由で，前述のように特別予防（教育）が重視されるが，刑罰である以上，行為責任（応報）と無関係に著しく短い期間とすることは相当ではないからである。また，長期と短期の幅についても，本条1項が長期と短期の幅の制限を設けた前記趣旨が当てはまることから，「長期の2分の1（長期が10年を下回るときは，長期から5年を減じた期間……）を下回らない範囲内」とされた。従って，本条2項により，不定期刑の短期は処断刑の短期の2分の1を下回らず，かつ，長期の2分の1（長期が10年を下回るときは，長期から5年を減じた期間）を下回らない範囲内で定められる。例えば，強盗致傷（有期拘禁刑（令和7年6月1日までは懲役）を選択し加減事由がなければ処断刑は6年以上の有期拘禁刑（令和7年6月1日までは懲役））で長期を拘禁刑（令和7年6月1日までは懲役）11年とする場合，短期は，3年（処断刑短期の2分の1）及び5年6月（長期の2分の1）を下回らない範囲内（下限5年6月），長期を9年とする場合，短期は3年（処断刑短期の2分の1）及び4年（長期から5年減）を下回らない範囲内（下限4年）で短期を定めることになる。また，傷害致死（加減事由がなければ処断刑3年以上の有期拘禁刑（令和7年6月1日までは懲役））で長期を拘禁刑（令和7年6月1日までは懲役）4年とする場合，1年6月（処断刑短期の2分の1）及び1月（長期が5年ないのでその下限・刑12条1項）を下回らない範囲（下限1年6月）で短期を定めることになる（中村＝櫞68頁）。なお，本条2項により処断刑の短期を下回る期間を定める場合，1月を下回る期間を定めることもできる（刑14条2項準用。詳細は，中村＝櫞70頁参照）。

6　少年の改善更生の可能性その他の事情

「少年の改善更生の可能性」の要素として，少年の反省，更生意欲，改善更生の環境，特則を適用した短期による更生意欲喚起・社会復帰促進効果，行為責任（応報）の観点からの許容性が，「その他の事情」には，被害者の意向，行為責任の上限が処断刑の下限に近いこと等が挙げられており，短期の特則は，これらの事情の総合考慮による判断とされている（中村＝櫞69頁）。

第3節　処　分　　　　　　　　　　　　　　　　　　　　　　　　　　第52条

7　酌量減軽との関係について

本条2項による下限の引下げと酌量減軽（刑66条）はどちらか一方のみによることも，酌量減軽のうえ更に本条2項を適用することもできる。両者の適用順序については，酌量減軽は処断刑の決定過程で行為責任（責任非難の減少）を考慮してその要否が判断され，そのうえで前記6の事情を考慮し本条2項の適用を判断することになる（中村＝櫛69頁以下）。

8　不利益変更の禁止との関係

不利益変更禁止の原則（刑訴402条）とは，刑事訴訟において，上訴審で原判決より重い刑を科されるのでは被告人側が上訴を躊躇して救済制度としての機能を十分に果たせない虞があるため，被告人側のみの上訴の場合に原判決より重い科刑を制限するものである。上訴審が不定期刑を破棄自判する場合，少年が18歳に達していると定期刑に変更されるので（⇨3），定期刑が不利益か否か，不定期刑のどこと比較すべきかについて見解が分かれる。例えば，第一審で拘禁刑（令和7年6月1日までは懲役）3年以上5年以下の不定期刑を言渡され，控訴審判決時に18歳に達した被告人に対して定期刑を言渡す場合，不利益変更禁止の原則との関係でも，短期（3年）説（柳原85頁，平場445頁，高田(卓)278頁，香川14頁，森下d29頁，平野322頁，竹内b130頁等），長期（5年）説（竹下119頁等），中間位（4年）説（山崎(学)251頁，早川j37頁），不利益変更禁止原則による例外として被告人成人後も不定期刑の言渡を認め，不定期刑相互を比較する見解（団藤a134頁）などがある。前記4の①は短期説と，②は長期説と，③④は中間位説と結付くであろう。判例は，不利益変更禁止の原則との関係では中間位説に立つ（最大判昭29・1・20刑集8・1・41，最判昭32・9・20刑集11・9・2353〔百選112〕）。この点については，平成26年改正において，長期については行為責任（応報）を重視し，短期については特別予防（教育）を重視して不定期刑を定めるとの考え方がとられたことを踏まえて，長期を中心に不利益性を実質的に判断するべきであろう。

9　執行猶予との関係

本条3項は，不定期刑は行刑上の効果に狙いがあるところから，執行猶予の場合に不定期刑を言渡すことは意味がないと考えたものと思われる。しかし，執行猶予が取消された場合には，定期刑が執行されることになり，不定期刑の利点を受ける余地がない。立法論としては，執行猶予が取消された場合にはこ

525

の程度の不定期刑を受けると警告を与える意味から，不定期刑を言渡して執行猶予に付するという方法もあり得るであろう（団藤＝森田413頁）。

（少年鑑別所収容中の日数）
第53条　第17条第1項第2号の措置がとられた場合においては，少年鑑別所に収容中の日数は，これを未決勾留の日数とみなす。

1　本条の趣旨

少年鑑別所における観護措置としての収容は勾留とは異なる性格を持つが（⇨17条注釈3，43条注釈5），身柄拘束としての側面に注目して，少年が刑事処分を受ける場合，未決勾留（刑訴60・207条）とみなすことによって，観護措置の期間を本刑に算入して（刑21条）受刑期間の短縮を許す趣旨である。なお，勾留日数の法定通算に関する規定（刑訴495条）も適用される。

2　対象となる観護措置

家庭裁判所が調査・審判のためにとった観護措置（17条1項2号）のほか，勾留に代わる観護措置（43・44条。それが家庭裁判所への事件送致により17条7項による観護の措置とみなされたもの）を含むと解される（平場427頁，団藤＝森田414頁，柏木195頁，早川 j 27頁等）。なお，事件が検察官に送致された場合には，観護措置は勾留とみなされ（20条1項・45条4号・19条2項・23条3項・45条の2・62条・67条7項），その後の収容期間は当然に未決勾留日数となるので，本条とは関係なく，本刑に算入できる。

3　不定期刑への算入の可否

不定期刑の教育・社会防衛の目的に重きを置く限り，未決勾留の算入を認めるべきでないとの見解もある（小野（清）159頁）。しかし，算入される本刑から不定期刑を除外する旨の規定はないこと，少年の身柄を拘束した点に着目して，本刑に算入して衡平を図る要請は，本刑が定期刑か不定期刑かで違いはないことから，定期刑，不定期刑を問わず，本刑への算入を認めるべきである（原94頁，中島（卓）478頁，谷口（正）45頁）。その長期・短期のいずれに算入するかを明示しない場合には，長期・短期の各々に算入される。

4　少年院収容処分と競合する場合の算入の可否

少年が，少年院に在院中，別事件で逮捕・勾留されて身柄が刑事施設（留置

第3節 処 分   第54条

施設）に移され，そのまま起訴された場合に未決勾留日数を算入することができるかが問題となる。この場合，少年院送致決定が取消されない限り（⇨27条注釈），少年院収容と未決勾留が競合しているが，未決の刑事施設等においては矯正教育は施されないこと，勾留期間分，少年院在院期間が当然に短縮されるという関係にもないこと，未決勾留日数の算入を認めても少年に不当に不利益になるものでもないことから（昭和55・12・5矯正局長通知・家月33・4・132参照），未決勾留日数の算入は可能と解される（橋爪67頁）。

> **（換刑処分の禁止）**
> **第54条** 少年に対しては，労役場留置の言渡をしない。

1 本条の趣旨

　労役場留置とは，その言渡を受けた者を労役場に留置し，労役を科すことを内容とする。労役場に留置されている者の処遇については，その性質に反しない限り，受刑者（令和7年6月1日までは懲役受刑者）に関する規定が準用される（刑事施設288条）。成人に対しては，罰金又は科料を言渡すときに，併せてそれを完納できない場合における労役場留置の期間を定めて言渡し，完納できない分の労役場留置を執行する（刑18条）。本条が少年に対して労役場留置の言渡ができないとしたのは，刑事施設に附置された労役場に留置して労役に服させることは（刑事施設287条），教育を目的としない短期の自由拘束であり，少年の情操に与える悪影響を考慮したもので，旧法13条を引継いだものである。英国などにも同様の制限がみられる（廣瀬f22頁）。少年に財産がなく，また，事実上，近親者から金銭の都合を受けることもできなければ，刑の執行はできないが，情操保護を優先させたものである。少年は罰金を納めなくても済むという風潮を生みかねず，特に，少年の交通違反事件が多いことを考慮すると，立法論として，少年に対して教育的配慮のある換刑処分を検討すべきであるとの見解もある（土本96頁）。各国の社会奉仕活動，短期出頭施設，休日拘禁などは参考となろう（廣瀬f21・63・86頁）。本条は，このような教育的配慮に基づく合理的な取扱の例外であるから憲法14条に違反するものではない（大阪高判昭39・3・13家月16・8・140，早川j27頁）。ただし，令和3年改正により，換刑処

527

第 55 条　　　　　　　　　　　　　　　　　　　　第 3 章　少年の刑事事件

分禁止は特定少年には不適用とされた（67 条 4 項。⇨同条注釈）。

2　適用年齢など

　本条の適用は刑罰の言渡時点で，18 歳未満の少年である場合に限られる。検察官送致・起訴時 18 歳未満の少年でも，刑罰言渡時 18 歳に達していれば，労役場留置を言い渡さなければならない（刑 18 条 4 項）。労役場留置は罰金又は科料を完納できない者が対象となる。18 歳未満の少年は，罰金以下の刑では検察官送致できないが（20 条 1 項・62 条 1 項），拘禁刑（令和 7 年 6 月 1 日までは禁錮）以上の刑に当たる事件に罰金の併科刑，選択刑の定があるときは，検察官送致が許され，かつ，罰金刑を選択して言渡すことができるので（⇨20 条注釈 2 (1)），本条の対象となる。控訴審において，第一審判決を破棄自判する場合には，その自判時を基準として少年法を適用すべきか否かを決すべきである（⇨2 条注釈 4(2)）。

> **（家庭裁判所への移送）**
> **第 55 条**　裁判所は，事実審理の結果，少年の被告人を保護処分に付するのが相当であると認めるときは，決定をもつて，事件を家庭裁判所に移送しなければならない。

1　総　　説

　少年事件は，全て家庭裁判所に送致され（全件送致主義⇨42 条注釈 1），少年保護手続における専門的な調査を経て家庭裁判所が処遇決定するのが原則とされ，刑事処分に付す判断も家庭裁判所が行い（家裁先議主義），刑事処分相当性があるものに限って刑事手続に付される（20・45 条 5 号。保護優先主義）。しかし，可塑性に富み，要保護性が変化する少年の事件では，少年の状況の変化に応じて手続・処分の選択を変更できることが望ましい。本条は，刑事訴訟手続に付された事件を再び少年保護手続に戻して処理することを認めている。これは，保護・教育主義の観点から，刑事手続から保護手続への事件移送を認める少年の刑事事件の特則であり，実質的には刑事処分（手続）と保護処分（手続）を選択する裁量権を少年の刑事事件担当裁判所（以下「刑事裁判所」という）にも認めたものである（旧法 71 条にも同様の移送制度が置かれていたが，その移送には検察官に抗告権が認められていた）。20 条と本条は相関的・環状的な関係にあり，少年事件

528

第3節　処　分　　　　　　　　　　　　　　　　　　　　　　　　　　第55条

においては刑事手続と保護手続が隔絶したものではなく，少年の健全な育成という理念の下に有機的に統合されていること（⇨本章前注，1条注釈）を示している（裁コ〔北村〕488頁）。また，検察官送致決定に対する不服申立は認められないが（⇨20条注釈9），本条の移送の申立によって刑事裁判所の職権発動を促すことで，刑事裁判所に刑事処分相当性の審査を事実上求めることができる（廣瀬・少年法477頁）。

　なお，平成12年改正により，重大事件の原則的な検送が義務付けられ，令和3年改正により，特定少年はその対象が拡大されていること（20条2項・62条2項．⇨同各条注釈），少年刑事事件の弁護活動の活発化などにより，地方裁判所において，本条による移送の可否について判断する場面が増加している（角田b8頁以下，廣瀬(s)8頁，河畑a19頁，村中a41頁，松田(和)30頁参照）。弁護人の立場からの本条の移送主張について，村中b10頁参照。また，令和3年改正による特定少年にも本条は適用される（62条・67条）。

2　移送を行う裁判所

　通常は少年の刑事事件を担当する地方裁判所であるが，高等裁判所も事実の取調をすることがあるので（刑訴393条），本条の移送ができ（福岡高判平5・11・1家月46・6・98等），簡易裁判所（高岡簡決昭48・9・17家月26・5・144，前橋簡決昭49・12・20家月27・12・84等）も本条の移送ができる（平場447頁，団藤＝森田416頁，早川j29頁，廣瀬a59頁，栗原198頁等）。移送先は，先に検察官送致決定をした家庭裁判所である必要はなく，その少年の保護事件につき管轄（5条）がある家庭裁判所であればよく，地方裁判所本庁から家庭裁判所支部への移送例もある（廣瀬a60頁）。移送を受けた家庭裁判所は管轄がない場合，管轄裁判所に移送すべきである（平場448頁）。

3　移送の要件

(1)　事実審理を経ること　　本条の移送は「事実審理の結果」，即ち，刑事公判における事実審理を経て行われる。公訴事実の認定，保護処分相当性の判断についても，公判手続において取調られた証拠に基づいて行われるべきである（従って，本条の移送申立を冒頭手続で行うことは，争点を明示する予告的な趣旨のものとなる）。公判期日外における事実の取調の結果に基づくことを認める立場もあるが（団藤＝森田418頁，内藤b1726頁等），その結果，移送不相当ということになれば，公判手続が継続されることになって期日外の取調による予断の問題な

529

第 55 条 　　　　　　　　　　　　　　　　　　　　　第 3 章　少年の刑事事件

どの弊害も考えられ，妥当ではないと思われる（廣瀬 a 64 頁，早川 j 30 頁，裁コ〔北村〕488 頁）。

(2)　**犯罪事実の認定**　　最終的な確信の心証による認定までは要求されず，本条の決定に必要な程度の事実審理が行われていれば足りるとされているが（内藤 b 1726 頁，団藤＝森田 417 頁），実務上，公訴事実を認定したうえで本条の移送をするのが通例であり（廣瀬 a 66 頁），とりわけ，否認事件で犯罪事実の認定を対審手続に委ねる趣旨で家庭裁判所から逆送されてきた事件については，家庭裁判所先議の趣旨から有罪認定したうえで移送すべきである（廣瀬 a 70 頁，早川 j 31 頁，裁コ〔北村〕489 頁）。

(3)　**犯罪事実が認定できない場合**　　公訴事実について有罪の心証を得られず，犯罪が成立しない場合には，虞犯事由と虞犯性が認められる場合でも，虞犯少年として本条の移送を行うことはできない（早川 j 30 頁，栗原 198 頁，団藤＝森田 418 頁，平場 447 頁，廣瀬 a 66 頁）。要保護性が高ければ，無罪として，虞犯事件の通告（6 条 1 項）を行うほかあるまい（礒辺 53 頁，土本 97 頁，裁コ〔北村〕489 頁）。

(4)　**訴訟条件**　　本条の移送をするには，適法に事件が係属していることが前提となり，訴訟条件を欠くときは移送はできない（裁コ〔北村〕489 頁。反対，出射 110 頁）。家庭裁判所を経由することなく公訴が提起された場合には判決で公訴棄却（刑訴 338 条 4 号）すべきである（市村 171 頁，佐藤（忠）782 頁，団藤＝森田 418 頁，司研概説 164 頁，内藤 b 1727 頁，早川 j 32 頁，礒辺 53 頁，廣瀬 a 82 頁。平場 447 頁・土本 97 頁は，控訴審で少年と判明した場合には家裁への移送の例外を認める）。親告罪の告訴欠如の場合も同様に公訴棄却すべきである（栗原 198 頁は，告訴が審判条件でないことを理由に移送を認める）。もっとも，現に移送されれば，審判条件ではないので家庭裁判所はその事件を受理し審判できる（前掲平場・団藤＝森田・司研概説・市村・礒辺・早川 j）。

(5)　**保護処分相当性**　　本条の移送には「保護処分に付するのが相当である」と認められること（保護処分相当性）が必要である。その内容は明記されていないが，少年の健全育成（1 条）のために，刑事処分よりも保護処分の方が，その少年の処遇として，より適したものと認められることである。刑罰と保護処分の具体的な比較検討によって判断すべきであり，実務上もそのように運用されている（礒辺 48 頁，大野 254 頁，大森 a 13 頁，廣瀬 a 84 頁）。本条の保護処分相当性の要素としては，年齢，人格の成熟度，非行・保護処分歴，犯罪の情状の軽

530

第3節　処　分　　　　　　　　　　　　　　　　　　　　　　　　　　　第55条

重，犯行後の情状，生育歴の問題点，科刑による弊害・影響，共犯者との処遇の均衡などがあり，これらの要素を総合的に判断して，当該事件の刑事手続で科されることが見込まれる具体的な刑罰（自由刑の実刑，自由刑の執行猶予，罰金刑等）よりも移送後保護手続で見込まれる具体的な処分（収容保護，在宅保護のほか，観護措置，試験観察，補導委託等）の方が少年の改善更生のため有効であること（保護処分の有効性）及び刑罰ではなく保護処分を選択することが被害感情，社会の不安・処罰感情・正義観念などに照らして社会的に受認・許容されるものであること（保護処分許容性）が前提となると考えられる（廣瀬 a 57 頁。丸山 m 64 頁は刑訴法 1 条の適用を根拠としている。また，近時の裁判例では保護処分許容性は必ず検討されているといってよい。東京高判令元・8・22LEX/DB〔25564391〕（その原審横浜地判平 31・2・19 判時 2455・102），大阪地決平 28・8・2LEX/DB〔25543573〕，横浜地決平 28・6・23LEX/DB〔25543486〕，福岡地小倉支決平 26・3・27 判タ 1407・397，鹿児島地判平 24・4・20 裁判所ウェブサイト，福岡地決平 24・2・24LEX/DB〔25480587〕，同平 24・2・9LEX/DB〔25481266〕，東京地決平 23・6・30 家月 64・1・92）。刑事処分相当性もほぼ同様な判断を経るものであり（⇨20 条注釈 2 ⑶・62 条注釈 2・3），判断要素の変化等によって，保護処分相当性が認められ得る（廣瀬 a 5 頁）。個々の少年の最適な処遇選択に関わる問題であるから刑罰と保護処分のいずれが優先すべきかといった抽象的な理念・判断で定められるべきものではない（総合的分析・検討として，礒辺，大野，大森 a，廣瀬 a があり，それ以降の移送例として，松山地西条支決平元・5・8 家月 41・9・136，福岡地決平元・10・3 家月 42・3・128，千葉地決平 2・6・28 家月 43・1・166，神戸地尼崎支決平 4・9・7 家月 45・3・80，高松地決平 4・10・23 家月 45・7・91，千葉地決平 5・9・17 家月 46・3・84，福岡高判平 5・11・1 家月 46・6・98，福岡地決平 7・4・20 家月 47・10・78，横浜地小田原支決平 8・6・7 家月 48・12・79〔百選 114〕，神戸地尼崎支決平 9・4・9 家月 49・11・175，名古屋地決平 10・4・20 家月 50・10・169，大阪地決平 10・9・30 家月 51・3・208，同平 10・11・18 家月 51・5・78，水戸地土浦支決平 14・3・1 家月 54・9・147，東京地八王子支決平 15・6・12 家月 56・3・82，大津地決平 16・12・14 季刊刑事弁護 43・160，前掲東京地決平 23・6・30，前掲福岡地決平 24・2・9，同平 24・2・24，前掲鹿児島地決平 24・4・20，前掲福岡地小倉支決平 26・3・27，前掲横浜地決平 28・6・23，前掲大阪地決平 28・8・2，大阪地決平 29・1・24 裁判所ウェブサイト，神戸地決平 30・3・9 LLI/DB〔L 07350312〕，さいたま地決令 2・7・15LEX/DB〔25567301〕などがある（近時の裁判例の分析として，裁コ〔北村〕490 頁，廣瀬 o 135 頁以下，廣瀬(s)8

531

第55条　　　　　　　　　　　　　　　　　　　　　　　　　　第3章　少年の刑事事件

頁，河畑 a 19 頁参照）。なお角田 b 9 頁以下，廣瀬 z も参照）。

(6)　**移送の可否の判断**　　刑事裁判所の自由裁量に委ねられているとするのが通説・判例である（平場 447 頁，団藤＝森田 420 頁，司研概説 164 頁，市村 171 頁，礒辺 50 頁，大野 255 頁，裁コ〔北村〕489 頁等，最判昭 25・10・10 刑集 4・10・1957〔百選 113〕）。特段の事情の変更を要求する立場もあるが（柏木 198 頁），本条の移送の可否の判断は，刑事処分と保護処分の相対的な妥当性を移送時点で具体的に検討するものであるから，通説・判例の立場が妥当である（廣瀬 a 64 頁）。運用上は，家庭裁判所の専門的な検討を経たうえでの判断を尊重し，社会記録等を慎重に検討して判断すべきである（栗原 198 頁，大野 255 頁，早川 j 18 頁，廣瀬 a 64 頁）。もっとも，裁判員裁判では社会記録の活用に困難が生じ，当事者による鑑定や専門家の証人尋問も試みられている（村中 a 44 頁以下参照）。付言すると，本条の保護処分相当性は，20 条（62 条）の刑事処分相当性と相関するものであるから（廣瀬 a），重罪について刑事処分相当性に関する改正（20 条 2 項・62 条 2 項）がなされた趣旨は，本条の保護処分相当性の解釈にも反映されるべきである。そう解さないと事情の変更がないのに，家庭裁判所と地方裁判所の判断の違いから事件がやりとり（いわゆるキャッチボール）され，少年に無用の手続的負担・混乱等を与える事態を招きかねないからである。この判断基準について枠組み的な議論があるが，保護処分許容性を考慮すべきか，刑事処分相当性に保護不適を含めるかという点が肝要であり，実務上はいずれも積極に解したうえでの総合判断が行われていると思われる（廣瀬 o 137 頁）。

なお，明らかに保護処分が相当であるのに家庭裁判所への移送をせずに有罪判決をしたような場合には量刑不当として控訴できる余地を認める立場もある（早川 j 30 頁。その問題点について，廣瀬 a 62 頁注(9)）。他の理由に付加した申立を排斥した事例として，東京高判平 19・12・17 高検速報平 19・360 がある（裁コ〔北村〕490 頁参照）。

4　移送裁判の方式

地方裁判所，簡易裁判所が本条の移送をする場合には，「決定をもつて」行われる。高等裁判所が少年刑事事件の控訴審として事実審理を行い，本条の移送を行う場合，原判決を破棄したうえ判決で移送を行う（破棄説）か，破棄判決をせずに単に決定で移送する（決定説）か議論が分かれる。破棄説は，控訴審は原判決の当否の審査を目的とすること（事後審），原判決を破棄しないと控

532

第3節　処　分　　　　　　　　　　　　　　　　　　　　　　　　　第55条

訴審の移送決定後にも原判決はなお残存し，その効力の存否を巡って混乱が生
じること，保護処分に付すべき少年に刑罰を科すのは量刑不当ないしそれに準
じるものとして破棄事由になり得ることなどを根拠とする（平場447頁，団藤＝
森田420頁，横井e171頁等，高松高判昭34・10・15家月11・12・154，東京高判昭39・
12・25家月17・8・85，福岡高判昭50・8・4家月28・8・98，福岡高判昭62・7・16家月
39・12・162，福岡高判平5・11・1家月46・6・98）。しかし，文理上「決定をもつ
て」と明記されていること，上級審の移送決定があった以上，これに反する原
判決が失効するとみるべきは当然で手続等の混乱は生じないこと，保護処分に
付するのが相当かどうかは，事実審の裁量的な判断であるから控訴審の審査権
もこれには及ばず，控訴審が本条の移送決定をなし得るのは，自ら事実審とし
て行うものと考えるべきであることなどから，決定説が相当と思われる（早川
c203頁，廣瀬a61頁，名古屋高決昭25・6・1家月2・6・232，大阪高決昭35・4・1家月
12・6・181，大阪高決昭38・9・28家月16・1・159，大阪高決昭40・6・5家月19・1・87，
札幌高決昭43・3・29家月20・10・110等）。

　移送決定書の主文，理由の記載方式については，廣瀬a74頁以下。

5　不服申立の可否

　本条による移送決定に対する特別抗告を認める説もあるが（戸田(弘)2662頁，
佐藤(忠)782頁，佐藤(佐)28頁，土本98頁），通説は，旧法と異なり規定がないこと，
中間決定であることなどを理由に，一般抗告，即時抗告，特別抗告全て認めら
れないとしている（平場449頁，団藤＝森田420頁，条解〔船山〕289頁，司研概説165頁，
松村691頁，早川j31頁，大野256頁，亀山＝赤木88頁。大阪高判昭30・3・31家月7・
8・92）。少年からの不服申立については保護処分決定に対する抗告，再抗告
（32・35条）が認められているが，保護処分について不服申立権がない検察側か
らの抗告については再検討の余地もあり得よう（廣瀬a81頁。平成12年改正によ
り，検察官に抗告受理申立てが認められたが（32条の4），処分不当を理由とするものは含
まれない）。

6　訴訟費用負担の裁判

　本条の移送決定の際，被告人に訴訟費用を負担させることができる。職権で
訴訟費用負担の裁判をし（刑訴185条），移送決定の主文で併せて言渡すべきで
ある。その根拠・範囲については，議論が分かれ，刑事手続は終了するから
「刑の言渡をしない場合」（刑訴181条2項）に当たり「被告人の責に帰すべき事

533

第55条　　　　　　　　　　　　　　　　　　　　　　第3章　少年の刑事事件

由によって生じた費用」（同項）に限る立場（早川 j 32 頁，内藤 b 1727 頁，廣瀬 a 63
頁。神戸地姫路支決昭 62・4・6 家月 40・7・206 参照），この決定の実質は犯罪事実を
認定し刑の言渡をするのと異ならないから「刑の言渡をしたとき」（同条 1 項）
に当たるとする説（大阪地決昭 35・2・23 家月 12・5・214，札幌地決昭 42・5・27 家月
20・1・132，東京地八王子支決昭 50・9・22 家月 28・3・114 等），刑訴法 185 条により
訴訟費用を負担させた裁判例（広島地決昭 34・12・23 家月 12・3・187，札幌地決昭
39・6・12 家月 16・12・72）がある。もっとも，実際に訴訟費用を負担させた例は
少ない（廣瀬 a 63 頁）。

7　勾留の効力

　被告人である少年が勾留中の事件において本条の移送がなされた場合，勾留
の効力消滅時期について，移送決定により失効するとする説，移送決定に対す
る特別抗告を認め抗告期間中は失効しないとする説もあるが，通説は，移送決
定の執行完了まで勾留の効力が継続し，17 条 2 項に準じ，受移送裁判所に到
着の時から 24 時間以内に観護措置をとらなければ，勾留が失効するとしてい
る（平場 448 頁，団藤＝森田 422 頁，松村 690 頁，佐藤(佐)28 頁，早川 j 31 頁，土本 98 頁，
栗原 199 頁，大野 256 頁，市村 172 頁，司研概説 165 頁，内藤 b 1727 頁，条解〔廣瀬〕103
頁）。この場合，既に当該事件の逆送前に観護措置がとられていても，改めて
観護措置をとることができる。期間の更新が可能であるかどうかについては，
17 条 5 項準用の可否を巡って見解が分かれている（⇨17 条注釈 8 (2)）。

8　本条の移送と付添人

　本条の移送によって弁護人は当然には付添人とはならない。付添人であった
者が 45 条 6 号により弁護人とみなされた場合も同様である。従って，弁護人
が付添人になるには，改めて付添人の選任が必要となる（⇨10 条注釈 3）。

9　刑事裁判所と家庭裁判所の連携

　(1)　**受移送審における審判**　　規定はないが，少年の手続的負担を軽減する
ように配慮し，特段の事情がない限り，要保護性の審理に重点を置くべきであ
ろう。また，刑事裁判所の判断が，保護処分の有効性・許容性（⇨3 (5)）に関
する諸事情を正確に把握してなされたものである場合には，前提とした事情に
変化がない限り，合理的裁量判断として尊重すべきである（廣瀬 a 78 頁）。その
ために刑事裁判所は期待する処分を移送決定に明記すべきであろう。

　(2)　**再逆送の可否**　　本条により移送された事件の更なる検察官送致（再逆

534

第3節　処　分　　　　　　　　　　　　　　　　　　　　第56条

送）について，移送裁判所の保護処分相当の判断は受移送審（家庭裁判所）への拘束力はなく，禁止の規定もないから，再逆送も可能と解されている（柏木199頁，亀山＝赤木88頁，岡山家決昭35・10・31家月13・1・174〈他の犯罪事実を併せて再逆送〉，名古屋家岡崎支決昭42・7・18家月20・7・125）。しかし，再逆送は，少年への著しい手続的な負担，情操侵害，更生意欲阻害など健全育成への弊害が大きい場合も少なくない。従って，運用上，重大な再犯や余罪が明らかになるなど保護処分で賄えないような事情の変化があった場合以外は，受移送裁判所において保護処分等によって終局させるべきである（廣瀬a80頁，平場448頁，団藤＝森田422頁，早川j31頁，市村172頁，司研概説165頁，土本99頁，内藤b1727頁。裁判員裁判に関し，河畑a23頁，考慮事項に関し，加藤(学)e56頁参照）。

　（3）　**余罪の処理等**　　地方裁判所への少年の刑事事件の係属と同時に家庭裁判所に保護事件が係属する場合があり，刑罰と保護処分が競合する場合があり得る。競合後では保護処分の取消（27条），自由刑執行の優先（57条）によるほかないので，各別に処理する合理性がない限り（交通事件だけを罰金にする場合等があり得る。⇨20条注釈4(5)），通常は余罪を逆送すべきであろうが，刑事事件を本条により移送すべき場合もあり得るので，刑事裁判所と家庭裁判所間で連携を十分に図り，協議のうえ，統一的な処理を検討すべきである（廣瀬a70頁以下参照）。

（拘禁刑の執行）
第56条　①　拘禁刑の言渡しを受けた少年（第3項の規定により少年院において刑の執行を受ける者を除く。）に対しては，特に設けた刑事施設又は刑事施設若しくは留置施設内の特に分界を設けた場所において，その刑を執行する。
②　本人が26歳に達するまでは，前項の規定による執行を継続することができる。
③　拘禁刑の言渡しを受けた16歳に満たない少年に対しては，刑法第12条第2項の規定にかかわらず，16歳に達するまでの間，少年院において，その刑を執行することができる。この場合において，その少年には，矯正教育を授ける。

第56条   第3章　少年の刑事事件

1　本条の趣旨

　本条1・2項は，少年が被影響性が強く情操保護の必要があることから，受刑段階の成人との分離を規定したもので，少年の被疑者・被告人に対する取扱分離に関する規定（49条）と同じ精神に基づくもので旧法9条を引継いだものである（ただし，令和3年改正により，特定少年については本条1・2項は不適用とされた。67条4項）。本条3項は，平成12年改正により，16歳未満の少年が逆送（20条1項）され実刑となった場合に対応するため新設されたものである。

　なお，令和4年刑法改正（⇨51条注釈1）により懲役又は禁錮の文言が拘禁刑に改められた。

2　少年刑務所

　少年刑務所は，「特に設けた刑事施設」として，法務省設置法8条により設置された機関で，全国に7か所（市原（青少年矯正センター），川越，松本，姫路，佐賀，盛岡，函館）設置されている（法務省設置法9条3項，刑務所，少年刑務所及び拘置所組織規則1条）。少年刑務所には，少年受刑者のほか26歳未満の青年受刑者をも収容しており，少年受刑者が少ないため，大多数は青年受刑者になっている。

3　少年刑務所における処遇

　従来から，少年受刑者に対しては，その特性を考慮した処遇がされてきたが，重大事件の原則逆送を義務付けるなどした平成12年改正に伴い，法務省矯正局長通達（「少年受刑者処遇の充実について」平13・3・22家月53・8・124が「少年受刑者に対する処遇及び若年受刑者に対するユニット型処遇等の充実について」令4・3・28に引継がれている）に基づいて，少年受刑者に対して，処遇の個別化，処遇内容・方法の多様化という基本理念の下，少年受刑者処遇要領（個別的処遇計画）の作成，法務教官や心理技官による個別担任制・成績評価の充実，個別面接，日記指導，各種処遇技法の導入，就業時間中の教育活動の実施など，充実した教科教育や職業訓練の積極的実施，被害者の視点を取入れた教育の実施など，より個別的で綿密な処遇が行われている（例えば，川越少年刑務所では，少年工場での作業のほか，平日の午前中を作業以外の教育的働掛け（課題作文，教科指導，ロールレタリング等）に当てている。処遇の実情について，宮川，浜井(浩)。少年を含む受刑者の処遇の実情等について，林b，花村104頁）。

4　最高年齢

　少年刑務所は，20歳未満の少年を収容すべきことを原則としているが，入

536

第3節　処　分　　　　　　　　　　　　　　　　　　　　　　　　第57条

所したときは少年でも収容中に20歳になる場合がある。この場合，少年が20歳に達したからといって，直ちに普通の成人の刑務所に移すことは，それまでなされてきた少年に対する特別の行刑の効果を損なう虞があるので，本条2項は，26歳に達するまでは，本条1項による執行を継続できるとしている（令和3年改正で文言が改められたが，実質的な変更はない）。「26歳」は，第3種少年院の収容の最高年齢が26歳とされている（少院4条1項3号）こととの対応を考えたものである。

5　少年院における刑の執行

本条3項は，平成12年改正により，16歳未満（14・15歳）の少年についても検送が可能となり（改正前20条但書の削除），拘禁刑（令和7年6月1日までは懲役又は禁錮）が科され得るようになったが，その年齢や心身の発達の度合いを考慮し，刑の執行にあたって教育的側面を重視すべき場合が多いと考えられ，特に，義務教育年齢の者については教科教育を重視しなければならないことから，このような年少少年（刑の執行開始時16歳未満であることを要する）に対する刑の執行の特例として少年院における矯正教育を受けさせることを認めたものである（甲斐ほか223頁）。これらの少年については，未だ義務教育年齢であり，教科教育はともかく，職業訓練や社会人となるための生活訓練に重点を置いている少年刑務所における処遇よりも，同年代の少年の矯正教育の専門施設である少年院における処遇の方がより相応しいことから，設けられたものである。もっとも，16歳に達すると少年刑務所に移送されること（少院141条1項）を前提とするため，仮退院後保護観察へ移行する従前の少年院における処遇プログラムとは異質なものが必要となり，少年院収容受刑者に対する有効かつ適切な矯正教育の開発や運用上の改善・工夫等が強く期待されるところである。また，少年院収容受刑者については，第4種少年院への収容も特例として認められた（少院4条1項4号）。

（刑の執行と保護処分）
第57条　保護処分の継続中，拘禁刑又は拘留の刑が確定したときは，先に刑を執行する。拘禁刑又は拘留の刑が確定してその執行前保護処分がなされたときも，同様である。

第57条　　　　　　　　　　　　　　　　　　　　　第3章　少年の刑事事件

1　本条の趣旨

令和4年刑法改正（⇨51条注釈1）を受けて本条の懲役，禁錮の文言が拘禁刑に改められた。

保護処分（24条。特定少年の保護処分も含む。64条）と拘禁刑（令和7年6月1日までは懲役又は禁錮）又は拘留の執行はその性質上両立しないので，刑の執行を優先して調整を図った規定である。刑の執行が優先するが，保護処分決定は取消されない限り（27条1項），その効力は失われない。競合処分の調整については，⇨27条注釈。未決勾留日数算入の問題については，⇨53条注釈4。

2　要　　件

「保護処分の継続中」とは，現実に保護処分の執行が開始されている場合だけでなく，保護処分決定後執行着手前の場合も含む。なお，保護処分決定は少年時になされ，その執行が20歳に達した後も継続している場合もあるから，本条は20歳となった後に刑が確定した場合にも適用される（団藤＝森田424頁）。刑の執行猶予中又は仮釈放中に保護処分に付され，その継続中に執行猶予又は仮釈放が取消された場合にも本条が準用される。本条は「拘禁刑又は拘留の刑が確定したとき」と規定するが，その趣旨は，保護処分と拘禁刑（令和7年6月1日までは懲役又は禁錮）又は拘留の刑の執行は両立し得ないので刑の執行を優先させたものであり，刑の執行と両立し難い状態になる点は執行猶予の取消等の場合も同様だからである（平場450頁，団藤＝森田425頁，柏木199頁，市村173頁，司研概説166頁，土本100頁）。少年院を逃走した少年が，逃走中の犯罪により保護観察付執行猶予の判決を受け，身柄が釈放された場合，連戻状（少院89条）により元の少年院に連戻すことができる（団藤＝森田425頁，土本100頁）。本条は保護処分と刑の執行が両立しない場合の規定であるが，保護処分と自由刑の執行猶予は取消されない限り両立できるので，執行猶予付の判決については本条の適用がないからである。また，判決の保護観察期間は少年院在院中も併進する（団藤＝森田425頁，昭33・10・7矯正甲900矯正局長通牒・実務六法矯正編1484頁）。本条は労役場留置には準用されず保護処分（少年院送致等）の執行が優先する（柏木200頁，昭30・11家庭局見解・会同要録171頁）。本条の趣旨にも資するため，少年の刑事事件で終局裁判が確定したときは，その結果を検察官送致決定をした家庭裁判所に通知することとされている（「少年の刑事事件の裁判結果通知等について」平12・7・14最高裁家二362家庭局長・刑事局長通達・家月52・12・115）。

538

第3節　処　分　　　　　　　　　　　　　　　　　　　　　　　　第58条

（仮釈放）
第58条　①　少年のとき拘禁刑の言渡しを受けた者については，次の期間を経過した後，仮釈放をすることができる。
1　無期拘禁刑については7年
2　第51条第2項の規定により言い渡した有期拘禁刑については，その刑期の3分の1
3　第52条第1項又は同条第1項及び第2項の規定により言い渡した拘禁刑については，その短期の3分の1
②　第51条第1項の規定により無期拘禁刑の言渡しを受けた者については，前項第1号の規定は適用しない。

1　本条の趣旨

令和4年刑法改正（⇨51条注釈1）を受けて本条の懲役，禁錮の文言が拘禁刑に改められた。

刑法は，拘禁刑（令和7年6月1日までは懲役又は禁錮）の刑を受けている者に「改悛の状があるとき」（刑28条），地方更生保護委員会（更生16条）の審理に基づいて刑期満了前に仮に釈放を許し，残された刑の期間を社会内で無事に過ごせば刑の執行を終わったものとする仮釈放の制度を設けている。行刑上，累進制と結合されて受刑者の更生意欲を喚起し社会復帰を図ると共に，刑の執行における具体的妥当性・合目的性を追求するものである。少年の場合には，20歳以上の者よりも教育的な観点から有効活用の余地が大きい制度といえる。仮釈放が認められるためには，刑法においては，有期刑はその刑期の3分の1，無期刑は10年を経過することを必要としているが（刑28条），本条は少年に対する刑の減軽（⇨51条注釈1）の一環として，少年の可塑性・教育可能性に着目し，仮釈放の期間を大幅に短縮する特例を規定したもので，旧法10条を引継いだものである。

なお，平成12年改正における少年事件の処分等の在り方の見直しの一環として（⇨51条注釈1），死刑をもって処断すべき場合に51条1項の刑の緩和により無期刑が言渡された場合には，仮釈放可能期間の特則を適用しない旨の本条2項が新設された。また，平成26年改正による不定期刑の短期引上げ等（52条1・2項）に即応するため，仮釈放が可能となるまでの期間等について本条1項

539

第58条   第3章　少年の刑事事件

2・3号が改められた（詳細は，中村＝欅75頁以下参照）。更に，令和3年改正により，特定少年のとき刑の言渡しを受けた者には本条は不適用とされた（67条5項。⇨67条注釈）。

2　仮釈放の要件

「少年のとき」と規定されており，拘禁刑（令和7年6月1日までは懲役又は禁錮）の言渡を受けた時点で少年であったことが特例の要件となる。従って，受刑期間中に20歳に達しても本条の適用を受ける。少年が有罪判決に対して控訴し控訴棄却時は20歳に達していた場合，執行すべき刑は第一審において言渡されたものであるから第一審判決言渡時を基準として処理すべきである。「第51条第2項の規定により言い渡した有期の刑」とは，10年以上20年以下の間で言渡された拘禁刑（令和7年6月1日までは懲役又は禁錮）の定期刑のことで，刑法28条の原則に倣い，刑期の3分の1を経過した後に仮釈放することができるとされた。「第52条第1項又は同条第1項及び第2項の規定により言い渡した刑」とは，不定期刑のことであり，仮釈放の条件となる期間の計算について，本条は短期を標準としている（暦で計算し端数は更に現実の日数に直して三分する。団藤＝森田428頁）。

　無期刑については，10年（刑28条）が7年に短縮される（本条1項1号）。但し，死刑で処断すべき場合に犯行時18歳未満であったため無期刑を宣告する場合（51条1項）には，本条1項1号の適用が排除され刑法28条の原則通り10年が仮釈放期間となる（本条2項）。この場合には51条1項により既に刑の緩和がなされており，仮釈放期間の特則をも適用するといわば二重に刑の緩和を認めることとなるが，死刑相当事案は極めて凶悪重大な犯罪であるから，このような緩和を認めることは，被害感情，社会一般の正義感情等に照らして相当ではないことから平成12年改正により改められたものである（甲斐ほか233頁）。なお，無期刑を減軽せずそのまま言渡した場合（⇨51条注釈）は本条1項1号による。また，犯行時少年でも言渡時18歳に達している者には，本条1項は適用されず刑法28条によることになる。

3　保護観察

仮釈放を許されている者は保護観察に付される（更生40条）。社会復帰のため，釈放後の環境調整等こそ重要であり，保護観察の充実がこの点でも強く望まれていたが，更生保護の機能を充実強化するため平成19年に更生保護法が

540

第3節　処　分　　　　　　　　　　　　　　　　　　　　　　　　　　第59条

制定され，受刑者等の社会復帰のための環境調整の措置が一層充実されること
になった（鎌田）。

> **（仮釈放期間の終了）**
> **第59条**　①　少年のとき無期拘禁刑の言渡しを受けた者が，仮釈放後，
> その処分を取り消されないで10年を経過したときは，刑の執行を受け
> 終わつたものとする。
> ②　少年のとき第51条第2項又は第52条第1項若しくは同条第1項及び
> 第2項の規定により有期拘禁刑の言渡しを受けた者が，仮釈放後，その
> 処分を取り消されないで仮釈放前に刑の執行を受けた期間と同一の期間
> 又は第51条第2項の刑期若しくは第52条第1項の長期を経過したとき
> は，そのいずれか早い時期において，刑の執行を受け終わつたものとす
> る。

1　本条の趣旨

　刑法では仮釈放後，仮釈放を取消されることなく残りの刑期を経過したとき，
刑の執行を受け終わるので（刑29条3項の反対解釈），仮釈放期間は残刑期間と
なるが，本条は，少年に対する刑の軽減の趣旨（⇨51条注釈1）から，残刑期間
についても短縮する特例を設けたもので，旧法11条を引継いだものである。
なお，本条2項は，52条の平成26年改正に即応して文言が改められている。
また，令和3年改正により，特定少年のとき刑の言渡しを受けた者には本条は
不適用とされた（67条5項。⇨67条注釈）。更に，令和4年刑法改正（⇨51条注釈
1）を受けて本条の懲役，禁錮の文言が拘禁刑に改められた。

2　要件など

　「少年のとき」とは言渡時点で少年であれば足りる。本条2項は，仮釈放さ
れた後，その処分を取消されないで過ごした場合に，残りの刑期が満了しなく
ても，その前に「仮釈放前に刑の執行を受けた期間」と同一の期間が経過すれ
ば刑の執行を終了したことになる（60条1項の適用も受ける）。例えば，少年が4
年以上7年以下の拘禁刑（令和7年6月1日までは懲役）という不定期刑の言渡を
受け，1年6月受刑した後，58条1項3号により仮釈放された場合，その後仮
釈放を取消されないで1年6月を経過すれば（最初から合計すると3年），刑の執

541

第60条　　　　　　　　　　　　　　　　　　　　第3章　少年の刑事事件

行は終了したことになる。「仮釈放前に刑の執行を受けた期間」とは，現実に刑の執行を受けた期間のことであり，本刑に算入された未決勾留日数は含まれないと解される（東京高判昭31・10・30家月8・9・53）。なお，52条1・2項の場合は，更に，仮釈放中又は仮釈放前に刑の短期が経過した場合，刑の執行を受け終わったものとすることができる特例がある（更生78条1・2項，⇨同条注釈）。

（人の資格に関する法令の適用）

第60条　①　少年のとき犯した罪により刑に処せられてその執行を受け終り，又は執行の免除を受けた者は，人の資格に関する法令の適用については，将来に向つて刑の言渡を受けなかつたものとみなす。
②　少年のとき犯した罪について刑に処せられた者で刑の執行猶予の言渡を受けた者は，その猶予期間中，刑の執行を受け終つたものとみなして，前項の規定を適用する。
③　前項の場合において，刑の執行猶予の言渡を取り消されたときは，人の資格に関する法令の適用については，その取り消されたとき，刑の言渡があつたものとみなす。

1　本条の趣旨

少年の教育可能性を重視しその改善・更生を期待する趣旨は刑罰の効果についても及ぼされるべきであり（⇨1条注釈1・2・5），本条はその一つである刑による資格制限について，少年時の犯罪については，その可塑性・教育可能性を考慮してできるだけ早期にその制限の適用を受けないものと規定した。前科が全面的に抹消される「刑の消滅」（刑34条の2）とは異なり，人の資格に関する法令の適用に限ってであるが，広く更生の機会を与え，社会復帰を容易にすることを目指すものである。旧法14条を引継いだものであるが，旧法で除外されていた死刑・無期刑も除外されていないので，恩赦等で減軽され仮釈放の要件（59条）を満たせば，本条の適用を受けることになる。もっとも，令和3年改正により，特定少年が責任ある主体とされたことなどから，特定少年のときに犯した罪により刑に処せられた者については，本条は不適用とされた（67条6項⇨67条注釈）。また，懲役・禁錮を拘禁刑に統合する令和4年刑法改正により，公職選挙法等の関係法令の文言は改められたが，その施行は令和7年6月

542

第3節　処　分　　　　　　　　　　　　　　　　　　　　第60条

1日とされている。

　本条が規定する一つは，刑の執行終了，又は執行の免除を受けた場合であり，その者は，その時点から，刑34条の2の期間を待たず直ちに将来に向かって刑の言渡を受けなかったものとみなされる（本条1項）。「少年のとき犯した罪」とは，犯罪行為時に18歳未満の少年であったという意味で，裁判時の年齢は問われない（廣瀬・少年法510頁）。

　他の一つは，刑の執行猶予の場合であり，猶予の言渡を受けたその時点から直ちに将来に向かって刑の言渡を受けなかったものとみなされ（本条2項），その後，猶予の言渡を取消された場合には，取消時点で刑の言渡があったものとみなされる（本条3項）。刑法では，刑の執行猶予を受けた場合には猶予を取消されることなく猶予の期間を経過したときに刑の言渡の効力が消滅するが（刑27条），少年の場合には，その期間の経過を待たずに，猶予の言渡を受けたその時点で刑の言渡を受けなかったことにし，その後猶予が取消されたときには，その取消の時点で刑の言渡を受けたことにしたのである。従って，少年時の犯罪により刑の執行猶予中の者も，公務員等の欠格事由には当たらないことになる。

2　人の資格に関する法令

　本条の「人の資格に関する法令」とは，人の資格を制限した特別法令を意味するが，資格制限には種々のものがある。第1に，公職その他の業務に関する資格を制限するもので，その期間には各種の法令で差異がある。次のように分類される。①拘禁刑（令和7年6月1日までは禁錮）以上の刑に処せられ，その執行を受け終わるまで，又は執行を受けることがなくなるまで。②刑の執行を受け終わり，又は執行を受けることがなくなった後でも，㋐刑の言渡が効力を失うまで，㋑一定の期間まで。

　①が一般原則であるが，この場合は，刑の執行を受け終わり，又は執行を受けることがなくなったときは，「人の資格に関する法令」による制限は受けないから，本条1項は特別の意味を持たない。しかし，刑の執行猶予の言渡を受けた場合には，未だ「執行を受けることがなくなったとき」に当たらないから，本条2項により刑の執行を終わったものとみなされることに意味がある。①の例として，国家公務員（国公38条），地方公務員（地公16条），自衛隊員（自衛38条）などがある。

543

第60条   第3章 少年の刑事事件

②⑦は，ある種の公務員又は公務員に準ずる一定の職について認められ，この場合は，本条1項により，刑の執行を受け終わり，又は刑の免除を受ければ直ちに刑の言渡がなかったことになるから，本条2項はもとより本条1項の存在意義がある。②⑦の例として，裁判官（裁46条），検察官（検察20条），弁護士（弁護7条），教員（学教9条），裁判員（裁判員14条）などがある。

②④は，ある種の公務員又は社会的責任のある一定の職や地位について認められ，②⑦の場合と同様に，本条1・2項とも意味がある。②④の例として，司法書士（司書5条），薬剤師（薬5条），火薬類の製造・販売営業の許可（火薬6条），建設業の許可（建設8条），銃砲刀剣類の所持の許可（銃刀所持5条）などがある。

第2に，選挙権・被選挙権を始め種々の公民権の喪失・停止を規定するものである。公職選挙法11条は，拘禁刑（令和7年6月1日までは禁錮）以上の刑に処せられその執行を終わるまでの者，又は，その執行を受けることがなくなるまでの者（執行猶予中の者を除く）は選挙権及び被選挙権を有しないとしているため，本条は意味を持たないが，例外的な場合（公選252条）には本条の適用がある。公職選挙法の規定は，他の法律にも準用されており（農委11条など），また，衆議院議員の選挙権を有しない者には他の一定の権利も認められていない（裁審4条，裁判員13条など）。

なお，刑の執行猶予や累犯加重に関する規定は，「人の資格に関する法令」に含まれない（平場451頁，団藤＝森田432頁，司研概説168頁，土本101頁。最決昭33・3・12刑集12・3・520／家月10・4・45（累犯加重），最決昭37・4・10集刑141・741（刑の執行猶予）等）。従って，少年のとき犯した罪も，通常の前科と同様，執行猶予（刑25条）あるいは再犯（刑56条）との関係では，前科として扱われる。

544

第61条

第4章　記事等の掲載の禁止

> **第61条**　家庭裁判所の審判に付された少年又は少年のとき犯した罪により公訴を提起された者については，氏名，年齢，職業，住居，容ぼう等によりその者が当該事件の本人であることを推知することができるような記事又は写真を新聞紙その他の出版物に掲載してはならない。

1　本条の趣旨

　審判の非公開（22条2項）と共に，少年事件に関する秘密保持・非公開の原則の一環として，本条は報道・出版の制限を規定した。少年事件に関して手続の公開を制限し，報道を規制・制限するのは諸外国に共通するものであり（廣瀬f15・38・58・84頁，岡田(裕))，旧法74条では少年審判手続，少年の刑事手続に関する新聞報道，出版を禁止するだけでなく，違反に対しては1年以下の禁錮又は1000円以下の罰金という厳罰を規定していた。もっとも，制限の方法・程度，制裁などは各国でかなりの違いがある。現在は罰則がない点では旧法よりも後退しているともいえよう。

　この原則は，少年及びその家族の名誉・プライバシーを保護すると共に，そのことを通じて過ちを犯した少年の更生を図ろうとするもので，広く刑事政策的な観点に立った規定である（団藤＝森田434頁）。犯罪者を特定した犯罪報道は，それによる社会的偏見がその後の本人の更生の妨げになり得ることは，20歳以上の者の場合も同様であるが（ラベリングの弊害），とりわけ，傷つきやすく，可塑性に富み，将来のある少年に対して，「非公表の原則」を定めたのである。なお，この原則には，少年の模倣性による非行の伝播を防止し，非行少年を悪い意味でのヒーローにしないという趣旨もある（森田(宗)c30頁参照）ことに留意すべきであり，犯行内容の具体的な公表はこの観点からも制限されるべきである。裁判所の報道機関に対する審判要旨の公表についても，本条及び22条2項との関係から，慎重な配慮が求められる（山田(健)b参照）。

545

第61条　　　　　　　　　　　　　　　　第4章　記事等の掲載の禁止

　なお，少年司法運営に関する国際最低基準規則（北京ルールズ・1985年）8条
は，プライバシーの保護として「1　少年のプライバシーの権利は，不当な公
表やラベリングによって生ずる害を避けるために，あらゆる段階で尊重されな
ければならない。2　原則として，少年犯罪者の特定に結びつきうるいかなる
情報も公表してはならない。」と同様の趣旨を定めている（澤登 c 60頁）。

　本条の趣旨に関し，名古屋少年事件報道訴訟事件の控訴審（名古屋高判平 12・
6・29判時 1736・35）は，「少年法61条は，憲法で保障される少年の成長発達過
程において健全に成長するための権利の保護とともに，少年の名誉権，プライ
バシーの権利を保護することを目的とする」と判示した。ただし，同上告審
（最判平 15・3・14民集 57・3・229）は，被上告人（少年）は前者の権利（少年の成長
発達権）を被侵害利益として主張していないとして同権利の有無に言及してお
らず，最高裁の判断は示されていない。

　令和 3 年改正により，特定少年のときに犯した罪により公訴を提起（公判請
求）された場合には本条の適用が除外されている（68条⇨同条注釈）。

2　適 用 範 囲

　「家庭裁判所の審判に付された少年」，「少年のとき犯した罪により公訴を提
起された者」とされ，家庭裁判所の審判に付される以前の捜査段階には適用さ
れないようにみえるが，それでは本条が無意味となるので，捜査段階にも準用
されるべきである（団藤＝森田 434頁，五十嵐＝田宮 127頁，澤登 140頁。市村 177頁，
平場 78頁等は趣旨が尊重されるとする）。現に，犯罪捜査規範 209条は「報道上の
注意」として「少年事件について，新聞その他の報道機関に発表する場合にお
いても，当該少年の氏名又は住居を告げ，その他その者を推知することができ
るようなことはしてはならない。」と規定し，公開捜査で行われる場合を除き
（「少年被疑者及び人定が明らかでなく少年の可能性が認められる被疑者の公開捜査につい
て」平 15・12・25警少 816・警総 692 警察庁生活安全部長・刑事部長通達），本条の趣旨
を徹底させている（令和 3 年改正に対応する但書が付されている。⇨68条注釈）。しか
し，社会的に耳目を集めた事件に関する週刊誌等の報道の中には，実名，顔写
真，捜査記録の写の掲載など，本条の趣旨に明白に反するものも少なくないの
は甚だ遺憾である。報道機関や捜査当局のより一層慎重な配慮が強く要請され
るが，罰則のない現状では関係者の良識に期待するほかない。「施設帰り」の
烙印等が少年の更生に重大な支障になることは多言を要しないので，矯正施設

546

第 61 条

に収容された少年にも本条は準用されるべきである（条解〔船山〕299頁）。法務省
も矯正施設収容者について同様に定めている（「収容者に関する報道記事又は写真の
掲載について」昭30・9・6矯正甲1092矯正局長通牒・判例体系46・2・1399）。

3 規 制 内 容

「氏名，年齢，職業，住居，容ぼう等によりその者が当該事件の本人である
ことを推知することができるような記事又は写真」が禁止されているが，違反
する推知報道か否かは，その記事等により不特定多数の一般人がその者を当該
事件の本人であると推知することができるか否かを基準にして判断される（最
判平15・3・14家月55・11・138。廣瀬ｎ参照）。従って，「氏名」等に限定されず
（文理上も例示である），「某政治家の長男」のように親族関係から容易に本人であ
ることを推測できる事項の掲載も許されない（名古屋地判平11・6・30判時1688・
151）。また，「掲載」だけでなく，口頭による言及も禁止される。なお，学術
的な研究やケース研究資料として専門的な部内出版物に掲載する場合は緩和さ
れ得るが（団藤＝森田434頁），そのような場合でも，本人と推知できる記述に
ついては同様の制限に服すべきであろう。

報道媒体は，「新聞紙その他の出版物」と規定されているが，要するに，不
特定多数の者が知り得る媒体を意味する。今日の通信手段の発達を考えると，
新聞，雑誌など「出版物」のほか，テレビ，ラジオ，インターネット，SNS
等を使った各種の通信等を含むと解すべきであろう。掲載の主体についても，
出版社等に限らず，個人も含むと解される（川出386頁）。

4 違反に対する制裁

「掲載してはならない」と規定されているが，旧法と異なり罰則はない（⇨
1）。言論出版の自由（憲21条）を尊重し，報道機関の自主性に待つ趣旨である
（この点について罰則を定める改正意見もある。澤登140頁）。しかし，本条に反する報
道が名誉毀損罪に該当し，不法行為として損害賠償等を命じられることはむろ
んあり得る。その意味で，本条は刑法230条の2の例外規定である（平場78
頁）。

新聞協会では，「20歳未満の非行少年の氏名，写真などは，紙面に掲載すべ
きではない」としながら，「逃走中で，放火，殺人など凶悪な累犯が明白に予
想される場合」や「指名手配中の犯人捜査に協力する場合」など「少年保護よ
りも社会的利益の擁護が強く優先する特殊な場合については，氏名，写真の掲

547

第61条   第4章　記事等の掲載の禁止

載を認める除外例とするよう当局に要望し，かつこれを新聞界の慣行として確立したい」としている。そのような例外を認め得るかについて，疑問があり，例外を認めるとしても，立法によるべきとする見解があるが（団藤＝森田436頁），その合理性を認める見解もある（川出389頁）。

　本条に違反するとして出版社に対し少年側が損害賠償等を求めた事例に関する裁判例として，いわゆる堺少年事件報道訴訟事件（大阪地判平11・6・9家月51・11・153〈請求一部認容〉，大阪高判平12・2・29判時1710・121〈請求棄却〉），前掲名古屋少年事件報道訴訟事件（前掲名古屋高判平12・6・29〈請求認容〉，前掲最判平15・3・14〈当該事件の本人であることを推知できる記事ではなく，本条に違反しないとして破棄差戻〉，名古屋高判平16・5・12判時1870・29〈請求棄却〉，広島高判平25・5・30判時2202・28〈請求棄却〉，最判令2・10・9民集74・7・1807〈請求棄却〉）の各判決がある（本条に関する総合的な研究として，平川。本条に関するものとして，山田（健）a，同b，羽倉，廣瀬n）。

第5章　特定少年の特例

（前注）

　令和3年改正により，特定少年の特例として本章が設けられた（本改正に至る経緯等については⇨序説5(8)）。

　特定少年とは，18歳，19歳の少年をいう（62条1項）。本章は，特定少年の特例として，保護事件の特例（第1節　62条～66条），刑事事件の特例（第2節　67条），記事等の掲載禁止の特例（第3節　68条）を規定している。このように新たな章を設けたのは，同じ文言の繰り返しを避ける等の法制技術的なものであって，従前の家庭裁判所の実務運用を大きく変えることを目指したものではないことに留意すべきである（廣瀬(i)21頁，玉本＝北原32頁）。

　特例の詳細については，各条項の注釈に譲るが，特定少年も健全育成目的（1条）が及ぶ少年（2条1項）であり，本章の特例が定める以外の場面では，前章までの規定が適用されること，本章の特例により少年法の適用が制約・排除される部分は多くはなく，特例により修正される内容も従前の制度・運用と大きく異なるものではない。このため，前章までと同様である事項については，関係条項の注釈を引用しているので関係箇所を参照されたい。

　なお，令和3年改正の運用状況について，福岡100頁がある。

第62条   第5章　特定少年の特例

第1節　保護事件の特例

（検察官への送致についての特例）

第62条　①　家庭裁判所は，特定少年（18歳以上の少年をいう。以下同じ。）に係る事件については，第20条の規定にかかわらず，調査の結果，その罪質及び情状に照らして刑事処分を相当と認めるときは，決定をもつて，これを管轄地方裁判所に対応する検察庁の検察官に送致しなければならない。

②　前項の規定にかかわらず，家庭裁判所は，特定少年に係る次に掲げる事件については，同項の決定をしなければならない。ただし，調査の結果，犯行の動機，態様及び結果，犯行後の情況，特定少年の性格，年齢，行状及び環境その他の事情を考慮し，刑事処分以外の措置を相当と認めるときは，この限りでない。

1　故意の犯罪行為により被害者を死亡させた罪の事件であつて，その罪を犯すとき16歳以上の少年に係るもの

2　死刑又は無期若しくは短期1年以上の拘禁刑に当たる罪の事件であつて，その罪を犯すとき特定少年に係るもの（前号に該当するものを除く。）

1　本条の意義

本条は，特定少年に係る事件について検察官送致決定の特例を定めた。「第20条の規定にかかわらず」と定められていることから，特定少年に係る事件については，20条は適用されず，本条が適用される。なお，本条が適用されるのは，令和4年4月1日以降にした行為に係る事件に限られる（令和3年改正附則2条）。

2　特定少年の検察官送致の要件

本条1項は，18歳未満の少年についての20条1項に対応する。20条1項は，罰金以下の刑に当たる罪の事件を検察官送致の対象から除外しているが，本項にはこの制約はない。これは，特定少年が責任ある主体とされたことを踏まえ

第1節　保護事件の特例　　　　　　　　　　　　　　　　　　　　**第62条**

ると拘禁刑（令和7年6月1日までは禁錮）以上の刑が定められていないことのみ
を理由に刑事処分の対象から除外することは適当ではなく，他方で，罰金刑に
も教育的効果が期待できることから，特定少年については検察官送致決定の対
象事件を限定しないことが相当だと考えられたためである（玉本＝北原26頁）。

　本条1項のその余は20条1項と同内容である（⇨20条注釈）。罰金以下の刑
に当たる罪の事件は簡易裁判所の事物管轄に属するが，同事件を検察官に送致
する場合も，本項によれば，区検察庁の検察官ではなく地方検察庁の検察官に
送致するほかない。すなわち，本項の「管轄」には事物管轄は含まれず，土地
管轄を意味すると解される。

　特定少年が民法上成年とされた（民4条）ことを踏まえると，特定少年に係
る事件に対する本項による検察官送致決定の割合は，令和3年法改正前の18
歳・19歳に係る事件における20条1項による検察官送致決定の割合よりも増
えることが想定されるが（入江(猛)c33頁，廣瀬(i)26頁，前田(巖)31頁），特定少年
も教育の対象とされていること（1条）に留意した運用が望まれる。

3　特定少年に係る原則逆送

　本条2項は，18歳未満の少年についての20条2項に対応する規定であり，
いわゆる原則逆送を定めたものである。

(1)　対象事件　　本項1号の対象事件は20条2項と同じである（⇨20条注釈）。

　本項2号は，死刑又は無期若しくは短期1年以上の拘禁刑（令和7年6月1日
までは懲役又は禁錮）に当たる罪の事件であって，その罪を犯すとき特定少年に
係るもの（本項1号に該当するものは除く）を対象とし，特定少年について18歳
未満の少年よりも原則逆送の対象が広げられた。この拡大の理由については，
責任ある主体として位置づけられた特定少年が重大な犯罪に及んだ場合には，
18歳未満の者よりも広く刑事責任を負うべきものとすることが，その立場に
照らして適当であり，また，刑事司法に対する被害者を含む国民の理解・信頼
の確保という観点からも必要であると考えられたためであり，その拡大範囲は，
権利保釈の除外事由（刑訴89条1号），即決裁判手続の対象事件の基準（刑訴350
条の16第1項）等を参考に，死刑又は無期若しくは短期1年以上の拘禁刑（令和
7年6月1日までは懲役又は禁錮）に当たる罪の事件とされた（玉本＝北原26頁）。な
お，本項に当たる罪の共犯（教唆・幇助）も対象となると解される（⇨20条注釈3
(2)）。

551

第62条   第5章　特定少年の特例

(2)　**ただし書適用の判断要素・判断方法**　　本項本文は，本項各号該当事件については検察官送致決定をしなければならないと定め，本項ただし書は，20条2項ただし書と同様に掲記の諸事情を考慮して刑事処分以外の措置を相当と認めるときは保護処分等に付することを認めるが，列挙された事情に「結果」が付加されている。これは，20条2項該当事件は犯行の結果はすべて人の死亡という重大なもので明示しなくても当然考慮されるのに対し，本項では2号の追加により，犯行の結果の軽重に相当な幅があるから，それを十分考慮すべきことを示すため法文上「結果」を明示したものである（玉本＝北原28頁）。その余の本文・ただし書は20条2項と同様の規定である（⇨20条注釈3）。20条2項について，刑事処分以外の処遇とする特段の事情について，犯罪行為自体に関する情状（狭義の犯情）の悪質性の低さとする犯情説（二段階考慮説）と犯情と共に少年の性格・環境等を総合的に考慮・判断するという総合考慮説の対立があるが（⇨20条注釈3(3)），本項では2号の対象事件の犯情に幅があり，それを背景に1号2号共通の本項柱書に「結果」が追加されたので，1号対象事件にも犯情説は採りづらくなったとの見方もあり得よう（前掲〔座談会〕d15頁。なお，前田(巌)30頁は，ただし書冒頭に「調査の結果」が明示されたことを根拠とする）。

(3)　**適用時の留意事項**　　上記両説いずれに立っても，本項ただし書の適用基準は一義的に明確とはいいがたいが，立法趣旨（⇨3(2)）を踏まえれば，家庭裁判所には，本項2号該当事件で対象犯罪の構成要件が想定する悪質性が典型的に具備・実現したといえるような事案では，逆送が「原則」であることを踏まえた判断が必要であるから（前田(巌)30頁），結果として，運用上，従前より検察官送致決定が増えることとなると思われる。同時に，2号該当事件の犯情は全般的にみると1号該当事件の犯情よりはその程度が低いこと，罪種による犯情の差異があり，事後強盗で暴行の程度が相当に低いもの，コピー機を利用した少量の通貨偽造など，犯情の程度が低いものも多数含まれ得ることから，2号該当事件では全体として1号該当事件よりただし書の適用率が上がり，罪種によっては逆送率がそれほど高くならない事態なども想定され得る（前田(巌)30頁参照）。そこで，検察官送致率の運用の評価（特に罪種ごとの評価）は，これらの事情を踏まえて慎重に行うべきである。

第1節　保護事件の特例　　　　　　　　　　　　　　　　　　　　　第63条

> **第63条**　①　家庭裁判所は，公職選挙法（昭和25年法律第100号。他の
> 法律において準用する場合を含む。）及び政治資金規正法（昭和23年法
> 律第194号）に規定する罪の事件（次項に規定する場合に係る同項に規
> 定する罪の事件を除く。）であつて，その罪を犯すとき特定少年に係る
> ものについて，前条第1項の規定により検察官に送致するかどうかを決
> 定するに当たつては，選挙の公正の確保等を考慮して行わなければなら
> ない。
> ②　家庭裁判所は，公職選挙法第247条の罪又は同法第251条の2第1項
> 各号に掲げる者が犯した同項に規定する罪，同法第251条の3第1項の
> 組織的選挙運動管理者等が犯した同項に規定する罪若しくは同法第251
> 条の4第1項各号に掲げる者が犯した同項に規定する罪の事件であつて，
> その罪を犯すとき特定少年に係るものについて，その罪質が選挙の公正
> の確保に重大な支障を及ぼすと認める場合には，前条第1項の規定にか
> かわらず，同項の決定をしなければならない。この場合においては，同
> 条第2項ただし書の規定を準用する。

　本条は，平成27年公選法改正附則5条1項・3項の規定を少年法に移した
ものである。同改正法で選挙権年齢を18歳に引下げたが，その立法過程で少
年法適用年齢の引下げと共に，選挙権が与えられる18歳・19歳の者が犯した
公選法上の犯罪についての取扱が議論された結果，同改正法は，選挙の公正確
保と少年の保護との均衡を図る観点から，犯行時特定少年の本条2項掲記の選
挙犯罪事件について，その罪質が選挙の公正の確保に重大な支障を及ぼすと認
める場合（例えば，買収等により連座制が働く事例等）には，原則として検察官送致
決定をしなければならないが，この場合においては，62条2項ただし書の規
定を準用するものとし（本条2項），その余の公職選挙法及び政治資金規正法に
規定する罪の事件について検察官送致決定をするか否かの判断に当たっては，
選挙の公正の確保等を考慮しなければならない（本条1項）とされた（玉本＝北
原29頁）。

　なお，本条が適用されるのは，令和4年4月1日以降にした行為に係る事件
に限られる（令和3年改正附則2条）。

553

第64条　　　　　　　　　　　　　　　　　　第5章　特定少年の特例

（保護処分についての特例）

第64条　①　第24条第1項の規定にかかわらず，家庭裁判所は，第23条の場合を除いて，審判を開始した事件につき，少年が特定少年である場合には，犯情の軽重を考慮して相当な限度を超えない範囲内において，決定をもつて，次の各号に掲げる保護処分のいずれかをしなければならない。ただし，罰金以下の刑に当たる罪の事件については，第1号の保護処分に限り，これをすることができる。

1　6月の保護観察所の保護観察に付すること。

2　2年の保護観察所の保護観察に付すること。

3　少年院に送致すること。

②　前項第2号の保護観察においては，第66条第1項に規定する場合に，同項の決定により少年院に収容することができるものとし，家庭裁判所は，同号の保護処分をするときは，その決定と同時に，1年以下の範囲内において犯情の軽重を考慮して同項の決定により少年院に収容することができる期間を定めなければならない。

③　家庭裁判所は，第1項第3号の保護処分をするときは，その決定と同時に，3年以下の範囲内において犯情の軽重を考慮して少年院に収容する期間を定めなければならない。

④　勾留され又は第17条第1項第2号の措置がとられた特定少年については，未決勾留の日数は，その全部又は一部を，前2項の規定により定める期間に算入することができる。

⑤　第1項の保護処分においては，保護観察所の長をして，家庭その他の環境調整に関する措置を行わせることができる。

1　本条の意義等

　本条は特定少年（⇨本章前注）に係る事件について保護処分（⇨24条注釈1）決定の特例を定めた規定である。「第24条第1項の規定にかかわらず」と定められていることから，特定少年に係る事件については，24条1項ではなく本条1項が適用され，24条2項ではなく本条5項が適用される。

　本条は，保護処分を①6月の保護観察，②2年の保護観察，③少年院送致に限定した。児童自立支援施設等送致（24条1項2号）は，それらの施設が満18歳に満たない児童（児福4条1項柱書）を対象とするものであるため（児福44条・

554

第1節　保護事件の特例　　　　　　　　　　　　　　　　　　　　　　　　第 64 条

41 条），除外された。

少年法は処分時主義を採っているので決定時に少年が特定少年になっていれば，行為時に少年が 18 歳未満でも本条が適用される。また，決定が施行期日（令和 4 年 4 月 1 日。令和 3 年改正附則 1 条）以降であれば，行為日が同日より前でも本条が適用される。

2　犯情の軽重の限度を超えない範囲内（犯情の軽重による制約）

(1)　**趣旨**　　本条による保護処分は，犯情の軽重を考慮して相当な限度を超えない範囲内で課される（1 項柱書）。これは，特定少年に対する保護処分は犯した罪の責任に照らして許容される限度を超えない範囲内で課されなければならないとの考えによるとされる（玉本＝北原 31 頁，成瀬 102 頁，小池(信)56 頁）。この点につき，立案担当者は，保護処分も不利益を伴うから民法上成年とされ監護権の対象から外れる特定少年に対して，保護の必要性を理由に犯した罪の責任に照らして許容される限度を超える処分を行うのは民法改正との整合性，責任主義の要請との関係，国家による過度の介入といった点で問題があり，法制度としての許容性・相当性から慎重であるべきと考えたと説明している（玉本＝北原 31 頁）。また，保護処分の正当化根拠については，従前，侵害原理及び保護原理と理解されてきたが，本条・65 条 1 項を根拠に，特定少年に対する処分の正当化根拠は侵害原理に限られたとの理解（成瀬 100 頁，川出 n 19 頁，小池(信)57 頁等）が示される一方，特定少年にも保護原理は妥当するが，責任主体性が強くなったことから侵害原理がより強くなった点を確認した規定と解されるとする理解も示されている（廣瀬(i) 24 頁）。

「犯情の軽重」という文言からもこの規定は責任主義の観点から保護処分選択に制約を課すものといえるが，特定少年も少年であり（2 条 1 項），特定少年に対する保護処分も 24 条と同じ「保護処分」の文言が使用され，「少年の健全な育成を期し，非行のある少年に対して性格の矯正及び環境の調整に関する保護処分」（1 条）であることには変わりはないのであるから，特定少年には保護原理は働かないと解するのは文理解釈上も不自然である（廣瀬(i) 22 頁）。そして，特定少年を不処分とせず保護処分に付するという選択や本条が定める 3 種類の保護処分のいずれを選択するかについて要保護性が基準となることには争いがなく（玉本＝北原 31 頁，成瀬 102 頁等），少なくともその限りでは特定少年にも保護原理が働くことは承認されている。また，要保護性の大小と犯情の軽重には

555

多くの場合相関関係があり，齟齬がある場合には，令和3年改正前の実務において犯罪事実との均衡を考慮した処遇選択がなされていたこと（河畑c172頁，廣瀬(t)19頁），前記のように同一目的を目指す処分の選択・賦課であることから，上記は法理・理念的な対立の要素が強く実務運用上大きな差異は生じないと思われる（この点について，保護処分の正当化原理が侵害・保護の二択しかないという考え方自体に疑問があり，成人と少年の中間的な性格を持つ特定少年には侵害・保護双方の原理が妥当し（廣瀬(j)8頁），犯情の軽重による制約は，保護原理を否定するものではなく，親権を離脱し自立したと評価替えされた特定少年に係る事件においては侵害原理がより強く働くようになったことを示すものと理解すれば足りるとする見解（廣瀬(i)24頁），本条で問題とされる責任とは，自ら犯した犯罪の意味について自身の抱える問題の発露として向き合うことを求め，再犯を行わずに済むような人生の歩み方を考えさせるという少年法のプロセスによって果たされる少年法固有のものであるとする見解（樋口(亮)b27頁）なども示されている）。これらの議論を踏まえ，実務の実情に即して保護原理に基づく処遇選択と責任主義の観点による制約が真に衝突するような場合の具体的内容，その判断の方法・在り方などについての慎重な検討が必要と思われる。

(2) **犯情**　犯情の評価を基礎付ける事実は，審判に付すべき事由である犯罪の動機，態様及び結果その他当該犯罪に密接に関わる重要な事実（17条4項）であり，その事実には，動機などのように犯情及び要保護性の双方に影響する事実は含まれ得るが，専ら要保護性に関する要素は含まれないと解される（廣瀬(i)24頁。前田(巌)32頁。行為責任の観点を強調する説明でも事実の範囲に大きな差異はない。玉本＝北原31頁，小池(信)56頁，入江(猛)c33頁参照）。なお，少年法固有の責任を構想する立場から，本条の犯情は刑法のそれより主観面に立ち入ったものという方向性が示されている（樋口(亮)b28頁）。

犯情に関して，①前歴は，審判対象の非行との関係によって犯情評価の対象となり得る（入江(猛)c33頁，廣瀬(i)24頁）。前歴の手続により反対動機を形成すべきであったからその後の非行にはより強い非難が可能であること（成瀬103頁，小池60頁），再非行には法益軽視の姿勢も看取できること（前田(巌)32頁），少年法固有の責任を構想する立場からは，前歴が非行に至る少年の内面上の問題を推認させること（樋口(亮)b31頁）が理由として挙げられている。②被害弁償は，事後的な被害回復として犯情に準ずるものとして考慮できる場合もあるが，犯情への影響の程度は，財産犯か否かにより相当程度異なると思われる

第 1 節　保護事件の特例　　　　　　　　　　　　　　　　　　　　第 64 条

（前田（巌）33 頁。樋口（亮）b 32 頁は，責任の果たし方として少年本人が行ったかどうかを重視する）。

　(3)　**保護処分選択の上限**　　「犯情の軽重を考慮して相当な限度を超えない範囲内」でという文言から，本条は家庭裁判所の保護処分選択に上限を設定するものである。18 歳未満の少年であれば要保護性に応じて少年院送致等が許される場合でも，それが犯情の軽重による上限を超えれば，特定少年には許されなくなる。しかし，犯情の軽重に「応じて」ではないので，上限内では，家庭裁判所は特定少年に係る事件でも要保護性に応じて処遇選択ができ，犯情が重くても要保護性が小さいのであれば，要保護性に応じた処分を選択できる。このように犯情の軽重は保護処分選択の下限を画するものではなく，犯情に応じた処分を求めるものでもないこと（廣瀬（t）27 頁，同（i）24 頁，成瀬 102 頁，川出 n 19 頁，入江（猛）c 33 頁，前田（巌）33 頁）を正確に理解した適切な運用が心がけられなければならない。

　(4)　**犯情の軽重による制約の判断**　　㋐　**判断の視点**　　特定少年の保護事件では，要保護性からは少年院送致・2 年の保護観察が相当と考えられる事案でも，犯情の軽重による制約から，それらを選択することが許されない場合がある。その判断に当たっては，責任主義の観点からの制約であること，犯情評価の基礎となる事情は刑事事件で狭義の犯情とされている事実と大部分において重なることから，当該事件が刑事裁判で判断されたときに想定される量刑を参考にすることが相当である（前田（巌）33 頁参照）。もっとも，保護処分と刑事処分には，手続・処分内容に差異がある。すなわち，少年審判手続は非公開であり（22 条 2 項・61 条），それは解釈・運用上保護処分の執行中及び執行後も貫かれているから，保護手続・処分により受ける不利益（スティグマ）は刑事手続・処分のそれより小さい。また，少年院の主要な処遇は矯正教育であり，少年の健全な心身の成長を図ると共にその自覚に訴えて改善更生の意欲を喚起し，自主，自律及び協同の精神を養うことに資するように行われる（少院 5 章・15 条 1 項）。これに対し，刑事施設における処遇は，受刑者の改善更生の意欲の喚起及び社会生活に適応する能力の育成を図ることを旨として行うが（刑事施設 30 条），その主要な処遇は作業である（懲役受刑者では義務であり，禁錮受刑者も約 8 割の者が申出により作業に従事する）。このように，保護処分の処遇は刑事処分のそれよりも不利益性は低い（廣瀬（t）18 頁）。判例も，刑事処分は，保護処分その他

557

第 64 条　　　　　　　　　　　　　　　　　　　　　　第 5 章　特定少年の特例

少年法の枠内における処遇よりも一般的・類型的に不利益なものと評価している（最判平 9・9・18 刑集 51・8・571〔百選 84〕）。犯情の軽重による制約の下で保護処分の可否を考える時には，刑事裁判における量刑の実情と共にこれらの保護処分と刑事処分の各手続・処遇内容（令和 7 年 6 月 1 日以降，懲役・禁錮が拘禁刑に統合されることに伴う変化があり得ることに留意すべきである）の差異等を十分に考慮する必要がある。

　(イ)　**少年院送致の可否**　　処遇勧告が付されなかった場合の少年院の標準的な処遇期間は約 1 年であるから，刑事裁判で 1 年程度以上の自由刑（実刑）が見込まれる事案には少年院送致は問題なく許容され，刑事裁判で 6 月程度の自由刑となることが見込まれる事案でも前記保護処分と刑事処分の差異を考慮すれば少年院送致は許容されよう（廣瀬(t)18 頁）。また，刑事裁判ではほとんど自由刑の執行猶予となることが予想される事案であっても，①少年院送致の不利益性は刑事施設への収容による不利益性よりも類型的に小さいこと（⇨(ア)），②執行猶予は一般情状及び刑事政策的なものも考慮して幅広く付される実情にあること，③自由刑の執行猶予は取消により収容されることを前提としていることから，少年院送致が許容されない事例は多くないと思われる（入江(猛)c 33 頁，前田(巌)33 頁（もっとも同 34 頁は，行為責任の幅の上限でも自由刑を科し得ない事案では少年院送致は許されないとする）。小池(信)58 頁は①③を，廣瀬(t)18 頁・同(i)24 頁は①を論拠にあげ，成瀬 104 頁は少年院送致が許容される事案が一定程度存在するであろうとする）。立案担当者が国会審議を含め改正前の実務運用を大きく変えることを目指したものではないと明言していることも（玉本＝北原 32 頁），この解釈を支えるものといえよう（樋口(亮)b 29 頁）。

　(ウ)　**2 年の保護観察の可否**　　保護観察は身柄拘束を伴わない処分であるから，刑事裁判で自由刑が見込まれる事案には当然に許される。法定刑に自由刑もあるが刑事裁判で罰金刑選択が確実に見込まれる事案については，法が 2 年の保護観察では少年院収容も可能としたうえ（本条 2 項），罰金以下の刑に当たる罪の事件においては 6 月の保護観察に付することしかできないと規定していること（本条 1 項ただし書）から，改正法は罰金刑が確実に見込まれる事案の責任上限は収容処分を認める程度に達しないと判断しているとして 6 月の保護観察しか許されないとする説がある（成瀬 104 頁，入江(猛)c 34 頁，小池(信)59 頁）。しかし，それでは令和 3 年改正前の運用が大きく変更され，保護観察の教育的効果

558

第1節　保護事件の特例　　　　　　　　　　　　　　　　　　　　　　　　　第64条

を大きく損なうことになること，本条1項ただし書は，自由刑も定められた罪
の事件を対象とするものではないことから，刑事裁判で罰金刑のみが見込まれ
るとしても，事案ごとの判断により2年の保護観察を選択することが許される
場合もあり得ると解すべきであろう（前田（巌）35頁は微罪処分や低額の罰金刑が見込
まれる事案では6月の保護観察しか許されないとし，低額でない罰金刑が見込まれる事案に
ついて2年の保護観察に付す可能性を否定していない）。現に令和3年改正施行後も無
免許運転などの交通関係事件を中心に2年の保護観察とする例も散見される
（福岡102頁参照）。

　(5)　**責任能力の要否**　　令和3年改正前，保護処分賦課に責任能力が必要か
は賛否があった（⇨3条注釈2(2)）。特定少年については，犯情の軽重による制約
は責任主義の観点からの制約であり，責任無能力下の行為については責任を問
えない（成瀬101頁注12），あるいは，保護処分の正当化根拠は侵害原理に一元
化され保護原理は妥当しない（川出84頁注48）として必要説を採る見解が示さ
れる一方，特定少年においても保護原理は働いており，少年法の犯情には責任
能力の有無という行為者属性は含まれていないとして不要説を採る見解もある
（菊池（則）450頁）。決定例を見ると，千葉家決令5・9・20家判51・123は不要
説を明示している。さらに，犯情の軽重が責任主義に基づくものであることを
強調すると，限定責任能力下で行為に及んだ特定少年を少年院に送致する場合
の収容期間を短期間とせざるを得ず，処遇に困難が生じるとの指摘もある。な
お検討すべき課題といえよう（岩﨑（貴）a 122頁以下）。

3　社会調査の在り方

　本条の保護処分選択は，犯情の軽重による制約があるほかは24条と異なら
ない。犯情の軽重による制約は裁判官の法的調査の対象であり，調査官が行う
要保護性に関する社会調査の対象とはならないから，特定少年の事件でも調査
官の社会調査は，24条の場合と異なるところはなく，調査官は令和3年改正
前と同様の調査を行うべきである。もっとも，少年の要保護性を考えるうえで
重要な事情となる犯行の動機，態様，犯行後の少年の対応，少年の資質などは，
犯情の軽重の判断資料ともなるから，調査官は，より積極的に裁判官との情報
交換を行う必要がある。また，裁判官においても，前記のように，特定少年に
は，犯情の軽重による制約があり早期の環境調整等の必要などが改正前よりも
生じ得るので，早期に送致記録を読み込んで犯情の軽重による制約等の見通し

第64条　　　　　　　　　　　　　　　　　　　第5章　特定少年の特例

を付け，調査官との打合せをより積極的に行う必要があることに留意すべきである。

4　6月の保護観察

(1)　**趣旨等**　　6月の保護観察（本条1項1号）は，犯情の軽重による制約により少年院収容の可能性がある保護観察に付すことが許されない事案においても賦課できる保護処分として，令和3年改正により新設された。6月の保護観察も，保護観察対象者の健全な育成を期して，指導監督及び補導援護を行うことにより実施し（更生49条），保護観察所の長が，保護観察を継続する必要がなくなったと認めるときは解除することができる（更生69条）点は，24条1項1号の保護観察及び2年の保護観察（本条1項2号）と同じであり，運用の基準も変わらない（生駒ほか49頁）。しかし，対象者が遵守事項に違反したときの少年院収容措置（不良措置）がない点が他の保護観察と異なり，保護観察期間を6月と固定された点は24条の保護観察と異なる。以下，24条の保護観察及び2年の保護観察と異なる点のみ取り上げる。

(2)　**対象者**　　立法趣旨から，比較的軽微な罪を犯し，その問題性が比較的小さく，不良措置による収容の仕組みがなくとも改善更生が見込める者である（玉本＝北原33頁）。そのような対象者としては，比較的軽微な交通関係事件を犯した者が多いと想定される。なお，罰金以下の刑に当たる罪の事件に対する保護処分はこの処分に限られる（本条1項ただし書）。

(3)　**処遇内容**　　6月の期間は変えることができず，期間の上限を画すものである（⇨(1)）。6月の保護観察における処遇は，他の保護観察と区別するため更生指導と称される。実施期間は原則3月以上4月以内で月1回生活状況について書面で報告させると共に課題に応じて必要な講習等を受けさせて指導する。指導担当は原則保護観察官で保護司は指名されないが，補導援護の措置を特に継続して行う必要があり，家庭裁判所からその旨の処遇勧告があれば，必要に応じて保護司が指名され，生活状況の報告は保護観察官又は保護司を訪問して行うこととされ，特別遵守事項の設定は原則として予定されていない。上記講習等として，一般事件の少年に対する社会貢献活動，就労に関する講習会等が想定されており，家庭裁判所から意見が付された場合にはそれを踏まえて講習等を実施する（「更生指導の実施について」令4・3・3保観22保護局長通達，「更生指導の実施に関する留意事項について」令4・3・3保観23保護局観察課長通知）。家庭裁判所

560

第1節　保護事件の特例　　　　　　　　　　　　　　　　　　　　　　　　第64条

図表19　少年保護事件の終局総人員のうち2年の保護観察・6月の保護観察別の人員—事件名別（終局時特定少年）

事 件 名	総　　数	2年の保護観察	6月の保護観察
総　　数	2,421	1,676	745
一般事件	990	933	57
交通関係事件	1,431	743	688

※1　令和4年4〜9月終局分の速報値である。
　2　交通関係事件とは，道路交通法違反事件，自動車の保管場所の確保等に関する法律違反事件及び自動車の運転により人を死傷させる行為等の処罰に関する法律違反事件をいう。
（出典）家庭の法と裁判42号（2023年）103頁【表3】より。

の意見は書面等で明確に示すことが必要であろう。交通関係事件で6月の保護観察に付された少年は，交通短期保護観察の対象に含まれないが（令4・3・3改正後の「交通短期保護観察の実施について」平20・5・9保観328保護局長通達），交通短期保護観察の対象者に対する集団処遇と合同で講習を行うことも可能とされている（前掲「更生指導の実施について」）。

5　2年の保護観察

　(1)　**意義等**　　2年の保護観察（本条1項2号）は，24条1項1号の保護観察に対応する保護処分である。本条1項2号で保護観察期間が2年と定められたが，令和3年改正前も18歳以上の少年の保護観察期間は2年と改正前の更生66条で定められていたので大きな差異は生じない（犯情の軽重による制約については⇨2)。

　(2)　**処遇等**　　2年の保護観察は，犯情の軽重による制約により少年院送致が選択できない者も含まれ，6月の保護観察の対象者が除かれること，不良措置が施設送致申請（26条の4，更生67条2項）ではなく収容決定申請（66条，更生68条の2）となる点で24条1項1号の保護観察と異なるが，その余は大きな相違はない（⇨24条注釈2)。令和3年改正前は，法務省の依命通知上，保護処分の保護観察の特別遵守事項として保護観察所で実施している特定の犯罪的傾向を改善するための専門的処遇（専門的処遇プログラム）の受講の義務づけはできなかったが，特定少年には，条件を満たせばこれが可能とされた（令4・3・3改正後の「犯罪をした者及び非行のある少年に対する社会内における処遇に関する事務のうち保護観察に係る事務の運用における留意事項について」平20・5・9保観329保護局観察課長通知)。

561

第 64 条　　　　　　　　　　　　　　　　　　　第 5 章　特定少年の特例

図表 20　少年保護事件の終局総人員のうち 2 年の保護観察（収容可能期間 6 月まで）・同（収容可能期間 6 月超 1 年まで）別の人員—事件名別（終局時特定少年）

事　件　名	総　　　数	2 年の保護観察	
		収容可能期間 6 月まで	収容可能期間 6 月超 1 年まで
総　　数	1,676	96	1,580
一般事件	933	19	914
交通関係事件	743	77	666

※　令和 4 年 4〜9 月終局分の速報値である。
（出典）家庭の法と裁判 42 号（2023 年）103 頁【表4】より。

（3）　**収容可能期間の定め**　　不良措置としての少年院収容（⇨66 条注釈）の期間は 1 年以内とされた（本条 2 項）。保護観察決定の遵守事項違反の場合にも犯情の軽重による制約を超えた収容が行われないよう担保するための規定である（玉本＝北原 35 頁）。施設収容は，施設送致申請と同様に保護観察中の新たな事由の発生を契機に保護観察中の者を収容する処分である。施設送致申請とは以下の点が異なるが，双方共に事後的な処分変更の実質も持つ（双方の関係等については⇨66 条注釈）。

　家庭裁判所は，2 年の保護観察決定と同時に少年院の収容可能期間を定める（「収容することができる期間」であり上限である）。収容決定による少年院収容は，施設送致申請による少年院送致のように施設内の処遇で対象者の問題性解消までを目指すものではなく，保護観察により改善更生を図れるようにすること（保護観察への動機付け等）を目指すものであるから，収容可能期間は比較的短期間で足りると考えられ，1 年以下の期間とされた（玉本＝北原 35 頁。基準とされる期間，収容後の処遇内容等については⇨66 条注釈）。収容可能期間は，犯情の軽重を考慮して定める（犯情の意義，犯情の軽重の考慮の仕方については⇨2）。責任主義の観点からの制約であり，この期間を決める際には要保護性は基本的に考慮すべきでないが（玉本＝北原 36 頁），保護処分と刑事処分それぞれの手続・処分の内容の差異も十分考慮する必要がある。同時に，対象となる問題行動・保護環境等は，保護観察決定時には未発生・未確定であり，その問題性の質・量の正確な把握は困難であるから，収容可能期間は 1 年か 6 月が想定されるが，原則 1 年とし，例外的に 6 月とすることが相当と思われる（前田(厳) 35 頁）。なお，保

562

第1節　保護事件の特例　　　　　　　　　　　　　　　　　　　　　　　　　　　第64条

**図表21　少年保護事件の終局総人員のうち法64条による少年院送致がされた人員
―収容期間・処遇勧告別（終局時特定少年）**

| 総数 | 少年院送致（第1種～第3種） | | | | | | | | | | | | | | | | | |
| | 収容期間6月まで | | | 収容期間6月超1年まで | | | 収容期間1年超1年6月まで | | | 収容期間1年6月超2年まで | | | 収容期間2年超2年6月まで | | | 収容期間2年6月超3年まで | | |
	総数	処遇勧告なし	処遇勧告あり	総数	処遇勧告なし	処遇勧告あり	総数	処遇勧告なし	処遇勧告あり	総数	処遇勧告なし	処遇勧告あり	総数	処遇勧告なし	処遇勧告あり	総数	処遇勧告なし	処遇勧告あり
335	0	0	0	22	10	12	4	4	0	219	194	25	0	0	0	90	62	28

※　令和4年4～9月終局分の速報値である。
（出典）家庭の法と裁判42号（2023年）104頁【表5】より。

護観察→収容→保護観察→収容→保護観察と複数回の収容事例も想定されている（保護局観 a 19頁参照）。数か月程度の法定刑で自由刑が相当な事案に対して収容可能期間を1年とすることに否定的な見解もあるが（入江(猛)c 35頁，前田(厳)35頁），収容決定は遵守事項違反という保護観察決定後の新たな事態を捉えてなされるものであるから肯定できる事案もあり得ると思われる。

6　少年院送致

(1)　**意義等**　　少年院送致（本条1項3号）は，24条1項3号の少年院送致に対応する保護処分である（犯情の軽重による制約については⇨2）。

(2)　**収容期間の定め**　　本条1項3号の少年院送致では収容期間の定めが必須とされた（本条3項）。この収容期間は，少年院に収容することができる期間の上限を意味し（玉本＝北原37頁），犯した罪の責任を超える収容が行われないことを制度的に担保するための規定との理解が示されている（成瀬104頁，入江(猛)c 34頁，前田(厳)34頁）。

収容期間は3年以下の範囲内で定めるが，少年院送致は身体拘束という不利益を伴う処分であることから，その期間は刑事政策的観点から処遇の必要性・有効性が認められる範囲を超えないようにしておくことが適当と考えられるところ，収容継続の実績から（少院138条1項参照），23歳に至るまでの者に対しては矯正教育が有効であること，一般的に3年あれば必要な処遇期間を確保できると考えられる一方，施設内処遇の長さに単純に比例して処遇の効果が上がり続けるというものでは必ずしもないと指摘されていることが考慮されて上限が3年とされたものである（玉本＝北原37頁）。

「収容する期間」と規定されているが，地方更生保護委員会が認める時には

563

第64条　　　　　　　　　　　　　　　　　　　　　　　　　第5章　特定少年の特例

退院が許されるので（更生46条），少年院収容の上限であると共に少年院仮退院後の保護観察期間も含む期間であり，実質的には令和3年改正前には少年院法等で法定されていた上限を家庭裁判所が定めることにしたものと理解できる。実際にも，少年院での処遇期間は，令和3年改正後も矯正教育課程の種類・その期間（⇨少院30〜34条注釈）に基本的に変更はなく，家庭裁判所が教育期間に関する処遇勧告をしない場合にはおおむね1年で仮退院し，処遇勧告があった場合にはその勧告に沿った期間の経過で仮退院する運用も変わらない（西岡44頁）。

　収容期間は，犯情の軽重を考慮して定める（犯情の意義，犯情の軽重の考慮の仕方については⇨2）。2年の保護観察の収容期間を定めるときと同様に（⇨5(3)），要保護性は基本的に考慮すべきでないが（玉本＝北原37頁，成瀬104頁。入江(猛) c34頁，前田(巖)34頁は考慮すべきでないとする），この判断においても，保護処分と刑事処分の各手続・処分内容の差異を十分に考慮する必要がある。矯正教育の効果がどの程度上がるかを送致決定時に確実に見通すことは難しく，効果が上がったときには仮退院が認められることも考慮すれば，本条3項の収容期間は2年・3年と年単位とすると共に，責任主義の観点からの制約の範囲内での最長期間を定めるべきである（成瀬104頁，前田(巖)34頁。なお，玉本＝北原37頁，入江(猛)c34頁参照）。その際，刑事裁判の量刑が一定程度参考になるが（前田(巖)34頁は，量刑の大枠を大きく超える期間の定めは許されないとする），刑事処分との差異等を十分に考慮すべきである（⇨5(3)）。

　(3)　**対象者・処遇**　　犯情の軽重による制約により少年院送致を選択できない者が除外されるほかは，本条1項3号の対象者の要保護性もその処遇の目的（1条）も24条1項3号の少年院送致対象者と変わらず，その運用も24条の少年院送致による者と基本的に同様である（⇨少院30〜34条注釈）。もっとも，特定少年は，民法上成年となるので（民4条），新たな特定生活指導として，18歳以上の者を対象とする成年の自覚及び責任の喚起並びに社会参加に必要な知識の付与等を目標とする成年社会参画指導が設けられている（「矯正教育の内容について」平27・5・14矯少91矯正局長通達（令4・3・29改正）。処遇の実情について，滝浦52頁）。

7　未決勾留日数等の算入

　本条4項は，未決勾留等の日数を少年院の収容期間に算入することを認めた。

564

第1節　保護事件の特例　　　　　　　　　　　　　　　　　　　　　　　第65条

少年院送致は施設収容という不利益を伴う処分であるが，少年の健全育成を主目的とする教育的処分であるから，その収容の性質は，捜査や裁判の適正な遂行のための身柄拘束である未決勾留とは異なるため，24条1項3号の少年院送致には未決勾留等日数を算入する規定は置かれていないが，本条の少年院送致及び66条の少年院収容は，その不利益処分性に着目し責任主義の観点からの制約が規定されたため，保護処分決定までに特に長期間未決勾留等が継続したような場合にまで，その期間を収容期間に算入できないとすることは衡平の観点から適当ではないと考えられて本条4項が規定された（玉本＝北原39頁）。

　本項の勾留には，勾留（刑訴60条・207条），勾留に代わる観護措置（43条），鑑定留置（刑訴167条・224条），みなし勾留（45条4号）が含まれる。本項は勾留と観護措置（17条1項2号）を並置しているから，本項の未決勾留の日数には観護措置の日数も含まれる（なお，53条は刑事処分時の規定であり保護処分には適用し得ないと解される）。

　算入の有無・日数は家庭裁判所が裁量で定めるが，前記立法趣旨に照らすと，この算入は上記身柄拘束の性質の違いを超えて衡平を図るべき場合に限られると思われ，具体的には，検察官送致決定，55条移送決定を経るなどして，長期間未決勾留等が継続した場合が例示されている（玉本＝北原39頁，入江(猛)c35頁）。

8　環境調整命令

24条2項と同趣旨の規定である（⇨24条注釈6）。

（この法律の適用関係）

第65条　①　第3条第1項（第3号に係る部分に限る。）の規定は，特定少年については，適用しない。

②　第12条，第26条第4項及び第26条の2の規定は，特定少年である少年の保護事件（第26条の4第1項の規定による保護処分に係る事件を除く。）については，適用しない。

③　第27条の2第5項の規定は，少年院に収容中の者について，前条第1項第2号又は第3号の保護処分を取り消した場合には，適用しない。

④　特定少年である少年の保護事件に関する次の表の上欄に掲げるこの法律の規定の適用については，これらの規定中同表の中欄に掲げる字句は，

同表の下欄に掲げる字句とする。		
第4条	第20条第1項	第62条第1項
第17条の2第1項ただし書，第32条ただし書及び第35条第1項ただし書（第17条の3第1項において読み替えて準用する場合を含む。）	選任者である保護者	第62条第1項の特定少年
第23条第1項	又は第20条	，第62条又は第63条第2項
第24条の2第1項	前条第1項	第64条第1項
第25条第1項及び第27条の2第6項	第24条第1項	第64条第1項
第26条第1項及び第2項	並びに第24条第1項第2号及び第3号	及び第64条第1項第3号
第26条の3	第24条第1項第3号	第64条第1項第3号
第28条	第24条又は第25条	第25条又は第64条

1 本条の趣旨

本条は，令和3年改正により設けられ，「第2章 少年の保護事件」の規定につき，特定少年への適用除外及び適用の際の文言の読替えを定めたものである。

2 虞犯の適用除外

本条1項は，虞犯（3条1項3号）による審判及び保護処分の対象から特定少年を除外するものである。

(1) **趣旨** 特定少年に対する虞犯適用除外は，特定少年の保護処分に対する犯情の軽重による規制（64条1項）と同様に，民法上の成年とされ（民4条），監護権の対象から外れる特定少年に対し，保護の必要性を理由に罪を犯した責任を前提とせずに権利・自由の制約を伴う処分を行うことは民法との整合性や責任主義の要請との関係で問題があるという考えによるものである（玉本＝北原46頁・31頁）。

なお，特定少年に対する保護処分の正当化根拠について，民法上の成年に対しては一般的に保護原理に基づく介入は認められず侵害原理のみとなったとい

第1節　保護事件の特例　　　　　　　　　　　　　　　　　　　　　　第65条

う見解によると，虞犯の適用除外は令和3年改正がこの見解に基づくことの表れとする（川出 o）。他方，上記正当化根拠に保護原理も妥当する点に変更はないという見解によると，虞犯の適用除外は，特定少年が親権から外れ，虞犯の中核といえる「保護者の正当な監督」がなくなることへの立法的対応と理解している（廣瀬(i)23頁）。この点に関し，虞犯は，少年の健全育成のために要保護性解消に適した処遇を早期に加えるもので保護・教育主義を象徴する規定としての重要な意義があり（⇨3条注釈4），その適用除外には強い批判もある（日本弁護士連合会「少年法適用年齢に関する法制審議会答申に対する意見書」(2020年11月17日）等）。令和3年改正前（令和2年）における18歳・19歳の虞犯による処分件数は極少数（一般保護事件の終局人員計18,254件中，家裁送致時18歳・19歳の虞犯は33件）ではあるが，同改正前の保護処分等に代替し得る実効的な施策が強く求められるところである（令和3年改正の附帯決議（衆議院2項・参議院3項）参照）。

(2)　**適用除外の基準時・運用上の留意点**　　受理時には18歳未満でも，家庭裁判所係属中に18歳に達すれば，虞犯による審理及び保護処分はできなくなる。このため，18歳間近の少年の虞犯事件を受理した場合には特に迅速な調査・審判運営が必要となる。また，試験観察に付した少年について，補導委託先からの逃走などにより試験観察の継続が困難となった場合，調査官の報告（7条1項）により虞犯立件し緊急同行状（12条）を発付して身柄を確保し観護措置をとる運用も行われてきたが，令和3年改正により特定少年には試験観察中の虞犯立件及び緊急同行状の発付もできなくなった（⇨3）。このため，特定少年あるいは特定少年となることが見込まれる少年を試験観察に付す際には観護措置の日数を残しておくなど，試験観察の継続が困難になった場合に備えた審理運営上の工夫が必要となる（前田(嚴)37頁）。

3　緊急同行状・少年鑑別所収容の一時継続の適用除外

本条2項は，特定少年の保護事件について，緊急同行状（12条・26条4項）及び少年鑑別所収容の一時継続（26条の2）の適用を除外するものである。

(1)　**緊急同行状の適用除外**　　緊急同行状は，調査・審判，決定の執行の際に「少年が保護のため緊急を要する状態にあつて，その福祉上必要であると認めるとき」に発せられ（12条・26条4項），少年保護手続は少年の保護・教育を目指すため，その手続過程でもその点に配慮した身柄保護を可能とするものである（⇨12条・26条注釈4）。このため，監護権の対象から外れ（民4条），自律的

567

第65条　　　　　　　　　　　　　　　　　　　　　　　　　　第5章　特定少年の特例

な法的主体と位置付けられた特定少年を専ら福祉上の必要により強制的に同行
できるとするのは適当ではないとの考えから令和3年改正により除外された
（玉本＝北原46頁）。もっとも，実際の出頭確保については，同改正により，同
行状（11条2項・26条3項）は，呼出しに応じないおそれがある場合にも直ちに
発付可能とされたので，特定少年に対し，試験観察中の逃走など（前記2(2)），
身柄確保の緊急の必要性がある場合に直ちの同行状発付で対応可能となる場合
もある（⇨11条注釈）。

　(2)　**少年鑑別所収容の一時継続の適用除外**　　観護措置（17条1項2号）は，終
局決定の告知により当然に失効するが，告知後も少年鑑別所に収容しておく必
要がある場合には7日までその収容を継続できる（26条の2）。この一時継続は，
①終局決定後に保護者，雇主等適当な者に引渡す必要がありその出頭等に時間
を要する場合，②児童相談所長等送致決定や児童自立支援施設等送致決定を行
う際，受入れ準備等に時間を要する場合に認められる（⇨26条の2注釈）。しか
し，特定少年には，②は妥当せず（64条1項），①も調査・審判終了後専ら保護
者等への引渡の必要による身柄拘束継続は，民法上の成年となり，監護権の対
象から外れ自律的な法的主体と位置付けられるに至った特定少年には適当でな
いとされ，適用除外とされた（玉本＝北原46頁）。なお，特定少年も，少年院送
致決定後に直ちに執行指揮をすれば，少年院送致決定の効力として，少年院の
指定を受けるために必要やむを得ない限度で少年を少年鑑別所に収容しておく
ことはできる（⇨26条の2注釈2）。

　(3)　**適用除外の例外**　　18歳未満のときに保護処分の保護観察（24条1項1
号）に付された少年の施設送致申請事件（26条の4第1項）では，当該少年が特
定少年となっても適用は除外されない（本条2項括弧書）。これは，18歳未満の
ときに保護観察処分を受けた少年は，特定少年となっても施設送致申請の対象
となり（更生66条括弧書），その申請事件の審理は，基本的に24条1項の保護
処分に係る事件の手続の規定が準用されること（26条の4第3項）に沿う例外で
ある。

4　保護処分取消後の少年院収容の一時継続の適用除外

　特定少年に対する保護処分（64条1項2号・3号・66条1項）によって少年院収
容中の者の保護処分を取消した場合，取消後の少年院収容の一時継続（27条の
2第5項）の適用は除外される（本条3項）。少年院収容中の者の保護処分を取消

568

第1節　保護事件の特例　　　　　　　　　　　　　　　　　　　　　　　　　　**第66条**

した場合，保護者等の関係人に身柄を引き渡す準備等のために必要があれば，少年鑑別所収容の一時継続（26条の2）と同様の趣旨で（⇨27条の2注釈5(4)），3日までその収容を継続できるが（27条の2第5項），特定少年の少年鑑別所収容の一時継続の適用除外（前記3(2)）と同様の理由により少年院収容の一時継続の適用も除外としたものである（玉本＝北原47頁）。

5　特定少年への適用についての読替え

本条4項は，「第2章　少年の保護事件」の規定を特定少年の保護事件に適用する際の読替えについて規定している。同章の規定は，本条1〜3項によって適用除外とされるもののほかは基本的に特定少年にも適用される。本条4項の表記載の条項（4条・17条の2第1項ただし書・32条ただし書・35条1項ただし書・23条1項・24条の2第1項・25条1項・27条の2第6項・26条1・2項・26条の3・28条）は，本条4項により読替えられる。問題となり得る点について補足する。

(1)　付添人による抗告等　　観護措置決定及びその更新決定に対する異議（17条の2第1項），異議審決定に対する特別抗告（17条の3第1項・35条1項），保護処分決定に対する抗告（32条），抗告審決定に対する再抗告（35条1項）につき，令和3年改正前は，付添人は，これらの異議申立てないし抗告（抗告等）を，「選任者である保護者」の明示した意思に反してすることはできないとされ（上記各条項のただし書），その反対解釈として，付添人は，少年の意思に反してもこれらの抗告等ができるものと解されていた（⇨32条注釈4）。特定少年に関する抗告等については，本条4項による読替えにより，付添人は，「選任者である保護者」（特定少年の保護者を認める積極説をとる場合。その存否の議論については⇨2条注釈6）の意思に反してもできる一方で，「特定少年」の明示した意思に反してはできないこととなった。これは，民法上成年となり，監護権の対象から外れる特定少年の保護事件において，付添人が本人の明示の意思に反して抗告等ができるのは適当でないという考えによる（玉本＝北原48頁。刑事訴訟の上訴に関する刑訴356条も参照）。

（保護観察中の者に対する収容決定）

第66条　①　更生保護法第68条の2の申請があつた場合において，家庭裁判所は，審判の結果，第64条第1項第2号の保護処分を受けた者がその遵守すべき事項を遵守しなかつたと認められる事由があり，その程

第66条　　　　　　　　　　　　　　　　　　　　第5章　特定少年の特例

度が重く，かつ，少年院において処遇を行わなければ本人の改善及び更
生を図ることができないと認めるときは，これを少年院に収容する旨の
決定をしなければならない。ただし，この項の決定により既に少年院に
収容した期間が通算して同条第2項の規定により定められた期間に達し
ているときは，この限りでない。
②　次項に定めるもののほか，前項の決定に係る事件の手続は，その性質
に反しない限り，この法律（この項を除く。）の規定による特定少年で
ある少年の保護事件の手続の例による。
③　第1項の決定をする場合においては，前項の規定によりその例による
こととされる第17条第1項第2号の措置における収容及び更生保護法
第68条の3第1項の規定による留置の日数は，その全部又は一部を，
第64条第2項の規定により定められた期間に算入することができる。

1　本条の趣旨等

本条は，令和3年改正による特定少年に対する2年の保護観察（64条1項2
号）に付された者（特定保護観察処分少年。更生68条の2）が保護観察の遵守事項に
違反した場合の少年院収容決定について定める（申請手続に関しては更生保護法68
条の2〜7を新設）。特定保護観察処分少年も保護観察処分少年（更生48条1号）と
して遵守事項遵守の指導監督を受けるので，その指導監督の実効性確保のため
不良措置として本条の措置が定められた。特定保護観察処分少年は，2年の保
護観察の処分決定時に，1年以下の範囲内において，犯情の軽重を考慮し，本
条1項の決定により少年院に収容することができる期間の上限が定められる
（64条2項）。2年の保護観察中に遵守事項違反があり指導監督継続が困難とな
った場合に保護観察所長が本条1項の決定を求めて収容決定申請を行う（更生
68条の2）。申請を受けた家庭裁判所が本条1項の決定をすれば，当該特定保護
観察処分少年は第5種少年院（少院4条1項5号）に収容され，保護観察の指導
監督及び補導援護によって改善更生を図れる状態になるまで同少年院での処遇
を受けることとなる。

収容決定申請は，保護観察の指導監督を実効化するための不良措置である点
は施設送致申請（26条の4）と同様で要件・手続も類似するが，比較的短期間
の少年院収容により保護観察の再開を図る点が異なる。このため，収容決定申

570

第1節　保護事件の特例　　　　　　　　　　　　　　　　　　　　　　　　第66条

請においては，保護観察所と少年院との緊密な連携（更生68条の6）と家庭裁判所の適切な判断により，特定保護観察処分少年の改善更生に資する適切な運用が期待される。

　(1)　**収容決定申請制度の意義**　　収容決定申請は遵守事項違反時の少年院収容の可能性を組み込んだ2年の保護観察を前提に少年院収容の可否を判断する（このため，同保護観察は少年院収容の可能性を踏まえても犯情の軽重から相当な範囲を超えない場合に選択され，収容可能期間も犯情の軽重を考慮した上限が定められる。⇨64条注釈）。遵守事項違反の有無・程度，収容の必要性が審理の対象となる点は施設送致申請と同様であるが，施設送致申請が重大な遵守事項違反という保護観察中の事由を捉えて新たに保護処分を課す（⇨26条の4注釈）のに対し，収容決定申請は当初の非行事実に対する保護処分として少年院収容を求める。これは，特定少年の保護処分には犯情の軽重による規制が及ぶため（64条），遵守事項違反自体を処分事由とはできないと考えられたためと思われる（その規制が及ばない18歳未満で保護観察となった少年は保護観察中18歳に達しても施設送致申請の対象とされる。更生66条括弧書）。

　(2)　**法的性格**　　収容決定申請は，保護観察所長の申請のみにより（更生68条の2），処分が少年院（第5種少年院。少院4条1項5号）への収容に限られ，要件が満たされなければ申請棄却となるなど，一般の少年審判（22・24・64条等）と異なり，施設送致申請（⇨26条の4注釈）と類似する。また，少年保護事件に準じた手続によること，対象者に20歳以上の者も含むことは，保護処分取消事件（27条の2），収容継続申請事件（少院138・139条），戻し収容申請事件（更生71・72条）等と共通するので，収容決定申請事件も準少年保護事件と位置付けられる（準少年保護事件については，廣瀬・少年法428頁以下参照）。

　(3)　**収容決定の効果・処遇内容**　　本条1項の収容決定がなされると，保護観察によって改善更生が図れる状態になるまで第5種少年院で収容可能期間内，比較的短期間の処遇が行われ，その間，保護観察及び保護観察期間の進行は停止される（更生68条の4）。第5種少年院における矯正教育課程としては，保護観察復帰指導課程Ⅰ（標準的な期間3月以内，基準期間11週）及び保護観察復帰指導課程Ⅱ（標準的な期間6月以内，基準期間20週）が設けられた（改正後の「矯正教育課程に関する訓令」平27・5・14矯少訓2別表1及び改正後の「矯正教育課程に関する訓令の運用について」平27・5・14矯少92矯正局長通達別表参照）。第5種少年院での処遇

571

第66条　　　　　　　　　　　　　　　　　　　　第5章　特定少年の特例

は，保護観察への円滑な復帰を目指すものであり，特則や保護観察所と少年院の連携等が重要となるため，関係規定が新設されている（更生68条の5（特別遵守事項設定）・同条の6，少院34条5・6項・35条3・4項（連携強化），更生68条の7（住居の特定））。

2　収容決定について

(1)　**要件**　　「家庭裁判所」は国法上の家庭裁判所をいう（2年の保護観察処分をした家庭裁判所に限られない）。管轄は5条1項による（本条2項による準用）。「審判」は，遵守事項違反を審判事由とするものであり，その「結果」により少年院収容の可否を決する。収容決定の要件は，①遵守事項の不遵守，②その程度が重いこと，③少年院収容の必要性があること，④収容可能期間内における少年院収容であること，である。①について，特定少年に対する2年の保護観察には，遵守事項違反があった場合に少年院に収容され得ることが組み込まれ，収容可能期間も処分時に示されているため，施設送致申請と異なり，警告は不要である（⇨更生68条の2注釈）。②は，施設送致申請と同様に，当該遵守事項違反が，保護観察の継続では本人の改善更生を図れないことを示す徴表と認められる場合をいい，遵守事項違反の態様や，指導監督の内容及びこれへの対応状況等に基づいて総合的に判断される（玉本＝北原49頁）。③は，収容決定の時点でも，保護観察の継続では本人の問題性を解消することができない状況にあることをいい（玉本＝北原49頁），重い遵守事項違反（②）があっても，その後本人が反省するなどして，保護観察の継続で改善更生を図れる状態が回復していれば③が欠けることとなる。④について，当該2年の保護観察中に少年院収容期間の通算が2年の保護観察処分決定時に定められた収容可能期間に達していれば更なる収容はできない（本条1項ただし書）。本条による少年院収容に回数制限はないが収容可能期間を超える収容はできない（玉本＝北原49頁）。

(2)　**収容決定**　　(ア)　**収容決定の主文**　　家庭裁判所は，前記(1)の要件が満たされていると認める場合，少年院収容決定を行う。その主文は，「少年を第5種少年院に収容する。」とし，本条3項も適用する場合（⇨4）には，これに加え「観護の措置における収容及び留置の日数中〇日を少年院に収容することができる期間に算入する。」とすることが考えられる。

(イ)　**処遇勧告**　　家庭裁判所は，本条1項の決定について処遇勧告できる（本条2項による規38条2項準用）。第5種少年院における矯正教育の期間につき，

572

第1節　保護事件の特例　　　　　　　　　　　　　　　　　　　　　　　　第66条

特に処遇勧告がないときは，保護観察復帰指導課程Ⅱ（基準期間20週）が指定
される。「早期（3月以内）に保護観察復帰相当」の処遇勧告がされたときには，
保護観察復帰指導課程Ⅰ（基準期間11週）が指定され，「特別早期（2月以内）に
保護観察復帰相当」の処遇勧告がされた場合には，保護観察復帰指導課程Ⅰが
指定されたうえで2月以内の期間で矯正教育の期間を定めた個人別矯正教育計
画が策定され，これによって処遇が行われる。また，早期又は特別早期相当以
外の処遇勧告がされた場合（基本的には相当とされる矯正教育期間が6月を超える場合
が想定される）には，その趣旨を十分に尊重する勧告として扱われ，保護観察復
帰指導課程Ⅱが指定されたうえ，個別に矯正教育の期間が設定される（改正後
の「矯正教育課程に関する訓令の運用について」平27・5・14矯少92矯正局長通達記4，改
正後の「保護処分在院者の個人別矯正教育計画の策定等について」平27・5・14矯少93矯
正局長通達記6の(2)のイ，ウ参照）。

　なお，少年院長は，保護観察所長と協議し，保護観察復帰指導課程Ⅰの在院
者については3月，保護観察復帰指導課程Ⅱの在院者については6月の期間を
超えて矯正教育を行う必要があると認めるときは，あらかじめ当該在院者の収
容を決定した家庭裁判所に意見を聴く（改正後の「保護処分在院者の個人別矯正教育
計画の策定等について」平27・5・14矯少93矯正局長通達記6の(4)のウ参照）。

　㈡　抗告の可否　　本条1項による収容決定については，本条2項によって
抗告に関する規定が準用され，少年側から抗告できる（⇨3）。

　(3)　申請の棄却　　㈠　要件不充足　　前記(1)の要件を満たすと認められな
いときは家庭裁判所は申請を棄却する。この場合は2年の保護観察がそのまま
継続される。なお，施設送致申請の場合と同様，収容決定申請の棄却決定は保
護処分決定ではないため一事不再理類似の効力（46条）は生じず，再度の申請
も可能である。もっとも，保護観察所長としては，棄却決定を尊重し，同じ遵
守事項違反を理由とする再度の申請には慎重な検討が求められる（⇨26条の4
注釈2(2)㈠）。

　㈣　棄却決定の主文　　棄却決定の主文は，「本件申請を棄却する。」とする
ことが考えられる。

　㈡　補償の有無　　本条の収容決定申請に関しては，少年の身柄拘束の後に
遵守事項違反の存在が認められなかった場合でも少補法による補償対象とはな
らない。

573

第66条　　　　　　　　　　　　　　　　　　　　　　　　　第5章　特定少年の特例

　㈐　**保護観察終了による棄却**　　収容決定は，2年の保護観察継続が前提とされているため，収容決定申請が家庭裁判所係属中に当該2年の保護観察の期間が満了した場合は申請が棄却される。

3　収容決定申請事件の手続（2項関係）

　収容決定申請事件の手続は，前記のとおり，その性質に反しない限り，特定少年の保護事件の手続の例による（本条2項）。収容決定は，保護処分決定ではないものの，その判断に際しては，対象者の問題性の程度を把握するため，同様の調査・審判や少年鑑別所の鑑別を経る必要が多いと考えられたことによる（玉本＝北原50頁）。具体的には，判事補の職権（4条），管轄（5条），調査（8・9条），付添人の選任（10条），呼出・同行（11・13条），証人尋問等（14・15条），援助・協力（16条），観護措置等（17条（1〜3項・4項本文・8・10項），17条の2・3・4（1〜3項）），審判（21・22条），決定の執行（26条（1〜3・5・6項）・26条の3），報告と意見の提出（28条），抗告（32条〜32条の3等）等が準用される。

　(1)　**観護措置更新，試験観察の可否**　　収容決定申請の手続では，重大な遵守事項違反の有無や第5種少年院収容の必要性についての判断を要するから観護措置・試験観察も準用され得るものの，第5種少年院の処遇は前記のように短期間で，収容決定までの審理中も保護観察期間は進行するので家庭裁判所の調査・審理に長期間を費やすのは相当でない場合が多いと思われる。

　㈎　**観護措置更新**　　収容決定申請事件でも身柄確保や鑑別の必要性が高い場合が多く観護措置をとる必要があると思われる。なお，保護観察所長は，収容決定申請の要否についての審理の必要がある場合は引致日から10日以内対象者を留置でき，同申請をしたときはその申請に係る家庭裁判所からの決定の通知があるまでの間又は家庭裁判所が観護措置をとるまでの間，通じて20日を超えない限度で継続して留置できる旨の規定（更生68条の3第1〜3項）が新設された。

　観護措置の更新（17条3項ただし書）については，前記の迅速審理の要請があること，2年の保護観察決定時にも調査を経ていることからより慎重な検討が必要となる（当初の処分決定時には，収容決定申請の審理に必要な調査・鑑別が不十分であるなどの事情がある場合には更新する余地もあろうが，少年鑑別所との協議・調整，鑑別判定期間の考慮などが必須であろう）。

　㈏　**試験観察**　　前記の迅速審理の要請，第5種少年院収容が保護観察への

574

第1節　保護事件の特例　　　　　　　　　　　　　　　　　　　　　第66条

早期復帰を目指す短期のものであること，それまでの保護観察状況に関する資料も参照可能であること等から，時間を掛けて社会内処遇の可能性を検討する試験観察は，基本的には収容決定申請事件の審理になじまないものと思われる。

(2)　**少年保護事件との併合**　　収容決定申請の対象の少年について，他の少年保護事件が併存する場合，事件併合の要請はあるが（規25条の2），前記の収容決定申請の目的や迅速審理の要請を踏まえ，併合にはより慎重・適切な判断が必要となると思われる。

(3)　**検察官関与・被害者等への配慮措置**　　収容決定申請事件では，当初の2年の保護観察決定の基礎となった非行事実は審判の対象とはならず，非行事実自体の認定もなされないため，検察官関与決定（22条の2第1項）はできず（当初の2年の保護観察決定の際に検察官が関与していても不可），被害者等の閲覧・謄写（5条の2），意見陳述（9条の2），審判結果通知（31条の2）は，いずれも適用がないと解される。

(4)　**国選付添人の選任**　　一定の犯罪・触法事件に限定され（22条の3），選任の効力はその事件の各審級終了までであるから，2年の保護観察決定の審判で国選付添人が選任されていても，収容決定申請手続への選任・関与は認められない。

4　留置等の日数の算入（3項）

収容決定申請手続において，前記のように，保護観察所長は対象者を留置できること（更生68条の3），家庭裁判所は観護措置がとれること（本条2項による17条1項2号準用）を受けて，家庭裁判所は，収容決定をする場合，これらの留置日数及び観護措置による収容日数の全部又は一部を保護観察決定時に定められた少年院への収容可能期間に算入することができる（本条3項）。これは，64条4項と同様衡平確保の要請によるもので（⇨64条注釈7），保護観察所長が対象者を留置したうえ収容決定の申請をし，家庭裁判所が観護措置をとったものの申請棄却が繰り返され，結果として特に長期間の身体拘束が行われた場合が例示されている（玉本＝北原50頁）。

本条3項を適用する場合の主文例については，⇨**2**(2)(ア)。

第2節　刑事事件の特例

> **第67条**　①　第41条及び第43条第3項の規定は，特定少年の被疑事件（同項の規定については，第20条第1項又は第62条第1項の決定があつたものに限る。）については，適用しない。
> ②　第48条第1項並びに第49条第1項及び第3項の規定は，特定少年の被疑事件（第20条第1項又は第62条第1項の決定があつたものに限る。）の被疑者及び特定少年である被告人については，適用しない。
> ③　第49条第2項の規定は，特定少年に対する被告事件については，適用しない。
> ④　第52条，第54条並びに第56条第1項及び第2項の規定は，特定少年については，適用しない。
> ⑤　第58条及び第59条の規定は，特定少年のとき刑の言渡しを受けた者については，適用しない。
> ⑥　第60条の規定は，特定少年のとき犯した罪により刑に処せられた者については，適用しない。
> ⑦　特定少年である少年の刑事事件に関する次の表の上欄に掲げるこの法律の規定の適用については，これらの規定中同表の中欄に掲げる字句は，同表の下欄に掲げる字句とする。
>
> | 第45条 | 第20条第1項 | 第62条第1項 |
> |---|---|---|
> | 第45条の3第1項及び第46条第1項 | 第24条第1項 | 第64条第1項 |

　本条は，特定少年についての「第3章　少年の刑事事件」の規定の適用関係について規定する。特定少年にも，本条1項から6項の場合を除き，少年の刑事事件（第3章）の規定が適用されるが，一部の規定は，読み替えられる（本条7項）。

　適用除外される条項の多くは，少年の情操保護の観点から設けられた規定であり，特定少年が刑事処分相当による検察官送致決定を受け刑事責任を追及さ

第2節　刑事事件の特例　　　　　　　　　　　　　　　　　　　　　　　　　第67条

れる立場となった場合，年齢のみを理由として一律に特例的取扱いをすること
は情操保護の観点を過度に優先するものであって，責任ある主体としての立場
等に照らし適当でないと考えられたことが根拠とされている（⇨1項につき41条
注釈1・7，43条注釈1。2項につき48条注釈1，49条注釈1。3項につき49条注釈1。4項
につき52条注釈1，54条注釈，56条注釈1。5項につき58条注釈，59条注釈。6項につき
60条注釈1。7項につき45条注釈1，45条の3注釈，46条注釈）。

第68条 第5章 特定少年の特例

第3節　記事等の掲載の禁止の特例

> **第68条**　第61条の規定は，特定少年のとき犯した罪により公訴を提起された場合における同条の記事又は写真については，適用しない。ただし，当該罪に係る事件について刑事訴訟法第461条の請求がされた場合（同法第463条第1項若しくは第2項又は第468条第2項の規定により通常の規定に従い審判をすることとなつた場合を除く。）は，この限りでない。

1　本条の趣旨

　推知報道の禁止を定める61条の趣旨は，少年及びその家族の名誉・プライバシーを保護すると共に，過ちを犯した少年の社会復帰の障害を減らし更生を図ることにある（⇨61条注釈）。他方で，推知報道の禁止は，憲法で保障される報道の自由を制約する例外的な規定であること，犯罪被害者など他の関係者には推知報道を禁止する規定は設けられていないことからすると，民法改正で責任ある主体とされた特定少年が特定少年となってから犯した罪の事件でも一律に推知報道を禁止し，およそ社会的な批判や論評の対象とならなくすることは，刑事司法に対する被害者を含む国民の理解・信頼の確保の観点から適当でないと考えられるので，罪を犯した特定少年の更生と報道の自由等の調整の観点からの政策的判断として，令和3年改正により，特定少年のときに犯した罪についても，一般的に推知報道を禁止する一方，公開の法廷で刑事責任を追及される立場となった段階から推知報道の禁止を解除することとされた。このため，重大な事案でも公判請求前の推知報道禁止は維持されるが，解除を検察官送致決定時とすると，犯罪の嫌疑がない等の理由により公訴が提起されない事件や略式手続で処理される事件でも推知報道が認められてしまい適当ではなく，他方，家庭裁判所への移送（55条）や無罪判決の可能性を考慮して有罪判決確定時とすると，有罪判決確定までに期間を要して適時の報道が困難となりかねず適当でないと考えられたことから，公判請求の時点とされたものである（玉

578

第3節　記事等の掲載の禁止の特例　　　　　　　　　　　　　　　第68条

本＝北原59頁）。

2　推知報道の禁止が解除される場合

「特定少年のとき犯した罪により公訴を提起された場合」でも略式命令請求
がされた場合には推知報道禁止は維持される（本条ただし書）。ただし，略式命
令請求がされたが正式裁判となった場合は，推知報道の禁止が解除される（同
括弧書）。これは，略式手続が道路交通法違反等の比較的軽微な事件について非
公開の書面審理で一定額以下の罰金又は科料を科す手続であることを踏まえ，
特定少年の更生・社会復帰を促進する観点から同手続では推知報道禁止を維持
する一方，正式裁判となれば公開の法廷で刑事責任を追及されることとなるこ
とに鑑み，その時点から推知報道の禁止を解除することが適当と考えられたこ
とによる（玉本＝北原58頁）。

3　推知報道の禁止解除後の留意点

令和3年改正附帯決議では，特定少年のとき犯した罪についての事件広報に
当たっては，事案の内容や報道の公共性の程度には様々なものがあることやイ
ンターネットでの掲載により当該情報が半永久的に閲覧可能となることをも踏
まえ，いわゆる推知報道の禁止が一部解除されたことが，特定少年の健全育成
及び更生の妨げとならないよう十分配慮されなければならないことが指摘され
ており（参議院5項。衆議院4項も参照），推知報道の禁止解除後も，その趣旨を
踏まえた対応が求められ，現に禁止解除に当たる事例でも実名を公表しない事
例や実名報道をしない事例もみられている。捜査機関の広報，報道機関の報道
の在り方を含め，関係機関による上記附帯決議に沿った運用が望まれるところ
である。

附　　則　　　　　　　　　第1条～第5条・第1項～第3項（平12法142）

附　　則（抄）

（施行期日）
第1条　この法律は，昭和24年1月1日から，これを施行する。
（経過規定）
第2条　この附則において「旧法」とは，従前の少年法（大正11年法律第42号）をいう。
第3条　この法律施行前，16歳に満たないで罪を犯した者に対しては，なお旧法第7条第1項の例による。
第4条　旧法第4条の保護処分を受けた少年に対しては，旧法第63条の規定により刑事訴追をすることのできない事件について，刑事訴追をし，又は家庭裁判所の審判に付することはできない。
第5条　第60条の規定は，この法律施行前，少年のとき犯した罪により死刑又は無期の刑法等の一部を改正する法律（令和4年法律第67号）第2条の規定による改正前の刑法（以下この条において「旧刑法」という。）第12条に規定する懲役若しくは旧刑法第13条に規定する禁錮に処せられ，減刑その他の事由で刑期を満了し，又は刑の執行の免除を受けた者に対しても，これを適用する。＊本条は令和7年6月1日施行。

　令和3年改正により，62条以下の規定が新設されたことに伴い，不要となった62条以下の附則を削除し，令和3年改正後の少年法を「新少年法」とし（改正附則2条），条文番号を改めたものである。

附　　則（平成12年12月6日法律第142号）（抄）

（施行期日）
第1条　この法律は，平成13年4月1日から施行する。
（少年法の一部改正に伴う経過措置）
第2条　①　この法律の施行の際現に家庭裁判所に係属している事件についてとられる少年法第17条第1項第2号の措置における収容の期間の更新及び通算した収容の期間の限度については，第1条の規定による改正後の同法（以下「新法」という。）第17条第3項から第5項まで及び

581

第1条～第3条（平19法68）　　　　　　　　　　　　　　　　　　　　　附　則

　　第9項の規定にかかわらず，なお従前の例による。
②　新法第17条の2の規定は，前項に規定する少年法第17条第1項第2
　号の措置及びその収容の期間の更新の決定については，適用しない。
③　新法第22条の2の規定（新法において準用し，又はその例による場
　合を含む。）は，この法律の施行の際現に裁判所に係属している事件の
　手続並びにこの法律の施行後に係属する当該事件の抗告審及び再抗告審
　の手続については，適用しない。
④　新法第27条の2第2項の規定は，この法律の施行後に終了する保護
　処分について適用する。
⑤　この法律の施行前にした行為に係る検察官への送致，刑の適用及び仮
　釈放をすることができるまでの期間については，なお従前の例による。
　（検討等）
第3条　政府は，この法律の施行後5年を経過した場合において，この法
　律による改正後の規定の施行の状況について国会に報告するとともに，
　その状況について検討を加え，必要があると認めるときは，その検討の
　結果に基づいて法制の整備その他の所要の措置を講ずるものとする。
（以下略）

附　　　則（平成19年6月1日法律第68号）（抄）

　（施行期日）
第1条　この法律は，公布の日から起算して6月を超えない範囲内におい
　て政令で定める日から施行する。ただし，次の各号に掲げる規定は，当
　該各号に定める日から施行する。
　1　略
　2　第1条（少年法第22条の3の見出し中「検察官が関与する場合の」
　　を削り，同条第3項を同条第4項とし，同条第2項中「前項」を「前
　　2項」に改め，同項を同条第3項とし，同条第1項の次に1項を加え
　　る改正規定，同法第30条第4項及び第31条第1項の改正規定，同法
　　第32条の5の見出しを「（抗告審における国選付添人）」に改め，同
　　条に1項を加える改正規定並びに同法第35条第2項の改正規定に限
　　る。）及び第4条（総合法律支援法目次の改正規定，同法第30条第1
　　項第3号，第37条，第38条並びに第39条の見出し及び同条第1項

582

附　則　　　　　　　　　　　　第1条（平19法73）・第1項〜第3項（平20法71）

から第3項までの改正規定並びに同条の次に1条を加える改正規定に
限る。）の規定　総合法律支援法附則第1条第2号に掲げる規定の施
行の日又はこの法律の施行の日のいずれか遅い日
　（経過措置）
第2条　この法律の施行の際現に家庭裁判所に係属している事件について
なされる保護処分については，第1条の規定による改正後の少年法第
24条第1項ただし書の規定並びに第2条の規定による改正後の少年院
法第2条第2項及び第5項の規定にかかわらず，なお従前の例による。
第3条　第1条の規定による改正後の少年法第26条の4の規定は，この
法律の施行の日以後に第1条の規定による改正後の少年法第24条第1
項第1号の保護処分の決定を受けた者について適用する。

附　　　則（平成19年6月1日法律第73号）（抄）

（施行期日）
第1条　この法律は，平成20年4月1日から施行する。

附　　　則（平成20年6月18日法律第71号）（抄）

（施行期日）
①　この法律は，公布の日から起算して6月を超えない範囲内において政
令で定める日から施行する。ただし，第5条の2第1項の改正規定
（「この項及び第31条の2において」を削る部分に限る。）及び第9条の
2の改正規定は，公布の日から起算して20日を経過した日から施行す
る。
（経過措置）
②　この法律の施行の日前にこの法律による改正前の少年法第37条第1
項の規定により公訴の提起があった成人の刑事事件については，この法
律による改正後の少年法，裁判所法（昭和22年法律第59号）及び刑事
訴訟法（昭和23年法律第131号）の規定にかかわらず，なお従前の例
による。沖縄の復帰に伴う特別措置に関する法律（昭和46年法律第
129号）第26条第4項の規定により家庭裁判所が権限を有する成人の

583

刑事事件についても，同様とする。

　（検討）

③　政府は，この法律の施行後3年を経過した場合において，被害者等による少年審判の傍聴に関する規定その他この法律による改正後の規定の施行の状況について検討を加え，必要があると認めるときは，その結果に基づいて所要の措置を講ずるものとする。

本附則の解説として，飯島ほか83頁以下参照。

附　　　則（平成26年4月18日法律第23号）（抄）

（施行期日）

第1条　この法律は，公布の日から起算して20日を経過した日から施行する。ただし，第6条の6第1項，第22条の2第1項及び第22条の3第2項の改正規定は，公布の日から起算して2月を経過した日から施行する。

（経過措置）

第2条　この法律の施行前にした行為（1個の行為が2個以上の罪名に触れる場合におけるこれらの罪名に触れる行為，犯罪の手段若しくは結果である行為が他の罪名に触れる場合におけるこれらの罪名に触れる行為又は併合罪として処断すべき罪に当たる行為にこの法律の施行前のものと施行後のものがある場合においては，これらの行為を含む。）に係る刑の適用，仮釈放をすることができるまでの期間及び仮釈放期間の終了については，なお従前の例による。ただし，1個の行為が2個以上の罪名に触れる場合におけるこれらの罪名に触れる行為，犯罪の手段若しくは結果である行為が他の罪名に触れる場合におけるこれらの罪名に触れる行為又は併合罪として処断すべき罪に当たる行為にこの法律の施行前のものと施行後のものがある場合において，これらの行為のうちこの法律の施行後のものであるものに係る罪のみについてこの法律による改正後の少年法（以下「新法」という。）第51条第2項又は第52条第1項若しくは同条第1項及び第2項の規定を適用することとした場合に言い渡すことができる刑が，これらの行為に係る罪の全てについてこの法律による改正前の少年法第51条第2項又は第52条第1項及び第2項の規

附　則　　　　　　　　　　　　　　　　　　第1条～第8条（令3法47）

定を適用することとした場合に言い渡すことができる刑より重い刑となるときは，刑の適用についてはその重い刑をもって言い渡すことができる刑とし，仮釈放をすることができるまでの期間については新法第58条第1項の規定を適用し，仮釈放期間の終了については新法第59条第2項の規定を適用する。

本附則の解説として，中村＝橋77頁以下参照。

附　　　則（令和3年5月28日法律第47号）（抄）

（施行期日）
第1条　この法律は，令和4年4月1日から施行する。
（検察官への送致に関する経過措置）
第2条　第1条の規定による改正後の少年法（以下「新少年法」という。）第62条及び第63条の規定は，この法律の施行後にした行為に係る事件の家庭裁判所から検察官への送致について適用する。
（司法警察員の送致に関する経過措置）
第3条　新少年法第67条第1項（少年法第41条に係る部分に限る。）の規定は，この法律の施行後にした行為に係る事件の司法警察員から家庭裁判所への送致について適用する。
（不定期刑，仮釈放及び仮釈放期間の終了に関する経過措置）
第4条　新少年法第67条第4項（少年法第52条に係る部分に限る。以下この条において同じ。）及び第5項の規定は，この法律の施行前にした行為（1個の行為が2個以上の罪名に触れる場合におけるこれらの罪名に触れる行為，犯罪の手段若しくは結果である行為が他の罪名に触れる場合におけるこれらの罪名に触れる行為又は併合罪として処断すべき罪に当たる行為にこの法律の施行前のものと施行後のものがある場合においては，これらの行為を含む。）に係る刑の適用，仮釈放をすることができるまでの期間及び仮釈放期間の終了については，適用しない。ただし，1個の行為が2個以上の罪名に触れる場合におけるこれらの罪名に触れる行為，犯罪の手段若しくは結果である行為が他の罪名に触れる場合におけるこれらの罪名に触れる行為又は併合罪として処断すべき罪に当たる行為にこの法律の施行前のものと施行後のものがある場合におい

585

第1条～第8条（令3法47）　　　　　　　　　　　　　　　　　　　　　附　則

て，これらの行為のうちこの法律の施行後のものであるものに係る罪の
みについて新少年法第67条第4項の規定を適用することとした場合に
言い渡すことができる刑が，これらの行為に係る罪の全てについて同項
の規定を適用しないこととした場合に言い渡すことができる刑より重い
刑となるときは，刑の適用についてはその重い刑をもって言い渡すこと
ができる刑とし，仮釈放をすることができるまでの期間及び仮釈放期間
の終了については同条第5項の規定を適用する。

（換刑処分の禁止に関する経過措置）

第5条　新少年法第67条第4項（少年法第54条に係る部分に限る。）の
規定は，この法律の施行後にした行為について科せられる罰金又は科料
（次に掲げる罰金又は科料を除く。）に係る労役場留置の言渡しについて
適用する。

1　1個の行為が2個以上の罪名に触れる場合におけるこれらの罪名に
触れる行為又は犯罪の手段若しくは結果である行為が他の罪名に触れ
る場合におけるこれらの罪名に触れる行為にこの法律の施行前のもの
と施行後のものがある場合において，これらの行為について科せられ
る罰金又は科料

2　刑法（明治40年法律第45号）第48条第2項の規定により併合罪と
して処断された罪に当たる行為にこの法律の施行前のものと施行後の
ものがある場合において，これらの行為について科せられる罰金

（人の資格に関する法令の適用に関する経過措置）

第6条　18歳以上の少年のとき犯した罪により刑に処せられてこの法律
の施行前に当該刑の執行を受け終わり若しくは執行の免除を受けた者又
は18歳以上の少年のとき犯した罪について刑に処せられた者でこの法
律の施行の際現に当該刑の執行猶予中のものに対する人の資格に関する
法令の適用については，新少年法第67条第6項の規定は，適用しない。

（記事等の掲載の禁止に関する経過措置）

第7条　新少年法第68条の規定は，この法律の施行後に公訴を提起され
た場合について適用する。

（検討）

第8条　政府は，この法律の施行後5年を経過した場合において，この法
律による改正後の規定及び民法の一部を改正する法律（平成30年法律
第59号）による改正後の規定の施行の状況並びにこれらの規定の施行
後の社会情勢及び国民の意識の変化等を踏まえ，罪を犯した18歳以上

586

附　則　　　　　　　　　　　　　　　　　　　　　第1条～第8条（令3法47）

20歳未満の者に係る事件の手続及び処分並びにその者に対する処遇に関する制度の在り方等について検討を加え，必要があると認めるときは，その結果に基づいて所要の措置を講ずるものとする。

少 年 院 法

（前注）

　平成 26 年 6 月，少年院法（平 26 法 58），少年鑑別所法（平 26 法 59），少年院法及び少年鑑別所法の施行に伴う関係法律の整備等に関する法律（平 26 法 60。以下「整備法」という）が成立した。平成 26 年改正（旧法の廃止と新法の制定）前の少年院法（昭 23 法 169）は，昭和 24 年の施行以降，社会情勢の大きな変化にもかかわらず，一部改正が数回行われたのみで 65 年以上が経過したため，在院者・在所者の権利義務，職員の権限，矯正教育の内容，分類処遇をはじめとする基本的な処遇についても規定に十分盛込まれないまま，訓令・通達等によって補われていた。このため，法文からは少年院・少年鑑別所の全体像を把握し，理解することは困難となっていた。そのような中，平成 21 年 4 月に発覚した少年院の職員による在院者に対する不適正処遇事案を契機として法務省に設置された「少年矯正を考える有識者会議」の提言（平 22・12・7・家月 63・3・157）を受けて，上記三法が制定された（柿崎 c）。

　少年院法には，在院者の権利義務，職員の権限，矯正教育の内容等の基本的な事項，処遇等について規定されたほか，不服申立制度として救済の申出等の規定の整備（第 15 章），施設運営の透明性を高めるための視察委員会の設置（少院 8 条）等の新たに法律で根拠を置いて対応すべき事項についても規定された。少年鑑別所に関しては，旧院法に数箇条置かれているのみであったが，少年鑑別所は，少年院とは異なる機能を有する独立した施設であること，その果たす役割の大きさから，鑑別（第 2 章），観護処遇（第 3 章）をはじめとする少年鑑別所に関する規定が取りまとめられ，別に少年鑑別所法が制定された。これらは，少年矯正の基本法である。

　上記三法は，一部の規定を除き平成 27 年 6 月 1 日に施行され，これに伴い旧院法は廃止された（整備法 1 条）。また，施設の監査に関する規定（少院 6・129 条，少鑑 5・118 条）は，同年 7 月 1 日に施行された。

　その後，令和 3 年改正により，特定少年に対する保護処分の特例として，6 月の保護観察，2 年の保護観察，少年院送致（64 条 1 項 1～3 号），2 年の保護観察中の者に対する収容決定（66 条）が設けられたことに対応して，少年院法及び少年鑑別所法について，第 5 種少年院の創設，少年院長と保護観察所長との連携規定の整備，退院等に関する規定の整備等が行われた（通達等の改正について，西岡 = 滝浦）。

少院第1条

　そして，令和4年改正により，矯正教育の実施に当たり被害者等の心情等を考慮すべき旨が明記される（少院23条の2第1項）とともに，被害者等の心情等の聴取・伝達制度が導入され（同条第2項，24条4・5項），社会復帰支援に関する規定（少院44条）についても，支援を行うに際して被害者等の心情等を含め各種の事情を考慮すべき旨の規定整備（同条3項）等が行われた。

> **（目的）**
> **第1条**　この法律は，少年院の適正な管理運営を図るとともに，在院者の人権を尊重しつつ，その特性に応じた適切な矯正教育その他の在院者の健全な育成に資する処遇を行うことにより，在院者の改善更生及び円滑な社会復帰を図ることを目的とする。

　少年院は，保護処分在院者（少年院送致の保護処分（24条1項3号・64条1項2号（66条1項の決定による場合に限る）・3号），収容継続（少院138条2・4項（少院139条3項による準用の場合を含む）・少院139条2項による措置）又は戻し収容及び仮退院取消（更生72条1項・73条の2第1項）の執行を受けるため少年院に収容されている者。少院2条2号（令和3年改正により，特定少年の特例に対応する条項が追加された））及び受刑在院者（56条3項により拘禁刑（令和7年6月1日までは懲役又は禁錮）の執行を受けるため少年院に収容されている者。少院2条3号）に対する矯正教育等の施設内処遇を行う施設である。施設内処遇は在宅処遇と異なり，集中的かつ強力・濃密な指導が可能であるが，それだけに犯罪的傾向が進み要保護性の高い少年が対象とされる場合が多く，少年院の矯正教育に期待されるところは大きい。

　少年院における処遇の特質として，専門的・体系的・計画的・継続的・統一的教育が確保されること，日常生活全般にわたる働掛けにより適時・適所で確実に徹底した指導が可能であること，職員が少年に対する感化力を最大限発揮できること，多数の職員から学ぶことができ同一化のモデルを見つけやすいこと，少年を不良な環境・文化から切離すことによって保護すると共に自己の行動を振返る機会を与えられること，保護者と距離を置くことにより家族を含め人間関係の在り方を考えさせることができること，強制的な収容を契機に非行に対する反省を深めさせ被害者に対する謝罪の念を喚起させることも期待できることなどが挙げられている（板垣49頁）。少年の健全育成は，人格の円満な

少院第1条

発展を通して非行性を解消させ，通常の社会生活を送ることができる健全な社会人として成熟・自立させることを目指すものであり（⇨1条注釈2），少年院の収容は，このような少年に対する教育を実現するための手段である。そして，少年院における処遇を適切に実施し，教育を実現するためには，在院者のための適切な環境や安全で平穏な生活を維持するなど，少年院の管理運営が適切に行われなければならない。また，在院者を強制的に収容して教育的処遇を行ううえで，在院者の権利を制約し，在院者に義務を課すこともあるため，その人権にも配慮しなければならない。

旧院法では，少年院は，保護処分として送致された者及び少年院において刑の執行を受ける者を収容し，矯正教育を授ける施設であることを定めており（旧院1条），少年院に収容される者の範囲及び少年院の役割が示されていた。改正後の目的規定は，少年院の適正な管理運営を行うこと，在院者の人権を尊重しつつ，その特性に応じた適切な矯正教育等の在院者の健全な育成に資する処遇を行うこと，少年院の処遇の目的が在院者の改善更生及び円滑な社会復帰を図ることにあることを明記し，少年院の目的をより一層明確にしたものである。

なお，収容の確保は矯正教育を実施する前提として不可欠であるが，それと同時に社会・市民を犯罪・非行から守るという社会防衛機能の観点からも必要であることは否定し難い（⇨序説1・4，24条注釈5(1)・(6)）。少年院における矯正教育は，司法機関である家庭裁判所の決定を根拠に，少年の意思にかかわらず強制的に実施される。その処遇は，合目的性の要素が強いものの，司法の枠組の中で強制処分として執行されることに特色がある（団藤＝森田444頁）。一般市民の依頼による収容や収容された少年・保護者の希望による釈放・収容延長等は認められておらず，第三者機関（地方更生保護委員会）が少年院送致の目的が達せられたと判断するか，法定の事由が生ずるまで，少年を収容して矯正教育が施されなければならない。

少年院の処遇全般について，板垣，奥平a，同b，同c，嶋谷，松田(美)，荘子，柿崎c参照。

新法後の処遇について，矯正局，小山＝古橋，廣瀬r，川出254頁以下参照。新法対応の弁護士用の手引きとして，一弁入門がある。

令和3年改正施行後の処遇について，山本(宏)，滝浦52頁，通達等も含め

593

少院第 4 条

た改正について，西岡 = 滝浦 107 頁がある。

> **（少年院の種類）**
> **第 4 条** ①　少年院の種類は，次の各号に掲げるとおりとし，それぞれ当
> 該各号に定める者を収容するものとする。
> 1　第 1 種　保護処分の執行を受ける者（第 5 号に定める者を除く。次
>   号及び第 3 号において同じ。）であって，心身に著しい障害がないお
>   おむね 12 歳以上 23 歳未満のもの（次号に定める者を除く。）
> 2　第 2 種　保護処分の執行を受ける者であって，心身に著しい障害が
>   ない犯罪的傾向が進んだおおむね 16 歳以上 23 歳未満のもの
> 3　第 3 種　保護処分の執行を受ける者であって，心身に著しい障害が
>   あるおおむね 12 歳以上 26 歳未満のもの
> 4　第 4 種　少年院において拘禁刑の執行を受ける者
> 5　第 5 種　少年法第 64 条第 1 項第 2 号の保護処分の執行を受け，かつ，
>   同法第 66 条第 1 項の規定による決定を受けた者
> ②　法務大臣は，各少年院について，1 又は 2 以上の前項各号に掲げる少
> 年院の種類を指定する。

1　本条の趣旨

　少年に最適な処遇を目指すには，それぞれの問題性に即応した個別的な処遇
が最も望ましい。しかし，施設内処遇は，施設の設置維持・管理運営等に関し
て人的・物的な限界が自ずからあり，予算の制約があることも否定し難い（こ
の関係の欧米諸国の近時の動向について⇨序説 2）。施設内処遇では，このような少年
の個別的な処遇の追求と効率的な施設運営の実現の調和が求められる。分類処
遇は，その一つの方策であり，処遇の多様化を図るための基本的枠組，基盤と
なるものである。少年院の種類は，分類処遇の有効な実現を図り，一定の共通
する特性を有する在院者の集団を編成して集中的・効率的な教育・指導を可能
とすると共に，資質の著しく異なる者の混合収容に伴う悪風感染の弊害を防止
しようとするものである。

　家庭裁判所は，少年院送致決定において送致する少年院の種類を指定する
（規 37 条 1 項）。種類を定める指標のうち，年齢は明確な判定が可能であるが，
精神・身体上の状態（心身の著しい故障の有無）及び犯罪的傾向の進度に関しては，

594

少院第4条

調査官の調査報告・意見（規13条1・2項）及び少年鑑別所の鑑別結果（9条）を主たる資料として，審理に当たる裁判官が判断することになる（⇨24条注釈4・5）。

2　少年院の種類

少年院の種類とは，在院者を収容するうえでの少年院の区分であり，旧院法においては，初等少年院，中等少年院，特別少年院及び医療少年院に分けられていた（旧院2条2〜5項）。しかし，初等少年院と中等少年院の収容の区分は16歳という年齢のみであるところ，個々の少年の心身の発達の程度は様々であり，16歳という年齢で一律に区分する合理性に乏しいこと，特別少年院という名称については，特別少年院を出院した者にスティグマを負わせることが懸念されたことから，少年院の種類をより中立的な名称に改め，初等少年院と中等少年院を併せて第1種，特別少年院を第2種，医療少年院を第3種，刑の執行を受ける者を収容する少年院を第4種と整理し直された。少年院の種類は，各少年院について法務大臣が指定している（平27・5・27法務省告示299）。平成26年少年院法改正の趣旨について，内藤＝橋口参照。

令和3年改正により，2年の保護観察（64条1項2号）に付された者が遵守事項に違反した場合の少年院収容決定（66条1項）が設けられたが，これは対象者が保護観察中に状況を悪化させ，保護観察を継続するのみでは，改善更生を図ることが困難になった場合に，少年院の処遇によって，保護観察の指導監督等が実効性を挙げられるように動機づけたうえ，保護観察を再開することを予定するものである（⇨64条注釈）。このため，少年院長には，保護観察所長との必要的連携（少院34条5・6項・35条3・4項），保護観察再開のための退院申出（少院136条の2）等，他の在院者等と異なる規律が設けられ，矯正教育の実効性を図る観点から，別途の集団編成として第5種少年院が創設された（本条1項5号）。もっとも，これらの者は当初，保護観察に付されており，収容保護が必要であるほど類型的犯罪傾向が進んでいる者ではないこと，処遇上の法的地位も他の保護処分在院者と本質的には異ならないため，他の種類の在院者との分離対象とはされていない（少院5条1項）。

また，特定少年に対する少年院送致（64条1項3号）については，犯情の軽重による制約から収容期間が定められるものの（⇨64条注釈），健全育成・改善更生を目的とし（1条），24条1項3号の少年院送致と処遇の目的・性質は共通し，

595

少院第4条

第5種少年院在院者のような異なる規律も設けられていないから，特定少年の保護処分在院者は，24条1項3号の少年院送致を受けた者と同じ種類の少年院に収容されるものとされた。

3 具体的な少年院の指定手続

少年鑑別所の長は，その職員が家庭裁判所から少年院送致の決定（24条1項3号・64条1項3号），少年院収容決定（66条1項），少年院への戻し収容の決定（更生72条1項）の執行指揮を受けたとき又は地方更生保護委員会から特定少年に対する仮退院取消決定（更生73条の2第1項）の執行の嘱託を受けたときは，その決定を受けた者について鑑別（指定鑑別）を行い，各少年院について指定された矯正教育課程（少院30条）その他の事情を考慮して，その者を収容すべき少年院を指定する（少鑑18条1項）。具体的には，決定された少年院の種類及び家庭裁判所による処遇勧告の内容等を踏まえ，対象者との面接，行動観察，その他指定鑑別の実施に必要と認められる方法によって，少年院における各種指導に関する事項，医療・健康管理上の留意事項，保護・社会復帰支援等に関する留意事項，対象者の心境等を調査し，指定鑑別が行われる（「少年院の指定等に関する訓令」平27・5・27矯少訓10）。

鑑別の結果は，指定された少年院の長に通知される（少鑑18条2・3項）。鑑別の結果には，在所者に対して指定すべき矯正教育課程その他その処遇についての意見が含まれており，少年院の長は，その意見を踏まえて矯正教育課程の指定をすると共に，個人別矯正教育計画を策定することとなる（少院33条1項・34条3項）。矯正教育の計画については，⇨少院30条〜34条注釈。

4 年齢の区分

(1) **14歳未満の少年**　旧院法2条2項及び5項においては，立法当初は初等少年院及び医療少年院に収容する者について「おおむね14歳以上」と規定されていたところ，昭和24年改正において「おおむね」を削除して「14歳以上」と改正された。その後，触法少年でも強制的な収容が必要な場合，児童自立支援施設（24条1項2号）の収容では，中学生の共犯事件の処分の不均衡などの問題点があることなどから法改正が求められた（本書改訂版442頁，廣瀬118頁）。これを受けて，平成19年改正により，いずれも「おおむね12歳以上」と改正された（⇨24条注釈1(4)）。これにより，年齢で一律に扱うのではなく，その少年の問題性に最も相応しい場合には少年院送致も選択できることとなり，

596

少院第4条

また，必要な場合には11歳程度の少年も収容対象となることとされた。少年院法は，この経緯を踏まえ，第1種少年院，第3種少年院に収容する者について，「おおむね12歳以上」とされている（本条1項1・3号）。この改正の経緯について，林c参照。

(2) **16歳未満の少年**　旧院法下では，中等少年院に送致する者は「おおむね16歳以上20歳未満」とされていたが，16歳未満でも，合理的な裁量の範囲を著しく逸脱しない限り（14歳など）許されるとした例がある（大阪高決昭44・5・26家月21・12・182，同昭50・9・17家月28・6・140〈15歳の送致〉）。このような場合，本条1項1号には「おおむね12歳以上」と規定されたので第1種少年院に送致されることとなる。初等少年院等の収容歴，非行の悪質性，体格・成熟度などから，16歳未満も特別少年院送致を認めた例がある（前橋家桐生支決昭36・7・13家月14・8・209〈15歳11月〉，大阪家決昭39・7・31家月17・2・85〈15歳10月〉，札幌高決昭38・6・5家月15・11・148）。本条1項2号においては，第2種少年院の収容対象について「おおむね16歳以上23歳未満」とされており，上記のような取扱も認める余地がある。

(3) **20歳以上の者**　旧院法下において，20歳以上で犯罪的傾向が進んでいるとまではいえない者の収容は，年齢を厳格に解釈し，医療少年院又は特別少年院に限るとする立場があった（柏村145頁，栗林151頁。伊藤（政）a88頁は収容期間1年超過の場合に限る）。しかし，中等少年院と特別少年院は，犯罪的傾向が進んでいるか否かにより収容者を区別しているのであって，「おおむね」は「16歳以上」と「20歳未満」の双方にかかり，犯罪的傾向が進んでいない者は20歳以上でも中等少年院に収容することができると解されていた（本書第3版501頁，平場410頁，団藤＝森田466頁，水谷(1)20頁，藤堂b32頁，八木a24頁，福岡高宮崎支決昭40・5・20家月18・1・126等）。少年院法において，このような者は第1種少年院に収容されることとなり（本条1項1号），本人に相応しい少年院への分類・収容をより弾力的に行うことが可能となった。

(4) **18・19歳の者**　令和3年改正により，18・19歳の者を特定少年として特例が設けられたが，その処遇目的（1条）も少年（2条）であることも変わりはなく（⇨64条注釈），少年院収容決定の場合に第5種少年院に収容されること（66条1項，本条1項5号），少年院送致（64条1項3号）に収容期間が定められること，特定少年として保護処分を受けた者は，収容継続の対象から除外され

597

少院第15条

ること（少院137条）以外法的な差異はなく，18歳未満の少年と同様な改善更
生のための処遇が目指されるが，民法上成年となったこと等に即した成年社会
参画指導等の運用がなされる（西岡＝滝浦108頁）。

5　精神障害者の少年

この点については，⇨24条注釈5(7)(ア)。

6　受刑在院者

受刑在院者（少院2条3号）は，少年院に収容され（本条1項4号），少年院法
の適用を受けるが，16歳に達した日の翌日から起算して14日以内に刑事施設
に移送しなければならないこととされている（少院141条1項）。

> **（処遇の原則）**
> **第15条**　①　在院者の処遇は，その人権を尊重しつつ，明るく規則正し
> い環境の下で，その健全な心身の成長を図るとともに，その自覚に訴え
> て改善更生の意欲を喚起し，並びに自主，自律及び協同の精神を養うこ
> とに資するよう行うものとする。
> ②　在院者の処遇に当たっては，医学，心理学，教育学，社会学その他の
> 専門的知識及び技術を活用するとともに，個々の在院者の性格，年齢，
> 経歴，心身の状況及び発達の程度，非行の状況，家庭環境，交友関係そ
> の他の事情を踏まえ，その者の最善の利益を考慮して，その者に対する
> 処遇がその特性に応じたものとなるようにしなければならない。

本条は，「在院者の改善更生及び円滑な社会復帰」を図るために行う「矯正
教育その他の在院者の健全な育成に資する処遇」（少院1条）の在り方を具体化
し，少年院における処遇の基本原則を示すものである。具体的な処遇について
は，入院（少院20〜22条），矯正教育（少院23〜43条），社会復帰支援等（少院44〜
47条），保健衛生及び医療（少院48〜59条），物品の貸与等及び自弁（少院60〜63
条），金品の取扱い（少院64〜77条），書籍等の閲覧（少院78〜80条），宗教上の行
為等（少院81・82条），規律及び秩序の維持（少院83〜90条），外部交通（少院91〜
111条），救済の申出等（少院120〜132条）等，様々な規定が設けられ，在院者の
権利義務，職員の権限等の明確化が図られている。

本条1項の「その人権を尊重しつつ」とは，在院者は，成人受刑者とは異な

598

少院第17条

り，心身共に未熟であることから，在院者の健全育成の観点から適切に保護し，介入することがその人権の尊重に資することもある反面，教育という名目で在院者に対する保護・介入が行過ぎとなり，かえって重大な人権侵害を惹起するおそれもあることから，形式的・画一的に判断するものではなく，実質的・個別的に考量することを要する。「明るく規則正しい環境の下で」とは，人的・物的環境の双方を含め，少年院における処遇の環境について規定したものである。「その健全な心身の成長を図るとともに，その自覚に訴えて改善更生の意欲を喚起し，並びに自主，自律及び協同の精神を養うことに資するよう行う」については，次の3点を求めるものである。①在院者の健全な心身の成長は，その改善更生及び円滑な社会復帰を図るうえでの基礎となることから，その旨を明らかにしたものである。②在院者の処遇は，その自覚に訴えて改善更生の意欲を喚起しつつ行わなければ，在院者を真の改善更生に導くことはできないことを明らかにしたものである。③在院者の「自主，自律及び協同の精神」を養うことは，その改善更生及び円滑な社会復帰にとって不可欠であるばかりでなく，健全な社会生活を営むうえでの基礎となるものであり，在院者の処遇全般を通じて培っていくべきものであるから，その旨を明らかにしたものである。

　本条2項については，旧院法下での処遇と同様であるが，少年院においては，医学，心理学，教育学，社会学等の専門的知識及び技術を活用すると共に，個々の在院者の性格，年齢，経歴，心身の状況及び発達程度等を考慮し，その特性に応じた処遇を行うことを求めるものである。「その者の最善の利益を考慮して」とは，児童の権利に関する条約3条に由来する概念である。旧院法下でも同様の考慮の下で処遇が行われてきたが，その趣旨を確認するものである。

　なお，令和3年改正により，特定少年の特例が設けられたが，特定少年も少年であり，保護処分の目的も維持されているので基本的な処遇に変更はないが，民法上成年となったこと等に対応した運用上の工夫が行われる（西岡＝滝浦107頁）。

（保護者に対する協力の求め等）
第17条　①　少年院の長は，在院者の処遇について，情報の提供，少年院の職員による面接等を通じて在院者の保護者その他相当と認める者の理解を得るとともに，少年院で実施する活動への参加の依頼等を行うこ

少院第17条

> とによりそれらの者の協力を得るように努めるものとする。
> ②　少年院の長は，必要があると認めるときは，在院者の保護者に対し，その在院者の監護に関する責任を自覚させ，その矯正教育の実効を上げるため，指導，助言その他の適当な措置を執ることができる。

　在院者の保護者とは，2条2項に定める保護者である（少院2条4号）。

　少年の保護者は，少年の非行・問題行動の改善のために重要であるばかりではなく，その主たる原因となっている場合も少なくないので，少年を立直らせるためには，調査・審判・処分の執行を通じて保護者に対する働掛けが必要かつ有効である。調査・審判段階において行われていた裁判官・調査官による保護者に対する訓戒・指導等の措置は平成12年改正で明文化され（25条の2），少年院において従前から行われていた保護者に対する指導・助言等の措置についても平成19年改正により明文化され，より積極的な措置が期待されていた（旧院12条の2）。本条は，このような旧院法の規定の趣旨を踏まえて規定されたものである。令和3年改正でも2条2項には変更がないので，特定少年の保護者の有無については議論があるが（⇨2条注釈6），特定少年の親等は保護者に当たらなくても「保護者その他相当と認める者」に含まれるうえ，その働掛け等の必要性に変化があるわけではないので，本条の働掛け，指導等は励行すべきである。

　本条1項は，少年院の処遇において，少年に対する国家的保護の協力者的立場にある保護者その他相当と認める者の理解や協力を得るよう努めることを明文化した。在院者の改善更生及び円滑な社会復帰を図るためには，出院後に在院者の生活状況に配慮し，その改善更生のために特に協力することが見込まれる者と連携・協力し，出院後の生活環境を整えることが不可欠である。そこで，在院者の保護者や配偶者，親族，雇用主などで在院者の引受人となるなどその改善更生のために特に協力を行うことが見込まれる者には，その理解・協力を得ることが重要となる。そのため，「保護者その他相当と認める者」と規定されている（この文言は，少院22条（入院の通知），少院34条（個人別矯正教育計画の通知），少院35条（成績の評価及び告知等），少院56条（在院者の重態の通知），少院97条（宿泊面会）及び少院146条（退院者等からの相談）にも用いられている）。

600

少院第 18 条

運用上，少年院においては，保護者に対し，面接，書面の送付，電話等の手段で矯正教育への協力等を求めており，保護者との面接に際しては，必要に応じ，在院者，保護観察官，保護司，学校関係者，雇用主，社会福祉士，医師等を参加させることもある（「在院者の保護者に対する協力の求め等について」平 27・5・14 矯少 90）。

本条 2 項は，一般的に在院者に監護義務を負う保護者に，その監護に関する責任を自覚させ，矯正教育の実効を上げるため，指導，助言等の措置を執ることができるとした。少年院に送致された者は 20 歳を超えても少年院に収容される場合があるところ（少院 137～139 条），本人が 18 歳以上の場合には，その父母等は本人の監護に法律上は責任を負わないので，成人となった本人の父母等を本項の措置の対象とすることは相当でないことから，「在院者の保護者」と規定されている。しかし，18 歳以上の在院者の父母等に対する任意の指導等を否定する趣旨でないことは勿論である。

「その他適当な措置」とは，指導，助言のほか，講義・講習への参加を促すことなどである（従前の運用を含む措置の実情について，光岡）。指導等の措置は適宜の方法により行うもので書面・口頭を問わない。親子教室などの保護者参加型教育プログラムや保護者等に対する青少年の心理及び行動，家族間のコミュニケーション，被害者の心情等に関する講習への参加等を通じて行うこともある。いずれの措置も強制力を伴うものではなく，従わない場合にも法的制裁等を科すことはできない。

（関係機関等に対する協力の求め等）

第 18 条　①　少年院の長は，在院者の処遇を行うに当たり必要があると認めるときは，家庭裁判所，少年鑑別所，地方更生保護委員会又は保護観察所その他の関係行政機関，学校，病院，児童の福祉に関する機関，民間の篤志家その他の者に対し，協力を求めるものとする。
②　前項の協力をした者は，その協力を行うに当たって知り得た在院者に関する秘密を漏らしてはならない。

少年院においては，従前より，在院者の処遇を行うに当たって，関係機関等の有する情報や少年院の部外者が有する専門的な知識・技術を活用することが

601

少院第23条～第29条

必要であり，関係機関等の協力・連携の下に在院者の処遇を行ってきた。旧院法においては，「警察官，児童福祉法……第12条の3第2項第4号に規定する児童福祉司その他の公務員に対し，必要な援助を求めることができる」と規定されていた（旧院13条）。本条1項は，協力を求める対象を拡大して明示したものであり，例えば，医師や民間団体の専門家からの専門的な助言を得ることなども含む（旧院13条3項参照）。「民間の篤志家」とは，保護司，篤志面接委員，教誨師等をいい，「その他の者」とは，在院者の処遇に協力する民間の篤志家以外の者をいい，更生保護法人，更生保護女性会，ダルク等の民間団体，嘱託指導者（少院40条2項）等である。

本条2項は，在院者のプライバシー保護の観点から協力者に守秘義務を課すものであるが，訓示規定で罰則はない。一般に在院者に関する秘密はプライバシー保護の要請が極めて高いため，守秘義務厳守を協力する相手方に周知する必要がある。

（矯正教育の目的及び体系的実施）
第23条 ① 矯正教育は，在院者の犯罪的傾向を矯正し，並びに在院者に対し，健全な心身を培わせ，社会生活に適応するのに必要な知識及び能力を習得させることを目的とする。
② 矯正教育を行うに当たっては，在院者の特性に応じ，次節に規定する指導を適切に組み合わせ，体系的かつ組織的にこれを行うものとする。
（被害者等の心情等の考慮）
第23条の2 ① 少年院の長は，矯正教育を行うに当たっては，被害者等（在院者が刑若しくは保護処分を言い渡される理由となった犯罪若しくは刑罰法令に触れる行為により害を被った者（以下この項において「被害者」という。）又はその法定代理人若しくは被害者が死亡した場合若しくはその心身に重大な故障がある場合におけるその配偶者，直系の親族若しくは兄弟姉妹をいう。以下この章及び第44条第3項において同じ。）の被害に関する心情，被害者等の置かれている状況及び次項の規定により聴取した心情等を考慮するものとする。
② 少年院の長は，在院者について，被害者等から，被害に関する心情，被害者等の置かれている状況又は当該在院者の生活及び行動に関する意見（以下この章及び第44条第3項において「心情等」という。）を述べ

少院第 23 条〜第 29 条

たい旨の申出があったときは，法務省令で定めるところにより，当該心情等を聴取するものとする。ただし，当該被害に係る事件の性質，当該被害者等と当該在院者との関係その他の被害者等に関する事情を考慮して相当でないと認めるときは，この限りでない。

（生活指導）

第 24 条 ① 少年院の長は，在院者に対し，善良な社会の一員として自立した生活を営むための基礎となる知識及び生活態度を習得させるため必要な生活指導を行うものとする。

② 将来の進路を定めていない在院者に対し前項の生活指導を行うに当たっては，その特性に応じた将来の進路を選択する能力の習得に資するよう特に配慮しなければならない。

③ 次に掲げる事情を有する在院者に対し第 1 項の生活指導を行うに当たっては，その事情の改善に資するよう特に配慮しなければならない。

1 犯罪又は刑罰法令に触れる行為により害を被った者及びその家族又は遺族の心情を理解しようとする意識が低いこと。

2 麻薬，覚醒剤その他の薬物に対する依存があること。

3 その他法務省令で定める事情

④ 少年院の長は，第 1 項の生活指導を行うに当たっては，被害者等の被害に関する心情，被害者等の置かれている状況及び前条第 2 項の規定により聴取した心情等を考慮するものとする。

⑤ 少年院の長は，法務省令で定めるところにより，被害者等から，前条第 2 項の規定により聴取した心情等を在院者に伝達することを希望する旨の申出があったときは，第 1 項の生活指導を行うに当たり，当該心情等を在院者に伝達するものとする。ただし，その伝達をすることが当該在院者の改善更生を妨げるおそれがあるときその他当該被害に係る事件の性質，矯正教育の実施状況その他の処遇に関する事情を考慮して相当でないと認めるときは，この限りでない。

（職業指導）

第 25 条 ① 少年院の長は，在院者に対し，勤労意欲を高め，職業上有用な知識及び技能を習得させるため必要な職業指導を行うものとする。

② 前項の職業指導の実施による収入があるときは，その収入は，国庫に帰属する。

③ 少年院の長は，第 1 項の職業指導を受けた在院者に対しては，出院の

603

少院第23条～第29条

際に，法務大臣が定める基準に従い算出した金額の範囲内で，職業上有用な知識及び技能の習得の状況その他の事情を考慮して相当と認められる金額の報奨金（次項において「職業能力習得報奨金」という。）を支給することができる。

④　少年院の長は，在院者がその出院前に職業能力習得報奨金の支給を受けたい旨の申出をした場合において，その使用の目的が，第67条第1項第1号に規定する自弁物品等の購入その他相当なものであると認めるときは，前項の規定にかかわらず，法務省令で定めるところにより，その時に出院したとするならばその在院者に支給することができる職業能力習得報奨金に相当する金額の範囲内で，申出の額の全部又は一部の金額を支給することができる。この場合には，その支給額に相当する金額を同項の規定により支給することができる職業能力習得報奨金の金額から減額する。

（教科指導）

第26条　①　少年院の長は，学校教育法（昭和22年法律第26号）に定める義務教育を終了しない在院者その他の社会生活の基礎となる学力を欠くことにより改善更生及び円滑な社会復帰に支障があると認められる在院者に対しては，教科指導（同法による学校教育の内容に準ずる内容の指導をいう。以下同じ。）を行うものとする。

②　少年院の長は，前項に規定するもののほか，学力の向上を図ることが円滑な社会復帰に特に資すると認められる在院者に対し，その学力の状況に応じた教科指導を行うことができる。

（学校の教育課程に準ずる教育の教科指導）

第27条　①　教科指導により学校教育法第1条に規定する学校（以下単に「学校」という。）のうち，いずれかの学校の教育課程に準ずる教育の全部又は一部を修了した在院者は，その修了に係る教育の範囲に応じて当該教育課程の全部又は一部を修了したものとみなす。

②　少年院の長は，学校の教育課程に準ずる教育について教科指導を行う場合には，当該教科指導については，文部科学大臣の勧告に従わなければならない。

（体育指導）

第28条　少年院の長は，在院者に対し，善良な社会の一員として自立した生活を営むための基礎となる健全な心身を培わせるため必要な体育指

少院第23条～第29条

導を行うものとする。
（特別活動指導）
第29条 少年院の長は，在院者に対し，その情操を豊かにし，自主，自
律及び協同の精神を養うことに資する社会貢献活動，野外活動，運動競
技，音楽，演劇その他の活動の実施に関し必要な指導を行うものとする。

1 矯正教育の目的及び体系的実施

保護処分は，少年の心身共に健全な育成を目指して行われる性格の矯正と環
境の調整に関する教育・保護的な処分であり，令和3年改正で特定少年とされ
た者も少年であり（2条），この点に変更はない（⇨1条注釈2・4）。健全な育成と
は，少年を健全な社会人として成熟・自立させることによって再非行を防止す
ることであり（⇨1条注釈2），矯正教育は，在院者の健全な育成に資する処遇
（少院1条）として行われる少年院の処遇の中核である。

矯正教育については，「在院者の犯罪的傾向を矯正し，並びに在院者に対し，
健全な心身を培わせ，社会生活に適応するのに必要な知識及び能力を習得させ
ること」（少院23条1項）を目的とし，矯正教育の実施に当たっては，在院者の
特性に応じ，生活指導（少院24条），職業指導（少院25条），教科指導（少院26・
27条），体育指導（少院28条），特別活動指導（少院29条）を適宜組み合わせ，体
系的かつ組織的に行うこととされる（少院23条2項）。この矯正教育の体系的実
施は，旧法の運用を踏まえたものである（旧院4条，「少年院における教育課程の編
成，実施及び評価の基準について」（平成8・11・27矯教2952矯正局長通達））。

2 被害者等の心情等の考慮

在院者に対し，自らの犯罪・非行に対する反省や悔悟の情を深めさせるため
には，被害者の心情等について，正しく理解させることが極めて重要であり，
在院者の改善更生等を図る観点からは，被害者等の心情や状況等に，より直接
的な形で触れさせることが重要である。

そこで，少年院の長は，矯正教育を行うに当たって，被害者等の心情等を考
慮するものとされる（少院23条の2第1項）。また，少年院の長は，被害者等か
ら，その心情等を述べたい旨の申出があったときは，当該心情等を聴取する
（同条2項）。

23条の2第1項において少年院の長が考慮すべき対象は，「被害に関する心

605

少院第 23 条～第 29 条

情，被害者等の置かれている状況及び次項の規定により聴取した心情等」とされており，「次項」，すなわち本条 2 項により被害者等自身から聴取する「被害に関する心情，被害者等の置かれている状況又は当該在院者の生活及び行動に関する意見」に限らず，少年院の長が把握し得るものを広く考慮の対象とすべきものとされている。これは，在院者が被害者等の心情等を認識し，自己の行為を反省する契機とするためには，被害者等の心情や状況について，被害者等自身から聴取したものに限らず，少年院の長が把握し得るものを広く考慮の対象とすべきものと考えられたためである。なお，「当該被害に係る事件の性質，当該被害者等と当該在院者との関係その他の被害者等に関する事情を考慮して相当でないと認めるとき」とは，例えば，被害者等が反社会的な集団に所属しており顕著な犯罪性があると認められる場合で，在院者への報復の意思を繰り返し明らかにしているなど，矯正教育上の観点からも，被害者等の心情等への配慮という観点からも聴取の必要性が認め難い場合などが想定される。

3　生活指導（少院 24 条）

　生活指導は，在院者に対し，善良な社会の一員として自立した生活を営むための基礎となる知識及び生活態度を習得させるために必要な指導を行うものであり，矯正教育の最も基本となるものである。個々の在院者の性格，生活経験，ものの考え方などの非行と関係ある問題性を踏まえ，健全な社会適応性を回復・習得させるため，少年院の全生活場面に現れる具体的な事象を最大限に活用して効果的な処遇を展開する活動であり，生活指導の基本は，個々の在院者が自己の持つ問題性について自主的に考え，健全な社会生活への適応力の習得に向かって自己改善を図るように方向付けることである。期間は不定期ではあるが在院者は必ず社会へ復帰するのであり（特定少年には収容期間が定められるが（64 条 3 項），その収容可能な上限の定めで実質的な変更はない（⇨64 条注釈），家族との生活，近隣者や職場の者，あるいは学校等の交わりの中での生活を送ることとなる。このような対人関係の中で協調し，他人を尊重し，生活環境の変化があったり，環境が劣悪であっても，悪影響を排除・克服し，社会常識や規範に従った健全な社会生活を続けていけるように育成することが求められる。したがって，少年院の処遇は，少年を処遇集団の中に入れて集団の醸出す良い影響を受けさせ，あるいは好ましくない影響を乗り越える判断力と意志力を習得させ，集団としての健全な生活の在り方，規範を守って生活することの重要性，

少院第23条～第29条

他と健全な協調を保つことの必要性を体得させることが不可欠となる。生活指導は，このような集団処遇を基盤としつつ，個別指導としての相談，助言等により，在院者の自己理解や改善向上の度合に応じた適切な目標の選定・学習の仕方の援助を行いながら展開し，内観，ロールプレイ，作文指導，集団討議，SST（ソーシャル・スキルズ・トレーニング）等の様々な指導方法が用いられ，被害者の視点を取入れた教育も行われている（村尾）。

　また，①犯罪又は刑罰法令に触れる行為により害を被った者及びその家族又は遺族の心情を理解しようとする意識が低い者，②麻薬・覚醒剤その他の薬物に対する依存がある者，③その他法務省令で定める事情を有する在院者に対して生活指導を行うに当たっては，その事情の改善に資するよう特に配慮することとされている（少院24条3項）。①については，犯罪被害者等や支援団体等の関係者の講話やグループワークのほか，個々の在院者が犯した事案に応じた個別指導などが行われている。②については，法務省において，平成23年度に標準的なプログラムが開発され，平成25年度から全少年院において同プログラムが導入されている。大きく少年指導プログラムと保護者向けプログラムに分けられて実施されている。③の事情として，㋐自己の性的欲求を満たすことを目的とする犯罪又は非行に結び付くおそれのある認知の偏り又は自己統制力の不足があること，㋑身体に対する有形力の行使により人の生命又は身体を害する犯罪又は非行に結び付くおそれのある認知の偏り又は自己統制力の不足があること，㋒保護者その他家族に対する適切な関わり方が身に付いていないこと，㋓犯罪性のある者との交際をやめ，又は暴走族等の非行集団から離脱するための知識及び能力を有しないこと，㋔成年に達した者について，自らの責任に基づき自律的に社会生活を営むために必要な自覚が欠如し，又は必要な知識及び行動様式が身に付いていないことが定められている（院施規16条の3）。実務上，例えば，㋐性非行防止指導については包括プログラムの開発・運用が開始されるなど，在院者の事情に応じたきめ細やかな対応が図られており，特定少年に対しては，成年社会参画指導が導入されている（西岡＝滝浦108頁）。

　そして，生活指導を行うに当たっては，少年院の長が把握している被害者等の被害に関する心情や被害者等が置かれている状況に加え，被害者等から聴取した心情等を考慮することとしている（少院24条4項）。これは，被害者等の心情等を考慮する典型的な場合である生活指導について，改めて注意的に規定し

607

少院第23条～第29条

たものであり，生活指導以外の矯正教育の実施に当たって，被害者等の心情等を考慮する必要がないという趣旨ではない。

また，少年院の長は，被害者等から聴取した心情等を在院者に伝達することを希望する旨の申出があった場合には，一定の相当でないと認めるときを除き，生活指導を行うに当たって，在院者に対してその内容を伝達する（少院24条5項）。これは，少年院の長が聴取した心情等をそのまま在院者に伝達することが，基本的に在院者の改善更生に資するものと考えられたためと解される。なお，「その伝達をすることが当該在院者の改善更生を妨げるおそれがあるときその他当該被害に係る事件の性質，矯正教育の実施状況その他の処遇に関する事情を考慮して相当でないと認めるとき」とは，例えば，在院者がいまだに被害者を逆恨みしており，その時点で伝達することがその更生の意欲を減じさせる可能性が高い場合などが考えられる。

4 職業指導（少院25条）

職業指導は刑罰の刑務作業のような強制労働ではなく，矯正教育の一領域として行われる職業に関する教育活動である。職業指導の目的は，まず勤労意欲を高め，勤労を重んずる態度を培い，勤労の習慣を身に付けさせ，職業を選択する能力を助成し，職業生活に必要な知識・技能の習得を図ることにある。職業指導の実施による収入があるときは，その収入は国庫に帰属する（少院25条2項）が，職業指導を受けた在院者には，成績に応じた差異を設けて，成績向上，主として職業的知識・技能の向上の励みにし，社会適応性の付与に資するという趣旨から，職業能力習得報奨金が与えられる（少院25条3・4項，院施規17条）。

在院者は，正規の就労経験もなく就労のための基礎的な態度に欠ける者も多いことから，職業指導は，出院後の就労生活を持続する意味で重要であり，SSTなどを通じて，対人関係等の技能や社会人として必要な基本的スキルを習得させることも必要となる。さらに，社会人として職場に定着できるようにするため，雇用ニーズに見合った職業指導種目の充実，見直しが図られている。

5 教科指導（少院26・27条）

教科指導とは，学校教育法の定める各学校の教科又はそれに準ずる内容の指導をいう。在院者は，学齢生徒を含むことから，教育を受ける権利（憲26条）の保障と共に，教科教育の人間形成への有効性・必要性が重視され，旧院法に

608

おいても，教科の具体的内容が規定されていた（旧院4条）。

これを踏まえ，教科指導は，在院者の学習意欲の喚起及び学力の向上を図ることを目的として行われる。学校教育法に定める義務教育を終了しない在院者その他の基礎となる学力を欠くことにより改善更生及び円滑な社会復帰に支障があると認められる在院者については，同法による学校教育の内容に準ずる内容の指導を行うものとされている（少院26条1項）。少年院には，教員資格のある教官も相当数配置されており，基礎学力や社会生活に必要な学力を付けさせることを目指している。また，学力の向上を図ることが円滑な社会復帰に特に資すると認められる在院者に対しては，その学力の状況に応じた教科指導を行うことができるとされており（少院26条2項），高等学校に復学，編入学しようとする在院者等に対し，学校教育法上の高等学校，高等専門学校等に準ずる内容の教育を行うことができる。

教科指導により，学校の教育課程に準ずる教育の全部又は一部を修了した在院者は，その修了に係る教育の範囲に応じて当該教育課程の全部又は一部を修了したものとみなされ（少院27条1項），少年院の長は，その在院者に対し，その旨を証する証明書を発行することができる（院施規18条）。もっとも，在院者が教育課程を修了し卒業する際には，少年の社会復帰に資するため，在院者の出身校に修了証明書を発行するよう依頼し，同校の校長名での卒業証書を発行してもらう運用が定着している。

6 体育指導（少院28条）

少年院に送致される者の中には生育環境が劣悪で十分な養育を受けてこなかった者も少なくない。また，健全な社会人として自立できる精神的・身体的基礎ができておらず，少年院の処遇において身体発育を促し健全な精神を宿らせる必要性も強い。そこで，矯正教育における体育指導は，単なる施設管理上の保健・衛生上の配慮，被収容者の健康管理・体力向上よりも積極的・教育的な色彩を有している。体育指導には，①繰返し練習，訓練することで在院者の身体的な能力の向上と共に集中力，忍耐力，持久力等が向上すること，②集団競技等を通じて協調性が身に付くこと，③ルールを遵守して競技を行うことで規範意識が涵養されることなどが期待されている。

7 特別活動指導（少院29条）

特別活動指導は，在院者の情操を豊かにし，自主，自律及び協同の精神を養

少院第30条～第34条

うことに資する社会貢献活動，野外活動，運動競技，音楽，演劇その他の活動
の実施に関して行う指導であり，主に集団で行われるものが想定されている。
例えば，クラブ活動，レクリエーション，運動会などの各種行事を行うもので
ある。その他の活動としては，成人式，卒業式，読書感想文発表会などが行わ
れている。

（矯正教育課程）
第30条 法務大臣は，在院者の年齢，心身の障害の状況及び犯罪的傾向
の程度，在院者が社会生活に適応するために必要な能力その他の事情に
照らして一定の共通する特性を有する在院者の類型ごとに，その類型に
該当する在院者に対して行う矯正教育の重点的な内容及び標準的な期間
（以下「矯正教育課程」という。）を定めるものとする。
（各少年院における矯正教育課程の指定）
第31条 法務大臣は，各少年院について，その少年院において実施すべ
き矯正教育課程を指定するものとする。
（少年院矯正教育課程）
第32条 ① 少年院の長は，その少年院が前条の規定により実施すべき
矯正教育課程の指定を受けたときは，法務省令で定めるところにより，
当該矯正教育課程ごとに，少年院矯正教育課程を定めるものとする。
② 前項の少年院矯正教育課程には，第16条に規定する処遇の段階ごと
に，当該少年院における矯正教育の目標，内容，実施方法及び期間その
他矯正教育の実施に関し必要な事項を定めるものとする。
（在院者の矯正教育課程の指定）
第33条 ① 少年院の長は，在院者がその少年院に入院したときは，で
きる限り速やかに，家庭裁判所及び少年鑑別所の長の意見を踏まえ，そ
の在院者が履修すべき矯正教育課程を指定するものとする。
② 少年院の長は，必要があると認めるときは，少年鑑別所の長の意見を
聴いて，在院者に係る前項の矯正教育課程を変更するものとする。
（個人別矯正教育計画）
第34条 ① 少年院の長は，前条第1項の規定により在院者が履修すべ
き矯正教育課程を指定したときは，その者に対する矯正教育の計画（以
下「個人別矯正教育計画」という。）を策定するものとする。
② 個人別矯正教育計画には，第32条第1項の少年院矯正教育課程に即

少院第30条～第34条

して，在院者の特性に応じて行うべき矯正教育の目標，内容，実施方法及び期間その他矯正教育の実施に関し必要な事項を定めるものとする。

③　少年院の長は，個人別矯正教育計画を策定しようとするときは，家庭裁判所又は少年鑑別所の長の意見があるときはこれらの意見を踏まえるとともに，できる限り在院者及びその保護者その他相当と認める者の意向を参酌しつつ，在院者との面接その他の適当な方法による調査の結果に基づき，これを策定するものとする。

④　少年院の長は，個人別矯正教育計画を策定するに当たっては，法務省令で定めるところにより，被害者等の被害に関する心情，被害者等の置かれている状況及び第23条の2第2項の規定により聴取した心情等を考慮するものとする。

⑤　少年院の長は，第4条第1項第5号に規定する第5種の少年院に収容されている者（以下「第5種少年院在院者」という。）について，個人別矯正教育計画を策定しようとする場合には，前2項に規定するもののほか，保護観察所の長の意見を踏まえ，策定するものとする。

⑥　少年院の長は，第1項の規定により個人別矯正教育計画を策定したときは，速やかに，その内容を，在院者に告知し，及びその保護者その他相当と認める者（在院者が第5種少年院在院者である場合にあっては，相当と認める者及び保護観察所の長）に通知するものとする。

⑦　少年院の長は，必要があると認めるときは，在院者に係る第1項の個人別矯正教育計画を変更するものとする。

⑧　第2項から第6項までの規定は，前項の規定による個人別矯正教育計画の変更について準用する。

1　矯正教育の計画の概要

在院者の処遇は，その収容期間が徒らに長期間に及ばないようにすると共に，個々の在院者が非行又は犯罪に至った資質上及び環境上の問題はそれぞれ異なることに鑑み，それぞれの特性に応じた相応しい教育内容と教育方法を選定して計画的に行うことが必要である（個別性及び体系性）。また，少年院が培ってきた人的・物的な教育資源を有効に活用し，少年院全体として矯正教育を組織的に実施する必要がある（組織性）。そのために在院者を適切な集団に編成する必要があるので，少年院では，少年院の種類のほか，矯正教育課程（少院30・

少院第30条～第34条

図表22　矯正教育の計画の概要

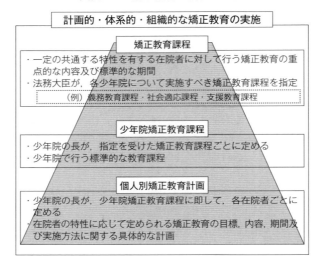

31・33条），少年院矯正教育課程（少院32条），個人別矯正教育計画（少院34条）が設けられ，このような矯正教育の計画（⇨図表22）の下で在院者を適切な集団に編成し（少院38条1項），処遇の個別化を図るために分類処遇が展開される。

　矯正教育課程は，旧院法下の処遇区分及び処遇課程を踏まえたものであるが，「在院者の年齢，心身の障害の状況及び犯罪的傾向の程度，在院者が社会生活に適応するために必要な能力その他の事情に照らして一定の共通する特性を有する在院者の類型ごとに，その類型に該当する在院者に対して行う矯正教育の重点的な内容及び標準的な期間」（少院30条）であり，各少年院について法務大臣が定めると共に，少年院の長において在院者が履修すべき矯正教育課程を指定することとされた（少院31・33条）。少年院の長は，その少年院において実施すべき矯正教育課程ごとに少年院矯正教育課程を定め（少院32条），その少年院矯正教育課程に即し，各在院者について個人別矯正教育計画を策定する（少院34条）。

　このような矯正教育の計画を定める趣旨は，在院者の特性に応じて策定された個人別矯正教育計画に基づき矯正教育を実施することにより，矯正教育の目的をできるだけ早期に達成し，在院者の退院又は仮退院につなげることにある

少院第30条〜第34条

（少院135〜137条，更生41・42・46・47・71〜74条）。

2　矯正教育課程（少院30・31条）

　法務大臣は，在院者の年齢，心身の障害の状況及び犯罪傾向の程度，在院者が社会生活に適応するために必要な能力その他の事情に照らして一定の共通する在院者の類型ごとに，その類型に該当する在院者に対して行う矯正教育の重点的な内容及び標準的な期間（矯正教育課程）を定め（少院30条），各少年院において実施すべき矯正教育課程を指定する（少院31条）。具体的には，**図表23**の矯正教育課程が定められており（「矯正教育課程に関する訓令」平27・5・14矯少訓2），運用上，**図表24**のとおり，矯正教育課程ごとの矯正教育の目標，当該目標を達成するために重点的に実施すべき指導内容の細目及びそれらの指導を実施するうえで基準となる期間が定められている（「矯正教育課程に関する訓令の運用について」平27・5・14矯少92）。

3　少年院矯正教育課程（少院32条）

　少年院の長は，その少年院が実施すべき矯正教育課程の指定を受けると，当該少年院の施設及び設備等の状況並びに当該少年院が所在する地域の特性について考慮し，当該矯正教育課程ごとに，当該少年院における矯正教育の目標，内容，実施方法及び期間その他矯正教育の実施に必要な事項を定めるものとされている（少院32条，院施規19条1項）。これを少年院矯正教育課程といい，各少年院において，施設の人的・物的諸条件，地域社会の諸特性，在院者の特性及び教育上の必要等を考慮して，適切な教育課程を編成する。

　少年の自発性，自覚による改善を目指す観点から，少年院の処遇には段階処遇制が採用されており（少院16条，院施規8〜12条），矯正教育の目標は，矯正教育における処遇の最高段階で到達すべき目標に向けて段階的に設定され，これを順次達成できるように具体的な矯正教育の内容及び実施方法が定められる（「少年院矯正教育課程の編成，運営及び評価の基準について」平27・5・14矯少95）。なお，実施状況等に応じて必要な場合には，見直しが行われる（院施規19条2項）。

4　在院者の矯正教育課程の指定（少院33条）

　少年院送致の決定を受けた者についての具体的な少年院の指定手続は，⇨少院4条注釈3。

　少年院の長は，在院者が少年院に入院したときは，できる限り速やかに，家庭裁判所による処遇勧告（規38条2項）に示されている意見，少年鑑別所の長

613

少院第 30 条〜第 34 条

図表 23　矯正教育課程

少年院の種類	矯正教育課程	符号	在院者の類型	矯正教育の重点的な内容	標準的な期間
第 1 種	短期義務教育課程	SE	原則として 14 歳以上で義務教育を終了しない者のうち、その者の持つ問題性が単純又は比較的軽く、早期改善の可能性が大きいもの	中学校の学習指導要領に準拠した、短期間の集中した教科指導	6 月以内の期間
	義務教育課程Ⅰ	E1	義務教育を終了しない者のうち、12 歳に達する日以後の最初の 3 月 31 日までの間にあるもの	小学校の学習指導要領に準拠した教科指導	2 年以内の期間
	義務教育課程Ⅱ	E2	義務教育を終了しない者のうち、12 歳に達する日以後の最初の 3 月 31 日が終了したもの	中学校の学習指導要領に準拠した教科指導	
	短期社会適応課程	SA	義務教育を終了した者のうち、その者の持つ問題性が単純又は比較的軽く、早期改善の可能性が大きいもの	出院後の生活設計を明確化するための、短期間の集中した各種の指導	6 月以内の期間
	社会適応課程Ⅰ	A1	義務教育を終了した者のうち、就労上、修学上、生活環境の調整上等、社会適応上の問題がある者であって、他の課程の類型には該当しないもの	社会適応を円滑に進めるための各種の指導	2 年以内の期間
	社会適応課程Ⅱ	A2	義務教育を終了した者のうち、反社会的な価値観・行動傾向、自己統制力の低さ、認知の偏り等、資質上特に問題となる事情を改善する必要があるもの	自己統制力を高め、健全な価値観を養い、堅実に生活する習慣を身に付けるための各種の指導	
	社会適応課程Ⅲ	A3	外国人等で、日本人と異なる処遇上の配慮を要する者	日本の文化、生活習慣等の理解を深めるとともに、健全な社会人として必要な意識、態度を養うための各種の指導	
	支援教育課程Ⅰ	N1	知的障害又はその疑いのある者及びこれに準じた者で処遇上の配慮を要するもの	社会生活に必要となる基本的な生活習慣・生活技術を身に付けるための各種の指導	
	支援教育課程Ⅱ	N2	情緒障害若しくは発達障害又はこれらの疑いのある者及びこれに準じた者で処遇上の配慮を要するもの	障害等その特性に応じた、社会生活に適応する生活態度・対人関係を身に付けるための各種の指導	
	支援教育課程Ⅲ	N3	義務教育を終了した者のうち、知的能力の制約、対人関係の持ち方の稚拙さ、非社会的行動傾向等に応じた配慮を要するもの	対人関係技能を養い、適応的に生活する習慣を身に付けるための各種の指導	
第 2 種	社会適応課程Ⅳ	A4	特に再非行防止に焦点を当てた指導及び心身の訓練を必要とする者	健全な価値観を養い、堅実に生活する習慣を身に付けるための各種の指導	2 年以内の期間
	社会適応課程Ⅴ	A5	外国人等で、日本人と異なる処遇上の配慮を要する者	日本の文化、生活習慣等の理解を深めるとともに、健全な社会人として必要な意識、態度を養うための各種の指導	
	支援教育課程Ⅳ	N4	知的障害又はその疑いのある者及びこれに準じた者で処遇上の配慮を要するもの	社会生活に必要となる基本的な生活習慣・生活技術を身に付けるための各種の指導	
	支援教育課程Ⅴ	N5	情緒障害若しくは発達障害又はこれらの疑いのある者及びこれに準じた者で処遇上の配慮を要するもの	障害等その特性に応じた、社会生活に適応する生活態度・対人関係を身に付けるための各種の指導	
第 3 種	医療措置課程	D	身体疾病、身体障害、精神疾患又は精神障害を有する者	心身の疾患、障害の状況に応じた各種の指導	
第 4 種	受刑在院者課程	J	受刑在院者	個別的事情を特に考慮した各種の指導	－
第 5 種	保護観察復帰指導課程Ⅰ	P1	保護観察再開に向けた社会適応上の指導を要する者のうち、その者の持つ問題性が比較的軽く、早期改善の可能性が大きいもの	保護観察を再開するための、短期間の集中した各種の指導	3 月以内の期間
	保護観察復帰指導課程Ⅱ	P2	保護観察再開に向けた社会適応上の指導を要する者（保護観察復帰指導課程Ⅰに該当する者を除く。）	保護観察を再開するための、集中した各種の指導	6 月以内の期間

図表24　矯正教育の目標

少年院の種類	矯正教育課程	符号	矯正教育の目標	重点的に実施すべき指導内容の細目															基準期間
				生活指導							職業指導			教科指導			特別活動指導		
				基本的生活訓練	問題行動指導	治療的指導	被害者心情理解指導	対人関係調整	保護関係調整	進路指導	職業生活設計指導	自立援助的職業指導	職業能力開発指導	義務教育指導	補習教育指導	高等学校教育指導	自主的活動	情操的活動	
第1種	短期義務教育課程	SE	中学校の教育課程の履修により、学力の向上を図る。	○										○					20週
	義務教育課程Ⅰ	E1	小学校の教育課程の履修により、学力の向上を図る。	○			○							○				○	11月
	義務教育課程Ⅱ	E2	中学校の教育課程の履修により、学力の向上を図る。	○			○							○				○	11月
	短期社会適応課程	SA	社会生活に適応するための能力の向上を図る。		○												○		20週
	社会適応課程Ⅰ	A1	社会生活に適応するための能力の向上を図る。		○								○				○		11月
	社会適応課程Ⅱ	A2	自己統制力を高め、健全な価値観を養い、堅実に生活する習慣を身に付ける。		○	○	○			○		○							11月
	社会適応課程Ⅲ	A3	健全な社会人として必要な意識、態度を養う。		○						○								11月
	支援教育課程Ⅰ	N1	社会生活に必要となる基本的な生活習慣・生活技術を身に付ける。	○		○												○	11月
	支援教育課程Ⅱ	N2	障害等その特性に応じた、社会生活に適応する生活態度・対人関係を築く力を身に付ける。	○		○												○	11月
	支援教育課程Ⅲ	N3	対人関係技能を養い、適応的に生活する習慣を身に付ける。	○		○				○								○	11月
第2種	社会適応課程Ⅳ	A4	犯罪的傾向の改善を図り、健全な価値観を養い、堅実に生活する習慣を身に付ける。	○							○								12月
	社会適応課程Ⅴ	A5	犯罪的傾向の改善を図り、健全な社会人として必要な意識、態度を養う。	○							○								12月
	支援教育課程Ⅳ	N4	犯罪的傾向の改善を図り、社会生活に必要となる基本的な生活習慣・生活技術を身に付ける。	○		○												○	12月
	支援教育課程Ⅴ	N5	犯罪的傾向の改善を図り、障害等その特性に応じた、社会生活に適応する生活態度・対人関係を築く力を身に付ける。	○		○												○	12月
第3種	医療措置課程	D	社会生活に適応するための能力の向上を図る。	○	○													○	12月
第4種	受刑在院者課程	J	反社会的行動傾向の改善を図る。		○		○							○					－
第5種	保護観察復帰指導課程Ⅰ	P1	自己の問題点を自覚し、社会生活に適応するための能力の向上を図る。		○												○		11週
	保護観察復帰指導課程Ⅱ	P2	自己の問題点を自覚し、出院後の生活を見据え、社会生活に適応するための能力の向上を図る。		○				○	○							○		20週

による少年院の指定の通知に付されている鑑別結果（少鑑18条3項）に示されている指定すべき矯正教育課程その他その処遇についての意見を踏まえ、その在院者が履修すべき矯正教育課程を指定する（少院33条1項）。

　また、最適な保護・教育の観点からは、少年の状況変化に応じて事後的な変更をすることが望ましい場合もある。そのため、少年院の長は、矯正教育の状況等に鑑みる必要があれば、あらかじめ、在院者に鑑別（少院36条）を受けさ

少院第 30 条〜第 34 条

せるなどして少年鑑別所の長の意見を聴き，矯正教育課程を変更することができる（少院 33 条 2 項，「矯正教育課程に関する訓令」平 27・5・14 矯少訓 2）。なお，矯正教育課程の変更に当たって，①短期義務教育課程又は短期社会適応課程を指定した在院者について，これら以外の矯正教育課程に変更しようとする場合，②第 1 種少年院の矯正教育課程を指定した在院者について，第 2 種少年院の矯正教育課程に変更する場合，③第 2 種少年院の矯正教育課程を指定した在院者について，第 1 種少年院の矯正教育課程に変更する場合には，運用上，あらかじめ，在院者を送致した家庭裁判所の意見を聴くこととされている（「矯正教育課程に関する訓令の運用について」平 27・5・14 矯少 92）。

5　個人別矯正教育計画（少院 34 条）

　少年院の長は，在院者が履修すべき矯正教育課程を指定したうえで，少年院矯正教育課程に即し個人別矯正教育計画を定める（少院 34 条 1 項）。個人別矯正教育計画には，在院者の特性に応じて行うべき矯正教育の目標，内容，実施方法及び期間その他の矯正教育の実施に必要な事項を定めることとされており（少院 34 条 2 項），家庭裁判所及び少年鑑別所の長の意見を踏まえると共に，在院者，保護者及びその他相当と認める者（⇨少院 17 条注釈）の意向，少年調査記録（⇨8 条注釈 6(3)）及び少年簿（少年鑑別所において鑑別を実施する者について作成され，その後の少年の処遇に用いられる簿冊。審判結果，検査等の所見，処遇の状況等に関する様々な書類が編綴される（「少年簿及び収容事務関係各帳簿に関する訓令」平 27・5・27 矯少訓 15）），その他関係機関からの情報等を参考としつつ，在院者との面接など適当な方法による調査の結果に基づき策定される（少院 34 条 3 項，「保護処分在院者の個人別矯正教育計画の策定等について」平 27・5・14 矯少 93）。在院者，保護者その他相当と認める者の意向が参考とされるのは，在院者に自身が受ける矯正教育の意義を理解させ，矯正教育を自主的に受ける気持ちを涵養させることが重要であること，保護者その他相当と認める者の協力を求めると共に，それらの者に監護の責任を自覚させ，矯正教育の実効を上げるために指導，助言等の措置を執ることがあることによる。また，少年院の長は，個人別矯正教育計画の策定に当たっても，法務省令で定めるところにより，少年法 24 条 1 項 3 号若しくは同法 64 条 1 項 3 号の決定に係る決定書又は判決書の謄本の閲覧その他の方法により調査した被害者等の心情，その置かれている状況並びに少年院法 23 条の 2 第 2 項の規定に基づき聴取した加害者である在院者の生活及び行

少院第30条～第34条

動に関する意見を考慮するものとされる（少院34条4項，院施規19条の2）。このような趣旨から，策定された個人別矯正教育計画は，その内容が在院者に告知され，保護者その他相当と認める者に通知される（少院34条6項）。矯正教育の効果を把握するために行われる成績の評価結果についても，在院者への告知，保護者その他相当と認める者への通知が行われる（少院35条3項）。なお，矯正教育の実施状況等からみて必要がある場合には，個人別矯正教育計画を変更することもでき（少院34条7項），変更に当たっては，少年鑑別所の鑑別を活用することができる（少院36条）。また，運用上，家庭裁判所の意見を聴く場合もある（⇨本条6(4)(イ)）。

令和3年改正で新設された第5種少年院在院者の処遇は，保護観察実施中の一過程として処分後の保護観察の継続が前提とされていることから，保護観察中の情報入手，収容中の処遇に関する意見聴取など，保護観察所と必要的に連携して処遇を行うことが求められる。そのため，個人別矯正教育計画を策定するときは，保護観察所の長が述べた意見（更生68条の6第1項）を必要的に踏まえるものとされ，これに伴い第5種少年院在院者については，保護観察所の長も通知の対象とされた（少院34条5・6項・35条3項）。

6　矯正教育課程・個人別矯正教育計画と処遇勧告との関係

少年院において，矯正教育課程を指定し，個人別矯正教育計画を策定するうえで，家庭裁判所の処遇勧告については，訓令（「矯正教育課程に関する訓令」平27・5・14矯少訓2号）・通達（「矯正教育課程に関する訓令の運用について」平27・5・14矯少92，「保護処分在院者の個人別矯正教育計画の策定等について」平27・5・14矯少93）によって，以下の様に，「短期間」「特別短期間」「早期に保護観察復帰相当」「特別早期に保護観察復帰相当」はこれによることとされている。また，個々の在院者の処遇に係る特別の希望意見が記載された処遇勧告書が送付された場合はその勧告の趣旨を十分に尊重することとされている。実効性のある勧告を行うためにも，家庭裁判所は，少年鑑別所や執行機関との連携を密にし，処遇の実情を十分に把握しておくべきである。

(1)　**短期間**　　家庭裁判所が，短期義務教育課程又は短期社会適応課程の標準的な期間（6か月以内。「短期間」という）を矯正教育の期間として設定することが適当とする少年について，その旨を記載した処遇勧告書を送付した場合には，短期義務教育課程又は短期社会適応課程を指定する。

617

少院第30条～第34条

短期義務教育課程の対象者の矯正における選定基準は，原則として，14歳以上で義務教育を終了しない者のうち，その者の持つ問題性が単純又は比較的軽く，早期改善の可能性が大きい者であり，少年院送致の保護処分歴がある者は該当しない。ただし，中学校2年生に該当する年齢であって，心身の発達の程度を考慮して14歳以上の在院者と同一の集団での矯正教育の実施に著しい支障が認められない場合で相当と認めるときは，14歳未満の場合であっても短期義務教育課程を指定することができる（家庭裁判所はこの基準に拘束はされないが，この区分と異なる少年を送致する場合には，少年鑑別所等の意見聴取等が必要となる）。

(2)　**特別短期間**　　少年院の長は，短期義務教育課程又は短期社会適応課程が指定された在院者について，家庭裁判所から送付された処遇勧告書に，短期間の範囲内で，特に短い期間（「特別短期間」という）を矯正教育の期間として設定することを相当とする旨の記載がある場合は，4か月以内の期間で矯正教育期間を定めた個人別矯正教育計画を策定する。

旧院法下においては，家庭裁判所が特修短期の処遇勧告を行った場合には，これに従い，収容期間を4か月以内，標準的な教育期間を11週間としたうえ，開放処遇を行うことなどを内容とする特修短期処遇とされていた（「特修短期処遇の運用について」平3・7・29矯教1689）。これに対して，特別短期間は，矯正教育の期間を4か月以内とするものであり，家庭裁判所がこれに加えて開放的な教育を求める場合には，別途その旨の処遇勧告を行う必要がある。運用上，特別短期間の処遇勧告に併せて「開放的な教育」を求める処遇勧告がされた場合については，その趣旨を十分に尊重することとなり，院外教育活動（少院40条2項，院外委嘱指導，野外活動等の施設外で行う特別活動指導，社会貢献活動等），自主的活動（できる限り日課（少院37条）の一部を在院者自身に計画させ，実施させるもの），保護者参加型活動，保護者その他相当と認める者との宿泊面会（少院97条），電話による通信の積極的実施等の配慮がなされる（「短期義務教育課程及び短期社会適応課程における「開放的な教育」の運用について（通知）」平27・5・14矯少101）。

(3)　**早期に保護観察復帰相当又は特別早期に保護観察復帰相当**　　家庭裁判所において，第5種少年院に収容する旨の決定がなされ，かつ，上記各勧告が付された場合は，保護観察復帰指導課程Iを指定することとされ，上記処遇勧告書に「特別早期に保護観察復帰相当」として，2月以内の期間を矯正教育の期間

少院第 30 条～第 34 条

として設定することを相当とする旨の記載がある場合は，2 月以内の期間で矯正教育の期間を定めた個人別矯正教育計画を策定するものとされた。

(4)　その他の処遇勧告との関係等　　(ア)　矯正教育の期間との関係　　その他，矯正教育の期間との関係での処遇勧告としては，旧院法下でも実務上行われていた「相当長期間」，「比較的長期間」，「比較的短期間」が考えられる。

処遇勧告がされない場合には，通常，矯正教育の期間は 2 年以内とされ，11 か月ないし 12 か月を矯正教育の基準期間とする矯正教育課程が指定される。「相当長期間」の処遇勧告をした場合には 2 年を超える長期間の矯正教育等の処遇を求めるもの，「比較的長期間」の処遇勧告をした場合には 1 年を超え 2 年以内の長期間の矯正教育等の処遇を求めるもの，「比較的短期間」の処遇勧告をした場合には 11 か月ないし 12 か月よりも短い期間での矯正教育等の処遇を求めるものとして運用されており，個人別矯正教育計画を策定するに当たって，その趣旨を十分に尊重し，矯正教育の目標，内容，実施方法及び期間その他の矯正教育の実施に必要な事項を定めることとなる（比較的短期間（10 か月）の処遇勧告をした裁判例として，東京家決平 28・4・26 家判 11・120 がある）。なお，運用上，少年院の長は，2 年を超える矯正教育の期間を設定する場合には，その少年院の所在地を管轄する矯正管区の長に申請し，その認可を得る必要があり，また，「比較的長期間」の処遇勧告がなされた場合，その勧告の趣旨を十分尊重しつつ，18 月を基準として，矯正教育の期間を定めた個人別矯正教育計画を策定することとされている（「保護処分在院者の個人別矯正教育計画の策定等について」平 27・5・14 矯少 93）。

(イ)　矯正教育の期間の延長との関係　　個人別矯正教育計画で定めた矯正教育の期間は，矯正教育の実施状況を踏まえて必要がある場合には，延長をすることができる。なお，運用上，短期義務教育課程又は短期社会適応課程が指定された在院者については，当該在院者を送致した家庭裁判所の意見を聴いたうえで矯正教育の期間を延長することとされている。また，家庭裁判所からの「短期間」の処遇勧告を受けている場合には，延長できる期間の上限は 6 か月，「特別短期間」の処遇勧告を受けている場合には，延長できる期間の上限は 4 か月とされている。具体的な手続としては，少年院の長は，6 か月（短期間），4 か月（特別短期間）を超えて矯正教育を行う必要があると認めるときは，在院者に鑑別（少院 36 条）を受けさせた後，当該在院者を送致した家庭裁判所の意

619

少院第30条～第34条

見を聴いたうえで，その少年院の所在地を管轄する矯正管区の長に申請し，認可を得て，矯正教育の期間を延長する。

短期義務教育課程又は短期社会適応課程以外の矯正教育課程が指定されている在院者について，2年を超えて矯正教育を行う必要があると認めるとき，又は2年を超える矯正教育の期間が定められている在院者について当該期間を超えて矯正教育を行う必要があると認めるときには，その少年院の所在地を管轄する矯正管区の長の認可を得て，矯正教育の期間を延長することとされている。再延長をする場合も同様である。なお，個人別矯正教育計画の策定及び変更については，保護処分の決定をした家庭裁判所及び少年院を指定した少年鑑別所の長に対して通知される。

　㋒　移送との関係　　少年院の長は，矯正教育の効果的な実施その他の理由により必要があると認めるときは，その少年院の所在地を管轄する矯正管区の長の認可を得て，在院者を他の少年院に移送することができる（少院134条1項）。「その他の理由」としては，例えば第3種の指定を受けていない少年院から第3種の指定を受けた他の少年院に医療上の理由によって移送する場合，寮舎工事のための施設管理上の都合によって他の少年院に移送する場合などがある。移送する少年院の長は，在院者に指定した矯正教育課程と異なる矯正教育課程を当該少年院以外の少年院の長が少年院法33条1項の規定により新たに指定する必要があることを理由として，当該在院者を移送するときは，専ら医療上の理由による場合を除き，あらかじめ，少年鑑別所の長の意見を聴かなければならない（少院134条2項）。これは，矯正教育課程の指定又は変更の場合（少院33条）と同様，少年鑑別所の長の専門的知見を尊重・活用するものであり，在院者の鑑別（少院36条）等によって少年鑑別所の長の意見を聴くこととなる。また，運用上，少年院の種類の指定又は処遇勧告との関係から，あらかじめ保護処分を決定した家庭裁判所の意見を聴かなければならないとされている場合がある。すなわち，①矯正教育の効果的実施のために移監する場合において㋐保護処分在院者の移送で現に収容する少年院の種類と移送先少年院の種類が異なる場合，㋑短期義務教育課程又は短期矯正教育課程を指定した在院者について，新たにこれら以外の矯正教育課程を指定する必要があると認めるとき，②第3種少年院に送致する保護処分の決定を受けた在院者について，㋐医療措置終了後に収容する少年院の種類についての処遇勧告が付されていない場

少院第44条

合，⑦医療措置終了後に収容する少年院についての処遇勧告が付されている場合において，当該処遇勧告で指定された少年院の種類と移送先となる少年院の種類が異なるときである（院施規85条，「保護処分在院者の移送について」平27・5・14矯少97）。なお，第3種少年院に送致する保護処分の決定を受けた在院者について，医療措置終了後に収容する少年院の種類についての処遇勧告が付されている場合，少年院は，その勧告の趣旨を十分に尊重することとなる。適時の円滑な移送実施のため，家庭裁判所が第3種少年院に少年を送致する場合，医療措置終了後の移送が予想されるときは，原則として，医療措置終了後の移送先少年院の種類に関する処遇勧告を行うべきである。

なお，保護処分在院者を移送したときは，速やかにその者を送致した家庭裁判所に通知することとされている（院施規86条）。

（社会復帰支援）
第44条 ① 少年院の長は，在院者の円滑な社会復帰を図るため，出院後に自立した生活を営む上での困難を有する在院者に対しては，その意向を尊重しつつ，次に掲げる支援を行うものとする。
  1 適切な住居その他の宿泊場所を得ること及び当該宿泊場所に帰住することを助けること。
  2 医療及び療養を受けることを助けること。
  3 修学又は就業を助けること。
  4 前3号に掲げるもののほか，在院者が健全な社会生活を営むために必要な援助を行うこと。
 ② 前項の支援は，その効果的な実施を図るため必要な限度において，少年院の外の適当な場所で行うことができる。
 ③ 少年院の長は，第1項の支援を行うに当たっては，矯正教育の実施状況，第23条の2第2項の規定により聴取した心情等その他の被害者等に関する事情及び在院者が社会復帰をするに際し支援を必要とする事情を考慮するものとする。
 ④ 少年院の長は，第1項の支援を行うに当たっては，保護観察所の長と連携を図るように努めなければならない。

少年院においては，保護処分を執行する機関として収容と矯正教育を行うと

621

少院第 44 条

共に，在院者の帰住する生活環境が社会復帰・更生に支障を来さないように社会復帰支援（本条1項）を行う。旧院法下においても，直接の規定はないものの，関係機関等と連携し，出院後に自立した生活を営むうえでの困難を有する在院者に対する様々な社会復帰支援を行っていたものであるが，その重要性に鑑み，本条に明記されたものである。

支援の具体的な内容として，在院者の引受人の確保，出院後に通院可能な医療機関の確保，精神障害者保健福祉手帳，療育手帳，身体障害者手帳等の発給を受けるために必要な手続の支援，公共職業安定所の見学，事業主との面接の実施等の支援，社会復帰を手助けする親族等との交流に対する援助等が挙げられる。社会復帰支援は，在院者への強制にはなじまないから，その意向を尊重しつつ行うこととされている。また，少年院内においては適切な社会復帰支援を行うことができない場合もあることを考慮し，必要な限度で少年院外の適当な場所で社会復帰支援を行うことができるとされている（本条2項）。適当な場所としては，例えば，就業予定の事業所，就学予定の学校，出院後に通院を検討している病院などが考えられる。なお，在院者に対する社会復帰支援を行う際には，その者の矯正教育の実施状況，少年院法 23 条の 2 第 2 項の規定により聴取した心情等その他の被害者等に関する事情及び在院者が社会復帰をするに際し支援を必要とする事情を考慮することとされる（少院 44 条 3 項）。「矯正教育の実施状況」とは，当該在院者が受けた進路指導，保護関係調整指導等の生活指導の内容，職業指導及び教科指導により在院者が取得した資格の内容，出院までに見込まれる期間等であり，少年院においては，従来から矯正教育と本条の社会復帰支援が連携して実施されてきた実務を踏まえたものである。「第 23 条の 2 第 2 項の規定により聴取した心情等その他の被害者等に関する事情」とは，例えば，受刑者が希望する帰住先が被害者等の居住する地域である場合において，被害者等が受刑者の当該地域への帰住に対して強い拒否反応を示しているような事情が想定され，また，「在院者が社会復帰をするに際し支援を必要とする事情」の意義については，例えば，適切な帰住先がないことや，医療的支援を必要とする身体状況にあることといった事情が考えられる。少年の家庭その他の環境調整は，保護観察所の長の行う事務とされ（24 条 2 項，更生 82 条），環境調整の活動は保護観察所が主として担当しており，少年院における社会復帰支援と重なり合う部分もあることから，在院者の円滑な社会復帰を

少院第89条〔規第56条・第57条〕

図るため，保護観察所の長と連携を図るように努めることとされている（本条3項）。必要がある場合には，家庭裁判所，少年鑑別所，地方更生保護委員会又は保護観察所その他の関係行政機関，学校，病院，児童の福祉に関する機関，民間の篤志家その他の者に協力を求めることができる（⇨少院18条注釈）。

（収容のための連戻し）
第89条　①　指定職員は，在院者が次の各号のいずれかに該当する場合には，これを連れ戻すことができる。ただし，当該各号に定める時から48時間を経過した後は，保護処分在院者にあっては裁判官のあらかじめ発する連戻状によらなければ連戻しに着手することができず，受刑在院者にあっては連戻しに着手することができない。
1　逃走したとき　逃走の時
2　院外委嘱指導又は第45条第1項の規定による外出若しくは外泊の場合において，少年院の長が指定した日時までに少年院に帰着しなかったとき　その日時
②　前項の規定による連戻しが困難である場合には，少年院の長は，警察官に対して連戻しのための援助を求めることができる。この場合において，援助を求められた警察官については，同項の規定を準用する。
③　第1項ただし書（前項において準用する場合を含む。）の連戻状は，少年院の長の請求により，その少年院の所在地を管轄する家庭裁判所の裁判官が発する。この場合においては，少年法第4条及び第36条の規定を準用する。
（連戻状の請求等）
規則第56条　①　少年院法第89条第3項（同法第90条第6項及び第133条第3項において準用する場合を含む。）の規定による連戻状の請求は，書面でしなければならない。
②　連戻状の請求書には，次に掲げる事項を記載しなければならない。
1　本人の氏名，年齢及び住居又は現在地。住居及び現在地が明らかでないときは，その旨
2　本人を少年院に収容しておくことができる期間の最終日
3　連れ戻すべき事由
4　連れ戻すべき少年院その他の場所
5　請求者の官職氏名
6　30日を超える有効期間を必要とするときは，その旨及び事由

623

少院第89条（規第56条・第57条）

　　　7　連戻状を数通必要とするときは，その旨及び事由
　　　8　同一事由により本人に対し前に連戻状の請求又はその発付があつたとき
　　　　は，その旨
　③　連戻状の請求書には，謄本1通を添付しなければならない。
　④　連戻状を請求するには，連れ戻すべき事由があることを認めるべき資料を
　　提供しなければならない。
　⑤　連戻状の請求を受けた裁判官は，必要があると認めるときは，連戻状の請
　　求をした少年院の長又はその少年院の職員の出頭を求めてその陳述を聴き，
　　又はこれらの者に対し書類その他の物の提示を求めることができる。
　（連戻状の記載要件等）
規則第57条　①　連戻状には，次に掲げる事項を記載し，裁判官が，記名押
　印する。
　　1　本人の氏名，年齢及び住居又は現在地。住居及び現在地が明らかでない
　　　ときは，その旨
　　2　本人を少年院に収容しておくことができる期間の最終日
　　3　連れ戻すべき事由
　　4　連れ戻すべき少年院その他の場所
　　5　請求者の官職氏名
　　6　有効期間
　　7　有効期間経過後は，連戻しに着手することができず，連戻状は返還しな
　　　ければならない旨
　　8　発付の年月日
　②　連戻状の有効期間は，発付の日から30日とする。但し，連戻状の請求を
　　受けた裁判官は，相当と認めるときは，30日を超える期間を定めることが
　　できる。
　③　連戻状は，連戻状の請求書の謄本及びその記載を利用して作ることができ
　　る。
　④　連戻状は，請求により，数通を発することができる。
　⑤　連戻状による連戻しについては，第18条第1項から第3項までの規定を
　　準用する。
　⑥　裁判官が連戻状の請求を却下するには，請求書の謄本にその旨を記載し，
　　記名押印してこれを請求者に交付すれば足りる。

1　本条の趣旨

本条は，旧院法14条の規定が定める連戻しと同旨の規定である。

連戻しとは，少年院又は少年鑑別所から逃走した者の身柄を確保して同行し，

624

少院第 89 条 〔規第 56 条・第 57 条〕

当該施設に戻すまでの一連の行為をいう。少年院等への収容は法の強制力による処分であるから，逃走した者は強制力を用いても再収容しなければならない（菊池 173 頁，同 b 193 頁，山田(俊)265 頁。収容の性質については⇨24 条注釈 4(4)）。指定職員及び少年院又は少年鑑別所の長から援助を求められた警察官は，逃走した者を連れ戻すことが認められている（本条 1・2 項，少鑑 78 条 1・2 項）。指定職員とは，法務省令で定める少年院・少年鑑別所の職員であり，一定の有形力の行使が見込まれるような職務（連戻しのほか，身体の検査（少院 21・85 条，少鑑 24・74 条），制止等の措置（少院 86 条，少鑑 75 条），手錠の使用（少院 87 条，少鑑 76 条），保護室への収容（少院 88 条，少鑑 77 条），反則行為の調査の際の身体検査等（少院 117 条））を行うことから，法に定められた業務の遂行に必要な研修及び訓練を修了していることなどの要件が設けられている（院施規 14 条，鑑施規 11 条）。以下，少年院法の規定に基づく連戻しについて解説する（指定職員については「職員」という）。少年鑑別所法に基づく連戻しについては，⇨少鑑 78 条注釈。

　職員及び援助を求められた警察官による連戻しについては，逃走直後は緊急性もあり相当である一方，逃走後長時間経過した後には新たな身柄の拘束と同視でき，新たに形成された生活関係などから人権侵害のおそれもあること，憲法の令状主義の精神からも一定の時間経過後は裁判官の令状に基づくことが要請される（平場 381 頁，菊池 177 頁，団藤＝森田 472 頁，山田(俊)264 頁，吉永＝鈴木 66 頁，条解〔菊地〕322 頁）。そこで，在院者が逃走し，連戻しに着手しないまま 48 時間が経過した後は，職員及び援助を求められた警察官による連戻しを制限しており，保護処分在院者については，裁判官のあらかじめ発する連戻状がなければ連戻しに着手することができない。受刑在院者については，連戻しに着手できず，一般の受刑者と同様に収容の手続（刑訴 485 条）による。なお，保護処分在院者について，大規模災害に際して施設内で避難の方法がない場合等に少年院から解放され，避難を必要とする状況がなくなった後速やかに，少年院又は指定された場所に出頭しない場合（不出頭）にも，連戻状によりその者を連れ戻すことができ，その場合の手続も，本条の場合と同様である（少院 90 条，規 56 条 1 項）。また，仮収容（少院 133 条）中の在院者が逃走等をした場合の手続も，本条の場合と同様である（少院 133 条 3 項，規 56 条 1 項）。

2　連戻状発付要件

　連戻状発付の実体的要件は，①保護処分在院者（少院 2 条 2 号）であること，

少院第89条（規第56条・第57条）

②⑦逃走したこと，又は④院外委嘱指導，少年院法45条1項の規定による外出若しくは外泊から少年院の長が指定する日時までに少年院に帰着しなかったことである。

(1) **保護処分在院者**　保護処分（少院2条2号。⇒少院1条注釈）を受け，その執行指揮を終え，少年院の実力支配下に入った者であり，必ずしも物理的存在としての少年院に入る必要はなく，当該少年院の職員に引渡されれば足りる（旧法下の在院者と同様。菊池174頁，同b194頁）。したがって例えば，少年院送致の保護処分決定があり，執行指揮がされたとしても，少年が少年院の職員の実力支配下に入っていないときは，保護処分在院者に該当せず，この場合は，決定執行のための同行状（26条2・3項）によることとなる（⇒26条注釈4）。

(2) **逃走**　少年がその意思に基づいて，少年院の職員の実力支配を離脱した場合であり，刑法の逃走罪にいう逃走と同旨である（本書第3版519頁）。この点に関連して，少年院から逃走中の少年が逃走中の犯罪により刑の執行猶予の判決を受けた場合，対象者が本来の逃走者であること，刑の執行が保護処分に優先するのは実刑に限られ，保護処分の執行に支障のない刑を含まないこと，家庭裁判所による少年院送致の保護処分決定の取消しがない限り保護処分は継続されるべきであることなどの理由から，少年を連れ戻すには連戻状を要すると解されている（団藤＝森田475頁。⇒57条注釈2）。

(3) **不帰着**　少年院の長は，矯正教育の効果的な実施を図るため，その少年院の所在地を管轄する矯正管区の長の承認を得て，事業所の事業主，学識経験者その他適当と認める者に委嘱して矯正教育の援助を行わせることができ（少院40条1項），また，在院者の円滑な社会復帰を図るために必要があると認める場合であって，その者の改善更生の状況その他の事情を考慮し，相当と認めるときは，少年院の職員の同行なしに，その在院者を少年院の外の場所に通わせて，上記事業主など矯正教育の援助として在院者に指導を行う者（嘱託指導者）による指導を受けさせることができる（少院40条2項）。これを院外委嘱指導という。

また，少年院の長は，在院者の円滑な社会復帰を図るため，少年院の外において，その者が，出院後の住居又は就業先の確保その他の一身上の重要な用務を行い，更生保護に関係のある者を訪問し，その他その出院後の社会生活に有用な体験をする必要があると認める場合であって，その者の改善更生の状況そ

少院第 89 条 (規第 56 条・第 57 条)

の他の事情を考慮し，相当と認めるときは，少年院の職員の同行なしに，外出し，又は 7 日以内の期間を定めて外泊することを許すことができる（少院 45 条 1 項）。

連戻状発付の要件としての不帰着とは，保護処分在院者が，このような院外委嘱指導，外出又は外泊の場合において，少年院の長が指定した日時までに少年院等に帰着しなかった場合である。

3　請求手続等

連戻状は，少年の身柄の責任者である少年院の長の請求により，当該施設の所在地を管轄する家庭裁判所の裁判官が発する（本条 3 項）。連戻状の請求時期については制限がないから，連戻しの着手ができない事態を避けるために，逃走した時から 48 時間の経過前に連戻状の発付を請求することもでき（樋口(忠)b 12 頁，山田(俊)263 頁），運用上，連れ戻すべき事由が発生した場合には，直ちに連戻しに着手できる場合を除き，速やかに連戻状を請求してその発付を受け，連戻しに支障が生じないようにすることとされている（「少年院及び少年鑑別所における収容のための連戻しの運用について」平 27・5・27 矯少 152）。また，少年院から逃走した者の収容期間が満了した場合には請求もできなくなるが（山田(俊)263 頁），期間満了前に収容継続の申請がなされていれば，連戻状の請求もできる（昭 35・8・22 家三 113 家庭局長回答・家月 12・9・258）。請求の方式は，連戻状請求書に所定の事項を記載して行う（規 56 条，「少年院及び少年鑑別所における収容のための連戻しの運用について」平 27・5・27 矯少 152）。

4　連戻状の発付

裁判官は，発付審理のため必要があると認めたときは，少年院の長又はその少年院の職員の出頭を求めてその陳述を聴き，又はこれらの者に対して書類その他の物の提示を求めることができる（規 56 条 5 項）。連戻状の有効期間は，原則として 30 日であるが，少年院に収容し得る残期間が 30 日より短い場合には，収容継続申請が行われている場合を除き，収容することのできる最終日までの期間としなければならない（団藤＝森田 476 頁，昭 35・8・22 家三 113 家庭局長回答・家月 12・9・258）。また，相当と認める場合には，30 日を超える期間を定めることができる（規 57 条 2 項，樋口(忠)b 12 頁）。連戻状は請求によって，数通発付することもできる（規 57 条 4 項）。運用上は，警察官に援助を求めるため，2 通以上の連戻状の発付を請求することとなる（「少年院及び少年鑑別所における収容のた

627

少院第89条（規第56条・第57条）

めの連戻しの運用について」平27・5・27矯少152）。

連戻状の請求を却下する場合，請求書の謄本にその旨記載し，裁判官が記名押印して請求者に交付すれば足りる（規57条6項）。ただし，本条3項の連戻状の請求は，旧院法14条3項による連戻状の請求と同趣旨のものであり，連戻権の行使を方式化する目的で手続上の理由からなされるものであって，請求を受けた裁判官は連戻しの要否を判断することはできず（菊池177頁，同b197頁，山田(俊)266頁），形式的要件に不備がある場合と連戻しの事由が認められない場合以外には連戻状の請求は却下できないと解される（条解〔菊地〕322頁）。

5　連戻状の執行

連戻状による連戻しは，連戻状を本人に提示して少年院等の連れ戻すべき場所に同行するが，連戻状を所持しない場合には，いわゆる緊急執行（規18条2項・57条5項）もできる（樋口(忠)b13頁，山田(俊)263頁）。連戻しに着手した場合には，連戻しに着手した年月日時及び場所等を記載する（規57条5項・18条1〜3項）。また，必要がある場合には，最寄りの少年院，少年鑑別所又は刑事施設に仮収容することができる（少院133条2項）。連戻状の執行担当者は，職員及び少年院の長から援助を求められた警察官である（本条1・2項）。在院者の逃走は，刑法の逃走罪には該当しないと解されていたが，令和5年刑法改正により逃走罪の主体が「法令により拘禁された者」と改められたため，在院者も該当すると解される（この改正は逃走防止の実効化を図るものであるから，少年院における収容の性質に影響は及ぼさないのはもちろんである）。警察官に対する援助要求は，少年院の長が逃走者1人ごとに連戻援助請求書によって，都府県の場合は当該都府県警察の警視総監又は県警本部長，北海道の場合は当該少年院の所在地を管轄する北海道警察の方面本部長宛てに行う（「少年院及び少年鑑別所における収容のための連戻しの運用について」平27・5・27矯少152）。連戻状の執行には，勾引状や勾留状の執行のような規定（刑訴126条）がなく，逃走中の少年が潜伏している疑いのある住居等に対する強制捜索や強制立入はできない（山田(俊)265頁，条解〔菊地〕322頁）。なお，少年院においては，逃走した者をして自発的・任意的に復院させるのが望ましいが，任意復院の見込がないにもかかわらず，連戻しの措置を執らないことはできない。少年院は，少年院送致の保護処分決定の執行機関としてこれを執行する責務があり，処分継続の要否を判断することはできず，連戻しをしない裁量権はなく連戻しの義務があるからである。本条の規

少院第137条

定は，裁量権ではなく権限を認めたものと解されている（樋口（忠）b 9頁，菊池b 198頁，山田（俊）264頁，条解〔菊地〕321頁）。

6　受刑在院者に対する例外

受刑在院者（少院2条3号）が少年院から逃走した場合，48時間以内は保護処分在院者と同様に扱って連れ戻すことができるが（本条1項本文），48時間を経過した後は，それまでに連戻しに着手している場合（連戻しのため強制力行使を始めている場合で捜索行為では足りない）を除き連れ戻すことはできず（本条1項但書），刑訴法上の収容の手続（刑訴485条）により収容する。なお，受刑在院者が逃走した場合，逃走罪による逮捕も可能である。また，院外委嘱指導等から帰着しない場合には罰則の適用を受ける（少院147条1項）。受刑在院者については，大規模災害時における解放の場合に，少年院又は指定された場所に出頭しないときにも罰則の適用がある（少院147条2項）。

（20歳退院及び収容継続）

第137条　①　少年院の長は，少年法第24条第1項第3号の保護処分（更生保護法第72条第1項の規定による措置を含む。）の執行を受けるため少年院に収容されている保護処分在院者が20歳に達したときは退院させるものとし，20歳に達した日の翌日にその者を出院させなければならない。ただし，少年法第24条第1項第3号の保護処分に係る同項の決定のあった日から起算して1年を経過していないときは，その日から起算して1年間に限り，その収容を継続することができる。

②　更生保護法第72条第2項前段の規定により家庭裁判所が少年院に収容する期間を定めた保護処分在院者については，前項の規定は適用しない。

1　20歳退院の原則と収容継続

18歳未満のときに受けた少年院送致決定（その戻し収容措置（更生72条）を含む）による在院者については，20歳に達すれば，原則として退院させなければならない（本条1項本文）。もっとも，収容期間が短過ぎる場合には，その期間内にその矯正教育等の目的を達成し得ない蓋然性が高いことから，少年院の長の権限として，少年院送致決定から1年間に限って収容期間の継続を認めてい

629

少院第137条

る（本条1項但書）。本条は，旧院法11条1項の規定を踏襲したものである。

18歳未満のときに少年院送致決定を受けた26歳未満の少年院仮退院者については，地方更生保護委員会において，保護観察所の長の申出により遵守事項違反が認められる場合，家庭裁判所に対して，その者を少年院に戻して収容する旨の申請をすることができ（更生71条），家庭裁判所は，23歳に満たない少年院仮退院者について20歳を超えて少年院に収容する必要がある場合には，23歳を超えない期間内で少年院に収容する期間を定めることができる（更生72条1・2項）。そのため，このような戻し収容決定によって収容される保護処分在院者については，当該期間の満了まで，その収容を継続することとされている（本条2項）。

なお，令和3年改正による特定少年の保護処分（64条1項3号・66条1項）の執行を受けるため収容されている在院者は，家庭裁判所が定めた収容期間の満了時が退院時期になるから（64条2・3項），本条1項は妥当しないので，対象者から除外された（玉本＝北原106頁）。収容継続申請事件については，廣瀬・少年法439頁以下参照。

2 期間の終期等

「20歳に達したとき」が退院時期とされているので，本人の正確な年齢が問題となるところ，保護処分決定書の年齢の記載と執行機関側の判断が異なる場合，執行機関側が正しいと判断する生年月日によるとする保護局長通牒がある（昭30・9・8保護829保護局長通牒）。他方，決定書の記載を標準とすべきであり，誤りがあれば更正決定により補正すべきとの見解もある（上杉12頁，栗林23頁）。旧院法11条1項但書においては，「送致の時から1年間に限り」と規定されていたことから，「送致の時」について，現実に本人の身柄を少年院が受け取った時と考える余地があったが，本条1項但書においては，「決定のあった日から起算して1年を経過していないときは，その日から起算して1年間」と規定され，立法的な解決が図られた。なお，戻し収容の場合（更生71条），戻し収容決定があった日ではなく，仮退院許可決定を取り消し，先にされた少年院送致決定による状態を復帰させるものであることなどから，最初の少年院送致決定がなされた時と解されており（「少年院法第11条第1項ただし書を適用する場合の「送致の時」の解釈について」平18・3・24矯少1925矯正局長通達・家月58・6・95），少年院法においても同様である。

少院第 138 条・第 139 条

　本条 1 項但書の「1 年間」については，決定のあった初日が算入され，退院は収容する期間末日の翌日の午前中である（少院 140 条 2 号）。

　旧院法下において，1 年間の性質については，法定期間と解する説（菊池 148 頁，同 b 192 頁，森（良）55 頁，来栖 34 頁，団藤＝森田 457 頁）と少年院の長の判断によって短縮可能な裁量期間と解する説とがあり，実務上は後者とされている（岩松 51 頁，刑政 80 頁，「少年院法第 11 条第 1 項ただし書に規定する収容継続の解釈並びに運用について」昭 49・4・30 矯教 981 矯正局長通達・保護月報 104・19）。なお，後者によっても退院は地方更生保護委員会の決定によるべきとされており（樋口（忠）a 39 頁，保護局観 61 頁），実務上の不合理・不都合な点はない。本条においては，旧院法 11 条 1 項の規定と実務が踏襲されている。

(23 歳までの収容継続)

第 138 条　①　少年院の長は，次の各号に掲げる保護処分在院者について，その者の心身に著しい障害があり，又はその犯罪的傾向が矯正されていないため，それぞれ当該各号に定める日を超えてその収容を継続することが相当であると認めるときは，その者を送致した家庭裁判所に対し，その収容を継続する旨の決定の申請をしなければならない。

　1　前条第 1 項本文の規定により退院させるものとされる者　20 歳に達した日

　2　前条第 1 項ただし書の規定により少年院に収容することができる期間又は家庭裁判所が次項，少年法第 26 条の 4 第 2 項若しくは更生保護法第 68 条第 3 項若しくは第 72 条第 2 項の規定により定めた少年院に収容する期間（当該期間の末日が 23 歳に達した日である場合を除く。）が満了する者　当該期間の末日

　②　前項の申請を受けた家庭裁判所は，当該申請に係る保護処分在院者について，その申請に理由があると認めるときは，その収容を継続する旨の決定をしなければならない。この場合においては，当該決定と同時に，その者が 23 歳を超えない期間の範囲内で，少年院に収容する期間を定めなければならない。

　③　家庭裁判所は，前項の決定に係る事件の審理に当たっては，医学，心理学，教育学，社会学その他の専門的知識を有する者及び第 1 項の申請に係る保護処分在院者を収容している少年院の職員の意見を聴かなけれ

631

少院第 138 条・第 139 条

ばならない。
④　少年院の長は，第 1 項の申請に係る家庭裁判所の決定の通知を受けるまでの間，当該申請に係る保護処分在院者の収容を継続することができる。
⑤　前 3 項に定めるもののほか，第 2 項の決定に係る事件の手続は，その性質に反しない限り，18 歳に満たない少年の保護処分に係る事件の手続の例による。

（23 歳を超える収容継続）
第 139 条　①　少年院の長は，次の各号に掲げる保護処分在院者について，その者の精神に著しい障害があり，医療に関する専門的知識及び技術を踏まえて矯正教育を継続して行うことが特に必要であるため，それぞれ当該各号に定める日を超えてその収容を継続することが相当であると認めるときは，その者を送致した家庭裁判所に対し，その収容を継続する旨の決定の申請をしなければならない。
　1　家庭裁判所が前条第 2 項，少年法第 26 条の 4 第 2 項又は更生保護法第 68 条第 3 項若しくは第 72 条第 2 項の規定により定めた少年院に収容する期間が 23 歳に達した日に満了する者　23 歳に達した日
　2　家庭裁判所が次項又は更生保護法第 72 条第 3 項の規定により定めた少年院に収容する期間（当該期間の末日が 26 歳に達した日である場合を除く。）が満了する者　当該期間の末日
②　前項の申請を受けた家庭裁判所は，当該申請に係る保護処分在院者について，その申請に理由があると認めるときは，その収容を継続する旨の決定をしなければならない。この場合においては，当該決定と同時に，その者が 26 歳を超えない期間の範囲内で，少年院に収容する期間を定めなければならない。
③　前条第 3 項から第 5 項までの規定は，前項の決定に係る事件の手続について準用する。この場合において，同条第 3 項及び第 4 項中「第 1 項」とあるのは「次条第 1 項」と，同条第 5 項中「前 3 項」とあるのは「次条第 2 項及び同条第 3 項において準用する前 2 項」と，「第 2 項」とあるのは「次条第 2 項」と読み替えるものとする。

1　収容継続の趣旨

少年は人格が発達途上で可塑性に富むため，最適の教育をするには，保護処

少院第138条・第139条

分の期間も一律には定めず，その個々の問題点や教育の成果に応じて定められる方が望ましい。個々の対象少年の問題性は様々で，特に施設内処遇が必要とされるような少年は，性格や問題点の改善・矯正に相当長期間を要する場合が少なくないことなどを考慮して，例外的に収容期間の継続を認めると共に，対象者の人権保障の見地から，収容継続の可否及びその期間を家庭裁判所の決定で定めることとしている。執行段階に家庭裁判所が関与する場合であり，処遇の実情を十分把握して，処遇の必要と人権保障との調和を図るため，執行機関との連携が強く要請される場面である。このような収容継続のための手続等を収容継続申請事件と呼んでいる。

少年院法138・139条の収容継続に関する規定は，旧院法11条2項から7項の規定を踏襲すると共に，収容継続申請の対象となる者などについて規定を整備したものである。

2 収容継続申請事件の性質——審判の対象

旧院法時代から議論があり，新たな処分とする説（伊藤（政）a 83頁，同b 36頁），前の保護処分事件の復活・延長としての継続処分説（円井243頁，平井c 156頁），実体的には継続・延長であるが手続的には新処分の性格を持つという両面説（平場405頁，団藤＝森田458頁，藤堂a 207頁，同b 4頁，水谷(1) 6頁，椿212頁，川出335頁等）がある。収容継続は新たな非行や問題行動等を要件とせず，従前の処分で保護・教育が不十分な場合に行われるので継続・延長の性格を持つ一方，実質的には収容期間を延長し，成人に対する身柄拘束を可能とするので，保護処分と同様の手続保障がなされるべきであるから，両面説が正当というべきである（本書第3版507頁）。

その審判の対象は主として当初の収容期間終了時における本人の要保護性であるが，原送致決定の際の非行事実との均衡にも配慮すべきであり，虞犯や軽い非行事実による場合は特に慎重な考慮を払うべきである（水谷(2) 44頁）。

3 収容継続申請の対象

収容継続申請の対象者はいずれも少院137条1項で定める保護処分在院者である。旧院法11条2項及び5項においては，収容継続申請の対象者が不明確なことから様々な議論があったが（本書第3版508頁），少年院法において，以下の(1)及び(2)の者が明記され（少院138条1項・139条1項），立法的な解決が図られた。なお，令和3年改正による特定少年に対する保護処分（64条1項3号・

633

少院第138条・第139条

66条1項）による在院者には収容継続申請は認められず，家庭裁判所が定めた収容（可能）期間（64条2・3項）が上限となる（廣瀬・少年法440頁，川出336頁）。

(1) **138条1項**　23歳までの収容継続の対象者となる保護処分在院者は，①20歳に達した者（少院138条1項1号），②法律又は家庭裁判所の決定により定められた収容期間を満了する者であって，㋐20歳に達した後に24条1項3号の保護処分に係る同項の決定のあった日から起算して1年間に限りその収容が継続されている者（少院137条1項但書），㋑23歳を超えない期間の範囲内で収容を継続されている者（少院138条2項で期間が定められる），㋒保護観察の保護処分決定（24条1項1号）後に定められた遵守事項違反によって少年院に収容されている者（26条の4第2項），㋓保護観察の保護処分決定後に虞犯通告を受けて少年院に収容されている者（更生68条3項），㋔戻し収容決定を受けて少年院に収容されている者（更生72条2項）である（少院138条1項2号）。

(2) **139条1項**　23歳を超える収容継続申請の対象となる保護処分在院者は，①23歳に達した者（前記(1)の対象者であり，少院138条2項等の規定により定めた少年院に収容する期間が23歳に達した日に満了する者），②少年院法139条2項（23歳を超える収容継続決定の場合）又は更生保護法72条3項（23歳に達している少年院仮退院者についての戻し収容決定の場合）の規定により定めた少年院に収容する期間が満了する者（26歳未満で満了する者）である。

そのほか，旧院法下における議論（本書第3版508頁）について，少年院法との関係について付言する。

(3) **少年院から逃走中の者**　在院者が逃走した場合，逃走中に本来の収容期間が満了すると，以後，少年院の職員は，連戻し（少院89条）ができなくなる。逃走は犯罪的傾向の未矯正とみることもできることから，これをそのまま放置するのは相当ではないので，収容期間の最終日までに連戻しの見込みがない場合には，収容継続申請ができるものと解されている（藤堂b10頁，同a216頁，昭35・8・22家三113家庭局長回答・家月12・9・258。水谷(1)14頁は，復院の可能性・矯正教育継続の見通を必要とする。同様の理由で申請を認めなかったもの・名古屋家決昭45・11・4家月23・7・118。消極説・岩崎47頁）。少年院法においても，従前の取扱を否定するものではなく，収容継続申請の対象となると考えられる（川出336頁）。なお，令和5年刑法改正により，少年院からの逃走罪（刑97・98条）で追及することも可能となった（⇨少24条注釈4(4)）。

634

少院第138条・第139条

(4)　**少年院仮退院中の者**　　既に仮退院中の者に関し，保護観察期間を延長するために収容継続申請手続を利用できるかについて消極説（平井 c 157 頁，藤堂 b 8 頁，岩崎 46 頁，栗林 37 頁，条解〔菊地〕318 頁）があるが，積極説も有力である（伊藤（政）a 41 頁，平場 407 頁，昭 28・9 家庭局見解・会同要録 144 頁，福岡家飯塚支決昭 51・4・26 家月 28・12・211。水谷(1) 14 頁は，在院中に申請された場合，仮退院中でも認められるとする）。少年院法においては，文理上，少年院仮退院者が保護処分在院者に含まれると解することは困難であり，少年院の長が，少年院仮退院者について，専ら保護観察の期間を延長するために収容継続申請を行うことは想定されていない。実質的にみても，保護観察の実施主体は保護観察所の長であって，保護観察の実施に責任を負わない少年院の長が，専ら保護観察の必要のためだけに収容継続の申請を行うことは困難であるように思われる（川出 337 頁以下参照）。なお，後記(5)のとおり，少年院に収容している間に保護観察の期間としてどの程度が必要であるかを考慮して収容継続の措置・申請を行うことは可能と考えられる。

(5)　**仮退院後の保護観察目的の収容継続・仮退院後の保護観察期間考慮の可否**

消極説（伊藤（政）a 77 頁，吉野 251 頁），積極説（平場 406 頁，団藤 = 森田 463 頁，藤堂 b 17 頁，平井 c 158 頁，朝倉 b 206 頁，東京家決平 7・5・22 家月 47・8・95），特別の事情があるときに認める折衷説（東條 97 頁，条解〔菊地〕316 頁，水谷(1) 36 頁，栗林 146 頁，大阪家決昭 60・6・18 家月 37・12・82，旭川家決平 5・5・25 家月 45・9・82〔百選 85〕，東京家八王子支決平 17・1・6 家月 57・8・128）がある。収容保護と社会内処遇は有機的に協働して初めて実効的になるものであり，少年院収容，保護観察はいずれも健全育成を目的とするものであって，保護処分における性格の矯正と環境調整は相互補完的な関係にある。したがって，健全育成のために仮退院後の保護観察が必要でほかに執り得る適切な方法がない場合には，例外的に保護観察を目的とした収容継続が許容されてよい（本書第 3 版 510 頁）。実務上，積極説又は折衷説に立つ裁判例が大勢を占めている（水谷(1) 43 頁。最近も，東京家決平 24・3・8 家月 64・8・95，大阪家決平 23・2・8 家月 63・7・125，東京家決平 20・1・7 家月 60・5・115 などがある）ことには理由がある（特別の事情の判断によって折衷説も積極説とほとんど差異がないことになる）。少年院法では，家庭裁判所は，収容継続決定の際に，「少年院に収容する期間」を定めることとされている（少院 138 条 2 項・139 条 2 項）。この期間は，少年院に収容することができる期間を意味し，

635

少院第138条・第139条

現実に少年院に収容する期間に限定する趣旨ではない。したがって，家庭裁判所が収容継続の決定を行う際に保護観察に必要な期間を考慮することができる。

　積極説に対する批判として，家庭裁判所が保護観察期間として予定したとしても，これが現実の施設収容に転化する可能性があることなどが挙げられているが（条解〔菊地〕316頁），処遇勧告等で，本人の施設内処遇の期間が不相応に長期にわたらないようできる限り早期の出院の検討等処遇上の特段の配慮をするよう執行機関に対し希望を表明して問題点の緩和を図ることができる（松山家決平6・2・25家月46・7・100〈収容期間の限定を処遇勧告〉，那覇家平良支決平18・6・9家月58・12・107〈出院時期処遇勧告付加〉，東京家決平2・2・19家月42・7・60〈決定理由中に記載〉）。この点については，少年院法においても変わりはない。

4　収容継続の要件

（1）　**138条1項**　旧院法11条2項においては，「在院者の心身に著しい故障があり，又は犯罪的傾向がまだ矯正されていないため少年院から退院させるに不適当であると認めるとき」と規定されていたが，少年院法138条1項では，「その者の心身に著しい障害があり，又はその犯罪的傾向が矯正されていないため，……その収容を継続することが相当であると認めるとき」と規定され，心身の著しい故障又は犯罪的傾向が矯正されていないだけでは，収容継続が許されるものではなく，その収容を継続することが相当であると認めるときに，これが許されることを明らかにしている。

　第3種少年院における治療も不可能ではないが，むしろ，仮退院させて精神病院で治療を受けさせる方が適当な場合に，受入先の精神病院が未確定であることなどを理由として収容継続を認めることができるかという点が実務上問題となり得る。このような場合には，受入態勢のほか，第3種少年院における医療措置によって犯罪的傾向を矯正できる可能性の程度を考慮して，収容継続の要否が決せられるべきと考えられる（大阪家堺支決昭52・7・7家月30・3・135，松山家決昭57・3・23家月34・9・141）。

　「犯罪的傾向が矯正されていない」こととは，本人の性格・行動・帰住先の環境等から，総合的に判断してそのまま退院すると罪を犯すおそれがある場合である（仮退院後の保護観察が必要な期間も総合考慮できる。東京家決平11・11・12家月52・7・117，宇都宮家足利支決平13・2・16家月53・8・87，東京家決平13・11・26家月54・12・78，東京家八王子支決平17・1・6家月57・8・128〈環境調整命令付加〉，東京家決

少院第138条・第139条

平28・3・7家判8・110）。もっとも，この判断は，収容を継続する方が本人の健全育成の目的により妥当か否かという相対的なものであるので（平場406頁），職業教育未了の場合，専門的な資格取得に必要な場合など，職業教育が更生に有益で，本人の希望があり，短期間であれば収容継続を認めてよい場合もある（藤堂b18頁，団藤＝森田462頁，平場406頁，条解〔菊地〕316頁，水谷(1)47頁）。理容師，電気工事士，自動車整備士，丙種船長，大型特殊自動車運転免許等の資格取得に関して認めた例がある（大阪家決昭44・5・13家月21・12・200，同昭46・12・7家月24・6・103，大阪家堺支決昭50・6・9家月28・2・140，札幌家決昭59・7・4家月37・1・174，東京家決平11・8・10家月52・1・130等）。病気治療の必要がある者についても，犯罪的傾向の有無・程度の判断として，社会復帰後の治療の可能性等保護環境の要素を考慮して認める余地もあろう（認容例，札幌家決昭48・3・14家月25・10・181〈慢性腎炎〉，鹿児島家決昭42・12・26家月20・8・121〈梅毒〉，大阪家決昭39・10・8家月17・5・126〈てんかん〉。棄却例，鹿児島家決昭46・7・22家月24・5・112〈足首骨折〉，広島家決昭51・3・31家月28・10・211〈頸椎損傷〉）。

　なお，少年院の処遇は段階処遇制度を採用し，改善・進歩等の程度に応じて処遇の段階の向上・低下が行われ（少院16条，院施規8〜12条），処遇の段階が最高段階に達し，仮退院を許すのが相当と認められるときは，地方更生保護委員会に対し，仮退院を許すべき旨の申出をしなければならないとされているが（少院135条），それ以外の場合に仮退院を許すべき旨の申出ができないとするものではない（第5種少年院在院者を除く（更生41条括弧書））。したがって，処遇の段階が最高段階に達していなくとも仮退院の申出をすることができる場合はあり，地方更生保護委員会において仮退院を許すこともできる（更生41条，犯罪をした者及び非行のある少年に対する社会内における処遇に関する規則11条2項・13条1項・30条，更生保護195頁）。処遇の最高段階に達していないことは犯罪的傾向の未矯正の判断の有力な資料となるにとどまる（藤堂b19頁，団藤＝森田461頁，水谷(2)31・35頁。大阪家決昭51・8・30家月29・5・100等）と解されており，少年院法においても仮退院の申請に関して従前と異なるところはない。

　(2)　**139条1項**　　旧院法11条5項においては，23歳を超える収容継続の要件として，「精神に著しい故障があり公共の福祉のため少年院から退院させるに不適当である」ことを要件としていたところであるが，少年院法139条1項においては，「その者の精神に著しい障害があり，医療に関する専門的知識

少院第 138 条・第 139 条

及び技術を踏まえて矯正教育を継続して行うことが特に必要であるため，……その収容を継続することが相当であると認めるとき」と明記され，犯罪的傾向の残存が要件と明示されたので，それがない場合は精神保健及び精神障害者福祉に関する法律の措置によるべきこととなる（平場 406 頁，水谷(1) 25 頁。なお，医療観察法の入院処分・精神保健観察等の対象とはならない（心神喪失処遇 2 条））。

5　申請の手続

（1）**申請の時期**　旧院法下の手続と変わりはなく，収容継続申請は，収容期間内に家庭裁判所に到達しなければならず（平場 409 頁，団藤＝森田 460 頁，藤堂 b 21 頁，岩崎 48 頁，栗林 20 頁）。収容期間経過後になされた申請は不適法なものとして却下される（東京家決昭 42・12・22 家月 20・8・119 等）。原決定による収容期間満了まで相当日数を残して申請された場合，実際に収容継続の要否を判断し得る時点まで判断を留保し，極端な場合は実体的判断を行ったうえ，収容継続の理由が認められないとして申請を棄却・却下する取扱も考えられよう（水谷(2) 30 頁。栗林 117 頁は疑問とし，井戸 200 頁は不適法とする。申請時期尚早として却下・仙台家決昭 57・9・2 家月 35・3・130）。なお，申請の取下げも認められる（栗林 137 頁は審判開始決定があるまでに限っており，東京家決昭 61・9・22 家月 39・5・78 は取下げを収容継続の必要性喪失の一事情として申請を棄却している）。

（2）**申請の方式等**　収容継続申請事件の手続は，その性質に反しない限り，18 歳未満の少年の保護処分に係る事件の手続の例によるとされている（少院 138 条 5 項・139 条 3 項）。収容継続の申請は，書面でしなければならないこととされている（院施規 87 条 1 項）。記載事項としては，①保護処分在院者の氏名，生年月日，本籍及び住居，②保護者の氏名，年齢及び住居，③保護処分在院者を送致した家庭裁判所の名称及び当該送致に係る保護処分の決定の年月日，④保護処分在院者が少年院法 138 条 1 項各号・139 条 1 項各号に掲げる者のいずれかに該当する旨，⑤少年院法 138 条 1 項各号・139 条 1 項各号に定める日の年月日，⑥申請の理由，⑦必要とする収容期間，⑧その他参考となる事項が定められており（院施規 87 条 2 項），実務上は，「収容継続申請書」と題する書面が提出されている。

（3）**受理の効果**　収容継続申請が受理された場合には，本来の収容期間経過後も本人を少年院に収容継続することができる（少院 138 条 4 項・139 条 3 項）。旧院法 11 条 7 項と同様の規定である。この収容継続の効果発生は，家庭裁判

少院第 138 条・第 139 条

所の収容継続申請の受理に与えられた効力と解するのが通説・実務の取扱である（本書第 3 版 511 頁）。

(4) **収容継続申請に対する判断をする家庭裁判所**　収容継続申請は，本人を送致した裁判所に対してなすべきものとされており（少院 138 条 1 項・139 条 1 項），その申請の判断主体は，「前項の申請を受けた家庭裁判所」である（少院 138 条 2 項・139 条 2 項）。

6　審 理 手 続

(1) **総説**　収容継続申請事件の手続は，その性質に反しない限り，18 歳未満の少年の保護事件の例による（少院 138 条 5 項・139 条 3 項）。このような手続は旧院法下と変更はなく，収容継続申請事件の審理は，原則的には 18 歳未満の少年の保護事件の審理の手続に準ずる（水谷(2)52 頁。付添人の選任も可能である）。家庭裁判所は，少年院の長の収容継続申請手続が適法であるときは，調査官に収容継続の必要性の存否等についての調査を命じ（8・9 条。平場 409 頁は 9 条の準用を否定する），調査の結果，申請が不適法な場合や収容継続の必要性のないことが認定できる場合などを除いて，審判を開始して（21 条），審判期日に裁判官が直接審理して収容継続の可否を決定する（栗林 109 頁，実務要覧下 273 頁）。審判は本人の収容されている少年院において行われる場合が多い（規 27 条，実務要覧下 273 頁）。合議体による審理（⇨4 条注釈 3）も可能である。他方，非行事実の認定は問題とならないので検察官関与の要件は満たさず（22 条の 2），また，観護措置は執れないと解される（⇨(7)）。

(2) **審判の必要性**　収容継続申請事件においては，審判を開始しない上記の場合を除いて，審判期日に裁判官が直接審理し，決定を言渡して告知する必要がある（栗林 109 頁，藤堂 a 214 頁，同 b 29 頁。団藤 = 森田 465 頁は可能な限り面前告知すべきとする）。収容継続決定は，実質的に保護処分の効力を延長する性質を持ち，本人の身体の自由を制約する不利益処分の面でも保護処分と同様であるから，本人に収容継続の事由を告知し弁解の機会を与えて適正手続を確保すると同時に，裁判官が収容継続の必要性につき正確な心証を形成し，かつ，収容継続を認める場合には本人に決定の趣旨を説明して，その後の矯正教育の目的が達成されるようにすることに教育的意味があると考えられるからである（水谷(2)52 頁参照）。

(3) **保護者**　本人が 18 歳以上の場合には，保護者は存在しないが（特定少

639

少院第138条・第139条

年の保護者の存否につき⇨2条注釈6),「保護者に相当する者」に付添人選任権, 審判立会権等を認める説 (平場409頁, 伊藤(政)f70頁, 藤堂b27頁, 同a212頁, 団藤＝森田465頁, 水谷(2)53頁) と事実上の保護者を認める説 (栗林98頁) があり, いずれにしても保護者同様の権利を認めるべきだとされている。

(4) **審判の時期**　申請が収容期間内であれば審理・決定は, 収容期間の経過後にも行うことができる (平場410頁, 平井c165頁, 伊藤(政)a86頁, 栗林114頁, 藤堂b34頁, 団藤＝森田467頁)。審理期間については, 特に時期の制限はないが, 家庭裁判所から決定の通知があるまで, 本来の収容期間経過後も本人の身柄の収容を継続することを認めている (少院138条4項・139条3項)。もっとも, 実務上は本来の収容期間満了日以前に決定されているものが大半である (水谷(1)16頁)。

(5) **意見の聴取**　家庭裁判所が収容継続申請事件を審理するに当たっては, 医学, 心理学, 教育学, 社会学その他の専門的知識を有する者及び本人を収容中の少年院の職員の意見を聴かなければならない (少院138条3項・139条3項)。前者の専門的知識を有する者の意見の聴取は, 調査官に対して事件の調査を命じ, その結果の報告をもって, 事件の調査報告と意見の聴取がなされたものとして取扱うのが一般である (平場409頁は, 少年鑑別所の鑑別結果の活用を規定する9条の準用はないとする。結論同旨, 藤堂b26頁, 高山a92頁)。もっとも, 収容継続は, 矯正教育の期間を延長することとなるため, 通常, 申請に先立ち在院者の鑑別 (少院36条) を実施している (「保護処分在院者の収容継続に係る家庭裁判所に対する申請について (通知)」平27・5・14矯少104) ことから, 審理に際して, その結果を活用することは可能である。少年院の職員の意見聴取については, 少年院の長のほか, 当該保護処分在院者の処遇を担当する職員等から意見を聴取することが考えられる。少年院における審判前に説明を受けたり, 審判に少年院の職員の出席を求めたりしているのが一般的である。ただし, 収容継続申請が不適法な場合には, 意見を聴取する必要はないであろう (講義案328頁)。

(6) **試験観察の可否**　現に少年院に収容されている者は, 試験観察の制度趣旨から対象者としてなじみ難く, 収容継続申請事件について決定があるまでは事実上少年院での矯正教育が継続され, 試験観察に付すとかえって少年の地位も不安定となるから, 旧院法下においても消極に解すべきであるとされており (平場410頁, 伊藤(政)a83頁, 藤堂b26頁, 栗林133頁, 椿215頁。団藤＝森田465

640

少院第138条・第139条

頁，水谷(2)54頁は，理論的には可能だが避けるべきとする。実施した例として，大阪家決昭46・8・12家月24・11・100，名古屋家決昭49・1・29家月26・10・120），少年院法においても同様と考えられる。

(7) **観護措置の可否**　消極説（高山a92頁，藤堂b26頁）がある。収容中の者には必要がなく，逃走中の者等は連戻状等によるべきなので，理論的には認められても原則として親しまないとされている（水谷(2)54頁，団藤＝森田465頁）。少年院法においても同様と考えられる。

7　終局決定

(1) **収容継続決定**　(ア) **収容継続期間**　収容継続の期間は，家庭裁判所が定める（少院138条2項・139条2項）ものであり，少年院の長の申請における必要とする収容期間は家庭裁判所の判断資料にすぎず，家庭裁判所の定める期間の上限又は下限を画するものではない（朝倉b208頁，水谷(2)25頁）。一般には，少年院の長の申請期間と同じ場合が多いが，申請期間を減縮して定めた裁判例のほか（東京家決平26・6・23家判3・105など），少数であるが申請期間を延長して認めた裁判例もある（水谷(1)9頁。最近のものとして，東京家決平28・3・7家判8・110，千葉家決令3・5・24家判45・80がある）。収容継続の期間の定め方には，具体的終期を明示するものと収容期間を明示するもの等があるが，前者が一般的である。いずれにせよ収容継続の期間は，決定自体で明確にすべきである。終期を定めず期間だけ定めたときは，起算日は期間満了前の決定では満了日翌日，期間満了後の決定では決定日からと解されている（平場410頁，条解〔菊地〕315頁，少年院法192頁，実務要覧下275頁，昭31・2・8家庭甲19家庭局長通知・家月8・2・119。水谷(1)17頁，団藤＝森田467頁，藤堂b33頁は，いずれも期間満了日翌日とする）。

(イ) **少年院の種類**　収容継続を認める場合には収容を継続すべき少年院の種類を指定する（少院138条5項・139条3項，規37条1項）。現在収容中の少年院の種類が指定される場合が多いが，収容中の少年院と異なる種類を指定して収容継続をすることもできる（平場410頁，伊藤(政)a88頁，藤堂b31頁，団藤＝森田466頁，水谷(1)20頁）。指定しない場合は現に収容中の少年院と解されている（平場410頁，藤堂b32頁，団藤＝森田466頁，伊藤(政)a88頁。水谷(1)19頁は現に収容中の少年院と同一種類とする）。現に収容中の少年院を具体的に指定する例もあるが，具体的な少年院の指定権限は執行機関にあるから相当ではないとされており（水谷(1)19頁，実務要覧下275頁），これは，少年院法においても同様である。

641

少院第138条・第139条

(2) **収容継続しない場合**　旧院法下と同様であるが，収容継続の申請が不適法な場合は却下説が多数であり，理由がないと判断した場合の主文について，実務上「少年の収容を継続しない。」という主文（藤堂 b 35 頁，同 a 215 頁，団藤＝森田 468 頁）は少なく，「申請を棄却する。」という主文が多く（平 9 事件概況・家月 51・3・146），理論的にも妥当である（水谷(1) 13 頁，栗林 153 頁。柏木 145 頁，樋口(忠) a 41 頁，伊藤(政) a 82 頁は却下。後者によった裁判例として，宇都宮家決平 10・3・5 家月 50・8・86）。

(3) **決定の告知の相手方**　本来，決定はその効力を直接受ける者に対して告知すべきであるから，本人に告知すれば足りる（栗林 160 頁，団藤＝森田 466 頁）。しかし，少年院の長は，収容継続申請をした者であると同時に，収容継続決定を執行する者であり，収容継続をしない決定があった場合には，本来の収容期間内で退院させなければならない（少院 137 条）。また，本来の収容期間を超えて収容を継続していたときも退院させるべきであるから，収容継続申請事件について決定した家庭裁判所は，少年院の長に対して決定通知を行うべきである（平場 410 頁，団藤＝森田 466 頁，藤堂 b 30 頁，実務要覧下 277 頁）。

(4) **執行指揮**　収容継続決定は，一般には収容中の少年院に引続いて収容を継続するものであり，処分の執行そのものであるが，家庭裁判所が，本人の収容中の少年院に併設されていない種類の少年院を指定して収容継続決定をした場合には，当該種類の少年院において処分の執行ができるように，身柄を移動するため決定の執行が必要となる（平場 411 頁，実務要覧下 278 頁。渡辺(輝) 184 頁は一般的に必要とする）。

(5) **抗告**　消極説もあるが（森田(宗) a 172 頁，佐藤(佐) 31 頁），収容を継続する決定に対しては認められている（平場 411 頁，伊藤(政) a 84 頁，同 b 36 頁，栗林 177 頁，藤堂 b 36 頁，団藤＝森田 468 頁，近藤 a 4 頁，水谷(2) 57 頁，大阪高決昭 48・11・16 家月 26・10・97，広島高決昭 38・10・16 家月 16・2・102〔百選 86〕等）。実質的には前の保護処分決定時において予想されなかった身体拘束の継続を認めるものであり，争う機会を保障すべきだからである。本人が 18 歳以上の場合，父母には抗告権がない（少院 138 条 5 項・139 条 3 項，32 条）。申請を却下する決定には不服申立できない（平場 411 頁）。

(6) **処遇勧告等**　収容継続決定に際し，処遇勧告（規 38 条 2 項）及び環境調整命令（24 条 2 項）を行うことについて，旧院法下では，いずれも実務上積極

642

少院第 138 条・第 139 条

に解されていた（前者の例として，松山家決昭 36・3・7 家月 13・6・208，大阪家決昭
60・6・18 家月 37・12・82，那覇家平良支決平 18・6・9 家月 58・12・107 等。後者の例と
して，大阪家決昭 45・4・30 家月 22・10・134，同昭 51・8・30 家月 29・5・100，東京家八
王子支決平 17・1・6 家月 57・8・128 等）。少年院法においても，従前の取扱を否定
するものではない。

少 年 鑑 別 所 法

少鑑第 1 条

> **（目的）**
> **第 1 条**　この法律は，少年鑑別所の適正な管理運営を図るとともに，鑑別
> 　　対象者の鑑別を適切に行うほか，在所者の人権を尊重しつつ，その者の
> 　　状況に応じた適切な観護処遇を行い，並びに非行及び犯罪の防止に関す
> 　　る援助を適切に行うことを目的とする。

　少年鑑別所については旧院法の一部の規定で規律されていたが，平成26年
改正で少年鑑別所法として独立させ，別の法とされた。その理由は，少年院が
保護処分又は刑の執行を受ける者を収容する施設であるのに対し，少年鑑別所
は主に保護処分又は刑の執行を受ける前の者を収容する施設であって，両者は
少年の健全な育成を図るという観点からは共通する性格があるものの，収容す
る者の法的地位が異なるうえ，その機能や処遇の内容（少年院では矯正教育を行う
が，少年鑑別所では矯正教育を行わないなど）等に顕著な相違があること，少年鑑別
所には収容施設としての業務以外にも鑑別（少鑑16～18条）並びに非行及び犯
罪の防止に関する援助に関する業務があること（少鑑131条）等に照らせば，少
年院と少年鑑別所は役割，機能に相当の違いがあることから，別個の法律によ
り規律することが適当と考えられたためである。

　そこで，その目的規定においては，少年鑑別所がその役割，機能を適切に果
たす前提として，適正な管理運営を図ることと共に，少年鑑別所の事務（少鑑
3条）を適切に行うことが明記された。また，観護処遇（少鑑3章）を行うに当
たっては，少年鑑別所の人的物的資源を有効に活用し，その機能を適切に果た
すため，個々の在所者の権利や利益について管理運営上必要な制約を課すこと
もあるため，在所者の人権尊重を念頭に置かなければならないことが明記され
ている。

　「その者の状況に応じた」とは，在所者は，その収容の根拠（17条1項2号の
観護措置，刑事訴訟法に基づく勾留，在院者としての地位を併有する場合等）によって，
法的地位が異なる（被観護在所者，未決在所者，在院中在所者，各種在所者に分かれる）
うえ，個々の在所者の年齢，性格や特性等がそれぞれに異なっていることなど，
在所者の様々な状況に応じた適切な処遇が行われるべきことを意味するもので
ある（令和3年改正では健全育成目的・少年の意義（1・2条）に変更はなく，本法では改
正関係条項との整合性を図る形式的な改正に過ぎない。玉村＝北原121頁以下）。

647

少鑑第16条

（鑑別の実施）

第16条 ① 鑑別対象者の鑑別においては，医学，心理学，教育学，社会学その他の専門的知識及び技術に基づき，鑑別対象者について，その非行又は犯罪に影響を及ぼした資質上及び環境上問題となる事情を明らかにした上，その事情の改善に寄与するため，その者の処遇に資する適切な指針を示すものとする。

② 鑑別対象者の鑑別を行うに当たっては，その者の性格，経歴，心身の状況及び発達の程度，非行又は犯罪の状況，家庭環境並びに交友関係，在所中の生活及び行動の状況（鑑別対象者が在所者である場合に限る。）その他の鑑別を行うために必要な事項に関する調査を行うものとする。

③ 前項の調査は，鑑別を求めた者に対して資料の提出，説明その他の必要な協力を求める方法によるほか，必要と認めるときは，鑑別対象者又はその保護者その他参考人との面接，心理検査その他の検査，前条の規定による照会その他相当と認める方法により行うものとする。

1 本条の趣旨

本条は，鑑別の意義として，鑑別対象者について，医学，心理学，教育学，社会学その他の専門的知識及び技術に基づき，①非行又は犯罪に影響を及ぼした資質上及び環境上問題となる事情，すなわち非行又は犯罪の原因となる事情を明らかにすること，②その事情の改善に寄与するための適切な指針を示すことを規定している（本条1項）。旧院法においては，少年鑑別所は，少年の資質の鑑別を行うこととされ（旧院16条），調査官が行う社会調査と区別されていたが，非行又は犯罪に影響を及ぼす資質上の問題と環境上の問題とは相互に密接に関連しており，鑑別実務においても，資質上の問題を明らかにするうえで，環境上の問題を考慮せずに行うことはない。そのため，少年鑑別所は，調査官が行う社会調査との役割分担は尊重しつつ，「資質上及び環境上問題となる事情」を明らかにする範囲で必要な事項について調査を行うものとされている。

少年鑑別所が鑑別のために調査すべき事項については，「その者の性格，経歴，心身の状況及び発達の程度，非行又は犯罪の状況，家庭環境並びに交友関係，在所中の生活及び行動の状況」を列挙し，「その他の鑑別を行うために必要な事項」も調査の対象としている（本条2項）。そして，これらの事項を調査

少鑑第16条

するための調査方法について，鑑別を求めた者に対して資料の提出，説明その他の必要な協力を求める方法によることを基本としつつ，調査の必要に応じて，鑑別対象者又はその保護者その他の参考人との面接，心理検査その他の検査，公務所等への照会（少鑑15条）その他相当と認める方法で行うことを規定している（本条3項，鑑施規9条）。

　鑑別を行ううえでは，鑑別対象者の氏名，生年月日，鑑別の目的その他鑑別を行ううえで必要な情報を得ることなど鑑別を求めた者からの協力を得ることは必要不可欠である。これに加えて，面接，心理検査，行動観察，身体検査，精神医学的検査・診断，学校等の外部機関に対する照会等を必要に応じて組合せ，鑑別が行われる。なお，行動観察としては，大別して，通常の生活場面における行動観察，意図的に一定の条件が設定されている観察場面（例えば作文，絵画の作成，集団討議等の場面）における行動観察を行っている。このような行動観察を綿密に行うことによって，行動面から鑑別対象者の特質及び問題点等を把握し，鑑別技官の行う面接，心理検査等の調査により把握した内面の特徴と併せて検討することによって，多面的な分析が可能となる。

2　鑑別の流れ

　鑑別が行われる典型的な場面は，家庭裁判所による観護措置（17条1項2号）により少年鑑別所に送致された被観護在所者について鑑別を行う場合（収容審判鑑別。⇨9条注釈3）である。鑑別における調査等の流れは，**図表25**のようになる（少年院送致の場合の例）。

　鑑別に当たっては，まず，初回の鑑別面接（非行の概要，家庭の状況やこれまでの生活歴等に関する調査を中心に行う），行動観察，集団方式の心理検査の結果等から，人格のおおまかな傾向，問題点の所在などを把握した後，鑑別の重点を明らかにし，第2回以降の鑑別面接において詳細に調査すべき内容，実施する個別方式の心理検査の種類，行動観察の重点事項，精神医学的検査・診察の要否等の鑑別の方針を設定したうえで，以降の鑑別を計画的に行っている。

　なお，集団方式の心理検査としては，知能検査，文章完成法及び人格目録の2種類の性格検査，態度検査といった鑑別対象者の問題性を識別することに配慮した検査，伸長すべき長所及び強みに係る本人の認識を測定する検査を行っている。一方，個別方式の心理検査としては，自動車運転に関する適性検査，より深層の心理機制等を明らかにするロールシャッハテスト，描画検査等の投

649

少鑑第16条

図表25 収容審判鑑別の流れ

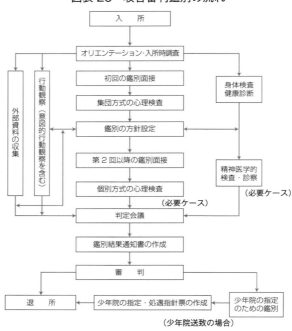

影法検査などが活用されている。

　また，法務省では，欧米等の取組を参考にしつつ，平成20年度からアセスメントツールの開発作業に着手し，心理学や犯罪学等の人間科学の知見を踏まえて，外部専門家・有識者の助言等を受けながら作業を進め，非行の査定として法務省式ケースアセスメントツール（MJCA）を完成させ，平成25年度から運用が開始されている。このアセスメントツールは，再非行等に密接に関連する52の調査項目を少年鑑別所の心理技官が面接や鑑別資料に基づいて評定することにより，少年の再非行の可能性と教育上の必要性を定量的に把握することを可能とするものであり，評定結果は，再非行防止に向けた今後の教育の必要性として，4つの領域（保護者との関係性の改善，社会適応力の向上，自己統制力の向上，逸脱親和性の低減）により数値化・グラフ化されるほか，再非行の可能性が示される。ツールの開発に当たっては，全国の少年鑑別所に入所した約6000人の少年を2年間近くにわたり追跡調査した実証データに基づいた分

少鑑第17条

析・検討を行っており，アセスメントツールとしての信頼性・妥当性が統計学的に十分確認され，予測妥当性の面でも海外で開発されたツールと遜色ない調査手法が完成している。この新たな調査手法を活用することにより，家庭裁判所の調査・審判に資する鑑別の実施に役立つほか，少年院，保護観察所等に対して，再非行防止のため，保護者との関係性の調整や社会適応力の向上などの教育上の必要性を分かりやすく伝達することが可能となり，鑑別と少年院・保護観察所の教育・処遇とが，本ツールの結果を踏まえながら，共通の理解の下に一層効果的に展開されること，今後の継続的なデータ蓄積等とその分析を通じての再非行防止に向けた施策の企画・立案への支援が期待されている（ケースアセスメントツールについて，小林(万)84頁参照）。

少年鑑別所では，上記各種の方法等で得られた情報を総合し，当該鑑別対象者の資質の特質及びその問題点並びに非行に走らせた要因及び再非行の危険性を明確に示し，改善更生の最善の方策を検討するため，判定会議を行う。判定会議は，少年鑑別所の長が主宰し，対象者の鑑別，処遇，行動観察等に携わった職員が加わり種々の角度から討議し，その討議結果に基づき，保護不要，在宅保護，収容保護（児童養護施設，児童自立支援施設又は少年院），保護不適（保護措置が適当でない場合，検察官送致を適当とする場合等）などの意見が決められる（「家庭裁判所等の求めによる鑑別の実施に関する訓令」平27・5・27矯少訓9）。その結果は，鑑別結果通知書にまとめられ，家庭裁判所などの鑑別を求めた者に対して送付される（少鑑17条2項）。

なお，在宅審判鑑別（⇨9条注釈3）の場合，綿密な行動観察が活用できない点を除き，基本的に収容審判鑑別と同様の方法で鑑別が行われている。

（家庭裁判所等の求めによる鑑別等）

第17条　①　少年鑑別所の長は，家庭裁判所，地方更生保護委員会，保護観察所の長，児童自立支援施設の長，児童養護施設の長，少年院の長又は刑事施設の長から，次に掲げる者について鑑別を求められたときは，これを行うものとする。

1　保護処分（少年法第66条第1項，更生保護法（平成19年法律第88号）第72条第1項並びに少年院法第138条第2項及び第139条第2項の規定による措置を含む。次号において同じ。）又は少年法第18条

少鑑第 17 条

> 第 2 項の規定による措置に係る事件の調査又は審判を受ける者
> 2　保護処分の執行を受ける者
> 3　拘禁刑（国際受刑者移送法（平成 14 年法律第 66 号）第 16 条第 1 項の規定により執行する共助刑を含む。）の執行を受ける者
> 4　更生保護法第 40 条の規定（国際受刑者移送法第 21 条の規定によりみなして適用する場合を含む。）又は刑法（明治 40 年法律第 45 号）第 25 条の 2 第 1 項若しくは第 27 条の 3 第 1 項若しくは薬物使用等の罪を犯した者に対する刑の一部の執行猶予に関する法律（平成 25 年法律第 50 号）第 4 条第 1 項の規定により保護観察に付されている者
> ②　少年鑑別所の長は，前項の規定による鑑別を終えたときは，速やかに，書面で，鑑別を求めた者に対し，鑑別の結果を通知するものとする。
> ③　前項の通知を受けた者は，鑑別により知り得た秘密を漏らしてはならない。

1　本条の趣旨

　旧院法においては，少年鑑別所の設置目的の一つとして，家庭裁判所の行う少年に対する調査及び審判並びに保護処分及び懲役又は禁錮の言渡しを受けた 16 歳未満の少年に対する刑の執行に資するために「資質の鑑別」を行うことを規定し（旧院 16 条），「資質の鑑別」を行う業務に支障を来さない範囲で，家庭裁判所，刑事施設の長，少年院の長，地方更生保護委員会及び保護観察所の長以外の者からの求めに応じて鑑別（一般少年鑑別）を行うことができることが規定されていた（旧院 16 条の 2）。少年鑑別所法においては，旧院法における 2 つの鑑別に加え，保護観察対象者に対する心理検査，福祉施設入所者の問題行動を防止するための面接や職員への助言，学校等での非行防止のための講演など，関係機関からの依頼に応じ，少年鑑別所が有する専門的知識や技術を活用して協力，援助を行う業務もあることから，少年鑑別所の鑑別等の業務を**図表 26** のように整理し，関係機関からの依頼に応じて行う各種の専門的援助については，「非行及び犯罪の防止に関する援助」として，少年鑑別所の本来業務に位置付けられた（少鑑 16・17・131 条）。

　本条は，家庭裁判所等からの求めに応じて行う鑑別について規定するものである。

少鑑第 17 条

図表 26　少年鑑別所の業務の整理

鑑別及び援助の対象者（例示）	旧院法	少年鑑別所法
被観護在所者	鑑別（旧院 16 条）	鑑別（少鑑 16・17 条）
在宅で家庭裁判所の審判を受ける者	鑑別（旧院 16 条）	鑑別（少鑑 16・17 条）
少年院在院者	鑑別（旧院 16 条）	鑑別（少鑑 16・17 条，少院 36 条）
刑の執行を受ける者	鑑別（旧院 16 条）（16 歳未満）	鑑別（少鑑 16・17 条）（20 歳未満）
保護観察対象者（保護処分）	鑑別（旧院 16 条）	鑑別（少鑑 16・17 条）
保護観察対象者（保護処分以外）	なし（更生 30 条）	地域援助（少鑑 131 条）
児童自立支援施設在所者（保護処分）	一般少年鑑別（旧院 16 条の 2）	鑑別（少鑑 16・17 条）
児童自立支援施設在所者（保護処分以外）	一般少年鑑別（旧院 16 条の 2）	地域援助（少鑑 131 条）
児童養護施設在所者（保護処分）	一般少年鑑別（旧院 16 条の 2）	鑑別（少鑑 16・17 条）
児童養護施設在所者（保護処分以外）	一般少年鑑別（旧院 16 条の 2）	地域援助（少鑑 131 条）
福祉施設在所者（非行防止に関する相談等）	一般少年鑑別（旧院 16 条の 2）（少年） なし（成人）	地域援助（少鑑 131 条）
学校教諭（生徒の問題行動に関する助言）	一般少年鑑別（旧院 16 条の 2）	地域援助（少鑑 131 条）
一般市民（非行防止のための講演）	該当なし	地域援助（少鑑 131 条）
一般市民（非行や問題行動に関する相談）	該当なし	地域援助（少鑑 131 条）

※「地域援助」は「非行及び犯罪の防止に関する援助」の略。

少鑑第17条

2 鑑別を求める者及び鑑別の対象者

鑑別を求める者としては，旧院法で想定されていた家庭裁判所，刑事施設の長，地方更生保護委員会，保護観察所の長のほか，児童自立支援施設の長，児童養護施設の長が明記されている。これは，保護処分又は刑事処分について，少年鑑別所の有する機能をより積極的に活用する観点から，保護処分として児童養護施設又は児童自立支援施設に送致された者（24条1項2号）についても，これらの施設の長の求めにより鑑別を実施する趣旨を明らかにしたものである（本条1項）。なお，児童相談所に係属する少年に関しても，必要がある場合には，非行及び犯罪の防止に関する援助（少鑑131条）を行うことは可能である。

鑑別の対象者は，①保護処分（66条1項（収容決定），更生72条1項（戻し収容），少鑑138条2項・139条2項（収容継続）の規定による措置を含む）又は18条2項の規定による強制的措置（⇨18条注釈3）に係る事件の調査又は審判を受ける者，②保護処分の執行を受ける者，③拘禁刑（令和7年6月1日までは懲役又は禁錮刑）の執行を受ける者である（本条1項）。刑の執行を受ける者に対する鑑別については，旧院法においては，16歳未満の懲役又は禁錮の刑を受ける者を対象としていたところ（旧院16条），平成26年改正で独立した少年鑑別所法において，その対象が20歳未満にまで拡大された経緯がある（令和4年改正前少鑑17条1項3号）。

さらに，個々の受刑者の特性に応じた処遇を適切に選択するためには，その資質及び環境に関する処遇調査の充実を図ることが重要となるが，このことは受刑者の年齢に関わりないものと考えられる。

こうした中で，令和4年改正により，刑事施設の長が自ら行う調査に加え，年齢その他の特性を踏まえて，必要に応じて少年鑑別所の第三者的な観点からの専門的な調査機能を活用できるよう，鑑別対象者の年齢を20歳未満とする制限が廃止された（少鑑17条1項3号）。

なお，少年院法において，少年院で保護処分の執行を受ける者については，少年院の長の求めによって在院者に鑑別を受けさせる場合に，少年鑑別所に収容して鑑別を行うことができると規定されている（少院36条2項）。旧院法においては，必要な場合に少年鑑別所の鑑別技官等が少年院に赴いて在院者の鑑別を行っていたが，これでは少年鑑別所に収容して行うのと同程度に精度の高い鑑別実施は困難なため，より少年鑑別所の機能を有効に活用し，少年院におけ

る矯正教育等の処遇に活かすうえで精度の高い鑑別を実施する観点から，在院者を少年鑑別所に収容して鑑別を行う必要がある旨の少年鑑別所の長の意見があるときは，原則として7日間を超えない範囲で在院者を少年鑑別所に収容することができることとされた。家庭裁判所の求めに応じて行う鑑別については，運用上，あらかじめ家庭裁判所と少年鑑別所との間で，観護措置の決定があれば当然に鑑別を求める趣旨である旨申合せ，特に鑑別請求を別個に行わない運用がされている例が多い（⇨9条注釈3）。また，家庭裁判所の求めによる鑑別を「審判鑑別」，それ以外の鑑別を「処遇鑑別」と整理し，審判鑑別については，「収容審判鑑別」，「在宅審判鑑別」と分けて整理されている（「家庭裁判所等の求めによる鑑別の実施に関する訓令」平27・5・27矯少訓9）。

　審判鑑別においては，判定会議に先立ち，調査官との間で，事例検討を通じて鑑別及び社会調査の過程で得られた情報に基づき，非行の傾向その他の問題点について，意見の交換，検討等を積極的に行っており（同訓令，「家庭裁判所等の求めによる鑑別の実施に関する訓令の運用について」平27・5・27矯少140），より綿密かつ精度の高い鑑別ができるように努めている。

3　鑑別結果の通知と守秘義務

　本条1項による鑑別の結果については，鑑別終了後，速やかに，書面（鑑別結果通知書）によって鑑別を求めた者に通知される（本条2項）。この鑑別結果には，鑑別対象者，保護者，その他関係者等のプライバシーに関する情報が種々含まれていることから，その保護のため，鑑別結果の通知を受けた者に守秘義務が課されている（本条3項）。

（少年院の指定等）
第18条　①　少年鑑別所の長は，その職員が家庭裁判所から少年法第24条第1項第3号の保護処分に係る同項の決定，同法第64条第1項第3号の保護処分に係る同項の決定，同法第66条第1項の決定若しくは更生保護法第72条第1項の決定の執行の指揮を受けたとき，又は地方更生保護委員会から同法第73条の2第1項の決定の執行の嘱託を受けたときは，その決定を受けた者について鑑別を行い，少年院法第31条の規定により各少年院について指定された矯正教育課程（同法第30条に規定する矯正教育課程をいう。）その他の事情を考慮して，その者を収

少鑑第 20 条

容すべき少年院を指定するものとする。
② 少年鑑別所の長は，前項の指定をしたときは，その旨を同項の決定を
受けた者に告知し，及び同項の指定に係る少年院の長に通知するものと
する。
③ 前項の規定による少年院の長に対する通知には，第一項の規定による
鑑別の結果を付するものとする。

具体的な少年院の指定手続については，⇨少院 4 条注釈 3。
少年鑑別所の長は，家庭裁判所から少年院送致の保護処分決定又は戻し収容
の決定の執行の指揮を受けた者について，鑑別を行い，その者が履修すべき矯
正教育課程その他の事情を考慮し，その者を収容すべき少年院を指定し，その
旨を，保護処分決定等を受けた者に告知し，指定する少年院の長に鑑別結果を
付して通知する（令和 3 年改正により，本条 1 項に特定少年の保護処分の特例に対応する
文言が挿入された）。なお，少年鑑別所に収容されている被観護在所者が少年院
送致決定の執行を受けた場合については，観護措置は効力が消滅するが，少年
院送致決定自体が身柄拘束の効力を持つことから，同決定の執行を受けた者は
各種在所者として引続き少年鑑別所に収容が継続され（⇨17 条注釈 10，24 条注釈
4⑸），鑑別を受け，少年院の指定がされる。そして，少年院送致決定の効力に
より少年鑑別所を退所し，執行受命者（26 条 1 項）により，執行指揮書等の関
係書類と共に身柄が，指定された少年院の長又はその職員に引渡されて執行が
終了する（⇨24 条注釈 4⑸，少鑑 126 条，少年鑑別所法施行令（平 27・3・25 政令 92）3
条 1 号）。

（在所者の観護処遇の原則）
第 20 条 ① 在所者の観護処遇に当たっては，懇切にして誠意のある態
度をもって接することにより在所者の情操の保護に配慮するとともに，
その者の特性に応じた適切な働き掛けを行うことによりその健全な育成
に努めるものとする。
② 在所者の観護処遇は，医学，心理学，教育学，社会学その他の専門的
知識及び技術を活用して行うものとする。

少鑑第 20 条

　旧院法においては，観護処遇についての直接の規定はなく，規則以下の下位
法令に基づいて在所者の処遇が行われ，実務上は，観護措置その他の処分の執
行目的を達成するために，少年鑑別所において少年の身柄を保全・保護するな
どの作用を指すものとされていた。少年鑑別所法においては，在所者の観護処
遇について，同法第 3 章の定めるところにより行うこととされ（少鑑 19 条），
以下，観護処遇の原則（本条），観護処遇における留意事項（少鑑 21・22 条），身
体検査（少鑑 24 条），入所の通知（少鑑 25 条），観護処遇の態様（少鑑 26 条），起
居動作の時間帯（少鑑 27 条），健全な育成のための支援（少鑑 28・29 条），保健衛
生及び医療（少鑑 30〜40 条），物品の貸与等及び自弁（少鑑 41〜44 条），金品の取
扱い（少鑑 45〜64 条），書籍等の閲覧等（少鑑 65〜69 条），宗教上の行為等（少鑑
70・71 条），外部交通（少鑑 80〜108 条），救済の申出等（少鑑 109〜122 条）等，
様々な規定が置かれ，在所者の権利・義務，職員の権限等について，その法的
地位にも配慮しつつ明確にされている。

　本条は，観護処遇の原則について規定するものであり，あらゆる場面におい
て，在所者の健全育成に配慮すること等が定められている。本条 1 項において
は，在所者の観護処遇の目的及び方向性を実現するための方法について規定さ
れている。在所者の多くは心身の発達過程にある 20 歳未満の者であり，それ
らの者が少年鑑別所に収容されている間も情操への影響を考慮する必要がある。
在所者は，少年鑑別所における生活に対する様々な不安や不満を抱いたり，少
年審判の結果である処分の見通し等に対して悲観的になったりするなど，心情
的に不安定になりやすいことから，綿密な行動観察を行うことによって，在所
者の言動や態度，心情の変化等を把握すると共に，在所者からの相談に応じて
適切な助言を行ったり，在所者の生活を規則正しく，明るいものに整備するこ
となどにより，その心情を安定させ，情操の保護への配慮を欠かしてはならな
いことを定めている。また，保護事件・刑事事件を問わず，少年の処遇の全課
程は，少年の健全な育成を期して教育的配慮の下に行われるべきものであり
（1 条），観護処遇を行う場合にも当然にその趣旨が及ぶことから，在所者の特
性に応じた適切な働き掛けを行うことにより，その健全な育成に努めることが
規定されている。

　本条 2 項においては，観護処遇を行うに当たり，少年鑑別所の職員の職業的
経験のみに依拠するのではなく，社会の変化に対応した在所者の質的変化にも

657

少鑑第78条（規第58条）

配慮し，非行の原因解明や教育・治療に関する科学的な成果を積極的に取入れ，効果的な処遇を行うため，少年鑑別所が有する医学，心理学，教育学，社会学その他の専門的知識及び技術を活用することが規定されている。

なお，家庭裁判所は，少年を少年鑑別所に送致するときは，少年鑑別所に対し，なるべく鑑別上及び観護処遇上の注意その他参考となる事項を示さなければならず（規11条3項），このような家庭裁判所から得られる事項も参考にして観護処遇が行われる。

> **（収容のための連戻し）**
> **第78条**　①　指定職員は，在所者が逃走した場合には，これを連れ戻すことができる。ただし，逃走の時から48時間を経過した後は，被観護措置者等（観護の措置（当該措置が少年法第43条第1項の規定による請求により執られたものである場合において，事件が家庭裁判所に送致されていないときを除く。）が執られて収容されている者，少年院法第2条第2号に規定する保護処分在院者としての地位を有する在所者及び少年法第26条の2の規定により収容されている者をいう。以下この項及び次条第4項において同じ。）にあっては裁判官のあらかじめ発する連戻状によらなければ連戻しに着手することができず，被観護措置者等以外の在所者にあっては連戻しに着手することができない。
> ②　前項の規定による連戻しが困難である場合には，少年鑑別所の長は，警察官に対して連戻しのための援助を求めることができる。この場合において，援助を求められた警察官については，同項の規定を準用する。
> ③　第1項ただし書（前項において準用する場合を含む。）の連戻状は，少年鑑別所の長の請求により，その少年鑑別所の所在地を管轄する家庭裁判所の裁判官が発する。この場合においては，少年法第4条及び第36条の規定を準用する。
> **（準用規定）**
> **規則第58条**　少年鑑別所法（平成26年法律第59号）第78条第3項（同法第79条第6項において準用する場合を含む。）の規定による連戻状の請求及びその請求による連戻状については，前2条の規定を準用する。

1　本条の趣旨

連戻しの意義，趣旨については，⇨少院89条注釈1。

少鑑第78条（規第58条）

　連戻状発付の手続，大規模災害時における解放の場合については，基本的に少年院法と同様である（少鑑79条，規58条による規56条・57条の準用，⇨少院89条注釈3〜5）。

2　連戻状発付要件

　連戻状発付の実体的要件については，少年鑑別所に収容される在所者の法的地位との関係から，少年院の在院者とは異なる点があり，①被観護在所者等であること，②逃走したことである。なお，被観護在所者等が大規模災害時において解放された場合には，避難を必要とする状況がなくなった後速やかに少年鑑別所又は指定された場所へ出頭しないこと（不出頭）が要件であり（少鑑79条3項），その者が刑法97条（逃走罪）に規定する者に該当する場合（⇨17条注釈3）には，罰則の適用を受ける（少鑑132条）。

　(1)　**被観護在所者等**　　被観護在所者等とは，①17条1項2号の観護措置（当該措置が43条1項の規定による請求により執られた場合において，事件が家庭裁判所に送致されていないときを除く）が執られて収容されている者，②保護処分在院者（少院2条2号）としての地位を有する在院者，③26条の2の規定により収容されている者であることである。①については，勾留に代わる観護措置が執られた者について事件が家庭裁判所に送致されていない場合，観護令状によって身柄が拘束されることとなり（刑訴規281・147〜150条），その間にその者が逃走したとしても，当該観護令状の効力により，その者の身柄を確保し，収容できるため，除外されている。②については，少年院に収容されている保護処分在院者が逃走した場合には連戻状により身柄を拘束される対象となることに鑑み，本条においても対象とされている。なお，受刑在院者の地位を有する者が逃走した場合については，⇨少院89条注釈6。③については，家庭裁判所が，観護措置（17条1項2号）が執られて少年鑑別所に収容されている者について保護処分等の決定をする場合には，家庭裁判所の決定により7日間を超えない期間引続き収容できるが（26条の2），その間に逃走した者については，連戻状により身柄を拘束・収容できることとするものである。

　(2)　**逃走**　　逃走については，少年院法で規定する連戻しの場合と同様である（⇨少院89条注釈2(2)）。なお，少年鑑別所は，矯正教育を行う機関ではなく，院外委嘱指導及び外出又は外泊（少院45条1項）に相当する規定はないことから，本条の規定が定める連戻状による連戻しの要件として，不帰着の場合は定

659

少鑑第 131 条

められていない。

3　連戻状の有効期間

　少年院の保護処分在院者の場合，連戻状の有効期間は原則 30 日以内であるが，少年院に収容し得る残期間が 30 日より短い場合には，収容継続申請が行われている場合を除き，収容することのできる最終日までの期間としなければならないとされる（⇨少院 89 条注釈 4）のに対し，少年鑑別所における収容の場合は，逃走中の期間は収容期間に算入されないと解されていることから，有効期間については，30 日として差し支えないとされている（本書第 3 版 520 頁）。

〔非行及び犯罪の防止に関する援助〕
第 131 条　少年鑑別所の長は，地域社会における非行及び犯罪の防止に寄与するため，非行及び犯罪に関する各般の問題について，少年，保護者その他の者からの相談のうち，専門的知識及び技術を必要とするものに応じ，必要な情報の提供，助言その他の援助を行うとともに，非行及び犯罪の防止に関する機関又は団体の求めに応じ，技術的助言その他の必要な援助を行うものとする。

1　本条の意義

　地域社会における非行及び犯罪の防止に関する援助の業務（以下「地域援助業務」という）とは，少年鑑別所において，地域社会における非行及び犯罪の防止に関する各般の問題について，その専門的知識及び技術を活かし，少年，保護者その他の者からの相談等に応じるほか，非行及び犯罪の防止に関する機関又は団体の求めに応じ，技術的助言等を行う業務である。旧院法下においては，家庭裁判所，刑事施設の長，少年院の長，地方更生保護委員会及び保護観察所の長以外の者からの求めに応じて一般少年鑑別を行っていたが（旧院 16 条の 2），家庭裁判所の行う調査又は審判等のために行う鑑別業務に支障を来さない範囲で行うことができるとされ，副次的な業務と位置付けられていた。少年鑑別所法においては，旧院法下における 2 つの鑑別と，少年鑑別所が行っている少年や保護者等に対する相談業務，保護観察対象者に対する心理検査，福祉施設入所者の問題行動を防止するための面接や職員への助言，学校等での非行防止のための講演など，関係機関からの依頼に応じ，少年鑑別所が有する専門的知識

少鑑第131条

や技術を活用して協力，援助を行うこと等の業務を，鑑別（少鑑16～18条），地域援助業務（本条）として整理し，地域援助業務を少年鑑別所の本来業務として位置付けたものである。なお，旧院法下の一般少年鑑別に係る経費については実費徴収することとされていたが（旧院16条の2第2項），少年鑑別所法においては，このような規定はない。

2 業務内容

大別して，①少年，保護者その他の者に対する援助，②非行及び犯罪の防止に関する機関又は団体に対する援助である。①について，「その他の者」とは，少年院を仮退院した者の引受人，少年の勤務先関係者等，現に少年の非行・犯罪の防止に関わる者に限らず，少年の非行・犯罪の防止に関心を持つ地域住民等が含まれる。これらの者の相談に対して，助言をしたり，少年の非行・犯罪の防止に関する一般的な情報・適切な相談機関についての情報などを提供すること，相談者本人に対する各種適性検査や心理検査を実施することなど，適当な方法によって援助を行う。なお，この地域援助業務は，少年鑑別所が有する専門的知識及び技術を必要とするものであり，このような知識・技術と関係がない相談は含まれない。②について，「非行及び犯罪の防止に関する機関又は団体」は，警察，検察，裁判所，更生保護等の司法に関わる機関のほか，教育，福祉，保健，医療，雇用その他の非行及び犯罪の防止に関係する機関又は団体等であり，国，地方公共団体，公益社団法人，公益財団法人，特定非営利活動法人等を広く含む。「必要な援助」は，例えば，このような機関が行う少年の非行・犯罪の防止に関する取組に関する助言，個別事例における各種検査の実施，講演や研修の実施など，適当な方法で行われる（「非行及び犯罪の防止に関する援助に関する訓令」平27・5・27矯少訓14）。

661

更 生 保 護 法

前注・更生第1条

（前注）

　平成15年以降発生した保護観察対象者による重大再犯事件等を契機になされた「更生保護のあり方を考える有識者会議」による検討，その報告・提言（家月58・9・131）を受けて，これまで保護観察処分少年，少年院仮退院者及び仮釈放者の保護観察について規定していた犯予法（犯罪者予防更生法）と保護観察付執行猶予者の保護観察について規定していた執行猶予者保護観察法（以下「観察法」という）の内容を整理統合し，平成19年6月更生保護法が成立した。本法の施行（平成20年6月1日）に伴い犯予法，観察法は廃止された（附則12条）。

　本法は，1条所定の目的達成のため，恩赦の申出等を扱う中央更生保護審査会（「審査会」と略称。更生4条），仮釈放，仮退院，保護観察所の事務の監督等を扱う地方更生保護委員会（「地方委員会」と略称。同16条），保護観察や犯罪予防等の活動を行う保護観察所の所掌事務等を定めると共に，保護観察の手続・処遇内容，仮釈放，仮退院，退院，不定期刑の終了，生活環境の調整，更生緊急保護，恩赦の申出手続，審査請求等に関して規定する社会内処遇の基本法である。平成19年改正による保護観察の遵守事項違反による警告・施設送致申請（同67条），保護者に対する措置（同59条），更に，保護観察対象者に対する被害者等の心情等の伝達に関する規定（同65条）も盛込まれている（少年事件関連規定の解説として，鎌田）。平成25年刑法改正により一部執行猶予制度が導入されたことに伴って，本法も一部改正されたが（平25法49），これに併せて社会貢献活動の実施を特別遵守事項に加える改正もなされた（平28・6・1施行。ただし，社会貢献活動等，一部は平27・6・1施行）。

　令和3年改正による特定少年に対する保護処分の特例等（64条以下）に伴い行われた改正の主要な条項を掲げておく。なお，再度の執行猶予の拡充に伴う保護観察処遇に係る規定の整備等の改正（令4法67）が令和7年6月1日から施行される（令和4年改正という）。同改正について，田中(健)。

　以下，更生保護法については，章・節・条文番号のみで表記し，少年法については「少」と略記する。

　　（目的）
第1条　この法律は，犯罪をした者及び非行のある少年に対し，社会内に

665

更生第16条・第41条・第46条・第47条の2

> おいて適切な処遇を行うことにより，再び犯罪をすることを防ぎ，又は
> その非行をなくし，これらの者が善良な社会の一員として自立し，改善
> 更生することを助けるとともに，恩赦の適正な運用を図るほか，犯罪予
> 防の活動の促進等を行い，もって，社会を保護し，個人及び公共の福祉
> を増進することを目的とする。

　本法は，前注記載の通り，社会内処遇の基本法であり，目的規定として本条を置き，社会内処遇により，犯罪者・非行少年の再犯・非行を防ぎ，その改善更生を助けると共に，恩赦の適正な運用，犯罪予防活動の促進によって社会の保護，個人・公共の福祉の増進を目指すことを明記している。犯予1条が「犯罪をした者の改善及び更生を助け」としていたのに対し，その対象に非行少年を加え，適切な社会内処遇による再犯・非行の防止が明記された。従来から更生保護の目的と考えられてきたものであるが，社会内処遇としての更生保護においては，再犯・非行防止と本人の自立・改善更生の援助が，一体のものとして共に行われなければならない。社会内処遇充実のためにはこれらの点をより明確に意識することが求められることから，法文に明記されたものである。

（所掌事務）
第16条　地方更生保護委員会（以下「地方委員会」という。）は，次に掲げる事務をつかさどる。
　1・2　略
　3　少年院からの仮退院又は退院を許すこと。
　4　少年院からの仮退院中の者について，少年院に戻して収容する旨の決定の申請をし，又は仮退院を許す処分を取り消すこと。
　5〜7　略
（仮退院を許す処分）
第41条　地方委員会は，保護処分の執行のため少年院に収容されている者（第68条の5第1項に規定する収容中の特定保護観察処分少年を除く。第46条第1項において同じ。）について，少年院法（平成26年法律第58号）第16条に規定する処遇の段階が最高段階に達し，仮に退院させることが改善更生のために相当であると認めるとき，その他仮に退院させることが改善更生のために特に必要であると認めるときは，決定

更生第16条・第41条・第46条・第47条の2

をもって，仮退院を許すものとする。

（少年法第24条第1項第3号又は第64条第1項第3号の保護処分の執行のため少年院に収容中の者の退院を許す処分）

第46条　①　地方委員会は，保護処分の執行のため少年院に収容されている者について，少年院の長の申出があった場合において，退院させてその保護処分を終了させるのを相当と認めるとき（23歳を超えて少年院に収容されている者については，少年院法第139条第1項に規定する事由に該当しなくなったと認めるときその他退院させてその保護処分を終了させるのを相当と認めるとき）は，決定をもって，これを許さなければならない。

②　略

（収容中の特定保護観察処分少年の退院を許す処分）

第47条の2　地方委員会は，第68条の5第1項に規定する収容中の特定保護観察処分少年について，少年院法第16条に規定する処遇の段階が最高段階に達し，退院させて再び保護観察を実施することが改善更生のために相当であると認めるとき，その他退院させて再び保護観察を実施することが改善更生のために特に必要であると認めるときは，決定をもって，その退院を許すものとする。

　令和3年改正に対応し新設・引用等の条項を受けての改正がなされた。①16条は，地方委員会の所掌事務に特定少年在院者（少64条1項3号）の仮退院及び退院を許す処分，その仮退院を取り消す処分，第5種少年院収容中の者の退院を許す処分（41条・46条・47条の2）の追加があり，②41条では，第5種少年院に収容中の特定保護観察処分少年（少66条1項・64条1項2号）は，少年院から釈放されると保護観察が再開されるため（68条の4），仮退院の保護観察（40条）の対象から除外された（収容中の特定保護観察処分少年には退院の許可が設けられた。47条の2）。③46条の退院の対象には，特定少年在院者（少64条1項3号）を含む一方，収容中の特定保護観察処分少年（少66条1項・64条1項2号）は含まれないので，この点を同条に明記した（47条の2では，収容中の特定保護観察処分少年の退院は，処遇の最高段階に達しなくても保護観察の再実施相当と認められる場合にもできることとされ，この退院については読み替え規定（47条の3）が設けられた。玉本＝北原64頁参照）。

667

更生第 48 条

> **（保護観察の対象者）**
> **第 48 条**　次に掲げる者（以下「保護観察対象者」という。）に対する保護観察の実施については，この章の定めるところによる。
> 1　少年法第 24 条第 1 項第 1 号又は第 64 条第 1 項第 1 号若しくは第 2号の保護処分に付されている者（以下「保護観察処分少年」という。）
> 2　少年院からの仮退院を許されて第 42 条において準用する第 40 条の規定により保護観察に付されている者（以下「少年院仮退院者」という。）
> 3　仮釈放を許されて第 40 条の規定により保護観察に付されている者（以下「仮釈放者」という。）
> 4　刑法第 25 条の 2 第 1 項若しくは第 27 条の 3 第 1 項又は薬物使用等の罪を犯した者に対する刑の一部の執行猶予に関する法律（平成 25年法律第 50 号）第 4 条第 1 項の規定により保護観察に付されている者（以下「保護観察付執行猶予者」という。）

1　本条の趣旨——保護観察対象者の種類

　本条は，第 3 章に定める保護観察の対象者として，1 号に保護観察処分少年，2 号に少年院仮退院者，3 号に仮釈放者，4 号に保護観察付執行猶予者（刑の全部及び一部の執行猶予の双方を含む）を掲げている（1 号には，特定少年に対する保護観察（少 64 条 1 項 1・2 号）の対象者も含まれるが，2 年の保護観察（同 2 号）の対象者を「特定保護観察処分少年」と呼ぶ）。これらの者に対する保護観察は，実務上「1 号観察」から「4 号観察」までの名称で呼ばれている（⇨**図表 27**）。なお，売春防止法による婦人補導院仮退院者に対する保護観察が（売春旧 26・25 条）実務上「5 号観察」と呼ばれていたが，昭和 58 年以降例がなく，令 4 法 52（令 6・4・1施行）による婦人補導院の廃止により廃止された。1 号観察は保護観察に付される者の相当な部分を占めている。

2　保護観察の期間等

　対象者の問題状況に即した適切な処遇のためには，保護観察期間を不定期としたり，刑期等と別個に期間を定めることにも合理性があり，それを認める法制もあるが（廣瀬 f 24・89 頁），保護観察は自由を制約する側面を持つので，3 号観察の期間は仮釈放期間中に（40 条），2 号観察の期間は仮退院期間中に（42・

更生第 49 条

図表 27　保護観察対象者による区分

号種別	対　象　者	根拠条文
1 号観察	家庭裁判所の決定により保護観察に付された者	更生 48 ①，少 24 Ⅰ① · 64 Ⅰ①②
2 号観察	少年院を仮退院した者	更生 48 ② · 40〜42
3 号観察	仮釈放された者	更生 48 ③ · 40，刑 28，少 58
4 号観察	刑の全部又は一部の執行を猶予され保護観察に付された者	更生 48 ④，刑 25 の 2 Ⅰ（全部） · 27 の 3 Ⅰ（一部），薬物一部猶予 4 Ⅰ

40 条），1 号観察の期間は，20 歳に達するまで（それが 2 年に満たない場合には 2年）とされていたが，特定少年に対する保護観察は，決定時に 6 月又は 2 年と定められた（少 64 条 1 項 1 · 2 号）。

　1 号観察については，年齢の下限が昭和 27 年の改正で削除されたので，14歳未満の少年にも付すことができるが（市村 100 頁，団藤＝森田 231 頁，司研概説 89頁，昭 27 · 9 · 22 保 305 保護局長通牒 · 保護月報 13 · 106），触法少年として児童相談所長等からの送致を経ることが必要である（少 3 条 2 項）。少年の生年月日が不明確な場合は 20 歳に達する最短期間を基準として終了日を算出するとされている（団藤＝森田 479 頁，昭 29 · 1 · 29 保護 42 保護局長通牒 · 保護月報 18 · 264）。

　1 号観察は通達により処遇期間 · 方法等に応じて，一般事件の保護観察と交通事件の保護観察等に分けられていたが，令和 3 年改正の特定少年への特則が設けられている（詳細は，⇨少 24 条注釈 2 · 64 条注釈 4 · 5）。

（保護観察の実施方法）
第 49 条　①　保護観察は，保護観察対象者の改善更生を図ることを目的として，その犯罪又は非行に結び付く要因及び改善更生に資する事項を的確に把握しつつ，第 57 条及び第 65 条の 3 第 1 項に規定する指導監督並びに第 58 条に規定する補導援護を行うことにより実施するものとする。
②　保護観察処分少年又は少年院仮退院者に対する保護観察は，保護処分の趣旨を踏まえ，その者の健全な育成を期して実施しなければならない。
③　保護観察所の長は，保護観察を適切に実施するため，保護観察対象者

更生第49条

> の改善更生に資する援助を行う関係機関等に対し第30条の規定により
> 必要な情報の提供を求めるなどして，当該関係機関等との間の緊密な連
> 携の確保に努めるものとする。

1 保護観察の実施方法

保護観察は，権力的・監督的側面である「指導監督」と，援助的・福祉的側面である「補導援護」の両面から実施される（本条1項。令和4年改正で「その犯罪……しつつ，」の部分が追加された。）。指導監督は，面接等による対象者との接触保持・行状把握（57条1項1号），対象者の遵守事項の遵守や生活行動指針に即した生活・行動に必要な指示等の措置（同2号），特定の犯罪的傾向改善の専門的処遇（同3号），被害者等の被害の回復又は軽減に誠実に努めることへの必要な指示その他の措置（同5号）等により，行われる（57条）。以上のほか，規制薬物等への依存のある対象者に対しては，依存の改善のため医療や専門的な援助を受けるよう，必要な指示その他の措置をとることができる（65条の3第1項）。補導援護は，適切な住居・宿泊場所の取得や帰住の援助（58条1号），医療・療養の援助（同2号），職業補導・就職支援（同3号），教養訓練の手段取得の援助（同4号），生活環境の改善・調整（同5号），社会生活適応のための生活指導（同6号），その他対象者の健全な社会生活のため必要な助言等（同7号）により，行われる（58条）。

2 少年の健全な育成

保護観察処分少年と少年院仮退院者の保護観察は，いずれも少年の健全育成を期して行われる保護処分（少1条）の執行であるから（少24条1項1・3号，少41・42・40条），少年法1条の目的（健全育成）を踏まえて行われなければならない（令和3年改正による特定少年の保護観察（少64条1項1・2号）も目的（少1条）に変更はない）。本条2項はこれを明文で確認したものである。

3 連携の確保

令和4年改正で本条に3項が追加され，保護観察所長に関係機関との緊密な連携の確保に努めることが求められている。

更生第50条

（一般遵守事項）

第50条 ①　保護観察対象者は，次に掲げる事項（以下「一般遵守事項」
という。）を遵守しなければならない。

1　再び犯罪をすることがないよう，又は非行をなくすよう健全な生活
態度を保持すること。

2　次に掲げる事項を守り，保護観察官及び保護司による指導監督を誠
実に受けること。

イ　保護観察官又は保護司の呼出し又は訪問を受けたときは，これに
応じ，面接を受けること。

ロ　保護観察官又は保護司から，労働又は通学の状況，収入又は支出
の状況，家庭環境，交友関係その他の生活の実態を示す事実であっ
て指導監督を行うため把握すべきものを明らかにするよう求められ
たときは，これに応じ，その事実を申告し，又はこれに関する資料
を提示すること。

ハ　保護観察官又は保護司から，健全な生活態度を保持するために実
行し，又は継続している行動の状況，特定の犯罪的傾向を改善する
ための専門的な援助を受けることに関してとった行動の状況，被害
者等の被害を回復し，又は軽減するためにとった行動の状況その他
の行動の状況を示す事実であって指導監督を行うため把握すべきも
のを明らかにするよう求められたときは，これに応じ，その事実を
申告し，又はこれに関する資料を提示すること。

3　保護観察に付されたときは，速やかに，住居を定め，その地を管轄
する保護観察所の長にその届出をすること（第39条第3項（第42条
において準用する場合を含む。）又は第78条の2第1項において準用
する第68条の7第1項の規定により住居を特定された場合及び次条
第2項第5号の規定により宿泊すべき特定の場所を定められた場合を
除く。）。

4　前号の届出に係る住居（第39条第3項（第42条及び第47条の3に
おいて準用する場合を含む。）又は第68条の7第1項（第78条の2
第1項において準用する場合を含む。）の規定により住居を特定され
た場合には当該住居，次号の転居の許可を受けた場合には当該許可に
係る住居）に居住すること（次条第2項第5号の規定により宿泊すべ
き特定の場所を定められた場合を除く。）。

671

更生第50条

> 5　転居（第47条の2の決定又は少年法第64条第2項の規定により定められた期間（以下「収容可能期間」という。）の満了により釈放された場合に前号の規定により居住することとされている住居に転居する場合を除く。）又は7日以上の旅行をするときは，あらかじめ，保護観察所の長の許可を受けること。
> ②　略

1　本条の趣旨

本条は，全ての保護観察対象者が遵守すべき事項（一般遵守事項）を定めるものであり，保護観察対象者に，改善更生のための最も基本的な事項として，再び犯罪をすることがないよう，又は非行をなくすよう健全な生活態度を保持することを義務付けると共に，保護観察の実施に不可欠の事項として，保護観察官又は保護司との面接，生活実態の申告，行動状況の申告，一定の住居への居住等を義務付けたものである。

2　一般遵守事項

本条1項1号は，犯予法において「善行を保持すること」（犯予34条2項2号）とあったのを，趣旨をより明確にし，異なる解釈を生む余地のないよう言葉を置換えたものであり，実質的に異なる点はない。2号は，「接触に始まり，接触に終わる」といわれる保護観察の接触・面接と生活実態の把握を確実なものとするためのものである。3号から5号までは，保護観察対象者の住居の特定と把握に係る事項である。本条1項3号及び4号の事項は犯予法では一般遵守事項とされておらず，実務上は，相応の義務が特別遵守事項として課されていた（各号の詳細について，鎌田63頁以下）。他方，犯予法において一般遵守事項とされていた「正業に従事すること」（犯予34条2項1号），「犯罪性のある者又は素行不良の者と交際しないこと」（同3号）は，必ずしも全ての保護観察対象者に義務付ける必要はないことから，一般遵守事項からは除かれ，これらに相当するものは，特別遵守事項として定め得ることとされた。なお，令和3年改正による引用規定等に対応し本条1項3〜5号・2項の一部が改められ，令和4年改正で本条1項2号にハが追加された。

更生第51条

（特別遵守事項）
第51条　①　保護観察対象者は，一般遵守事項のほか，遵守すべき特別の事項（以下「特別遵守事項」という。）が定められたときは，これを遵守しなければならない。

②　特別遵守事項は，次条に定める場合を除き，第52条の定めるところにより，これに違反した場合に第72条第1項及び第73条の2第1項，刑法第26条の2，第27条の5及び第29条第1項並びに少年法第26条の4第1項及び第66条第1項に規定する処分がされることがあることを踏まえ，次に掲げる事項について，保護観察対象者の改善更生のために特に必要と認められる範囲内において，具体的に定めるものとする。

1　犯罪性のある者との交際，いかがわしい場所への出入り，遊興による浪費，過度の飲酒その他の犯罪又は非行に結び付くおそれのある特定の行動をしてはならないこと。

2　労働に従事すること，通学することその他の再び犯罪をすることがなく又は非行のない健全な生活態度を保持するために必要と認められる特定の行動を実行し，又は継続すること。

3　7日未満の旅行，離職，身分関係の異動その他の指導監督を行うため事前に把握しておくことが特に重要と認められる生活上又は身分上の特定の事項について，緊急の場合を除き，あらかじめ，保護観察官又は保護司に申告すること。

4　医学，心理学，教育学，社会学その他の専門的知識に基づく特定の犯罪的傾向を改善するための体系化された手順による処遇として法務大臣が定めるものを受けること。

5　法務大臣が指定する施設，保護観察対象者を監護すべき者の居宅その他の改善更生のために適当と認められる特定の場所であって，宿泊の用に供されるものに一定の期間宿泊して指導監督を受けること。

6　善良な社会の一員としての意識の涵養及び規範意識の向上に資する地域社会の利益の増進に寄与する社会的活動を一定の時間行うこと。

7　更生保護事業法（平成7年法律第86号）の規定により更生保護事業を営む者その他の適当な者が行う特定の犯罪的傾向を改善するための専門的な援助であって法務大臣が定める基準に適合するものを受けること。

8　その他指導監督を行うため特に必要な事項

更生第 51 条

1 本条の趣旨

本条は，保護観察対象者ごとに定めるその者が保護観察の期間中特に遵守すべき事項（特別遵守事項）について，その要件を定めるものである。犯予法は，特別遵守事項について，「遵守すべき特別の事項を定めなければならない」（犯予 38 条 1 項）と規定するのみで，どのような事項をどのような基準で特別遵守事項とするかに関し，法律上の規定を設けていなかったが，本条は，特別遵守事項がこれに違反した場合にいわゆる不良措置（仮釈放取消し（刑 29 条 1 項），仮退院取消し（73 条の 2 第 1 項），執行猶予取消し（刑 26 条の 2・27 条の 5），施設送致申請（67 条・少 26 条の 4 第 1 項），虞犯通告（68 条），収容決定申請（68 条の 2・少 66 条 1 項），戻し収容（72 条 1 項））に結付く規範であることを改めて明確にし，そのような法的性質を有することを踏まえて，特別遵守事項は「保護観察対象者の改善更生のために特に必要と認められる範囲内において，具体的に定める」こととし，特別遵守事項として定め得る事項の類型を明示している。なお，令和 3 年改正による特定少年に対する 6 月の保護観察（少 64 条 1 項 1 号）は「更生指導」と呼ばれ特別遵守事項を定めることもできるが，不良措置なしで改善更生を図れる者が想定されるので，原則として，特別遵守事項を設定せず，生活状況報告，交通講習，社会貢献活動等に参加させるものとされている（「更生指導の実施に関する留意事項について」令 4・3・3 保観 23 観察課長通知。平畑 137 頁）。

2 特別遵守事項の要件

特別遵守事項は，その事項が，①本条 2 項各号の類型に該当すること，②その対象者の改善更生に特に必要であること，③内容が具体的であること，④この必要性や内容の具体性は，違反した場合に仮釈放の取消し等の処分がなされることがあり得ることを踏まえて認められるものでなければならないことが要件とされている（2 項柱書）。換言すれば，不良措置をとるかどうかを判断する基準としては曖昧な事項（犯予法の下では特別遵守事項として定められることのあった「あとさきのことを考えて行動すること」等の努力目標的な事項）や，不良措置をとることを想定しない専ら生活指針・目標にすぎないような事項は，定めることができないこととなった（鎌田 70 頁）。

本条 2 項 1 号は，一般遵守事項のうちの「健全な生活態度を保持すること」を具体化したものであって，犯罪・非行の原因となる場合が多く，制限する必要性の高い「不作為」の類型である。

更生第51条

同2号は，労働・通学といった社会一般からみて健全な生活の基本とされる行動であって，犯罪・非行防止のため必要性の高い「作為」の類型である。

同3号は，指導監督を実効的に実施するためには，特定の事項をその発生前に予め把握しておくことが特に重要な場合があることから，その事前申告を類型とするものである。

同4号は，性犯罪，薬物事犯等，特定の犯罪を累行しやすい者の問題性を除去・緩和するため，専門的知識に基づく体系化された処遇を受けさせることが必要とされる場合があることから，そのような専門的処遇を受けることを類型の一つとして掲げたものである。本号の専門的処遇は法務大臣指定のものに限定され，少年対象のものは設けられていなかったが，令和3年改正に伴い，18歳以上の保護観察処分少年及び少年院仮退院者には，特別遵守事項として成人同様の専門的処遇プログラムを受けることを設定できるようになった（「『犯罪をした者及び非行のある少年に対する社会内における処遇に関する事務の運用について』の一部改正について」令4・3・3矯正局長・保護局長通達）。

同5号は，特に密度の濃い指導監督が必要とされる場合など，指導監督の実効的実施のために不可欠の居住環境を備えることまでもが必要となる場合にそのような指導監督の実施を可能とする宿泊場所を確保し，同所に宿泊を継続させながら指導監督を受けさせることを類型の一つとして掲げるものである。本号により法務大臣が指定する施設として，福島市，北九州市の2か所の自立更生促進センターが，茨城県ひたちなか市，北海道沼田町の2か所に就業支援センターがそれぞれ設けられており，このうち北海道沼田町の支援センターが少年専用となっている。

同6号は，社会に役立つ活動（社会貢献活動）を一定期間に複数回行わせることを通じて，自己有用感，規範意識，社会性の向上を促し，再犯防止と改善更生を図ろうとするものであり，平成25年の法改正（平25法49）により特別遵守事項の類型として追加されたものである（平27・6・1施行。「社会貢献活動実施要領の制定について」平27・4・17保観32保護局長通達）。

同7号は，令和4年改正で追加されたもので，更生保護施設を始めとする地域の関係機関等において実施される，薬物依存など特定の犯罪的傾向を改善するための専門的な援助を受けさせることを，特別遵守事項の類型としたものである。

675

更生第52条・第53条

同8号は，上記以外にも指導監督の実施のため特に遵守させることが必要な事項が生じ得ると考えられることから，これを類型の一つとして掲げるものである（詳細は，鎌田71頁以下）。

（特別遵守事項の設定及び変更）

第52条　①　保護観察所の長は，保護観察処分少年について，法務省令で定めるところにより，少年法第24条第1項第1号又は第64条第1項第1号若しくは第2号の保護処分をした家庭裁判所の意見を聴き，これに基づいて，特別遵守事項を定めることができる。これを変更するときも，同様とする。

②　地方委員会は，少年院仮退院者又は仮釈放者について，保護観察所の長の申出により，法務省令で定めるところにより，決定をもって，特別遵守事項を定めることができる。保護観察所の長の申出により，これを変更するときも，同様とする。

③　前項の場合において，少年院からの仮退院又は仮釈放を許す旨の決定による釈放の時までに特別遵守事項を定め，又は変更するときは，保護観察所の長の申出を要しないものとする。

④・⑤・⑥　略

（特別遵守事項の取消し）

第53条　①　保護観察所の長は，保護観察処分少年又は保護観察付執行猶予者について定められている特別遵守事項（遵守すべき期間が定められている特別遵守事項であって当該期間が満了したものその他その性質上一定の事実が生ずるまでの間遵守すべきこととされる特別遵守事項であって当該事実が生じたものを除く。以下この条において同じ。）につき，必要がなくなったと認めるときは，法務省令で定めるところにより，これを取り消すものとする。

②　地方委員会は，保護観察所の長の申出により，少年院仮退院者又は仮釈放者について定められている特別遵守事項につき，必要がなくなったと認めるときは，法務省令で定めるところにより，決定をもって，これを取り消すものとする。

③　前条第3項の規定は，前項の規定により特別遵守事項を取り消す場合について準用する。

④　略

676

更生第 52 条・第 53 条

1　本条等の趣旨

52 条は，保護観察の開始に際して特別遵守事項の設定を必要的ではないものとする一方，保護観察の途中でもその設定・変更ができるものとし，53 条は，必要がなくなった特別遵守事項は取消すものとするものである（平 25 法 49 による改正により，53 条 1 項に括弧書きが挿入され，一定の場合には取消しの手続も要しないとされた）。

犯予法では，特別遵守事項は保護観察開始時に必ず定め，その保護観察期間を通じ付加・変更・取消しはできないものとされていた（犯予 38 条）。しかし，必ずしもすべての対象者に特別遵守事項を定める必要はない一方で，対象者の改善更生が進めば，特別遵守事項を取消して制約を緩和し，改善更生意欲を高め，問題状況が生じ，あるいは懸念されれば，特別遵守事項を付加・変更し制約を厳しくして更生意欲を喚起・強化し，更にこれを遵守しない場合には警告・施設送致等の処分（67 条等・不良措置）を的確にとれるようにする柔軟でメリハリのある処遇を実現する必要があり，本条はその趣旨の規定である。

2　家庭裁判所の関与

1 号観察の特別遵守事項の設定・変更は，保護処分決定をした家庭裁判所の意見を聴き，これに基づいて行うこととされている。家庭裁判所は，保護処分決定に際し調査・審判により少年の問題点を最もよく把握でき，その後も成績・動向視察（規 38 条 1 項），処遇勧告（同 2 項），参考書類（少年調査票等）の取寄（規 37 条の 2 第 3 項），収容決定申請（68 条の 2），少年院仮退院者の戻し収容決定（71 条）など，少年の処遇について一定の関与が認められ，処分執行中の状況もある程度知り得る立場にあるからである。本条により，保護観察開始時の特別遵守事項の設定（規 37 条 2・3 項参照）のほか，保護観察途中における特別遵守事項の設定・変更も，その保護処分をした家庭裁判所の意見に基づくこととされた。家庭裁判所は，その対象者について，特別遵守事項が過度に人権を制約したり，設定・変更が恣意的に流れたりしないように検めるほか，処遇上，どのような事項が必要・相当かについて意見を述べるべきである。実際に，一定の様式に従った書類により意見が述べられている（「少年審判規則第 37 条第 2 項及び第 3 項の規定による保護観察所長に対する通知等の事務処理について」平 19・10・17 家庭局長通達（最終改正令 4・3・3））。他方，特別遵守事項の取消しは，専ら対象者の人権制約を解消し，必要がなくなった事項を取消すもので裁量の範囲が狭

677

更生第56条

いため，処遇の実情を最もよく知る立場の保護観察所長の判断で足りるので，家庭裁判所の意見聴取は必要とされていない（鎌田80頁以下参照）。

> **（生活行動指針）**
> **第56条** ① 保護観察所の長は，保護観察対象者について，保護観察における指導監督を適切に行うため必要があると認めるときは，法務省令で定めるところにより，当該保護観察対象者の改善更生に資する生活又は行動の指針（以下「生活行動指針」という。）を定めることができる。
> ② 保護観察所の長は，前項の規定により生活行動指針を定めたときは，法務省令で定めるところにより，保護観察対象者に対し，当該生活行動指針の内容を記載した書面を交付しなければならない。
> ③ 保護観察対象者は，第1項の規定により生活行動指針が定められたときは，これに即して生活し，及び行動するよう努めなければならない。

1　本条の趣旨

　特別遵守事項は，違反した場合，施設送致申請等のいわゆる不良措置の前提となるため，改善更生に特に必要と認められる範囲に限定して定められ，専ら生活の指針・目標的な事項，違反しても不良措置までは想定されない事項，不良措置の制裁の下に義務付ける必要性までは認められない事項については，改善更生に資するものでも，特別遵守事項としては定めることができない（⇨51条注釈2）。こうした事項を保護観察所長が「生活行動指針」として定めることとしたのが本条である。

2　生活行動指針の意義

　生活行動指針が定められると，保護観察対象者は，これに即して生活・行動するよう努める義務を負い，指導監督を受けるが，違反しても直接不良措置に結付かない点が，特別遵守事項と異なる。実際上は，ある事項をまず生活行動指針として定め，その後の行状の悪化等により，不良措置がとられ得ることを明確に意識させることにより当該事項を守らせる必要があると判断した段階で，これを特別遵守事項に「格上げ」するといった運用が想定されている（詳細につき，鎌田83頁以下）。

更生第 59 条・第 63 条

（保護者に対する措置）
第 59 条　保護観察所の長は，必要があると認めるときは，保護観察に付
されている少年（少年法第 2 条第 1 項に規定する少年であって，保護観
察処分少年又は少年院仮退院者に限る。）の保護者（同条第 2 項に規定
する保護者をいう。）に対し，その少年の監護に関する責任を自覚させ，
その改善更生に資するため，指導，助言その他の適当な措置をとること
ができる。

　少年の健全な育成のためには，少年の保護者にその責任を自覚させ，少年の
改善更生に向けた努力をさせることが重要である。本条は，実務上既に行われ
てきた保護者に対する指導，助言等の措置を明記したものであって，平成 19
年改正により新設された犯予 36 条の 2 を引継ぐ規定であり，少年院在院者の
保護者に対する措置（少院 17 条 2 項）と同趣旨である（⇨同条注釈。特定少年の保
護者の存否について⇨少 2 条注釈 6(4)）。

（出頭の命令及び引致）
第 63 条　①　地方委員会又は保護観察所の長は，その職務を行うため必
要があると認めるときは，保護観察対象者に対し，出頭を命ずることが
できる。
②　保護観察所の長は，保護観察対象者について，次の各号のいずれかに
該当すると認める場合には，裁判官のあらかじめ発する引致状により，
当該保護観察対象者を引致することができる。
　1　正当な理由がないのに，第 50 条第 1 項第 4 号に規定する住居に居住
　　しないとき（第 51 条第 2 項第 5 号の規定により宿泊すべき特定の場
　　所を定められた場合には，当該場所に宿泊しないとき）。
　2　遵守事項を遵守しなかったことを疑うに足りる十分な理由があり，
　　かつ，正当な理由がないのに，前項の規定による出頭の命令に応ぜず，
　　又は応じないおそれがあるとき。
③　地方委員会は，少年院仮退院者又は仮釈放者について，前項各号のい
ずれかに該当すると認める場合には，裁判官のあらかじめ発する引致状
により，当該少年院仮退院者又は仮釈放者を引致することができる。
④　第 2 項の引致状は保護観察所の長の請求により，前項の引致状は地方

679

更生第63条

> 委員会の請求により，その所在地を管轄する地方裁判所，家庭裁判所又は簡易裁判所の裁判官が発する。
>
> ⑤　第2項又は第3項の引致状は，判事補が一人で発することができる。
>
> ⑥　第2項又は第3項の引致状は，保護観察官に執行させるものとする。ただし，保護観察官に執行させることが困難であるときは，警察官にその執行を嘱託することができる。
>
> ⑦　刑事訴訟法（昭和23年法律第131号）第64条，第73条第1項前段及び第3項，第74条並びに第76条第1項本文及び第3項の規定（勾引に関する部分に限る。）は，第2項又は第3項の引致状及びこれらの規定による保護観察対象者の引致について準用する。（以下略）
>
> ⑧　第2項又は第3項の引致状により引致された者については，引致すべき場所に引致された時から24時間以内に釈放しなければならない。ただし，その時間内に第68条の3第1項，第73条第1項，第73条の4第1項，第76条第1項又は第80条第1項の規定によりその者が留置されたときは，この限りでない。
>
> ⑨　略
>
> ⑩　略

1　本条の趣旨

　保護観察の処遇の実効化を図るため，保護観察所長には，出頭の命令及び引致の権限が認められている。また，保護観察中に新たな問題行状が生じた者に対しては，不良措置（⇨51条注釈1）を行う権限があるので，その事由の調査のためにも，本条の出頭命令及び引致は活用されるべきである（虞犯通告について，平場146頁）。出頭命令に応ぜず，又は応じない虞がある者に対する強制処分として引致があり，裁判官の発する令状（引致状）によって執行される。そのほか，保護観察のため必要があれば，保護観察所長は，保護観察官又は保護司をして関係人に必要な調査・質問をさせることができ（64条），関係機関に必要な援助及び協力を求めることもできる（30条）。

2　引　致　状

　保護観察に付されている者が，一定の住居に居住しない（本条2項1号）か，遵守事項違反の十分な嫌疑があり，かつ，正当な理由がないのに，出頭命令に応ぜず，又はその虞があるとき（本条2項2号）に，一定の場所に強制的に連行

更生第63条

し，24時間以内の拘束を認める令状である。

(1) **請求の審査等**　引致状請求は，身柄拘束に関する令状審査であるから，裁判官には引致の理由及び必要性の実質的な審査権があり，必要な場合には資料提供を求めることができる。その心証は勾留の場合と同程度でよく，疎明資料は書面に限られず，申請に出頭した保護観察官の供述等も含まれるが，引致後，留置される場合（68条の3・73条・73条の4・76・80条）もあるので，できるだけ書面等で慎重に判断すべきである（団藤＝森田482頁）。引致状は，異論もあるが，裁判所支部の裁判官への請求も可能である（昭57・3・1家庭局長電信回答，吉永＝鈴木257頁等）。

(2) **執行**　引致状の執行は，保護観察官が行うが，それが困難なときは，警察官に嘱託することもできる（本条6項）。執行方法については，刑訴法の勾引状及び勾留状の執行に関する規定が準用される（本条7項）。

(3) **引致の効力**　引致状により引致された者は，引致時から24時間拘束でき，その間に保護観察官等により調査が行われる。引致後24時間を経過したときは釈放しなければならないが，調査の結果，収容決定申請・戻し収容申請・仮退院取消決定・仮釈放取消決定・執行猶予取消請求をするか否かに関する審理を開始するときは，引致後10日以内の留置が認められ（68条の3第2項・73条2項・73条の4第2項・76条3項・80条2項），収容決定申請・戻し収容申請又は執行猶予取消請求がされたときは，通じて20日間留置が可能となる（68条の3第3項・73条4項・80条3項）。留置場所は，本人の年齢・経歴・交通事情等を考慮して刑事施設，少年鑑別所，留置施設等から選択される（団藤＝森田482頁）。引致途中必要があれば少年鑑別所に仮留置もでき（留置施設も可能である。本条7項による刑訴74条の準用，刑事施設3・15条），引致途中の日数は留置期間に含まれず，留置期間は引致すべき場所に引致された日から起算する（68条の3第2項・73条2項・73条の4第2項・76条3項・80条2項）。

　保護観察をより実効化するためにも，遵守事項を遵守せず，指導監督に従わないような者に対しては，より一層の出頭命令の励行，引致の活用も検討すべきであり，その請求に対しては裁判所側もより積極的に対応すべきである。

681

更生第 67 条

> **（警告及び少年法第 26 条の 4 第 1 項の決定の申請）**
> **第 67 条** ① 保護観察所の長は，保護観察処分少年が，遵守事項を遵守
> しなかったと認めるときは，当該保護観察処分少年に対し，これを遵守
> するよう警告を発することができる。
> ② 保護観察所の長は，前項の警告を受けた保護観察処分少年が，なお遵
> 守事項を遵守せず，その程度が重いと認めるときは，少年法第 26 条の
> 4 第 1 項の決定の申請をすることができる。

1　本条の意義

保護観察処分少年に対する指導監督を一層効果的にするために，平成 19 年
改正により設けられた警告及び施設送致申請に関する規定であり，犯予法 41
条の 3 の規定を引継いだものである。令和 3 年改正により，本条の手続対象か
ら，特定少年で保護観察に付された者は除外され（少 64 条 1 項 1・2 号，更生 66
条括弧書），そのうち 2 年の保護観察に付された者は収容決定申請の対象とされ
た（68 条の 2，少 66 条 1 項）。

2　警　告

警告は，遵守事項違反について，少年に対し，施設送致処分（少 26 条の 4）
がなされる可能性も示して改めて遵守事項を遵守するよう警告することにより，
少年の自覚を促し，自発的に生活態度を改める機会を与えるものである。警告
は，少年の面前において，警告書を朗読し，これを交付することにより行い，
警告の際，少年に対し，その自覚を促すことが求められている（犯罪をした者及
び非行のある少年に対する社会内における処遇に関する規則 77・78 条）。

3　施設送致申請

保護観察所長は，**2** の警告を受けた者が，なお遵守すべき事項を遵守せず，
その程度が重いと認めるときは，少年院等への施設送致申請（本条 2 項，少 26
条の 4 第 1 項）をすることができる。審判と保護処分執行とは基本的に分離され
ているので，現に執行に当たっている保護観察所が少年の状況を最も的確に把
握していることから，保護観察所長に施設送致申請権が認められたものである。
「なお遵守事項を遵守せず」とは，警告の趣旨に反し，警告に係る遵守事項違
反と同種の遵守事項違反を繰返したことをいう。「その程度が重い」とは，警
告後の遵守事項を遵守しなかった事実の程度が重いことをいい，違反のあった

更生第68条（規第5条・第8条）

遵守事項の内容ごとに，少年の遵守事項違反の態様や，指導監督の内容及びこれへの少年の対応状況等が総合的に考慮される（詳細は，⇨少26条の4注釈）。

　施設送致申請を受けた家庭裁判所の手続は，その性質に反しない限り，保護事件の審判手続の例による（少26条の4第3項・24条1項）。決定例として，千葉家木更津支決平21・1・5家月61・7・85，金沢家決平22・3・17家月62・10・106，水戸家決平22・9・14家月63・10・67，新潟家決平23・3・24家月63・10・75，名古屋家決平24・3・7家月64・8・98，仙台家決平24・10・18家月65・6・126，広島家決平26・9・9家判1・135，東京家決平27・9・1家判7・72，東京高決平28・11・7家判12・102，大阪家堺支決平30・5・10家判19・101，静岡家決令4・9・22家判45・70，金沢家決令5・3・9家判47・85などがある。

（家庭裁判所への通告等）

第68条　①　保護観察所の長は，保護観察処分少年について，新たに少年法第3条第1項第3号に掲げる事由があると認めるときは，家庭裁判所に通告することができる。

②　前項の規定による通告があった場合において，当該通告に係る保護観察処分少年が18歳以上であるときは，これを18歳に満たない少年法第2条第1項の少年とみなして，同法第2章の規定を適用する。

③　家庭裁判所は，前項の規定により18歳に満たない少年法第2条第1項の少年とみなされる保護観察処分少年に対して同法第24条第1項第1号又は第3号の保護処分をする場合において，当該保護観察処分少年が20歳以上であるときは，保護処分の決定と同時に，その者が23歳を超えない期間内において，保護観察の期間又は少年院に収容する期間を定めなければならない。

規則第5条　少年法第2章前注掲出
規則第8条　少年法第8条掲出

1　本条の趣旨

　保護観察に付されても，少年の行状が改善されず，新たな虞犯事由が生じ，そのままの処分では処遇効果を期し難い場合や保護観察の残期間では十分な処遇が行えない場合などが生じ得る。このような場合に，虞犯として，家庭裁判

更生第68条（規第5条・第8条）

所の新たな保護処分決定を可能としたのが本条の通告制度（虞犯通告制度）であるが，令和3年改正により，特定少年が虞犯の対象外とされたため（少65条1項），本条の対象も少年法24条1項1号の保護観察処分少年に限定され（66条括弧書），本条2・3項の文言が改められた。

本来最適な処遇効果をあげるためには，要保護性の変化に応じて保護処分及びその処遇内容の変更が弾力的に可能な制度が望ましく，旧法も含め（旧5条），保護処分の事後的変更を認める法制も少なくない（⇨少27条注釈1）。現行法は事後的変更を認めておらず，本条による事例も少ないが（最近の事例として，東京家決平17・5・19家月58・1・117），本条の通告は，調査・観護措置，審判・試験観察等の調査・審判過程を通じた教育的効果の有効性も指摘され（名古屋家決平7・2・16家月47・6・86参照），処遇の弾力化の要請に実質的に応えるものとも指摘されていた（本書改訂版470頁）。平成19年改正で新設された警告・施設送致申請（67条，少26条の4第1項）がより直接的にこの要請に応えるものといえるが，本条による場合は，新たに保護観察処分をすることも可能である点が異なる。

2　本条の通告の要件

(1)　**少年法24条1項1号の保護観察を受けた者であること**　特定少年で保護観察に付された者は対象外である（少64条1項1・2号，更生66条括弧書）。本条の通告によって保護観察に付された者も少年法24条1項1号によるもので本来の保護観察決定と異ならないから再度の通告も可能である（長野家決昭50・3・20家月27・9・138。反対，伊藤（政）a46頁）。

(2)　**新たに虞犯事由（少3条1項3号）が認められること**　虞犯事由及び虞犯性を必要とする立場もあるが（上垣9頁，大阪家決昭43・6・24家月21・1・153），虞犯性までは不要と解すべきであろう（条解〔菊地〕331頁，更生保護96頁，本書第3版540頁）。なお，警告・施設送致申請（67条，少26条の4第1項）とは制度趣旨及び要件を異にするが，本条の要件と警告の要件を共に満たす場合，少年が保護のため緊急を要する状態にないなど，警告制度を利用することでなお保護観察によってその改善更生を図る余地があると認められる場合には，虞犯通告に優先して警告を発することが適切といえよう。

(3)　**18歳以上の者**　特定少年は，令和3年改正で，虞犯の対象外とされたが，保護観察処分時18歳未満であれば，開始された保護処分の効果が阻害さ

更生第68条の2・第68条の3

れないように，特定少年の犯情の軽重による制限（少64条1項本文）を受けず
に保護処分に付すことができることが必要かつ相当であること，虞犯通告は既
に開始されている保護観察の実効性を確保するため，実質的に保護処分の事後
的変更の側面を持つことから，18歳未満で保護観察処分を受けた者は18歳に
達した後も本条の対象としたものである（玉本＝北原75頁）。20歳以上の者の少
年院収容期間は，収容継続の場合と同様に仮退院後の保護観察の期間も考慮し
て定めるべきである（吉永＝鈴木260頁。⇨少院138・139条注釈）。

3　通告の方式及び通告事件の審判

少年審判規則8条5項によって，検察官等からの送致の方式が準用されてい
る。本条の通告のため，保護観察所長には出頭命令，引致，留置も含む調査権
限がある（⇨63条注釈）。

保護観察継続中であることは通告の要件であって決定の要件ではないから，
保護観察の終了後も家庭裁判所は保護処分等の実体的な審判ができる（伊藤
（政）a92頁，条解〔菊地〕332頁，更生保護98頁，上垣28頁，昭30・9・15家庭局長回答・
判例体系46・1741。団藤＝森田486頁は疑問とする）。

処分の範囲を保護観察と少年院送致に限定する説もあるが（伊藤（政）a82頁），
本条2項は，20歳以上の者も含めて18歳に満たない少年とみなして少年法第
2章を適用しているから，虞犯の性質上検察官送致が除かれるほかは通常の少
年保護事件として処遇決定できるとするのが妥当であり（廣瀬・少年法458頁，
上垣30頁等），実務上の取扱も同様である（函館家決昭47・8・7家月25・7・83〈養
護施設送致〉，大阪家決昭51・4・12家月29・1・147〈教護院送致〉）。

（少年法第66条第1項の決定の申請）
第68条の2　保護観察所の長は，特定保護観察処分少年（保護観察処分
　少年のうち，少年法第64条第1項第2号の保護処分に付されているも
　のをいう。以下同じ。）が，遵守事項を遵守せず，その程度が重いと認
　めるときは，同法第66条第1項の決定の申請をすることができる。た
　だし，当該特定保護観察処分少年について，その収容可能期間が満了し
　ているときは，この限りでない。
（留置）
第68条の3　①　保護観察所の長は，第63条第2項の引致状により引致

更生第68条の2・第68条の3

した特定保護観察処分少年について，前条の規定による申請をするか否かに関する審理を開始する必要があると認めるときは，当該特定保護観察処分少年を刑事施設又は少年鑑別所に留置することができる。

② 前項の規定による留置の期間は，引致すべき場所に引致した日から起算して10日以内とする。ただし，その期間中であっても，前条の規定による申請をする必要がなくなったときその他留置の必要がなくなったときは，直ちに特定保護観察処分少年を釈放しなければならない。

③ 保護観察所の長は，第1項の規定により留置されている特定保護観察処分少年について，前条の規定による申請をしたときは，前項の規定にかかわらず，当該申請に係る家庭裁判所からの決定の通知があるまでの間又は少年法第66条第2項の規定によりその例によることとされる同法第17条第1項第2号の観護の措置がとられるまでの間，継続して留置することができる。ただし，留置の期間は，通じて20日を超えることができない。

④ 第1項の規定による留置については，審査請求をすることができない。

1 収容決定申請

令和3年改正により設けられた2年の保護観察（少64条1項2号）に付された特定保護観察処分少年に対する不良措置として設けられた収容決定申請（少66条1項）に関する規定である。この申請では，施設送致申請（67条2項，少26条の4）と異なり警告の手続（67条）は不要である。これは，2年の保護観察では処分自体に遵守事項違反があった場合の少年院への収容措置が組み込まれると共に処分の言渡し時に遵守事項違反があった場合の少年院への収容可能期間が告げられているため，警告の必要はないと考えられたことによる（玉本＝北原76頁）。

「遵守事項を遵守せず，その程度が重いと認めるとき」とは，保護観察の継続では本人の改善更生を図れないことを示す徴表がある場合であり，遵守事項違反の態様，指導監督の内容・それへの対応状況等に基づいて総合的に判断される（⇨少66条注釈）。既に少66条1項により収容されたことがある者については，上記申請は，収容可能期間満了前に限られる（68条の2ただし書）。

2 本申請による手続

本申請を受けた家庭裁判所は，性質に反しない限り，特定少年の保護事件手

更生第 69 条・第 70 条

続の例による（少 66 条 2 項）。本申請について 68 条の 3 が新設され，施設送致申請とは異なり，引致状（63 条 2 項）により引致した特定保護観察処分少年に対しては，戻し収容申請（71 条）と同様に留置が可能とされた（詳細は，玉本 = 北原 78 頁以下参照）。

（保護観察の解除）
第 69 条　保護観察所の長は，保護観察処分少年について，保護観察を継続する必要がなくなったと認めるときは，保護観察を解除するものとする。

（保護観察の一時解除）
第 70 条　①　保護観察所の長は，保護観察処分少年について，その改善更生に資すると認めるときは，期間を定めて，保護観察を一時的に解除することができる。

②　前項の規定により保護観察を一時的に解除されている保護観察処分少年については，第 49 条，第 51 条，第 52 条から第 59 条まで，第 61 条，第 62 条，第 65 条から第 65 条の 4 まで及び第 67 条から第 68 条の 2 までの規定は，適用しない。

③　第 1 項の規定により保護観察を一時的に解除されている保護観察処分少年に対する第 50 条第 1 項及び第 63 条の規定の適用については，同項中「以下「一般遵守事項」という」とあるのは「第 2 号ロ及びハ並びに第 3 号に掲げる事項を除く」と，同項第 2 号中「守り，保護観察官及び保護司による指導監督を誠実に受ける」とあるのは「守る」と，同項第 5 号中「転居（第 47 条の 2 の決定又は少年法第 64 条第 2 項の規定により定められた期間（以下「収容可能期間」という。）の満了により釈放された場合に前号の規定により居住することとされている住居に転居する場合を除く。）又は 7 日以上の旅行」とあるのは「転居」と，第 63 条第 2 項第 2 号中「遵守事項」とあるのは「第 70 条第 3 項の規定により読み替えて適用される第 50 条第 1 項に掲げる事項」とする。

④　第 1 項の規定による処分があったときは，その処分を受けた保護観察処分少年について定められている特別遵守事項は，その処分と同時に取り消されたものとみなす。

⑤　保護観察所の長は，第 1 項の規定により保護観察を一時的に解除されている保護観察処分少年について，再び保護観察を実施する必要がある

687

更生第71条・第72条

> と認めるときは，同項の規定による処分を取り消さなければならない。
> ⑥　前項の場合において，保護観察所の長は，保護観察処分少年が第1項
> の規定により保護観察を一時的に解除されている間に第3項の規定によ
> り読み替えて適用される第50条第1項に掲げる事項を遵守しなかった
> ことを理由として，第67条第1項の規定による警告を発し，又は同条
> 第2項若しくは第68条の2の規定による申請をすることができない。

　少年への最適な処遇によって改善更生を目指す保護処分の性質上，要保護性
の減少に弾力的に対応し，保護観察の実施も必要最小限度に止めることが妥当
である。犯予法33条4項でも保護観察を一時的に実施しない「停止」と保護
観察を終了させる「解除」が規定されていたが，その要件に差異が設けられず，
「停止」の効果も明記されていなかったため，「停止」については実務であまり
用いられなかった。更生保護法は，保護観察の「停止」を「一時解除」と改称
して要件・効果を明記した。

　解除の要件は，保護観察を継続する必要がなくなったこと，一時解除の要件
は，解除までは至らないが保護観察を一時的に解除することが改善更生に資す
ることである。一時解除の効果としては，①指導監督（57条・65条の3），補導
援護（58条），応急の救護（62条），被害者等の心情等の伝達（65条）が行われな
いこと，②警告・施設送致申請（67条），虞犯通告（68条），収容決定申請（68
条の2）は行うことができないこと，③一般遵守事項のうち，指導監督を誠実
に受ける義務（生活状況の申告義務を含む）は負わず，7日以上の旅行をする場合
でも許可を受ける必要はなくなること，④特別遵守事項は，一時解除と同時に
取消されたものとみなされることである（鎌田95頁以下）。

（少年院への戻し収容の申請）
第71条　地方委員会は，保護観察所の長の申出により，少年院仮退院者
　（少年法第24条第1項第3号の保護処分に付されているものに限る。以
　下この条から第73条までにおいて同じ。）が遵守事項を遵守しなかった
　と認めるときは，当該少年院仮退院者を少年院に送致した家庭裁判所に
　対し，これを少年院に戻して収容する旨の決定の申請をすることができ
　る。ただし，23歳に達している少年院仮退院者については，少年院法

更生第 71 条・第 72 条

第 139 条第 1 項に規定する事由に該当すると認めるときに限る。

(少年院への戻し収容の決定)

第 72 条 ① 前条の申請を受けた家庭裁判所は，当該申請に係る少年院仮退院者について，相当と認めるときは，これを少年院に戻して収容する旨の決定をすることができる。

② 家庭裁判所は，前項の決定をする場合において，23 歳に満たない少年院仮退院者を 20 歳を超えて少年院に収容する必要があると認めるときは，当該決定と同時に，その者が 23 歳を超えない期間内において，少年院に収容する期間を定めることができる。その者が既に 20 歳に達しているときは，当該決定と同時に，23 歳を超えない期間内において，少年院に収容する期間を定めなければならない。

③ 家庭裁判所は，23 歳に達している少年院仮退院者について第 1 項の決定をするときは，当該決定と同時に，その者が 26 歳を超えない期間内において，少年院に収容する期間を定めなければならない。

④ 家庭裁判所は，第 1 項の決定に係る事件の審理に当たっては，医学，心理学，教育学，社会学その他の専門的知識を有する者及び保護観察所の長の意見を聴かなければならない。

⑤ 前 3 項に定めるもののほか，第 1 項の決定に係る事件の手続は，その性質に反しない限り，18 歳に満たない少年の保護処分に係る事件の手続の例による。

1 総　説

(1) **71 条及び 72 条の趣旨**　少年院における矯正教育の結果，処遇の最高段階に向上したときは仮に退院させ (41 条)，保護観察に付して (42・40 条)，社会復帰を図る (⇨**図表 17** 参照)。問題がなければ退院が許されて処分が終了するが (74 条)，仮退院中の者に一定の問題が生じた場合には，再度院内において教育をするため本人 (26 歳までの者を含むので本人という) を少年院に戻して更に教育する必要がある。71・72 条はその手続を定める。実務上，戻し収容申請事件と呼ばれている。なお，令和 3 年改正により，特定少年の少年院送致 (少 64 条 1 項 3 号) を受けて仮退院した者は戻し収容の対象から除外され，家庭裁判所を介さずに，地方委員会による仮退院取消しにより少年院に戻して処遇する旨改正された (71 条・73 条の 2 ⇨同条注釈)。

689

更生第71条・第72条

本来，施設内処遇と社会内処遇は車の両輪のようなものであり，両者がうまく組合わされてこそ，適切な処遇効果が期待できる。施設内で教育効果があがり，性格の矯正がなされても，実社会の劣悪な環境下では再非行に至ってしまう場合も少なくない。社会への健全な適応・自立こそ目標であり，社会内処遇が重要であることは明らかである。同時に，性格の根深い問題などは相当期間にわたる集中的な密度の濃い全人格的な教育が必要であり，社会内処遇を行える段階までの教育が必要な者，動機付けが必要な者などがいることもまた明らかである。このような趣旨からは，対象者の問題状況・処遇効果に応じて社会内処遇と施設内処遇が相互に切替え可能な制度が望ましいといえ，ある程度これを実現している法制もある（廣瀬 f 23・88頁。旧法5条も保護処分の事後的変更を認めていた。⇨序説2）。しかし，現行法は原則としてこれを認めていない。戻し収容は，例外的な規定であるが，家庭裁判所と執行機関の適切な連携のうえにこのような趣旨を生かす活用が望まれる。

(2) **戻し収容申請事件の性質**　収容継続申請事件と同様，継続処分説（円井244頁，平井 c 162頁），新処分説（伊藤（政）a 83頁，平場旧版179頁，石原123頁，菊田206頁）があるが，仮退院の取消しと共に収容期間の延長という性質もあるので，実体的には継続処分で手続的には新処分の性質を持つとする両面説（団藤＝森田488頁，井戸194頁，平場413頁，鬼頭96頁，八木 a 4頁，早川 d 249頁）が妥当であろう。

(3) **対象者の範囲**　収容継続決定，戻し収容決定等に基づき収容されて仮退院した場合は，戻し収容に消極的な立場があるが（平井 c 166頁），71条の文理上，収容継続等が先行している場合を除く必要がないこと，実際上も戻し収容の必要な場合もあり得ることから，戻し収容を可能と解すべきである（伊藤（政）a 43頁，栗林67頁，平場414頁，八木 a 25頁，前橋家桐生支決昭36・11・25家月14・3・149〈収容継続〉，甲府家決昭37・7・26家月16・1・183〈再度の戻し収容〉等）。その戻し収容において新たな収容期間を定めることについても，消極説はあるが（伊藤（政）a 43頁），収容継続決定等に際しては，仮退院後の保護観察期間をも考慮して収容期間を定めるとしても，本来将来の予測が完全にできるものではなく，また，戻し収容決定においては，本人の現在の要保護性に応じて判断されるものであるから，矯正教育に必要な期間を新たに定めることができると解すべきである（前掲栗林・八木 a，札幌家岩見沢支決昭47・9・12家月25・4・103〈収

690

更生第 71 条・第 72 条

容継続），新潟家決昭 46・9・3 家月 24・3・116〈再度の戻し収容〉等）。

2 実体的要件

地方委員会が遵守事項を遵守しなかったと認めるとき（71 条），23 歳に達している少年院仮退院者については，少年院法 139 条 1 項に規定する事由に該当すると認めるとき（71 条但書）に申請を行うことができ，この申請を受けた家庭裁判所において，相当と認めるとき（72 条 1 項）に戻し収容の決定をすることができるとされている。以下，問題点のみ触れる。

(1) 遵守事項違反事由 遵守事項を遵守しなかったことである。犯予法の戻し収容申請の要件には「遵守しない虞」があるときも含まれていたが（犯予43 条 1 項），本法では遵守事項違反に限定された（その趣旨につき，本書第 4 版 622頁）。もっとも，実務上，犯予法の下でも「遵守しない虞」を理由とする戻し収容申請は行われていなかったので実務を変えるものではない。同時あるいは時期を異にして複数の違反事由がある場合の取扱が問題となるが，虞犯と同様に一定時期には一つの事件のみが成立すると考え，申請書にないものや申請後の違反事由も併せて考慮できるとするのが裁判例の取扱であり，これが相当である。もっとも，新たな違反事由と認定するものについては，告知と弁解の機会を保障すべきである（八木 a 32 頁）。

遵守事項違反に当たる事実が同時に非行・犯罪を構成する場合が多いが，それが刑事訴追されている場合には，二重処罰禁止の趣旨から特段の事由がない限り考慮することは許されないとした裁判例もある（東京家決昭 52・5・6 家月29・12・100）。確かに遵守事項違反に当たる事実が犯罪事実と重なる場合には二重処罰の問題となろう。しかし，当該犯罪事実が複数の違反事実の一部として他の違反事実と併存している場合に遵守事項違反の一事実として考慮することは許されよう。少年保護手続における終局決定の場合も同様（⇨少 24 条注釈 5⑻）である（八木 a 33 頁）。これらはいずれも常習犯罪において前科を考慮するのが二重処罰とされないのと同様に考えられよう（不処分とされた事実を考慮外とした名古屋家一宮支決昭 59・7・11 家月 37・3・104 は，この点で賛成し難い）。なお，刑との選択が可能である場合に実質的な判断で刑の方を相当として戻し収容を斥けた裁判例があるが，これらでは科刑対象の違反事由も判断資料とされている（福岡家久留米支決昭 45・12・3 家月 23・8・104，高知家決昭 49・6・17 家月 27・2・131）。

(2) 相当と認めるとき 犯予法では地方委員会による戻し収容の申請につ

691

更生第71条・第72条

いて規定が置かれていたが（犯予43条），家庭裁判所の戻し収容決定に関する明文規定はなく，解釈上戻し収容の必要性，相当性が要件であるとされてきた（伊藤(政)a71頁，石原219頁，吉永=鈴木260頁，八木a34頁，条解〔菊地〕335頁，昭30・11家庭局見解・会同要録161頁，福岡家決昭46・5・26家月24・1・119，山口家決昭61・7・3家月39・3・70等）。72条1項では，「申請に係る少年院仮退院者について，相当と認めるとき」戻し収容決定ができる旨定められたが，この要件も従来の解釈における必要性，相当性を前提とするものと考えられる。具体的には，少年院送致のそれ（⇨少24条注釈4・5）と共通し，少年の資質，非行歴，保護者の保護能力，保護環境のほか，遵守事項違反事実の内容，保護観察所の指導内容とそれに対する態度，少年院収容前の状況との対比等に照らし，再非行の虞があることが挙げられる（八木a34頁。必要性を認めなかった事例として，奈良家葛城支決平12・4・7家月52・9・123）。最近の裁判例として，福岡高決令元・7・24家判27・109，東京高決平28・8・10判タ1434・170がある。

3　申請手続

(1)　**移送の可否**　戻し収容申請は「当該少年院仮退院者を少年院に送致した家庭裁判所」（71条）に対してしなければならないとされているので消極説もあるが（伊藤(政)a35頁，栗林12頁），専属管轄を定めたものではなく他の管轄家庭裁判所に移送できると解される（平場414頁，八木a34頁，条解〔菊地〕333頁，東京家決昭38・6・6家月15・10・179）。

(2)　**申請受理の効果**　戻し収容の申請は，引致状による引致後の本人の留置中になされるのが一般である。引致（63条2・3項）がなされた場合は，地方委員会が引致時から24時間以内に審理を開始するときは，引致後10日以内，本人を少年鑑別所等に留置でき，その期間内に地方委員会が戻し収容申請をするかどうかを判断する（73条1・2項）。留置中に戻し収容申請がなされれば，家庭裁判所から戻し収容申請事件についての決定通知があるまで，本人を継続して留置できるが，その期間は引致時から20日を超えることができない（73条3項）。この留置継続の効果は，家庭裁判所の戻し収容申請事件の受理に与えられたものと解される。

　申請が仮退院期間中になされれば，審理及び決定は，少年院からの仮退院期間経過後も行うことができる（伊藤(政)a89頁，平場417頁，栗林120頁，更生保護106頁，平井c164頁。反対，石原219頁，札幌家決昭43・7・22家月21・1・167）。

692

更生第71条・第72条

4 審 理 手 続

(1) **総説**　戻し収容申請事件の手続は，専門家からの意見聴取が義務付けられる（72条4項）ほか，その性質に反しない限り，18歳未満の少年（令和3年改正での文言追加。実質的変化無）の保護処分に係る事件の例によるとされており（同条5項），少年審判に関する規定が準用され，同様に行われている（八木a37頁。付添人の選任，裁定合議の活用もできる。⇨少4・10条各注釈。しかし，非行事実の認定自体は問題とならないので，検察官関与（少22条の2），国選付添人（22条の3），特別更新（少17条4項但書）等の余地はない）。戻し収容申請事件の審理には，関係者を出席させ，権利告知，遵守事項違反事由等の告知，弁解聴取の機会を保障すべきである。仮退院期間経過後にも審判は行い得るが，できる限り仮退院期間中に行うべきである。戻し収容決定も審判期日に本人に言渡して告知すべきである（栗林158頁，八木a38頁）。もっとも，申請が不適法な場合，調査の結果，申請を認める蓋然性が認められない場合には，審判を開かずに申請を棄却してもよい（栗林161頁）。決定告知の相手方は本人であるが，地方委員会には通知すべきである（栗林158頁，平場417頁，八木a38頁。反対，伊藤(政)c162頁）。

(2) **保護者**　本人が18歳以上の場合，保護者は存在しないが（その存否の議論については⇨少2条注釈6(4)），本人のために呼出すべき者として，現にその者を監護する者が当たるとする説（伊藤(政)f71頁）がある。本人のために実質的に保護者の役割を果たせる者であるから，監護者のほか18歳未満であった少年時の保護者も含まれると解すべきであろう（栗林101頁，条解〔菊地〕335頁，八木a37頁）。

(3) **観護措置**　観護措置をとることに消極説もあったが（平井c163頁，高山a92頁，中島(源)49頁。栗林93頁は留置中について消極），在宅で申請された場合，留置中（73条）の場合，いずれも観護措置がとれると解釈・運用されていた（岩野a193頁，更生保護107頁，伊藤(政)a32頁，団藤＝森田493頁，平場186頁，鬼頭103頁，八木a35頁，柴田a(上)15頁，神戸家決昭61・10・29家月39・5・87〔百選89〕）。この実務を踏まえ更生保護法では，留置の期間について，観護措置がとられた場合には，留置の効力が当然に失われることを規定し，積極説に立つと共に，留置継続中の者について観護措置をとった場合，特段の手続を要しないこととなった（犯予法下の議論につき，本書第4版625頁）。留置期間との関係で観護措置期間についても説が分かれるが，鑑別の必要性が高いこと，人権保障の観点か

693

更生第71条・第72条

ら少年保護事件の観護措置期間が最長4週間とされていることから，戻し収容申請事件受理後の留置期間と観護措置の期間を通じて4週間を超えることはできないと解すべきである（八木 a 35 頁，柴田(上) 16 頁。平場 186 頁は運用論とする。名古屋家決昭 54・9・3 家月 32・7・85〈留置中の申請翌日から4週間の観護措置〉。なお，特別更新はできない。⇨(1)）。

(4) **少年保護事件との併合**　消極説もあるが（伊藤(政) a 90 頁，大阪家決昭 31・10・26 家月 8・11・76），少年保護事件と戻し収容申請事件は，その性質を異にするとはいえ，同様の手続で審理され（72 条5項），また，審理の重複とそれに伴う少年の負担の増大，裁判の矛盾の可能性を避ける意義があり，併合は可能と解すべきである（早川 d 251 頁，団藤＝森田 492 頁，梶村 c 271 頁，平場 416 頁）。実務の大勢も積極説によっている（八木 a 9 頁，東京家決昭 52・8・1 家月 30・4・120〔百選 88〕，東京家決平 13・5・21 家月 53・11・126 等多数）。

併合された場合の主文を別にするか，いずれの事件を優先すべきかについて，裁判例は分かれている。戻し収容申請事件と少年保護事件とは性質を異にしており，戻し収容申請に対し通常の保護処分はできないので，一方は他方に吸収包含されることはないため，主文は各別にするのが，学説（早川 d 253 頁，団藤＝森田 492 頁，梶村 c 271 頁）・裁判例の大勢である（八木 a 10 頁）。この場合，戻し収容優先説（伊藤(政) a 90 頁），保護事件優先説（梶村 c 271 頁，豊田(晃) 373 頁，前掲〔百選 88〕）もあるが，理論的な優先関係はなく，遵守事項違反事由と非行事実の内容・態様，退院までの期間等を総合考慮し，いずれを取りあげて少年院に収容するのがその後の矯正教育の効果をあげるのに適当かを具体的事案に応じ合目的的に決すべきである（平場 416 頁，八木 a 13 頁）。一般的には，少年を施設に収容する場合には，戻し収容申請事件における遵守事項違反事由と少年保護事件における非行事実のうち事案の重い方で処理するのが少年の納得，事実の重さと処分との均衡等の点で妥当であろう（平元事件概況・家月 43・2・123。戻し収容決定をして少年保護事件は不処分としたものとして，名古屋家決平 22・4・12 家月 63・2・179 等。新たに少年院送致決定をして戻し収容申請を却下したものとして，徳島家決平 14・4・11 家月 55・10・92）。

(5) **試験観察の可否**　消極説もあるが（伊藤(政) a 83 頁），戻し収容事件については，遵守事項違反事由の存否に加え，戻し収容の必要性・相当性についても判断すべきこと，仮退院後の要保護性の変化が審理の対象と考えられ，少年

更生第71条・第72条

保護事件の性質と共通する面があることなどから，72条5項により少年法25条が準用されるので，積極に解すべきである（平場415頁，団藤＝森田494頁，栗林131頁，八木a18頁，大分家決昭55・9・30家月33・3・68，徳島家決昭62・10・16家月40・4・190，長崎家決昭56・12・10家月34・5・98，東京家八王子支決昭57・4・30家月34・12・88，山口家決昭61・7・3家月39・3・70，秋田家決昭61・8・1家月39・3・70，前掲徳島家決平14・4・11，前掲〔百選89〕等）。

5 終局決定

(1) 戻し収容決定 戻し収容の決定は，「本人を令和○年○月○日まで」又は「21歳に達するまで」，「第1種少年院に戻して収容する。」という形式が一般的である（最近の裁判例として，水戸家決平28・10・14家判11・116がある）。

戻し収容の期間は，仮退院後の保護観察期間をも考慮して定めることができると解される（前沢284頁，中島(源)49頁，栗林148頁，吉永＝鈴木261頁，平場414頁，八木a19頁，更生保護105頁。反対，伊藤(政)a77頁）。収容期間の始期は決定の日から起算するのが裁判例の大勢であるが，矯正実務では，身柄確保の時からと解されている（昭26・9・8矯保甲1248矯正保護局長通牒）。

72条2項は，20歳を超えて少年院に収容する必要がある場合に限り，家庭裁判所が個別に収容期間を定めることができるとしている。戻し収容は基本的には仮退院を取消して仮退院した者を少年院に戻す制度であり，20歳未満の者の収容期間は原則として原決定によるので，原決定の収容期間を超えて処遇が必要な場合のみ期間を定める必要があり，原決定の収容期間を減縮することについては法は予定していない（団藤＝森田479・488頁，井戸193頁，平場416頁，鬼頭99頁，八木a20頁，前沢285頁，中島(源)49頁，吉永＝鈴木261頁，更生保護106頁）と解されている（福岡高決令元・9・13家判29・137）。戻し収容によって収容期間が長期化することが不相当である場合には，戻し収容決定をするにあたって処遇勧告（72条5項，規38条2項）を活用するのが適当である（勧告の例・盛岡家決昭53・7・19家月31・6・105，前掲大分家決昭55・9・30，宇都宮家決昭57・3・9家月34・8・125，東京家決平24・12・26家月65・5・115〈比較的長期〉等）。なお，戻し収容の場合，少年院長の権限による1年間の収容継続（少院137条1項但書）は認められない（同条2項。旧院法11条1項但書でも同様に解釈されていた。団藤＝森田490頁，井戸197頁，平場417頁，八木a21頁）。

戻し収容決定においても，少年院の種類を定めなければならないが（72条5

695

更生第73条の2

項, 規37条1項), 従前の少年院と異なる種類の少年院を指定して戻し収容を行うことも差支えない(団藤=森田491頁, 平場417頁, 八木a21頁, 伊藤(政)a90頁, 大阪高決昭60・6・3家月37・12・73)。

(2) **戻し収容をしない決定**　戻し収容を認めない場合の決定主文については,「本件申請を却下する。」とする取扱が多いが,「本件申請の戻し収容はしない。」とする裁判例もある(八木a27頁)。

(3) **執行指揮**　戻し収容決定については, 消極説もあるが(伊藤(政)c163頁), 執行指揮が必要と解されている(豊田(晃)373頁, 森田(宗)a181頁, 栗林165頁, 平場417頁)。本人が少年鑑別所に収容されているのが一般であるから, 同所長に執行指揮書を交付する取扱である(講義案335頁)。

(4) **抗告**　戻し収容決定に対しては, 抗告(少32条)ができる(犯予43条の文理上, 異論もみられたが(本書改訂版479頁), 72条5項で「保護処分」と同じ扱いとなることが明記され解決された)。

6　そ　の　他

短期間の処遇を実施する少年院を仮退院した者を戻し収容する場合に, 原決定に基づく短期間の処遇勧告に拘束されるかについては, 戻し収容においては, 原決定の少年院の種類を変更し, 拡張的に収容期間を定めることができることなどから, 消極に解される(団藤=森田491頁, 八木a22頁, 名古屋家決昭54・3・29家月31・12・129, 東京家決昭61・4・3家月38・11・137)。また, 戻し収容決定に際して, 新たな処遇勧告や環境調整命令を発することができる(処遇勧告・鬼頭102頁, 環境調整命令・八木a26頁, 前橋家高崎支決昭56・8・20家月33・12・133)。もっとも, 戻し収容が問題となる場合の多くは, 原決定に基づく短期間の処遇が効果をあげなかった事例と考えられることから, 短期間の処遇勧告は適当ではなく, 慎重に検討したうえで必要があれば「比較的早期に仮退院させるのが相当」(⇨少28条注釈4(2))という処遇勧告を行うべきである(八木a23頁)。

(少年法第64条第1項第3号の保護処分に付されている少年院仮退院者の仮退院の取消し)

第73条の2　① 　地方委員会は, 保護観察所の長の申出により, 少年院仮退院者(少年法第64条第1項第3号の保護処分に付されているものに限る。第73条の4第1項において同じ。)が遵守事項を遵守せず, 少

更生第 73 条の 2

> 年院に収容するのを相当と認めるときは，決定をもって，第 41 条の規
> 定による仮退院を許す処分を取り消すものとする。
> ②　前項の規定により仮退院を許す処分が取り消されたときは，仮退院中
> の日数は，少年法第 64 条第 3 項の規定により定められた期間に算入す
> るものとする。

1　本条の趣旨

　本条は，令和 3 年改正により新設された特定少年の少年院送致（少 64 条 1 項
3 号）を受けて仮退院した者に対する仮退院取消しに関する規定であり，この
取り消しの審理のための留置，この取消決定の執行に関する規定も新設された
（73 条の 3・4）。

　戻し収容では，家庭裁判所が処遇の必要性を判断し収容期間を定める（72 条
2 項）のに対し，特定少年の少年院送致（少 64 条 1 項 3 号）では，本条による地
方委員会による仮退院取消のみによる。これは，特定少年の少年院送致では，
その決定の際に家庭裁判所が収容期間を定め（少 64 条 3 項），少年院に再度収容
される期間もその収容期間内に限られるから，家庭裁判所の判断に委ねる必要
性が小さいこと，収容継続が適用されず（少院 137・138 条），事後的に収容期間
を延長する余地がないことから，処遇期間確保のための再収容の手続をより迅
速に行う必要があると考えられたことによる（玉本＝北原 91 頁）。

2　不服申立

　本条の決定に対する不服申立は，中央更生保護審査会に対する審査請求によ
る（92 条以下。玉本＝北原 92 頁）。

3　仮退院中の日数の算入

　本条により，特定少年の少年院送致（少 64 条 1 項 3 号）にかかる仮退院が取
消された場合，仮退院中の日数（留置の日数も含む。本条 2 項）は，少年院の収容
期間（少 64 条 3 項）に算入される（本条 2 項）。これは，処遇機関の判断で仮退院
を認め，社会内処遇を実施した以上は，仮退院取消しに至った場合にも，仮退
院中の日数を少年院の収容期間に算入することが衡平にかなうと考えられたこ
とによる（玉本＝北原 92 頁）。

更生第74条・第78条

> **（少年院仮退院者の退院を許す処分）**
> **第74条** ① 地方委員会は，少年院仮退院者について，保護観察所の長
> の申出があった場合において，保護観察を継続する必要がなくなったと
> 認めるとき（23歳を超える少年院仮退院者については，少年院法第139
> 条第1項に規定する事由に該当しなくなったと認めるときその他保護観
> 察を継続する必要がなくなったと認めるとき）は，決定をもって，退院
> を許さなければならない。
> ② 略

　少年院送致による処遇は，少24条1項3号による場合は，原則として20歳
まで行われ（少院137条1項本文），少64条1項3号による場合は同条3項の家
庭裁判所が定めた収容期間まで行うことができるが，その前でも一定の場合に
終局的な終了措置（退院）をとることができる。本条は，少年院仮退院者の退
院について，地方委員会が，保護観察所長の申出があった場合に「保護観察を
継続する必要がなくなったと認めるとき」（1号観察の解除（69条）と同じ）に決
定でこれを許す旨規定されている。
　なお，少年院からの仮退院については，少年院における処遇の最高段階に達
し，仮に退院させることが，改善更生のために相当又は特に必要と認めるとき
に許すものとされている（41条）。また，少年院に収容中の者については，少
年院長の申出があった場合に退院を相当と認めるときは，地方委員会が，決定
をもって退院を許さなければならないとされている（46条1項）。ただし，収容
決定（少66条1項）による少年院在院者については，少年院の処遇後，保護観
察再開が予定されているので，仮退院の対象から除外されている（41条）。

> **（仮釈放者の不定期刑の終了）**
> **第78条** ① 地方委員会は，不定期刑に処せられ，仮釈放を許されてい
> る者であって，仮釈放前又は仮釈放中にその刑の短期が経過したものに
> ついて，保護観察所の長の申出により，刑の執行を終了するのを相当と
> 認めるときは，少年法第59条第2項の規定にかかわらず，決定をもっ
> て，刑の執行を受け終わったものとしなければならない。
> ② 第46条第2項の規定は，前項の決定について準用する。

更生第78条

　本条は，犯予法48条に併せて規定されていた少年に対する不定期刑の終了
のうち，仮釈放を許されている者についての規定（同条1項）を独立させたも
のである。なお，令和3年改正により，特定少年のときに刑の言渡しを受ける
者は，不定期刑不適用とされたので（少67条4項），本条の対象からも外された。
　少年に対する刑の緩和（⇨少51条注釈1）の執行面に関する規定で仮釈放等の
緩和（少58・59条）を受けて刑の終了についても少年を有利にする趣旨である。
不定期刑の言渡を受けた者は，その刑の短期の3分の1を経過すれば仮釈放を
許すことができる（少58条1項3号）。この規定により仮釈放された者のうち，
仮釈放中にその刑の短期が経過した者は，保護観察所長の申出に基づき地方委
員会が「相当と認めるときは」，刑の執行を終わったものとする決定を行わな
ければならない。また，仮釈放者の中には，仮釈放前に刑の短期を経過する者
もあるが，この場合においても，同じく，少59条2項よりも更に刑の執行に
弾力性が認められている（本条1項）。
　なお，刑事施設等に収容中の者の不定期刑の終了（犯予48条2項に当たる部分）
については，第2章第3節に規定されており，刑事施設の長又は少年院長は，
不定期刑の執行のため収容している者について，その刑の短期が経過し，かつ，
刑の執行を終了するのを相当と認めるときは，地方委員会に対し，刑の執行を
受け終わったものとすべき旨の申出をしなければならず（43条），これを受け
た地方委員会は，刑の執行を終了するのを相当と認めるときは，決定をもって，
刑の執行を受け終わったものとしなければならない（44条）。少年院長が申出
の主体となるのは，少年院収容受刑者（少56条3項）の場合である。
　刑事施設等に収容中に不定期刑の終了の決定があった者の刑期は，当該決定
の通知が刑事施設又は少年院に到達した日に終了するものとされている（44条
3項）。刑法24条2項では，釈放は刑期終了の翌日に行うこととされているこ
とから，刑期の終了時に関し少年に有利な特則を定めたものである。

【付録1】

戦後の少年法制と少年事件

年	少年関連法制，主要裁判例等	主 な 少 年 事 件 等
昭22	3．31　教育基本法施行 5．　3　日本国憲法施行，最高裁判所設置	
昭23	4．　1　児童福祉法全面施行	
昭24	1．　1　少年法，少年審判規則，少年院 　　　　法，新刑事訴訟法施行 　　　　家庭裁判所・少年保護司設置 7．　1　犯罪者予防更生法施行 8．18　最判（少年の刑事事件の審理方 　　　　式，取扱い）	
昭25	4．15　少年法一部改正施行（保護処分 　　　　取消，鑑別の活用等） 5．14　少年保護司を少年調査官（補） 　　　　に改称（裁判所法の改正） 5．25　保護司法施行 8．14　簡易送致手続実施	
昭26	1．　1　少年法の対象年齢制限撤廃（18 　　　　歳未満から20歳未満に引上） 4．　1　家事調査官（補）制度発足	〔少年非行の第一の波〕
昭27	8．　1　少年法一部改正施行（少年保護 　　　　鑑別所を少年鑑別所に改組，保 　　　　護観察所発足）	
昭28	8．　1　少年法一部改正法施行（仮収容）	
昭29	6．　1　少年調査官（補）と家事調査官 　　　　（補）を統合し家庭裁判所調査 　　　　官（補）制度発足	〔覚せい剤第一次乱用期〕
昭31	5．30　最大判（家庭裁判所は憲法76 　　　　条2項にいう「特別裁判所」で 　　　　はない）	
昭32	5．　1　家庭裁判所調査官研修所設置	1　歌手美空ひばりに少女ファン（19）

付録1 戦後の少年法制と少年事件

	6. 12	最決（付添人の選任）		が塩酸を浴びせる
	12	和泉少年院で一般事件の短期処遇を開始		
昭33	4. 1	売春防止法全面施行	8	小松川女子高生殺人事件（同校の生徒（18）の犯行で，後に死刑確定）
			12	小松川事件に鑑み，日本新聞協会は少年法61条の取扱方針決定
昭35	6. 25	裁判所書記官の権限を拡張（裁判官の調査補助事務）	10	浅沼社会党委員長を右翼少年（17）が刺殺。少年は，東京少年鑑別所で首吊り自殺
	12. 20	道路交通法施行		
昭36	9. 20	最決（「審判を経た事件」の意義）		
昭38	1. 1	交通切符制度実施		3～昭39.10 杉並（武蔵野）の通魔事件（少年（高校2年・17）が連続的に小学生ら多数の下腹部等に傷害）
昭39				〔少年非行の第二の波〕
昭40	4. 15	交通保護観察実施	7	少年（18）がライフルで2警官を殺傷し，人質を取って銃砲店にこもり130余発を乱射し，逮捕
	4. 28	最大判（審判不開始決定と一事不再理効）		
昭41	3. 21	米連邦最高裁ケント判決（刑事裁判所における適正手続の適用）		
	5. 23	法務省「少年法改正に関する構想」		
	10	最高裁「少年法改正に関する意見」		
昭42	5. 15	米連邦最高裁ゴールト判決（少年事件における適正手続の適用）	3	少年（16）が3人の女性を強姦，殺害し逮捕（後に無期懲役）
昭43	7. 1	交通反則通告制度実施	10	「連続射殺魔事件」（少年（19）が盗んだピストルで4人を射殺）
昭44	5	松山少年院で交通短期処遇開始	4	連続射殺魔事件犯人（19）逮捕（後に死刑判決，平成9年死刑執行）
			4	高校で少年（15）が同級生を殺害し，首を切断（中等少年院送致）
			9	正寿ちゃん（6）誘拐殺人事件（少

				年（19）の犯行，後に死刑確定）
昭45	3. 31	米連邦最高裁ウィンシップ判決（非行事実を認定する証明には合理的な疑いを超える程度の心証が必要）		
	6. 18	法務大臣が「少年法改正要綱」を法制審議会に諮問		
	8. 20	少年に交通反則通告制度を適用		
昭46	2	最高裁「少年法改正要綱に関する意見」		
	6. 21	米連邦最高裁マッキーバー判決（少年裁判所における陪審裁判は憲法上の要請ではない）		
	8. 31	保護観察の分類処遇実施		
昭47	8. 1	毒物及び劇物取締法改正（シンナー等の吸引等を規制）		
昭48	2	附添人扶助制度実施（名古屋）		
昭49	4. 1	法務省令「仮釈放及び保護観察等に関する規則」公布		
	7	交通保護観察実施		
昭50	5. 27	米連邦最高裁ブリード判決（少年裁判所における刑事裁判所への移送と二重の危険）		
昭51	11. 22	法制審議会少年法部会長が少年法改正の中間報告（昭52・6・29 法務大臣に中間答申）		
昭52	4. 1	交通短期保護観察実施		
	5. 25	矯正局長依命通達「少年院の運営について」		
	6. 1	少年院運営の新方針実施（一般短期・交通短期処遇）		
昭53	3. 1	道路交通法改正（共同危険行為等の禁止を新設）	2	野洲中学校殺傷事件（少年（15）2 人が友人1人殺害，2人重傷）
昭54	3	播磨少年院短期処遇課程に特修	1	少年（16）が，祖母を殺害し自殺

703

付録 1　戦後の少年法制と少年事件

		科設置	2　覚せい剤使用歴のある女子（17）が，ビルのトイレで女店員を刺殺 9　中学生がいじめを苦に自殺 10　小学4年女子が小学2年女子を縛りマンション屋上から突落とし殺害
昭55			〔少年非行の第三の波が高まる〕 2　小学生が幼女に強制わいせつ，殺害 2　中学生の置き石で京阪電車脱線転覆 12　教師の体罰，しごきに生徒が反発，学校に放火未遂（流山中央高校放火未遂事件）
昭56			2　小学生2人が，玩具のライフルで強盗事件 6　柏の少女殺し事件で中学3年生の少年（14）逮捕（後に，少年法における再審が問題となる） 9　中学生が，ダイナマイトで教師所有の車両を爆破
昭57	1.　19	米連邦最高裁エディングス判決（死刑事案における若年の減軽的考慮）	
昭58	9.　5 10.　26	最決（柏の少女殺し事件：少年事件のいわゆる再審，保護処分不取消決定に対する抗告の可否） 最決（流山事件：証拠調べの範囲・限度・方法）	〔少年非行の第三の波がピークに達する〕 3　中・高校生グループが横浜で日雇労働者に連続的に集団暴行（3人死亡，13人負傷） 4　高校1年生が小学生を殺害
昭59			〔少年非行の第三の波がやや低くなる〕 〔覚せい剤第二次乱用期のピーク〕 11　高校生（15）2人が日頃いじめを受けていた同級生を金槌で殴打し殺害
昭60	3.　27 5.　14	保護局長通達「交通事件対象者に対する短期の保護観察の実施について」 最決（不処分決定に対する抗告の可否）	2　中学2年生女子2人が保母を殺害 7　いわゆる草加事件（少年ら5人と触法少年1人による強姦，殺人等。少年院送致（抗告，再抗告を経て確定）。損害賠償訴訟の第一審は非行事実否定，控訴審は非行事実を認め

704

				た）
			8	中学1年生が放火しアパート等9棟全焼，1人死亡
昭61	7. 9	保護局長通達「分類処遇による保護観察の実施について」	10	高校生3人がエアーソフトガンで公園野宿の浮浪者襲撃（1名失明）
昭62	4. 1	道路交通法改正（反則通告制度の適用範囲の拡大等）	5	少年（16）2人が児童相談所職員を殴打し傷害致死
	12. 1	反則金納付者通知制度を廃止し，交通前歴通知制度実施	10	高校3年生が，教室内において，同学年生を傷害致死
昭63	6. 29	米連邦最高裁トンプソン判決（行為時15歳の者に対する死刑は違憲）	2	少年5人（17〜19）が成人1人とアベックを逮捕監禁，殺害し，死体遺棄（大高緑地アベック殺人事件）
			3	台湾から来日した中学2年生（16）が家庭訪問の男性教師を包丁で刺殺
			7	中学2年生（14）が両親と祖母刺殺
			11	いわゆる綾瀬事件（少年3名が強盗目的で母子を殺害し，現金を強取）。審判では，観護措置を取消して調査官観護として証拠調を続行し，3名とも非行なし不処分
平元	6. 26	米連邦最高裁スタンフォード判決（行為時16，17歳の者に対する死刑は合憲）	1	少年4人（16〜18）が女子高生を拉致し監禁，強姦，殺人，死体遺棄（女子高生コンクリート詰め殺人事件）
	8	家庭裁判所における保護的措置の多様化，充実・強化の一環として「社会奉仕活動」を取入れる（東京）	6	大高緑地アベック殺人事件の主犯（当時19）に死刑判決
平2	3. 22	保護局長通達「保護観察類型別処遇要領の制定について」	7	男子高校生（16）が女子高校生を絞殺し，死体遺棄
	10. 24	最決（補充捜査）		
平3	3. 29	最決（不処分決定と一事不再理効・刑事補償）	7	女子高生コンクリート詰め殺人事件控訴審判決。主犯格の少年（当時18）を懲役20年，他の2人を懲役5年から9年と一審判決より加重
	6. 1	矯正局長依命通達「少年院の運営について」全面改正		
	7. 29	矯正局長通達「特修短期処遇の運用について」	11	暴走族少年ら（16〜17）が，暴走行為中にその走行を妨害されたとして，

付録 1 戦後の少年法制と少年事件

	9. 1	「特修短期処遇課程」運用開始		成人男性 2 名を鉄パイプで滅多打ち（1 人死亡，1 人重傷）
平 4	9. 1	少年の保護事件に係る補償に関する法律施行	2	中学生 9 人が傷害致死
			7	暴走族十数人が自動車修理工 2 人を暴行（1 人死亡，1 人重傷）
平 5		保護観察所処遇の一環として「社会体験活動」を導入	1	山形マット死事件（中学 1 年生が学校の体育用具室でマットにくるまれ窒息死。少年 3 人（14）逮捕，少年 3 人（13）任意調べ，家庭裁判所と高等裁判所の事実認定が分かれ，事実認定の在り方に問題指摘される）
	11. 24	最決（差戻し後の再度の観護措置）	3	調布駅前集団暴行事件発生
			4	中学 3 年生 2 人が同級生の頭部・腹部等を足蹴にし，プロレス技をかけ投げ倒すなどして死亡させる
			6	少年（18）が中学同級生を出刃包丁で刺殺（懲役 3 年以上 8 年以下）
			11	中学 1 年生（12）の長男が父親を刺殺（将棋棋士殺人事件）
平 6	4. 22	児童の権利に関する条約（日本について発効）	6	女子高校生らがテレフォンクラブを利用して強盗致傷
			7	外国人少年らが，殺人，暴力行為
			9	少年グループが 3 府県にまたがる連続殺人（少年らに死刑求刑）
			10	女子高校生が同様の強盗致傷
平 7			3	高校生（16）ら 2 人が窃盗現場へ臨場した警察官を刺傷
			5	高校生（16）ら 3 人が，大学生を角材で殴打するなどの強盗致傷
			8	専門学校生（17）ら 4 人が，顔見知りの中学生（15）を角材等で全身を殴打し，公園の植込に放置して殺害
			9	高校 2 年生（16）が，実母から学業成績を注意され激怒し刺殺
平 8	4. 1	更生保護事業法施行	2	中学 3 年生（15）が金を盗みに書店侵入，経営者の妻に発見され殴殺

			2〜　中・高校生グループ等による成人男性強盗（致傷）多発（「おやじ狩り」と呼ばれる），模倣事件多発（「オバン狩り」「ケラチョ狩り」「カップル狩り」等の用語も生まれた）
			9　少年（18）が女性に交際を迫るため家に侵入，その妹（16）に発見され，金属バットで頭部を殴打して殺害，油を撒いて放火
平9	9.　9	少年院の長期処遇「生活訓練課程」に G₃（少年の持つ問題性が極めて複雑・深刻であるため，特別の処遇を必要とする者を対象）が設けられる	〔少年非行第四の波の訪れ〕〔覚せい剤第三次乱用期に突入―中・高校生等にも覚せい剤の乱用が拡大〕
	9.　18	最判（少年保護事件と不利益変更の禁止）	2〜5　神戸で「酒鬼薔薇聖斗」（14）が小学生2人を殺害，3人を負傷させ切断した頭部を中学校正門前に置く。写真週刊誌が少年の顔写真掲載（医療少年院送致）
			9　中学生5人が成人男性3人に暴行（1人死亡，2人負傷）。5人はいずれも少年院送致
			9　無職少年（19）が古本屋に侵入，万引中駆けつけた警察官を刺殺（平10.　3強盗殺人罪で無期懲役）
平10	2〜3	ナイフを使用した少年犯罪増加が社会問題化し，多くの都道府県警察が，業者に販売自粛を要請し，文部大臣が緊急アピール	1　シンナー乱用少年（19）が，幼稚園児刺殺，その母親や高校生を刺傷（検察官送致）
	4.　1	改正児童福祉法施行に伴う少年法一部改正法施行（教護院を児童自立支援施設に，養護施設を児童養護施設に改める）	1　中学3年生（15）が進学問題でいさかいの末，母親を刺殺（医療少年院送致）
			1　中学1年生（13）が，授業に遅れたことを注意した女性教師（26）をナイフで刺殺（教護院送致）
	7.　9	法務大臣が法制審議会に少年審判の事実認定手続適正化のため，裁定合議制導入，検察官・弁護士附添人の関与する審理の導入，観護措置期間の延長，検察官への抗告権付与，保護処分終了後	2　中学3年生（15）が拳銃強取目的で警察官にナイフで切付け逮捕（初等少年院送致）
			3　中学1年生（13）が，教室内で同学年の生徒をナイフで刺殺。全国各地

付録1　戦後の少年法制と少年事件

		における救済手続の整備について諮問		でナイフ等を使用した刺傷事件発生
			12	中学3年生（14）がアパート経営者の女性（80）を包丁で刺殺（初等少年院送致）
平11	1. 11	法制審議会が法務大臣に対し前記諮問に対する答申	1	高校2年生（17）が女性（71）を金槌で撲殺（検察官送致）
	3. 10	少年法等の一部を改正する法律案（政府案）国会提出	4	会社員の少年（18）が主婦（23）とその長女（11か月）を殺害（無期懲役判決，検察官が控訴・上告，上告審破棄差戻，受差戻審死刑判決（平20・4））
平12	6. 2	衆院解散に伴い，少年法等の一部を改正する法律案（政府案）廃案	2	中学2年生（14）が学校内で下級生（13）をナイフで刺殺
	9. 29	少年法等の一部を改正する法律案（与党案）国会提出	4	中学生らが中学在学当時同級生から5000万円余を恐喝（主犯格は中等少年院送致）
	11. 28	少年法等の一部を改正する法律成立	5	高校3年生（17）が主婦（64）を包丁で刺殺。「人を殺してみたかった」等と発言（医療少年院送致・少なくとも5年間収容の処遇勧告）
			5	無職少年（17）が高速バスを乗っ取り，人質女性（68）刺殺，5人に傷害（医療少年院送致）
			6	高校3年生（17）がバットで殴って野球部後輩4人を負傷させ，母（42）を殺害（特別少年院送致）
			8	高校1年生（14）が隣人の主婦（66）らを殺傷。3人死亡，3人重傷（医療少年院送致）
平13	2. 7	少年審判規則一部改正	1	小学6年生が中学3年生をナイフで刺し負傷させる
	2. 19	同規則	3	定時制高校入学前の少年（15）と有職少年（17）が障害者少年をリンチのうえ殺害（各中等少年院送致）
	4. 1	平成12年改正少年法施行	4	小学6年生（11）が自殺を止めようとした母を刺殺

平14	9. 27	少年警察活動規則	1	高校生2人（17）と中学生3人（14）が路上生活者殺害（高校生ら検察官送致，中学生ら初等少年院送致）
平15	3. 14 12. 11	最判（推知報道の意義） 警察庁通達「少年被疑者及び人定が明らかでなく少年の可能性が認められる被疑者の公開捜査について」	6 7	高校生（16）と中学2年生3名（13・14）が中学生を殺害，墓地に埋める（高校生検察官送致，14歳2名初等少年院送致，13歳児童自立支援施設送致） 中学1年生（12）が男児（4）をビル屋上から突落とし殺害（児童自立支援施設送致・強制的措置許可）
平16	9. 8	相次ぐ14歳未満の少年の重大非行を受け，法務大臣が，少年院送致年齢の引下や触法事件・虞犯事件の警察への調査権付与等を内容とする少年法の見直しを法制審議会に諮問	6 9 12	小学6年生（11）が同級生を小学校内でカッターで殺害（児童自立支援施設送致・強制的措置許可） 無職少年（17）が夫婦を刺殺し現金を強奪（無期懲役） 有職少年（18）と高校1年生（16）と無職少年（16）らが女子高生殺害（有職少年は無期懲役求刑後自殺，高校生懲役14年，無職少年懲役13年）
平17	2. 9 3. 1 3. 30 6. 6 8. 8	法制審議会が法務大臣に対し前記諮問に対する答申 少年法等の一部を改正する法律案を国会提出 米連邦最高裁ローパー判決（行為時18歳未満に対する死刑は違憲（スタンフォード判決を覆す）） 最決（抗告審における事実の取調べ） 最高裁判所が平成12年改正少年法の運用の概況を公表 衆院解散に伴い，少年法等の一部を改正する法律案廃案	2 4 4 6 8～10	無職少年（17）が卒業した小学校で男性教諭刺殺，2人重傷（第一審懲役12年，第二審懲役15年） 無職少年（17）が無差別殺人目的で公園で男児をハンマーで殴打し負傷させる（中等少年院送致・2年を超える相当長期の処遇勧告） 無職少年（18）が金品がとれない腹いせに老人（81）殺害（懲役13年） 高校1年生（15）が父を鉄アレイで撲殺，母を刺殺したうえ，自宅を爆破（第一審懲役14年，第二審懲役12年） 高校1年生（16）が母にタリウムを服用させ重体（医療少年院送致・相当長期の処遇勧告）

付録1　戦後の少年法制と少年事件

平18	2.24	少年法等の一部を改正する法律案を国会に再提出	4	高校1年生（15）が交際相手の中学生を殺害（中等少年院送致・3年以上の相当長期の処遇勧告）
	6.20	最判（光市母子殺害事件：少年に対する死刑）	6	高校1年生（16）が自宅に放火し家族3人を殺害（中等少年院送致・相当長期の処遇勧告）
			8	高校1年生（16）が同学年の友人（15）と母を殺害（各中等少年院送致・4年以上の相当長期の処遇勧告）
			11	中学2年生3人（13・14）が路上生活者殺害（初等少年院送致・14歳4年以上収容の処遇勧告）
平19	5.25	少年法等の一部を改正する法律成立	5	高校3年生（17）が母を殺害。切断したその頭部を持って自首
	6.8	更生保護法成立		
	11.29	少年審判における犯罪被害者等の権利利益の一層の保護等を図るための法整備について法制審議会に諮問		
平20	2.13	法制審議会が法務大臣に前記諮問に対する答申		
	3.7	少年法の一部を改正する法律案国会提出		
	6.1	更生保護法施行		
	6.11	少年法の一部を改正する法律成立		
	12.15	同法律施行		
平21			1.8	高校1年生（17）が父を殺害
			7.7	中学2年生（13）が父を殺害
平22	1.26	第1回少年矯正を考える有識者会議開催	2.10	無職少年（18）が元交際相手の姉と友人を刺殺，他一人に大けがをさせた（死刑判決，弁護人控訴・棄却，上告・上告棄却，確定）
	5.17	米連邦最高裁グラハム判決（殺人以外の犯罪で，行為時18歳未満の者に対する仮釈放の可能性のない無期刑は違憲）	7.9	中学3年生（15）が友人らと自

710

	12.	7	第15回（最終回）少年矯正を考える有識者会議開催，提言を法相に提出	宅に放火し，母親を死亡させ，父親と次女に大やけどを負わせた
				11. 24　少年（17）が中学3年生の妹（14）を自宅で刺し，殺害（中等少年院送致）
平23				2. 14　高校1年生（16）が同級生（16）をナイフで30か所以上刺して殺害（懲役5年以上10年以下）
				10. 17　会社員の少年（19）が公園で女性（44）を包丁で刺殺
平24	6.	25	米連邦最高裁ミラー判決（すべての犯罪で，行為時18歳未満の者に対する仮釈放の可能性のない無期刑は違憲）	5. 15　高校1年生（15）が祖母（72）を包丁で刺して殺害（中等少年院送致）
	9.	7	少年審判手続のより一層の適正化及び充実化並びに少年に対する刑事事件における科刑の適正化を図るための法整備について法制審議会に諮問	10　　無職少年ら（16〜17）がホームレスの男性5人を襲い，うち1人を死亡させた
	10.	15	第1回少年法部会会議開催	
平25	1.	28	第4回（最終回）少年法部会会議開催	1　　　高校2年生（17）が祖父母（74・73）を包丁で刺して殺害
	2.	8	法制審議会が法務大臣に前記諮問に対する答申	2. 28　無職少年ら（17・18）が帰宅中の女性（22）を刺して殺害し，現金を奪った（無期懲役）
				3　　　少年（19）が母親（43）をナイフで刺殺
				6. 28　無職少年ら7名（16〜17）が悪口を書かれたことを理由に高校2年生の女子生徒（16）の首を絞め殺害し，現金等を奪った上，山道脇に捨てた（懲役13年ほか）
平26	2.	7	少年法の一部を改正する法律案国会提出	4. 2　ネット上で知り合った無職男性（31）を女子大学生（18）が殺

付録1 戦後の少年法制と少年事件

	2. 28	少年院法案，少年鑑別所法案国会提出			害（少年院送致）
	4. 11	少年法の一部を改正する法律成立	4. 3	無職少年（18）が父親（54）を包丁で刺して殺害
	5. 8	少年法の一部を改正する法律（少年の刑事事件に関する処分の規定に関する部分）施行	4. 27	少年ら4人（18～19）がトラブルになった相手グループにワンボックスカーで突っ込み少年（18）を死亡させ，別の少年に重傷を負わせた
	6. 4	少年院法，少年鑑別所法成立		
	6. 18	少年法の一部を改正する法律（家裁の裁量による国選付添人制度及び検察官関与制度の対象事件の範囲拡大に関する部分）施行	7. 26	高校1年生の女子生徒（15）が同じ高校の同級生を自宅で殺害し，遺体を損壊した（医療少年院送致）
平27	6. 1	少年院，少年鑑別所法施行	1. 27	女子大学生（19）がアパートで女性（77）を殺害。なお，少年は高校2年生時に同級生に毒物を飲ませるなどしていた（無期懲役）
	9. 17	自民党政務調査会，少年年齢引下げを含む提言を発表		
	11. 2	第1回若年者に対する刑事法制の在り方に関する勉強会開催	2. 27	無職少年ら（17～18）3人が中学1年生（13）に河川敷で暴行を加え殺害した
平28	1. 25	米連邦最高裁モンゴメリー判決（確定した事件にミラー判決を遡及適用し量刑見直しを肯定）	1. 29	高校生の少年（18）と少女（18）が，出産した男児の首を絞めて殺害した（第1種少年院送致）
	7. 29	第10回（最終回）若年者に対する刑事法制の在り方に関する勉強会開催	2. 27	予備校生（19）が同じ予備校生の女性（19）をナイフで刺して死亡させた（懲役20年）
	12	同取りまとめ報告書公表	6. 30	高校生の少年（16）が女性（42）を釣り具で多数回突き刺して殺害し，川に遺体を遺棄（懲役10～15年の不定期刑）
平29	2. 9	公職選挙法，民法等の成年年齢に関する検討状況等を踏まえ，少年法の規定について検討が求められていることのほか，犯罪情勢，再犯の防止の重要性等に	9. 3	高校1年の少年（15）が，交際トラブルが原因で，高校2年の男子生徒（16）を包丁で刺して殺害，女子生徒（16）にも重傷を負わせる（第1種少年院送致）

		鑑み，少年年齢を18歳未満とすること並びに非行少年を含む犯罪者に対する処遇を一層充実させるための法整備について法制審議会に諮問			
	3. 16	第1回少年法・刑事法（少年年齢・犯罪者処遇関係）部会開催			
平30	11. 28	第12回少年法・刑事法（少年年齢・犯罪者処遇関係）部会開催「検討のための素案」公表	2. 25		少年3名（17〜18）が，女性（85）宅に侵入し，現金を強取して殺害（無期懲役ほか）
			10. 18		中学3年生の少年（15）が，祖父母方において，ナイフで祖父（87）を殺害し，祖母（82）に重傷を負わせる（第1種少年院送致）
令元	12. 25	第23回少年法・刑事法（少年年齢・犯罪者処遇関係）部会開催「検討のための素案（改訂版）」公表	7. 5		中学2年生の少年（14）が同級生の少年（13）を包丁で刺して殺害（第1種少年院送致）
			10. 18		少年6名（17〜19）が，成人男性（39）と共謀の上，男性（20）に断続的に暴行を加え，車のトランクに監禁した上，高さ約20メートルの崖から海に飛び降りさせて殺害（懲役19年ほか）
令2	7. 30	与党・少年法検討PT「少年法のあり方についての与党PT合意（基本的な考え方）」公表	8. 28		少年（15）が，少年院の仮退院後，わずか1日で更生保護施設を抜け出して，商業施設において女性（21）を包丁で刺して殺害（懲役10年〜15年の不定期刑）
	9. 9	第29回（最終回）少年法・刑事法（少年年齢・犯罪者処遇関係）部会開催			
	10. 29	法制審議会が法務大臣に前記諮問（平成29.2.9）に対する答申			
令3	2. 19	少年法等の一部を改正する法律案国会提出	6. 1		少年（19）が，ホテルの客室において，女性（31）を包丁で殺害し，男性（25）に重傷を負わ
	4. 22	米連邦最高裁ジョーンズ判決			

713

付録1 戦後の少年法制と少年事件

		（モンゴメリー判決により量刑の再審理を行う際，州が仮釈放なしの無期刑を維持することを許容）	10. 12	少年（19）が，被害者方に侵入し，夫（55）と妻（50）をナイフで殺害し，次女に傷害を負わせ，被害者方を放火（死刑）
	5. 21	少年法等の一部を改正する法律成立	11. 24	中学3年の男子生徒（14）が，学校で同級生の男子生徒（14）を包丁で刺して殺害（第1種少年院送致・相当長期の処遇勧告）
令4	4. 1	少年法等の一部を改正する法律施行	1. 15	高校2年の男子生徒（17）が，大学入学共通テスト当日に東京大学前で受験生の男女2名（17,18）と男性（72）を刃物で刺して殺人未遂（懲役6年〜10年の不定期刑）
	11. 25	第1回事件記録の保存・廃棄の在り方に関する有識者委員会開催	2. 9	少年（19）が，祖母宅に侵入し，祖母（75）を鉄パイプで殴打して殺害し，奪ったキャッシュカードを用いてATMから300万円を引き出して盗む（無期懲役）
			4. 8	令和3.10.12の事件の少年（19）を起訴したことを受けて，検察が初めて少年の実名を公表
			10. 20	神戸連続児童殺傷事件（平成9）など重大な少年事件の記録廃棄が発覚
令5	5. 23	第15回（最終回）事件記録の保存・廃棄の在り方に関する有識者委員会開催	3. 9	大学生の少年（19）が，幼少期からの虐待を背景として，父（51）と母（46）をナイフで刺して殺害（懲役24年）
	5. 25	「裁判所の記録の保存・廃棄の在り方に関する調査報告書」公表	6. 14	自衛官候補生の少年（18）が，射撃訓練中に弾薬を強取するため自動小銃を発砲し，陸上自衛隊員2名（52，25）を死亡させ，同1名（25）に重傷を負わせた（強盗殺人で起訴）
	11. 22	事件記録等の特別保存に関する規則の制定，事件記録等保存規程及び少年調査記録規程の改正		

【付録2】

関連法令等

旧 少 年 法
（大正11年4月17日法律42号）
（大正12年1月1日施　　行）
（昭和23年全部改正前の条文）

第1章　通則

第1条【少年の意義】　本法ニ於テ少年ト称スルハ18歳ニ満タサル者ヲ謂フ

第2条【刑事処分】　少年ノ刑事処分ニ関スル事項ハ本法ニ定ムルモノノ外一般ノ例ニ依ル

第3条【軍人軍属の除外】　本法ハ第7条，第8条，第10条乃至第14条ノ規定ヲ除クノ外陸軍刑法第8条，第9条及海軍刑法第8条，第9条ニ掲ケタル者ニ之ヲ適用セス

第2章　保護処分

第4条【保護処分】　①　刑罰法令ニ触ルル行為ヲ為シ又ハ刑罰法令ニ触ルル行為ヲ為ス虞アル少年ニ対シテハ左ノ処分ヲ為スコトヲ得

1　訓誡ヲ加フルコト

2　学校長ノ訓誡ニ委スルコト

3　書面ヲ以テ改心ノ誓約ヲ為サシムルコト

4　条件ヲ附シテ保護者ニ引渡スコト

5　寺院，教会，保護団体又ハ適当ナル者ニ委託スルコト

6　少年保護司ノ観察ニ付スルコト

7　感化院ニ送致スルコト

8　矯正院ニ送致スルコト

9　病院ニ送致又ハ委託スルコト

②　前項各号ノ処分ハ適宜併セテ之ヲ為スコトヲ得

第5条【処分の継続及び取消変更】　前条第1項第5号乃至第9号ノ処分ハ23歳ニ至ル迄其ノ執行ヲ継続シ又ハ其ノ執行ノ継続中何時ニテモ之ヲ取消シ若ハ変更スルコトヲ得

第6条【執行猶予・仮出獄中の保護】　①　少年ニシテ刑ノ執行猶予ノ言渡ヲ受ケ又ハ仮出獄ヲ許サレタル者ハ猶予又ハ仮出獄ノ期間内少年保護司ノ観察ニ付ス

②　前項ノ場合ニ於テ必要アルトキハ第4条第1項第4号，第5号，第7号乃至第9号ノ処分ヲ為スコトヲ得

③　前項ノ規定ニ依リ第4条第1項第7号又ハ第8号ノ処分ヲ為シタルトキハ其ノ執行ノ継続中少年保護司ノ観察ヲ停止ス

第3章　刑事処分

第7条【科刑の制限】　①　罪ヲ犯ス時16歳ニ満タサル者ニハ死刑及無期刑ヲ科セス死刑又ハ無期刑ヲ以テ処断スヘキトキハ10年以上15年以下ニ於テ懲役又ハ禁錮ヲ科ス

②　刑法第73条，第75条又ハ第200条ノ罪ヲ犯シタル者ニハ前項ノ規定ヲ適用セス

第8条【相対的不定期刑】　①　少年ニ対シ長期3年以上ノ有期ノ懲役又ハ禁錮ヲ以テ処断スヘキトキハ其ノ刑ノ範囲内ニ於テ短期ト長期トヲ定メ之ヲ言渡ス但シ短期5年ヲ超ユル刑ヲ以テ処断スヘキトキハ短期ヲ5年ニ短縮ス

②　前項ノ規定ニ依リ言渡スヘキ刑ノ短期

付録2　関連法令等

ハ5年長期ハ10年ヲ超ユルコトヲ得ス

③　刑ノ執行猶予ノ言渡ヲ為スヘキ場合ニハ前2項ノ規定ヲ適用セス

第9条【自由刑の執行】①　懲役又ハ禁錮ノ言渡ヲ受ケタル少年ニ対シテハ特ニ設ケタル監獄又ハ監獄内ノ特ニ分界ヲ設ケタル場所ニ於テ其ノ刑ヲ執行ス

②　本人18歳ニ達シタル後ト雖23歳ニ至ル迄ハ前項ノ規定ニ依リ執行ヲ継続スルコトヲ得

第10条【仮出獄の条件】少年ニシテ懲役又ハ禁錮ノ言渡ヲ受ケタル者ニハ左ノ期間ヲ経過シタル後仮出獄ヲ許スコトヲ得

1　無期刑ニ付テハ7年

2　第7条第1項ノ規定ニ依リ言渡シタル刑ニ付テハ3年

3　第8条第1項及第2項ノ規定ニ依リ言渡シタル刑ニ付テハ其ノ刑ノ短期ノ3分ノ1

第11条【仮出獄の期間】①　少年ニシテ無期刑ノ言渡ヲ受ケタル者仮出獄ヲ許サレタル後其ノ処分ヲ取消サルルコトナクシテ10年ヲ経過シタルトキハ刑ノ執行終リタルモノトス

②　少年ニシテ第7条第1項又ハ第8条第1項及第2項ノ規定ニ依リ刑ノ言渡ヲ受ケタル者仮出獄ヲ許サレタル後其ノ処分ヲ取消サルルコトナクシテ仮出獄前ニ刑ノ執行ヲ為シタルト同一ノ期間ヲ経過シタルトキ亦前項ニ同シ

第12条【仮出獄の規程】少年ノ仮出獄ニ関スル規程ハ命令ヲ以テ之ヲ定ム

第13条【労役場留置】少年ニ対シテハ労役場留置ノ言渡ヲ為サス

第14条【資格に関する法令】①　少年ノ時犯シタル罪ニ因リ死刑又ハ無期刑ニ非サル刑ニ処セラレタル者ニシテ其ノ執行ヲ終ヘ又ハ執行免除ヲ受ケタルモノハ人

ノ資格ニ関スル法令ノ適用ニ付テハ将来ニ向テ刑ノ言渡ヲ受ケサリシモノト看做ス

②　少年ノ時犯シタル罪ニ付刑ニ処セラレタル者ニシテ刑ノ執行猶予ノ言渡ヲ受ケタルモノハ其ノ猶予期間中刑ノ執行ヲ終ヘタルモノト看做シ前項ノ規定ヲ適用ス

③　前項ノ場合ニ於テ刑ノ執行猶予ノ言渡ヲ取消サレタルトキハ人ノ資格ニ関スル法令ノ適用ニ付テハ其ノ取消サレタル時刑ノ言渡アリタルモノト看做ス

第4章　少年審判所ノ組織

第15条【目的】少年ニ対シ保護処分ヲ為ス為少年審判所ヲ置ク

第16条【規程】少年審判所ノ設立,廃止及管轄ニ関スル規程ハ勅令ヲ以テ之ヲ定ム

第17条【監督】①　少年審判所ハ法務総裁ノ監督ニ属ス

②　法務総裁ハ控訴院長及地方裁判所長ニ少年審判所ノ監督ヲ命スルコトヲ得

第18条【職員】少年審判所ニ少年審判官,少年保護司及書記ヲ置ク

第19条【単独制審判】少年審判官ハ単独ニテ審判ヲ為ス

第20条【行政事務】①　少年審判官ハ少年審判所ノ事務ヲ管理シ所部ノ職員ヲ監督ス

②　2人以上ノ少年審判官ヲ置キタル少年審判所ニ於テハ上席者前項ノ規定ニ依ル職務ヲ行フ

第21条【少年審判官の資格】①　少年審判官ハ判事ヲシテ之ヲ兼ネシムルコトヲ得

②　判事タル資格ヲ有スル少年審判官ハ判事ヲ兼ヌルコトヲ得

第22条【回避】少年審判官審判ノ公平ニ

付嫌疑ヲ生スヘキ事由アリト思料スルトキハ職務ノ執行ヲ避クヘシ

第23条【少年保護司】 ①　少年保護司ハ少年審判官ヲ輔佐シテ審判ノ資料ヲ供シ観察事務ヲ掌ル

②　少年保護司ハ少年ノ保護又ハ教育ニ経験ヲ有スル者其ノ他適当ナル者ニ対シ法務総裁之ヲ嘱託スルコトヲ得

第24条【書記】　書記ハ上司ノ指揮ヲ承ケ審判ニ関スル書類ノ調製ヲ掌リ庶務ニ従事ス

第25条【補助の請求】　少年審判所及少年保護司ハ其ノ職務ヲ行フニ付公務所又ハ公務員ニ対シ嘱託ヲ為シ其ノ他必要ナル補助ヲ求ムルコトヲ得

　　　第5章　少年審判所ノ手続

第26条【審判権の除外】　大審院ノ特別権限ニ属スル罪ヲ犯シタル者ハ少年審判所ノ審判ニ付セス

第27条【同前】　左ニ記載シタル者ハ裁判所又ハ検察官ヨリ送致ヲ受ケタル場合ヲ除クノ外少年審判所ノ審判ニ付セス

1　死刑，無期又ハ短期3年以上ノ懲役若ハ禁錮ニ該ルヘキ罪ヲ犯シタル者

2　16歳以上ニシテ罪ヲ犯シタル者

第28条【同前】　①　刑事手続ニ依リ審理中ノ者ハ少年審判所ノ審判ニ付セス

②　14歳ニ満タサル者ハ地方長官ヨリ送致ヲ受ケタル場合ヲ除クノ外少年審判所ノ審判ニ付セス

第29条【通告義務】　少年審判所ニ於テ保護処分ヲ為スヘキ少年アルコトヲ認知シタル者ハ之ヲ少年審判所又ハ其ノ職員ニ通告スヘシ

第30条【通告手続】　①　通告ヲ為スニハ其ノ事由ヲ開示シ成ルヘク本人及其ノ保護者ノ氏名，住所，年齢，職業，性行等

ヲ申立テ且参考ト為ルヘキ資料ヲ差出スヘシ

②　通告ハ書面又ハ口頭ヲ以テ之ヲ為スコトヲ得口頭ノ通告アリタル場合ニ於テハ少年審判所ノ職員其ノ申立ヲ録取スヘシ

第31条【事件関係及び身上の調査】　①　少年審判所審判ニ付スヘキ少年アリト思料シタルトキハ事件ノ関係及本人ノ性行，境遇，経歴，心身ノ状況，教育ノ程度等ヲ調査スヘシ

②　心身ノ状況ニ付テハ成ルヘク医師ヲシテ診察ヲ為サシムヘシ

第32条【保護司による調査】　少年審判所ハ少年保護司ニ命シテ必要ナル調査ヲ為サシムヘシ

第33条【保護者・保護団体による事実の取調】　①　少年審判所ハ事実ノ取調ヲ保護者ニ命シ又ハ之ヲ保護団体ニ委託スルコトヲ得

②　保護者及保護団体ハ参考ト為ルヘキ資料ヲ差出スコトヲ得

第34条【参考人】　①　少年審判所ハ参考人ニ出頭ヲ命シ調査ノ為必要ナル事実ノ供述又ハ鑑定ヲ為サシムルコトヲ得

②　前項ノ場合ニ於テ必要ト認ムルトキハ供述又ハ鑑定ノ要領ヲ録取スヘシ

第35条【参考人の費用請求】　参考人ハ命令ノ定ムル所ニ依リ費用ヲ請求スルコトヲ得

第36条【本人の同行】　少年審判所ハ必要ニ依リ何時ニテモ少年保護司ヲシテ本人ヲ同行セシムルコトヲ得

第37条【仮の処分】　①　少年審判所ハ事情ニ従ヒ本人ニ対シ仮ニ左ノ処分ヲ為スコトヲ得

1　条件ヲ附シ又ハ附セスシテ保護者ニ預クルコト

2　寺院，教会，保護団体又ハ適当ナル

付録 2　関連法令等

者ニ委託スルコト

3　病院ニ委託スルコト

4　少年保護司ノ観察ニ付スルコト

② 已ムコトヲ得サル場合ニ於テハ本人ヲ仮ニ感化院又ハ矯正院ニ委託スルコトヲ得

③ 第1項第1号乃至第3号ノ処分アリタルトキハ本人ヲ少年保護司ノ観察ニ付ス

第38条【仮処分の取消変更】　前条ノ処分ハ何時ニテモ之ヲ取消シ又ハ変更スルコトヲ得

第39条【前3条の通知】　前3条ノ場合ニ於テハ速ニ其ノ旨ヲ保護者ニ通知スヘシ

第40条【審判の開始】　少年審判所調査ノ結果ニ因リ審判ヲ開始スヘキモノト思料シタルトキハ審判期日ヲ定ムヘシ

第41条【仮処分の取消】　① 審判ヲ開始セサル場合ニ於テハ第37条ノ処分ハ之ヲ取消スヘシ

② 第39条ノ規定ハ前項ノ場合ニ之ヲ準用ス

第42条【附添人】　① 少年審判所審判ヲ開始スル場合ニ於テ必要アルトキハ本人ノ為附添人ヲ附スルコトヲ得

② 本人，保護者又ハ保護団体ハ少年審判所ノ許可ヲ受ケ附添人ヲ選任スルコトヲ得

③ 附添人ハ弁護士，保護事業ニ従事スル者又ハ少年審判所ノ許可ヲ受ケタル者ヲ以テ之ニ充ツヘシ

第43条【審判期日】　① 審判期日ニハ少年審判官及書記出席スヘシ

② 少年保護司ハ審判期日ニ出席スルコトヲ得

③ 審判期日ニハ本人，保護者及附添人ヲ呼出スヘシ但シ実益ナシト認ムルトキハ保護者ハ之ヲ呼出ササルコトヲ得

第44条【意見の陳述】　① 少年保護司，保護者及附添人ハ審判ノ席ニ於テ意見ヲ陳述スルコトヲ得

② 前項ノ場合ニ於テハ本人ヲ退席セシムヘシ但シ相当ノ事由アルトキハ本人ヲ在席セシムルコトヲ得

第45条【審判の密行】　審判ハ之ヲ公行セス但シ少年審判所ハ本人ノ親族，保護事業ニ従事スル者其ノ他相当ト認ムル者ニ在席ヲ許スコトヲ得

第46条【終結処分】　少年審判所審理ヲ終ヘタルトキハ第47条乃至第54条ノ規定ニ依リ終結処分ヲ為スヘシ

第47条【検察官への送致】　① 刑事訴追ノ必要アリト認メタルトキハ事件ヲ管轄裁判所ニ対応スル検察庁ノ検察官ニ送致スヘシ

② 裁判所又ハ検察官ヨリ送致ヲ受ケタル事件ニ付新ナル事実ノ発見ニ因リ刑事訴追ノ必要アリト認メタルトキハ管轄裁判所ニ対応スル検察庁ノ検察官ノ意見ヲ聴キ前項ノ手続ヲ為スヘシ

③ 前2項ノ規定ニ依ル処分ヲ為シタルトキハ其ノ旨ヲ本人及保護者ニ通知スヘシ

④ 検察官ハ第1項又ハ第2項ノ規定ニ依リ送致ヲ受ケタル事件ニ付為シタル処分ヲ少年審判所ニ通知スヘシ

第48条【訓誡】　① 訓誡ヲ加フヘキモノト認メタルトキハ本人ニ対シ其ノ非行ヲ指摘シ将来遵守スヘキ事項ヲ諭告スヘシ

② 前項ノ場合ニ於テハ成ルヘク保護者及附添人ヲシテ立会ハシムヘシ

第49条【学校長の訓誡】　学校長ノ訓誡ニ委スヘキモノト認メタルトキハ学校長ニ対シ必要ナル事項ヲ指示シ本人ニ訓誡ヲ加フヘキ旨ヲ告知スヘシ

第50条【改心の誓約】　① 改心ノ誓約ヲ為サシムヘキモノト認メタルトキハ本人ヲシテ誓約書ヲ差出サシムヘシ

② 前項ノ場合ニ於テハ成ルヘク保護者ヲシテ立会ハシメ且誓約書ニ連署セシムヘシ

第51条【条件付保護者引渡】 条件ヲ附シテ保護者ニ引渡スヘキモノト認メタルトキハ保護者ニ対シ本人ノ保護監督ニ付必要ナル条件ヲ指示シ本人ヲ引渡スヘシ

第52条【保護団体等委託】 寺院，教会，保護団体又ハ適当ナル者ニ委託スヘキモノト認メタルトキハ委託ヲ受クヘキ者ニ対シ本人ノ処遇ニ付参考ト為ルヘキ事項ヲ指示シ保護監督ノ任務ヲ委嘱スヘシ

第53条【保護司の観察】 少年保護司ノ観察ニ付スヘキモノト認メタルトキハ少年保護司ニ対シ本人ノ保護監督ニ付必要ナル事項ヲ指示シ観察ニ付スヘシ

第54条【矯正院等送致】 感化院，矯正院又ハ病院ニ送致又ハ委託スヘキモノト認メタルトキハ其ノ長ニ対シ本人ノ処遇ニ付参考ト為ルヘキ事項ヲ指示シ本人ヲ引渡スヘシ

第55条【虞犯少年の処分と保護者の承諾】 刑罰法令ニ触ルル行為ヲ為ス虞アル少年ニ対シ前3条ノ処分ヲ為ス場合ニ於テ適当ナル親権者，後見人其ノ他ノ保護者アルトキハ其ノ承諾ヲ経ヘシ

第56条【審判始末書】 少年審判所ノ審判ニ付テハ始末書ヲ作リ審判ヲ経タル事件及終結処分ヲ明確ニシ其ノ他必要ト認メタル事項ヲ記載スヘシ

第57条【成績報告】 少年審判所第48条乃至第52条及第54条ノ規定ニ依リ処分ヲ為シタルトキハ保護者，学校長，受託者又ハ感化院，矯正院若ハ病院ノ長ニ対シ成績報告ヲ求ムルコトヲ得

第58条【保護司の視察指示】 少年審判所第51条及第52条ノ規定ニ依ル処分ヲ為シタルトキハ少年保護司ヲシテ其ノ成績

ヲ視察シ適当ナル指示ヲ為サシムルコトヲ得

第59条【処分の取消】 ① 少年審判所第48条乃至第54条ノ規定ニ依ル処分ヲ為シタル後審判ヲ経タル事件第26条又ハ第27条第1号ニ記載シタルモノナルコトヲ発見シタルトキハ裁判所又ハ検察官ヨリ送致ヲ受ケタル場合ト雖管轄裁判所ニ対応スル検察庁ノ検察官ノ意見ヲ聴キ処分ヲ取消シ事件ヲ検察官ニ送致スヘシ

② 禁錮以上ノ刑ニ該ル罪ヲ犯シタル者ニ付第4条第1項第7号又ハ第8号ノ処分ヲ継続スルニ適セサル事情アリト認メタルトキ亦前項ニ同シ

第60条【委託費用の給付】 少年審判所本人ヲ寺院，教会，保護団体若ハ適当ナル者ニ委託シ又ハ病院ニ送致若ハ委託シタルトキハ委託又ハ送致ヲ受ケタル者ニ対シ之ニ因リ生シタル費用ノ全部又ハ一部ヲ給付スルコトヲ得

第61条【費用徴収】 ① 第35条及前条ノ費用並矯正院ニ於テ生シタル費用ハ少年審判所ノ命令ニ依リ本人又ハ本人ヲ扶養スル義務アル者ヨリ全部又ハ一部ヲ徴収スルコトヲ得

② 前項費用ノ徴収ニ付テハ非訟事件手続法第208条ノ規定ヲ準用ス

第6章 裁判所ノ刑事手続

第62条【検察官の送致】 検察官少年ニ対スル刑事事件ニ付第4条ノ処分ヲ為スヲ相当ト思料シタルトキハ事件ヲ少年審判所ニ送致スヘシ

第63条【保護処分と一事不再理】 第4条ノ処分ヲ受ケタル少年ニ対シテハ審判ヲ経タル事件又ハ之ヨリ軽キ刑ニ該ルヘキ事件ニシテ処分前ニ犯シタルモノニ付刑事訴追ヲ為スコトヲ得ス但シ第59条ノ

付録 2　関連法令等

規定ニ依リ処分ヲ取消シタル場合ハ此ノ
限リニ在ラス

第 64 条【調査】 ①　少年ニ対スル刑事事
件ニ付テハ第 31 条ノ調査ヲ為スヘシ

②　少年ノ身上ニ関スル事項ノ調査ハ少年
保護司ニ嘱託シテ之ヲ為サシムルコトヲ
得

第 65 条【期日前の調査】　裁判所ハ公判期
日前前条ノ調査ヲ為シ又ハ受命判事ヲシ
テ之ヲ為サシムルコトヲ得

第 66 条【仮処分】 ①　裁判所又ハ予審判
事ハ職権ヲ以テ又ハ検察官ノ申立ニ因リ
第 37 条ノ規定ニ依ル処分ヲ為スコトヲ
得

②　第 38 条及第 39 条ノ規定ハ前項ノ場合
ニ之ヲ準用ス

第 67 条【勾留の特例】 ①　勾留状ハ已ム
コトヲ得サル場合ニ非サレハ少年ニ対シ
テ之ヲ発スルコトヲ得ス

②　拘置監ニ於テハ特別ノ事由アル場合ヲ
除クノ外少年ヲ独居セシムヘシ

第 68 条【身柄の分離】　少年ノ被告人ハ他
ノ被告人ト分離シ其ノ接触ヲ避ケシムヘ
シ

第 69 条【手続の分離】　少年ニ対スル被告
事件ハ他ノ被告事件ト牽連スル場合ト雖
審理ニ妨ナキ限リ其ノ手続ヲ分離スヘシ

第 70 条【一時退廷】　裁判所ハ事情ニ依リ
公判中一時少年ノ被告人ヲ退廷セシムル
コトヲ得

第 71 条【裁判所の送致】 ①　第一審裁判
所又ハ控訴裁判所審理ノ結果ニ因リ被告
人ニ対シ第 4 条ノ処分ヲ為スヲ相当ト認
メタルトキハ少年審判所ニ送致スル旨ノ
決定ヲ為スヘシ

②　検察官ハ前項ノ決定ニ対シ 3 日内ニ抗
告ヲ為スコトヲ得

第 72 条【仮処分の失効】　第 66 条ノ処分

ハ事件ヲ終局セシムル裁判ノ確定ニ因リ
其ノ効力ヲ失フ

第 73 条【準用規定】　第 42 条，第 43 条第
2 項第 3 項及第 44 条ノ規定ハ公判ノ手
続ニ第 60 条及第 61 条ノ規定ハ予審又ハ
公判ノ手続ニ之ヲ準用ス

第 7 章　罰則

第 74 条【出版物掲載禁止】 ①　少年審判
所ノ審判ニ付セラレタル事項又ハ少年ニ
対スル刑事事件ニ付予審又ハ公判ニ付セ
ラレタル事項ハ之ヲ新聞紙其ノ他ノ出版
物ニ掲載スルコトヲ得ス

②　前項ノ規定ニ違反シタルトキハ新聞紙
ニ在リテハ編輯人及発行人，其ノ他ノ出
版物ニ在リテハ著作者及発行者ヲ 1 年以
下ノ禁錮又ハ 1000 円以下ノ罰金ニ処ス

児童福祉施設の設備及び 運営に関する基準（抄）

（昭和 23 年 12 月 29 日厚生省令 63 号
最終改正　令和6年3月13日内閣府令18号）

第 1 章　総則

（趣旨）

第 1 条 ①（略）

②　設備運営基準は，都道府県知事の監督
に属する児童福祉施設に入所している者
が，明るくて，衛生的な環境において，
素養があり，かつ，適切な訓練を受けた
職員（児童福祉施設の長を含む。以下同
じ。）の指導により，心身ともに健やか
にして，社会に適応するように育成され
ることを保障するものとする。

③　厚生労働大臣は，設備運営基準を常に
向上させるように努めるものとする。

（最低基準の目的）

第 2 条　法第 45 条第 1 項の規定により都

道府県が条例で定める基準（以下「最低基準」という。）は，都道府県知事の監督に属する児童福祉施設に入所している者が，明るくて，衛生的な環境において，素養があり，かつ，適切な訓練を受けた職員の指導により，心身ともに健やかにして，社会に適応するように育成されることを保障するものとする。

（入所した者を平等に取り扱う原則）

第9条 児童福祉施設においては，入所している者の国籍，信条，社会的身分又は入所に要する費用を負担するか否かによつて，差別的取扱いをしてはならない。

（虐待等の禁止）

第9条の2 児童福祉施設の職員は，入所中の児童に対し，法第33条の10各号に掲げる行為その他当該児童の心身に有害な影響を与える行為をしてはならない。

第7章 児童養護施設

（設備の基準）

第41条 児童養護施設の設備の基準は，次のとおりとする。

1 児童の居室，相談室，調理室，浴室及び便所を設けること。

2 児童の居室の一室の定員は，これを4人以下とし，その面積は，1人につき4.95平方メートル以上とすること。ただし，乳幼児のみの居室の一室の定員は，これを6人以下とし，その面積は，1人につき3.3平方メートル以上とする。

3 入所している児童の年齢等に応じ，男子と女子の居室を別にすること。

4 便所は，男子用と女子用とを別にすること。ただし，少数の児童を対象として設けるときは，この限りでない。

5 児童30人以上を入所させる児童養護

施設には，医務室及び静養室を設けること。

6 入所している児童の年齢，適性等に応じ職業指導に必要な設備（以下「職業指導に必要な設備」という。）を設けること。

（職員）

第42条 ① 児童養護施設には，児童指導員，嘱託医，保育士（特区法第12条の5第5項に規定する事業実施区域内にある児童養護施設にあつては，保育士又は当該事業実施区域に係る国家戦略特別区域限定保育士。第6項及び第46条において同じ。），個別対応職員，家庭支援専門相談員，栄養士及び調理員並びに乳児が入所している施設にあつては看護師を置かなければならない。ただし，児童40人以下を入所させる施設にあつては栄養士を，調理業務の全部を委託する施設にあつては調理員を置かないことができる。

② 家庭支援専門相談員は，社会福祉士若しくは精神保健福祉士の資格を有する者，児童養護施設において児童の指導に5年以上従事した者又は法第13条第3項各号のいずれかに該当する者でなければならない。

③ 心理療法を行う必要があると認められる児童10人以上に心理療法を行う場合には，心理療法担当職員を置かなければならない。

④ 心理療法担当職員は，学校教育法の規定による大学（短期大学を除く。）若しくは大学院において，心理学を専修する学科，研究科若しくはこれに相当する課程を修めて卒業した者であつて，個人及び集団心理療法の技術を有するもの又はこれと同等以上の能力を有すると認めら

付録2　関連法令等

れる者でなければならない。

⑤　実習設備を設けて職業指導を行う場合には，職業指導員を置かなければならない。

⑥　児童指導員及び保育士の総数は，通じて，満2歳に満たない幼児おおむね1.6人につき1人以上，満2歳以上満3歳に満たない幼児おおむね2人につき1人以上，満3歳以上の幼児おおむね4人につき1人以上，少年おおむね5.5人につき1人以上とする。ただし，児童45人以下を入所させる施設にあつては，更に1人以上を加えるものとする。

⑦　看護師の数は，乳児おおむね1.6人につき1人以上とする。ただし，1人を下ることはできない。

（児童養護施設の長の資格等）

第42条の2　①　児童養護施設の長は，次の各号のいずれかに該当し，かつ，厚生労働大臣が指定する者が行う児童養護施設の運営に関し必要な知識を習得させるための研修を受けた者であつて，人格が高潔で識見が高く，児童養護施設を適切に運営する能力を有するものでなければならない。

1　医師であつて，精神保健又は小児保健に関して学識経験を有する者

2　社会福祉士の資格を有する者

3　児童養護施設の職員として3年以上勤務した者

4　都道府県知事が前各号に掲げる者と同等以上の能力を有すると認める者であつて，次に掲げる期間の合計が3年以上であるもの又は厚生労働大臣が指定する講習会の課程を修了したもの

イ　児童福祉司となる資格を有する者にあつては，相談援助業務（国，都道府県又は市町村の内部組織におけ

る相談援助業務を含む。）に従事した期間

ロ　社会福祉主事となる資格を有する者にあつては，相談援助業務に従事した期間

ハ　社会福祉施設の職員として勤務した期間（イ又はロに掲げる期間に該当する期間を除く。）

②　児童養護施設の長は，2年に1回以上，その資質の向上のための厚生労働大臣が指定する者が行う研修を受けなければならない。ただし，やむを得ない理由があるときは，この限りでない。

（児童指導員の資格）

第43条　①　児童指導員は，次の各号のいずれかに該当する者でなければならない。

1　都道府県知事の指定する児童福祉施設の職員を養成する学校その他の養成施設を卒業した者

2　社会福祉士の資格を有する者

3　精神保健福祉士の資格を有する者

4　学校教育法の規定による大学（短期大学を除く。次号において同じ。）において，社会福祉学，心理学，教育学若しくは社会学を専修する学科又はこれらに相当する課程を修めて卒業した者

5　学校教育法の規定による大学において，社会福祉学，心理学，教育学又は社会学に関する科目の単位を優秀な成績で修得したことにより，同法第102条第2項の規定により大学院への入学を認められた者

6　学校教育法の規定による大学院において，社会福祉学，心理学，教育学若しくは社会学を専攻する研究科又はこれらに相当する課程を修めて卒業した

児童福祉施設の設備及び運営に関する基準（抄）

者

7　外国の大学において，社会福祉学，心理学，教育学若しくは社会学を専修する学科又はこれらに相当する課程を修めて卒業した者

8　学校教育法の規定による高等学校若しくは中等教育学校を卒業した者，同法第90条第2項の規定により大学への入学を認められた者若しくは通常の課程による12年の学校教育を修了した者（通常の課程以外の課程によりこれに相当する学校教育を修了した者を含む。）又は文部科学大臣がこれと同等以上の資格を有すると認定した者であつて，2年以上児童福祉事業に従事したもの

9　教育職員免許法に規定する幼稚園，小学校，中学校，義務教育学校，高等学校又は中等教育学校の教諭の免許状を有する者であつて，都道府県知事が適当と認めたもの

10　3年以上児童福祉事業に従事した者であつて，都道府県知事が適当と認めたもの

②　前項第1号の指定は，児童福祉法施行規則（昭和23年厚生省令第11号）別表に定める教育内容に適合する学校又は施設について行うものとする。

（養護）

第44条　児童養護施設における養護は，児童に対して安定した生活環境を整えるとともに，生活指導，学習指導，職業指導及び家庭環境の調整を行いつつ児童を養育することにより，児童の心身の健やかな成長とその自立を支援することを目的として行わなければならない。

（生活指導，学習指導，職業指導及び家庭環境の調整）

第45条　①　児童養護施設における生活指導は，児童の自主性を尊重しつつ，基本的生活習慣を確立するとともに豊かな人間性及び社会性を養い，かつ，将来自立した生活を営むために必要な知識及び経験を得ることができるように行わなければならない。

②　児童養護施設における学習指導は，児童がその適性，能力等に応じた学習を行うことができるよう，適切な相談，助言，情報の提供等の支援により行わなければならない。

③　児童養護施設における職業指導は，勤労の基礎的な能力及び態度を育てるとともに，児童がその適性，能力等に応じた職業選択を行うことができるよう，適切な相談，助言，情報の提供等及び必要に応じ行う実習，講習等の支援により行わなければならない。

④　児童養護施設における家庭環境の調整は，児童の家庭の状況に応じ，親子関係の再構築等が図られるように行わなければならない。

（自立支援計画の策定）

第45条の2　児童養護施設の長は，第44条の目的を達成するため，入所中の個々の児童について，児童やその家庭の状況等を勘案して，その自立を支援するための計画を策定しなければならない。

（児童と起居を共にする職員）

第46条　児童養護施設の長は，児童指導員及び保育士のうち少なくとも一人を児童と起居を共にさせなければならない。

（関係機関との連携）

第47条　児童養護施設の長は，児童の通学する学校及び児童相談所並びに必要に

付録2　関連法令等

応じ児童家庭支援センター，児童委員，公共職業安定所等関係機関と密接に連携して児童の指導及び家庭環境の調整に当たらなければならない。

第10章　児童自立支援施設

（設備の基準）

第79条　①　児童自立支援施設の学科指導に関する設備については，小学校，中学校又は特別支援学校の設備の設置基準に関する学校教育法の規定を準用する。ただし，学科指導を行わない場合にあつてはこの限りでない。

②　前項に規定する設備以外の設備については，第41条（第2号ただし書を除く。）の規定を準用する。ただし，男子と女子の居室は，これを別にしなければならない。

（職員）

第80条　①　児童自立支援施設には，児童自立支援専門員（児童自立支援施設において児童の自立支援を行う者をいう。以下同じ。），児童生活支援員（児童自立支援施設において児童の生活支援を行う者をいう。以下同じ。），嘱託医及び精神科の診療に相当の経験を有する医師又は嘱託医，個別対応職員，家庭支援専門相談員，栄養士並びに調理員を置かなければならない。ただし，児童40人以下を入所させる施設にあつては栄養士を，調理業務の全部を委託する施設にあつては調理員を置かないことができる。

②　家庭支援専門相談員は，社会福祉士若しくは精神保健福祉士の資格を有する者，児童自立支援施設において児童の指導に5年以上従事した者又は法第13条第3項各号のいずれかに該当する者でなければならない。

③　心理療法を行う必要があると認められる児童10人以上に心理療法を行う場合には，心理療法担当職員を置かなければならない。

④　心理療法担当職員は，学校教育法の規定による大学（短期大学を除く。以下この項において同じ。）若しくは大学院において，心理学を専修する学科，研究科若しくはこれに相当する課程を修めて卒業した者又は同法の規定による大学において，心理学に関する科目の単位を優秀な成績で修得したことにより，同法第102条第2項の規定により大学院への入学を認められた者であつて，個人及び集団心理療法の技術を有し，かつ，心理療法に関する1年以上の経験を有するものでなければならない。

⑤　実習設備を設けて職業指導を行う場合には，職業指導員を置かなければならない。

⑥　児童自立支援専門員及び児童生活支援員の総数は，通じておおむね児童4.5人につき1人以上とする。

（児童自立支援施設の長の資格等）

第81条　①　児童自立支援施設の長は，次の各号のいずれかに該当し，かつ，厚生労働省組織規則（平成13年厚生労働省令第1号）第622条に規定する人材育成センターが行う児童自立支援施設の運営に関し必要な知識を習得させるための研修又はこれに相当する研修を受けた者であつて，人格が高潔で識見が高く，児童自立支援施設を適切に運営する能力を有するものでなければならない。

1　医師であつて，精神保健に関して学識経験を有する者

2　社会福祉士の資格を有する者

3　児童自立支援専門員の職にあつた者

児童福祉施設の設備及び運営に関する基準（抄）

等児童自立支援事業に5年以上（人材育成センターが行う児童自立支援専門員として必要な知識及び技能を習得させるための講習の課程（以下「講習課程」という。）を修了した者にあつては，3年以上）従事した者

4　都道府県知事が前各号に掲げる者と同等以上の能力を有すると認める者であつて，次に掲げる期間の合計が5年以上（人材育成センターが行う講習課程を修了した者にあつては，3年以上）であるもの

イ　児童福祉司となる資格を有する者にあつては，相談援助業務（国，都道府県，指定都市又は児童相談所設置市の内部組織における相談援助業務を含む。）に従事した期間

ロ　社会福祉主事となる資格を有する者にあつては，相談援助業務に従事した期間

ハ　社会福祉施設の職員として勤務した期間（イ又はロに掲げる期間に該当する期間を除く。）

② 　児童自立支援施設の長は，2年に1回以上，その資質の向上のための厚生労働大臣が指定する者が行う研修を受けなければならない。ただし，やむを得ない理由があるときは，この限りでない。

（児童自立支援専門員の資格）

第82条　①　児童自立支援専門員は，次の各号のいずれかに該当する者でなければならない。

1　医師であつて，精神保健に関して学識経験を有する者

2　社会福祉士の資格を有する者

3　都道府県知事の指定する児童自立支援専門員を養成する学校その他の養成施設を卒業した者（学校教育法の規定

による専門職大学の前期課程を修了した者を含む。）

4　学校教育法の規定による大学（短期大学を除く。以下この号において同じ。）において，社会福祉学，心理学，教育学若しくは社会学を専修する学科若しくはこれらに相当する課程を修めて卒業した者又は同法の規定による大学において，社会福祉学，心理学，教育学若しくは社会学に関する科目の単位を優秀な成績で修得したことにより，同法第102条第2項の規定により大学院への入学を認められた者であつて，1年以上児童自立支援事業に従事したもの又は前条第1項第4号イからハまでに掲げる期間の合計が2年以上であるもの

5　学校教育法の規定による大学院において，社会福祉学，心理学，教育学若しくは社会学を専攻する研究科又はこれらに相当する課程を修めて卒業した者であつて，1年以上児童自立支援事業に従事したもの又は前条第1項第4号イからハまでに掲げる期間の合計が2年以上であるもの

6　外国の大学において，社会福祉学，心理学，教育学若しくは社会学を専修する学科又はこれらに相当する課程を修めて卒業した者であつて，1年以上児童自立支援事業に従事したもの又は前条第1項第4号イからハまでに掲げる期間の合計が2年以上であるもの

7　学校教育法の規定による高等学校若しくは中等教育学校を卒業した者，同法第90条第2項の規定により大学への入学を認められた者若しくは通常の課程による12年の学校教育を修了した者（通常の課程以外の課程によりこ

725

付録2　関連法令等

れに相当する学校教育を修了した者を含む。）又は文部科学大臣がこれと同等以上の資格を有すると認定した者であつて，3年以上児童自立支援事業に従事したもの又は前条第1項第4号イからハまでに掲げる期間の合計が5年以上であるもの

8　教育職員免許法に規定する小学校，中学校，義務教育学校，高等学校又は中等教育学校の教諭の免許状を有する者であつて，1年以上児童自立支援事業に従事したもの又は2年以上教員としてその職務に従事したもの

② 前項第3号の指定については，第43条第2項の規定を準用する。

（児童生活支援員の資格）

第83条 児童生活支援員は，次の各号のいずれかに該当する者でなければならない。

1 保育士（特区法第12条の5第5項に規定する事業実施区域内にある児童自立支援施設にあつては，保育士又は当該事業実施区域に係る国家戦略特別区域限定保育士）の資格を有する者

2 社会福祉士の資格を有する者

3 3年以上児童自立支援事業に従事した者

（生活指導，職業指導，学科指導及び家庭環境の調整）

第84条 ① 児童自立支援施設における生活指導及び職業指導は，すべて児童がその適性及び能力に応じて，自立した社会人として健全な社会生活を営んでいくことができるよう支援することを目的として行わなければならない。

② 学科指導については，学校教育法の規定による学習指導要領を準用する。ただし，学科指導を行わない場合にあつては

この限りでない。

③ 生活指導，職業指導及び家庭環境の調整については，第45条（第2項を除く。）の規定を準用する。

（自立支援計画の策定）

第84条の2 児童自立支援施設の長は，前条第一項の目的を達成するため，入所中の個々の児童について，児童やその家庭の状況等を勘案して，その自立を支援するための計画を策定しなければならない。

（児童と起居を共にする職員）

第85条 児童自立支援施設の長は，児童自立支援専門員及び児童生活支援員のうち少なくとも一人を児童と起居を共にさせなければならない。

（関係機関との連携）

第87条 児童自立支援施設の長は，児童の通学する学校及び児童相談所並びに必要に応じ児童家庭支援センター，児童委員，公共職業安定所等関係機関と密接に連携して児童の指導及び家庭環境の調整に当たらなければならない。

（心理学的及び精神医学的診査等）

第88条 児童自立支援施設においては，入所している児童の自立支援のため，随時心理学的及び精神医学的診査並びに教育評価（学科指導を行う場合に限る。）を行わなければならない。

第11章　児童家庭支援センター

（設備の基準）

第88条の2 児童家庭支援センターには相談室を設けなければならない。

（職員）

第88条の3 児童家庭支援センターには，法第44条の2第1項に規定する業務（次条において「支援」という。）を担当

する職員を置かなければならない。

② 前項の職員は，法第13条第3項各号のいずれかに該当する者でなければならない。

（支援を行うに当たつて遵守すべき事項）

第88条の4 ① 児童家庭支援センターにおける支援に当たつては，児童，保護者その他の意向の把握に努めるとともに，懇切を旨としなければならない。

② 児童家庭支援センターにおいて，児童相談所，福祉事務所，児童福祉施設，民生委員，児童委員，母子・父子自立支援員，母子・父子福祉団体，公共職業安定所，婦人相談員，保健所，市町村保健センター，精神保健福祉センター，学校等との連絡調整を行うに当たつては，その他の支援を迅速かつ的確に行うことができるよう円滑にこれを行わなければならない。

③ 児童家庭支援センターにおいては，その附置されている施設との緊密な連携を行うとともに，その支援を円滑に行えるよう必要な措置を講じなければならない。

犯罪捜査規範（抄）

(昭和32年7月11日　国家公安委員会規則2号)
(最終改正　令和6年3月29日国家公安委員会規則7号)

第12章　少年事件に関する特則

（少年事件捜査の基本）

第203条 少年事件の捜査については，家庭裁判所における審判その他の処理に資することを念頭に置き，少年（少年法第2条第1項に規定する少年をいう。以下同じ。）の健全な育成を期する精神をもつて，これに当らなければならない。

（少年の特性の考慮）

第204条 少年事件の捜査を行うに当つ

ては，少年の特性にかんがみ，特に他人の耳目に触れないようにし，取調べの言動に注意する等温情と理解をもつて当たり，その心情を傷つけないように努めなければならない。

（犯罪原因等の調査）

第205条 少年事件の捜査を行うに当たつては，犯罪の原因及び動機並びに当該少年の性格，行状，経歴，教育程度，環境，家庭の状況，交友関係等を詳細に調査しておかなければならない。

（関係機関との連絡）

第206条 少年事件の捜査を行うに当たつて必要があるときは，家庭裁判所，児童相談所，学校その他の関係機関との連絡を密にしなければならない。

（保護者等との連絡）

第207条 少年の被疑者の呼出し又は取調べを行うに当たつては，当該少年の保護者又はこれに代わるべき者に連絡するものとする。ただし，連絡することが当該少年の福祉上不適当であると認められるときは，この限りでない。

（身柄拘束に関する注意）

第208条 少年の被疑者については，なるべく身柄の拘束を避け，やむを得ず，逮捕，連行又は護送する場合には，その時期及び方法について特に慎重な注意をしなければならない。

（新聞発表等の際の注意）

第209条 少年事件について，新聞その他の報道機関等に発表するときは，当該少年の氏名又は住居を告げ，その他その者を推知することができるようなことはしてはならない。ただし，特定少年（少年法第62条第1項に規定する特定少年をいう。次条及び第215条第2号において同じ。）のとき犯した罪に係る事件であ

727

付録2　関連法令等

つて当該罪により公訴を提起された者に係るもの（刑訴法第461条の請求がされたもの（刑訴法第463条第1項若しくは第2項又は第468条第2項の規定により通常の規定に従い審判をすることとなつたものを除く。）を除く。）については，この限りでない。

（少年事件の送致及び送付先）

第210条　①　少年事件について捜査した結果，その犯罪が罰金以下の刑に当たるものであるときは，これを家庭裁判所に送致し，禁錮以上の刑に当たるものであるときは，これを検察官に送致し，又は送付しなければならない。ただし，当該少年事件が特定少年に係るものであるときは，刑の軽重にかかわらず，これを検察官に送致し，又は送付しなければならない。

②　送致又は送付に当たり，その少年（特定少年を除く。）の被疑者について，罰金以下の刑に当たる犯罪と禁錮以上の刑に当たる犯罪とがあるときは，これらを共に一括して，検察官に送致し，又は送付するものとする。

（軽微な事件の処理）

第214条　①　捜査した少年事件について，その事実が極めて軽微であり，犯罪の原因及び動機，当該少年の性格，行状，家庭の状況及び環境等から見て再犯のおそれがなく，刑事処分又は保護処分を必要としないと明らかに認められ，かつ，検察官又は家庭裁判所からあらかじめ指定されたものについては，被疑少年ごとに少年事件簡易送致書及び捜査報告書（家庭裁判所へ送致するものについては，別記様式第22号。ただし，管轄地方検察庁の検事正が少年の交通法令違反事件の捜査書類の様式について特例を定めた場

合において，当該都道府県警察の警察本部長が管轄家庭裁判所と協議しその特例に準じて別段の様式を定めたときは，その様式）を作成し，これに身上調査表その他の関係書類を添付し，1月ごとに一括して検察官又は家庭裁判所に送致することができる。

②　前項に規定する処理をするに当たつては，第200条（微罪処分の際の処置）に規定するところに準じて行うものとする。

（触法少年及びぐ犯少年）

第215条　捜査の結果，次の各号のいずれかに該当するときは，少年警察活動規則（平成14年国家公安委員会規則第20号）第3章の定めるところによる。

1　被疑者が少年法第3条第1項第2号に規定する少年であることが明らかとなつたとき。

2　被疑者が罪を犯した事実がないことが明らかとなつた場合であつて，その者が少年法第3条第1項第3号に規定する少年（特定少年を除く。）であるとき。

少年警察活動規則（抄）

（平成14年9月27日　国家公安委員会規則20号）
（最終改正　令和6年3月29日国家公安委員会規則7号）

第1章　総則

（趣旨）

第1条　①　この規則は，少年の非行の防止及び保護を通じて少年の健全な育成を図るための警察活動（以下「少年警察活動」という。）に関し，必要な事項を定めるものとする。

②　少年警察活動に関しては，警察法（昭和29年法律第162号），警察官職務執行法（昭和23年法律第136号），少年法

少年警察活動規則（抄）

（昭和23年法律第168号），刑事訴訟法（昭和23年法律第131号），児童福祉法（昭和22年法律第164号），児童虐待の防止等に関する法律（平成12年法律第82号），犯罪捜査規範（昭和32年国家公安委員会規則第2号）その他の法令（地方公共団体の条例又は規則を含む。）によるほか，この規則の定めるところによる。

（定義）

第2条 この規則において，次の各号に掲げる用語の意義は，それぞれ当該各号に定めるところによる。

1 少年 少年法第2条第1項に規定する少年をいう。

2 特定少年 少年法第62条第1項に規定する特定少年をいう。

3 犯罪少年 少年法第3条第1項第1号に規定する少年をいう。

4 触法少年 少年法第3条第1項第2号に規定する少年をいう。

5 ぐ犯少年 少年法第3条第1項第3号に規定する少年（特定少年に該当する場合を除く。）をいう。

6 非行少年 犯罪少年，触法少年及びぐ犯少年をいう。

7 不良行為少年 非行少年には該当しないが，飲酒，喫煙，深夜はいかいその他自己又は他人の徳性を害する行為（以下「不良行為」という。）をしている少年をいう。

8 被害少年 犯罪その他少年の健全な育成を阻害する行為により被害を受けた少年をいう。

9 要保護少年 児童福祉法による福祉のための措置又はこれに類する保護のための措置が必要と認められる少年（非行少年又は児童虐待を受けたと思

われる児童に該当する場合を除く。）をいう。

10 児童虐待を受けたと思われる児童 児童虐待の防止等に関する法律第2条に規定する児童虐待を受けたと思われる児童をいう。

11 低年齢少年 14歳未満の者をいう。

12 保護者 少年法第2条第2項に規定する者をいう。

13 少年補導職員 少年相談（少年の非行の防止及び保護に関する相談をいう。以下同じ。），継続補導（第8条第2項（同条第5項（第14条第2項において準用する場合を含む。）の規定により読み替えて適用する場合並びに第13条第3項及び第14条第2項において準用する場合を含む。）の規定により行う継続的な補導をいう。），被害少年に対する継続的な支援その他の特に専門的な知識及び技能を必要とする少年警察活動を行わせるため，当該活動に必要な知識及び技能を有する都道府県警察の職員（警察官を除く。）のうちから警察本部長（警視総監及び道府県警察本部長をいう。以下同じ。）が命じた者をいう。

14 少年サポートセンター 警視庁，道府県警察本部又は方面本部の内部組織のうち，少年補導職員又は前号に規定する知識及び技能を有する警察官（以下「少年補導職員等」という。）を配置し，専門的な知識及び技能を必要とし，又は継続的に実施することを要する少年警察活動について中心的な役割を果たすための組織として警察本部長及び方面本部長が定めるものをいう。

（少年警察活動の基本）

第3条 少年警察活動を行うに際しては，

729

付録 2　関連法令等

次の各号に掲げる事項を基本とするもの
とする。
1　少年の健全な育成を期する精神をも
って当たるとともに，その規範意識の
向上及び立直りに資するよう配意する
こと。
2　少年の心理，生理その他の特性に関
する深い理解をもって当たること。
3　少年の性行及び環境を深く洞察し，
非行の原因の究明や犯罪被害等の状況
の把握に努め，その非行の防止及び保
護をする上で最も適切な処遇の方法を
講ずるようにすること。
4　秘密の保持に留意して，少年その他
の関係者が秘密の漏れることに不安を
抱かないように配意すること。
5　少年の非行の防止及び保護に関する
国際的動向に十分配慮すること。

（部門間の連絡等）
第4条　①　警察本部長及び警察署長は，
少年に係る事案の適切な取扱いを確保し，
及び少年に対する暴力団の影響の排除，
暴走族等の非行集団に係る対策その他の
複数の部門に関係する施策を的確に推進
するため，少年警察部門（少年警察活動
を所掌する部門をいう。以下同じ。）と
その他の警察部門との緊密な連絡を保た
せるものとする。
②　警察本部長及び警察署長は，全ての警
察職員が少年警察活動の基本を理解する
よう，適切かつ効果的な教養を実施する
ものとする。
③　（略）

（関係機関等との連携）
第5条　少年警察活動は，学校，家庭裁判
所，児童相談所その他の少年の健全な育
成に関係する業務を行う機関又は少年の
健全な育成のための活動を行うボランテ

ィア若しくは団体との連携と適切な役割
分担の下に行うものとする。

（早期発見）
第6条　第2条第6号から第10号までに
掲げる少年については，街頭補導（次条
第1項に規定する街頭補導をいう。）及
び少年相談を適切に実施し，並びに警察
の各部門間及び警察と関係機関の連携を
図り，これらを早期に発見するように努
めるものとする。

第2章　一般的活動

（街頭補導）
第7条　①　街頭補導（道路その他の公共
の場所，駅その他の多数の客の来集する
施設又は風俗営業の営業所その他の少年
の非行が行われやすい場所において，前
条に規定する少年を発見し，必要に応じ
その場で，これらに第13条第1項，第
14条第1項，第36条第1項，第38条
第1項又は第39条第1項に規定する措
置を執る活動をいう。以下同じ。）は，
自らの身分を明らかにし，その他相手方
の権利を不当に害することのないよう注
意して行うものとする。
②　前条に規定する少年を早期に発見する
ため必要があるときは，街頭補導の実施
に当たり，学校その他の関係機関，少年
の健全な育成のための活動を行うボラン
ティアその他の関係者の協力を求めるも
のとする。

（少年相談）
第8条　①　少年又は保護者その他の関係
者から少年相談を受けたときは，懇切を
旨として，その内容に応じ，指導又は助
言，関係機関への引継ぎその他適切な処
理を行うものとする。
②　少年相談に係る少年について，その非

少年警察活動規則（抄）

行の防止を図るため特に必要と認められる場合には，保護者の同意を得た上で，家庭，学校，交友その他の環境について相当の改善が認められるまでの間，本人に対する助言又は指導その他の補導を継続的に実施するものとする。

③　前項の規定による補導は，少年サポートセンターに配置された少年補導職員等（やむを得ない理由がある場合には，少年サポートセンターの指導の下，少年警察部門に属するその他の警察職員）が実施するものとする。

④　少年サポートセンターにおいては，第2項の規定による補導の適切な実施のため必要があるときは，保護者の同意を得た上で，これを学校関係者その他の適当な者と協力して実施するものとする。

⑤　特定少年に対する第2項及び前項の規定の適用については，これらの規定中「保護者」とあるのは，「本人」とする。

第3章　少年の非行の防止のための活動

第1節　通則

（捜査又は調査を行う部門）

第12条　①　警察本部長又は警察署長は，犯罪少年に係る事件の捜査又は触法少年に係る事件の調査（以下「触法調査」という。）若しくはぐ犯少年に係る事件の調査（以下「ぐ犯調査」という。）を少年警察部門に属する警察官に行わせるものとする。ただし，事件の内容及び当該警察本部又は警察署の実情に鑑み，適切な捜査又は調査の実施のため必要と認められるときは，この限りでない。

②　警察本部長又は警察署長は，前項ただし書の場合においても，少年の特性に配慮した捜査又は調査が行われるよう，少年警察部門に属する警察官に捜査又は調査の経過について常に把握させ，捜査又は調査を行う警察官に対する必要な支援を行わせるものとする。

③　（略）

④　（略）

（非行少年についての活動）

第13条　①　非行少年については，当該少年に係る事件の捜査又は調査のほか，その適切な処遇に資するため必要な範囲において，時機を失することなく，本人又はその保護者に対する助言，学校その他の関係機関への連絡その他の必要な措置をとるものとする。

②　触法調査又はぐ犯調査を行うに当たっては，特に家庭裁判所及び児童相談所との連携を密にしつつ，これを進めなければならない。

②　触法少年であって少年法第6条の6第1項の規定により送致すべき者若しくは児童福祉法第25条第1項の規定により通告すべき者に該当しないもの又は14歳未満のぐ犯少年であって同項の規定により通告すべき者に該当しないものの処遇については，第1項に定めるもののほか，第8条第2項から第4項までの規定を準用する。

（不良行為少年についての活動）

第14条　①　不良行為少年を発見したときは，当該不良行為についての注意，その後の非行を防止するための助言又は指導その他の補導を行い，必要に応じ，保護者（学校又は職場の関係者に連絡することが特に必要であると認めるときは，保護者及び当該関係者）に連絡するものとする。

②　第8条第2項から第5項までの規定は，不良行為少年について準用する。

731

付録 2　関連法令等

第 2 節　触法調査
（触法調査の基本）
第 15 条　①　触法調査については，少年法及び児童福祉法に基づく措置に資することを念頭に置き，少年の健全な育成を期する精神をもって，これに当たらなければならない。

②　触法調査を行うに当たっては，特に低年齢少年が精神的に未成熟であり，可塑性に富むこと，迎合する傾向にあること等の特性を有することにかんがみ，特に他人の耳目に触れないようにし，少年に対する言動に注意する等温情と理解をもって当たり，少年の心情と早期の立直りに配慮しなければならない。

（調査すべき事項）
第 16 条　触法調査においては，事件の事実，原因及び動機並びに当該少年の性格，行状，経歴，教育程度，環境，家庭の状況，交友関係等について調査するものとする。

（調査指揮）
第 17 条　①　触法調査の指揮については，犯罪捜査規範第 16 条から第 19 条（事件指揮簿に関する部分を除く。）までの規定を準用する。この場合において，第 16 条中「捜査」又は「犯罪の捜査」とあるのは「触法少年に係る事件の調査」と，「捜査態勢」とあるのは「調査態勢」と，第 17 条の見出し中「捜査担当部課長」とあるのは「調査担当部長及び課長」と，同条中「刑事部長，警備部長その他犯罪の捜査を担当する部課長」とあるのは「触法少年に係る事件の調査を担当する部長及び課長」と，「犯罪の捜査の」とあるのは「触法少年に係る事件の調査の」と，第 18 条中「犯罪の捜査」又は「捜査」とあるのは「触法少年に係る事件の調査」と，第 19 条の見出し中「捜査指揮」とあるのは「調査指揮」と，同条第 1 項中「犯罪の捜査」とあるのは「触法少年に係る事件の調査」と読み替えるものとする。

②　触法少年に係る事件については，警察庁長官（以下「長官」という。）が定める様式の少年事件処理簿を作成し，触法調査の指揮及び事件の送致又は通告その他の事件の処理の経過を明らかにしておかなければならない。

（調査主任官）
第 18 条　①　警察本部長又は警察署長は，個々の触法調査につき，調査主任官を指名するものとする。

②　調査主任官は，前条第 1 項の規定により読み替えて準用する犯罪捜査規範第 16 条から第 19 条（事件指揮簿に関する部分を除く。）までの規定により指揮を受け，当該触法調査につき，次に掲げる職務を行うものとする。

1　調査すべき事項及び調査に従事する者の任務分担を定めること。

2　押収物及びその換価代金の出納を承認し，これらの保管の状況を常に把握すること。

3　調査方針を立てること。

4　調査に従事する者に対し，調査の状況に関し報告を求めること。

5　調査の適正な遂行及び当該調査に係る少年の自殺その他の事故の防止について調査に従事する者に対する指導教養を行うこと。

6　家庭裁判所，児童相談所，学校その他の関係機関との連絡調整を行うこと。

7　前各号に掲げるもののほか，警察本部長又は警察署長から特に命ぜられた事項

少年警察活動規則（抄）

③　警察本部長又は警察署長は，第１項の規定により調査主任官を指名する場合には，当該事件の内容並びに所属の職員の調査能力，知識経験及び職務遂行の状況を勘案し，前項に規定する職務を的確に行うことができると認められる者を指名しなければならない。

④　調査主任官が交代する場合には，関係書類，証拠物等の引継ぎを確実に行うとともに，調査の状況その他必要な事項を明らかにし，事後の調査に支障を来すことのないようにしなければならない。

（付添人の選任）

第19条　少年法第６条の３に規定する付添人の選任については，付添人を選任することができる者又は付添人から両者が連署した付添人選任届を差し出させるものとする。

（触法調査のための呼出し及び質問）

第20条　①　触法調査のため，触法少年であると疑うに足りる相当の理由のある者（以下この条において「少年」という。），保護者又は参考人を呼び出すに当たっては，電話，長官が定める様式の呼出状の送付その他適当な方法により，出向くべき日時，場所，用件その他必要な事項を呼出人に確実に伝達しなければならない。この場合において，少年又は重要な参考人の呼出しについては，警察本部長又は警察署長に報告して，その指揮を受けなければならない。

②　少年を呼び出し，質問するに当たっては，当該少年の保護者又はこれに代わるべき者に連絡するものとする。ただし，連絡することが当該少年の福祉上著しく不適当であると認められるときは，この限りでない。

③　少年を呼び出し，質問するに当たって

は，当該少年に無用の緊張又は不安を与えることのないよう言動に注意するとともに，やむを得ない場合を除き，夜間に呼び出し，質問すること，長時間にわたり質問すること及び他人の耳目に触れるおそれがある場所において質問することを避けなければならない。

④　少年に質問するに当たっては，当該少年に無用の緊張又は不安を与えることを避け，事案の真相を明らかにし，事後の効果的な指導育成に資するよう，少年の保護者その他の当該少年の保護又は監護の観点から適切と認められる者の立会いについて配慮するものとする。

⑤　少年，保護者又は参考人を呼び出す場合には，長官が定める様式の呼出簿に所要事項を記載して，その処理の経過を明らかにしておかなければならない。

（令状の請求）

第21条　①　少年法第６条の５第２項の規定により準用する刑事訴訟法中の司法警察職員の行う押収，捜索，検証及び鑑定の嘱託に関する規定（同法第224条を除く。）による捜索，差押え，検証若しくは身体検査の令状又は鑑定処分許可状は，同法第199条第２項の規定に基づき都道府県公安委員会が指定する警部以上の階級にある司法警察員たる警察官がこれを請求するものとする。ただし，やむを得ないときは，他の司法警察員たる警察官が請求しても差し支えない。

②　前項の令状を請求するに当たっては，順を経て警察本部長又は警察署長に報告し，その指揮を受けなければならない。ただし，急速を要し，指揮を受けるいとまのない場合には，請求後速やかに，その旨を報告するものとする。

③　第１項の令状を請求したときは，長官

733

付録 2　関連法令等

が定める様式の令状請求簿により，請求
の手続，発付後の状況等を明らかにして
おかなければならない。

（触法少年に係る事件の送致又は通告）

第 22 条　①　触法調査の結果，次の各号
に該当するときは，当該各号の手続によ
り処理をするものとする。

1　当該少年が少年法第 6 条の 6 第 1 項
各号のいずれかに該当するとき　長官
が定める様式の触法少年事件送致書を
作成し，これに長官が定める様式の身
上調査表その他の関係書類を添付して
児童相談所長に送致すること。

2　前号に掲げるもののほか，当該少年
に保護者がないとき又は保護者に監護
させることが不適当であると認められ
るとき　長官が定める様式の児童通告
書により児童相談所に通告するほか，
少年法第 6 条の 2 第 3 項の規定に基づ
く警察職員の職務等に関する規則（平
成 19 年国家公安委員会規則第 23 号）
別記様式の調査概要結果通知書により
児童相談所に通知すること。

②　前項の処理をするに当たっては，警察
本部長又は警察署長の指揮を受けて行わ
なければならない。

（指導教養）

第 25 条　警察本部長及び警察署長は，触
法調査に従事する者に対し，低年齢少年
の特性その他の職務遂行に必要な知識及
び技能に関する指導教養を行うものとす
る。

（準用規定）

第 26 条　触法調査については，この節に
規定するもののほか，その性質に反しな
い限り，犯罪捜査規範第 12 章の例によ
るものとする。

第 3 節　ぐ犯調査

（ぐ犯調査の基本）

第 27 条　①　犯罪の捜査，触法調査，少
年相談その他の活動において，ぐ犯少年
と認められる者を発見した場合は，少年
法及び児童福祉法に基づく措置に資する
ことを念頭に置き，少年の健全な育成を
期する精神をもって，当該少年に係る事
件の調査に当たるものとする。

②　ぐ犯調査を行うに当たっては，少年の
心理，生理その他の特性にかんがみ，特
に他人の耳目に触れないようにし，少年
に対する言動に注意する等温情と理解を
もって当たり，その心情を傷つけないよ
う努めなければならない。

（ぐ犯調査を行うことができる警察職員）

第 28 条　少年法第 6 条の 2 第 3 項の規定
に基づく警察職員の職務等に関する規則
第 1 条の規定により警察本部長が指定し
た警察職員は，上司である警察官の命を
受け，ぐ犯調査を行うことができる。

（調査すべき事項）

第 29 条　ぐ犯調査においては，事件の事
実，原因及び動機並びに当該少年の性格，
行状，経歴，教育程度，環境，家庭の状
況，交友関係等について調査するものと
する。

（調査主任官等）

第 30 条　①　警察本部長又は警察署長は，
調査すべき事項及び調査に従事する者の
任務分担の決定，関係機関との連絡調整
その他の適正な調査の遂行及び管理のた
めに必要な職務を行わせるため，個々の
ぐ犯調査につき，調査主任官を指名する
ものとする。

②　調査主任官が交代する場合には，関係
書類等の引継ぎを確実に行うとともに，
調査の状況その他必要な事項を明らかに

少年警察活動規則（抄）

し，事後の調査に支障を来すことのない
ようにしなければならない。
③　ぐ犯少年に係る事件については，長官
が定める様式の少年事件処理簿を作成し，
ぐ犯調査の指揮及び事件の送致又は通告
その他の事件の処理の経過を明らかにし
ておかなければならない。

（ぐ犯調査のための呼出し及び質問）
第31条　①　ぐ犯調査のため，ぐ犯少年
と認められる者（以下この条において
「少年」という。），保護者又は参考人を
呼び出すに当たっては，電話，長官が定
める様式の呼出状の送付その他適当な方
法により，出向くべき日時，場所，用件
その他必要な事項を呼出人に確実に伝達
しなければならない。この場合において，
少年又は重要な参考人の呼出しについて
は，警察本部長又は警察署長に報告して，
その指揮を受けなければならない。
②　少年を呼び出し，質問するに当たって
は，当該少年の保護者又はこれに代わる
べき者に連絡するものとする。ただし，
連絡することが当該少年の福祉上著しく
不適当であると認められるときは，この
限りでない。
③　少年，保護者又は参考人を呼び出す場
合には，長官が定める様式の呼出簿に所
要事項を記載して，その処理の経過を明
らかにしておかなければならない。

（低年齢少年に係るぐ犯調査における配慮）
第32条　①　低年齢少年に係るぐ犯調査
を行うに当たっては，特に低年齢少年が
精神的に未成熟であり，可塑性に富むこ
と，迎合する傾向にあること等の特性を
有することにかんがみ，少年の心情と早
期の立直りに配慮しなければならない。
②　低年齢少年であってぐ犯少年と認めら
れる者（以下この項及び次項において

「少年」という。）を呼び出し，質問する
に当たっては，当該少年に無用の緊張又
は不安を与えることのないよう言動に注
意するとともに，やむを得ない場合を除
き，夜間に呼び出し，質問すること，長
時間にわたり質問すること及び他人の耳
目に触れるおそれがある場所において質
問することを避けなければならない。
③　少年に質問するに当たっては，当該少
年に無用の緊張又は不安を与えることを
避け，事案の真相を明らかにし，事後の
効果的な指導育成に資するよう，少年の
保護者その他の当該少年の保護又は監護
の観点から適切と認められる者の立会い
について配慮するものとする。

（ぐ犯少年に係る事件の送致又は通告）
第33条　①　ぐ犯調査の結果，次の各号
に該当するときは，当該各号に定める手
続により処理をするものとする。
1　処理をする時において，当該少年が
14歳以上18歳未満であって，その者
を家庭裁判所の審判に付することが適
当と認められるとき。長官が定める
様式のぐ犯少年事件送致書を作成し，
これに長官が定める様式の身上調査表
その他の関係書類を添付して家庭裁判
所に送致すること。
2　処理をする時において，当該少年が
14歳以上18歳未満であって，保護者
がないとき又は保護者に監護させるこ
とが不適当であると認められ，かつ，
家庭裁判所に直接送致するよりも，ま
ず，児童福祉法による措置に委ねるの
が適当であると認められるとき。長
官が定める様式の児童通告書により児
童相談所に通告すること。
3　処理をする時において，当該少年が
低年齢少年であって，保護者がないと

735

付録2　関連法令等

き又は保護者に監護させることが不適
当であると認められるとき。長官が
定める様式の児童通告書により児童相
談所に通告すること。

② 前項の処理をするに当たっては，警察
本部長又は警察署長の指揮を受けて行わ
なければならない。

（指導教養）

第34条　警察本部長及び警察署長は，ぐ
犯調査に従事する者に対し，職務遂行に
必要な知識及び技能に関する指導教養を
行うものとする。

　　第4章　少年の保護のための活動

（被害少年についての活動）

第36条　①　被害少年については，適切
な助言を行う等必要な支援を実施するも
のとする。

② 前項に定めるもののほか，被害少年に
ついて，その精神的打撃の軽減を図るた
め特に必要と認められるときは，保護者
の同意を得た上で，カウンセリングの実
施，関係者への助言その他の継続的な支
援を実施するものとする。

③ 前項に規定する継続的な支援について，
その適切な実施のため必要があるときは，
保護者の同意を得た上で，これを学校関
係者その他の適当な者と協力して実施す
るものとする。

④ 特定少年に対する前2項の規定の適用
については，これらの規定中「保護者」
とあるのは「本人」とする。

（福祉犯の被害少年についての活動）

第37条　福祉犯（児童買春に係る犯罪，
児童にその心身に有害な影響を与える行
為をさせる犯罪その他の少年の福祉を害
する犯罪であって長官が定めるものをい
う。以下同じ。）の被害少年については，

当該福祉犯に係る捜査，前条に規定する
支援のほか，当該少年が再び被害にあう
ことを防止するため保護者その他の関係
者に配慮を求め，及び関係行政機関への
連絡その他の同種の犯罪の発生を防止す
るため必要な措置をとるものとする。

（要保護少年についての活動）

第38条　①　要保護少年については，児
童福祉法第25条第1項の規定による児
童相談所への通告，同法第33条第1項
又は第2項の規定による委託を受けて行
う一時保護その他これらに類する保護の
ための措置の適切な実施のため，本人又
はその保護者に対する助言，学校その他
の関係機関への連絡その他の必要な措置
を執るものとする。

② 18歳未満の要保護少年について，少
年に保護者がないとき又は保護者に監護
させることが不適当であると認められる
ときは，長官が定める様式の児童通告書
又は口頭により児童相談所に通告するも
のとする。この場合において，口頭によ
り通告したときは，その内容を記載した
書面を事後に当該児童相談所に送付する
ものとする。

**（児童虐待を受けたと思われる児童につい
ての活動）**

第39条　①　児童虐待を受けたと思われ
る児童については，児童虐待の防止等に
関する法律第6条第1項の規定による児
童相談所への通告又は児童福祉法第33
条第1項若しくは第2項の規定による委
託を受けて行う一時保護の適切な実施の
ため，本人又はその保護者に対する助言，
学校その他の関係機関への連絡その他の
必要な措置を執るものとする。

② 児童虐待を受けたと思われる児童を発
見したときは，速やかに，長官が定める

736

少年警察活動規則（抄）

様式の児童通告書又は口頭により児童相談所に通告するものとする。この場合において，口頭により通告したときは，その内容を記載した書面を事後に当該児童相談所に送付するものとする。

③　児童虐待を受けたと思われる児童については，児童相談所その他の関係機関との緊密な連携の下，当該児童に対するカウンセリング，保護者に対する助言又は指導その他の当該児童に対する支援を的確に実施するほか，児童虐待の防止等に関する法律第 10 条の規定による援助の求めがあった場合においては，その求めをした者との適切な役割分担の下，必要な措置を執るものとする。

判 例 索 引

【最高裁判所】

最判昭 24・8・18 刑集 3・9・1489〔百選 107〕……………………………………………513, 514

最判昭 24・9・29 刑集 3・10・1620 …………………………………………………………………39

最判昭 25・10・10 刑集 4・10・1957〔百選 113〕………………………………………………532

最判昭 25・11・21 刑集 4・11・2359 ………………………………………………………………269

最判昭 26・8・17 刑集 5・9・1799 ……………………………………………………………40, 523

最判昭 26・12・21 刑集 5・13・2607 ………………………………………………………………519

最大判昭 27・3・19 刑集 6・3・502 ………………………………………………………………178

最大判昭 27・4・23 刑集 6・4・685 ………………………………………………………………474

最判昭 28・3・26 刑集 7・3・641／家月 5・4・122〔百選 23〕………………………………473

最大判昭 29・1・20 刑集 8・1・41 …………………………………………………………………525

最決昭 29・2・26 刑集 8・2・198〔百選 106〕……………………………………………………247

最決昭 29・6・30 家月 6・7・89〔百選 111〕……………………………………………………523

最決昭 29・9・24 刑集 8・9・1519 …………………………………………………………………95

最大判昭 30・6・22 刑集 9・8・1189 ………………………………………………………………421

最決昭 32・4・30 刑集 11・4・1502 ………………………………………………………………96

最決昭 32・6・12 刑集 11・6・1657／家月 9・9・38〔百選 15〕………………40, 156, 437, 475

最判昭 32・9・20 刑集 11・9・2353〔百選 112〕…………………………………………………525

最決昭 33・3・12 刑集 12・3・520／家月 10・4・45 ……………………………………………544

最決昭 34・7・3 刑集 13・7・1110／家月 11・9・124……………………………………39, 40, 523

最決昭 36・9・20 刑集 15・8・1501／家月 14・1・125〔百選 66〕……………………………506

最決昭 37・4・10 集刑・141・741 …………………………………………………………………544

最判昭 37・4・20 民集 16・4・860 …………………………………………………………………355

最決昭 37・6・7 家月 14・12・157 …………………………………………………………………155

最大判昭 37・11・28 刑集 16・11・1593 …………………………………………………………354

最大判昭 40・4・28 刑集 19・3・240／家月 17・4・82〔百選 68〕…………233, 502, 505, 507

最決昭 40・6・21 刑集 19・4・448／家月 17・7・139〔百選 94〕……………………127, 227

最決昭 40・7・3 家月 18・1・108 …………………………………………………………………458

最判昭 42・6・20 刑集 21・6・741／家月 19・7・133………………………………………………474

最判昭 43・4・26 刑集 22・4・342 …………………………………………………………………421

最決昭 43・7・4 刑集 22・7・581／家月 21・1・145 ……………………………………………474

最判昭 43・10・25 刑集 22・11・961 ………………………………………………………………452

最判昭 44・12・5 刑集 23・12・1583／家月 22・1・135〔百選 20〕……………………………474

739

最判昭 45・5・29 刑集 24・5・223／家月 22・9・186‥‥‥‥‥‥‥‥‥474
最判昭 48・12・24 刑集 27・11・1469‥‥‥‥‥‥‥‥‥‥‥‥‥‥‥519
最決昭 49・6・14 家月 27・2・113〔百選 74〕‥‥‥‥‥‥‥‥‥‥‥432
最決昭 50・5・20 刑集 29・5・177‥‥‥‥‥‥‥‥‥‥‥‥‥‥‥‥394
最判昭 53・9・7 刑集 32・6・1672‥‥‥‥‥‥‥‥‥‥‥‥‥184, 276
最判昭 58・7・8 刑集 37・6・609‥‥‥‥‥‥‥‥‥‥‥‥‥‥‥‥520
最決昭 58・9・5 刑集 37・7・901／家月 35・11・113‥‥‥‥‥391, 396, 398, 400, 457, 507
最決昭 58・10・26 刑集 37・8・1260／家月 36・1・158〔百選 2・46〕
　　　　‥‥‥‥‥‥‥‥‥‥‥‥‥‥‥33, 49, 50, 54, 173, 182, 258, 270, 273
最判昭 59・3・27 刑集 38・5・2037‥‥‥‥‥‥‥‥‥‥‥‥‥‥‥268
最決昭 59・9・18 刑集 38・9・2805／家月 36・9・99‥‥‥‥‥‥‥392
最決昭 60・5・14 刑集 39・4・205／家月 37・6・67〔百選 76〕‥‥317, 395, 419
最決昭 62・3・24 集刑 245・1211‥‥‥‥‥‥‥‥‥‥‥‥‥438, 457
最大判昭 63・2・17 刑集 42・2・299／家月 40・3・99‥‥‥‥‥‥‥431
最決平 2・10・24 刑集 44・7・639／家月 43・1・146〔百選 48〕‥‥‥181
最決平 2・10・30 家月 43・4・80‥‥‥‥‥‥‥‥‥‥‥‥‥317, 395, 419
最決平 3・5・8 家月 43・9・68〔百選 92〕‥‥‥‥‥‥‥‥‥392, 395
最決平 3・3・29 刑集 45・3・158／家月 43・8・78〔百選 69〕‥‥233, 316, 317, 503
最決平 5・11・24 刑集 47・9・217／家月 46・2・180〔百選 33〕‥‥191, 451
最判平 9・9・18 刑集 51・8・571／家月 50・1・166〔百選 84〕‥‥‥245, 428, 453, 454, 558
最決平 9・10・6 刑集 51・9・697／家月 50・3・62‥‥‥‥‥‥‥‥436
最決平 10・4・21 刑集 52・3・209／家月 50・9・151‥‥‥‥‥184, 279
最決平 13・12・10 家月 55・2・178‥‥‥‥‥‥‥‥‥‥‥‥‥‥492
最決平 14・7・19 家月 54・12・77‥‥‥‥‥‥‥‥‥‥‥‥‥‥419
最判平 15・3・14 民集 57・3・229／家月 55・11・138‥‥‥‥546, 547, 548
最決平 16・11・11 集刑 286・569／家月 58・2・182‥‥‥‥130, 227, 419
最決平 17・3・30 刑集 59・2・79／家月 57・11・87‥‥‥‥‥435, 438, 445
最決平 17・8・23 刑集 59・6・720／家月 58・2・184‥‥‥‥‥248, 419
最決平 18・4・24 刑集 60・4・409‥‥‥‥‥‥‥‥‥‥‥‥‥‥‥433
最判平 18・6・20 集刑 289・383／判時 1941・38／判夕 1213・89‥‥‥‥520
最決平 20・7・11 刑集 62・7・1927‥‥‥‥‥‥‥‥‥‥438, 445, 452, 457
最決平 20・9・18 家月 61・2・309‥‥‥‥‥‥‥‥‥‥‥‥‥‥‥84
最決平 23・12・19 刑集 65・9・1661‥‥‥‥‥‥‥‥‥‥‥395, 398
最判平 24・2・13 刑集 66・4・482‥‥‥‥‥‥‥‥‥‥‥‥‥‥‥436
最判平 24・2・20 集刑 307・155‥‥‥‥‥‥‥‥‥‥‥‥‥‥‥520
最決平 24・5・1 集刑 308・1／家月 65・4・56‥‥‥‥‥‥156, 431, 458
最決平 24・10・17 集刑・308・259‥‥‥‥‥‥‥‥‥‥‥‥‥‥216
最決平 25・6・18 刑集 67・5・653‥‥‥‥‥‥‥‥‥‥‥‥‥‥474

740

判 例 索 引

最判平 26・1・20 刑集 68・1・79 ……………………………………………237, 248, 493, 495
最決平 26・11・17 集刑 315・183／判タ 1409・123…………………………………………193
最決平 26・11・28 刑集 68・9・1069 ………………………………………213, 432, 433
最判平 28・6・16 集刑 320・99 …………………………………………………………520
最判令 2・10・9 民集 74・7・1807 ………………………………………………………548
最決令 5・10・11 刑集 77・7・379 ………………………………………………………452

【高等裁判所】

名古屋高決昭 24・10・20 家月 2・6・229 …………………………………………………253
仙台高判昭 24・11・25 判特・8・93 ……………………………………………………247
大阪高決昭 25・1・31 家月 2・6・215〔百選 3〕…………………………………………172
東京高判昭 25・3・4 高刑集 3・1・76 ……………………………………………………491
名古屋高決昭 25・3・24 家月 2・6・236 …………………………………………………252
仙台高秋田支判昭 25・3・29 判特 8・74 …………………………………………………514
名古屋高決昭 25・6・1 家月 2・6・232 …………………………………………………533
東京高判昭 26・7・20 高刑集 4・9・1098 ………………………………………………472
東京高判昭 26・12・25 家月 4・1・84 …………………………………………………246
名古屋高判昭 27・3・19 家月 4・12・38 …………………………………………………247
福岡高判昭 27・6・17 高刑集 5・6・965 ………………………………………………233, 472
東京高判昭 27・12・1 高刑集 5・12・2262 ………………………………………………514
大阪高決昭 28・1・16 家月 5・4・117 …………………………………………………275
札幌高判昭 28・3・3 家月 7・11・111 …………………………………………………247, 493
大阪高決昭 29・1・19 家月 6・7・98 ……………………………………………………252
大阪高判昭 29・2・9 高刑集 7・1・64 ……………………………………………………38
名古屋高判昭 29・3・30 家月 6・8・90〔百選 104〕……………………………246, 473, 493
東京高決昭 29・6・30 家月 6・10・58〔百選 27〕…………………………………………345
東京高決昭 29・6・30 家月 6・10・58〔百選 27〕…………………………………………471
札幌高決昭 29・7・23 家月 6・8・79〔百選 21〕…………………………………………135
高松高決昭 29・8・5 家月 6・8・84〔百選 37〕…………………………………………263
東京高判昭 29・9・4 家月 7・4・42 ……………………………………………………246
広島高岡山支決昭 29・10・19 家月 6・11・41 …………………………………………252
名古屋高決昭 30・1・13 家月 7・3・25 …………………………………………………252
大阪高判昭 30・3・31 家月 7・8・92 ……………………………………………………533
福岡高宮崎支判昭 30・6・24 家月 7・7・64 ……………………………………………330
東京高決昭 30・9・3 家月 8・7・74 ……………………………………………………164
名古屋高決昭 31・4・30 家月 8・6・63 …………………………………………………253
東京高決昭 31・7・24 家月 8・8・40 ……………………………………………………253
東京高判昭 31・10・30 家月 8・9・53 …………………………………………………542

741

名古屋高決昭 32・1・22 家月 8・12・95〔百選 30〕··204

広島高岡山支決昭 32・1・22 家月 9・1・40 ··253

名古屋高決昭 32・3・6 家月 9・3・56〔百選 40〕···269

高松高決昭 32・5・14 家月 9・5・87 ···253

東京高判昭 32・6・19 家月 9・6・54 ··38

東京高決昭 32・11・24 家月 9・11・119〔百選 17〕·······································253

札幌高決昭 33・6・17 家月 10・7・70 ·······································165, 254

札幌高決昭 33・9・24 家月 10・10・77 ···253

東京高決昭 34・1・28 家月 11・2・92 ···254

高松高決昭 34・7・2 家月 11・8・139 ···156

高松高決昭 34・7・2 家月 11・8・145 ·······································157, 253

東京高決昭 34・9・29 家月 12・1・113 ···455

高松高判昭 34・10・15 家月 11・12・154 ···533

高松高決昭 34・11・16 家月 11・12・153 ···341

名古屋高決昭 34・11・18 高刑集 12・9・937／家月 12・5・175〔百選 4〕·············40, 437

東京高決昭 35・1・26 家月 12・5・182 ···424

大阪高決昭 35・1・30 家月 12・4・109 ···331

大阪高決昭 35・4・1 家月 12・6・181 ···533

高松高決昭 35・4・4 家月 12・6・180 ···253

大阪高決昭 35・6・30 家月 12・10・162 ···339

高松高決昭 35・10・20 家月 12・12・106 ···276

東京高判昭 36・1・17 下刑集 3・1＝2・1〔百選 103〕··································472

名古屋高決昭 36・3・11 家月 13・6・184 ···436

大阪高決昭 36・8・9 家月 13・11・114 ···423

大阪高決昭 36・9・25 家月 13・11・121 ·······················349, 422

札幌高判昭 37・8・21 家月 15・7・133 ···507

大阪高決昭 37・9・25 家月 15・2・167 ···339

大阪高決昭 37・10・29 家月 15・3・165 ·······················348, 422

大阪高決昭 37・12・21 家月 15・5・122 ···455

札幌高決昭 38・6・5 家月 15・11・148 ···597

東京高決昭 38・9・5 家月 16・4・181 ···347

大阪高決昭 38・9・28 家月 16・1・159 ···533

広島高決昭 38・10・16 家月 16・2・102〔百選 86〕·······················418, 430, 642

東京高決昭 38・11・6 家月 16・2・112 ···253

福岡高決昭 39・2・7 家月 16・7・87 ···275

大阪高判昭 39・3・13 家月 16・8・140 ···527

大阪高決昭 39・9・18 家月 17・5・90 ···164

広島高決昭 39・10・15 家月 17・5・97 ···506

判例索引

東京高判昭 39・12・25 家月 17・8・85 ……………………………………………533
大阪高決昭 40・1・18 家月 17・8・94 ………………………………………423, 424
東京高決昭 40・1・27 家月 17・8・96 ………………………………………276, 422
東京高決昭 40・3・29 家月 17・11・138 ………………………………………422
東京高決昭 40・4・17 家月 17・12・134〔百選 41〕…………………………270
広島高決昭 40・5・10 家月 18・1・109 …………………………………………455
福岡高宮崎支決昭 40・5・20 家月 18・1・126 …………………………………418
大阪高決昭 40・6・5 家月 19・1・87 ……………………………………………533
東京高決昭 40・9・30 家月 18・7・78 …………………………………………347
大阪高決昭 40・9・30 家月 18・7・85 …………………………………………275
広島高決昭 41・1・6 家月 18・10・95 …………………………………………430
東京高決昭 41・2・3 家月 19・3・98〔百選 57〕………………………………350
東京高決昭 41・8・15 家月 19・5・119 …………………………………………165
東京高決昭 41・9・20 家月 19・7・117 …………………………………………429
広島高岡山支決昭 42・3・29 家月 20・9・123 …………………………………455
大阪高決昭 42・8・4 家月 20・4・63 ……………………………………………421
大阪高判昭 42・9・28 家月 20・6・97〔百選 31〕………………………………209
名古屋高金沢支決昭 42・12・28 家月 20・8・112 ……………………………260
東京高決昭 43・3・15 家月 20・9・128 …………………………………………423
東京高決昭 43・3・21 家月 21・2・195〔百選 73〕…………………………430, 433
札幌高決昭 43・3・29 家月 20・10・110 ………………………………………533
大阪高決昭 43・5・14 家月 20・11・196 ………………………………………422
東京高決昭 43・8・3 家月 21・3・92 ……………………………………………421
仙台高決昭 43・10・31 家月 21・5・90 …………………………………………430
東京高決昭 43・11・28 家月 21・7・120 ……………………………………349, 422
大阪高決昭 44・5・26 家月 21・12・182 ………………………………………597
東京高決昭 44・5・31 家月 22・3・126 …………………………………………90
大阪高決昭 44・10・30 家月 22・10・114〔百選 32〕………………………190, 211
東京高決昭 45・4・8 家月 22・11 = 12・101 …………………………………429
東京高決昭 45・6・1 家月 23・4・93 ……………………………………………250
東京高決昭 45・8・4 家月 23・5・108〔百選 77〕…………………………248, 419
大阪高決昭 45・11・5 家月 23・6・88 …………………………………………429
東京高決昭 46・5・10 家月 24・6・63 ………………………………………349, 422
東京高決昭 46・6・29 家月 24・2・143 …………………………………………502
東京高決昭 46・7・6 家月 24・2・156 ………………………………………420, 421
名古屋高決昭 46・10・27 家月 24・6・66〔百選 8・75〕………84, 254, 255, 419
東京高決昭 46・12・6 家月 24・7・85 …………………………………………424
仙台高決昭 46・12・8 家月 24・11・86 …………………………………………450

743

大阪高決昭 47・5・23 家月 25・1・105〔百選 58〕 ……………………341
東京高判昭 47・11・21 家月 25・5・89〔百選 34〕 ………………………277
大阪高決昭 47・12・21 家月 25・10・124 ……………………………………339
大阪高決昭 48・7・4 家月 26・3・77 …………………………………………347
大阪高決昭 48・11・16 家月 26・10・97 ……………………………418, 642
福岡高那覇支判昭 49・2・4 家月 26・12・90 ………………………………491
東京高決昭 49・10・24 家月 27・5・165 ……………………………………265
東京高決昭 50・1・29 家月 27・8・93 ………………………………………278
名古屋高決昭 50・3・27 家月 27・10・91 ………………………277, 506
名古屋高金沢支決昭 50・6・17 家月 28・11・113 ………………………277
高松高決昭 50・6・27 家月 28・1・111 ………………………………………92
仙台高決昭 50・7・7 家月 28・4・134 …………………………………420, 421
福岡高判昭 50・8・4 家月 28・8・98 …………………………………………533
高松高決昭 50・8・8 家月 28・4・143 ………………………………………277
大阪高決昭 50・9・17 家月 28・6・140 ……………………………………597
福岡高判昭 50・10・2 刑月 7・9＝10・847 …………………………………352
大阪高決昭 50・10・7 家月 28・6・133〔百選 56〕 ……………348, 420, 422
大阪高決昭 51・5・7 家月 29・2・137 …………………………………339, 428
東京高決昭 51・12・1 家月 29・10・167 ……………………………………341
東京高決昭 52・2・4 家月 29・9・127〔百選 52〕 ………………………282, 422
大阪高決昭 52・2・24 家月 29・10・173 ……………………………………277
大阪高決昭 52・3・31 家月 29・11・114〔百選 72〕 ……………………430, 431
東京高決昭 52・5・4 家月 29・12・93 ………………………………………424
大阪高決昭 52・6・9 家月 29・12・98〔百選 81〕 …………………………426
東京高決昭 52・9・19 家月 30・8・79 ………………………………………423
広島高決昭 53・1・9 家月 30・10・72 ………………………………………429
大阪高決昭 53・1・31 家月 30・11・88 ……………………………………425
福岡高決昭 53・4・17 家月 30・11・97 ……………………………………157
東京高決昭 53・8・3 家月 31・5・125 ………………………………………277
東京高決昭 53・9・16 家月 31・6・75 ………………………………………431
東京高決昭 53・9・19 家月 31・4・117 ……………………………………388
高松高決昭 53・10・9 家月 31・7・117 ……………………………………431
札幌高決昭 53・12・15 家月 31・9・59〔百選 16〕 ……………157, 253, 254, 421
大阪高決昭 54・1・11 家月 31・10・115 ……………………………………283
大阪高決昭 54・8・1 家月 32・7・69〔百選 83〕 …………………………435
大阪高決昭 54・10・3 家月 32・8・112 …………………………………155, 431
広島高決昭 55・10・20 家月 33・6・60〔百選 79〕 ………………………429
東京高判昭 56・8・21 判時 1019・20 ………………………………………520

判 例 索 引

東京高決昭 57・5・18 家月 34・10・105〔百選 80〕……………………………425, 427

東京高決昭 58・4・5 家月 35・10・117 ……………………………………………………345

東京高決昭 58・7・11 家月 36・3・177 ……………………………………………………157

東京高決昭 58・12・5 家月 36・7・103〔百選 59〕………………………………………335

高松高決昭 58・12・16 家月 36・5・119 ……………………………………………………335

大阪高決昭 58・12・21 家月 36・5・124 ……………………………………………………335

東京高決昭 59・1・19 家月 36・10・110 ……………………………………………………424

東京高決昭 59・3・15 家月 36・8・138 ……………………………………………………424

大阪高決昭 59・4・25 家月 36・10・113 ……………………………………………………335

大阪高決昭 59・12・19 家月 37・5・105 ……………………………………………………424

東京高決昭 59・12・26 家月 37・5・112 ……………………………………………………424

広島高決昭 59・12・27 家月 37・8・102〔百選 54〕………………………………………280

福岡高那覇支決昭 60・1・30 家月 37・8・106 ……………………………………………424

東京高決昭 60・5・8 家月 37・11・117 ……………………………………………………423

大阪高決昭 60・6・3 家月 37・12・73 ………………………………………………………696

名古屋高決昭 60・8・16 家月 38・7・90 ……………………………………………………436

東京高決昭 60・11・29 家月 38・10・46 ……………………………………………………251

東京高判昭 60・12・9 家月 38・10・53 ……………………………………………………494

東京高決昭 61・1・17 家月 38・6・63 …………………………………………………130, 326

東京高決昭 61・3・24 家月 39・1・162〔百選 53〕………………………………………338

東京高判昭 61・5・30 家月 43・10・62〔百選 64〕……………………………………239, 497

福岡高決昭 61・8・20 家月 39・4・86 ………………………………………………………423

大阪高決昭 61・8・21 家月 39・3・66 …………………………………………………335, 422

札幌高決昭 61・9・4 家月 38・12・100 ………………………………………………427, 428

札幌高決昭 61・9・18 家月 39・4・96 ………………………………………………………436

福岡高決昭 62・2・25 家月 39・10・106 ……………………………………………………427

札幌高決昭 62・4・24 家月 39・10・113 ……………………………………………427, 428

福岡高判昭 62・7・16 家月 39・12・162 ……………………………………………………533

仙台高決昭 63・12・5 家月 41・6・69〔百選 44〕…………………………………………275

名古屋高金沢支決平元・4・25 家月 41・8・194 …………………………………………435

東京高決平元・7・18 家月 41・10・166〔百選 39〕………………………………………267

東京高決平元・12・22 家月 42・5・82 ……………………………………………………433

大阪高決平元・12・26 家月 42・10・74〔百選 35〕……………………………63, 157, 422

東京高決平 2・3・27 家月 42・8・86 ………………………………………………………338

東京高決平 2・11・20 高刑集 43・3・191〔百選 91〕……………………………………393

名古屋高決平 2・11・26 家月 43・5・44 …………………………………………………450

大阪高決平 3・4・10 家月 43・9・94 ………………………………………………………420

大阪高決平 3・5・31 家月 43・11・82〔百選 82〕……………………………………427, 428

745

東京高判平 3・7・12 高刑集 44・2・123〔百選 108〕‥‥‥‥‥‥‥519, 522
大阪高決平 3・8・7 家月 44・1・134‥‥‥‥‥‥‥‥‥‥‥‥‥‥‥‥‥427, 428
大阪高決平 3・8・30 家月 44・2・152‥‥‥‥‥‥‥‥‥‥‥‥‥‥‥‥‥‥432
東京高決平 4・6・2 家月 44・12・120‥‥‥‥‥‥‥‥‥‥‥‥‥‥‥‥‥‥435
東京高決平 4・8・17 家月 45・1・146〔百選 51〕‥‥‥‥‥‥‥‥‥‥280, 281
福岡高判平 5・11・1 家月 46・6・98‥‥‥‥‥‥‥‥‥‥‥‥‥529, 531, 533
大阪高決平 6・3・18 家月 46・5・81〔百選 55〕‥‥‥‥‥‥280, 281, 425
東京高決平 6・8・10 家月 46・12・79‥‥‥‥‥‥‥‥‥‥‥‥‥‥‥‥‥‥427
福岡高決平 6・11・14 家月 47・4・80‥‥‥‥‥‥‥‥‥‥‥‥‥‥‥420, 422
東京高決平 7・7・25 家月 48・9・68‥‥‥‥‥‥‥‥‥‥‥‥‥‥‥‥‥‥507
広島高岡山支決平 7・11・14 家月 48・7・78‥‥‥‥‥‥‥‥‥‥‥‥‥‥338
東京高判平 8・7・5 家月 48・9・86‥‥‥‥‥‥‥‥‥‥‥‥‥‥‥‥428, 453
東京高決平 8・11・22 家月 49・4・70‥‥‥‥‥‥‥‥‥‥‥164, 165, 254
大阪高決平 8・12・2 家月 49・5・98〔百選 70〕‥‥‥‥‥‥‥‥‥354, 421
名古屋高判平 8・12・16 判時 1595・38〔百選 109〕‥‥‥‥‥‥‥‥‥‥520
札幌高決平 9・1・24 家月 49・7・101‥‥‥‥‥‥‥‥‥‥‥‥‥‥‥‥‥‥432
東京高決平 9・9・2 家月 50・2・198‥‥‥‥‥‥‥‥‥‥‥‥‥‥‥‥‥‥274
東京高決平 10・1・16 家月 50・7・108‥‥‥‥‥‥‥‥‥‥‥‥‥‥427, 428
広島高決平 10・2・17 家月 50・7・128‥‥‥‥‥‥‥‥‥‥‥‥‥‥‥89, 505
札幌高決平 10・11・4 家月 51・7・100‥‥‥‥‥‥‥‥‥‥‥‥‥‥‥‥‥451
東京高決平 10・11・13 家月 51・5・72‥‥‥‥‥‥‥‥‥‥‥‥‥‥‥‥‥427
大阪高決平 11・1・13 家月 51・6・76‥‥‥‥‥‥‥‥‥‥‥‥‥‥‥‥‥424
東京高決平 11・1・21 家月 51・6・86‥‥‥‥‥‥‥‥‥‥‥‥‥‥‥‥‥451
広島高決平 11・2・17 家月 51・7・114‥‥‥‥‥‥‥‥‥‥‥‥‥‥‥‥‥88
東京高決平 11・8・30 家月 52・3・64‥‥‥‥‥‥‥‥‥‥‥‥‥‥‥‥‥339
東京高決平 11・9・9 家月 52・2・172‥‥‥‥‥‥‥‥52, 90, 423, 505, 506
大阪高決平 11・9・17 家月 52・2・179‥‥‥‥‥‥‥‥‥‥‥‥‥‥‥‥‥427
大阪高判平 12・2・29 判時 1710・121‥‥‥‥‥‥‥‥‥‥‥‥‥‥‥‥‥548
東京高決平 12・5・26 家月 53・5・196‥‥‥‥‥‥‥‥‥‥‥‥‥‥280, 281
名古屋高判平 12・6・29 判時 1736・35‥‥‥‥‥‥‥‥‥‥‥‥‥‥546, 548
広島高決平 12・9・1 家月 53・2・160‥‥‥‥‥‥‥‥‥‥‥‥‥‥‥‥‥428
福岡高決平 12・11・8 家月 53・4・72‥‥‥‥‥‥‥‥86, 349, 420, 423
大阪高決平 12・11・11 家月 53・4・77‥‥‥‥‥‥‥‥‥‥‥‥‥‥‥‥‥424
広島高岡山支決平 13・6・4 家月 53・12・97‥‥‥‥‥‥‥‥‥‥‥‥‥‥435
東京高決平 13・8・15‥‥‥‥‥‥‥‥‥‥‥‥‥‥‥‥‥‥‥‥‥‥‥‥‥‥452
東京高決平 13・8・17 家月 54・1・86‥‥‥‥‥‥‥‥‥‥‥‥‥‥350, 422
東京高決平 14・4・3 家月 54・8・54‥‥‥‥‥‥‥‥418, 420, 423, 506
東京高決平 14・4・5 家月 56・9・48‥‥‥‥‥‥‥‥‥‥‥‥‥‥‥‥‥428

判 例 索 引

東京高決平 14・4・26 家月 54・12・77 ……………………………………………419
東京高決平 15・3・11 ……………………………………………………………452
東京高判平 15・5・22 判時 1861・143 …………………………………………518
広島高決平 15・7・8 家月 56・8・65 ……………………………………………428
仙台高秋田支決平 16・4・9 家月 58・5・125 ……………………85, 283, 422, 452
大阪高決平 16・4・20 家月 57・1・167 …………………………………420, 423
名古屋高判平 16・5・12 判時 1870・29 …………………………………………548
東京高決平 16・8・16 家月 58・1・114 …………………………………………176
東京高決平 16・9・8 家月 57・4・90 ……………………………96, 97, 98, 263
仙台高決平 16・9・9 家月 57・6・169 …………………………………292, 431
仙台高決平 16・10・29 家月 57・6・174 ………………………………………444
大阪高決平 16・12・8 家月 57・8・104 …………………………………442, 444
東京高決平 16・12・20 家月 57・11・96 ………………………………………288
大阪高決平 17・1・12 家月 58・3・110 …………………………………………288
東京高決平 17・2・14 家月 57・10・104 ………………………………………429
福岡高決平 17・3・10 家月 57・9・62 …………………………………269, 422
東京高決平 17・8・10 家月 58・11・89 …………………………………175, 274
大阪高判平 17・9・7 家月 58・3・149 …………………………………464, 522
東京高決平 17・11・2 東高刑時報 56・85 ……………………………………266
福岡高決平 18・3・22 家月 58・9・64 …………………131, 135, 283, 335, 422
東京高決平 18・9・25 家月 59・5・102 …………………………………………281
大阪高決平 18・10・21 家月 59・10・61 ………………………………………428
札幌高決平 19・3・6 高検速報平 19・503 ……………………………………433
東京高決平 19・8・24 家月 60・1・133 …………………………………………333
東京高決平 19・11・9 家月 60・4・99 …………………………………………341
東京高決平 19・11・12 家月 60・9・131 ………………………………88, 423, 424
東京高判平 19・12・17 高刑速報平 19・360 …………………………………532
福岡高決平 20・2・8 家月 60・8・66 ……………………………………………341
広島高判平 20・4・22 判時 2167・122／判タ 1383・171…………………………520
東京高決平 20・8・6 家月 61・2・263 …………………………………………341
東京高決平 20・8・20 家月 61・3・80 …………………………………………451
東京高決平 20・9・26 家月 60・12・81 ………………………………………435
東京高決平 21・3・2 家月 61・8・132 …………………………………………427
東京高判平 21・3・2 高検速報平 21・94 ……………………………………518
広島高決平 21・3・19 家月 61・7・81 …………………………………385, 418
東京高決平 21・4・7 家月 61・9・184………………………………………85, 341
東京高決平 21・8・14 家月 62・1・119 ………………………………………428
東京高決平 21・11・30 家月 62・5・90 …………………………………421, 500

747

東京高決平 22・2・12 家月 62・7・99 ……………………………………430

福岡高決平 24・6・25 家月 64・12・39 …………………………………426

東京高決平 25・1・23 家月 65・5・121 …………………………………426

東京高決平 25・1・25 高刑集 66・1・1／家月 65・6・121…………282, 422

広島高判平 25・5・30 判時 2202・28 ……………………………………548

東京高決平 25・8・21 東高刑時報 64・1〜12・175 ……………………423

東京高決平 26・1・20 家判 1・129 ………………………………………426

東京高決平 26・9・2 家判 3・90 …………………………………418, 424

東京高決平 26・10・22 家判 3・87 ………………………………………426

東京高決平 27・1・13 家判 4・124 …………………………………341, 428

東京高決平 27・1・30 家判 4・120 …………………………………340, 426

東京高決平 27・7・3 家判 8・106 …………………………………344, 426

福岡高決平 27・7・3 家判 14・86 …………………………………………333

東京高決平 27・7・8 家判 6・106 ………………………………175, 274, 422

大阪高決平 27・10・8 家判 7・64 …………………………………………427

東京高決平 27・10・26 家判 7・56 ……………………………175, 274, 423

東京高決平 27・11・5 判タ 1424・177 …………………………………340

東京高決平 27・11・5 判タ 1423・230 ……………………………426, 435

東京高決平 27・12・11 家判 8・104 ………………………………………330

東京高決平 28・1・27 家判 9・122 ………………………………………428

東京高決平 28・5・27 家判 12・107 ……………………………175, 274, 423

東京高決平 28・6・22 家判 10・106 ………………………………………423

東京高決平 29・7・28 家判 14・80 ……………………………34, 174, 274, 275

東京高決平 28・8・10 判タ 1434・170 …………………………………692

東京高決平 28・10・17 家判 11・106 …………………………………330, 423

東京高決平 28・11・7 家判 12・102 ……………………384, 385, 426, 683

福岡高決平 29・3・30 判タ 1441・89 ……………………………………426

東京高決平 29・7・13 家判 16・129 ………………………………………429

東京高決平 29・7・28 家判 14・80 …………………………………175, 422

東京高決平 29・12・19 家判 20・85 ……………………………85, 86, 282

東京高決平 29・12・19 家判 21・118 ……………………………………281

東京高決平 29・12・21 家判 17・120 ……………………………………333

名古屋高判平 30・3・23 判時 2402・115 ………………………………248

東京家決平 30・8・7 家判 20・89 ………………………………………490

東京高決平 30・9・20 家判 22・143 ……………………………………418

福岡高決平 31・1・24 家判 24・100 ………………………………………77

福岡高決令元・7・24 家判 27・109………………………………………692

東京高判令元・8・22 LEX／DB〔25564391〕 ………………………531

748

判例索引

広島高決令元・8・28 家判 29・140 ··435
大阪高決令元・9・12 家判 28・140 ··281, 423
福岡高決令元・9・13 家判 29・137 ··421, 695
東京高判令元・10・8 東高刑時報 70・1〜12・79 ··················36
東京高決令元・10・16 判タ 1481・86 ············34, 175, 274, 422
東京高決令 2・4・2 家判 30・121 ···340
東京高決令 2・4・3 家判 30・106 ···426
東京高決令 2・7・16 家判 32・86 ··428
東京高決令 2・8・31 家判 46・104 ··77
大阪高決令 2・9・2 家判 31・110 ··435
札幌高決令 3・11・11 判時 2583・84 ······································227
東京高決令 5・1・19 家判 47・81 ··85

【地方・家庭・簡易裁判所】

静岡家沼津支決昭 32・6・21 家月 9・10・56 ·························455
金沢家決昭 32・12・9 家月 10・1・64 ·····································339
熊本家決昭 33・11・27 家月 12・10・201 ······························398
長崎家決昭 33・12・8 家月 10・12・107 ·································233
広島地決昭 34・12・23 家月 12・3・187 ·································534
大阪地決昭 35・2・23 家月 12・5・214 ···································534
静岡家決昭 35・5・6 家月 13・4・145 ·····························191, 482
前橋家決昭 35・8・16 家月 12・10・187 ·································265
前橋家決昭 35・9・5 家月 12・12・116 ····································341
前橋家決昭 35・10・3 家月 12・12・118 ·································244
岡山家決昭 35・10・31 家月 13・1・174 ·································535
千葉家松戸支決昭 35・11・7 家月 13・1・195 ······················393
大阪家決昭 36・1・7 家月 13・3・190 ·······················496, 497
松山家決昭 36・3・7 家月 13・6・208 ·····································643
東京家決昭 36・3・22 家月 13・5・183〔百選 60〕··········239, 246
横浜地昭 36・3・22 下刑集 3・3＝4・261 ·····························473
千葉家松戸支決昭 36・3・29 家月 13・7・147 ······················339
横浜地昭 36・7・12 家月 15・3・186〔百選 18〕···················483
前橋家桐生支決昭 36・7・13 家月 14・8・209 ······················597
東京家決昭 36・7・17 家月 13・9・130〔百選 62〕·················244
前橋家桐生支決昭 36・11・25 家月 14・3・149 ····················690
岐阜家決昭 36・12・19 家月 14・4・246 ···························339, 366
東京家決昭 37・2・12 家月 14・4・255 ···································246
名古屋家決昭 37・6・15 判時 306・40 ·····································350

749

甲府家決昭 37・7・26 家月 16・1・183 ‥‥‥‥‥‥‥‥‥‥‥‥‥‥690

横浜家決昭 38・2・1 家月 15・10・162 ‥‥‥‥‥‥‥‥‥‥‥‥‥‥339

東京家決昭 38・3・13 家月 15・7・150 ‥‥‥‥‥‥‥‥‥‥‥‥‥‥339

秋田家決昭 38・3・20 家月 15・9・254 ‥‥‥‥‥‥‥‥‥‥‥‥‥‥339

津家決昭 38・5・31 家月 15・11・159 ‥‥‥‥‥‥‥‥‥‥‥‥‥‥339

東京家決昭 38・6・6 家月 15・10・179 ‥‥‥‥‥‥‥‥‥‥‥‥‥‥692

奈良簡判昭 38・11・11 家月 16・6・207 ‥‥‥‥‥‥‥‥‥‥‥‥‥493

静岡家決昭 38・12・9 判夕 157・191 ‥‥‥‥‥‥‥‥‥‥‥‥‥‥339

水戸家下妻支決昭 39・1・23 家月 16・6・198 ‥‥‥‥‥‥‥‥‥‥496

静岡家決昭 39・2・8 家月 16・7・89 ‥‥‥‥‥‥‥‥‥‥‥‥‥‥497

大阪家決昭 39・2・14 家月 16・7・92 ‥‥‥‥‥‥‥‥‥‥‥‥‥393

札幌地決昭 39・6・12 家月 16・12・72 ‥‥‥‥‥‥‥‥‥‥‥‥‥534

福島家決昭 39・7・13 家月 17・1・170〔百選 43〕 ‥‥‥‥‥‥‥‥276

大阪家決昭 39・7・31 家月 17・2・85 ‥‥‥‥‥‥‥‥‥‥‥‥‥597

大阪家決昭 39・10・8 家月 17・5・126 ‥‥‥‥‥‥‥‥‥‥‥‥‥637

大阪家決昭 40・4・23 家月 17・12・138 ‥‥‥‥‥‥‥‥‥‥‥‥497

福岡高宮崎支決昭 40・5・20 家月 18・1・126 ‥‥‥‥‥‥‥‥‥597

仙台家決昭 41・2・8 家月 18・11・97〔百選 42〕 ‥‥‥‥‥‥‥‥276

東京家決昭 41・6・7 家月 19・4・155 ‥‥‥‥‥‥‥‥‥‥‥‥‥339

旭川家決昭 41・8・12 家月 19・6・123 ‥‥‥‥‥‥‥‥‥‥‥‥276

静岡家決昭 41・9・6 家月 19・7・127 ‥‥‥‥‥‥‥‥‥‥‥‥‥233

名古屋家決昭 41・9・14 家月 19・8・119 ‥‥‥‥‥‥‥‥‥‥‥340

札幌地決昭 42・5・27 家月 20・1・132 ‥‥‥‥‥‥‥‥‥‥‥‥‥534

名古屋家岡崎支決昭 42・7・18 家月 20・7・125 ‥‥‥‥‥‥‥‥535

東京地昭 42・7・25 家月 20・7・113 ‥‥‥‥‥‥‥‥‥‥‥‥‥‥473

東京家決昭 42・12・22 家月 20・8・119 ‥‥‥‥‥‥‥‥‥‥‥‥638

鹿児島家決昭 42・12・26 家月 20・8・121 ‥‥‥‥‥‥‥‥‥‥‥637

金沢家決昭 43・2・15 家月 20・9・135〔百選 95〕 ‥‥‥‥‥‥‥‥226

長崎家佐世保支決昭 43・6・4 家月 20・12・113 ‥‥‥‥‥‥496, 497

大阪家決昭 43・6・24 家月 21・1・153 ‥‥‥‥‥‥‥‥‥‥‥‥‥684

札幌家決昭 43・7・22 家月 21・1・167 ‥‥‥‥‥‥‥‥‥‥‥‥‥692

福岡家決昭 44・4・5 家月 21・11・193 ‥‥‥‥‥‥‥‥‥‥‥‥276

大阪家決昭 44・5・13 家月 21・12・200 ‥‥‥‥‥‥‥‥‥‥‥‥637

釧路家決昭 44・6・5 家月 22・2・90 ‥‥‥‥‥‥‥‥‥‥‥‥‥‥352

名古屋家決昭 44・6・20 家月 22・2・92 ‥‥‥‥‥‥‥‥‥‥‥‥‥38

東京家決昭 44・6・26 家月 22・2・97 ‥‥‥‥‥‥‥‥‥‥‥‥‥‥80

大阪家決昭 44・7・31 家月 22・4・98 ‥‥‥‥‥‥‥‥‥‥‥‥‥496

浦和家決昭 44・9・18 家月 22・3・144 ‥‥‥‥‥‥‥‥‥‥‥‥‥233

判 例 索 引

広島家決昭 44・11・20 家月 22・4・110 ………………………………481
福岡家決昭 45・4・3 家月 22・10・120 ……………………………507
大阪家決昭 45・4・30 家月 22・10・134 ……………………………643
福岡家決昭 45・8・31 家月 23・5・120 ……………………………190
大阪家決昭 45・11・16 判時 621・113 ………………………………469
福岡家久留米支決昭 45・12・3 家月 23・8・104 …………………691
甲府家決昭 45・12・19 家月 23・9・133 ……………………………276
大阪家決昭 46・1・20 家月 23・8・100 ………………………………80
神戸家決昭 46・2・12 家月 23・10・100 ……………………………495
大阪家決昭 46・2・15 家月 23・10・109 ……………………………507
東京家八王子支決昭 46・3・1 家月 23・11 = 12・144 ……………496
大阪家決昭 46・4・22 家月 24・1・102〔百選 47〕………273, 276
大阪家決昭 46・4・23 家月 24・8・82 ………………………………345
福岡家決昭 46・5・26 家月 24・1・119 ……………………………692
東京家決昭 46・7・2 家月 23・11 = 12・171 ………………………490
東京家決昭 46・7・20 家月 23・11 = 12・178 ……………………489
鹿児島家決昭 46・7・22 家月 24・5・112 …………………………637
大阪家決昭 46・8・12 家月 24・11・100 ……………………………641
高松家決昭 46・8・25 家月 24・4・246〔百選 25〕…109, 168, 197
新潟家決昭 46・9・3 家月 24・3・116 ………………………………691
名古屋家決昭 46・9・18 家月 24・6・93 ……………………………88
大阪家決昭 46・10・23 家月 24・7・96〔百選 71〕…………408, 409
鹿児島家決昭 46・10・26 家月 24・5・111 …………………………229
大阪家決昭 46・11・16 家月 24・9・182 ……………………………345
高松家決昭 46・11・17 家月 24・7・103 ………………………496, 497
大阪家決昭 46・12・7 家月 24・6・103 ……………………………637
高松家丸亀支決昭 46・12・21 家月 24・8・90 ……………………466
福島家決昭 47・1・11 家月 24・8・94 ………………………………276
大阪家決昭 47・1・31 家月 24・8・105〔百選 38〕………………230
広島家決昭 47・3・14 家月 24・10・134 ……………………………497
大阪家決昭 47・3・31 家月 24・10・138 ……………………………268
福岡家久留米支決昭 47・5・31 家月 24・12・92 …………………128
函館家決昭 47・8・7 家月 25・7・83 ………………………………685
札幌家岩見沢支決昭 47・9・12 家月 25・4・103 …………………690
横浜家決昭 47・10・9 家月 25・5・100 ……………………………339
京都家決昭 47・11・13 家月 25・7・95〔百選 11〕…………………88
神戸家決昭 48・1・19 家月 25・10・130 ……………………………86
札幌家決昭 48・3・14 家月 25・10・181 ……………………………637

751

金沢家決昭48・4・14家月25・12・107 ……………………………………339
岡山家決昭48・4・24家月25・12・119〔百選26〕………………………229
名古屋家決昭48・5・10家月26・1・83 ……………………………………339
釧路家帯広支決昭48・5・21家月26・1・92 ……………………………80
千葉家決昭48・7・31家月26・2・137 ……………………………………339
宇都宮家決昭48・8・1家月26・4・110 …………………………………340
高岡簡決昭48・9・17家月26・5・144 ……………………………………529
名古屋家決昭49・1・29家月26・10・120 ………………………………641
名古屋家決昭49・3・7判時749・117 ……………………………………277
津家決昭49・3・8家月26・12・94 ………………………………………345
名古屋家決昭49・3・20家月26・12・99〔百選45〕……………………277
高知家決昭49・6・17家月27・2・131 ……………………………………691
青森家八戸支決昭49・11・20家月27・7・97 ……………………………497
名古屋家決昭49・12・11家月27・8・104〔百選14〕……………………282
前橋簡決昭49・12・20家月27・12・84 …………………………………529
長野家決昭50・3・20家月27・9・138 ……………………………………684
大阪家堺支決昭50・6・9家月28・2・140 …………………………………637
東京地八王子支決昭50・9・22家月28・3・114 …………………………534
東京地判昭50・11・19家月28・8・129〔百選61〕………………………243
盛岡家決昭50・12・26家月28・9・105 …………………………………339
青森家決昭51・3・1家月28・10・109 ……………………………………345
松山家決昭51・3・30家月28・11・161 ………………………………223, 339
広島家決昭51・3・31家月28・10・221 …………………………………637
大阪家決昭51・4・12家月29・1・147 ……………………………………685
福岡家飯塚支決昭51・4・26家月28・12・211 ……………………………635
大阪家決昭51・8・30家月29・5・100 ………………………………637, 643
東京家決昭52・5・6家月29・12・100 ……………………………………691
大阪家決昭52・5・26家月29・11・133 …………………………………129
大阪家堺支決昭52・7・7家月30・3・135 …………………………………636
東京家決昭52・8・1家月30・4・120〔百選88〕…………………………694
神戸家決昭53・1・20家月30・10・93 ……………………………………128
東京家決昭53・3・29家月30・12・126 …………………………………340
新潟家長岡支決昭53・7・12家月31・3・139 ……………………………345
盛岡家決昭53・7・19家月31・6・105 ……………………………………695
横浜家決昭53・8・16家月31・4・118 ……………………………………387
津家四日市支決昭53・8・30家月31・4・127 ……………………………345
富山家決昭53・9・29家月31・7・138 ……………………………………224
東京家決昭53・10・2家月31・7・143 ……………………………………341

752

判例索引

名古屋家決昭 54・3・29 家月 31・12・129 ……………………………………696

大阪家決昭 54・3・30 家月 31・12・108 …………………………………264, 265

新潟家決昭 54・4・23 家月 32・1・187 ……………………………………345

東京地判昭 54・6・11 家月 32・5・106 ……………………………………39

大阪家決昭 54・7・4 家月 32・8・115 ……………………………………340

福岡家小倉支決昭 54・7・17 家月 32・5・91 ………………………………339

名古屋家決昭 54・9・3 家月 32・7・85 ……………………………………694

大阪家決昭 54・9・6 家月 32・4・115 ……………………………………128

東京家決昭 54・10・8 家月 32・10・111〔百選 49〕………………………277

高知家決昭 55・4・10 家月 33・4・108 ……………………………………129

東京家決昭 55・7・7 家月 33・1・114 ……………………………………467

大分家決昭 55・9・30 家月 33・3・68 ……………………………………695

前橋家高崎支決昭 56・8・20 家月 33・12・133 ……………………………696

浦和家決昭 56・9・2 家月 34・3・63 ………………………………………283

千葉家決昭 56・10・2 家月 34・3・80 …………………………………130, 326

神戸家決昭 56・10・15 家月 34・7・101〔百選 7〕………………………85, 339

京都家決昭 56・10・21 家月 34・3 = 4・90〔百選 65〕……………………497

長崎家決昭 56・12・10 家月 34・5・98 ……………………………………695

富山家決昭 57・2・9 家月 34・7・104 …………………………………129, 327

宇都宮家決昭 57・3・9 家月 34・8・125 …………………………………695

新潟家決昭 57・3・16 家月 34・8・103 ……………………………………129

松山家決昭 57・3・23 家月 34・9・141 ……………………………………636

新潟家決昭 57・3・31 家月 34・8・132 ……………………………………395

東京家八王子支決昭 57・4・30 家月 34・12・88 …………………………695

枚方簡決昭 57・5・7 家月 35・3・132 ……………………………………495

東京地決昭 57・7・30 家月 35・9・128 ……………………………………490

東京家決昭 57・8・5 家月 35・9・125〔百選 102〕………………………490

仙台家決昭 57・9・2 家月 35・3・130 ……………………………………638

仙台家決昭 57・10・8 家月 35・3・124 ……………………………………327

長崎家決昭 57・10・28 家月 35・3・126 …………………………………327

長崎家決昭 57・11・12 家月 35・4・131 …………………………………226

秋田家決昭 58・4・26 家月 35・9・136 ……………………………………129

神戸家決昭 58・5・16 家月 35・12・102〔百選 12・13〕…………………88

札幌家室蘭支決昭 58・6・20 家月 35・12・109〔百選 24〕………………80

山形家決昭 58・11・2 家月 36・5・131 ……………………………………335

東京地決昭 58・11・30 刑月 15・11 = 12・1236 …………………………472

旭川家決昭 59・5・7 家月 36・11・156〔百選 10〕………………………88

釧路家帯広支決昭 59・6・8 家月 37・1・160 ……………………………253

753

高知家決昭 59・7・4 家月 37・3・101 ……………………………506

札幌家決昭 59・7・4 家月 37・1・174 ……………………………637

高知家決昭 59・7・6 家月 37・2・177 ……………………………128

仙台家決昭 59・7・11 家月 37・4・68〔百選 67〕…………………505, 506

名古屋家一宮支決昭 59・7・11 家月 37・3・104 …………………691

東京家決昭 59・9・5 家月 37・7・94 ……………………………345

浦和家決昭 59・10・15 家月 37・5・119 …………………………130, 225

東京家決昭 60・1・11 家月 37・6・96 ……………………………77

鹿児島家決昭 60・3・18 家月 37・9・143 ………………………80

大阪家決昭 60・6・18 家月 37・12・82 …………………………635, 643

横浜家決昭 60・8・23 家月 38・2・168 …………………………335

仙台家決昭 60・9・20 家月 38・4・133 …………………………228

仙台家決昭 60・10・22 家月 38・9・117〔百選 50〕………………230, 268

仙台家決昭 60・12・16 家月 38・7・97 …………………………130, 225

浦和家熊谷支決昭 61・2・28 家月 39・1・164 …………………340

東京家決昭 61・4・3 家月 38・11・137 …………………………696

千葉家決昭 61・5・9 家月 39・1・176 ……………………………130

福岡家決昭 61・5・15 家月 38・12・111〔百選 28〕………………228

山口家決昭 61・7・3 家月 39・3・70 ……………………………692, 695

神戸家決昭 61・7・25 家月 39・6・100 …………………………283

秋田家決昭 61・8・1 家月 39・3・70 ……………………………695

東京家決昭 61・9・22 家月 39・5・78 ……………………………638

神戸家決昭 61・10・29 家月 39・5・87〔百選 89〕………………693, 695

函館家決昭 61・12・24 家月 39・9・66 …………………………341

神戸地姫路支決昭 62・4・6 家月 40・7・206 …………………534

岡山家決昭 62・7・16 家月 39・12・167 …………………………38

徳島家決昭 62・10・16 家月 40・4・190 …………………………695

福島家郡山支決昭 63・2・9 家月 40・8・102 …………………227

長崎家決昭 63・3・30 家月 40・9・144 …………………………77

青森家決昭 63・6・17 家月 41・3・190 …………………………341

名古屋家決昭 63・8・12 家月 41・1・178 ………………………341

和歌山家決平元・4・19 家月 41・8・198〔百選 29〕……………229

松山地西条支決平元・5・8 家月 41・9・136…………………531

那覇家決平元・5・19 家月 41・9・126 …………………………128

静岡家沼津支判平元・5・23 家月 42・1・124〔百選 63〕………244, 247

高松家丸亀支決平元・8・21 家月 42・1・126 …………………129, 225

福岡地決平元・10・3 家月 42・3・128 …………………………531

新潟家高田支決平元・10・23 家月 42・2・200〔百選 93〕………129, 327

754

判例索引

福岡家決平元・11・20家月42・3・116……………………266
福岡家久留米支決平元・12・26家月42・4・75……………341
福岡地決平2・2・16家月42・5・122〔百選19〕…………511
東京家決平2・2・19家月42・7・60………………………636
横浜家決平2・3・14家月42・9・62………………………340
千葉地決平2・6・28家月43・1・166……………………531
前橋家決平2・9・5家月43・12・97………………………350
長崎家決平2・9・6家月43・6・48………………………340
長崎家決平2・10・18家月43・5・48…………………88,350
東京家決平2・12・25家月43・7・131……………………342
宇都宮地判平3・7・11家月44・1・162……………………39
静岡家沼津支決平3・10・29家月44・3・103………………277
宇都宮家決平3・8・14家月44・1・164〔百選5〕…………38
京都家決平4・2・13家月44・9・96………………………341
東京家決平4・7・2家月44・11・100………………………342
神戸地尼崎支決平4・9・7家月45・3・80…………………531
横浜家決平4・9・18家月45・1・166………………………350
横浜家決平4・9・18家月45・2・182…………………340,342
鳥取家米子支決平4・10・5家月45・5・114………………350
高松地決平4・10・23家月45・7・91………………………531
山形家米沢支決平4・12・17家月45・5・108………………281
宇都宮家決平5・4・27家月45・8・181……………………350
旭川家決平5・5・25家月45・9・82〔百選85〕……………635
東京家決平5・5・26家月46・10・88………………………340
新潟家決平5・6・30家月45・11・111………………………341
千葉地決平5・9・17家月46・3・84…………………………531
東京家決平5・10・8家月45・12・116………………………266
静岡家浜松支決平5・10・13家月45・12・124………………342
松山家決平6・2・25家月46・7・100………………………636
福岡家久留米支決平6・3・23家月47・1・150………………264
広島家福山支決平6・4・11家月46・7・113…………………316
長野家決平6・5・20家月47・11・105………………………283
大阪地判平6・9・30判時1526・112〔百選22〕……………471
千葉家決平6・10・21家月47・6・82………………………342
大阪家決平7・2・10家月47・7・206…………………………77
名古屋家決平7・2・16家月47・6・86………………………684
東京家決平7・2・17家月47・9・94…………………………316
東京家決平7・2・22家月47・10・103………………………340

755

福岡地決平 7・4・20 家月 47・10・78 ……………………………531
東京家決平 7・5・22 家月 47・8・95 ……………………………635
那覇家決平 7・6・15 家月 47・9・111 ……………………………316
東京地八王子支判平 7・6・20 家月 47・12・64 ……………………453
静岡家決平 7・9・19 家月 48・1・144〔百選 9〕………………86
東京家決平 7・9・20 家月 48・6・70 ……………………………340
東京家八王子支決平 7・9・27 家月 48・2・164 …………………340
東京家決平 7・10・17 家月 48・3・78 ……………………………342
静岡家決平 7・12・15 家月 48・6・75〔百選 6〕…………………339
浦和地判平 8・2・21 家月 48・5・96〔百選 36〕………………368
横浜地小田原支決平 8・6・7 家月 48・12・79〔百選 114〕……531
水戸家決平 8・6・26 家月 49・1・146 ……………………………369
千葉家松戸支決平 8・9・2 家月 49・8・114〔百選 96〜100〕…316
東京家決平 8・9・26 家月 49・1・152 ……………………………340
前橋家桐生支決平 8・12・11 家月 49・7・119 …………281, 342
千葉家松戸支決平 9・1・22 家月 49・11・171 …………………340
東京地判平 9・2・25 判時 1614・146 ………………………………39
前橋家決平 9・2・26 家月 49・9・135 ……………………………452
浦和家決平 9・3・13 家月 49・12・120 …………………………335
神戸地尼崎支決平 9・4・9 家月 49・11・175 …………………531
横浜家決平 9・5・6 家月 49・12・123 ……………………………221
水戸家決平 9・5・14 家月 49・10・128 …………………………281
東京家八王子支決平 9・7・23 家月 50・1・179 ………………431
千葉家決平 9・8・26 家月 50・2・212 ……………………………340
高知家決平 10・2・10 家月 50・9・226 …………………………281
宇都宮家決平 10・3・5 家月 50・8・86 …………………………642
東京家決平 10・3・13 家月 50・8・90 ……………………………340
名古屋地決平 10・4・20 家月 50・10・169 ……………………531
東京家決平 10・6・3 家月 50・11・98 ……………………………204
東京家八王子支決平 10・7・6 家月 50・12・58 ………………393
山形家決平 10・8・6 家月 51・3・204 ……………………………88
大阪地決平 10・9・30 家月 51・3・208 …………………………531
大阪地決平 10・11・18 家月 51・5・78 …………………………531
高地家決平 11・3・18 家月 51・8・70 ……………………………87
那覇家決平 11・3・19 家月 51・8・75 ……………………………452
長野家松本支決平 11・4・23 家月 51・10・165 ………281, 340
水戸家土浦支決平 11・4・28 家月 51・9・83 …………………221
大阪地判平 11・6・9 家月 51・11・153 …………………………548

判 例 索 引

東京家八王子支決平 11・6・29 家月 51・12・46 ··346
名古屋地判平 11・6・30 判時 1688・151 ··547
東京家決平 11・7・5 家月 52・8・65 ··452
新潟家佐渡支決平 11・7・28 家月 52・1・120 ·······································281, 334, 339
東京家決平 11・8・10 家月 52・1・130 ··637
東京家決平 11・8・12 家月 52・2・175 ···90
東京家決平 11・9・17 家月 52・3・72 ··339
浦和家川越支決平 11・10・18 家月 52・4・52 ···346
札幌家決平 11・11・1 家月 52・5・148 ··283
広島家決平 11・11・10 家月 52・5・153 ···333
東京家決平 11・11・12 家月 52・7・117 ··636
東京家決平 11・12・3 家月 52・6・80 ···88
新潟家決平 12・3・9 家月 52・9・110 ··339
奈良家葛城支決平 12・4・7 家月 52・9・123 ···692
広島家決平 12・4・13 家月 53・1・113 ···88
福島家郡山支決平 12・4・27 家月 52・10・106 ···88
大阪家決平 12・4・28 家月 52・11・70 ··88, 346
名古屋地岡崎支判平 12・5・15 判タ 1092・300 ··522
東京家決平 12・5・25 家月 52・11・74 ···342
大阪家決平 12・5・30 家月 52・12・82 ··283
東京家決平 12・6・20 家月 52・12・78 ··88, 283
浦和家決平 12・6・28 家月 53・1・106 ··329, 346
浦和家決平 12・9・20 家月 53・2・166 ···87, 341, 346
東京家決平 12・10・3 家月 53・3・106 ···84
金沢家決平 12・10・18 家月 53・3・100 ··77
山口家決平 13・1・9 家月 53・6・126 ···88, 342
浦和家決平 13・1・17 家月 53・6・130 ··85
宇都宮家足利支決平 13・2・16 家月 53・8・87 ··636
東京家決平 13・3・13 家月 53・10・126 ···283
新潟家高田支決平 13・3・21 家月 53・7・142 ···221
静岡家浜松支決平 13・3・21 家月 53・7・144 ··342
水戸家決平 13・4・16 家月 53・9・61 ···339
東京家決平 13・4・18 家月 53・10・132 ···330
東京家決平 13・5・8 家月 53・11・137 ···88
東京家決平 13・5・21 家月 53・11・126 ···346, 694
東京家決平 13・6・19 家月 54・2・144 ··94, 288
水戸家下妻支決平 13・6・26 家月 54・1・87 ···85, 346
水戸家土浦支決平 13・8・1 家月 54・3・94 ···327, 342

757

秋田家決平 13・8・29 家月 54・3・96 ‥‥‥‥‥‥‥‥‥‥‥‥‥243, 329, 346

さいたま家決平 13・9・5 家月 54・2・152 ‥‥‥‥‥‥‥‥‥‥‥‥‥243, 329

大阪家決平 13・10・26 家月 54・7・72 ‥‥‥‥‥‥‥‥‥‥‥‥‥‥‥‥88, 341

京都家決平 13・10・31 家月 54・4・110 ‥‥‥‥‥‥‥‥‥‥‥‥‥94, 243, 329

東京家決平 13・11・26 家月 54・12・78 ‥‥‥‥‥‥‥‥‥‥‥‥‥‥‥‥‥636

東京家決平 13・11・29 家月 54・4・106 ‥‥‥‥‥‥‥‥‥‥‥‥‥‥‥‥‥452

長崎家決平 14・1・16 家月 54・6・112 ‥‥‥‥‥‥‥‥‥‥‥‥‥‥‥‥‥346

東京家決平 14・1・29 家月 54・6・121 ‥‥‥‥‥‥‥‥‥‥‥‥‥‥‥‥‥‥94

東京家決平 14・2・18 家月 54・7・76 ‥‥‥‥‥‥‥‥‥‥‥‥‥‥‥‥‥‥‥94

水戸地土浦支決平 14・3・1 家月 54・9・147 ‥‥‥‥‥‥‥‥‥‥‥‥‥‥‥531

東京家決平 14・3・5 家月 54・9・144 ‥‥‥‥‥‥‥‥‥‥‥‥‥‥‥‥‥227

徳島家決平 14・4・11 家月 55・10・92 ‥‥‥‥‥‥‥‥‥‥‥‥‥‥‥89, 694

松山家西条支決平 14・5・14 家月 54・10・72 ‥‥‥‥‥‥‥‥‥‥‥‥‥‥‥84

金沢家決平 14・5・20 家月 54・10・77 ‥‥‥‥‥‥‥‥‥‥‥‥‥‥242, 243

長崎家決平 14・5・24 家月 55・1・118 ‥‥‥‥‥‥‥‥‥‥‥‥‥‥‥‥‥346

松山家西条支決平 14・6・18 家月 54・11・87 ‥‥‥‥‥‥‥‥‥‥‥‥‥‥329

神戸地裁姫路支判平 14・9・18 判タ 1124・296 ‥‥‥‥‥‥‥‥‥‥‥‥‥518

東京家決平 14・9・25 家月 55・9・92 ‥‥‥‥‥‥‥‥‥‥‥‥‥‥‥‥‥288

福岡家決平 14・10・8 家月 55・3・103 ‥‥‥‥‥‥‥‥‥‥‥‥‥‥‥‥‥259

熊本家決平 14・10・11 家月 56・9・53 ‥‥‥‥‥‥‥‥‥‥‥‥‥‥‥‥‥‥89

横浜家決平 14・10・23 家月 55・4・74 ‥‥‥‥‥‥‥‥‥‥‥‥‥‥‥‥‥‥88

東京家決平 14・11・11 家月 55・4・80 ‥‥‥‥‥‥‥‥‥‥‥‥‥‥‥‥‥342

さいたま家決平 14・12・4 家月 55・7・90 ‥‥‥‥‥‥‥‥‥‥‥‥‥‥‥346

東京家八王子支決平 15・2・12 家月 55・7・98 ‥‥‥‥‥‥‥‥‥‥‥94, 340

長崎家決平 15・3・6 家月 56・10・72 ‥‥‥‥‥‥‥‥‥‥‥‥‥‥‥‥‥‥94

水戸家下妻支決平 15・3・24 家月 55・9・88 ‥‥‥‥‥‥‥‥‥‥‥‥‥‥452

東京家決平 15・5・6 家月 57・2・170 ‥‥‥‥‥‥‥‥‥‥‥‥‥‥‥‥‥128

大阪家決平 15・5・9 家月 56・12・138 ‥‥‥‥‥‥‥‥‥‥‥‥‥‥‥‥‥329

大阪家決平 15・6・6 家月 55・12・88 ‥‥‥‥‥‥‥‥‥‥‥‥‥‥‥‥‥243

東京地八王子支決平 15・6・12 家月 56・3・82 ‥‥‥‥‥‥‥‥‥‥‥‥‥531

新潟家長岡支決平 15・6・17 家月 56・11・87 ‥‥‥‥‥‥‥‥‥330, 346, 403

千葉家決平 15・6・27 家月 56・8・71 ‥‥‥‥‥‥‥‥‥‥‥‥‥‥‥243, 288

釧路家北見支決平 15・7・14 家月 55・12・94 ‥‥‥‥‥‥‥‥‥‥‥‥‥346

札幌家決平 15・8・28 家月 56・1・143 ‥‥‥‥‥‥‥‥‥‥‥‥‥‥212, 485

東京家決平 15・9・26 家月 56・4・158 ‥‥‥‥‥‥‥‥‥‥‥‥‥‥‥‥‥346

大阪家決平 15・11・4 家月 56・7・164 ‥‥‥‥‥‥‥‥‥‥‥‥‥‥340, 346

和歌山家決平 15・12・2 家月 56・6・164 ‥‥‥‥‥‥‥‥‥‥‥‥‥395, 400

津家決平 15・12・12 家月 56・6・165 ‥‥‥‥‥‥‥‥‥‥‥‥‥‥‥‥‥395

判 例 索 引

横浜地判平 16・1・22 判タ 1187・346 ‥‥‥‥‥‥‥‥‥‥‥‥‥‥‥‥519,522

新潟家高田支決平 16・2・26 家月 56・7・171 ‥‥‥‥‥‥‥‥‥‥‥‥‥‥‥330

広島家決平 16・3・30 家月 56・10・85 ‥‥‥‥‥‥‥‥‥‥‥‥‥244,329,342

京都家決平 16・6・3 家月 57・3・116 ‥‥‥‥‥‥‥‥‥‥‥‥‥‥‥‥‥‥340

奈良家決平 16・7・9 家月 58・3・135 ‥‥‥‥‥‥‥‥‥‥‥‥‥‥‥‥94,288

那覇家決平 16・7・14 家月 57・6・204 ‥‥‥‥‥‥‥‥‥‥‥‥‥‥‥212,485

東京家決平 16・8・17 家月 58・1・116 ‥‥‥‥‥‥‥‥‥‥‥‥‥‥‥‥‥176

福島家いわき支決平 16・9・1 家月 57・6・170 ‥‥‥‥‥‥‥‥‥‥‥‥431,442

東京家決平 16・9・30 家月 57・3・128 ‥‥‥‥‥‥‥‥‥‥‥‥‥‥‥330,340

津家決平 16・10・18 家月 57・5・63 ‥‥‥‥‥‥‥‥‥‥‥‥‥‥‥‥‥‥391

横浜家川崎支決平 16・12・7 家月 57・7・55 ‥‥‥‥‥‥‥‥‥‥‥‥‥‥346

大津地決平 16・12・14 季刊刑事弁護・43・160 ‥‥‥‥‥‥‥‥‥‥‥‥‥531

東京家八王子支決平 17・1・6 家月 57・8・128 ‥‥‥‥‥‥‥‥635,636,643

福島家いわき支決平 17・1・20 家月 57・6・198 ‥‥‥‥‥‥‥‥‥‥‥‥‥288

静岡家決平 17・2・3 家月 58・7・69 ‥‥‥‥‥‥‥‥‥‥‥‥‥‥‥‥341,346

千葉家決平 17・4・28 家月 57・12・94 ‥‥‥‥‥‥‥‥‥‥‥‥‥‥‥495,497

東京家決平 17・5・19 家月 58・1・117 ‥‥‥‥‥‥‥‥‥‥‥‥‥‥‥89,684

東京家八王子支決平 17・6・8 家月 58・8・94 ‥‥‥‥‥‥‥‥‥‥‥‥94,243

新潟家決平 17・6・30 家月 57・11・140 ‥‥‥‥‥‥‥‥‥‥‥‥‥‥335,346

東京家八王子支決平 17・7・4 家月 58・7・76 ‥‥‥‥‥‥‥‥‥‥‥‥‥‥83

東京家八王子支決平 17・9・9 家月 58・7・82 ‥‥‥‥‥‥‥‥‥‥‥‥‥‥83

東京地決平 17・9・13 家月 58・6・75 ‥‥‥‥‥‥‥‥‥‥‥‥‥‥‥‥‥511

東京家決平 17・11・17 家月 59・1・126 ‥‥‥‥‥‥‥‥‥‥‥‥‥‥87,244

東京家決平 17・11・30 家月 59・3・90 ‥‥‥‥‥‥‥‥‥‥‥‥‥‥‥‥‥94

広島家決平 17・12・27 家月 58・5・143 ‥‥‥‥‥‥‥‥‥‥‥‥‥‥‥‥329

広島家決平 18・2・13 家月 58・10・98 ‥‥‥‥‥‥‥‥‥‥‥‥‥‥341,346

大阪家決平 18・3・6 家月 58・10・103 ‥‥‥‥‥‥‥‥‥‥‥‥‥‥‥‥507

東京家八王子支決平 18・3・9 家月 58・6・84 ‥‥‥‥‥‥‥‥‥‥‥‥‥492

那覇家平良支決平 18・6・9 家月 58・12・107 ‥‥‥‥‥‥‥‥‥‥636,643

札幌家決平 18・6・16 家月 58・12・112 ‥‥‥‥‥‥‥‥‥‥‥‥‥‥94,288

水戸家決平 18・10・3 家月 59・6・67 ‥‥‥‥‥‥‥‥‥‥‥‥‥‥‥‥‥88

山口家決平 19・1・10 家月 60・2・157 ‥‥‥‥‥‥‥‥‥‥‥‥‥‥‥‥329

東京家決平 19・7・18 家月 60・1・139 ‥‥‥‥‥‥‥‥‥‥‥‥‥‥‥‥342

長崎家決平 19・9・27 家月 60・3・51 ‥‥‥‥‥‥‥‥‥‥‥‥‥‥‥‥‥346

那覇家決平 19・12・21 家月 60・6・71 ‥‥‥‥‥‥‥‥‥‥‥‥‥‥‥‥392

東京家決平 20・1・7 家月 60・5・115 ‥‥‥‥‥‥‥‥‥‥‥‥‥‥‥‥635

東京家決平 20・1・22 家月 60・10・102 ‥‥‥‥‥‥‥‥‥‥‥‥94,288,330

大阪家決平 20・3・26 家月 61・5・103 ‥‥‥‥‥‥‥‥‥‥‥‥‥‥‥‥329

759

東京家決平 20・5・27 家月 60・11・99 ……………………………………227
大阪家決平 20・6・11 家月 60・12・88 …………………………………341, 346
千葉家決平 20・9・2 家月 61・11・99 ……………………………………94, 288
千葉家木更津支決平 21・1・5 家月 61・7・85 …………………………385, 683
大阪家堺支決平 21・4・7 家月 61・10・83 ……………………………341, 346
那覇家決平 21・4・28 家月 62・6・81 ………………………………94, 330, 403
東京家決平 21・7・29 家月 62・4・113 ……………………………………94
横浜家決平 21・7・31 家月 62・2・151 ……………………………………88
大阪家決平 21・10・19 家月 62・3・87 ……………………………………341
名古屋家決平 21・10・22 家月 62・3・91 …………………………………385
大阪家決平 22・1・20 家月 62・8・97 ……………………………………346
水戸家土浦支決平 22・2・17 家月 62・8・102 …………………………94, 340
福岡家決平 22・3・12 家月 63・3・148 ……………………………………346
金沢家決平 22・3・17 家月 62・10・106 …………………………383, 385, 683
大津家決平 22・3・23 家月 62・7・105 ……………………………………229
名古屋家決平 22・4・12 家月 63・2・179 …………………………………694
東京家決平 22・6・10 家月 63・1・149 ……………………………………346
東京家決平 22・6・18 家月 62・11・107 …………………………………94
名古屋家決平 22・7・15 家月 63・3・140 …………………………………346
東京家決平 22・7・23 家月 63・6・112 ………………………………85, 88, 346
大阪家決平 22・7・23 家月 63・1・154 ……………………………………346
さいたま家熊谷支決平 22・9・10 家月 63・3・132 ……………………128, 226
水戸家決平 22・9・14 家月 63・10・67 …………………………………385, 683
東京家決平 22・10・15 家月 63・6・118 ………………………………85, 340, 341
東京家決平 22・11・2 家月 63・6・123 …………………………………85, 340
広島家決平 23・1・7 家月 63・9・79 ………………………………………94
東京家決平 23・1・12 家月 63・9・99 …………………………………288, 330, 403
福岡家決平 23・2・10 家月 63・7・128 ……………………………………221
大阪家決平 23・2・8 家月 63・7・125 ……………………………………635
新潟家決平 23・3・24 家月 63・10・75 …………………………383, 385, 683
東京地決平 23・6・30 家月 64・1・92 ……………………………………531
東京家決平 23・7・27 家月 64・2・112 ……………………………………85
水戸家下妻支決平 23・9・29 家月 64・5・113 …………………………341, 346
東京家決平 23・11・30 家判 8・113 …………………………………38, 39, 94
福岡地決平 24・2・9 LEX／DB〔25481266〕 ……………………………531
東京家決平 24・2・17 家月 64・7・107 ……………………………………341
東京家決平 24・2・23 家月 64・7・111 ……………………………………215
福岡地決平 24・2・24 LEX／DB〔25480587〕 …………………………531

判 例 索 引

名古屋家決平 24・3・7 家月 64・8・98 ……………………………………385, 683
東京家決平 24・3・8 家月 64・8・95 ………………………………………………635
鹿児島地判平 24・4・20 裁判所ウェブサイト ……………………………………531
東京家決平 24・6・7 家月 64・11・77 ……………………………………………492
大阪家堺支決平 24・6・19 家月 64・11・71 …………………85, 128, 227, 341
青森家八戸支決平 24・9・27 家月 65・2・92 ……………………………………77
仙台家決平 24・10・18 家月 65・6・126 …………………………383, 385, 683
那覇家沖縄支決平 24・11・30 家月 65・5・109 ……………………………341, 346
東京家決平 24・12・26 家月 65・5・115 …………………………………………695
東京家決平 25・1・8 家月 65・6・131 ……………………………………………490
福岡地小倉支決平 26・3・27 判タ 1407・397 …………………………………531
東京家決平 26・4・8 家判 3・108 …………………………………………………340
千葉家決平 26・6・30 家判 2・115 …………………………………………393, 399
福島家郡山支決平 26・8・27 家判 2・110 ………………………………………288
広島家決平 26・9・9 家判 1・135 …………………………………………385, 683
広島家決平 26・9・11 家判 2・100 ………………………………………………288
東京家決平 26・11・25 家判 3・94 …………………………………………94, 288
那覇家決平 26・11・12 家判 3・100 ………………………………………340, 346
東京家決平 27・2・17 家判 4・128 …………………………………………………77
東京家決平 27・6・26 家判 5・125 …………………………………………85, 341
東京家決平 27・7・1 家判 6・118 …………………………………………226, 327
東京家決平 27・9・1 家判 7・72 …………………………………………385, 683
横浜家決平 27・12・16 家判 7・68 ……………………………128, 227, 341
東京家決平 28・3・7 家判 8・110 …………………………………………636, 641
東京家決平 28・4・26 家判 11・120 …………………………329, 403, 619
横浜地決平 28・6・23 LEX／DB〔25543486〕…………………………………531
大阪地決平 28・8・2 LEX／DB〔25543573〕……………………………………531
東京家決平 28・9・6 家判 13・92 …………………………………………85, 327
水戸家決平 28・10・14 家判 11・116 ……………………………………………695
横浜家決平 28・10・17 家判 16・133 ………………………………………38, 234
大阪地決平 29・1・24 裁判所ウェブサイト ………………………………………531
東京家決平 29・4・25 家判 13・87 …………………………………………226, 327
千葉家決平 29・10・10 家判 19・108 ………………………………………84, 86
東京家決平 30・2・2 家判 17・142 ……………………………130, 225, 227
横浜家決平 30・2・23 家判 17・138 ………………………………………………339
神戸地決平 30・3・9 LLI／DB〔L 07350312〕…………………………………531
東京家決平 30・4・24 家判 18・137 ………………………………………………226
大阪家堺支決平 30・5・10 家判 19・101 …………………………383, 385, 683

761

千葉家決平 30・12・27 家判 46・113 …………………………………………………77
横浜地判平 31・2・19 判時 2455・102 ……………………………………………531
東京家決令元・9・12 家判 28・146…………………………………………………344
大津簡判令 2・5・27 LEX／DB〔25565700〕……………………………………237, 247
さいたま地決令 2・7・15 LEX／DB〔25567301〕………………………………531
東京家決令 3・2・9 家判 34・128 …………………………………………………333
千葉家決令 3・5・24 家判 45・80 …………………………………………………641
札幌家決令 3・7・28 判時 2583・88 ………………………………………………227
千葉家決令 3・12・10 判時 2534・122 ……………………………………………243
名古屋家決令 3・12・15 家判 42・85 ……………………………………………385
東京家決令 4・1・13 家判 41・116 …………………………………………………88
千葉家決令 4・3・29 家判 41・112 ………………………………………………226
静岡家決令 4・9・22 家判 45・70 ………………………………………383, 385, 683
金沢家決令 5・3・9 家判 47・85 ………………………………………………385, 683
千葉家決令 5・9・20 家判 51・123 ……………………………………………79, 559
甲府地判令 6・1・18 判例集未登載…………………………………………………520

762

事 項 索 引

あ 行

アセスメントツール ……………………650
アリバイ ……………………………………274
異議裁判所 ………………………212, 214
異議審の裁判 ………………………………215
異議審の審理 ………………………213, 214
異議の申立て ………………211, 212, 419
意見聴取 ……………………………………151
石巻殺傷事件 ………………………………520
移審の効果 …………………………………444
移　送 ……………………………58, 97, 528
移送決定………………………………………99
　　——の効果………………………………98
移送裁判の方式 ……………………………532
委託講習 ……………………………343, 364
委託費用の支給 ……………………………404
1 号観察 ……………………………………668
一時解除 ……………………………322, 687, 688
一事不再理（効）…51, 52, 89, 90, 281, 317,
　　382, 387, 389, 393, 398, 399, 421, 496,
　　501, 502, 503, 504, 506, 507
　　——の範囲………………………87, 505
一時保護 ……………118, 123, 126, 225
一部の事件の検察官送致 …………………245
一般遵守事項 ………………321, 672, 674
一般人の通告…………………………45, 105
一般短期処遇 ………………………………427
一般短期保護観察 …………………………323
一般保護観察 ………………………………323
一般予防……………………12, 240, 338, 523
違法収集証拠 ………………………184, 276
医務室 ………………………………………148
医療少年院 …………………………340, 597

医療措置 ……………………………………339
院外委嘱指導 ………………………626, 629
引　致 ………………………………………680
　　——の効力………………………………681
引致状 ………………………………………680
インテイク …………………………143, 265
ウィーン条約 ………………………198, 342
受差戻審 ……………………………451, 454
SSP ………………………………………16
SST ………………………………………607
閲覧謄写 ……………………………………183
閲覧の禁止 …………………………71, 72
援助依頼 ……………………………………180
援助指示 ……………………………………180
　　——の費用………………………………407
押　収 ……………………118, 119, 122, 177
押収物の還付 ………………………………120

か 行

外国人の処遇 ………………………………342
解　除 ………………………322, 687, 688
蓋然的心証 …………………………136, 142, 361
街頭補導 ……………………………………108
回　避 ………………………………………266
回　付 ………………………………59, 97
開放的処遇 …………………………327, 330, 343
開放的な教育 ………………………………618
科学（調査）主義 …144, 148, 462, 471, 514
科学調査………………………………20, 515
確信の心証 …………………………………456
家裁先議……19, 231, 461, 470, 495, 502, 530
家裁中心主義 ………………………466, 470
柏少女殺し事件 ……………………………391
家庭裁判所

——による訓戒・指導………………41
——の裁量権 …………………………450
——の先議権 …………………494, 495
——の判断の専門性 …………452, 503
——への移送……………………………64
——への直接送致 ……………………466
家庭裁判所調査官研修所 ……………138
家庭裁判所調査官制度 …………………137
家庭裁判所調査官補 …………………138
仮釈放（仮出獄）……17, 18, 519, 521, 538,
　539, 541
仮釈放期間 ……………………………541
仮収容 ……171, 217, 218, 377, 478, 485, 628
仮退院 …………………………635, 691
仮退院取消し …………………………697
仮の保護処分……………………………17
簡易送致（事件）…20, 45, 57, 230, 466, 468
——の性格 ……………………………468
簡易の呼出し …………………163, 164
感化院…………………………………16
感化教育………………………………16
感化教育主義…………………………17
感化主義………………………………17
感化法…………………………………16
環境調整 …………………………358, 622
環境調整命令 …………345, 419, 642, 696
関係者の審判出席 ……………………260
換刑処分の禁止…………………18, 527
観護処遇 ……………………………657
観護措置…129, 146, 188, 190, 191, 192, 383,
　398, 451, 526, 639, 641, 649, 693
——に対する異議の申立て …………481
——の期間 ……………………………200
——の更新 ……………………………200
——の終了 ……………………………205
——の単位 ……………………………204
——の必要性 …………………………193
——の要件 ……………………………191

——をとる時期 ………………………195
観護措置期間の伸長 …………24, 25, 271
観護措置決定（手続）………96, 98, 198, 419
観護措置決定等に対する異議……………25
観護措置等の問題点 …………………210
観護担当教官 …………………………147
観護令状 …………219, 478, 484, 485, 492
——に代わるもの ……………479, 485
鑑　定 …………………………172, 176
鑑定嘱託 ………………………118, 119
鑑定留置 ………………………………176
還　付 …………………………………124
鑑　別 …………190, 195, 332, 595, 647
——の意義 ……………………………648
鑑別技官 ………………………………147
鑑別結果通知書……………………………63
記事等の掲載の禁止 …………………545
起訴強制 …………238, 248, 493, 494, 495
起訴便宜主義 …………………………471
起訴法定主義……………………………15
起訴猶予 ………………………………470
既判力 …………………………………501
忌　避 …………………………247, 266
基本的社会規範の収得 ………………337
逆　送…………25, 235, 241, 472, 488
救護院 …………………………………325
休日拘禁 ………………………………527
旧少年法 …………………………3, 17, 18
教育的処遇 ……………………………358
教育的処分………………12, 13, 14, 455, 564
教育的措置……………20, 231, 314, 332, 428
教育保護技官……………………………13, 137
教科教育…………………………17, 328, 536
教科指導 …………………………605, 608
競合処分の取消 ………………………387
競合保護処分取消 …………388, 389, 508
矯正教育 …………………………593, 605, 611
矯正教育課程………………………612, 613

764

事 項 索 引

強制処分 ……………………172, 177
強制的措置 …………124, 126, 127, 129, 326
　──の許可 ………128, 129, 130, 225, 320
　──の内容 ………………………224
強制的措置許可決定 ………………353
強制的措置許可申請（事件）……126, 192,
　225, 370, 419
強制的（な）連戻 ……………225, 327
共同調査 ………………………138, 143
共犯者と公訴時効停止 …………………510
協力依頼 …………………………181
許可申請説 ……………………127, 129
記録の閲覧・謄写…………61, 64, 66, 183
記録命令付差押え ……………………177
緊急執行 ……………………168, 171, 628
緊急同行状……108, 109, 167, 171, 179, 192,
　375, 378, 471
緊急保護 ………………………194
国親思想（パレンス・パトリエ）……6, 21
虞　犯 ………………7, 81, 82, 205, 471
　──から犯罪への認定替え……………88
　──の構成要件……………84, 88, 90
　──の個数……………………86
　──の適用除外 ……29, 81, 336, 467, 566
　──の補充性……………………88
　──の要件……………………83
虞犯行状…………85, 86, 89, 144, 319
虞犯事件 …………………………269
　──の通告 ……………………530
虞犯事実 …………………………278
　──と犯罪事実との同一性 ………87, 89
　──の同一性…………………86
　──の認定…………………85
虞犯事由 ……………83, 85, 319, 530
虞犯少年 …18, 36, 75, 77, 81, 105, 106, 108,
　237, 353, 467, 505, 530
　──の少年院送致 ………………341
虞犯性…………83, 84, 85, 278, 319, 530

　──と要保護性…………………85
虞犯通告 ……35, 52, 322, 380, 386, 680, 684
虞犯通告制度 ……………………684
虞犯廃止論…………………………82
グループカウンセリング ………………360
グループワーク ……………360, 364, 369
警　告 ………319, 322, 325, 380, 381, 682
警察官等の調査 ……………………109
警察官による虞犯送致 ………………107
警察の調査権限 ……………………110
形式（手続）的審判不開始 …………228
刑事事件の特例 ……………………576
刑事処分選択……………………37
刑事処分相当性…20, 50, 236, 237, 239, 240,
　243, 528, 531, 532
刑事処分の効力 ……………………507
刑事訴訟法の準用 ……………………173
刑事法院 ………………………9
継続補導 …………………………113
刑の緩和・減軽…………15, 16, 18, 517, 541
　──の限定…………………24, 461
刑の執行猶予 ……………525, 543, 544
刑罰法令に触れる行為 ………79, 84, 353
軽微事案の例外 ……………………267
契約弁護士 …………………………406
ケース・カンファレンス …………138, 147
ケースワーク ……………157, 159, 232, 362
ケースワーク的機能 ……………………137
決定書…………………………54, 503
　──の更正 ……………………350
決定説 ……………………………532, 533
決定に影響を及ぼす法令の違反…165, 252,
　419, 443
決定の告知……………………………56
決定の執行 …………………………373
　──のための呼出・同行 …………375
決定の通知……………………………58
決定の方式 …………………………355

決定の有効性 ……………………421, 422

検察官
　　——の一般的指示 ………………467
　　——の権限 ……………………289
　　——の抗告（権）……21, 24, 439, 441, 505
　　——の審判出席（権）…21, 24, 184, 261, 271, 505
　　——の審判手続への関与………………25

検察官関与…21, 27, 251, 273, 284, 287, 292, 384, 395, 397, 430, 438, 448, 501, 505, 508, 639, 693
　　——の終了 …………………………291
　　——の要件 …………………………286

検察官関与決定 ……94, 160, 176, 181, 288, 289, 290, 294, 295, 316, 350, 399, 400, 406, 416, 442, 443, 503, 506, 508

検察官関与事件 …………………………271

検察官審判出席…………………………24, 398

検察官先議………8, 17, 18, 20, 234, 415, 470

検察官送致（検送）……19, 45, 46, 55, 233, 234, 237, 244, 399, 316, 419, 472, 497
　　——の効果 …………236, 245, 247, 454
　　一部の事件の—— ………………245

検察官送致（検送）可能年齢の引下げ
　　……………………………………24, 461

検察官送致決定…………………………92, 453

検　証 …………………118, 119, 177, 179

健全な育成 …19, 33, 35, 37, 45, 49, 53, 102, 103, 125, 153, 338, 386, 413, 419, 461, 464, 469, 497, 514, 592, 605, 670

原則逆送（検送）…24, 25, 30, 93, 236, 242, 462, 529

原則逆送の拡大…………………………29

限定責任能力……………………………76

行為時主義………………………………35

行為責任 ……………………………524, 525

公開制限…………………………12, 462, 515

合議制（裁定合議制）…24, 91, 93, 94, 173, 188, 214, 398

合議体………………………91, 214, 438, 639

拘禁の抑制………………………………16

抗　告 ……284, 384, 400, 415, 417, 642, 696
　　——の趣意 ………………………432
　　——の対象 ………………………418
　　——の取下 ………………………433
　　——の利益 ………………………429
　　——の理由 ………………………419

抗告期間 ………………………………431

抗告権者 ………………………………429

抗告権の告知 …………………………348

抗告終了宣言 …………………………436

抗告受理 ………………………………295
　　——の要件 ………………………441

抗告受理決定 …………………440, 445, 447

抗告受理申立て ……25, 160, 273, 284, 290, 291, 316, 350, 395, 400, 413, 416, 425, 430, 431, 439, 441, 443, 445, 447, 448, 451, 453, 454, 457, 458, 533

抗告審………………………39, 434, 449
　　——の審理 ………………………447

抗告手続 ………………………………432

更正決定 ………………………………350, 630

更生指導 ………………………………560, 674

更生保護のあり方を考える有識者会議
　　……………………………………665

更生保護法………………………33, 540, 665

公訴時効の停止 …………………136, 508

交通講習…………………………………343

交通短期保護観察 ……………………324, 343

交通反則金不納付事件 …………315, 343

交通非行の処遇 ………………………342

交通保護観察 …………………………324, 343

行動観察 ……………147, 190, 362, 649

口頭の通告 ……………………………108, 109

公務所等への照会 ……………………116, 119

合理的疑いを超える心証 ……314, 319, 361

事 項 索 引

合理的裁量 ……………………………438, 511
勾　留
　――に代わる観護措置……202, 219, 477,
　　484, 486, 526
　――に代わる調査官観護 …………………484
　――の延長 …………………………………482
　――の執行停止 ……………………………482
　――の制限…………………………14, 477
勾留理由開示 …………………………481, 489
ゴールト判決 ……………………………………7
国選付添人……24, 25, 26, 27, 154, 159, 270,
　271, 273, 292, 294, 305, 310, 384, 398,
　406, 438, 445, 446, 448, 505
　――の権限 …………………………………294
　――の選任 …………………………………438
国選付添人制度 ………………………154, 159
55条移送 ………………………………………509
個人別矯正教育計画 …………………612, 616
個別指導……………………………………607
個別審判の原則 ………………………………513
個別審理……………………………………46, 264
固有権 …………………………………………430

さ 行

再起（事件）……………………………132, 203
再逆送 …………………………………497, 534
再抗告 …………………………………441, 457
　――の理由 …………………………………457
再　審……………………21, 391, 416, 474
再送致 …………………………………………496
在宅観護 ………………………………………188
在宅鑑別 ………………………………………147
在宅審判鑑別 …………………………651, 655
在宅補導委託 …………………364, 405, 408
　――の費用 …………………………………404
裁定合議決定……………………94, 199, 214
裁定合議制……………………25, 373, 451, 489
再度の検察官送致 ……………………………245

再度の考案 ……………………………433, 442
裁判員 …………………………………515, 523
裁判員裁判 ……………………………30, 65, 462
裁判官の回避 …………………………………266
裁判官の働掛け ………………………………314
裁判所外の審判 ………………………………251
裁判所技官 ……………………………………148
裁判所職員総合研修所 ………………………138
再犯防止 …………………………………………5
裁量的移送 ……………………………8, 11, 37
差押え …………………………………122, 177
差戻・移送を受けた家庭裁判所の権限
　………………………………………………451
差戻後の検察官送致（検送）…………………245
里親委託 ………………………………………221
3号観察 ………………………………………668
参考人 …………………………………………407
　――の取調・尋問 …………………………174
参考人等の保護の措置 ………………………158
参審員 …………………………………………12, 14
参審制 …………………………………………12
事案軽微 ………………………………232, 314
事案の真相解明 ………………………………125
資格制限 ………………………………………542
指揮監督 ………………………………………379
試験観察……97, 98, 129, 168, 251, 332, 357,
　383, 401, 407, 426, 640, 694
　――の期間 …………………………………362
　――の付随措置 ……………………………363
　――の方法 …………………………………359
　――の要件 …………………………………361
試験観察決定 …………………………369, 419
事件競合通知 …………………………………387
事件記録………………………62, 136, 156
事件単位（説）………………………204, 490
事件の同一性…………………………………506
時効停止 ………………………………251, 255
事後審 …………………………435, 448, 532

767

視察委員会 ……………………………591

事実上の保護者 ………41, 42, 165, 640

事実認定の補足説明 ………………350

事実の取調べ …………435, 437, 438, 448

施設収容………………………………53

施設送致 ……………………………319

施設送致処分 ………………………387

施設送致申請 …35, 322, 381, 390, 678, 682, 682, 682

施設送致申請事件…………52, 191, 370, 381

施設内処遇 ……………………592, 594, 690

事前打合せ …………………………289

自庁認知の制度 ……………………134

執行指揮………………………57, 374, 377

執行停止 ………………………455, 458

執行途中の宿泊 ……………………171

執行のための必要な処分 …………171

執行猶予 ……………………………525

実体的審判不開始 …………………230

質　問 ……………………………116, 119

指導監督 ………………………321, 670, 675

児童指導員 …………………………326

児童自立支援施設…127, 221, 226, 325, 343, 403, 596

児童自立支援施設送致…………36, 129, 418

児童自立支援施設入所少年の連戻……223, 225

児童自立支援専門員 ………………326

児童生活支援員 ……………………326

児童相談所長等の送致・通告…45, 80, 107, 220, 314, 343, 419

児童の権利条約………………………82

児童福祉機関 …………………128, 130

児童福祉機関先議……75, 80, 121, 128, 132, 220

──の原則 …………………125, 343

児童福祉司 ………………126, 221, 374

児童福祉施設 ……………126, 220, 221

児童福祉法………………………………33

──25条通告 ………………………123

児童福祉法上の措置 …45, 79, 104, 126, 220

児童養護施設 ………221, 325, 326, 343, 403

児童養護施設送致………………36, 418

自白の証拠能力 ……………………275

自白の任意性 …………………276, 278

自　判 ………………………………454

自判制度 ………………………416, 450

司法警察員の送致 …………………465

氏名に代わる呼称………………………72

社会記録 ……62, 64, 65, 101, 140, 157, 183, 500, 515

──の開示 …………………………143

──の送付 ………………………223, 351

──の謄写 ……………………………63

──の取調 …………………………515

社会貢献活動 ………………………675

社会調査……14, 17, 137, 141, 142, 145, 146, 157, 180, 190, 362, 469

社会内処遇 …18, 53, 320, 368, 635, 666, 690

──の強化………………………………16

社会福祉委員会………………………15

社会復帰………………………4, 34, 239, 335

社会復帰支援 ………………………621

社会防衛……4, 5, 8, 9, 12, 16, 240, 330, 332, 333, 338, 526, 593

社会奉仕活動 ………………369, 405, 527

若年成人 …………………………64, 65, 462

酌量減軽 ……………………………525

遮へい措置 …………………………307

受移送裁判所 ………………………534

重大な事実の誤認 …………419, 423, 443

修復的司法………………………………8, 10

収容可能期間 ……………………562, 572, 686

収容観護 ……………………………188

収容期間 ………………………563, 564, 595

収容継続 ………330, 386, 388, 429, 629, 636

事 項 索 引

収容継続決定 ……………………418, 642, 690
収容継続申請（事件）……52, 192, 627, 633, 638, 639, 640
　　——の性質 ……………………………633
　　——の対象者 …………………………633
収容決定 ……………………………572, 591
収容決定申請 ………561, 570, 571, 686, 688
収容決定申請事件……………52, 192, 574
収容審判鑑別 ………………………………649
収容保護 ……………………………………635
14歳未満の少年 …………………………105
受刑在院者 ……………………592, 598, 629
出張審判 ……………………………………252
出頭命令 ……………………………………680
守秘義務 ………………309, 313, 414, 602
準抗告 ………………………………120, 490
遵守事項違反 …………380, 386, 389, 691
遵守事項の履行 …………………………363
遵守事項不遵守 …………………………382
準少年保護事件…43, 52, 155, 304, 330, 381, 396
準成人…………………………………12, 517
条件付保護者引渡 ………………………363
条件等の指定措置 …………………69, 67
証拠調請求権………………………21, 272
証拠調の方式 ……………………………173
証拠の取調方法 …………………………278
証拠の優越 ………………………………319
証拠物の取扱 ……………………………177
小舎性 ……………………………………326
情操保護 ……53, 62, 64, 158, 172, 179, 197, 208, 217, 235, 260, 267, 349, 375, 452, 454, 469, 478, 492, 497, 505, 510, 512, 517, 527
上訴権回復 ………………………………442
証人尋問（権）………21, 172, 174, 176, 272
証人等の費用 ……………………………405
証人の保護等 ……………………………175

少年・保護者の信頼・納得 …53, 337, 415, 421, 429
少年院 ……………………328, 331, 403, 592, 624
少年院矯正教育課程 ………………612, 613
少年院収容可能期間 ……………………429
少年院収容決定 ……………570, 595, 597
少年院収容受刑者 ………………………537
少年院収容の下限 ………………………320
少年院送致……36, 328, 378, 381, 418, 426
少年院長の指導・助言等…………………42
少年院における刑の執行 ………235, 537
少年院の収容期間 ………………………428
少年院の種類 ……………………………595
少年院法 ……………………………33, 591
少年係検事…………………………………13
少年係判事 ……………………………13, 14
少年鑑別所……146, 176, 217, 332, 498, 510, 511, 514, 624
　　——の鑑別 …………………………147, 640
少年鑑別所指定変更決定…………………99
少年鑑別所収容の一時継続 ……………377
少年鑑別所法 ………………………188, 647
少年矯正を考える有識者会議 …………591
少年刑………………………………………12
少年軽罪裁判所……………………………15
少年警察活動規則 …………………464, 469
少年警察活動要綱 ………………………464
少年刑事司法法典…………………………13
少年刑務所…………………………………92, 536
少年拘禁…………………………………12
少年裁判所 …………8, 11, 14, 17, 20, 143
少年裁判手続 ………………………………9
少年事件の捜査 …………………………464
少年死亡の取扱 …………………………436
少年重罪法院………………………………14
少年審判官 …………………………17, 91, 137
少年審判規則………………………52, 459, 464
平成28年改正 ………………………67, 158

769

少年審判所 …11, 17, 134, 234, 401, 462, 504
少年審判手続……………………………21
少年審判の傍聴…………………………26, 297
少年審判補助官…………………………12, 137
少年審理手続……………………………11
少年相談 …………………………………108
少年調査票………………………63, 140, 516
少年友の会 ………………………………160, 369
少年に対する刑の緩和 …………………699
少年年齢……………………………………19
　　――の引下げ …………………………3
　　――の18歳引下げ …………………28
少年の意義…………………………………37
少年の改善更生の可能性 ………………524
少年の教育可能性 ………………………542
少年の刑事事件……19, 33, 37, 53, 461, 462,
　　464
少年の健全な育成 ………………………112
少年の権利保護 …………………………180, 415
少年の抗告 ………………………………34, 36
少年の勾留 ………………………………510
少年の勾留要件 …………………………482
少年の情操保護 …………………112, 155, 441, 450
少年の退席 ………………………………258
少年の被疑事件 …………………………469
少年の福祉を害する成人の刑事事件 …459
少年の保護事件 …………………………462
少年の名誉権 ……………………………545
少年犯罪対策チーム（YOT）……………9
少年簿 ……………………………………616
少年法……………………………………3, 19
　　――の複合的性格……………………241
　　――の目的……………………………33
少年法改正…………………………………20
少年法制の沿革……………………………16
少年法適用年齢の基準時…………………39
少年保護司…………………………17, 18, 34, 137
　　――の調査 …………………………277

少年保護事件記録 ………………………140
少年保護手続 ……………………45, 46, 220, 461
少年補導職員 ……………………………113
諸外国の少年法制 ………………………5
処遇意見 …………………………………148, 474
処遇勧告…347, 348, 349, 350, 390, 403, 427,
　　443, 596, 617, 636, 677, 696
処遇勧告（書）…347, 350, 401, 403, 428, 642
処遇鑑別 …………………………………655
処遇決定（手続）……8, 9, 12, 21, 153, 357
処遇選択 …………………………………332, 338, 349
処遇選択理由 ……………………………349
処遇の均衡 ………………………………433
処遇の刑罰化 ……………………………7
処遇の個別化 ……………………………331
処遇の多様化 ……………………………330, 594
処遇の不均衡 ……………………………344
職業訓練 …………………………………536
職業裁判官………………………………11, 12, 14
職業指導 …………………………………605, 608
職業補導 …………………………………405
触法少年 …36, 75, 77, 79, 80, 116, 125, 237,
　　353, 505, 596
　　――の強制調査………………………26
　　――の事件の調査 …………………111
所在不明等 ………………………132, 230, 232, 314
除　斥 ……………………………………247, 266
処断刑 ……………………………………518, 522
職権主義的審問構造 ……46, 134, 270, 272,
　　279, 282, 286, 287
職権証拠調査義務 ………………272, 274, 421
職権調査 …………………………………12, 14
初発非行…………………………………46
処分結果通知（書）……………………25, 58
処分時主義………………………35, 40, 80, 555
処分等の在り方の見直し…………25, 518, 539
処分の著しい不当 ………………………419, 425
自立更生促進センター …………………675

770

事 項 索 引

侵害原理……………………50, 337, 555, 556
人格重視説…………………………49, 135
人権の保障 ………………20, 33, 34, 78
親告罪の告訴欠如 …………………530
新処分の取消 …………………………390
心身鑑別……………………………………35
心神喪失者等医療観察法………………78
真相解明…12, 33, 34, 46, 110, 112, 118, 122,
　126, 470
　——の必要性……………………………66
迅速な裁判…………………………………35
シンナー講習 …………………………148
審　判 ……………………249, 258, 262, 270
　——に付すべき少年………………………75
　——の公正 …………………………266
　——の進行 …………………………267
　——の対象 ……49, 75, 135, 267, 425, 633
　——の非公開 …………………………263
審判運営の原則 …………………………262
審判開始決定 …………………………249
　——の効果 …………………………251
　——の取消 …………………………255
審判開始の要件 …………………………249
審判鑑別 …………………………………655
審判期日 …………………………………251
審判協力者……………………………………62
審判権 ……………………………………392
審判権欠如 ………………………………398
審判条件 …39, 136, 228, 249, 315, 319, 467,
　507
　——の欠如……………51, 353, 392, 507
　——の調査 …………………………229
　——の追完 …………………………229
審判調書 …………………………………283
審判廷 ……………………………………259
審判手続の更新 …………………………283
審判能力 …………………………230, 249
審判不開始（決定）……17, 19, 45, 132, 136,

　228, 418
　——の一事不再理（効）…………233, 502
審判前調査 …………………………134, 135
推知報道の禁止解除 ……………578, 579
生活行動指針 …………………………678
生活指導 …………………………605, 606
正式裁判 …………………………………579
政治犯・確信犯の処遇 ………………342
青少年裁判所 ……………………………9
成　人 ……………………………………40
　——との分離 …………………514, 536
　——の刑事事件 …………………19, 37
精神的成熟度………………………12, 520
成年社会参画指導 ……………………564
青年層の設置 ……………………………21
責任主義 …………………………………555
責任追及主義………………………………17
責任能力の要否……………………76, 559
責任無能力…………………………………76
接　見 ……………………………………208
接見禁止 …………………………………208
接見交通権 ………………………………482
説明責任 …………………………………247
全件送致（主義）…105, 231, 234, 465, 466,
　468, 470, 504, 528
全件調査主義 …………………………137
専属管轄 ………………………………8, 396
専門的知識を有する警察職員 …………113
草加事件 …………………………………391
捜　索 ……118, 119, 122, 177, 178
送　達 ……………………………………163
送　致 ……………………………………105
相当長期間 ………………………403, 619
ソーシャル・ケースワーク ……………143
ソーシャル・サービス………………16, 137
ソーシャル・ワーカー ……8, 9, 15, 16, 137
訴訟条件 …………………245, 472, 530
訴訟費用負担の裁判 ……………………533

771

措置の取消し・変更……………………70

た　行

第1種少年院 ……………………………597
第2種少年院 …………………………597, 616
第3種少年院………………………77, 620, 636
第4種少年院 ……………………………537
第5種少年院…570, 591, 595, 596, 597, 617,
　　618, 667
　　——での処遇 …………………………571
体育指導 …………………………605, 609
退　院 ………………………………631, 698
大舎性 ……………………………………326
立会権 ……………………………………178
他の被疑者・被告人との分離 …………513
段階処遇 …………………………………333
段階処遇制度 ……………………………637
短期合宿活動 ……………………………369
短期間……330, 348, 349, 362, 367, 403, 427,
　　443, 617
短期義務教育課程 ………………………617
短期社会適応課程 ………………………617
短期自由刑…………………………………15
短期出頭施設 ……………………………527
短期処遇（勧告）………………………427
治安判事 ……………………………………9
地域援助業務 …………………………660, 661
地方更生保護委員会………………………67
中間位説 …………………………………525
中間決定…………………98, 248, 369, 533
中間処分 …………357, 358, 361, 362, 453
駐在保護司 ………………………………325
中等少年院 ………………………………597
懲戒処分……………………………………12
長期処遇 …………………………………328
調査官観護 ……180, 188, 369, 478, 486, 489
調査官の調査方法 ………………………145
調査官の報告………………………45, 128, 131

調査記録………………62, 140, 157, 351
調査結果の報告 …………………………140
調査の嘱託 ………………………………185
調査の対象 ………………………………138
調査の方式・方法 ………………………145
調査報告書 ………………………………140
　　——の事実認定への利用 …………277
調査命令 …………………………136, 142
懲治場制度…………………………………16
調書決定……………………………………56
直告事件 …………………………………471
直接審理の原則 …………………252, 260
直担事件 …………………………………321
通　告 …………………105, 106, 124
通告義務 …………………………………105
通　訳 ……………………………172, 176
付　添 ……………………………………308
付添人…18, 62, 153, 155, 158, 252, 260, 396,
　　446, 456, 457, 497, 534
　　——からの意見聴取 …………305, 310
　　——としての抗告 …………………431
　　——の意見陳述 ……………………261
　　——の閲覧に関する措置……………67
　　——の権限 …………………115, 156
　　——の選任 …………………154, 693
　　——の立会権 …………174, 179, 421
　　——の役割 …………………………157
　　調査における—— …………………114
付添人選任権 ……………………………396
連戻し …………………………625, 634, 658
連戻状 …………376, 538, 625, 627, 641, 659
定期刑 ……………………………………519
提出命令 …………………………………177
適正手続…7, 8, 34, 49, 51, 82, 134, 135, 141,
　　157, 173, 175, 178, 278
　　——の保障 …………………………274
適正手続違反 ……………………………422
適正な処分の決定…………………………34

事 項 索 引

手錠の使用 ……………………………375
手続の公開制限……………………………30
手続の二元性………………………………19
手続の非公開 ……………………………299
　――の例外…………………………………27
手続の分離 ………………………………513
伝聞法則……………………………………49, 275
電話による虞犯通告 …………108, 168, 192
動向視察 ………………………401, 402, 677
同行状 …………163, 165, 170, 171, 179, 375
　――に代わるもの …………………………166
　――の執行の場合の仮収容 …………378
逃　走……376, 538, 624, 625, 628, 634, 641,
　659
　――に関する罪 ……………191, 330, 634
特修短期処遇 ……………………………427
特定生活指導 ……………………………564
特定少年…29, 52, 76, 81, 237, 336, 450, 462,
　473, 475, 489, 512, 513, 522, 529, 536,
　540, 542, 546, 553, 554, 567, 570, 576,
　578, 591, 597, 667, 684, 699
　――に係る原則送致 …………………551
　――の検察官送致 …………237, 465, 550
　――の少年院送致 ……330, 595, 689, 697
　――の適用除外 ……………168, 377, 466
　――の特例 …78, 319, 321, 519, 549, 592,
　599
　――の被疑事件 …………………465, 477
　――の被疑者 ……………………511, 514
　――の被告人 ……………………511, 514
　――の分離収容 …………………………514
　――の保護観察……………………………670
　――の保護者………42, 252, 600, 639, 640
　――の保護処分 …428, 499, 538, 630, 633
　――の保護処分の特例…………58, 665
特別活動指導 ……………………605, 609
特別抗告 …………………………120, 216
特別更新 …………………………200, 693

特別遵守事項 ………322, 325, 674, 677, 678
特別短期間……330, 348, 349, 362, 403, 427,
　443, 618
特別予防 ………………………338, 523, 525
独立代理権 …………………………430, 431
土地管轄 ……………………………95, 97, 192
留岡幸助……………………………………16
取扱の分離 …………………264, 512, 513, 536
取扱分離の原則 …………………………513
取消決定の拘束力 ………………………451

な　行

内　観 ……………………………………607
流山中央高校放火未遂事件………………33
2号観察 …………………………………668
二重係属 …………………………………229
20条但書の削除（撤廃）……235, 461, 537
二重処罰 …………………………………691
二重の危険 ………………………501, 502, 504
2年の保護観察……475, 554, 558, 561, 570,
　572, 591, 595, 686
日本司法支援センター ………160, 294, 295
任意性のない自白 ………………………276
認知事件 …………………………………471
年少者の少年院送致 ……………………343
年超検送 ………228, 233, 314, 353, 400, 498
年長少年……………………………………21, 519
年齢の認定…………………………………38
年齢判断の基準時……………………………39
納付指示 …………………………………315

は　行

陪審員………………………………………14
陪審裁判 ……………………………………9
破棄説 ……………………………………532
博愛主義 ……………………………5, 17, 19
パターナリズムの理論 …………………338
罰金見込検送 …………………237, 240, 316

773

判決前調査……………………18, 516
犯罪から虞犯への認定替え……………88
犯罪少年…12, 13, 15, 17, 36, 75, 76, 105, 353
犯罪捜査規範 ……………………464, 545
犯罪対策 ……………3, 5, 20, 30, 34, 93, 450
犯罪被害者等基本計画………………26
犯罪被害者等基本法………………26, 101
犯罪被害者の手続参加 ……………462
判事補の職権………………………92
犯情の軽重の規制 …………78, 336, 571
犯情の軽重の考慮………………29, 428
犯情の軽重による制約…555, 557, 559, 560,
　561, 564, 595
反対尋問（権）………………………183
被害者還付 ……………………419
被害者国選 ……………………475
被害者調査 ……………………140, 141
被害者等…………………66, 101, 150, 411
　──に対する説明………………311
　──に対する通知 …………411, 448
　──に対する配慮………24, 100, 336, 411
　──による記録の閲覧及び謄写…99, 448
　──の意見聴取……25, 149, 150, 337, 448
　──の意見陳述 ………………152
　──の個人特定事項 …………479, 489
　──の情報保護制度 …………479, 485
　──の心情等の考慮 …………605
　──の心情等の聴取・伝達 …………592
　──の審判傍聴 ……………261, 300
　──の傍聴 ………………299, 309
　──への配慮（規定）…………122, 384
被害者の視点を取入れた教育 ………607
被害者配慮制度 ……………………141
被害者への審判結果通知………………24
被害者への配慮 ……………………126
被害者保護の観点 ……………………125
比較的短期間 ……………………403, 619
比較的長期間 ……………………403, 619

被観護在所者 ……………………659
被疑事件の告知と弁解の聴取 …………481
被疑者国選 ……………………497
光市母子殺害事件 ……………………520
非　行………………………………36
非行及び犯罪の防止に関する援助……647,
　660
非公開……6, 9, 17, 46, 53, 62, 262, 338, 411,
　515, 545
　──の原則 ……………………301
非行事実 ……………………361, 425
　──と要保護性が不均衡な場合 ……335
　──と要保護性の相関性 …………334
　──の一部誤認 ………………393
　──の蓋然的心証 ………………237
　──の軽重 ……………………332, 335
　──の告知 ……………………267
　──の告知と聴聞 ………………269
　──の処遇決定における機能 ………334
　──の審判における位置付…………49
　──の審理 ……………………270
　──の認定替 ……………………282
　──の不存在 ……………………229
　──の不特定 ……………………349
非行事実重視説 …………49, 50, 135, 204
非行事実存否の認定に対する抗告 ……416
非行事実認定手続 …3, 8, 11, 14, 21, 24, 49,
　397, 416, 502, 505
非行事実不存在（非行なし）……233, 314,
　350, 392, 394, 399, 444, 507
非行事実不存在決定………………………21
非行性………………………………50, 319
非行なし処分 ……………………315
非行なし不開始 ……………………503
非行なし不処分 …………422, 503, 507
非行のある少年 ……………………36, 75
非公表の原則 ……………………545
非行予測………………………………5, 20

事 項 索 引

微罪処分 ……………………………466, 468
非常救済的手続………………………………24
非常上告 ………………………………474, 519
人単位説 ………………………………204, 490
人の資格に関する法令 …………………542
BBS ……………………………………………360
秘密主義………………………………………46
秘密性の要請…………………………………62
秘密保持 …62, 63, 64, 65, 157, 164, 515, 545
　　――の要請 ……………………………264
費用徴収 ………………………………408, 419
比例・権衡の原則 …………………12, 20
不開始 …………………………………………353
不帰着 …………………………………………626
福祉処分（措置）相当性…………50, 221
福祉的機能 …………………………………137
福祉的措置 …………………………………130
不告不理の原則…51, 88, 131, 134, 135, 281,
　349
不受理決定 ……………………………441, 445
不処分（決定）…………20, 45, 314, 418, 450
　　――の一事不再理効………………24, 317
不処分決定 ……………………317, 353, 501
不処分相当性…………………………………50
婦人補導院 …………………………………668
付随的な決定 …………………355, 356, 419
不定期刑……18, 27, 518, 519, 521, 522, 523,
　527, 539, 541, 699
　　――の終了 ……………………………699
不服申立制度 …………………………416, 415
プライバシーの保護 ……………………545
不利益変更禁止の原則 ………453, 454, 525
不良感染防止 ………………………………217
不良措置 ……………………………380, 674, 678
プロベーション ……………………………357
プロベーション・オフィサー …8, 137, 143
分類処遇…………………………………17, 594
併合管轄…………………………………………98

併合審判…………………………………51, 263
併合審理 ………………………………439, 513
平成 12 年改正……24, 30, 34, 35, 41, 49, 55,
　61, 93, 100, 122, 150, 155, 154, 157, 160,
　188, 200, 204, 211, 216, 235, 237, 242,
　250, 261, 265, 269, 271, 273, 279, 286,
　289, 294, 317, 370, 373, 392, 394, 395,
　399, 411, 416, 419, 425, 430, 434, 437,
　438, 441, 446, 448, 451, 453, 454, 457,
　458, 461, 462, 489, 501, 504, 505, 518,
　520, 529, 536, 537, 539, 540, 600
　　――の運用……………………………25
平成 19 年改正……25, 35, 42, 60, 62, 75, 80,
　105, 108, 110, 114, 118, 125, 139, 154,
　155, 160, 294, 295, 319, 320, 322, 325,
　328, 344, 346, 359, 369, 370, 379, 386,
　418, 438, 447, 458, 470, 596, 600, 684
平成 20 年改正……26, 37, 40, 101, 150, 154,
　160, 188, 200, 261, 294, 299, 301, 302,
　309, 311, 459
平成 26 年改正 ……154, 160, 182, 287, 294,
　295, 328, 427, 438, 447, 448, 458, 461,
　518, 521, 523, 525, 539, 541, 591, 647
北京ルールズ ………………………………545
別件保護中 ………230, 232, 314, 389, 507
弁護士付添人からの意見聴取 …………310
保安処分 ………………………………………352
保育士 …………………………………………326
報告の要求 …………………………………116
報告前の調査 ………………………………132
報告立件 ………………………………131, 349
法制審議会………………………………………27
　　――の中間答申……………………3, 21
傍聴の許可 …………………………………306
傍聴の対象 …………………………………303
法定代理人 …………………………………430
　　――の抗告権 …………………………431
法的安定性 …………………………………505

775

法的調査 ……………136, 139, 142, 180
法テラス ……………160, 294, 295, 406
法務教官 ………………………………374
法務事務官 ……………………………374
法律記録…………62, 63, 65, 136, 140, 157
法律上の保護者………………41, 42, 43, 165
法律扶助協会 …………………………160
補強証拠 …………………………275, 276
保護観察 ………36, 97, 318, 359, 418, 540
保護観察官 ………………………321, 359
保護観察所…………67, 321, 325, 403
保護観察所長 …………………………346
　　——の警告 …………………………382
　　——の指導・助言等…………………42
保護観察処分少年 ……………………321
保護観察中の者に対する措置 ………379
保護・教育 ……3, 9, 12, 16, 20, 46, 265, 514
保護・教育主義………20, 30, 35, 81, 82, 528
保護欠如性 …………………50, 83, 319
保護原理 …………………………555, 556
保護司 …………………………321, 359, 407
保護事件の意義…………………………50
保護者…41, 63, 252, 254, 260, 430, 456, 600,
　　693
　　——に相当する者 …………………640
　　——に対する指導・助言等 …………322
　　——に対する措置（訓戒等）……24, 250,
　　370, 679
　　——の呼出 …………………………164
保護主義 ………………………………17, 21
保護処分………17, 19, 36, 128, 318, 332, 593
　　——の安定性 …421, 421, 424, 435, 450
　　——の許容性 ………………………531
　　——の継続中 ………………………392
　　——の軽重 …………………………428
　　——の決定書 ………………………348
　　——の効力 …………………………500
　　——の執行停止 ……………………397

——の正当化根拠 …………555, 556, 566
——の多様化……………………………21
——の特例 ……………………………554
——の取消・変更 ………………386, 401
——の不利益性 ………19, 20, 34, 77, 392
——の有効性 …………………………531
保護処分許容性 …………………240, 336, 532
保護処分決定……………………………55
——と執行力 …………………………455
——の告知 ……………………………347
——の通知 ……………………………351
保護処分在院者 ………………………592
保護処分執行終了後の（保護処分）取消
　　………………25, 392, 394, 417, 508
——の効力 ……………………………399
保護処分終了後の取消…………………24
保護処分相当性 ……50, 144, 319, 515, 529,
　　530, 532
保護処分取消……52, 386, 387, 388, 391, 418
保護処分取消決定 ……………………501
保護処分取消事件………………………62
保護処分取消・変更権…………………18
保護処分優先主義 ……………………454
保護相当性………………………………50
保護的措置…20, 34, 36, 45, 129, 146, 231,
　　232, 314, 332, 415, 461
保護不適 …………………239, 240, 532
保護不能 …………………………240, 336
保護優先 ……18, 21, 234, 239, 470, 502, 528
補充捜査……66, 177, 180, 180, 271, 290, 438
——の依頼 …………………181, 183, 397
補　償 …………………………268, 316
没　取 …………………352, 354, 355, 419
補導委託………42, 332, 364, 366, 401, 404
補導援護 …………………………322, 670
翻　訳 …………………………172, 176

776

事 項 索 引

ま 行

身柄事件 ……………………………147, 159
身柄付補導委託 ……………358, 364, 368
　　──の費用 ………………………404
未決勾留 …………………………………526
未特例判事補………………………………92
みなし観護措置 ………………………485
みなし勾留 ………377, 489, 491, 492, 497
民間人裁判官………………………………11
無断外出 …………………………………226
面前告知……………………………………57
黙秘権 …………………………139, 268, 269
　　──の告知 …………142, 267, 269, 278
戻し収容 ………………330, 386, 388, 390
　　──をしない決定 …………………696
戻し収容決定 …………418, 677, 692, 695
戻し収容申請（事件）……52, 89, 192, 370,
　　690, 694, 694

や 行

やむを得ない場合…477, 480, 482, 483, 511,
　　511
有責性 ……………………………………76, 85
有責性必要説………………………………76
有責性不要説 …………………………77, 78
養護施設 …………………………………325
要扶助少年…………………11, 12, 15, 36, 81
要保護少年…………7, 9, 12, 13, 15, 17, 81
要保護性…20, 45, 49, 50, 144, 145, 319, 361,
　　419, 452, 530
　　──に関する事実の審理 …………279
　　──の誤認 ………………………393
　　──の調査 ………………………398
　　──の判断に必要な心証 …………280
　　──を基礎付ける事実 …………425
　　──を基礎付ける事実の誤認 ………426

余 罪 ……………………………473, 506, 535
　　──による逮捕・勾留 ……………210
余罪捜査…………………………………66
余罪等の処理 …………………………344
余罪等の取扱 …………………………473
余罪等の取調 ……………209, 281, 482
予断排除 …………………………………271
呼出し ………116, 119, 161, 163, 164, 375
呼出状 ……………………………………163
予防主義 ……………………………4, 17, 18
4 号観察 …………………………………668

ら 行

ラベリング …………20, 49, 232, 333, 545
立件命令 …………………………105, 131
略式命令 …………………………………579
領 置 ……………………………………177
リレー式執行 …………………………374
累進処遇性 ……………………………331
累非行性……………………………50, 144
令状主義 …………………………168, 178
令和 3 年改正 …28, 328, 370, 465, 467, 473,
　　475, 477, 489, 499, 519, 522, 529, 536,
　　540, 541, 542, 546, 549, 570, 591, 595,
　　597, 599, 600, 617, 630, 633, 647, 665,
　　667, 670, 684, 686, 689, 697, 699
令和 4 年刑法改正 ………518, 519, 541, 542
令和 5 年刑法改正 ……………………331, 634
令和 5 年刑訴法改正 ………………478, 485
レポーター…………………………………11, 137
労役場留置 ……………………………527, 538
ロールプレイ …………………………146, 607
6 月の保護観察 ………475, 554, 560, 674

わ 行

YOT …………………………………………336

777

編者紹介　田宮　裕（たみや　ひろし）

昭和8年生まれ。昭和30年東京大学法学部卒業。
北海道大学助教授，立教大学教授を経て，
亜細亜大学教授（平成11年1月逝去）。

廣瀬　健二（ひろせ　けんじ）

昭和25年生まれ。昭和48年立教大学法学部卒業。
昭和50年横浜地裁判事補任官。
東京地裁判事，水戸家裁判事，東京高裁判事，
横浜地裁部総括判事等，立教大学教授を経て，
現在，早稲田大学社会安全政策研究所招聘研究員。

注釈少年法〔第5版〕
Juvenile Law Annotated

平成10年11月30日　初　版第1刷発行　　平成29年9月30日　第4版第1刷発行
平成13年6月30日　改訂版第1刷発行　　令和6年11月30日　第5版第1刷発行
平成21年5月30日　第3版第1刷発行

編　者　田宮　裕，廣瀬健二
発行者　江草貞治
発行所　株式会社有斐閣
　　　　〒101-0051 東京都千代田区神田神保町2-17
　　　　https://www.yuhikaku.co.jp/
印　刷　株式会社精興社
製　本　大口製本印刷株式会社
装丁印刷　株式会社亨有堂印刷所

落丁・乱丁本はお取替えいたします。定価はカバーに表示してあります。
©2024, Kyoko Sakai, Kenji Hirose.
Printed in Japan　ISBN 978-4-641-13966-4

本書のコピー，スキャン，デジタル化等の無断複製は著作権法上での例外を除き禁じられています。本書を代行業者等の第三者に依頼してスキャンやデジタル化することは，たとえ個人や家庭内の利用でも著作権法違反です。

JCOPY　本書の無断複写（コピー）は，著作権法上での例外を除き，禁じられています。複写される場合は，そのつど事前に，（一社）出版者著作権管理機構（電話03-5244-5088，FAX 03-5244-5089，e-mail:info@jcopy.or.jp）の許諾を得てください。